# HARRAP'S

## DICTIONNAIRE MINI

FRANÇAIS-ALLEMAND

ALLEMAND-FRANÇAIS

W0285019

HARRAP

21, rue du Montparnasse
75283 Paris Cedex 06
France

ISBN 978 0245 51009 0

Direction rédactionnelle : Gabrielle Villard
Gestion informatique : Gabrielle Villard
Composition : Dörr und Schiller GmbH, Stuttgart

Le dictionnaire HARRAP'S Mini français-allemand / allemand-français est identique au PONS, Praxiswörterbuch Französisch paru aux éditions Ernst Klett Sprachen GmbH, Stuttgart R.F.A.,

ISBN 978 3 12 517463 4

HARRAP est une marque de Larousse SAS.
Harrap® est une marque déposée.
www.harrap.com



1re édition 2008
en coopération avec Chambers Harrap Publishers Ltd, Edinburgh

## Inhaltsverzeichnis



## Table des matières

# Verwendete Lautschriftzeichen
# Signes utilisés pour la transcription phonétique

**Die französische Phonetik**

| | |
|---|---|
| [:] | longueur vocalique |
| [ø] | **Eu**rope |
| [a] | b**a**c |
| [ɑ] | cl**a**sse |
| [ɛ] | c**ai**sse |
| [ɑ̃] | ch**an**son |
| [b] | **b**eau |
| [d] | **d**u |
| [e] | **é**tat |
| [ə] | m**e**nace |
| [ɛ̃] | af**in** |
| [f] | **f**eu |
| [g] | **g**ant |
| [ˊ] | **h**éros (h aspiré) |
| [i] | d**i**plôme |
| [j] | **y**aourt |
| [ʒ] | **j**our |
| [k] | **c**œur |
| [l] | **l**oup |

**Die deutsche Phonetik**

| | |
|---|---|
| [:] | Längezeichen |
| ['] | Betonungszeichen |
| [ʔ] | Knacklaut |
| [ø] | Am**ö**be |
| [a] | Mech**a**nik |
| [ɑ] | H**a**rdware |
| [ɛ] | Tab**e**lle |
| [ɑ̃] | Br**an**che |
| [æ] | J**a**zz |
| [b] | Getrie**b**e |
| [ç] | Tei**ch** |
| [dʒ] | **Dsch**ungel |
| [e] | Gr**e**mium |
| [ə] | Temp**e**l |
| [ɛ̃] | Bullet**in** |
| [f] | Ha**f**en |
| [g] | Ha**g**ebutte |
| [h] | **H**agel |
| [i] | Hind**i** |

| | | | |
|---|---|---|---|
| [m] | **m**arché | [ɪ] | Br**i**lle |
| [n] | **n**ature | [i̯] | Emiss**i**on |
| [ɲ] | di**gn**e | [j] | In**j**ektion |
| [ŋ] | campi**ng** | [ʒ] | Eta**g**e |
| [o] | **au**t**o** | [k] | Inse**k**t |
| [ɔ] | **o**btenir | [l] | **L**uft |
| [œ] | c**œu**r | [m] | **M**acht |
| [ɔ̃] | b**on**b**on** | [n] | Ab**n**ahme |
| [œ̃] | auc**un** | [ŋ] | Geda**n**ke |
| [p] | **p**age | [o] | Ab**o** |
| [ʀ] | **r**ègle | [ɔ] | R**o**lle |
| [s] | **s**el | [o̯] | P**o**inte |
| [ʃ] | **ch**ef | [õ] | Br**on**ze |
| [t] | **t**imbre | [œ] | T**ö**pfer |
| [u] | c**ou**p | [ɔ͜y] | Fr**eu**de |
| [v] | **v**apeur | [p] | A**b**stinenz |
| [w] | **w**allon | [p͜f] | Gi**pf**el |
| [y] | nat**u**re | [r] | **R**eise |
| [ɥ] | h**u**ile | [ɐ] | Haf**er** |
| [z] | **z**èbre | [ɐ̯] | He**r**d |
| | | [s] | Re**s**pekt |
| | | [ʃ] | Fla**sch**e |
| | | [θ] | **Th**riller |
| | | [ts] | **Z**iel |

| | | | |
|---|---|---|---|
| | | [tʃ] | Kitsch |
| | | [ʊ] | Runde |
| | | [ʌ] | Publicity |
| | | [x] | Sprache |
| | | [ʏ] | Stück |

## Zeichen und Abkürzungen

## Symboles et abréviations

| | | | |
|---|---|---|---|
| \| | zusammengesetztes, trennbares Verb | verbe composé séparable | |
| = | Kontraktion | contraction | = |
| * | Partizip ohne ge- | pas de *ge-* au participe passé | |
| ≈ | entspricht etwa | correspond | ≈ |
| – | Sprecherwechsel | changement d'interlocuteur | – |
| ® | Warenzeichen | marque déposée | ® |
| *a.* | auch | aussi | *a.* |
| A | österreichisch | autrichien | |
| *Abk* | Abkürzung | abréviation | *abr* |
| adj | Adjektiv | adjectif | *adj* |
| ADMIN | Verwaltung | administration | ADMIN |
| *adv* | Adverb | adverbe | *adv* |
| AGR | Landwirtschaft | agriculture | AGR |
| *akk* | Akkusativ | accusatif | |
| ANAT | Anatomie | anatomie | ANAT |
| *app* | Apposition | apposition | *app* |
| ARCHIT | Architektur | architecture | ARCHIT |
| *art* | Artikel | article | *art* |
| | Kunst | beaux-arts | ART |
| ASTRO | Astrologie, Astronomie | astrologie, astronomie | ASTRO |

| | | | |
|---|---|---|---|
| AUT | Auto, Transport und Verkehr | automobile, moyens de transport | AUT |
| *aux* | Hilfsverb | auxiliaire | *aux* |
| AVIAT | Luftfahrt, Raumfahrt | aviation, espace | AVIAT |
| | belgisch | belge | BELG |
| BIO | Biologie | biologie | BIO |
| BOT | Botanik, Gartenbau | botanique, horticulture | BOT |
| | kanadisch | canadien | CAN |
| CH | schweizerisch | suisse | CH |
| | Jagd | chasse | CHASSE |
| | Eisenbahn | chemin de fer | CHEMDFER |
| CHEM | Chemie | chimie | CHIM |
| CINE | Film, Kino | cinéma | CINE |
| COM | Handel | commerce | COM |
| | Komparativ | comparatif | *comp* |
| | Ergänzung, Objekt | complément | *compl* |
| conj | Konjunktion | conjonction | *conj* |
| COUT | Mode | couture | COUT |
| *dat* | Dativ | datif | |
| *def* | bestimmt | défini | *déf* |
| *dem* | demonstrativ | démonstratif | *dém* |
| | Begleiter des Substantivs | déterminant | *dét* |
| EISENBAHN | Eisenbahn | chemin de fer | |

| | | | |
|---|---|---|---|
| | Ökologie | écologie | ECOL |
| | Wirtschaft | économie | ECON |
| ELEC | Elektrizität | électricité | ELEC |
| | Kindersprache | langage enfantin | *enfantin* |
| etw | etwas | quelque chose | |
| *f* | Femininum | féminin | *f* |
| *fam* | umgangssprachlich | familier | *fam* |
| *fig* | figurativ, übertragen | figuré | *fig* |
| FIN | Finanzen, Börse | finances, bourse | FIN |
| *form* | förmlicher Sprachgebrauch | langage formel | *form* |
| GASTR | Gastronomie | gastronomie | GASTR |
| *geh* | gehobener Sprachgebrauch | soutenu | |
| *gen* | Genitiv | génitif | |
| GEO | Geographie, Geologie | géographie, géologie | GEO |
| HIST | Geschichte | histoire | HIST |
| IND | Industrie | industrie | IND |
| *indef* | unbestimmt | indéfini | *indéf* |
| *indic* | Indikativ | indicatif | *indic* |
| INFORM | Informatik | informatique | INFORM |
| *interj* | Interjektion | interjection | *interj* |
| *interrog* | fragend | interrogatif | *interrog* |
| *inv* | unveränderlich | invariable | *inv* |

| | | | |
|---|---|---|---|
| *iron* | ironisch, scherzhaft | ironique, humoristique | *iron* |
| JAGD | Jagd | chasse | |
| *irr* | unregelmäßig | irrégulier | *irr* |
| jd | jemand | qn (nominatif) | |
| jdm | jemandem | qn (datif) | |
| jdn | jemanden | qn (accusatif) | |
| jds | jemandes | qn (génitif) | |
| | Spiele | jeux | JEUX |
| JUR | Jura, Recht | juridique | JUR |
| *Kinderspr.* | Kindersprache | langage enfantin | |
| KUNST | Kunst | beaux-arts | |
| LING | Linguistik, Grammatik | linguistique, grammaire | LING |
| LITER | Literatur | littérature | LITTER |
| *m* | Maskulinum | masculin | *m* |
| MATH | Mathematik, Geometrie | mathématiques, géométrie | MATH |
| MED | Medizin, Pharmazie | médecine, pharmacie | MED |
| MEDIA | (audiovisuelle) Medien | médias, audiovisuel | MEDIA |
| METEO | Meteorologie | météorologie | METEO |
| MIL | Militär | militaire | MIL |
| MIN | Bergbau | industrie minière | MIN |
| MINER | Mineralogie | minéralogie | MINER |
| MUS | Musik | musique | MUS |

| | | | |
|---|---|---|---|
| NAUT | Seefahrt | navigation | NAUT |
| *nom* | Nominativ | nominatif | |
| | nordfranzösisch | du Nord | NORD |
| *nt* | Neutrum | neutre | |
| *num* | Zahlwort | numéral | *num* |
| *o* | oder | ou | *o* |
| ÖKOL | Ökologie | écologie | |
| ÖKON | Wirtschaft | économie | |
| *opp* | Gegenteil | opposé, antonyme | *opp* |
| OPT | Optik | optique | OPT |
| | Angeln | pêche | PECHE |
| *pej* | abwertend | péjoratif | *péj* |
| *pers* | persönlich | personnel | *pers* |
| *Pers* | Person | personne | *pers.* |
| PHILOS | Philosophie | philosophie | PHILOS |
| PHOT | Fotografie | photographie | PHOT |
| PHYS | Physik | physique | PHYS |
| *Pl* | Plural | pluriel | *pl* |
| POL | Politik | politique | POL |
| *poss* | possessiv | possessif | *poss* |
| POST | Post | poste | POST |
| *PP* | Partizip Perfekt | participe passé | |
| *präp* | Präposition | préposition | *prép* |
| PRESSE | Presse | presse | PRESSE |

| | | | |
|---|---|---|---|
| *pron* | Pronomen | pronom | *pron* |
| *prov* | sprichwörtlich | proverbe | *prov* |
| PSYCH | Psychologie | psychologie | PSYCH |
| | etwas | quelque chose | *qc* |
| | jemand | quelqu'un | *qn* |
| RADIO | Rundfunk | radio | RADIO |
| *refl* | reflexiv | réfléchi | |
| *reg* | regelmäßig | régulier | |
| *rel* | relativ | relatif | *rel* |
| REL | Religion | religion | REL |
| *s.* | siehe | voir | |
| *S.* | Sache | chose | |
| SCI | Naturwissenschaften | sciences naturelles | SCI |
| SCHULE | Schulwesen | école | SCOL |
| SDEUTSCH | süddeutsch | allemand du Sud | |
| *Sing* | Singular | singulier | *sing* |
| SOZIOL | Soziologie | sociologie | SOCIOL |
| | gehoben | soutenu | *soutenu* |
| SPIEL | Spiele | jeux | |
| SPORT | Sport | sport | SPORT |
| | Konjunktiv | subjonctif | *subj* |
| | Substantiv | substantif | *subst* |
| *Superl* | Superlativ | superlatif | *superl* |
| TECH | Technik | technique | TECH |

| | | | |
|---|---|---|---|
| TELEC | Nachrichtentechnik | télécommunications | TELEC |
| TEXTIL | Textilien | textile | TEXTIL |
| THEAT | Theater | théâtre | THEAT |
| TV | Fernsehen | télévision | TV |
| TYP | Buchdruck | typographie | TYP |
| UNIV | Universität | université | UNIV |
| | siehe | voir | *v.* |
| *vi* | intransitives Verb | verbe intransitif | *vi* |
| *vr* | reflexives Verb | verbe pronominal | *vpr* |
| *vt* | transitives Verb | verbe transitif | *vt* |
| *vulg* | vulgär | vulgaire | *vulg* |
| ZOOL | Zoologie | zoologie | ZOOL |

# A

**A, a** [ɑ] *m inv* A *nt*, a *nt*

**à** [a] <à + le = au, à la, à + les = aux> *prép* **1.** (*temps*) **à 8 heures** um acht [Uhr]; **à Noël** an Weihnachten; **au printemps** im Frühling; **à demain!** bis morgen! **2.** (*lieu avec déplacement*) in (+*akk*); **aller à la mer/à Paris** ans Meer/nach Paris fahren; **aller au Japon** nach Japan fliegen; (*lieu sans déplacement*) in (+*dat*); **à la page 36** auf Seite 36 **3. c'est à moi** das gehört mir; **à 2** zu zweit; **c'est à mourir de rire** das ist zum Totlachen

**abaisser** [abese] <1> **I.** *vt* niedriger stellen **II.** *vpr* **s'~** sich erniedrigen

**abandon** [abɑ̃dɔ̃] *m* **1.** Verlassen *nt* **2.** (*des études*) *a.* SPORT Aufgabe *f*

**abandonner** [abɑ̃dɔne] <1> **I.** *vt* verlassen **II.** *vi* aufgeben **III.** *vpr* **s'~ au désespoir** sich der Verzweiflung hingeben

**abats** [aba] *mpl* Innereien *Pl*

**abattre** [abatʀ] <irr> **I.** *vt* **1.** abreißen **2.** (*animal de boucherie*) schlachten **II.** *vpr* **s'~ 1.** umstürzen **2.** (*fondre sur*) sich stürzen auf (+*akk*)

**abattu(e)** [abaty] *adj* geschwächt

**abbaye** [abei] *f* Abtei *f*

**abbé** [abe] *m* **1.** Priester *m* **2.** (*supérieur d'une abbaye*) Abt *m*

**abcès** [apsɛ] *m* Abszess *m*

**abdication** [abdikasjɔ̃] *f* Abdankung *f*

**abdomen** [abdɔmɛn] *m* Bauch *m*

**abeille** [abɛj] *f* Biene *f*

**abîmer** [abime] <1> **I.** *vt* beschädigen **II.** *vpr* **1. s'~** sich abnutzen **2.** (*détériorer*) **s'~ la santé** seine Gesundheit ruinieren

**aboiement** [abwamɑ̃] *m* Bellen *nt*

**abolir** [abɔliʀ] <8> *vt* abschaffen

**abominable** [abɔminabl] *adj* abscheulich

**abondamment** [abɔ̃damɑ̃] *adv* reichlich

**abondance** [abɔ̃dɑ̃s] *f* **1.** Fülle *f* **2. en ~** in Hülle und Fülle

**abonder** [abɔ̃de] <1> *vi* reichlich vorhanden sein

**abonnement** [abɔnmɑ̃] *m* Abonnement *nt;* (*au téléphone*) Anschluss *m;* **~ hebdomadaire/mensuel** Wochen-/Monatskarte *f*

**abonner** [abɔne] <1> *vpr* **s'~ à qc** etw abonnieren

**abord** [abɔʀ] *m* **1. les ~s d'une ville** die unmittelbare Umgebung einer Stadt **2.** [**tout**] **d'~** zu[aller]erst

**aborder** [abɔʀde] <1> **I.** *vt* **1.** ansprechen **2.** (*sujet*) herangehen an (+*akk*) **II.** *vi* anlegen

**aboutir** [abutiʀ] <8> *vi* **1.** Erfolg haben **2.** (*se terminer par*) führen zu

**aboyer** [abwaje] <6> *vi* bellen

**abrégé** [abʀeʒe] *m* **1.** gekürzte Fassung; **en ~** abgekürzt **2.** (*ouvrage*) Abriss *m*

**abréger** [abʀeʒe] <2a, 5> *vt* verkürzen

**abreuver** [abʀœve] <1> *vt* **~ qn de compliments** jdn mit Komplimenten überhäufen

**abréviation** [abʀevjasjɔ̃] *f* Abkürzung *f*

**abri** [abʀi] *m* **1.** Schutz *m* **2.** (*lieu aménagé*) Hütte *f* **3. être à l'~** (*personne*) in Sicherheit sein; (*vélo*) untergestellt sein

**abribus®** [abʀibys] *m* Wartehäuschen *nt*

**abricot** [abʀiko] *m* Aprikose *f*, Marille *f* (A)

**abriter** [abʀite] <1> **I.** *vt* schützen vor (+*dat*) **II.** *vpr* **1. s'~** sich unterstellen **2.** *fig* **s'~ derrière qn/qc** sich hinter jdm/etw verstecken

**abrupt(e)** [abʀypt] *adj* steil

**abruti(e)** [abʀyti] *adj* blöd

**abrutissant(e)** [abʀytisɑ̃] *adj* stumpfsinnig; (*musique*) [ohren]betäubend

**absent(e)** [apsɑ̃] *adj* **1.** abwesend **2.** (*air*) [geistes]abwesend

**absolu** [apsɔly] *m* **l'~** das Absolute

**absolu(e)** [apsɔly] *adj* absolut

**absolument** [apsɔlymɑ̃] *adv* **1.** unbedingt; **~ pas** überhaupt nicht **2.** (*remarquable*) ganz; (*vrai*) vollkommen **3. ~!** genau!; **mais ~!** aber sicher!

**absorbant(e)** [apsɔʀbɑ̃] *adj* saugfähig

**absorber** [apsɔʀbe] <1> *vt* **1.** zu sich nehmen **2.** (*s'imbiber*) aufsaugen

**absorption** [apsɔʀpsjɔ̃] *f* Einnahme *f*

**abstenir** [apstəniʀ] <9> *vpr* **1. s'~ de qc** auf etw (*akk*) verzichten **2.** (*ne pas voter*) **s'~** sich der Stimme (*gen*) enthalten

**abstinence** [apstinɑ̃s] *f* Enthaltsamkeit *f*

**abstraction** [apstʀaksjɔ̃] *f* **faire ~ de qc** etw außer Acht lassen

**abstrait(e)** [apstʀɛ] *adj* abstrakt

**absurde** [apsyʀd] *adj* absurd

**absurdité** [apsyʀdite] *f* **1.** Absurdität *f* **2.** (*bêtise*) Unsinn *m*

**abus** [aby] *m* **1. ~ d'alcool** übermäßiger Alkoholgenuss **2.** (*usage abusif*) Missbrauch *m*

**abuser** [abyze] <1> **I.** *vi* **1.** übertreiben; **~ de l'alcool** zu viel trinken **2.** (*faire un usage excessif, violer*) missbrauchen **3.** (*exploiter*) **~ de la confiance de qn** jds Vertrauen ausnutzen **II.** *vpr* **si je ne m'abuse** wenn ich [mich] nicht irre

**académie** [akademi] *f* **1.** Akademie *f* **2.** SCOL, UNIV Schule *f*

**Académie** [akademi] *f* Akademie *f*; **l'~ française** die Académie française

**accablant(e)** [akablɑ̃] *adj* drückend

**accabler** [akable] <1> *vt* **~ qn** 1. auf jdm lasten 2. (*confondre*) jdn belasten

**accaparer** [akapaʀe] <1> *vt* (*conversation*) an sich (*akk*) reißen

**accéder** [aksede] <5> *vi* 1. gelangen zu 2. (*atteindre*) **~ à un poste** eine Stelle erlangen

**accélérer** [akseleʀe] <5> **I.** *vt, vi* beschleunigen **II.** *vpr* **s'~** schneller gehen

**accent** [aksɑ̃] *m* 1. **e ~ aigu/grave/circonflexe** e Akut *m*/Gravis *m*/Zirkumflex *m* 2. (*manière de prononcer*) Akzent *m* 3. (*accentuation*) Betonung *f*

**accentuation** [aksɑ̃tɥasjɔ̃] *f* Verschlimmerung *f*

**accentué(e)** [aksɑ̃tɥe] *adj* betont

**accentuer** [aksɑ̃tɥe] <1> **I.** *vt* betonen **II.** *vpr* **s'~** sich verstärken

**acceptation** [aksɛptasjɔ̃] *f* Zustimmung *f*

**accepter** [aksɛpte] <1> **I.** *vt* annehmen **II.** *vi* akzeptieren

**accès** [aksɛ] *m* 1. Eingang *m;* (*véhicules*) Zufahrt *f;* **~ interdit** kein Zutritt 2. INFORM Zugang *m*

**accessible** [aksesibl] *adj* 1. zugänglich 2. (*prix*) erschwinglich

**accessoire** [akseswaʀ] **I.** *adj* nebensächlich **II.** *m* 1. Zubehörteil *nt* 2. THEAT, CINE Requisit *nt*

**accident** [aksidɑ̃] *m* Unfall *m;* **~ de parcours** Missgeschick *nt*

**accidenté(e)** [aksidɑ̃te] *adj* 1. uneben 2. (*personne*) verunglückt; (*voiture*) Unfall-

**accidentel(le)** [aksidɑ̃tɛl] *adj* (*dû au hasard*) zufällig

**accidentellement** [aksidɑ̃tɛlmɑ̃] *adv* 1. zufällig 2. **mourir ~** tödlich verunglücken

**acclamer** [aklame] <1> *vt* **~ qn** jdm zujubeln

**acclimater** [aklimate] <1> *vpr* **s'~** sich gewöhnen an (+*akk*)

**accommoder** [akɔmɔde] <1> **I.** *vt* GASTR zubereiten **II.** *vpr* **s'~ de qc** mit etw zufrieden sein

**accompagnateur, -trice** [akɔ̃paɲatœʀ] *m, f* Begleiter(in) *m(f)*

**accompagner** [akɔ̃paɲe] <1> *vt* begleiten

**accomplir** [akɔ̃pliʀ] <8> **I.** *vt* erledigen **II.** *vpr* **s'~** sich erfüllen

**accord** [akɔʀ] *m* 1. Einverständnis *nt;* **donner son ~ à qn** jdm seine Zustimmung geben; **d'~!** einverstanden! 2. (*convention*) Vereinbarung *f*

**accorder** [akɔʀde] <1> **I.** *vt* 1. (*crédit*) gewähren; (*permission*) erteilen; (*faveur*) erweisen 2. (*attribuer*) **~ de l'importance à qc** einer S. (*dat*) Gewicht beilegen **II.** *vpr* **s'~ avec qn** sich mit jdm einigen

**accoster** [akɔste] <1> **I.** *vi* anlegen **II.** *vt* (*aborder*) ansprechen

**accouchement** [akuʃmɑ̃] *m* Geburt *f*
**accoucher** [akuʃe] <1> *vt, vi* MED entbinden; ~ **d'une fille** ein Mädchen zur Welt bringen
**accoupler** [akuple] <1> *vpr* ZOOL **s'~** sich paaren
**accourir** [akuʀiʀ] <irr> *vi* herbeieilen
**accoutumé(e)** [akutyme] *adj* gewohnt
**accro** [akʀo] *adj fam abr de* **accroché** süchtig
**accroc** [akʀo] *m* Riss *m*
**accrochage** [akʀɔʃaʒ] *m* [leichter] Zusammenstoß
**accrocher** [akʀɔʃe] <1> **I.** *vt* **1.** aufhängen **2.** (*entrer en collision*) streifen **II.** *vpr* **1.** (*se tenir à qc*) **s'~ à qc** sich an etw (*dat*) festklammern **2.** (*persévérer*) **s'~** durchhalten **3.** (*se disputer*) **s'~ avec qn** sich mit jdm in die Haare kriegen
**accroissement** [akʀwasmɑ̃] *m* Zunahme *f*
**accroître** [akʀwɑtʀ] <irr> **I.** *vt* vermehren **II.** *vpr* **s'~** zunehmen
**accroupir** [akʀupiʀ] <8> *vpr* **s'~** in die Hocke gehen; **être accroupi** kauern
**accueil** [akœj] *m* Empfang *m*
**accueillir** [akœjiʀ] <irr> *vt* empfangen
**accumulateur** [akymylatœʀ] *m* Akku *m*
**accumulation** [akymylasjɔ̃] *f* Anhäufung *f*
**accumuler** [akymyle] <1> **I.** *vt* anhäufen **II.** *vpr* **s'~** sich sammeln
**accusation** [akyzasjɔ̃] *f* Anschuldigung *f;* JUR Anklage *f*
**accusé(e)** [akyze] *m(f)* JUR Angeklagte(r) *f(m)*
**accuser** [akyze] <1> *vt* beschuldigen; JUR anklagen
**acharné(e)** [aʃaʀne] *adj* verbissen
**acharnement** [aʃaʀnəmɑ̃] *m* Hartnäckigkeit *f*
**achat** [aʃa] *m* Kauf *m;* **faire des ~s** einkaufen
**acheter** [aʃ(ə)te] <4> *vt* kaufen
**acheteur, -euse** [aʃtœʀ] *m, f* Käufer(in) *m(f)*
**achèvement** [aʃɛvmɑ̃] *m* Fertigstellung *f*
**achever** [aʃ(ə)ve] <4> *vt* (*œuvre*) vollenden
**acide** [asid] **I.** *adj* sauer **II.** *m* CHIM Säure *f*
**acier** [asje] *m* **1.** Stahl *m* **2.** (*industrie*) **l'~** die Stahlindustrie
**acné** [akne] *f* Akne *f*
**acompte** [akɔ̃t] *m* Anzahlung *f*
**à-coup** [aku] <à-coups> *m* Ruck *m*
**acoustique** [akustik] *f* Akustik *f*
**acquéreur** [akeʀœʀ] *m* Käufer *m*
**acquérir** [akeʀiʀ] <irr> *vt* **1.** erwerben **2.** (*expérience*) sammeln

**acquis** [aki] *mpl* Errungenschaften *Pl*
**acquis(e)** [aki] *adj* **1.** erworben **2.** (*reconnu*) feststehend
**acquisition** [akizisjɔ̃] *f* **1.** (*action*) Erwerb *m* **2.** (*objet acquis*) Anschaffung *f*
**acquitter** [akite] <1> **I.** *vt* freisprechen **II.** *vpr* **s'~ d'une dette** eine Schuld begleichen
**âcre** [ɑkʀ] *adj* herb
**acrylique** [akʀilik] **I.** *adj* acrylhaltig **II.** *m* Acryl *nt*
**acte** [akt] *m* **1.** (*action*) Tat *f* **2.** JUR Urkunde *f* **3.** THEAT Akt *m*
**acteur, -trice** [aktœʀ] *m, f* Schauspieler(in) *m(f)*
**actif, -ive** [aktif] *adj* aktiv
**action** [aksjɔ̃] *f* **1.** Tat *f* **2.** CINE, THEAT Handlung *f* **3.** FIN Aktie *f*
**activer** [aktive] <1> **I.** *vt* **1.** (*feu*) anfachen; (*processus*) beschleunigen **2.** INFORM aktivieren **II.** *vi* ein bisschen schneller machen; **faire ~ qn** jdn antreiben
**activité** [aktivite] *f* **1.** (*fait d'être actif*) Aktivität *f* **2.** (*professionnelle*) Tätigkeit *f*; **~ économique** Wirtschaft *f*
**actualiser** [aktɥalize] <1> *vt* aktualisieren
**actualité** [aktɥalite] *f* **1.** Aktualität *f*; **d'~** aktuell **2.** *pl* TV, RADIO Nachrichten *Pl*
**actuel(le)** [aktɥɛl] *adj* aktuell
**actuellement** [aktɥɛlmɑ̃] *adv* zurzeit
**acuponcture, acupuncture** [akypɔ̃ktyʀ] *f* Akupunktur *f*
**adaptation** [adaptasjɔ̃] *f* **1.** Anpassung *f* **2.** CINE, THEAT Bearbeitung *f*
**adapter** [adapte] <1> **I.** *vt* **1.** anbringen; **~ qc à qc** etw mit etw verbinden **2.** CINE, THEAT bearbeiten **II.** *vpr* **s'~** sich anpassen
**addictif, -ive** [adiktif, -iv] *adj* Sucht-; **comportement ~** Suchtverhalten *nt*
**addition** [adisjɔ̃] *f* **1.** Addition *f* **2.** (*facture*) Rechnung *f*
**additionner** [adisjɔne] <1> **I.** *vt* zusammenzählen **II.** *vpr* **s'~** sich summieren
**adepte** [adɛpt] *mf* Anhänger(in) *m(f)*
**adéquat(e)** [adekwa] *adj* passend
**adhérence** [adeʀɑ̃s] *f* Haftung *f*
**adhésif** [adezif] *m* **1.** Heftpflaster *nt* **2.** (*ruban adhésif*) Klebeband *nt*
**adhésif, -ive** [adezif] *adj* haftend
**adhésion** [adezjɔ̃] *f* **1.** Zustimmung *f* **2.** (*inscription*) Beitritt *m*
**adieu** [adjø] <x> **I.** *m* **les ~x** Abschied *m* **II.** *interj* lebe wohl!/leben Sie wohl!
**adjectif** [adʒɛktif] *m* Adjektiv *nt*
**adjoint(e)** [adʒwɛ̃] *adj* stellvertretend
**adjuger** [adʒyʒe] <2a> *vt* **être adjugé à qn** an jdn gehen

**admettre** [admɛtʀ] <irr> *vt* 1. dulden 2. SCOL, UNIV zulassen 3. (*reconnaître*) zugeben

**administratif, -ive** [administʀatif] *adj* (*démarche*) administrativ; **services ~s** Verwaltung *f*

**administration** [administʀasjɔ̃] *f* Verwaltung *f*

**administrer** [administʀe] <1> *vt* 1. verwalten; (*pays*) regieren 2. (*médicament*) verabreichen

**admirable** [admiʀabl] *adj* bewundernswert

**admiration** [admiʀasjɔ̃] *f* Bewunderung *f*

**admirer** [admiʀe] <1> *vt* bewundern

**admission** [admisjɔ̃] *f* 1. **~ dans un club** Aufnahme *f* in einem Klub; **~ dans une discothèque** Zutritt *m* zu einer Diskothek 2. SCOL, UNIV Zulassung *f*

**ADN** [ɑdeɛn] *m abr de* **acide désoxyribonucléique** DNS *f*

**adolescent(e)** [adɔlesɑ̃] *adj* jugendlich

**adopter** [adɔpte] <1> *vt* 1. (*enfant*) adoptieren 2. (*point de vue*) einnehmen

**adoptif, -ive** [adɔptif] *adj* Adoptiv-

**adoption** [adɔpsjɔ̃] *f* 1. JUR Adoption *f* 2. (*approbation*) Annahme *f*

**adorable** [adɔʀabl] *adj* süß; (*gentil*) sehr lieb

**adoration** [adɔʀasjɔ̃] *f* Verehrung *f*

**adorer** [adɔʀe] <1> *vt* 1. sehr mögen; (*musique*) schwärmen für; **~ faire qc** etw sehr gern tun 2. REL anbeten

**adoucir** [adusiʀ] <8> I. *vt* (*linge*) weich machen; (*voix*) dämpfen; (*peine*) lindern II. *vpr* **s'~** milder werden

**adresse¹** [adʀɛs] *f a.* INFORM Adresse *f*; **changer d'~** umziehen; **~ électronique** E-Mail-Adresse

**adresse²** [adʀɛs] *f* Geschicklichkeit *f*

**adresser** [adʀese] <1> I. *vt* 1. schicken 2. (*parler*) **~ la parole à qn** jdn ansprechen II. *vpr* **s'~ à qn** sich an jdn wenden

**adroit(e)** [adʀwa] *adj* geschickt

**adulte** [adylt] *adj* erwachsen

**adultère** [adyltɛʀ] *m* Ehebruch *m*

**advenir** [advəniʀ] <9> *vi* geschehen; **que va-t-il ~ de moi?** was wird aus mir?

**adverbe** [advɛʀb] *m* Adverb *nt*

**adversaire** [advɛʀsɛʀ] *mf* Gegner(in) *m(f)*

**adverse** [advɛʀs] *adj* feindlich; (*équipe*) gegnerisch

**aération** [aeʀasjɔ̃] *f* Lüftung *f*

**aérer** [aeʀe] <5> *vt* [aus]lüften

**aérodrome** [aeʀodʀom] *m* Flugplatz *m*

**aéroport** [aeʀopɔʀ] *m* Flughafen *m*

**aérosol** [aeʀosɔl] *m* Spray *nt o m*

**affaiblir** [afebliʀ] <8> I. *vt*

schwächen **II.** *vpr* **s'~** nachlassen

**affaire** [afɛʀ] *f* **1.** Angelegenheit *f;* **c'est mon ~** das ist meine Sache **2.** *pl* (*commerce*) Geschäfte *Pl* **3. avoir ~ à qn/qc** es mit jdm/etw zu tun haben

**affaisser** [afese] <1> *vpr* **s'~** sich senken

**affamé(e)** [afame] *adj* hungrig

**affectation** [afɛktasjɔ̃] *f* (*mise à disposition*) **l'~ d'une somme à qc** die Verwendung einer Summe für etw

**affecté(e)** [afɛkte] *adj* unecht

**affecter** [afɛkte] <1> *vt* **1.** vortäuschen **2.** (*émouvoir*) **~ qn** jdm nahegehen

**affection** [afɛksjɔ̃] *f* **1.** Zuneigung *f* **2.** MED Erkrankung *f*

**affectueusement** [afɛktɥøzmɑ̃] *adv* liebevoll; **je vous embrasse** ~ liebe Grüße [und Küsse]

**affiche** [afiʃ] *f* **1.** Plakat *nt;* ADMIN Aushang *m* **2.** THEAT [Theater]programm *nt*

**afficher** [afiʃe] <1> **I.** *vt* **1.** (*placarder*) aufhängen; (*résultat*) aushängen **2.** INFORM, TECH anzeigen **3.** (*opinions politiques*) bekanntgeben **II.** *vi* **défense d'~!** Plakate ankleben verboten! **III.** *vpr* **s'~** sich zur Schau stellen

**affilié(e)** [afilje] *adj* **être ~ à la Sécurité sociale** in der gesetzlichen Krankenkasse sein

**affiner** [afine] <1> *vt* verfeinern

**affinité** [afinite] *f* Gemeinsamkeit *f*

**affirmatif** [afiʀmatif] *interj fam* ja[wohl]; TELEC positiv

**affirmatif, -ive** [afiʀmatif] *adj* zustimmend; **être ~** sich sicher sein

**affirmer** [afiʀme] <1> *vt* behaupten

**affluent** [aflyɑ̃] *m* Zufluss *m*

**afflux** [afly] *m* Ansturm *m*

**affoler** [afɔle] <1> **I.** *vt* sehr erschrecken **II.** *vpr* **s'~** in Panik geraten

**affranchir** [afʀɑ̃ʃiʀ] <8> *vt* **1.** POST frankieren **2.** (*esclave*) freilassen

**affreux, -euse** [afʀø] *adj* **1.** furchtbar hässlich **2.** (*horrible*) schrecklich

**affront** [afʀɔ̃] *m soutenu* Beleidigung *f*

**affronter** [afʀɔ̃te] <1> **I.** *vt* **1.** *a.* SPORT **~ qn** jdm gegenübertreten **2.** (*situation difficile*) konfrontiert werden mit **II.** *vpr* **s'~** aufeinandertreffen

**affûter** [afyte] <1> *vt* schärfen

**afin** [afɛ̃] *prép* **~ de...** um zu...; **~ que...** + *subj* damit...

**africain(e)** [afʀikɛ̃] *adj* afrikanisch

**Africain(e)** [afʀikɛ̃] *m(f)* Afrikaner(in) *m(f)*

**Afrique** [afʀik] *f* **l'~** Afrika *nt;* **l'~ du Nord/Sud** Nord-/Südafrika; **l'~ noire** Schwarzafrika

**afro-américain(e)** [afʀoameʀikɛ̃]

A

<afro-américains> *adj* afroamerikanisch

**agaçant(e)** [agasɑ̃] *adj* äußerst ärgerlich

**âge** [ɑʒ] *m* **1.** Alter *nt;* **quel ~ as-tu?** wie alt bist du? **2.** (*ère*) Zeitalter *nt* **3. le troisième ~** die Senioren; **~ de la retraite** Pensionsalter *nt*

**âgé(e)** [ɑʒe] *adj* alt; **un enfant ~ de 10 ans** ein Kind im Alter von 10 Jahren

**agence** [aʒɑ̃s] *f* (*bancaire*) [Bank]-niederlassung *f;* (*commerciale*) Geschäftsstelle *f;* **~ de voyages** Reisebüro *nt*

**agenda** [aʒɛ̃da] *m* [Termin]kalender *m*

**agent** [aʒɑ̃] *m* **1. ~ [de police]** Polizist(in) *m(f)* **2.** ECON Vertreter(in) *m(f);* (*immobilier*) Makler(in) *m(f)*

**agglomération** [aglɔmeʀasjɔ̃] *f* **1.** Ortschaft *f* **2.** (*banlieue*) Großraum *m*

**aggravation** [agʀavasjɔ̃] *f* Verschlechterung *f;* (*du chômage*) Zunahme *f*

**agile** [aʒil] *adj* geschickt

**agilité** [aʒilite] *f* Beweglichkeit *f*

**agir** [aʒiʀ] <8> **I.** *vi* **1.** handeln **2.** MED wirken **II.** *vpr* **il s'agit de qn/qc** es handelt sich um jdn/etw

**agitation** [aʒitasjɔ̃] *f* **1.** geschäftiges Treiben **2.** (*excitation*) Aufregung *f*

**agiter** [aʒite] <1> **I.** *vt* (*drapeau*) schwenken; (*mouchoir*) winken mit; (*bouteille*) schütteln **II.** *vpr* **s'~** (*s'énerver*) unruhig werden

**agneau, agnelle** [aɲo] <x> *m, f* Lamm *nt*

**agoniser** [agɔnize] <1> *vi* im Sterben liegen

**agrafer** [agʀafe] <1> *vt* zusammenheften

**agraire** [agʀɛʀ] *adj* (*politique*) Agrar-; (*réforme*) Boden-

**agrandir** [agʀɑ̃diʀ] <8> **I.** *vt* **1.** größer machen **2.** (*rendre plus large*) erweitern **II.** *vpr* **s'~** größer werden; (*entreprise*) sich vergrößern

**agréable** [agʀeabl] *adj* angenehm

**agréablement** [agʀeabləmɑ̃] *adv* angenehm

**agréer** [agʀee] <1> *vt soutenu* annehmen; **veuillez ~, Madame/Monsieur, mes salutations distinguées** ≈ mit freundlichen Grüßen

**agresser** [agʀese] <1> *vt* überfallen; (*verbalement*) angreifen

**agressif, -ive** [agʀesif] *adj* aggressiv

**agressivité** [agʀesivite] *f* Aggressivität *f*

**agricole** [agʀikɔl] *adj* landwirtschaftlich

**agriculteur, -trice** [agʀikyltœʀ] *m, f* Landwirt(in) *m(f)*

**agriculture** [agʀikyltyʀ] *f* Landwirtschaft *f*

**agrumes** [agʀym] *mpl* Zitrusfrüchte *Pl*

**ah** [ˈɑ] *interj* ah; ~ **non** ach nein; ~ **oui** (*confirmation*) doch, doch

**ahurissant(e)** [ayʀisɑ̃] *adj* verblüffend

**aide** [ɛd] **I.** *f* Hilfe *f;* **à l'~!** [zu] Hilfe! **II.** *mf* Aushilfe *f*

**aide-ménagère** [ɛdmenaʒɛʀ] <aides-ménagères> *f* Haushalthilfe *f*

**aider** [ede] <1> **I.** *vt* ~ **qn** jdm helfen **II.** *vpr* (*utiliser*) **s'~ de qc** etw zu Hilfe nehmen

**aïe** [aj] *interj* **1.** au **2.** (*problème*) oje **3.** ~ ~ ~**!** *fam* auwei[a]!

**aigle** [ɛgl] *mf* Adler/Adlerweibchen *m/f*

**aigre** [ɛgʀ] *adj* **1.** sauer **2.** (*critique*) scharf

**aigu, ë** [egy] *adj* (*angle*) spitz; (*voix*) schrill; (*douleur*) stechend

**aiguille** [egɥij] *f* Nadel *f;* (*d'une montre*) Zeiger *m*

**ail** [aj] *m* Knoblauch *m*

**aile** [ɛl] *f* **1.** Flügel *m* **2.** (*d'un véhicule*) Kotflügel *m;* (*d'un avion*) Tragfläche *f* **3. voler de ses propres ~s** auf eigenen Füßen stehen

**aileron** [ɛlʀɔ̃] *m* Flosse *f*

**ailleurs** [ajœʀ] *adv* **1.** woanders; **nulle part** ~ nirgendwo anders; **partout** ~ überall sonst **2. d'~, ...** übrigens; **par** ~ außerdem

**aimable** [ɛmabl] *adj* freundlich

**aimant** [ɛmɑ̃] *m* Magnet *m*

**aimer** [eme] <1> **I.** *vi* (*apprécier*) **tu aimes?** gefällt es dir? **II.** *vt* **1.** (*éprouver de l'amour*) lieben **2.** (*apprécier*) mögen **3.** (*souhaiter*) **j'aimerais ...** ich würde gern ... **III.** *vpr* **s'~** (*d'amour*) sich lieben

**aîné(e)** [ene] *adj* **1.** (*plus âgé de deux*) ältere(r, s) **2.** (*plus âgé de plusieurs*) älteste(r, s)

**ainsi** [ɛ̃si] *adv* **1.** (*de cette manière*) so; **et** ~ **de suite** und so weiter; **pour** ~ **dire** sozusagen **2.** REL ~ **soit-il!** amen! **3.** ~ **que** (*comparaison*) [so] wie; (*énumération*) und [auch]

**air**[1] [ɛʀ] *m* Luft *f;* ~ **conditionné** Klimaanlage *f;* **en plein** ~ im Freien

**air**[2] [ɛʀ] *m* **1.** Aussehen *nt* **2.** (*ressemblance*) Ähnlichkeit *f* **3.** (*expression*) Miene *f* **4.** (*apparence*) **ça a l'~ délicieux** es sieht appetitlich aus

**aire** [ɛʀ] *f* Platz *m*

**aisance** [ɛzɑ̃s] *f* **1.** Wohlstand *m* **2.** (*facilité*) Leichtigkeit *f*

**aise** [ɛz] *f* **se sentir à l'~** sich wohl fühlen; **se mettre à l'~** es sich (*dat*) bequem machen

**aisselle** [ɛsɛl] *f* Achselhöhle *f*

**Aix-la-Chapelle** [ɛkslaʃapɛl] Aachen *nt*

**ajouter** [aʒute] <1> **I.** *vt* **1.** hinzufügen **2.** (*additionner*) dazurechnen **II.** *vpr* **s'~ à qc** zu etw [noch] hinzukommen

**ajuster** [aʒyste] <1> *vt* TECH richtig einstellen

**alarme** [alaʀm] *f* **1.** Alarm *m* **2.** (*dispositif*) Alarmanlage *f*

**alarmer** [alaʀme] <1> **I.** *vt* alarmieren **II.** *vpr* **s'~ de qc** sich wegen etw ängstigen

**album** [albɔm] *m* **1.** Album *nt* **2.** (*volume illustré*) Bildband *m*

**alcool** [alkɔl] *m* **1.** CHIM Alkohol *m;* **~ à brûler** [Brenn]spiritus *m* **2.** (*spiritueux*) Spirituose *f*

**alcoolique** [alkɔlik] *adj* alkoholabhängig

**alcootest®** [alkɔtɛst] *m* Alkoholtest *m*

**alémanique** [alemanik] **I.** *adj* alemannisch; **la Suisse ~** die deutschsprachige Schweiz **II.** *m* Alemannisch *nt*

**alentours** [alɑ̃tuʀ] *mpl* **1.** Umgebung *f* **2.** *fig* **aux ~ de midi** gegen Mittag

**alerte** [alɛʀt] **I.** *adj* schwungvoll **II.** *f* Alarm *m*

**alerter** [alɛʀte] <1> *vt* alarmieren

**Alger** [alʒe] Algier *nt*

**Algérie** [alʒeʀi] *f* **l'~** Algerien *nt*

**algue** [alg] *f* Alge *f*

**alibi** [alibi] *m* Alibi *nt*

**aligner** [aliɲe] <1> **I.** *vt* (*rendre conforme*) angleichen **II.** *vpr* **s'~** sich [in einer Reihe] aufstellen

**aliment** [alimɑ̃] *m* Lebensmittel *nt*

**alimentation** [alimɑ̃tasjɔ̃] *f* **1.** (*d'une personne*) Ernährung *f;* (*d'un animal*) Fütterung *f* **2.** (*produits*) Nahrungsmittel *Pl;* **magasin d'~** Lebensmittelgeschäft *nt*

**alimenter** [alimɑ̃te] <1> **I.** *vt* **1.** ernähren **2.** (*approvisionner*) **~ qc en eau** etw mit Wasser versorgen **II.** *vpr* **s'~** Nahrung zu sich nehmen

**alinéa** [alinea] *m* **1.** Einzug *m* **2.** (*paragraphe*) Absatz *m*

**allaiter** [alete] <1> *vt, vi* stillen

**allécher** [aleʃe] <5> *vt* anlocken

**allée** [ale] *f* **1.** Allee *f* **2.** (*passage*) **~ centrale** [Mittel]gang *m*

**allégé(e)** [aleʒe] *adj* fettarm

**alléger** [aleʒe] <2a, 5> *vt* **1.** leichter machen **2.** (*impôts*) senken

**Allemagne** [almaɲ] *f* **l'~** Deutschland *nt;* **l'~ fédérale** die Bundesrepublik Deutschland; **la réunification des deux ~s** die [Wieder]vereinigung Deutschlands; **aller en ~** nach Deutschland fahren

**allemand** [almɑ̃] *m* Deutsch *nt*

**allemand(e)** [almɑ̃] *adj* deutsch

**Allemand(e)** [almɑ̃] *m(f)* Deutsche(r) *f(m)*

**aller**[1] [ale] <irr> **I.** *vi* **1.** gehen **2.** (*rouler/voler*) fahren/fliegen **3.** (*faire un voyage*) reisen **4.** (*oser*) **~ jusqu'à faire qc** so weit gehen etw zu tun **5.** (*se porter*) **comment ça va/vas-tu/al-**

**lez-vous?** wie geht's?/wie geht es dir?/Ihnen? **6.** (*convenir à qn*) **ça peut** ~ es geht schon; **ça** [**te**] **va?** [bist du damit] einverstanden? **7.** (*être seyant*) ~ **bien/mal à qn** jdm gut/nicht stehen **8.** (*être coordonné*) ~ **bien avec qc** gut zu etw passen **II.** *aux* ~ **faire qc** gleich etw tun **III.** *vpr* **s'en** ~ **1.** (*partir: à pied*) [weg]gehen; (*en voiture*) [weg]fahren; (*en avion*) [weg]fliegen; **s'en** ~ **en vacances** in Urlaub fahren **2.** (*disparaître*) weggehen **IV.** *interj* **1.** *fam* **vas-y/allons-y/allez-y!** los geht's!; **allez, au revoir!** also dann, auf Wiedersehen! **2.** (*voyons!*) **un peu de calme, allons!** etwas Ruhe, bitte!

**aller**[2] [ale] *m* **1.** Hinweg *m* **2.** (*voyage*) Hinreise *f* **3.** (*billet*) ~ **simple** einfache Hinfahrt

**allergie** [alɛʀʒi] *f* Allergie *f*

**allergique** [alɛʀʒik] *adj* allergisch

**alliance** [aljɑ̃s] *f* **1.** Bündnis *nt* **2.** (*anneau*) Ehering *m*

**allié**(**e**) [alje] *adj* POL verbündet

**allier** [alje] <1> *vpr* **s'**~ **à qn** sich mit jdm verbünden

**allô** [alo] *interj* hallo

**allocation** [alɔkasjɔ̃] *f* ~ **chômage/logement** Arbeitslosen-/Wohngeld *nt;* ~**s familiales** Kindergeld *nt,* Familienbeihilfe *f* (A)

**allocution** [alɔkysjɔ̃] *f* Ansprache *f*

**allonger** [alɔ̃ʒe] <2a> **I.** *vi* länger werden **II.** *vt* (*rendre plus long*) verlängern **III.** *vpr* **s'**~ (*se coucher*) sich hinlegen

**allumage** [alymaʒ] *m* AUT Zündung *f*

**allume-cigare** [alymsigaʀ] <allume-cigares> *m* Zigarettenanzünder *m*

**allumer** [alyme] <1> **I.** *vt* **1.** anzünden **2.** (*lampe*) anmachen; (*four*) einschalten **II.** *vi* [das] Licht [an]machen

**allumette** [alymɛt] *f* Streichholz *nt*

**allure** [alyʀ] *f* **1.** Geschwindigkeit *f* **2.** (*apparence*) Aussehen *nt* **3.** *pl* (*airs*) Gebaren *nt*

**allusion** [a(l)lyzjɔ̃] *f* Anspielung *f*

**alors** [alɔʀ] **I.** *adv* **1.** (*à ce moment-là*) damals; **jusqu'**~ bis dahin **2.** (*par conséquent*) da **3.** (*dans ce cas*) ~, **je comprends!** ja dann verstehe ich das! **4.** *fam* (*impatience*) ~, **tu viens?** also, kommst du jetzt [endlich]? **5. ça** ~**!** na, so was!; **et** ~**?** na und? (*fam*); (*suspense*) und dann?; ~ **là!** ja, dann! **II.** *conj* ~ **que 1.** (*pendant que*) während **2.** (*bien que*) obwohl

**alouette** [alwɛt] *f* Lerche *f*

**alourdir** [aluʀdiʀ] <8> *vt* **1.** schwer[er] machen **2.** (*charges*) erhöhen

**Alpes** [alp] *fpl* **les ~** die Alpen
**alphabet** [alfabɛ] *m* Alphabet *nt*
**alphabétique** [alfabetik] *adj* alphabetisch
**alpinisme** [alpinism] *m* Bergsteigen *nt*
**alpiniste** [alpinist] *mf* Bergsteiger(in) *m(f)*
**Alsace** [alzas] *f* **l'~** das Elsass
**alsacien(ne)** [alzasjɛ̃] *adj* elsässisch
**altermondialiste** [altɛʀmɔ̃djalist] *mf* Globalisierungsgegner(in) *m(f)*
**alternance** [altɛʀnɑ̃s] *f* Wechsel *m;* **en ~ avec** im Wechsel mit
**alternative** [altɛʀnativ] *f* Alternative *f*
**alterner** [altɛʀne] <1> *vi* abwechseln
**altitude** [altityd] *f* Höhe *f*
**amabilité** [amabilite] *f* **1.** Liebenswürdigkeit *f* **2.** *pl* (*politesses*) Höflichkeiten *Pl*
**amande** [amɑ̃d] *f* Mandel *f*
**amant** [amɑ̃] *m* Liebhaber *m;* **les ~s** die Liebenden
**amas** [amɑ] *m* Haufen *m*
**amasser** [amɑse] <1> **I.** *vt* anhäufen **II.** *vpr* **s'~** (*personnes*) sich drängen
**amateur** [amatœʀ] *m* **1.** Amateur(in) *m(f)* **2.** (*connaisseur*) **~ d'art** Kunstliebhaber(in) *m(f)*
**ambassade** [ɑ̃basad] *f* Botschaft *f*
**ambigu, ë** [ɑ̃bigy] *adj* mehrdeutig
**ambiguïté** [ɑ̃bigɥite] *f* Mehrdeutigkeit *f*
**ambitieux, -euse** [ɑ̃bisjø] *adj* ehrgeizig
**ambition** [ɑ̃bisjɔ̃] *f* Ehrgeiz *m*
**ambulance** [ɑ̃bylɑ̃s] *f* Krankenwagen *m*
**âme** [ɑm] *f* Seele *f*
**améliorer** [ameljɔʀe] <1> **I.** *vt* verbessern; (*production*) steigern **II.** *vpr* **s'~** sich bessern
**aménagement** [amenaʒmɑ̃] *m* **1.** Einrichtung *f* **2.** (*modification*) Umstellung *f*
**aménager** [amenaʒe] <2a> *vt* **1.** einrichten **2.** (*modifier*) umstellen; (*par des travaux*) umbauen
**amende** [amɑ̃d] *f* Geldstrafe *f*
**amener** [am(ə)ne] <4> *vt* **1.** *fam* (*apporter*) mitbringen **2.** (*mener*) bringen; **qu'est-ce qui t'amène ici?** was führt dich hierher? **3.** (*provoquer*) verursachen **4.** (*entraîner à*) **~ qn à faire qc** jdn dazu bringen etw zu tun
**amenuiser** [amənɥize] <1> *vpr* **s'~** sich verringern
**amer, -ère** [amɛʀ] *adj* bitter
**américain(e)** [ameʀikɛ̃] *adj* amerikanisch
**Américain(e)** [ameʀikɛ̃] *m(f)* Amerikaner(in) *m(f)*
**Amérique** [ameʀik] *f* **l'~** Amerika *nt;* **l'~ centrale/latine/du Nord/du Sud** Mittel-/Latein-/Nord-/Südamerika

**amertume** [amɛʀtym] *f* Bitterkeit *f*

**ami(e)** [ami] *m(f)* Freund(in) *m(f)*

**amiable** [amjabl] *adj* einvernehmlich; **à l'~** gütlich

**amical(e)** [amikal] <-aux> *adj* **1.** freundschaftlich; *(attitude)* freundlich **2.** SPORT **match ~** Freundschaftsspiel *nt*

**amicalement** [amikalmɑ̃] *adv* herzliche Grüße

**amincir** [amɛ̃siʀ] <8> **I.** *vt* schlank[er] machen **II.** *vpr* **s'~** schlanker werden

**amitié** [amitje] *f* Freundschaft *f;* **~s** *(formule de fin de lettre)* alles Liebe; **faire toutes ses ~s à qn** jdn herzlich grüßen lassen

**amnésie** [amnezi] *f* Gedächtnisschwund *m*

**amnistie** [amnisti] *f* Amnestie *f*

**amocher** [amɔʃe] <1> *vt fam* ramponieren

**amoindrir** [amwɛ̃dʀiʀ] <8> **I.** *vt* schwächen **II.** *vpr* **s'~** abnehmen

**amont** [amɔ̃] *m* **vers l'~** flussaufwärts

**amorcer** [amɔʀse] <2> **I.** *vt* **1.** scharf machen **2.** PECHE beködern **II.** *vpr* **s'~** *(dialogue)* in Gang kommen

**amortir** [amɔʀtiʀ] <8> *vt* **1.** dämpfen; *(chute)* bremsen **2.** *(dette)* tilgen

**amortisseur** [amɔʀtisœʀ] *m* Stoßdämpfer *m*

**amour** [amuʀ] *m* **1.** Liebe *f;* **faire l'~** miteinander schlafen **2.** *(personne)* Liebe *f;* **mon ~** [mein] Liebling **3.** *(attachement)* **~ du prochain** Nächstenliebe **4. pour l'~ de Dieu** um Gottes willen

**amoureusement** [amuʀøzmɑ̃] *adv* liebevoll

**amoureux, -euse** [amuʀø] *adj* verliebt; **tomber ~ de qn** sich in jdn verlieben

**ample** [ɑ̃pl] *adj* **1.** weit **2.** *(sujet)* umfangreich

**ampleur** [ɑ̃plœʀ] *f* **1.** Weite *f* **2.** *(d'une catastrophe)* Ausmaß *nt*

**ampli** [ɑ̃pli] *m fam abr de* **amplificateur**

**amplificateur** [ɑ̃plifikatœʀ] *m* Verstärker *m*

**amplifier** [ɑ̃plifje] <1> **I.** *vt* **1.** verstärken **2.** *(exagérer)* aufblähen **II.** *vpr* **s'~** *(bruit)* anschwellen; *(mouvement)* sich ausweiten

**ampoule** [ɑ̃pul] *f* **1.** ELEC [Glüh]birne *f* **2.** MED Ampulle *f*

**amputation** [ɑ̃pytasjɔ̃] *f* Amputation *f*

**amputer** [ɑ̃pyte] <1> *vt* amputieren

**amusant(e)** [amyzɑ̃] *adj* **1.** unterhaltsam **2.** *(drôle)* lustig

**amuser** [amyze] <1> **I.** *vt* **1.** unterhalten **2.** *(faire rire)* amüsieren **II.** *vpr* **s'~** **1.** *(jouer)* spielen **2.** *(se divertir)* **amuse-toi/amu-**

sez-vous bien! viel Spaß!

**an** [ɑ̃] *m* Jahr *nt;* **avoir cinq ~s** fünf [Jahre alt] sein; **l'~ dernier/prochain** letztes/nächstes Jahr; **par ~** jährlich; **en l'~ 200 avant Jésus-Christ** [im Jahr] 200 vor Christus; **le premier de l'~** Neujahr *nt*

**anal(e)** [anal] <-aux> *adj* anal

**analogie** [analɔʒi] *f* Analogie *f*

**analphabète** [analfabɛt] *mf* Analphabet(in) *m(f)*

**analyser** [analize] <1> *vt* **1.** analysieren **2.** MATH, MED untersuchen

**ananas** [anana(s)] *m* Ananas *f*

**anarchie** [anaʀʃi] *f* Chaos *nt;* POL Anarchie *f*

**anarchiste** [anaʀʃist] *adj* anarchistisch

**anatomie** [anatɔmi] *f* Anatomie *f*

**ancêtre** [ɑ̃sɛtʀ] *mf* **1.** (*aïeul*) Vorfahr(in) *m(f)* **2.** (*précurseur*) Vorläufer(in) *m(f)*

**anchois** [ɑ̃ʃwa] *m* Sardelle *f*

**ancien(ne)** [ɑ̃sjɛ̃] *adj* **1.** (*bâtiment*) alt; (*objet d'art, culture*) antik; (*livre*) antiquarisch **2.** (*ex-*) ehemalig **3.** (*qui a de l'ancienneté*) **être ~ dans le métier** schon lange im Beruf sein

**ancre** [ɑ̃kʀ] *f* Anker *m*

**âne** [ɑn] *m* **1.** Esel *m* **2. être têtu comme un ~** störrisch wie ein Esel sein

**anéantir** [aneɑ̃tiʀ] <8> *vt* **1.** zunichtemachen **2.** (*déprimer*) niederdrücken

**anecdote** [anɛkdɔt] *f* Anekdote *f*

**ânerie** [ɑnʀi] *f* Dummheit *f*

**anesthésie** [anɛstezi] *f* Narkose *f*

**ange** [ɑ̃ʒ] *m* Engel *m;* **~ gardien** Schutzengel

**angine** [ɑ̃ʒin] *f* Angina *f*

**anglais** [ɑ̃glɛ] *m* Englisch *nt*

**anglais(e)** [ɑ̃glɛ] *adj* **1.** englisch **2. filer à l'~e** sich [auf] französisch verabschieden

**Anglais(e)** [ɑ̃glɛ] *m(f)* Engländer(in) *m(f)*

**angle** [ɑ̃gl] *m* Ecke *f;* MATH Winkel *m*

**Angleterre** [ɑ̃glətɛʀ] *f* **l'~** England *nt*

**angoisse** [ɑ̃gwas] *f* Angst *f*

**angoisser** [ɑ̃gwase] <1> *vt* ängstigen

**anguille** [ɑ̃gij] *f* Aal *m*

**animal** [animal] <-aux> *m* Tier *nt;* **~ domestique** Haustier

**animal(e)** [animal] <-aux> *adj* (*matières*) tierisch; (*fonctions*) animalisch

**animateur, -trice** [animatœʀ] *m, f* **1.** Betreuer(in) *m(f);* (*d'un club de sport*) Leiter(in) *m(f)* **2.** RADIO, TV Moderator(in) *m(f)*

**animation** [animasjɔ̃] *f* **1.** [rege] Betriebsamkeit **2.** (*conduite de groupe*) Leitung *f* **3.** CINE Animation *f*

**animé(e)** [anime] *adj* (*discus-*

*sion*) lebhaft; (*rue*) belebt; **dessin ~** Zeichentrickfilm *m*

**animer** [anime] <1> **I.** *vt* **1.** (*débat*) leiten; (*émission*) moderieren **2.** (*mouvoir*) bewegen **3.** (*égayer*) beleben **II.** *vpr* **s'~** sich beleben

**animosité** [animozite] *f* Feindseligkeit *f*

**anis** [anis] *m* Anis *m*

**anneau** [ano] <x> *m* Ring *m*

**année** [ane] *f* Jahr *nt;* **tout au long de l'~** das ganze Jahr [über]; **~ de naissance** Geburtsjahr; **les ~s trente** die dreißiger Jahre; **bonne ~!** ein gutes neues Jahr!

**année-lumière** [anelymjɛʀ] <années-lumière> *f* Lichtjahr *nt*

**anniversaire** [anivɛʀsɛʀ] *m* (*d'une personne*) Geburtstag *m;* **bon ~!** alles Gute zum Geburtstag!

**annonce** [anɔ̃s] *f* **1.** Ankündigung *f* **2.** (*information officielle*) Bekanntgabe *f;* MEDIA Meldung *f* **3.** (*texte*) **les petites ~s** die Kleinanzeigen

**annoncer** [anɔ̃se] <2> *vt, vpr* **[s']~** [sich] ankündigen

**annotation** [anɔtasjɔ̃] *f* Anmerkung *f*

**annuaire** [anɥɛʀ] *m* Jahrbuch *nt;* **~ téléphonique** Telefonbuch

**annuel(le)** [anɥɛl] *adj* jährlich; (*congé*) Jahres-

**annulation** [anylasjɔ̃] *f* Stornierung *f;* (*d'un contrat*) Annullierung *f*

**annuler** [anyle] <1> *vt* **1.** stornieren; (*rendez-vous*) absagen **2.** INFORM abbrechen

**anonyme** [anɔnim] *adj* anonym

**anorexie** [anɔʀɛksi] *f* Magersucht *f*

**anormal(e)** [anɔʀmal] <-aux> *adj* ungewöhnlich

**Antarctique** [ɑ̃taʀktik] *m* **l'~** die Antarktis

**antenne** [ɑ̃tɛn] *f* **1.** Antenne *f* **2.** RADIO, TV Sender *m* **3.** ZOOL Fühler *m*

**antérieur(e)** [ɑ̃teʀjœʀ] *adj* **1.** (*précédent*) frühere(r, s); **être ~ à qc** vor etw (*dat*) liegen **2.** (*patte*) Vorder-

**antibiotique** [ɑ̃tibjɔtik] *m* Antibiotikum *nt*

**anticipation** [ɑ̃tisipasjɔ̃] *f* **par ~** im Voraus

**anticiper** [ɑ̃tisipe] <1> *vi* vorgreifen

**antillais(e)** [ɑ̃tijɛ] *adj* antillisch

**Antilles** [ɑ̃tij] *fpl* **les ~** die Antillen

**antipathie** [ɑ̃tipati] *f* **~ pour qn/qc** Abneigung *f* gegen jdn/etw

**antipathique** [ɑ̃tipatik] *adj* unsympathisch

**antique** [ɑ̃tik] *adj* antik

**antiquités** [ɑ̃tikite] *fpl* Antiquitäten *Pl*

**antiseptique** [ɑ̃tisɛptik] *adj* antiseptisch

**anti-virus** [ãtiviʀys] *adj inv* INFORM Antiviren-

**antivol** [ãtivɔl] *m* [Fahrrad]schloss *nt*

**anus** [anys] *m* After *m*

**anxiété** [ãksjete] *f* Angst *f*

**anxieux, -euse** [ãksjø] *adj* ängstlich

**août** [u(t)] *m* August *m*

**apaiser** [apeze] <1> **I.** *vt* beruhigen **II.** *vpr* **s'~** nachlassen

**apatride** [apatʀid] *mf* Staatenlose(r) *f(m)*

**apercevoir** [apɛʀsəvwaʀ] <12> **I.** *vt* **1.** flüchtig wahrnehmen **2.** (*remarquer*) bemerken **II.** *vpr* (*se voir*) **s'~** sich sehen

**aperçu** [apɛʀsy] *m* kurzer Überblick; INFORM Seitenansicht *f*

**apéritif** [apeʀitif] *m* Aperitif *m*

**apéro** [apeʀo] *m fam v.* **apéritif**

**apeuré(e)** [apœʀe] *adj* verängstigt

**apitoyer** [apitwaje] <6> *vpr* **s'~ sur qn/qc** jdn/etw bemitleiden

**aplatir** [aplatiʀ] <8> **I.** *vt* platt drücken **II.** *vpr* **s'~ contre qc** sich gegen etw drücken

**apothéose** [apɔteoz] *f* Höhepunkt *m*

**apôtre** [apotʀ] *m* Apostel *m*

**apparaître** [apaʀɛtʀ] <irr> *vi* erscheinen

**appareil** [apaʀɛj] *m* **1.** Gerät *nt;* **~ photo** Fotoapparat *m;* **~ [photo] numérique** Digitalkamera *f;* **~s ménagers** Haushaltsgeräte *Pl* **2.** (*dentaire*) Zahnspange *f*

**appareiller** [apaʀeje] <1> **I.** *vi* ablegen **II.** *vt* NAUT klarmachen

**apparemment** [apaʀamã] *adv* anscheinend; (*vraisemblablement*) offensichtlich

**apparence** [apaʀãs] *f* [An]schein *m;* **~ physique** äußeres Erscheinungsbild

**apparent(e)** [apaʀã] *adj* sichtbar; (*évident*) offensichtlich

**apparenté(e)** [apaʀãte] *adj* **~ à qn/qc** mit jdm/etw verwandt

**apparition** [apaʀisjɔ̃] *f* Erscheinen *nt*

**appart** [apaʀt] *m fam abr de* **appartement**

**appartement** [apaʀtəmã] *m* Wohnung *f*

**appartenance** [apaʀtənãs] *f* Mitgliedschaft *f*

**appartenir** [apaʀtəniʀ] <9> *vi* **~ à qn** jdm gehören; **~ à qc** einer S. (*dat*) angehören

**appauvrir** [apovʀiʀ] <8> *vt* arm machen

**appauvrissement** [apovʀismã] *m* Verarmung *f*

**appel** [apɛl] *m* **1.** Ruf *m* **2.** TELEC Anruf *m* **3.** INFORM Aufruf *m* **4. faire ~** Berufung einlegen

**appeler** [aple] <4> **I.** *vt* **1.** rufen **2.** (*téléphoner à*) anrufen **3.** (*nommer*) nennen; **~ qn par son prénom** jdn mit seinem Vornamen anreden **4.** INFORM aufrufen **II.** *vpr* **s'~** heißen

**appellation** [apelasjɔ̃] *f* Bezeichnung *f;* **~ d'origine** Herkunftsbezeichnung

**appendicite** [apɛ̃disit] *f* Blinddarmentzündung *f*

**appétit** [apeti] *m* Appetit *m*

**applaudir** [aplodiʀ] <8> **I.** *vi* [Beifall] klatschen **II.** *vt* **~ qn/qc** jdm/etw applaudieren

**application** [aplikasjɔ̃] *f* **1.** Auftragen *nt* **2.** (*utilisation*) *a.* INFORM Anwendung *f*

**appliqué(e)** [aplike] *adj* fleißig

**appliquer** [aplike] <1> **I.** *vt* **1.** auftragen **2.** (*mettre en pratique*) [praktisch] anwenden **II.** *vpr* **s'~ à faire qc** sich (*dat*) Mühe geben etw zu tun

**apporter** [apɔʀte] <1> *vt* **1.** bringen **2.** (*avec soi*) mitbringen **3.** (*preuve*) liefern

**apposer** [apoze] <1> *vt* (*timbre*) aufkleben; (*signature*) setzen

**appréciation** [apʀesjasjɔ̃] *f* Beurteilung *f*

**apprécier** [apʀesje] <1> *vt* **1.** abschätzen **2.** (*aimer*) schätzen

**appréhension** [apʀeɑ̃sjɔ̃] *f* Befürchtung *f*

**apprendre** [apʀɑ̃dʀ] <13> *vt, vi* lernen

**apprentissage** [apʀɑ̃tisaʒ] *m* Lehre *f*

**apprêter** [apʀete] <1> *vpr* **s'~ à faire qc** im Begriff sein etw zu tun

**apprivoiser** [apʀivwaze] <1> *vt* zähmen

**approbation** [apʀɔbasjɔ̃] *f* Zustimmung *f*

**approcher** [apʀɔʃe] <1> **I.** *vi* näher kommen **II.** *vt* **1.** (*mettre plus près*) **~ qc de qn** etw an jdn näher heranschieben **2.** (*venir plus près*) **~ qn** sich jdm nähern **III.** *vpr* **s'~ de qn/qc** sich jdm/einer S. nähern

**approfondir** [apʀɔfɔ̃diʀ] <8> *vt* vertiefen

**approprier** [apʀɔpʀije] <1> *vpr* **s'~ qc** sich (*dat*) etw aneignen

**approuver** [apʀuve] <1> *vt* **1.** zustimmen; **~ que** + *subj* es begrüßen, dass **2.** JUR annehmen

**approvisionner** [apʀɔvizjɔne] <1> **I.** *vt* beliefern **II.** *vpr* **s'~ en qc** sich mit etw versorgen

**approximation** [apʀɔksimasjɔ̃] *f* [ungefähre] Schätzung *f*

**approximativement** [apʀɔksimativmɑ̃] *adv* ungefähr

**appui** [apɥi] *m* **1.** Stütze *f* **2.** (*aide*) Unterstützung *f*

**appuyer** [apɥije] <6> **I.** *vi* **1.** drücken **2.** (*insister sur*) **~ sur qc** etw betonen **II.** *vt* **1.** (*poser*) **~ qc contre/sur qc** etw gegen etw lehnen/auf etw (*akk*) stützen **2.** (*soutenir*) unterstützen **III.** *vpr* **s'~ contre qn/qc** sich an jdn/etw [an]lehnen; **s'~ sur qn/sur qc** (*compter sur*) sich auf jdn/etw verlassen

**après** [apʀɛ] I. *prép* 1. nach (+*dat*) 2. (*derrière*) hinter (+*dat*) 3. **d'~ qn/qc** nach jdm/etw II. *adv* 1. (*plus tard, ensuite*) danach; **longtemps/peu ~** viel später/bald darauf 2. (*plus loin*) dahinter 3. **d'~** danach; **et ~?** *fam* [na] und?; **~ tout** schließlich III. *conj* **~ que** nachdem

**après-demain** [apʀɛdmɛ̃] *adv* übermorgen

**après-midi** [apʀɛmidi] I. *m o f inv* Nachmittag *m;* **cet[te] ~** heute Nachmittag; **[dans] l'~** am Nachmittag II. *adv* **mardi ~** [am] Dienstagnachmittag; **demain ~** morgen Nachmittag

**après-rasage** [apʀɛʀɑzaʒ] *m inv* Rasierwasser *nt*

**apte** [apt] *adj* geeignet

**aptitude** [aptityd] *f* Eignung *f*

**aquarium** [akwaʀjɔm] *m* Aquarium *nt*

**Aquitaine** [akitɛn] *f* **l'~** Aquitanien *nt*

**arabe** [aʀab] I. *adj* arabisch II. *m* Arabisch *nt*

**Arabe** [aʀab] *mf* Araber(in) *m(f)*

**araignée** [aʀeɲe] *f* Spinne *f*

**arbitraire** [aʀbitʀɛʀ] *adj* willkürlich

**arbitre** [aʀbitʀ] *mf* SPORT Schiedsrichter(in) *m(f)*

**arborescence** [aʀbɔʀesɑ̃s] *f* INFORM Baumstruktur *f*

**arbre** [aʀbʀ] *m* 1. BOT Baum *m* 2. TECH Welle *f*

**arc** [aʀk] *m* Bogen *m*

**arc-en-ciel** [aʀkɑ̃sjɛl] <arcs-en-ciel> *m* Regenbogen *m*

**archaïque** [aʀkaik] *adj* archaisch; (*mot*) veraltet

**arche** [aʀʃ] *f* 1. Bogen *m* 2. REL **~ de Noé** Arche *f* Noah

**archéologie** [aʀkeɔlɔʒi] *f* Archäologie *f*

**architecture** [aʀʃitɛktyʀ] *f* Architektur *f;* INFORM Struktur *f*

**archive** [aʀʃiv] *f* Archiv *nt*

**archiver** [aʀʃive] <1> *vt* archivieren

**arctique** [aʀktik] *adj* arktisch; (*pôle*) Nord-

**Arctique** [aʀktik] *m* **l'~** die Arktis

**ardent(e)** [aʀdɑ̃] *adj* 1. glühend 2. *fig* brennend

**ardeur** [aʀdœʀ] *f* 1. glühende Hitze 2. (*force vive*) Heftigkeit *f* 3. (*zèle*) Begeisterung *f*

**arène** [aʀɛn] *f* Arena *f*

**arête** [aʀɛt] *f* Gräte *f*

**argent** [aʀʒɑ̃] *m* 1. Geld *nt* 2. (*métal*) Silber *nt*

**argentin(e)** [aʀʒɑ̃tɛ̃] *adj* argentinisch

**Argentine** [aʀʒɑ̃tin] *f* **l'~** Argentinien *nt*

**argile** [aʀʒil] *f* Ton *m*

**argot** [aʀgo] *m* 1. Argot *m o nt* 2. (*langage particulier*) Jargon *m*

**argument** [aʀgymɑ̃] *m* Argument *nt*

**argumenter** [aʀgymɑ̃te] <1> *vi*

argumentieren
**aridité** [aʀidite] *f* Trockenheit *f*
**aristocratie** [aʀistɔkʀasi] *f* Aristokratie *f*
**aristocratique** [aʀistɔkʀatik] *adj* aristokratisch
**arme** [aʀm] *f* Waffe *f;* **~s de destruction massive** Massenvernichtungswaffen *Pl*
**armé(e)** [aʀme] *adj* bewaffnet
**Arménie** [aʀmeni] *f* **l'~** Armenien *nt*
**armer** [aʀme] <1> **I.** *vt* **1.** bewaffnen **2.** (*fusil*) laden **3.** (*équiper*) ausrüsten **II.** *vpr* **1. s'~** sich bewaffnen **2.** *fig* **s'~ de patience** sich mit Geduld wappnen
**armoire** [aʀmwaʀ] *f* Schrank *m*
**arnaquer** [aʀnake] <1> *vt fam* übers Ohr hauen
**arobas** [aʀɔba(z)] *m* INFORM at *nt*
**aromatiser** [aʀɔmatize] <1> *vt* würzen
**arôme, arome** [aʀom] *m* Aroma *nt;* (*d'un vin*) Bouquet *nt*
**arracher** [aʀaʃe] <1> **I.** *vt* **1.** herausreißen **2.** (*affiche*) abreißen **3.** (*prendre*) **~ qc des mains de qn** jdm etw aus den Händen reißen **II.** *vpr* **1.** (*se disputer*) **s'~ qn/qc** sich um jdn/etw reißen **2. s'~ les cheveux** sich (*dat*) die Haare ausreißen
**arrangement** [aʀɑ̃ʒmɑ̃] *m* **1.** Zusammenstellung *f* **2.** (*accord*) Einigung *f* **3.** MUS Arrangement *nt*
**arranger** [aʀɑ̃ʒe] <2a> **I.** *vt* **1.** ordnen **2.** (*organiser*) organisieren; (*rencontre*) arrangieren **3.** (*régler*) regeln **II.** *vpr* **s'~ 1.** (*se mettre d'accord*) sich einigen **2.** (*s'améliorer*) sich regeln **3.** (*se débrouiller*) **s'~ pour que** + *subj* es sich (*dat*) so einrichten, dass
**arrestation** [aʀɛstasjɔ̃] *f* Verhaftung *f*
**arrêt** [aʀɛ] *m* **1.** Abschalten *nt;* **~ cardiaque** Herzstillstand *m;* **sans ~** unaufhörlich **2.** AUT Halt *m;* **dix minutes d'~** zehn Minuten Aufenthalt **3.** (*station*) Haltestelle *f*
**arrêté(e)** [aʀete] *adj* fest; *péj* festgefahren
**arrêter** [aʀete] <1> **I.** *vi* aufhören **II.** *vt* **1.** (*stopper*) anhalten; (*télé*) ausmachen **2.** (*terminer*) aufhören mit **3.** (*faire prisonnier*) verhaften **III.** *vpr* **s'~ 1.** (*s'immobiliser*) stehen bleiben; (*véhicule*) [an]halten **2.** (*cesser*) aufhören
**arrière** [aʀjɛʀ] *m* **1.** Heck *nt* **2.** SPORT Verteidiger(in) *m(f)* **3. se pencher en ~** sich zurückbeugen; **rester en ~** hinten bleiben; **aller en ~** rückwärtsgehen
**arrière-goût** [aʀjɛʀgu] <arrière-goûts> *m* Nachgeschmack *m*
**arrière-grand-mère** [aʀjɛʀgʀɑ̃mɛʀ] <arrière-grands-mè-

res> *f* Urgroßmutter *f* **arrière-grand-père** [aʀjɛʀgʀɑ̃pɛʀ] <arrière-grands-pères> *m* Urgroßvater *m* **arrière-grands-parents** [aʀjɛʀgʀɑ̃paʀɑ̃] *mpl* Urgroßeltern *Pl* **arrière-pays** [aʀjɛʀpei] *m inv* Hinterland *nt* **arrière-petite-fille** [aʀjɛʀpətitfij] <arrière-petites-filles> *f* Urenkelin *f* **arrière-petit-fils** [aʀjɛʀpətifis] <arrière-petits-fils> *m* Urenkel *m* **arrière-petits-enfants** [aʀjɛʀpətizɑ̃fɑ̃] *mpl* Urenkel *Pl* **arrière-saison** [aʀjɛʀsɛzɔ̃] <arrière-saisons> *f* Nachsaison *f*

**arrivage** [aʀivaʒ] *m* Lieferung *f*

**arrivée** [aʀive] *f* **1.** Ankunft *f* **2.** (*endroit*) Ziel *nt* **3.** TECH Anschluss *m*

**arriver** [aʀive] <1> *vi* **1.** ankommen **2.** (*aller jusque*) ~ **aux genoux** bis an die Knie gehen **3.** (*atteindre*) ~ **à qc** etw erreichen **4.** (*réussir*) **qn arrive à faire qc** es gelingt jdm etw zu tun **5.** (*se produire*) **qu'est-ce qu'il t'est arrivé?** was ist dir denn passiert?

**arrogance** [aʀɔgɑ̃s] *f* Arroganz *f*

**arrogant(e)** [aʀɔgɑ̃] *adj* arrogant

**arrondir** [aʀɔ̃diʀ] <8> **I.** *vt* **1.** rund machen **2.** (*simplifier*) auf-/abrunden **II.** *vpr* **s'~** [immer] runder werden

**arrondissement** [aʀɔ̃dismɑ̃] *m* Arrondissement *nt*

**arroser** [aʀoze] <1> *vt* gießen

**art** [aʀ] *m* Kunst *f*

**artère** [aʀtɛʀ] *f* ANAT Arterie *f*

**artichaut** [aʀtiʃo] *m* Artischocke *f*

**article** [aʀtikl] *m* Artikel *m;* JUR Paragraph *m*

**articulation** [aʀtikylasjɔ̃] *f* Gelenk *nt*

**articuler** [aʀtikyle] <1> *vt* artikulieren

**artifice** [aʀtifis] *m* Trick *m*

**artificiel(le)** [aʀtifisjɛl] *adj* künstlich

**artisan(e)** [aʀtizɑ̃] *m(f)* Handwerker(in) *m(f)*

**artisanal(e)** [aʀtizanal] <-aux> *adj* handwerklich

**artiste** [aʀtist] *mf* Künstler(in) *m(f)*

**artistique** [aʀtistik] *adj* künstlerisch

**as** [ɑs] *m* Ass *nt*

**ascendance** [asɑ̃dɑ̃s] *f* Abstammung *f*

**ascenseur** [asɑ̃sœʀ] *m* Aufzug *m*

**ascension** [asɑ̃sjɔ̃] *f* **1.** Aufstieg *m* **2.** REL **l'Ascension** Christi Himmelfahrt

**asiatique** [azjatik] *adj* asiatisch

**Asie** [azi] *f* **l'~** Asien *nt;* **l'~ centrale/Mineure** Zentral-/Kleinasien

**asile** [azil] *m* Asyl *nt*

**asocial(e)** [asɔsjal] <-aux> *adj* asozial

**aspect** [aspɛ] *m* **1.** Aussehen *nt* **2.** (*point de vue*) Aspekt *m*
**asperge** [aspɛʀʒ] *f* Spargel *m*
**asperger** [aspɛʀʒe] <2a> **I.** *vt* bespritzen **II.** *vpr* **s'~** sich besprühen
**asphyxie** [asfiksi] *f* Ersticken *nt*
**aspirateur** [aspiʀatœʀ] *m* Staubsauger *m;* **passer l'~** staubsaugen
**aspiration** [aspiʀasjɔ̃] *f* **1.** Einatmen *nt* **2.** (*élan*) Streben *nt*
**aspirer** [aspiʀe] <1> **I.** *vt* einatmen **II.** *vi* (*désirer*) **~ à qc** sich nach etw sehnen
**assagir** [asaʒiʀ] <8> *vpr* **s'~** ruhiger werden
**assaisonner** [asɛzɔne] <1> *vt* (*plat*) würzen; (*salade*) anmachen
**assassin** [asasɛ̃] *m* Mörder(in) *m(f)*
**assassiner** [asasine] <1> *vt* ermorden
**assécher** [aseʃe] <5> *vt* trocken legen
**assemblage** [asɑ̃blaʒ] *m* Zusammenbauen *nt;* (*de couleurs*) Zusammenstellung *f*
**assemblée** [asɑ̃ble] *f* Versammlung *f;* **l'Assemblée nationale** die Nationalversammlung; **l'Assemblée fédérale** CH Rat *m* (CH)
**assembler** [asɑ̃ble] <1> **I.** *vt* zusammensetzen **II.** *vpr* **s'~** sich versammeln
**asseoir** [aswaʀ] <irr> **I.** *vt* **faire ~ qn** jdn bitten sich zu setzen; **être/rester assis** sitzen/sitzen bleiben **II.** *vpr* **s'~** sich [hin]setzen
**assez** [ase] *adv* **1.** genug **2.** (*plutôt*) ziemlich **3.** (*quantité suffisante*) **c'est/ce n'est pas ~** das reicht/reicht nicht
**assiette** [asjɛt] *f* Teller *m*
**assigner** [asiɲe] <1> *vt* **1.** zuteilen **2.** JUR **~ qn à comparaître** jdn vorladen
**assimilation** [asimilasjɔ̃] *f* **1.** *fig* Aneignen *nt* **2.** (*intégration*) **~ à qc** Eingliederung *f* in etw (*akk*)
**assimiler** [asimile] <1> **I.** *vt* **1.** vergleichen **2.** (*connaissances*) sich (*dat*) aneignen, aufnehmen **3.** (*intégrer*) eingliedern **II.** *vpr* **s'~ à qc** sich in etw (*akk*) integrieren
**assis(e)** [asi] *adj* sitzend
**assistance** [asistɑ̃s] *f* **1.** (*public*) Publikum *nt* **2.** (*secours*) Hilfe *f;* (*médicale*) Betreuung; **demander ~ à qn** jdn um Hilfe bitten
**assistant(e)** [asistɑ̃] *m(f)* (*aide*) Assistent(in) *m(f);* MED [Arzt]helfer(in) *m(f)*
**assisté(e)** [asiste] *adj* AUT **direction ~e** Servolenkung *f*
**assister** [asiste] <1> **I.** *vi* **~ à qc** bei etw anwesend sein **II.** *vt* **~ qn dans qc** jdm bei etw helfen
**association** [asɔsjasjɔ̃] *f* **1.** Vereini-

gung *f* **2.** (*action de s'associer*) Zusammenschluss *m* **3.** (*groupement*) Organisation *f;* (*opp: société*) Verein *m*
**associer** [asɔsje] <1> **I.** *vt* [miteinander] verbinden **II.** *vpr* **1. s'~** sich zusammenschließen **2.** (*participer à*) **s'~ à qc** sich an etw (+*dat*) beteiligen
**assoiffé(e)** [aswafe] *adj* [sehr] durstig
**assombrir** [asɔ̃bʀiʀ] <8> *vt, vpr* [s']~ [sich] verdunkeln
**assommer** [asɔme] <1> *vt* bewusstlos schlagen
**Assomption** [asɔ̃psjɔ̃] *f* Mariä Himmelfahrt *f*
**assortiment** [asɔʀtimɑ̃] *m* Sortiment *nt*
**assortir** [asɔʀtiʀ] <8> *vt* zusammenstellen
**assouplir** [asupliʀ] <8> *vt* **1.** geschmeidig machen **2.** (*règlement*) lockern
**assouplissant** [asuplisɑ̃] *m* Weichspüler *m*
**assumer** [asyme] <1> *vt* auf sich (*akk*) nehmen
**assurance** [asyʀɑ̃s] *f* **1.** Selbstbewusstsein *nt* **2.** (*garantie*) Zusicherung *f* **3.** (*contrat*) Versicherung *f*
**assuré(e)** [asyʀe] *adj* sicher
**assurer** [asyʀe] <1> **I.** *vt* **1.** versichern **2.** (*avenir*) sichern **II.** *vpr* **s'~ 1.** sich versichern **2.** (*vérifier*) sich überzeugen
**astérisque** [asteʀisk] *m* Sternchen *nt*
**asthmatique** [asmatik] *adj* asthmatisch
**asthme** [asm] *m* Asthma *nt*
**astre** [astʀ] *m* ASTRO Stern *m*
**astreignant(e)** [astʀɛɲɑ̃] *adj* anstrengend
**astreinte** [astʀɛ̃t] *f* Zwang *m*
**astrologue** [astʀɔlɔg] *mf* Astrologe/Astrologin *m/f*
**astronaute** [astʀonot] *mf* Astronaut(in) *m(f)*
**astronomie** [astʀɔnɔmi] *f* Astronomie *f*
**astuce** [astys] *f* Raffiniertheit *f*
**asymétrique** [asimetʀik] *adj* asymmetrisch
**atelier** [atəlje] *m* Werkstatt *f*
**athée** [ate] *adj* atheistisch
**Athènes** [atɛn] Athen *nt*
**athlète** [atlɛt] *mf* Leichtathlet(in) *m(f)*
**athlétisme** [atletism] *m* Leichtathletik *f*
**atlantique** [atlɑ̃tik] *adj* atlantisch; (*côte*) Atlantik-
**Atlantique** [atlɑ̃tik] *m* **l'~** der Atlantik
**atlas** [atlɑs] *m* Atlas *m*
**atmosphère** [atmɔsfɛʀ] *f* Atmosphäre *f*
**atomique** [atɔmik] *adj* atomar
**atomiseur** [atɔmizœʀ] *m* Zerstäuber *m*
**atout** [atu] *m* Trumpf *m*
**atroce** [atʀɔs] *adj* grauenhaft

**attache** [ataʃ] *f* Befestigung *f*
**attachement** [ataʃmɑ̃] *m* Anhänglichkeit *f*
**attacher** [ataʃe] <1> **I.** *vt* **1.** festmachen **2.** (*lacets*) binden; (*montre*) zumachen **3.** (*cheveux*) zusammenbinden **II.** *vpr* **1.** (*mettre sa ceinture de sécurité*) **s'~** sich anschnallen **2.** (*se lier d'affection*) **s'~ à qn** jdn/etw lieb gewinnen
**attaque** [atak] *f* **1.** Angriff *m* **2.** MED Anfall *m*
**attaquer** [atake] <1> **I.** *vt* **1.** angreifen **2.** (*commencer*) beginnen **II.** *vpr* **s'~ à qc** etw in Angriff nehmen
**attarder** [ataʀde] <1> *vpr* **s'~** sich verspäten
**atteindre** [atɛ̃dʀ] <irr> *vt* **1.** erreichen **2.** (*personne*) treffen
**atteinte** [atɛ̃t] *f* Beeinträchtigung *f*
**attendre** [atɑ̃dʀ] <14> **I.** *vt, vi* warten **II.** *vpr* **s'~ à qc** etw erwarten
**attendri(e)** [atɑ̃dʀi] *adj* gerührt
**attendrir** [atɑ̃dʀiʀ] <8> **I.** *vt* rühren **II.** *vpr* **s'~ sur soi-même** sich selbst bemitleiden
**attente** [atɑ̃t] *f* **1.** Warten *nt* **2.** (*espoir*) **contre toute ~** wider Erwarten
**attentif, -ive** [atɑ̃tif] *adj* aufmerksam
**attention** [atɑ̃sjɔ̃] *f* Aufmerksamkeit *f*; **~!** Vorsicht!
**atténuer** [atenɥe] <1> **I.** *vt* lindern; (*bruit*) dämpfen **II.** *vpr* **s'~** nachlassen
**atterrir** [ateʀiʀ] <8> *vi* landen
**attestation** [atɛstasjɔ̃] *f* Bescheinigung *f*
**attester** [atɛste] <1> *vt* bestätigen
**attirant(e)** [atiʀɑ̃] *adj* anziehend
**attirer** [atiʀe] <1> *vt, vpr* [**s'**]~ [sich] anziehen
**attitude** [atityd] *f* Haltung *f*
**attractif, -ive** [atʀaktif] *adj* interessant
**attraction** [atʀaksjɔ̃] *f* **1.** Anziehungskraft *f* **2.** (*divertissement*) Attraktion *f*
**attrape** [atʀap] *f* Scherzartikel *m*
**attraper** [atʀape] <1> **I.** *vt* **1.** fangen; (*train*) erreichen **2.** (*maladie*) bekommen **II.** *vpr* **s'~** (*maladie*) sich übertragen
**attribuer** [atʀibɥe] <1> *vt* verleihen
**attribution** [atʀibysjɔ̃] *f* Zuweisung *f*
**attrister** [atʀiste] <1> *vt* traurig machen
**au** [o] = **à le** *v.* **à**
**aube** [ob] *f* Morgendämmerung *f*
**auberge** [obɛʀʒ] *f* [Land]gasthaus *nt*; **~ de jeunesse** Jugendherberge *f*
**aucun(e)** [okœ̃] **I.** *adj* **~ ... ne ..., ne ... ~ ...** kein(e); **sans ~** ohne **II.** *pron* **~ ne ..., ne ... ~** keine(r, s)
**aucunement** [okynmɑ̃] *adv* kei-

neswegs

**audace** [odas] *f* Kühnheit *f*

**audacieux, -euse** [odasjø] *adj* kühn

**au-dedans** [odədɑ̃] **I.** *adv* drinnen **II.** *prép* ~ **de qc** in etw (*akk*) [hinein]

**au-dehors** [odəɔʀ] **I.** *adv* **1.** draußen; (*avec mouvement*) nach [dr]außen **2.** (*dans l'apparence extérieure*) äußerlich **II.** *prép* ~ **de qc** aus etw [heraus]

**au-delà** [od(ə)la] **I.** *adv* weiter **II.** *prép* ~ **de qc** auf die andere Seite einer S. (*gen*) **III.** *m* Jenseits *nt*

**au-dessous** [od(ə)su] **I.** *adv* darunter **II.** *prép* **1.** (*plus bas*) ~ **de qn/qc** unter jdm/etw **2.** (*inférieur*) **être** ~ **de qn** unter jdm stehen

**au-dessus** [od(ə)sy] **I.** *adv* darüber **II.** *prép* **1.** ~ **de qn/qc** über jdn/etw **2.** (*supérieur*) **être** ~ **de qn/qc** über jdm/etw (*dat*) stehen

**au-devant** [od(ə)vɑ̃] *prép* ~ **de** entgegen (*dat*)

**audible** [odibl] *adj* hörbar

**audience** [odjɑ̃s] *f* **1.** Audienz *f* **2.** MEDIA Einschaltquote *f*

**audiovisuel** [odjovisɥɛl] *m* TV audiovisuelle Medien *Pl*

**audiovisuel(le)** [odjovisɥɛl] *adj* audiovisuell

**auditeur, -trice** [oditœʀ] *m, f* Zuhörer(in) *m(f)*

**augmentation** [ɔgmɑ̃tasjɔ̃] *f* Erhöhung *f*

**augmenter** [ɔgmɑ̃te] <1> **I.** *vt* erhöhen; (*misère*) vergrößern **II.** *vi* steigen

**aujourd'hui** [oʒuʀdɥi] *adv* heute; **il y a** ~ **huit jours** heute vor acht Tagen

**auparavant** [opaʀavɑ̃] *adv* vorher

**auprès de** [opʀɛ də] *prép* bei

**auquel** [okɛl] = **à lequel** *v.* **lequel**

**auréole** [ɔʀeɔl] *f* **1.** Rand *m* **2.** REL Heiligenschein *m*

**aurore** [ɔʀɔʀ] *f* Morgenröte *f*

**aussi** [osi] **I.** *adv* **1.** (*élément de comparaison*) ~ **... que** so ... wie **2.** (*également*) auch; **bon appétit! — merci, vous ~!** guten Appetit! — danke, gleichfalls! **3.** (*en plus*) auch noch **II.** *conj* daher

**aussitôt** [osito] **I.** *adv* sofort **II.** *conj* ~ **que** sobald

**austérité** [osteʀite] *f* Strenge *f*; **mesure d'~** Sparmaßnahmen *Pl*

**Australie** [ostʀali] *f* **l'~** Australien *nt*

**australien(ne)** [ostʀaljɛ̃] *adj* australisch

**autant** [otɑ̃] *adv* **1.** so viel **2.** (*relation d'égalité*) ~ **que** ebenso [sehr]/ebenso viel... wie; **d'~** ebenso viel **3.** (*dans la mesure où*) ~ **que possible** so weit wie möglich **4. d'~ plus** umso mehr

**auteur, -trice** [otœʀ] *m, f* **1.** (*écrivain*) Autor(in) *m(f)* **2.** (*créateur*) Schöpfer(in) *m(f)*

**authentique** [otɑ̃tik] *adj* echt

**auto** [oto] *f abr de* **automobile** Auto *nt*

**autobiographie** [otobjɔgʀafi] *f* Autobiografie *f*

**autobus** [otobys] *m* [Auto]bus *m*

**autocar** [otokaʀ] *m* Reisebus *m*

**autochtone** [otokton] *mf* Einheimische(r) *f(m)*

**autocollant(e)** [otokɔlɑ̃] *adj* selbstklebend

**autodiscipline** [otodisiplin] *f* Selbstdisziplin *f*

**autoécole, auto-école** [otoekɔl] <auto-écoles> *f* Fahrschule *f*

**autographe** [otogʀaf] *m* Autogramm *nt*

**automate** [otomat] *m* Automat *m*

**automatique** [otomatik] *adj* automatisch

**automne** [otɔn] *m* Herbst *m*

**autonome** [otonom] *adj* **1.** unabhängig **2.** INFORM offline

**autorisation** [otoʀizasjɔ̃] *f* Erlaubnis *f*

**autoriser** [otoʀize] <1> *vt* erlauben

**autoritaire** [otoʀitɛʀ] *adj* autoritär

**autorité** [otoʀite] *f* **1.** Autorität *f* **2.** (*organisme*) Behörde *f*

**autoroute** [otoʀut] *f* Autobahn *f*

**autostop, auto-stop** [otostɔp] *m* Trampen *nt;* **faire de l'~** trampen

**autour** [otuʀ] **I.** *adv* herum; **tout ~** rundherum **II.** *prép* **1.** (*entourant*) **~ de qn/qc** um jdn/etw herum **2.** (*à proximité de*) **~ de...** in der Umgebung von... **3.** (*environ*) **~ des 1000 euros** um die 1000 Euro [herum]

**autre** [otʀ] **I.** *adj* **1.** (*différent*) andere(r, s); **~ chose** etwas anderes; **d'une ~ manière** anders **2.** (*supplémentaire*) weitere(r, s) **3.** (*second des deux*) **l'~ ...** der/die/das andere ... **II.** *pron* **1.** andere(r, s) **2.** (*personne*) weitere(r, s) **3. entre ~s** unter anderem

**autrefois** [otʀəfwɑ] *adv* früher

**autrement** [otʀəmɑ̃] *adv* **1.** anders **2.** (*sinon*) sonst **3. ~ dit** mit anderen Worten

**Autriche** [otʀiʃ] *f* **l'~** Österreich *nt*

**autrichien(ne)** [otʀiʃjɛ̃] *adj* österreichisch

**Autrichien(ne)** [otʀiʃjɛ̃] *m(f)* Österreicher(in) *m(f)*

**autrui** [otʀɥi] *pron inv* ein anderer/eine andere; (*les autres*) andere

**aux** [o] = **à les** *v.* **à**

**auxiliaire** [ɔksiljɛʀ] *m* LING Hilfsverb *nt*

**avachi(e)** [avaʃi] *adj* schlaff

**avalanche** [avalɑ̃ʃ] *f* Lawine *f*

**avaler** [avale] <1> *vt, vi* schlucken

**avance** [avɑ̃s] *f* **1.** Vormarsch *m* **2.** (*opp: retard*) **en ~ de cinq minutes** fünf Minuten zu früh **3.** (*distance*) Vorsprung *m* **4.** (*somme*) Vorschuss *m*

**avancer** [avɑ̃se] <2> **I.** *vt* **1.** (*montre*) vorstellen; (*départ*) vorverlegen **2.** (*chaise*) vorrücken; (*voiture*) vorfahren **3.** (*idée*) vorbringen **4.** (*argent*) vorstrecken **II.** *vi* **1.** vorwärtskommen **2.** (*être en avance*) vorgehen **3.** (*progresser*) vorankommen **III.** *vpr* **1. s'~ vers qn/qc** auf jdn/etw zugehen **2.** (*prendre de l'avance*) **s'~ dans son travail** mit der Arbeit vorankommen

**avant** [avɑ̃] **I.** *prép* **1.** vor (+*dat*) **2. ~ tout** vor allem **II.** *adv* vorher; **passer ~** vorgehen; **en ~** nach vorne; **plus/trop ~** weiter vor/zu weit vor; **le jour d'~** am Tag[e] davor **III.** *conj* **~ que** + *subj* bevor **IV.** *m* Vorderteil *nt o m;* **à l'~** vorn[e]

**avantage** [avɑ̃taʒ] *m* **1.** *a.* SPORT Vorteil *m* **2.** (*supériorité*) Überlegenheit *f*

**avantageux, -euse** [avɑ̃taʒø] *adj* günstig

**avant-bras** [avɑ̃bʀɑ] <avant-bras> *m* Unterarm *m* **avant-dernier, -ière** [avɑ̃dɛʀnje] <avant-derniers> *adj* vorletzte(r, s) **avant-goût** [avɑ̃gu] <avant-goûts> *m* Vorgeschmack *m* **avant-hier** [avɑ̃tjɛʀ] *adv* vorgestern **avant-première** [avɑ̃pʀəmjɛʀ] <avant-premières> *f* Voraufführung *f* **avant-propos** [avɑ̃pʀɔpo] <avant-propos> *m* Vorwort *nt*

**avare** [avaʀ] *adj* geizig

**avarié(e)** [avaʀje] *adj* verdorben

**avec** [avɛk] **I.** *prép* mit (+*dat*); **être gentil ~ qn** nett zu jdm sein **II.** *adv fam* **1.** damit; **tu viens ~?** BELG kommst du mit? **2. faire ~** sich [eben] damit abfinden

**avenir** [av(ə)niʀ] *m* Zukunft *f*

**aventure** [avɑ̃tyʀ] *f* Abenteuer *nt*

**aventurer** [avɑ̃tyʀe] <1> *vpr* **s'~** sich wagen

**avérer** [aveʀe] <5> *vpr* **s'~** sich erweisen als

**averse** [avɛʀs] *f* [Regen]schauer *m;* (*d'injures*) Flut *f*

**aversion** [avɛʀsjɔ̃] *f* Abneigung *f*

**avertir** [avɛʀtiʀ] <8> *vt* **1.** benachrichtigen **2.** (*mettre en garde*) warnen

**avertisseur** [avɛʀtisœʀ] *m* Hupe *f*

**aveu** [avø] <x> *m* Geständnis *nt*

**aveugle** [avœgl] *adj* blind

**aveuglement** [avœgləmɑ̃] *m* Blindheit *f*

**aviation** [avjasjɔ̃] *f* **1.** AUT Luftfahrt *f;* **compagnie d'~** Fluggesellschaft *f* **2.** MIL Luftwaffe *f*

**avion** [avjɔ̃] *m* Flugzeug *nt;* **aller en ~** fliegen; **par ~** POST mit Luftpost
**avis** [avi] *m* **1.** Ansicht *f* **2.** (*notification*) Mitteilung *f;* **~ de décès/recherche** Todes-/Suchanzeige *f*
**avocat** [avɔka] *m* Avocado *f*
**avocat(e)** [avɔka] *m(f)* [Rechts]anwalt/-anwältin *m/f,* Advokat(in) *m(f)* (A, CH)
**avoir** [avwaʀ] <irr> **I.** *vt* **1.** haben; **~ 15 ans** 15 Jahre alt sein **2.** (*vêtement*) anhaben **3.** (*obtenir*) bekommen **4. en ~ pour deux minutes** zwei Minuten brauchen **5. il y a ...** es gibt ...; **il y a 3 jours** vor 3 Tagen; **il n'y a plus rien à faire** da ist nichts mehr zu machen; **il n'y a pas de quoi!** keine Ursache! **II.** *aux* **il n'a rien dit** er hat nichts gesagt **III.** *m* **1.** Guthaben *nt* **2.** (*bon d'achat*) Gutschein *m*
**avortement** [avɔʀtəmɑ̃] *m* Abtreibung *f*
**avorter** [avɔʀte] <1> *vi* **1.** abtreiben **2.** (*échouer*) fehlschlagen
**avouer** [avwe] <1> *vt, vi* gestehen
**avril** [avʀil] *m* **1.** April *m* **2. poisson d'~** Aprilscherz *m*
**axe** [aks] *m* Achse *f*
**axer** [akse] <1> *vt* ausrichten
**azote** [azɔt] *m* Stickstoff *m*
**azur** [azyʀ] *m* **ciel d'~** azurblauer Himmel

# B

B

**B, b** [be] *m inv* B *nt,* b *nt*
**babiole** [babjɔl] *f* Kleinigkeit *f*
**bâbord** [bɑbɔʀ] *m* Backbord *nt*
**babyphone** [babifɔn] *m* Babyfon *nt*
**bac**[1] [bak] *m* **1.** Behälter *m;* (*d'un évier*) [Spül]becken *nt* **2.** (*bateau*) Fähre *f*
**bac**[2] [bak] *m fam abr de* **baccalauréat** ≈ Abi *nt*
**baccalauréat** [bakalɔʀea] *m* ≈ Abitur *nt*
**bactérie** [bakteʀi] *f* Bakterie *f*
**badaud(e)** [bado] *m(f)* Schaulustige(r) *f(m)*
**badge** [badʒ] *m* Button *m*
**badiner** [badine] <1> *vi* scherzen
**bafouer** [bafwe] <1> *vt* verhöhnen
**bagage** [bagaʒ] *m pl* Gepäck *nt*
**bagarre** [bagaʀ] *f* Schlägerei *f*
**bague** [bag] *f* Ring *m*
**baguette** [bagɛt] *f* **1.** Baguette *f o nt* **2.** (*bâton*) Stab *m*
**baie** [bɛ] *f* **1.** GEO Bucht *f* **2.** BOT Beere *f*
**baignade** [bɛɲad] *f* Baden *nt*
**baigner** [beɲe] <1> *vpr* **se ~** baden
**baignoire** [bɛɲwaʀ] *f* Badewanne *f*
**bâiller** [bɑje] <1> *vi* gähnen
**bâillonner** [bɑjɔne] <1> *vt* knebeln

**bain** [bɛ̃] *m* Bad *nt*
**baiser¹** [beze] *m* Kuss *m*
**baiser²** [beze] <1> *vi fam* bumsen (*vulg*)
**baisse** [bɛs] *f* Rückgang *m*
**baisser** [bese] <1> **I.** *vt* **1.** herunterlassen **2.** (*tête*) senken **3.** (*ton*) leiser machen **II.** *vi* (*forces*) nachlassen; (*niveau*) sinken **III.** *vpr* **se ~** sich bücken
**bal** [bal] <s> *m* Ball *m*
**balader** [balade] <1> *vpr* **se ~** *fam* spazieren gehen
**baladeur** [baladœʀ] *m* Walkman® *m*; **~ numérique** MP3-Player *m*
**balai** [balɛ] *m* Besen *m*
**balance** [balɑ̃s] *f* Waage *f*
**Balance** [balɑ̃s] *f* Waage *f*
**balancer** [balɑ̃se] <2> *vt* schaukeln
**balançoire** [balɑ̃swaʀ] *f* Schaukel *f*
**balayer** [baleje] <7> *vt* **1.** fegen **2.** INFORM scannen
**balcon** [balkɔ̃] *m* Balkon *m*
**Bâle** [bɑl] Basel *nt*
**baleine** [balɛn] *f* ZOOL Wal *m*
**baliser** [balize] <1> *vt a.* INFORM markieren
**Balkans** [balkɑ̃] *mpl* **les ~** der Balkan
**ballant(e)** [balɑ̃] *adj* baumelnd
**balle** [bal] *f* **1.** Ball *m* **2.** (*projectile*) Kugel *f*
**ballet** [balɛ] *m* Ballett *nt*
**ballon** [balɔ̃] *m* **1.** Ball *m* **2.** (*baudruche*) Luftballon *m*
**balluchon** [balyʃɔ̃] *m* Bündel *nt*
**balnéaire** [balneɛʀ] *adj* **station ~** Seebad *nt*
**Baltique** [baltik] *f* **la [mer] ~** die Ostsee
**balustrade** [balystʀad] *f* Geländer *nt*
**bambin** [bɑ̃bɛ̃] *m* kleiner Junge/kleines Mädchen
**bambou** [bɑ̃bu] *m* Bambus *m*
**banal(e)** [banal] <s> *adj* banal
**banaliser** [banalize] <1> *vt* banalisieren
**banane** [banan] *f* Banane *f*
**banc** [bɑ̃] *m* **1.** Bank *f* **2.** (*de poissons*) Schwarm *m*
**bande¹** [bɑ̃d] *f* **1.** Streifen *m*; (*d'un magnétophone*) [Ton]band **2.** MED Binde *f* **3. ~ dessinée** Comic[strip] *m*
**bande²** [bɑ̃d] *f* Bande *f*; **~ d'amis** Clique *f*
**bandeau** [bɑ̃do] <x> *m* Stirnband *nt*
**bander** [bɑ̃de] <1> *vt* **1.** verbinden **2.** (*tendre*) spannen
**bande-vidéo** [bɑ̃dvideo] <bandes-vidéo> *f* Videoband *nt*
**banlieue** [bɑ̃ljø] *f* Vorort *m*
**bannir** [baniʀ] <8> *vt* verbannen
**banque** [bɑ̃k] *f* Bank *f*
**banqueroute** [bɑ̃kʀut] *f* Bankrott *m*
**banquette** [bɑ̃kɛt] *f* [Sitz]bank *f*; **~ arrière** AUT Rücksitz *m*
**baptême** [batɛm] *m* Taufe *f*

**baptiser** [batize] <1> *vt* **1.** taufen **2.** (*surnommer*) einen Spitznamen geben
**bar¹** [baʀ] *m* Bar *f*
**bar²** [baʀ] *m* ZOOL Seebarsch *m*
**baraque** [baʀak] *f* [Holz]baracke *f*
**barbare** [baʀbaʀ] *adj* **1.** barbarisch **2.** (*grossier*) unkultiviert
**barbe** [baʀb] *f* **1.** Bart *m* **2.** GASTR ~ **à papa** Zuckerwatte *f*
**barbecue** [baʀbəkju] *m* Grill *m*
**barbouiller** [baʀbuje] <1> *vt* beschmieren
**barbu(e)** [baʀby] *adj* bärtig
**baril** [baʀil] *m* Fass *nt*
**bariolé(e)** [baʀjɔle] *adj* bunt bemalt
**baromètre** [baʀɔmɛtʀ] *m* Barometer *nt*
**baroque** [baʀɔk] *adj* barock
**barque** [baʀk] *f* Kahn *m*
**barquette** [baʀkɛt] *f* Schale *f*
**barrage** [baʀaʒ] *m* **1.** Sperre *f* **2.** ELEC [Stau]damm *m*
**barre** [baʀ] *f* **1.** Stange *f;* ~ **de chocolat** Schokoladenriegel *m* **2.** (*trait*) Strich *m* **3.** SPORT Latte *f* **4.** INFORM Leiste *f;* ~ **de défilement/des tâches** Bildlauf-/Taskleiste
**barré(e)** [baʀe] *adj* gesperrt
**barrer** [baʀe] <1> *vt* **1.** sperren **2.** (*biffer*) durchstreichen **3.** NAUT steuern
**barrette** [baʀɛt] *f* [Haar]spange *f*
**barricader** [baʀikade] <1> *vt, vpr* [se] ~ [sich] verbarrikadieren
**barrière** [baʀjɛʀ] *f* **1.** Absperrung *f;* CHEMDFER Schranke *f* **2.** (*clôture*) Zaun *m*
**barrique** [baʀik] *f* Fass *nt*
**bar-tabac** [baʀtaba] <bars-tabac> *m: Bistro mit Tabakwarenverkauf*
**bas** [bɑ] **I.** *m* unterer Teil **II.** *adv* **1. en** ~ unten; **voir plus** ~ siehe unten **2.** (*opp: aigu/haut*) tief **3.** (*doucement*) leise
**bas(se)** [bɑ] *adj* **1.** niedrig; (*stature*) klein; **à voix ~se** leise **2.** (*opp: aigu*) tief **3.** (*peuple*) einfach
**basculer** [baskyle] <1> *vt, vi* (*faire pivoter*) [um]kippen
**base** [bɑz] *f* Basis *f;* ~ **de données** Datenbank *f*
**baser** [bɑze] <1> *vt, vpr* [se] ~ [sich] stützen
**bas-fond** [bɑfɔ̃] <bas-fonds> *m* Untiefe *f*
**basque** [bask] **I.** *adj* baskisch; **Pays** ~ Baskenland *nt* **II.** *m* Baskisch *nt*
**Basque** [bask] *mf* Baske/Baskin *m/f*
**basse** [bɑs] *f* Bass *m*
**bassesse** [bɑsɛs] *f* Niederträchtigkeit *f*
**bassin** [basɛ̃] *m* Becken *nt*
**bastille** [bastij] *f* **la Bastille** die Bastille
**bas-ventre** [bɑvɑ̃tʀ] <bas-ventres> *m* Unterleib *m*

B

**bataille** [bataj] *f* Schlacht *f*
**bâtard(e)** [bɑtaʀ] *adj* unehelich; (*chien*) nicht reinrassig
**bateau** [bato] <x> *m* Schiff *nt*
**bâti(e)** [bɑti] *adj* bebaut
**bâtiment** [bɑtimɑ̃] *m* Gebäude *nt*
**bâtir** [bɑtiʀ] <8> *vt* bauen
**bâton** [bɑtɔ̃] *m* **1.** (*canne*) Stock *m* **2.** (*bâtonnet*) Stiel *m*
**battant(e)** [batɑ̃] *adj* einsatzfreudig
**batterie** [batʀi] *f* Batterie *f;* MUS Schlagzeug *nt*
**batteur** [batœʀ] *m* **1.** [Hand]rührgerät *nt* **2.** MUS Schlagzeuger(in) *m(f)*
**battre** [batʀ] <irr> **I.** *vt, vi* (*cogner*) schlagen **II.** *vpr* **se ~** kämpfen
**battu(e)** [baty] *adj* (*vaincu*) geschlagen
**baume** [bom] *m* Balsam *m*
**bavard(e)** [bavaʀ] *adj* redselig
**bavarder** [bavaʀde] <1> *vi* plaudern
**bavarois(e)** [bavaʀwa] *adj* bay[e]risch; (*dialecte*) bairisch
**baver** [bave] <1> *vi* geifern
**bavure** [bavyʀ] *f* Irrtum *m*
**bazar** [bazaʀ] *m* **1.** (*magasin*) Kaufhalle *f* **2.** (*souk*) Basar *m*
**bazarder** [bazaʀde] <1> *vt fam* wegschmeißen
**beach-volley** [bitʃvɔlɛ] *m inv* Beachvolleyball *m*
**béant(e)** [beɑ̃] *adj* gähnend
**béat(e)** [bea] *adj* [glück]selig
**beau** [bo] <x> *m* **1. le ~** das Schöne **2.** METEO **se mettre au ~** schön werden
**beau, bel, belle** [bo] <x> *adj* **1.** schön **2. il fait ~** es ist schön[es Wetter]; **se faire ~** sich feinmachen
**beaucoup** [boku] *adv* **1.** viel **2.** (*intensément*) sehr **3.** (*beaucoup de personnes*) viele **4.** (*beaucoup de choses*) viel **5. ~ trop** viel zu viel
**beau-fils** [bofis] <beaux-fils> *m* **1.** (*gendre*) Schwiegersohn *m* **2.** (*fils du conjoint*) Stiefsohn *m*
**beau-frère** [bofʀɛʀ] <beaux-frères> *m* Schwager *m* **beau-père** [bopɛʀ] <beaux-pères> *m* **1.** (*père du conjoint*) Schwiegervater *m* **2.** (*conjoint de la mère*) Stiefvater *m*
**beauté** [bote] *f* Schönheit *f*
**beaux-arts** [bozaʀ] *mpl* **les ~** die schönen Künste **beaux-enfants** [bozɑ̃fɑ̃] *mpl* Stiefkinder *Pl* **beaux-parents** [bopaʀɑ̃] *mpl* Schwiegereltern *Pl*
**bébé** [bebe] *m* Baby *nt*
**bêcher** [beʃe] <1> *vt, vi* umgraben
**becqueter** [bɛkte] <3> **I.** *vt* aufpicken **II.** *vi* picken
**bégayer** [begeje] <7> **I.** *vi* stottern **II.** *vt* stammeln
**bègue** [bɛg] *mf* Stotterer/Stotterin *m/f*
**beige** [bɛʒ] *adj* beige

**beignet** [bɛɲɛ] *m* Krapfen *m*, Buchtel *f* (A)

**bêler** [bele] <1> *vi* (*mouton*) blöken; (*chèvre*) meckern

**belge** [bɛlʒ] *adj* belgisch

**Belge** [bɛlʒ] *mf* Belgier(in) *m(f)*

**Belgique** [bɛlʒik] *f* **la** ~ Belgien *nt*

**bélier** [belje] *m* Widder *m*

**Bélier** [belje] *m* Widder *m*

**belle** [bɛl] *f* SPORT Entscheidungsspiel *nt*

**belle-fille** [bɛlfij] <belles-filles> *f* **1.** (*bru*) Schwiegertochter *f* **2.** (*fille du conjoint*) Stieftochter *f* **belle-mère** [bɛlmɛʀ] <belles-mères> *f* **1.** (*mère du conjoint*) Schwiegermutter *f* **2.** (*conjointe du père*) Stiefmutter *f* **belle-sœur** [bɛlsœʀ] <belles-sœurs> *f* Schwägerin *f*

**bénédiction** [benediksjɔ̃] *f* Segen *m*

**bénéficiaire** [benefisjɛʀ] *mf* Empfänger(in) *m(f)*

**bénéficier** [benefisje] <1> *vi* profitieren

**Benelux** [benelyks] *m* **le** ~ die Benelux[staaten]

**bénévolat** [benevɔla] *m* ehrenamtliche Tätigkeit *f*

**bénévole** [benevɔl] *adj* freiwillig; (*fonction*) ehrenamtlich

**bénin, -igne** [benɛ̃] *adj* harmlos

**bénir** [beniʀ] <8> *vt* segnen

**bénit(e)** [beni] *adj* geweiht

**BEPC** [beøpese] *m abr de* **brevet d'études du premier cycle** ≈ Mittlere Reife

**béquille** [bekij] *f* Krücke *f*

**berceau** [bɛʀso] <x> *m* Wiege *f*



**bercer** [bɛʀse] <2> *vt* wiegen

**berger** [bɛʀʒe] *m* Schäferhund *m*

**berger, -ère** [bɛʀʒe] *m, f* Hirte/Hirtin *m/f*

**berlingot** [bɛʀlɛ̃go] *m* (*emballage*) Tetrapak® *m*

**berner** [bɛʀne] <1> *vt* an der Nase herumführen

**besogne** [bəzɔɲ] *f* Arbeit *f*

**besoin** [bəzwɛ̃] *m* **1.** Bedarf *m* (*dat*) **2.** (*nécessité d'uriner*) Notdurft *f* (*geh*) **3. avoir ~ de qc/de faire qc** etw brauchen/etw machen müssen

**bestial(e)** [bɛstjal] <-aux> *adj* brutal

**bête** [bɛt] **I.** *f* **1.** Tier *nt*; **les ~s** Vieh *nt* **2.** (*vermine*) Ungeziefer *nt* **3.** (*animalité*) **la** ~ das Animalische **II.** *adj* **1.** dumm **2. c'est tout** ~ es ist ganz einfach

**bêtement** [bɛtmɑ̃] *adv* dummerweise

**bêtise** [betiz] *f* **1.** (*a. acte*) Dummheit *f* **2.** (*parole*) Unsinn *m*

**béton** [betɔ̃] *m* Beton *m*

**bétonner** [betɔne] <1> *vt* betonieren

**beugler** [bøgle] <1> *vi* muhen; (*taureau*) brüllen

**beurre** [bœʀ] *m* Butter *f*

**beuverie** [bœvʀi] *f* Trinkgelage *nt*

**biais** [bjɛ] *m* **1.** Umweg *m* **2. de ~** schräg

**biaiser** [bjeze] <1> *vi* ausweichen

**biberon** [bibʀɔ̃] *m* Flasche *f*

**bible** [bibl] *f* Bibel *f*

**bibliothèque** [biblijɔtɛk] *f* **1.** Bibliothek *f;* (*bibliothèque publique*) Bücherei *f;* **~-en-ligne** Onlinebibliothek **2.** (*meuble*) Bücherregal *nt*

**biche** [biʃ] *f* Hirschkuh *f*

**bichonner** [biʃɔne] <1> **I.** *vt* [ver]hätscheln **II.** *vpr* **se ~** sich feinmachen

**bicolore** [bikɔlɔʀ] *adj* zweifarbig

**bicyclette** [bisiklɛt] *f* [Fahr]rad *nt;* **faire de la ~** Rad fahren

**bidon** [bidɔ̃] *m* Kanister *m;* (*de lait*) Kanne *f*

**bidonner** [bidɔne] <1> *vpr fam* **se ~** sich schieflachen

**bidonville** [bidɔ̃vil] *m* Slum *m*

**bien** [bjɛ̃] **I.** *adv* **1.** (*rire*) viel; (*manger*) gut **2.** (*au moins*) mindestens **3.** (*plus*) **c'est ~ mieux** das ist viel besser; **~ assez** mehr als genug **4.** (*agir*) richtig; **tu ferais ~ de me le dire** du sagst es mir wohl besser **5.** (*vraiment*) sehr; (*imaginer*) gut; **aimer ~ qn/qc** jdn/etw gernhaben; **je veux ~, merci!** gern, danke! **6. ou ~** oder [lieber]; **~ que** + *subj* obwohl **II.** *adj inv* **1.** gut **2.** (*en forme*) **se sentir ~** sich wohl fühlen **3.** (*joli*) schön; (*homme*) gut aussehend **4.** (*comme il faut*) anständig **III.** *m* **1.** Gut *nt;* **le ~ général** das [All]gemeinwohl **2.** (*capital matériel*) Eigentum *nt*

**bienfaisance** [bjɛ̃fəzɑ̃s] *f* Wohltätigkeit *f*

**bienheureux, -euse** [bjɛ̃nœʀø] *adj* REL selig

**bienséance** [bjɛ̃seɑ̃s] *f* Anstand *m*

**bientôt** [bjɛ̃to] *adv* bald; **à ~!** bis bald!

**bienveillance** [bjɛ̃vɛjɑ̃s] *f* Wohlwollen *nt*

**bienvenu(e)** [bjɛ̃v(ə)ny] *adj* willkommen

**bière** [bjɛʀ] *f* Bier *nt;* **~ blonde/brune** helles/dunkles Bier; **~ [à la] pression** Bier vom Fass

**bifteck** [biftɛk] *m* [Beef]steak *nt*

**bigarré(e)** [bigaʀe] *adj* bunt[gemustert]

**bijou** [biʒu] <x> *m* Schmuckstück *nt;* **des ~x** Schmuck *m*

**bijouterie** [biʒutʀi] *f* Juweliergeschäft *nt*

**bilan** [bilɑ̃] *m* **1.** Bilanz *f;* **déposer le ~** Konkurs anmelden **2.** MED Untersuchung *f*

**bilatéral(e)** [bilateʀal] <-aux> *adj* **1.** auf beiden Seiten **2.** JUR, POL bilateral

**bilingue** [bilɛ̃g] *adj* zweisprachig

**bille** [bij] *f* Murmel *f;* **stylo à ~** Kugelschreiber *m*

**billet** [bijɛ] *m* **1.** Eintrittskarte *f*

2. (*d'autobus*) Fahrschein *m;* ~ **aller/aller-retour** Einzel-/Rückfahrkarte *f* **3.** (*numéro*) Los *nt* **4.** (*argent*) [Geld]schein *m*
**bimensuel(le)** [bimɑ̃sɥɛl] *adj* **être ~** (*journal*) zweimal im Monat erscheinen
**bio** [bjo] *adj inv abr de* **biologique** Bio-; **magasin/produits ~** Bioladen/-produkte
**biodégradable** [bjodegʀadabl] *adj* biologisch abbaubar
**biographie** [bjɔgʀafi] *f* Biografie *f*
**biologie** [bjɔlɔʒi] *f* Biologie *f*
**biologique** [bjɔlɔʒik] *adj* biologisch
**biométrique** [bjometʀik] *adj* biometrisch
**bioterrorisme** [bjoteʀɔʀism] *m* Bioterrorismus *m*
**bip** [bip] *m* Tonzeichen *nt*
**bis** [bis] **I.** *adv* **~!** Zugabe! **II.** *app* **n° 12 ~** Nr. 12a
**bis(e)** [bi] *adj* graubraun
**biscotte** [biskɔt] *f* Zwieback *m*
**biscuit** [biskɥi] *m* **1.** Keks *m* **2.** (*pâtisserie*) Biskuit *m*
**bise¹** [biz] *f* kalter Nordwind
**bise²** [biz] *f fam* Küsschen *nt;* **se faire la ~** sich Küsschen geben; **grosses ~s!** viele Grüße und Küsse!
**bissextile** [bisɛkstil] *adj* **année ~** Schaltjahr *nt*
**bistro[t]** [bistʀo] *m fam* Kneipe *f*
**bit** [bit] *m* INFORM Bit *nt*
**bitume** [bitym] *m* Asphalt *m*
**bizarre** [bizaʀ] *adj* seltsam
**blague** [blag] *f fam* **1.** Witz *m* **2. sans ~!** im Ernst!
**blaguer** [blage] <1> *vi* Witze machen
**blaireau** [blɛʀo] <x> *m* **1.** ZOOL Dachs *m* **2.** (*pour la barbe*) Rasierpinsel *m*
**blâmer** [blɑme] <1> *vt* tadeln
**blanc** [blɑ̃] *m* **1.** Weiß *nt* **2.** TYP, INFORM Leerstelle *f* **3.** (*vin*) Weißwein *m* **4.** GASTR **~ d'œuf** Eiweiß *nt*
**blanc, he** [blɑ̃] *adj* **1.** (*de couleur blanche*) weiß **2.** (*bulletin de vote*) leer; (*feuille*) unbeschrieben
**blanchâtre** [blɑ̃ʃɑtʀ] *adj* weißlich
**blanchir** [blɑ̃ʃiʀ] <8> **I.** *vt* **1.** weiß machen; (*mur*) weißen **2.** (*argent*) waschen **II.** *vi* weiße Haare bekommen
**blanchisserie** [blɑ̃ʃisʀi] *f* Wäscherei *f*
**blasphémer** [blasfeme] <5> *vi* Gott lästern
**blé** [ble] *m* Weizen *m;* (*grain*) Getreide *nt*
**blêmir** [blemiʀ] <8> *vi* bleich werden
**blessé(e)** [blese] *adj* verletzt
**blesser** [blese] <1> *vt, vpr* **[se] ~** [sich] verletzen
**blessure** [blesyʀ] *f* Verletzung *f*
**bleu** [blø] *m* **1.** (*couleur*) Blau *nt;*

~ **ciel/foncé** Himmel-/Dunkelblau **2.** (*marque*) blauer Fleck **3.** *pl* SPORT **les ~s** *französische Fußball-Nationalmannschaft*
**bleu(e)** [blø] *adj* **1.** (*de couleur bleue*) blau **2.** (*steak*) englisch
**bloc** [blɔk] *m* Block *m;* **en ~** im Ganzen
**blocage** [blɔkaʒ] *m* Blockieren *nt*
**blond(e)** [blɔ̃] *adj* blond; (*tabac*) hell
**blonde** [blɔ̃d] *f* (*bière*) helles Bier
**blondir** [blɔ̃diʀ] <8> *vi* blond werden
**bloquer** [blɔke] <1> *vt, vpr* [**se**] ~ blockieren
**blottir** [blɔtiʀ] <8> *vpr* **se ~ contre qn** sich an jdn kuscheln
**blouson** [bluzɔ̃] *m* **1.** Blouson *m o nt* **2. ~ noir** Rocker *m*
**bob** [bɔb] *m* **1.** SPORT Bob *m* **2.** (*chapeau*) Stoffhut *m*
**bœuf** [bœf] *m* **1.** ZOOL Rind *nt* **2.** (*opp: taureau, vache*) Ochse *m* **3.** (*viande*) Rindfleisch *nt*
**bohème** [bɔɛm] *adj* unkonventionell
**Bohême** [bɔɛm] *f* **la ~** Böhmen *nt*
**bohémien(ne)** [bɔemjɛ̃] *m(f)* Zigeuner(in) *m(f)*
**boire** [bwaʀ] <irr> *vt, vi* trinken
**bois** [bwɑ] **I.** *m* **1.** [kleiner] Wald **2.** (*matériau*) Holz *nt* **II.** *mpl* MUS Holzblasinstrumente *Pl*
**boisson** [bwasɔ̃] *f* Getränk *nt*
**boîte** [bwat] *f* **1.** Schachtel *f;* **~ à outils** Werkzeugkasten *m* **2.** (*conserve*) Dose *f* **3.** *fam* (*discothèque*) Disko *f* **4.** INFORM **~ de dialogue** Dialogfeld *nt;* **~ aux lettres** [**électronique**] Mailbox *f* **5.** (*casier*) **~ aux lettres** Briefkasten *m*
**boiter** [bwate] <1> *vi* hinken
**boîtier** [bwatje] *m* Gehäuse *nt*
**bol** [bɔl] *m* **1.** Schale *f* **2. en avoir ras le ~** *fam* die Nase voll haben
**bolide** [bɔlid] *m* Rennwagen *m*
**bombe** [bɔ̃b] *f* **1.** (*atomiseur*) Spraydose *f* **2.** (*casquette*) Reitkappe *f*
**bombé(e)** [bɔ̃be] *adj* gewölbt
**bomber** [bɔ̃be] <1> *vt* **1.** [he]rausstrecken (*fam*) **2.** *fam* (*peindre*) sprühen
**bon** [bɔ̃] **I.** *m* **1.** Gutschein *m* **2.** (*ce qui est bon*) Gute(s) *nt* **3.** (*personne*) Gute(r) *f(m)* **4. avoir du ~** seine Vorzüge haben **II.** *adv* **sentir ~** duften
**bon(ne)** [bɔ̃] <meilleur> *adj* **1.** gut **2.** (*valable*) gültig **3.** (*soirée*) schön **4. c'est ~** (*a bon goût*) das schmeckt gut; (*fait du bien*) das tut gut; **à quoi ~?** wozu?
**bonbon** [bɔ̃bɔ̃] *m* Bonbon *m o nt*
**bondé(e)** [bɔ̃de] *adj* überfüllt
**bondir** [bɔ̃diʀ] <8> *vi* [hoch]springen
**bonheur** [bɔnœʀ] *m* Glück *nt;* **par ~** zum Glück; **porter ~ à qn** jdm Glück bringen

**bonjour** [bɔ̃ʒuʀ] *m* ~! guten Tag/Morgen! CAN (*bonne journée*) einen schönen Tag noch!
**bonnet** [bɔnɛ] *m* Mütze *f*; ~ **de bain** Badekappe *f*
**bonsoir** [bɔ̃swaʀ] *m* (*en arrivant*) guten Abend; (*avant le coucher*) gute Nacht
**bonté** [bɔ̃te] *f* Güte *f*
**booter** [bute] <1> *vi* INFORM [hoch]booten
**bord** [bɔʀ] *m* Rand *m*; (*d'une table*) Kante *f*; (*d'un lac*) Ufer *nt*; **au ~ de [la] mer** am Meer
**bordeaux** [bɔʀdo] *m* Bordeaux-[wein *m*] *m*
**bordel** [bɔʀdɛl] *m vulg* Puff *m* (*fam*)
**border** [bɔʀde] <1> *vt* **1.** [be]säumen (*geh*) **2.** (*enfant*) zudecken
**bordure** [bɔʀdyʀ] *f* **1.** Rand *m* **2.** (*rangée*) Reihe *f*
**borner** [bɔʀne] <1> *vpr* **se ~ à qc** sich mit etw begnügen
**bosse** [bɔs] *f* Beule *f*
**bossu(e)** [bɔsy] *adj* buck[e]lig
**botanique** [bɔtanik] *adj* botanisch
**botte** [bɔt] *f* **1.** Stiefel *m* **2.** (*de légumes*) Bund *nt*
**bottin®** [bɔtɛ̃] *m* Telefonbuch *nt*
**bouc** [buk] *m* **1.** ZOOL Ziegenbock *m* **2.** (*barbe*) Spitzbart *m* **3. ~ émissaire** Sündenbock *m*
**bouche** [buʃ] *f* **1.** Mund *m* **2.** *pl* GEO **les ~s du Rhône** die Mündung der Rhone
**bouché(e)** [buʃe] *adj* **1.** verstopft **2.** (*sans avenir*) ohne Zukunft **3.** *fam* (*personne*) beschränkt
**bouche-à-bouche** [buʃabuʃ] *m* Mund-zu-Mund-Beatmung *f*
**bouchée** [buʃe] *f* **1.** Bissen *m* **2.** GASTR Praline *f*
**boucher** [buʃe] <1> **I.** *vt* (*bouteille*) zukorken; (*trou*) zumachen **II.** *vpr* **se ~** verstopfen
**boucher, -ère** [buʃe] *m, f* Metzger(in) *m(f)*
**boucherie** [buʃʀi] *f* Metzgerei *f*
**bouchon** [buʃɔ̃] *m* **1.** (*d'une bouteille*) Korken *m*; (*d'un tube*) Verschluss *m* **2.** PECHE Schwimmer *m* **3.** (*embouteillage*) Stau *m*
**boucle** [bukl] *f* **1. ~ d'oreille** Ohrring *m* **2.** INFORM, MATH Schleife *f*
**bouclé(e)** [bukle] *adj* lockig
**boucler** [bukle] <1> *vt* schließen; (*ceinture*) zumachen
**bouclier** [buklije] *m* Schild *m*
**bouddhiste** [budist] *adj* buddhistisch
**boudeur, -euse** [budœʀ] *adj* beleidigt
**boue** [bu] *f* Schlamm *m*
**bouée** [bwe] *f* **1.** Boje *f* **2.** (*protection gonflable*) Schwimmreifen *m*; **~ de sauvetage** Rettungsring *m*
**boueux, -euse** [bwø] *adj* schlammig
**bouffée** [bufe] *f* **~ d'air frais** fri-

B

sche Brise *f*
**bouffon(ne)** [bufɔ̃] *m(f)* Narr *m*
**bouger** [buʒe] <2a> *vt, vi, vpr* [se] ~ [sich] bewegen
**bougie** [buʒi] *f* Kerze *f;* AUT Zündkerze *f*
**bougon(ne)** [bugɔ̃] *adj* mürrisch
**bouillie** [buji] *f* Brei *m*
**bouillir** [bujiʀ] <irr> *vt, vi* kochen
**bouillon** [bujɔ̃] *m* Brühe *f*
**bouillotte** [bujɔt] *f* Wärmflasche *f*
**boulanger, -ère** [bulɑ̃ʒe] *m, f* Bäcker(in) *m(f)*
**boulangerie** [bulɑ̃ʒʀi] *f* Bäckerei *f*
**boulangerie-pâtisserie** [bulɑ̃ʒʀipɑtisʀi] <boulangeries-pâtisseries> *f* Bäckerei-Konditorei *f*
**boule** [bul] *f* **1.** Kugel *f;* ~ **de neige** Schneeball *m* **2. jouer aux ~s** Boule spielen
**boulette** [bulɛt] *f* **1.** Kügelchen *nt* **2.** GASTR Frikadelle *f*
**bouleverser** [bulvɛʀse] <1> *vt* **1.** (*personne*) [zutiefst] erschüttern **2.** (*vie*) völlig verändern
**boum** [bum] *f fam* Fete *f*
**bouquet** [bukɛ] *m* Strauß *m;* (*de persil*) Bund *nt*
**bouquetin** [buktɛ̃] *m* Steinbock *m*
**bouquin** [bukɛ̃] *m fam* Schmöker *m*
**bourdon** [buʀdɔ̃] *m* ZOOL Hummel *f*
**bourdonner** [buʀdɔne] <1> *vi* summen
**bourgeois(e)** [buʀʒwa] *adj* bürgerlich
**bourgeon** [buʀʒɔ̃] *m* Knospe *f*
**bourgmestre** [buʀgmɛstʀ] *m* BELG Bürgermeister *m*
**bourgogne** [buʀgɔɲ] *m* Burgunder[wein *m*] *m*
**Bourgogne** [buʀgɔɲ] *f* **la** ~ Burgund *nt*
**bourguignon(ne)** [buʀgiɲɔ̃] *adj* burgundisch; GASTR Burgunder-
**bourrasque** [buʀask] *f* Bö *f*
**bourratif, -ive** [buʀatif] *adj* sättigend
**bourré(e)** [buʀe] *adj* **1.** randvoll **2.** *fam* (*ivre*) besoffen
**bourrelet** [buʀlɛ] *m* **1.** Abdichtung *f* **2.** ANAT Wulst *m o f*
**bourrer** [buʀe] <1> **I.** *vt, vpr* **[se]** ~ [sich] stopfen **II.** *vi* sättigen
**bourse¹** [buʀs] *f* **1.** Geldbeutel *m* **2.** (*allocation*) ~ **d'études** Stipendium *nt*
**bourse²** [buʀs] *f* Börse *f*
**boursier, -ière¹** [buʀsje] *m, f* Stipendiat(in) *m(f)*
**boursier, -ière²** [buʀsje] *adj* (*relatif à la Bourse*) Börsen-
**boursouflé(e)** [buʀsufle] *adj* [an]geschwollen
**bousculade** [buskylad] *f* Gedränge *nt*
**bousculer** [buskyle] <1> *vt, vpr* ((*se*) *presser*) **[se]** ~ [sich] drängeln

**bout** [bu] *m* **1.** Ende *nt;* (*du nez*) Spitze *f;* ~ **à** ~ aneinander; **jusqu'au** ~ bis zum Schluss; **tout au** ~ ganz hinten **2.** (*morceau*) Stück[chen *nt*] *nt* **3. à** ~ **de souffle** außer Atem

**bouteille** [butɛj] *f* Flasche *f;* ~ **consignée/non consignée** Pfand-/Einwegflasche

**boutique** [butik] *f* Laden *m*

**bouton** [butɔ̃] *m* **1.** Knopf *m;* (*d'un interrupteur*) Schalter *m* **2.** MED ~ **d'acné** Aknepickel *m* **3.** BOT Knospe *f*

**boutonner** [butɔne] <1> *vt* zuknöpfen

**bovins** [bɔvɛ̃] *mpl* Rinder *Pl*

**box** [bɔks] <es> *m* Box *f;* (*dans un garage*) Stellplatz *m*

**boyau** [bwajo] <x> *m* ANAT Darm *m*

**boycotter** [bɔjkɔte] <1> *vt* boykottieren

**boy-scout** [bɔjskut] <boys-scouts> *m* Pfadfinder *m*

**BP** [bepe] *abr de* **boîte postale**

**bracelet** [bʀaslɛ] *m* Armband *nt*

**braconner** [bʀakɔne] <1> *vi* CHASSE wildern

**braillard(e)** [bʀajaʀ] *adj fam* plärrend

**braille** [bʀaj] *m* Blindenschrift *f*

**brailler** [bʀaje] <1> *vt, vi* brüllen; (*ivrogne*) grölen

**braise** [bʀɛz] *f* Glut *f*

**brancard** [bʀɑ̃kaʀ] *m* Tragbahre *f*

**branche** [bʀɑ̃ʃ] *f* **1.** Ast *m* **2.** (*tige*) Bügel *m* **3.** (*famille*) Linie *f* **4.** (*domaine*) Zweig *m;* (*de l'économie*) Branche *f*

**brancher** [bʀɑ̃ʃe] <1> **I.** *vt* anschließen **II.** *vpr* **se** ~ **sur qc** etw einschalten

**brandir** [bʀɑ̃diʀ] <8> *vt* drohend schwingen; (*drapeau*) schwenken

**branlant(e)** [bʀɑ̃lɑ̃] *adj* wack[e]lig

**branle-bas** [bʀɑ̃lba] *m inv fig* Trubel *m*

**branler** [bʀɑ̃le] <1> *vi* wackeln

**braquer** [bʀake] <1> *vt* AUT ~ **le volant à droite** nach rechts einschlagen

**bras** [bʀa] *m* **1.** Arm *m;* ~ **dessus** ~ **dessous** untergehakt **2. baisser les** ~ das Handtuch werfen

**brasserie** [bʀasʀi] *f* **1.** *Café-Restaurant* **2.** (*entreprise de bière*) Brauerei *f*

**brassière** [bʀasjɛʀ] *f* Jäckchen *nt*

**brave** [bʀav] *adj* **1.** tapfer **2.** (*honnête*) anständig **3.** (*naïf*) gut

**braver** [bʀave] <1> *vt* **1.** (*défier*) ~ **l'adversaire** dem Gegner die Stirn bieten **2.** (*loi*) sich hinwegsetzen über (+*akk*)

**bravo** [bʀavo] *interj* bravo

**bravoure** [bʀavuʀ] *f* Mut *m*

**break** [bʀɛk] *m* AUT Kombi[wagen *m*] *m*

**brèche** [bʀɛʃ] *f* Öffnung *f*

**bredouille** [bʀəduj] *adj* mit leeren Händen
**bref** [bʀɛf] *adv* **en ~** kurz; **enfin ~** kurz und gut
**bref, brève** [bʀɛf] *adj* kurz; **soyez ~!** fassen Sie sich kurz!
**Brésil** [bʀezil] *m* **le ~** Brasilien
**Bretagne** [bʀətaɲ] *f* **la ~** die Bretagne
**breton(ne)** [bʀətɔ̃] *adj* bretonisch
**Breton(ne)** [bʀətɔ̃] *m(f)* Bretone/Bretonin *m/f*
**brevet** [bʀəvɛ] *m* **1.** Diplom *nt* **2.** (*certificat*) [Abschluss]zeugnis *nt;* **~ d'invention** Patent *nt*
**breveter** [bʀəv(ə)te] <3> *vt* patentieren
**bric-à-brac** [bʀikabʀak] *m inv* Durcheinander *nt*
**bricoler** [bʀikɔle] <1> *vi* basteln
**bricoleur, -euse** [bʀikɔlœʀ] *adj* [handwerklich] geschickt
**bride** [bʀid] *f* Zügel *m*
**bridé(e)** [bʀide] *adj* **des yeux ~s** Schlitzaugen *Pl*
**brièvement** [bʀijɛvmɑ̃] *adv* kurz
**briguer** [bʀige] <1> *vt* (*emploi*) sich bemühen um
**brillamment** [bʀijamɑ̃] *adv* glänzend
**brillant(e)** [bʀijɑ̃] *adj* glänzend
**briller** [bʀije] <1> *vi* scheinen
**brimer** [bʀime] <1> *vt* schikanieren
**brin** [bʀɛ̃] *m* **~ de paille** Strohhalm *m*
**brioche** [bʀijɔʃ] *f* Brioche *f*
**brique** [bʀik] *f* Ziegelstein *m*
**briquet** [bʀikɛ] *m* Feuerzeug *nt*
**brise** [bʀiz] *f* Brise *f*
**britannique** [bʀitanik] *adj* britisch
**Britannique** [bʀitanik] *mf* Brite/Britin *m/f*
**brocanteur, -euse** [bʀɔkɑ̃tœʀ] *m, f* Trödler(in) *m(f)*
**broche** [bʀɔʃ] *f* Brosche *f*
**brochette** [bʀɔʃɛt] *f* GASTR Spieß *m,* Schaschlik *m o nt*
**brochure** [bʀɔʃyʀ] *f* Broschüre *f*
**broder** [bʀɔde] <1> **I.** *vt* [be]sticken **II.** *vi* (*affabuler*) fabulieren
**bronzer** [bʀɔ̃ze] <1> *vi* [sich] bräunen
**brosse** [bʀɔs] *f* Bürste *f;* **~ à dents** Zahnbürste
**brosser** [bʀɔse] <1> **I.** *vt* **1.** abbürsten **2.** (*portrait*) zeichnen **II.** *vpr* **se ~ les cheveux** sich (*dat*) die Haare bürsten
**brouillard** [bʀujaʀ] *m* Nebel *m*
**brouiller** [bʀuje] <1> **I.** *vt* **1.** trüben **2.** (*cartes*) mischen **II.** *vpr* **se ~** sich zerstreiten
**brouillon** [bʀujɔ̃] *m* Konzept *nt*
**broussaille** [bʀusaj] *f* Gestrüpp *nt*
**broyer** [bʀwaje] <6> *vt* zerkleinern
**bruiner** [bʀɥine] <1> *vi* nieseln
**bruit** [bʀɥi] *m* **1.** Geräusch *nt* **2.** (*vacarme*) Lärm *m* **3. faire du ~** Aufsehen erregen

**brûlant(e)** [bʀylɑ̃] *adj* glühend heiß; (*plat*) kochend heiß
**brûlé** [bʀyle] *m* **1.** Verbrannte(s) *nt* **2.** GASTR Angebrannte(s) *nt*
**brûlé(e)** [bʀyle] *adj* verbrannt
**brûler** [bʀyle] <1> **I.** *vi* **1.** brennen **2.** (*être très chaud*) heiß sein **3.** GASTR anbrennen **II.** *vt, vpr* [**se**] ~ [sich] verbrennen
**brûlure** [bʀylyʀ] *f* Verbrennung *f*
**brume** [bʀym] *f* Nebel *m*
**brumeux, -euse** [bʀymø] *adj* diesig
**brun** [bʀœ̃] *m* Braun *nt*
**brun(e)** [bʀœ̃] *adj* braun; (*tabac*) dunkel
**brune** [bʀyn] *f* dunkles Bier
**brusque** [bʀysk] *adj* plötzlich
**brusquer** [bʀyske] <1> *vt* überstürzen
**brut** [bʀyt] *adv* brutto
**brut(e)** [bʀyt] *adj* Roh-; (*champagne*) brut
**brutal(e)** [bʀytal] <-aux> *adj* brutal
**brutalement** [bʀytalmɑ̃] *adv* heftig
**brutaliser** [bʀytalize] <1> *vt* brutal behandeln
**Bruxelles** [bʀy(k)sɛl] Brüssel *nt*
**bruyant(e)** [bʀyjɑ̃] *adj* laut
**bûche** [byʃ] *f* [Holz]scheit *m*
**buée** [bɥe] *f* Beschlag *m*
**bug** [bœg] *m* INFORM Programmfehler *m*
**buisson** [bɥisɔ̃] *m* Busch *m*
**Bulgarie** [bylgaʀi] *f* **la** ~ Bulgarien *nt*
**bulle** [byl] *f* Blase *f*
**bulletin** [byltɛ̃] *m* **1.** Bericht *m* **2.** PRESSE Bulletin *nt*; ~ **d'information** Nachrichten *Pl* **3.** POL ~ **de vote** Stimmzettel *m* **4.** SCOL ~ **scolaire** Schulzeugnis *nt*
**bureau** [byʀo] <x> *m* **1.** Schreibtisch *m* **2.** (*lieu de travail*) Büro *nt* **3.** (*service*) ~ **de poste** Postamt *nt*; ~ **de tabac** Tabak[waren]laden *m*
**bus** [bys] *m abr de* **autobus** Bus *m*
**buste** [byst] *m* **1.** Oberkörper *m* **2.** (*sculpture*) Büste *f*
**but** [by(t)] *m* **1.** Ziel *nt* **2.** SPORT Tor *nt*
**buté(e)** [byte] *adj* trotzig
**buter** [byte] <1> **I.** *vi* stoßen **II.** *vpr* **se** ~ bockig werden
**butin** [bytɛ̃] *m* Beute *f*
**buvable** [byvabl] *adj* trinkbar
**buvette** [byvɛt] *f* Bar *f*
**buveur, -euse** [byvœʀ] *m, f* Trinker(in) *m(f)*
**byte** [bajt] *m* INFORM Byte *nt*

# C

**C, c** [se] *m inv* C *nt*, c; **c cédille** C-Cedille
**c'** <ç'> *pron v.* **ce**

**ça** [sa] *pron fam* **1.** das **2. c'est ~** [ganz] genau; **~ va?** wie geht's?
**cabane** [kaban] *f* Hütte *f*
**cabaret** [kabaʀɛ] *m* Nachtlokal *nt*
**cabine** [kabin] *f* Kabine *f*
**câble** [kɑbl] *m* Kabel *nt*
**cabosser** [kabɔse] <1> *vt* verbeulen
**cacahuète, cacahouète** [kakawɛt] *f* Erdnuss *f*
**cacao** [kakao] *m* Kakao *m*
**cache-cache** [kaʃkaʃ] *m inv* Versteckspiel *nt*
**cache-nez** [kaʃne] *m inv* Schal *m*
**cacher** [kaʃe] <1> *vt, vpr* **[se] ~** [sich] verstecken
**cachet** [kaʃɛ] *m* **1.** MED Tablette *f* **2.** (*tampon*) Stempel *m*
**cachette** [kaʃɛt] *f* **1.** Versteck *nt* **2. en ~** heimlich
**cachottier, -ière** [kaʃɔtje] *adj* heimlichtuend
**cadavre** [kadɑvʀ] *m* Leiche *f*
**cadeau** [kado] <x> *m* Geschenk *nt*
**cadet(te)** [kadɛ] *adj* **1.** (*le plus jeune*) jüngste(r, s) **2.** (*plus jeune que qn*) jüngere(r, s)
**cadre** [kɑdʀ] **I.** *m* **1.** Rahmen *m* **2.** (*environnement*) Umgebung *f* **II.** *mf* leitende(r) Angestellte(r) *f(m)*
**café** [kafe] *m* **1.** Kaffee *m*; **~ crème/filtre/au lait** Milch-/Filter-/Milchkaffee **2.** (*établissement*) Kneipe *f* (*fam*)
**caféine** [kafein] *f* Koffein *nt*
**café-tabac** [kafetaba] <cafés-tabacs> *m* Bar *f* mit Tabakladen
**cage** [kaʒ] *f* Käfig *m*
**cahier** [kaje] *m* Heft *nt*
**caillou** [kaju] <x> *m* Kiesel[stein *m*] *m*
**caisse** [kɛs] *f* **1.** Kiste *f*; **~ à outils** Werkzeugkasten **2.** (*dépôt d'argent*) Kasse *f*; **~ d'épargne** Sparkasse **3.** (*organisme de gestion*) Kasse *f*
**cajoler** [kaʒɔle] <1> *vt* liebkosen
**calamar** [kalamaʀ] *m* Tintenfisch *m*
**calanque** [kalɑ̃k] *f* [kleine] Felsbucht
**calcaire** [kalkɛʀ] *adj* kalkhaltig
**calciné(e)** [kalsine] *adj* verkohlt
**calculer** [kalkyle] <1> **I.** *vi* rechnen **II.** *vt* ausrechnen
**calculette** [kalkylɛt] *f* Taschenrechner *m*
**caleçon** [kalsɔ̃] *m* Unterhose *f*
**caler** [kale] <1> *vi* AUT den Motor abwürgen
**calfeutrer** [kalføtʀe] <1> *vt* abdichten
**calibre** [kalibʀ] *m* Durchmesser *m*; (*d'un projectile*) Kaliber *nt*
**câlin** [kɑlɛ̃] *m* Zärtlichkeit *f*
**câliner** [kɑline] <1> *vt* **~ qn** zu jdm zärtlich sein
**calmant(e)** [kalmɑ̃] *adj* beruhigend
**calme** [kalm] **I.** *adj* ruhig **II.** *m* Ruhe *f*

**calmer** [kalme] <1> *vt, vpr* [**se**] ~ [sich] beruhigen
**calorie** [kalɔʀi] *f* Kalorie *f*
**camarade** [kamaʀad] *mf* Kamerad(in) *m(f)*
**cambriolage** [kɑ̃bʀijɔlaʒ] *m* Einbruch[sdiebstahl *m*] *m*
**cambrioler** [kɑ̃bʀijɔle] <1> *vt* ~ **qc** in etw (*akk*) einbrechen
**caméra** [kameʀa] *f* Kamera *f*
**caméscope** [kameskɔp] *m* Camcorder *m*
**camion** [kamjɔ̃] *m* Lastwagen *m*, Lkw *m*
**camomille** [kamɔmij] *f* **1.** Kamille *f* **2.** (*tisane*) Kamillentee *m*
**campagnard**(**e**) [kɑ̃paɲaʀ] *adj* ländlich
**campagne** [kɑ̃paɲ] *f* **1.** Land *nt* **2.** (*paysage*) ländliche Gegend **3.** (*action de communication*) ~ **électorale** Wahlkampagne *f*
**camper** [kɑ̃pe] <1> *vi* campen
**campeur**, **-euse** [kɑ̃pœʀ] *m, f* Camper *m*
**camping** [kɑ̃piŋ] *m* **1.** Zelten *nt* **2.** (*lieu*) Campingplatz *m*
**camping-car** [kɑ̃piŋkaʀ] <camping-cars> *m* Wohnmobil *nt*
**Canada** [kanada] *m* **le** ~ Kanada *nt*
**canadien**(**ne**) [kanadjɛ̃] *adj* kanadisch
**canaille** [kanɑj] *f* **1.** Halunke *m* **2.** *iron* Schlingel *m*
**canal** [kanal] <-aux> *m* Kanal *m*
**canalisation** [kanalizasjɔ̃] *f* Rohrleitung *f*
**canapé** [kanape] *m* **1.** Couch *f* **2.** GASTR Häppchen *nt*
**canapé-lit** [kanapeli] <canapés-lits> *m* Schlafcouch *f*
**canard** [kanaʀ] *m* Ente *f*
**cancer** [kɑ̃sɛʀ] *m* Krebs *m*
**Cancer** [kɑ̃sɛʀ] *m* Krebs *m*
**candidat**(**e**) [kɑ̃dida] *m(f)* **1.** Kandidat(in) *m(f)* **2.** (*à un poste*) Bewerber(in) *m(f)*
**candide** [kɑ̃did] *adj* unverdorben
**canne** [kan] *f* **1.** [Spazier]stock *m* **2.** (*gaule*) ~ **à pêche** Angelrute *f*
**cannelle** [kanɛl] *f* Zimt *m*
**canoë** [kanɔe] *m* **1.** Kanu *nt* **2.** (*sport*) Kanufahren *nt*
**canon** [kanɔ̃] *m* **1.** (*arme*) Kanone *f* **2.** (*tube*) Lauf *m*
**canot** [kano] *m* Boot *nt*
**cantine** [kɑ̃tin] *f* Kantine *f*
**cantonner** [kɑ̃tɔne] <1> *vt, vpr* [**se**] ~ [sich] beschränken
**CAO** [seao] *abr de* **conception assistée par ordinateur** CAD *nt*
**caoutchouc** [kautʃu] *m* **1.** Kautschuk *m* **2.** (*élastique*) Gummi[ring *m*] *m*
**cap** [kap] *m* **1.** Kap *nt* **2.** (*direction*) Kurs *m*
**capable** [kapabl] *adj* fähig
**capacité** [kapasite] *f* **1.** Fassungsvermögen *nt* **2.** INFORM, IND Kapazität *f*
**capital** [kapital] <-aux> *m* **1.** Kapital *nt* **2.** *pl* FIN Gelder *Pl*

**capital(e)** [kapital] <-aux> *adj* wesentlich
**capitale** [kapital] *f* **1.** Hauptstadt *f* **2.** (*lettre*) Großbuchstabe *m*
**capituler** [kapityle] <1> *vi* kapitulieren
**câpre** [kɑpʀ] *f* Kaper *f*
**capricieux, -euse** [kapʀisjø] *adj* launisch
**Capricorne** [kapʀikɔʀn] *m* Steinbock *m*
**capsule** [kapsyl] *f* **1.** Kron[en]korken *m* **2.** (*médicament*) Kapsel *f*
**capter** [kapte] <1> *vt* fassen
**captivité** [kaptivite] *f* Gefangenschaft *f*
**capuche** [kapyʃ] *f* Kapuze *f*
**car¹** [kaʀ] *m* Bus *m*
**car²** [kaʀ] *conj* denn
**caractère** [kaʀaktɛʀ] *m* **1.** Charakter *m* **2.** (*personne*) [starke] Persönlichkeit **3.** (*symbole*) [Schrift]zeichen *nt;* **en ~s gras/italiques** fett/kursiv
**caractériser** [kaʀakteʀize] <1> **I.** *vt* kennzeichnen **II.** *vpr* **se ~ par qc** sich durch etw auszeichnen
**caractéristique** [kaʀakteʀistik] **I.** *adj* **être ~ de qn/qc** charakteristisch für jdn/etw sein **II.** *f* typisches Merkmal
**carambolage** [kaʀɑ̃bɔlaʒ] *m* [Massen]karambolage *f*
**caravane** [kaʀavan] *f* (*véhicule*) Wohnwagen *m*
**carburant** [kaʀbyʀɑ̃] *m* Treibstoff *m*
**cardiaque** [kaʀdjak] *adj* **malaise ~** Herzanfall *m*
**carême** [kaʀɛm] *m* Fasten *nt*
**caressant(e)** [kaʀesɑ̃] *adj* anschmiegsam
**caresser** [kaʀese] <1> *vt* streicheln
**cargo** [kaʀgo] *m* Frachtschiff *nt*
**caricature** [kaʀikatyʀ] *f* Karikatur *f*
**carie** [kaʀi] *f* Karies *f*
**carnaval** [kaʀnaval] <s> *m* Karneval *m,* Fasching *m* (SDEUTSCH)
**carnet** [kaʀnɛ] *m* **1.** Heft *nt;* **~ de notes** Zeugnisheft **2.** (*paquet*) **~ de tickets** Fahrscheinheft *nt*
**carotte** [kaʀɔt] *f* Karotte *f,* Möhre *f;* **~ rouge** CH (*betterave*) rote Rübe *f* (CH)
**carpe** [kaʀp] *f* Karpfen *m*
**carré** [kaʀe] *m* **1.** MATH Quadrat *nt;* **six au ~** sechs im Quadrat **2.** JEUX **un ~ d'as** vier Asse
**carré(e)** [kaʀe] *adj* **1.** quadratisch **2.** (*robuste*) breit **3.** MATH **mètre ~** Quadratmeter *m*
**carreau** [kaʀo] <x> *m* **1.** [Fenster]scheibe *f* **2.** Karo *nt*
**carrefour** [kaʀfuʀ] *m* Kreuzung *f*
**carrelage** [kaʀlaʒ] *m* Fliesen *Pl*
**carrière** [kaʀjɛʀ] *f* Laufbahn *f*
**carrosserie** [kaʀɔsʀi] *f* Karosserie *f*
**carrure** [kaʀyʀ] *f* **1.** Schulter-

breite *f* **2.** (*envergure*) Format *nt*
**carte** [kaʀt] *f* **1.** Karte *f* **2.** (*document*) ~ [**nationale**] **d'identité** Personalausweis *f;* ~ **grise** Kraftfahrzeugschein
**carton** [kaʀtɔ̃] *m* **1.** Pappe *f* **2.** (*emballage*) Karton *m*
**cartouche** [kaʀtuʃ] *f* **1.** Patrone *f* **2.** ~ **de cigarettes** Stange *f* Zigaretten **3.** ~ **d'encre** Tintenpatrone *f*
**cas** [kɑ] *m* **1.** Fall *m;* **dans ce** ~ in diesem Fall; **dans le** ~ **contraire** andernfalls; **en tout** ~ auf jeden Fall **2.** (*hypothèse*) **en** ~ **d'absence** bei Abwesenheit
**cascade** [kaskad] *f* Wasserfall *m*
**caser** [kɑze] <1> **I.** *vt* unterbringen **II.** *vpr* **se** ~ (*se loger*) unterkommen
**casier** [kɑzje] *m* Fach *nt*
**casino** [kazino] *m* [Spiel]kasino *nt*
**casquette** [kaskɛt] *f* Schirmmütze *f*
**cassant(e)** [kɑsɑ̃] *adj* bruchempfindlich
**casse** [kɑs] *f* **1.** Schaden *m* **2.** (*commerce du ferrailleur*) Schrottplatz *m*
**cassé(e)** [kɑse] *adj* rau
**casser** [kɑse] <1> **I.** *vt, vi* zerbrechen **II.** *vpr* **1.** (*être fragile*) **se** ~/**ne pas se** ~ zerbrechlich/unzerbrechlich sein **2.** (*se briser*) **se** ~ **un bras** sich (*dat*) einen Arm brechen
**cassis** [kasis] *m* schwarze Johannisbeere
**cassure** [kɑsyʀ] *f* Bruch *m*
**casting** [kastiŋ] *m* Casting *nt*
**catalogue** [katalɔg] *m* Katalog *m*
**catastrophe** [katastʀɔf] *f* Katastrophe *f*
**catégorie** [kategɔʀi] *f* **1.** Kategorie *f* **2.** SPORT Klasse *f*
**catégorique** [kategɔʀik] *adj* kategorisch
**cathédrale** [katedʀal] *f* Kathedrale *f*
**catholique** [katɔlik] *adj* REL katholisch
**cauchemar** [koʃmaʀ] *m a. fig* Alptraum *m*
**causant(e)** [kozɑ̃] *adj* gesprächig
**cause** [koz] **I.** *f* **1.** Ursache *f,* Grund *m* **2.** JUR Fall *m* **3. pour la bonne** ~ für einen guten Zweck **II.** *prép* **à** ~ **de** wegen (+*gen*)
**causer**[1] [koze] <1> *vt* verursachen
**causer**[2] [koze] <1> *vt, vi* plaudern
**caution** [kosjɔ̃] *f* **1.** Bürgschaft *f* **2.** (*somme*) Kaution *f*
**cave** [kav] *f* Keller *m*
**caveau** [kavo] <x> *m* Gruft *f*
**caviar** [kavjaʀ] *m* GASTR Kaviar *m*
**CD** [sede] *m abr de* **Compact Disc** CD *f*
**CDI** [sedei] *m abr de* **Compact Disc Interactive** CD-I *f*
**CD-ROM** [sedeʀɔm] *m abr de*

C

**Compact Disc Read Only Memory** CD-ROM *f*

**ce**[1] [sə] <c', ç'> *pron* das

**ce**[2] [sə] *adj* diese(r, s)

**CE** [seø] *f abr de* **Communauté européenne** HIST EG *f*

**ceci** [səsi] *pron* dieses [hier]

**céder** [sede] <5> **I.** *vt* **1.** überlassen **2.** (*vendre*) veräußern **II.** *vi* **1.** nachgeben **2.** (*capituler*) aufgeben

**cédille** [sedij] *f* Cedille *f*

**ceinture** [sɛ̃tyʀ] *f* **1.** Gürtel *m* **2.** AUT, AVIAT [Sicherheits]gurt *m*

**cela** [s(ə)la] *pron* **1.** das; **pour ~** deshalb; **après ~** danach **2.** (*renforcer*) **qui/quand/où ~?** wer/wann/wo [sagst du/sagen Sie]? **3. et avec ~?** was darf es sonst noch sein?

**célébration** [selebʀasjɔ̃] *f* Feier[lichkeiten *Pl*] *f*

**célèbre** [selɛbʀ] *adj* berühmt

**célébrer** [selebʀe] <5> *vt* **1.** feiern **2.** (*exploit*) rühmen

**célibataire** [selibatɛʀ] *adj* ledig

**celle, celui** [sɛl] <s> *pron* der[jenige]/die[jenige]/das[jenige]

**celle-ci, celui-ci** [sɛlsi] <celles-ci> *pron* diese(r, s) [hier]

**celle-là, celui-là** [sɛlla] <celles-là> *pron* diese(r, s) [da]

**celles, ceux** [sɛl] *pl pron* die[jenigen]

**celles-ci, ceux-ci** [sɛlsi] *pl pron* diese [hier]

**celles-là, ceux-là** [sɛlla] *pl pron* diese [da]

**cellulaire** [selylɛʀ] *m* CAN Handy *nt*

**cellule** [selyl] *f* Zelle *f*

**celtique** [sɛltik] **I.** *adj* keltisch **II.** *m* Keltisch *nt*

**celui, celle** [səlɥi] <ceux> *pron* der[jenige]/die[jenige]/das[jenige]

**celui-ci, celle-ci** [səlɥisi] <ceux-ci> *pron* diese(r, s) [hier]

**celui-là, celle-là** [səlɥila] <ceux-là> *pron* diese(r, s) [da]

**cendrier** [sɑ̃dʀije] *m* Aschenbecher *m*

**censure** [sɑ̃syʀ] *f* Zensur *f*

**cent** [sɑ̃] *num* **1.** [ein]hundert **2. pour ~** Prozent *nt;* **~ pour ~** hundertprozentig

**centaine** [sɑ̃tɛn] *f* **1. une ~ de personnes** etwa hundert Personen **2.** (*cent unités*) Hunderter *m*

**centenaire** [sɑ̃tnɛʀ] **I.** *adj* hundertjährig; **être ~** hundert Jahre alt sein **II.** *m* hundertster Jahrestag

**centième** [sɑ̃tjɛm] *adj* hundertste(r, s)

**centime** [sɑ̃tim] *m* **~ [d'euro]** Cent *m*

**centimètre** [sɑ̃timɛtʀ] *m* Zentimeter *m o nt*

**central(e)** [sɑ̃tʀal] <-aux> *adj* zentral

**centraliser** [sɑ̃tʀalize] <1> *vt* zentralisieren

**centre** [sɑ̃tʀ] *m* **1.** Zentrum *nt;* **~ d'appels** Call-Center *nt* **2.** (*point essentiel*) Mittelpunkt *m*

**centre[-]ville** [sɑ̃tʀəvil] <centres-villes> *m* Stadtzentrum *nt*

**cependant** [s(ə)pɑ̃dɑ̃] *adv* jedoch

**céramique** [seʀamik] *f* Keramik *f*

**cercle** [sɛʀkl] *m* **1.** Kreis *m* **2.** (*groupe sportif*) Club *m* **3. ~ vicieux** Teufelskreis *m*

**cercueil** [sɛʀkœj] *m* Sarg *m*

**céréale** [seʀeal] *f* **1.** AGR Getreide *nt* **2.** (*petit-déjeuner*) *Haferflocken, Cornflakes, Müsli etc.*

**cérébral(e)** [seʀebʀal] <-aux> *adj* **1.** ANAT Gehirn- **2.** (*intellectuel*) geistig

**cérémonie** [seʀemɔni] *f* Zeremonie *f*

**cerf** [sɛʀ] *m* Hirsch *m*

**cerise** [s(ə)ʀiz] *f* Kirsche *f*

**cerner** [sɛʀne] <1> *vt* **1.** (*entourer d'un trait*) *a. fig* umreißen **2.** (*ennemi*) umstellen

**certain(e)** [sɛʀtɛ̃] **I.** *adj* sicher **II.** *adj indéf* **1.** *pl* (*quelques*) gewisse *Pl* **2.** (*bien déterminé*) **un ~ endroit** eine bestimmte Stelle **III.** *pron pl* manche *Pl*

**certainement** [sɛʀtɛnmɑ̃] *adv* **1.** sicher[lich] **2.** (*sans aucun doute*) zweifellos

**certes** [sɛʀt] *adv* zugegeben ...

**certifier** [sɛʀtifje] <1> *vt* **1.** versichern **2.** JUR beglaubigen

**certitude** [sɛʀtityd] *f* Gewissheit *f*

**cerveau** [sɛʀvo] <x> *m* Gehirn *nt*

**ces** [se] *adj* diese

**cesser** [sese] <1> **I.** *vt* einstellen **II.** *vi* aufhören

**c'est-à-dire** [sɛtadiʀ] *conj* **1.** das bedeutet [also] **2.** (*justification*) eigentlich

**cet** [sɛt] *adj v.* **ce**

**cette** [sɛt] *adj* diese(r, s)

**ceux, celles** [sø] *pl pron* die[jenigen]

**ceux-ci, celles-ci** [søsi] *pl pron* diese [hier]

**ceux-là, celles-là** [søla] *pl pron* diese [da]

**chacun(e)** [ʃakœ̃] *pron* jede(r, s)

**chagrin** [ʃagʀɛ̃] *m* Kummer *m*

**chahuter** [ʃayte] <1> *vi* herumtoben

**chaîne** [ʃɛn] *f* **1.** Kette *f* **2.** IND [Fließ]band *nt* **3.** RADIO, TV Sender *m;* (*programme*) Programm *nt*

**chair** [ʃɛʀ] *f* Fleisch *nt*

**chaire** [ʃɛʀ] *f* **1.** (*du prêtre*) Kanzel *f* **2.** UNIV Lehrstuhl *m*

**chaise** [ʃɛz] *f* Stuhl *m*

**chaleur** [ʃalœʀ] *f* Wärme *f;* (*très élevée*) Hitze *f*

**chambre** [ʃɑ̃bʀ] *f* **1.** Schlafzimmer *nt;* **~ individuelle/double** Einzel-/Doppelzimmer **2.** POL, JUR Kammer *f*

**chameau** [ʃamo] <x> *m* Kamel *nt*

**champ** [ʃɑ̃] *m* Feld *nt;* (*de pommes de terre*) Acker *m*

**champignon** [ʃɑ̃piɲɔ̃] *m* Pilz *m*

**champion**(**ne**) [ʃɑ̃pjɔ̃] *m(f)* Meister(in) *m(f)*

**championnat** [ʃɑ̃pjɔna] *m* Meisterschaft *f*

**chance** [ʃɑ̃s] *f* **1.** Glück *nt* **2.** (*probabilité*) Chance *f*

**chancelier**, **-ère** [ʃɑ̃səlje] *m, f* **1.** (*garde des Sceaux en France*) ≈ Justizminister(in) *m(f)* **2.** (*Premier ministre en Allemagne/Autriche*) [Bundes]kanzler(in) *m(f)*

**change** [ʃɑ̃ʒ] *m* **1.** [Geld]wechsel *m* **2.** (*taux du change*) [Wechsel]kurs *m*

**changement** [ʃɑ̃ʒmɑ̃] *m* Veränderung *f;* ~ **d'adresse** Adressenänderung *f*

**changer** [ʃɑ̃ʒe] <2a> **I.** *vt* **1.** verändern **2.** (*déplacer*) ~ **qc de place** etw umstellen **3.** (*remplacer*) ~ **les draps** die Betten frisch beziehen **4.** (*échanger*) ~ **pour** [*o* **contre**] **qc** gegen etw [aus]tauschen **II.** *vi* **1.** sich verändern **2.** (*temps*) sich ändern **3.** (*déménager*) ~ **d'adresse** umziehen **4.** AUT ~ **de vitesse** einen anderen Gang einlegen; ~ **à Paris** in Paris umsteigen; ~ **de file** die [Fahr]spur wechseln **III.** *vpr* **se** ~ sich umziehen

**chanson** [ʃɑ̃sɔ̃] *f* Lied *nt*

**chant** [ʃɑ̃] *m* **1.** Gesang *m* **2.** (*chanson*) ~ **populaire** Volkslied **3.** (*du coq*) Krähen *nt*

**chantage** [ʃɑ̃taʒ] *m* Erpressung *f*

**chanter** [ʃɑ̃te] <1> *vt, vi* singen

**chanteur**, **-euse** [ʃɑ̃tœʀ] *m, f* Sänger(in) *m(f)*

**chantier** [ʃɑ̃tje] *m* Baustelle *f*

**chantilly** [ʃɑ̃tiji] *f* geschlagene süße Sahne

**chaotique** [kaɔtik] *adj* chaotisch

**chapeau** [ʃapo] <x> *m* Hut *m*

**chapelle** [ʃapɛl] *f* Kapelle *f*

**chapitre** [ʃapitʀ] *m* Kapitel *nt*

**chaque** [ʃak] *adj inv* jede(r, s)

**charbon** [ʃaʀbɔ̃] *m* Kohle *f*

**charcuterie** [ʃaʀkytʀi] *f* **1.** Metzgerei *f* **2.** Wurst[waren *Pl*] *f*

**charge** [ʃaʀʒ] *f* **1.** Last *f* **2.** (*responsabilité*) Belastung *f* **3.** (*fonction*) Amt *nt*

**chargé**(**e**) [ʃaʀʒe] *adj* **1.** beladen **2.** (*programme*) voll **3.** (*batterie*) [auf]geladen

**chargement** [ʃaʀʒəmɑ̃] *m* **1.** Beladen *nt* **2.** (*marchandises*) Ladung *f* **3.** INFORM Laden *nt*

**charger** [ʃaʀʒe] <2a> **I.** *vt* **1.** verladen **2.** (*attribuer une mission*) verantwortlich sein **3.** (*attaquer*) angreifen **4.** INFORM, TECH laden **II.** *vpr* **se** ~ **de qn/qc** sich um jdn/etw kümmern; **se** ~ **de faire qc** es übernehmen etw zu tun

**chariot** [ʃaʀjo] *m* Wagen *m;* COM Einkaufswagen *m*

**charité** [ʃaʀite] *f* **1.** Nächstenliebe *f* **2.** (*action*) Wohltätigkeit *f*

**charmant(e)** [ʃaʀmɑ̃] *adj* **1.** reizend **2.** (*ravissant*) charmant
**charme** [ʃaʀm] *m* **1.** Charme *m* **2.** (*beauté*) Reize *Pl*
**charnel(le)** [ʃaʀnɛl] *adj* **1.** fleischlich **2.** (*sexuel*) körperlich
**charnière** [ʃaʀnjɛʀ] **I.** *f* Scharnier *nt* **II.** *adj* (*décisif*) entscheidend
**charnu(e)** [ʃaʀny] *adj* wulstig
**charogne** [ʃaʀɔɲ] *f* Aas *nt*
**charrette** [ʃaʀɛt] *f* Karren *m*
**charrier** [ʃaʀje] <1> **I.** *vt* fahren **II.** *vi fam* übertreiben
**charter** [ʃaʀtɛʀ] *m* **1.** Charter[flug *m*] *m* **2.** (*avion*) Chartermaschine *f*
**chasse-neige** [ʃasnɛʒ] *m inv* Schneepflug *m*
**chasser** [ʃase] <1> **I.** *vi* auf die Jagd gehen **II.** *vt* [ver]jagen
**chasteté** [ʃastəte] *f* Keuschheit *f*
**chat¹** [ʃa] *m* Katze *f*; (*mâle*) Kater *m*
**chat²** [tʃat] *m* INFORM Chat *m*
**châtaigne** [ʃɑtɛɲ] *f* Esskastanie *f*
**château** [ʃɑto] <x> *m* **1.** Schloss *nt* **2.** (*forteresse*) ~ [**fort**] Burg *f*
**châtiment** [ʃɑtimɑ̃] *m* Strafe *f*
**chatouiller** [ʃatuje] <1> *vt* kitzeln
**chatouilleux, -euse** [ʃatujø] *adj* kitz[e]lig
**chatte** [ʃat] *f* Katze *f*
**chaud** [ʃo] *m* Wärme *f*; (*chaleur extrême*) Hitze *f*; **il fait ~** es ist warm/heiß
**chaud(e)** [ʃo] *adj* (*opp: froid*) warm; (*très chaud*) heiß
**chauffage** [ʃofaʒ] *m* Heizung *f*
**chauffer** [ʃofe] <1> **I.** *vi* **1.** warm werden; (*très chaud*) heiß werden **2.** (*mettre du chauffage*) heizen **II.** *vt* **1.** wärmen; (*pièce*) erwärmen **2.** TECH zum Glühen bringen **3.** (*mettre dans l'ambiance*) aufheizen
**chauffeur** [ʃofœʀ] *m* Fahrer(in) *m(f)*
**chaume** [ʃom] *m* Stroh *nt*
**chaussée** [ʃose] *f* Fahrbahn *f*
**chausser** [ʃose] <1> **I.** *vi* ~ **du 38/42** Schuhgröße 38/42 haben **II.** *vpr* **se** ~ [sich (*dat*)] Schuhe anziehen
**chaussette** [ʃosɛt] *f* **1.** Socke *f* **2.** (*mi-bas*) Kniestrumpf *m*
**chausson** [ʃosɔ̃] *m* Hausschuh *m*
**chaussure** [ʃosyʀ] *f* Schuh *m*
**chauve** [ʃov] *adj* kahl[köpfig]
**chauvin(e)** [ʃovɛ̃] *adj* chauvinistisch
**chaux** [ʃo] *f* Kalk *m*
**chef** [ʃɛf] *m* **1.** Chef(in) *m(f)*; ~ **d'orchestre** Dirigent(in) *m(f)* **2.** (*meneur*) [An]führer(in) *m(f)* **3.** (*cuisinier*) Chefkoch/-köchin *m/f*
**chemin** [ʃ(ə)mɛ̃] *m* Weg *m*
**chemin de fer** [ʃ(ə)mɛ̃dəfɛʀ] <chemins de fer> *m* Eisenbahn *f*
**chemise** [ʃ(ə)miz] *f* **1.** Hemd *nt* **2.** (*dossier*) [Akten]mappe *f*
**chemisier** [ʃ(ə)mizje] *m* Bluse *f*

C

**chêne** [ʃɛn] *m* Eiche *f*
**chenille** [ʃ(ə)nij] *f* ZOOL Raupe *f*
**chèque** [ʃɛk] *m* Scheck *m*
**cher** [ʃɛʀ] *adv* teuer
**cher**, **chère** [ʃɛʀ] *adj* **1.** teuer; **moins ~** billiger **2.** (*aimé*) lieb **3.** liebe(r, s); **chère Madame X** liebe Frau X
**chercher** [ʃɛʀʃe] <1> **I.** *vt* **1.** suchen **2.** (*ramener, rapporter*) **aller ~** [ab]holen **II.** *vi* **1. ~ à faire qc** versuchen etw zu tun **2.** (*fouiller*) **~ dans qc** in etw (*dat*) herumstöbern
**chéri**(**e**) [ʃeʀi] *m(f)* Liebling *m*
**chétif**, **-ive** [ʃetif] *adj* kümmerlich
**cheval** [ʃ(ə)val] <-aux> *m* **1.** ZOOL Pferd *nt* **2.** SPORT **faire du/monter à ~** reiten **3.** AUT **elle fait combien de chevaux, votre voiture?** wie viel PS hat Ihr Wagen?
**cheval-vapeur** [ʃ(ə)valvapœʀ] <chevaux-vapeur> *m* Pferdestärke *f*
**chevet** [ʃ(ə)vɛ] *m* **table de ~** Nachttisch *m*
**cheveu** [ʃ(ə)vø] <x> *m* [Kopf]haar *nt;* **avoir les ~x courts/longs** kurze/lange Haare haben
**cheville** [ʃ(ə)vij] *f* **1.** ANAT Knöchel *m* **2.** (*tige pour boucher*) Dübel *m*
**chèvre** [ʃɛvʀ] **I.** *f* Ziege *f* **II.** *m* (*fromage*) Ziegenkäse *m*
**chevreuil** [ʃəvʀœj] *m* Reh *nt*
**chewing-gum** [ʃwiŋgɔm] <chewing-gums> *m* Kaugummi *m o nt*
**chez** [ʃe] *prép* **1.** (*au logis de qn*) **~ nous** bei uns; **je vais/rentre ~ moi** ich gehe nach Hause **2.** (*dans le pays de qn*) **ils rentrent ~ eux, en Italie** sie kehren nach Italien zurück
**chez-moi** [ʃemwa] *m inv* eigene vier Wände
**chez-soi** [ʃeswa] *m inv* eigene vier Wände
**chiant**(**e**) [ʃjɑ̃] *adj fam* stinklangweilig
**chic** [ʃik] **I.** *adj inv* **1.** schick **2.** (*sélect*) vornehm **3.** *fam* (*agréable*) toll **II.** *interj fam* klasse
**chicaner** [ʃikane] <1> *vi* **~ sur qc** wegen etw streiten
**chicorée** [ʃikɔʀe] *f* **1.** Endivie *f* **2.** (*café*) Kaffee-Ersatz *m*
**chien** [ʃjɛ̃] *m* Hund *m*
**chienne** [ʃjɛn] *f* Hündin *f*
**chiffon** [ʃifɔ̃] *m* Lappen *m*
**chiffre** [ʃifʀ] *m* **1.** Ziffer *f*, Zahl *f*; **à/de trois ~s** dreistellig **2.** (*montant*) Summe *f* **3.** (*d'un message*) Code *m*
**chiffrer** [ʃifʀe] <1> **I.** *vt* beziffern **II.** *vpr* **se ~ à qc** sich auf etw (*akk*) belaufen
**Chili** [ʃili] *m* **le ~** Chile *nt*
**chimère** [ʃimɛːʀ(ə)] *f* Hirngespinst *nt*
**chimie** [ʃimi] *f* Chemie *f*
**chimpanzé** [ʃɛ̃pɑ̃ze] *m* Schim-

panse *m*
**Chine** [ʃin] *f* **la** ~ China *nt*
**chipoter** [ʃipɔte] <1> *vi* ~ **sur qc** wegen etw nörgeln
**chips** [ʃips] *fpl* [Kartoffel]chips *Pl*
**chirurgical(e)** [ʃiʀyʀʒikal] <-aux> *adj* chirurgisch
**chirurgien(ne)** [ʃiʀyʀʒjɛ̃] *m(f)* Chirurg(in) *m(f)*
**chlore** [klɔʀ] *m* Chlor *nt*
**choc** [ʃɔk] *m* **1.** Schock *m* **2.** (*coup*) Stoß *m* **3.** (*heurt*) Aufprall *m*
**chocolat** [ʃɔkɔla] *m* **1.** Schokolade *f*; **barre de** ~ Schokoladenriegel *m* **2.** (*boisson*) Kakao *m*
**chœur** [kœʀ] *m* Chor *m*
**choisir** [ʃwaziʀ] <8> *vt, vi* **1.** wählen **2.** (*trancher*) sich entscheiden
**choix** [ʃwa] *m* **1.** Wahl *f*; **au** ~ nach Wahl **2.** (*variété*) Auswahl *f*
**chômage** [ʃomaʒ] *m* Arbeitslosigkeit *f*
**chômeur, -euse** [ʃomœʀ] *m, f* Arbeitslose(r) *f(m)*
**choquer** [ʃɔke] <1> **I.** *vi* Aufsehen erregen **II.** *vt* schockieren
**chose** [ʃoz] **I.** *f* **1.** Sache *f*; (*objet matériel*) Ding *nt* **2.** (*ce dont il s'agit*) Sache *f* **3. pas grand-**~ nicht viel **II.** *m fam* (*truc*) Dingsda *nt*
**chou** [ʃu] <x> *m* **1.** Kohl *m*; ~ **de Bruxelles** Rosenkohl **2.** GASTR ~ **à la crème** Windbeutel *m*
**choucroute** [ʃukʀut] *f* Sauerkraut *nt*
**chouette** [ʃwɛt] **I.** *adj fam* klasse **II.** *f* (*oiseau*) Eule *f*
**chou-fleur** [ʃuflœʀ] <choux-fleurs> *m* Blumenkohl *m*
**choyer** [ʃwaje] <6> *vt* ~ **qn** für jdn liebevoll sorgen
**chrétien(ne)** [kʀetjɛ̃] *adj* christlich; **être** ~ Christ sein
**christ** [kʀist] *m* Christus[figur *f*] *m*
**christianisme** [kʀistjanism] *m* Christentum *nt*
**chromosome** [kʀomozom] *m* Chromosom *nt*
**chronique** [kʀɔnik] *adj* **1.** chronisch **2.** (*problème*) andauernd
**chuchoter** [ʃyʃɔte] <1> *vt, vi* flüstern
**chut** [ʃyt] *interj* pst
**chute** [ʃyt] *f* **1.** Sturz *m* **2.** GEO ~ **d'eau** Wasserfall *m* **3.** METEO ~ **de neige** Schneefall *m*
**chuter** [ʃyte] <1> *vi fam* stürzen
**ci** [si] *adv* **comme** ~ **comme ça** *fam* so lala; **à cette heure-**~ zu dieser Zeit
**ci-après** [siapʀɛ] *adv* nachstehend
**cicatrice** [sikatʀis] *f* Narbe *f*
**cicatriser** [sikatʀize] <1> *vi, vpr* vernarben
**ci-contre** [sikɔ̃tʀ] *adv* nebenstehend
**ci-dessous** [sid(ə)su] *adv* [weiter] unten

**ci-dessus** [sid(ə)sy] *adv* [weiter] oben

**ciel** [sjɛl] <cieux> *m* Himmel *m*

**cierge** [sjɛʀʒ] *m* Kerze *f*

**cigare** [sigaʀ] *m* Zigarre *f*

**cigarette** [sigaʀɛt] *f* Zigarette *f*

**ci-gît** [siʒi] hier ruht

**cigogne** [sigɔɲ] *f* Storch *m*

**ci-joint** [siʒwɛ̃] anbei

**cil** [sil] *m* Wimper *f*

**ciment** [simɑ̃] *m* Zement *m*

**cimetière** [simtjɛʀ] *m* Friedhof *m*

**cinéma** [sinema] *m* Kino *nt*

**cinglé(e)** [sɛ̃gle] *adj fam* bekloppt

**cinq** [sɛ̃k] *num* **1.** fünf **2.** (*dans l'indication de la date*) **le ~ mars** der fünfte März

**cinquantaine** [sɛ̃kɑ̃tɛn] *f* **1. une ~ de personnes/pages** etwa fünfzig Personen/Seiten **2.** (*âge approximatif*) **avoir la ~** etwa fünfzig [Jahre alt] sein

**cinquante** [sɛ̃kɑ̃t] *num* **1.** fünfzig **2.** (*dans l'indication des époques*) **les années ~** die fünfziger Jahre

**cinquantenaire** [sɛ̃kɑ̃tnɛʀ] *m* fünfzigjähriges Jubiläum

**cinquantième** [sɛ̃kɑ̃tjɛm] **I.** *adj* fünfzigste(r, s) **II.** *m* (*fraction*) Fünfzigstel *nt*

**cinquième** [sɛ̃kjɛm] **I.** *adj* fünfte(r, s) **II.** *m* (*fraction*) Fünftel *nt*

**cinquièmement** [sɛ̃kjɛmmɑ̃] *adv* fünftens

**cintre** [sɛ̃tʀ] *m* [Kleider]bügel *m*

**circonscription** [siʀkɔ̃skʀipsjɔ̃] *f* **1.** ADMIN [Verwaltungs]bezirk *m* **2.** POL Wahlkreis *m*

**circonstance** [siʀkɔ̃stɑ̃s] *f* **1.** Umstand *m* **2.** (*occasion*) Gelegenheit *f*

**circuit** [siʀkɥi] *m* **1.** Rundfahrt *f* **2.** (*parcours*) Strecke *f* **3.** SPORT Rennstrecke *f* **4.** ELEC Stromkreis *m*

**circulation** [siʀkylasjɔ̃] *f* **1.** Verkehr *m* **2.** ECON Umlauf *m*

**circuler** [siʀkyle] <1> *vi* **1.** herumgehen **2.** (*couler*) fließen

**cire** [siʀ] *f* Wachs *nt*

**ciré** [siʀe] *m* Ölzeug *nt*

**cirque** [siʀk] *m* Zirkus *m*

**ciseau** [sizo] <x> *m* **1.** *pl* Schere *f*; **une paire de ~x** eine Schere **2.** (*outil*) Meißel *m*

**citadelle** [sitadɛl] *f* Festung *f*

**citation** [sitasjɔ̃] *f* Zitat *nt*

**cité** [site] *f* **1.** Stadt *f* **2.** (*vieux quartier*) Altstadt *f*

**citer** [site] <1> *vt* **1.** zitieren **2.** (*énumérer*) nennen **3.** JUR vorladen

**citerne** [sitɛʀn] *f* **1.** Tank *m* **2.** (*pour l'eau de pluie*) Zisterne *f*

**citoyen(ne)** [sitwajɛ̃] *m(f)* [Staats]bürger(in) *m(f)*

**citron** [sitʀɔ̃] *m* Zitrone *f*

**civière** [sivjɛʀ] *f* [Trag]bahre *f*

**civil(e)** [sivil] *adj* **1.** (*relatif au citoyen*) Zivil-; **guerre ~e** Bürgerkrieg *m* **2.** (*opp: religieux*) **mariage** ~ standesamtliche Trauung

**civilisation** [sivilizasjɔ̃] *f* **1.** Kultur *f* **2.** (*état*) Zivilisation *f*

**clair** [klɛʀ] **I.** *adv* **1.** klar **2.** (*sans ambiguïté*) deutlich **II.** *m* ~ **de lune** Mondschein

**clair(e)** [klɛʀ] *adj* **1.** klar **2.** (*opp: foncé*) hell; (*bleu*) hell-

**clairvoyance** [klɛʀvwajɑ̃s] *f* Weitblick *m*

**clandestin(e)** [klɑ̃dɛstɛ̃] *adj* geheim; **passager** ~ blinder Passagier

**clapoter** [klapɔte] <1> *vi* plätschern

**claque** [klak] *f* Ohrfeige *f*

**claquer** [klake] <1> **I.** *vt* knallen **II.** *vi* [zu]schlagen

**clarifier** [klaʀifje] <1> *vpr* **se** ~ sich klären

**clarté** [klaʀte] *f* **1.** Helligkeit *f* **2.** (*transparence*) Reinheit *f* **3.** (*opp: confusion*) Klarheit *f*

**classe** [klɑs] *f* **1.** Klasse *f*; **~s moyennes** Mittelstand *m* **2.** AUT **billet de première** ~ Fahrschein *m* erster Klasse

**classé(e)** [klɑse] *adj* **1.** unter Denkmalschutz stehend **2.** (*réglé*) abgeschlossen **3.** (*de valeur*) klassifiziert

**classement** [klɑsmɑ̃] *m* **1.** Einordnen *nt* **2.** (*d'un hôtel*) Kategorie *f* **3.** (*place sur une liste*) Rangfolge *f*

**classer** [klɑse] <1> **I.** *vt* **1.** ordnen **2.** (*ranger selon la performance*) einstufen **II.** *vpr* **se** ~ **$1^{er}$** sich als 1. platzieren



**classicisme** [klasisism] *m* ART Klassik *f*

**classique** [klasik] *adj* **1.** ART klassisch **2.** (*habituel*) typisch

**claustrophobe** [klostʀɔfɔb] *adj* **être** ~ unter Klaustrophobie leiden

**clavier** [klavje] *m* Tastatur *f*

**clé** [kle] *f a.* MUS, TECH Schlüssel *m*; ~ **de contact** Zündschlüssel

**clément(e)** [klemɑ̃] *adj* mild

**clergé** [klɛʀʒe] *m* Klerus *m*

**clic** [klik] **I.** *interj* klick **II.** *m* Klick *m*; ~ **sur la souris** Mausklick

**clic-clac** [klikklak] *m inv* Klappsofa *nt*

**cliché** [kliʃe] *m* **1.** Klischee *nt* **2.** (*photo*) Abzug *m*

**client(e)** [klijɑ̃] *m(f)* **1.** Kunde/Kundin *m/f* **2.** (*d'un restaurant*) Gast *m*; (*d'un avocat*) Klient(in) *m(f)*; (*d'un médecin*) Patient(in) *m(f)*

**clientèle** [klijɑ̃tɛl] *f* Kundschaft *f*

**cligner** [kliɲe] <1> *vt* ~ **des yeux** blinzeln

**clignotant** [kliɲɔtɑ̃] *m* AUT Blinker *m*

**climat** [klima] *m* Klima *nt*

**climatisation** [klimatizasjɔ̃] *f* (*dispositif*) Klimaanlage *f*

**climatiser** [klimatize] <1> *vt* klimatisieren

**clin d'œil** [klɛ̃dœj] <clins d'œil> *m* 1. Augenzwinkern *nt* 2. **en un ~** im Nu

**clinique** [klinik] *adj* klinisch

**clip** [klip] *m* Clip *m*

**cliquer** [klike] <1> *vi* INFORM klicken

**clochard(e)** [klɔʃaʀ] *m(f)* Stadtstreicher(in) *m(f)*

**cloche** [klɔʃ] *f* Glocke *f*

**clocher** [klɔʃe] *m* Kirchturm *m*

**cloître** [klwatʀ] *m* Kloster *nt*

**cloîtrer** [klwatʀe] <1> *vt fig* einsperren

**clone** [klon] *m* Klon *m*

**cloque** [klɔk] *f* Blase *f*

**cloquer** [klɔke] <1> *vi* Blasen bilden

**clos(e)** [klo] *adj* 1. geschlossen 2. (*achevé*) erledigt

**clôture** [klotyʀ] *f* 1. Zaun *m* 2. (*d'un festival*) Ende *nt*

**clou** [klu] *m* 1. Nagel *m* 2. (*attraction*) Höhepunkt *m* 3. **ne pas valoir un ~** *fam* keinen Pfifferling wert sein

**clouer** [klue] <1> *vt* annageln

**club** [klœb] *m* 1. Klub *m* 2. SPORT Golfschläger *m*

**coaguler** [kɔagyle] <1> *vi, vpr* gerinnen

**coalition** [kɔalisjɔ̃] *f* Bündnis *nt*

**cocaïne** [kɔkain] *f* Kokain *nt*

**coccinelle** [kɔksinɛl] *f* Marienkäfer *m*

**cocher** [kɔʃe] <1> *vt* ankreuzen

**cochon** [kɔʃɔ̃] *m* 1. Schwein *nt* 2. GASTR Schweinefleisch *nt*

**cochon(ne)** [kɔʃɔ̃] *adj fam* schmuddelig

**cochonnerie** [kɔʃɔnʀi] *f fam* 1. Dreckszeug *nt* 2. *fam* (*obscénités*) Schweinereien *Pl*

**cochonnet** [kɔʃɔnɛ] *m* Ferkel *nt*

**cocotier** [kɔkɔtje] *m* Kokospalme *f*

**cocotte** [kɔkɔt] *f* Topf *m*

**code** [kɔd] *m* 1. Kode *m*; **~ postal** Postleitzahl *f* 2. (*permis*) theoretische Fahrprüfung

**code-barres** [kɔdbaʀ] *m inv* Strichcode *m*

**coder** [kɔde] <1> *vt* verschlüsseln

**cœur** [kœʀ] *m* 1. ANAT Herz *nt* 2. (*d'un débat*) Kernpunkt *m* 3. **qn a mal au ~** jdm ist schlecht; **par ~** auswendig

**coffre** [kɔfʀ] *m* 1. Truhe *f* 2. AUT Kofferraum *m*

**cogner** [kɔɲe] <1> I. *vt* **~ qn/qc** an jdn/etw [an]stoßen II. *vi* zuschlagen III. *vpr* **se ~ qc contre qc** sich etw (*akk*) an etw (*dat*) stoßen

**cohérent(e)** [koeʀɑ̃] *adj* kohärent

**cohésion** [koezjɔ̃] *f* Zusammenhalt *m*

**cohue** [kɔy] *f* Gedränge *nt*

**coiffer** [kwafe] <1> *vt, vpr* [**se**] **~** [sich] frisieren

**coiffeur, -euse** [kwafœʀ] *m, f* Friseur(in) [*o* Friseuse] *m/f*

**coin** [kwɛ̃] *m* Ecke *f*

**coincer** [kwɛ̃se] <2> **I.** *vt* einklemmen **II.** *vpr* **se ~ le doigt** sich (*dat*) den Finger einklemmen

**coïncidence** [kɔɛ̃sidɑ̃s] *f* Zufall *m*

**coïncider** [kɔɛ̃side] <1> *vi* **1.** (*être concomitant*) [zeitlich] zusammenfallen **2.** (*correspondre*) übereinstimmen

**col** [kɔl] *m* **1.** Kragen *m* **2.** GEO [Gebirgs]pass *m* **3.** (*goulot*) Hals *m*

**colère** [kɔlɛʀ] *f* Wut *f;* **être en ~** wütend sein

**coléreux, -euse** [kɔleʀø] *adj,* **colérique** [kɔleʀik] *adj* jähzornig

**colique** [kɔlik] *f* **1.** Durchfall *m* **2.** (*douleurs*) Kolik *f*

**collaboration** [ko(l)labɔʀasjɔ̃] *f* Zusammenarbeit *f*

**collaborer** [ko(l)labɔʀe] *vi* zusammenarbeiten

**collant** [kɔlɑ̃] *m* Strumpfhose *f*

**collant(e)** [kɔlɑ̃] *adj* **1.** hauteng **2.** (*poisseux*) klebrig

**colle** [kɔl] *f* **1.** Klebstoff *m* **2.** (*punition*) Nachsitzen *nt*

**collectif, -ive** [kɔlɛktif] *adj* gemeinsam; (*travail*) Gemeinschafts-

**collection** [kɔlɛksjɔ̃] *f* **1.** Sammlung *f* **2.** (*de livres*) Reihe *f*

**collectionner** [kɔlɛksjɔne] <1> *vt* sammeln

**collectivité** [kɔlɛktivite] *f* Gemeinschaft *f*

**collector** [kɔlɛktɔʀ] *m* Sammlerstück *nt;* **édition ~** Sammleredition *f*

**collège** [kɔlɛʒ] *m* SCOL **~ [d'enseignement secondaire]** ≈ Realschule *f*

**collègue** [kɔ(l)lɛg] *mf* Kollege/Kollegin *m/f*

**coller** [kɔle] <1> *vt* kleben

**collier** [kɔlje] *m* Halskette *f*

**colline** [kɔlin] *f* Hügel *m*

**collision** [kɔlizjɔ̃] *f* Zusammenstoß *m*

**colombage** [kɔlɔ̃baʒ] *m* **maison à ~** Fachwerkhaus *nt*

**colombe** [kɔlɔ̃b] *f* Taube *f*

**colonie** [kɔlɔni] *f* (*centre*) **~ de vacances** Ferienlager *nt*

**colonne** [kɔlɔn] *f* **1.** ARCHIT Säule *f* **2.** (*section*) Spalte *f* **3.** ANAT **~ vertébrale** Wirbelsäule *f*

**colorant** [kɔlɔʀɑ̃] *m* Farbstoff *m*

**coloré(e)** [kɔlɔʀe] *adj* gefärbt

**colorer** [kɔlɔʀe] <1> *vt, vpr* **[se] ~** [sich] färben

**colorier** [kɔlɔʀje] <1> *vt* ausmalen

**colossal(e)** [kɔlɔsal] <-aux> *adj* kolossal

**colporter** [kɔlpɔʀte] <1> *vt péj* (*nouvelles*) [überall] herumerzählen

**coma** [kɔma] *m* Koma *nt*

**combat** [kɔ̃ba] *m* Kampf *m*

**combattant(e)** [kɔ̃batɑ̃] *m(f)* Kämpfer(in) *m(f)*

**combattre** [kɔ̃batʀ] <irr> **I.** *vt, vi* kämpfen gegen **II.** *vpr* **se ~** sich bekämpfen

**combien** [kɔ̃bjɛ̃] **I.** *adv* (*quantité*) wie viel; (*nombre*) wie viele; **~ de temps** wie lange; **~ de fois** wie oft **II.** *mf* **le ~?** der Wievielte?

**combinaison** [kɔ̃binɛzɔ̃] *f* **1.** Kombination *f* **2.** (*sous-vêtement*) Unterrock *m* **3.** (*vêtement*) **~ de ski** Skianzug *m*

**combiner** [kɔ̃bine] <1> *vt a. fig* kombinieren

**comble** [kɔ̃bl] *m* Gipfel *m*

**combler** [kɔ̃ble] <1> *vt* **1.** auffüllen **2.** (*retard*) aufholen

**combustible** [kɔ̃bystibl] *adj* brennbar

**comédie** [kɔmedi] *f* Komödie *f*; **~ musicale** Musical *nt*

**comédien**(**ne**) [kɔmedjɛ̃] *m(f)* **1.** (*acteur*) Schauspieler(in) *m(f)* **2.** (*hypocrite*) Heuchler(in) *m(f)*

**coming-out** [kɔmiŋaut] <coming-out[s]> *m* Coming-out *nt*; **faire son ~** sein Coming-out haben

**comique** [kɔmik] *adj* **1.** komisch **2.** THEAT, CINE, LITTER Komödien-

**comité** [kɔmite] *m* Komitee *nt*

**commande** [kɔmɑ̃d] *f* **1.** Bestellung *f* **2.** TECH **~ à distance** Fernbedienung **3.** INFORM Befehl *m* **4. sur ~** auf Bestellung

**commander** [kɔmɑ̃de] <1> *vt, vi* **1.** (*passer commande*) bestellen **2.** (*ordonner*) befehlen

**comme** [kɔm] **I.** *conj* **1.** (*au moment où*) [gerade] als **2.** (*étant donné que*) da **3.** (*de même que*) wie auch **4.** (*comparaison, tel que*) wie; **~ si** als ob **5.** (*en tant que*) als **6.** (*quel genre de*) was für...? **II.** *adv* **1.** (*exclamatif*) wie; **~ c'est gentil!** wie nett! **2.** (*manière*) wie; **~ ça** so; **c'est ~ ça** so ist es nun mal **3. ~ ci ~ ça** so lala (*fam*)

**commencer** [kɔmɑ̃se] <2> *vt, vi* **1.** anfangen **2. pour ~** zunächst

**comment** [kɔmɑ̃] *adv* **1.** (*de quelle façon*) wie; **~ ça va?** wie geht's dir?; **~ est-ce que ça s'appelle en français?** wie heißt es auf Französisch? **2.** (*invitation à répéter*) **~?** wie bitte?

**commentaire** [kɔmɑ̃tɛʀ] *m* Kommentar *m*

**commentateur**, **-trice** [kɔmɑ̃tatœʀ] *m, f* Kommentator(in) *m(f)*

**commerçant**(**e**) [kɔmɛʀsɑ̃] *adj* (*rue*) Geschäfts-

**commerce** [kɔmɛʀs] *m* **1.** Handel *m* **2.** (*magasin*) Geschäft *nt*; **~ de détail/en gros** Einzel-/Großhandel *m*

**commercial**(**e**) [kɔmɛʀsjal] <-aux> *adj* **centre ~** Einkaufszentrum *nt*

**commercialiser** [kɔmɛʀsjalize] <1> *vt* vermarkten

**commettre** [kɔmɛtʀ] <irr> *vt* begehen

**commissaire** [kɔmisɛʀ] *mf* Kommissar(in) *m(f)*

**commissariat** [kɔmisaʀja] *m* Revier *nt*
**commission** [kɔmisjɔ̃] *f* **1.** ADMIN Kommission *f* **2.** (*message*) Nachricht *f* **3.** *pl* (*courses*) Einkäufe *Pl* **4.** COM Provision *f*
**commode¹** [kɔmɔd] *adj* **1.** praktisch **2.** (*facile*) einfach
**commode²** [kɔmɔd] *f* Kommode *f*
**commodité** [kɔmɔdite] *f* Komfort *m*
**commun** [kɔmœ̃] *m* **hors du ~** außergewöhnlich
**commun(e)** [kɔmœ̃] *adj* gemeinsam
**communal(e)** [kɔmynal] <-aux> *adj* kommunal
**communautaire** [kɔmynotɛʀ] *adj* **1.** gemeinschaftlich **2.** (*de l'UE*) EU-
**communauté** [kɔmynote] *f* **1.** Gemeinschaft *f* **2.** REL [Kirchen]gemeinde *f*
**Communauté économique européenne** *f* Europäische Wirtschaftsgemeinschaft
**Communauté européenne** *f* Europäische Gemeinschaft
**commune** [kɔmyn] *f* Gemeinde *f*
**communicatif, -ive** [kɔmynikatif] *adj* **1.** ansteckend **2.** (*expansif*) kommunikativ
**communication** [kɔmynikasjɔ̃] *f* **1.** Mitteilung *f* **2.** TELEC (*jonction*) Verbindung *f*; (*conversation*) Gespräch *nt* **3.** (*liaison*) **moyen de ~** Verkehrsmittel *nt*
**communion** [kɔmynjɔ̃] *f* REL Kommunion *f*
**communiquer** [kɔmynike] <1> *vt* **1.** mitteilen **2.** (*transmettre*) **~ un dossier à qn** jdm eine Akte aushändigen
**compact(e)** [kɔ̃pakt] *adj* kompakt
**compagnie** [kɔ̃paɲi] *f* **1.** Gesellschaft *f* **2.** MIL Kompanie *f* **3. en ~ de qn** in jds Begleitung
**compagnon** [kɔ̃paɲɔ̃] *m* (*ouvrier*) [Handwerks]geselle *m*
**comparable** [kɔ̃paʀabl] *adj* vergleichbar
**comparer** [kɔ̃paʀe] <1> *vt, vi, vpr* [**se**] ~ [sich] vergleichen
**compartiment** [kɔ̃paʀtimɑ̃] *m* **1.** Fach *nt* **2.** AUT Abteil *nt*
**compas** [kɔ̃pɑ] *m* **1.** MATH Zirkel *m* **2.** NAUT, AVIAT Kompass *m*
**compassion** [kɔ̃pasjɔ̃] *f soutenu* Mitgefühl *nt*
**compatibilité** [kɔ̃patibilite] *f* **1.** Vereinbarkeit *f* **2.** INFORM, MED Kompatibilität *f*
**compatible** [kɔ̃patibl] *adj* **1.** vereinbar **2.** INFORM, MED kompatibel
**compensation** [kɔ̃pɑ̃sasjɔ̃] *f* **1.** Gegenleistung *f* **2.** (*équilibre*) Ausgleich *m* **3. en ~** dafür
**compenser** [kɔ̃pɑ̃se] <1> *vt* kompensieren
**compétence** [kɔ̃petɑ̃s] *f* **1.** Kompetenz *f* **2.** (*responsabilité*) Zuständigkeit *f*

C

**compétitif, -ive** [kɔ̃petitif] *adj* wettbewerbsfähig
**compétition** [kɔ̃petisjɔ̃] *f* **1.** COM Konkurrenz *f* **2.** SPORT Wettkampf *m*
**compiler** [kɔ̃pile] <1> *vt* INFORM kompilieren
**complémentaire** [kɔ̃plemɑ̃tɛʀ] *adj* ergänzend
**complet, -ète** [kɔ̃plɛ] *adj* **1.** (*entier*) vollständig; (*pain*) Vollkorn- **2.** (*total*) völlig; **succès ~** voller Erfolg **3.** (*hôtel*) voll belegt; (*parking*) besetzt
**complètement** [kɔ̃plɛtmɑ̃] *adv* **1.** vollständig **2.** (*absolument*) völlig
**compléter** [kɔ̃plete] <5> *vt, vpr* [se] ~ [sich] ergänzen
**complexe** [kɔ̃plɛks] *adj* komplex
**complication** [kɔ̃plikasjɔ̃] *f* **1.** Schwierigkeit *f* **2.** MED Komplikation *f*
**complice** [kɔ̃plis] *mf* Komplize/Komplizin *m/f*
**compliment** [kɔ̃plimɑ̃] *m* **1.** Kompliment *nt* **2.** (*félicitations*) Glückwunsch *m*
**complimenter** [kɔ̃plimɑ̃te] <1> *vt* **1.** beglückwünschen **2.** (*faire l'éloge*) ~ **qn pour qc** jdm für etw Komplimente machen
**compliqué(e)** [kɔ̃plike] *adj* kompliziert
**compliquer** [kɔ̃plike] <1> **I.** *vt* erschweren **II.** *vpr* **se ~** komplizierter werden
**comploter** [kɔ̃plɔte] <1> *vt* ausklügeln
**comportement** [kɔ̃pɔʀtəmɑ̃] *m* Verhalten *nt*
**comporter** [kɔ̃pɔʀte] <1> **I.** *vt* bestehen aus **II.** *vpr* **se ~** sich verhalten
**composer** [kɔ̃poze] <1> **I.** *vt* verfassen **II.** *vi* MUS komponieren **III.** *vpr* **se ~ de qc** aus etw bestehen
**compositeur, -trice** [kɔ̃pozitœʀ] *m, f* Komponist(in) *m(f)*
**composition** [kɔ̃pozisjɔ̃] *f* **1.** Zusammenstellung *f* **2.** (*œuvre*) Komposition *f*
**composter** [kɔ̃pɔste] <1> *vt* entwerten
**compréhensible** [kɔ̃pʀeɑ̃sibl] *adj* verständlich
**compréhensif, -ive** [kɔ̃pʀeɑ̃sif] *adj* verständnisvoll
**compréhension** [kɔ̃pʀeɑ̃sjɔ̃] *f* **1.** Verständlichkeit *f* **2.** (*tolérance*) Verständnis *nt*
**comprendre** [kɔ̃pʀɑ̃dʀ] <13> **I.** *vt, vi* verstehen **II.** *vpr* **se ~** **1.** verständlich sein **2.** (*communiquer*) sich verständigen
**compression** [kɔ̃pʀesjɔ̃] *f* **1.** Reduzierung *f* **2.** INFORM Komprimierung *f*
**comprimé** [kɔ̃pʀime] *m* Tablette *f*
**comprimer** [kɔ̃pʀime] <1> *vt* **1.** *a.* INFORM komprimieren **2.** (*réduire*) reduzieren

**compris(e)** [kɔ̃pʀi] *adj* inklusive
**compromettre** [kɔ̃pʀɔmɛtʀ] <irr> **I.** *vt* kompromittieren **II.** *vpr* **se ~ avec qn/dans qc** wegen jdm/einer S. ins Gerede kommen
**compromis** [kɔ̃pʀɔmi] *m* Kompromiss *m*
**comptant** [kɔ̃tɑ̃] *adv* (*payer*) bar
**compte** [kɔ̃t] *m* **1.** Zählung *f;* **~ à rebours** Countdown *m* **2.** (*compte en banque*) Konto *nt* **3. se rendre ~ de qc** sich (*dat*) über etw (*akk*) im Klaren sein; **à son ~** selbständig
**compter** [kɔ̃te] <1> *vt, vi* zählen
**compte rendu** [kɔ̃tʀɑ̃dy] *m* Bericht *m*
**compteur** [kɔ̃tœʀ] *m* **1.** Tachometer *m* **2.** (*compteur d'électricité*) Zähler *m*
**comptoir** [kɔ̃twaʀ] *m* Theke *f*
**con(ne)** [kɔ̃] *adj fam* bescheuert
**concentrer** [kɔ̃sɑ̃tʀe] <1> *vt, vpr* [**se**] **~** [sich] konzentrieren
**conception** [kɔ̃sɛpsjɔ̃] *f* **1.** BIO Empfängnis *f* **2.** (*élaboration*) Konzeption *f*
**concernant** [kɔ̃sɛʀnɑ̃] *prép* bezüglich (+*gen*)
**concerner** [kɔ̃sɛʀne] <1> *vt* betreffen
**concert** [kɔ̃sɛʀ] *m* Konzert *nt*
**concerter** [kɔ̃sɛʀte] <1> *vpr* **se ~ sur qc** sich hinsichtlich einer S. (*gen*) besprechen
**concession** [kɔ̃sesjɔ̃] *f* **1.** Zugeständnis *nt* **2.** COM Konzession *f*
**concevable** [kɔ̃s(ə)vabl] *adj* denkbar
**concevoir** [kɔ̃s(ə)vwaʀ] <12> *vt* **1.** *soutenu* empfangen **2.** (*se représenter*) begreifen **3.** (*élaborer*) konzipieren
**concierge** [kɔ̃sjɛʀʒ] *mf* Hausmeister(in) *m(f)*
**concis(e)** [kɔ̃si] *adj* kurz und bündig
**conclure** [kɔ̃klyʀ] <irr> **I.** *vt* schließen **II.** *vi* zum Schluss kommen
**conclusion** [kɔ̃klyzjɔ̃] *f* **1.** (*d'un accord*) Abschluss *m* **2.** (*fin*) Ende *nt;* **en ~** letzten Endes **3.** (*d'une thèse*) [Schluss]folgerung *f*
**concombre** [kɔ̃kɔ̃bʀ] *m* Gurke *f*
**concorder** [kɔ̃kɔʀde] <1> *vi* übereinstimmen
**concourir** [kɔ̃kuʀiʀ] <irr> *vi* **~ à qc** am Wettbewerb um etw teilnehmen
**concours** [kɔ̃kuʀ] *m* **1.** Wettbewerb *m;* SPORT Wettkampf *m* **2.** (*jeu*) Preisausschreiben *nt* **3.** (*aide*) Beitrag *m*
**concret, -ète** [kɔ̃kʀɛ] *adj* konkret
**concrétiser** [kɔ̃kʀetize] <1> **I.** *vt* verwirklichen **II.** *vpr* **se ~** wahr werden
**concubin(e)** [kɔ̃kybɛ̃] *m(f)* Lebensgefährte(in) *m(f)*
**concubinage** [kɔ̃kybinaʒ] *m*

C

wilde Ehe

**concurrence** [kɔ̃kyʀɑ̃s] *f a.* COM Konkurrenz

**condamnation** [kɔ̃danasjɔ̃] *f* JUR *a. fig* Verurteilung *f*

**condamner** [kɔ̃dane] <1> *vt* JUR verurteilen

**condition** [kɔ̃disjɔ̃] *f* **1.** Bedingung *f;* **à ~ que** + *subj* unter der Bedingung, dass **2.** SOCIOL Situation *f* **3.** (*forme*) Kondition *f*

**condoléances** [kɔ̃dɔleɑ̃s] *fpl* [**toutes**] **mes ~!** mein Beileid!

**conducteur, -trice** [kɔ̃dyktœʀ] **I.** *adj* PHYS leitend **II.** *m, f* Fahrer(in) *m(f)*

**conduire** [kɔ̃dɥiʀ] <irr> **I.** *vi* **1.** fahren **2.** (*aboutir*) führen **II.** *vt* **1.** AUT steuern **2.** (*emmener*) bringen **3.** (*guider*) führen **III.** *vpr* **se ~** sich benehmen

**conduite** [kɔ̃dɥit] *f* **1.** AUT **leçon de ~** Fahrstunde *f* **2.** (*comportement*) Benehmen *nt*

**cône** [kon] *m* Kegel *m*

**confectionner** [kɔ̃fɛksjɔne] <1> *vt* **1.** GASTR zubereiten **2.** (*fabriquer*) anfertigen

**conférence** [kɔ̃ferɑ̃s] *f* Konferenz *f*

**conférencier, -ière** [kɔ̃ferɑ̃sje] *m, f* Vortragende(r) *f(m)*

**confesser** [kɔ̃fese] <1> *vt, vpr* [**se**] ~ beichten

**confession** [kɔ̃fesjɔ̃] *f* **1.** Konfession *f* **2.** (*aveu*) Geständnis *nt*

**confiance** [kɔ̃fjɑ̃s] *f* Vertrauen *nt*

**confidentiel(le)** [kɔ̃fidɑ̃sjɛl] *adj* vertraulich

**confier** [kɔ̃fje] <1> *vt, vpr* [**se**] ~ [sich] anvertrauen

**confirmation** [kɔ̃fiʀmasjɔ̃] *f* **1.** Bestätigung *f* **2.** REL (*catholique*) Firmung *f;* (*protestante*) Konfirmation *f*

**confirmer** [kɔ̃fiʀme] <1> **I.** *vt* bestätigen **II.** *vpr* **se ~** sich bewahrheiten

**confisquer** [kɔ̃fiske] <1> *vt* beschlagnahmen

**confiture** [kɔ̃fityʀ] *f* Marmelade *f*

**conflit** [kɔ̃fli] *m* Konflikt *m*

**confondre** [kɔ̃fɔ̃dʀ] <14> *vt* durcheinanderbringen

**conforme** [kɔ̃fɔʀm] *adj* **certifié ~** [amtlich] beglaubigt; **être ~ à qc** mit etw übereinstimmen

**confort** [kɔ̃fɔʀ] *m* Komfort *m*

**confortable** [kɔ̃fɔʀtabl] *adj* bequem

**confrère** [kɔ̃fʀɛʀ] *m* Kollege *m*

**confronter** [kɔ̃fʀɔ̃te] <1> *vt* konfrontieren

**confus(e)** [kɔ̃fy] *adj* **1.** undeutlich **2.** (*embrouillé*) konfus

**confusion** [kɔ̃fyzjɔ̃] *f* **1.** Verlegenheit *f* **2.** (*erreur*) Verwechslung *f*

**congé** [kɔ̃ʒe] *m* **1.** Urlaub *m;* **être en ~ de maladie** krankgeschrieben sein **2.** (*salutation*) **prendre ~ de qn/qc** sich von jdm/etw verabschieden

**congélateur** [kɔ̃ʒelatœʀ] *m* Tiefkühltruhe *f*

**congeler** [kɔ̃ʒ(ə)le] <4> *vt* einfrieren

**congrès** [kɔ̃gʀɛ] *m* Kongress *m*

**conjoint(e)** [kɔ̃ʒwɛ̃] *m(f) form* [Ehe]gatte/-gattin *m/f*

**conjugal(e)** [kɔ̃ʒygal] <-aux> *adj* ehelich; (*vie*) Ehe-

**conjuguer** [kɔ̃ʒyge] <1> *vt* **1.** LING konjugieren **2.** (*unir*) vereinigen

**connaissance** [kɔnɛsɑ̃s] *f* **1.** Kenntnis *f* **2.** *pl* (*choses apprises*) Kenntnisse *Pl* **3.** (*lucidité*) Bewusstsein *nt;* **sans ~** bewusstlos

**connaître** [kɔnɛtʀ] <irr> **I.** *vt* **1.** kennen; (*nom*) wissen **2.** (*comprendre*) verstehen **3.** (*rencontrer*) kennen lernen **II.** *vpr* **1. se ~** sich kennen **2.** (*être spécialiste*) **s'y ~** etwas davon verstehen

**connecter** [kɔnɛkte] <1> **I.** *vt* anschließen **II.** *vpr* **se ~ sur Internet** sich ins Internet einloggen

**connerie** [kɔnʀi] *f fam* Schwachsinn *m*

**connu(e)** [kɔny] *adj* bekannt

**conquérir** [kɔ̃keʀiʀ] <irr> *vt* erobern

**consacrer** [kɔ̃sakʀe] <1> *vt, vpr* [**se**] **~** [sich] widmen

**consciemment** [kɔ̃sjamɑ̃] *adj* bewusst

**conscience** [kɔ̃sjɑ̃s] *f* **1.** PSYCH Bewusstsein *nt* **2.** (*sens moral*) **une bonne ~** ein gutes Gewissen

**consciencieux, -euse** [kɔ̃sjɑ̃sjø] *adj* gewissenhaft

**consécutif, -ive** [kɔ̃sekytif] *adj* **1.** aufeinanderfolgend **2.** (*résultant de*) **~ à qc** durch eine S. hervorgerufen

**conseil** [kɔ̃sɛj] *m* **1.** Rat[schlag *m*] *m* **2.** (*personne*) Berater(in) *m(f)* **3.** (*assemblée: privée*) Vorstand *m;* (*publique*) Verwaltungsrat *m;* **~ municipal /régional** Gemeinde-/Regionalrat; **Conseil national** CH Nationalrat (CH)

**conseiller** [kɔ̃seje] <1> *vt* raten

**consensus** [kɔ̃sɛ̃sys] *m* Konsens *m*

**consentir** [kɔ̃sɑ̃tiʀ] <10> **I.** *vi* zustimmen **II.** *vt* gewähren

**conséquent(e)** [kɔ̃sekɑ̃] *adj* konsequent; **par ~** folglich

**conservation** [kɔ̃sɛʀvasjɔ̃] *f* (*d'un monument*) Instandhaltung *f;* (*d'un aliment*) Aufbewahrung *f*

**conserve** [kɔ̃sɛʀv] *f* Konserve *f*

**conserver** [kɔ̃sɛʀve] <1> **I.** *vt* **1.** aufbewahren **2.** GASTR konservieren **II.** *vpr* **se ~** sich halten

**considérable** [kɔ̃sideʀabl] *adj* beachtlich

**considération** [kɔ̃sideʀasjɔ̃] *f pl* Überlegungen *Pl*

**considérer** [kɔ̃sideʀe] <5> *vt* bedenken

**consigne** [kɔ̃siɲ] *f* **1.** AUT Gepäckaufbewahrung *f;* **~ automatique** Schließfach *nt* **2.** COM

Pfand *nt*

**consigné(e)** [kɔ̃siɲe] *adj* Pfand-

**consistant(e)** [kɔ̃sistɑ̃] *adj* **1.** dickflüssig **2.** (*argument*) stichhaltig

**consister** [kɔ̃siste] <1> *vi* **1. ~ en qc** aus etw bestehen **2.** (*être*) **~ à faire qc** darin bestehen etw zu tun

**console** [kɔ̃sɔl] *f a.* TECH Konsole *f*

**consolider** [kɔ̃sɔlide] <1> *vt* sichern

**consommation** [kɔ̃sɔmasjɔ̃] *f* **1.** Verbrauch *m* **2.** (*boisson*) Getränk *nt*

**consommer** [kɔ̃sɔme] <1> **I.** *vt, vi* (*boire*) zu sich (*dat*) nehmen **II.** *vpr* **qc se consomme chaud** etw wird warm gegessen/getrunken; **à ~ avant le ...** mindestens haltbar bis ...

**consonne** [kɔ̃sɔn] *f* Konsonant *m*

**conspiration** [kɔ̃spiʀasjɔ̃] *f* Verschwörung *f*

**constamment** [kɔ̃stamɑ̃] *adv* ununterbrochen

**constat** [kɔ̃sta] *m* Protokoll *nt*

**constater** [kɔ̃state] <1> *vt* feststellen

**consterné(e)** [kɔ̃stɛʀne] *adj* bestürzt

**constituer** [kɔ̃stitɥe] <1> *vt* **1.** bilden **2.** (*représenter*) darstellen

**constitution** [kɔ̃stitysjɔ̃] *f* **1.** POL Verfassung *f*; **~ européenne** EU-Verfassung **2.** (*d'un groupe*) Bildung *f*

**constitutionnel(le)** [kɔ̃stitysjɔnɛl] *adj* verfassungskonform

**constructeur** [kɔ̃stʀyktœʀ] *m* **1.** Konstrukteur(in) *m(f)* **2.** (*firme*) Hersteller *m*

**constructif, -ive** [kɔ̃stʀyktif] *adj* konstruktiv

**construire** [kɔ̃stʀɥiʀ] <irr> *vt* **1.** bauen **2.** (*fabriquer*) herstellen

**consulat** [kɔ̃syla] *m* Konsulat *nt*

**consultation** [kɔ̃syltasjɔ̃] *f* **1.** (*d'un ouvrage*) Nachschlagen *nt* in (+*dat*) **2.** (*séance*) Beratung *f*

**consulter** [kɔ̃sylte] <1> **I.** *vi* Sprechstunde haben **II.** *vt* (*ouvrage*) nachschlagen in (+*dat*)

**consumer** [kɔ̃syme] <1> *vt, vpr* [se] ~ [sich] verbrennen

**contact** [kɔ̃takt] *m* **1.** Berührung *f* **2.** (*rapport*) Kontakt *m* **3.** ELEC, AUT **couper/mettre le ~** den Motor abstellen/anlassen

**contacter** [kɔ̃takte] <1> *vt* sich in Verbindung setzen mit

**container** [kɔ̃tɛnɛʀ] *m* Behälter *m*

**contaminer** [kɔ̃tamine] <1> *vt* verseuchen; **~ qn** jdn anstecken

**conte** [kɔ̃t] *m* Märchen *nt*

**contemporain(e)** [kɔ̃tɑ̃pɔʀɛ̃] *adj* zeitgenössisch

**contenance** [kɔ̃t(ə)nɑ̃s] *f* **1.** Inhalt *m* **2.** (*attitude*) Haltung *f*

**contenir** [kɔ̃t(ə)niʀ] <9> **I.** *vt* **1.** enthalten **2.** (*rire*) unterdrücken **II.** *vpr* **se ~** sich beherrschen

**content(e)** [kɔ̃tɑ̃] *adj* **1. ~ de qc** erfreut über etw (*akk*) **2.** (*satisfait*) zufrieden sein

**contenter** [kɔ̃tɑ̃te] <1> *vt* zufrieden stellen

**contenu** [kɔ̃t(ə)ny] *m* Inhalt *m*

**contenu(e)** [kɔ̃t(ə)ny] *adj* unterdrückt

**contestation** [kɔ̃tɛstasjɔ̃] *f* Einwand *m*

**contester** [kɔ̃tɛste] <1> **I.** *vi* widersprechen **II.** *vt* in Frage stellen

**contexte** [kɔ̃tɛkst] *m a.* LING Zusammenhang *m*

**continent** [kɔ̃tinɑ̃] *m* Kontinent *m*

**continu(e)** [kɔ̃tiny] *adj* durchgehend

**continuel(le)** [kɔ̃tinɥɛl] *adj* ständig

**continuer** [kɔ̃tinɥe] <1> **I.** *vi* **1.** weitergehen **2.** (*poursuivre*) weitermachen **II.** *vt* fortsetzen

**contour** [kɔ̃tuʀ] *m* Umrisse *Pl*

**contourner** [kɔ̃tuʀne] <1> *vt* **1.** herumführen **2.** (*éluder*) umgehen

**contraceptif** [kɔ̃tʀasɛptif] *m* Verhütungsmittel *nt*

**contraception** [kɔ̃tʀasɛpsjɔ̃] *f* [Empfängnis]verhütung *f*

**contracter** [kɔ̃tʀakte] <1> **I.** *vt* ANAT anspannen **II.** *vpr* **se ~** sich zusammenziehen

**contradiction** [kɔ̃tʀadiksjɔ̃] *f* Widerspruch *m*

**contraignant(e)** [kɔ̃tʀɛɲɑ̃] *adj* zwingend

**contraindre** [kɔ̃tʀɛ̃dʀ] <irr> *vt* zwingen

**contraire** [kɔ̃tʀɛʀ] **I.** *adj* **1.** (*opposé*) entgegengesetzt; (*preuve*) Gegen- **2.** (*défavorable*) ungünstig **II.** *m* Gegenteil *nt*

**contrairement** [kɔ̃tʀɛʀmɑ̃] *adv* **~ à qn** im Gegensatz zu jdm

**contrariant(e)** [kɔ̃tʀaʀjɑ̃] *adj* ärgerlich

**contraste** [kɔ̃tʀast] *m* Kontrast *m*

**contrat** [kɔ̃tʀa] *m* Vertrag *m*

**contravention** [kɔ̃tʀavɑ̃sjɔ̃] *f* **1.** Strafzettel *m* (*fam*) **2.** (*amende*) Geldstrafe *f*

**contre** [kɔ̃tʀ] **I.** *prép* **1.** an **2.** (*opposition*) gegen **3.** (*proportion*) zu **II.** *adv* dagegen

**contrebas** [kɔ̃tʀəbɑ] *adv* **en ~** unterhalb

**contrecœur** [kɔ̃tʀəkœʀ] *adv* **à ~** widerwillig

**contredire** [kɔ̃tʀədiʀ] <irr> *vt, vpr* [**se**] **~** [sich] widersprechen

**contrefaçon** [kɔ̃tʀəfasɔ̃] *f* Fälschung *f*

**contrefaire** [kɔ̃tʀəfɛʀ] <irr> *vt* fälschen

**contrepartie** [kɔ̃tʀəpaʀti] *f* **en ~** als Gegenleistung

**contretemps** [kɔ̃tʀətɑ̃] *m* **j'ai eu un ~** mir ist etwas dazwischengekommen

**contribuer** [kɔ̃tʀibɥe] <1> *vi* beitragen

**contribution** [kɔ̃tʀibysjɔ̃] *f* **1.** Beitrag *m* **2.** *pl* (*impôts*) Steuern *Pl*

**contrôle** [kɔ̃tʀol] *m* **1.** Kontrolle *f*; ~ **technique** ≈ TÜV **2.** Aufsicht *f*

**contrôler** [kɔ̃tʀole] <1> **I.** *vt* **1.** kontrollieren, [über]prüfen **2.** (*prix*) überwachen **II.** *vpr* **se** ~ sich beherrschen

**convaincre** [kɔ̃vɛ̃kʀ] <irr> *vt* überzeugen

**convalescence** [kɔ̃valesɑ̃s] *f* Genesung *f*

**convenable** [kɔ̃vnabl] *adj* **1.** passend **2.** (*correct*) anständig

**convenablement** [kɔ̃vnabləmɑ̃] *adv* **1.** passend **2.** (*se tenir*) anständig

**convenance** [kɔ̃vnɑ̃s] *f pl* Anstand *m*

**convenir¹** [kɔ̃vniʀ] <9> *vi* passen; **comme il convient** wie es sich gehört

**convenir²** [kɔ̃vniʀ] <9> *vt, vi* zugeben; **il est convenu que** + *subj* es ist abgemacht, dass; **comme convenu** wie vereinbart

**conventionnel(le)** [kɔ̃vɑ̃sjɔnɛl] *adj* konventionell

**convenu(e)** [kɔ̃vny] *adj* vereinbart

**converger** [kɔ̃vɛʀʒe] <2a> *vi* übereinstimmen

**conversation** [kɔ̃vɛʀsasjɔ̃] *f* Unterhaltung *f*, Gespräch *nt*

**convertir** [kɔ̃vɛʀtiʀ] <8> **I.** *vt* **1.** ~ **qn à une religion** jdn zu einer Religion bekehren **2.** (*transformer*) ~ **des dollars en euros** Dollar in Euro umrechnen **3.** INFORM konvertieren **II.** *vpr* **se** ~ konvertieren

**conviction** [kɔ̃viksjɔ̃] *f* Überzeugung *f*

**convivial(e)** [kɔ̃vivjal] <-aux> *adj* **1.** gesellig **2.** INFORM benutzerfreundlich

**convoiter** [kɔ̃vwate] <1> *vt* begehren

**convoitise** [kɔ̃vwatiz] *f* Begierde *f*

**convoquer** [kɔ̃vɔke] <1> *vt* bestellen

**coopératif**, **-ive** [kɔ(ɔ)peʀatif] *adj* kooperativ

**coopération** [kɔɔpeʀasjɔ̃] *f a.* POL Zusammenarbeit *f*

**coopérative** [kɔ(ɔ)peʀativ] *f* Genossenschaft *f*

**coopérer** [kɔɔpeʀe] <5> *vi* zusammenarbeiten

**coordonné(e)** [kɔɔʀdɔne] *adj* aufeinander abgestimmt

**copain, copine** [kɔpɛ̃] *m, f fam* Freund(in) *m(f)*; **petit ~/petite copine** [fester] Freund/[feste] Freundin

**copie** [kɔpi] *f* Kopie *f*; ~ **de sécurité** INFORM Sicherheitskopie

**copier** [kɔpje] <1> *vt* **1.** abschreiben **2.** (*photocopier*) [foto]-

kopieren **3.** (*imiter*) nachmachen
**copieur** [kɔpjœʀ] *m* Kopierer *m*
**copilote** [kopilɔt] *mf* **1.** AVIAT Kopilot(in) *m(f)* **2.** AUT Beifahrer(in) *m(f)*
**copine** [kɔpin] *f v.* **copain**
**coq** [kɔk] *m a.* GASTR Hahn *m*
**coquetterie** [kɔkɛtʀi] *f* **1.** Eitelkeit *f* **2.** (*désir de plaire*) Koketterie *f*
**coquillage** [kɔkijaʒ] *m* Muschel *f*
**coquille** [kɔkij] *f* **1.** (*de l'escargot*) [Schnecken]haus *nt;* (*d'un œuf*) [Eier]schale **2.** TYP Druckfehler *m*
**coquin(e)** [kɔkɛ̃] *adj* schelmisch
**corail** [kɔʀaj] <coraux> *m* Koralle *f*
**Coran** [kɔʀɑ̃] *m* **le ~** der Koran
**corbeau** [kɔʀbo] <x> *m* Rabe *m*
**corbeille** [kɔʀbɛj] *f* Korb *m*
**corde** [kɔʀd] *f* **1.** Strick *m;* (*d'un bateau*) Leine *f* **2.** ANAT **~s vocales** Stimmbänder *Pl*
**cordialement** [kɔʀdjalmɑ̃] *adv* herzlich
**cordon** [kɔʀdɔ̃] *m* Schnur *f*
**cordonnier, -ière** [kɔʀdɔnje] *m, f* Schuster(in) *m(f)*
**coriace** [kɔʀjas] *adj* zäh
**corne** [kɔʀn] *f* ZOOL Horn *nt*
**corniche** [kɔʀniʃ] *f* **1.** ARCHIT Sims *nt o m* **2.** (*escarpement*) [Fels]vorsprung *m* **3.** (*route*) *Straße an einer Steilküste*
**cornichon** [kɔʀniʃɔ̃] *m* Gürkchen *nt*
**corporation** [kɔʀpɔʀasjɔ̃] *f* Körperschaft *f;* (*d'artisans*) Innung *f*
**corporel(le)** [kɔʀpɔʀɛl] *adj* körperlich
**corps** [kɔʀ] *m* **1.** Körper *m* **2.** CHIM Substanz *f* **3.** (*groupe*) Körperschaft *f*
**correct(e)** [kɔʀɛkt] *adj* korrekt
**correctement** [kɔʀɛktəmɑ̃] *adv* richtig
**correction** [kɔʀɛksjɔ̃] *f* Korrektur *f*/Verbesserung *f*
**correspondance** [kɔʀɛspɔ̃dɑ̃s] *f* **1.** Briefwechsel *m* **2.** COM Schriftverkehr *m* **3.** AUT Anschluss *m*
**correspondant(e)** [kɔʀɛspɔ̃dɑ̃] **I.** *adj* entsprechend **II.** *m(f)* **1.** Briefpartner(in) *m(f)* **2.** (*au téléphone*) Gesprächspartner *m*
**correspondre** [kɔʀɛspɔ̃dʀ] <14> **I.** *vi* **1.** im Briefwechsel stehen **2.** (*aller avec*) **~ à qc** zu etw gehören **II.** *vpr* **se ~** sich entsprechen
**corrigé** [kɔʀiʒe] *m* Lösung *f*
**corriger** [kɔʀiʒe] <2a> **I.** *vt* verbessern **II.** *vpr* **se ~** sich bessern
**corrompre** [kɔʀɔ̃pʀ] <irr> *vt* bestechen
**corrompu(e)** [kɔʀɔ̃py] *adj* korrupt
**corrosion** [kɔʀozjɔ̃] *f* Korrosion *f*
**corruptible** [kɔʀyptibl] *adj* bestechlich
**corse** [kɔʀs] **I.** *adj* korsisch **II.** *m* Korsisch *nt*

**Corse** [kɔʀs] I. *f* **la ~** Korsika *nt* II. *mf* Korse/Korsin *m/f*

**corsé(e)** [kɔʀse] *adj* 1. scharf [gewürzt]; (*vin*) vollmundig 2. (*compliqué*) knifflig

**corvée** [kɔʀve] *f* lästige Pflicht

**cosmopolite** [kɔsmɔpɔlit] *adj* kosmopolitisch

**costaud(e)** [kɔsto] *adj fam* kräftig

**costume** [kɔstym] *m* [Herren]anzug *m*

**cote** [kɔt] *f* 1. FIN [Kurs]notierung *f* 2. (*popularité*) Beliebtheit *f*

**côte** [kot] *f* 1. Küste *f* 2. (*pente qui monte/descend*) Steigung *f*/[Ab]hang *m* 3. ANAT Rippe *f* 4. GASTR Kotelett *nt*

**côté** [kote] I. *m* 1. Seite *f* 2. **d'un ~ ..., de l'autre [~]** einerseits ..., andererseits; **de mon ~** ich meinerseits II. *adv* 1. **à ~** nebenan 2. (*en comparaison*) **à ~** daneben III. *prép* (*à proximité de*) **à ~ de qn/qc** neben jdm/jdn/etw

**coteau** [kɔto] <x> *m* Hang *m*

**côtelette** [kotlɛt] *f* GASTR Kotelett *nt*

**coton** [kɔtɔ̃] *m* Baumwolle *f*; **du ~** Watte *f*

**côtoyer** [kotwaje] <6> I. *vt soutenu* verkehren mit II. *vpr soutenu* **se ~** miteinander verkehren

**cou** [ku] *m* Hals *m*

**couche** [kuʃ] *f* 1. Schicht *f* 2. (*lange*) Windel *f* 3. MED **fausse ~** Fehlgeburt *f*

**couché(e)** [kuʃe] *adj* liegend

**coucher** [kuʃe] <1> I. *vi* 1. schlafen; **~ à l'hôtel** im Hotel übernachten 2. *fam* **~ avec qn** mit jdm schlafen II. *vt* 1. ins Bett bringen 2. legen III. *vpr* **se ~** 1. ins Bett gehen 2. (*soleil*) untergehen IV. *m* **au ~ du soleil** bei Sonnenuntergang

**couchette** [kuʃɛt] *f* Liege[wagen]platz *m*

**coucou** [kuku] I. *m* Kuckuck *m* II. *interj* kuckuck

**coude** [kud] *m* 1. Ell[en]bogen *m* 2. (*courbure*) Biegung *f* 3. **~ à ~** Seite an Seite

**coudre** [kudʀ] <irr> I. *vi* nähen II. *vt* zusammennähen; (*bouton*) annähen

**couette** [kwɛt] *f* Federbett *nt*

**couffin** [kufɛ̃] *m* [Baby]tragekorb *m*

**couler** [kule] <1> I. *vi* 1. fließen 2. (*robinet*) tropfen 3. (*goutter*) laufen; (*œil*) tränen 4. (*sombrer*) untergehen II. *vt* 1. gießen 2. (*sombrer*) versenken

**couleur** [kulœʀ] *f* Farbe *f*

**coulisser** [kulise] <1> *vi* [in einer Schiene] laufen

**couloir** [kulwaʀ] *m* 1. Gang *m*, Flur *m* 2. GEO Schlucht *f*

**coup** [ku] *m* 1. Schlag *m*; **~ de pied** Fußtritt *m* 2. (*décharge*) **~ [de feu]** Schuss *m* 3. (*action* *rapide*) ~ **de fil** Anruf *m* **4.** (*manifestation brusque*) ~ **de foudre** Liebe *f* auf den ersten Blick **5. prendre un ~ de froid** sich erkälten; **donner un ~ de main à qn** jdm zur Hand gehen; **jeter un ~ d'œil sur le feu** ein Auge auf das Feuer (*akk*) haben; **du premier ~** auf Anhieb; **d'un seul ~** auf ein Mal; **tout à ~** plötzlich

**coupable** [kupabl] *adj* schuldig

**coupant(e)** [kupɑ̃] *adj* scharf

**coupe** [kup] *f* **1. une ~ de champagne** ein Glas *nt* Champagner **2.** (*récipient*) Schale *f* **3.** SPORT Pokal *m;* (*épreuve*) Pokal[wettbewerb *m*] *m* **coupe-ongle** [kupɔ̃gl] <coupe-ongles> *m* Nagelknipser *m*

**couper** [kupe] <1> **I.** *vi* **1.** schneiden; **attention, ça coupe!** Achtung, das ist scharf! **2.** (*prendre un raccourci*) abkürzen **3.** (*interrompre*) unterbrechen **4.** TELEC **ne coupez pas!** bleiben Sie am Apparat! **II.** *vt* **1.** [ab]schneiden; (*arbre*) fällen **2.** (*texte*) kürzen **3.** (*route*) versperren **III.** *vpr* **se ~** sich schneiden

**coupe-vent** [kupvɑ̃] <coupe-vent[s]> *m* Windjacke *f*

**couple** [kupl] *m* [Liebes]paar *nt*

**couplet** [kuplɛ] *m* Strophe *f*

**coupon** [kupɔ̃] *m* **1.** COUT Stoffrest *m* **2.** (*bon*) Abschnitt *m*

**coupure** [kupyʀ] *f* **1.** Schnittwunde *f* **2.** PRESSE ~ **de presse** Zeitungsausschnitt *m* **3.** (*interruption*) Unterbrechung *f*

**cour** [kuʀ] *f* Hof *m*

**courage** [kuʀaʒ] *m* Mut *m*

**courageusement** [kuʀaʒøzmɑ̃] *adv* tapfer

**courageux, -euse** [kuʀaʒø] *adj* mutig; (*soldat*) tapfer

**couramment** [kuʀamɑ̃] *adv* fließend

**courant** [kuʀɑ̃] *m* **1.** ELEC Strom *m* **2.** (*cours d'eau*) Strömung *f* **3. être au ~ de qc** über etw (*akk*) auf dem Laufenden sein

**courant(e)** [kuʀɑ̃] *adj* **1.** üblich **2.** (*année*) laufend

**courbature** [kuʀbatyʀ] *f* Muskelkater *m*

**courbe** [kuʀb] *adj* gebogen

**courbé(e)** [kuʀbe] *adj* krumm

**courber** [kuʀbe] <1> **I.** *vi* ~ **sous qc** sich unter etw (*dat*) biegen **II.** *vt* **1.** biegen **2.** (*pencher*) ~ **le dos** den Rücken krümmen **III.** *vpr* **se ~** (*se baisser*) den Rücken krümmen

**coureur, -euse** [kuʀœʀ] *m, f* **1.** SPORT Läufer(in) *m(f)* **2.** AUT Fahrer(in) *m(f)*

**courgette** [kuʀʒɛt] *f* Zucchini *f*

**courir** [kuʀiʀ] <irr> *vi* **1.** laufen; (*plus vite*) rennen **2.** (*se répandre*) umgehen

**couronne** [kuʀɔn] *f* **1.** Krone *f* **2.** (*pour décorer*) Kranz *m*

C

**couronné** [kuʀɔne] *adj* preisgekrönt
**courrier** [kuʀje] *m* **1.** Post *f* **2.** INFORM ~ **électronique** E-Mail *nt*
**cours** [kuʀ] *m* **1.** Verlauf *m;* (*des saisons*) Ablauf **2.** (*leçon*) Unterricht *m* **3.** (*d'une monnaie*) Kurs *m*
**course** [kuʀs] *f* **1.** Laufen *nt* **2.** (*épreuve*) Rennen *nt* **3.** (*déplacement*) ~ **en taxi** Taxifahrt *f* **4. faire les** [*o* **ses**] **~s** Besorgungen machen
**court** [kuʀ] *m* ~ **de tennis** Tennisplatz *m*
**court** [kuʀ] *adv* kurz
**court(e)** [kuʀ] *adj* kurz **court-circuit** [kuʀsiʀkɥi] <courts-circuits> *m* Kurzschluss *m*
**courtier**, **-ière** [kuʀtje] *m, f* Makler(in) *m(f)*
**courtois(e)** [kuʀtwa] *adj* höflich
**cousin(e)** [kuzɛ̃] *m(f)* Cousin/Cousine [*o* Kusine] *m/f*
**coussin** [kusɛ̃] *m* Kissen *nt*
**coût** [ku] *m* Kosten *Pl*
**couteau** [kuto] <x> *m* Messer *nt*
**coûter** [kute] <1> *vt* kosten; **ça coûte cher** das ist teuer
**coutume** [kutym] *f* Brauch *m*
**couture** [kutyʀ] *f* Nähen *nt*
**couver** [kuve] <1> *vt* [aus]brüten
**couvercle** [kuvɛʀkl] *m* Deckel *m*
**couvert** [kuvɛʀ] *m* **1.** Besteck *nt* **2.** (*place*) Gedeck *nt*
**couvert(e)** [kuvɛʀ] *adj* **1.** (*habillé*) **être trop** ~ zu warm angezogen sein **2.** (*protégé*) **être** ~ zugedeckt sein **3.** (*assuré*) gedeckt **4.** (*opp: en plein air*) überdacht
**couverture** [kuvɛʀtyʀ] *f* **1.** (*d'un lit*) [Bett]decke *f* **2.** (*d'un cahier*) Umschlag *m*
**couvrir** [kuvʀiʀ] <11> **I.** *vt* **1.** abdecken; (*toit*) decken **2.** (*recouvrir*) ~ **de qc** mit etw bedecken **II.** *vpr* **se** ~ **1.** sich anziehen **2.** (*se protéger*) sich absichern **3.** METEO sich bewölken
**crabe** [kʀɑb] *m* Krabbe *f*
**cracher** [kʀaʃe] <1> *vt, vi* [aus]spucken
**craie** [kʀɛ] *f* Kreide *f*
**craindre** [kʀɛ̃dʀ] <irr> **I.** *vt* **1.** fürchten **2.** (*pressentir*) [be]fürchten **II.** *vi* ~ **pour qn/qc** Angst um jdn/etw haben
**crampe** [kʀɑ̃p] *f* [Muskel]krampf *m*
**cramponner** [kʀɑ̃pɔne] <1> *vpr* **se** ~ sich festklammern
**crâne** [kʀɑn] *m* Schädel *m*
**crâneur**, **-euse** [kʀɑnœʀ] *adj* angeberisch (*fam*)
**crapaud** [kʀapo] *m* Kröte *f*
**craquer** [kʀake] <1> *vi* **1.** krachen **2.** (*branche*) brechen
**crash** [kʀaʃ] <[e]s> *m* Absturz *m*
**crasse** [kʀas] *f* Dreck *m*
**cravache** [kʀavaʃ] *f* [Reit]gerte *f*
**cravate** [kʀavat] *f* Krawatte *f*
**crayon** [kʀɛjɔ̃] *m* Bleistift *m*
**créateur**, **-trice** [kʀeatœʀ] *m, f* Schöpfer(in) *m(f)*

**créatif**, **-ive** [kʀeatif] *adj* schöpferisch

**création** [kʀeasjɔ̃] *f* **1.** REL **la Création** die Schöpfung **2.** ART Werk *nt;* (*d'un couturier*) Kreation *f* **3.** (*invention*) Herstellung *f*

**créativité** [kʀeativite] *f* Kreativität *f*

**créature** [kʀeatyʀ] *f* Lebewesen *nt*

**crèche** [kʀɛʃ] *f* Krippe *f*

**crédibilité** [kʀedibilite] *f* Glaubwürdigkeit *f*

**crédit** [kʀedi] *m* **1.** (*paiement échelonné*) Ratenzahlung *f* **2.** (*prêt*) Kredit *m*

**créditer** [kʀedite] <1> *vt* gutschreiben

**crédule** [kʀedyl] *adj* gutgläubig

**créer** [kʀee] <1> *vt* schaffen

**crème** [kʀɛm] **I.** *f* **1.** (*produit laitier*) Rahm *m;* ~ **chantilly** Schlagsahne *f* **2.** (*entremets*) Creme *f* **3.** (*liqueur*) ~ **de cassis** Johannisbeerlikör *m* **4.** (*de soins*) Creme *f;* ~ **anti-âge** Anti-Aging-Creme **II.** *m* Milchkaffee *m*

**crémeux**, **-euse** [kʀemø] *adj* cremig

**créneau** [kʀeno] <x> *m* **faire un ~** einparken

**Créole** [kʀeɔl] *mf* Kreole/Kreolin *m/f*

**crêpe** [kʀɛp] *f* GASTR Crêpe *f*, Pfannkuchen *m*

**crépu(e)** [kʀepy] *adj* gekräuselt

**crépuscule** [kʀepyskyl] *m* Dämmerung *f*

**creuser** [kʀøze] <1> **I.** *vt* **1.** ausheben; (*sillon*) ziehen **2.** (*évider*) graben **II.** *vi* hungrig machen **III.** *vpr* **1. se ~** einfallen **2. se ~ la tête** sich (*dat*) den Kopf zerbrechen

**creux** [kʀø] *m* Höhle *f*

**creux**, **-euse** [kʀø] *adj* **1.** hohl; (*ventre*) leer **2.** (*vain*) nichts sagend **3.** (*rentré*) eingefallen

**crevasse** [kʀəvas] *f* Spalte *f*

**crevé(e)** [kʀəve] *adj fam* kaputt

**crever** [kʀəve] <4> **I.** *vi* platzen **II.** *vt* (*pneu*) kaputtstechen **III.** *vpr fam* **se ~** sich kaputtmachen

**crevette** [kʀəvɛt] *f* Garnele *f*

**cri** [kʀi] *m* Schrei *m*

**crier** [kʀije] <1> **I.** *vi* schreien **II.** *vt* (*à voix forte*) rufen

**crime** [kʀim] *m* **1.** Mord *m* **2.** JUR Verbrechen *nt*

**criminel(le)** [kʀiminɛl] *adj* kriminell

**crise** [kʀiz] *f* Krise *f*

**crisper** [kʀispe] <1> **I.** *vt* verzerren **II.** *vpr* **se ~** sich verkrampfen

**crisser** [kʀise] <1> *vi* quietschen

**critique** [kʀitik] **I.** *adj* kritisch **II.** *f* Kritik *f*

**critiquer** [kʀitike] <1> *vt* kritisieren

**crochet** [kʀɔʃɛ] *m* **1.** [Wand]haken *m* **2.** (*aiguille*) Häkelhaken *m*

**crochu(e)** [kʀɔʃy] *adj* gekrümmt
**croire** [kʀwaʀ] <irr> *vt* **1.** glauben **2.** (*avoir confiance*) trauen **3.** (*s'imaginer*) sich einbilden **4.** (*supposer*) **il faut ~ que ...** es ist anzunehmen, dass ...
**croisé(e)** [kʀwaze] *adj* **mots ~s** Kreuzworträtsel *nt*
**croisement** [kʀwazmɑ̃] *m* Kreuzung *f*
**croiser** [kʀwaze] <1> **I.** *vt* kreuzen **II.** *vpr* **se ~** sich treffen
**croisière** [kʀwazjɛʀ] *f* Kreuzfahrt *f*
**croissant** [kʀwasɑ̃] *m* GASTR Croissant *nt*, Hörnchen *nt*
**croître** [kʀwatʀ] <irr> *vi* **1.** wachsen **2.** (*augmenter*) zunehmen
**croix** [kʀwa] *f* Kreuz *nt*
**Croix-Rouge** [kʀwaʀuʒ] *f* **la ~** das Rote Kreuz
**croquant(e)** [kʀɔkɑ̃] *adj* knusprig
**croquer** [kʀɔke] <1> *vt* knabbern
**crouler** [kʀule] <1> *vi* **1.** einstürzen **2.** (*s'effondrer*) zusammenbrechen
**croustille** [kʀustij] *f* CAN [Kartoffel]chips *m*
**croûte** [kʀut] *f* **1.** Rinde *f* **2.** GASTR **pâté en ~** Blätterteigpastete *f* **3.** MED Schorf *m* **4.** GEO **~ terrestre** Erdkruste *f*
**croyant(e)** [kʀwajɑ̃] *adj* religiös
**cru** [kʀy] *m* [Wein]anbaugebiet *nt;* **un grand ~** ein großer Wein
**cru(e)** [kʀy] *adj* **1.** roh **2.** (*vif*) grell
**cruauté** [kʀyote] *f* Grausamkeit *f*
**crucial(e)** [kʀysjal] <-aux> *adj* entscheidend
**crudité** [kʀydite] *f pl* GASTR [Gemüse]rohkost *f;* **assiette de ~s** ≈ Salatplatte *f*
**cruel(le)** [kʀyɛl] *adj* grausam
**crustacé** [kʀystase] *m* Krustentier *nt*
**cube** [kyb] *m* **1. mètre ~** Kubikmeter *m* **2.** MATH Würfel *m*
**cueillir** [kœjiʀ] <irr> *vt* ernten; (*fleurs*) pflücken
**cuiller, cuillère** [kɥijɛʀ] *f* Löffel *m*
**cuir** [kɥiʀ] *m* **1.** Leder *nt* **2. ~ chevelu** Kopfhaut *f*
**cuire** [kɥiʀ] <irr> *vt, vi* kochen; (*viande*) braten; (*gâteau*) backen
**cuisine** [kɥizin] *f* **1.** Küche *f* **2.** (*art culinaire*) Kochkunst *f*
**cuisiner** [kɥizine] <1> *vt, vi* kochen
**cuisinier, -ière** [kɥizinje] *m, f* Koch/Köchin *m/f*
**cuisse** [kɥis] *f* **1.** ANAT Schenkel *m* **2.** GASTR Keule *f*
**cuisson** [kɥisɔ̃] *m* **1.** Kochen *nt* **2.** (*durée*) Koch-/Brat-/Backzeit *f*
**cuit(e)** [kɥi] *adj* GASTR gar
**cul** [ky] *m fam* Hintern *m*
**cul-de-sac** [kydsak] <culs-de-sac> *m* Sackgasse *f*
**culotte** [kylɔt] *f* Unterhose *f*
**culpabilité** [kylpabilite] *f* Schuld *f*
**cultivé(e)** [kyltive] *adj* **1.** gebildet

2. (*terre*) bebaut
**cultiver** [kyltive] <1> **I.** *vt* **1.** AGR anbauen **2.** (*don*) fördern **3.** (*entretenir*) pflegen **II.** *vpr* **se ~** sich bilden
**culture** [kyltyʀ] *f* **1.** Anbau *m* **2.** *pl* (*terres cultivées*) Felder *Pl* **3.** (*savoir*) Bildung *f*
**culturel(le)** [kyltyʀɛl] *adj* Kultur-
**culturisme** [kyltyʀism] *m* Bodybuilding *nt*
**cure** [kyʀ] *f* Kur *f*
**curé** [kyʀe] *m* Pfarrer(in) *m(f)*
**cure-dent** [kyʀdɑ̃] <cure-dents> *m* Zahnstocher *m*
**curieux, -euse** [kyʀjø] *adj* neugierig
**curiosité** [kyʀjozite] *f* **1.** Neugier[de] *f* **2.** (*site*) Sehenswürdigkeit *f*
**curriculum [vitæ]** [kyʀikylɔm (vite)] *m inv* Lebenslauf *m*
**curseur** [kyʀsœʀ] *m* INFORM Cursor *m*
**cuvette** [kyvɛt] *f* **1.** Waschschüssel *f* **2.** (*d'un évier*) Becken *nt*
**CV** [seve] *m abr de* **curriculum vitæ**
**cybercafé** [sibɛʀkafe] *m* Internet Café *nt*
**cybercriminalité** [sibɛʀkʀiminalite] *f* Internetkriminalität *f*
**cyberespace** [sibɛʀɛspas] *m* Cyberspace *m*
**cycle** [sikl] *m* **1.** BIO, MED Zyklus *m* **2.** SCOL **premier ~** ≈ Unter- und Mittelstufe *f*; **deuxième ~** ≈ Oberstufe **3.** UNIV **premier ~** Grundstudium *nt*; **deuxième ~** Hauptstudium
**cyclique** [siklik] *adj* zyklisch
**cycliste** [siklist] *mf* Radfahrer(in) *m(f)*
**cygne** [siɲ] *m* Schwan *m*
**cylindrique** [silɛ̃dʀik] *adj* zylindrisch
**cynique** [sinik] *adj* zynisch



# D

**D, d** [de] *m inv* D *nt*, d *nt*
**d'** *v.* **de**
**d'abord** [dabɔʀ] *v.* **abord**
**d'accord** [dakɔʀ] *v.* **accord**
**dame** [dam] *f* Dame *f*, Frau *f*
**Danemark** [danmaʀk] *m* **le ~** Dänemark *nt*
**danger** [dɑ̃ʒe] *m* Gefahr *f*
**dangereux, -euse** [dɑ̃ʒʀø] *adj* gefährlich
**danois** [danwa] *m* Dänisch *nt*
**danois(e)** [danwa] *adj* dänisch
**Danois(e)** [danwa] *m(f)* Däne/Dänin *m/f*
**dans** [dɑ̃] *prép* **1.** in (+*dat*) **2.** (*à travers*) durch (+*akk*) **3.** (*à l'intérieur de*) in (+*dat*), innerhalb (+*gen*); **porter qn ~ ses bras** jdn auf dem Arm tragen

4. ~ **une heure** in einer Stunde
**danser** [dɑ̃se] <1> *vt, vi* tanzen
**Danube** [danyb] *m* **le** ~ die Donau
**date** [dat] *f* Datum *nt;* ~ **de naissance** Geburtstag *m;* **à quelle** ~**?** wann?
**dater** [date] <1> *vt* datieren
**datif** [datif] *m* Dativ *m*
**davantage** [davɑ̃taʒ] *adv* **1.** (*plus*) mehr **2.** (*temporel*) länger
**de**[1] [də] <d', de la, du, des> *prép* **1.** (*point de départ*) von [... aus]; ~ **... à ...** von ... bis ... **2.** (*origine*) aus **3.** (*appartenance*) des, der, des (*+gen*) **4.** (*matière*) aus **5.** (*spécificité*) **roue** ~ **secours** Ersatzrad *nt* **6.** (*contenu*) **combien** ~ **kilos?** wie viel Kilo? **7.** (*temporel*) ~ **nuit** nachts
**de**[2] [də] <d', de la, du, des> *art* **du vin/**~ **la bière/des gâteaux** Wein/Bier/Kekse
**dé** [de] *m* (*jeu*) Würfel *m*
**déballer** [debale] <1> *vt* auspacken
**débarquer** [debaʀke] <1> **I.** *vt* an Land setzen **II.** *vi* (*opp: embarquer*) mit dem Schiff ankommen, von Bord gehen
**débarrasser** [debaʀɑse] <1> **I.** *vt* ausräumen **II.** *vpr* **se** ~ sich entledigen
**débat** [deba] *m* Diskussion *f*
**débattre** [debatʀ] <irr> **I.** *vt* **1.** diskutieren **2. à** ~ auszuhandeln **II.** *vi* verhandeln **III.** *vpr* **se** ~ um sich schlagen
**débaucher** [deboʃe] <1> **I.** *vt* entlassen **II.** *vpr* **se** ~ ausschweifen
**débile** [debil] *adj* **1.** *fam* schwachsinnig **2.** (*atteint de débilité*) geistig behindert
**débiter** [debite] <1> *vt* **1.** FIN belasten **2.** (*vendre*) verkaufen
**débiteur, -trice** [debitœʀ] *m, f* Schuldner(in) *m(f)*
**débloquer** [deblɔke] <1> *vt* TECH lösen
**débordé(e)** [debɔʀde] *adj* überlastet
**déborder** [debɔʀde] <1> *vi* überlaufen
**débouché** [debuʃe] *m* Absatzmarkt *m*
**déboucher** [debuʃe] <1> **I.** *vt* freibekommen **II.** *vpr* **se** ~ frei werden **III.** *vi* (*véhicule*) herausgefahren kommen
**débourser** [debuʀse] <1> *vt* ausgeben
**debout** [d(ə)bu] *adj adv inv* **1.** stehend **2.** (*levé*) **être/rester** ~ auf sein/aufbleiben
**déboutonner** [debutɔne] <1> *vt* aufknöpfen
**débrayer** [debʀeje] <7> *vi* AUT [aus]kuppeln
**débris** [debʀi] *m* Scherbe *f*
**débrouiller** [debʀuje] <1> *vpr fam* **se** ~ zurechtkommen
**début** [deby] *m* Anfang *m*
**débutant(e)** [debytɑ̃] *m(f)* An-

fänger(in) *m(f)*
**débuter** [debyte] <1> *vt, vi* anfangen
**décadence** [dekadɑ̃s] *f* Niedergang *m*
**décaféiné** [dekafeine] *m* koffeinfreier Kaffee
**décalage** [dekalaʒ] *m* **1.** (*d'un horaire*) [zeitliche] Verschiebung **2.** (*écart temporel*) Zeitabstand *m* **3.** (*écart spatial*) Versetzung *f*
**décalé(e)** [dekale] *adj* versetzt
**décapiter** [dekapite] <1> *vt* köpfen
**décéder** [desede] <5> *vi form* versterben
**décembre** [desɑ̃bʀ] *m* Dezember *m*
**décennie** [deseni] *f* Jahrzehnt *nt*
**décent(e)** [desɑ̃] *adj* anständig
**décentraliser** [desɑ̃tʀalize] <1> *vt* dezentralisieren
**décevant(e)** [des(ə)vɑ̃] *adj* enttäuschend
**déchaîné(e)** [deʃene] *adj* hemmungslos
**décharger** [deʃaʀʒe] <2a> **I.** *vt* **1.** ausladen **2.** (*soulager*) erleichtern **II.** *vpr* ELEC **se ~** sich entladen
**déchausser** [deʃose] <1> **I.** *vt* (*skis*) abschnallen **II.** *vpr* **se ~** seine Schuhe ausziehen
**déchéance** [deʃeɑ̃s] *f* Verfall *m*
**déchet** [deʃɛ] *m pl* Abfall *m*
**déchiffrer** [deʃifʀe] <1> *vt* entschlüsseln
**déchirer** [deʃiʀe] <1> **I.** *vt* zerreißen **II.** *vpr* **se ~** [auf]reißen
**décidé(e)** [deside] *adj* entschlossen
**décidément** [desidemɑ̃] *adv* also wirklich
**décider** [deside] <1> **I.** *vt* **1.** beschließen **2.** (*persuader*) **~ qn à faire qc** jdn dazu bewegen etw zu tun **II.** *vpr* **se ~** sich entscheiden
**décisif, -ive** [desizif] *adj* entscheidend
**décision** [desizjɔ̃] *f* Entscheidung *f*
**déclaration** [deklaʀasjɔ̃] *f* **1.** [öffentliche] Erklärung **2.** (*propos*) Aussage *f*
**déclarer** [deklaʀe] <1> **I.** *vt* **1.** [öffentlich] erklären **2.** ADMIN [an]melden **II.** *vpr* (*se prononcer*) **se ~** sich aussprechen
**déclencher** [deklɑ̃ʃe] <1> **I.** *vt a.* TECH auslösen **II.** *vpr* **se ~** in Gang kommen
**déclin** [deklɛ̃] *m* Nachlassen *nt*
**décliner** [dekline] <1> *vt* **1.** zurückweisen **2.** LING deklinieren
**décoder** [dekɔde] <1> *vt* dekodieren
**décoller** [dekɔle] <1> **I.** *vt* ablösen **II.** *vi* AVIAT abfliegen **III.** *vpr* **se ~** sich lösen
**décolleté(e)** [dekɔlte] *adj* ausgeschnitten
**décolorant(e)** [dekɔlɔʀɑ̃] *adj* **produit ~** Entfärbungsmittel *nt*

D

**décolorer** [dekɔlɔʀe] <1> *vt, vpr* [se] ~ bleichen

**décomposé(e)** [dekɔ̃poze] *adj* 1. zersetzt 2. (*visage*) entstellt

**décomposer** [dekɔ̃poze] <1> I. *vt* zerlegen II. *vpr* **se** ~ sich zersetzen

**décompte** [dekɔ̃t] *m* Abrechnung *f*

**déconcentré(e)** [dekɔ̃sɑ̃tʀe] *adj* unkonzentriert

**décongeler** [dekɔ̃ʒ(ə)le] <4> *vt, vi* auftauen

**déconnecter** [dekɔnɛkte] <1> *vt* 1. ELEC unterbrechen 2. INFORM ausloggen

**déconseillé(e)** [dekɔ̃seje] *adj* nicht empfehlenswert

**décontracter** [dekɔ̃tʀakte] <1> *vt, vpr* [se] ~ [sich] entspannen

**décor** [dekɔʀ] *m* Dekor *m o nt*, Ausstattung *f*

**décorer** [dekɔʀe] <1> *vt* 1. dekorieren 2. (*personne*) auszeichnen

**décortiquer** [dekɔʀtike] <1> *vt* 1. schälen 2. (*texte*) analysieren

**découper** [dekupe] <1> *vt* 1. aufschneiden; (*volaille*) tranchieren 2. (*tissu*) zuschneiden

**découragé(e)** [dekuʀaʒe] *adj* entmutigt

**décourager** [dekuʀaʒe] <2a> I. *vt* 1. entmutigen 2. (*dissuader*) abhalten II. *vpr* **se** ~ den Mut verlieren

**découvert(e)** [dekuvɛʀ] *adj* bloß

**découverte** [dekuvɛʀt] *f* Entdeckung *f*

**découvrir** [dekuvʀiʀ] <11> I. *vt* entdecken II. *vpr* **se** ~ (*enlever sa couverture*) sich aufdecken

**décret** [dekʀɛ] *m* [Rechts]verordnung *f*

**décréter** [dekʀete] <5> *vt* POL anordnen

**décrire** [dekʀiʀ] <irr> *vt* beschreiben

**décrocher** [dekʀɔʃe] <1> *vt* abnehmen

**déçu(e)** [desy] *adj* enttäuscht

**dedans** [d(ə)dɑ̃] *adv* + *verbe de mouvement* hinein + *verbe d'état* darin; (*dans un lieu*) innen; **de** ~ (*venir*) von drinnen

**dédier** [dedje] <1> *vt* widmen

**dédommager** [dedɔmaʒe] <2a> *vt* entschädigen

**déduire** [dedɥiʀ] <irr> *vt* 1. abziehen 2. (*conclure*) ableiten

**défaillance** [defajɑ̃s] *f* Schwäche *f*

**défaire** [defɛʀ] <irr> I. *vt* aufmachen II. *vpr* **se** ~ aufgehen; (*bouton*) abgehen

**défaite** [defɛt] *f* Niederlage *f*

**défaut** [defo] *m* Fehler *m*

**défavorable** [defavɔʀabl] *adj* ungünstig

**défavoriser** [defavɔʀize] <1> *vt* benachteiligen

**défectueux, -euse** [defɛktɥø] *adj* defekt

**défendre** [defɑ̃dʀ] <14> I. *vt*

verteidigen **II.** *vpr* sich wehren

**défendu(e)** [defɑ̃dy] *adj* verboten

**défense¹** [defɑ̃s] *f* Verteidigung *f*

**défense²** [defɑ̃s] *f* Verbot *nt*

**défi** [defi] *m* Herausforderung *f*

**déficit** [defisit] *m* **1.** FIN Fehlbetrag *m* **2.** (*perte*) Verlust *m*

**défier** [defje] <1> *vt* herausfordern

**défigurer** [defigyʀe] <1> *vt* **1.** entstellen **2.** (*monument*) verunstalten

**défiler** [defile] <1> *vi* **1.** vorbeimarschieren; (*voitures*) vorbeifahren **2.** INFORM **faire ~ qc vers le haut/bas** etw nach oben/unten blättern

**définir** [definiʀ] <8> **I.** *vt* **1.** definieren **2.** (*sensation*) genau beschreiben **II.** *vpr* **se ~ comme qn** sich selbst als jdn beschreiben

**définitif, -ive** [definitif] *adj* endgültig

**définition** [definisjɔ̃] *f* **1.** Definition *f* **2.** TV **~ de l'image** Bildauflösung *f*

**définitivement** [definitivmɑ̃] *adv* endgültig

**défoncer** [defɔ̃se] <2> *vt* eindrücken

**déformer** [defɔʀme] <1> *vt, vpr* [se] ~ [sich] verformen

**défouler** [defule] <1> *vpr* sich austoben

**dégagé(e)** [degaʒe] *adj* frei

**dégager** [degaʒe] <2a> **I.** *vt* befreien **II.** *vpr* **se ~** sich leeren

**dégât** [degɑ] *m pl* Schaden *m*

**dégonfler** [degɔ̃fle] <1> **I.** *vt* zum Abschwellen bringen **II.** *vpr* **se ~** [die] Luft verlieren **III.** *vi* abschwellen

**dégourdir** [deguʀdiʀ] <8> *vpr* **se ~** sich auflockern

**dégoûtant(e)** [degutɑ̃] *adj* **1.** widerlich **2.** (*sale*) [ekelhaft] dreckig

**dégoûté(e)** [degute] *adj* angewidert

**dégradation** [degʀadasjɔ̃] *f* **1.** Beschädigung *f* **2.** (*avilissement*) Erniedrigung *f*

**dégrader** [degʀade] <1> **I.** *vt* **1.** beschädigen **2.** (*faire un dégradé*) abstufen **II.** *vpr* **se ~** (*s'avilir*) sich erniedrigen

**dégraisser** [degʀese] <1> *vt* entfetten

**degré** [dəgʀe] *m* **1.** Grad *m* **2.** (*dans la hiérarchie*) Stufe *f*

**dégueulasse** [degœlas] *adj fam* widerlich

**déguiser** [degize] <1> *vt, vpr* [se] ~ [sich] verkleiden

**dégustation** [degystasjɔ̃] *f* Probe *f*

**déguster** [degyste] <1> *vt, vi* genießen

**dehors** [dəɔʀ] *adv* **1.** (*à l'extérieur*) draußen **2.** (*pas chez soi*) außer Haus **3. au ~** äußerlich; **en ~ de** außerhalb; **~!** raus!

**déjà** [deʒa] *adv* schon
**déjeuner** [deʒœne] <1> I. *vi* 1. (*à midi*) zu Mittag essen 2. (*le matin*) frühstücken II. *m* Mittagessen *nt*
**délabré(e)** [delɑbʀe] *adj* verfallen
**délai** [delɛ] *m* 1. Frist *f* 2. **sans ~** unverzüglich
**délaisser** [delese] <1> *vt* vernachlässigen
**délasser** [delɑse] <1> *vt, vpr* [**se**] ~ [sich] entspannen
**délibérer** [delibeʀe] <5> *vi* beraten
**délicat(e)** [delika] *adj* 1. fein 2. (*question*) heikel
**délicatesse** [delikatɛs] *f* 1. Behutsamkeit *f* 2. (*d'une situation*) Schwierigkeit *f* 3. **avec/sans ~** taktvoll/taktlos
**délice** [delis] *m* Genuss *m*
**délicieux, -euse** [delisjø] *adj* köstlich
**délirant(e)** [deliʀɑ̃] *adj* wahnsinnig
**délit** [deli] *m* Straftat *f*
**délivrance** [delivʀɑ̃s] *f* 1. Erleichterung *f* 2. ADMIN Ausstellung *f*
**délivrer** [delivʀe] <1> *vt, vpr* [**se**] ~ [sich] befreien
**déloger** [delɔʒe] <2a> *vt* ausquartieren
**demain** [dəmɛ̃] *adv* morgen; **à ~!** bis morgen!
**demande** [d(ə)mɑ̃d] *f* 1. Bitte *f* 2. ADMIN Antrag *m* 3. ECON Nachfrage *f* 4. **à la ~** nach Bedarf
**demander** [d(ə)mɑ̃de] <1> I. *vt* 1. **~ qc** um etw bitten; **~ conseil** um Rat fragen 2. (*efforts*) erfordern II. *vi, vpr* [**se**] ~ [sich] fragen
**démangeaison** [demɑ̃ʒɛzɔ̃] *f* Juckreiz *m*
**démaquiller** [demakije] <1> *vt, vpr* [**se**] ~ [sich] abschminken
**démarrage** [demaʀaʒ] *m* 1. AUT Anlassen *nt* 2. (*départ*) Anfahren *nt* 3. INFORM **~ à chaud/à froid** Warm-/Kaltstart *m*
**démarrer** [demaʀe] <1> I. *vi* 1. (*voiture*) anspringen 2. (*partir*) anfahren II. *vt* anlassen
**démasquer** [demaske] <1> I. *vt* entlarven II. *vpr* **se ~** seine Maske fallen lassen
**démêler** [demele] <1> *vt* 1. entwirren 2. (*affaire*) aufklären
**déménager** [demenaʒe] <2a> *vi* 1. umziehen 2. (*quitter un logement*) ausziehen
**démener** [dem(ə)ne] <4> *vpr* **se ~** 1. um sich schlagen 2. (*faire des efforts*) sich [große] Mühe geben
**démentir** [demɑ̃tiʀ] <10> *vt* widersprechen
**démesuré(e)** [deməzyʀe] *adj* maßlos
**démettre** [demɛtʀ] <irr> I. *vt* entheben II. *vpr* **se ~** sich verrenken

**demeure** [d(ə)mœʀ] *f* Wohnsitz *m*
**demeuré(e)** [dəmœʀe] *adj* [geistig] zurückgeblieben
**demi** [d(ə)mi] *m* **1. un** ~ ein Halb **2.** (*bière*) Bier *nt*
**demi(e)** [d(ə)mi] **I.** *m(f)* Hälfte *f* **II.** *adj* **une heure/deux heures et ~e** eineinhalb/zweieinhalb Stunden **demi-douzaine** [d(ə)miduzɛn] <demi-douzaines> *f* halbes Dutzend
**demie** [d(ə)mi] **I.** *adj v.* **demi II.** *f* (*heure*) **neuf heures et** ~ halb neun
**demi-litre** [d(ə)militʀ] <demi-litres> *m* halber Liter **demi-pension** [d(ə)mipɑ̃sjɔ̃] <demi-pensions> *f* **en** ~ mit Halbpension
**demi-tarif** [d(ə)mitaʀif] <demi-tarifs> *m* halber Preis *m*
**démocratie** [demɔkʀasi] *f* Demokratie *f*
**démocratique** [demɔkʀatik] *adj* demokratisch
**démolir** [demɔliʀ] <8> *vt* abreißen; (*objet*) kaputtmachen
**démon** [demɔ̃] *m* Teufel *m*
**démonstration** [demɔ̃stʀasjɔ̃] *f* **1.** Beweis *m* **2.** (*présentation*) Demonstration *f*
**démontable** [demɔ̃tabl] *adj* zerlegbar
**démonter** [demɔ̃te] <1> **I.** *vt* **1.** zerlegen **2.** (*déconcerter*) aus der Fassung bringen **II.** *vpr* **se** ~ sich zerlegen lassen
**démontrer** [demɔ̃tʀe] <1> *vt* beweisen
**démoraliser** [demɔʀalize] <1> **I.** *vt, vi* entmutigen **II.** *vpr* **se** ~ den Mut verlieren
**démotiver** [demɔtive] <1> *vt* ~ **qn** jdm die Motivation nehmen
**démuni(e)** [demyni] *adj* mittellos
**dénicher** [deniʃe] <1> *vt* ausfindig machen
**dénombrer** [denɔ̃bʀe] <1> *vt* zählen
**dénommer** [denɔme] <1> *vt* bezeichnen
**dénoncer** [denɔ̃se] <2> **I.** *vt* verraten **II.** *vpr* **se** ~ **à la police** sich der Polizei stellen
**dénouement** [denumɑ̃] *m* Ausgang *m*
**dénouer** [denwe] <1> **I.** *vt* aufknoten **II.** *vpr* **se** ~ sich lösen
**densité** [dɑ̃site] *f* Dichte *f*
**dent** [dɑ̃] *f* Zahn *m*
**dentifrice** [dɑ̃tifʀis] *m* Zahnpasta *f*
**dentiste** [dɑ̃tist] *mf* Zahnarzt/-ärztin *m/f*
**dénudé(e)** [denyde] *adj* entblößt
**dénuder** [denyde] <1> *vt* entkleiden
**dépannage** [depanaʒ] *m* Reparatur *f*
**dépanner** [depane] <1> *vt* reparieren; (*remorquer*) abschleppen
**dépanneuse** [depanøz] *f* Ab-

D

schleppwagen *m*
**départ** [depaʀ] *m* **1.** (*action de partir*) Weggehen *nt*, Abflug *m*, Abfahrt *f* **2.** SPORT Start *m* **3.** (*démission*) Rücktritt *m* **4. au ~ de Paris** ab Paris; **être sur le ~** im Aufbruch sein
**département** [depaʀtəmɑ̃] *m* **1.** ADMIN Departement *nt*; **~ d'outre-mer** Überseedepartement **2.** (*d'une entreprise*) Abteilung *f*
**départemental(e)** [depaʀtəmɑ̃tal] <-aux> *adj* Departements-; **route ~e** ≈ Landstraße *f*
**dépasser** [depɑse] <1> *vt, vi* überholen
**dépaysé(e)** [depeize] *adj* fremd
**dépayser** [depeize] <1> *vt* **1.** verwirren **2.** (*changer les idées*) ablenken
**dépêcher** [depeʃe] <1> *vpr* **se ~ de faire qc** sich beeilen etw zu tun
**dépendance** [depɑ̃dɑ̃s] *f* Abhängigkeit *f*
**dépendre** [depɑ̃dʀ] <14> *vi* **1.** abhängig sein **2.** (*faire partie de*) **~ de qc** zu etw gehören **3. ça dépend** *fam* das kommt drauf an
**dépense** [depɑ̃s] *f* Ausgabe *f*
**dépenser** [depɑ̃se] <1> **I.** *vt* **1.** ausgeben **2.** (*énergie*) verbrauchen **II.** *vpr* **se ~** sich verausgaben
**dépeupler** [depœple] <1> *vt* entvölkern
**dépistage** [depistaʒ] *m* **test de ~ du Sida** Aidstest *m*
**déplacé(e)** [deplase] *adj* unpassend
**déplacer** [deplase] <2> **I.** *vt* an einen anderen Platz legen/stellen **II.** *vpr* **se ~** sich fortbewegen
**déplaire** [deplɛʀ] <irr> *vi* missfallen
**déployer** [deplwaje] <7> *vt* **1.** ausbreiten **2.** (*énergie*) einsetzen
**dépopulation** [depɔpylasjɔ̃] *f* Bevölkerungsrückgang *m*
**déposer** [depoze] <1> **I.** *vt* **1.** stellen/legen **2.** (*bagages*) abgeben **II.** *vi* (*témoigner*) aussagen **III.** *vpr* **se ~** sich absetzen
**déposséder** [depɔsede] <5> *vt* enteignen
**dépôt** [depo] *m* **1.** Erheben *nt*; (*d'une marque déposée*) Eintragen *nt* **2.** (*d'un chèque*) Einreichen *nt* **3.** (*d'un testament*) Hinterlegung *f*
**dépouillé(e)** [depuje] *adj* karg
**dépourvu(e)** [depuʀvy] *adj* **être ~ de qc** ohne etw sein
**dépressif, -ive** [depʀesif] *adj* depressiv
**dépression** [depʀesjɔ̃] *f* **1.** PSYCH Depression *f* **2.** METEO Tief *nt*
**déprimer** [depʀime] <1> *vt* deprimieren
**déprogrammer** [depʀɔgʀame] <1> *vt* **1.** MEDIA aus dem Pro-

gramm nehmen **2.** INFORM umprogrammieren

**depuis** [dəpɥi] **I.** *prép* seit; ~ **quelle date?** seit wann?; ~ **que ...** seit[dem] ... **II.** *adv* seither

**député(e)** [depyte] *m(f)* Abgeordnete(r) *f(m)*

**déraciner** [deʀasine] <1> *vt* entwurzeln

**dérailler** [deʀɑje] <1> *vi* entgleisen

**déranger** [deʀɑ̃ʒe] <2a> **I.** *vt, vi* stören **II.** *vpr* **se ~ pour qn** sich (*dat*) wegen jdm Umstände machen

**déraper** [deʀape] <1> *vi* ausrutschen

**déréglé(e)** [deʀegle] *adj* nicht in Ordnung

**dérégler** [deʀegle] <5> *vt, vpr* [**se**] ~ [sich] verstellen

**dériver** [deʀive] <1> **I.** *vt* umleiten **II.** *vi* **1.** LING ~ **de qc** aus etw kommen **2.** (*barque*) abtreiben

**dernier, -ière** [dɛʀnje] *adj* **1.** (*ultime*) letzte(r, s) **2.** (*mode*) neueste(r, s); (*événement*) jüngste(r, s); **ces ~s temps** in letzter Zeit

**dernièrement** [dɛʀnjɛʀmɑ̃] *adv* neulich

**dérouler** [deʀule] <1> **I.** *vt* abrollen **II.** *vpr* **se ~ 1.** verlaufen **2.** (*cassette*) sich abwickeln

**derrière** [dɛʀjɛʀ] **I.** *prép* (*sans mouvement*) hinter (+*dat*); (*avec mouvement*) hinter (+*akk*); **par ~** von hinten **II.** *adv* hinten; **là ~** da hinten; **courir ~** hinterherlaufen **III.** *m* **1.** Rückseite *f* **2.** *fam* (*postérieur*) Hintern *m*

D

**des¹** [de] *art* **les pages ~ livres** die Seiten der Bücher; **je mange ~ épinards** ich esse Spinat

**des²** [de] <de> *art* **j'ai acheté ~ pommes et de beaux citrons** ich habe Äpfel und schöne Zitronen gekauft

**dès** [dɛ] *prép* (*à partir de*) bereits; ~ **lors** (*à partir de ce moment-là*) seitdem; (*par conséquent*) infolgedessen; ~ **maintenant** ab sofort; ~ **que ...** sobald ...

**désaccord** [dezakɔʀ] *m* Unstimmigkeit *f*

**désagréable** [dezagʀeabl] *adj* unangenehm

**désaltérer** [dezalteʀe] <5> **I.** *vt, vi* den Durst stillen **II.** *vpr* **se ~** seinen Durst stillen

**désastre** [dezastʀ] *m* Katastrophe *f*

**désastreux, -euse** [dezastʀø] *adj* **1.** verheerend **2.** (*nul*) miserabel

**désavantage** [dezavɑ̃taʒ] *m* Nachteil *m*

**descendant(e)** [desɑ̃dɑ̃] **I.** *adj* abschüssig **II.** *m(f)* Nachkomme *m*

**descendre** [desɑ̃dʀ] <14> **I.** *vi* **1.** hinuntergehen/-fahren **2.** (*quitter*) aussteigen **3.** (*baisser*) zurückgehen **II.** *vt* **1.** hinuntergehen/herunterkommen **2.** ~ **qc à la cave** etw in den Keller bringen **3.** (*rideaux*) herunterlassen

**descente** [desɑ̃t] *f* **1.** Abstieg *m;* (*en voiture*) Abfahrt *f* **2.** AVIAT Landung *f* **3.** (*attaque brusque*) **une ~ de police** eine Polizeikontrolle

**description** [dɛskʀipsjɔ̃] *f* Beschreibung *f*

**désenfler** [dezɑ̃fle] <1> **I.** *vt* zum Abschwellen bringen **II.** *vi, vpr* [**se**] ~ abschwellen

**déséquilibré(e)** [dezekilibʀe] *adj* unausgeglichen

**déséquilibrer** [dezekilibʀe] <1> *vt* aus dem Gleichgewicht bringen

**désert** [dezɛʀ] *m* Wüste *f*

**désert(e)** [dezɛʀ] *adj* **1.** unbewohnt **2.** (*plage*) menschenleer

**désespérant(e)** [dezɛspeʀɑ̃] *adj* **être ~** zum Verzweifeln sein

**désespérer** [dezɛspeʀe] <5> **I.** *vi* verzweifeln **II.** *vt* (*affliger*) verzweifeln lassen

**désespoir** [dezɛspwaʀ] *m* **1.** Hoffnungslosigkeit *f* **2.** (*désespérance*) Verzweiflung *f*

**déshabiller** [dezabije] <1> *vt, vpr* [**se**] ~ [sich] ausziehen

**déshabituer** [dezabitɥe] <1> *vpr* **se ~ de qc** sich (*dat*) etw abgewöhnen

**déshonorant(e)** [dezɔnɔʀɑ̃] *adj* unehrenhaft

**désigner** [deziɲe] <1> *vt* **1.** hinweisen **2.** (*choisir*) ernennen

**désillusion** [dezi(l)lyzjɔ̃] *f* Enttäuschung *f*

**désinfecter** [dezɛ̃fɛkte] <1> *vt* desinfizieren

**désintéressé(e)** [dezɛ̃teʀese] *adj* uneigennützig

**désintéresser** [dezɛ̃teʀese] <1> *vpr* **se ~ de qn/qc** das Interesse an jdm/etw verlieren

**désintoxiquer** [dezɛ̃tɔksike] <1> *vt* entwöhnen

**désir** [deziʀ] *m* **1.** Wunsch *m* **2.** (*appétit sexuel*) Verlangen *nt*

**désirable** [deziʀabl] *adj* wünschenswert

**désirer** [deziʀe] <1> *vt* **1.** wünschen; **je désire/désirerais un café** ich möchte [gerne] einen Kaffee [haben] **2.** (*convoiter*) begehren

**désobéir** [dezɔbeiʀ] <8> *vi* nicht gehorchen

**désolé(e)** [dezɔle] *adj* **1.** untröstlich **2.** (*navré*) **je suis vraiment ~** es tut mir wirklich leid **3.** (*lieu*) trostlos

**désordre** [dezɔʀdʀ] *m* Unordnung *f*

**désorienté(e)** [dezɔʀjɑ̃te] *adj* verwirrt

**désormais** [dezɔʀmɛ] *adv* von nun an

**desquels, desquelles** [dekɛl] *pron v.* **lequel**

**dessécher** [deseʃe] <1> *vt* austrocknen

**desserrer** [deseʀe] <1> *vt, vpr* [se] ~ [sich] lockern

**dessert** [desɛʀ] *m* Nachtisch *m*

**dessin** [desɛ̃] *m* **1.** Zeichnung *f;* ~[s] **animé**[s] Zeichentrickfilm *m* **2.** (*activité*) Zeichnen *nt*

**dessiner** [desine] <1> *vt, vi* zeichnen

**dessous** [d(ə)su] **I.** *adv* (*sous*) d[a]runter **II.** *prép* **1.** (*sous*) unter etw (*dat*) **2.** (*plus bas que*) **en ~ de qc** unter einer S. (*dat*) **III.** *m* **1.** Unterseite *f* **2.** *pl* TEXTIL Dessous *Pl*

**dessus** [d(ə)sy] **I.** *adv* (*sur qn/qc*) darauf **II.** *prép* **enlever de ~ qc** von etw herunternehmen **III.** *m* **1.** Oberseite *f* **2. avoir le ~** überlegen sein

**déstabiliser** [destabilize] <1> *vt* destabilisieren

**destin** [dɛstɛ̃] *m* Schicksal *nt*

**destination** [dɛstinasjɔ̃] *f* Ziel *nt;* (*d'une lettre*) Bestimmungsort *m*

**destiner** [dɛstine] <1> **I.** *vt* vorsehen; **être destiné à qn** (*remarque*) sich an jdn richten **II.** *vpr* **se ~ à la politique** sich der Politik verschreiben

**destituer** [dɛstitɥe] <1> *vt* absetzen

**déstresser** [destʀese] <1> *vi fam* entstressen

**destructif, -ive** [dɛstʀyktif] *adj* destruktiv

**destruction** [dɛstʀyksjɔ̃] *f* Zerstörung *f*

**détachant** [detaʃɑ̃] *m* Fleckentferner *m*

**détacher**[1] [detaʃe] <1> **I.** *vt* **1.** losmachen **2.** (*nœud*) lösen **3.** (*feuille*) abreißen **II.** *vpr* **se ~** sich befreien

**détacher**[2] [detaʃe] <1> *vt* reinigen

**détail** [detaj] <s> *m* Einzelheit *f*

**détailler** [detaje] <1> *vt* **1.** COM einzeln verkaufen **2.** (*plan*) ausführlich erörtern

**détective** [detɛktiv] *mf* Detektiv(in) *m(f)*

**détendre** [detɑ̃dʀ] <14> **I.** *vt* lockern **II.** *vpr* **se ~** (*situation*) sich entspannen

**détendu**(**e**) [detɑ̃dy] *adj* entspannt

**détente** [detɑ̃t] *f* Entspannung *f*

**détention** [detɑ̃sjɔ̃] *f* **1.** Besitz *m* **2.** (*incarcération*) Haft *f*

**détériorer** [deteʀjɔʀe] <1> **I.** *vt* beschädigen **II.** *vpr* **se ~** Schaden nehmen

**déterminant**(**e**) [detɛʀminɑ̃] *adj* entscheidend

**détermination** [detɛʀminasjɔ̃] *f* **1.** Bestimmung *f* **2.** (*décision*) Entschluss *m*

**déterminer** [detɛʀmine] <1> *vt* bestimmen

**détester** [detɛste] <1> *vt* hassen

**détour** [detuʀ] *m* **1.** Biegung *f* **2.** (*trajet plus long*) Umweg *m*

**détourner** [deturne] <1> **I.** *vt* **1.** umleiten; (*avion*) entführen **2.** (*regard*) abwenden **3.** (*texte*) verfremden **II.** *vpr* **se** ~ sich abwenden

**détraqué(e)** [detʀake] *adj* **1.** gestört **2.** (*santé*) angegriffen

**détraquer** [detʀake] <1> *vt* kaputtmachen

**détresse** [detʀɛs] *f* Verzweiflung *f*

**détruire** [detʀɥiʀ] <irr> *vt* zerstören

**dette** [dɛt] *f* [Geld]schuld *f*

**deuil** [dœj] *m* Trauer *f*

**deux** [dø] **I.** *num* **1.** zwei; **tous les** ~ alle beide; **à** ~ zu zweit **2.** (*quelques*) **habiter à ~ pas d'ici** um die Ecke wohnen **II.** *m inv* (*cardinal*) Zwei *f*

**deuxième** [døzjɛm] *adj* zweite(r, s)

**deuxièmement** [døzjɛmmɑ̃] *adv* zweitens

**deux-pièces** [døpjɛs] *m inv* **1.** (*appartement*) Zweizimmerwohnung *f* **2.** (*maillot de bain*) Bikini *m* **deux-points** [døpwɛ̃] *mpl inv* LING Doppelpunkt *m*

**dévaliser** [devalize] <1> *vt* ausrauben

**dévaloriser** [devalɔʀize] <1> **I.** *vt* **1.** entwerten **2.** (*mérite*) abwerten **II.** *vpr* **se** ~ **1.** an Wert verlieren **2.** (*personne*) sich selbst herabsetzen

**dévaluer** [devalɥe] <1> *vt* abwerten

**devant** [d(ə)vɑ̃] **I.** *prép* vor **II.** *adv* **1.** davor **2.** (*en avant*) vorn[e] **III.** *m* Vorderseite *f*

**dévaster** [devaste] <1> *vt* verwüsten

**développé(e)** [dev(ə)lɔpe] *adj* entwickelt

**développement** [devlɔpmɑ̃] *m* **1.** Entwicklung *f* **2.** (*des connaissances*) Erweiterung *f*

**développer** [dev(ə)lɔpe] <1> *vt, vpr* [**se**] ~ [sich] entwickeln

**devenir** [dəv(ə)niʀ] <9> *vi* werden

**déverser** [devɛʀse] <1> *vt* **1.** (*liquide*) gießen **2.** (*sable*) [aus]schütten

**dévêtir** [devetiʀ] <irr> *vpr* **se** ~ sich ausziehen

**déviation** [devjasjɔ̃] *f* Umleitung *f*

**deviner** [d(ə)vine] <1> *vt* erraten

**dévisager** [devizaʒe] <2a> *vt* anstarren

**devise** [d(ə)viz] *f* **1.** Motto *nt* **2.** (*monnaie*) Devisen *Pl*

**devoir** [d(ə)vwaʀ] <irr> **I.** *vt* **1.** (*argent*) schulden **2.** (*être redevable de*) ~ **un succès à qn/qc** jdm/einer S. einen Erfolg verdanken **II.** *aux* müssen; (*obligation exprimée par autrui*) sollen **III.** *m* **1.** (*obligation morale*) Pflicht *f* **2.** (*ce que l'on doit faire*) Aufgabe *f*

**dévorer** [devɔʀe] <1> *vt, vi* verschlingen

**dévouement** [devumɑ̃] *m* Ergebenheit *f*
**dézipper** [dezipe] <1> *vt* INFORM (*fichier*) entzippen
**diabétique** [djabetik] *mf* Diabetiker(in) *m(f)*
**diable** [djɑbl] *m* Teufel *m*
**diagnostiquer** [djagnɔstike] <1> *vt* diagnostizieren (*geh*)
**dialecte** [djalɛkt] *m* Mundart *f*
**dialogue** [djalɔg] *m* Gespräch *nt*
**dialoguer** [djalɔge] <1> *vi* ein Gespräch führen
**diamètre** [djamɛtʀ] *m* Durchmesser *m*
**diarrhée** [djaʀe] *f* Durchfall *m*
**dictature** [diktatyʀ] *f* Diktatur *f*
**dicter** [dikte] <1> *vt* diktieren
**dictionnaire** [diksjɔnɛʀ] *m* Wörterbuch *nt*
**dicton** [diktɔ̃] *m* sprichwörtliche Redensart
**diététique** [djetetik] **I.** *adj* Diät- **II.** *f* Ernährungswissenschaft *f*
**dieu** [djø] <x> *m* **1.** Gott *m* **2. Dieu merci!** Gott sei Dank!
**différence** [difeʀɑ̃s] *f* Unterschied *m*
**différencier** [difeʀɑ̃sje] <1> **I.** *vt* auseinander halten **II.** *vpr* **se ~** sich unterscheiden
**différent(e)** [difeʀɑ̃] *adj* **1.** andere(r, s); **~ de** anders als **2.** *pl* (*divers*) verschieden
**difficile** [difisil] *adj* schwierig
**difficilement** [difisilmɑ̃] *adv* schwierig; (*péniblement*) schwer
**difficulté** [difikylte] *f* Schwierigkeit *f*
**difforme** [difɔʀm] *adj* unförmig
**diffuser** [difyze] <1> *vt, vpr* [**se**] **~** [sich] verbreiten
**diffusion** [difyzjɔ̃] *f* MEDIA Sendung *f*
**digérer** [diʒeʀe] <5> *vt, vi a. fig* verdauen
**digestif** [diʒɛstif] *m* Verdauungsschnaps *m*
**digne** [diɲ] *adj* **~ de ce nom** dieses Namens würdig
**dilater** [dilate] <1> *vpr* **se ~** sich [aus]dehnen
**diluer** [dilɥe] <1> **I.** *vt* verdünnen **II.** *vpr* **se ~** sich auflösen
**dimanche** [dimɑ̃ʃ] *m* Sonntag *m*
**dimension** [dimɑ̃sjɔ̃] *f* **1.** Größe *f* **2.** *pl* (*mesures*) Dimension[en *Pl*] *f* **3.** (*aspect*) Tragweite *f*
**diminuer** [diminɥe] <1> **I.** *vi* nachlassen; **faire ~** reduzieren **II.** *vt* **1.** verringern **2.** (*autorité*) mindern **III.** *vpr* **se ~** sich selbst erniedrigen
**diminution** [diminysjɔ̃] *f* **1.** Schwinden *nt;* (*de la température*) Rückgang **2.** (*de la consommation*) Einschränkung *f*
**dinde** [dɛ̃d] *f* ZOOL Truthenne *f;* GASTR Pute *f*
**dîner** [dine] <1> **I.** *vi* zu Abend essen **II.** *m* Abendessen *nt*
**dingue** [dɛ̃g] *adj fam* übergeschnappt
**diplomate** [diplɔmat] *mf* Diplo-

mat(in) *m(f)*
**diplôme** [diplom] *m* **1.** Diplom *nt;* ~ **de fin d'études** Abschlusszeugnis *nt* **2.** (*prix*) Auszeichnung *f*
**dire** [diʀ] <irr> **I.** *vt* **1.** sagen **2.** (*messe*) lesen **3.** (*signifier*) **vouloir** ~ bedeuten; **ce qui veut** ~ **que** was heißt, [dass] **II.** *vpr* **1.** (*penser*) **se** ~ **que ...** sich (*dat*) sagen, dass ... **2.** (*être traduit*) heißen **III.** *m* Gerede *nt*
**direct** [diʀɛkt] *m* **1.** MEDIA Livesendung *f* **2.** CHEMDFER Direktverbindung *f*
**direct(e)** [diʀɛkt] *adj* direkt
**directement** [diʀɛktəmɑ̃] *adv* direkt
**directeur, -trice** [diʀɛktœʀ] **I.** *adj* Leit-; (*roue*) Lenk- **II.** *m, f* Direktor(in) *m(f)*
**direction** [diʀɛksjɔ̃] *f* **1.** Richtung *f* **2.** (*action, fonction*) Leitung *f* **3.** AUT Lenkung *f*
**directive** [diʀɛktiv] *f* Richtlinie *f*
**diriger** [diʀiʒe] <2a> **I.** *vi* die Leitung haben **II.** *vt* **1.** leiten **2.** (*voiture*) lenken **III.** *vpr* **se** ~ **vers qn/qc** sich auf jdn/eine S. zubewegen
**discerner** [disɛʀne] <1> *vt* **1.** wahrnehmen **2.** (*saisir*) erkennen
**disciple** [disipl] *m* Schüler(in) *m(f)*
**discipline** [disiplin] *f* Disziplin *f*
**discontinu(e)** [diskɔ̃tiny] *adj* nicht kontinuierlich
**discothèque** [diskɔtɛk] *f* **1.** Diskothek *f* **2.** (*collection*) Schallplattensammlung *f*
**discours** [diskuʀ] *m* Rede *f*
**discret** [diskʀɛ] *adj* **1.** diskret **2.** (*sobre*) dezent
**discriminatoire** [diskʀiminatwaʀ] *adj* diskriminierend
**discussion** [diskysjɔ̃] *f* Gespräch *nt*
**discutable** [diskytabl] *adj* (*goût*) zweifelhaft
**discuter** [diskyte] <1> **I.** *vt* **1.** diskutieren **2.** (*ordre*) in Frage stellen **II.** *vi* sich unterhalten
**disjoncter** [disʒɔ̃kte] <1> *vi fam* **1.** ELEC durchbrennen **2.** (*débloquer*) ausrasten
**disloquer** [dislɔke] <1> *vt* auseinandernehmen
**disparaître** [dispaʀɛtʀ] <irr> *vi* verschwinden
**disparu(e)** [dispaʀy] *adj* **être porté** ~ als vermisst gelten
**disperser** [dispɛʀse] <1> *vt, vpr* [se] ~ [sich] zerstreuen
**disponible** [dispɔnibl] *adj* verfügbar
**disposé(e)** [dispoze] *adj* **être** ~ **à faire qc** bereit sein etw zu tun
**disposer** [dispoze] <1> **I.** *vt* anordnen; (*joueurs*) aufstellen **II.** *vi* ~ **de qc** über etw (*akk*) verfügen
**disposition** [dispozisjɔ̃] *f* **1.** Anordnung *f* **2.** (*d'une loi*) Bestimmung *f*

**disproportion** [dispʀɔpɔʀsjɔ̃] *f* Missverhältnis *nt*

**dispute** [dispyt] *f* Streit *m*

**disputer** [dispyte] <1> **I.** *vt* **1.** *fam* (*gronder*) ausschimpfen **2.** (*contester*) ~ **qc à qn** jdm etw streitig machen **II.** *vpr* **se** ~ sich streiten

**disqualifier** [diskalifje] <1> *vt, vpr* [**se**] ~ [sich] disqualifizieren

**disque** [disk] *m* **1.** Scheibe *f* **2.** MUS [Schall]platte *f;* ~ **compact** CD *f* **3.** SPORT Diskus *m* **4.** INFORM ~ **dur** Festplatte *f;* ~ **optique compact** CD-ROM *f*

**disquette** [diskɛt] *f* Diskette *f*

**disséminer** [disemine] <1> *vt* verstreuen

**dissimuler** [disimyle] <1> *vt, vpr* [**se**] ~ [sich] verbergen

**dissipé**(**e**) [disipe] *adj* undiszipliniert

**dissiper** [disipe] <1> *vt* **1.** zerstreuen; (*doutes*) ausräumen **2.** (*faire disparaître*) vertreiben

**dissocier** [disɔsje] <1> *vt* ~ **qc de qc** etw getrennt von etw betrachten

**dissolvant** [disɔlvɑ̃] *m* Lösungsmittel *nt*

**dissuader** [disɥade] <1> *vt* ~ **qn de qc** (*par la persuasion*) jdn von etw abbringen

**dissuasif, -ive** [disɥazif] *adj* abschreckend

**distance** [distɑ̃s] *f* Entfernung *f*

**distant**(**e**) [distɑ̃] *adj* distanziert

**distiller** [distile] <1> *vt* destillieren

**distinct**(**e**) [distɛ̃] *adj* **1.** verschieden **2.** (*net*) deutlich

**distinctif, -ive** [distɛ̃ktif] *adj* charakteristisch

**distingué**(**e**) [distɛ̃ge] *adj* **1.** vornehm **2.** (*éminent*) berühmt

**distinguer** [distɛ̃ge] <1> *vt, vpr* ((*se*) *différencier*) [**se**] ~ [sich] unterscheiden

**distraction** [distʀaksjɔ̃] *f* Unachtsamkeit *f*

**distraire** [distʀɛʀ] <irr> **I.** *vt* **1.** unterhalten **2.** (*déranger*) ablenken **II.** *vpr* **se** ~ sich amüsieren

**distribuer** [distʀibɥe] <1> *vt* verteilen

**distributeur** [distʀibytœʀ] *m* Automat *m*

**district** [distʀikt] *m* Bezirk *m*

**dit**(**e**) [di] *adj* so genannt

**divergent**(**e**) [divɛʀʒɑ̃] *adj* voneinander abweichend

**divers**(**e**) [divɛʀ] *adj* **1.** verschiedenartig **2.** (*mouvements*) unterschiedlich **3.** *pl* (*plusieurs*) mehrere

**diversité** [divɛʀsite] *f* Verschiedenartigkeit *f*

**divertir** [divɛʀtiʀ] <8> *vt* unterhalten

**divertissement** [divɛʀtismɑ̃] *m* Unterhaltung *f*

**diviser** [divize] <1> *vt, vpr* [**se**] ~ [sich] teilen

**division** [divizjɔ̃] *f* **1.** Gliederung *f* **2.** MATH, MIL Division *f* **3.** SPORT Liga *f*

**divorce** [divɔʀs] *m* [Ehe]scheidung *f*

**divorcé(e)** [divɔʀse] *adj* geschieden

**divulguer** [divylge] <1> *vt* verraten

**dix** [dis] *num* **1.** zehn **2.** (*dans l'indication de la date*) **le ~ mars** der zehnte März

**dix-huit** [dizɥit] *num* **1.** achtzehn **2.** (*dans l'indication de la date*) **le ~ mars** der achtzehnte März

**dix-huitième** [dizɥitjɛm] <dix-huitièmes> **I.** *adj* achtzehnte(r, s) **II.** *m* (*fraction*) Achtzehntel *nt*

**dixième** [dizjɛm] **I.** *adj* zehnte(r, s) **II.** *m* (*fraction*) Zehntel *nt*

**dix-neuf** [diznœf] *num* **1.** neunzehn **2.** (*dans l'indication de la date*) **le ~ mars** der neunzehnte März

**dix-neuvième** [diznœvjɛm] <dix-neuvièmes> **I.** *adj* neunzehnte(r, s) **II.** *m* (*fraction*) Neunzehntel *nt*

**dix-sept** [dissɛt] *num* **1.** siebzehn **2.** (*dans l'indication de la date*) **le ~ mars** der siebzehnte März

**dix-septième** [dissɛtjɛm] <dix-septièmes> **I.** *adj* siebzehnte(r, s) **II.** *m* (*fraction*) Siebzehntel *nt*

**dizaine** [dizɛn] *f* **une ~ de personnes** etwa zehn Personen

**DM** [dœtʃmaʀk] HIST *abr de* **Deutsche Mark** DM

**do** [do] *m inv* C *nt*, c *nt*

**docile** [dɔsil] *adj* folgsam

**docteur** [dɔktœʀ] *mf* (*médecin*) Arzt *m*/Ärztin *f*

**document** [dɔkymɑ̃] *m* Dokument *nt*

**documenter** [dɔkymɑ̃te] <1> *vt, vpr* [**se**] ~ [sich] informieren

**doigt** [dwa] *m* Finger *m*

**doigté** [dwate] *m* Fingerspitzengefühl *nt*

**DOM** [dɔm] *m abr de* **département d'outre-mer** überseeisches Departement

**domaine** [dɔmɛn] *m* **1.** Gebiet *nt;* (*sphère*) Bereich *m* **2.** INFORM Domäne *f*

**domestique** [dɔmɛstik] *adj* **animal ~** Haustier *nt*

**domicile** [dɔmisil] *m* **1.** Wohnung *f* **2.** ADMIN Wohnsitz *m*

**dominateur, -trice** [dɔminatœʀ] *adj* herrisch

**dominer** [dɔmine] <1> **I.** *vt* **1.** herrschen **2.** (*contrôler*) zügeln **II.** *vi* **1.** vorherrschen **2.** SPORT dominieren

**dommage** [dɔmaʒ] *m* **1.** Schaden *m* **2.** **quel ~!** wie schade!

**dompter** [dɔ̃(p)te] <1> *vt* bändigen

**don** [dɔ̃] *m* **1.** Spende *f;* (*cadeau*) Geschenk *nt* **2.** (*aptitude*) Begabung *f*

**donc** [dɔ̃k] *conj* also; (*en interrogative*) denn; (*en impérative*) doch

**donné(e)** [dɔne] *adj* bestimmt
**donnée** [dɔne] *f* 1. Angabe *f* 2. *pl* INFORM, ADMIN Daten *Pl*
**donner** [dɔne] <1> I. *vt* 1. geben 2. (*offrir*) schenken 3. (*communiquer*) ~ **le bonjour à qn** jdn grüßen 4. (*attribuer*) zuschreiben II. *vi* ~ **sur qc** (*porte*) zu etw hinführen III. *vpr* **se** ~ **à qn/qc** sich jdm/einer S. widmen
**donneur, -euse** [dɔnœʀ] *m, f* a. MED Spender(in) *m(f)*
**dont** [dɔ̃] *pron compl* dessen/deren, wovon/woraus/womit/woran
**dopage** [dɔpaʒ] *m* Doping *nt*
**doper** [dɔpe] <1> *vpr* **se** ~ sich dopen
**doré(e)** [dɔʀe] *adj* vergoldet
**dorénavant** [dɔʀenavɑ̃] *adv* von jetzt an
**dorer** [dɔʀe] <1> I. *vt* vergolden II. *vpr* **se faire** ~ sich bräunen
**dormir** [dɔʀmiʀ] <irr> *vi* schlafen
**dortoir** [dɔʀtwaʀ] *m* Schlafsaal *m*
**dos** [do] *m* 1. Rücken *m* 2. *fig* (*d'une chaise*) Lehne *f*; (*d'un papier écrit*) Rückseite *f*
**dose** [doz] *f* 1. BIO Dosis *f* 2. GASTR Menge *f*
**doser** [doze] <1> *vt* dosieren
**dossier** [dosje] *m* 1. (*appui pour le dos*) [Rücken]lehne *f* 2. (*classeur*) [Akten]ordner *m*
**douane** [dwan] *f* Zoll *m*
**double** [dubl] I. *adj adv* doppelt II. *m* 1. Doppelte(s) *nt* 2. (*exemplaire identique*) Doppelgänger(in) *m(f)*; **en** ~ doppelt 3. SPORT Doppel *nt*
**doubler** [duble] <1> I. *vt* 1. verdoppeln 2. (*vêtement*) füttern 3. (*acteur*) doubeln 4. (*véhicule*) überholen II. *vi* (*prix*) sich verdoppeln
**douce** [dus] *v.* **doux**
**doucement** [dusmɑ̃] *adv* 1. sacht[e] 2. (*monter*) allmählich
**douceur** [dusœʀ] *f* 1. Geschmeidigkeit *f* 2. (*d'un caractère*) Sanftmut *f*
**douche** [duʃ] *f* Dusche *f*
**doucher** [duʃe] <1> *vpr* **se** ~ [sich] duschen
**doué(e)** [dwe] *adj* begabt
**douleur** [dulœʀ] *f* Schmerz *m*
**douloureux, -euse** [duluʀø] *adj* schmerzhaft
**doute** [dut] *m* 1. Zweifel *m* 2. **sans** ~ sicherlich
**douter** [dute] <1> I. *vi* 1. zweifeln 2. (*se méfier*) misstrauen II. *vpr* **se** ~ **de qc** etw vermuten
**doux, douce** [du] *adj* 1. weich 2. (*voix*) sanft 3. (*vin*) lieblich 4. (*climat*) mild
**douzaine** [duzɛn] *f* 1. (*douze*) Dutzend *nt*; **à la** ~ im Dutzend 2. (*environ douze*) **une** ~ **de personnes** etwa zwölf Personen
**douze** [duz] *num* 1. zwölf 2. (*dans*

D

*l'indication de la date*) **le ~ mars** der zwölfte März

**douzième** [duzjɛm] **I.** *adj* zwölfte(r, s) **II.** *m* (*fraction*) Zwölftel *nt*

**dragée** [dʀaʒe] *f* Dragee *nt*

**dramatique** [dʀamatik] *adj* **1.** THEAT **l'art ~** die Schauspielkunst; **le genre ~** das Drama **2.** (*récit*) dramatisch

**dramatiser** [dʀamatize] <1> *vt, vi* dramatisieren

**drame** [dʀam] *m* Drama *nt*

**drap** [dʀa] *m* Bettlaken *nt*

**drapeau** [dʀapo] <x> *m* Fahne *f*

**draper** [dʀape] <1> *vt* umhüllen

**dresser** [dʀese] <1> **I.** *vt* **1.** aufstellen; (*plan*) zeichnen **2.** (*barrière*) errichten **3.** (*tête*) heben **4.** (*animal*) dressieren **II.** *vpr* **1.** sich aufrichten **2.** (*statue*) sich erheben

**DRH** [deɛʀaʃ] *mf abr de* **directeur(-trice) des ressources humaines** HR-Manager(in) *m(f)*

**drogue** [dʀɔg] *f a. fig* Droge *f*

**droguer** [dʀɔge] <1> *vpr* **se ~** Drogen nehmen

**droit** [dʀwa] **I.** *m* **1.** Recht[sanspruch *m*] *nt* **2.** JUR Recht *nt* **3.** *pl* (*taxe*) Gebühr *f* **II.** *adv* **1.** aufrecht **2.** (*rouler*) geradeaus

**droit(e)** [dʀwa] *adj* **1.** (*opp: gauche*) rechte(r, s) **2.** gerade; **angle ~** rechter Winkel **3.** (*personne*) aufrichtig

**droite** [dʀwat] *f* **1.** MATH Gerade *f* **2.** POL Rechte *f* **3.** (*côté droit*) Rechte *f*, rechte Seite; **à ~** [nach] rechts

**droitier, -ière** [dʀwatje] *m, f* Rechtshänder(in) *m(f)*

**drôle** [dʀol] *adj* lustig

**dru(e)** [dʀy] *adj* dicht

**du** [dy] = **de le** *v.* **de**

**dû** [dy] <dus> *m* Schuld *f*

**dû, due** [dy] <dus> *adj* **1.** schuldig **2.** (*imputable*) **être ~ à qc** von etw herrühren **3.** (*mérité*) **être ~ à qn** jdm zustehen

**duel** [dɥɛl] *m a. fig* Duell *nt*

**dune** [dyn] *f* Düne *f*

**duo** [dɥo] *m* MUS Duett *nt*

**duquel, de laquelle** [dykɛl] <desquel(le)s> = **de lequel** *v.* **lequel**

**dur(e)** [dyʀ] **I.** *adj* **1.** hart; (*viande*) zäh **2.** (*travail*) schwer **3.** (*climat*) extrem **4.** (*regard*) ernst **II.** *adv* hart

**durable** [dyʀabl] *adj* dauerhaft

**durcir** [dyʀsiʀ] <8> *vi, vpr* [**se**] **~** hart werden

**durée** [dyʀe] *f* Dauer *f*

**durer** [dyʀe] <1> *vi* **1.** dauern **2.** (*personne*) sich halten; (*matériel*) haltbar sein

**duvet** [dyvɛ] *m* Daune *f*

**DVD** [devede] *m abr de* **digital versatile disc** DVD *f*

**dynamique** [dinamik] **I.** *adj* dynamisch **II.** *f* Dynamik *f*

**dynamisme** [dinamism] *m* Dynamik *f*

# E

**E, e** [ø] *m inv* E *nt*, e *nt*

**eau** [o] <x> *f* Wasser *nt*

**eau-de-vie** [od(ə)vi] <eaux-de-vie> *f* Schnaps *m*

**ébahir** [ebaiʀ] <8> *vt* verblüffen

**éblouir** [ebluiʀ] <8> *vt* blenden

**ébouillanter** [ebujɑ̃te] <1> *vpr* **s'~** sich verbrühen

**ébranler** [ebʀɑ̃le] <1> **I.** *vt a. fig* erschüttern **II.** *vpr* **s'~** sich in Bewegung setzen

**ébréché(e)** [ebʀeʃe] *adj* angeschlagen

**ébruiter** [ebʀɥite] <1> *vt* ausplaudern

**écart** [ekaʀ] *m* **1.** Abstand *m* **2.** (*de prix*) Unterschied *m*

**écarté(e)** [ekaʀte] *adj* **1.** abgelegen **2.** (*jambes*) gespreizt

**écarter** [ekaʀte] <1> **I.** *vt* zur Seite schieben **II.** *vpr* **s'~** sich teilen

**ecclésiastique** [eklezjastik] **I.** *adj* kirchlich **II.** *m* Geistliche(r) *m*

**échalote** [eʃalɔt] *f* Schalotte *f*

**échancré(e)** [eʃɑ̃kʀe] *adj* ausgeschnitten

**échange** [eʃɑ̃ʒ] *m* [Aus]tausch *m*

**échanger** [eʃɑ̃ʒe] <2a> *vt* austauschen

**échappatoire** [eʃapatwaʀ] *f* Ausflucht *f*

**échapper** [eʃape] <1> **I.** *vi* **1.** (*s'enfuir*) entkommen **2.** (*se soustraire à*) sich entziehen **II.** *vpr* **s'~** ausbrechen

**écharde** [eʃaʀd] *f* [Holz]splitter *m*

**écharpe** [eʃaʀp] *f* Schal *m*

**échauffer** [eʃofe] <1> *vpr* **s'~** sich aufwärmen

**échec¹** [eʃɛk] *m* Scheitern *nt*

**échec²** [eʃɛk] *m* **1.** *pl* Schach *nt* **2.** [être] **~ et mat** schachmatt [sein]

**échelle** [eʃɛl] *f* **1.** Leiter *f* **2.** (*proportion*) Maßstab *m* **3.** (*graduation*) Skala *f*

**échelon** [eʃlɔ̃] *m* Sprosse *f*

**écho** [eko] *m* Echo *nt*

**échouer** [eʃwe] <1> *vi* scheitern

**éclabousser** [eklabuse] <1> *vt* bespritzen

**éclair** [eklɛʀ] *m* **1.** Blitz *m* **2.** GASTR Eclair *m*

**éclaircie** [eklɛʀsi] *f* METEO [kurze] Aufheiterung

**éclairer** [ekleʀe] <1> **I.** *vt a. fig* erhellen **II.** *vi* leuchten

**éclat** [ekla] *m* **1.** Splitter *m* **2.** (*scandale*) Eklat *m* **3.** (*d'un métal*) Glanz *m* **4. rire aux ~s** schallend lachen

**éclatant(e)** [eklatɑ̃] *adj* strahlend

**éclater** [eklate] <1> *vi* **1.** explodieren, platzen **2.** (*verre*) zerspringen

**écluse** [eklyz] *f* Schleuse *f*

**écœurement** [ekœʀmɑ̃] *m* **1.** Übelkeit *f* **2.** (*dégoût*) Ekel *m*

**école** [ekɔl] *f* Schule *f*; **~ maternelle** Kindergarten *m*

E

**écologie** [ekɔlɔʒi] *f* Ökologie *f*

**écologique** [ekɔlɔʒik] *adj* umweltfreundlich

**écologiste** [ekɔlɔʒist] **I.** *m, f* **1.** Umweltschützer(in) *m(f)* **2.** POL Grüne(r) *f(m)* **II.** *adj* umweltbewusst

**économie** [ekɔnɔmi] *f* Wirtschaft *f*

**économique** [ekɔnɔmik] *adj* **1.** sparsam [im Verbrauch] **2.** (*qui a rapport à l'économie*) wirtschaftlich

**économiser** [ekɔnɔmize] <1> *vt, vi* [ein]sparen

**écorchure** [ekɔʀʃyʀ] *f* Hautabschürfung *f*

**écossais(e)** [ekɔsɛ] *adj* schottisch; **tissu ~** Schotten *m*

**Écossais(e)** [ekɔsɛ] *m(f)* Schotte/Schottin *m/f*

**Écosse** [ekɔs] *f* **l'~** Schottland *nt*

**écoulement** [ekulmɑ̃] *m* **1.** Ablaufen *nt* **2.** (*du temps*) Verrinnen *nt* (*geh*) **3.** COM Absatz *m*

**écouler** [ekule] <1> **I.** *vt* COM absetzen **II.** *vpr* **s'~** ablaufen

**écourter** [ekuʀte] <1> *vt* [ab]kürzen

**écouter** [ekute] <1> *vt, vi* zuhören

**écran** [ekʀɑ̃] *m* **1.** Schutz *m* **2.** TV Bildschirm *m* **3.** CINE Leinwand *f* **4.** (*moniteur*) Monitor *m*

**écrasant(e)** [ekʀɑzɑ̃] *adj* erdrückend

**écraser** [ekʀɑze] <1> **I.** *vt* **1.** zerdrücken **2.** (*conducteur*) überfahren **II.** *vpr* **s'~ contre un arbre** gegen einen Baum prallen

**écrire** [ekʀiʀ] <irr> *vt, vi* schreiben

**écrit** [ekʀi] *m* **1.** Schriftstück *nt* **2. par ~** schriftlich

**écriteau** [ekʀito] <x> *m* [Hinweis]schild *nt*

**écrouler** [ekʀule] <1> *vpr* **s'~** einstürzen

**ECU** [eky] *m abr de* **European Currency Unit** Ecu *m o f*

**écurie** [ekyʀi] *f* [Pferde]stall *m*

**éditeur** [editœʀ] *m* INFORM Editor *m*

**éditeur, -trice** [editœʀ] **I.** *adj* **maison éditrice** Verlag *m* **II.** *m, f* Herausgeber(in) *m(f)*

**édition** [edisjɔ̃] *f* **1.** Veröffentlichung *f* **2.** (*livre*) Auflage *f*

**éditique** [editik] *m* INFORM Desktoppublishing *nt*

**éducateur, -trice** [edykatœʀ] *m, f* Erzieher(in) *m(f)*

**éducation** [edykasjɔ̃] *f* **1.** Erziehung *f* **2.** (*culture générale*) Bildung *f*

**éduquer** [edyke] <1> *vt* erziehen

**effacé(e)** [efase] *adj* zurückhaltend

**effacer** [efase] <2> **I.** *vt* **1.** [aus]löschen **2.** (*tableau noir*) abwischen **II.** *vpr* **s'~ 1.** verblassen **2.** (*tache*) sich entfernen lassen

**effectif, -ive** [efɛktif] *adj* tatsächlich

**effectuer** [efɛktɥe] <1> *vt* ausführen
**effet** [efɛ] *m* **1.** Wirkung *f* **2.** (*impression*) Eindruck *m* **3.** (*phénomène*) Effekt *m* **4. en ~** tatsächlich
**efficace** [efikas] *adj* wirksam
**effleurer** [eflœʀe] <1> *vt* **1.** *a. fig* streifen **2.** (*passer par la tête*) **~ qn** jdm in den Sinn kommen
**effondrer** [efɔ̃dʀe] <1> *vpr* **s'~** **1.** einstürzen **2.** INFORM abstürzen
**efforcer** [efɔʀse] <2> *vpr* sich bemühen
**effort** [efɔʀ] *m* Anstrengung *f*
**effrayant(e)** [efʀɛjɑ̃] *adj* beängstigend
**effronté(e)** [efʀɔ̃te] *adj* dreist
**effroyable** [efʀwajabl] *adj* entsetzlich
**égal(e)** [egal] <-aux> *adj* gleich
**également** [egalmɑ̃] *adv* **1.** gleich[ermaßen] **2.** (*aussi*) ebenfalls
**égaler** [egale] <1> *vt* **1.** MATH sein **2.** (*être pareil*) gleichkommen
**égaliser** [egalize] <1> **I.** *vt* ausgleichen **II.** *vi* den Ausgleich erzielen
**égalité** [egalite] *f* Gleichheit *f*; **~ des droits** Gleichberechtigung *f*
**égard** [egaʀ] *m* **1.** *pl* Achtung *f* **2. par ~ pour qn/qc** mit Rücksicht auf jdn/etw
**égarer** [egaʀe] <1> **I.** *vt* in die Irre führen **II.** *vpr* **s'~** sich verirren
**église** [egliz] *f* Kirche *f*
**égoïsme** [egɔism] *m* Egoismus *m*
**égout** [egu] *m* [Abwasser]kanal *m*; **bouche d'~** Gully *m o nt*
**égoutter** [egute] <1> *vt, vpr* [**s'**]**~** abtropfen
**égratigner** [egʀatiɲe] <1> *vt* zerkratzen
**eh** [e] *interj* he !; **~ bien!** *fam* nun gut!
**éjecter** [eʒɛkte] <1> *vt* auswerfen
**élaboration** [elabɔʀasjɔ̃] *f* Ausarbeitung *f*
**élaborer** [elabɔʀe] <1> *vt* ausarbeiten
**élan** [elɑ̃] *m* Schwung *m*
**élancé(e)** [elɑ̃se] *adj* schlank
**élancement** [elɑ̃smɑ̃] *m* stechender Schmerz
**élargir** [elaʀʒiʀ] <8> *vt, vpr* [**s'**]**~** [sich] erweitern
**élastique** [elastik] **I.** *adj* elastisch **II.** *m a.* COUT Gummi[band *nt*] *nt*
**électeur, -trice** [elɛktœʀ] *m, f* Wähler(in) *m(f)*
**élection** [elɛksjɔ̃] *f* Wahl *f*
**électricien(ne)** [elɛktʀisjɛ̃] *m(f)* Elektriker(in) *m(f)*
**électrique** [elɛktʀik] *adj* elektrisch
**électronique** [elɛktʀɔnik] **I.** *adj* elektronisch **II.** *f* Elektronik *f*
**élégant(e)** [elegɑ̃] *adj* elegant
**élément** [elemɑ̃] **I.** *m* Element

*nt* II. *mpl* 1. Grundbegriffe *Pl* 2. (*forces naturelles*) Naturgewalten *Pl*
**élémentaire** [elemɑ̃tɛʀ] *adj* elementar
**élève** [elɛv] *mf* Schüler(in) *m(f)*
**élevé(e)**[1] [el(ə)ve] *adj* (*style*) gepflegt
**élevé(e)**[2] [el(ə)ve] *adj* **bien/mal ~** gut/schlecht erzogen
**élever**[1] [el(ə)ve] <4> I. *vt* errichten II. *vpr* **s'~ à 1000 euros** sich auf 1000 Euro (*akk*) belaufen
**élever**[2] [el(ə)ve] <4> *vt* aufziehen; (*éduquer*) erziehen
**éliminer** [elimine] <1> I. *vt* 1. beseitigen 2. (*possibilité*) ausschließen II. *vpr* **s'~ facilement** leicht zu entfernen sein
**élire** [eliʀ] <irr> *vt* wählen
**elle** [ɛl] *pron* sie/ihr
**elle-même** [ɛlmɛm] *pron* sie selbst
**elles** [ɛl] *pron* sie/ihnen
**elles-mêmes** [ɛlmɛm] *pron* sie selbst
**éloge** [elɔʒ] *m* Lob *nt*
**éloigné(e)** [elwaɲe] *adj* fern
**éloigner** [elwaɲe] <1> I. *vt* fernhalten II. *vpr* **s'~** sich entfernen
**élu(e)** [ely] *adj* gewählt
**élucider** [elyside] <1> *vt* aufklären
**email, E-mail, e-mail** [imel] *m* E-Mail *nt o f*
**émanciper** [emɑ̃sipe] <1> *vpr* **s'~** sich emanzipieren
**emballer** [ɑ̃bale] <1> I. *vt* einpacken II. *vpr* **s'~** *fam* (*s'emporter*) sich aufregen
**embarquement** [ɑ̃baʀkəmɑ̃] *m* Verladen *nt*
**embarquer** [ɑ̃baʀke] <1> I. *vi* an Bord gehen II. *vt* verladen III. *vpr* (*s'engager*) **s'~ dans qc** sich auf etw (*akk*) einlassen
**embarrassant(e)** [ɑ̃baʀasɑ̃] *adj* unangenehm
**embarrassé(e)** [ɑ̃baʀase] *adj* verlegen
**embarrasser** [ɑ̃baʀase] <1> *vt* 1. in Verlegenheit bringen 2. (*gêner*) behindern
**embaucher** [ɑ̃boʃe] <1> *vt, vi* einstellen
**embêtant(e)** [ɑ̃bɛtɑ̃] *adj fam* 1. lästig 2. (*fâcheux*) dumm
**embêter** [ɑ̃bete] <1> *vt fam* 1. nerven 2. (*casser les pieds*) anöden
**embouteillage** [ɑ̃butɛjaʒ] *m* AUT [Verkehrs]stau *m*
**embranchement** [ɑ̃bʀɑ̃ʃmɑ̃] *m* Abzweigung *f*
**embrasser** [ɑ̃bʀase] <1> I. *vt* 1. küssen 2. (*saluer*) **je t'/vous embrasse** viele Grüße 3. (*prendre dans les bras*) umarmen II. *vpr* **s'~** 1. (*donner un baiser*) sich küssen 2. (*prendre dans ses bras*) sich umarmen
**embrayage** [ɑ̃bʀɛjaʒ] *m* Kupplung *f*

**embrouiller** [ɑ̃bʀuje] <1> **I.** *vt* **1.** kompliziert machen **2.** (*personne*) verwirren **II.** *vpr* **s'~** durcheinandergeraten
**émeraude** [emʀod] *f* Smaragd *m*
**émerger** [emɛʀʒe] <2a> *vi* auftauchen
**émerveiller** [emɛʀveje] <1> *vt, vpr* [**s'**]~ [sich] entzücken
**émetteur** [emetœʀ] *m* Sender *m*
**émettre** [emɛtʀ] <irr> **I.** *vi* MEDIA ausstrahlen **II.** *vt* von sich geben
**émeute** [emøt] *f* Aufruhr *m*
**émigration** [emigʀasjɔ̃] *f* Auswanderung *f*
**émigré(e)** [emigʀe] *m(f)* Emigrant(in) *m(f)*
**émigrer** [emigʀe] <1> *vi* auswandern
**émission** [emisjɔ̃] *f* **1.** MEDIA ~ **radiophonique/télévisée** Radio-/Fernsehsendung *f* **2.** PHYS Emission *f*
**emmêler** [ɑ̃mele] <1> *vt* durcheinanderbringen
**emménager** [ɑ̃menaʒe] <2a> *vi* einziehen
**emmener** [ɑ̃m(ə)ne] <4> *vt* **1.** ~ **qn au cinéma** jdn zum Kino bringen **2.** (*prendre avec soi*) mitnehmen
**émotif, -ive** [emɔtif] *adj* feinfühlig
**émotion** [emosjɔ̃] *f* **1.** Aufregung *f* **2.** (*sentiment*) Emotion *f*
**émouvoir** [emuvwaʀ] <irr> **I.** *vt* bewegen **II.** *vpr* **s'~ de qc** sich über etw (*akk*) aufregen
**empaillé(e)** [ɑ̃pɑje] *adj* ausgestopft
**empêcher** [ɑ̃peʃe] <1> *vt* **1.** verhindern **2.** [**il**] **n'empêche que...** trotzdem/dennoch...
**empester** [ɑ̃pɛste] <1> *vt, vi* stinken
**empiéter** [ɑ̃pjete] <5> *vi* sich ausdehnen
**empiler** [ɑ̃pile] <1> *vt, vpr* [**s'**]~ [sich] stapeln
**empirer** [ɑ̃piʀe] <1> *vi* sich verschlimmern
**emplacement** [ɑ̃plasmɑ̃] *m* Stelle *f*
**emploi** [ɑ̃plwa] *m* **1.** (*poste*) Arbeitsplatz *m* **2.** ECON **être sans ~** arbeitslos sein
**employer** [ɑ̃plwaje] <6> **I.** *vt* **1.** beschäftigen **2.** (*produit*) verwenden **II.** *vpr* sich sehr bemühen
**empocher** [ɑ̃pɔʃe] <1> *vt* einstecken
**empoigner** [ɑ̃pwaɲe] <1> **I.** *vt* packen **II.** *vpr* **s'~** sich verprügeln
**empoisonner** [ɑ̃pwazɔne] <1> *vt, vpr* [**s'**]~ [sich] vergiften
**emporter** [ɑ̃pɔʀte] <1> **I.** *vt* **1.** mitnehmen **2.** (*enlever*) wegbringen **II.** *vpr* **s'~ contre qn/qc** sich über jdn/etw erregen
**empreinte** [ɑ̃pʀɛ̃t] *f* Abdruck *m*
**empresser** [ɑ̃pʀese] <1> *vpr* **s'~**

E

sich beeilen

**emprunter** [ɑ̃pʀœ̃te] <1> **I.** *vi* FIN ein Darlehen aufnehmen **II.** *vt* leihen; (*livre*) ausleihen

**ému(e)** [emy] *adj* bewegt

**émulation** [emylasjɔ̃] *f* INFORM Emulation *f*

**en** [ɑ̃] **I.** *prép* **1.** in (+*dat*); ~ **mer** auf See **2.** (*direction*) in (+*akk*); **aller** ~ **France** nach Frankreich fahren **3.** (*en tant que*) als **4.** (*simultanéité*) ~ **sortant** beim Hinausgehen **5.** (*manière*) ~ **chantant** singend **6.** (*moyen de transport*) ~ **train** mit dem Zug **7. s'**~ **aller** weggehen/-fahren; ~ **arrière** nach hinten/rückwärts; ~ **plus, ...** außerdem ...; ~ **plus** zusätzlich; ~ **plus de...** über ... hinaus **II.** *pron* **1.** (*indéfinis*) davon; (*savoir*) darüber **2.** *subst* **j'**~ **connais qui feraient mieux de ...** ich kenne welche, die besser daran täten, ... **3.** (*de là*) **j'**~ **viens** ich komme von dort **4.** (*de cela*) **j'**~ **ai besoin** ich brauche es

**encadrement** [ɑ̃kadʀəmɑ̃] *m* **1.** Rahmen *m* **2.** (*prise en charge*) Betreuung *f*

**encadrer** [ɑ̃kadʀe] <1> *vt* [ein]rahmen

**encaisser** [ɑ̃kese] <1> *vt, vi* kassieren

**en-cas** [ɑ̃ka] *m inv* Imbiss *m*

**encastrer** [ɑ̃kastʀe] <1> *vt* einbauen

**enceinte** [ɑ̃sɛ̃t] *adj* schwanger

**encercler** [ɑ̃sɛʀkle] <1> *vt* einkreisen

**enchaînement** [ɑ̃ʃɛnmɑ̃] *m* Verkettung *f*

**enchaîner** [ɑ̃ʃene] <1> **I.** *vt* **1.** aneinanderketten **2.** (*idées*) aneinanderreihen **II.** *vpr* **s'enchaîner à qc** sich an etw (*akk*) anketten **III.** *vi* ~ **sur qc** mit etw fortfahren

**enchanté(e)** [ɑ̃ʃɑ̃te] *adj* **1.** hocherfreut **2.** (*magique*) verzaubert **3.** ~! sehr erfreut!

**enchère** [ɑ̃ʃɛʀ] *f* Gebot *nt*

**enchérir** [ɑ̃ʃeʀiʀ] <8> *vi* ~ **sur qn/qc** jdn/etw überbieten

**enclencher** [ɑ̃klɑ̃ʃe] <1> *vt* **1.** TECH einrasten lassen **2.** (*engager*) in Gang setzen

**encolure** [ɑ̃kɔlyʀ] *f* **1.** Hals *m* **2.** (*tour de cou*) Kragenweite *f*

**encombrant(e)** [ɑ̃kɔ̃bʀɑ̃] *adj* **1.** sperrig **2.** (*importun*) lästig

**encombré(e)** [ɑ̃kɔ̃bʀe] *adj* **1.** versperrt **2.** (*lignes téléphoniques*) überlastet

**encombrer** [ɑ̃kɔ̃bʀe] <1> *vt* **1.** verstopfen **2.** (*surcharger*) überladen

**encontre** [ɑ̃kɔ̃tʀ] **aller à l'**~ **de qc** im Gegensatz zu etw stehen

**encore** [ɑ̃kɔʀ] **I.** *adv* noch **II.** *conj fam* ~ **que ...** obwohl ...

**encourager** [ɑ̃kuʀaʒe] <2a> *vt* **1.** ermuntern **2.** (*soutenir*) unterstützen

**encrasser** [ɑ̃kʀase] <1> *vt, vpr* [**s'**]~ verschmutzen
**encre** [ɑ̃kʀ] *f* Tinte *f*
**endetter** [ɑ̃dete] <1> *vpr* **s'**~ sich verschulden
**endive** [ɑ̃div] *f* Chicorée *m o f*
**endoctriner** [ɑ̃dɔktʀine] <1> *vt* indoktrinieren
**endolori(e)** [ɑ̃dɔlɔʀi] *adj* schmerzend
**endommager** [ɑ̃dɔmaʒe] <2a> *vt* [be]schädigen
**endormant(e)** [ɑ̃dɔʀmɑ̃] *adj* einschläfernd
**endormi(e)** [ɑ̃dɔʀmi] *adj* **1.** verschlafen **2.** (*bras*) eingeschlafen
**endormir** [ɑ̃dɔʀmiʀ] <irr> **I.** *vt* (*anesthésier*) betäuben **II.** *vpr* **s'**~ einschlafen
**endosser** [ɑ̃dose] <1> *vt* übernehmen
**endroit**[1] [ɑ̃dʀwa] *m* Stelle *f*
**endroit**[2] [ɑ̃dʀwa] *m* (*d'un vêtement*) rechte Seite; **être à l'**~ richtig herum sein
**endurance** [ɑ̃dyʀɑ̃s] *f* Ausdauer *f*
**endurci(e)** [ɑ̃dyʀsi] *adj* hartherzig
**énergie** [enɛʀʒi] *f* Energie *f*
**énergique** [enɛʀʒik] *adj* energisch
**énervant(e)** [enɛʀvɑ̃] *adj* nervtötend
**énervé(e)** [enɛʀve] *adj* **1.** gereizt **2.** (*excité*) aufgeregt
**énerver** [enɛʀve] <1> **I.** *vt* **1.** (*agacer*) ~ **qn** jdm auf die Nerven gehen (*fam*) **2.** (*exciter*) unruhig machen **II.** *vpr* **s'**~ **après qn/qc** sich über jdn/etw aufregen
**enfance** [ɑ̃fɑ̃s] *f* Kindheit *f*
**enfant** [ɑ̃fɑ̃] *mf* Kind *nt*
**enfantin(e)** [ɑ̃fɑ̃tɛ̃] *adj* kindlich
**enfer** [ɑ̃fɛʀ] *m* Hölle *f*
**enfermer** [ɑ̃fɛʀme] <1> *vt, vpr* [**s'**]~ [sich] einschließen
**enfiler** [ɑ̃file] <1> *vt* (*pull-over*) überziehen
**enfin** [ɑ̃fɛ̃] *adv* **1.** endlich **2.** (*fin d'une énumération*) schließlich
**enflammer** [ɑ̃flɑme] <1> *vt, vpr* [**s'**]~ [sich] entzünden
**enfler** [ɑ̃fle] <1> **I.** *vt* anschwellen lassen **II.** *vi, vpr* anschwellen
**enfoncer** [ɑ̃fɔ̃se] <2> **I.** *vt* **1.** hineinschlagen; (*punaise*) hineindrücken **2.** (*mettre*) hineinstecken **II.** *vi, vpr* [**s'**]~ einsinken
**enfouir** [ɑ̃fwiʀ] <8> *vt, vpr* [**s'**]~ [sich] vergraben
**enfreindre** [ɑ̃fʀɛ̃dʀ] <irr> *vt* verstoßen gegen
**enfuir** [ɑ̃fɥiʀ] <irr> *vpr* **s'**~ fliehen
**engagé(e)** [ɑ̃gaʒe] *adj* engagiert
**engageant(e)** [ɑ̃gaʒɑ̃] *adj* verlockend
**engagement** [ɑ̃gaʒmɑ̃] *m* **1.** Verpflichtung *f* **2. sans** ~ unverbindlich
**engager** [ɑ̃gaʒe] <2a> **I.** *vt* **1.** bürgen **2.** (*lier*) verpflichten

E

II. *vpr* **s'~ 1.** (*pénétrer*) einbiegen **2.** (*se lancer*) sich einlassen

**engin** [ɑ̃ʒɛ̃] *m* **1.** *fam* Ding *nt* **2.** TECH Gerät *nt*

**englober** [ɑ̃glɔbe] <1> *vt* [mit] einbeziehen

**engloutir** [ɑ̃glutiʀ] <8> *vt* verschlingen

**engourdi(e)** [ɑ̃guʀdi] *adj* **1.** klamm **2.** (*de froid*) steif

**engrenage** [ɑ̃gʀənaʒ] *m* Verkettung *f*

**engueuler** [ɑ̃gœle] <1> *vt fam* anschnauzen

**énième** [ɛnjɛm] *adj* **pour la ~ fois** zum x-ten Mal

**énigme** [enigm] *f* Rätsel *nt*

**enivrer** [ɑ̃nivʀe] <1> *vpr* **s'~** sich betrinken

**enjeu** [ɑ̃ʒø] <x> *m* Einsatz *m*

**enlacer** [ɑ̃lase] <2> **I.** *vt* umschlingen **II.** *vpr* **s'~** sich umarmen

**enlèvement** [ɑ̃lɛvmɑ̃] *m* Entführung *f*

**enlever** [ɑ̃lve] <4> **I.** *vt* **1.** (*tache*) entfernen **2.** (*ôter*) **~ l'envie** die Lust nehmen **II.** *vpr* **s'~** herausgehen

**enneigé(e)** [ɑ̃neʒe] *adj* verschneit

**ennemi(e)** [en(ə)mi] **I.** *adj* feindlich; (*frères*) verfeindet **II.** *m(f)* Feind(in) *m(f)*

**ennui** [ɑ̃nɥi] *m* **1.** Lang[e]weile *f* **2. l'~, c'est que** das Dumme ist [nur], dass

**ennuyé(e)** [ɑ̃nɥije] *adj* verärgert

**ennuyer** [ɑ̃nɥije] <6> *vt, vpr* **[s']~** [sich] langweilen

**ennuyeux, -euse** [ɑ̃nɥijø] *adj* langweilig

**énorme** [enɔʀm] *adj* riesig

**énormément** [enɔʀmemɑ̃] *adv* sehr

**enquête** [ɑ̃kɛt] *f* Untersuchung *f*

**enrager** [ɑ̃ʀaʒe] <2a> *vi* rasend werden

**enregistrement** [ɑ̃ʀ(ə)ʒistʀəmɑ̃] *m* **1.** MEDIA Aufnahme *f* **2.** INFORM (*action*) Speicherung *f;* (*document*) Datensatz *m*

**enregistrer** [ɑ̃ʀ(ə)ʒistʀe] <1> *vt* **1.** aufnehmen **2.** INFORM speichern **3.** (*mémoriser*) registrieren **4.** AUT abfertigen; **faire ~ ses bagages** sein/das Gepäck aufgeben

**enrhumer** [ɑ̃ʀyme] <1> *vpr* **s'~** [einen] Schnupfen bekommen

**enrichir** [ɑ̃ʀiʃiʀ] <8> *vt* reich[haltiger] machen

**enroué(e)** [ɑ̃ʀwe] *adj* heiser

**enseignant(e)** [ɑ̃sɛɲɑ̃] *m(f)* Lehrer(in) *m(f)*

**enseigne** [ɑ̃sɛɲ] *f* [Aushänge]schild *nt*

**enseignement** [ɑ̃sɛɲ(ə)mɑ̃] *m* **1.** Unterricht *m* **2.** (*profession*) Lehrberuf *m*

**enseigner** [ɑ̃seɲe] <1> *vt* lehren

**ensemble** [ɑ̃sɑ̃bl] **I.** *adv* (*opp: seul*) zusammen **II.** *m* **1.** Gesamtheit *f* **2.** (*unité*) [harmonische] Einheit **3. dans l'~** im Großen und Ganzen

**ensoleillé(e)** [ɑ̃sɔleje] *adj* sonnig

**ensommeillé(e)** [ɑ̃sɔmeje] *adj* schläfrig

**ensuite** [ɑ̃sɥit] *adv* **1.** (*par la suite*) danach **2.** (*derrière en suivant*) dahinter

**ensuivre** [ɑ̃sɥivʀ] <irr> *vpr* **s'~** sich ergeben

**entaille** [ɑ̃tɑj] *f* Kerbe *f*

**entamer** [ɑ̃tame] <1> *vt* **1.** anbrechen **2.** (*amorcer*) einleiten

**entassement** [ɑ̃tɑsmɑ̃] *m* Durcheinander *nt*

**entasser** [ɑ̃tɑse] <1> **I.** *vt* **1.** anhäufen **2.** (*serrer*) zusammenpferchen **II.** *vpr* **s'~** sich türmen

**entendre** [ɑ̃tɑ̃dʀ] <14> **I.** *vt, vi* hören **II.** *vpr* **s'~ 1.** sich verstehen **2.** (*se mettre d'accord*) sich verständigen

**entendu(e)** [ɑ̃tɑ̃dy] *adj* **1.** abgemacht **2. bien ~** selbstverständlich

**enterrement** [ɑ̃tɛʀmɑ̃] *m* Beerdigung *f*

**enterrer** [ɑ̃teʀe] <1> *vt* beerdigen

**entêtement** [ɑ̃tɛtmɑ̃] *m* Eigensinn[igkeit *f*] *m*

**entêter** [ɑ̃tete] <1> *vpr* **s'~** sich versteifen

**enthousiasmer** [ɑ̃tuzjasme] <1> **I.** *vt* in Begeisterung versetzen **II.** *vpr* **s'~** sich begeistern

**entier** [ɑ̃tje] *m* Ganze(s) *nt*

**entier, -ière** [ɑ̃tje] *adj* **1.** ganz **2.** (*absolu*) völlig

**entièrement** [ɑ̃tjɛʀmɑ̃] *adv* völlig

**entorse** [ɑ̃tɔʀs] *f* Verstauchung *f*

**entourage** [ɑ̃tuʀaʒ] *m* Umgebung *f*

**entourer** [ɑ̃tuʀe] <1> *vt, vpr* [**s'**]**~** [sich] umgeben

**entraider** [ɑ̃tʀede] <1> *vpr* **s'~** sich [gegenseitig] helfen

**entrain** [ɑ̃tʀɛ̃] *m* Schwung *m*

**entraînement** [ɑ̃tʀɛnmɑ̃] *m* **1.** Übung *f* **2.** SPORT Training *nt*

**entraîner** [ɑ̃tʀene] <1> **I.** *vt* **1.** mit sich [fort]reißen **2.** SPORT trainieren **II.** *vpr* **s'~ à qc** sich in etw (*dat*) üben

**entre** [ɑ̃tʀ] *prép* **1.** zwischen **2.** (*parmi des personnes*) unter (+*dat*), von (+*dat*); **~ autres** unter anderem **3.** (*à travers*) durch (+*akk*) **4.** (*dans*) in (+*akk*)

**entrecroiser** [ɑ̃tʀəkʀwaze] <1> **I.** *vt* [miteinander] verflechten **II.** *vpr* **s'~** sich kreuzen

**entrée** [ɑ̃tʀe] *f* **1.** Eintreten *nt;* (*d'un train*) Einfahrt *f* **2.** (*accès*) Eingang *m* **3.** (*droit d'entrer*) **~ interdite!** kein Zutritt! **4.** GASTR erster Gang

**entremêler** [ɑ̃tʀəmele] <1> *vt fig* einstreuen

**entremets** [ɑ̃tʀəmɛ] *m* Süßspeise *f*

**entreprenant(e)** [ɑ̃tʀəpʀənɑ̃] *adj* **1.** unternehmungslustig **2.** (*ga-*

E

*lant*) galant
**entreprendre** [ɑ̃tʀəpʀɑ̃dʀ] <13> *vt* unternehmen
**entreprise** [ɑ̃tʀəpʀiz] *f* Unternehmen *nt*
**entrer** [ɑ̃tʀe] <1> **I.** *vi* **1.** eintreten **2.** (*pénétrer dans un lieu*) betreten; **le train entre en gare** der Zug fährt [in den Bahnhof] ein **3. ~ en contact avec qn** mit jdm Kontakt aufnehmen **II.** *vt* **1.** hineinbringen **2.** INFORM eingeben
**entre-temps** [ɑ̃tʀətɑ̃] *adv* inzwischen
**entretenir** [ɑ̃tʀət(ə)niʀ] <9> **I.** *vt* **1.** in Stand halten **2.** (*relations*) unterhalten **II.** *vpr* **s'~** sich unterhalten
**entretien** [ɑ̃tʀətjɛ̃] *m* **1.** Instandhaltung *f* **2.** (*discussion en privé*) Gespräch *nt*
**entrevue** [ɑ̃tʀəvy] *f* Unterredung *f*
**énumérer** [enymeʀe] <5> *vt* aufzählen
**envahissant**(**e**) [ɑ̃vaisɑ̃] *adj* aufdringlich
**enveloppe** [ɑ̃vlɔp] *f* **1.** POST [Brief]umschlag *m* **2.** (*protection*) [Schutz]hülle *f*
**envelopper** [ɑ̃vlɔpe] <1> **I.** *vt* einpacken **II.** *vpr* **s'~ dans son manteau** sich in seinen Mantel hüllen
**envenimer** [ɑ̃v(ə)nime] <1> *vt* verschlimmern
**envers** [ɑ̃vɛʀ] **I.** *prép* **~ qn/qc** jdm/einer S. gegenüber **II.** *m* **1.** (*d'une feuille de papier*) Rückseite *f* **2. à l'~** (*dans le mauvais sens*) verkehrt herum; (*à rebours*) umgekehrt; (*de bas en haut*) auf dem Kopf; (*à reculons*) rückwärts
**envie** [ɑ̃vi] *f* **1.** Lust *f* **2.** (*convoitise*) Begierde *f* **3.** (*péché capital*) Wollust *f* **4.** (*jalousie*) Neid *m*
**envier** [ɑ̃vje] <1> *vt* beneiden
**envieux**, **-euse** [ɑ̃vjø] *adj* neidisch
**environ** [ɑ̃viʀɔ̃] **I.** *adv* ungefähr **II.** *mpl* Umgebung *f*
**envisager** [ɑ̃vizaʒe] <2a> *vt* **1.** in Betracht ziehen **2.** (*projeter*) planen
**envoi** [ɑ̃vwa] *m* **1.** [Ab]schicken *nt* **2.** (*courrier*) Sendung *f*
**envoler** [ɑ̃vɔle] <1> *vpr* **s'~** (*quitter le sol*) wegfliegen; (*avion*) abfliegen
**envoyé**(**e**) [ɑ̃vwaje] *m(f)* **1.** PRESSE Korrespondent(in) *m(f)* **2.** POL, REL Abgesandte(r) *f(m)*
**envoyer** [ɑ̃vwaje] <irr> *vt* schicken
**éolienne** [eɔljɛn] *f* Windrad *nt*
**épais**(**se**) [epɛ] *adj* **1.** dick **2.** (*forêt*) dicht
**épanouir** [epanwiʀ] <8> *vpr* **s'~** **1.** aufblühen **2.** (*visage*) sich erhellen
**épanouissement** [epanwismɑ̃] *m* Selbstverwirklichung *f*
**épargne** [epaʀɲ] *f* Sparen *nt*

**épargner** [epaʀɲe] <1> **I.** *vt* schonen **II.** *vpr* **s'~ qc** sich (*dat*) etw ersparen

**éparpiller** [epaʀpije] <1> **I.** *vt* verteilen **II.** *vpr* **s'~** sich zerstreuen

**épaté(e)** [epate] *adj fam* platt

**épaule** [epol] *f* Schulter *f;* **hausser les ~s** mit den Schultern zucken

**épave** [epav] *f* Wrack *nt*

**épée** [epe] *f* Schwert *nt*

**épeler** [ep(ə)le] <3> *vt, vi* buchstabieren

**épice** [epis] *f* Gewürz *nt*

**épicé(e)** [epise] *adj* gewürzt

**épicerie** [episʀi] *f* Lebensmittelgeschäft *nt*

**épidémie** [epidemi] *f* Epidemie *f*

**épinard** [epinaʀ] *m* Spinat *m*

**épine** [epin] *f* Stachel *m*

**épingle** [epɛ̃gl] *f* [Steck]nadel *f;* **~ à nourrice** Sicherheitsnadel

**épisodique** [epizɔdik] *adj* gelegentlich

**éploré(e)** [eplɔʀe] *adj* **1.** in Tränen aufgelöst **2.** (*triste*) untröstlich

**éplucher** [eplyʃe] <1> *vt* schälen

**éponge** [epɔ̃ʒ] *f* Schwamm *m*

**époque** [epɔk] *f* Zeit *f,* Epoche *f;* **à l'~** damals

**épouser** [epuze] <1> *vt* heiraten

**épousseter** [epuste] <3> *vt* abstauben

**épouvantail** [epuvɑ̃taj] <s> *m* *a. fig* Vogelscheuche *f*

**époux, épouse** [epu] *m, f form* Gatte/Gattin *m/f;* **les ~** die Eheleute

**épreuve** [epʀœv] *f* **1.** Prüfung *f* **2.** SPORT Wettkampf *m* **3. à toute ~** bewährt

**éprouver** [epʀuve] <1> *vt* (*envie*) verspüren; (*sentiment*) haben

**épuisé(e)** [epɥize] *adj* [völlig] erschöpft

**épuiser** [epɥize] <1> **I.** *vt* **1.** strapazieren **2.** (*possibilités*) ausschöpfen **II.** *vpr* **s'~** zu Ende gehen

**équateur** [ekwatœʀ] *m* Äquator *m*

**équatorial(e)** [ekwatɔʀjal] <-aux> *adj* äquatorial

**équilibre** [ekilibʀ] *m* Gleichgewicht *nt*

**équilibrer** [ekilibʀe] <1> **I.** *vt* austarieren, gleichmäßig verteilen **II.** *vpr* **s'~** sich die Waage halten

**équipe** [ekip] *f* **1.** SPORT Mannschaft *f* **2.** (*groupe*) Team *nt*

**équipement** [ekipmɑ̃] *m* Ausrüstung *f;* (*d'un hôtel*) Einrichtung *f*

**équiper** [ekipe] <1> *vpr* **s'~** sich ausrüsten

**équitable** [ekitabl] *adj* gerecht

**équitation** [ekitasjɔ̃] *f* Reiten *nt*

**équivalence** [ekivalɑ̃s] *f* **1.** Gleichwertigkeit *f* **2.** UNIV Äquivalenz *f*

**équivalent(e)** [ekivalɑ̃] *adj* (*part,*

E

*forme*) gleich; (*diplôme*) gleichwertig

**équivaloir** [ekivalwaʀ] <irr> *vi* **~ à qc** einer S. (*dat*) entsprechen

**érafler** [eʀɑfle] <1> *vt, vpr* [**s'**]~ [sich] zerkratzen

**ère** [ɛʀ] *f* **1.** Zeitalter *nt* **2.** Zeitrechnung *f*

**ériger** [eʀiʒe] <2a> *vt form* errichten

**errer** [eʀe] <1> *vi* umherirren

**erreur** [eʀœʀ] *f* **1.** Fehler *m* **2.** (*idée erronée*) Irrtum *m;* **faire ~** sich irren; **par ~** aus Versehen **3. l'~ est humaine** *prov* Irren ist menschlich (*prov*)

**escalader** [ɛskalade] <1> *vt* **1.** steigen auf (+*akk*) **2.** (*grille*) steigen über (+*akk*)

**escalator** [ɛskalatɔʀ] *m* Rolltreppe *f*

**escale** [ɛskal] *f* Zwischenstopp *m*

**escalier** [ɛskalje] *m* Treppe *f*

**escalope** [ɛskalɔp] *f* Schnitzel *nt*

**escargot** [ɛskaʀgo] *m* Schnecke *f*

**escorter** [ɛskɔʀte] <1> *vt* geleiten

**escroquerie** [ɛskʀɔkʀi] *f* Betrug *m*

**espace** [ɛspas] *m* **1.** Platz *m* **2.** (*cosmos*) Weltraum *m* **3.** (*distance*) Zwischenraum *m* **4.** (*durée*) **~ [de temps]** Zeitraum *m* **5.** TYP, INFORM Leerstelle *f*

**Espagne** [ɛspaɲ] *f* **l'~** Spanien *nt*

**espagnol** [ɛspaɲɔl] *m* Spanisch *nt*

**espagnol(e)** [ɛspaɲɔl] *adj* spanisch

**Espagnol(e)** [ɛspaɲɔl] *m(f)* Spanier(in) *m(f)*

**espèce** [ɛspɛs] *f* **1.** (*catégorie*) Art *f* **2.** *pl* (*argent liquide*) Bargeld *nt*

**espérance** [ɛspeʀɑ̃s] *f* (*confiance*) Zuversicht *f*

**espérer** [ɛspeʀe] <5> *vt, vi* hoffen

**espièglerie** [ɛspjɛgləʀi] *f* Schalk *m*

**espion(ne)** [ɛspjɔ̃] *m(f)* Spion(in) *m(f)*

**espionner** [ɛspjɔne] <1> *vt* ausspionieren

**espoir** [ɛspwaʀ] *m* Hoffnung *f*

**esprit** [ɛspʀi] *m* **1.** (*pensée*) Geist *m,* Verstand *m* **2.** (*tête*) **avoir qn/qc à l'~** jdn/etw im Sinn haben **3.** (*humour*) Geist *m,* Witz *m;* **plein d'~** äußerst geistreich **4.** (*intention*) Sinn *m;* **l'~ français** die französische Wesensart

**esquimau** [ɛskimo] <x> *m* **1.** (*langue*) Eskimoisch *nt* **2.** GASTR *Eis am Stiel mit Schokoladenüberzug*

**esquimau, de** [ɛskimo] <x> *adj* **le peuple ~** die Eskimos *Pl*

**esquisser** [ɛskise] <1> **I.** *vt* **1.** *a.* ART skizzieren **2.** (*sourire*) andeuten **II.** *vpr* **s'~** sich abzeichnen

**esquiver** [ɛskive] <1> **I.** *vt*

[geschickt] ausweichen (+*dat*) **II.** *vpr* **s'~** sich wegstehlen

**essai** [esɛ] *m* **1.** Versuch *m;* **à l'~** auf Probe **2.** LITTER Essay *m o nt*

**essayer** [eseje] <7> *vt, vi* (*tenter*) versuchen

**essence** [esɑ̃s] *f* Benzin *nt;* **prendre de l'~** tanken

**essentiel** [esɑ̃sjɛl] *m* **1. l'~** das Wesentliche; **aller à l'~** zur Sache kommen **2.** (*la plus grande partie*) **l'~ de qc** das Gros einer S. (*gen*)

**essentiel(le)** [esɑ̃sjɛl] *adj* **1.** wesentlich **2.** (*indispensable*) unentbehrlich

**essentiellement** [esɑ̃sjɛlmɑ̃] *adv* im Wesentlichen

**essorer** [esɔʀe] <1> *vt, vi* schleudern

**essouffler** [esufle] <1> *vt* außer Atem bringen

**essuie-glace** [esɥiglas] <essuie-glaces> *m* Scheibenwischer *m*

**essuie-mains** [esɥimɛ̃] *m inv* Handtuch *nt*

**essuyer** [esɥije] <6> *vt, vpr* **[s']~** [sich] abtrocknen

**est** [ɛst] **I.** *m* **l'~** der Osten **II.** *adj inv* Ost-

**Est** [ɛst] *m* **l'~** der Osten

**est-allemand(e)** [ɛstalmɑ̃] *adj* ostdeutsch

**est-ce que** [ɛskə] *adv* **où ~ tu vas?** wohin gehst du?

**estimable** [ɛstimabl] *adj* **1.** respektabel **2.** (*résultats*) anständig

**estimation** [ɛstimasjɔ̃] *f* Schätzung *f*

**estime** [ɛstim] *f* [Hoch]achtung *f;* **l'~ de soi-même** die Selbstachtung

**estimer** [ɛstime] <1> **I.** *vt* **1.** schätzen; (*coûts*) veranschlagen **2.** (*considérer*) **~ qc inutile** etw für unnötig halten **3.** (*respecter*) **être estimé de tous** von allen hoch geschätzt werden **II.** *vpr* **s'~ heureux d'avoir été sélectionné** sich glücklich schätzen ausgewählt worden zu sein

**estival(e)** [ɛstival] <-aux> *adj* Sommer-

**estomac** [ɛstɔma] *m* Magen *m*

**estrade** [ɛstʀad] *f* Podium *nt*

**et** [e] *conj* **1.** und **2.** (*dans des indications d'heures*) nach; **à quatre heures ~ demie** um halb fünf **3.** (*et qui plus est*) und zwar **4. ~ alors!** na und!

**étable** [etabl] *f* Stall *m*

**établi(e)** [etabli] *adj* **1.** allgemein gültig **2.** (*fait*) allgemein bekannt **3.** CH (*installé*) niedergelassen (CH)

**établir** [etabliʀ] <8> **I.** *vt* **1.** aufbauen **2.** (*liste*) zusammenstellen **3.** (*record*) aufstellen **II.** *vpr* **s'~ 1.** (*s'installer*) sich niederlassen **2.** (*usage*) sich einbürgern

**établissement** [etablismɑ̃] *m* Einrichtung *f;* (*hôtel*) Haus *nt;* (*d'une banque*) Niederlassung *f*

**étage** [etaʒ] *m* Stock[werk *nt*] *m;*

E

à l'~ oben

**étagère** [etaʒɛʀ] *f* [Regal]brett *nt*

**étaler** [etale] <1> **I.** *vt* **1.** ausbreiten **2.** (*dans le temps*) verteilen **3.** (*connaissances*) prahlen mit **II.** *vpr* **1. bien/mal s'~** sich gut/schlecht verarbeiten lassen **2.** (*dans l'espace*) **s'~** sich ausbreiten

**étanche** [etɑ̃ʃ] *adj* wasserdicht

**étang** [etɑ̃] *m* Teich *m*

**étape** [etap] *f* Etappe *f*

**état** [eta] *m* **1.** Zustand *m;* (*des recherches*) Stand *m;* **être en ~ de faire qc** in der Lage sein etw zu tun **2.** (*des recettes*) Verzeichnis *nt* **3. ~ civil** Personenstand *m;* (*service*) Standesamt *nt,* ≈ Einwohnermeldeamt *nt*

**État** [eta] *m* POL Staat *m;* **~ de droit** Rechtsstaat; **~s membres de l'UE** EU-Mitgliedstaaten

**États-Unis** [etazyni] *mpl* **les ~ d'Amérique** die Vereinigten Staaten von Amerika

**été** [ete] *m* Sommer *m*

**éteindre** [etɛ̃dʀ] <irr> **I.** *vt* ausmachen **II.** *vi* das Licht ausmachen **III.** *vpr* **s'~** ausgehen

**étendre** [etɑ̃dʀ] <14> **I.** *vt* **1.** hinlegen **2.** (*tapis*) ausrollen **3.** (*faire sécher*) aufhängen **II.** *vpr* **1. s'~** sich hinlegen **2.** (*s'appesantir*) **s'~ sur qc** sich über etw (*akk*) auslassen

**étendu(e)** [etɑ̃dy] *adj* **1.** ausgestreckt **2.** (*vaste*) ausgedehnt

**éternel(le)** [etɛʀnɛl] *adj* **1.** ewig **2.** (*inévitable*) unvermeidlich

**éternellement** [etɛʀnɛlmɑ̃] *adv* ewig; (*depuis toujours*) schon immer

**éternité** [etɛʀnite] *f* Ewigkeit *f*

**éternuer** [etɛʀnɥe] <1> *vi* niesen

**étinceler** [etɛ̃s(ə)le] <3> *vi* funkeln

**étiqueter** [etikte] <3> *vt* etikettieren

**étiquette** [etikɛt] *f* **1.** Etikett *nt* **2.** (*adhésif*) Aufkleber *m* **3.** (*protocole*) **l'~** die Etikette

**étirer** [etiʀe] <1> *vpr* **s'~ 1.** sich strecken **2.** (*textile*) sich dehnen

**étoffe** [etɔf] *f* Stoff *m*

**étoile** [etwal] *f* Stern *m*

**étonnant(e)** [etɔnɑ̃] *adj* erstaunlich

**étonnement** [etɔnmɑ̃] *m* Verwunderung *f*

**étonner** [etɔne] <1> **I.** *vt* erstaunen **II.** *vpr* **s'~ que** + *subj* sich darüber wundern, dass

**étouffant(e)** [etufɑ̃] *adj* drückend

**étouffer** [etufe] <1> **I.** *vt* **1.** ersticken **2.** (*feu*) löschen **3.** (*scandale*) vertuschen **II.** *vi* (*mourir*) ersticken

**étourdi(e)** [etuʀdi] *adj* leichtsinnig

**étourdir** [etuʀdiʀ] <8> *vt, vpr* **[s']~** [sich] betäuben

**étourdissant(e)** [etuʀdisɑ̃] *adj* [ohren]betäubend

**étourdissement** [etuʀdismɑ̃] *m* Schwindelgefühl *nt*

**étrange** [etʀɑ̃ʒ] *adj* seltsam

**étranger** [etʀɑ̃ʒe] *m* **l'~** das Ausland

**étranger**, **-ère** [etʀɑ̃ʒe] **I.** *adj* **1.** (*d'un autre pays*) ausländisch; (*politique*) Außen-; (*travailleur*) Gast-; (*langue*) Fremd- **2.** (*d'un autre groupe, non familier*) fremd **II.** *m, f* **1.** (*d'un autre pays*) Ausländer(in) *m(f)* **2.** (*d'une autre région*) Fremde(r) *f(m)*

**étrangeté** [etʀɑ̃ʒte] *f* Eigenartigkeit *f*

**étrangler** [etʀɑ̃gle] <1> *vt* **1.** (*tuer*) erwürgen **2.** (*serrer le cou*) zuschnüren

**être** [ɛtʀ] <irr> **I.** *vi* **1.** sein **2.** (*appartenir*) **~ à qn** jdm gehören **3.** (*obligation*) **~ à faire** erledigt werden müssen **4. ça y est** (*c'est fini*) so; (*je comprends*) ach so; **ça y est?** (*alors*) was ist?; **n'est-ce pas?** nicht wahr? **II.** *aux* **1.** (*comme auxiliaire du passé actif*) **~ venu** gekommen sein; **s'~ rencontrés** sich getroffen haben **2.** (*comme auxiliaire du passif*) werden **III.** *m* **~ vivant** Lebewesen *nt;* **~ humain** Mensch *m*

**étroit(e)** [etʀwa] *adj* **1.** (*opp: large*) schmal **2.** (*opp: lâche*) eng

**étude** [etyd] **I.** *f* **1.** (*apprentissage*) Lernen *nt* **2.** (*de la nature*) Erforschung *f* **II.** *fpl* **1.** SCOL Schulbildung *f;* **faire des ~s** eine Schule besuchen **2.** UNIV Studium *nt;* **faire des ~s** studieren

**étudiant(e)** [etydjɑ̃] *m(f)* Student(in) *m(f)*

**étudier** [etydje] <1> *vt, vi* (*à l'université*) studieren

**EUR** *m abr de* **euro** EUR

**eurasien(ne)** [øʀazjɛ̃] *adj* eurasisch

**Eurasien(ne)** [øʀazjɛ̃] *m(f)* Eurasier(in) *m(f)*

**euro** [øʀo] *m* Euro *m inv*

**euro centime** *m* Cent *m*

**eurochèque** [øʀoʃɛk] *m* Eurocheque *m*

**Europe** [øʀɔp] *f* **l'~** Europa *nt*

**européanisation** [øʀɔpeanizasjɔ̃] *f* Europäisierung *f*

**européaniser** [øʀɔpeanize] <1> *vt* europäisieren

**européen(ne)** [øʀɔpeɛ̃] *adj* europäisch; (*parlement, élections*) Europa-; **l'Union ~ne** die Europäische Union

**Européen(ne)** [øʀɔpeɛ̃] *m(f)* Europäer(in) *m(f)*

**européennes** [øʀɔpeɛn] *fpl* (*élections*) die Wahl zum Europaparlament

**eurosignal** [øʀosiɲal] *m* Notruf *m*

**eux** [ø] *pron* sie/ihnen

**eux-mêmes** [ømɛm] *pron* sie selbst

**évacuation** [evakɥasjɔ̃] *f* **1.** Evakuierung *f* **2.** (*action de quitter*)

Räumung *f*
**évacuer** [evakɥe] <1> *vt* **1.** MIL räumen **2.** (*habitants*) evakuieren; (*blessés*) abtransportieren
**évader** [evade] <1> *vpr* **s'~ de qc** aus etw ausbrechen
**évaluer** [evalɥe] <1> *vt* [ab]schätzen
**évanoui(e)** [evanwi] *adj* **1.** ohnmächtig **2.** (*bonheur*) vergangen
**évaporer** [evapɔʀe] <1> *vpr* **s'~** verdunsten
**évasif, -ive** [evazif] *adj* ausweichend
**éveillé(e)** [eveje] *adj* **1.** wach **2.** (*alerte*) aufgeweckt
**éveiller** [eveje] <1> *vt* **1.** (*attention*) erregen; (*soupçons*) wecken **2.** (*intelligence*) fördern
**événement, évènement** [evɛnmɑ̃] *m* Ereignis *nt*
**éventualité** [evɑ̃tɥalite] *f* (*possibilité*) Möglichkeit *f*
**éventuellement** [evɑ̃tɥɛlmɑ̃] *adv* eventuell
**évêque** [evɛk] *m* Bischof *m*
**évidemment** [evidamɑ̃] *adv* **1.** (*en tête de phrase*) natürlich **2.** (*en réponse*) na klar (*fam*) **3.** (*comme on peut le voir*) offenbar
**évidence** [evidɑ̃s] *f* (*caractère*) Offensichtlichkeit *f*; **de toute ~** ganz offensichtlich
**évident(e)** [evidɑ̃] *adj* **1.** (*clair*) klar [erkennbar] **2.** (*visible*) offensichtlich; **il est ~ que ...** es versteht sich von selbst, dass ... **3. c'est pas ~!** *fam* das ist gar nicht so einfach!
**évier** [evje] *m* Spüle *f*
**évitable** [evitabl] *adj* vermeidbar
**éviter** [evite] <1> *vt, vpr* [s']~ [sich] meiden
**évolué(e)** [evɔlɥe] *adj* [hoch] entwickelt
**évoluer** [evɔlɥe] <1> *vi* **1.** sich entwickeln **2.** (*se transformer*) sich verändern **3.** (*maladie*) fortschreiten
**évolution** [evɔlysjɔ̃] *f* **1.** Entwicklung *f*; (*des goûts*) Veränderung *f* **2.** MED Fortschreiten *nt* **3.** BIO Evolution *f*
**évoquer** [evɔke] <1> *vt* **1.** (*personne*) erinnern an (+*akk*); (*fait*) in Erinnerung rufen **2.** (*décrire*) schildern **3.** (*problème*) erwähnen
**ex** [ɛks] *m abr de* **exemple** Bsp.
**exact(e)** [ɛgzakt] *adj* **1.** genau; **c'est ~ que ...** es ist richtig, dass ... **2.** (*personne*) pünktlich
**exactement** [ɛgzaktəmɑ̃] *adv* genau
**exactitude** [ɛgzaktityd] *f* **1.** Korrektheit *f* **2.** (*ponctualité*) Pünktlichkeit *f*
**exagération** [ɛgzaʒeʀasjɔ̃] *f* Übertreibung *f*
**exagérer** [ɛgzaʒeʀe] <5> *vt, vi* übertreiben
**examen** [ɛgzamɛ̃] *m* **1.** (*des faits*) [Über]prüfung *f* **2.** MED, BIO Untersuchung *f* **3.** SCOL Prüfung *f*

**examiner** [ɛgzamine] <1> *vt* [über]prüfen; (*patient*) untersuchen

**exaucer** [ɛgzose] <2> *vt* **1.** erhören **2.** (*vœu*) erfüllen

**excellent(e)** [ɛkselɑ̃] *adj* hervorragend

**excentrique** [ɛksɑ̃tʀik] *adj* exzentrisch; (*tenue*) extravagant

**excepté** [ɛksɛpte] *prép* außer (+*dat*)

**exception** [ɛksɛpsjɔ̃] *f* Ausnahme *f*; **à l'~ de qn/qc** abgesehen von jdm/etw

**exceptionnel(le)** [ɛksɛpsjɔnɛl] *adj* **1.** außergewöhnlich; (*occasion*) einmalig **2.** (*prime*) Sonder-; **à titre ~** ausnahmsweise

**excès** [ɛksɛ] *m* **1. ~ de vitesse** Geschwindigkeitsüberschreitung *f* **2.** *pl* (*abus*) Exzesse *Pl*

**excessif, -ive** [ɛksesif] *adj* übertrieben

**excitant(e)** [ɛksitɑ̃] *adj* **1.** aufregend; (*projet*) spannend **2.** (*café*) anregend; (*médicament*) stimulierend

**excité(e)** [ɛksite] *adj* aufgeregt

**exciter** [ɛksite] <1> **I.** *vt* **1.** erregen; (*imagination*) anregen **2.** (*idée*) reizen **II.** *vpr* **s'~ sur qc** sich über etw (*akk*) aufregen

**exclamation** [ɛksklamasjɔ̃] *f* Ausruf *m*

**exclu(e)** [ɛkskly] *adj* **il n'est pas ~ que** + *subj* es ist nicht ausgeschlossen, dass

**exclusif, -ive** [ɛksklyzif] *adj* ausschließlich

**exclusivement** [ɛksklyzivmɑ̃] *adv* **1.** (*seulement*) ausschließlich **2.** (*uniquement*) nur

**exclusivité** [ɛksklyzivite] *f* (*d'une marque*) Alleinvertrieb *m*

**excursion** [ɛkskyʀsjɔ̃] *f* Ausflug *m*

**excuse** [ɛkskyz] *f* **1.** Entschuldigung *f* **2.** (*prétexte*) Ausrede *f*

**excuser** [ɛkskyze] <1> *vt, vpr* **[s']~** [sich] entschuldigen

**exécuter** [ɛgzekyte] <1> *vt* **1.** *a.* INFORM ausführen **2.** (*tuer*) hinrichten

**exemplaire** [ɛgzɑ̃plɛʀ] **I.** *adj* **1.** beispielhaft **2.** (*punition*) exemplarisch **II.** *m* Exemplar *nt*

**exemple** [ɛgzɑ̃pl] *m* Beispiel *nt*; **par ~** zum Beispiel

**exercer** [ɛgzɛʀse] <2> **I.** *vt* **1.** ausüben **2.** (*entraîner*) trainieren **II.** *vi* tätig sein **III.** *vpr* **s'~** üben

**exercice** [ɛgzɛʀsis] *m* **1.** Übung *f* **2.** (*activité physique*) Bewegung *f*

**ex-femme** [ɛksfam] <ex-femmes> *f* **mon ~** meine frühere Frau

**exigeant(e)** [ɛgziʒɑ̃] *adj* anspruchsvoll

**exigence** [ɛgziʒɑ̃s] *f* **1.** anspruchsvolles Wesen **2.** *pl* (*prétentions*) Ansprüche *Pl*

**exiger** [ɛgziʒe] <2a> *vt* **1. ~ que** + *subj* verlangen, dass **2.** (*travail*) erfordern

**exil** [ɛgzil] *m* Exil *nt*

**exilé**(**e**) [ɛgzile] *m(f)* **1.** Emigrant(in) *m(f)* **2.** (*banni*) Verbannte(r) *f(m)*; **~ politique** politischer Flüchtling

**existence** [ɛgzistɑ̃s] *f* Existenz *f*; (*mode de vie*) Lebensweise *f*

**exister** [ɛgziste] <1> *vi* existieren

**ex-mari** [ɛksmaʀi] *m* **mon ~** mein früherer Mann

**expatrier** [ɛkspatʀije] <1> **I.** *vt* ausbürgern **II.** *vpr* **s'~** auswandern

**expédier** [ɛkspedje] <1> *vt* [ab]schicken

**expéditeur**, **-trice** [ɛkspeditœʀ] *m, f* Absender(in) *m(f)*

**expéditif**, **-ive** [ɛkspeditif] *adj* schnell

**expédition** [ɛkspedisjɔ̃] *f* **1.** Versand *m* **2.** (*mission*) Expedition *f*

**expérience** [ɛkspeʀjɑ̃s] *f* **1.** Erfahrung *f* **2.** (*événement*) Erlebnis *nt*

**expérimenté**(**e**) [ɛkspeʀimɑ̃te] *adj* erfahren

**expert**(**e**) [ɛkspɛʀ] *m(f)* Experte/Expertin *m/f*

**expertiser** [ɛkspɛʀtize] <1> *vt* begutachten

**expirer** [ɛkspiʀe] <1> **I.** *vt* ausatmen **II.** *vi* (*mandat*) ablaufen

**explicatif**, **-ive** [ɛksplikatif] *adj* **note explicative** Erläuterung *f*; **notice explicative** Gebrauchsanweisung *f*

**explication** [ɛksplikasjɔ̃] *f* **1.** (*indication*) Erklärung *f* **2.** (*commentaire*) Erläuterung *f*

**explicitement** [ɛksplisitmɑ̃] *adv* [klar und] deutlich

**expliquer** [ɛksplike] <1> **I.** *vt* erklären **II.** *vpr* **s'~ 1.** sich ausdrücken **2.** (*avoir une discussion*) sich aussprechen

**exploitation** [ɛksplwatasjɔ̃] *f* **1.** (*d'une ferme*) Bewirtschaftung *f*; (*d'une mine*) Abbau *m* **2.** (*bien*) Betrieb *m*

**exploiter** [ɛksplwate] <1> *vt* **1.** bewirtschaften; (*mine*) ausbeuten **2.** (*utiliser*) nutzen **3.** (*abuser*) ausnutzen

**explorateur** [ɛksplɔʀatœʀ] *m* INFORM Explorer *m*; **~ de réseau** Internet Browser

**explorateur**, **-trice** [ɛksplɔʀatœʀ] *m, f* Forscher(in) *m(f)*

**explorer** [ɛksplɔʀe] <1> *vt* erforschen

**explosion** [ɛksplozjɔ̃] *f* **1.** Explosion *f* **2.** (*manifestation soudaine*) **~ de colère** Wutausbruch *m*

**exportation** [ɛkspɔʀtasjɔ̃] *f* Export *m*

**exporter** [ɛkspɔʀte] <1> *vt* exportieren

**exposé** [ɛkspoze] *m* **1.** Referat *nt*

2. (*description*) Darstellung *f*
**exposer** [ɛkspoze] <1> **I.** *vt* **1.** (*tableau*) ausstellen; (*marchandise*) auslegen **2.** (*décrire*) darlegen **3.** (*honneur*) aufs Spiel setzen **II.** *vpr* **s'~ à qc** sich einer Sache (*dat*) aussetzen
**exposition** [ɛkspozisjɔ̃] *f* **1.** Ausstellen *nt* **2.** *a.* ART (*foire*) Ausstellung *f* **3.** (*orientation*) Ausrichtung *f*
**exprès** [ɛkspʀɛ] *adv* **1.** absichtlich **2.** (*spécialement*) [**tout**] ~ eigens
**expression** [ɛkspʀesjɔ̃] *f* **1.** Ausdruck *m* **2. veuillez agréer l'~ de mes sentiments distingués** mit freundlichen Grüßen
**exprimer** [ɛkspʀime] <1> *vt, vpr* [**s'**]~ [sich] ausdrücken
**expulser** [ɛkspylse] <1> *vt* (*étranger*) abschieben
**extensible** [ɛkstɑ̃sibl] *adj* dehnbar
**extension** [ɛkstɑ̃sjɔ̃] *f* **1.** (*d'un ressort*) Dehnen *nt* **2.** (*d'une ville*) Ausdehnung *f* **3.** INFORM **~ de mémoire** Speichererweiterung *f*
**extérieur** [ɛksteʀjœʀ] *m* **1.** (*monde extérieur*) Außenwelt *f* **2.** (*dehors*) Außenseite *f*; **à l'~ de** außerhalb (*gen*); **de l'~** von außen
**extérieur(e)** [ɛksteʀjœʀ] *adj* **1.** äußere(r, s) **2.** (*visible*) äußerlich
**extérioriser** [ɛksteʀjɔʀize] <1> *vpr* **s'~** sich äußern
**exterminer** [ɛkstɛʀmine] <1> *vt* ausrotten
**extincteur** [ɛkstɛ̃ktœʀ] *m* Feuerlöscher *m*
**extinction** [ɛkstɛ̃ksjɔ̃] *f* Löschen *nt*
**extorsion** [ɛkstɔʀsjɔ̃] *f* Erpressung *f*
**extra** [ɛkstʀa] **I.** *adj inv* **1.** erstklassig **2.** *fam* (*formidable*) stark **II.** *m* **un ~** etwas Besonderes
**extraire** [ɛkstʀɛʀ] <irr> *vt* **1.** herausholen **2.** (*séparer*) gewinnen
**extrait** [ɛkstʀɛ] *m* **1.** Auszug *m*; **~ de compte** Kontoauszug **2.** (*concentré*) Extrakt *m o nt*
**extraordinaire** [ɛkstʀaɔʀdinɛʀ] *adj* **1.** (*opp: ordinaire*) Sonder- **2.** (*insolite*) ungewöhnlich **3.** (*exceptionnel*) außergewöhnlich
**extravagance** [ɛkstʀavagɑ̃s] *f* **1.** Extravaganz *f* **2.** (*action*) Verrücktheit *f*
**extrême** [ɛkstʀɛm] **I.** *adj* **1.** äußerste(r, s) **2.** (*excessif*) extrem; **d'~ droite/gauche** rechts-/linksradikal **II.** *m* Extrem *nt*
**Extrême-Orient** [ɛkstʀɛmɔʀjɑ̃] *m* **l'~** der Ferne Osten
**extrémiste** [ɛkstʀemist] *adj* POL radikal
**extrémité** [ɛkstʀemite] *f* **1.** (*bout*) äußerstes Ende **2.** *pl* (*pieds*) Extremitäten *Pl*

E

# F

**F**, **f** [ɛf] *m inv* F *nt*, f *nt*
**F** HIST *abr de* **franc** F
**fa** [fa] *m inv* F *nt*, f *nt*
**fable** [fɑbl] *f* Fabel *f*
**fabrication** [fabʀikasjɔ̃] *f* Herstellung *f*
**fabriquer** [fabʀike] <1> *vt* herstellen
**fabuler** [fabyle] <1> *vi* Geschichten erfinden
**fabuleux**, **-euse** [fabylø] *adj* sagenhaft
**fac** [fak] *f fam abr de* **faculté** Uni *f*
**façade** [fasad] *f a. fig* Fassade *f*
**face** [fas] *f* **1.** Gesicht *nt* **2.** (*côté*) Seite *f*; **pile ou ~?** Kopf oder Zahl? **3.** (*indiquant une orientation*) **de ~** von vorne **4. être ~ à ~ avec qn/qc** jdm/einer S. gegenüberstehen
**facétie** [fasesi] *f* Scherz *m*
**fâché**(**e**) [fɑʃe] *adj* verärgert
**fâcher** [fɑʃe] <1> **I.** *vt* verärgern **II.** *vpr* **se ~** sich ärgern
**facile** [fasil] *adj* leicht; **c'est plus ~ de faire qc** es ist leichter etw zu tun
**facilement** [fasilmɑ̃] *adv* **1.** leicht **2.** (*au moins*) mindestens
**facilité** [fasilite] *f* **1.** Leichtigkeit *f* **2.** (*aptitude*) **avoir des ~s** begabt sein
**faciliter** [fasilite] <1> *vt* erleichtern
**façon** [fasɔ̃] *f* **1.** (*manière*) **~ de faire qc** Art [und Weise] *f* etw zu tun **2.** *pl* (*comportement*) Benehmen *nt*
**facteur**, **-trice** [faktœʀ] *m, f* Briefträger(in) *m(f)*
**factice** [faktis] *adj* falsch
**facture** [faktyʀ] *f* Rechnung *f*
**facturer** [faktyʀe] <1> *vt* berechnen
**faculté**[1] [fakylte] *f* UNIV Fachbereich *m*
**faculté**[2] [fakylte] *f* Fähigkeit *f*
**fadaise** [fadɛz] *f* dummes Zeug
**fade** [fad] *adj* **être ~** nach nichts schmecken
**faible** [fɛbl] *adj* **1.** schwach **2.** (*restreint*) gering **3.** (*bête*) **~ d'esprit** geistig Zurückgebliebene(r) *f(m)*
**faiblement** [fɛbləmɑ̃] *adv* **1.** schwach **2.** (*légèrement*) leicht
**faiblesse** [fɛblɛs] *f* Schwäche *f*
**faiblir** [febliʀ] <8> *vi* (*personne*) schwach werden; (*vent*) nachlassen
**faille** [faj] *f* **1.** GEO Verwerfung *f* **2.** (*crevasse*) Spalte *f* **3.** (*défaut*) Schwachstelle *f*
**faillir** [fajiʀ] <irr> *vi* **il a failli ...** er hätte beinahe ...
**faim** [fɛ̃] *f* Hunger *m*
**fainéant**(**e**) [fɛneɑ̃] *m(f)* Faulenzer(in) *m(f)*
**faire** [fɛʀ] <irr> **I.** *vt* **1.** machen **2.** (*avoir une activité*) **~ du violon** Geige spielen **3.** (*étudier*) **~ des études** studieren **4.** (*nu-*

*méro de téléphone*) wählen; ~ **les courses** einkaufen **5.** (*charger de*) ~ **faire qc à qn** jdn etw tun lassen **II.** *vi* **1.** (*agir*) ~ **vite** sich beeilen; ~ **attention à qc** auf etw aufpassen **2.** (*paraître*) ~ **vieux** alt aussehen **3.** (*rendre*) ~ **bon effet** einen guten Eindruck machen **4.** ~ **partie de qc** zu etw gehören; ~ **la queue** *fam* anstehen; **ne pas s'en** ~ *fam* sich keine Sorgen machen; **ça ne se fait pas** das gehört sich nicht; **il fait chaud** es ist warm; **il fait dix degrés** es sind zehn Grad **III.** *vpr* **1. se** ~ **une robe** sich (*dat*) ein Kleid machen **2.** (*s'habituer à*) **se** ~ **à qc** sich an etw (+*akk*) gewöhnen **3. comment ça se fait?** wie kommt das?; **il se fait tard** es wird spät; **t'en fais pas!** *fam* mach dir nichts draus!

**fair-play** [fɛʀplɛ] **I.** *m inv* Fairness *f* **II.** *adj inv* fair

**faisan(e)** [fəzɑ̃] *m(f)* Fasan *m*

**fait** [fɛ] *m* **1.** Tatsache *f* **2.** (*événement*) Ereignis *nt* **3. au** ~ übrigens; **tout à** ~ ganz/völlig; **en** ~ in Wirklichkeit

**fait(e)** [fɛ] *adj* **1.** (*propre à*) geeignet **2.** (*constitué*) **être bien** ~ eine gute Figur haben **3.** (*tout prêt*) **expression toute ~e** feststehender Ausdruck **4. c'est bien** ~ **pour toi/lui** das geschieht dir/ihm recht; **vite** ~ **bien** ~ ganz schnell

**faîte** [fɛt] *m* Wipfel *m;* (*d'une montagne*) Gipfel *m*

**falaise** [falɛz] *f* Felswand *f*

**falloir** [falwaʀ] <irr> *vi* **1.** (*besoin*) **il faut qn/qc pour faire qc** man braucht jdn/etw um etw zu tun **2.** (*devoir*) **il faut faire qc** man muss etw tun; **que faut-il faire?** was sollen wir tun? **3. il le faut** es muss sein; **comme il faut** wie es sich gehört

**falsifier** [falsifje] <1> *vt* fälschen

**famé(e)** [fame] *adj* **mal** ~ verrufen

**fameux, -euse** [famø] *adj* **1.** köstlich **2.** (*célèbre*) berühmt

**familial(e)** [familjal] <-aux> *adj* familiär

**familiarité** [familjaʀite] *f* **1.** Vertrautheit *f* **2.** *pl péj* Vertraulichkeiten *Pl;* (*comportement*) Zudringlichkeit *f*

**familier** [familje] *m* Stammgast *m*

**familier, -ière** [familje] *adj* **1.** vertraut **2.** (*conduite*) ungezwungen **3.** (*expression*) umgangssprachlich

**famille** [famij] *f a.* BOT, ZOOL Familie *f*

**famine** [famin] *f* Hungersnot *f*

**fan** [fan] *mf* Fan *m*

**fanatique** [fanatik] *mf* **1.** (*passionné*) begeisterter Anhänger/begeisterte Anhängerin **2.** (*militant*) Fanatiker(in) *m(f)*

F

**fanatiser** [fanatize] <1> *vt* fanatisch machen
**fané(e)** [fane] *adj* verwelkt
**fanfare** [fɑ̃faʀ] *f* Blaskapelle *f*
**fanfaron(ne)** [fɑ̃faʀɔ̃] *m(f)* Angeber(in) *m(f)*
**fanfreluche** [fɑ̃fʀəlyʃ] *f* Firlefanz *m* (*fam*)
**fanion** [fanjɔ̃] *m* Wimpel *m*
**fantaisie** [fɑ̃tezi] *f* **1.** (*caprice*) Laune *f* **2.** (*imagination*) Fantasie *f*
**fantasme** [fɑ̃tasm] *m* Wunschvorstellung *f*
**fantasmer** [fɑ̃tasme] <1> *vi* fantasieren
**fantastique** [fɑ̃tastik] **I.** *adj* fantastisch **II.** *m* Übernatürliche(s) *nt*
**fantôme** [fɑ̃tom] **I.** *m* **1.** Gespenst *nt* **2.** (*illusion*) Phantom *nt* **II.** *app* **train** ~ Geisterbahn *f*
**farce[1]** [faʀs] *f* Streich *m*
**farce[2]** [faʀs] *f* GASTR Füllung *f*
**farcir** [faʀsiʀ] <8> *vt* **1.** GASTR füllen **2.** *péj* (*bourrer*) ~ **qc de qc** etw mit etw voll stopfen (*fam*)
**fardeau** [faʀdo] <x> *m* Last *f*
**farine** [faʀin] *f* Mehl *nt*
**farouche** [faʀuʃ] *adj* **1.** scheu **2.** (*haine*) wild
**fascination** [fasinasjɔ̃] *f* **1.** Verzauberung *f* **2.** (*séduction*) Faszination *f*
**fasciner** [fasine] <1> *vt* faszinieren
**fascisme** [faʃism] *m* Faschismus *m*
**fasciste** [faʃist] *mf* Faschist(in) *m(f)*
**faste[1]** [fast] *m* Prunk *m*
**faste[2]** [fast] *adj* **jour** ~ Glückstag *m*
**fastueux, -euse** [fastɥø] *adj* glanzvoll
**fatal(e)** [fatal] *adj* **1.** verhängnisvoll **2.** (*mortel*) tödlich
**fataliste** [fatalist] *mf* Fatalist(in) *m(f)*
**fatalité** [fatalite] *f* Schicksal *nt*
**fatigant(e)** [fatigɑ̃] *adj* ermüdend
**fatigué(e)** [fatige] *adj* müde
**fatiguer** [fatige] <1> **I.** *vt* ~ **qn** **1.** jdn anstrengen **2.** (*excéder*) jdm lästig sein **3.** (*ennuyer*) jdn langweilen **II.** *vpr* **se** ~ sich überanstrengen
**fatras** [fatʀɑ] *m* wirres Durcheinander
**faubourg** [fobuʀ] *m* Vorort *m*
**faucher** [foʃe] <1> *vt* **1.** mähen **2.** *fam* (*voler*) klauen
**faucon** [fokɔ̃] *m* Falke *m*
**faune** [fon] *f* Fauna *f*
**fausser** [fose] <1> *vt* [ver]fälschen
**faute** [fot] *f* **1.** *a.* SPORT Fehler *m;* **sans** ~ ganz sicher **2.** (*manquement à des lois*) Vergehen *nt* **3.** (*responsabilité*) **c'est [de] ma** ~ das ist meine Schuld **4.** ~ **de quoi** sonst
**fauteuil** [fotœj] *m* Sessel *m;* ~ **roulant** Rollstuhl *m*

**fautif, -ive** [fotif] *adj* schuldig
**fauve** [fov] **I.** *adj* **1.** (*couleur*) fahlgelb **2.** (*sauvage*) wild **II.** *m* **1.** (*couleur*) Fahlgelb *nt* **2.** (*animal*) Raubtier *nt*
**faux** [fo] **I.** *m* (*falsification*) Fälschung *f* **II.** *adv* falsch
**faux, fausse** [fo] *adj* falsch
**faux-filet** [fofilɛ] <faux-filets> *m* Lende[nstück *nt*] *f*
**faveur** [favœʀ] *f* **1.** Gefallen *m* **2.** (*bienveillance*) Gunst *f*
**favorable** [favɔʀabl] *adj* günstig
**favorablement** [favɔʀabləmɑ̃] *adv* positiv
**favori(te)** [favɔʀi] *m(f)* **1.** Liebling *m* **2.** SPORT Favorit(in) *m(f)*
**favoriser** [favɔʀize] <1> *vt* **1.** begünstigen **2.** (*aider*) unterstützen
**fax** [faks] *m abr de* **téléfax** Fax *nt*
**faxer** [fakse] <1> *vt* faxen
**FB** *m* HIST *abr de* **franc belge** *v.* **franc**
**fécond(e)** [fekɔ̃] *adj* fruchtbar
**féconder** [fekɔ̃de] <1> *vt* befruchten
**fédéral(e)** [fedeʀal] <-aux> *adj* bundesstaatlich; (*en Suisse*) eidgenössisch; **gouvernement ~** Bundesregierung *f*
**fédéralisme** [fedeʀalism] *m* Föderalismus *m*
**fédération** [fedeʀasjɔ̃] *f* **1.** Bündnis *nt;* **~ européenne** europäische Gemeinschaft **2.** (*associations*) Verband *m*
**fée** [fe] *f* Fee *f*
**féerique** [fe(e)ʀik] *adj* märchenhaft
**feinte** [fɛ̃t] *f* Täuschungsmanöver *nt*
**feinter** [fɛ̃te] <1> *vt* täuschen
**fêler** [fele] <1> *vpr* **se ~** einen Sprung bekommen
**félicitations** [felisitasjɔ̃] *fpl* Glückwünsche *Pl*
**féliciter** [felisite] <1> **I.** *vt* gratulieren; **~ qn de faire qc** jdn loben, dass er etw tut **II.** *vpr* **se ~ de qc** über etw (*akk*) froh sein
**félin** [felɛ̃] *m* Raubkatze *f*
**femelle** [fəmɛl] **I.** *adj* weiblich **II.** *f* ZOOL Weibchen *nt*
**féminin(e)** [feminɛ̃] *adj* **1.** weiblich **2.** (*voix*) Frauen-
**féministe** [feminist] *adj* feministisch; **mouvement ~** Frauenbewegung *f*
**femme** [fam] *f* **1.** (*opp: homme*) Frau *f;* (*épouse*) [Ehe]frau *f;* **vêtements de ~s** Damenbekleidung *f* **2.** (*profession*) **une ~ médecin/politique** eine Ärztin/Politikerin; **~ au foyer** Hausfrau; **~ de ménage** Putzfrau
**fendre** [fɑ̃dʀ] <14> **I.** *vt* spalten **II.** *vpr* **1. se ~** Risse bekommen; (*verre*) Sprünge bekommen **2.** (*se blesser*) **se ~ la lèvre** sich (*dat*) die Lippe aufschlagen
**fendu(e)** [fɑ̃dy] *adj* **1.** gespalten; (*lèvre*) aufgeplatzt **2.** (*côte*) angebrochen; (*verre*) gesprungen

**fenêtre** [f(ə)nɛtʀ] *f* Fenster *nt*
**fenouil** [fənuj] *m* Fenchel *m*
**fente** [fɑ̃t] *f* Spalt *m*
**fer** [fɛʀ] *m* Eisen *nt*
**férié(e)** [feʀje] *adj* **jour** ~ Feiertag *m*
**ferme**[1] [fɛʀm] **I.** *adj* fest; (*peau*) straff; (*main*) ruhig **II.** *adv* (*s'ennuyer*) fürchterlich
**ferme**[2] [fɛʀm] *f* Bauernhof *m*
**fermé(e)** [fɛʀme] *adj* **1.** (*opp: ouvert*) geschlossen; (*à clé*) verschlossen; (*route*) gesperrt **2.** (*club*) exklusiv **3.** (*personne*) verschlossen
**fermenter** [fɛʀmɑ̃te] <1> *vi* gären
**fermer** [fɛʀme] <1> **I.** *vt, vi* schließen **II.** *vpr* **se** ~ **1.** (*se refermer*) zufallen **2.** (*passif*) sich schließen lassen
**fermeté** [fɛʀməte] *f* Festigkeit *f*
**fermeture** [fɛʀmətyʀ] *f* **1.** Verschluss *m* **2.** (*d'un magasin*) Schließen *nt*
**fermier, -ière** [fɛʀmje] *m, f* (*agriculteur*) Bauer/Bäuerin *m/f*
**fermoir** [fɛʀmwaʀ] *m* Verschluss *m*
**féroce** [feʀɔs] *adj* **1.** (*animal*) wild **2.** (*personne*) unbarmherzig; (*critique*) scharf **3.** (*appétit*) riesig
**férocité** [feʀɔsite] *f* Grausamkeit *f;* (*d'une critique*) Schärfe *f*
**ferraille** [fɛʀɑj] *f* Schrott *m*
**ferreux, -euse** [fɛʀø] *adj* eisenhaltig
**ferroviaire** [fɛʀɔvjɛʀ] *adj* Eisenbahn-
**ferry-boat** [feʀibot] <ferry-boats> *m* Fähre *f*
**fertilité** [fɛʀtilite] *f* Fruchtbarkeit *f*
**fervent(e)** [fɛʀvɑ̃] *adj* **1.** REL fromm **2.** (*supporter*) begeistert
**ferveur** [fɛʀvœʀ] *f a.* REL Eifer *m;* (*d'une foi*) Inbrunst *f*
**fesse** [fɛs] *f* Hinterbacke *f;* **les ~s** das Gesäß
**festin** [fɛstɛ̃] *m* Festessen *nt*
**festival** [fɛstival] <s> *m* Festspiele *Pl*
**festivités** [fɛstivite] *fpl* Festveranstaltungen *Pl*
**festoyer** [fɛstwaje] <6> *vi* schlemmen
**fête** [fɛt] *f* **1.** (*religieuse*) Fest *nt;* ~ **des Mères/Pères** Mutter-/Vatertag **2.** *pl* (*congé*) Feiertage *Pl* **3.** (*kermesse*) ~ **foraine** Jahrmarkt *m* **4.** (*réception*) Feier *f;* **un jour de** ~ ein Feiertag/Festtag *m*
**Fête-Dieu** [fɛtdjø] <Fêtes-Dieu> *f* **la** ~ Fronleichnam *m*
**fêter** [fete] <1> *vt* feiern
**fétiche** [fetiʃ] *app* **objet** ~ Talisman *m*
**fétichiste** [fetiʃist] *mf* Fetischist(in) *m(f)*
**feu** [fø] <x> *m* **1.** Feuer *nt* **2.** (*d'un véhicule*) Licht *nt* **3.** AUT ~ **de signalisation** Verkehrsampel *f*

4. (*spectacle*) ~ **d'artifice** Feuerwerk *nt*
**feuillage** [fœjaʒ] *m* Laub *nt*
**feuille** [fœj] *f* Blatt *nt*
**feuilleté(e)** [fœjte] *adj* GASTR **pâte ~e** Blätterteig *m*
**feuilleter** [fœjte] <3> *vt* durchblättern
**feutre** [føtʀ] *m* **1.** Filzstift *m* **2.** (*étoffe*) Filz *m*
**février** [fevʀije] *m* Februar *m*
**FF** [ɛfɛf] **I.** *m* HIST *abr de* **franc français II.** *f abr de* **Fédération française** Französischer Verband
**fiabilité** [fjabilite] *f* Zuverlässigkeit *f*
**fiançailles** [fjɑ̃saj] *fpl* Verlobung *f*
**fiancé(e)** [fjɑ̃se] *adj* verlobt
**fiancer** [fjɑ̃se] <2> *vpr* **se ~ avec qn** sich mit jdm verloben
**fibre** [fibʀ] *f* Faser *f*
**fibreux, -euse** [fibʀø] *adj* faserig
**ficeler** [fis(ə)le] <3> *vt* [ver]schnüren
**ficelle** [fisɛl] *f* **1.** Schnur *f*; (*en cuisine*) Bindfaden *m* **2.** (*pain*) dünnes Baguette
**fiche** [fiʃ] *f* **1.** [Kartei]karte *f* **2.** CH (*dossier*) Akte *f*
**fichier** [fiʃje] *m* **1.** Kartei *f* **2.** INFORM Datei *f*
**fichier-texte** [fiʃjetɛkst] <fichiers-textes> *m* INFORM Textdatei *f*
**fichu(e)** [fiʃy] *adj fam* **1.** mies **2.** (*en mauvais état*) **être ~** hin sein
**fictif, -ive** [fiktif] *adj* fiktiv
**fiction** [fiksjɔ̃] **I.** *f* **1.** Fantasie *f* **2.** (*fait imaginé*) **film de ~** frei erfundener Film **II.** *adj* **1.** (*futuriste*) futuristisch **2.** (*imaginaire*) rein fiktiv
**fidèle** [fidɛl] **I.** *adj* **1.** treu **2.** (*reproduction*) originalgetreu **II.** *mpl* REL Gläubige[n] *Pl* **III.** *mf* Anhänger(in) *m(f)*
**fidélité** [fidelite] *f* **1.** ~ **à qn** Treue *f* zu jdm **2.** (*d'une copie*) Genauigkeit *f*
**fiel** [fjɛl] *m* Boshaftigkeit *f*
**fiente** [fjɑ̃t] *f* Kot *m*
**fier** [fje] <1> *vpr* **se ~ à qn** sich auf jdn verlassen
**fier, fière** [fjɛʀ] *adj* stolz
**fierté** [fjɛʀte] *f* Stolz *m*
**fièvre** [fjɛvʀ] *f* **1.** MED Fieber *nt* **2.** (*vive agitation*) Hektik *f*
**fiévreux, -euse** [fjevʀø] *adj* **1.** MED fiebrig **2.** (*activité*) fieberhaft
**figé(e)** [fiʒe] *adj* starr
**figer** [fiʒe] <2a> **I.** *vt* ~ **qn** jdn erstarren lassen **II.** *vpr* **se ~** erstarren
**figue** [fig] *f* Feige *f*
**figure** [figyʀ] *f* **1.** Gesicht *nt* **2.** (*personnage*) [große] Persönlichkeit **3.** (*image*) Figur *f*
**figuré(e)** [figyʀe] *adj* (*sens*) übertragen
**figurer** [figyʀe] <1> **I.** *vi* THEAT, CINE als Statist auftreten **II.** *vpr* **se ~ qc** sich (*dat*) etw vorstellen
**fil** [fil] *m* **1.** Faden *m*; (*de haricot*)

Faser *f;* (*corde à linge*) [Wäsche]leine *f* **2.** ELEC Leitung *f* **3. au ~ des ans** im Laufe der Jahre

**filandreux, -euse** [filɑ̃dʀø] *adj* sehnig, flachsig (A)

**file** [fil] *f* **1.** (*colonne*) Reihe *f;* (*d'attente*) Schlange *f;* **se mettre à la ~** sich [hinten] anstellen **2.** (*voie de circulation*) [Fahr]spur *f*

**filer** [file] <1> **I.** *vi* **1.** (*maille*) laufen **2.** (*personne*) rennen; (*en voiture*) rasen **II.** *vt* **1.** (*tisser*) spinnen **2.** (*surveiller*) beschatten **3.** *fam* (*donner*) **~ de l'argent à qn** jdm Geld geben

**filet** [filɛ] *m* **1.** (*réseau de maille*) Netz *nt* **2.** GASTR Filet *nt*

**filial(e)** [filjal] <-aux> *adj* kindlich

**filiation** [filjasjɔ̃] *f* Abstammung *f*

**filigrane** [filigʀan] *m* Wasserzeichen *nt*

**fille** [fij] *f* **1.** (*opp: garçon*) Mädchen *nt* **2.** (*opp: fils*) Tochter *f*

**filleul(e)** [fijœl] *m(f)* Patenkind *nt*

**film** [film] *m* Film *m*

**filmer** [filme] <1> *vt, vi* filmen

**filou** [filu] *m fam* (*escroc*) Gauner *m;* (*coquin*) Schlingel *m*

**fils** [fis] *m* Sohn *m*

**filtre** [filtʀ] *m* Filter *m o nt*

**fin** [fɛ̃] *f* **1.** Ende *nt* **2.** (*but*) **arriver à ses ~s** sein Ziel erreichen **3. en ~ de compte** letztlich

**fin(e)** [fɛ̃] **I.** *adj* **1.** fein; (*jambes*) schlank **2.** (*personne*) klug **3.** ausgezeichnet **II.** *adv* völlig

**final(e)** [final] <s> *adj* endgültig; (*point*) Schluss-; (*consonne*) End-

**finale** [final] <s> *f* Finale *nt*

**finalement** [finalmɑ̃] *adv* schließlich

**finance** [finɑ̃s] *f pl* Finanzen *Pl*

**financer** [finɑ̃se] <2> *vt* finanzieren

**financier, -ière** [finɑ̃sje] *adj* finanziell

**finasser** [finase] <1> *vi* mit Tricks arbeiten

**finaud(e)** [fino] *adj* pfiffig

**finesse** [finɛs] *f* **1.** Feinheit *f* **2.** (*d'une personne*) Scharfsinn *m*

**fini** [fini] *m* (*d'un produit*) sorgfältige Verarbeitung

**fini(e)** [fini] *adj* **être ~** zu Ende sein

**finir** [finiʀ] <8> **I.** *vi* **1.** enden **2.** (*terminer*) aufhören; **avoir fini** fertig sein **3.** SPORT **~ à la quatrième place** auf Platz vier kommen **II.** *vt* **1.** beenden; **~ de manger** fertig essen **2.** (*plat*) aufessen **3.** (*dispute*) aufhören mit

**finition** [finisjɔ̃] *f* Fertigstellung *f*

**finlandais(e)** [fɛ̃lɑ̃dɛ] *adj* finnisch

**Finlandais(e)** [fɛ̃lɑ̃dɛ] *m(f)* Finne/Finnin *m/f*

**Finlande** [fɛ̃lɑ̃d] *f* **la ~** Finnland *nt*

**finnois** [finwa] *m* Finnisch *nt*

**finnois(e)** [finwa] *adj* finnisch

**Finnois(e)** [finwa] *m(f)* Finne/Finnin *m/f*

**fioriture** [fjɔʀityʀ] *f* Schnörkel *m*
**firme** [fiʀm] *f* Firma *f*
**fisc** [fisk] *m* Fiskus *m*
**fission** [fisjɔ̃] *f* Spaltung *f*
**fissure** [fisyʀ] *f* Riss *m*
**fixation** [fiksasjɔ̃] *f* **1.** Fixierung *f* **2.** (*dispositif*) Befestigungsvorrichtung *f*
**fixe** [fiks] **I.** *adj* fest; (*point*) Fix-; (*idée*) fix **II.** *m* festes Gehalt **III.** *interj* ~! stillgestanden!
**fixement** [fiksəmɑ̃] *adv* **regarder qn/qc ~** jdn/etw anstarren
**fixer** [fikse] <1> **I.** *vt* **1.** befestigen **2.** (*regarder*) starren **3.** (*règle*) festlegen; (*rendez-vous*) ausmachen **II.** *vpr* **1. se ~ au mur** an der Wand befestigt werden **2.** (*se définir*) **se ~ un but** sich (*dat*) ein Ziel setzen
**flacon** [flakɔ̃] *m* Fläschchen *nt*
**flageller** [flaʒele] <1> *vt, vpr* [**se**] ~ [sich] geißeln
**flageoler** [flaʒɔle] <1> *vi* zittern
**flagrant**(**e**) [flagʀɑ̃] *adj* offenkundig
**flair** [flɛʀ] *m* **1.** Geruchssinn *m* **2. avoir du ~** eine feine Nase haben
**flairer** [fleʀe] <1> *vt* wittern
**flamand** [flamɑ̃] *m* Flämisch *nt*
**flamand**(**e**) [flamɑ̃] *adj* flämisch
**Flamand**(**e**) [flamɑ̃] *m(f)* Flame/Flämin *m/f*
**flamant** [flamɑ̃] *m* Flamingo *m*
**flambé**(**e**) [flɑ̃be] *adj* GASTR flambiert
**flamber** [flɑ̃be] <1> *vi* brennen
**flamboyant**(**e**) [flɑ̃bwajɑ̃] *adj* lodernd; (*couleur*) leuchtend
**flamme** [flam] *f* **1.** Flamme *f* **2.** *pl* (*brasier*) Feuer *nt*
**flan** [flɑ̃] *m* GASTR Pudding *m*
**flanc** [flɑ̃] *m* Seite *f*
**flancher** [flɑ̃ʃe] <1> *vi fam* kneifen
**Flandre** [flɑ̃dʀ] *f* **la ~/les ~s** Flandern *nt*
**flâner** [flɑne] <1> *vi* bummeln
**flanquer** [flɑ̃ke] <1> *vt fam* schmeißen; **~ qn dehors** jdn rausschmeißen
**flaque** [flak] *f* Pfütze *f*
**flash** [flaʃ] <es> *m* PHOT Blitz *m*
**flasque** [flask] *adj* schlaff
**flatter** [flate] <1> *vt* schmeicheln
**flatteur, -euse** [flatœʀ] *adj* schmeichelhaft
**fléau** [fleo] <x> *m* Plage *f*
**flèche** [flɛʃ] *f* **1.** *a.* MATH Pfeil *m* **2.** (*toit pointu*) [Turm]spitze *f* **3. en ~** blitzschnell
**fléchir** [fleʃiʀ] <8> **I.** *vt* beugen **II.** *vi* sich beugen
**flétri**(**e**) [fletʀi] *adj* welk
**fleur** [flœʀ] *f* Blume *f*
**fleuri**(**e**) [flœʀi] *adj* **1.** blühend **2.** (*avec des motifs floraux*) geblümt **3.** (*style*) blumenverziert
**fleurir** [flœʀiʀ] <8> **I.** *vi* blühen **II.** *vt* mit Blumen schmücken
**fleuve** [flœv] *m* Fluss *m*
**flexibilité** [flɛksibilite] *f* **1.** Biegsamkeit *f* **2.** (*adaptabilité*) Flexi-

bilität *f*

**flexible** [flɛksibl] *adj* **1.** biegsam **2.** (*adaptable*) flexibel

**flic** [flik] *m fam* Bulle *m*

**flipper** [flipœʀ] *m* Flipper *m*

**flirter** [flœʀte] <1> *vi* flirten

**flocon** [flɔkɔ̃] *m* Flocke *f*

**flore** [flɔʀ] *f* Flora *f*

**florin** [flɔʀɛ̃] *m* Gulden *m*

**flot** [flo] *m* Flut *f*

**flottant(e)** [flɔtɑ̃] *adj* **1.** (*glace*) Treib- **2.** (*foulard*) flatternd **3.** (*instable*) schwankend

**flotte** [flɔt] *f* Flotte *f*

**flottement** [flɔtmɑ̃] *m* Schwanken *nt*

**flotter** [flɔte] <1> *vi* **1.** schwimmen **2.** (*onduler*) flattern

**fluctuation** [flyktɥasjɔ̃] *f* Fluktuation *f;* (*de l'opinion*) Schwanken *nt*

**fluet(te)** [flyɛ] *adj* zart

**fluide** [flyid] **I.** *adj* flüssig **II.** *m* CHIM Flüssigkeit *f*

**fluidité** [flɥidite] *f* Dünnflüssigkeit *f;* ~ **du trafic** Verkehrsfluss *m*

**fluorescent(e)** [flyɔʀesɑ̃] *adj* leuchtend

**flûte** [flyt] **I.** *f* Flöte *f;* (*pain*) Stangenbrot *nt* **II.** *interj fam* verflixt

**fluvial(e)** [flyvjal] <-aux> *adj* Fluss-; (*port*) Binnen-

**flux** [fly] *m* **1.** Flut *f;* **le ~ et le reflux** (*marée*) Ebbe *f* und Flut *f;* (*alternance*) Auf *nt* und Ab *nt* **2.** MED **~ de sang** Blutung *f*

**fluxion** [flyksjɔ̃] *f* Entzündung *f*

**FMI** [ɛfɛmi] *m abr de* **Fonds monétaire international** IWF *m*

**fœtal(e)** [fetal] <-aux> *adj* (*position*) Embryonal-

**fœtus** [fetys] *m* Fötus *m*

**foi** [fwa] *f* **1.** Glaube[n] *m* **2.** (*confiance*) Vertrauen *nt* **3. être de bonne/mauvaise ~** aufrichtig/unaufrichtig sein

**foie** [fwa] *m* Leber *f*

**foin** [fwɛ̃] *m* Heu *nt*

**foire** [fwaʀ] *f* **1.** Messe *f* **2.** (*fête foraine*) Jahrmarkt *m*

**fois** [fwa] *f* **1. une ~** einmal/ein Mal; **cinq ~ plus d'argent** fünfmal so viel Geld **2. [tout] à la ~** gleichzeitig; **des ~** *fam* ab und zu

**foison** [fwazɔ̃] **à ~** in Hülle und Fülle

**fol** [fɔl] *adj v.* **fou**

**folâtrer** [fɔlɑtʀe] <1> *vi* sich tummeln

**folie** [fɔli] *f* **1.** Wahnsinn *m* **2.** (*déraison*) Verrücktheit *f*

**folklore** [fɔlklɔʀ] *m* Folklore *f*

**folle** [fɔl] *adj v.* **fou**

**follement** [fɔlmɑ̃] *adv* wahnsinnig (*fam*)

**foncé(e)** [fɔ̃se] *adj* dunkel

**fonceur, -euse** [fɔ̃sœʀ] *m, f* Draufgänger(in) *m(f)*

**fonction** [fɔ̃ksjɔ̃] *f* **1.** Funktion *f;* **faire ~ de qc** als etw dienen **2.** (*activité professionnelle*) Tätigkeit *f*

**fonctionnaire** [fɔ̃ksjɔnɛʀ] *mf* Beamte(r)/Beamtin *m/f*

**fonctionnement** [fɔ̃ksjɔnmɑ̃] *m* Funktionieren *nt*

**fonctionner** [fɔ̃ksjɔne] <1> *vi* funktionieren

**fond** [fɔ̃] *m* **1.** *a.* GASTR Boden *m* **2.** (*du cœur*) Innere(s) *nt* **3.** (*opp: forme*) Inhalt *m* **4. à ~** voll und ganz

**fondamental(e)** [fɔ̃damɑ̃tal] <-aux> *adj* **1.** grundlegend; (*loi*) Grund- **2.** (*essentiel*) wesentlich

**fondamentalement** [fɔ̃damɑ̃talmɑ̃] *adv* von Grund auf; (*opposé*) grund-

**fondamentaliste** [fɔ̃damɑ̃talist] *mf* REL Fundamentalist(in) *m(f)*

**fondant(e)** [fɔ̃dɑ̃] *adj* **1.** schmelzend **2.** (*poire*) saftig **3.** (*tendre*) zart

**fondateur, -trice** [fɔ̃datœʀ] *m, f* Gründer(in) *m(f)*

**fondation** [fɔ̃dasjɔ̃] *f* Gründung *f*

**fondé(e)** [fɔ̃de] *adj* fundiert

**fonder** [fɔ̃de] <1> **I.** *vt* **1.** gründen **2.** (*faire reposer*) begründen **II.** *vpr* **se ~ sur qc** (*personne*) sich auf etw (*akk*) berufen

**fondre** [fɔ̃dʀ] <14> *vt, vi* schmelzen

**fondue** [fɔ̃dy] *f* Fondue *nt*

**fontaine** [fɔ̃tɛn] *f* Brunnen *m*

**foot[ball]** [fut(bol)] *m* Fußball *m*

**footing** [futiŋ] *m* Joggen *nt*

**forage** [fɔʀaʒ] *m* Bohrung *f*

**force** [fɔʀs] *f* **1.** *a.* PHYS Kraft *f* **2.** (*pouvoir*) Stärke *f* **3. à ~** mit der Zeit; **faire qc de ~** etw unter Zwang tun

**forcé(e)** [fɔʀse] *adj* unfreiwillig; (*travail*) Zwangs-

**forcément** [fɔʀsemɑ̃] *adv* zwangsläufig; **pas ~** nicht unbedingt

**forcené(e)** [fɔʀsəne] *m(f)* Verrückte(r) *f(m)*

**forcer** [fɔʀse] <2> **I.** *vt* **1.** zwingen **2.** (*tordre*) verbiegen **3.** (*coffre*) aufbrechen **4.** (*estime*) hervorrufen **II.** *vi* **1.** sich überanstrengen **2.** (*agir avec force*) **~ sur qc** etw mit Gewalt tun

**forcir** [fɔʀsiʀ] <8> *vi* zunehmen

**forestier, -ière** [fɔʀɛstje] *adj* Wald-

**forêt** [fɔʀɛ] *f* Wald *m*

**Forêt-Noire** [fɔʀɛnwaʀ] *f* GEO **la ~** der Schwarzwald

**forfait** [fɔʀfɛ] *m* Pauschale *f*

**forger** [fɔʀʒe] <2a> *vt a. fig* schmieden

**formaliser** [fɔʀmalize] <1> *vpr* **se ~ de qc** Anstoß an etw (*dat*) nehmen

**formalité** [fɔʀmalite] *f* ADMIN, JUR Formalität *f*

**format** [fɔʀma] *m* Format *nt*

**formater** [fɔʀmate] <1> *vt* formatieren

**formation** [fɔʀmasjɔ̃] *f* **1.** Aufstellung *f* **2.** Bildung *f* **3.** (*apprentissage professionnel*) Ausbildung *f* **4.** (*groupe*) Gruppe *f*

**forme** [fɔʀm] *f* Form *f*
**formel(le)** [fɔʀmɛl] *adj* **1.** ausdrücklich **2.** (*de pure forme*) formell
**former** [fɔʀme] <1> **I.** *vt* formen **II.** *vpr* **se ~** sich bilden
**formidable** [fɔʀmidabl] *adj* **1.** *fam* toll **2. c'est ~!** das ist ja irre!
**formulaire** [fɔʀmylɛʀ] *m* Formular *nt,* Drucksorte *f* (A)
**formule** [fɔʀmyl] *f* **1.** Formulierung *f* **2.** (*paroles rituelles*) **~ de politesse** [Höflichkeits]floskel *f* **3.** SCI, CHIM Formel *f* **4.** SPORT **~ I** Formel I *f*
**formuler** [fɔʀmyle] <1> *vt* formulieren
**fort** [fɔʀ] *adv* **1.** kräftig; (*parler*) laut **2.** (*beaucoup*) **j'en doute ~** das möchte ich stark bezweifeln **3.** *fam* (*bien*) gut **4. y aller ~** *fam* zu weit gehen
**fort(e)** [fɔʀ] *adj* **1.** stark **2.** (*moutarde*) scharf **3.** (*doué*) gut **4. c'est un peu ~!** das gibt's doch nicht!
**fortement** [fɔʀtəmɑ̃] *adv* fest; (*secouer*) kräftig
**fortifiant(e)** [fɔʀtifjɑ̃] *adj* stärkend
**fortifier** [fɔʀtifje] <1> *vt* kräftigen
**fortune** [fɔʀtyn] *f* **1.** Vermögen *nt* **2.** (*chance*) Glück *nt* **3. de ~** behelfsmäßig
**forum** [fɔʀɔm] *m* INFORM Newsgroup *f;* **~ de discussion sur Internet** Internetforum *nt*
**fossé** [fose] *m* **1.** Graben *m* **2.** (*écart*) Kluft *f*
**fossile** [fosil] **I.** *adj* GEO fossil **II.** *m* GEO Fossil *nt*
**fossiliser** [fosilize] <1> *vt, vpr* GEO **[se] ~** versteinern
**fou, fol, folle** [fu] *adj* **1.** verrückt **2. un monde ~** wahnsinnig viele Leute (*fam*)
**foudre** [fudʀ] *f* **1.** Blitz *m* **2. un coup de ~** Liebe auf den ersten Blick
**foudroyant(e)** [fudʀwajɑ̃] *adj* durchschlagend
**foudroyer** [fudʀwaje] <6> *vt* vom Blitz getroffen werden
**fougère** [fuʒɛʀ] *f* Farn *m*
**fougue** [fug] *f* Schwung *m*
**fougueux, -euse** [fugø] *adj* aufbrausend
**fouiller** [fuje] <1> **I.** *vt* **1.** durchsuchen **2.** (*creuser*) wühlen **II.** *vi* herumwühlen
**fouillis** [fuji] *m* Unordnung *f*
**foulard** [fulaʀ] *m* **1.** Kopftuch *nt* **2.** (*écharpe*) Halstuch *nt*
**foule** [ful] *f* [Menschen]menge *f*
**foulure** [fulyʀ] *f* MED Verstauchung *f*
**four** [fuʀ] *m* GASTR Backofen *m;* TECH Ofen *m*
**fourberie** [fuʀbəʀi] *f* Hinterlist *f*
**fourcher** [fuʀʃe] <1> *vi* sich spalten
**fourchette** [fuʀʃɛt] *f* **1.** Gabel *f*

2. (*marge*) Spanne *f*
**fourgon** [fuʀgɔ̃] *m* 1. CHEMDFER Güterwagen *m* 2. (*voiture*) Kastenwagen *m*
**fourmi** [fuʀmi] *f* Ameise *f*
**fourmillement** [fuʀmijmɑ̃] *m* 1. Gewimmel *nt* 2. (*picotement*) Kribbeln *nt*
**fourneau** [fuʀno] <x> *m* [Küchen]herd *m*
**fourni(e)** [fuʀni] *adj* dicht
**fournir** [fuʀniʀ] <8> *vt* [be]liefern
**fourniture** [fuʀnityʀ] *f* 1. Lieferung *f* 2. *pl* (*accessoires*) Ausstattung *f*
**fourrage** [fuʀaʒ] *m* [Vieh]futter *nt*
**fourré** [fuʀe] *m* Gestrüpp *nt*
**fourrer** [fuʀe] <1> *vt* 1. *fam* hineinstecken 2. GASTR füllen
**fourre-tout** [fuʀtu] *m inv* Reisetasche *f*
**fourrière** [fuʀjɛʀ] *f* 1. (*pour voitures*) Abstellplatz *m* für amtlich abgeschleppte Fahrzeuge 2. (*pour animaux*) Tierheim *nt*
**fourrure** [fuʀyʀ] *f* Pelz *m*
**foyer** [fwaje] *m* 1. Heim *nt;* **fonder un ~** eine Familie gründen 2. THEAT Foyer *nt* 3. (*cheminée*) Kamin *m* 4. (*incendie*) Brand *m*
**frac** [fʀak] *m* Frack *m*
**fracas** [fʀaka] *m* Krach *m*
**fracasser** [fʀakase] <1> I. *vt* zertrümmern II. *vpr* **se ~** zerspringen
**fractionnement** [fʀaksjɔnmɑ̃] *m* Zersplitterung *f*
**fractionner** [fʀaksjɔne] <1> *vt* zerlegen
**fracture** [fʀaktyʀ] *f* Bruch *m*
**fracturer** [fʀaktyʀe] <1> *vt* 1. aufbrechen 2. MED brechen
**fragile** [fʀaʒil] *adj* 1. zerbrechlich 2. (*gloire*) vergänglich 3. (*bâtiment*) baufällig
**fragment** [fʀagmɑ̃] *m* Teil *nt;* (*d'os*) Splitter *m*
**fragmentaire** [fʀagmɑ̃tɛʀ] *adj* lückenhaft
**fraîche** [fʀɛʃ] *adj v.* **frais**
**fraîchement** [fʀɛʃmɑ̃] *adv* frisch
**fraîchir** [fʀeʃiʀ] <8> *vi* sich abkühlen
**frais** [fʀɛ] I. *mpl* Kosten *Pl* II. *m* frische Luft; **mettre qc au ~** etw kalt stellen; **à conserver au ~** kühl lagern
**frais, fraîche** [fʀɛ] *adj* 1. kühl 2. (*opp: avarié*) frisch
**fraise** [fʀɛz] *f* Erdbeere *f*
**framboise** [fʀɑ̃bwaz] *f* 1. (*fruit*) Himbeere *f* 2. (*eau-de-vie*) Himbeergeist *m*
**franc** [fʀɑ̃] *m* **~ français** französischer Franc; **~ suisse/belge** Schweizer/belgischer Franken
**franc, franche** [fʀɑ̃] *adj* 1. aufrichtig 2. (*véritable*) rein; (*succès*) klar 3. (*libre*) frei
**franc, franque** [fʀɑ̃] *adj* fränkisch
**français** [fʀɑ̃sɛ] *m* Französisch *nt*
**français(e)** [fʀɑ̃sɛ] *adj* französisch

**Français(e)** [fʀɑ̃sɛ] *m(f)* Franzose/Französin *m/f*

**française** [fʀɑ̃sɛz] *f* **à la ~** auf französische Art und Weise

**France** [fʀɑ̃s] *f* **la ~** Frankreich *nt*

**franchement** [fʀɑ̃ʃmɑ̃] *adv* **1.** offen **2.** (*clairement*) klar **3.** (*vraiment*) wirklich

**franchise** [fʀɑ̃ʃiz] *f* **1.** Offenheit *f* **2.** (*des assurances*) Selbstbeteiligung *f*

**franciser** [fʀɑ̃size] <1> *vt* französ[si]sieren

**franco** [fʀɑ̃ko] *adv* **1.** COM [fracht]frei **2.** *fam* (*carrément*) ohne Umschweife

**franco-allemand(e)** [fʀɑ̃koalmɑ̃] <franco-allemands> *adj* deutsch-französisch

**francophile** [fʀɑ̃kɔfil] *adj* frankophil

**francophobe** [fʀɑ̃kɔfɔb] *adj* frankreichfeindlich

**francophone** [fʀɑ̃kɔfɔn] *adj* französischsprachig

**francophonie** [fʀɑ̃kɔfɔni] *f* Frankophonie *f*

**franc-parler** [fʀɑ̃paʀle] <francs-parlers> *m* **avoir son ~** kein Blatt vor den Mund nehmen

**frange** [fʀɑ̃ʒ] *f* **1.** Rand *m* **2.** (*mèche*) Pony *m*

**franglais** [fʀɑ̃glɛ] *m: mit Anglizismen durchsetztes Französisch*

**frappant(e)** [fʀapɑ̃] *adj* auffallend; (*ressemblance*) verblüffend

**frappé(e)** [fʀape] *adj* **1. ~ de stupeur** wie vor den Kopf geschlagen **2.** (*refroidi*) [eis]gekühlt

**frapper** [fʀape] <1> **I.** *vt* **1.** schlagen **2.** (*saisir*) **~ qn de stupeur** jdn bestürzen **3.** (*affliger*) **~ qn** (*maladie*) jdn befallen; (*mesure*) jdn betreffen **4.** (*étonner*) **être frappé de qc** über etw verblüfft sein **II.** *vi* **1.** (*donner des coups*) zuschlagen **2.** (*avant d'entrer*) **~ à la porte** an die Tür klopfen **2.** (*taper*) **~ dans ses mains** in die Hände klatschen

**fraternel(le)** [fʀatɛʀnɛl] *adj* **1.** (*amour*) (*de frère*) brüderlich; (*de sœur*) Schwester- **2.** (*affectueux*) freundschaftlich

**fraterniser** [fʀatɛʀnize] <1> *vi* Freundschaft schließen

**fraternité** [fʀatɛʀnite] *f* Brüderlichkeit *f*

**fraude** [fʀod] *f* **1.** Betrug *m* **2. en ~** auf betrügerische Weise

**frauder** [fʀode] <1> *vt* betrügen

**frayer** [fʀeje] <7> *vpr* **se ~ un chemin** sich (*dat*) einen Weg bahnen

**frayeur** [fʀɛjœʀ] *f* Schreck[en] *m*

**fredonner** [fʀədɔne] <1> *vt* summen

**frein** [fʀɛ̃] *m* Bremse *f*

**freiner** [fʀene] <1> **I.** *vi* bremsen **II.** *vt* (*ralentir*) behindern

**frelater** [fʀəlate] <1> *vt* (*vin*) panschen

**frêle** [fʀɛl] *adj* schwach

**frelon** [fʀəlɔ̃] *m* Hornisse *f*
**frémir** [fʀemiʀ] <8> *vi* **1.** *soutenu* **faire ~ qn** jdn schaudern lassen (*geh*) **2.** (*eau*) sieden
**frémissant(e)** [fʀemisɑ̃] *adj* zitternd; (*eau*) siedend
**frénésie** [fʀenezi] *f* Leidenschaft *f*
**frénétique** [fʀenetik] *adj* wild
**frénétiquement** [fʀenetikmɑ̃] *adv* stürmisch
**fréquemment** [fʀekamɑ̃] *adv* oft
**fréquent(e)** [fʀekɑ̃] *adj* häufig
**fréquentable** [fʀekɑ̃tabl] *adj* akzeptabel
**fréquenter** [fʀekɑ̃te] <1> **I.** *vt* **1.** häufig besuchen **2.** (*avoir des relations avec*) **~ qn** mit jdm verkehren **II.** *vpr* **se ~** (*par amitié*) sich häufig sehen
**frère** [fʀɛʀ] *m a.* REL Bruder *m*
**fret** [fʀɛ(t)] *m* NAUT, AVIAT **1.** Frachtkosten *Pl* **2.** (*chargement*) Ladung *f*
**frétiller** [fʀetije] <1> *vi* zappeln
**friandise** [fʀijɑ̃diz] *f* Süßigkeit *f*
**fric** [fʀik] *m fam* Knete *f*
**fricassée** [fʀikase] *f* Frikassee *nt*
**friche** [fʀiʃ] *f* AGR Brachland *nt*
**friction** [fʀiksjɔ̃] *f* Abreiben *nt*
**frictionner** [fʀiksjɔne] <1> *vt, vpr* [**se**] **~** [sich] abreiben
**frigidaire®** [fʀiʒidɛʀ] *m* Kühlschrank *m*
**frigide** [fʀiʒid] *adj* frigid[e]
**frigo** [fʀigo] *m fam abr de* **frigidaire**
**frileux, -euse** [fʀilø] *adj* kälteempfindlich; (*personne*) verfroren
**fringant(e)** [fʀɛ̃gɑ̃] *adj* munter
**fripe** [fʀip] *f* Kleider *Pl* aus zweiter Hand
**frire** [fʀiʀ] <irr> **I.** *vt* [**faire**] **~ qc** (*dans une poêle*) etw braten; (*dans une friteuse*) etw frittieren **II.** *vi* [in schwimmendem Fett] braten
**frisé(e)** [fʀize] *adj* kraus
**friser** [fʀize] <1> **I.** *vt* **1.** in Locken legen **2.** (*frôler*) **~ le ridicule** ans Lächerliche grenzen **II.** *vi* sich kräuseln **III.** *vpr* **se faire ~** sich (*dat*) Locken machen lassen
**frissonner** [fʀisɔne] <1> *vi* beben
**frite** [fʀit] *f* **des ~s** Pommes frites *Pl*
**friterie** [fʀitʀi] *f* Pommesbude (*fam*)
**friture** [fʀityʀ] *f* frittierte Speise
**frivole** [fʀivɔl] *adj* leichtfertig
**froid** [fʀwa] **I.** *m* **1.** Kälte *f*; **qn a ~** jdm ist kalt; **il fait ~** es ist kalt; **attraper ~** sich erkälten **2.** (*brouille*) Verstimmung *f* **II.** *adv* **à ~** kalt; (*sans préparation*) unvorbereitet
**froid(e)** [fʀwa] *adj* **1.** (*opp: chaud*) kalt **2.** (*accueil*) kühl
**froidement** [fʀwadmɑ̃] *adv* **1.** kühl **2.** (*avec insensibilité*) kaltblütig
**froissement** [fʀwasmɑ̃] *m* Rascheln *nt*
**froisser** [fʀwase] <1> **I.** *vt* **1.** zer-

F

knittern; (*tôles*) verbiegen **2.** (*personne*) kränken **II.** *vpr* (*se chiffonner*) **se** ~ knittern
**frôlement** [fʀolmɑ̃] *m* leichte Berührung
**frôler** [fʀole] <1> **I.** *vt* **1.** streifen **2.** (*passer très près*) ~ **le ridicule** sich lächerlich machen **II.** *vpr* **se** ~ sich leicht berühren
**fromage** [fʀɔmaʒ] *m* Käse *m;* ~ **blanc** Quark *m*
**froment** [fʀɔmɑ̃] *m* Weizen *m*
**froncer** [fʀɔ̃se] <2> *vt* **1.** COUT raffen **2.** (*sourcils*) hochziehen; (*nez*) rümpfen
**fronde** [fʀɔ̃d] *f* Schleuder *f*
**front** [fʀɔ̃] *m* **1.** Front *f* **2.** ANAT Stirn *f*
**frontal(e)** [fʀɔ̃tal] <-aux> *adj* Frontal-
**frontière** [fʀɔ̃tjɛʀ] *f* Grenze *f*
**frotter** [fʀɔte] <1> *vt, vi, vpr* (*gratter*) [**se**] ~ [sich] reiben
**froufrou** [fʀufʀu] *m pl* Rüschen *Pl*
**froussard(e)** [fʀusaʀ] *m(f) fam* Angsthase *m*
**fructueux, -euse** [fʀyktɥø] *adj* fruchtbar; (*commerce*) gewinnbringend
**frugal(e)** [fʀygal] <-aux> *adj* karg
**fruit** [fʀɥi] *m* **1.** *pl* Obst *nt* **2.** BIO Frucht *f* **3.** (*crustacés*) **~s de mer** Meeresfrüchte *Pl*
**fruitier, -ière** [fʀɥitje] *adj* **arbre** ~ Obstbaum *m*
**frustré(e)** [fʀystʀe] *adj* frustriert
**FS** [ɛfɛs] *m abr de* **franc suisse** sFr
**fuel** [fjul] *m* Heizöl *nt*
**fugitif, -ive** [fyʒitif] *adj* **1.** (*en fuite*) entflohen **2.** (*éphémère*) flüchtig
**fugueur, -euse** [fygœʀ] *m, f* Ausreißer(in) *m(f)*
**fuir** [fɥiʀ] <irr> **I.** *vi* **1.** fliehen **2.** undicht sein **II.** *vt* flüchten vor (+*dat*)
**fuite** [fɥit] *f* **1.** Flucht *f* **2.** (*trou*) undichte Stelle **3.** (*perte*) **il y a une** ~ da läuft etwas aus
**fulgurant(e)** [fylgyʀɑ̃] *adj* **1.** rasend **2.** (*douleur*) stechend
**fumant(e)** [fymɑ̃] *adj* **1.** qualmend **2.** (*qui dégage de la vapeur*) dampfend
**fumé(e)** [fyme] *adj* **1.** GASTR geräuchert; (*saumon*) Räucher- **2.** (*verre*) rauchfarben
**fumée** [fyme] *f* **1.** Rauch *m* **2.** Dunst *m,* Dampf *m*
**fumer** [fyme] <1> *vt, vi* rauchen
**fumeur, -euse** [fymœʀ] *m, f* Raucher(in) *m(f)*
**fumigation** [fymigasjɔ̃] *f* MED Inhalation *f*
**funérailles** [fyneʀaj] *fpl* Bestattung *f* (*geh*)
**funiculaire** [fynikylɛʀ] *m* Seilbahn *f*
**fur** [fyʀ] **au** ~ **et à mesure** nach und nach
**fureteur** [fyʀ(ə)tœʀ] *m* CAN Browser *m*
**fureur** [fyʀœʀ] *f* **1.** Wut *f,* Zorn *m* **2. faire** ~ Furore machen

**furieux, -euse** [fyʀjø] *adj* wütend
**furtif, -ive** [fyʀtif] *adj* flüchtig
**fuseau** [fyzo] <x> *m* **1.** Spindel *f* **2.** GEO ~ **horaire** Zeitzone *f*
**fusée** [fyze] *f* Rakete *f*
**fuselé(e)** [fyz(ə)le] *adj* schlank
**fusible** [fyzibl] *m* Sicherung *f*
**fusil** [fyzi] *m* Gewehr *nt*
**fusiller** [fyzije] <1> *vt* erschießen
**fusion** [fyzjɔ̃] *f* **1.** Schmelzen *nt* **2.** (*de sociétés*) Fusion *f*
**fusionner** [fyzjɔne] <1> **I.** *vi* fusionieren; (*partis*) sich vereinigen **II.** *vt* INFORM vereinigen
**fût** [fy] *m* Fass *nt*
**futé(e)** [fyte] *m(f)* **petit** ~ Schlaumeier *m*
**futile** [fytil] *adj* belanglos
**futur** [fytyʀ] *m* Zukunft *f*
**futur(e)** [fytyʀ] *adj* **1.** [zu]künftige(r, s) **2.** [zu]künftige(r, s); **une ~e maman** eine werdende Mutter
**futuriste** [fytyʀist] *adj* futuristisch
**fuyant(e)** [fɥijɑ̃] *adj* unstet

# G

**G, g** [ʒe] *m inv* G *nt*, g *nt*
**gabarit** [gabaʀi] *m* Größe *f*; (*d'un véhicule*) Maße *Pl*
**gâcher** [gɑʃe] <1> *vt* verderben
**gadoue** [gadu] *f* Matsch *m*
**gaffe** [gaf] *f fam* **faire** ~ aufpassen
**gaffer** [gafe] <1> *vi fam* ins Fettnäpfchen treten
**gage** [gaʒ] *m* **1.** ~ **de qc** Garantie *f* für etw; (*témoignage*) Beweis *m* für etw **2.** (*dépôt*) Pfand *nt* **3.** JEUX Strafe *f* **4.** *pl* (*salaire*) Lohn *m*; (*d'un acteur*) Gage *f*
**gagnant(e)** [gaɲɑ̃] *m(f)* Sieger(in) *m(f)*; (*d'un jeu*) Gewinner(in) *m(f)*
**gagne-pain** [gaɲpɛ̃] *m inv* Broterwerb *m*
**gagner** [gaɲe] <1> *vt, vi* gewinnen
**gai(e)** [ge] *adj* fröhlich
**gaiement, gaîment** [gemɑ̃] *adv* fröhlich
**gaillard(e)** [gajaʀ] *adj* rüstig
**gain** [gɛ̃] *m* **1.** Gewinn *m* **2.** (*économie*) Einsparung *f*
**galant(e)** [galɑ̃] *adj* **1.** zuvorkommend **2.** (*d'amour*) **rendez-vous** ~ Rendezvous *nt*
**galaxie** [galaksi] *f* Milchstraßensystem *nt*
**galerie** [galʀi] *f* **1.** Gang *m* **2.** COM ~ **marchande** Einkaufspassage *f* **3.** AUT Dachgepäckträger *m*
**galeux, -euse** [galø] *adj* räudig
**gallicisme** [ga(l)lisism] *m* Spracheigentümlichkeit *f* des Französischen
**gallois** [galwa] *m* Walisisch *nt*

**gallois(e)** [galwa] *adj* walisisch
**Gallois(e)** [galwa] *m(f)* Waliser(in) *m(f)*
**gallo-romain(e)** [ga(l)lorɔmɛ̃] <gallo-romains> *adj* galloromanisch
**galoper** [galɔpe] <1> *vi* galoppieren
**galvaniser** [galvanize] <1> *vt* begeistern
**gambader** [gɑ̃bade] <1> *vi* herumtollen
**gamin(e)** [gamɛ̃] *m(f) fam* **un ~** ein Kind *nt;* **une ~e** ein Mädchen *nt*
**gamme** [gam] *f* **1.** MUS Tonleiter *f* **2.** (*série*) Palette *f*
**gangster** [gɑ̃gstɛʀ] *m* Gangster *m*
**gant** [gɑ̃] *m* Handschuh *m;* **~ de toilette** Waschlappen *nt*
**garage** [gaʀaʒ] *m* **1.** Garage *f* **2.** (*entreprise*) Reparaturwerkstatt *f*
**garagiste** [gaʀaʒist] *mf* Automechaniker(in) *m(f)*
**garantie** [gaʀɑ̃ti] *f* **1.** Garantie *f* **2.** (*caution*) Sicherheit *f*
**garantir** [gaʀɑ̃tiʀ] <8> *vt* **1.** garantieren **2.** (*assurer*) gewährleisten
**garçon** [gaʀsɔ̃] *m* **1.** Junge *m* **2.** (*fils*) Junge *m* (*fam*) **3.** (*serveur*) Kellner *m*
**garde¹** [gaʀd] *f* **1.** Bewachung *f* **2.** (*d'enfants*) Sorgerecht *f*
**garde²** [gaʀd] *m* **1.** Wächter *m;* **~ des Sceaux** Justizminister *m* **2.** (*sentinelle*) Wache *f*
**garde-boue** [gaʀdəbu] *m inv* Schutzblech *nt* **garde-fou** [gaʀdəfu] <garde-fous> *m* Geländer *nt*
**garder** [gaʀde] <1> **I.** *vt* **1.** bewachen **2.** (*stocker*) aufbewahren **3.** (*ne pas perdre*) behalten **4.** (*place*) freihalten **II.** *vpr* **se ~** **1.** (*aliment*) sich halten **2.** (*s'abstenir*) sich hüten
**garderie** [gaʀdəʀi] *f* [Kinder]tagesstätte *f*
**garde-robe** [gaʀdəʀɔb] <garde-robes> *f* Garderobe *f*
**gardien(ne)** [gaʀdjɛ̃] *m(f)* **1.** Wächter(in) *m(f);* (*d'un immeuble*) Hausmeister(in) *m(f);* (*d'un zoo*) Wärter(in) *m(f)* **2.** (*défenseur*) Hüter(in) *m(f)*
**gare** [gaʀ] *f* Bahnhof *m;* **~ routière** Busbahnhof
**garer** [gaʀe] <1> *vt, vpr* [se] ~ parken
**gargouiller** [gaʀguje] <1> *vi* gluckern
**garni(e)** [gaʀni] *adj* GASTR mit Beilage
**garnir** [gaʀniʀ] <8> *vt* **1.** schmücken **2.** (*équiper*) **~ qc de qc** etw mit etw versehen **3.** (*remplir*) **~ de qc** mit etw füllen
**garniture** [gaʀnityʀ] *f* **1.** GASTR Beilage *f* **2.** AUT Innenausstattung *f*
**gars** [gɑ] *m fam* Kerl *m;* **salut**

**les ~!** hallo, Jungs!

**gas-oil**, **gasoil** [gazwal] *m* Diesel *m*

**gaspiller** [gaspije] <1> *vt* verschwenden

**gastronomie** [gastʀɔnɔmi] *f* Kochkunst *f*

**gâteau** [gato] <x> *m* Kuchen *m;* (*individuel*) Gebäck *nt;* **~ sec** Keks *m*

**gâter** [gate] <1> **I.** *vt* **1.** verwöhnen **2. être gâté** Glück haben **II.** *vpr* **se ~** schlecht werden

**gauche** [goʃ] **I.** *adj* **1.** (*opp:droit*) linke(r, s) **2.** (*maladroit*) ungeschickt **II.** *f* **1.** Linke *f;* **à ~** links **2.** POL **la ~** die Linke

**gaucher**, **-ère** [goʃe] *m, f* Linkshänder(in) *m(f)*

**gaucherie** [goʃʀi] *f* Unbeholfenheit *f*

**gaufre** [gofʀ] *f* Waffel *f*

**Gaule** [gol] *f* **la ~** Gallien *nt*

**gaulliste** [golist] *mf* Gaullist(in) *m(f)*

**gaulois(e)** [golwa] *adj* gallisch; (*humour*) derb

**Gaulois(e)** [golwa] *m(f)* Gallier(in) *m(f)*

**gay** [gɛ] **I.** *adj inv* homosexuell **II.** *mpl* Schwule *Pl* (*fam*)

**gaz** [gɑz] *m* **1.** Gas *nt* **2.** *pl* **avoir des ~** Blähungen haben

**gaze** [gɑz] *f* Gaze *f*

**gazeux**, **-euse** [gɑzø] *adj* **1.** gasförmig **2.** (*qui contient du gaz*) **eau gazeuse** Mineralwasser *nt* mit Kohlensäure

**gazinière** [gɑzinjɛʀ] *f* Gasherd *m*

**gazole** [gɑzɔl] *m* Diesel *m*

**gazon** [gɑzɔ̃] *m* Rasen *m*

**géant(e)** [ʒeɑ̃] *adj* riesig

**gel** [ʒɛl] *m* **1.** Frost *m* **2.** (*blocage*) Einfrieren *nt* **3.** (*crème*) Gel *nt*

**gelée** [ʒ(ə)le] *f* **1.** METEO Frost *m;* **~ blanche** Reif *m* **2.** GASTR Aspik *m*

**geler** [ʒ(ə)le] <4> **I.** *vt* **1.** METEO gefrieren lassen; (*bourgeons*) erfrieren lassen **2.** ECON einfrieren **II.** *vi* **1.** METEO gefrieren; (*rivière*) zufrieren; (*fleurs*) erfrieren; **il gèle** es friert **2.** (*avoir froid*) frieren

**Gémeaux** [ʒemo] *mpl* Zwillinge *Pl*

**gémir** [ʒemiʀ] <8> *vi* stöhnen

**gênant(e)** [ʒɛnɑ̃] *adj* störend; (*question*) unangenehm

**gendarme** [ʒɑ̃daʀm] *m* Polizist(in) *m(f)*

**gendarmerie** [ʒɑ̃daʀməʀi] *f* Gendarmerie *f*

**gendre** [ʒɑ̃dʀ] *m* Schwiegersohn *m*

**gène** [ʒɛn] *m* Gen *nt*

**gêne** [ʒɛn] *f* **1.** Beschwerden *Pl* **2.** (*trouble*) Befangenheit *f* **3. être sans ~** keine Hemmungen kennen

**gêner** [ʒene] <1> *vt* **1.** stören **2.** (*mettre mal à l'aise*) verlegen machen

**général(e)** [ʒeneʀal] <-aux> *adj*

1. allgemein; **en règle ~e** in der Regel **2.** (*directeur*) General-; (*quartier*) Haupt- **3. en ~** im Allgemeinen; **d'une façon ~e** im Allgemeinen

**généralement** [ʒeneʀalmɑ̃] *adv* **1.** im Allgemeinen **2.** (*opp: en détail*) allgemein

**généraliser** [ʒeneʀalize] <1> **I.** *vt* verallgemeinern **II.** *vpr* **se ~** allgemein eingeführt werden

**généraliste** [ʒeneʀalist] *adj* **médecin ~** Arzt/Ärztin *m/f* für Allgemeinmedizin

**génération** [ʒeneʀasjɔ̃] *f* Generation *f*

**générer** [ʒeneʀe] <5> *vt* erzeugen; INFORM generieren

**généreux, -euse** [ʒeneʀø] *adj* großzügig

**genèse** [ʒənɛz] *f* Entstehung *f*

**génétique** [ʒenetik] **I.** *adj* genetisch; (*recherche*) Gen-; **patrimoine ~** Erbgut *nt* **II.** *f* Genetik *f*

**Genève** [ʒ(ə)nɛv] Genf *nt;* **de ~** Genfer

**génial(e)** [ʒenjal] <-aux> *adj* **1.** genial **2.** *fam* (*formidable*) toll

**génital(e)** [ʒenital] <-aux> *adj* Geschlechts-

**génocide** [ʒenɔsid] *m* Völkermord *m*

**genou** [ʒ(ə)nu] <x> *m* Knie *nt*

**genre** [ʒɑ̃ʀ] *m* **1.** Art *f* **2.** ART Gattung *f* **3.** (*espèce*) **~ humain** Menschengeschlecht *nt* **4.** LING Genus *nt*

**gens** [ʒɑ̃] *mfpl* Leute *Pl*

**gentil(le)** [ʒɑ̃ti] *adj* **1.** nett, freundlich **2.** (*sage*) brav

**géographe** [ʒeɔgʀaf] *mf* Geograph(in) *m(f)*

**géographie** [ʒeɔgʀafi] *f* Erdkunde *f*

**géologie** [ʒeɔlɔʒi] *f* Geologie *f*

**gérance** [ʒeʀɑ̃s] *f* Geschäftsführung *f*, Leitung *f*

**gerbe** [ʒɛʀb] *f* Garbe *f;* (*de fleurs*) Strauß *m*

**gérer** [ʒeʀe] <5> *vt* **1.** leiten **2.** INFORM verwalten

**Germain(e)** [ʒɛʀmɛ̃] *m(f)* Germane/Germanin *m/f*

**germanique** [ʒɛʀmanik] *adj* **1.** (*teuton*) germanisch **2.** (*allemand*) deutsch; (*pays*) deutschsprachig

**germanophile** [ʒɛʀmanɔfil] *adj* deutschfreundlich

**germanophobe** [ʒɛʀmanɔfɔb] *adj* deutschfeindlich

**germanophone** [ʒɛʀmanɔfɔn] *adj* deutschsprachig; **être ~** Deutsch als Muttersprache haben

**geste** [ʒɛst] *m* Geste *f;* **~ de la main** Handbewegung *f*

**gesticuler** [ʒɛstikyle] <1> *vi* gestikulieren

**gestionnaire** [ʒɛstjɔnɛʀ] **I.** *mf* Geschäftsführer(in) *m(f)* **II.** *m* **~ de fichiers** Dateimanager *m*

**gestuel(le)** [ʒɛstɥɛl] *adj* (*langage*) Gebärden-

**gibier** [ʒibje] *m* Wild *nt*
**gicler** [ʒikle] <1> *vi* spritzen
**gifler** [ʒifle] <1> *vt* ohrfeigen
**gigantesque** [ʒigɑ̃tɛsk] *adj* riesig
**giga-octet** [ʒigaɔktɛ] <giga-octets> *m* Gigabyte *nt*
**gigot** [ʒigo] *m* Keule *f*
**gilet** [ʒilɛ] *m* Weste *f*; (*lainage*) Strickjacke *f*; ~ **de sauvetage** Schwimmweste
**giratoire** [ʒiʀatwaʀ] *adj* **sens** ~ Kreisverkehr *m*
**gisement** [ʒizmɑ̃] *m* Vorkommen *nt*
**gitan(e)** [ʒitɑ̃] *m(f)* Zigeuner(in) *m(f)*
**gîte** [ʒit] *m* Unterkunft *f*; ~ **rural** Unterkunftsmöglichkeit *f* für Touristen
**givre** [ʒivʀ] *m* [Rau]reif *m*
**glace** [glas] *f* **1.** *a.* GASTR Eis *nt* **2.** (*miroir*) Spiegel *m* **3.** (*vitre*) [Glas]scheibe *f*
**glacé(e)** [glase] *adj* **1.** (*très froid*) *a. fig* eiskalt **2.** (*fruit*) kandiert
**glacer** [glase] <2> *vt* **1.** (*refroidir*) zu Eis erstarren lassen **2.** (*impressionner*) ~ **qn d'effroi** jdn vor Schreck (*dat*) erstarren lassen
**glacier** [glasje] *m* **1.** GEO Gletscher *m* **2.** (*métier*) Eiskonditor *m*
**glacière** [glasjɛʀ] *f* Kühlbox *f*
**glaçon** [glasɔ̃] *m* Eiswürfel *m*
**glaise** [glɛz] *f* Lehm *m*
**glissant(e)** [glisɑ̃] *adj* glatt
**glissement** [glismɑ̃] *m* ~ **de terrain** Erdrutsch *m*
**glisser** [glise] <1> **I.** *vi* **1.** rutschen **2.** (*se déplacer*) gleiten **II.** *vt* schieben **III.** *vpr* **se** ~ schlüpfen
**glissière** [glisjɛʀ] *f* ~ **de sécurité** Leitplanke *f*
**global(e)** [glɔbal] <-aux> *adj* global; (*somme*) Gesamt-
**globe** [glɔb] *m* Globus *m*
**globule** [glɔbyl] *m* Blutkörperchen *nt*
**gloire** [glwaʀ] *f* **1.** Ruhm *m* **2. à la** ~ **de qn/qc** zu jds Ehre/um etw zu ehren
**glorieux, -euse** [glɔʀjø] *adj* ruhmreich
**glouton(ne)** [glutɔ̃] *m(f)* Vielfraß *m* (*fam*)
**glu** [gly] *f* Leim *m*
**gluant(e)** [glyɑ̃] *adj* klebrig
**Go** *abr de* **giga-octet** GB *nt*
**gobelet** [gɔblɛ] *m* Becher *m*
**goéland** [gɔelɑ̃] *m* große Möwe
**goguenard(e)** [gɔg(ə)naʀ] *adj* spöttisch
**goitre** [gwatʀ] *m* Kropf *m*
**golf** [gɔlf] *m* Golf[spiel *nt*] *nt*
**golfe** [gɔlf] *m* Golf *m*
**gomme** [gɔm] *f* Gummi *m o nt*
**gommer** [gɔme] <1> *vt* ausradieren
**gond** [gɔ̃] *m* **1.** [Tür]angel *f* **2. sortir de ses ~s** außer sich geraten
**gonflé(e)** [gɔ̃fle] *adj* aufgeblasen; (*visage*) aufgedunsen

G

**gonfler** [gɔ̃fle] <1> **I.** *vt* (*pneus*) aufpumpen; (*ballon*) aufblasen **II.** *vi* (*membre*) anschwellen; (*pâte*) aufgehen **III.** *vpr* **se ~** sich füllen

**gorge** [gɔʀʒ] *f* **1.** Hals *m* **2.** GEO Schlucht *f*

**gorgée** [gɔʀʒe] *f* Schluck *m*

**gosse** [gɔs] *mf fam* Kleine(r) *f(m)*; **un ~** ein Bengel *m*; **une ~** eine Göre

**gothique** [gɔtik] **I.** *adj* gotisch **II.** *m* Gotik *f*

**goudron** [gudʀɔ̃] *m* Teer *m*, Asphalt *m*

**gouffre** [gufʀ] *m* Abgrund *m*

**goulache** [gulaʃ] *m o f* Gulasch *m o nt*

**goulet** [gulɛ] *m* **~ d'étranglement** Engpass *m*

**goulot** [gulo] *m* Hals *m*; **boire au ~** aus der Flasche trinken

**gourmand(e)** [guʀmɑ̃] *adj* **être ~** ein Schlemmer *m* sein; (*de sucreries*) eine Naschkatze sein (*fam*)

**gourmet** [guʀmɛ] *m* Gourmet *m*

**goût** [gu] *m* Geschmack *m*; **avec ~** geschmackvoll

**goûter** [gute] <1> *vt, vi* (*essayer*) probieren

**goutte** [gut] *f* Tropfen *m*

**goutter** [gute] <1> *vi* tropfen

**gouvernail** [guvɛʀnaj] *m* Ruder *nt*

**gouvernement** [guvɛʀnəmɑ̃] *m* Regierung *f*

**gouverner** [guvɛʀne] <1> *vt, vi* regieren

**GPL** [ʒepeɛl] *m abr de* **gaz de pétrole liquéfié** Autogas *nt*

**grâce** [gʀɑs] *f* **1.** (*charme*) Anmut *f*; **avec ~** anmutig **2.** JUR Begnadigung *f* **3. ~ à lui/elle** dank ihm/ihr; **~ à qc** dank einer S. (*dat o gen*)

**gracier** [gʀasje] <1> *vt* begnadigen

**gracieusement** [gʀasjøzmɑ̃] *adv* unentgeltlich

**gracieux, -euse** [gʀasjø] *adj* anmutig

**gradation** [gʀadasjɔ̃] *f* schrittweise Steigerung

**graduel(le)** [gʀadɥɛl] *adj* allmählich

**graduer** [gʀadɥe] <1> *vt* graduieren

**grain** [gʀɛ̃] *m* **1.** Korn *nt*; **~ de beauté** Leberfleck *m* **2.** (*graine*) Körnchen *nt*; **~ de raisin** [Wein]traube *f*; **en ~s** ungemahlen

**graisse** [gʀɛs] *f* Fett *nt*

**grammaire** [gʀa(m)mɛʀ] *f* Grammatik *f*

**grammatical(e)** [gʀamatikal] <-aux> *adj* grammatisch

**gramme** [gʀam] *m* Gramm *nt*

**grand(e)** [gʀɑ̃] **I.** *adj* **1.** groß; (*arbre*) hoch; **~ magasin** Kaufhaus *nt* **2.** (*buveur*) stark **3. prendre de ~s airs** vornehm tun **II.** *adv* **~ ouvert** ganz weit aufgemacht; **voir ~** großzügig planen

**grand-chose** [gʀɑ̃ʃoz] **pas ~** nicht viel

**Grande-Bretagne** [gʀɑ̃dbʀətaɲ] *f* **la ~** Großbritannien *nt*

**grandeur** [gʀɑ̃dœʀ] *f* Größe *f;* **de quelle ~ est ...?** wie groß ist ...?; **de même ~** gleich groß

**grandiose** [gʀɑ̃djoz] *adj* großartig

**grandir** [gʀɑ̃diʀ] <8> **I.** *vi* (auf)wachsen **II.** *vt, vpr* [**se**] **~** [sich] größer machen

**grand-mère** [gʀɑ̃mɛʀ] <grand[s]-mères> *f* Großmutter *f* **grand-père** [gʀɑ̃pɛʀ] <grands-pères> *m* Großvater *m* **grands-parents** [gʀɑ̃paʀɑ̃] *mpl* Großeltern *Pl*

**granuleux, -euse** [gʀanylø] *adj* körnig

**graphique** [gʀafik] **I.** *adj* grafisch **II.** *m* Schaubild *nt*

**grappe** [gʀap] *f* Traube *f;* **~ de raisin** Weintraube

**gras** [gʀɑ] **I.** *m a.* GASTR Fett *nt* **II.** *adv* fett

**gras(se)** [gʀɑ] *adj* **1.** (*formé de graisse*) fett **2.** (*graisseux*) fettig **3. en** [**caractère**] **~** fett gedruckt

**grassement** [gʀɑsmɑ̃] *adv* reichlich

**gratifier** [gʀatifje] <1> *vt* **~ qn d'une récompense** jdm eine Belohnung zuteilwerden lassen

**gratiné(e)** [gʀatine] *adj* überbacken

**gratitude** [gʀatityd] *f* Dankbarkeit *f*

**gratte-ciel** [gʀatsjɛl] *m inv* Wolkenkratzer *m*

**gratter** [gʀate] <1> **I.** *vi, vpr* [**se**] **~** [sich] kratzen **II.** *vt* (*mur*) abkratzen

**gratuit(e)** [gʀatɥi] *adj* **1.** frei; (*supplément*) Gratis-; **à titre ~** kostenlos **2.** (*accusation*) grundlos

**gratuitement** [gʀatɥitmɑ̃] *adv* kostenlos

**grave** [gʀav] *adj* **1.** ernst; (*accident*) schwer; (*nouvelles*) schlimm; **blessé ~** Schwerverletzter *m;* **ce n'est pas ~** das ist nicht schlimm **2.** LING **accent ~** Accent *m* grave **3.** (*voix*) tief

**gravement** [gʀavmɑ̃] *adv* schwer

**graver** [gʀave] <1> *vt* **1.** (ein)gravieren **2.** *fig* sich einprägen

**graveur** [gʀavœʀ] *m* **~ de CD** CD-Brenner *m*

**gravillon** [gʀavijɔ̃] *m* Splitt *m;* AUT Rollsplitt

**gravir** [gʀaviʀ] <8> *vt* klettern auf (+*akk*)

**gravité** [gʀavite] *f* **1.** Ernst *m;* (*d'une faute*) Schwere *f* **2.** PHYS Schwerkraft *f*

**gravure** [gʀavyʀ] *f* **1.** Gravieren *nt* **2.** (*œuvre*) Gravur *f*

**gré** [gʀe] **de mon/son plein ~** aus freien Stücken

**grec, grecque** [gʀɛk] *adj* griechisch

G

**Grec**, **Grecque** [gʀɛk] *m, f* Grieche/Griechin *m/f*

**Grèce** [gʀɛs] *f* **la ~** Griechenland *nt*

**gréco-romain(e)** [gʀekoʀɔmɛ̃] <gréco-romains> *adj* griechisch-römisch

**greffe** [gʀɛf] *f* MED Transplantation *f*

**grêler** [gʀele] <1> *vi* **il grêle** es hagelt

**grelotter** [gʀəlɔte] <1> *vi* zittern

**grenadine** [gʀənadin] *f* Grenadine *f*

**grenat** [gʀəna] *adj inv* granatfarben

**grenier** [gʀənje] *m* [Dach]boden *m*

**grenouille** [gʀənuj] *f* Frosch *m*

**grésillement** [gʀezijmɑ̃] *m* Rauschen *nt*

**grésiller** [gʀezije] <1> *vi* brutzeln

**grève** [gʀɛv] *f* Streik *m*

**gribouiller** [gʀibuje] <1> *vt, vi* kritzeln

**grièvement** [gʀijɛvmɑ̃] *adv* schwer

**griffé(e)** [gʀife] *adj* **vêtements ~s** Markenkleidung *f*

**griffonner** [gʀifɔne] <1> *vt, vi* kritzeln

**griffure** [gʀifyʀ] *f* Kratzer *m*

**grignoter** [gʀiɲɔte] <1> *vt, vi* knabbern

**gril** [gʀil] *m* Grill *m*

**grillade** [gʀijad] *f* Gegrillte(s) *nt*

**grille** [gʀij] *f* **1.** (*clôture*) Drahtzaun *m* **2.** (*porte*) Gittertür *f* **3.** (*treillis*) Gitter *nt;* (*d'un four*) Rost *m* **4.** (*tableau*) Tabelle *f;* **~ d'horaires** Stundenplan *m*

**grille-pain** [gʀijpɛ̃] *m inv* Toaster *m*

**griller** [gʀije] <1> *vt* **1.** grillen; (*café*) rösten; (*pain*) toasten **2.** (*feu*) verbrennen **3.** ELEC **être grillé** durchgebrannt sein

**grillon** [gʀijɔ̃] *m* Grille *f*

**grimacer** [gʀimase] <2> *vi* Grimassen schneiden

**grimper** [gʀɛ̃pe] <1> **I.** *vi* **1.** klettern **2.** (*monter*) **~ dans la montagne** (*route*) bergauf führen **II.** *vt* hinaufsteigen

**grinçant(e)** [gʀɛ̃sɑ̃] *adj* schrill; (*humour*) beißend

**grincer** [gʀɛ̃se] <2> *vi* quietschen

**grippe** [gʀip] *f* Grippe *f;* **~ aviaire** Vogelgrippe

**gripper** [gʀipe] <1> *vi, vpr* **[se] ~** klemmen

**gris(e)** [gʀi] *adj a.* METEO grau; (*temps*) trüb

**grisaille** [gʀizɑj] *f* Eintönigkeit *f*

**griser** [gʀize] <1> *vt, vi* berauschen

**Grisons** [gʀizɔ̃] *mpl* **les ~** Graubünden *nt*

**grogner** [gʀɔɲe] <1> *vi* **1.** (*chien*) knurren; (*cochon*) grunzen **2.** (*ronchonner*) murren

**grommeler** [gʀɔmle] <3> *vi* murren

**grondement** [gʀɔ̃dmɑ̃] *m* Grollen *nt;* (*d'un moteur*) Dröhnen *nt*

**gronder** [gʀɔ̃de] <1> **I.** *vi* grollen; (*chien*) knurren **II.** *vt* schimpfen mit

**gros** [gʀo] **I.** *m* **1.** COM **de/en ~** Groß-; **prix de ~** Großhandelspreis *m* **2.** (*plus grande partie*) **le ~ du travail** der Großteil der Arbeit **3. en ~** COM en gros; (*à peu près*) ungefähr **II.** *adv* **1.** viel **2.** (*écrire*) groß

**gros(se)** [gʀo] *adj* **1.** dick **2. ~ses bises** viele Grüße/Küsse!

**groseille** [gʀozɛj] *f* Johannisbeere *f*

**grossesse** [gʀosɛs] *f* Schwangerschaft *f*

**grosseur** [gʀosœʀ] *f* Dicke *f*

**grossier, -ière** [gʀosje] *adj* (*imparfait*) grob; (*réparation*) notdürftig; (*manières*) ungehobelt

**grossièrement** [gʀosjɛʀmɑ̃] *adv* **1.** grob; (*emballer*) notdürftig **2.** (*de façon impolie*) flegelhaft

**grossir** [gʀosiʀ] <8> **I.** *vi* zunehmen; (*fruit*) wachsen; (*bruit*) lauter werden **II.** *vt* **1.** (*rendre plus gros*) dick machen **2.** (*foule*) anwachsen lassen

**grossiste** [gʀosist] *mf* Großhändler(in) *m(f)*

**grotesque** [gʀɔtɛsk] *adj* grotesk

**grotte** [gʀɔt] *f* Höhle *f*

**grouiller** [gʀuje] <1> *vi* lebhaft durcheinanderlaufen

**groupe** [gʀup] *m* **1.** Gruppe *f* **2.** MUS Band *f* **3.** POL **~ parlementaire** ≈ Fraktion *f* **4.** MED **~ sanguin** Blutgruppe *f*

**groupement** [gʀupmɑ̃] *m* Zusammenschluss *m*

**grouper** [gʀupe] <1> **I.** *vt* **1.** in Gruppen einteilen **2.** (*classer*) ordnen **II.** *vpr* **se ~ autour de qn** sich um jdn gruppieren



**grue** [gʀy] *f* TECH Kran *m*

**grumeau** [gʀymo] <x> *m* Klümpchen *nt*

**guêpe** [gɛp] *f* Wespe *f*

**guère** [gɛʀ] *adv* kaum

**guérir** [geʀiʀ] <8> **I.** *vt* heilen **II.** *vi* wieder gesund werden **III.** *vpr* MED **se ~** sich erfolgreich behandeln lassen; (*tout seul*) sich kurieren

**guérisseur, -euse** [geʀisœʀ] *m, f* Heilpraktiker(in) *m(f)*

**guerre** [gɛʀ] *f* **1.** Krieg *m;* **~ civile** Bürgerkrieg **2.** *fig* **faire la ~ à qc** etw bekämpfen

**gueule** [gœl] *f* **1.** Maul *nt* **2.** *fam* [**ferme**] **ta ~!** halt die Klappe! **3. casser la ~ à qn** *fam* jdm eins in die Fresse hauen (*vulg*); **se casser la ~** *fam* hinfliegen

**gueuler** [gœle] <1> *vt, vi fam* brüllen

**guichet** [giʃɛ] *m* Schalter *m*

**guide** [gid] **I.** *mf* Führer(in) *m(f)* **II.** *m* (*livre*) **~ touristique** Reiseführer

**guidon** [gidɔ̃] *m* Lenker *m*

**guignol** [giɲɔl] *m* Kasper *m*
**guillemets** [gijmɛ] *mpl* **entre ~** in Anführungszeichen
**guirlande** [giʀlɑ̃d] *f* Girlande *f*
**guitare** [gitaʀ] *f* Gitarre *f*
**gymnase** [ʒimnɑz] *m* Turnhalle *f*
**gymnastique** [ʒimnastik] *f* Turnen *nt*
**gynécologue** [ʒinekɔlɔg] *mf* Frauenarzt/-ärztin *m/f*
**gyrophare** [ʒiʀofaʀ] *m* Blaulicht *nt*

# H

**H, h** [aʃ] *m inv* H *nt,* h *nt;* **le ~ muet** das stumme H
**h** *abr de* **heure**
**ha** [ˈa] *abr de* **hectare** ha
**habile** [abil] *adj* geschickt
**habiliter** [abilite] <1> *vt* ermächtigen
**habillé(e)** [abije] *adj* **bien/mal ~** gut/schlecht gekleidet
**habiller** [abije] <1> *vt, vpr* **[s']~** [sich] anziehen
**habit** [abi] *m* **1.** *pl* Kleider *Pl* **2.** (*costume de fête*) Frack *m*
**habitable** [abitabl] *adj* bewohnbar
**habitant(e)** [abitɑ̃] *m(f)* Einwohner(in) *m(f);* (*d'une île*) Bewohner(in) *m(f)*
**habiter** [abite] <1> *vi* wohnen
**habitude** [abityd] *f* **1.** Gewohnheit *f;* (*manie*) Angewohnheit *f;* **d'~** gewöhnlich **2.** (*coutume*) Brauch *m*
**habitué(e)** [abitɥe] *m(f)* Stammkunde/-kundin *m/f;* (*d'un café*) Stammgast *m*
**habituel(le)** [abitɥɛl] *adj* üblich
**habituer** [abitɥe] <1> *vt, vpr* **[s']~** [sich] gewöhnen
**hache** [ˈaʃ] *f* Axt *f*
**haché(e)** [ˈaʃe] *adj* Hack-
**hachis** [ˈaʃi] *m* Mett *nt*
**hagard(e)** [ˈagaʀ] *adj* verstört
**haie** [ˈɛ] *f* **1.** Hecke *f* **2.** SPORT Hürde *f*
**haine** [ˈɛn] *f* Hass *m*
**haïr** [ˈaiʀ] <irr> *vt* hassen
**hall** [ˈol] *m* Halle *f;* (*entrée*) Eingangshalle
**halle** [ˈal] *f* Markthalle *f*
**hallucinant(e)** [a(l)lysinɑ̃] *adj* verblüffend; (*spectacle*) atemberaubend
**hallucination** [a(l)lysinasjɔ̃] *f* Halluzination *f*
**halte** [ˈalt] **I.** *f* Halt *m;* (*repos*) Pause *f* **II.** *interj* **~!** halt!
**haltère** [altɛʀ] *m* Hantel *f*
**hameçon** [amsɔ̃] *m* Angelhaken *m*
**hanche** [ˈɑ̃ʃ] *f* Hüfte *f*
**handball, hand-ball** [ˈɑ̃dbal] *m* Handball *m*
**handicapé(e)** [ˈɑ̃dikape] *adj* be-

hindert

**hangar** [ˊɑ̃gaʀ] *m* Schuppen

**hanter** [ɑ̃te] <1> *vt* spuken; **~ qn** jdm keine Ruhe lassen

**happer** [ˊape] <1> *vt* **1. ~ qn/qc** (*train*) jdn/etw erfassen **2.** (*attraper*) **~ qc** (*animal*) etw schnappen

**harceler** [ˊaʀsəle] <4> *vt* belästigen

**hareng** [ˊaʀɑ̃] *m* Hering *m*

**hargneux, -euse** [ˊaʀɲø] *adj* gereizt; (*chien*) bissig

**haricot** [ˊaʀiko] *m* Bohne *f*

**harmonieux, -euse** [aʀmɔnjø] *adj* harmonisch

**harmoniser** [aʀmɔnize] <1> **I.** *vt* **1.** miteinander in Einklang bringen **2.** MUS harmonisieren **II.** *vpr* **s'~** [miteinander] harmonieren

**harnacher** [ˊaʀnaʃe] <1> *vt péj* ausstaffieren

**harpon** [ˊaʀpɔ̃] *m* Harpune *f*

**hasard** [ˊazaʀ] *m* **1.** Zufall *m* **2. à tout ~** für alle Fälle; **au ~** aufs Geratewohl; **par ~** zufällig

**hasarder** [ˊazaʀde] <1> *vt, vpr* [**se**] **~** [sich] wagen

**hasardeux, -euse** [ˊazaʀdø] *adj* gewagt

**haschich, haschisch** [ˊaʃiʃ] *m* Haschisch *nt o m*

**hâter** [ˊɑte] <1> *vpr* **se ~** sich beeilen

**hâtif, -ive** [ˊɑtif] *adj* voreilig

**hausse** [ˊos] *f* **1.** Anhebung *f* **2.** (*processus*) Anstieg *m*

**hausser** [ˊose] <1> *vt* **1. ~ la voix** die Stimme heben **2.** (*sourcils*) heben

**haut** [ˊo] **I.** *m* **1.** Höhe *f*; **du ~ de ...** von ... herunter **2.** (*d'un pyjama*) Oberteil *nt* **3. des ~s et des bas** Höhen und Tiefen **II.** *adv* **1.** hoch **2.** (*ci-dessus*) **voir plus ~** siehe oben **3.** (*dire*) laut **4. d'en ~** von oben

**haut**(**e**) [ˊo] *adj* **1.** hoch; (*montagne*) Hoch-; **le plus ~ étage** das oberste Stockwerk; **marée ~e** Flut *f*; **à voix ~e** laut **2.** (*supérieur*) obere(r, s); (*commandement*) Ober- **3.** LING **le ~ allemand** [das] Hochdeutsch

**hautain**(**e**) [ˊotɛ̃] *adj* herablassend

**hautement** [ˊotmɑ̃] *adv* äußerst

**haute technologie** *f* Hightech *f o nt*, Hochtechnologie *f*

**hauteur** [ˊotœʀ] *f* **1.** Höhe *f* **2.** SPORT **saut en ~** Hochsprung *m* **3.** (*colline*) Anhöhe *f*

**haut-le-cœur** [ˊol(ə)kœʀ] *m inv* Übelkeit *f* **haut-parleur** [ˊopaʀlœʀ] <haut-parleurs> *m* Lautsprecher *m*

**hebdomadaire** [ɛbdɔmadɛʀ] **I.** *adj* wöchentlich; (*revue*) Wochen- **II.** *m* Wochenzeitschrift *f*

**hébergement** [ebɛʀʒəmɑ̃] *m* **1.** Unterkunft *f* **2.** INFORM Web-Hosting *nt*

**héberger** [ebɛʀʒe] <2a> *vt* unterbringen

**hébété(e)** [ebete] *adj* stumpfsinnig
**hébraïque** [ebʀaik] *adj* hebräisch
**hectare** [ɛktaʀ] *m* Hektar *m o nt*
**hectolitre** [ɛktɔlitʀ] *m* Hektoliter *m*
**hein** [´ɛ̃] *interj fam* **1.** (*comment*) hä? **2.** (*marque l'étonnement*) **~? qu'est-ce qui se passe?** nanu? was ist denn da los? **3.** (*renforcement de l'interrogation*) **tu veux bien, ~?** du willst doch, oder? (*fam*); **..., ~?** *fam* ..., nicht?/ja?/nicht wahr?
**hélas** [elɑs] *interj soutenu* leider
**hélice** [elis] *f* TECH Propeller *m;* (*d'un bateau*) Schraube *f*
**hélicoptère** [elikɔptɛʀ] *m* Hubschrauber *m*
**helvétique** [ɛlvetik] *adj* schweizerisch; **la Confédération ~** die Schweizer Eidgenossenschaft
**hématome** [ematom] *m* Bluterguss *m*
**hémisphère** [emisfɛʀ] *m* **1.** GEO [Erd]halbkugel *f* **2.** ANAT Gehirnhälfte *f*
**hémophile** [emɔfil] *m* Bluter *m*
**hémorragie** [emɔʀaʒi] *f* Blutung *f*
**hémorroïde** [emɔʀɔid] *f* Hämorrhoide *f*
**hennir** [´eniʀ] <8> *vi* wiehern
**herbage** [ɛʀbaʒ] *m* Weide *f*
**herbe** [ɛʀb] *f* **1.** BOT Gras *nt;* **mauvaise ~** Unkraut *nt* **2.** MED, GASTR Kraut *nt;* **les ~s de Provence** die Kräuter der Provence
**héréditaire** [eʀeditɛʀ] *adj* **1.** erblich; (*maladie*) Erb-; (*transmis*) ererbt **2.** (*biens*) Erb-; (*titre*) erblich
**hérédité** [eʀedite] *f* Vererbung *f;* (*patrimoine héréditaire*) Erbanlagen *Pl*
**hérétique** [eʀetik] *adj* ketzerisch
**hérisser** [´eʀise] <1> *vt* sträuben
**hérisson** [´eʀisɔ̃] *m* Igel *m*
**héritage** [eʀitaʒ] *m a. fig* Erbe *nt*
**hériter** [eʀite] <1> *vt, vi* erben
**hermaphrodite** [ɛʀmafʀɔdit] *m* Zwitter *m*
**hermétique** [ɛʀmetik] *adj* hermetisch
**héroïne** [eʀɔin] *f* (*drogue*) Heroin *nt*
**héroïque** [eʀɔik] *adj* heldenhaft
**héros, héroïne** [´eʀo] *m, f* Held(in) *m(f)*
**herse** [´ɛʀs] *f* Egge *f*
**hertz** [ɛʀts] *m* Hertz *nt*
**hésitant(e)** [ezitɑ̃] *adj* zögernd
**hésiter** [ezite] <1> *vi* zögern
**hétéro** [eteʀo] *adj fam abr de* **hétérosexuel(le)** hetero
**hétéroclite** [eteʀɔklit] *adj* zusammengewürfelt; (*bâtiment*) uneinheitlich
**hétérosexuel(le)** [eteʀosɛksɥɛl] *adj* heterosexuell
**hêtre** [´ɛtʀ] *m* Buche *f*
**heu** [´ø] *interj* **1.** (*oral*) äh **2.** (*embarras*) hm

**heure** [œʀ] *f* **1.** Stunde *f;* **une ~ et demie** anderthalb Stunden; **une demi-~** eine halbe Stunde **2.** (*indication chiffrée*) **à dix ~s du matin** um zehn Uhr morgens **3.** (*point précis du jour*) **il est quelle ~?** *fam* wie spät ist es?/wie viel Uhr ist es?; **vous avez l'~, s'il vous plaît?** können Sie mir bitte sagen, wie spät/wie viel Uhr es ist?; **à quelle ~?** um wie viel Uhr? **4.** (*moment de la journée*) **~ de fermeture** Ladenschluss *m;* **avant l'~** vorzeitig **5. être/ne pas être à l'~** (*personne*) pünktlich/unpünktlich sein; (*montre*) richtig/falsch gehen; **à tout à l'~!** bis gleich!
**heureusement** [øʀøzmɑ̃] *adv* glücklicherweise
**heureux, -euse** [øʀø] *adj* glücklich
**heurt** [ˈœʀ] *m* Zusammenstoß *m*
**heurter** [ˈœʀte] <1> **I.** *vt* **~ qn** (*personne*) mit jdm zusammenstoßen; (*en voiture*) jdn anfahren **II.** *vpr* (*buter contre*) **se ~ à qc** auf etw (*akk*) stoßen
**hexagone** [ɛgzagɔn] *m* Sechseck *nt*
**Hexagone** [ɛgzagɔn] *m* **l'~** Frankreich *nt*
**hibou** [ˈibu] <x> *m* Eule *f*
**hideux, -euse** [ˈidø] *adj* hässlich; (*être*) abscheulich
**hier** [jɛʀ] *adv* gestern
**hiérarchie** [jeʀaʀʃi] *f* Hierarchie *f*
**hiérarchique** [ˈjeʀaʀʃik] *adj* hierarchisch
**hilarant(e)** [ilaʀɑ̃] *adj* sehr komisch
**hip** [ˈip] *interj* **~ ~ ~! hourra!** hipp, hipp, hurra!
**hippique** [ipik] *adj* Pferde-; **concours ~** Reitturnier *nt*
**hippodrome** [ipodʀom] *m* [Pferde]rennbahn *f*
**hippopotame** [ipɔpɔtam] *m* Nilpferd *nt*
**hispanique** [ispanik] *adj* spanisch
**hispano-américain(e)** [ispanoameʀikɛ̃] <hispano-américains> *adj* hispanoamerikanisch
**hisser** [ˈise] <1> *vt* hissen
**histoire** [istwaʀ] *f* Geschichte *f;* (*conte*) Märchen *nt;* (*blague*) Witz *m*
**historique** [istɔʀik] **I.** *adj* historisch **II.** *m* Geschichte *f*
**hitlérien(ne)** [itleʀjɛ̃] *adj* Hitler-
**HIV** [ˈaʃive] *m abr de* **Human Immunodeficiency Virus** HIV *nt*
**hiver** [ivɛʀ] *m* Winter *m*
**HLM** [ˈaʃɛlɛm] *m o f inv abr de* **habitation à loyer modéré**
**hobby** [ˈɔbi] <hobbies> *m* Hobby *nt*
**hocher** [ˈɔʃe] <1> *vt* **~ la tête** (*approuver*) [mit dem Kopf] nicken; (*désapprouver*) den Kopf schütteln
**hollandais(e)** [ˈɔllɑ̃dɛ] *adj* holländisch

H

**Hollandais(e)** [ˈɔllɑ̃dɛ] *m(f)* Holländer(in) *m(f)*
**Hollande** [ˈɔllɑ̃d] *f* **la ~** Holland *nt*
**holocauste** [olokost] *m* Holocaust *m*
**homard** [ˈɔmaʀ] *m* Hummer *m*
**home cinéma** [ˈomsinema] *m* DVD-Heimkino *nt*
**homme** [ɔm] *m* **1.** Mann *m* **2.** (*être humain*) Mensch *m*
**homo** [omo] *adj fam abr de* **homosexuel(le)** homo
**homogène** [ɔmɔʒɛn] *adj* homogen
**homologue** [ɔmɔlɔg] *adj* entsprechend
**homosexualité** [ɔmɔsɛksɥalite] *f* Homosexualität *f*
**homosexuel(le)** [ɔmɔsɛksɥɛl] *adj* homosexuell
**Hongrie** [ˈɔ̃gʀi] *f* **la ~** Ungarn *nt*
**hongrois(e)** [ˈɔ̃gʀwa] *adj* ungarisch
**Hongrois(e)** [ˈɔ̃gʀwa] *m(f)* Ungar(in) *m(f)*
**honnête** [ɔnɛt] *adj* **1.** ehrlich **2.** (*franc*) aufrichtig **3.** (*prix*) angemessen
**honneur** [ɔnœʀ] *m* Ehre *f*
**honorable** [ɔnɔʀabl] *adj* **1.** ehrenhaft **2.** (*fortune*) ansehnlich
**honoraires** [ɔnɔʀɛʀ] *mpl* Honorar *nt*
**honorer** [ɔnɔʀe] <1> *vt* ehren
**honorifique** [ɔnɔʀifik] *adj* ehrenamtlich
**honte** [ˈɔ̃t] *f* **1.** Schande *f* **2.** (*sentiment d'humiliation*) Scham *f*
**honteux, -euse** [ˈɔ̃tø] *adj* **être ~ de qc** sich für etw schämen
**hôpital** [ɔpital] <-aux> *m* Krankenhaus *nt*
**horaire** [ɔʀɛʀ] **I.** *adj* Stunden- **II.** *m* **1.** Zeitplan *m;* **~ mobile** gleitende Arbeitszeit **2.** (*des bus*) Fahrplan *m;* (*des vols*) Flugplan *m;* (*des cours*) Stundenplan *m*
**horizon** [ɔʀizɔ̃] *m* **1.** Horizont *m* **2.** (*étendue*) Aussicht *f*
**horizontal(e)** [ɔʀizɔ̃tal] <-aux> *adj* waag(e)recht
**horizontale** [ɔʀizɔ̃tal] *f* MATH Waag[e]rechte *f*
**horloge** [ɔʀlɔʒ] *f* Uhr *f*
**horloger, -ère** [ɔʀlɔʒe] *m, f* Uhrmacher(in) *m(f)*
**hormone** [ɔʀmɔn] *f* Hormon *nt*
**horodateur** [ɔʀɔdatœʀ] *m* Parkscheinautomat *m*
**horoscope** [ɔʀɔskɔp] *m* Horoskop *nt*
**horreur** [ɔʀœʀ] *f* **1.** Entsetzen *nt,* Horror *m* **2.** *pl* Abscheulichkeiten *Pl* **3.** (*aversion*) **avoir ~ de qn/qc** jdn/etw verabscheuen **4.** *fam* (*chose laide*) Scheußlichkeit *f*
**horrible** [ɔʀibl] *adj* **1.** abscheulich; (*spectacle*) grauenhaft; (*accident*) schrecklich **2.** (*repas*) scheußlich
**horrifier** [ɔʀifje] <1> *vt* entsetzen
**hors** [ˈɔʀ] *prép* **1.** außer(halb); **~ de** außerhalb von **2.** (*au-delà*

*de*) ~ **de portée** außer Reichweite **3.** ~ **de prix** unerschwinglich

**hors-d'œuvre** [ˈɔʀdœvʀ] *m inv* Vorspeise *f*

**horticulteur, -trice** [ɔʀtikyltœʀ] *m, f* Gärtner(in) *m(f)*

**hospice** [ɔspis] *m* Pflegeheim *nt*

**hospitalier, -ière** [ɔspitalje] *adj* **1.** Krankenhaus-; (*personnel*) Pflege- **2.** (*accueillant*) gastfreundlich

**hospitalité** [ɔspitalite] *f* Gastfreundschaft *f*

**hostile** [ɔstil] *adj* feindlich

**hôte** [ot] **I.** *mf* Gast *m* **II.** *m* INFORM Host *m*

**hôte, -esse** [ot] *m, f soutenu* Gastgeber(in) *m(f)*

**hôtel** [ɔtɛl] *m* **1.** Hotel *nt* **2.** (*riche demeure*) herrschaftliches Stadthaus **3.** ~ **de ville** Rathaus *nt*

**hôtesse** [otɛs] *f* **1.** *v.* **hôte 2.** (*profession*) ~ **d'accueil** (*dans une exposition*) Hostess *f*; ~ **de l'air** Stewardess *f*

**hou** [ˈu] *interj* **1.** (*faire honte*) pfui **2.** (*faire peur*) hu

**houblon** [ˈublɔ̃] *m* Hopfen *m*

**houe** [ˈu] *f* Hacke *f*

**houleux, -euse** [ˈulø] *adj* (*mer*) bewegt; (*séance*) turbulent

**houppe** [ˈup] *f* Büschel *nt*

**hourra** [ˈuʀa] **I.** *interj* hurra **II.** *m* Hurra *nt*

**housse** [ˈus] *f* Hülle *f*

**HS** [aʃɛs] *abr de* **hors service être** ~ *fam* groggy sein

**huer** [ˈɥe] <1> *vt* auspfeifen

**huguenot(e)** [ˈygno] *m(f)* Hugenotte/Hugenottin *m/f*

**huile** [ɥil] *f* **1.** Öl *nt* **2.** (*hydrocarbure*) Motoröl *nt*

**huiler** [ɥile] <1> *vt* ölen; (*moule*) einfetten

**huit** [ˈɥit] *num* **1.** acht **2.** (*dans l'indication de la date*) **le ~ mars** der achte März

**huitaine** [ˈɥitɛn] *f* **1. une ~ de pages** etwa acht Seiten **2.** (*semaine*) **dans une ~** in etwa acht Tagen

**huitante** [ˈɥitɑ̃t] *num* CH (*quatre-vingts*) achtzig

**huitième** [ˈɥitjɛm] **I.** *adj* achte(r, s) **II.** *m* **1.** (*fraction*) Achtel *nt* **2.** SPORT ~ **de finale** Achtelfinale *nt*

**huître** [ɥitʀ] *f* Auster *f*

**humain(e)** [ymɛ̃] *adj* menschlich; (*vie*) Menschen-

**humainement** [ymɛnmɑ̃] *adv* menschenwürdig

**humanitaire** [ymanitɛʀ] *adj* humanitär

**humanité** [ymanite] *f* **1.** Menschheit *f* **2.** (*bonté*) Menschlichkeit *f*

**humble** [œ̃bl] *adj* **1.** unscheinbar **2.** (*pauvre*) einfach

**humer** [ˈyme] <1> *vt* [tief] einatmen; (*plat*) riechen an (+*dat*)

**humeur** [ymœʀ] *f* Laune *f*

**humide** [ymid] *adj* feucht; (*temps*) nass
**humidité** [ymidite] *f* Feuchtigkeit *f*
**humiliant(e)** [ymiljɑ̃] *adj* demütigend
**humilier** [ymilje] <1> **I.** *vt* demütigen **II.** *vpr* **s'~ devant qn** sich vor jdm erniedrigen
**humilité** [ymilite] *f* Demut *f*
**humour** [ymuʀ] *m* Humor *m*
**huppe** [ˊyp] *f* Haube *f*
**hurlement** [ˊyʀləmɑ̃] *m* Schrei *m*; (*de la foule*) Geschrei *nt*
**hurler** [ˊyʀle] <1> *vi* (*animal, vent*) heulen; (*personne*) schreien
**hutte** [ˊyt] *f* Hütte *f*
**hydraulique** [idʀolik] **I.** *adj* hydraulisch **II.** *f* Hydraulik *f*
**hydrocarbure** [idʀokaʀbyʀ] *m* Kohlenwasserstoff *m*
**hydrogène** [idʀɔʒɛn] *m* Wasserstoff *m*
**hygiène** [iʒjɛn] *f* Hygiene *f*; (*du bébé*) Pflege *f*
**hygiénique** [iʒjenik] *adj* hygienisch; (*papier*) Toiletten-
**hymne** [imn] *m* Hymne *f*
**hypermarché** [ipɛʀmaʀʃe] *m* großer Supermarkt
**hypnotiser** [ipnɔtize] <1> *vt a. fig* hypnotisieren
**hypocalorique** [ipokalɔʀik] *adj* kalorienarm
**hypocondriaque** [ipɔkɔ̃dʀijak] *adj péj* hypochondrisch
**hypocrisie** [ipɔkʀizi] *f* Heuchelei *f*
**hypocrite** [ipɔkʀit] *adj* heuchlerisch
**hypothèse** [ipɔtɛz] *f* Hypothese *f*
**hystérie** [isteʀi] *f* Hysterie *f*
**hystérique** [isteʀik] *adj* hysterisch

# I

**I, i** [i] *m inv* I *nt*, i *nt*
**iceberg** [ajsbɛʀg] *m* Eisberg *m*
**ici** [isi] *adv* **1.** hier **2.** (*de ce lieu*) **d'~** von hier; **les gens d'~** die Einheimischen; **par ~** hier [in der Gegend]; **près/loin d'~** in der Nähe/weit von hier **3.** (*vers ce lieu*) hierher; **par ~** hier entlang **4.** (*temporel*) **jusqu'~** bis jetzt; **d'~ là** bis dahin; **d'~ que** + *subj* bis
**icône** [ikon] *f* INFORM Icon *nt*
**idéal** [ideal] <-aux> *m* Ideal *nt*
**idéal(e)** [ideal] <-aux> *adj* ideal
**idée** [ide] *f* **1.** Idee *f* **2.** (*opinion*) Meinung *f* **3. se faire une ~ de qc** sich (*dat*) eine Vorstellung von etw machen **4.** (*esprit*) **venir à l'~ de faire qc** in den Sinn kommen etw zu tun
**identifier** [idɑ̃tifje] <1> *vt* identifizieren

**identité** [idɑ̃tite] *f* Identität *f*

**idéologie** [ideɔlɔʒi] *f* Ideologie *f*

**idiot(e)** [idjo] *m(f)* **1.** Idiot(in) *m(f)* **2. faire l'~** Blödsinn machen

**idole** [idɔl] *f* Idol *nt*

**ignoble** [iɲɔbl] *adj* gemein

**ignorance** [iɲɔʀɑ̃s] *f* Unkenntnis *f*

**ignorant(e)** [iɲɔʀɑ̃] *m(f)* Ignorant(in) *m(f)*

**ignorer** [iɲɔʀe] <1> *vt* **1.** (*opp: savoir*) nicht kennen **2.** (*négliger*) ignorieren

**il** [il] *pron* er/es

**île** [il] *f* Insel *f*

**illégal(e)** [i(l)legal] <-aux> *adj* illegal

**illégitime** [i(l)leʒitim] *adj* unrechtmäßig; (*enfant*) unehelich

**illuminer** [i(l)lymine] <1> *vt* **~ qn/qc** (*personne*) jdn/etw beleuchten; (*lustre*) jdn/etw erleuchten

**illusion** [i(l)lyzjɔ̃] *f* Täuschung *f*

**illustration** [i(l)lystʀasjɔ̃] *f* Illustration *f*

**illustre** [i(l)lystʀ] *adj* berühmt

**illustré** [i(l)lystʀe] *m* Illustrierte *f*

**îlot** [ilo] *m* **1.** kleine Insel **2.** (*groupe isolé*) Insel *f*

**ils** [il] *pron* sie

**image** [imaʒ] *f* **1.** (*dessin*) Bild *nt* **2.** (*reflet*) Spiegelbild *nt* **3.** *fig* Vorstellung *f*

**imaginaire** [imaʒinɛʀ] *adj* unwirklich

**imagination** [imaʒinasjɔ̃] *f* **1.** Vorstellung *f* **2.** (*invention*) Fantasie *f*

**imaginer** [imaʒine] <1> *vt* **1.** (*se représenter*) sich (*dat*) vorstellen **2.** (*croire, supposer*) glauben **3.** (*inventer*) sich (*dat*) ausdenken

**imbattable** [ɛ̃batabl] *adj* unschlagbar

**imbécile** [ɛ̃besil] **I.** *adj* sehr dumm **II.** *mf* Idiot(in) *m(f)*

**IME** [iɛmø] *m abr de* **Institut monétaire européen** EWI *nt*

**imitation** [imitasjɔ̃] *f* Imitation *f*; (*d'une signature*) Fälschung *f*

**imiter** [imite] <1> *vt* nachahmen

**immatriculation** [imatʀikylasjɔ̃] *f* (*d'un étudiant*) Immatrikulation *f*; (*d'une voiture*) Zulassung *f*

**immédiat(e)** [imedja] *adj* unmittelbar; (*contact, voisin a.*) direkt

**immédiatement** [imedjatmɑ̃] *adv* sofort

**immense** [i(m)mɑ̃s] *adj* **1.** (*espace, monde*) unermesslich groß **2.** (*énorme*) immens

**immeuble** [imœbl] *m* [Wohn]haus *nt*, Gebäude *nt*

**immigrant(e)** [imigʀɑ̃] *m* Einwanderer *m*

**immigrer** [imigʀe] <1> *vi* einwandern

**immobile** [i(m)mɔbil] *adj* unbeweglich

**immobiliser** [imɔbilize] <1> **I.** *vt* **1.** (*camions*) anhalten **2.** (*membre*) ruhig stellen **II.** *vpr* **s'~** (*voiture*) liegen bleiben

**immoral(e)** [i(m)mɔʀal] <-aux> *adj* unmoralisch
**immoralité** [i(m)mɔʀalite] *f* Unsittlichkeit
**immortalité** [imɔʀtalite] *f* Unsterblichkeit *f*
**impact** [ɛ̃pakt] *m* **1.** (*d'une balle*) Einschuss *m* **2.** (*influence*) Einfluss *m*
**impair** [ɛ̃pɛʀ] *m* (*opp: pair*) ungerade Zahl
**impasse** [ɛ̃pɑs] *f a. fig* Sackgasse *f*
**impatience** [ɛ̃pasjɑ̃s] *f* Ungeduld *f*
**impatient(e)** [ɛ̃pasjɑ̃] *adj* ungeduldig
**impeccable** [ɛ̃pekabl] *adj* tadellos
**imperfection** [ɛ̃pɛʀfɛksjɔ̃] *f* Unvollkommenheit *f*
**impérialiste** [ɛ̃peʀjalist] *adj* imperialistisch
**imperméable** [ɛ̃pɛʀmeabl] **I.** *adj* (*tissu, toile*) wasserdicht **II.** *m* Regenmantel *m*
**impertinent(e)** [ɛ̃pɛʀtinɑ̃] *adj* unverschämt
**impitoyable** [ɛ̃pitwajabl] *adj* unerbittlich
**implanter** [ɛ̃plɑ̃te] <1> *vt* **1.** (*industrie*) ansiedeln **2.** MED implantieren
**implémenter** [ɛ̃plemɑ̃te] <1> *vt* INFORM implementieren
**implicite** [ɛ̃plisit] *adj* implizit
**impliquer** [ɛ̃plike] <1> *vt* **1.** (*signifier*) bedeuten **2.** (*mêler*) verwickeln
**implorer** [ɛ̃plɔʀe] <1> *vt* flehen um
**impoli(e)** [ɛ̃pɔli] *adj* unhöflich
**impopulaire** [ɛ̃pɔpylɛʀ] *adj* unpopulär; (*personne*) unbeliebt
**importance** [ɛ̃pɔʀtɑ̃s] *f* Bedeutung *f;* **sans ~** unwichtig
**important(e)** [ɛ̃pɔʀtɑ̃] *adj* **1.** wichtig; (*personnage*) einflussreich **2.** (*gros*) beträchtlich
**importer[1]** [ɛ̃pɔʀte] <1> *vt* importieren
**importer[2]** [ɛ̃pɔʀte] <1> *vi* **1. ce qui [m']importe, c'est ...** was [für mich] zählt, ist ...; **peu importe [que** + *subj*] es spielt keine Rolle[, ob] **2. n'importe comment/quand/...** irgendwie/-wann/-...
**imposant(e)** [ɛ̃pozɑ̃] *adj* **1.** (*stature*) stattlich **2.** (*considérable*) beachtlich
**imposé(e)** [ɛ̃poze] *adj* vorgeschrieben
**imposer** [ɛ̃poze] <1> **I.** *vt* **1.** (*décision*) erfordern **2.** (*faire accepter de force*) durchsetzen **3.** FIN steuerlich veranlagen **II.** *vpr* (*se faire reconnaître*) **s'~** sich durchsetzen
**impossibilité** [ɛ̃pɔsibilite] *f* Unmöglichkeit *f*
**impossible** [ɛ̃pɔsibl] *adj a. fig* unmöglich
**imposteur** [ɛ̃pɔstœʀ] *m* Hochstapler(in) *m(f)*

**impôt** [ɛ̃po] *m* Steuer *f*
**impotent(e)** [ɛ̃pɔtɑ̃] *m(f)* [Körper]behinderte(r) *f(m)*
**imprécision** [ɛ̃pʀesizjɔ̃] *f* Ungenauigkeit *f*
**imprégner** [ɛ̃pʀeɲe] <5> **I.** *vt* (*bois, étoffe*) imprägnieren **II.** *vpr* **s'~ d'eau** sich mit Wasser voll saugen
**impression** [ɛ̃pʀesjɔ̃] *f* Eindruck *m*
**impressionnant(e)** [ɛ̃pʀesjɔnɑ̃] *adj* (*imposant*) beeindruckend
**imprévu** [ɛ̃pʀevy] *m* **en cas d'~** falls etwas dazwischenkommt
**imprévu(e)** [ɛ̃pʀevy] *adj* unvorhergesehen
**imprimante** [ɛ̃pʀimɑ̃t] *f* Drucker *m*
**imprimer** [ɛ̃pʀime] <1> *vt* drucken
**improbable** [ɛ̃pʀɔbabl] *adj* unwahrscheinlich
**imprononçable** [ɛ̃pʀɔnɔ̃sabl] *adj* unaussprechlich
**improviser** [ɛ̃pʀɔvize] <1> *vt, vi* improvisieren
**improviste** [ɛ̃pʀɔvist] **à l'~** überraschend
**imprudent(e)** [ɛ̃pʀydɑ̃] *adj* unvorsichtig
**impuissant(e)** [ɛ̃pɥisɑ̃] *adj* machtlos
**impulsif, -ive** [ɛ̃pylsif] *adj* impulsiv
**inacceptable** [inaksɛptabl] *adj* nicht akzeptabel
**inaccessible** [inaksesibl] *adj* (*hors d'atteinte*) unerreichbar
**inadmissible** [inadmisibl] *adj* untragbar
**inattendu(e)** [inatɑ̃dy] *adj* unerwartet
**inattentif, -ive** [inatɑ̃tif] *adj* unaufmerksam
**inaugurer** [inogyʀe] <1> *vt* (*exposition*) [feierlich] eröffnen; (*bâtiment, école, voiture*) einweihen
**inavoué(e)** [inavwe] *adj* (*sentiment, amour*) uneingestanden; (*acte, crime*) nicht gestanden
**incalculable** [ɛ̃kalkylabl] *adj* beträchtlich
**incapable** [ɛ̃kapabl] *adj* unfähig
**incassable** [ɛ̃kɑsabl] *adj* unzerbrechlich
**incendie** [ɛ̃sɑ̃di] *m* Brand *m*
**incertain(e)** [ɛ̃sɛʀtɛ̃] *adj* **1.** (*opp: assuré*) unsicher **2.** (*douteux*) ungewiss
**incertitude** [ɛ̃sɛʀtityd] *f* Ungewissheit *f*
**incessant(e)** [ɛ̃sesɑ̃] *adj* unaufhörlich
**incident** [ɛ̃sidɑ̃] *m* Zwischenfall *m*
**inciter** [ɛ̃site] <1> *vt* ermuntern
**inclinaison** [ɛ̃klinɛzɔ̃] *f* (*d'une pente, route*) Gefälle *nt*
**incliné(e)** [ɛ̃kline] *adj* **1.** (*pente, terrain*) abschüssig; (*toit*) schräg **2.** (*penché*) schief
**incliner** [ɛ̃kline] <1> *vt* (*tête*) neigen

**inclus(e)** [ɛ̃kly] *adj* einschließlich (+*gen*)
**incomparable** [ɛ̃kɔ̃paʀabl] *adj* unvergleichlich
**incompatible** [ɛ̃kɔ̃patibl] *adj* unvereinbar; (*groupes sanguins*) unverträglich
**incomplet, -ète** [ɛ̃kɔ̃plɛ] *adj* unvollständig
**incompréhensible** [ɛ̃kɔ̃pʀeɑ̃sibl] *adj* (*déconcertant*) unverständlich; (*personne*) undurchschaubar
**incompréhensif, -ive** [ɛ̃kɔ̃pʀeɑ̃sif] *adj* verständnislos
**inconcevable** [ɛ̃kɔ̃svabl] *adj* 1. (*inimaginable*) unvorstellbar 2. (*incompréhensible*) unbegreiflich
**inconnu(e)** [ɛ̃kɔny] *adj* (*ignoré*) unbekannt
**inconsciemment** [ɛ̃kɔ̃sjamɑ̃] *adv* unbewusst
**inconscient(e)** [ɛ̃kɔ̃sjɑ̃] *adj* 1. (*évanoui*) bewusstlos 2. (*qui ne se rend pas compte*) leichtsinnig
**inconsolable** [ɛ̃kɔ̃sɔlabl] *adj* ~ **de qc** untröstlich über etw (*akk*)
**incontestable** [ɛ̃kɔ̃tɛstabl] *adj* unbestreitbar
**incorrect(e)** [ɛ̃kɔʀɛkt] *adj* 1. (*expression, style*) nicht richtig 2. (*inconvenant*) unpassend; (*langage, ton*) unangemessen 3. (*impoli*) ungehörig
**incroyable** [ɛ̃kʀwajabl] *adj* unglaublich
**incurable** [ɛ̃kyʀabl] *adj* unheilbar
**indéchiffrable** [ɛ̃deʃifʀabl] *adj* nicht zu entziffern
**indécision** [ɛ̃desizjɔ̃] *f* Unentschlossenheit *f*
**indéfini(e)** [ɛ̃defini] *adj* 1. (*indéterminé*) unbestimmt 2. (*espace, nombre*) unbegrenzt
**indéfiniment** [ɛ̃definimɑ̃] *adv* auf unbegrenzte Zeit
**indéfinissable** [ɛ̃definisabl] *adj* undefinierbar
**indélébile** [ɛ̃delebil] *adj* (*ineffaçable*) nicht zu entfernen; (*couleur*) waschecht
**indemne** [ɛ̃dɛmn] *adj* unversehrt
**indemniser** [ɛ̃dɛmnize] <1> *vt* 1. (*rembourser*) ~ **qn de qc** jdm etw erstatten 2. (*compenser*) ~ **qn pour qc** jdm Schaden[s]ersatz für etw leisten
**indemnité** [ɛ̃dɛmnite] *f* 1. (*réparation*) Schaden[s]ersatz *m;* (*payé par l'État*) Entschädigung *f* 2. (*prime*) Zulage *f*
**indépendance** [ɛ̃depɑ̃dɑ̃s] *f* Unabhängigkeit *f*
**indépendant(e)** [ɛ̃depɑ̃dɑ̃] *adj* 1. (*libre*) unabhängig; (*qui se débrouille tout seul*) selb[st]ständig 2. (*à son compte*) selb[st]ständig; (*artiste, architecte*) freischaffend
**indésirable** [ɛ̃deziʀabl] *adj* unerwünscht

**indéterminé(e)** [ɛ̃detɛʀmine] *adj* unbestimmt; (*date*) nicht festgesetzt

**index** [ɛ̃dɛks] *m* **1.** (*doigt*) Zeigefinger *m* **2.** (*table alphabétique*) Verzeichnis *nt*

**indicatif** [ɛ̃dikatif] *m* TELEC Vorwahl[nummer *f*] *f*

**indicatif, -ive** [ɛ̃dikatif] *adj* annähernd

**indication** [ɛ̃dikasjɔ̃] *f* (*information*) Hinweis *m*

**indice** [ɛ̃dis] *m* **1.** (*signe*) Anzeichen *nt;* (*constatation*) Indiz *nt* **2.** (*preuve*) Beweis *m*

**indien(ne)** [ɛ̃djɛ̃] *adj* **1.** (*d'Inde*) indisch **2.** (*d'Amérique*) indianisch

**Indien(ne)** [ɛ̃djɛ̃] *m(f)* **1.** (*habitant de l'Inde*) Inder(in) *m(f)* **2.** (*indigène d'Amérique*) Indianer(in) *m(f)*

**indifférent(e)** [ɛ̃difeʀɑ̃] *adj* (*attitude, personne*) gleichgültig

**indigeste** [ɛ̃diʒɛst] *adj* schwer verdaulich

**indignation** [ɛ̃diɲasjɔ̃] *f* Empörung *f*

**indigne** [ɛ̃diɲ] *adj* (*qui ne mérite pas*) **être ~ de qn/qc** jds/einer S. nicht würdig sein

**indigner** [ɛ̃diɲe] <1> *vt* empören

**indiqué(e)** [ɛ̃dike] *adj* **1.** (*conseillé*) ratsam **2.** (*adéquat*) geeignet **3.** (*fixé*) angegeben

**indiquer** [ɛ̃dike] <1> *vt* **1.** (*désigner*) zeigen; **~ qc** (*horloge*) etw anzeigen **2.** (*révéler*) **~ qc** auf etw (*akk*) hinweisen **3.** (*marquer*) kennzeichnen

**indirectement** [ɛ̃diʀɛktəmɑ̃] *adv* indirekt

**indiscipliné(e)** [ɛ̃disipline] *adj* undiszipliniert

**indiscret, -ète** [ɛ̃diskʀɛ] *adj* neugierig

**indiscrétion** [ɛ̃diskʀesjɔ̃] *f* Indiskretion *f*

**indispensable** [ɛ̃dispɑ̃sabl] **I.** *adj* unbedingt notwendig **II.** *m* **l'~** das Nötigste

**indistinct(e)** [ɛ̃distɛ̃] *adj* (*murmure, vision*) undeutlich

**individu** [ɛ̃dividy] *m* Person *f*, Individuum *nt*

**individualiste** [ɛ̃dividɥalist] *mf* Individualist(in) *m(f)*

**individuel(le)** [ɛ̃dividɥɛl] *adj* persönlich; (*cas*) Einzel-

**individuellement** [ɛ̃dividɥɛlmɑ̃] *adv* einzeln

**indivisible** [ɛ̃divizibl] *adj* unteilbar

**indulgent(e)** [ɛ̃dylʒɑ̃] *adj* nachsichtig

**industrie** [ɛ̃dystʀi] *f* ECON Industrie *f*

**industriel(le)** [ɛ̃dystʀijɛl] *adj* industriell; **véhicule ~** Nutzfahrzeug *nt*

**inédit(e)** [inedi] *adj* (*non publié*) unveröffentlicht

**inefficace** [inefikas] *adj* unwirksam

**inégal(e)** [inegal] <-aux> *adj* (*différent*) ungleich
**inégalité** [inegalite] *f* Ungleichheit *f*
**inépuisable** [inepɥizabl] *adj* unerschöpflich
**inespéré(e)** [inɛspeʀe] *adj* **1.** (*secours, succès*) unverhofft **2.** (*profit*) unerwartet hoch
**inestimable** [inɛstimabl] *adj* unschätzbar
**inévitable** [inevitabl] *adj* **1.** (*certain, fatal*) unvermeidlich **2.** (*nécessaire*) unvermeidbar **3.** *iron* (*habituel*) unvermeidlich
**inexact(e)** [inɛgzakt] *adj* **1.** (*calcul, résultat*) ungenau **2.** (*traduction, récit*) ungenau **3.** (*personne*) unpünktlich
**inexcusable** [inɛkskyzabl] *adj* unverzeihlich
**inexpérimenté(e)** [inɛkspeʀimɑ̃te] *adj* unerfahren
**inexplicable** [inɛksplikabl] *adj* unerklärlich
**inexprimable** [inɛkspʀimabl] *adj* unaussprechlich; (*émotion*) unbeschreiblich
**infatigable** [ɛ̃fatigabl] *adj* unermüdlich
**infection** [ɛ̃fɛksjɔ̃] *f* Entzündung *f*
**inférieur(e)** [ɛ̃feʀjœʀ] *adj* **1.** (*dans l'espace*) untere(r, s) **2.** (*en qualité*) niedriger; **être ~ à qn** jdm unterlegen sein **3.** (*en quantité*) geringer
**infériorité** [ɛ̃feʀjɔʀite] *f* **1.** (*moindre force*) Unterlegenheit *f* **2.** (*moindre valeur*) Minderwertigkeit *f*
**infidèle** [ɛ̃fidɛl] *adj* **1.** (*perfide*) treulos; **être ~ à qn** jdm untreu sein **2.** REL ungläubig
**infidélité** [ɛ̃fidelite] *f* **1.** (*déloyauté*) Untreue *f* **2.** (*d'un conjoint*) Seitensprung *m*
**infini(e)** [ɛ̃fini] *adj* (*distance, nombre*) unendlich [groß]; (*étendue, durée, longueur*) endlos
**infinitif** [ɛ̃finitif] *m* Infinitiv *m*
**infirme** [ɛ̃fiʀm] *adj* behindert
**infirmier, -ière** [ɛ̃fiʀmje] *m, f* Krankenpfleger/-schwester *m/f*
**inflation** [ɛ̃flasjɔ̃] *f* Inflation *f*
**infliger** [ɛ̃fliʒe] <2a> *vt* **~ une amende à qn pour qc** gegen jdn wegen etw eine Geldbuße verhängen
**influence** [ɛ̃flyɑ̃s] *f* **1.** (*effet*) Einfluss *m;* (*d'un médicament*) Wirkung **2. avoir de l'~** einflussreich sein
**influencer** [ɛ̃flyɑ̃se] <2> *vt* beeinflussen
**infogroupe** [ɛ̃fogʀup] *m* INFORM Newsgroup *f*
**information** [ɛ̃fɔʀmasjɔ̃] *f* **1.** (*renseignement*) Information *f,* Auskunft *f* **2.** (*nouvelles*) Nachricht *f* **3.** *pl* INFORM, TECH Daten *Pl*
**informatique** [ɛ̃fɔʀmatik] **I.** *adj* **saisie ~** Datenerfassung *f* **II.** *f* Informatik *f,* EDV *f*
**informatisé(e)** [ɛ̃fɔʀmatize] *adj*

**fichier** ~ Datei *f*

**informer** [ɛ̃fɔʀme] <1> *vt, vi* informieren

**infranchissable** [ɛ̃fʀɑ̃ʃisabl] *adj* unüberwindlich

**infrastructure** [ɛ̃fʀastʀyktyʀ] *f* Infrastruktur *f*

**infusion** [ɛ̃fyzjɔ̃] *f* Kräutertee *m*

**ingénieur** [ɛ̃ʒenjœʀ] *mf* Ingenieur(in) *m(f)*

**ingratitude** [ɛ̃gʀatityd] *f* Undank *m*

**ingrédient** [ɛ̃gʀedjɑ̃] *m* (*d'un mélange*) Bestandteil *m*

**inguérissable** [ɛ̃geʀisabl] *adj* unheilbar

**inhabituel(le)** [inabitɥɛl] *adj* ungewöhnlich

**inhumain(e)** [inymɛ̃] *adj* unmenschlich

**initial(e)** [inisjal] <-aux> *adj* anfänglich; (*cause, état*) ursprünglich; (*position*) Ausgangs-

**initiale** [inisjal] *f* Anfangsbuchstabe *m*

**initialisation** [inisjalizasjɔ̃] *f* INFORM Initialisierung *f*

**initiation** [inisjasjɔ̃] *f* ~ **à qc** Einführung *f* in etw

**initiative** [inisjativ] *f* (*idée première*) Einfall *m*

**injure** [ɛ̃ʒyʀ] *f* Beleidigung *f*

**injurier** [ɛ̃ʒyʀje] <1> *vt* beleidigen

**injuste** [ɛ̃ʒyst] *adj* ungerecht

**inné(e)** [i(n)ne] *adj* angeboren

**innocent(e)** [inɔsɑ̃] *adj* **1.** (*opp: coupable*) unschuldig **2.** (*anodin*) harmlos

**innovation** [inɔvasjɔ̃] *f* Innovation *f*

**inondation** [inɔ̃dasjɔ̃] *f* Überschwemmung *f;* (*d'un fleuve*) Hochwasser *nt*

**inonder** [inɔ̃de] <1> *vt* (*couvrir d'eaux*) überschwemmen

**inoubliable** [inublijabl] *adj* unvergesslich

**inouï(e)** [inwi] *adj* unerhört

**inquiétant(e)** [ɛ̃kjetɑ̃] *adj* beunruhigend

**inquiéter** [ɛ̃kjete] <5> **I.** *vt* beunruhigen **II.** *vpr* (*s'alarmer*) **s'~** sich (*dat*) Sorgen machen

**insatisfait(e)** [ɛ̃satisfɛ] *adj* **1.** ~ **de qn/qc** unzufrieden mit jdm/etw **2.** (*inassouvi*) unbefriedigt

**inscription** [ɛ̃skʀipsjɔ̃] *f* **1.** (*texte*) Inschrift *f;* (*d'un poteau indicateur*) Aufschrift *f* **2.** (*immatriculation*) Anmeldung *f*

**inscrire** [ɛ̃skʀiʀ] <irr> **I.** *vt* **1.** (*noter*) ~ **qc dans un carnet** [sich (*dat*)] etw in einem Heft aufschreiben **2.** (*immatriculer*) ~ **qn à une école** jdn an einer Schule anmelden; ~ **qn sur une liste** jdn in eine Liste eintragen **II.** *vpr* **1.** (*s'immatriculer*) **s'~ à une faculté** sich an einer Universität einschreiben **2.** (*s'insérer dans*) **s'~ dans le cadre de qc** (*décision, projet*) im Rahmen von etw geschehen

**insecte** [ɛ̃sɛkt] *m* Insekt *nt*

I

**insécurité** [ɛ̃sekyʀite] *f* Unsicherheit *f*

**insensible** [ɛ̃sɑ̃sibl] *adj* **1.** (*physiquement*) **être ~** (*personne*) nichts spüren **2.** (*moralement*) gefühllos

**inséparable** [ɛ̃sepaʀabl] *adj* (*amis*) unzertrennlich

**insérer** [ɛ̃seʀe] <5> **I.** *vt* einfügen **II.** *vpr* **s'~ dans qc** (*personne*) sich in etw (*akk*) integrieren

**insistance** [ɛ̃sistɑ̃s] *f* Beharrlichkeit *f*

**insistant**(**e**) [ɛ̃sistɑ̃] *adj* dringend

**insister** [ɛ̃siste] <1> *vi* **1.** (*s'obstiner*) nicht nachgeben **2.** (*persévérer*) durchhalten **3.** (*mettre l'accent sur*) **~ sur qc** etw betonen

**insolence** [ɛ̃sɔlɑ̃s] *f* **1.** (*impertinence*) Frechheit *f* **2.** (*arrogance*) Unverschämtheit *f*

**insoluble** [ɛ̃sɔlybl] *adj* **1.** (*produit*) unlöslich **2.** (*problème*) unlösbar

**insouciant**(**e**) [ɛ̃susjɑ̃] *adj* unbekümmert; (*vie*) sorglos

**insoutenable** [ɛ̃sutnabl] *adj* unerträglich

**inspecter** [ɛ̃spɛkte] <1> *vt* **1.** (*fonctionnaire*) kontrollieren **2.** (*lieu*) inspizieren

**inspecteur, -trice** [ɛ̃spɛktœʀ] *m, f* Inspektor(in) *m(f)*

**inspection** [ɛ̃spɛksjɔ̃] *f* (*contrôle*) Kontrolle *f*

**inspiration** [ɛ̃spiʀasjɔ̃] *f* **1.** (*intuition*) Eingebung *f* **2.** (*poétique*) Inspiration *f* **3.** (*opp: expiration*) Einatmen *nt*

**inspirer** [ɛ̃spiʀe] <1> **I.** *vt* **1.** ANAT einatmen **2.** (*susciter*) **~ de la confiance** (*personne*) Vertrauen einflößen **II.** *vpr* **s'~ de qn/qc** sich von jdm/etw inspirieren lassen

**instabilité** [ɛ̃stabilite] *f* Unbeständigkeit *f*

**instable** [ɛ̃stabl] *adj* **1.** (*inconstant*) wechselhaft **2.** (*paix, situation*) unsicher

**installation** [ɛ̃stalasjɔ̃] *f* **1.** Installation *f* **2.** (*équipement*) Anlagen *Pl*

**installé**(**e**) [ɛ̃stale] *adj* **être ~** sich etabliert haben

**installer** [ɛ̃stale] <1> **I.** *vt* **1.** (*câbles, tuyaux*) installieren; (*téléphone*) anschließen **2.** (*caser, loger*) hinstellen **II.** *vpr* **s'~ 1.** (*s'asseoir*) sich setzen **2.** (*se loger*) sich einrichten **3.** (*s'établir*) sich niederlassen

**instant** [ɛ̃stɑ̃] *m* Augenblick *m;* **dans un ~** gleich; **pour l'~** im Moment

**instantané**(**e**) [ɛ̃stɑ̃tane] *adj* **1.** (*immédiat*) unmittelbar; (*réponse*) prompt **2.** GASTR Instant-

**instaurer** [ɛ̃stɔʀe] <1> **I.** *vt* (*gouvernement*) bilden **II.** *vpr* **s'~** (*état d'esprit*) sich breit machen

**instinct** [ɛ̃stɛ̃] *m* Instinkt *m;* (*grégaire, sexuel*) -trieb *m*

**instinctif, -ive** [ɛ̃stɛ̃ktif] *adj* spontan

**institut** [ɛ̃stity] *m* Institut *nt*

**instituteur, -trice** [ɛ̃stitytœʀ] *m, f* Lehrer(in) *m(f)*

**institution** [ɛ̃stitysjɔ̃] *f* Einrichtung *f*

**Institut monétaire européen** *m* Europäisches Währungsinstitut

**instructif, -ive** [ɛ̃stʀyktif] *adj* lehrreich

**instruction** [ɛ̃stʀyksjɔ̃] *f* **1. ~ civique** Gemeinschaftskunde *f* **2.** ADMIN Verordnung *f* **3.** (*mode d'emploi*) Gebrauchsanweisung *f*

**instruit(e)** [ɛ̃stʀɥi] *adj* gebildet

**instrument** [ɛ̃stʀymɑ̃] *m* **1.** (*outil*) Werkzeug *nt* **2.** MUS **~ [de musique]** [Musik]instrument *nt* **3.** (*moyen*) Instrument *nt*, Mittel *nt*

**insuffisant(e)** [ɛ̃syfizɑ̃] *adj* **1.** (*en quantité*) ungenügend **2.** (*en qualité*) unzureichend

**insulter** [ɛ̃sylte] <1> *vt* beleidigen

**insupportable** [ɛ̃sypɔʀtabl] *adj* (*intolérable*) unerträglich

**intact(e)** [ɛ̃takt] *adj* **1.** (*objet*) unversehrt; (*produit*) einwandfrei **2.** (*honneur, réputation*) makellos

**intégrer** [ɛ̃tegʀe] <5> *vpr* **s'~ à qc** sich in etw (*akk*) integrieren

**intellectuel(le)** [ɛ̃telɛktɥɛl] *adj* intellektuell

**intelligence** [ɛ̃teliʒɑ̃s] *f* (*entendement*) Intelligenz *f*

**intelligent(e)** [ɛ̃teliʒɑ̃] *adj* intelligent

**intense** [ɛ̃tɑ̃s] *adj* intensiv; (*circulation*) dicht

**intensif, -ive** [ɛ̃tɑ̃sif] *adj* intensiv

**intensifier** [ɛ̃tɑ̃sifje] <1> *vt* intensivieren; (*efforts, production*) steigern

**intensité** [ɛ̃tɑ̃site] *f* Intensität *f*

**intention** [ɛ̃tɑ̃sjɔ̃] *f* Absicht *f*

**interaction** [ɛ̃tɛʀaksjɔ̃] *f* Wechselwirkung *f*; INFORM Dialog *m*

**interdiction** [ɛ̃tɛʀdiksjɔ̃] *f* Verbot *nt*; **~ de stationner/de fumer** Parken *nt*/Rauchen *nt* verboten

**interdire** [ɛ̃tɛʀdiʀ] <irr> *vt* verbieten

**interdit** [ɛ̃tɛʀdi] *m* Verbot *nt*

**interdit(e)** [ɛ̃tɛʀdi] *adj* verboten

**intéressant(e)** [ɛ̃teʀesɑ̃] *adj* interessant

**intéresser** [ɛ̃teʀese] <1> *vt* interessieren

**intérêt** [ɛ̃teʀɛ] *m* **1.** Interesse *nt* **2.** (*importance*) Bedeutung *f* **3. par ~** eigennützig

**interface** [ɛ̃tɛʀfas] *f* INFORM Schnittstelle *f*; **~ utilisateur** Benutzeroberfläche *f*

**intérieur** [ɛ̃teʀjœʀ] *m* **1.** (*opp: extérieur*) Innere(s) *nt*; **à l'~** (*dedans*) innen; **à l'~ de** im Innern von/in **2.** (*d'une maison, d'un magasin*) Inneneinrichtung *f*

**intérieur(e)** [ɛ̃teʀjœʀ] *adj* **1.** (*opp: extérieur*) Innen- **2.** (*affaires*) innere(r, s); (*commerce, marché*)

I

Binnen-

**intermittence** [ɛ̃tɛʀmitɑ̃s] *f* **par ~** ab und zu

**international(e)** [ɛ̃tɛʀnasjɔnal] <-aux> *adj* international; (*langue, politique*) Welt-

**internaute** [ɛ̃tɛʀnot] **I.** *adj* Internet- **II.** *mf* Surfer(in) *m(f)*

**interne** [ɛ̃tɛʀn] **I.** *adj* (*partie*) Innen-; (*problème, promotion*) intern **II.** *mf* SCOL Internatsschüler(in) *m(f)*

**Internet** [ɛ̃tɛʀnɛt] *m* Internet *nt*

**interphone®** [ɛ̃tɛʀfɔn] *m* Sprechanlage *f*

**interprétation** [ɛ̃tɛʀpʀetasjɔ̃] *f* (*explication*) Interpretation *f*

**interprète** [ɛ̃tɛʀpʀɛt] *mf* **1.** MUS Interpret(in) *m(f)* **2.** CINE, THEAT Darsteller(in) *m(f)* **3.** (*traducteur*) Dolmetscher(in) *m(f)*

**interpréter** [ɛ̃tɛʀpʀete] <5> *vt* (*texte*) interpretieren; (*rêve*) deuten

**interrogation** [ɛ̃teʀɔgasjɔ̃] *f* **1.** (*question*) Frage *f* **2.** SCOL Klassenarbeit *f*

**interrogatoire** [ɛ̃teʀɔgatwaʀ] *m* Vernehmung *f*

**interroger** [ɛ̃teʀɔʒe] <2a> **I.** *vt* **1.** (*questionner*) Fragen stellen **2.** (*banque de données, répondeur*) abfragen **II.** *vpr* **s'~** sich fragen

**interrompre** [ɛ̃teʀɔ̃pʀ] <irr> **I.** *vt* unterbrechen **II.** *vpr* **s'~** (*personne*) innehalten

**interrupteur** [ɛ̃teʀyptœʀ] *m* Schalter *m*

**interruption** [ɛ̃teʀypsjɔ̃] *f* (*arrêt définitif*) Abbruch *m*

**intervalle** [ɛ̃tɛʀval] *m* **1.** (*écart*) Abstand *m*; (*espace de temps*) Zeit[spanne] *f* **2.** MUS Intervall *nt*

**intervenir** [ɛ̃tɛʀvəniʀ] <9> *vi* **1.** (*entrer en action*) eingreifen **2.** (*prendre la parole*) sich einschalten **3.** (*accord*) zustande kommen

**interview** [ɛ̃tɛʀvju] *f* Interview *nt*

**intestin** [ɛ̃tɛstɛ̃] *m* Darm *m*

**intime** [ɛ̃tim] *adj* **1.** intim; **journal ~** Tagebuch *nt* **2.** (*atmosphère, lieu*) gemütlich **3.** (*ami*) eng

**intimider** [ɛ̃timide] <1> *vt* einschüchtern

**intimité** [ɛ̃timite] *f* **1.** (*vie privée*) Privatleben *nt* **2.** (*relation étroite*) Vertrautheit *f*

**intoxiquer** [ɛ̃tɔksike] <1> *vt, vpr* **[s']~** [sich] vergiften

**intrigant(e)** [ɛ̃tʀigɑ̃] *m(f)* Intrigant(in) *m(f)*

**intrigue** [ɛ̃tʀig] *f* **1.** CINE, LITTER, THEAT Handlung *f* **2.** (*manœuvre*) Intrige *f*

**intriguer** [ɛ̃tʀige] <1> **I.** *vt* (*travailler*) beschäftigen **II.** *vi* intrigieren

**introduction** [ɛ̃tʀɔdyksjɔ̃] *f* **1.** Einleitung *f* **2.** (*d'un objet, de nourriture*) Einführen *nt*

**introduire** [ɛ̃tʀɔdɥiʀ] <irr> **I.** *vt* **~ qn dans une pièce** jdn in

ein Zimmer führen; ~ **qn chez une famille** jdn bei einer Familie einführen **II.** *vpr* **1.** (*se faire admettre*) **s'~ dans un milieu** sich in einem Umfeld einführen **2.** (*s'infiltrer*) **s'~ dans une maison** in ein Haus eindringen
**intrus(e)** [ɛ̃tʀy] *m(f)* Eindringling *m*
**intuition** [ɛ̃tɥisjɔ̃] *f* Intuition *f*
**intuitivement** [ɛ̃tɥitivmɑ̃] *adv* intuitiv
**inutile** [inytil] *adj* nutzlos; (*parole, effort*) zwecklos
**inutilement** [inytilmɑ̃] *adv* (*sans utilité*) unnötig
**inutilité** [inytilite] *f* Nutzlosigkeit *f*
**invalide** [ɛ̃valid] *mf* Invalide *mf*
**invariable** [ɛ̃vaʀjabl] *adj* (*qui ne change pas*) unverändert
**inventaire** [ɛ̃vɑ̃tɛʀ] *m* Inventar *nt*
**inventer** [ɛ̃vɑ̃te] <1> *vt* erfinden
**invention** [ɛ̃vɑ̃sjɔ̃] *f* **1.** Erfindung *f* **2.** (*imagination*) Einfallsreichtum *m*
**inverse** [ɛ̃vɛʀs] **I.** *adj* entgegengesetzt **II.** *m* Gegenteil *nt;* **à l'~** hingegen
**inverser** [ɛ̃vɛʀse] <1> **I.** *vt* (*rôles*) tauschen **II.** *vpr* **s'~** (*mouvement, tendance*) sich umkehren
**investir** [ɛ̃vɛstiʀ] <8> **I.** *vt, vi a. fig* investieren **II.** *vpr* **s'~ dans qc** sich bei etw engagieren
**investissement** [ɛ̃vɛstismɑ̃] *m* Investition *f*
**invisible** [ɛ̃vizibl] *adj* unsichtbar
**invitation** [ɛ̃vitasjɔ̃] *f* Einladung *f*
**invité(e)** [ɛ̃vite] *m(f)* Gast *m*
**inviter** [ɛ̃vite] <1> *vt* einladen
**involontaire** [ɛ̃vɔlɔ̃tɛʀ] *adj* (*spectateur, témoin*) unfreiwillig
**involontairement** [ɛ̃vɔlɔ̃tɛʀmɑ̃] *adv* unabsichtlich
**invraisemblable** [ɛ̃vʀɛsɑ̃blabl] *adj* unglaubwürdig
**invulnérable** [ɛ̃vylneʀabl] *adj* unverwundbar
**irlandais(e)** [iʀlɑ̃dɛ] *adj* irisch
**Irlandais** [iʀlɑ̃dɛ] *m* Ire *m*
**Irlande** [iʀlɑ̃d] *f* **l'~** Irland *nt;* **l'~ du Nord** Nordirland
**ironie** [iʀɔni] *f* Ironie *f*
**ironique** [iʀɔnik] *adj* ironisch
**irrationnel(le)** [iʀasjɔnɛl] *adj* irrational
**irréalisable** [iʀealizabl] *adj* nicht realisierbar
**irréaliste** [iʀealist] *adj* unrealistisch
**irrégularité** [iʀegylaʀite] *f* **1.** (*inégalité*) Ungleichmäßigkeit *f* **2.** (*d'un élève, d'une équipe*) schwankende Leistungen *Pl*
**irrégulier, -ère** [iʀegylje] *adj* **1.** unregelmäßig; (*écriture, vitesse*) ungleichmäßig **2.** (*illégal*) regelwidrig
**irréparable** [iʀepaʀabl] *adj* (*objet, machine*) nicht mehr zu reparieren; (*dommage, erreur*) nicht wieder gutzumachen

I

**irrésistible** [iʀezistibl] *adj* **1.** (*impérieux*) unwiderstehlich **2.** (*qui fait rire*) sehr lustig
**irrésolu(e)** [iʀezɔly] *adj* (*personne*) unentschlossen; (*problème*) ungelöst
**irresponsable** [iʀɛspɔ̃sabl] *adj* (*comportement*) unverantwortlich
**irritation** [iʀitasjɔ̃] *f* **1.** (*énervement*) Gereiztheit *f* **2.** MED Reizung *f*
**irriter** [iʀite] <1> *vt* **1.** (*énerver*) ~ **qn** jdm auf die Nerven gehen **2.** MED reizen
**irruption** [iʀypsjɔ̃] *f* **faire ~** (*personne*) hereinstürmen; (*chose*) hereinbrechen
**islam** [islam] *m* **l'~** der Islam
**islamique** [islamik] *adj* islamisch
**Islande** [islɑ̃d] *f* **l'~** Island *nt*
**isoler** [izɔle] <1> **I.** *vt* isolieren **II.** *vpr* **s'~** sich absondern
**Israël** [isʀaɛl] *m* **l'~** Israel *nt*
**israélite** [isʀaelit] *mf* Israelit(in) *m(f)*
**issu(e)** [isy] *adj* ~ **de qc** aus etw stammend
**issue** [isy] *f* **1.** (*sortie, fin*) Ausgang *m;* ~ **de secours** Notausgang **2.** (*solution*) Ausweg *m;* **sans ~** (*situation*) ausweglos
**Italie** [itali] *f* **l'~** Italien *nt*
**italien** [italjɛ̃] *m* Italienisch *nt*
**italien(ne)** [italjɛ̃] *adj* italienisch
**Italien(ne)** [italjɛ̃] *m(f)* Italiener(in) *m(f)*
**italique** [italik] *m* Kursivschrift *f;* **en ~** kursiv
**ivoire** [ivwaʀ] *m* Elfenbein *nt*
**ivre** [ivʀ] *adj* betrunken
**ivrogne** [ivʀɔɲ] *mf* Säufer(in) *m(f)* (*pej*)

# J

**J, j** [ʒi] *m inv* J *nt,* j *nt*
**j'** [ʒ] *pron v.* **je**
**jacasser** [ʒakase] <1> *vi* **1.** (*pie*) schreien **2.** *fam* (*parler*) schnattern
**jadis** [ʒadis] *adv* früher
**jaillir** [ʒajiʀ] <8> *vi* **1.** (*eau*) emporschießen **2.** (*personne*) plötzlich auftauchen
**jalonner** [ʒalɔne] *vt* (*terrain*) abstecken
**jalousie** [ʒaluzi] *f* Eifersucht *f;* (*envie*) Neid *m*
**jaloux, -ouse** [ʒalu] *adj* **1.** (*en amour, amitié*) ~ **de qn** eifersüchtig auf jdn **2.** (*envieux*) ~ **de qn/qc** neidisch auf jdn/etw
**jamais** [ʒamɛ] *adv* (*en aucun cas*) nie[mals]; **plus ~** nie wieder
**jambe** [ʒɑ̃b] *f* Bein *nt*
**jambon** [ʒɑ̃bɔ̃] *m* Schinken *m*
**janvier** [ʒɑ̃vje] *m* Januar *m*
**Japon** [ʒapɔ̃] *m* **le ~** Japan *nt*

**japonais(e)** [ʒapɔnɛ] *adj* japanisch
**japper** [ʒape] <1> *vi* kläffen
**jaquette** [ʒakɛt] *f* (*d'un livre*) Umschlag *m*
**jardin** [ʒaʀdɛ̃] *m* Garten *m*
**jardinier**, **-ière** [ʒaʀdinje] *m, f* Gärtner(in) *m(f)*
**jargon** [ʒaʀgɔ̃] *m péj* **1.** (*charabia*) Kauderwelsch *nt* **2.** (*langue technique*) Jargon *m*
**jaunâtre** [ʒonɑtʀ] *adj* gelblich
**jaune** [ʒon] **I.** *adj* gelb **II.** *m* **1.** (*couleur*) Gelb *nt* **2.** (*partie d'un œuf*) Eigelb *nt*
**jaunir** [ʒoniʀ] <8> **I.** *vi* gelb werden **II.** *vt* ~ **qc** (*lumière*) etw vergilben
**jaunisse** [ʒonis] *f* Gelbsucht *f*
**javelot** [ʒavlo] *m* Speer *m*
**je** [ʒə] <j'> *pron* ich
**jean** [dʒin] *m* **1.** (*tissu*) Jeansstoff *m* **2.** (*pantalon*) Jeans *Pl*
**jerrican(e)**, **jerrycan** [(d)ʒeʀikan] *m* Benzinkanister *m*
**jet** [ʒɛ] *m* **1.** (*d'un tuyau*) Düse *f;* ~ **d'eau** Fontäne *f* **2.** (*action*) Werfen *nt* **3.** (*résultat*) Wurf *m*
**jeter** [ʒ(ə)te] <3> **I.** *vt* **1.** (*lancer*) werfen **2.** (*se débarrasser de*) wegwerfen **3.** (*répandre*) ~ **le discrédit sur qn** jdn in Verruf bringen **4.** ~ **un [coup d']œil à qn** ein Auge auf jdn haben **II.** *vpr* (*s'élancer*) **se** ~ sich stürzen
**jeton** [ʒ(ə)tɔ̃] *m* **1.** JEUX Jeton *m;* (*à la roulette*) Chip *m* **2.** TELEC Telefonmünze *f*
**jeu** [ʒø] <x> *m* **1.** Spiel *nt* **2.** (*jeu d'argent*) ~ **de hasard** Glücksspiel *nt* **3.** (*série*) ~ **de clés** Satz *m* Schlüssel
**jeudi** [ʒødi] *m* Donnerstag *m;* ~ **saint** Gründonnerstag
**jeun** [ʒœ̃] **à** ~ nüchtern
**jeune** [ʒœn] *adj* (*opp: vieux*) jung; (*enfant*) klein; **ma** ~ **sœur** meine kleine Schwester
**jeûner** [ʒøne] <1> *vi* fasten
**jeunesse** [ʒœnɛs] *f* **1.** Jugend *f* **2.** (*d'un vin*) junges Alter
**joaillerie** [ʒɔajʀi] *f* (*bijouterie*) Juweliergeschäft *nt*
**joie** [ʒwa] *f* (*bonheur*) Freude *f*
**joindre** [ʒwɛ̃dʀ] <irr> **I.** *vt* **1.** (*faire se toucher*) zusammenfügen; (*mains*) falten **2.** (*relier*) miteinander verbinden **3.** (*personne*) erreichen **II.** *vpr* **se** ~ **à qn/qc** sich jdm/einer S. anschließen
**joint(e)** [ʒwɛ̃] *adj* **1.** (*mains*) gefaltet **2.** (*efforts*) gemeinsam
**joli(e)** [ʒɔli] *adj* (*agréable*) hübsch; (*vêtement, chanson*) nett
**jonction** [ʒɔ̃ksjɔ̃] *f* (*de routes*) Einmündung *f;* (*de fleuves*) Zusammenfluss *m;* (*de voies ferrées*) Weiche *f*
**jongler** [ʒɔ̃gle] <1> *vi* jonglieren
**jouable** [ʒwabl] *adj* (*faisable*) machbar
**joual** [ʒwal] *m* Frankokanadisch *nt*
**joual(e)** [ʒwal] <s> *adj* frankokanadisch
**joue** [ʒu] *f* Backe *f*

**jouer** [ʒwe] <1> **I.** *vt, vi* spielen **II.** *vpr* **se ~** (*avenir*) sich entscheiden

**jouet** [ʒwɛ] *m* Spielzeug *nt*

**joueur, -euse** [ʒwœʀ] *m, f* Spieler(in) *m(f)*

**jouir** [ʒwiʀ] <8> *vi* **1. ~ de la vie** das Leben genießen **2. ~ d'une fortune** vermögend sein **3.** (*sexuellement*) einen Orgasmus haben

**jouissance** [ʒwisɑ̃s] *f* **1.** (*plaisir*) Vergnügen *nt* **2.** (*usage*) Nutzung *f*

**jour** [ʒuʀ] *m* **1.** Tag *m;* **par ~** täglich; **tous les ~s** jeden Tag **2.** (*opp: obscurité*) Tageslicht *nt;* **il fait ~** es ist hell **3. à ce ~** bis heute; **un de ces ~s** demnächst; **de nos ~s** heutzutage; **l'autre ~** *fam* neulich

**journal** [ʒuʀnal] <-aux> *m* **1.** (*quotidien, bureaux*) Zeitung *f* **2.** (*hebdomadaire*) Zeitschrift *f*

**journalier, -ière** [ʒuʀnalje] *adj* täglich; (*salaire, gain*) Tages-

**journée** [ʒuʀne] *f* Tag *m*

**jovial(e)** [ʒɔvjal] <s> *adj* heiter

**joyau** [ʒwajo] <x> *m* Juwel *nt*

**joyeux, -euse** [ʒwajø] *adj* (*chant*) fröhlich; **joyeuse fête!** frohes Fest!; **~ anniversaire!** herzlichen Glückwunsch zum Geburtstag!

**jubilation** [ʒybilasjɔ̃] *f* Jubel *m*

**judaïque** [ʒydaik] *adj* jüdisch; (*loi*) mosaisch

**judiciaire** [ʒydisjɛʀ] *adj* **1.** (*autorité*) Justiz-; (*police*) Kriminal- **2.** (*erreur*) Justiz-

**juge** [ʒyʒ] *mf* Richter(in) *m(f)*

**juge-arbitre** [ʒyʒaʀbitʀ] <juges-arbitres> *mf* Schiedsrichter(in) *m(f)*

**jugement** [ʒyʒmɑ̃] *m* **1.** *a.* JUR Urteil *nt* **2.** (*discernement*) Urteilsvermögen *nt*

**juger** [ʒyʒe] <2a> **I.** *vt* **1.** JUR **~ qn coupable** jdn für schuldig befinden **2.** (*arbitrer*) entscheiden **3.** (*livre, situation*) beurteilen **II.** *vi* JUR entscheiden **III.** *vpr* **se ~ incapable** sich für unfähig halten

**juif, -ive** [ʒɥif] *adj* jüdisch

**Juif, -ive** [ʒɥif] *m, f* Jude/Jüdin *m/f*

**juillet** [ʒɥijɛ] *m* Juli *m*

**juin** [ʒɥɛ̃] *m* Juni *m*

**jumeau, -elle** [ʒymo] <x> *m, f* Zwilling *m;* (*frère*) Zwillingsbruder *m*

**jumeler** [ʒymle] <3> *vt* **être jumelées** (*villes*) Partnerstädte sein

**jumelles** [ʒymɛl] *fpl* OPT Fernglas *nt*

**jungle** [ʒœ̃gl] *f* Dschungel *m*

**junior** [ʒynjɔʀ] *mf* Junior(in) *m(f)*

**jupe** [ʒyp] *f* Rock *m*

**Jura** [ʒyʀa] *m* **le ~** der Jura

**juré(e)** [ʒyʀe] **I.** *adj* (*ennemi*) erklärt **II.** *m(f)* JUR Geschworene(r) *f(m)*

**jurer** [ʒyʀe] <1> **I.** *vt* **1.** schwören **2. je te [o vous] jure!** *fam* also

ehrlich! **II.** *vi* (*pester*) ~ **contre qn/qc** über jdn/etw fluchen
**juridique** [ʒyʀidik] *adj* **1.** (*judiciaire*) gerichtlich **2.** (*qui a rapport au droit*) juristisch
**jurisprudence** [ʒyʀispʀydɑ̃s] *f* Rechtsprechung *f*
**juron** [ʒyʀɔ̃] *m* Fluch *m*
**jury** [ʒyʀi] *m* **1.** JUR Geschworene(n) *Pl* **2.** (*Preisgericht*) Jury *f*
**jus** [ʒy] *m* **1.** Saft *m* **2.** *fam* (*café*) Kaffee *m*
**jusque** [ʒysk] <jusqu'> **I.** *prép* **1.** (*limite de lieu*) bis; **jusqu'ici** bis hierher; **~-là** bis dorthin **2.** (*limite de temps*) bis; **jusqu'à maintenant** bis jetzt; **jusqu'ici** bis heute **3.** (*y compris*) sogar **4.** (*limite*) **~-là** so weit; **jusqu'où** wie weit **II.** *conj* **jusqu'à ce que** + *subj* bis
**juste** [ʒyst] **I.** *adj* **1.** (*équitable*) gerecht **2.** (*fondé*) berechtigt **3.** (*à peine suffisant*) knapp **4. c'est ~!** das stimmt! **II.** *m* REL Gerechte(r) *f(m)* **III.** *adv* **1.** (*avec exactitude*) richtig; **dire ~** Recht haben **2.** (*exactement*) [ganz] genau **3.** (*seulement*) bloß **4. tout ~** gerade noch
**justement** [ʒystəmɑ̃] *adv* **1.** (*à bon droit*) zu Recht **2.** (*exactement*) genau
**justesse** [ʒystɛs] *f* (*précision*) Genauigkeit *f*
**justice** [ʒystis] *f* **1.** (*principe*) Gerechtigkeit *f* **2.** (*loi*) Gesetz *nt* **3.** (*juridiction*) Justiz *f*
**justifier** [ʒystifje] <1> *vt, vpr* [**se**] ~ [sich] rechtfertigen
**juvénile** [ʒyvenil] *adj* jugendlich

# K

**K, k** [kɑ] *m inv* K *nt*, k *nt*
**kermesse** [kɛʀmɛs] *f* **1.** Wohltätigkeitsbasar *m* **2.** BELG, NORD (*fête patronale*) Kirmes *f*
**kilo** [kilo] *m abr de* **kilogramme** Kilo *nt*
**kilogramme** [kilɔgʀam] *m* Kilogramm *nt*
**kilométrage** [kilɔmetʀaʒ] *m* Kilometerstand *m*
**kilomètre** [kilɔmɛtʀ] *m* Kilometer *m*, Quadratkilometer *m*
**kilomètre-heure** [kilɔmɛtʀœʀ] <kilomètres-heure> *m* Stundenkilometer *m*
**kilo-octet** [kilɔɔktɛ] <kilo-octets> *m* Kilobyte *nt*
**kir®** [kiʀ] *m* ~/~ **royal** Kir *m*/Kir royal
**kit[s]ch** [kitʃ] *adj inv* kitschig
**klaxonner** [klaksɔne] <1> *vi* hupen
**Ko** [kao] *m abr de* **kilo-octet** KB *nt*
**K.-O.** [kao] *adj inv, fam abr de* **knock-out 1.** (*assommé*) benommen **2.** (*épuisé*) k. o.

# L

**L, l** [ɛl] *m inv* L *nt,* l *nt*

**l** *abr de* **litre** l

**l'** *art pron v.* **le, la**

**la**[1] [la] <l'> I. *art* der/die/das II. *pron* sie

**la**[2] [la] *m inv* MUS A *nt,* a *nt;* **donner le** ~ den Kammerton angeben

**là** [la] *adv* **1.** (*avec déplacement à distance*) dorthin **2.** (*avec déplacement à proximité*) hierher; **passer par** ~ da entlang gehen/fahren **3.** (*sans déplacement à distance*) dort **4.** [**quelque part**] **par** ~ hier irgendwo **5.** (*à ce moment-là*) da; **jusque-**~ bis dahin **6.** (*en ce moment*) da **7.** (*alors*) also da **8.** (*dont il est question*) **cette histoire-**~ diese Geschichte [da]

**là-bas** [labɑ] *adv* **1.** (*avec déplacement*) dorthin **2.** (*avec déplacement*) dort

**labo** [labo], **laboratoire** [labɔʀatwaʀ] *m* (*salle*) Labor *nt*

**laborieux, -euse** [labɔʀjø] *adj* **1.** (*pénible*) mühsam **2.** (*classes, masses*) arbeitend

**lac** [lak] *m* See *m*

**lacer** [lase] <2> *vt* [zu]binden

**lacet** [lasɛ] *m* **1.** Schnürsenkel *m* **2.** (*virage*) Serpentine *f*

**lâche** [lɑʃ] *adj* **1.** (*poltron*) feige **2.** (*corde*) locker

**lâcher** [lɑʃe] <1> **I.** *vt* **1.** (*laisser aller*) loslassen; (*bêtise, mot*) von sich geben **2.** *fam* (*abandonner*) aufgeben **II.** *vi* versagen; (*corde*) nachgeben

**lacune** [lakyn] *f* Lücke *f*

**là-dedans** [lad(ə)dɑ̃] *adv* **1.** (*lieu*) da drin **2.** (*direction*) da hinein

**là-dessous** [lad(ə)su] *adv* darunter; *fig* dahinter

**là-dessus** [lad(ə)sy] *adv* **1.** (*direction, ici*) hier hin-/herauf **2.** (*direction, là-bas*) dort hin-/herauf **3.** (*lieu*) darauf **4.** (*à ce sujet*) darüber **5.** (*sur ce*) daraufhin

**là-haut** [lao] *adv* **1.** (*au-dessus: direction*) dort hinauf **2.** (*dans le ciel*) dort oben

**La Haye** [la´ɛ] Den Haag

**laid(e)** [lɛ] *adj* hässlich

**laine** [lɛn] *f* Wolle *f*

**laïque** [laik] *adj* **1.** POL laizistisch **2.** REL Laien-

**laisse** [lɛs] *f* Leine *f*

**laisser** [lese] <1> **I.** *vt* **1.** lassen **2.** (*quitter*) **je te/vous laisse!** ich gehe jetzt! **II.** *aux* **1.** ~ **qn faire qc** jdm gestatten etw zu tun **2.** ~ **faire** die Dinge laufen lassen (*fam*); **se** ~ **faire** sich (*dat*) alles gefallen lassen (*fam*)

**laisser-aller** [leseale] *m inv* Nachlässigkeit *f*

**lait** [lɛ] *m* Milch *f*

**laitue** [lety] *f* Kopfsalat *m*

**lame** [lam] *f* Klinge *f*

**lamenter** [lamɑ̃te] <1> *vpr* **se ~ sur qc** über etw (*akk*) jammern

**lampadaire** [lɑ̃padɛʀ] *m* **1.** Stehlampe *f* **2.** (*réverbère*) Laterne *f*

**lampe** [lɑ̃p] *f* Lampe *f*

**lampion** [lɑ̃pjɔ̃] *m* Lampion *m*

**lance** [lɑ̃s] *f* **1.** (*arme*) Lanze *f* **2.** (*tuyau*) Schlauch *m*

**lancée** [lɑ̃se] *f* Elan *m*

**lancement** [lɑ̃smɑ̃] *m* **1.** (*d'un satellite*) Start *m* **2.** INFORM [Programm]start *m*

**lance-pierre** [lɑ̃spjɛʀ] <lance-pierres> *m* Steinschleuder *f*

**lancer** [lɑ̃se] <2> **I.** *vt* **1.** (*projeter*) werfen **2.** (*moteur, voiture*) anlassen **3.** INFORM starten **II.** *vpr* **se ~ 1.** (*se précipiter*) sich werfen **2.** (*s'engager*) sich stürzen **III.** *m* SPORT Wurf *m*; (*du poids*) Stoß *m*

**lancinant(e)** [lɑ̃sinɑ̃] *adj* stechend

**Land** [lɑ̃d] <Länder> *m* [Bundes]land *nt*

**landau** [lɑ̃do] <s> *m* Kinderwagen *m*

**lande** [lɑ̃d] *f* Heide *f*

**langage** [lɑ̃gaʒ] *m* Sprache *f*; **~ parlé** Umgangssprache; **~ de programmation** INFORM Programmiersprache

**langer** [lɑ̃ʒe] <2a> *vt* wickeln

**langouste** [lɑ̃gust] *f* Languste *f*

**langue** [lɑ̃g] *f* **1.** ANAT Zunge *f* **2.** (*langage*) Sprache *f*

**languette** [lɑ̃gɛt] *f* (*d'une chaussure*) Zunge *f*; (*d'une boîte*) Lasche *f*

**lanière** [lanjɛʀ] *f* Riemen *m*

**lanterne** [lɑ̃tɛʀn] *f* Laterne *f*

**lapin** [lapɛ̃] *m* Kaninchen *nt*

**laque** [lak] *f* **1.** [Haar]spray *nt o m* **2.** (*peinture*) Lack[farbe *f*] *m*

**laquelle** [lakɛl] *pron v.* **lequel**

**lard** [laʀ] *m* Speck *m*

**large** [laʀʒ] **I.** *adj* **1.** (*opp: étroit*) breit; (*cercle, vêtement*) weit **2.** (*mesure, succès*) groß **3.** (*acception, sens*) weit **II.** *adv* (*calculer, voir*) großzügig **III.** *m* **1.** (*haute mer*) offene See **2.** (*largeur*) **de ~** breit

**largement** [laʀʒəmɑ̃] *adv* **1.** (*opp: étroitement*) weit **2.** (*amplement*) bei weitem

**largeur** [laʀʒœʀ] *f* Breite *f*

**larme** [laʀm] *f* Träne *f*

**larve** [laʀv] *f* ZOOL Larve *f*

**lasser** [lɑse] <1> **I.** *vt* ermüden **II.** *vpr* **se ~ de faire qc** es müde werden etw zu tun

**lassitude** [lɑsityd] *f* **1.** (*fatigue physique*) Mattigkeit *f* **2.** (*fatigue morale*) Überdruss *m*

**latent(e)** [latɑ̃] *adj* latent; (*conflit*) unterschwellig

**latéral(e)** [lateʀal] <-aux> *adj* Seiten-

**latin(e)** [latɛ̃] *adj* **1.** GEO, HIST, LING lateinisch; (*civilisation, histoire*) römisch **2.** (*opp: anglo-saxon*) romanisch; (*tempérament*) südländisch **3.** REL römisch-katholisch

L

**latitude** [latityd] *f* GEO Breite *f;* (*degré*) Breitengrad *m*
**lavable** [lavabl] *adj* abwaschbar
**lavabo** [lavabo] *m* Waschbecken *nt*
**lavage** [lavaʒ] *m* Wäsche *f*
**lavande** [lavɑ̃d] *f* (*a. parfum*) Lavendel *m*
**lave** [lav] *f* Lava *f*
**lave-linge** [lavlɛ̃ʒ] *m inv* Waschmaschine *f*
**laver** [lave] <1> *vt, vpr* ((*se*) *nettoyer*) [**se**] ~ [sich] waschen
**laverie** [lavʀi] *f* ~ **automatique** Waschsalon *m*
**lavette** [lavɛt] *f* (*chiffon*) Spültuch *nt*
**laveuse** [lavøz] *f* CAN (*lave-linge*) Waschmaschine *f*
**lave-vaisselle** [lavvɛsɛl] *m inv* Geschirrspülmaschine *f*
**le** [lə] <l'> **I.** *art* der/die/das **II.** *pron* ihn
**lécher** [leʃe] <5> *vt, vpr* [**se**] ~ [sich] ablecken
**lèche-vitrines** [lɛʃvitʀin] *m* **faire du** ~ einen Schaufensterbummel machen
**leçon** [l(ə)sɔ̃] *f* **1.** SCOL (*à apprendre*) Lektion *f* **2.** (*cours*) Stunde *f*
**lecteur** [lɛktœʀ] *m* MEDIA Lesegerät *nt;* ~ **de CD** CD-Player *m;* ~ **MP3** MP3-Player
**lecture** [lɛktyʀ] *f* **1.** (*action de lire*) Lesen *nt* **2.** (*qc qui se lit*) Lektüre *f* **3.** MEDIA, INFORM Lesen *nt*
**légal**(**e**) [legal] <-aux> *adj* gesetzlich
**légalité** [legalite] *f* Legalität *f*
**légende** [leʒɑ̃d] *f* **1.** (*mythe*) Sage *f* **2.** (*d'un plan*) Legende *f*
**léger, -ère** [leʒe] *adj* (*opp: lourd*) leicht; (*vêtement*) dünn
**législatif, -ive** [leʒislatif] *adj* gesetzgebend
**légitime** [leʒitim] *adj* **1.** JUR rechtsgültig; (*enfant*) ehelich **2.** (*justifié*) berechtigt
**légitimer** [leʒitime] <1> *vt* rechtfertigen
**légume** [legym] *m* Gemüse *nt*
**lendemain** [lɑ̃dmɛ̃] *m* (*jour suivant*) **le** ~ der/am nächste(n) Tag; **du jour au** ~ von heute auf morgen
**lent**(**e**) [lɑ̃] *adj* langsam
**lentement** [lɑ̃tmɑ̃] *adv* langsam
**lenteur** [lɑ̃tœʀ] *f* (*opp: rapidité*) Langsamkeit *f*
**lentille** [lɑ̃tij] *f* **1.** BOT, OPT Linse *f* **2.** *pl* GASTR Linsen *Pl*
**lequel, laquelle** [ləkɛl] <lesquels, lesquelles> **I.** *pron interrog* welcher/welche/welches **II.** *pron rel* der/die/das
**les** [le] **I.** *art* die **II.** *pron* sie/ihnen
**lesbienne** [lɛzbjɛn] *f* Lesbierin *f*
**léser** [leze] <5> *vt* benachteiligen
**lessive** [lesiv] *f* **1.** Waschmittel *nt* **2.** (*lavage*) Wäsche *f;* **faire la** ~ waschen
**lest** [lɛst] *m* Ballast *m*

**Lettonie** [lɛtɔni] *f* **la ~** Lettland *nt*

**lettre** [lɛtʀ] *f* **1.** (*missive*) Brief *m* **2.** (*signe graphique*) Buchstabe *m* **3.** *pl* UNIV (*opp: sciences*) Geisteswissenschaften *Pl*

**leur¹** [lœʀ] *pron* sie

**leur²** [lœʀ] <leurs> *dét* ihr(e)

**leurs** [lœʀ] *v.* **leur**

**lever** [l(ə)ve] <4> **I.** *vt* (*soulever*) heben **II.** *vpr* **se ~ 1.** (*se mettre debout*) sich erheben **2.** (*sortir du lit*) aufstehen **3.** (*lune, soleil*) aufgehen **4.** (*temps*) aufklaren **III.** *vi* (*pâte*) gehen **IV.** *m* **au ~ du soleil** bei Sonnenaufgang

**levier** [ləvje] *m* Hebel *m*

**lèvre** [lɛvʀ] *f* **1.** (*de la bouche*) Lippe *f* **2.** *pl* (*parties de la vulve*) Schamlippen *Pl*

**levure** [l(ə)vyʀ] *f a.* CHIM Hefe *f*

**lexique** [lɛksik] *m* (*dictionnaire bilingue*) Wörterbuch *nt;* (*dictionnaire technique, spécialisé*) Lexikon *nt*

**liaison** [ljɛzɔ̃] *f* **1.** TELEC, MIL, AUT Verbindung *f* **2.** (*enchaînement*) Zusammenhang *m* **3.** (*relation amoureuse*) Verhältnis *nt*

**liasse** [ljas] *f* (*de documents*) Stoß *m;* (*de billets*) Bündel *nt*

**libéral(e)** [libeʀal] <-aux> *adj* **1.** ECON, POL liberal **2.** (*éducation*) frei

**libérateur, -trice** [libeʀatœʀ] *adj* befreiend

**libération** [libeʀasjɔ̃] *f* **1.** (*d'un prisonnier politique*) Freilassung *f* **2.** *a. fig* (*délivrance*) Befreiung *f*

**libéré(e)** [libeʀe] *adj* emanzipiert

**libérer** [libeʀe] <5> **I.** *vt* **1.** (*relâcher*) freilassen **2.** (*délivrer, rendre disponible*) befreien **3.** (*voie*) frei machen **II.** *vpr* **se ~** sich frei machen

**liberté** [libɛʀte] *f* **1.** (*opp: oppression, emprisonnement*) Freiheit *f* **2.** (*loisir*) freie Zeit **3.** (*droit, indépendance*) Freiheit *f* **4.** (*absence de contrainte*) Ungezwungenheit *f*



**libraire** [libʀɛʀ] *mf* Buchhändler(in) *m(f)*

**librairie** [libʀeʀi] *f* Buchhandlung *f*

**libre** [libʀ] *adj* frei

**librement** [libʀəmɑ̃] *adv* frei

**libre-service** [libʀəsɛʀvis] <libres-services> *m* **1.** (*magasin, restaurant*) Selbstbedienungs- **2.** (*système de vente*) Selbstbedienung *f*

**licence** [lisɑ̃s] *f* **1.** UNIV Licence *f* **2.** COM, JUR, SPORT Lizenz *f*

**licenciement** [lisɑ̃simɑ̃] *m* Entlassung *f*

**licencier** [lisɑ̃sje] <1> *vt* entlassen

**lié(e)** [lje] *adj* (*proche*) **être ~ avec qn** jdm nahestehen

**liège** [ljɛʒ] *m* Kork *m*

**lien** [ljɛ̃] *m* **1.** (*attache*) Band *nt;*

(*chaîne*) Fessel *f* **2.** (*rapport*) Verbindung *f* **3.** INFORM Link *m*

**lier** [lje] <1> **I.** *vt* **1.** (*choses*) zusammenbinden **2.** (*mettre en relation*) **être lié à qc** mit etw zusammenhängen **II.** *vpr* **se ~ avec qn** sich mit jdm anfreunden

**lieu** [ljø] <x> *m* **1.** (*endroit*) Ort *m* **2. en premier ~** zuerst; **avoir ~** stattfinden; **au ~ de cela** stattdessen

**ligne** [liɲ] *f* **1.** *a.* MATH Linie *f* **2.** (*suite de mots*) Zeile *f*; **~ de commande** INFORM Befehlszeile **3.** (*silhouette*) Figur *f* **4.** (*direction*) **~ droite** Gerade *f* **5.** ELEC, TELEC Leitung *f* **6.** INFORM **en ~** online; **hors ~** offline

**lignée** [liɲe] *f* Nachkommenschaft *f*

**ligoter** [ligɔte] <1> *vt* fesseln

**ligue** [lig] *f* Liga *f*

**liguer** [lige] <1> *vpr* **se ~ contre qn** sich gegen jdn verschwören

**lilas** [lilɑ] **I.** *m* Flieder *m* **II.** *adj inv* lila[farben]

**lime** [lim] *f* Feile *f*

**limite** [limit] **I.** *app* **1. âge ~** Altersgrenze *f* **2.** (*presque impossible*) fast unmöglich **II.** *f* **1.** (*d'une étendue*) Grenze *f* **2.** (*dans le temps*) Frist *f* **3.** (*borne*) Grenzen *Pl* **4. à la ~** na ja; **à la ~, je peux ...** im äußersten Fall kann ich ...

**limiter** [limite] <1> **I.** *vt* **1.** (*délimiter*) begrenzen **2.** (*restreindre*) einschränken **II.** *vpr* (*se borner*) **se ~ à qc** sich auf etw (*akk*) beschränken

**linge** [lɛ̃ʒ] *m* **1.** (*vêtements*) Wäsche *f* **2.** (*morceau de tissu*) Tuch *nt*

**lingerie** [lɛ̃ʒʀi] *f* Damenwäsche *f*

**lion** [ljɔ̃] *m* Löwe *m*

**liqueur** [likœʀ] *f* Likör *m*

**liquidation** [likidasjɔ̃] *f* (*solde*) **~ totale** Räumungsverkauf *f*

**liquide** [likid] **I.** *adj* **1.** (*fluide*) flüssig **2.** (*disponible*) **argent ~** Bargeld *nt* **II.** *m* **1.** (*fluide*) Flüssigkeit *f* **2.** (*argent*) Bargeld *nt*

**liquider** [likide] <1> *vt* **1.** (*marchandise*) ausverkaufen **2.** *fam* (*dossier*) sich (*dat*) vom Hals schaffen **3.** *fam* (*tuer*) liquidieren **4.** (*société, compte*) auflösen

**lire**[1] [liʀ] <irr> *vi* lesen

**lire**[2] [liʀ] *f* Lira *f*

**lisible** [lizibl] *adj* gut lesbar

**lisse** [lis] *adj* glatt

**liste** [list] *f* Liste *f*

**lister** [liste] <1> *vt* INFORM ausdrucken

**listing** [listiŋ] *m* Liste *f*; (*document imprimé*) Ausdruck *m*

**lit** [li] *m* Bett *nt*

**litière** [litjɛʀ] *f* Streu *f*

**litige** [litiʒ] *m* Streit *m*

**litre** [litʀ] *m* **1.** Liter *m* **2.** (*bouteille*) Literflasche *f*

**littéraire** [liteʀɛʀ] *adj* **1.** literarisch **2.** (*opp: scientifique*) geisteswissenschaftlich

**littérature** [liteRatyR] *f* Literatur *f*
**Lituanie** [litɥani] *f* **la ~** Litauen *nt*
**livraison** [livRɛzɔ̃] *f* Lieferung *f*
**livre**[1] [livR] *m* Buch *nt;* **~ de poche** Taschenbuch
**livre**[2] [livR] *f a.* GASTR Pfund *nt*
**livrer** [livRe] <1> **I.** *vt* **1.** (*commande*) liefern **2.** (*remettre*) **~ qn à la police** jdn der Polizei ausliefern **II.** *vpr* (*se rendre*) **se ~ à qn** sich jdm stellen
**livret** [livRɛ] *m* (*registre*) Heft *nt*
**livreur, -euse** [livRœR] *m, f* Lieferant(in) *m(f)*
**lobe** [lɔb] *m* Lappen *m;* **~ de l'oreille** Ohrläppchen *nt*
**local** [lɔkal] <-aux> *m* Raum *m*
**local(e)** [lɔkal] <-aux> *adj* örtlich; (*anesthésie*) lokal; **heure ~e** Ortszeit
**localiser** [lɔkalize] <1> *vt* lokalisieren
**localité** [lɔkalite] *f* Ort *m*
**locataire** [lɔkatɛR] *mf* Mieter(in) *m(f)*
**location** [lɔkasjɔ̃] *f* (*d'une habitation*) (*par le propriétaire*) Vermieten *nt*
**location-vente** [lɔkasjɔ̃vɑ̃t] <locations-ventes> *f* Leasing *nt*
**locomotive** [lɔkɔmɔtiv] *f* Lokomotive *f*
**loge** [lɔʒ] *f a.* THEAT Loge *f;* (*d'un acteur*) Garderobe *f*
**logement** [lɔʒmɑ̃] *m* (*habitation*) Wohnung *f*
**loger** [lɔʒe] <2a> **I.** *vi* wohnen **II.** *vt* (*héberger*) unterbringen
**logiciel** [lɔʒisjɛl] *m* Software *f;* **~ anti-virus** Antivirenprogramm *nt;* **~ de courrier électronique** Mailprogramm; **~ de traitement de texte** Textverarbeitungsprogramm
**logique** [lɔʒik] **I.** *adj* logisch **II.** *f* Logik *f*
**loi** [lwa] *f a.* PHYS, MATH Gesetz *nt*
**loin** [lwɛ̃] *adv* **1.** (*distance*) **au ~** in der Ferne; **de ~** von weitem; **plus ~** weiter **2.** *fig* weit; **~ de là** [ganz] im Gegenteil **3.** (*dans le temps: passé*) lange her
**lointain(e)** [lwɛ̃tɛ̃] *adj* **1.** (*pays, avenir*) fern **2.** (*indirect*) entfernt **3.** (*regard*) abwesend
**loisir** [lwaziR] *m* (*temps libre*) Freizeit *f*
**long** [lɔ̃] *m* **en ~** in der Länge; **de ~ en large** auf und ab; **en ~ et en large** lang und breit
**long, longue** [lɔ̃] *adj* **1.** (*dans l'espace*) lang; (*détour*) groß **2.** (*dans le temps*) lang
**longer** [lɔ̃ʒe] <2a> *vt* **1.** (*border*) **~ qc** (*mur*) an etw (*dat*) entlanglaufen **2.** **~ qc** (*bateau, véhicule*) an etw (*dat*) entlangfahren
**longitude** [lɔ̃ʒityd] *f* Länge *f*
**longtemps** [lɔ̃tɑ̃] *adv* lange
**longue** [lɔ̃g] *adj v.* **long**
**longuement** [lɔ̃gmɑ̃] *adv* lange; (*expliquer*) lang und breit

L

**longueur** [lɔ̃gœʀ] *f* **1.** (*opp: largeur*) Länge *f* **2.** (*durée*) Länge *f*
**longue-vue** [lɔ̃gvy] <longues-vues> *f* Fernrohr *nt*
**loquet** [lɔkɛ] *m* Riegel *m*
**Lorraine** [lɔʀɛn] *f* **la ~** Lothringen *nt*
**lors** [lɔʀ] *adv* **~ de** bei; **dès ~** seitdem; **dès ~ que ...** sobald ...
**lorsque** [lɔʀsk(ə)] <lorsqu'> *conj* **~ tu fais/feras qc** wenn du etw machst/machen wirst
**lot** [lo] *m* **1.** Preis *m* **2.** (*assortiment*) Stapel *m*
**loterie** [lɔtʀi] *f* Lotterie *f*
**lotissement** [lɔtismɑ̃] *m* Siedlung *f*
**loto** [lɔto] *m* Lotto *nt*
**louche** [luʃ] *adj* zwielichtig; (*affaire, histoire*) dubios
**loucher** [luʃe] <1> *vi* schielen
**louer¹** [lwe] <1> *vt* loben
**louer²** [lwe] <1> *vt* **1.** (*donner en location*) vermieten **2.** (*prendre en location*) mieten **3.** (*emprunter*) ausleihen
**loup** [lu] *m* (*mammifère*) Wolf *m*
**loupe** [lup] *f* Lupe *f*
**lourd(e)** [luʀ] **I.** *adj* **1.** (*de grand poids*) schwer **2.** (*chaleur*) drückend; **il fait ~** es ist schwül **3.** (*impôts, dettes*) hoch **4.** (*parfum, vin*) schwer **II.** *adv* (*peser*) schwer
**lourdement** [luʀdəmɑ̃] *adv* schwer
**lover** [lɔve] <1> *vpr* **se ~** sich einrollen
**loyal(e)** [lwajal] <-aux> *adj* loyal; (*ami, services*) treu
**loyauté** [lwajote] *f* Loyalität *f*
**loyer** [lwaje] *m* Miete *f*
**lubrifiant** [lybʀifjɑ̃] *m* Schmiermittel *nt*
**lucratif, -ive** [lykʀatif] *adj* lukrativ
**lueur** [lɥœʀ] *f* **1.** (*faible clarté*) Schein *m* **2.** (*de colère, joie*) Andeutung *f* **3. une ~ d'espoir** ein Hoffnungsschimmer *m*
**luge** [lyʒ] *f* Schlitten *m*
**lui** [lɥi] *pron* ihn/sie
**lui-même** [lɥimɛm] *pron* er selbst
**luisant(e)** [lɥizɑ̃] *adj* glänzend
**lumière** [lymjɛʀ] *f* **1.** Licht *nt* **2.** *pl* (*connaissances*) Wissen *nt*
**lumineux, -euse** [lyminø] *adj* **1.** leuchtend **2.** (*pièce, appartement*) hell
**lundi** [lœ̃di] *m* Montag *m*; **~ de Pâques/Pentecôte** Oster-/Pfingstmontag
**lune** [lyn] *f* Mond *m*
**lunette** [lynɛt] *f* **1.** *pl* Brille *f*, Augengläser *Pl* (A) **2.** (*instrument*) Fernrohr *nt* **3.** (*des WC*) WC-Brille *f*
**lustre** [lystʀ] *m* Kronleuchter *m*
**lustrer** [lystʀe] <1> *vt* (*voiture*) polieren
**lutte** [lyt] *f* **1.** (*combat*) Kampf *m* **2.** SPORT Ringkampf *m*
**lutter** [lyte] <1> *vi* kämpfen
**lutteur, -euse** [lytœʀ] *m, f*

**1.** SPORT Ringkämpfer(in) *m(f)* **2.** (*battant*) Kämpfer(in) *m(f)*

**luxe** [lyks] *m* **1.** (*opp: nécessité*) Luxus *m* **2.** (*coûteux*) **de ~** Luxus-

**Luxembourg** [lyksɑ̃buʀ] *m* **1. le ~** Luxemburg *nt* **2.** (*ville*) Luxemburg *nt* **3.** (*à Paris*) **le [palais du] ~** *Sitz des französischen Senats*

**luxer** [lykse] <1> *vpr* **se ~ l'épaule** sich die Schulter verrenken

**luxueux, -euse** [lyksɥø] *adj* luxuriös

**lycée** [lise] *m: Schule für die letzten 3 Jahre vor dem Abitur;* **aller au ~** ein lycée besuchen

# M

**M, m** [ɛm] *m inv* M *nt*, m *nt*

**m** [ɛm] *abr de* **mètre** m

**M.** <MM.> *m abr de* **Monsieur**

**m'** *pron v.* **me**

**ma** [ma] <mes> *dét* mein(e)

**macabre** [makɑbʀ] *adj* makaber

**macérer** [maseʀe] <5> **I.** *vi* **~ dans qc** in etw (*dat*) eingelegt sein **II.** *vt* **faire ~** einlegen

**mâcher** [mɑʃe] <1> *vt* kauen

**machine** [maʃin] *f* Maschine *f*

**macho** [matʃo] *m fam* Macho *m*

**maçon(ne)** [masɔ̃] *m(f)* Maurer(in) *m(f)*

**madame** [madam] <mesdames> *f* Frau *f*

**mademoiselle** [mad(ə)mwazɛl] <mesdemoiselles> *f* Frau *f*

**magasin** [magazɛ̃] *m* Geschäft *nt*

**magazine** [magazin] *m* **1.** PRESSE Zeitschrift *f* **2.** (*émission*) Magazin *nt*

**mage** [maʒ] **I.** *m* ASTRO Magier *m* **II.** *app* **les Rois ~s** die Heiligen Drei Könige

**magicien(ne)** [maʒisjɛ̃] *m(f)* (*sorcier*) Zauberer *m*

**magique** [maʒik] *adj* **1.** (*surnaturel*) Zauber- **2.** (*merveilleux*) zauberhaft

**magnétique** [maɲetik] *adj* magnetisch; (*bande*) Ton-

**magnéto** [maɲeto] *m fam abr de* **magnétophone**

**magnétophone** [maɲetɔfɔn] *m* (*à cassettes*) Kassettenrecorder *m*

**magnétoscope** [maɲetɔskɔp] *m* Videorecorder *m*

**magnifique** [maɲifik] *adj* wunderschön

**mai** [mɛ] *m* Mai *m*

**maigre** [mɛgʀ] *adj* **1.** (*opp: gros*) mager; (*jambe*) dünn; (*visage*) schmal **2.** GASTR mager; (*lard*) durchwachsen **3.** (*faible*) dürftig

**maigrir** [megʀiʀ] <8> *vi* abnehmen

**maille** [mɑj] *f* Masche *f*

**maillon** [majɔ̃] *m* Glied *nt*
**maillot** [majo] *m* ~ **[de bain]** (*de femme*) Badeanzug *m;* (*d'homme*) Badehose *f*
**main** [mɛ̃] *f* ANAT Hand *f;* **serrer la ~ à qn** jdm die Hand schütteln; **fait ~** handgearbeitet; **à deux ~s** mit beiden Händen
**maintenance** [mɛ̃tnɑ̃s] *f* Wartung *f*
**maintenant** [mɛ̃t(ə)nɑ̃] *adv* **1.** (*en ce moment*) jetzt; **dès ~** ab sofort **2.** (*actuellement*) heute
**maintenir** [mɛ̃t(ə)niʀ] <9> **I.** *vt* **1.** (*ordre, offre*) aufrechterhalten; (*tradition*) beibehalten **2.** (*soutenir*) stützen **II.** *vpr* **se ~** sich halten
**maintien** [mɛ̃tjɛ̃] *m* **1.** (*conservation*) Aufrechterhaltung *f;* (*d'une décision*) Beibehaltung *f* **2.** (*soutien*) Halt *m*
**maire** [mɛʀ] *mf* Bürgermeister(in) *m(f)*, Ammann *m* (CH)
**mairie** [meʀi] *f* Rathaus *nt*
**mais** [mɛ] **I.** *conj* **1.** (*deux séquences qui ne s'excluent pas*) aber **2.** (*deux séquences qui s'excluent*) sondern **II.** *adv* **1.** (*pourtant*) aber **2.** (*renforcement*) aber doch **3.** (*impatience*) also **III.** *m* Aber *nt*
**maison** [mɛzɔ̃] **I.** *f* **1.** Haus *nt* **2.** (*entreprise*) Firma *f* **3.** (*bâtiment*) **~ de retraite** Altersheim *nt* **II.** *app inv* (*pâté*) hausgemacht
**maître** [mɛtʀ] *m* Meister *m*
**maître, -esse** [mɛtʀ] **I.** *adj* **1. œuvre maîtresse** Hauptwerk *nt* **2.** (*qui peut disposer de*) **être ~ de qc** über etw bestimmen **II.** *m, f* **1.** (*chef*) Herr(in) *m(f)* **2.** SCOL Lehrer(in) *m(f)* **3.** (*d'un chien*) Herrchen *nt* (*fam*)
**maîtresse** [mɛtʀɛs] *f* (*liaison*) Geliebte *f*
**maîtrise** [metʀiz] *f* **1.** (*contrôle*) Beherrschung *f* **2.** (*habileté*) Können *nt*
**maîtriser** [metʀize] <1> **I.** *vt* **1.** (*situation*) meistern; (*incendie*) unter Kontrolle bringen **2.** (*forcené*) überwältigen **II.** *vpr* **se ~** sich beherrschen
**majeur** [maʒœʀ] *m* Mittelfinger *m*
**majeur(e)** [maʒœʀ] *adj* **1.** (*difficulté, intérêt*) sehr groß; (*événement*) wichtig **2. la ~e partie du temps** die meiste Zeit **3.** JUR volljährig
**majorité** [maʒɔʀite] *f* **1.** (*des voix*) Mehrzahl *f;* **en ~** überwiegend **2.** JUR Volljährigkeit *f*
**majuscule** [maʒyskyl] **I.** *adj* große(r, s) **II.** *f* Großbuchstabe *m*
**mal¹** [mal] **I.** *adv* **1.** (*opp: bien*) schlecht; (*finir*) böse **2.** (*pas de la bonne façon*) **~ s'y prendre** sich ungeschickt anstellen **3.** (*comprendre, juger*) falsch **4.** (*de manière défavorable*)

**être ~ vu** nicht gerngesehen sein **II.** *adj inv* **1.** schlecht **2.** (*pas à l'aise*) **être ~** sich nicht wohl fühlen

**mal²** [mal] <maux> *m* **1.** *a.* REL **le ~** das Böse **2.** [**se**] **faire ~** [sich (*dat*)] wehtun; **faire ~** wehtun; **qn/qc me fait ~ au cœur** jd/etw tut mir leid

**malade** [malad] *mf* **1.** Kranke(r) *f(m)* **2.** (*patient*) Patient(in) *m(f)*

**maladie** [maladi] *f* **1.** Krankheit *f* **2.** (*manie*) Manie *f*

**maladresse** [maladʀɛs] *f* **1.** (*gaucherie*) Ungeschicklichkeit *f* **2.** (*bévue, gaffe*) Fauxpas *m*

**maladroit(e)** [maladʀwa] *adj* **1.** (*geste, personne*) ungeschickt **2.** (*parole, remarque*) unpassend

**malaise** [malɛz] *m* **1.** MED Unwohlsein *nt;* **avoir un ~** ohnmächtig werden **2.** (*crise*) Unbehagen *nt*

**mâle** [mɑl] **I.** *adj* männlich **II.** *m* **1.** (*homme*) Mann *m* **2.** (*animal*) Männchen *nt*

**malentendant(e)** [malɑ̃tɑ̃dɑ̃] *m(f)* Schwerhörige(r) *f(m)*

**malentendu** [malɑ̃tɑ̃dy] *m* Missverständnis *nt*

**malgré** [malgʀe] *prép* **1.** (*en dépit de*) trotz (+*dat o gen*); **~ tout** trotz allem **2.** (*contre le gré de*) **~ moi** gegen meinen Willen

**malheur** [malœʀ] *m* Unglück *nt*

**malheureusement** [maløʀøzmɑ̃] *adv* leider

**malheureux, -euse** [maløʀø] *adj* (*personne, air*) unglücklich

**malhonnête** [malɔnɛt] *adj* unehrlich

**malice** [malis] *f* **1.** (*espièglerie*) Schalkhaftigkeit *f* **2.** (*méchanceté*) Böswilligkeit *f*

**malicieux, -euse** [malisjø] *adj* (*réponse*) schelmisch; (*regard, sourire*) verschmitzt

**malin, maligne** [malɛ̃] *adj* **1.** (*personne*) schlau; (*sourire*) verschmitzt **2.** (*tumeur*) bösartig

**malpoli(e)** [malpɔli] *adj fam* unhöflich; (*enfant*) ungezogen

**maltraiter** [maltʀete] <1> *vt* misshandeln

**maman** [mamɑ̃] *f* Mutter *f*

**mamie** [mami] *f fam* Oma *f*

**mammifère** [mamifɛʀ] *m* Säugetier *nt*

**manche¹** [mɑ̃ʃ] *f* **1.** (*d'un vêtement*) Ärmel *m* **2.** (*aux courses*) Runde *f* **3.** JEUX Spiel *nt* **4. faire la ~** betteln

**manche²** [mɑ̃ʃ] *m* (*d'un outil*) Griff *m;* (*d'un balai*) Stiel *m;* (*d'une guitare, d'un violon*) Hals *m*

**Manche** [mɑ̃ʃ] *f* **la ~** der Ärmelkanal

**mandat** [mɑ̃da] *m* **1.** Auftrag *m;* JUR, POL Mandat *nt* **2.** COM, FIN Postanweisung *f*

**manège** [manɛʒ] *m* Karussell *nt;*

(*agissements*) Hin und Her *nt*

**manette** [manɛt] *f* INFORM ~ **de jeu** Joystick *m*

**manger** [mɑ̃ʒe] <2a> *vt, vi* essen

**manie** [mani] *f* Tick *m*

**maniement** [manimɑ̃] *m* Handhabung *f;* (*d'un appareil*) Bedienung *f*

**manier** [manje] <1> *vt* **1.** (*objet, outil*) handhaben **2.** (*manipuler, avoir entre les mains*) ~ **qn/qc** mit jdm/etw umgehen

**manière** [manjɛʀ] *f* **1.** (*façon*) Art *f;* **à la ~ ..., d'une ~ générale** im Allgemeinen; **de toute ~** auf jeden Fall; **de ~ [à ce] que** + *subj* so, dass; **de quelle ~?** wie denn? **2.** *pl* (*comportement*) Manieren *Pl*

**manifestation** [manifɛstasjɔ̃] *f* **1.** POL Demonstration *f* **2.** (*événement*) Veranstaltung *f* **3.** (*d'un sentiment*) Äußerung *f*

**manifester** [manifɛste] <1> **I.** *vt* zum Ausdruck bringen **II.** *vi* demonstrieren **III.** *vpr* **se ~ 1.** (*se révéler*) sich äußern **2.** (*se faire connaître*) sich melden

**manipuler** [manipyle] <1> *vt* **1.** (*outil*) handhaben **2.** *péj* (*fausser*) manipulieren; (*résultats*) fälschen

**manœuvre** [manœvʀ] **I.** *f* **fausse ~** Bedienungsfehler *m* **II.** *m* Hilfsarbeiter(in) *m(f)*

**manœuvrer** [manœvʀe] <1> **I.** *vt* (*machine*) bedienen **II.** *vi* (*agir habilement*) geschickt vorgehen

**manque** [mɑ̃k] *m* **1.** Mangel *m* **2.** MED **être en ~** Entzugserscheinungen haben

**manquer** [mɑ̃ke] <1> **I.** *vt* (*cible, but*) verfehlen **II.** *vi* **1.** (*être absent*) fehlen **2.** (*regretter de ne pas avoir*) **les enfants me manquent** ich vermisse die Kinder **3.** (*ne pas respecter*) **~ à sa parole** sein/ihr Wort nicht halten **III.** *vpr* **se ~ de 5 minutes** sich um 5 Minuten verpassen

**manteau** [mɑ̃to] <x> *m* Mantel *m*

**manucure** [manykyʀ] *mf* Maniküre *f*

**manuel** [manɥɛl] *m* Lehrbuch *nt;* (*manuel d'utilisation*) Handbuch

**manuscrit(e)** [manyskʀi] **I.** *adj* handschriftlich **II.** *m* Manuskript *nt*

**maquillage** [makijaʒ] *m* (*action*) Schminken *nt;* (*résultat, produits*) Make-up *nt*

**maquiller** [makije] <1> *vt* **1.** schminken **2.** (*falsifier*) fälschen; (*voiture*) frisieren

**marais** [maʀɛ] *m* Sumpf *m*

**marbre** [maʀbʀ] *m* Marmor *m*

**marchand(e)** [maʀʃɑ̃] *m(f)* Händler(in) *m(f)*

**marchandise** [maʀʃɑ̃diz] *f* Ware *f*

**marche**[1] [maʀʃ] *f* **1.** (*action*) Gehen *nt;* SPORT Lauf *m* **2.** (*allure*) Gang *m* **3. mettre qc en ~** etw einschalten

**marche²** [maʀʃ] *f* (*d'un escalier*) Stufe *f;* (*d'un véhicule*) Trittbrett *nt*

**marché** [maʀʃe] *m* **1.** Markt *m;* **~ aux puces** Flohmarkt **2.** (*contrat*) Vertrag *m* **3. bon ~** *inv* billig

**marcher** [maʀʃe] <1> *vi* **1.** gehen **2.** (*poser le pied*) **~ sur/dans qc** auf/in etw (*akk*) treten **3.** (*fonctionner*) laufen; **~ à l'électricité** mit Strom betrieben werden **4.** *fam* **ça marche!** o.k.!

**mardi** [maʀdi] *m* Dienstag *m;* **~ gras** Karnevalsdienstag

**marée** [maʀe] *f* Ebbe *f* und Flut *f*

**marge** [maʀʒ] *f* **1.** (*d'une feuille*) Rand *m* **2.** (*délai*) Spielraum *m*

**marginal(e)** [maʀʒinal] <-aux> *m(f)* Außenseiter(in) *m(f)*

**mari** [maʀi] *m* [Ehe]mann *m*

**mariage** [maʀjaʒ] *m* **1.** (*institution*) Ehe *f;* (*union*) Heirat *f* **2.** (*cérémonie*) Hochzeit *f*

**marié(e)** [maʀje] *m(f)* (*le jour du mariage*) Bräutigam/Braut *m/f;* **les ~s** das Brautpaar

**marier** [maʀje] <1> **I.** *vt* trauen **II.** *vpr* **se ~ avec qn** jdn heiraten

**marin** [maʀɛ̃] *m* (*matelot*) Seemann *m*

**marin(e)** [maʀɛ̃] *adj* Meeres-

**marine** [maʀin] **I.** *f* Marine *f* **II.** *adj* marineblau

**mariner** [maʀine] <1> *vt* marinieren

**maritime** [maʀitim] *adj* **1.** (*du bord de mer*) maritim; (*région, ville*) Küsten- **2.** (*relatif au commerce*) See-

**mark** [maʀk] *m* HIST Mark *f;* **le deutsche Mark** die deutsche Mark

**marmonner** [maʀmɔne] <1> *vt* murmeln

**marquant(e)** [maʀkɑ̃] *adj* (*fait, événement*) einschneidend; (*souvenir*) prägend

**marque** [maʀk] *f* **1.** (*trace*) Spur *f* **2.** (*repère*) Zeichen *nt* **3.** COM Marke *f*

**marqué(e)** [maʀke] *adj* **1.** (*traits du visage*) ausgeprägt **2.** (*traumatisé*) vorbelastet

**marquer** [maʀke] <1> *vt* **1.** (*indiquer*) markieren **2.** (*distinguer par un signe*) kennzeichnen **3.** (*inscrire, noter*) notieren

**marraine** [maʀɛn] *f* Patin *f*

**marre** [maʀ] *adv fam* **en avoir ~ de qn/qc** jdn/etw satthaben

**marron** [maʀɔ̃] **I.** *m* Marone *f* **II.** *adj inv* [kastanien]braun

**mars** [maʀs] *m* **1.** März *m* **2.** ASTRO Mars *m*

**marteler** [maʀtəle] <4> *vt* **1.** (*frapper*) hämmern **2.** (*scander*) skandieren

**martyre** [maʀtiʀ] *m* REL Martyrium *nt*

**martyriser** [maʀtiʀize] <1> *vt*

quälen

**mascotte** [maskɔt] *f* Maskottchen *nt*

**masculin(e)** [maskylɛ̃] *adj* männlich

**masque** [mask] *m* Maske *f*

**masqué(e)** [maske] *adj* maskiert

**masquer** [maske] <1> **I.** *vt* verdecken **II.** *vpr* **se ~ le visage** sich (*dat*) eine Maske aufsetzen

**massacre** [masakʀ] *m* Massaker *nt*

**massage** [masaʒ] *m* Massage *f*

**masse** [mas] *f* Masse *f*

**masser¹** [mase] <1> **I.** *vt* (*grouper*) versammeln **II.** *vpr* **se ~** sich zusammenscharen

**masser²** [mase] <1> *vt* massieren

**massif** [masif] *m* **1.** BOT Beet *nt* **2.** GEO Bergmassiv *nt*

**massif, -ive** [masif] *adj* (*carrure*) massig; (*bâtiment, meuble*) wuchtig

**mass media** [masmedja] *mpl* Massenmedien *Pl*

**mat** [mat] *adj inv* JEUX matt

**mât** [mɑ] *m* Mast *m*

**mat(e)** [mat] *adj* matt; (*peau, teint*) dunkel

**match** [matʃ] <[e]s> *m* Spiel *nt*

**matelas** [matlɑ] *m* Matratze *f*

**matérialiste** [mateʀjalist] *adj* materialistisch

**matériau** [mateʀjo] <x> *m* **1.** (*matière*) Material *nt* **2.** *fig* Stoff *m*

**matériel** [mateʀjɛl] *m* **1.** (*équipement*) Material *nt* **2.** (*assortiment proposé dans un magasin*) **~ de sport** Sportartikel *m* **3.** INFORM Hardware *f*

**matériel(le)** [mateʀjɛl] *adj* materiell; (*trace, preuve*) konkret

**maternel(le)** [matɛʀnɛl] *adj* **1.** (*de/pour la mère*) Mutter- **2.** (*grand-père*) mütterlicherseits

**maternelle** [matɛʀnɛl] *f* Kindergarten *m*

**maternité** [matɛʀnite] *f* **1.** (*bâtiment*) Entbindungsheim *nt* **2.** BIO Gebärfähigkeit *f*

**mathématique** [matematik] **I.** *adj* mathematisch **II.** *fpl* Mathematik *f*

**matière** [matjɛʀ] *f* **1.** Material *nt;* **~ première** Rohstoff *m* **2.** PHILOS, PHYS Materie *f* **3.** (*sujet, thème*) Material *nt;* **en ~ de qc** bezüglich einer S. (*gen*)

**matin** [matɛ̃] **I.** *m* Morgen *m;* (*matinée*) Vormittag *m;* **le ~** morgens; **ce ~** heute Morgen; **tous les ~s** jeden Morgen **II.** *adv* **mardi ~** [am] Dienstagmorgen

**matinal(e)** [matinal] <-aux> *adj* morgendlich

**matinée** [matine] *f* **1.** (*matin*) Vormittag *m* **2. faire la grasse ~** ausschlafen

**mature** [matyʀ] *adj* (*psychiquement*) reif; (*sexuellement*) geschlechtsreif

**maturité** [matyʀite] *f* Reife *f*

**maudit(e)** [modi] *adj* **1.** (*fichu*) verdammt **2.** (*poète, écrivain*) verfemt; (*lieu a.*) unheilvoll
**mauvais** [movɛ] *adv* **il fait ~** es ist schlechtes Wetter
**mauvais(e)** [movɛ] *adj* **1.** schlecht; **être ~ en qc** in etw (*dat*) schlecht sein **2.** (*intention, regard*) böse **3.** (*mer*) stürmisch
**mauve** [mov] **I.** *adj* blasslila **II.** *m* Blasslila *nt*
**maximal(e)** [maksimal] <-aux> *adj* maximal; (*vitesse, peine*) Höchst-
**maximum** [maksimɔm] <s> **I.** *adj* maximal **II.** *m* Höchstmaß *nt*
**me** [mə] <m'> *pron* mich/mir
**mec** [mɛk] *m fam* Kerl *m*
**mécanicien(ne)** [mekanisjɛ̃] *m(f)* Mechaniker(in) *m(f)*
**mécanique** [mekanik] **I.** *adj* mechanisch; (*jouet*) zum Aufziehen **II.** *f* Mechanik *f*
**méchamment** [meʃamɑ̃] *adv* **1.** böse **2.** *fam* (*très*) unheimlich
**méchanceté** [meʃɑ̃ste] *f* Boshaftigkeit *f*
**méchant(e)** [meʃɑ̃] *adj* **1.** (*opp: gentil*) böse; (*animal*) bösartig **2.** (*soleil, mer*) gefährlich
**mèche** [mɛʃ] *f* **1.** (*d'une bougie*) Docht *m* **2.** (*touffe*) **~ de cheveux** [Haar]strähne *f*
**mécontent(e)** [mekɔ̃tɑ̃] *adj* **~ de qn/qc** unzufrieden mit jdm/etw
**médaille** [medaj] *f* Medaille *f;* (*décoration*) Orden *m*
**médecin** [medsɛ̃] *m* Arzt/Ärztin *m/f*
**médecine** [medsin] *f* (*science*) Medizin *f*
**média** [medja] *m* **les ~s** die Medien
**médiateur, -trice** [medjatœʀ] *m, f* Vermittler(in) *m(f)*
**médical(e)** [medikal] <-aux> *adj* ärztlich
**médicament** [medikamɑ̃] *m* Medikament *nt*
**médiocre** [medjɔkʀ] *adj* **1.** (*salaire*) dürftig **2.** (*minable*) mittelmäßig **3.** (*élève*) schwach
**méditation** [meditasjɔ̃] *f* Nachsinnen *nt;* REL Meditation *f*
**Méditerranée** [mediteʀane] *f* **la [mer] ~** das Mittelmeer
**méditerranéen(ne)** [mediteʀaneɛ̃] *adj* (*climat*) mediterran; (*caractère*) südländisch
**médium** [medjɔm] *m* Medium *nt*
**méduse** [medyz] *f* Qualle *f*
**meeting** [mitiŋ] *m* **1.** POL Versammlung *f* **2.** SPORT Veranstaltung *f*
**méfait** [mefɛ] *m* **1.** (*faute*) Missetat *f* **2.** (*de l'alcool*) verheerende Folgen *Pl*
**méfiant(e)** [mefjɑ̃] *adj* misstrauisch
**méfier** [mefje] <1> *vpr* **se ~ de qn/qc** jdm/einer S. misstrauen
**mégaoctet** [megaɔktɛ] *m* INFORM Megabyte *nt*
**meilleur** [mɛjœʀ] **I.** *adv* **il fait ~** es

M

ist wärmer **II.** *m* **le ~** das Beste

**meilleur(e)** [mɛjœʀ] *adj* **1.** *comp de* **bon** besser **2.** *superl* **le ~ élève** der beste Schüler

**mélancolie** [melɑ̃kɔli] *f* Melancholie *f*

**mélange** [melɑ̃ʒ] *m* Mischung *f*

**mélanger** [melɑ̃ʒe] <2a> *vt, vpr* [**se**] ~ [sich] [ver]mischen

**mêlé(e)** [mele] *adj* (*couleurs, races*) Misch-

**mêler** [mele] <1> **I.** *vt* **1.** (*mélanger*) [ver]mischen **2.** (*impliquer*) **~ qn à qc** jdn in etw (*akk*) verwickeln **II.** *vpr péj* (*s'occuper*) **se ~ de qc** sich in etw (*akk*) einmischen

**mélodie** [melɔdi] *f* Melodie *f*

**melon** [m(ə)lɔ̃] *m* Melone *f*

**membre** [mɑ̃bʀ] **I.** *m* **1.** ANAT Glied *nt;* **les ~s** die Gliedmaßen **2.** (*d'une association*) Mitglied *nt* **II.** *app* **État ~** Mitgliedsstaat *m*

**même** [mɛm] **I.** *adj* **1. habiter le ~ quartier** in demselben Viertel wohnen **2.** (*simultané*) **en ~ temps** zur gleichen Zeit **3.** (*semblable*) gleich **II.** *pron* **le/la ~** der-/die-/dasselbe **III.** *adv* **1.** (*de plus, jusqu'à*) [ja] sogar; **~ pas** nicht einmal; **~ si** selbst wenn **2.** (*précisément*) **ici ~** genau an dieser Stelle **3. vous de ~!** *soutenu* [danke,] ebenso!; **tout de ~** dennoch

**mémé** [meme] *f fam* Oma *f*

**mémoire**[1] [memwaʀ] *f* **1.** Gedächtnis *nt* **2.** (*souvenir*) **~ de qn/qc** Erinnerung *f* an jdn/etw **3.** INFORM Speicher *m;* **~ vive** Arbeitsspeicher *m;* **mettre qc en ~** etw [ab]speichern

**mémoire**[2] [memwaʀ] *m pl* (*journal*) Memoiren *Pl*

**mémoriser** [memɔʀize] <1> *vt* INFORM [ab]speichern

**menaçant(e)** [mənasɑ̃] *adj* **1.** drohend **2.** (*ciel, nuage*) bedrohlich

**menace** [mənas] *f* **1.** (*parole, geste*) Drohung *f* **2.** (*danger*) Bedrohung *f*

**menacer** [mənase] <2> **I.** *vt* (*constituer une menace pour*) bedrohen **II.** *vi* (*orage, famine*) drohen

**ménage** [menaʒ] *m* **1.** Haushalt *m;* **faire le ~** sauber machen **2.** (*vie commune*) **être/se mettre en ~ avec qn** mit jdm zusammenleben/-ziehen

**ménager** [menaʒe] <2a> *vt, vpr* [**se**] ~ (*personne*) [sich] schonen

**ménagère** [menaʒɛʀ] *f* (*femme*) Hausfrau *f*

**mendier** [mɑ̃dje] <1> *vt, vi* betteln

**mener** [məne] <4> **I.** *vt* **1.** (*amener*) bringen **2.** (*diriger*) leiten; (*négociations, affaire*) führen **II.** *vi* führen

**mensonge** [mɑ̃sɔ̃ʒ] *m* Lüge *f*

**mensuel(le)** [mɑ̃sɥɛl] *adj* monatlich

**mental(e)** [mɑ̃tal] <-aux> *adj* geistig
**mentalité** [mɑ̃talite] *f* Mentalität *f*
**menteur** [mɑ̃tœʀ] *m* Lügner *m*
**menthe** [mɑ̃t] *f* Minze *f*
**mention** [mɑ̃sjɔ̃] *f* **1.** (*fait de signaler*) Erwähnung *f* **2.** (*indication*) Vermerk *m*
**mentionner** [mɑ̃sjɔne] <1> *vt* erwähnen
**mentir** [mɑ̃tiʀ] <10> *vi* lügen
**menton** [mɑ̃tɔ̃] *m* Kinn *nt*
**menu** [məny] *m* **1.** (*repas*) Menü *nt* **2.** INFORM Menü *nt*
**menu(e)** [məny] **I.** *adj* zierlich **II.** *adv* **haché ~** fein gehackt
**menuiserie** [mənɥizʀi] *f* (*atelier*) Tischlerei *f*
**méprise** [mepʀiz] *f* Irrtum *m*
**mépriser** [mepʀize] <1> *vt* **1.** (*opp: estimer*) verachten **2.** (*opp: prendre en compte*) missachten
**mer** [mɛʀ] *f* Meer *nt*
**mercerie** [mɛʀsəʀi] *f* **1.** (*magasin*) Kurzwarenhandlung *f* **2.** (*ensemble des marchandises*) Kurzwaren *Pl*
**merci** [mɛʀsi] **I.** *interj* **1.** (*remercier*) danke; **~ bien** danke schön; (*négatif*) [nein,] vielen Dank **2.** (*indignation, déception*) na danke **II.** *m* Dank *m*
**mercredi** [mɛʀkʀədi] *m* Mittwoch *m*; **~ des Cendres** Aschermittwoch
**merde** [mɛʀd] **I.** *f* **1.** *vulg* Scheiße *f* **2.** *fam* (*saleté, personne, chose sans valeur*) Dreck *m* **II.** *interj fam* **1.** (*colère*) **~ alors!** [verdammte] Scheiße! **2.** (*surprise*) verdammt
**mère** [mɛʀ] *f* **1.** (*femme*) Mutter *f*; **~ célibataire** allein erziehende Mutter **2.** (*animal*) Muttertier *nt*
**meringue** [məʀɛ̃g] *f* Baiser *nt*
**mérite** [meʀit] *m* **1.** Verdienst *nt* **2.** (*d'un appareil, d'une organisation*) Vorzug *m*
**mériter** [meʀite] <1> *vt* **1.** (*avoir droit à qc*) verdienen **2.** (*valoir*) wert sein
**merveille** [mɛʀvɛj] *f* Wunder *nt*
**merveilleux, -euse** [mɛʀvɛjø] *adj* **1.** (*exceptionnel*) wunderbar **2.** (*monde, lampe*) Wunder-
**mes** [me] *dét v.* **ma, mon**
**mésaventure** [mezavɑ̃tyʀ] *f* Missgeschick *nt*
**mesdames** [medam] *fpl v.* **madame**
**mesdemoiselles** [medmwazɛl] *fpl v.* **mademoiselle**
**message** [mesaʒ] *m* **1.** (*nouvelle*) Nachricht *f* **2.** (*note écrite*) Zettel *m* **3.** INFORM, TELEC Meldung *f*; **~ électronique** E-Mail *f*
**messe** [mɛs] *f* Messe *f*
**messieurs** [mesjø] *mpl v.* **monsieur**
**mesure** [m(ə)zyʀ] *f* **1.** Maß *nt*; (*de la température*) Messwert

M

*m* **2.** (*disposition*) Maßnahme *f* **3. dans une certaine ~** in gewissem Maße

**mesuré(e)** [məzyʀe] *adj* (*personne*) besonnen

**mesurer** [məzyʀe] <1> **I.** *vi* messen; **combien mesures-tu?** wie groß bist du? **II.** *vt* **1.** (*évaluer*) ermessen **2.** (*paroles, propos*) mäßigen **III.** *vpr* **se ~ à qn** sich mit jdm messen

**métal** [metal] <-aux> *m* Metall *nt*

**métallique** [metalik] *adj* **1.** (*en métal*) **fil ~** Draht *m* **2.** (*qui rappelle le métal*) metallisch

**métamorphose** [metamɔʀfoz] *f* Verwandlung *f*

**météorologie** [meteɔʀɔlɔʒi] *f* **1.** SCI Meteorologie *f* **2.** (*organisme*) meteorologisches Institut

**méthode** [metɔd] *f* (*technique*) Methode *f*

**métier** [metje] *m* Beruf *m*

**mètre** [mɛtʀ] *m* Meter *m o nt*; **~ cube/carré** Kubik-/Quadratmeter

**métro** [metʀo] *m* **1.** U-Bahn *f* **2.** (*station*) U-Bahn-Station *f*

**mettre** [mɛtʀ] <irr> **I.** *vt* **1.** (*placer, poser*) tun; (*à plat, couché, horizontalement*) legen; (*debout, verticalement*) stellen; (*assis*) setzen **2.** (*vêtement, chaussures*) anziehen; (*chapeau, lunettes*) aufsetzen **3.** (*heures, journées*) brauchen; **tu as mis le temps!** du hast dir aber Zeit gelassen! **4. ~ à l'heure** (*montre*) stellen; **~ à jour** INFORM aktualisieren **II.** *vpr* **1. se ~ debout/assis** aufstehen/sich [hin]setzen **2.** (*porter*) **se ~ en pantalon** eine Hose anziehen **3.** (*commencer à*) **se ~ au travail** sich an die Arbeit machen **4.** (*changement d'état*) **se ~ en colère** wütend werden

**meuble** [mœbl] *m* Möbel *nt*

**meubler** [mœble] <1> *vt, vpr* [se] ~ [sich] einrichten

**meurtre** [mœʀtʀ] *m* Mord *m*

**meurtrier, -ière** [mœʀtʀije] *adj* mörderisch; (*accident, coup*) tödlich, lebensgefährlich

**MF** [ɛmɛf] *mpl* HIST *abr de* **millions de francs** Mio F

**mi** [mi] *m inv* E *nt*, e *nt*

**mi-août** [miut] *f* **à la ~** Mitte August

**miauler** [mjole] <1> *vi* miauen

**mi-bas** [mibɑ] <mi-bas> *m* Kniestrumpf *m*

**mi-chemin** [miʃmɛ̃] **à ~** auf halbem Weg

**micro-ondes** [mikʀoɔ̃d] *m inv* (*four*) Mikrowelle *f*

**micro-ordinateur** [mikʀoɔʀdinatœʀ] <micro-ordinateurs> *m* PC *m*

**microphone** [mikʀɔfɔn] *m* Mikrofon *nt*

**microscope** [mikʀɔskɔp] *m* Mikroskop *nt*

**midi** [midi] *m* **1.** *inv* (*heure*)

zwölf [Uhr]; **à ~** um zwölf **2.** (*moment du déjeuner*) Mittag *m* **3.** (*sud*) Süden *m*

**Midi** [midi] *m* **le ~** Südfrankreich *nt*

**miel** [mjɛl] *m* Honig *m*

**mien(ne)** [mjɛ̃] *pron* **le ~/la ~ne** der/die/das Meine

**mieux** [mjø] **I.** *adv comp de* **bien 1.** besser; **qn va ~** jdm geht es besser; **aimer ~ faire qc** etw lieber tun; **tant ~ pour qn!** umso besser für jdn! **2. il vaut ~ que** + *subj* es ist besser, wenn **II.** *adv superl de* **bien: c'est lui qui travaille le ~** er arbeitet am besten; **il travaille de son ~** er arbeitet so gut er kann **III.** *adj comp de* **bien 1.** (*en meilleure santé*) **il la trouve ~** er findet, sie sieht [wieder] besser aus **2.** (*préférable*) **c'est ~ ainsi** es ist besser so **IV.** *adj superl de* **bien c'est avec les cheveux courts qu'elle est le ~** kurze Haare stehen ihr am besten **V.** *m* (*une chose meilleure*) **trouver ~** etwas Besseres finden

**mignon(ne)** [miɲɔ̃] *adj* niedlich; (*gentil*) lieb

**migration** [migʀasjɔ̃] *f* Wanderung *f*

**mi-hauteur** [miˈotœʀ] **à ~** auf halber Höhe

**milieu** [miljø] <x> *m* **1.** Mitte *f* **2.** (*environnement*) Umwelt *f*

**militaire** [militɛʀ] *mf* Soldat(in) *m(f)*

**militer** [milite] <1> *vi* **1.** (*être militant*) aktiv sein **2.** (*lutter*) kämpfen

**mille** [mil] *num* [ein]tausend

**millénaire** [milenɛʀ] **I.** *adj* tausendjährig **II.** *m* Jahrtausend *nt*

**milliard** [miljaʀ] *m* Milliarde *f*; **des ~s de choses** Milliarden *Pl* von Dingen

**millième** [miljɛm] **I.** *adj* tausendste(r, s) **II.** *m* (*fraction*) Tausendstel *nt*

**millier** [milje] *m* **un/deux ~(s) de choses** um die tausend/zweitausend Dinge; **des ~s de** Tausende *Pl* von

**millimètre** [milimɛtʀ] *m* Millimeter *m o nt*

**million** [miljɔ̃] *m* Million *f*

**mi-long, mi-longue** [milɔ̃] <mi-longs> *adj* halb lang

**mime** [mim] *m* (*activité*) Pantomime *f*

**mimer** [mime] <1> *vt* mimen

**minable** [minabl] *adj* erbärmlich

**mince** [mɛ̃s] **I.** *adj* **1.** (*fin*) dünn **2.** (*élancé*) schlank **3.** (*modeste*) gering **II.** *adv* dünn **III.** *interj* **~ [alors]!** *fam* verflixt [noch mal]!

**mincir** [mɛ̃siʀ] <8> *vi* dünner werden

**mine¹** [min] *f* **1.** Miene *f*; **avoir bonne ~** gut aussehen **2.** (*allure*) Aussehen *nt*

**mine²** [min] *f* Mine *f*
**mine³** [min] *f* (*d'un crayon*) Mine *f*
**minéral** [mineʀal] <-aux> *m* Mineral *nt*
**mineur(e)** [minœʀ] *adj* **1.** JUR minderjährig **2.** (*peu important*) unwichtig
**mini** [mini] *adj inv, fam* Mini-
**miniature** [minjatyʀ] *f* Miniatur *f*
**minimal(e)** [minimal] <-aux> *adj* minimal
**minimum** [minimɔm] <s> **I.** *adj* Mindest-; (*température*) Tiefst- **II.** *m* Minimum *nt*
**ministre** [ministʀ] *mf* POL Minister(in) *m(f)*; **Premier ~** Premierminister
**minoritaire** [minɔʀitɛʀ] *adj* Minderheits-; **être ~s** in der Minderheit sein
**minorité** [minɔʀite] *f* **1.** Minderheit *f* **2.** JUR Minderjährigkeit *f*
**minuit** [minɥi] *m* Mitternacht *f*
**minuscule** [minyskyl] **I.** *adj* **1.** (*très petit*) winzig [klein] **2.** (*en écriture*) klein **II.** *f* Kleinbuchstabe *m*
**minute** [minyt] *f* Minute *f*
**minutieux, -euse** [minysjø] *adj* genau; (*personne, examen a.*) gründlich
**miracle** [miʀɑkl] *m* Wunder *nt*
**miraculeux, -euse** [miʀakylø] *adj* wunderbar
**mirage** [miʀaʒ] *m* Fata Morgana *f*
**miroir** [miʀwaʀ] *m* Spiegel *m*
**mise** [miz] *f* **1.** JEUX Einsatz *m* **2.** (*fait de mettre*) **~ à jour** Aktualisierung *f*; INFORM Update *nt*
**miser** [mize] <1> *vt, vi* setzen
**misérable** [mizeʀabl] *adj* **1.** (*personne, famille*) sehr arm **2.** (*pitoyable*) erbärmlich
**misère** [mizɛʀ] *f* **1.** (*détresse*) Elend *nt*, Not *f* **2.** (*souffrances*) Leiden *nt*
**mission** [misjɔ̃] *f* **1.** (*tâche*) Aufgabe *f*; (*culturelle, dangereuse*) Mission *f* **2.** (*délégation*) Delegation *f* **3.** (*vocation*) Mission *f*
**mite** [mit] *f* Motte *f*
**mi-temps** [mitɑ̃] **I.** *f inv* SPORT Halbzeit *f* **II.** *m inv* (*travail*) Halbtagsstelle *f*
**mixer** [mikse] <1> *vt* **1.** GASTR mixen **2.** MEDIA mischen
**mixture** [mikstyʀ] *f* Mixtur *f*
**MJC** [ɛmʒise] *f abr de* **maison des jeunes et de la culture**
**Mlle** [madmwazɛl] <s> *f abr de* **Mademoiselle** Frl.
**MM.** [mesjø] *mpl abr de* **Messieurs** die Herren
**Mme** [madam] <s> *f abr de* **Madame** Fr.
**Mo** [ɛmo] *m abr de* **mégaoctet** MB *nt*
**mobile** [mɔbil] *adj* beweglich; (*forces de police*) mobil
**mobilier** [mɔbilje] *m* Einrichtung *f*
**mobiliser** [mɔbilize] <1> **I.** *vt*

mobilisieren **II.** *vpr* **se** ~ aktiv werden

**moche** [mɔʃ] *adj fam* **1.** (*laid*) hässlich **2.** (*regrettable*) scheußlich

**modalité** [mɔdalite] *fpl* (*procédure*) Modalitäten *Pl*

**mode[1]** [mɔd] *f* Mode *f*

**mode[2]** [mɔd] *m* ~ **d'emploi** Gebrauchsanweisung *f;* ~ **de paiement** Zahlungsart *f*

**modèle** [mɔdɛl] **I.** *m* **1.** (*référence*) Vorbild *nt* **2.** TYP Vorlage *f* **3.** COUT, ART Modell *nt* **4.** ~ **réduit** Miniaturmodell **II.** *adj* (*exemplaire*) vorbildlich

**modeler** [mɔd(ə)le] <4> *vt* (*poterie*) modellieren; (*pâte*) formen

**modélisme** [mɔdelism] *m* Modellbau *m*

**modération** [mɔdeʀasjɔ̃] *f* Mäßigung *f*

**modéré(e)** [mɔdeʀe] *adj* (*vent, enthousiasme*) mäßig; (*opinion, prix*) gemäßigt; (*personne*) maßvoll

**modérer** [mɔdeʀe] <5> *vt* (*dépenses*) bremsen

**moderne** [mɔdɛʀn] *adj* modern; (*pays*) fortschrittlich

**modeste** [mɔdɛst] *adj* bescheiden

**modifier** [mɔdifje] <1> *vt* ändern

**moelleux, -euse** [mwɛlø] *adj* weich

**mœurs** [mœʀ(s)] *fpl* **1.** (*coutumes*) Sitten und Bräuche *Pl* **2.** (*règles morales*) Moral *f*

**moi** [mwa] *pron* mich/mir

**moi-même** [mwamɛm] *pron* ich selbst

**moindre** [mwɛ̃dʀ] *adj* (*bruit*) geringste(r, s)

**moine** [mwan] *m* Mönch *m*

**moins** [mwɛ̃] **I.** *adv* **1.** weniger; **rouler ~ vite** langsamer fahren; ~ **beau** [**que**] nicht so schön [wie]; ~ **...** ~ **...** je weniger ..., desto weniger ...; ~ **..., plus ...** je weniger ..., desto mehr ... **2.** *superl* **le** ~ am wenigsten **3. à** ~ **que** + *subj*/**de faire qc** es sei denn, jd tut etw; **au** ~ (*au minimum*) mindestens; [**tout**] **au/du** ~ wenigstens; **de** ~, **en** ~ weniger; **de** ~ **en** ~ immer weniger **II.** *prép* **1.** (*soustraction*) minus **2.** (*heure*) vor; **midi** ~ **le quart** Viertel vor zwölf **3.** (*température*) minus **III.** *m* **1.** (*minimum*) Mindeste(s) *nt* **2.** (*signe*) Minuszeichen *nt*

M

**mois** [mwa] *m* Monat *m;* **au** ~ monatlich; **au** ~ **de janvier** im Januar

**moisir** [mwaziʀ] <8> *vi* **1.** schimmeln **2.** *fam* (*personne*) herumhängen

**moisson** [mwasɔ̃] *f* Ernte *f*

**moite** [mwat] *adj* feucht

**moitié** [mwatje] *f* Hälfte *f;* **la** ~ **du temps** die halbe Zeit; ~ **moins** halb so viel; ~ **...** ~ **...** halb ... halb ...

**moment** [mɔmɑ̃] *m* **1.** Moment *m,* Augenblick *m;* **un** [**long**] **~** eine [ganze] Weile; **à quel ~?** wann?; **au ~ de** als; **dans un ~** gleich; **du ~ que ...** da ja ...; **en ce ~, pour le ~** im Moment; **un ~!** [einen] Moment! **2.** (*occasion*) Gelegenheit *f;* **à un ~ donné** plötzlich; **c'est le ~ ou jamais** jetzt oder nie

**momentanément** [mɔmɑ̃tanemɑ̃] *adv* zur Zeit

**momie** [mɔmi] *f* Mumie *f*

**mon** [mɔ̃] <mes> *dét* mein(e)

**monastère** [mɔnastɛʀ] *m* Kloster *nt*

**mondain**(**e**) [mɔ̃dɛ̃] *adj* (*vie*) mondän; (*obligations, réunion*) gesellschaftlich

**monde** [mɔ̃d] *m* **1.** (*univers*) Welt *f* **2.** (*groupe social*) Kreise *Pl* **3.** (*foule*) Menschenmenge *f;* **beaucoup de ~** viele Leute

**mondial** [mɔ̃djal] *m* SPORT Weltmeisterschaft *f*

**mondial**(**e**) [mɔ̃djal] <-aux> *adj* weltweit

**mondialisation** [mɔ̃djalizasjɔ̃] *f* Globalisierung *f*

**Monégasque** [mɔnegask] *mf* Monegasse *m*

**monétaire** [mɔnetɛʀ] *adj* (*marché, politique*) Geld-; (*union, unité*) Währungs-

**mongolien**(**ne**) [mɔ̃gɔljɛ̃] *adj* mongoloid

**moniteur** [mɔnitœʀ] *m* Monitor *m*

**moniteur**, **-trice** [mɔnitœʀ] *m, f* **~**(**-trice**) **d'auto-école** Fahrlehrer(in) *m(f)*

**monnaie** [mɔnɛ] *f* **1.** ECON, FIN Geld *nt* **2.** (*devise*) Währung *f* **3.** (*petites pièces*) Kleingeld *nt* **4.** (*argent rendu*) Wechselgeld *nt*

**monoparental**(**e**) [monopaʀɑ̃tal] <-aux> *adj* (*famille*) mit nur einem Elternteil

**monopole** [mɔnɔpɔl] *m* ECON Monopol *nt*

**monotone** [mɔnɔtɔn] *adj* monoton; (*style, vie*) eintönig

**monsieur** [məsjø] <messieurs> *m* Herr *m*

**monstre** [mɔ̃stʀ] **I.** *m* **1.** (*animal fantastique*) Ungeheuer *nt* **2.** BIO, ZOOL Missgeburt *f* **II.** *adj fam* wahnsinnig

**monstrueux**, **-euse** [mɔ̃stʀyø] *adj* **1.** (*difforme*) missgestaltet **2.** (*ignoble*) ungeheuer[lich]; (*crime*) abscheulich

**mont** [mɔ̃] *m* Berg *m*

**montage** [mɔ̃taʒ] *m* Montage *f;* (*d'un film*) Schnitt *m*

**montagne** [mɔ̃taɲ] *f* (*mont*) Berg *m;* (*région*) Gebirge *nt*

**montant** [mɔ̃tɑ̃] *m* **1.** Betrag *m* **2.** (*d'un lit, d'une porte*) Pfosten *m*

**montant**(**e**) [mɔ̃tɑ̃] *adj* (*chemin*) ansteigend; **marée ~e** Flut *f*

**montée** [mɔ̃te] *f* **1.** (*des eaux*) Ansteigen *nt* **2.** (*côte, pente*) Steigung *f* **3.** (*action de monter*) Aufstieg *m*

**monter** [mɔ̃te] <1> **I.** *vi* **1.** (*grimper*) hinaufsteigen; (*vu d'en haut*) heraufsteigen **2.** (*chevaucher*) ~ **à cheval** reiten **3.** (*prendre place dans*) einsteigen in (+*akk*) **4.** (*avion, flammes*) aufsteigen; (*route, chemin*) ansteigen **5.** (*ton, voix*) höher werden **II.** *vt* **1.** hinaufsteigen; (*échelle*) steigen auf (+*akk*); (*vu d'en haut*) heraufführen **2.** GASTR schlagen **3.** (*prix*) anheben **III.** *vpr* **se ~ à 2000 euros** sich auf 2000 Euro (*akk*) belaufen

**montre** [mɔ̃tʀ] *f* Uhr *f*

**Montréalais(e)** [mɔ̃ʀealɛ] *m(f)* Einwohner(in) *m(f)* von Montreal

**montrer** [mɔ̃tʀe] <1> *vt, vpr* [**se**] ~ [sich] zeigen

**monument** [mɔnymɑ̃] *m* (*mémorial*) Denkmal *nt*

**monumental(e)** [mɔnymɑ̃tal] <-aux> *adj* (*imposant*) gewaltig

**moquerie** [mɔkʀi] *f* Spott *m*

**moquette** [mɔkɛt] *f* Teppichboden *m*

**moral(e)** [mɔʀal] <-aux> *adj* **1.** moralisch **2.** (*relatif à l'esprit*) seelisch

**moral** [mɔʀal] <-aux> *m* **1.** (*état psychologique*) Stimmung *f* **2.** (*vie psychique*) Geisteszustand *m* **3. avoir le ~** zuversichtlich sein

**morale** [mɔʀal] *f* Moral *f*

**morbide** [mɔʀbid] *adj* (*goût, littérature*) morbid; (*imagination*) krankhaft

**morceau** [mɔʀso] <x> *m* Stück *nt*

**morceler** [mɔʀsəle] <3> *vt* zerstückeln; (*terrain, héritage*) aufteilen

**mordant(e)** [mɔʀdɑ̃] *adj* (*personne, trait d'esprit*) bissig

**mordre** [mɔʀdʀ] <14> *vt, vi, vpr* [**se**] ~ [sich] beißen

**morse**[1] [mɔʀs] *m* Walross *nt*

**morse**[2] [mɔʀs] *adj* **l'alphabet ~** das Morsealphabet

**morsure** [mɔʀsyʀ] *f* (*action*) Biss *m*

**mort(e)** [mɔʀ] *adj* **1.** (*personne, arbre*) tot; (*feuilles*) welk **2.** *fam* ~ [**de fatigue**] todmüde **3.** (*avec un fort sentiment de*) **être ~ de peur** vor Angst sterben **4. être ~** (*moteur*) ausgedient haben

**mort** [mɔʀ] *f* **1.** Tod *m* **2.** (*destruction*) Untergang *m*

**mortalité** [mɔʀtalite] *f* Sterblichkeit *f*

**mortel(le)** [mɔʀtɛl] *adj* **1.** (*sujet à la mort*) sterblich **2.** (*causant la mort*) tödlich **3.** (*froid, chaleur*) mörderisch

**mosquée** [mɔske] *f* Moschee *f*

**mot** [mo] *m* **1.** Wort *nt* **2.** (*message*) Nachricht *f* **3. ~ de passe** Passwort *nt;* **~s croisés/flé-**

chés *pl* Kreuzworträtsel *nt;* **en deux ~s** mit wenigen Worten; **~ à ~** wortwörtlich

**motard(e)** [mɔtaʀ] *m(f) fam* **1.** (*motocycliste*) Motorradfahrer(in) *m(f)* **2.** (*policier*) motorisierter Polizist

**mot-clé** [mokle] <mots-clés> *m* Schlüsselwort *nt*

**moteur** [mɔtœʀ] *m* **1.** TECH Motor *m* **2.** (*cause*) **être le ~ de qc** (*personne*) die treibende Kraft für etw sein

**motif** [mɔtif] *m* **1.** (*raison*) [Beweg]grund *m* **2.** (*ornement*) Motiv *nt*

**motivation** [mɔtivasjɔ̃] *f* Motivation *f*

**motiver** [mɔtive] <1> *vt* **1.** (*justifier*) begründen **2.** (*stimuler*) motivieren

**motocycliste** [motosiklist] *mf* Motorradfahrer(in) *m(f)*

**mou, mol, molle** [mu] *adj* **1.** (*opp: dur*) weich **2.** (*flasque, faible*) schlaff

**mouchard(e)** [muʃaʀ] *m(f)* **1.** Petzer/Petze *m/f* (*fam*) **2.** *péj* (*indicateur de police*) Spitzel *m*

**mouche** [muʃ] *f* Fliege *f*

**mouchoir** [muʃwaʀ] *m* Taschentuch *nt*

**moudre** [mudʀ] <irr> *vt* mahlen

**mouillé(e)** [muje] *adj* nass

**moulage** [mulaʒ] *m* **1.** (*action de mouler*) Gießen *nt* **2.** (*empreinte, objet*) Abguss *m*

**moule**[1] [mul] *m* Form *f*

**moule**[2] [mul] *f* Miesmuschel *f*

**mouler** [mule] <1> *vt* (*fabriquer*) formen

**moulin** [mulɛ̃] *m* Mühle *f*

**moulu(e)** [muly] *adj* (*en poudre*) gemahlen

**mourir** [muʀiʀ] <irr> *vi* sterben

**mousse** [mus] *f* **1.** (*écume*) Schaum *m* **2.** BOT Moos *nt* **3.** GASTR Mousse *f* **4.** (*matière*) Schaumstoff *m*

**mousser** [muse] <1> *vi* schäumen

**mousseux** [musø] *m* Schaumwein *m*

**moustache** [mustaʃ] *f* Schnurrbart *m*

**moustique** [mustik] *m* Stechmücke *f;* (*sous les tropiques*) Moskito *m*

**moutarde** [mutaʀd] *f* Senf *m*

**mouton** [mutɔ̃] *m* **1.** *a. fig* Schaf *nt* **2.** (*viande*) Hammel *m*

**mouvement** [muvmɑ̃] *m* **1.** (*action*) Bewegung *f* **2.** (*impulsion*) Regung *f* **3.** MUS Tempo *nt*

**moyen** [mwajɛ̃] *m* **1.** (*procédé*) Mittel *nt* **2.** (*solution*) Weg *m* **3.** *pl* (*capacités*) Fähigkeiten **4.** *pl* (*ressources financières*) Mittel *Pl*

**moyen(ne)** [mwajɛ̃] *adj* **1.** (*intermédiaire*) mittlere(r, s) **2.** (*ni bon, ni mauvais*) mittelmäßig **3.** (*en proportion*) durchschnittlich

**moyenne** [mwajɛn] *f* **1.** MATH Mittel *nt;* **en ~** durchschnittlich **2.** *a.* SCOL Durchschnitt *m*

**muet(te)** [mɥɛ] *adj* stumm

**multicolore** [myltikɔlɔʀ] *adj* bunt

**multiculturel(le)** [myltikyltyʀɛl] *adj* multikulturell

**multimédia** [myltimedja] *adj* INFORM multimedial

**multiple** [myltipl] **I.** *adj* **1.** (*nombreux*) vielfach **2.** (*aspects, raisons*) vielfältig **II.** *m* **être le ~ de qc** das Vielfache von etw sein

**multiplication** [myltiplikasjɔ̃] *f* Multiplikation *f*

**multiplicité** [myltiplisite] *f* Vielfalt *f*

**multiplier** [myltiplije] <1> **I.** *vt* **1.** MATH multiplizieren **2.** (*augmenter le nombre de*) vervielfachen **II.** *vpr* **se ~** sich vermehren

**multitude** [myltityd] *f* Vielzahl *f*

**municipal(e)** [mynisipal] <-aux> *adj* (*communal*) Gemeinde-

**munir** [myniʀ] <8> *vpr* **se ~ de qc** etw mitnehmen

**munitions** [mynisjɔ̃] *fpl* Munition *f*

**mur** [myʀ] *m* Mauer *f;* (*d'une pièce*) Wand *f*

**mûr(e)** [myʀ] *adj* reif

**mûre** [myʀ] *f* Brombeere *f*

**mûrir** [myʀiʀ] <8> *vi* reif werden

**murmurer** [myʀmyʀe] <1> **I.** *vi* **1.** (*chuchoter*) murmeln **2.** (*protester*) murren **II.** *vt* **~ qc à qn** jdm etw zuflüstern

**muscle** [myskl] *m* Muskel *m*

**musculature** [myskylatyʀ] *f* Muskulatur *f*

**museau** [myzo] <x> *m* Maul *nt;* (*du chien*) Schnauze *f*

**musée** [myze] *m* Museum *nt*

**museler** [myzle] <3> *vt* **1. ~ un animal** einem Tier einen Maulkorb umbinden **2.** *fig* mundtot machen

**musical(e)** [myzikal] <-aux> *adj* (*études, film*) Musik-; (*soirée*) musikalisch

**musicien(ne)** [myzisjɛ̃] *m(f)* Musiker(in) *m(f)*

**musique** [myzik] *f* Musik *f*

**musulman(e)** [myzylmɑ̃] *adj* (*monde*) moslemisch; **être ~** Moslem sein

**mutisme** [mytism] *m* Schweigen *nt*

**mutuel(le)** [mytɥɛl] *adj* gegenseitig

**myope** [mjɔp] *adj* kurzsichtig

**myrtille** [miʀtij] *f* Heidelbeere *f*

**mystère** [mistɛʀ] *m* **1.** (*secret*) Geheimnis *nt* **2.** (*énigme*) Rätsel *nt*

**mystérieux, -euse** [misteʀjø] *adj* geheimnisvoll

**mystifier** [mistifje] <1> *vt* täuschen

**mythe** [mit] *m* Mythos *m*

M

# N

**N, n** [ɛn] I. *m inv* N *nt,* n *nt* II. *f* la N 7 ≈ die B 7 III. *adj* x
**n'** *v.* **ne**
**na** [na] *interj enfantin* ätsch
**nacre** [nakʀ] *f* Perlmutt *nt*
**nage** [naʒ] *f* Schwimmen *nt*
**nager** [naʒe] <2a> *vt, vi a. fig* schwimmen
**nageur, -euse** [naʒœʀ] *m, f* Schwimmer(in) *m(f)*
**naïf, naïve** [naif] *adj* naiv
**nain(e)** [nɛ̃] *m(f)* Zwerg(in) *m(f)*
**naissance** [nɛsɑ̃s] *f* **1.** Geburt *f* **2.** (*apparition*) Entstehung *f*
**naître** [nɛtʀ] <irr> *vi* **1.** geboren werden **2.** (*crainte, désir, soupçon*) entstehen
**naïveté** [naivte] *f* Naivität *f*
**nana** [nana] *f fam* Tussi *f*
**nappe** [nap] *f* (*linge*) Tischtuch *nt*
**narquois(e)** [naʀkwa] *adj* spöttisch
**narrateur, -trice** [naʀatœʀ] *m, f* Erzähler(in) *m(f)*
**narration** [naʀasjɔ̃] *f* Erzählung *f*
**nasal(e)** [nazal] <-aux> *adj* nasal
**naseau** [nazo] <x> *m* Nüster *f*
**natal(e)** [natal] <s> *adj* Geburts-; **pays** ~ Heimat *f*
**natel** [natɛl] *m* CH **1.** (*téléphone portable*) Handy *nt* **2.** (*téléphonie portable*) Mobilfunknetz *nt*
**natif, -ive** [natif] *adj* ~ **de** gebürtiger
**nation** [nasjɔ̃] *f* Nation *f;* **les Nations unies** die Vereinten Nationen
**national(e)** [nasjɔnal] <-aux> *adj* **1.** (*de l'État*) national; **fête ~e** Nationalfeiertag *m* **2.** (*opp: local, régional*) national
**nationaliser** [nasjɔnalize] <1> *vt* verstaatlichen
**nationalité** [nasjɔnalite] *f* Staatsangehörigkeit *f*
**natte** [nat] *f* Zopf *m*
**nature** [natyʀ] *f* **1.** (*environnement*) Natur *f* **2.** (*caractère*) Wesen *nt* **3.** ART ~ **morte** Stillleben *nt*
**naturel** [natyʀɛl] *m* **1.** (*caractère*) Wesen *nt* **2.** (*spontanéité*) Natürlichkeit *f*
**naturel(le)** [natyʀɛl] *adj* natürlich; (*père*) leiblich; (*gaz*) Erd-
**naturellement** [natyʀɛlmɑ̃] *adv* **1.** (*bien entendu*) selbstverständlich **2.** (*opp: artificiellement*) auf natürliche Weise **3.** (*de façon innée*) von Natur aus
**nausée** [noze] *f* Übelkeit *f;* (*dégoût*) Ekel *m;* **j'ai la ~**[*o* **des ~s**] mir ist schlecht
**nautique** [notik] *adj* Wasser-
**navigant(e)** [navigɑ̃] *adj* AVIAT Flug-; NAUT Schiffs-
**navigateur** [navigatœʀ] *m* INFORM ~ **Web** Browser *m*

**naviguer** [navige] <1> *vi* 1. AVIAT fliegen; NAUT fahren 2. INFORM surfen

**navire** [naviʀ] *m* Schiff *nt*

**nazi(e)** [nazi] *m(f) abr de* **national-socialiste** Nazi *m*

**ne** [nə] <n'> *adv* ~ ... **pas** nicht

**né(e)** [ne] *adj* (*de naissance*) geboren

**néant** [neɑ̃] *m* Nichts *nt*

**nécessaire** [nesesɛʀ] I. *adj* nötig; (*condition*) notwendig; **si** ~ falls nötig II. *m* **le** ~ das Nötige

**nécessairement** [nesesɛʀmɑ̃] *adv* unbedingt

**nécessité** [nesesite] *f* Notwendigkeit *f*

**Néerlandais(e)** [neɛʀlɑ̃dɛ] *m(f)* Niederländer(in) *m(f)*

**négatif** [negatif] *m* Negativ *nt*

**négation** [negasjɔ̃] *f* Negation *f*

**négliger** [negliʒe] <2a> *vt, vpr* **[se]** ~ [sich] vernachlässigen

**négocier** [negɔsje] <1> *vt, vi* verhandeln

**neige** [nɛʒ] *f* 1. METEO Schnee *m* 2. GASTR **battre les blancs en** ~ das Eiweiß zu Schnee schlagen

**neiger** [neʒe] <2a> *vi* **il neige** es schneit

**néon** [neɔ̃] *m* CHIM Neon *nt*

**néonazi(e)** [neonazi] *m(f)* Neonazi *mf*

**nerf** [nɛʀ] *m* ANAT, MED Nerv *m*

**nerveux, -euse** [nɛʀvø] *adj* 1. (*spasme, troubles*) nervös 2. (*animal, personne*) unruhig 3. (*émotif*) empfindlich 4. (*animal, personne*) dynamisch

**n'est-ce-pas** [nɛspa] *adv* 1. (*invitation à acquiescer*) ~? oder? 2. (*renforcement*) nicht [wahr]

**net(te)** [nɛt] I. *adj* 1. (*propre*) sauber 2. (*précis*) klar 3. (*contours, image*) scharf 4. (*salaire*) Netto-; ~ **d'impôt** steuerfrei II. *adv* 1. (*se casser*) glatt; (*s'arrêter*) abrupt 2. (*dire, refuser*) klar und deutlich

**nettement** [nɛtmɑ̃] *adv* 1. (*sans ambiguïté*) unmissverständlich 2. (*distinctement*) deutlich 3. ~ **moins/plus** deutlich weniger/mehr

**netteté** [nɛtte] *f* Klarheit *f;* (*des contours, d'une image*) Schärfe *f*

N

**nettoyage** [netwajaʒ] *m* Reinigen *nt;* (*d'une pièce*) Putzen *nt*

**nettoyer** [netwaje] <6> *vt* putzen; (*plaie, tapis*) reinigen

**neuf**[1] [nœf] *num* 1. neun 2. (*dans l'indication de la date*) **le** ~ **mars** der neunte März

**neuf**[2] [nœf] *m* 1. Neue(s) *nt* 2. **il y a du** ~ es gibt etwas Neues

**neuf, neuve** [nœf] *adj* 1. neu 2. **quelque chose/rien de** ~ etwas/nichts Neues

**neutre** [nøtʀ] *adj* 1. *a.* POL, CHIM, ELEC neutral 2. (*qui ne choque pas*) neutral 3. LING sächlich

**neuvième** [nœvjɛm] I. *adj* neunte(r, s) **II.** *m* (*fraction*) Neuntel *nt*

**neveu** [n(ə)vø] <x> *m* Neffe *m*

**nez** [ne] *m* Nase *f*

**ni** [ni] *conj* **il ne sait pas dessiner ~ peindre** er kann weder zeichnen noch malen; **~ l'un ~ l'autre** keiner von beiden

**niais(e)** [njɛ] *adj* albern

**nicher** [niʃe] <1> **I.** *vi* nisten **II.** *vpr* **se ~** sich einnisten

**nid** [ni] *m* Nest *nt*

**nièce** [njɛs] *f* Nichte *f*

**nier** [nje] <1> *vt* leugnen; (*refuser l'idée de*) verleugnen

**n'importe** [nɛ̃pɔʀt] *v.* **importer**

**nippon, -on[n]e** [nipɔ̃] *adj* japanisch

**niveau** [nivo] <x> *m* **1.** (*hauteur*) Höhe *f;* (*d'essence, huile*) -stand *m* **2.** (*degré*) **~ de vie** Lebensstandard *m* **3. au plus haut ~** auf höchster Ebene

**noble** [nɔbl] *adj* adlig

**noblesse** [nɔblɛs] *f* Adel *m;* (*dignité*) Würde *f*

**noce** [nɔs] *f a. pl* Hochzeit *f*

**nocif, -ive** [nɔsif] *adj* schädlich

**nocturne** [nɔktyʀn] **I.** *adj* nächtlich **II.** *f* **en ~** am Abend

**Noël** [nɔɛl] *m* Weihnachten *nt*

**nœud** [nø] *m* Knoten *m*

**noir** [nwaʀ] *m* (*couleur*) Schwarz *nt*

**noir(e)** [nwaʀ] *adj* **1.** schwarz **2.** (*obscur*) finster **3.** (*idées*) düster

**noisette** [nwazɛt] **I.** *f* **1.** (*fruit*) Haselnuss *f* **2.** GASTR Flocke *f* **II.** *adj inv* haselnussbraun

**noix** [nwa] *f* Nuss *f*

**nom** [nɔ̃] *m* **1.** (*dénomination*) Name *m;* **~ patronymique** Familienname **2.** LING Substantiv *nt*

**nombre** [nɔ̃bʀ] *m a.* MATH Zahl *f;* **en grand ~** zahlreich

**nombreux, -euse** [nɔ̃bʀø] *adj* zahlreich; (*foule, famille*) groß

**nombril** [nɔ̃bʀil] *m* Nabel *m*

**nomination** [nɔminasjɔ̃] *f* Ernennung *f*

**nommer** [nɔme] <1> *vt* **1.** (*personne*) nennen; (*chose*) benennen **2.** (*désigner*) ernennen

**non** [nɔ̃] **I.** *adv* **1.** (*réponse*) nein; **je pense que ~** ich glaube nicht; **moi ~, mais** ich nicht, aber; **ça ~!** das kommt nicht in Frage! **2.** (*opposition*) nicht; **moi ~ plus** ich auch nicht; **~ seulement ..., mais [encore]** nicht nur ..., sondern [auch] **3.** *fam* (*sens interrogatif*) **vous venez, ~?** Sie kommen doch, oder? **4.** (*sens exclamatif*) **~, mais dis donc!** *fam* was fällt dir denn ein! **II.** *m inv* Nein *nt;* **48% de ~** 48% Neinstimmen

**nonante** [nɔnɑ̃t] *num* BELG, CH (*quatre-vingt-dix*) neunzig

**non-fumeur, -euse** [nɔ̃fymœʀ] <non-fumeurs> *m, f* Nichtraucher(in) *m(f)*

**nonne** [nɔn] *f* Nonne *f*
**non-sens** [nɔ̃sɑ̃s] *m inv* Unsinn *m*
**non-voyant(e)** [nɔ̃vwajɑ̃] <non-voyants> *m(f)* Blinde(r) *f(m)*
**nord** [nɔʀ] **I.** *m* **1. le ~** der Norden **2. perdre le ~** den Kopf verlieren **II.** *adj inv* Nord-
**Nord** [nɔʀ] **I.** *m* **le ~** der Norden **II.** *adj inv* (*hémisphère*) nördlich; (*pôle*) Nord-
**nord-ouest** [nɔʀwɛst] *m inv* Nordwesten *m*
**normale** [nɔʀmal] *f* Normalfall *m*
**normalement** [nɔʀmalmɑ̃] *adv* normalerweise
**norme** [nɔʀm] *f* Norm *f*
**Norvège** [nɔʀvɛʒ] *f* **la ~** Norwegen *nt*
**norvégien(ne)** [nɔʀveʒjɛ̃] *adj* norwegisch
**Norvégien(ne)** [nɔʀveʒjɛ̃] *m(f)* Norweger(in) *m(f)*
**nos** [no] *dét v.* **notre**
**nostalgie** [nɔstalʒi] *f* **avoir la ~ de qc** sich nach etw sehnen
**note** [nɔt] *f* **1.** SCOL, MUS Note *f* **2.** (*communication*) Notiz *f* **3.** (*facture*) Rechnung *f* **4.** (*annotation*) Anmerkung *f*
**noter** [nɔte] <1> *vt* **1.** (*inscrire*) [sich (*dat*)] aufschreiben **2.** (*remarquer*) feststellen **3.** ADMIN, SCOL benoten
**notice** [nɔtis] *f* Gebrauchsanweisung *f*
**notion** [nosjɔ̃] *f* (*idée*) Begriff *m*
**notre** [nɔtʀ] <nos> *dét* unser *m o nt*, uns[e]re *f*
**nôtre** [notʀ] *pron* **le/la ~** der/die/das Uns[e]re
**nouer** [nwe] <1> *vt* **1.** (*faire un nœud avec*) binden **2.** (*alliance, amitié*) schließen
**nougat** [nuga] *m* türkischer Honig
**nougatine** [nugatin] *f* Krokant *m*
**nourrice** [nuʀis] *f* Tagesmutter *f*
**nourrir** [nuʀiʀ] <8> *vt, vpr* **[se] ~** (*personne*) [sich] ernähren
**nourrisson** [nuʀisɔ̃] *m* Säugling *m*
**nourriture** [nuʀityʀ] *f* Nahrung *f;* (*pour animaux*) Futter *nt*
**nous** [nu] *pron* wir/uns
**nous-même** [numɛm] <nous-mêmes> *pron* wir selbst
**nouveau** [nuvo] <x> *m* **1. du ~** etwas Neues **2. à** [*o* **de**] **~** erneut
**nouveau, nouvel, nouvelle** [nuvo] <x> *adj* **1.** neu; **rien de ~** nichts Neues **2. les ~x venus** die Neuankömmlinge
**nouveau-né(e)** [nuvone] <nouveau-nés> *m(f)* Neugeborene(s) *nt*
**nouvelle** [nuvɛl] *f* **1.** (*événement*) Neuigkeit *f;* (*information*) Nachricht *f* **2.** *pl* **donner de ses ~s** etwas von sich hören lassen
**novembre** [nɔvɑ̃bʀ] *m* November *m*
**novice** [nɔvis] *mf* Anfänger(in) *m(f)*

**noyau** [nwajo] <x> *m* Kern *m*

**noyer** [nwaje] <6> **I.** *vt* **1.** (*tuer*) ertränken **2.** (*inonder*) überschwemmen **II.** *vpr* **se ~** ertrinken

**nu** [ny] *m* ART Akt *m*

**nu(e)** [ny] *adj* nackt; **pieds ~s** barfuß

**nuage** [nɥaʒ] *m* Wolke *f*

**nuance** [nɥɑ̃s] *f* **1.** (*couleur: gamme*) [Farb]schattierung *f*; (*détail*) Feinheit *f* **2.** (*légère différence*) kleiner Unterschied

**nucléaire** [nykleɛʀ] **I.** *adj* Atom- **II.** *m* Atomenergie *f*

**nudisme** [nydism] *m* Freikörperkultur *f*, FKK

**nuire** [nɥiʀ] <irr> *vi* schaden

**nuit** [nɥi] *f* **1.** Nacht *f*; **bonne ~!** gute Nacht! **2.** (*nuitée*) Übernachtung *f* **3.** (*temps d'activité*) **être de ~** Nachtdienst haben

**nul(le)** [nyl] *adj* **1.** (*discours, film*) miserabel **2.** SPORT **match ~** Unentschieden *nt*

**nullement** [nylmɑ̃] *adv* keinesfalls

**numériser** [nymeʀize] <1> *vt* INFORM digitalisieren

**numéro** [nymeʀo] *m a.* PRESSE Nummer *f*

**numéroter** [nymeʀɔte] <1> *vt* nummerieren

**nuque** [nyk] *f* Nacken *m*

**nutrition** [nytʀisjɔ̃] *f* Ernährung *f*

# O

**O, o** [o] *m inv* O *nt*, o *nt*

**ô** [o] *interj* oh

**oasis** [ɔazis] *f* Oase *f*

**obéir** [ɔbeiʀ] <8> *vi* gehorchen

**objectif** [ɔbʒɛktif] *m* **1.** (*but*) Ziel *nt* **2.** OPT, PHYS, PHOT Objektiv *nt*

**objectif, -ive** [ɔbʒɛktif] *adj* objektiv

**objection** [ɔbʒɛksjɔ̃] *f* Einwand *m*

**objet** [ɔbʒɛ] *m* **1.** (*chose*) Gegenstand *m* **2.** LING Objekt *nt* **3. ~s trouvés** Fundbüro *nt*

**obligation** [ɔbligasjɔ̃] *f* **1.** (*nécessité*) Verpflichtung *f* **2.** *pl* (*devoirs civiques, scolaires*) Pflichten *Pl*

**obligé(e)** [ɔbliʒe] *adj* (*nécessaire*) zwangsläufig

**obliger** [ɔbliʒe] <2a> *vt* **1. ~ qn à faire qc** jdn zwingen, etw zu tun **2.** (*contraindre moralement*) verpflichten

**obscène** [ɔpsɛn] *adj* obszön

**obscur(e)** [ɔpskyʀ] *adj* **1.** (*sombre*) dunkel **2.** (*raison, affaire*) undurchsichtig

**obscurité** [ɔpskyʀite] *f* Dunkel[heit *f*] *nt*

**obsèques** [ɔpsɛk] *fpl* Bestattung *f*, Abdankung *f* (CH)

**observateur, -trice** [ɔpsɛʀvatœʀ] *m, f* Beobachter(in) *m(f)*

**observer** [ɔpsɛʀve] <1> *vt, vpr* ((*s'*)*épier*) **[s']~** [sich] beobachten

**obsession** [ɔpsesjɔ̃] *f* Besessenheit *f*
**obstacle** [ɔpstakl] *m a.* SPORT Hindernis *nt*
**obstiné(e)** [ɔpstine] *adj* eigensinnig
**obtenir** [ɔptəniʀ] <9> *vt* **1.** (*recevoir*) erhalten **2.** (*parvenir à*) erzielen
**obtus(e)** [ɔpty] *adj* **1.** (*borné*) beschränkt **2.** (*angle*) stumpf
**occasion** [ɔkazjɔ̃] *f* **1.** Gelegenheit *f;* **c'est l'~ ou jamais** jetzt oder nie **2.** COM **voiture d'~** Gebrauchtwagen *m* **3. à l'~** bei Gelegenheit
**occasionnel(le)** [ɔkazjɔnɛl] *adj* gelegentlich
**occasionner** [ɔkazjɔne] <1> *vt* verursachen
**occident** [ɔksidɑ̃] *m* **1.** POL **l'Occident** der Westen **2.** (*opp: orient*) Abendland *nt*
**occidental(e)** [ɔksidɑ̃tal] <-aux> *adj* GEO, POL westlich
**occulte** [ɔkylt] *adj* okkult; (*secret*) verborgen
**occupation** [ɔkypasjɔ̃] *f* **1.** Beschäftigung *f* **2.** MIL, HIST Besetzung *f*
**occupé(e)** [ɔkype] *adj* (*personne*) beschäftigt; (*place, toilettes*) besetzt
**occuper** [ɔkype] <1> **I.** *vt* **1.** (*place*) einnehmen **2.** (*appartement*) wohnen in (+*dat*) **3.** (*employer*) **~ qn à qc** jdn mit etw beschäftigen **II.** *vpr* (*prendre en charge*) **s'~ de qn** sich um jdn kümmern
**océan** [ɔseɑ̃] *m* Ozean *m*
**ocre** [ɔkʀ] **I.** *f* Ocker *m o nt* **II.** *adj inv* ocker
**octante** [ɔktɑ̃t] *num* BELG, CH (*quatre-vingts*) achtzig
**octet** [ɔktɛ] *m* Byte *nt*
**octobre** [ɔktɔbʀ] *m* Oktober *m*
**octroyer** [ɔktʀwaje] <6> **I.** *vt* bewilligen **II.** *vpr* **s'~ qc** sich etw (*akk*) gönnen
**odeur** [ɔdœʀ] *f* Geruch *m*
**odieux, -euse** [ɔdjø] *adj* schändlich; (*caractère*) widerlich
**œil** [œj] <yeux> *m* **1.** ANAT Auge *nt;* **lever/baisser les yeux** den Blick heben/senken **2.** (*regard*) Blick *m* **3.** (*regard rapide*) **jeter un coup d'~ à l'heure** einen kurzen Blick auf die Uhr werfen **4. à l'~ nu** mit bloßem Auge

O

**œillet** [œjɛ] *m* Öse *f*
**œuf** [œf] *m* Ei *nt;* **~ sur le** [*o* **au**] **plat** Spiegelei *nt;* **~ de Pâques** Osterei
**œuvre** [œvʀ] *f* **1.** ART, LITTER, TECH Werk *nt* **2.** (*organisation caritative*) **~ de bienfaisance** Wohltätigkeitsverein *m*
**offenser** [ɔfɑ̃se] <1> *vt* beleidigen
**offensive** [ɔfɑ̃siv] *f* Offensive *f*
**office** [ɔfis] *m* **1.** Amt *nt;* **~ du tourisme** Fremdenverkehrsamt **2.** REL Gottesdienst *m*
**officiel(le)** [ɔfisjɛl] *adj* offiziell;

(*langue, sceau*) Amts-; (*visite*) Staats-

**officier** [ɔfisje] *m* MIL Offizier(in) *m(f)*

**offre** [ɔfʀ] *f* Angebot *nt*

**offrir** [ɔfʀiʀ] <11> **I.** *vt* **1.** (*faire un cadeau*) schenken **2.** (*proposer*) ~ **à qn de faire qc** jdm anbieten etw zu tun **II.** *vpr* **s'~ des vacances** sich (*dat*) Ferien gönnen

**oie** [wa] *f* ZOOL Gans *f*

**oignon** [ɔɲɔ̃] *m* Zwiebel *f*

**oiseau** [wazo] <x> *m* ZOOL Vogel *m*

**oisif, -ive** [wazif] *adj* müßig

**olive** [ɔliv] **I.** *f* (*noire, verte*) Olive *f;* (*huile*) Oliven- **II.** *adj inv* oliv[grün]

**olympique** [ɔlɛ̃pik] *adj* olympisch; (*stade*) Olympia-

**ombragé(e)** [ɔ̃bʀaʒe] *adj* schattig

**ombre** [ɔ̃bʀ] *f* Schatten *m*

**ombrelle** [ɔ̃bʀɛl] *f* Sonnenschirm *m*

**omelette** [ɔmlɛt] *f* Omelett *nt*

**omnibus** [ɔmnibys] *m* CHEMDFER Nahverkehrszug *m*

**on** [ɔ̃] *pron* **1.** man **2.** *fam* (*nous*) wir

**oncle** [ɔ̃kl] *m* Onkel *m*

**onde** [ɔ̃d] *f* Welle *f;* **passer sur les ~s** im Radio kommen *nt*

**ondée** [ɔ̃de] *f* Schauer *m*

**ondulation** [ɔ̃dylasjɔ̃] *f* (*du blé, des vagues*) Wogen *nt*

**onduler** [ɔ̃dyle] <1> *vi* (*route*) sich schlängeln; (*cheveux*) sich wellen

**onéreux, -euse** [ɔneʀø] *adj* kostspielig

**ongle** [ɔ̃gl] *m* Nagel *m*

**ONU** [ony] *f abr de* **Organisation des Nations unies** UNO *f*

**onze** [ɔ̃z] *num* **1.** elf **2.** (*dans l'indication de la date*) **le ~ mars** der elfte März

**onzième** [ɔ̃zjɛm] **I.** *adj* elfte(r, s) **II.** *m* (*fraction*) Elftel *nt*

**opaque** [ɔpak] *adj* undurchsichtig; (*verre*) Milch-

**opéra** [ɔpeʀa] *m* Oper *f*

**opérateur, -trice** [ɔpeʀatœʀ] *m, f* **1.** TECH, TELEC Techniker(in) *m(f);* ~ **de téléphonie numérique mobile** Mobilfunkanbieter *m* **2.** CINE, TV Kameramann/-frau *m/f*

**opération** [ɔpeʀasjɔ̃] *f* **1.** *a.* MED, MATH, MIL Operation *f* **2.** (*action organisée*) Aktion *f*

**opérer** [ɔpeʀe] <5> **I.** *vt* **1.** MED operieren **2.** (*changement, redressement*) bewirken **II.** *vi* **1.** (*charme, médicament*) wirken **2.** (*procéder*) vorgehen

**opinion** [ɔpinjɔ̃] *f* Meinung *f*

**opportun(e)** [ɔpɔʀtœ̃] *adj* angebracht; **au moment ~** im geeigneten Augenblick

**opportunité** [ɔpɔʀtynite] *f* **1.** (*bien-fondé*) Zweckmäßigkeit *f* **2.** (*occasion*) günstige Gelegenheit

**opposé** [ɔpoze] *m* **1.** Gegenteil *nt* **2. à l'~ de qn/qc** im Gegensatz zu jdm/etw

**opposé(e)** [ɔpoze] *adj* **1.** (*côté*) gegenüberliegend **2.** (*parti*) Gegen-; (*caractère, goût*) grundverschieden **3.** (*hostile*) **être ~ à qc** gegen etw sein

**opposer** [ɔpoze] <1> **I.** *vt* (*comparer*) **~ qn/qc à qn/qc** jdn/etw mit jdm/etw vergleichen **II.** *vpr* **1.** (*faire obstacle*) **s'~ à qn/qc** gegen jdn/etw sein **2.** (*faire contraste*) **s'~** gänzlich verschieden sein

**opposition** [ɔpozisjɔ̃] *f* **1.** (*résistance*) Widerstand *m* **2.** (*des opinions, caractères*) Gegensätzlichkeit *f* **3.** POL Opposition *f*

**oppression** [ɔpʀesjɔ̃] *f* **1.** (*tyrannie*) Unterdrückung *f* **2.** (*angoisse*) Beklemmung *f* **3.** (*suffocation*) Atembeklemmung *f*

**opprimer** [ɔpʀime] <1> *vt* unterdrücken

**opter** [ɔpte] <1> *vi* sich entscheiden

**opticien(ne)** [ɔptisjɛ̃] *m(f)* Optiker(in) *m(f)*

**optimal(e)** [ɔptimal] <-aux> *adj* optimal

**optimiste** [ɔptimist] *adj* optimistisch

**option** [ɔpsjɔ̃] *f* (*choix*) Wahl *f*

**optique** [ɔptik] **I.** *adj* (*nerf*) Seh-; (*verre*) optisch **II.** *f* (*science*) Optik *f*

**opulent(e)** [ɔpylɑ̃] *adj* **1.** (*personne, pays*) sehr reich **2.** (*poitrine*) üppig

**or¹** [ɔʀ] *m* Gold *nt*

**or²** [ɔʀ] *conj* nun

**orage** [ɔʀaʒ] *m* Gewitter *nt*

**orageux, -euse** [ɔʀaʒø] *adj* **1.** METEO gewittrig **2.** (*discussion*) hitzig

**oral(e)** [ɔʀal] <-aux> *adj* (*opp: écrit*) mündlich

**orange** [ɔʀɑ̃ʒ] **I.** *f* Apfelsine *f* **II.** *adj inv* orange[farben]

**orateur** [ɔʀatœʀ] *m* Redner *m*

**orbite** [ɔʀbit] *f* **1.** ANAT Augenhöhle *f* **2.** ASTRO Umlaufbahn *f*

**orchestre** [ɔʀkɛstʀ] *m* MUS Orchester *nt*

**orchestrer** [ɔʀkɛstʀe] <1> *vt* **1.** MUS orchestrieren **2.** (*manifestation*) organisieren

**ordinaire** [ɔʀdinɛʀ] **I.** *adj* **1.** (*fait*) alltäglich **2.** (*produit, vin*) einfach **II.** *m* Alltägliche *nt*

**ordinairement** [ɔʀdinɛʀmɑ̃] *adv* gewöhnlich

**ordinateur** [ɔʀdinatœʀ] *m* Computer *m*; **~ personnel** PC *m*; **~ portable** Laptop *m*

**ordonnance** [ɔʀdɔnɑ̃s] *f* MED Rezept *nt*

**ordonner** [ɔʀdɔne] <1> *vt* **1.** *a.* MATH ordnen **2.** (*commander*) befehlen; MED verordnen

**ordre¹** [ɔʀdʀ] *m* **1.** Ordnung *f*; **mettre en ~** aufräumen **2.** (*classement*) Reihenfolge *f*

O

**ordre²** [ɔʀdʀ] *m* Befehl *m*

**ordure** [ɔʀdyʀ] *f* **1.** *pl* (*détritus*) Müll *m* **2.** *fam* (*personne*) Mistvieh *nt*

**oreille** [ɔʀɛj] *f* **1.** ANAT Ohr *nt* **2. dur d'~** schwerhörig

**oreiller** [ɔʀeje] *m* [Kopf]kissen *nt*

**organe** [ɔʀgan] *m a.* ANAT Organ *nt*

**organique** [ɔʀganik] *adj* organisch

**organisation** [ɔʀganizasjɔ̃] *f* Organisation *f*

**organiser** [ɔʀganize] <1> **I.** *vt* organisieren; (*voyage, fête*) veranstalten **II.** *vpr* **s'~** sich (*dat*) seine Zeit/Arbeit einteilen

**orgasme** [ɔʀgasm] *m* Orgasmus *m*

**orgue** [ɔʀg] *m* Orgel *f*

**orgueil** [ɔʀgœj] *m* (*fierté*) Stolz *m*

**Orient** [ɔʀjɑ̃] *m* **l'~** der Orient

**orientable** [ɔʀjɑ̃tabl] *adj* verstellbar

**oriental(e)** [ɔʀjɑ̃tal] <-aux> *adj* (*situé à l'est*) östlich

**orientation** [ɔʀjɑ̃tasjɔ̃] *f* **1.** (*d'une maison*) Ausrichtung *f;* (*du soleil*) Stand *m* **2.** (*d'un parti politique*) Kurs *m*

**orienter** [ɔʀjɑ̃te] <1> **I.** *vt* **être orienté au nord** (*maison*) nach Norden ausgerichtet sein **II.** *vpr* (*a. fig*) **s'~** sich orientieren

**original(e)** [ɔʀiʒinal] <-aux> *adj* (*inédit*) originell; (*personnel*) eigenständig

**origine** [ɔʀiʒin] *f* **1.** Ursprung *m* **2.** (*cause*) Ursache *f* **3.** (*ascendance*) Herkunft *f*

**ornement** [ɔʀnəmɑ̃] *m* **1.** (*chose décorative*) Schmuck *m* **2.** (*décoration*) Verzierung *f*

**orphelin(e)** [ɔʀfəlɛ̃] *m(f)* Waise *f*

**orphelinat** [ɔʀfəlina] *m* Waisenhaus *nt*

**orteil** [ɔʀtɛj] *m* Zehe *f*

**orthographe** [ɔʀtɔgʀaf] *f* **1.** Rechtschreibung *f* **2.** (*maîtrise de la graphie*) Rechtschreibkenntnisse *Pl*

**os** [ɔs] <os> *m* Knochen *m*

**osciller** [ɔsile] <1> *vi* **1.** (*balancer*) schwingen **2.** (*hésiter*) schwanken

**osé(e)** [oze] *adj* (*téméraire*) kühn

**oser** [oze] <1> **I.** *vt* wagen **II.** *vi* es wagen

**osseux, -euse** [ɔsø] *adj* (*corps, main*) knochig

**otage** [ɔtaʒ] *m* Geisel *f*

**ôter** [ote] <1> *vt* **1.** (*retirer*) entfernen; (*vêtement, gants*) ausziehen **2.** (*objet*) wegnehmen

**ou** [u] *conj* **1.** (*alternative*) oder; **~ ... ~ ...** entweder ... oder ... **2.** (*sinon*) ~ **[alors]** oder **3.** (*en d'autres termes*) oder [auch]

**où** [u] **I.** *pron* **1.** (*spatial sans déplacement*) wo, auf dem/der **2.** (*spatial avec déplacement*) wohin; **d'~** woher; **jusqu'~** bis wohin; (*jusqu'auquel*) bis zu dem/der; **par ~** durch den/die/

das **3.** (*temporel*) als (*fam*); (*jour, matin, soir*) an dem **4.** (*abstrait*) **dans l'état ~ tu es** in deinem Zustand **II.** *adv interrog* **1.** (*sans déplacement*) wo **2.** (*avec déplacement*) wohin; **d'~ êtes-vous?** woher sind Sie?; *a. fig* wie weit; **par ~** wie **3. ~ en étais-je?** wo war ich [stehen geblieben]? **III.** *adv indéf* **1.** (*là où*) wo; (*aller*) wohin **2. d'~ l'on peut conclure que ...** woraus man schließen kann, dass ...

**ouate** [wat] *f* Watte *f*

**oubli** [ubli] *m* (*étourderie*) Versäumnis *nt*

**oublier** [ublije] <1> *vt, vi* vergessen

**ouest** [wɛst] **I.** *m* **l'~** der Westen **II.** *adj inv* West-

**Ouest** [wɛst] *m* **l'~** der Westen

**ouest-allemand(e)** [wɛstalmɑ̃] <ouest-allemands> *adj* westdeutsch

**oui** [ˈwi] **I.** *adv* **1.** (*opp: non*) ja; **~ ou non?** ja oder nein? **2.** (*intensif*) ja [,wirklich] **3.** (*substitut d'une proposition*) **croire/penser que ~** schon glauben/denken **II.** *m inv* **1.** (*approbation*) Ja *nt;* **~ à qn/qc** Ja zu jdm/etw **2.** (*suffrage*) Jastimme *f*

**ouïe** [wi] *f* **1.** (*audition*) Gehör *nt* **2.** ZOOL Kieme *f*

**ouragan** [uʀagɑ̃] *m* Orkan *m*

**ourler** [uʀle] <1> *vt* [ein]säumen

**ours** [uʀs] *m* **1.** ZOOL Bär *m;* **~ polaire** Eisbär **2.** (*jouet d'enfant*) **un ~ en peluche** ein Plüschbär

**outil** [uti] *m* **1.** Werkzeug *nt* **2.** INFORM Tool *nt;* **~ de recherche** Suchmaschine *f*

**outre** [utʀ] **I.** *prép* (*en plus de*) außer **II.** *adv* **en ~** außerdem

**outre-mer** [utʀəmɛʀ] *adv* in Übersee

**outrepasser** [utʀəpɑse] <1> *vt* überschreiten

**outre-Rhin** [utʀəʀɛ̃] *adv* in/nach Deutschland

**ouvert(e)** [uvɛʀ] *adj* **1.** offen; (*fenêtre, robinet, valise, magasin*) geöffnet; (*magasin, boulanger*) geöffnet haben **2.** (*commencé*) **être ~** (*foire, enquête, pêche*) eröffnet sein **3.** (*éveillé*) aufgeschlossen

**ouverture** [uvɛʀtyʀ] *f* **1.** (*d'une porte*) Öffnen *nt* **2.** (*commencement, inauguration*) Eröffnung *f* **3.** MUS Ouvertüre *f* **4.** INFORM **~ d'une session** Login *nt*

**ouvrage** [uvʀaʒ] *m* (*travail*) Arbeit *f*

**ouvre-boîte** [uvʀəbwat] <ouvre-boîtes> *m* Dosenöffner *m* **ouvre-bouteille** [uvʀ(ə)butɛj] <ouvre-bouteilles> *m* Flaschenöffner *m*

**ouvrier, -ière** [uvʀije] *m, f* Arbeiter(in) *m(f)*

**ouvrir** [uvʀiʀ] <11> *vt, vpr* **[s']~** [sich] öffnen

**ovale** [ɔval] I. *adj* oval II. *m* Oval *nt*

**OVNI** [ɔvni] *m abr de* **objet volant non identifié** UFO *nt*

# P

**P, p** [pe] *m inv* P *nt*, p *nt*

**Pacifique** [pasifik] *m* **le ~** der Pazifik

**pacifiste** [pasifist] *adj* pazifistisch; (*manifestation, marche*) Friedens-

**pacte** [pakt] *m* Pakt *m*

**page** [paʒ] *f* **1.** (*feuillet*) Seite *f*; (*deux côtés*) Blatt *nt*; **~ de publicité** TV, RADIO Werbespot *m* **2.** INFORM **~ personnelle/d'accueil** Homepage *f* **3. tourner la ~** (*finir*) einen Schlussstrich ziehen

**paie** [pɛ] *f* Lohn *m*

**paiement** [pɛmɑ̃] *m* Bezahlung *f*; (*d'une dette*) Rückzahlung *f*

**paille** [pɑj] *f* **1.** (*chaume*) Stroh *nt* **2.** (*boire*) Strohhalm *m*

**pain** [pɛ̃] *m* Brot *nt*

**pair(e)** [pɛʀ] *adj* (*nombre, côté*) gerade

**paire** [pɛʀ] *f* Paar *nt*; (*de claques, gifles*) ein paar; **une ~ de ciseaux** eine Schere

**paisible** [pezibl] *adj* ruhig

**paix** [pɛ] *f* **1.** (*opp: guerre*) Frieden *m*; (*traité*) Friedensvertrag *m* **2.** (*tranquillité*) Ruhe *f*

**palais**[1] [palɛ] *m* Palast *m*

**palais**[2] [palɛ] *m* ANAT Gaumen *m*

**pâle** [pɑl] *adj* blass

**palette** [palɛt] *f* Palette *f*

**palier** [palje] *m* Treppenabsatz *m*

**palpitant(e)** [palpitɑ̃] *adj* spannend

**pamplemousse** [pɑ̃pləmus] *m* Grapefruit *f*

**panier** [panje] *m a.* SPORT Korb *m*

**panique** [panik] *f* Panik *f*

**panne** [pan] *f* Panne *f*; (*de moteur*) -schaden *m*

**panneau** [pano] <x> *m* Schild *nt*

**panoramique** [panɔʀamik] *adj* (*restaurant*) Panorama-

**pansement** [pɑ̃smɑ̃] *m* Verband *m*; **~ adhésif** Heftpflaster *nt*

**pantalon** [pɑ̃talɔ̃] *m* Hose *f*

**pantoufle** [pɑ̃tufl] *f* Pantoffel *m*

**paon** [pɑ̃] *m* Pfau *m*

**papa** [papa] *m* Papa *m*

**pape** [pap] *m* Papst *m*

**papeterie** [papɛtʀi] *f* (*magasin*) Schreibwarengeschäft *nt*

**papier** [papje] *m* **1.** (*matière*) Papier *nt* **2.** (*feuille de métal*) **~ [d']aluminium** Aluminiumfolie **3.** *pl* (*document*) Unterlagen *Pl*; (*papiers d'identité*) Papiere *Pl*

**papillon** [papijɔ̃] *m* **1.** Schmetterling *m* **2.** SPORT [**nage**] **~** Delfinschwimmen *nt*

**papilloter** [papijɔte] <1> *vi* blinzeln

**papy** [papi] *m fam* Opa *m*

**Pâques** [pɑk] **I.** *m* Ostern *nt o Pl;* **lundi de ~** Ostermontag *m* **II.** *fpl* **joyeuses ~!** frohe Ostern!

**paquet** [pakɛ] *m a.* INFORM Paket *nt;* (*de café*) Päckchen *nt*

**par** [paʀ] *prép* **1.** (*grâce à l'action de*) von; **tout faire ~ soi-même** alles selbst machen **2.** (*au moyen de*) durch; **~ chèque/carte [bancaire]** mit Scheck/[Kredit]-karte **3.** (*cause, motif*) aus **4.** (*à travers, via*) **regarder ~ la fenêtre** aus dem Fenster schauen **5.** (*localisation*) **habiter ~ ici/là** hier/dort in der Gegend wohnen **6.** (*distribution, mesure*) pro **7.** (*durant, pendant*) **~ temps de pluie** bei Regen[wetter] **8. ~ contre** dagegen

**parabole** [paʀabɔl] *f* **1.** REL Gleichnis *nt* **2.** MATH Parabel *f* **3.** (*antenne*) Parabolantenne *f*

**paradis** [paʀadi] *m* Paradies *nt*

**paradoxal(e)** [paʀadɔksal] <-aux> *adj* paradox

**paragraphe** [paʀagʀaf] *m* Absatz *m*

**paraître** [paʀɛtʀ] <irr> *vi* **1.** (*sembler*) **cela me paraît être une erreur** das scheint mir ein Irrtum zu sein **2.** (*journal, livre*) erscheinen; **faire ~** veröffentlichen **3. il paraît que ...** angeblich ...

**parallèle** [paʀalɛl] **I.** *adj* parallel **II.** *f* MATH Parallele *f* **III.** *m* **1.** GEO **le 38ᵉ ~** der 38. Breitengrad **2.** (*comparaison*) **faire un ~ avec qc** eine Parallele zu etw ziehen

**parallèlement** [paʀalɛlmɑ̃] *adv* gleichzeitig

**paralysé(e)** [paʀalize] *adj* gelähmt

**parapluie** [paʀaplɥi] *m* Regenschirm *m*

**parasite** [paʀazit] **I.** *adj* schmarotzend **II.** *m a. fig* Schmarotzer *m*

**parasol** [paʀasɔl] *m* Sonnenschirm *m*

**paratonnerre** [paʀatɔnɛʀ] *m* Blitzableiter *m*

**paravent** [paʀavɑ̃] *m* Wandschirm *m*

**parc** [paʀk] *m* Park *m*

**parcelle** [paʀsɛl] *f* (*terrain*) Parzelle *f*

P

**parce que** [paʀskə] *conj + indic* **1.** (*car*) weil; **~!** darum! **2.** *fam* (*sinon*) sonst

**par-ci** [paʀsi] **~, par-là** hier und da

**parcmètre** [paʀkmɛtʀ] *m* Parkuhr *f*

**parcourir** [paʀkuʀiʀ] <irr> *vt* **1.** (*trajet, distance*) zurücklegen **2.** (*ville*) durchlaufen; (*région, pays*) bereisen

**par-derrière** [paʀdɛʀjɛʀ] *adv* **1.** (*attaquer, emboutir*) von hinten **2.** (*dans le dos de qn*) hinten

**par-dessous** [paʀdəsu] **I.** *prép*

(*avec mouvement*) unter (+*akk*); (*sans mouvement*) unter (+*dat*) II. *adv* darunter **par-dessus** [paʀdəsy] I. *prép* (*avec mouvement*) über (+*akk*); (*sans mouvement*) über (+*dat*) II. *adv* darüber

**pardon** [paʀdɔ̃] *m* 1. Verzeihen *nt* 2. **~?** wie bitte?

**pardonner** [paʀdɔne] <1> *vt* verzeihen

**pareil(le)** [paʀɛj] I. *adj* 1. (*identique*) gleich; **~ que** [genau]so wie 2. (*tel*) solche(r, s) II. *m(f)* **sans ~** ohnegleichen III. *adv fam* gleich

**parent** [paʀɑ̃] *m* Eltern *Pl;* **un des deux ~s** ein Elternteil *m*

**parenté** [paʀɑ̃te] *f* Verwandtschaft *f* (*dat*)

**parenthèse** [paʀɑ̃tɛz] *f* 1. TYP Klammer *f* 2. **soit dit entre ~s** nebenbei bemerkt

**paresseux, -euse** [paʀesø] *adj* (*personne*) faul

**parfait** [paʀfɛ] *m* 1. LING Perfekt *nt* 2. GASTR Parfait *nt*

**parfait(e)** [paʀfɛ] *adj* perfekt; (*condition, exemple*) ideal; (*discrétion, harmonie*) vollkommen

**parfaitement** [paʀfɛtmɑ̃] *adv* 1. (*parler une langue*) perfekt; (*savoir, comprendre*) [ganz] genau 2. (*tout à fait*) völlig

**parfois** [paʀfwa] *adv* manchmal

**parfum** [paʀfœ̃] *m* 1. (*substance*) Parfüm *nt* 2. (*odeur*) Duft *m* 3. GASTR Geschmack *m;* **je voudrais une glace - quel ~?** ich möchte ein Eis - welche Sorte?

**pari** [paʀi] *m* Wette *f*

**parier** [paʀje] <1> *vt, vi* wetten

**parisien(ne)** [paʀizjɛ̃] *adj* Pariser; **vie ~ne** Leben in Paris

**Parisien(ne)** [paʀizjɛ̃] *m(f)* Pariser(in) *m(f)*

**parking** [paʀkiŋ] *m* Parkplatz *m*

**parlementaire** [paʀləmɑ̃tɛʀ] *adj* parlamentarisch; **indemnité(s) ~(s)** Diäten *Pl*

**parler** [paʀle] <1> I. *vt, vi* sprechen II. *m* 1. (*manière*) Sprache *f* 2. (*langue régionale*) Mundart *f*

**parmi** [paʀmi] *prép* 1. (*entre*) unter (+*dat*), von 2. (*dans: sans mouvement*) [mitten] unter (+*dat*); (*avec mouvement*) [mitten] durch

**parole** [paʀɔl] *f* 1. Wort *nt;* **~ d'honneur** Ehrenwort 2. (*faculté de parler*) Sprache *f*

**parrain** [paʀɛ̃] *m* 1. REL Patenonkel *m,* Göd *m* (A) 2. *fig* Pate *m*

**part** [paʀ] *f* 1. Teil *m;* **~ de gâteau** Stück *nt* Kuchen 2. (*participation*) **~ dans qc** Anteil *m* an etw (*dat*) 3. **autre ~** *fam* anderswo; **d'une ~..., d'autre ~ ...** einerseits ..., andererseits ...; **d'autre ~** außerdem; **nulle ~** nirgendwo; **à ~ que** *fam* abgesehen davon, dass; **pour ma/sa**

~ was mich/ihn/sie betrifft

**partage** [paʀtaʒ] *m* Aufteilung *f*

**partager** [paʀtaʒe] <2a> **I.** *vt* **1.** teilen **2.** (*hésiter*) **être partagé entre qc et qc** zwischen etw und etw (*dat*) hin- und hergerissen sein **II.** *vpr* (*se répartir*) **se ~ qc** etw unter sich (*dat*) aufteilen

**partagiciel** [paʀtaʒisjɛl] *m* CAN Shareware *f*

**partant(e)** [paʀtɑ̃] *adj fam* **être ~ pour qc** bei etw mitmachen

**partenaire** [paʀtənɛʀ] *mf* Partner(in) *m(f)*

**parti** [paʀti] *m* Partei *f*

**partial(e)** [paʀsjal] <-aux> *adj* parteiisch; (*juge*) befangen

**participant(e)** [paʀtisipɑ̃] *m(f)* Teilnehmer(in) *m(f)*

**participer** [paʀtisipe] <1> *vi* **~ à qc** an etw (+*dat*) teilnehmen

**particularité** [paʀtikylaʀite] *f* Besonderheit *f*

**particulier, -ière** [paʀtikylje] *adj* **1.** (*aspect, exemple*) bestimmt; (*trait*) typisch **2.** (*spécial*) besondere(r, s) **3.** (*privé*) Privat- **4. en ~** (*en privé*) unter vier Augen

**particulièrement** [paʀtikyljɛʀmɑ̃] *adv* besonders

**partie** [paʀti] *f* **1.** (*part*) Teil *m;* **la majeure ~ du temps** die meiste Zeit; **en ~** teilweise **2.** *pl, fam* (*parties sexuelles masculines*) Weichteile *Pl* **3.** JEUX, SPORT Spiel *nt*

**partir** [paʀtiʀ] <10> *vi* **1.** (*s'en aller*) [weg]gehen; (*automobiliste, voiture, train*) abfahren; (*avion*) abfliegen; (*lettre*) hinausgehen **2.** (*après un séjour*) abreisen **3.** (*coureur, fusée*) starten; (*moteur*) anspringen **4.** (*disparaître*) weggehen; (*odeur, tache*) herausgehen **5. à ~ de** (*dans l'espace*) von ... an; (*dans le temps*) ab; (*sur la base de*) aus

**partisan(e)** [paʀtizɑ̃] *m(f)* Befürworter(in) *m(f)*

**partout** [paʀtu] *adv* überall

**parution** [paʀysjɔ̃] *f* Erscheinen *nt*

**pas¹** [pɑ] *m* **1.** (*enjambée*) Schritt *m* **2.** *pl* (*trace*) Fußstapfen *Pl* **3. faux ~** *a. fig* Fehltritt *m;* **~ à ~** Schritt für Schritt

**pas²** [pɑ] *adv* **1.** (*négation*) **ne ~ croire** nicht glauben; **[ne] ~ de ...** kein(e) ...; **[ne] ~ assez/beaucoup ...** nicht genug/viel ... **2. ~ encore** noch nicht; **~ du tout** überhaupt nicht

**passage** [pɑsaʒ] *m* **1.** (*venue*) Vorbeikommen *nt;* **~ interdit** Durchfahrt verboten **2.** (*court séjour*) [kurzer] Aufenthalt **3.** (*voie: pour piétons*) Weg *m;* **~ clouté** Zebrastreifen *m* **4.** (*petite rue couverte*) Passage *f* **5. céder le ~ à qn/qc** jdm/einer S. die Vorfahrt lassen

**passager, -ère** [pɑsaʒe] **I.** *adj* vorübergehend; (*bonheur*) ver-

P

gänglich **II.** *m, f* (*d'un navire*) Passagier *m;* (*d'une voiture*) Insasse *m;* ~ **avant** Beifahrer *m*

**passe** [pɑs] *f* Pass *m*

**passé(e)** [pɑse] *adj* **1.** (*siècle*) letzte(r, s) **2.** (*révolu*) vergangen **3.** (*plus de*) **il est midi** ~ es ist schon Mittag vorbei

**passé** [pɑse] *m* Vergangenheit *f;* ~ **simple** Passé simple *nt;* ~ **composé** Perfekt *nt*

**passeport** [pɑspɔʀ] *m* [Reise]pass *m*

**passer** [pɑse] <1> **I.** *vi* **1.** (*se déplacer*) vorbeigehen; (*véhicule, automobiliste*) vorbeifahren; **laisser** ~ vorbeilassen; ~ **chez qn** bei jdm vorbeikommen **2.** ~ **dans une ville** (*automobiliste, voiture*) durch eine Stadt fahren; ~ **par Francfort** (*automobiliste*) über Frankfurt fahren; ~ **par la porte** durch die Tür gehen **3.** (*eau, lumière*) durchdringen **4.** (*avoir son tour, être présenté*) drankommen; ~ **à la radio/télé** im Radio/Fernsehen kommen **5.** (*être accepté*) ~ **en sixième** in die 6. Klasse versetzt werden **6.** JEUX passen **7.** (*temps*) vergehen **8.** (*disparaître*) vergehen; (*pluie, orage*) nachlassen **II.** *vt* **1.** (*donner*) geben **2.** (*prêter*) leihen **3.** SPORT ~ **la balle à qn** an jdn abspielen **4.** (*au téléphone*) ~ **qn à qn** jdn mit jdm verbinden **5.** (*examen*) machen; ~ **son bac** das Abitur machen **6.** (*vivre, occuper*) ~ **ses vacances à Rome** seine Ferien in Rom verbringen **7.** (*rivière, montagne*) überqueren; (*frontière*) passieren **III.** *vpr* **1.** (*avoir lieu*) **se** ~ geschehen; **que s'est-il passé?** was ist passiert?; **que se passe-t-il?** was ist denn los? **2.** (*se dérouler*) **se** ~ (*journée*) vergehen; (*accident*) sich ereignen; **si tout se passe bien** wenn alles gut geht **3.** (*se débrouiller sans*) **se** ~ **de faire qc** darauf verzichten etw zu tun

**passe-temps** [pɑstɑ̃] *m inv* Zeitvertreib *m*

**passif, -ive** [pasif] *adj* **1.** (*apathique*) passiv **2.** (*qui n'agit pas*) untätig **3.** (*forme*) Passiv-

**passion** [pasjɔ̃] *f* Leidenschaft *f*

**passionner** [pasjɔne] <1> **I.** *vt* ~ **qn** (*personne*) jdn faszinieren **II.** *vpr* **se** ~ **pour qc** sich für etw begeistern

**passivité** [pasivite] *f* Passivität *f*

**passoire** [pɑswaʀ] *f* Sieb *nt*

**pastel** [pastɛl] *m* (*crayon*) Pastellstift *m*

**pastèque** [pastɛk] *f* Wassermelone *f*

**pasteur** [pastœʀ] *mf* [evangelischer] Pfarrer/[evangelische] Pfarrerin

**pastille** [pastij] *f* **1.** (*bonbon*) Bonbon *m o nt* **2.** AUT ~ **verte** ≈ G-KAT-Plakette *f*

**patate** [patat] *f fam* Kartoffel *f*

**patauger** [patoʒe] <2a> *vi* 1. (*marcher*) waten 2. (*s'empêtrer*) sich [vergeblich] abstrampeln (*fam*)
**pâte** [pɑt] *f* 1. GASTR Teig *m;* **les ~s** die Nudeln *Pl* 2. (*substance molle*) Paste *f*
**pâté** [pɑte] *m* 1. GASTR Pastete *f* 2. (*tache d'encre*) Tintenklecks *m*
**paternel(le)** [patɛʀnɛl] *adj* väterlich
**paternité** [patɛʀnite] *f* Vaterschaft *f*
**patience** [pasjɑ̃s] *f* Geduld *f*
**patient(e)** [pasjɑ̃] I. *adj* geduldig II. *m(f)* MED Patient(in) *m(f)*
**patin** [patɛ̃] *m* **faire du ~ à glace/à roulettes** Schlittschuh *m*/Rollschuh *m* laufen
**pâtisserie** [pɑtisʀi] *f* 1. (*magasin*) Konditorei *f* 2. (*gâteaux*) Gebäck *nt*
**patois** [patwa] *m* [lokale] Mundart
**patrie** [patʀi] *f* Heimat *f*
**patrimoine** [patʀimwan] *m* 1. (*biens de famille*) Vermögen *nt* 2. (*bien commun*) Erbe *nt* 3. BIO **~ génétique** Erbgut *nt*
**patron, -onne** [patʀɔ̃] *m, f* 1. Chef(in) *m(f);* (*d'un restaurant, café, hôtel*) Wirt(in) *m(f)* 2. (*le patronat*) **les ~s** die Arbeitgeber 3. REL Schutzpatron(in) *m(f)*
**patte** [pat] *f* 1. (*d'un animal*) Bein *nt* 2. (*extrémité*) Pfote *f*
**paumer** [pome] <1> I. *vt fam* verbummeln II. *vpr fam* **se ~** (*à pied*) sich verlaufen
**paupière** [popjɛʀ] *f* [Augen]lid *nt*
**pauvre** [povʀ] *adj* 1. arm; (*mobilier, vêtement*) ärmlich 2. (*argument, sourire*) schwach
**pauvreté** [povʀəte] *f* Armut *f*
**pavé** [pave] *m* 1. (*bloc, dalle*) Pflasterstein *m* 2. (*revêtement*) [Straßen]pflaster *nt*
**pavillon** [pavijɔ̃] *m* 1. (*dans un jardin*) Pavillon *m* 2. NAUT Flagge *f*
**payer** [peje] <7> I. *vt* 1. bezahlen; (*intérêt, loyer*) zahlen 2. (*offrir*) **~ un coup à qn** *fam* jdm einen ausgeben II. *vi* 1. zahlen 2. (*être rentable*) sich lohnen; (*politique, tactique*) sich bezahlt machen III. *vpr fam* (*s'offrir*) **se ~ qc** sich (*dat*) etw leisten
**pays** [pei] *m* 1. Land *nt;* **~ natal** Heimatland; **~ membres de l'UE** EU-Länder 2. (*région natale*) Heimat *f* 3. (*patrie*) Vaterland *nt* 4. (*terre d'élection*) **le ~ du vin** das Land des Weins
**paysage** [peizaʒ] *m* Landschaft *f*
**paysan(ne)** [peizɑ̃] *m(f)* Bauer/Bäuerin *m/f*
**Pays-Bas** [peibɑ] *mpl* **les ~** die Niederlande
**PC** [pese] *m* 1. *abr de* **personal computer** PC *m* 2. *abr de* **parti communiste** KP *f*

**péage** [peaʒ] *m* **1.** (*lieu*) Gebührenzahlstelle *f;* (*sur autoroutes*) Mautstelle *f* **2. à ~** gebührenpflichtig

**peau** [po] <x> *f* **1.** Haut *f* **2.** (*cuir*) Leder *nt* **3.** (*d'une pomme, orange*) Schale *f*

**péché** [peʃe] *m* Sünde *f*

**pêche[1]** [pɛʃ] *f* Pfirsich *m*

**pêche[2]** [pɛʃ] *f* **1.** (*profession*) Fischerei *f* **2.** (*loisir*) Fischen *nt;* **aller à la ~** angeln gehen **3.** (*période*) Fangzeit *f* **4.** (*prises*) Fang *m*

**pêcher** [peʃe] <1> **I.** *vi* (*avec une canne*) angeln **II.** *vt* **1.** (*être pêcheur de*) fischen **2.** (*poissons, crustacés*) fangen **3.** *fam* (*idée, histoire*) ausgraben

**pécheur, -eresse** [peʃœʀ] *m, f* Sünder(in) *m(f)*

**pêcheur, -euse** [pɛʃœʀ] *m, f* Fischer(in) *m(f)*

**pédale** [pedal] *f* **1.** *a.* MUS Pedal *nt;* (*d'une poubelle*) Fußhebel *m* **2.** *péj fam* (*homosexuel*) Schwuchtel *f*

**pédant(e)** [pedɑ̃] *adj péj* besserwisserisch

**pédéraste** [pedeʀast] *m* Homosexuelle(r) *m*

**peigne** [pɛɲ] *m* Kamm *m*

**peigner** [peɲe] <1> *vt, vpr* [**se**] **~** [sich] kämmen

**peignoir** [pɛɲwaʀ] *m* Bademantel *m*

**peindre** [pɛ̃dʀ] <irr> *vt, vi* malen

**peine** [pɛn] **I.** *f* **1.** (*chagrin, douleur*) Kummer *m;* **avoir de la ~** traurig sein **2.** JUR Strafe *f* **3.** (*effort, difficulté*) Mühe *f;* **sans ~** mühelos **II.** *adv* **à ~** kaum; (*tout au plus*) noch nicht einmal

**peiner** [pene] <1> **I.** *vi* Mühe haben **II.** *vt* **1.** (*nouvelle, refus*) traurig machen **2.** (*décevoir*) enttäuschen

**peintre** [pɛ̃tʀ] *mf* Maler(in) *m(f)*

**peinture** [pɛ̃tyʀ] *f* **1.** (*couleur*) Farbe *f* **2.** (*couche*) Anstrich *m*

**pelage** [pəlaʒ] *m* Fell *nt*

**pelé(e)** [pəle] *adj* kahl

**peler** [pəle] <4> **I.** *vi* **1.** (*peau, nez*) sich schälen **2.** *fam* (*avoir froid*) sich (*dat*) einen abfrieren **II.** *vt* (*éplucher*) schälen

**pèlerinage** [pɛlʀinaʒ] *m* REL Wallfahrt *f;* **lieu de ~** Wallfahrtsort *m*

**pelle** [pɛl] *f* Schaufel *f*

**pellicule** [pelikyl] *f* PHOT, CINE Film *m*

**pelouse** [p(ə)luz] *f* Rasen *m*

**peluche** [p(ə)lyʃ] *f* **1.** (*jouet*) Plüschtier *nt* **2.** (*poil*) Fussel *f o m*

**pénaliser** [penalize] <1> *vt a.* SPORT bestrafen

**pénalité** [penalite] *f* **1.** (*peine*) Strafgebühr *f* **2.** SPORT **coup de pied de ~** Strafstoß *m*

**pencher** [pɑ̃ʃe] <1> **I.** *vi* **1.** (*perdre l'équilibre*) sich [zur Seite] neigen **2.** (*ne pas être droit*) **être**

**penché** (*mur, tour*) schief sein **3.** (*se courber vers*) **être penché sur qn/qc** sich über jdn/etw beugen **II.** *vt* (*bouteille, carafe*) schräg halten; (*table, chaise*) kippen; (*tête*) (*en avant, sur qc*) beugen; (*en arrière*) zurücklegen **III.** *vpr* (*baisser*) **se ~** sich bücken; **se ~ par la fenêtre** sich zum Fenster hinauslehnen

**pendant** [pãdã] **I.** *prép* während (+*gen*); **~ ce temps** währenddessen; **~ longtemps** lange Zeit hindurch **II.** *conj* **~ que ...** (*tandis que*) während ...; (*aussi longtemps que*) solange ...

**pendre** [pãdʀ] <14> **I.** *vi* **~ à qc** an etw (*dat*) hängen **II.** *vt* **1.** (*accrocher*) aufhängen **2.** (*mettre à mort*) hängen **III.** *vpr* (*se suicider*) **se ~** sich erhängen

**pendule** [pãdyl] *f* Uhr *f*

**pénétrant(e)** [penetʀã] *adj* **1.** durchdringend **2.** (*odeur*) penetrant (*pej*)

**pénétrer** [penetʀe] <5> **I.** *vi* (*personne*) hineingehen; (*vent, odeur, cambrioleur*) eindringen **II.** *vt* durchdringen

**pénible** [penibl] *adj* **1.** (*travail, voyage*) anstrengend **2.** *fam* (*personne*) unerträglich

**péniblement** [penibləmã] *adv* (*difficilement*) mühsam

**pensée** [pãse] *f* **1.** (*idée*) Gedanke *m* **2.** (*opinion*) Meinung *f* **3.** PHILOS Denken *nt* **4.** (*esprit*) Geist *m*

**penser** [pãse] <1> *vt, vi* denken

**pension** [pãsjɔ̃] *f* **1.** (*allocation*) Rente *f* **2.** (*internat*) Internat *nt* **3.** (*hôtel, hébergement*) Pension *f*

**pente** [pãt] *f* (*d'une route, d'un terrain*) Gefälle *nt*; (*d'un toit*) Schräge *f*

**Pentecôte** [pãtkot] *f* Pfingsten *nt*

**pépé** [pepe] *m fam* Opa *m*

**perçant(e)** [pɛʀsã] *adj* (*regard*) stechend; (*voix*) schrill

**perception** [pɛʀsɛpsjɔ̃] *f* Wahrnehmung *f*

**percer** [pɛʀse] <2> **I.** *vi* (*dent*) durchkommen **II.** *vt* **1.** (*trou*) bohren; **être percé** (*vêtement, sac*) ein Loch/Löcher haben **2.** (*mur, rocher, tôle*) durchbohren; (*oreille, tympan*) durchstechen

**perdre** [pɛʀdʀ] <14> **I.** *vt, vi* verlieren **II.** *vpr* (*s'égarer*) **se ~** (*à pied/en voiture*) sich verirren/verfahren

**perdu(e)** [pɛʀdy] *adj* **1.** verloren **2.** (*chien*) streunend **3.** (*pays, endroit*) entlegen

**père** [pɛʀ] *m* **1.** Vater *m*; **Durand ~** Durand senior **2.** REL Pater *m*; **Notre Père** Vaterunser *nt* **3. ~ Noël** Weihnachtsmann *m*

**perfection** [pɛʀfɛksjɔ̃] *f* Perfektion *f*

**perfectionner** [pɛʀfɛksjɔne] <1> *vt, vpr* [**se**] **~** [sich] verbessern

P

**perforeuse** [pɛʀfɔʀøz] *f* Locher *m*

**périmé(e)** [peʀime] *adj* (*carte, passeport*) abgelaufen; (*billet*) verfallen

**période** [peʀjɔd] *f* **1.** (*époque*) Zeit *f* **2.** (*espace de temps*) Zeit[raum *m*] *f*

**périodique** [peʀjɔdik] **I.** *adj* **être ~** regelmäßig wiederkehren **II.** *m* PRESSE Zeitschrift *f*

**périphérique** [peʀifeʀik] **I.** *adj* (*quartier*) am Stadtrand **II.** *m* **1.** (*intérieur, extérieur*) Ring *m* **2.** INFORM Peripheriegerät *nt*

**périssable** [peʀisabl] *adj* leicht verderblich

**perle** [pɛʀl] *f* Perle *f*

**permanence** [pɛʀmanɑ̃s] *f* **1.** ADMIN, MED Bereitschaftsdienst *m* **2.** (*d'un parti, syndicat*) Geschäftsstelle *f* **3. en ~** ständig

**permanent(e)** [pɛʀmanɑ̃] *adj* ständig; (*caractère, phénomène*) beständig

**permettre** [pɛʀmɛtʀ] <irr> *vt* erlauben; **vous permettez?** gestatten Sie?

**permis** [pɛʀmi] *m* **1.** (*permis de conduire*) Führerschein *m* **2.** (*licence*) **~ de pêche** Angelschein *m* **3.** (*autorisation*) **~ de séjour** Aufenthaltserlaubnis *f*

**permission** [pɛʀmisjɔ̃] *f* Erlaubnis *f*

**perpétuel(le)** [pɛʀpetɥɛl] *adj* dauernd

**perplexe** [pɛʀplɛks] *adj* ratlos

**persécuter** [pɛʀsekyte] <1> *vt* verfolgen

**persister** [pɛʀsiste] <1> *vi* **~ dans qc** auf etw (*dat*) bestehen; **~ à faire qc** etw weiterhin tun

**personnage** [pɛʀsɔnaʒ] *m* **1.** ART, LITTER Figur *f*, Person *f* **2.** (*personnalité*) Persönlichkeit *f*

**personnaliser** [pɛʀsɔnalize] <1> *vt* (*adapter*) individuell gestalten

**personnalité** [pɛʀsɔnalite] *f* Persönlichkeit *f*

**personne**[1] [pɛʀsɔn] *f* **1.** *a.* LING Person *f*; **les ~s âgées** die Senioren **2.** (*être humain*) Mensch *m*

**personne**[2] [pɛʀsɔn] *pron* **1.** (*opp: quelqu'un*) niemand **2.** (*quelqu'un*) jemand

**personnel(le)** [pɛʀsɔnɛl] **I.** *adj* **1.** (*individuel*) persönlich; (*objets*) des persönlichen Gebrauchs; (*biens, fortune*) Privat- **2.** LING persönlich **II.** *m* Personal *nt*

**perspective** [pɛʀspɛktiv] *f* **1.** MATH, ART Perspektive *f* **2.** (*éventualité, horizon*) **~ de qc** Aussicht *f* auf etw (*akk*) **3.** (*panorama*) Ausblick *m*

**persuader** [pɛʀsɥade] <1> *vt* überzeugen

**perte** [pɛʀt] *f* **1.** Verlust *m*; **~ de temps** Zeitverschwendung *f* **2.** *pl* (*morts*) Verluste *Pl*

**pertinent(e)** [pɛʀtinɑ̃] *adj* treffend

**perturbation** [pɛʀtyʀbasjɔ̃] *f* Störung *f*

**pervers(e)** [pɛʀvɛʀ] *adj* pervers
**pesant(e)** [pəzɑ̃] *adj* schwer
**peser** [pəze] <4> **I.** *vt, vpr* (*mesurer le poids*) [**se**] ~ [sich] wiegen **II.** *vi* **1.** schwer sein **2.** (*exercer une pression*) ~ **sur qc** auf etw (*akk*) drücken
**pessimiste** [pesimist] *adj* pessimistisch
**peste** [pɛst] *f* **1.** MED Pest *f* **2.** *fig* Plage *f*
**pétanque** [petɑ̃k] *f* Boulespiel *nt*
**petit(e)** [p(ə)ti] **I.** *adj* **1.** klein; **au ~ jour** bei Tagesanbruch **2.** (*heure, kilo, mètre*) knapp **3.** (*terme affectueux*) ~ **copain**[*o* **ami**] Freund *m* **4.** (*vin, année, cru*) einfach; (*santé*) schwach **II.** *adv* **1. voir ~** [zu] knapp rechnen **2. ~ à ~** allmählich
**petit-déjeuner** [p(ə)tideʒœne] <petits-déjeuners> *m* Frühstück *nt* **petite-fille** [p(ə)titfij] <petites-filles> *f* Enkelin *f* **petit-fils** [p(ə)tifis] <petits-fils> *m* Enkel *m*
**petits-enfants** [p(ə)tizɑ̃fɑ̃] *mpl* Enkel[kinder] *Pl*
**pétrole** [petʀɔl] *m* [Erd]öl *nt*
**peu** [pø] **I.** *adv* **1.** (*opp: beaucoup, très*) wenig *avec un adj ou un adv* nicht sehr; ~ **avant/après** kurz davor/darauf; **depuis ~** seit kurzem; ~ **de temps** wenig Zeit **2. ~ à ~** nach und nach; **à ~ près** ungefähr; **de ~** [nur] knapp **II.** *pron* **1.** (*peu de personnes*) wenige **2.** (*peu de choses*) wenig; ~ **importe** das ist nicht so wichtig **III.** *m* **le ~ de personnes/choses** die paar Menschen/Dinge
**peuple** [pœpl] *m* Volk *nt*
**peur** [pœʀ] *f* **1.** ~ **de qn/qc** Angst *f* vor jdm/etw; **avoir ~ que** + *subj* Angst haben, dass **2. j'ai bien ~ que** ich befürchte sehr, dass; **prendre ~** Angst bekommen; **de ~** vor Angst
**peut-être** [pøtɛtʀ] *adv* **1.** (*éventuellement*) vielleicht; ~ **que ...** es kann sein, dass ... **2.** (*marque de doute*) mag ja sein
**phare** [faʀ] *m* **1.** (*projecteur*) Scheinwerfer *m* **2.** (*tour*) Leuchtturm *m*
**pharmacie** [faʀmasi] *f* Apotheke *f*
**phase** [fɑz] *f* Phase *f*
**philosophe** [filɔzɔf] *mf* Philosoph(in) *m(f)*
**phonétique** [fɔnetik] **I.** *f* **1.** Phonetik *f* **2.** (*transcription*) Lautschrift *f* **II.** *adj* phonetisch
**photo** [fɔto] *f abr de* **photographie 1.** (*cliché*) Foto *nt;* ~ **d'identité** Passfoto **2.** (*art*) Fotografie *f*
**photocopier** [fɔtɔkɔpje] <1> *vt* [foto]kopieren
**photographe** [fɔtɔgʀaf] *mf* Fotograf(in) *m(f)*
**phrase** [fʀɑz] *f* **1.** Satz *m* **2. ~ toute faite** Redewendung *f*

**physicien(ne)** [fizisjɛ̃] *m(f)* Physiker(in) *m(f)*

**physique** [fizik] **I.** *adj* **1.** physisch; (*effort, fatigue*) körperlich; **éducation ~** Turnen *nt* **2.** PHYS physikalisch; **sciences ~s** [die] Physik und [die] Chemie **II.** *m* (*aspect extérieur*) Äußere(s) *nt;* **avoir un beau ~** gut aussehen **III.** *f* Physik *f*

**piano** [pjano] **I.** *m* Klavier *nt;* **jouer du ~** Klavier spielen **II.** *adv* leise

**pic** [pik] *m* Bergspitze *f*

**pickpocket** [pikpɔkɛt] *m* Taschendieb *m*

**picorer** [pikɔʀe] <1> *vt, vi* **~ [qc]** (*animal*) [etw] picken; (*personne*) [etw] knabbern

**pièce** [pjɛs] *f* **1.** Stück *nt;* (*d'un puzzle, appareil*) Teil *nt* **2.** (*document*) **~ d'identité** [Personal]ausweis *m* **3.** (*salle*) Zimmer *nt*

**pied** [pje] *m* **1.** Fuß *m;* **à ~** zu Fuß; **au ~!** bei Fuß! **2.** (*support*) Bein *nt* **3.** (*d'un lit*) Fußende *nt* **4. des ~s à la tête** von Kopf bis Fuß

**piège** [pjɛʒ] *m* Falle *f*

**pierre** [pjɛʀ] *f* Stein *m*

**piétiner** [pjetine] <1> **I.** *vi* (*avancer péniblement*) kaum von der Stelle kommen **II.** *vt* (*fleurs*) zertrampeln

**piéton(ne)** [pjetɔ̃] *m(f)* Fußgänger(in) *m(f)*

**pigeon** [piʒɔ̃] *m* Taube *f*

**pile¹** [pil] *f* **1.** (*tas*) Stapel *m* **2.** ELEC Batterie *f*

**pile²** [pil] *adv* (*avec précision*) ganz pünktlich; (*au bon moment*) gerade richtig

**pile³** [pil] *f* **~ ou face?** Kopf oder Zahl?

**pilote** [pilɔt] **I.** *mf* **1.** AVIAT Pilot(in) *m(f)* **2.** AUT [Renn]fahrer(in) *m(f)* **3.** NAUT Lotse/Lotsin *m/f* **II.** *m* **1.** (*dispositif*) **~ automatique** Autopilot *m* **2.** INFORM Treiber *m*

**piloter** [pilɔte] <1> *vt* steuern

**pilule** [pilyl] *f* Pille *f;* **la ~** die [Antibaby]pille (*fam*); **la ~ du lendemain** die Pille danach

**piment** [pimɑ̃] *m* GASTR Peperoni *f*

**pimenter** [pimɑ̃te] <1> *vt* GASTR scharf würzen

**pince** [pɛ̃s] *f* **1.** TECH Zange *f* **2.** (*épingle*) **~ à linge** Wäscheklammer *f*

**pinceau** [pɛ̃so] <x> *m* Pinsel *m*

**pincer** [pɛ̃se] <2> **I.** *vt* **1.** (*faire mal*) **~ qn** (*personne*) jdn kneifen **2.** (*lèvres*) aufeinanderpressen **II.** *vpr* (*se serrer la peau*) **se ~** sich zwicken; **se ~ le doigt** (*se blesser*) sich (*dat*) den Finger quetschen

**pincette** [pɛ̃sɛt] *f* Pinzette *f*

**pinotte** [pinɔt] *f* CAN *fam* (*cacahuète*) Erdnuss *f*

**pion** [pjɔ̃] *m* JEUX Stein *m*

**pipe** [pip] *f* Pfeife *f*

**piquant** [pikɑ̃] *m* (*épine*) Stachel *m;* (*d'un rosier*) Dorn *m*

**piquant(e)** [pikɑ̃] *adj* **1.** (*goût, sauce*) pikant **2.** (*bise, froid*) schneidend

**pique** [pik] *m* JEUX Pik *nt*

**pique-nique** [piknik] <pique-niques> *m* Picknick *nt*

**piquer** [pike] <1> **I.** *vt* **1.** (*faire une piqûre*) ~ **qn** (*personne, guêpe*) jdn stechen; (*serpent, puce*) jdn beißen **2.** *fam* (*colère, crise*) kriegen **3.** *fam* (*voler*) klauen **II.** *vi* **1.** (*moustique, aiguille*) stechen **2.** (*descendre*) ~ **sur qc** auf etw (*akk*) niederstürzen **3.** (*ortie*) brennen **III.** *vpr* **1.** (*se blesser*) **se ~ avec une aiguille** sich mit einer Nadel stechen **2.** (*se faire une injection*) **se ~** sich spritzen; (*drogué*) spritzen (*fam*)

**piquet** [pikɛ] *m* (*pieu*) Pflock *m;* (*de tente*) Hering *m*

**piqûre** [pikyʀ] *f* **1.** (*blessure*) Stich *m* **2.** MED Spritze *f*

**pirate** [piʀat] **I.** *adj* (*bateau, radio*) Piraten- *f* **II.** *m* **1.** NAUT Seeräuber *m* **2.** AVIAT ~ **de l'air** Luftpirat(in) *m(f)*

**pire** [piʀ] **I.** *adj* schlimmer; **rien de ~ que ...** nichts Schlimmeres als ...; ~ **que ça** noch schlimmer **II.** *m* **le ~** das Schlimmste; **au ~** schlimmstenfalls

**piscine** [pisin] *f* Schwimmbad *nt*

**pisser** [pise] <1> *vi fam* pinkeln

**pistache** [pistaʃ] **I.** *f* Pistazie *f* **II.** *adj inv* lindgrün

**piste** [pist] *f* **1.** *a.* MEDIA Spur *f;* **brouiller les ~s** die Spuren verwischen **2.** (*indice*) Hinweis *m* **3.** (*voie*) ~ **cyclable/cavalière** Rad-/Reitweg *m* **4.** (*dans le désert, au ski*) Piste *f*

**pistolet** [pistɔlɛ] *m* (*arme*) Pistole *f*

**piteux, -euse** [pitø] *adj* erbärmlich; (*résultat*) kläglich

**pitié** [pitje] *f* Mitleid *nt*

**piton** [pitɔ̃] *m* **1.** (*crochet*) Haken *m* **2.** CAN (*touche*) Taste *f*

**pitoyable** [pitwajabl] *adj* **1.** (*aspect, état*) Mitleid erregend; (*personne*) bemitleidenswert **2.** (*piteux*) erbärmlich

**pittoresque** [pitɔʀɛsk] *adj* (*paysage, quartier*) malerisch

**placarder** [plakaʀde] <1> *vt* anschlagen

**place** [plas] *f* **1.** Platz *m;* **à la ~ de qc** an Stelle einer S. (*gen*); ~ **assise/debout** Sitz-/Stehplatz; **y a-t-il encore une ~ [de] libre?** ist noch ein Platz frei? **2.** (*endroit quelconque*) Stelle *f;* **tenir/prendre de la ~** [viel] Platz einnehmen **3.** (*billet*) Karte *f* **4.** (*emploi*) Stelle *f*

**placer** [plase] <2> **I.** *vt* **1.** (*mettre*) ~ **qc sur qc** (*verticalement/à plat*) etw auf etw (*akk*) stellen/legen **2.** (*sentinelle*) aufstellen **3.** (*anecdote, remarque*) anbrin-

P

gen; **ne pas pouvoir ~ un mot** nicht zu Wort kommen **II.** *vpr* **se ~** (*s'installer*) irgendwo Platz nehmen

**plage** [plaʒ] *f* Strand *m*

**plaie** [plɛ] *f* (*blessure*) Wunde *f*

**plaindre** [plɛ̃dʀ] <irr> **I.** *vt* (*personne*) bedauern; **je te plains** du tust mir leid **II.** *vpr* **1.** (*se lamenter*) **se ~ de qc** über etw (*akk*) klagen **2.** (*protester*) **se ~ à qn** sich bei jdm beklagen

**plaine** [plɛn] *f* Ebene *f*

**plainte** [plɛ̃t] *f* **1.** *a.* JUR Klage *f* **2.** (*récrimination*) Beschwerde *f*

**plaire** [plɛʀ] <irr> *vi* **~ à qn** jdm gefallen; **s'il te/vous plaît** bitte

**plaisanter** [plɛzɑ̃te] <1> *vi* scherzen

**plaisanterie** [plɛzɑ̃tʀi] *f* **1.** (*blague*) Scherz *m;* **mauvaise ~** übler Scherz **2.** (*farce*) Streich *m*

**plaisir** [pleziʀ] *m* **1.** Vergnügen *nt;* **faire ~ à qn** jdm Freude machen **2.** *pl* (*sentiment agréable*) Lustgefühl *nt* **3. avec [grand] ~** mit [größtem] Vergnügen

**plan** [plɑ̃] *m* **1.** (*projet, représentation graphique*) Plan *m* **2.** (*d'un livre*) Entwurf *m* **3.** MEDIA Aufnahme *f*

**planche** [plɑ̃ʃ] *f* Brett *nt;* **~ à repasser** Bügelbrett

**planer** [plane] <1> *vi* **1.** (*oiseau*) schweben; (*avion*) gleiten **2.** *fam* (*rêver*) in höheren Regionen schweben; (*sous l'effet d'une drogue*) high sein

**planète** [planɛt] *f* Planet *m*

**plante** [plɑ̃t] *f* Pflanze *f*

**planter** [plɑ̃te] <1> **I.** *vt* **1.** (*arbre, fleurs*) pflanzen **2.** (*enfoncer*) einschlagen **3.** (*tente*) aufschlagen **II.** *vpr fam* **se ~ 1.** (*avoir un accident*) einen Unfall bauen **2.** INFORM abstürzen

**plaque** [plak] *f* **1.** Platte *f;* (*d'une porte, rue*) Schild *nt* **2.** (*couche*) **~ de verglas** vereiste Stelle **3.** MED (*tache*) Fleck *m*

**plaqué** [plake] *m* (*bois*) Furnier *nt;* **en ~ or/argent** vergoldet/versilbert

**plastique** [plastik] **I.** *m* Kunststoff *m;* **sous ~** in Plastik verpackt **II.** *adj inv* **emballage ~** Plastikverpackung

**plat** [pla] *m* **1.** (*récipient creux*) Schüssel *f;* (*récipient plat*) Schale *f* **2.** (*mets*) Gericht *nt*

**plat(e)** [plat] *adj* **1.** flach; (*surface, terrain*) eben; (*mer*) glatt **2. être à ~** (*pneu*) platt sein; (*batterie*) leer sein

**plateau** [plato] <x> *m* **1.** (*support*) Tablett *nt* **2.** GASTR **~ de fruits de mer** Platte mit Meeresfrüchten *f* **3.** (*partie plate*) **~ d'une balance** Waagschale *f* **4.** GEO [Hoch]plateau *nt*

**plâtre** [plɑtʀ] *m* Gips *m*

**plausible** [plozibl] *adj* plausibel

**plein** [plɛ̃] **I.** *adv* **1.** *fam* (*beaucoup*) **~ d'argent** unheimlich viel Geld **2.** (*exactement*) **en ~ devant/sur/dans qc** genau vor/auf/in etw (*akk*) **II.** *m* Tankfüllung *f;* **le ~, s'il vous plaît!** bitte voll tanken!

**plein(e)** [plɛ̃] *adj* **1.** voll; (*journée*) ausgefüllt **2.** (*au plus fort de, au milieu de*) mitten in (*dat*); **en ~ soleil** in der prallen Sonne

**pleinement** [plɛnmɑ̃] *adv* voll [und ganz]

**pleurer** [plœʀe] <1> *vi* weinen

**pleuvoir** [pløvwaʀ] <irr> *vi* **il pleut** es regnet

**pli** [pli] *m* Falte *f*

**pliant(e)** [plijɑ̃] *adj* (*lit, table*) Klapp-; **mètre ~** Zollstock *m*

**plier** [plije] <1> **I.** *vt* **1.** [zusammen]-falten **2.** (*bras, jambe*) beugen **II.** *vi* **1.** (*se courber*) **~ sous qc** sich unter etw (*dat*) biegen **2.** (*céder*) nachgeben

**plisser** [plise] <1> *vt* **1.** (*couvrir de faux plis*) zerknittern **2.** (*yeux*) zusammenkneifen

**plomb** [plɔ̃] *m* (*métal*) Blei *nt*

**plombier** [plɔ̃bje] *m* Installateur(in) *m(f)*

**plonger** [plɔ̃ʒe] <2a> **I.** *vi* **1.** (*s'immerger*) tauchen **2.** (*faire un plongeon*) einen Kopfsprung machen **II.** *vpr* **se ~ dans un projet** sich in ein Projekt stürzen

**pluie** [plɥi] *f* METEO Regen *m*

**plume** [plym] *f* Feder *f*

**plupart** [plypaʀ] *f* **1. la ~ [des élèves]** die meisten [Schüler]; **la ~ du temps** meistens **2. pour la ~** größtenteils

**pluriel** [plyʀjɛl] *m* Plural *m*

**plus¹** [ply] *adv* **1.** (*opp: encore*) **il n'est ~ très jeune** er ist nicht mehr ganz jung; **il ne pleut ~ du tout** es regnet überhaupt nicht mehr; **il ne neige presque ~** es schneit kaum noch; **il n'y a ~ personne** es ist niemand mehr da **2.** (*seulement encore*) **on n'attend ~ que toi** wir warten nur noch auf dich **3.** (*pas plus que*) **moi non ~** ich auch nicht

**plus²** [ply(s)] **I.** *adv* **1.** (*davantage*) **être ~ vieux que lui** älter als er sein; **~ tard/tôt/près/lentement qu'hier** später/früher/näher/langsamer als gestern **2.** (*dans une comparaison*) **je lis ~ que toi** ich lese mehr als du **3.** (*très*) **elle est ~ que contente** sie ist überglücklich **4. ~ que jamais** mehr denn je; **~ ou moins** mehr oder weniger; **ni ~ ni moins** nicht mehr und nicht weniger **II.** *adv emploi superl* **1. le ~ rapide** der schnellste; **le ~ tard possible** so spät wie möglich; **le ~ possible de choses** so viel/so viele Dinge wie möglich **2. au ~ tôt/vite** möglichst früh/schnell

**plus³** [plys] *adv* **1.** mehr; **pas ~** mehr nicht; **~ d'une heure**

P

über eine Stunde; ~ **de la moitié** mehr als die Hälfte; **~..., ~...** je mehr..., desto mehr...; **~..., [et] moins...** je mehr..., desto weniger... **2. [et] de ~** [und] außerdem; **boire de ~ en ~** immer mehr trinken; **en ~** dazu; **sans ~** mehr nicht

**plus[4]** [plys] **I.** *conj* **1.** (*et*) plus; **2 ~ 2 font 4** 2 plus 2 gibt 4 **2.** (*quantité positive*) **~ quatre degrés** 4 Grad plus **II.** *m* MATH Plus *nt*

**plusieurs** [plyzjœʀ] **I.** *adj* **à ~ reprises** mehrmals; **~ fois** mehrere Male **II.** *pron* **1.** einige **2. à ~** zu mehreren

**plutôt** [plyto] *adv* **1.** (*de préférence*) **prendre ~ l'avion que ...** eher das Flugzeug als ... nehmen **2.** (*au lieu de*) **~ que de ...** anstatt zu ... **3.** (*assez*) **être ~ gentil** eigentlich nett sein **4.** *fam* (*très*) unheimlich **5. ou ~** oder besser gesagt

**pneu** [pnø] *m* Reifen *m*

**pneumatique** [pnømatik] *adj* (*matelas*) Luft-

**poche** [pɔʃ] *f* Tasche *f*

**poêle[1]** [pwal] *f* GASTR [Brat]pfanne *f*

**poêle[2]** [pwal] *m* Ofen *m*

**poème** [pɔɛm] *m* Gedicht *nt*

**poète** [pɔɛt] *m* Dichter(in) *m(f)*

**poétique** [pɔetik] *adj* poetisch

**poids** [pwɑ] *m* **1.** Gewicht *nt* **2.** (*charge pénible*) Last *f* **3.** (*influence*) Einfluss *m* **4.** AUT **~ lourd** Lastwagen *m*

**poigne** [pwaɲ] *f* Kraft *f* [in den Händen]

**poignée** [pwaɲe] *f* **1.** (*manche*) Griff *m;* (*dans le bus, la baignoire*) Haltegriff **2.** (*quantité*) **une ~ de riz** eine Hand voll Reis **3.** INFORM Joystick *m*

**poignet** [pwaɲɛ] *m* Handgelenk *nt*

**poil** [pwal] *m* **1.** ANAT [Körper]haar *nt;* **les ~s de la barbe** das Barthaar **2.** ZOOL Fell *nt*

**poing** [pwɛ̃] *m* Faust *f*

**point** [pwɛ̃] *m* **1.** Punkt *m;* **~ d'exclamation/d'interrogation** Ausrufe-/Fragezeichen *nt* **2.** (*lieu*) **~ de départ** Ausgangspunkt **3.** GEO **les quatre ~s cardinaux** die vier Himmelsrichtungen **4. ~ de vue** Aussicht[spunkt *m*] *f;* (*opinion*) Ansicht *f;* **de ce ~ de vue** so gesehen; **~ noir** (*comédon*) Mitesser *m;* **à ~** (*viande*) medium

**pointe** [pwɛ̃t] *f* **1.** Spitze *f* **2.** (*clou*) Drahtstift *m* **3.** CAN (*part*) Stück *nt* **4. de [o en] ~** führend

**pointer** [pwɛ̃te] <1> **I.** *vi* **1.** (*chômeur*) stempeln gehen (*fam*) **2.** (*au jeu de boules*) die Setzkugel anspielen **3.** INFORM **~ sur une icône** mit der Maus auf ein Icon zeigen **II.** *vt* (*diriger vers*) **~ son/le doigt sur qn** mit dem Finger auf jdn zeigen **III.** *vpr fam* **se ~** aufkreuzen

**pointeur** [pwɛ̃tœʀ] *m* INFORM **~ de la souris** Mauszeiger *m*

**pointu(e)** [pwɛ̃ty] *adj* **1.** (*acéré*) spitz **2.** (*grêle et aigu*) schrill **3.** (*analyse*) tief schürfend

**pointure** [pwɛ̃tyʀ] *f* Größe *f;* **quelle est votre ~?** welche Größe haben Sie?

**poire** [pwaʀ] *f* Birne *f*

**poison** [pwazɔ̃] *m* Gift *nt*

**poisseux, -euse** [pwasø] *adj* klebrig

**poisson** [pwasɔ̃] *m* **1.** Fisch *m* **2. ~ d'avril** Aprilscherz *m*

**poissonnerie** [pwasɔnʀi] *f* Fischgeschäft *nt*

**Poissons** [pwasɔn] *m* Fisch *m*

**poitrine** [pwatʀin] *f* **1.** Brust *f* **2.** (*seins*) Busen *m*

**poivre** [pwavʀ] *m* Pfeffer *m*

**poivron** [pwavʀɔ̃] *m* Paprika[schote *f*] *m*

**polaire** [pɔlɛʀ] *adj* (*cercle*) Polar-; (*ours*) Eis-

**pôle** [pol] *m* Pol *m;* **~ Nord/Sud** Nord-/Südpol

**poli(e)** [pɔli] *adj* höflich

**police** [pɔlis] *f* Polizei *f;* **~ secours** Notruf *m*

**policier, -ière** [pɔlisje] **I.** *adj* (*chien, état*) Polizei-; (*roman, film*) Kriminal- **II.** *m, f* Polizist(in) *m(f)*

**poliment** [pɔlimɑ̃] *adv* höflich

**politesse** [pɔlitɛs] *f* Höflichkeit *f*

**politicien(ne)** [pɔlitisjɛ̃] *m(f)* Politiker(in) *m(f)*

**politique** [pɔlitik] **I.** *adj* politisch; (*droits*) staatsbürgerlich *f* **II.** *f* Politik *f*

**polluer** [pɔlɥe] <1> **I.** *vt* verschmutzen **II.** *vi* die Umwelt verschmutzen

**pollution** [pɔlysjɔ̃] *f* Umweltverschmutzung *f*

**Pologne** [pɔlɔɲ] *f* **la ~** Polen *nt*

**polonais(e)** [pɔlɔnɛ] *adj* polnisch

**Polynésie française** [pɔlinezifʀɑ̃sɛz] *f* **la ~** die französischen Südseeinseln

**pomme** [pɔm] *f* **1.** (*fruit*) Apfel *m* **2.** (*pomme de terre*) **~s dauphines** Kroketten *Pl* **3.** BOT **~ de pin** Tannenzapfen *m* **4.** ANAT **~ d'Adam** Adamsapfel

**pomme de terre** [pɔmdətɛʀ] <pommes de terre> *f* Kartoffel *f*

**pompe** [pɔ̃p] *f* **1.** (*machine*) Pumpe *f;* **~ à essence** Zapfsäule *f* **2.** *fam* (*chaussure*) Treter *m* **3.** SPORT *fam* Liegestütz *m*

**pomper** [pɔ̃pe] <1> *vi* (*puiser*) pumpen

**pompier** [pɔ̃pje] *m* Feuerwehrmann *m*

**ponctualité** [pɔ̃ktɥalite] *f* Pünktlichkeit *f*

**ponctuation** [pɔ̃ktɥasjɔ̃] *f* Zeichensetzung *f*

**ponctuel(le)** [pɔ̃ktɥɛl] *adj* **1.** (*exact*) pünktlich **2.** (*momentané*) punktuell

P

**pondre** [pɔ̃dʀ] <14> *vt, vi* legen

**pont** [pɔ̃] *m* **1.** ARCHIT Brücke *f* **2.** (*vacances*) verlängertes Wochenende **3.** NAUT Deck *nt*

**populaire** [pɔpylɛʀ] *adj* **1.** (*république*) Volks-; **bal ~** öffentliche Tanzveranstaltung **2.** (*quartier*) Arbeiter- **3.** (*qui plaît*) populär

**population** [pɔpylasjɔ̃] *f* Bevölkerung *f;* (*d'une ville*) Einwohner *Pl*

**porc** [pɔʀ] *m* **1.** *a. péj* Schwein *nt* **2.** (*viande*) Schweinefleisch *nt*

**port**[1] [pɔʀ] *m* **1.** Hafen *m;* **~ de pêche** Fischereihafen **2.** INFORM Port *m*

**port**[2] [pɔʀ] *m* **1.** (*d'un vêtement, casque, objet*) Tragen *nt;* **~ obligatoire de la ceinture de sécurité** Anschnallpflicht *f* **2.** (*d'une lettre*) Porto *nt;* **~ dû/payé** unfrankiert/frankiert

**portable** [pɔʀtabl] **I.** *adj* tragbar **II.** *m* **1.** TELEC Handy *nt* **2.** INFORM Laptop *m*

**portail** [pɔʀtaj] <s> *m a.* INFORM Portal *nt*

**portant(e)** [pɔʀtɑ̃] *adj* **bien ~** gesund

**porte** [pɔʀt] *f* **1.** (*ouverture, panneau mobile*) Tür *f;* (*plus grand*) Tor *nt;* **~ de secours** Notausgang *m* **2.** (*d'un château, d'une ville*) Tor *nt* **3.** [**journée**] **~s ouvertes** Tag *m* der offenen Tür; **à la ~!** hinaus!

**portée** [pɔʀte] *f* **1.** (*distance*) Reichweite *f* **2.** (*d'un acte, événement*) Tragweite *f* **3.** MUS Notensystem *nt*

**portefeuille** [pɔʀtəfœj] *m* Brieftasche *f*

**portemanteau** [pɔʀtmɑ̃to] <x> *m* Garderobe *f*

**porte-monnaie** [pɔʀtmɔnɛ] *m inv* Geldbeutel *m* **porte-parole** [pɔʀtpaʀɔl] *m inv* (*personne*) Sprecher(in) *m(f)*

**porter** [pɔʀte] <1> **I.** *vt* **1.** tragen **2.** *a. fig* (*apporter*) bringen; (*attention*) schenken **3.** (*diriger*) **~ sur qn/qc** (*regard*) auf jdn/etw richten **4.** (*nom, titre*) führen **II.** *vi* **1.** (*avoir pour objet*) **~ sur qc** (*action, effort*) sich auf etw (*akk*) konzentrieren **2.** (*conseil, critique*) wirken **3.** (*reposer sur*) **~ sur qc** (*accent*) auf etw (*dat*) liegen **III.** *vpr* **1.** (*aller*) **qn se porte bien/mal/comme un charme** jdm geht es gut/schlecht/blendend **2.** (*être porté*) **se ~** (*vêtements*) getragen werden

**porteur, -euse** [pɔʀtœʀ] *m, f* Gepäckträger(in) *m(f)*

**portier, -ière** [pɔʀtje] *m* Portier *m*

**portrait** [pɔʀtʀɛ] *m* Porträt *nt*

**portugais(e)** [pɔʀtygɛ] *adj* portugiesisch

**Portugais(e)** [pɔʀtygɛ] *m(f)* Portugiese/Portugiesin *m/f*

**Portugal** [pɔʀtygal] *m* **le ~** Portugal *nt*

**pose** [poz] *f* (*attitude*) [Körper]haltung *f*

**poser** [poze] <1> **I.** *vt* **1.** (*livre, main*) [hin]legen; (*échelle, bagages*) [hin]stellen; (*pieds*) [hin]setzen **2.** (*équation, principe*) aufstellen **3.** (*devinette*) aufgeben; (*question, condition*) stellen **4.** (*moquette*) verlegen; (*rideau, serrure*) anbringen; (*tapisserie*) ankleben **II.** *vi* **~ pour qn/qc** jdm/für etw Modell sitzen **III.** *vpr* **1.** (*exister*) **se ~** (*question*) sich stellen; (*difficulté, problème*) auftauchen **2.** (*cesser de voler*) **se ~ sur qc** (*insecte, oiseau*) sich auf etw (*akk*) setzen **3.** (*se fixer*) **se ~ sur qc** (*regard, yeux*) sich auf etw (*akk*) richten

**positif, -ive** [pozitif] *adj* positiv

**position** [pozisjɔ̃] *f* **1.** Lage *f;* (*d'un objet*) Platz *m;* (*d'une personne*) Position *f* **2.** (*posture*) Stellung *f*

**positivement** [pozitivmɑ̃] *adv* positiv

**posséder** [pɔsede] <5> *vt* **1.** (*avoir*) besitzen **2.** (*expérience, talent*) verfügen über (+*akk*) **3.** *fam* (*rouler*) hereinlegen

**possession** [pɔsesjɔ̃] *f* Besitz *m*

**possibilité** [pɔsibilite] *f* Möglichkeit *f*

**possible** [pɔsibl] **I.** *adj* möglich; (*projet*) durchführbar; **il est ~ que** + *subj* es ist möglich, dass; **autant que ~** soweit das möglich ist **II.** *m* Mögliche(s) *nt*

**poste**[1] [pɔst] *f* Post *f*

**poste**[2] [pɔst] *m* **1.** Stelle *f* **2.** (*appareil*) Gerät *nt;* **~ de radio/de télévision** Radio-/Fernsehapparat *m*

**poster**[1] [pɔste] <1> *vt* einwerfen

**poster**[2] [pɔstɛʀ] *m* Poster *nt*

**postillon** [pɔstijɔ̃] *m* Spucke *f* (*fam*)

**pot** [po] *m* **1.** (*en terre*) Topf *m;* (*en verre*) Glas *nt;* (*en métal*) Dose *f;* (*en plastique*) Becher *m;* **~ de crème** Dose Creme **2. ~ d'échappement** Auspuff *m*

**potable** [pɔtabl] *adj* trinkbar; (*eau*) Trink-; **eau non ~!** kein Trinkwasser!

**potage** [pɔtaʒ] *m* Suppe *f*

**poteau** [pɔto] <x> *m* a. SPORT Pfosten *m*

**poterie** [pɔtʀi] *f* **1.** (*objet*) Töpferware *f* **2.** (*activité*) Töpferei *f*

**pou** [pu] <x> *m* Laus *f*

**poubelle** [pubɛl] *f* (*dans la cuisine*) Mülleimer *m,* Mistkübel *m* (A); (*devant la porte*) Mülltonne *f*

**pouce** [pus] *m* **1.** (*doigt*) Daumen *m* **2.** (*mesure*) Zoll *m*

**poudre** [pudʀ] *f* **1.** (*fines particules*) Pulver *nt* **2.** (*produit cosmétique*) [Gesichts]puder *m*

**poule** [pul] *f* (*femelle du coq*)

Henne *f*
**poulet** [pulɛ] *m* **1.** ZOOL Huhn *nt* **2.** GASTR Hähnchen *nt;* ~ **rôti** Brathähnchen
**poumon** [pumɔ̃] *m* Lunge *f*
**poupée** [pupe] *f* Puppe *f*
**pour** [puʀ] **I.** *prép* **1.** für **2.** (*contre*) ~ **la toux/le rhume** gegen Husten/Schnupfen **3.** ~ **le moment** im Augenblick; ~ **Noël** zu Weihnachten; ~ **le plaisir de qn** zu jds Freude; **avoir ~ effet** zur Folge haben; ~ **autant que je sache** soviel ich weiß; ~ **faire qc** um etw zu tun **II.** *m* **le ~ et le contre** das Für und [das] Wider
**pourboire** [puʀbwaʀ] *m* Trinkgeld *nt*
**pourquoi** [puʀkwa] **I.** *conj* **1.** warum **2. c'est ~** deshalb; **c'est ~?** *fam* was kann ich für Sie tun? **II.** *adv* warum; **voilà ~** deshalb **III.** *m inv* **le ~ de qc** der Grund einer S. (*gen*)
**pourri(e)** [puʀi] *adj* **1.** (*fruit, œuf*) faul; (*poisson, viande*) verdorben **2.** (*saison, temps*) verregnet **3.** (*personne, société*) korrupt
**pourrir** [puʀiʀ] <8> *vi* (*œuf*) faul werden; (*fruit*) verfaulen; (*viande, poisson*) schlecht werden
**poursuivre** [puʀsɥivʀ] <irr> **I.** *vt* **1.** (*personne, but*) verfolgen **2.** (*harceler*) ~ **qn** (*personne*) jdn bedrängen **3.** (*idéal*) streben nach **4.** (*continuer*) fortsetzen **II.** *vi* **1.** (*continuer*) fortfahren **2.** (*persévérer*) weitermachen **III.** *vpr* **se ~** andauern; (*enquête, grève*) weitergeführt werden
**pourtant** [puʀtɑ̃] *adv* **1.** (*marque l'opposition, le regret*) dennoch **2.** (*marque l'étonnement*) [aber] doch
**pourvu** [puʀvy] *conj* **1.** (*souhait*) wenn ... nur **2.** (*condition*) **pourvu que** + *subj* vorausgesetzt, dass
**pousser** [puse] <1> **I.** *vt* **1.** (*déplacer*) schieben **2.** (*ouvrir/fermer*) auf-/zumachen **3.** (*bousculer*) stoßen **4.** (*inciter à*) ~ **qn à faire qc** jdn dazu bringen etw zu tun **5.** (*cri, soupir*) ausstoßen **II.** *vi* **1.** (*croître*) wachsen **2.** (*faire un effort pour accoucher*) pressen **3.** (*exercer une poussée*) drängen **4.** *fam* (*exagérer*) übertreiben **III.** *vpr* **se ~ 1.** (*s'écarter*) Platz machen **2.** (*se bousculer*) sich drängen
**poussière** [pusjɛʀ] *f* Staub *m*
**poussiéreux, -euse** [pusjeʀø] *adj* staubig
**pouvoir**[1] [puvwaʀ] <irr> **I.** *aux* **1.** (*être autorisé*) dürfen **2.** (*être capable de*) können **3.** (*éventualité*) **quel âge peut-il bien avoir?** wie alt er wohl sein mag? **4.** (*suggestion*) **tu aurais pu nous le dire plus tôt!** das hät-

test du uns früher sagen können! **5. cela peut arriver** das kann vorkommen **II.** *vt* **1. ne rien ~ [faire] pour qn** nichts für jdn tun können **2. n'en plus ~ de qc** nicht mehr können vor etw (*dat*); **qn n'y peut rien** (*ne peut y porter remède*) jd kann nichts dagegen tun; (*n'est pas responsable*) jd kann nichts dafür **III.** *vpr* **il se pourrait que** + *subj* es könnte sein, dass

**pouvoir²** [puvwaʀ] *m* **1.** POL [regierende] Macht **2.** (*autorité*) **~ sur qn** Macht *f* über jdn **3.** (*influence*) Einfluss *m* [auf jdn] **4.** POL, JUR (*organes de décision*) [Staats]gewalt *f*; **~s publics** Staatsorgane *Pl*

**praline** [pʀaline] *f* **~ grillée** gebrannte Mandel

**pratique** [pʀatik] **I.** *adj* praktisch **II.** *f* **1.** (*opp: théorie*) Praxis *f* **2.** (*expérience*) [praktische] Erfahrung

**pratiquer** [pʀatike] <1> **I.** *vt* (*métier*) ausüben; (*religion, méthode*) praktizieren; (*politique, sport*) betreiben **II.** *vi* MED praktizieren

**pré** [pʀe] *m* Wiese *f*

**précaution** [pʀekosjɔ̃] *f* **1.** (*disposition*) Vorsichtsmaßnahme *f* **2.** (*prudence*) Vorsicht *f*; **avec/sans ~** vorsichtig/unvorsichtig

**précédent(e)** [pʀesedɑ̃] *adj* vorhergehend; (*année*) vorige(r, s); **le jour ~** am Vortag *m*

**précéder** [pʀesede] <5> *vt* **1. ~ qc** (*dans le temps*) einer S. (*dat*) vorangehen **2.** (*devancer*) **~ qn** jdm vorangehen; (*en voiture*) vor jdm [her]fahren

**prêcher** [pʀeʃe] <1> *vi* REL predigen

**précieusement** [pʀesjøzmɑ̃] *adv* sorgsam

**précieux, -euse** [pʀesjø] *adj* wertvoll; (*temps*) kostbar

**précipice** [pʀesipis] *m* Abgrund *m*

**précipitation** [pʀesipitasjɔ̃] *f* **1.** (*hâte*) Hast *f* **2.** *pl* METEO Niederschläge *Pl*

**précipité(e)** [pʀesipite] *adj* (*fuite, départ*) überstürzt; (*décision*) übereilt; (*personne*) voreilig

**précis(e)** [pʀesi] *adj* genau; (*diagnostic*) exakt; (*bruit, contours*) deutlich

**précisément** [pʀesizemɑ̃] *adv* **1.** (*au moment même*) gerade **2.** (*exactement*) genau; **plus ~** genauer gesagt

**préciser** [pʀesize] <1> **I.** *vt* (*point, fait*) genau[er] erklären; **~ que** klarstellen dass **II.** *vpr* **se ~** sich klarer abzeichnen; (*menace*) deutlicher werden

**précision** [pʀesizjɔ̃] *f* **1.** (*justesse*) Genauigkeit *f*; **avec ~** genau **2.** (*des contours, d'un trait*) Deutlichkeit *f*

**prédire** [pʀediʀ] <irr> *vt* vorhersagen
**préface** [pʀefas] *f* Vorwort *nt*
**préféré(e)** [pʀefeʀe] *adj* (*ami*) beste(r, s); (*chanteur*) Lieblings-
**préférer** [pʀefeʀe] <5> *vt* (*aimer mieux*) bevorzugen; **~ qn à qn** jdn lieber mögen als jdn; **je préfère que** + *subj* mir ist es lieber, wenn; **si tu préfères ...** wenn es dir lieber ist ...
**préjugé** [pʀeʒyʒe] *m* Vorurteil *nt*
**prélever** [pʀel(ə)ve] <4> *vt* (*somme, pourcentage*) einbehalten; (*taxe*) abziehen; (*sang*) abnehmen
**premier** [pʀəmje] *m* **1.** (*aîné*) erstes Kind **2.** (*jour*) **le ~ du mois/de l'an** am Monatsersten/Neujahrstag
**premier, -ière** [pʀəmje] *adj* **1.** (*opp: dernier*) erste(r, s); **en ~ lieu** zuerst; **dans les ~s temps** anfangs **2.** (*vocation*) eigentlich; (*objectif, rôle*) Haupt-
**première** [pʀəmjɛʀ] *f* THEAT, CINE Premiere *f*
**premièrement** [pʀəmjɛʀmɑ̃] *adv* erstens
**prendre** [pʀɑ̃dʀ] <13> **I.** *vt* **1.** nehmen **2.** (*médicament*) einnehmen **3.** (*aller chercher*) abholen **4.** (*gibier*) erlegen; (*poisson, mouches*) fangen **5.** (*décision, précautions*) treffen **6. ~ qn sur le fait** jdn auf frischer Tat ertappen; **~ qn en photo** ein Foto von jdm machen; **~ des nouvelles de qn** sich nach jdm erkundigen; **~ froid** sich erkälten **II.** *vi* **1.** (*réussir*) **avec moi, ça ne prend pas!** *fam* das zieht bei mir nicht! **2.** (*feu*) angehen **3.** (*ciment, mayonnaise*) fest werden **4.** (*se diriger*) **~ à gauche** (*personne*) [nach] links abbiegen; (*chemin*) nach links führen **III.** *vpr* **1.** (*s'accrocher*) **se ~ dans qc** sich in etw (*dat*) verfangen **2.** (*procéder*) **s'y ~ bien/mal avec qn** gut/schlecht mit jdm umgehen **3.** (*en vouloir*) **s'en ~ à qn/qc** jdn/etw dafür verantwortlich machen **4.** (*s'attaquer*) **s'en ~ à qn/qc** jdn/etw angreifen
**prénom** [pʀenɔ̃] *m* Vorname *m*
**préoccuper** [pʀeɔkype] <1> **I.** *vt* **~ qn** jdm Sorge bereiten; (*avenir, situation*) jdn beunruhigen **II.** *vpr* **se ~ de qn/qc** sich um jdn/etw sorgen
**préparation** [pʀepaʀasjɔ̃] *f* **1.** Vorbereitung *f;* (*d'un discours, plan*) Ausarbeitung *f;* (*d'un repas, poisson*) Zubereitung *f* **2.** CHIM, MED Präparat *nt*
**préparer** [pʀepaʀe] <1> **I.** *vt* **1.** vorbereiten **2.** (*thé, café*) zubereiten **3.** (*affaires, valise*) [zusammen]packen; (*chambre, voiture*) herrichten **4.** (*bac, concours*) sich vorbereiten auf (+*akk*) **II.** *vpr* **1.** (*sortir*) **se ~** sich fertig machen **2.** (*appren-*

*dre, s'entraîner)* **se ~ à qc** sich auf etw *(akk)* vorbereiten **3.** *(être sur le point de)* **se ~ à faire qc** sich anschicken etw zu tun *(geh)* **4.** *(devoir être préparé)* **se ~** *(examen, plan, voyage)* vorbereitet werden

**préposition** [pʀepozisjɔ̃] *f* Präposition *f*

**près** [pʀɛ] **I.** *adv* **1.** *(à une petite distance)* nah[e] **2.** *(dans peu de temps)* nahe; **être ~** *(événement, départ)* bevorstehen **3. à peu [de choses] ~** beinahe; *(ressembler)* ziemlich; **de ~** *(voir, regarder)* aus der Nähe; *(frôler, approcher)* nahe; *(se suivre)* kurz hintereinander **II.** *prép* **1.** *(à côté de)* **~ de qn/d'un lieu** in jds Nähe *(dat)*/in der Nähe eines Ortes **2.** *(à peu de temps de)* **être ~ du but** nahe am Ziel sein **3.** *(presque)* **~ de** fast

**présence** [pʀezɑ̃s] *f* Anwesenheit *f*

**présent** [pʀezɑ̃] *m* **1.** *(opp: passé)* Gegenwart *f* **2.** LING Präsens *nt* **3. à ~** jetzt; **à ~ que** jetzt, wo; **jusqu'à ~** bis jetzt

**présent(e)** [pʀezɑ̃] *adj* **1.** *(personne)* anwesend; **les personnes ~es** die Anwesenden **2.** *(circonstances, état)* gegenwärtig

**présentable** [pʀezɑ̃tabl] *adj* **être ~** *(tenue, coiffure)* sich sehen lassen können

**présentateur, -trice** [pʀezɑ̃tatœʀ] *m, f (du journal télévisé)* [Nachrichten]sprecher(in) *m(f)*; *(d'un programme)* Ansager(in) *m(f)*

**présentation** [pʀezɑ̃tasjɔ̃] *f* **1.** *(d'une collection, de tableaux)* Vorführung *f*; *(d'un problème, d'une idée)* Präsentation *f* **2.** RADIO, TV Moderation *f* **3.** *(aspect extérieur)* [äußere] Erscheinung

**présenter** [pʀezɑ̃te] <1> **I.** *vt* **1.** vorstellen **2.** *(décrire)* **~ qn/qc comme qn/qc** jdn/etw als jdn/etw darstellen **3.** *(billet, carte d'identité)* vorzeigen **4.** *(condoléances, félicitations)* aussprechen **II.** *vpr* **1.** *(décliner son identité)* **se ~ à qn** sich jdm vorstellen **2.** *(se rendre)* **se ~ chez qn** bei jdm erscheinen **3.** *(être candidat)* **se ~ à un examen** an einer Prüfung teilnehmen **4.** *(avoir un certain aspect)* **se ~ sous forme de cachets** es als Tabletten geben

**préservatif** [pʀezɛʀvatif] *m (condom)* Kondom *nt*

**président(e)** [pʀezidɑ̃] *m(f)* **1.** *(d'une assemblée, d'un tribunal)* Präsident(in) *m(f)*; *(d'une association, d'un comité)* Vorsitzende(r) *f(m)* **2.** *(chef de l'État)* **le Président de la République française** der französische Staatspräsident

P

**presque** [pʀɛsk] *adv* fast; **c'est ~ sûr** das ist so gut wie sicher
**presqu'île** [pʀɛskil] *f* Halbinsel *f*
**presse** [pʀɛs] *f* Presse *f*
**pressé(e)**[1] [pʀese] *adj* (*pas*) eilig
**pressé(e)**[2] [pʀese] *adj* (*citron*) [frisch] gepresst
**presser**[1] [pʀese] <1> **I.** *vt* (*pas*) beschleunigen **II.** *vi* **1.** (*temps*) drängen **2. ça presse!** *fam* das/es ist dringend! **III.** *vpr* **se ~ de faire qc** sich beeilen etw zu tun
**presser**[2] [pʀese] <1> **I.** *vt* **1.** (*fruit*) auspressen **2.** (*serrer*) drücken **II.** *vpr* (*se bousculer*) **se ~ vers la sortie** zum Ausgang drängen
**pression** [pʀɛsjɔ̃] *f* **1.** Druck *m* **2.** (*bière*) vom Fass
**prestige** [pʀɛstiʒ] *m* Ansehen *nt*
**prêt** [pʀɛ] *m* (*crédit*) Darlehen *nt*
**prêt(e)** [pʀɛ] *adj* **1.** (*préparé*) fertig; **tout est ~** alles ist vorbereitet **2.** (*disposé*) **~ à faire qc** bereit etw zu tun
**prétendre** [pʀetɑ̃dʀ] <14> *vt* behaupten
**prétentieux, -euse** [pʀetɑ̃sjø] *adj* (*personne, ton*) überheblich
**prêter** [pʀete] <1> **I.** *vt* **1.** (*livre, voiture*) ausleihen; (*argent*) leihen **2.** (*attribuer*) **~ une intention à qn** jdm eine Absicht unterstellen **II.** *vi* (*donner matière à*) **~ à rire** lachhaft sein **III.** *vpr* (*consentir*) **se ~ à un jeu** bei einem Spiel mitmachen
**prétexte** [pʀetɛkst] *m* Vorwand *m*
**prêtre** [pʀɛtʀ] *m* REL Priester *m*
**preuve** [pʀœv] *f* **1.** Beweis *m* **2. faire ~ de bonne volonté** guten Willen zeigen
**prévenir** [pʀev(ə)niʀ] <9> **I.** *vt* **1.** (*aviser*) benachrichtigen **2.** (*avertir*) warnen **II.** *vi* Bescheid sagen
**préventif, -ive** [pʀevɑ̃tif] *adj* vorbeugend; (*médecine*) Präventiv-
**prévention** [pʀevɑ̃sjɔ̃] *f* (*médicale*) Vorsorge *f*
**prévision** [pʀevizjɔ̃] *f* **1.** (*d'un événement, phénomène*) Vorhersehen *nt;* **~s météorologiques** Wettervorhersage *f* **2.** *pl* ECON, FIN Prognosen *Pl*
**prévoir** [pʀevwaʀ] <irr> *vt* **1.** (*anticiper l'avenir*) vorhersehen **2.** (*envisager*) vorsehen
**prier** [pʀije] <1> **I.** *vt* **1.** REL **~ Dieu** zu Gott beten **2.** (*inviter, solliciter*) **~ qn de faire qc** jdn bitten etw zu tun **3. je vous prie d'agréer mes sincères salutations/sentiments les meilleurs** mit freundlichen Grüßen; **je t'en/vous en prie** (*fais/faites donc*) bitte sehr; (*s'il te/vous plaît*) bitte; (*il n'y a pas de quoi*) keine Ursache! **II.** *vi* REL beten
**prière** [pʀijɛʀ] *f* **1.** REL Gebet *nt;* **faire sa ~** beten **2.** (*demande*) Bitte *f*
**primaire** [pʀimɛʀ] *m* SCOL Grundschule *f*

**prime** [pRim] *f* **1.** (*allocation*) Prämie *f* **2.** (*somme à payer*) **~ d'assurance** Versicherungsprämie *f* **3. en ~** als Zugabe

**prince, -esse** [pRɛ̃s] *m, f* Fürst(in) *m(f)*; (*fils/fille ou femme de roi*) Prinz/Prinzessin *m/f*

**principal** [pRɛ̃sipal] *m* (*l'important*) **le ~** das Wichtigste

**principal(e)** [pRɛ̃sipal] <-aux> *adj* wichtigste(r, s); (*raison, rôle, proposition*) Haupt-

**principalement** [pRɛ̃sipalmɑ̃] *adv* hauptsächlich

**principauté** [pRɛ̃sipote] *f* Fürstentum *nt*

**principe** [pRɛ̃sip] *m* Prinzip *nt;* (*règle de conduite a.*) Grundsatz *m*

**printemps** [pRɛ̃tɑ̃] *m* Frühling *m*

**prioritaire** [pRijɔRitɛR] *adj* vorrangig; **être ~** (*véhicule, route*) Vorfahrt haben

**priorité** [pRijɔRite] *f* **1.** Priorität *f;* **en ~** als Erstes **2.** AUT **avoir la ~** Vorfahrt haben

**pris(e)** [pRi] *adj* (*occupé*) **être ~** (*place*) besetzt sein

**prise** [pRiz] *f* **1.** (*action de prendre avec les mains*) Griff *m* **2.** (*poignée, objet que l'on peut empoigner*) Halt *m* **3.** PECHE Fang *m* **4. ~ de courant** Steckdose *f;* **~ de sang** Blutabnahme *f*

**prison** [pRizɔ̃] *f* Gefängnis *nt*

**prisonnier, -ière** [pRizɔnje] *m, f* Gefangene(r) *f(m)*

**privé(e)** [pRive] *adj* (*opp: public*) privat; (*école, secteur*) Privat-

**priver** [pRive] <1> **I.** *vt* **1.** (*refuser à*) entziehen; **~ qn de liberté** jdn seiner Freiheit (*gen*) berauben **2.** (*faire perdre à*) **qn/qc est privé de qc** jdm/einer S. fehlt etw **3.** (*frustrer*) **~ qn de qc** jdn um etw bringen **II.** *vpr* (*renoncer*) **se ~ de qc** auf etw (*akk*) verzichten

**privilège** [pRivilɛʒ] *m* Privileg *nt*

**prix** [pRi] *m* **1.** Preis *m;* **à bas/moitié ~** billig/zum halben Preis; **hors de ~** unerschwinglich; **à aucun/tout ~** um keinen/jeden Preis **2.** (*distinction*) Auszeichnung *f*

**probabilité** [pRɔbabilite] *f* Wahrscheinlichkeit *f*

**probablement** [pRɔbabləmɑ̃] *adv* wahrscheinlich

**problématique** [pRɔblematik] **I.** *adj* problematisch **II.** *f* Problemstellung *f*

**problème** [pRɔblɛm] *m* **1.** Problem *nt;* (*moral, philosophique*) Frage *f* **2.** SCOL Aufgabe *f*

**procéder** [pRɔsede] <5> *vi* (*agir*) verfahren

**procès** [pRɔsɛ] *m* Prozess *m*

**prochain** [pRɔʃɛ̃] *m* Nächste(r) *m*

**prochain(e)** [pRɔʃɛ̃] *adj* **1.** nächste(r, s); **la ~e fois** nächstes Mal **2.** (*arrivée, départ*) baldig

**prochaine** [pRɔʃɛn] *f fam* **1.** (*sta-*

P

*tion*) die nächste Haltestelle **2.** (*fois*) **à la ~!** bis zum nächsten Mal!

**prochainement** [pʀɔʃɛnmɑ̃] *adv* demnächst

**proche** [pʀɔʃ] **I.** *adj* **1.** nah[e]; (*départ*) nah[e] bevorstehend; **la ville la plus ~** die nächste Stadt **2.** (*sens*) verwandt **II.** *mf* **1.** (*ami intime*) Vertraute(r) *f(m)* **2.** *mpl* (*parents*) **les ~s de qn** jds Angehörige *Pl*

**Proche-Orient** [pʀɔʃɔʀjɑ̃] *m* **le ~** der Nahe Osten

**proclamer** [pʀɔklame] <1> *vt* **1.** (*vérité*) verkünden; (*innocence*) beteuern **2.** (*république*) ausrufen

**procurer** [pʀɔkyʀe] <1> *vt* **~ qc à qn** jdm zu etw verhelfen

**prodige** [pʀɔdiʒ] *m* (*génie*) Genie *nt*

**producteur, -trice** [pʀɔdyktœʀ] *m, f* **1.** *a.* CINE, RADIO, TV Produzent(in) *m(f)* **2.** AGR Erzeuger(in) *m(f)*

**productif, -ive** [pʀɔdyktif] *adj* produktiv

**production** [pʀɔdyksjɔ̃] *f* **1.** Produktion *f* **2.** (*fabrication*) Herstellung *f* **3.** AGR Anbau *m* **4.** AGR Erzeugnisse *Pl*

**produire** [pʀɔdɥiʀ] <irr> **I.** *vt* **1.** (*matières premières*) produzieren; (*électricité*) erzeugen **2.** AGR, GEO **~ qc** (*cultivateur*) etw erzeugen; (*arbre*) etw tragen **II.** *vpr* **se ~ 1.** (*survenir*) sich ereignen **2.** (*se montrer sur scène*) auftreten

**produit** [pʀɔdɥi] *m* **1.** Produkt *nt* **2.** CHIM, BIO Mittel *nt* **3.** ECON **~ brut** Bruttoertrag

**prof** [pʀɔf] *mf fam abr de* **professeur**

**professeur** [pʀɔfesœʀ] *mf* **1.** SCOL Lehrer(in) *m(f)* **2.** UNIV (*avec chaire*) Professor(in) *m(f)*

**profession** [pʀɔfesjɔ̃] *f* Beruf *m*

**professionnel(le)** [pʀɔfesjɔnɛl] *adj* **1.** beruflich **2.** (*écrivain, journaliste*) berufsmäßig; (*menteur*) ausgemacht **3.** (*compétent*) fachkundig

**profil** [pʀɔfil] *m* Profil *nt*

**profit** [pʀɔfi] *m* (*avantage*) Gewinn *m;* **au ~ de qn/qc** zugunsten einer Person/S. (*gen*)

**profiter** [pʀɔfite] <1> *vi* profitieren

**profond(e)** [pʀɔfɔ̃] **I.** *adj* **1.** tief **2.** (*intérêt*) stark **3.** (*cause*) tiefere(r, s); (*tendance*) unterschwellig **II.** *adv* tief

**profondément** [pʀɔfɔ̃demɑ̃] *adv* **1.** tief **2.** (*influencer, ressentir*) stark; (*aimer*) innig **3.** (*convaincu*) felsenfest

**profondeur** [pʀɔfɔ̃dœʀ] *f* **1.** Tiefe *f* **2.** (*d'un regard*) Intensität *f* **3. en ~** gründlich

**programmation** [pʀɔgʀamasjɔ̃] *f* **1.** CINE, RADIO, TV Programmgestaltung *f* **2.** TECH, INFORM Programmierung *f*

**programme** [pRɔgRam] *m* **1.** Programm *nt* **2.** SCOL Lehrstoff *m* **3. tout un ~** ein weites Feld

**programmer** [pRɔgRame] <1> *vt* **1.** MEDIA, CINE ins Programm nehmen **2.** (*journée, vacances*) vorausplanen **3.** (*calculatrice*) [vor]programmieren

**progrès** [pRɔgRɛ] *m* Fortschritt *m*

**progresser** [pRɔgRese] <1> *vi* **1.** (*s'améliorer*) Fortschritte machen **2.** (*augmenter*) steigen **3.** (*avancer*) vorankommen

**progressif, -ive** [pRɔgResif] *adj* (*évolution*) allmählich; (*développement*) schrittweise

**proie** [pRwa] *f* **1.** (*opp: prédateur*) Beute *f*; **oiseau de ~** Raubvogel *m* **2.** (*victime*) Opfer *nt*

**projet** [pRɔʒɛ] *m* **1.** (*intention*) Plan *m* **2.** (*ébauche*) Entwurf *m*

**projeter** [pRɔʒ(ə)te] <3> *vt* **1.** (*faire un projet*) planen **2.** (*éjecter*) herausschleudern

**prolétariat** [pRɔletaRja] *m* Proletariat *nt*

**prolonger** [pRɔlɔ̃ʒe] <2a> **I.** *vt* verlängern **II.** *vpr* **se ~** (*effet, séance*) andauern

**promenade** [pRɔm(ə)nad] *f* **1.** (*balade: à pied*) Spaziergang *m*; (*en bateau/voiture*) Boots-/Spazierfahrt *f* **2.** (*lieu où l'on se promène*) Promenade *f*

**promener** [pRɔm(ə)ne] <4> *vpr* [**aller**] **se ~** (*à pied*) spazieren gehen

**promesse** [pRɔmɛs] *f* Versprechen *nt*

**promettre** [pRɔmɛtR] <irr> *vt* (*s'engager à*) versprechen

**promotion** [pRɔmosjɔ̃] *f* **1.** (*avancement*) Beförderung *f* **2.** (*produit en réclame*) Sonderangebot *nt*

**pronom** [pRɔnɔ̃] *m* Pronomen *nt*

**prononcer** [pRɔnɔ̃se] <2> *vt* aussprechen

**propagande** [pRɔpagɑ̃d] *f* Propaganda *f*

**propager** [pRɔpaʒe] <2a> **I.** *vt* (*idée, nouvelle*) verbreiten **II.** *vpr* **se ~** (*épidémie, incendie*) sich ausbreiten

**proportion** [pRɔpɔRsjɔ̃] *f* **1.** (*rapport*) [Größen]verhältnis *nt*; **être hors de ~ avec qc** in keinem Verhältnis zu etw stehen **2.** *pl* (*d'une recette*) Mengenangaben *Pl*

**proportionnellement** [pRɔpɔRsjɔnɛlmɑ̃] *adv* verhältnismäßig

**propos** [pRɔpo] *m* **1.** Worte *Pl* **2. à ce ~** dazu; **à quel ~?** weswegen?; **à ~** übrigens; **à ~ de qc** etw betreffend

**proposer** [pRɔpoze] <1> *vt* **1.** (*soumettre*) vorschlagen **2.** (*marchandise, récompense*) anbieten

**proposition** [pRɔpozisjɔ̃] *f* **1.** (*offre*) Vorschlag *m* **2.** *pl* (*avances*) Annäherungsversuche *Pl*

**propre**[1] [pRɔpR] *adj* **1.** sauber

2. (*non polluant*) umweltfreundlich

**propre²** [pʀɔpʀ] I. *adj* 1. (*à soi*) *a.* FIN eigen 2. (*sens*) eigentlich II. *m* (*particularité*) charakteristisches Kennzeichen

**propreté** [pʀɔpʀəte] *f* 1. Sauberkeit *f* 2. ECOL Umweltfreundlichkeit *f*

**propriétaire** [pʀɔpʀijetɛʀ] *mf* 1. (*possesseur*) Eigentümer(in) *m(f)*, Besitzer(in) *m(f)* 2. (*opp: locataire*) Hauswirt(in) *m(f)*

**propriété** [pʀɔpʀijete] *f* 1. (*domaine, immeuble*) [privates] Anwesen 2. (*chose possédée*) Eigentum *nt* 3. (*qualité propre*) Eigenschaft *f*

**prostitué(e)** [pʀɔstitɥe] *m(f)* Prostituierte(r) *f(m)*

**protection** [pʀɔtɛksjɔ̃] *f* 1. (*défense*) Schutz *m* 2. (*élément protecteur*) Schutzvorrichtung *f*

**protéger** [pʀɔteʒe] <2a, 5> *vt, vpr* ((*se*) *défendre*) [**se**] ~ [sich] schützen

**protestant(e)** [pʀɔtɛstɑ̃] *adj* protestantisch

**protester** [pʀɔtɛste] <1> *vi* protestieren

**prouver** [pʀuve] <1> *vt* beweisen; (*reconnaissance*) erweisen

**provenance** [pʀɔv(ə)nɑ̃s] *f* 1. Herkunft *f* 2. **être en ~ de ...** aus ... kommen

**provençal(e)** [pʀɔvɑ̃sal] <-aux> *adj* provenzalisch

**Provençal(e)** [pʀɔvɑ̃sal] <-aux> *m(f)* Provenzale/Provenzalin *m/f*

**proverbe** [pʀɔvɛʀb] *m* Sprichwort *nt*

**province** [pʀɔvɛ̃s] *f* 1. Provinz *f* 2. **la Belle Province** *Bezeichnung für die Provinz Quebec*

**provincial(e)** [pʀɔvɛ̃sjal] <-aux> *adj* 1. (*air, manières*) provinziell; (*vie*) in der Provinz 2. CAN (*opp: fédéral*) auf der Provinzebene

**provision** [pʀɔvizjɔ̃] *f* 1. *pl* (*pour une excursion*) Proviant *m* 2. (*réserve*) ~ **d'eau** Wasservorrat *m*

**provisoire** [pʀɔvizwaʀ] *adj* provisorisch; (*solution, mesure*) vorläufig

**provocation** [pʀɔvɔkasjɔ̃] *f* (*défi*) Herausforderung *f*; **être de la ~** provozieren

**provoquer** [pʀɔvɔke] <1> *vt* 1. (*causer*) verursachen; (*changement*) bewirken 2. (*défier*) herausfordern

**prudence** [pʀydɑ̃s] *f* Vorsicht *f*

**prudent(e)** [pʀydɑ̃] *adj* vorsichtig

**prune** [pʀyn] *f* Pflaume *f*

**Prusse** [pʀys] *f* HIST **la ~** Preußen *nt*

**PS** [peɛs] *m* 1. *abr de* **Parti socialiste** *Sozialistische Partei Frankreichs* 2. *abr de* **postscriptum** PS *nt*

**psychique** [psiʃik] *adj* seelisch

**psychologue** [psikɔlɔg] *mf* Psychologe/Psychologin *m/f*

**PTT** [petete] *mpl abr de* **Postes,**

Télégraphes, Téléphones Post- und Fernmeldewesen *nt*

**pub¹** [pyb] *f fam abr de* **publicité**

**pub²** [pœb] *m* (*bar*) Pub *m o nt*

**puberté** [pybɛʀte] *f* Pubertät *f*

**public** [pyblik] *m* **1.** (*assistance*) Publikum *nt* **2.** (*tous*) Allgemeinheit *f;* **en ~** (*devant tout le monde*) in aller Öffentlichkeit

**public, -ique** [pyblik] *adj* **1.** öffentlich **2.** (*de l'État*) staatlich

**publication** [pyblikasjɔ̃] *f* Veröffentlichung *f*

**publicité** [pyblisite] *f* **1.** MEDIA (*dans la presse*) Anzeige *f;* (*à la radio, télé*) Werbespot *m* **2.** (*réclame, métier*) Werbung *f*

**publier** [pyblije] <1> *vt* veröffentlichen; (*nouvelle*) bekanntgeben

**publiquement** [pyblikmɑ̃] *adv* öffentlich

**puce** [pys] *f* **1.** ZOOL Floh *m;* **le marché aux ~s** der Flohmarkt **2.** INFORM Chip *m*

**pudique** [pydik] *adj* (*décent*) schamhaft

**puer** [pɥe] <1> *vi péj* stinken

**puis** [pɥi] *adv* dann; **et ~ après?** *fam* na und?; **et ~** (*en outre*) und dann [noch]

**puisque** [pɥisk(ə)] <puisqu'> *conj* da [ja]; **puisqu'il le faut!** wenn's denn sein muss!

**puissance** [pɥisɑ̃s] *f* **1.** (*force*) Kraft *f;* (*d'un moteur*) Leistung[s]fähigkeit] *f* **2.** (*État, pouvoir*) Macht *f*

**puissant(e)** [pɥisɑ̃] *adj* **1.** stark **2.** POL, ECON mächtig **3.** (*très efficace*) wirksam

**puits** [pɥi] *m* (*pour l'eau*) Brunnen *m*

**pull** [pyl] *m abr de* **pull-over** *fam* Pulli *m*

**punch** [pœnʃ] *m inv* (*dynamisme*) Elan *m*

**punir** [pyniʀ] <8> *vt* bestrafen

**punition** [pynisjɔ̃] *f* (*peine*) Strafe *f*

**pur(e)** [pyʀ] *adj* rein; (*air, eau, regard, profil*) klar; (*jeune fille*) unschuldig

**purée** [pyʀe] *f* Püree *nt*

**purement** [pyʀmɑ̃] *adv* rein; **~ et simplement** [schlicht und] einfach

**pureté** [pyʀte] *f* Reinheit *f;* (*de l'enfance*) Unschuld *f*

**purifier** [pyʀifje] <1> *vt* (*air, atmosphère*) reinigen

**pyjama** [piʒama] *m* Schlafanzug *m*

**pyramide** [piʀamid] *f* Pyramide *f*

**Pyrénées** [piʀene] *fpl* **les ~** die Pyrenäen

# Q

**Q, q** [ky] *m inv* Q *nt,* q *nt*

**qu'** [k] *v.* **que**

**quai** [ke] *m* **1.** (*d'une gare*) Bahnsteig *m* **2.** (*accoster*) Kai *m* **3.** (*voie publique*) Uferstraße *f*

**qualifier** [kalifje] <1> *vpr* **se ~** sich qualifizieren

**qualitatif, -ive** [kalitatif] *adj* qualitativ

**qualité** [kalite] *f* Qualität *f*

**quand** [kɑ̃] **I.** *adv* wann **II.** *conj* **1.** (*temporel: événement unique du passé ou du présent*) als **2.** *fam* (*le moment où, le fait que*) wenn **3.** (*exclamatif*) **~ je pense que ...!** wenn ich daran denke, dass ...! **4. ~ même** (*malgré cela*) trotzdem

**quant** [kɑ̃t] *prép* **~ à qn/qc** was jdn/etw betrifft

**quantitatif, -ive** [kɑ̃titatif] *adj* quantitativ

**quantité** [kɑ̃tite] *f* Menge *f*; [**une**] **~ de choses** eine Menge Dinge; **en ~** unzählig

**quarantaine** [kaʀɑ̃tɛn] *f* **1. une ~ de personnes/pages** etwa vierzig Personen/Seiten **2.** (*âge approximatif*) **avoir la ~** etwa vierzig [Jahre alt] sein **3.** MED Quarantäne *f*

**quarante** [kaʀɑ̃t] *num* **1.** vierzig **2.** (*dans l'indication des époques*) **les années ~** die vierziger Jahre

**quarantième** [kaʀɑ̃tjɛm] **I.** *adj* vierzigste(r, s) **II.** *m* (*fraction*) Vierzigstel *nt*

**quart** [kaʀ] *m* **1.** Viertel *nt*; **trois ~s** drei Viertel; **~ d'heure/de finale** Viertelstunde *f*/-finale **2.** (*partie appréciable*) Großteil *m*

**quartier** [kaʀtje] *m* Viertel *nt*

**quasi** [kazi] *adv* fast; **~ mort** halbtot

**quatorze** [katɔʀz] *num* **1.** vierzehn **2.** (*dans l'indication de la date*) **le ~ mars** der vierzehnte März

**quatorzième** [katɔʀzjɛm] **I.** *adj* vierzehnte(r, s) **II.** *m* (*fraction*) Vierzehntel *nt*

**quatre** [katʀ(ə)] *num* **1.** vier **2.** (*dans l'indication de la date*) **le ~ mars** der vierte März

**quatre-vingts** [katʀəvɛ̃] *num* **1.** achtzig **2.** (*dans l'indication des époques*) **les années ~** die achtziger Jahre

**quatre-vingt-dix** [katʀəvɛ̃dis] *num* **1.** neunzig **2.** (*dans l'indication des époques*) **les années ~** die neunziger Jahre

**quatre-vingt-dixième** [katʀəvɛ̃dizjɛm] <quatre-vingt-dixièmes> **I.** *adj* neunzigste(r, s) **II.** *m* (*fraction*) Neunzigstel *nt*

**quatre-vingtième** [katʀəvɛ̃tjɛm] <quatre-vingtièmes> **I.** *adj* achtzigste(r, s) **II.** *m* (*fraction*) Achtzigstel *nt*

**quatre-vingt-onze** [katʀəvɛ̃ɔ̃z] *num* einundneunzig

**quatre-vingt-un, -une** [katʀəvɛ̃œ̃] *num* einundachtzig

**quatre-vingt-unième** [katʀəvɛ̃ynjɛm] **I.** *adj* einundachtzigste(r, s) **II.** *m* (*fraction*) Einundachtzigstel *nt*

**quatrième** [katʀijɛm] *adj* vierte(r, s)

**que** [kə] <qu'> **I.** *conj* dass; **peut-être** ~ vielleicht; **qu'est-ce ~ c'est?** was ist das?; **plus/moins/autre ...** ~ mehr/weniger/anders ... als; **autant de ...** ~ genauso viel(e) ... wie; **tel** ~ [genau] so, wie; **ne...** ~ nur **II.** *adv* (*comme*) wie; **[qu'est-ce]** ~ **c'est beau!** wie schön das ist! **III.** *pron rel* **1.** (*compl direct*) den/die/das **2.** (*après une indication de temps*) **toutes les fois ~ ...** jedes Mal, wenn ... **IV.** *pron interrog* **[qu'est-ce]** ~ **...?** was ...?; **ce** ~ was

**quel(le)** [kɛl] **I.** *adj* **1.** (*dans une question*) welche(r, s); ~ **temps fait-il?** wie ist das Wetter? **2.** (*exclamation*) was für ein(e); ~ **dommage!** wie schade! **II.** *pron* welche(r, s)

**quelconque** [kɛlkɔ̃k] *adj* (*n'importe quel*) **un ...** ~ irgendein ...

**quelque** [kɛlk] **I.** *adj* **1.** *pl* (*plusieurs*) einige **2.** *pl* (*petit nombre*) **les ~s fois où ...** die wenigen Male, die ... **II.** *adv* ~ **peu** ein wenig

**quelque chose** [kɛlkəʃoz] *pron* **1.** etwas **2.** ~ **comme** etwa

**quelquefois** [kɛlkəfwa] *adv* manchmal

**quelque part** [kɛlkpaʀ] *adv* **voir/lire** ~ irgendwo sehen/lesen

**quelques-uns, -unes** [kɛlkəzœ̃] *pron* einige

**quelqu'un** [kɛlkœ̃] *pron* jemand

**qu'est-ce que** [kɛskə] *pron* was

**qu'est-ce qui** [kɛski] *pron* was

**question** [kɛstjɔ̃] *f* Frage *f*

**questionner** [kɛstjɔne] <1> *vt* ~ **qn sur qc** jdm zu etw Fragen stellen

**queue** [kø] *f* **1.** *a. fam* Schwanz *m* **2.** (*d'une casserole, poêle*) *a.* BOT Stiel *m*; ~ **de billard** Queue *f* **3.** (*file de personnes*) **faire la** ~ Schlange *f* stehen

**qui** [ki] **I.** *pron rel* **1.** (*comme sujet*) der/die/das **2.** (*comme compl*) **la dame à ~ c'est arrivé** die Dame, der das passiert ist **3.** (*celui qui*) wer **4.** ~ **que tu sois** ganz gleich, wer du bist **II.** *pron interrog* ~ **[est-ce que/qui]...?** wer/wen/wem ...?

Q

**quiconque** [kikɔ̃k] **I.** *pron rel* jeder, der ... **II.** *pron indéf* **je le sais mieux que** ~ ich weiß es selbst am besten

**qui est-ce que** [kiɛskə] *pron* wen/wem

**qui est-ce qui** [kiɛski] *pron* wer

**quinzaine** [kɛ̃zɛn] *f* **1.** (*environ quinze*) **une ~ de personnes/pages** etwa fünfzehn Personen/Seiten **2.** (*deux semaines*) **revenir dans une ~ [de jours]** in zwei Wochen wiederkommen

**quinze** [kɛ̃z] *num* **1.** fünfzehn; **tous les ~ jours** alle vierzehn Tage **2.** (*dans l'indication de la date*) **le ~ mars** der fünfzehnte März

**quinzième** [kɛ̃zjɛm] **I.** *adj* fünfzehnte(r, s) **II.** *m* (*fraction*) Fünfzehntel *nt*

**quitter** [kite] <1> *vt* **1.** verlassen; **ne quittez pas** TELEC bleiben Sie am Apparat **2.** (*programme*) beenden

**quoi** [kwa] **I.** *pron rel* **à/de ~ ...** woran/worüber/womit/ ...; **..., après ~ ...** ..., [und] danach ...; **de ~ faire qc** etwas um etw zu tun; **il n'y a pas de ~!** keine Ursache!; **~ que ce soit** irgendetwas; **~ qu'il en soit** wie dem auch sei; **~ que** ganz gleich, was **II.** *pron interrog* **1. à/de ~ ...** woran/wozu/ ... **2.** *fam* (*qu'est-ce que*) was **III.** *interj* **~!** was!; **..., ~!** eben ...!

**quoique** [kwak(ə)] *conj* obwohl

**quotidien** [kɔtidjɛ̃] *m* **1.** (*journal*) Tageszeitung *f* **2.** (*vie quotidienne*) Alltag *m*

# R

**R, r** [ɛʀ] *m inv* R *nt,* r *nt;* **rouler les r** das R rollen

**raccommoder** [ʀakɔmɔde] <1> *vt* (*chaussettes*) flicken

**raccompagner** [ʀakɔ̃paɲe] <1> *vt* begleiten

**raccourcir** [ʀakuʀsiʀ] <8> **I.** *vt* kürzen **II.** *vi* kürzer werden

**raccrocher** [ʀakʀɔʃe] <1> **I.** *vi* TELEC auflegen **II.** *vpr* **se ~ à qn/qc** sich an jdn/etw klammern

**race** [ʀas] *f* **1.** Rasse *f* **2.** (*sorte*) Spezies *f*

**racheter** [ʀaʃte] <4> **I.** *vt* (*acheter en plus*) nachkaufen **II.** *vpr* **se ~** es wieder gutmachen

**racine** [ʀasin] *f* **1.** BOT Wurzel *f* **2.** (*cause*) Ursache *f*

**racisme** [ʀasism] *m* Rassismus *m*

**raciste** [ʀasist] *mf* Rassist(in) *m(f)*

**raconter** [ʀakɔ̃te] <1> *vt* erzählen

**radiateur** [ʀadjatœʀ] *m* **1.** (*de chauffage central*) Heizkörper *m* **2.** AUT Kühler *m*

**radical(e)** [ʀadikal] <-aux> *adj* radikal

**radicaliser** [ʀadikalize] <1> *vt* (*position*) verhärten

**radier** [ʀadje] <1> *vt* streichen

**radieux, -euse** [ʀadjø] *adj* strahlend

**radio** [ʀadjo] *f* **1.** Radio *nt;* **allumer/éteindre la ~** das Radio ein-/ausschalten **2.** (*radiodiffusion*) **passer à la ~** im Radio kommen

**radoucir** [ʀadusiʀ] <8> *vpr* **se ~ 1.** (*personne*) sich besänftigen

2. (*temps*) sich bessern
**raffermir** [RafɛRmiR] <8> *vpr* **se ~** (*voix*) fester werden; (*peau, tissu*) straffer werden
**raffiné(e)** [Rafine] *adj* **1.** (*délicat*) edel **2.** (*personne*) subtil; (*coup*) raffiniert
**raffiner** [Rafine] <1> *vt* **1.** (*pétrole, sucre*) raffinieren **2.** (*goût*) verfeinern
**rafle** [Rafl] *f* Razzia *f*
**rafraîchir** [RafReʃiR] <8> *vpr* **se ~ 1.** (*air, temps*) abkühlen **2.** (*boire*) sich erfrischen **3.** (*arranger sa toilette*) sich frisch machen
**rafraîchissement** [RafReʃismɑ̃] *m* (*boisson*) Erfrischung *f*
**rage** [Raʒ] *f* **1.** (*colère*) Wut *f* **2.** MED Tollwut *f*
**ragot** [Rago] *m fam* Klatsch *m*
**ragoût** [Ragu] *m* Ragout *nt*
**raide** [Rɛd] **I.** *adj* **1.** (*corps, membre*) steif; (*cheveux*) glatt **2.** (*escalier, pente*) steil **II.** *adv* (*en pente*) steil
**raie** [Rɛ] *f* (*ligne*) Streifen *m*
**rail** [Rɑj] *m* Schiene *f*
**raisin** [Rɛzɛ̃] *m* Traube *f*; **~s secs** Rosinen *Pl*
**raison** [Rɛzɔ̃] *f* **1.** (*motif*) Grund *m*; **avoir ses ~s** seine Gründe haben **2.** (*sagesse*) Vernunft *f* **3.** (*facultés intellectuelles*) Verstand *m* **4. avoir ~** Recht haben; **pour quelle ~** weshalb
**raisonnable** [Rɛzɔnabl] *adj* vernünftig
**rajouter** [Raʒute] <1> *vt* **1. ~ qc à qc** etw zu etw hinzufügen **2.** (*sel, sucre*) hinzugeben **3. en ~** *fam* übertreiben
**ralenti** [Ralɑ̃ti] *m* **1.** CINE, TV Zeitlupe *f* **2.** AUT Leerlauf *m*
**ralentir** [Ralɑ̃tiR] <8> *vt, vpr* [**se**] **~** [sich] verlangsamen
**rallonger** [Ralɔ̃ʒe] <2a> *vt* verlängern
**ramasser** [Ramɑse] <1> *vt* **1.** (*champignons, coquillages*) sammeln; (*ordures, copies*) einsammeln **2.** (*chose tombée par terre*) aufheben
**ramener** [Ramne] <4> *vt* **1.** zurückbringen **2.** (*amener avec soi*) mitbringen
**rami** [Rami] *m* Rommee *nt*
**rancune** [Rɑ̃kyn] *f* **1. garder ~ à qn de qc** jdm etw nachtragen **2. sans ~!** nichts für ungut!
**randonnée** [Rɑ̃dɔne] *f* **~ à pied/skis/bicyclette** Wanderung *f*/ Ski-/Radtour *f*
**rang** [Rɑ̃] *m* **1.** Reihe *f*; **en ~ par deux** in Zweierreihen **2.** (*dans un classement*) Platz *m*
**rangée** [Rɑ̃ʒe] *f* Reihe *f*
**ranger** [Rɑ̃ʒe] <2a> **I.** *vt* aufräumen **II.** *vpr* **se ~ 1.** (*piéton*) beiseitegehen **2.** (*se mettre en rang*) sich aufstellen
**ranimer** [Ranime] <1> *vt* (*personne*) wieder beleben
**râper** [Rɑpe] <1> *vt* reiben
**rapide** [Rapid] **I.** *adj* schnell;

(*progrès, réponse*) rasch **II.** *m* (*train*) Schnellzug *m*

**rapidement** [ʀapidmɑ̃] *adv* schnell; (*lire*) flüchtig

**rappel** [ʀapɛl] *m* **1.** (*souvenir*) ~ **de qc** Erinnerung *f* an etw (*akk*) **2.** (*d'un paiement*) Mahnung *f* **3.** (*panneau de signalisation*) Wiederholungsschild *nt*

**rappeler** [ʀap(ə)le] <3> **I.** *vt* **1.** (*souvenir*) wachrufen; ~ **qn/qc à qn** jdn an jdn/etw erinnern **2.** *a.* TELEC zurückrufen **II.** *vpr* **se** ~ **qn/qc** sich an jdn/etw erinnern

**rapport** [ʀapɔʀ] *m* **1.** (*lien*) Zusammenhang *m;* ~ **qualité-prix** Preis-Leistungs-Verhältnis *nt* **2.** (*relations*) Beziehungen *Pl* **3.** *pl* (*relations sexuelles*) Geschlechtsverkehr *m* **4.** (*compte rendu*) Bericht *m* **5. par** ~ **à qn/qc** im Vergleich zu jdm/etw

**rapporter** [ʀapɔʀte] <1> **I.** *vt* **1.** (*rendre*) zurückbringen **2.** (*être profitable*) einbringen **3.** *péj* (*répéter*) petzen **II.** *vpr* **se** ~ **à qc** sich auf etw (*akk*) beziehen

**rapprocher** [ʀapʀɔʃe] <1> **I.** *vt* **1.** (*objets*) [näher] zusammenrücken **2.** (*idées, thèses*) annähern **II.** *vpr* **1.** (*approcher*) **se** ~ **de qn/qc** sich jdm/einer S. nähern **2.** (*sympathiser*) **se** ~ sich näherkommen

**rare** [ʀɑʀ] *adj* **1.** selten **2.** (*exceptionnel*) außergewöhnlich

**raser** [ʀɑze] <1> *vt, vpr* (*(se) tondre*) [**se**] ~ [sich] rasieren

**rasoir** [ʀɑzwaʀ] *m* Rasierapparat *m*

**rassembler** [ʀasɑ̃ble] <1> **I.** *vt* (*documents, objets épars*) zusammentragen; ~ **des personnes** (*personne*) um sich versammeln **II.** *vpr* **se** ~ (*participants*) sich versammeln

**rasseoir** [ʀaswaʀ] <irr> *vpr* **se** ~ sich wieder setzen

**rassurer** [ʀasyʀe] <1> *vt, vpr* [**se**] ~ [sich] beruhigen

**rat** [ʀa] *m* Ratte *f*

**rater** [ʀate] <1> **I.** *vt* **1.** (*occasion, train*) verpassen **2.** (*examen*) nicht schaffen; **être raté** missglückt sein **3. ne pas** ~ **qn** sich (*dat*) jdn vorknöpfen **II.** *vi* (*affaire, projet*) misslingen

**ratifier** [ʀatifje] <1> *vt* ratifizieren

**rationaliser** [ʀasjɔnalize] <1> *vt* rationalisieren

**rattacher** [ʀataʃe] <1> *vt* (*renouer*) wieder anbinden; (*lacet*) wieder [zu]binden

**rattraper** [ʀatʀape] <1> **I.** *vt* **1.** (*rejoindre*) einholen **2.** (*temps perdu, retard*) wettmachen; (*sommeil*) nachholen **3.** (*retenir*) auffangen; ~ **qn par le bras** jdn am Arm fest halten **II.** *vpr* **1.** (*se raccrocher*) **se** ~ **à qc** sich an etw (*dat*) fest halten

2. (*compenser*) **se ~** das Versäumte nachholen
**ravage** [ʀavaʒ] *m* (*dégâts*) Schäden *Pl*
**ravi(e)** [ʀavi] *adj* **être ~ de faire qc** erfreut sein etw zu tun
**ravissant(e)** [ʀavisɑ̃] *adj* bezaubernd
**ravitailler** [ʀavitaje] <1> **I.** *vt* **~ en qc** mit etw versorgen **II.** *vpr* **se ~ en qc** sich mit etw eindecken
**rayé(e)** [ʀeje] *adj* **1.** gestreift **2.** (*disque, vitre*) zerkratzt
**rayer** [ʀeje] <7> *vt* **1.** (*disque, vitre*) zerkratzen **2.** (*mot, nom*) durchstreichen; **~ de la liste** von der Liste streichen
**rayon** [ʀɛjɔ̃] *m* **1.** (*faisceau*) Strahl *m* **2.** (*distance*) Umkreis *m* **3. ~ de soleil** Sonnenschein *m*
**rayonner** [ʀɛjɔne] <1> *vi* **~ de joie** vor Freude strahlen
**ré** [ʀe] *m inv* D *nt*, d *nt*
**réaction** [ʀeaksjɔ̃] *f* **~ à qc** Reaktion *f* auf etw (*akk*)
**réadapter** [ʀeadapte] <1> *vpr* (*se réaccoutumer*) **se ~ à qc** sich wieder in etw (*akk*) eingliedern
**réagir** [ʀeaʒiʀ] <8> *vi* **1.** (*répondre spontanément*) **~ à qc** auf etw (*akk*) reagieren **2.** (*s'opposer à*) **~ contre qc** sich gegen etw (*akk*) wehren
**réalisable** [ʀealizabl] *adj* realisierbar
**réalisateur, -trice** [ʀealizatœʀ] *m, f* CINE, TV Regisseur(in) *m(f)*
**réalisation** [ʀealizasjɔ̃] *f* **1.** (*exécution*) Verwirklichung *f* **2.** CINE, RADIO, TV Regie *f*
**réaliser** [ʀealize] <1> **I.** *vt* **1.** (*projet, rêve*) verwirklichen; (*désir*) erfüllen **2.** (*travail*) ausführen **3.** (*se rendre compte de*) sich über etw (*akk*) bewusst werden **II.** *vpr* **se ~** (*vœu*) in Erfüllung gehen
**réalité** [ʀealite] *f* **1.** (*réel*) Wirklichkeit *f* **2.** (*chose réelle*) Tatsache *f* **3. en ~** in Wirklichkeit *f*
**réanimation** [ʀeanimasjɔ̃] *f* Wiederbelebung *f*; **service de ~** Intensivstation *f*
**rebours** [ʀ(ə)buʀ] **à ~** rückwärts
**récapituler** [ʀekapityle] <1> *vt* noch einmal kurz zusammenfassen
**récemment** [ʀesamɑ̃] *adv* vor kurzem
**récent(e)** [ʀesɑ̃] *adj* (*événement, passé*) jüngste(r, s); **être ~** neu sein
**réception** [ʀesɛpsjɔ̃] *f* Empfang *m*; (*d'une entreprise*) Empfangsbüro *nt*
**récession** [ʀesesjɔ̃] *f* Rezession *f*
**recette** [ʀ(ə)sɛt] *f* **1.** GASTR Rezept *nt* **2.** (*secret, truc*) Patentrezept *nt*
**receveur, -euse** [ʀəs(ə)vœʀ] *m, f* MED Empfänger(in) *m(f)*
**recevoir** [ʀəs(ə)vwaʀ] <12> **I.** *vt*

1. erhalten 2. (*obtenir, percevoir*) bekommen 3. (*éducation*) genießen 4. *a.* RADIO, TV empfangen; ~ **qn à dîner** jdn zum Abendessen zu Gast haben 5. (*avis, conseil*) annehmen; **être bien/mal reçu** gut/schlecht aufgenommen werden II. *vi* SPORT (*jouer sur son terrain*) Gastgeber sein

**rechange** [ʀ(ə)ʃɑ̃ʒ] *m* **pièce de ~** Ersatzteil *nt*

**recharge** [ʀ(ə)ʃaʀʒ] *f* (*d'un produit d'entretien*) Nachfüllpackung *f*; (*d'un stylo à bille*) Ersatzmine *f*

**recharger** [ʀ(ə)ʃaʀʒe] <2a> *vt* (*briquet*) nachfüllen

**réchaud** [ʀeʃo] *m* Kocher *m*

**réchauffer** [ʀeʃofe] <1> I. *vt* 1. GASTR aufwärmen 2. (*corps, membres*) wärmen II. *vpr* **se ~** (*personne*) sich wärmen; (*eau, planète*) sich erwärmen

**recherche** [ʀ(ə)ʃɛʀʃ] *f* 1. Suche *f* 2. (*enquête*) Nachforschung *f* 3. MED, UNIV Forschung *f*

**recherché(e)** [ʀ(ə)ʃɛʀʃe] *adj* 1. begehrt; (*produit*) gefragt 2. (*expression, style*) gewählt

**rechercher** [ʀ(ə)ʃɛʀʃe] <1> *vt* suchen nach

**réciproque** [ʀesipʀɔk] I. *adj* wechselseitig II. *f* Gleiche(s) *nt*

**réciproquement** [ʀesipʀɔkmɑ̃] *adv* gegenseitig; **et ~** und umgekehrt

**récit** [ʀesi] *m* Bericht *m*

**réciter** [ʀesite] <1> *vt* (*leçon, poème*) aufsagen

**réclamation** [ʀeklamasjɔ̃] *f* 1. (*plainte*) Beschwerde *f* 2. (*service*) **les ~s** für Reklamationen zuständige Stelle

**réclame** [ʀeklam] *f* 1. Reklame *f* 2. **en ~** im [Sonder]angebot *nt*

**réclamer** [ʀeklame] <1> I. *vt* (*aide, argent*) erbitten; (*silence, parole*) bitten um II. *vi* sich beschweren

**récolte** [ʀekɔlt] *f* Ernte *f*

**récolter** [ʀekɔlte] <1> *vt a. fig* ernten; (*argent*) sammeln

**recommandable** [ʀ(ə)kɔmɑ̃dabl] *adj* empfehlenswert

**recommandation** [ʀ(ə)kɔmɑ̃dasjɔ̃] *f* 1. (*appui*) Empfehlung *f* 2. (*conseil*) Rat *m*

**recommandé** [ʀ(ə)kɔmɑ̃de] *m* POST Einschreiben *nt*

**recommander** [ʀ(ə)kɔmɑ̃de] <1> *vt* 1. (*conseiller*) empfehlen 2. (*lettre, paquet*) per Einschreiben schicken

**recommencer** [ʀ(ə)kɔmɑ̃se] <2> *vt, vi* (*reprendre*) wieder anfangen

**récompenser** [ʀekɔ̃pɑ̃se] <1> *vt* (*personne*) belohnen

**recomposer** [ʀ(ə)kɔ̃poze] <1> *vt* (*numéro de téléphone*) noch einmal wählen

**reconnaissance** [ʀ(ə)kɔnɛsɑ̃s] *f* 1. (*gratitude*) Dankbarkeit *f* 2. (*d'un pays, terrain*) Erkundung *f* 3. INFORM **~ optique de**

**caractères** automatische Schrifterkennung; ~ **vocale** Spracherkennung *f*

**reconnaissant(e)** [R(ə)kɔnɛsɑ̃] *adj* dankbar

**reconnaître** [R(ə)kɔnɛtR] <irr> **I.** *vt* **1.** (*identifier*) erkennen **2.** (*innocence, qualité, droit*) anerkennen; (*erreur, faute*) eingestehen **II.** *vpr* **1.** (*se retrouver*) **se ~ dans qn/qc** sich in jdm/etw wieder erkennen **2.** (*être reconnaissable*) **se ~ à qc** an etw (*dat*) zu erkennen sein

**reconnu(e)** [Rəkɔny] *adj* (*chef, fait*) anerkannt

**reconstituer** [R(ə)kɔ̃stitɥe] <1> *vt* rekonstruieren; (*généalogie*) erstellen

**reconstruction** [R(ə)kɔ̃stRyksjɔ̃] *f* Wiederaufbau *m*

**reconvertir** [R(ə)kɔ̃vɛRtiR] <8> **I.** *vt* (*adapter*) ~ **qc en qc** etw zu etw umrüsten **II.** *vpr* **se ~ dans/en qc** auf etw (*akk*) umschulen

**recopier** [R(ə)kɔpje] <1> *vt* **1.** (*transcrire*) abschreiben **2.** (*mettre au propre*) ins Reine schreiben **3.** INFORM kopieren

**record** [R(ə)kɔR] **I.** *m* Rekord *m* **II.** *app inv* **en un temps ~** in Rekordzeit

**recoudre** [R(ə)kudR] <irr> *vt* COUT wieder annähen

**recours** [R(ə)kuR] *m* **1.** (*utilisation*) ~ **à qc** Zurückgreifen *nt* auf etw (*akk*); **avoir ~ à qn** sich an jdn wenden **2.** (*personne*) Rettung *f*; **en dernier ~** als letzter Ausweg

**recouvrir** [R(ə)kuvRiR] <11> *vt* **1.** (*fauteuil*) beziehen; ~ **qc** (*neige, givre*) etw bedecken **2.** (*couvrir à nouveau*) ~ **un enfant de qc** (*personne*) ein Kind mit etw wieder zudecken

**récréation** [RekReasjɔ̃] *f* SCOL Pause *f*

**recroqueviller** [R(ə)kRɔk(ə)vije] <1> *vpr* **se ~** (*fleur*) welken

**recta** [Rɛkta] *adv* prompt

**rectangle** [Rɛktɑ̃gl] **I.** *m* Rechteck *nt* **II.** *adj* (*triangle*) rechtwinklig

**rectifier** [Rɛktifje] <1> *vt* (*corriger*) berichtigen

**rectiligne** [Rɛktiliɲ] *adj* gerade

**reçu** [R(ə)sy] *m* Quittung *f*

**reçu(e)** [R(ə)sy] *adj* **1.** (*couramment admis*) [allgemein] üblich; **idée ~e** Vorurteil *nt* **2.** (*candidat, élève*) erfolgreich

**recueil** [Rəkœj] *m* (*ensemble*) Sammlung *f*

**recueillement** [R(ə)kœjmɑ̃] *m* Besinnung *f*; (*religieux*) Andacht *f*

**recueillir** [R(ə)kœjiR] <irr> **I.** *vt* **1.** (*documents, signatures*) sammeln **2.** (*accueillir*) aufnehmen **II.** *vpr* **se ~ sur la tombe d'un ami** eines Freundes an dessen Grab gedenken

R

**reculer** [ʀ(ə)kyle] <1> **I.** *vi* **1.** (*véhicule*) rückwärtsfahren **2.** (*renoncer*) klein beigeben; **faire ~ qn** jdn abschrecken **II.** *vt* (*meuble*) zurückschieben; (*mur*) versetzen; (*véhicule*) zurückfahren; (*décision, échéance*) aufschieben **III.** *vpr* **se ~** zurücktreten; **recule-toi!** geh aus dem Weg!

**reculons** [ʀ(ə)kylɔ̃] **à ~** rückwärts

**récupération** [ʀekypeʀasjɔ̃] *f* **1.** (*des biens*) Wiedererlangung *f* **2.** (*de la chaleur*) Rückgewinnung *f;* (*des chiffons, du verre*) Wiederverwertung *f;* **~ des vieux papiers** Altpapiersammlung *f* **3.** (*recouvrement*) Nachholen *nt*

**récupérer** [ʀekypeʀe] <5> **I.** *vi* sich erholen **II.** *vt* **1.** (*argent, biens*) wieder bekommen **2.** *fam* (*personne*) abholen

**recyclage** [ʀ(ə)siklaʒ] *m* ECOL Wiederverwertung *f;* (*de l'eau*) Wiederaufbereitung *f*

**recycler** [ʀ(ə)sikle] <1> **I.** *vt* (*déchets, verre*) recyceln; **papier recyclé** Umweltschutzpapier *nt* **II.** *vpr* (*se reconvertir*) **se ~ dans qc** auf etw (*akk*) umschulen

**rédacteur, -trice** [ʀedaktœʀ] *m, f* Redakteur(in) *m(f)*

**rédaction** [ʀedaksjɔ̃] *f* SCOL Aufsatz *m*

**redescendre** [ʀ(ə)desɑ̃dʀ] <14> **I.** *vt* **1.** (*vu d'en haut*) wieder hinuntergehen; (*vu d'en bas*) wieder herunterkommen **2.** (*porter vers le bas*) [wieder] herunterholen **II.** *vi* (*baromètre, fièvre*) wieder fallen; (*marée*) zurückgehen

**redistribuer** [ʀ(ə)distʀibɥe] <1> *vt* **~ qc à qn** etw an jdn verteilen

**redonner** [ʀ(ə)dɔne] <1> *vt* **1.** wieder geben; (*nom*) noch einmal sagen **2.** (*resservir*) noch einmal servieren

**redoubler** [ʀ(ə)duble] <1> **I.** *vt* **1.** SCOL wiederholen **2.** (*effort*) verdoppeln **II.** *vi* sitzen bleiben (*fam*)

**redresser** [ʀ(ə)dʀese] <1> **I.** *vt* **1.** (*buste, corps*) strecken; (*tête*) heben **2.** (*voiture*) geradeaus lenken **II.** *vpr* **se ~** (*se tenir très droit*) sich aufrichten

**réduction** [ʀedyksjɔ̃] *f* **1.** Verringerung *f* **2.** (*rabais*) **~s jeunes** Ermäßigungen *Pl* für Jugendliche

**réduire** [ʀedɥiʀ] <irr> **I.** *vt* **1.** (*diminuer*) reduzieren **2.** (*transformer*) **~ qc en bouillie** aus etw Brei machen **3.** GASTR einkochen **II.** *vpr* **se ~ à qc** sich auf etw (*akk*) beschränken

**réduit(e)** [ʀedɥi] *adj* **1.** (*échelle, modèle*) verkleinert **2.** (*tarif*) ermäßigt

**réel** [ʀeɛl] *m* Realität *f*

**réel(le)** [ʀeɛl] *adj* (*véritable*) real; (*besoin*) tatsächlich

**réellement** [ʀeɛlmɑ̃] *adv* wirklich
**refaire** [ʀ(ə)fɛʀ] <irr> *vt* **1.** (*plat, fautes*) wieder machen; (*lit*) machen **2. si c'était à ~** wenn ich noch einmal von vorn anfangen könnte **3.** (*chambre*) renovieren
**référence** [ʀefeʀɑ̃s] *f* (*renvoi*) Bezug *m;* (*d'un texte*) Verweis *m*
**refermer** [ʀ(ə)fɛʀme] <1> *vt, vpr* [se] ~ [sich] [wieder] schließen
**réfléchir** [ʀefleʃiʀ] <8> *vi* (*penser*) nachdenken; **tout bien réfléchi** bei genauerer Überlegung
**réflexe** [ʀeflɛks] *m* Reflex *m*
**réflexion** [ʀeflɛksjɔ̃] *f* **1.** (*analyse*) Betrachtung *f* **2.** (*remarque désobligeante*) [spitze] Bemerkung **3. ~ faite** (*tout bien considéré*) eigentlich
**réforme** [ʀefɔʀm] *f* Reform *f*
**réformer** [ʀefɔʀme] <1> *vt* (*modifier*) reformieren
**refouler** [ʀ(ə)fule] <1> *vt* (*réprimer*) unterdrücken; (*larmes*) zurückhalten
**refrain** [ʀ(ə)fʀɛ̃] *m* **1.** MUS Refrain *m* **2.** (*rengaine*) Lied *nt*
**réfrigérateur** [ʀefʀiʒeʀatœʀ] *m* Kühlschrank *m*, Eiskasten *m* (A)
**refuge** [ʀ(ə)fyʒ] *m* Zuflucht *f*
**réfugié(e)** [ʀefyʒje] *m(f)* Flüchtling *m*
**réfugier** [ʀefyʒje] <1> *vpr* **se ~ chez qn** sich zu jdm flüchten
**refus** [ʀ(ə)fy] *m* (*résistance*) Weigerung *f*
**refuser** [ʀ(ə)fyze] <1> **I.** *vt, vi* ablehnen **II.** *vpr* (*se priver de*) **ne rien se ~** *iron* sich was gönnen
**régaler** [ʀegale] <1> *vpr* **1.** (*savourer*) **qn se régale de qc** etw schmeckt einem **2.** (*éprouver un grand plaisir*) **se ~ en faisant qc** es genießen etw zu tun
**regard** [ʀ(ə)gaʀ] *m* Blick *m*
**regarder** [ʀ(ə)gaʀde] <1> **I.** *vt* **1.** ansehen **2.** (*observer*) beobachten; (*mécanisme, film*) sich (*dat*) ansehen **3. ~ sa montre** auf die Uhr sehen; **ça ne te regarde pas** das geht dich nichts an **II.** *vi* (*s'appliquer à voir*) zusehen; **bien ~** gut hinsehen **III.** *vpr* **1.** (*se contempler*) **se ~ dans qc** sich in etw (*dat*) betrachten **2.** (*se mesurer du regard*) **se ~** (*personnes*) sich ansehen
**régie** [ʀeʒi] *f* **1.** CINE, THEAT, TV Aufnahmeleitung *f* **2.** TV, RADIO (*local*) Regieraum *m*
**régime** [ʀeʒim] *m* **1.** POL System *nt* **2.** MED Diät *f*
**région** [ʀeʒjɔ̃] *f* **1.** (*contrée*) Gegend *f* **2.** ADMIN Region *f*
**régional(e)** [ʀeʒjɔnal] <-aux> *adj* regional
**régisseur, -euse** [ʀeʒisœʀ] *m, f* **1.** CINE, TV Aufnahmeleiter(in) *m(f)* **2.** THEAT Inspizient(in) *m(f)*
**registre** [ʀəʒistʀ] *m* **1.** (*livre*)

Schreibheft *nt;* ~ **d'hôtel** Gästebuch *nt* **2.** INFORM, MUS Register *nt*

**règle** [ʀɛgl] *f* **1.** *a.* JEUX Regel *f;* **en ~ générale** in der Regel **2.** (*instrument*) Lineal *nt* **3.** *pl* ANAT Regel *f*

**règlement** [ʀɛgləmɑ̃] *m* **1.** (*discipline*) Vorschriften *Pl* **2.** (*différend*) **~ de compte[s]** Abrechnung *f* **3.** (*paiement*) Zahlung *f*

**réglementer** [ʀɛgləmɑ̃te] <1> *vt* gesetzlich regeln

**régler** [ʀegle] <5> **I.** *vt* **1.** (*résoudre*) regeln; (*conflit, différend*) beilegen; **c'est une affaire réglée** die Sache ist erledigt **2.** (*payer*) bezahlen **3.** (*circulation*) regeln; (*montre*) stellen **II.** *vi* zahlen **III.** *vpr* (*se résoudre*) **se ~** (*affaire, question*) sich regeln lassen

**réglisse** [ʀeglis] **I.** *f* (*plante*) Süßholz *nt* **II.** *m o f* (*bâton*) Lakritze *f*

**régner** [ʀeɲe] <5> *vi* regieren

**régresser** [ʀegʀese] <1> *vi* zurückgehen

**regretter** [ʀ(ə)gʀete] <1> *vt, vi* bedauern

**régulier, -ière** [ʀegylje] *adj* **1.** *a.* LING regelmäßig; (*vie, habitudes*) geregelt **2.** (*résultats, vitesse*) gleich bleibend **3.** (*avion, train, ligne*) [fahr]planmäßig; **vol ~** Linienflug *m* **4.** (*légal*) vorschriftsmäßig

**régulièrement** [ʀegyljɛʀmɑ̃] *adv* (*périodiquement*) regelmäßig

**rein** [ʀɛ̃] *m* **1.** Niere *f* **2.** *pl* (*bas du dos*) Kreuz *nt*

**reine** [ʀɛn] *f* **1.** Königin *f* **2.** JEUX Dame *f*

**réintégrer** [ʀeɛ̃tegʀe] <5> *vt* (*rétablir*) **~ qn dans la société** jdn wieder in die Gesellschaft eingliedern

**réitérer** [ʀeiteʀe] <5> *vt* wiederholen

**rejeter** [ʀəʒ(ə)te] <3> *vt* **1.** zurückweisen; (*personne*) verstoßen **2.** (*nourriture*) wieder ausspucken **3.** (*se décharger de*) **~ sur qn** (*responsabilité*) auf jdn abwälzen **4.** (*tête*) zurückwerfen

**rejoindre** [ʀ(ə)ʒwɛ̃dʀ] <irr> **I.** *vt* (*personne*) (*rencontrer*) treffen; (*rattraper*) einholen; **vas-y, je te rejoins** geh schon [voraus], ich komme nach **II.** *vpr* **se ~** **1.** (*idées, points de vue*) übereinstimmen **2.** (*personnes*) sich treffen

**réjouir** [ʀeʒwiʀ] <8> *vpr* sich freuen

**relâche** [ʀəlɑʃ] *f* **sans ~** unermüdlich; (*travailler, harceler*) pausenlos

**relâcher** [ʀ(ə)lɑʃe] <1> *vt* (*desserrer*) lockern; (*muscles*) entspannen

**relais** [ʀ(ə)lɛ] *m* **1.** Staffel *f* **2. prendre le ~ de qn/qc** jdn/

etw ablösen

**relancer** [ʀ(ə)lɑ̃se] <2> *vt* **1.** (*donner un nouvel essor à*) wieder aufnehmen; (*économie, production*) wieder ankurbeln **2.** *fam* (*harceler*) bedrängen; (*client, débiteur*) mahnen

**relatif, -ive** [ʀ(ə)latif] *adj* **1.** (*opp: absolu*) relativ **2.** (*en liaison avec*) **être ~ à qn/qc** sich auf jdn/etw beziehen

**relation** [ʀ(ə)lasjɔ̃] *f* **1.** (*rapport*) Beziehung *f*, Verhältnis *nt* **2.** (*lien logique*) Zusammenhang *m* **3.** (*personne de connaissance*) Bekannte(r) *f(m)* **4. en ~** in Verbindung

**relativement** [ʀ(ə)lativmɑ̃] *adv* relativ

**relaxer** [ʀ(ə)lakse] <1> *vpr* **se ~** sich entspannen

**relayer** [ʀ(ə)leje] <7> **I.** *vt* (*remplacer*) ablösen **II.** *vpr* **se ~ pour faire qc** sich abwechseln um etw zu tun

**relevé** [ʀəl(ə)ve] *m* (*de compte*) Auszug *m*

**relevé(e)** [ʀəl(ə)ve] *adj* GASTR gut gewürzt

**relever** [ʀəl(ə)ve] <4> **I.** *vt* **1.** (*blessé, objet tombé*) aufheben; **~ qn** jdm hochhelfen **2.** (*siège*) höher stellen; (*cheveux*) hochstecken **3.** (*adresse, renseignement*) notieren **II.** *vi* (*dépendre de*) **~ de la compétence de qn** in jds Zuständigkeit fallen **III.** *vpr* **se ~** (*se remettre debout*) [wieder] aufstehen

**relief** [ʀəljɛf] *m* **1.** Relief *nt*; **en ~** (*carte*) Relief- **2. mettre qc en ~** etw hervorheben

**relier** [ʀəlje] <1> *vt* **1.** (*personnes, choses*) [miteinander] verbinden **2.** (*livre*) binden

**religieuse** [ʀ(ə)liʒjøz] *f* **1.** REL Ordensschwester *f* **2.** GASTR *Windbeutel*

**religieux** [ʀ(ə)liʒjø] *m* Ordensgeistliche(r) *m*

**religieux, -euse** [ʀ(ə)liʒjø] *adj* religiös; (*cérémonie, mariage*) kirchlich; (*ordre*) geistlich

**religion** [ʀ(ə)liʒjɔ̃] *f* **1.** (*ensemble de croyances*) Religion *f* **2.** (*culte*) Glaube *m*

**relire** [ʀ(ə)liʀ] <irr> *vt* noch einmal lesen

**reloger** [ʀ(ə)lɔʒe] <2a> *vt* **~ qn** jdm eine neue Unterkunft besorgen

**remarier** [ʀ(ə)maʀje] <1> *vpr* **se ~** wieder heiraten

**remarquable** [ʀ(ə)maʀkabl] *adj* bemerkenswert

**remarque** [ʀ(ə)maʀk] *f* Bemerkung *f*

**remarquer** [ʀ(ə)maʀke] <1> **I.** *vt* bemerken **II.** *vpr* **se ~** auffallen

**remastériser** [ʀəmasteʀize] <1> *vt* (*disque*) digital neu aufnehmen

**remballer** [ʀɑ̃bale] <1> *vt* (*opp: déballer*) wieder einpacken

**remboursement** [ʀɑ̃buʀsəmɑ̃]

*m* Rückzahlung *f;* **contre** ~ gegen Nachnahme

**rembourser** [ʀɑ̃buʀse] <1> *vt* [zurück]erstatten

**remède** [ʀ(ə)mɛd] *m* [Heil]mittel *nt*

**remerciement** [ʀ(ə)mɛʀsimɑ̃] *m* Dank *m;* **avec tous mes/nos remerciements** mit bestem Dank (*form*)

**remercier** [ʀ(ə)mɛʀsje] <1> *vt* (*dire merci à*) ~ **qn de qc** jdm für etw danken

**remettre** [ʀ(ə)mɛtʀ] <irr> **I.** *vt* **1.** (*replacer*) wieder zurückstellen; ~ **debout** wieder hinstellen **2.** (*rétablir*) ~ **à l'heure** (*montre*) [richtig] stellen; ~ **qn en liberté** jdn freilassen **3.** (*donner*) [über]geben **II.** *vpr* **1.** (*recouvrer la santé*) **se** ~ sich erholen **2.** (*recommencer*) **se** ~ **à faire qc** wieder anfangen etw zu tun **3.** (*se réconcilier*) **ils se sont remis ensemble** sie sind wieder zusammen

**remise** [ʀ(ə)miz] *f* **1.** Übergabe *f* **2.** (*rabais*) Nachlass *m* **3.** ~ **de peine** Straferlass *m;* ~ **en forme** Fitnesstraining *nt;* ~ **en marche** Wieder-in-Gang-setzen *nt*

**remonter** [ʀ(ə)mɔ̃te] <1> **I.** *vi* **1.** (*monter à nouveau*) ~ **dans une chambre/de la cuisine** wieder in ein Zimmer hinaufgehen/wieder von der Küche heraufkommen **2.** (*reprendre place*) ~ **à bicyclette** wieder Fahrrad fahren; ~ **en voiture** wieder ins Auto steigen; ~ **à bord** [wieder] an Bord gehen **3.** (*s'élever de nouveau*) [wieder] ansteigen **4.** (*jupe, vêtement*) hochrutschen **5.** (*dater de*) **cet incident remonte à quelques jours** dieser Zwischenfall liegt einige Tage zurück **II.** *vt* **1.** (*parcourir: à pieds*) wieder hinaufgehen; (*dans un véhicule*) hinauffahren **2.** (*col*) hochschlagen; (*bas du pantalon, manches*) hochkrempeln **3.** (*rapporter du bas*) ~ **une bouteille de la cave** aus dem Keller eine Flasche heraufbringen **4.** **être remonté contre qn** (*fâché*) wütend auf jdn sein

**remords** [ʀ(ə)mɔʀ] *m* Schuldgefühl *nt*

**remorque** [ʀ(ə)mɔʀk] *f* (*d'un véhicule*) Anhänger *m*

**remorquer** [ʀ(ə)mɔʀke] <1> *vt* (*voiture*) abschleppen

**remplacer** [ʀɑ̃plase] <2> *vt* **1.** ersetzen **2.** (*personne*) vertreten

**remplir** [ʀɑ̃pliʀ] <8> **I.** *vt* **1.** (*rendre plein*) ~ **de qc** mit etw füllen **2.** (*journée, formulaire, chèque*) ausfüllen **3.** (*page*) voll schreiben **4.** (*mission, contrat*) erfüllen **II.** *vpr* **se** ~ **de personnes** sich mit Menschen füllen

**remporter** [ʀɑ̃pɔʀte] <1> *vt* **1.** (*reprendre*) wieder mitnehmen **2.** (*championnat, prix*) gewinnen

**remuer** [ʀəmɥe] <1> **I.** *vi* sich bewegen **II.** *vt* **1.** bewegen; ~ **la queue** mit dem Schwanz wedeln **2.** (*café*) umrühren **3.** (*émouvoir*) ergreifen **III.** *vpr* **se** ~ (*faire des efforts*) sich bemühen

**renaissance** [ʀ(ə)nɛsɑ̃s] *f* **1.** Wiedergeburt *f* **2.** HIST, ART **la Renaissance** die Renaissance

**renard** [ʀ(ə)naʀ] *m* Fuchs *m*

**rencontre** [ʀɑ̃kɔ̃tʀ] *f* **1.** (*fait de se rencontrer*) Begegnung *f* **2.** (*entrevue*) Zusammenkunft *f;* (*réunion*) Treffen *nt* **3.** SPORT Spiel *nt*

**rencontrer** [ʀɑ̃kɔ̃tʀe] <1> *vt, vpr* ((*se*) *croiser*) [**se**] ~ [sich] begegnen

**rendez-vous** [ʀɑ̃devu] *m inv* **1.** (*rencontre officielle*) **avoir** ~ einen Termin haben; **donner** ~ **à qn/prendre** ~ **avec qn** mit jdm einen Termin ausmachen **2.** (*rencontre avec un ami*) Verabredung *f;* ~ **à 8 heures** wir treffen uns um 8 Uhr **3.** (*rencontre entre amoureux*) Rendezvous *nt* **4.** (*lieu de rencontre*) Treffpunkt *m*

**rendre** [ʀɑ̃dʀ] <14> **I.** *vt* **1.** zurückgeben **2.** (*devoir*) abgeben; ~ **la monnaie sur 50 euros** auf 50 Euro herausgeben **3.** (*liberté*) wiederschenken **4.** (*faire devenir*) ~ **plus facile** leichter machen; ~ **public** veröffentlichen **II.** *vi* (*vomir*) sich übergeben **III.** *vpr* **1.** (*capituler*) **se** ~ sich ergeben **2.** (*aller*) **se** ~ **chez qn/à son travail** zu jdm/zur Arbeit gehen

**renfermer** [ʀɑ̃fɛʀme] <1> **I.** *vt* enthalten **II.** *vpr* **se** ~ **sur soi-même** sich in sich (*akk*) zurückziehen

**renier** [ʀənje] <1> *vt* verleugnen; (*idée, passé*) leugnen

**renifler** [ʀ(ə)nifle] <1> **I.** *vi* schnüffeln **II.** *vt* (*sentir*) riechen

**renommée** [ʀ(ə)nɔme] *f* **1.** (*célébrité*) Renommee *nt* **2.** (*réputation*) Ruf *m*

**renoncer** [ʀ(ə)nɔ̃se] <2> *vi* ~ **à qc** auf etw (*akk*) verzichten

**renouveler** [ʀ(ə)nuv(ə)le] <3> **I.** *vt* **1.** (*remplacer*) erneuern **2.** (*répéter*) ~ **une offre à qn** jdm gegenüber ein Angebot wiederholen **3.** (*bail, passeport*) verlängern **II.** *vpr* **se** ~ **1.** (*être remplacé*) ausgewechselt werden; (*peau, cellule*) sich erneuern **2.** (*se reproduire*) sich wiederholen

**rénover** [ʀenɔve] <1> *vt* renovieren

**renseignement** [ʀɑ̃sɛɲmɑ̃] *m* **1.** Auskunft *f;* **les** ~**s** TELEC die Auskunft **2.** MIL Geheimdienst *m*

**renseigner** [ʀɑ̃seɲe] <1> *vt, vpr* [**se**] ~ [sich] informieren

**rentrée** [rɑ̃tʀe] *f* **1.** SCOL Schuljahresbeginn *m* **2.** UNIV Semesterbeginn *m* **3.** (*après les vacances d'été*) **à la ~** nach der Sommerpause

**rentrer** [rɑ̃tʀe] <1> **I.** *vi* **1.** (*retourner chez soi*) nach Hause gehen **2.** (*revenir chez soi*) nach Hause kommen **3.** (*entrer à nouveau*) zurückgehen **4.** (*s'insérer*) **~ dans une valise** in einen Koffer hineinpassen; **~ les uns dans les autres** (*tubes*) sich ineinander stecken lassen **5.** (*percuter*) **~ dans qc** (*conducteur*) gegen etw fahren **II.** *vt* **1.** (*ramener à l'intérieur*) hineinbringen; (*foin*) einbringen **2.** (*enfoncer*) **~ la clé dans la serrure** den Schlüssel in das Schloss stecken **III.** *vpr* **se ~ dedans** zusammenstoßen

**renversant(e)** [rɑ̃vɛʀsɑ̃] *adj fam* umwerfend

**renverse** [rɑ̃vɛʀs] *f* **tomber à la ~** hintenüber fallen

**renversement** [rɑ̃vɛʀsəmɑ̃] *m* **1.** (*changement complet*) Verkehrung *f* ins Gegenteil; (*de tendance*) Umschwung *m* **2.** POL (*par un coup d'État*) Umsturz *m*

**renverser** [rɑ̃vɛʀse] <1> *vt* **1.** (*faire tomber*) **~ qn/qc** jdn/etw umstoßen; (*voiture, vélo*) jdn/etw umfahren **2.** (*répandre*) verschütten

**renvoi** [rɑ̃vwa] *m* **1.** (*licenciement*) Entlassung *f* **2.** SCOL, UNIV Verweisung *f* **3. avoir des ~s** aufstoßen müssen

**renvoyer** [rɑ̃vwaje] <6> *vt* **1.** (*envoyer à nouveau*) noch einmal schicken **2.** SPORT zurückspielen **3.** (*ascenseur*) zurückschicken **4.** (*ajourner*) **~ à plus tard** auf später vertagen

**réorganiser** [ʀeɔʀganize] <1> **I.** *vt* umorganisieren **II.** *vpr* **se ~** sich neu organisieren

**réouverture** [ʀeuvɛʀtyʀ] *f* Wiedereröffnung *f*

**répandre** [ʀepɑ̃dʀ] <14> **I.** *vt* **1.** (*liquide*) schütten **2.** (*odeur, nouvelle*) verbreiten **II.** *vpr* **se ~ 1.** (*s'écouler*) sich ergießen **2.** (*se disperser*) sich verteilen **3.** (*épidémie*) sich ausbreiten

**réparable** [ʀepaʀabl] *adj* (*panne, objet*) reparabel; (*faute, perte*) wieder gutzumachen

**reparaître** [ʀ(ə)paʀɛtʀ] <irr> *vi* **1.** (*se montrer de nouveau*) wieder auftauchen **2.** (*journal, livre*) wieder erscheinen

**réparation** [ʀepaʀasjɔ̃] *f* **1.** (*remise en état*) Reparatur *f* **2.** (*dédommagement*) Entschädigung *f*

**réparer** [ʀepaʀe] <1> *vt* **1.** (*remettre en état*) reparieren; (*maison*) instand setzen **2.** (*rattraper*) wieder gutmachen

**reparler** [ʀ(ə)paʀle] <1> **I.** *vi* **1. ~ de qn/qc** auf jdn/etw zurückkommen **2. on en reparlera** *fam* darüber unterhalten wir uns später nochmal **II.** *vpr* **se ~** wieder miteinander sprechen

**repartir** [R(ə)paRtiR] <10> *vi* **1.** (*voyageur*) wieder aufbrechen; (*véhicule*) weiterfahren **2.** (*s'en retourner*) wieder zurückkehren **3.** (*moteur*) wieder anspringen

**répartir** [RepaRtiR] <10> **I.** *vt* (*bénéfice*) aufteilen; **~ en groupes** in Gruppen (*akk*) einteilen **II.** *vpr* **1.** (*se partager*) **se ~ qc** etw unter sich aufteilen **2.** (*être partagé*) **se ~** verteilt werden **3.** (*se diviser*) **se ~ en groupes** sich in Gruppen [auf]teilen

**répartition** [RepaRtisjɔ̃] *f* **1.** (*partage*) Verteilung *f* **2.** (*d'une crème, lotion*) Auftragen *nt* **3.** (*de pièces, salles*) Anordnung *f*

**repas** [R(ə)pɑ] *m* **1.** Essen *nt* **2.** (*fait de manger*) Mahlzeit *f*

**repasser[1]** [R(ə)pɑse] <1> *vt, vi* bügeln

**repasser[2]** [R(ə)pɑse] <1> **I.** *vi* **1.** (*revenir*) noch einmal vorbeikommen **2.** (*film*) noch einmal laufen **II.** *vt* **1.** (*franchir de nouveau*) von neuem überqueren **2.** (*examen*) wiederholen

**repenti(e)** [R(ə)pɑ̃ti] *adj* (*buveur, fumeur*) ehemalig

**repentir** [R(ə)pɑ̃tiR] **I.** *m* Reue *f* **II.** <10> *vpr* **se ~ d'avoir fait qc** bereuen etw getan zu haben

**repérer** [R(ə)peRe] <5> **I.** *vt fam* (*découvrir*) ausfindig machen; **se faire ~** sich verraten **II.** *vpr fam* **se ~ dans qc** sich in etw (*dat*) zurechtfinden

**répertoire** [RepɛRtwaR] *m* **1.** *a.* INFORM Verzeichnis *nt* **2.** (*carnet*) Register *nt*

**répéter** [Repete] <5> *vt, vi, vpr* [se] ~ [sich] wiederholen

**répétitif, -ive** [Repetitif] *adj* sich ständig wiederholend

**répétition** [Repetisjɔ̃] *f* **1.** Wiederholung *f* **2.** THEAT, MUS Probe *f*

**replacer** [R(ə)plase] <2> *vt* (*remettre à sa place*) zurückstellen/-legen

**repli** [Rəpli] *m* **1.** *pl* (*d'un drapeau*) Falten *Pl* **2.** (*retraite*) Rückzug *m*

**replier** [R(ə)plije] <1> **I.** *vt* **1.** (*journal, carte*) wieder zusammenfalten **2.** (*jambes, pattes*) anwinkeln; (*ailes*) wieder anlegen **II.** *vpr* **1.** (*faire retraite*) **se ~** sich zurückziehen **2.** (*se renfermer*) **se ~ sur soi-même** sich abkapseln

**réplique** [Replik] *f* **1.** *a.* THEAT Antwort *f* **2.** (*objection*) **~ à qc** Einwand *m* gegen etw **3.** ART Nachbildung *f*

**répliquer** [Replike] <1> *vi* **1.** (*répondre*) erwidern **2.** (*protester*) protestieren

**répondant** [Repɔ̃dɑ̃] *m* (*garant*) Bürge *m*

**répondeur** [Repɔ̃dœR] *m* Anrufbeantworter *m*

**répondre** [Repɔ̃dR] <14> *vt, vi* antworten

R

**réponse** [repɔ̃s] *f* ~ **à qc** Antwort *f* auf etw (*akk*)

**reportage** [ʀ(ə)pɔʀtaʒ] *m* Reportage *f*

**reporteur, -trice**[1] [ʀ(ə)pɔʀtœʀ] *m, f* Reporter(in) *m(f)*

**reporter**[2] [ʀ(ə)pɔʀte] <1> **I.** *vt* (*date*) verschieben **II.** *vpr* **se ~ à qc** sich auf etw (*akk*) beziehen

**repos** [ʀ(ə)po] *m* **1.** (*détente*) Ruhe *f* **2.** (*congé*) **prendre un jour de ~** einen Tag frei nehmen

**reposer**[1] [ʀ(ə)poze] <1> **I.** *vt* (*poser à nouveau*) zurückstellen **II.** *vi* (*être fondé sur*) **~ sur qc** sich auf etw (*akk*) stützen

**reposer**[2] [ʀ(ə)poze] <1> **I.** *vt* (*délasser*) entspannen **II.** *vpr* (*se délasser*) **se ~** sich ausruhen

**repousser**[1] [ʀ(ə)puse] <1> *vt* **1.** (*attaque, agresseur*) abwehren **2.** (*demande*) abschlagen **3.** (*meuble*) wieder zurückschieben

**repousser**[2] [ʀ(ə)puse] *vi* (*croître de nouveau*) nachwachsen

**reprendre** [ʀ(ə)pʀɑ̃dʀ] <13> **I.** *vt* **1.** (*employé*) wieder einstellen; (*objet prêté*) zurücknehmen **2.** (*contact, habitudes, travail*) wieder aufnehmen **3.** (*recommencer*) **~ le récit de qc** etw noch einmal berichten **4. on ne m'y reprendra plus** das passiert mir nicht noch einmal **II.** *vi* **1.** (*affaires*) wieder besser gehen; (*vie*) wieder seinen Gang gehen **2.** (*douleurs, pluie*) wieder einsetzen; (*conversation*) wieder aufgenommen werden **3.** (*enchaîner*) fortfahren **4.** (*répéter*) **je reprends: ...** ich wiederhole: ... **III.** *vpr* (*se ressaisir*) **se ~** sich (*akk*) wieder fangen

**représentant(e)** [ʀ(ə)pʀezɑ̃tɑ̃] *m(f)* Vertreter(in) *m(f)*

**représenter** [ʀ(ə)pʀezɑ̃te] <1> **I.** *vt* **1.** (*décrire*) darstellen **2.** (*autorité*) verkörpern **3.** JUR, POL, COM vertreten **II.** *vpr* **1.** (*s'imaginer*) **se ~** sich (*dat*) vorstellen **2.** (*survenir à nouveau*) **se ~ à qn** (*occasion, possibilité*) sich jdm noch einmal bieten

**repris de justice** [ʀ(ə)pʀid(ə)ʒystis] *m inv* Vorbestrafte(r) *f(m)*

**reproche** [ʀ(ə)pʀɔʃ] *m* Vorwurf *m*

**reprocher** [ʀ(ə)pʀɔʃe] <1> **I.** *vt* (*faire grief de*) vorwerfen **II.** *vpr* **se ~ qc** sich (*dat*) Vorwürfe wegen etw machen

**reproduction** [ʀ(ə)pʀɔdyksjɔ̃] *f* (*copie*) Reproduktion *f*

**reproduire** [ʀ(ə)pʀɔdɥiʀ] <irr> *vpr* **se ~** (*se répéter*) sich wiederholen

**républicain(e)** [ʀepyblikɛ̃] *adj* republikanisch

**république** [ʀepyblik] *f* Republik *f*

**répugnant(e)** [ʀepyɲɑ̃] *adj* widerlich

**réputation** [ʀepytasjɔ̃] *f* Ruf *m*

**requête** [ʀəkɛt] *f* INFORM Abfrage *f*

**réquisitionner** [ʀekizisjɔne] <1> *vt* (*biens*) beschlagnahmen

**réseau** [ʀezo] <x> *m a.* INFORM Netz *nt;* **le ~ Internet** das Internet

**réservation** [ʀezɛʀvasjɔ̃] *f* Reservierung *f*

**réserve** [ʀezɛʀv] *f* **1.** (*provision*) Vorrat *m* **2.** (*lieu protégé*) **~ naturelle** Naturschutzgebiet *nt*

**réservé**(**e**) [ʀezɛʀve] *adj* **1.** (*discret*) zurückhaltend **2.** (*limité à certains*) **~ aux handicapés** nur für Behinderte

**réserver** [ʀezɛʀve] <1> **I.** *vt* **1.** (*place*) freihalten **2.** (*retenir*) reservieren **II.** *vpr* (*se ménager*) **se ~ pour le dessert** sich (*dat*) seinen Appetit für den Nachtisch aufheben

**résidence** [ʀezidɑ̃s] *f* **1.** (*domicile*) Wohnsitz *m* **2.** (*pour les vacances: appartement*) Ferienwohnung *f* **3.** (*immeuble*) Wohnanlage *f*

**résider** [ʀezide] <1> *vi* (*habiter*) wohnen

**résigner** [ʀeziɲe] <1> *vpr* **se ~** resignieren

**résilier** [ʀezilje] <1> *vt* kündigen

**résistance** [ʀezistɑ̃s] *f* (*opposition*) Widerstand *m;* **la Résistance** HIST die Resistance

**résistant**(**e**) [ʀezistɑ̃] *adj* (*couleur, matériau*) haltbar

**résister** [ʀeziste] <1> *vi* **1.** (*s'opposer*) **~ à qn** sich gegen jdn wehren; **~ à un désir** einem Verlangen widerstehen **2.** (*supporter*) **qc résiste à qc** etw hält einer S. (*dat*) stand

**résolu**(**e**) [ʀezɔly] *adj* (*air, personne*) entschlossen; (*ton*) bestimmt

**résolution** [ʀezɔlysjɔ̃] *f* **1.** (*décision*) Beschluss *m* **2.** INFORM Auflösung *f*

**résonance** [ʀezɔnɑ̃s] *f* **1.** (*répercussion*) Resonanz *f* **2.** (*connotation*) Anklang *m*

**résonner** [ʀezɔne] <1> *vi* hallen

**résoudre** [ʀezudʀ] <irr> *vt* (*conflit, problème*) lösen

**respect** [ʀɛspɛ] *m* **~ de qn/qc** Respekt *m* vor jdm/etw; **par ~ pour qn/qc** aus Achtung vor jdm/etw

**respecter** [ʀɛspɛkte] <1> *vt* **1.** (*avoir des égards pour*) achten; **se faire ~** sich (*dat*) Respekt verschaffen **2.** (*forme, tradition*) wahren

**respectivement** [ʀɛspɛktivmɑ̃] *adv* jeweils

**respirer** [ʀɛspiʀe] <1> *vi* (*inspirer*) atmen; **respirez fort!** tief einatmen!

**responsabilité** [ʀɛspɔ̃sabilite] *f* **1.** (*culpabilité*) Verantwortung *f* **2.** JUR Haftung *f;* (*assurance*) Haftpflichtversicherung *f* **3.** (*charge de responsable*) **avoir des ~s** Verantwortung tragen

**responsable** [ʀɛspɔ̃sabl] *adj*

**1.** (*coupable, chargé de*) **être ~ de qc** für etw verantwortlich sein **2.** (*civilement, pénalement*) haftbar **3.** (*personne*) verantwortungsbewusst

**ressemblance** [R(ə)sɑ̃blɑ̃s] *f* Ähnlichkeit *f*

**ressembler** [R(ə)sɑ̃ble] <1> **I.** *vi a. fam* **~ à qn** jdm ähnlich sehen **II.** *vpr* (*être semblables physiquement*) **se ~** sich ähnlich sehen

**ressentir** [R(ə)sɑ̃tiR] <10> *vt* empfinden; (*coup*) spüren

**resserrer** [R(ə)seRe] <1> **I.** *vt* (*boulon, vis*) nachziehen; (*nœud*) fest ziehen **II.** *vpr* **se ~** enger werden

**ressource** [R(ə)suRs] *f pl* (*moyens*) Mittel *Pl;* **~s naturelles** Bodenschätze *Pl*

**ressusciter** [Resysite] <1> REL **I.** *vi* **être ressuscité** auferstanden sein **II.** *vt* zum Leben erwecken

**restant** [Rɛstɑ̃] *m* Rest *m*

**restaurant** [RɛstɔRɑ̃] *m* Restaurant *nt;* **aller au ~** essen gehen

**restauration** [RɛstɔRasjɔ̃] *f* **1.** ARCHIT, ART Restaurierung *f* **2.** (*hôtellerie*) Gastronomie *f* **3.** INFORM Wiederherstellung *f*

**reste** [Rɛst] *m* **1.** Rest *m* **2. du ~** im Übrigen; **pour le ~** im Übrigen

**rester** [Rɛste] <1> *vi* **1.** bleiben; **~ sans parler/manger** nicht sprechen/nicht essen; **~ immobile** stillhalten **2.** (*ne pas se libérer de*) **~ sur un échec** sich von einem Misserfolg lähmen lassen **3. en ~ là** es dabei [bewenden] lassen; **il reste du vin** es ist noch Wein übrig; **il n'est rien resté** es ist nichts übrig [geblieben]; **je sais ce qu'il me reste à faire** ich weiß, was ich zu tun habe

**restreint(e)** [RɛstRɛ̃] *adj* (*vocabulaire*) beschränkt; (*moyens, nombre*) gering

**résultat** [Rezylta] *m* **1.** Ergebnis *nt;* **n'obtenir aucun ~** nichts erreichen **2. sans ~** ohne Erfolg

**résumé** [Rezyme] *m* **1.** Zusammenfassung *f* **2. en ~** (*en bref*) zusammenfassend

**résumer** [Rezyme] <1> *vt* zusammenfassen

**Résurrection** [RezyRɛksjɔ̃] *f* Auferstehung *f*

**rétablir** [RetabliR] <8> **I.** *vt a.* MED wiederherstellen; (*contact, liaison*) wieder aufnehmen **II.** *vpr* **se ~ 1.** (*guérir*) sich erholen **2.** (*calme, silence*) wieder einkehren

**rétablissement** [Retablismɑ̃] *m* Wiederherstellung *f;* **bon ~!** gute Besserung!

**retard** [R(ə)taR] *m* **1.** (*arrivée tardive*) Verspätung *f;* **arriver en ~** zu spät kommen **2.** (*réalisation tardive*) **avoir du ~ dans un travail** mit einer Arbeit im Rückstand im Verzug sein **3.** (*développ-

*pement plus lent*) Rückständigkeit *f*

**retarder** [ʀ(ə)taʀde] <1> **I.** *vt* aufhalten; ~ **l'arrivée de qn** jds Ankunft hinauszögern **II.** *vi* (*être en retard*) ~ **d'une heure** (*montre, horloge*) eine Stunde nachgehen

**retenir** [ʀ(ə)təniʀ] <9> **I.** *vt* **1.** [fest]halten; (*foule, personne*) zurückhalten **2.** (*garder*) **je ne te retiens pas plus longtemps** ich will dich nicht länger aufhalten **3.** (*requérir*) ~ **l'attention** Aufmerksamkeit erfordern **4.** (*se souvenir de*) [im Gedächtnis] behalten **II.** *vpr* **se** ~ sich beherrschen

**retentissant(e)** [ʀ(ə)tɑ̃tisɑ̃] *adj* **1.** durchdringend; (*claque*) schallend **2.** (*fracassant*) Aufsehen erregend

**retirer** [ʀ(ə)tiʀe] <1> **I.** *vt* **1.** (*vêtement, montre*) ablegen; (*lunettes*) absetzen **2.** (*faire sortir*) herausnehmen; ~ **la clé de la serrure** den Schlüssel abziehen **3.** (*argent*) holen **II.** *vpr* (*partir*) **se** ~ sich zurückziehen

**retomber** [ʀ(ə)tɔ̃be] <1> *vi* **1.** (*tomber à nouveau*) wieder hinfallen **2.** (*redevenir*) ~ **amoureux** sich wieder verlieben **3.** (*revenir, rencontrer*) ~ **au même endroit** [zufällig] wieder an denselben Ort geraten

**retoucher** [ʀ(ə)tuʃe] <1> **I.** *vt* **1.** (*vêtement*) [ab]ändern **2.** (*être remboursé*) ~ **mille euros** tausend Euro zurückbekommen **II.** *vi* (*toucher de nouveau*) ~ **à qc** etw noch einmal anfassen

**retour** [ʀ(ə)tuʀ] **I.** *m* **1.** (*opp: départ*) Rückkehr *f;* (*chemin*) Rückweg *m;* (*à la maison*) Heimweg *m;* (*voyage*) Rückreise *f;* **au** ~ auf dem Rückweg; (*à l'arrivée*) bei der Rückkehr **2. par** ~ **du courrier** postwendend; ~ **à l'expéditeur!** zurück an Absender! **II.** *app* **match** ~ Rückspiel *nt*

**retourner** [ʀ(ə)tuʀne] <1> **I.** *vt* **1.** (*mettre dans l'autre sens*) umdrehen; (*vêtement*) [auf] links drehen; (*matelas, viande*) wenden **2.** (*situation*) umkehren **3.** (*lettre*) zurückschicken; ~ **un compliment à qn** jdm ein Kompliment zurückgeben **4.** *fam* (*maison, pièce*) auf den Kopf stellen **II.** *vi* **1.** (*revenir*) zurückkehren; ~ **sur ses pas** kehrtmachen; ~ **chez soi** nach Hause gehen **2.** (*aller de nouveau*) ~ **à la montagne/chez qn** wieder ins Gebirge/zu jdm gehen **3.** (*se remettre à*) ~ **à son travail** wieder an die Arbeit gehen **III.** *vpr* **se** ~ **1.** (*personne*) sich umdrehen; (*voiture*) sich überschlagen **2.** (*tourner la tête*) sich umschauen

**retrait** [ʀ(ə)tʀɛ] *m* **1.** (*d'argent*) Abheben *nt*, Abholen *nt* **2.** (*d'une autorisation*) Aufhebung *f;* ~ **du**

**permis** [**de conduire**] Führerscheinentzug *m*

**retraite** [R(ə)tRɛt] *f* **1.** (*cessation du travail*) [Eintritt in den] Ruhestand *m* **2.** (*pension*) Altersruhegeld *nt* (*form*); ~ **complémentaire** (*assurance*) Zusatzrentenversicherung *f*

**retraité**(**e**) [R(ə)tRete] *m(f)* Rentner(in) *m(f)*

**retransmettre** [R(ə)tRɑ̃smɛtR] <irr> *vt* übertragen

**rétro** [RetRo] *abr de* **rétrograde** **I.** *adj inv* (*démodé*) nostalgisch **II.** *adv* nostalgisch (*kann im Stil der 20er bis 70er Jahre sein*)

**rétroprojecteur** [RetRopRɔʒɛktœR] *m* Overheadprojektor *m*

**rétrospectif**, **-ive** [RetRɔspɛktif] *adj* rückblickend

**retrousser** [R(ə)tRuse] <1> *vt* (*manche, bas de pantalon*) umkrempeln

**retrouver** [R(ə)tRuve] <1> **I.** *vt* **1.** wiederfinden **2.** (*fonction*) wiedererhalten; (*place*) wiederbekommen; (*travail*) finden **3.** (*rejoindre*) ~ **qn** jdn treffen **4.** (*recouvrer*) ~ **la santé** wieder zu Kräften kommen **II.** *vpr* **1.** (*se réunir*) **se** ~ (*personnes*) sich [wieder] treffen **2.** (*se présenter de nouveau*) **se** ~ (*occasion*) sich wieder bieten **3. se** ~ **seul** wieder allein dastehen; **s'y** ~ sich zurechtfinden; **comme on se retrouve!** so sieht man sich wieder!

**rétroviseur** [RetRɔvizœR] *m* Rückspiegel *m*

**réunification** [Reynifikasjɔ̃] *f* POL Wiedervereinigung *f*

**réunifier** [Reynifje] <1> *vt* wieder zusammenführen; **l'Allemagne réunifiée** das wieder vereinigte Deutschland

**réunion** [Reynjɔ̃] *f* (*séance*) Zusammenkunft *f;* (*conférence*) Besprechung *f;* SCOL Konferenz; (*rassemblement politique/public*) Versammlung *f*

**Réunion** [Reynjɔ̃] *f* [**l'île de**] **la** ~ die Insel Réunion

**réunir** [ReyniR] <8> **I.** *vt* **1.** (*mettre ensemble*) sammeln **2.** (*cumuler*) ~ **toutes les conditions exigées** alle erforderlichen Bedingungen erfüllen **II.** *vpr* **se** ~ (*personnes*) sich treffen

**réussi**(**e**) [Reysi] *adj* gelungen; (*examen*) bestanden

**réussir** [ReysiR] <8> **I.** *vi* **1.** (*chose*) gelingen **2.** (*parvenir au succès*) ~ **dans la vie** im Leben erfolgreich sein; ~ **à l'examen** die Prüfung bestehen **3.** (*être capable de*) **il réussit à faire qc** es gelingt ihm etw zu tun **II.** *vt* **1.** (*bien exécuter*) **il réussit qc** ihm gelingt etw **2.** (*épreuve, examen*) bestehen

**réussite** [Reysit] *f* Erfolg *m*

**revanche** [R(ə)vɑ̃ʃ] *f* **1.** Revanche *f* **2. en** ~ (*par contre*) dagegen

**rêve** [Rɛv] *m* Traum *m;* **mauvais**

~ Alptraum

**rêvé(e)** [ʀeve] *adj* ideal; (*solution*) Ideal-

**réveil** [ʀevɛj] *m* **1.** Wecker *m* **2.** (*retour à la réalité*) Erwachen *nt*

**réveiller** [ʀeveje] <1> **I.** *vt* **1.** (*sortir du sommeil*) [auf]wecken; **être réveillé** wach sein **2.** (*ramener à la réalité*) wachrütteln **II.** *vpr* **se ~ 1.** (*sortir du sommeil*) aufwachen **2.** (*se raviver*) wieder kommen

**réveillon** [ʀevɛjɔ̃] *m* (*nuit de Noël/du nouvel an*) Heiligabend *m*/Silvester[nacht *f*] *nt o m*

**révéler** [ʀevele] <5> *vt* (*divulguer*) aufdecken; **~ qc** (*enquête, journal*) etw ans Licht bringen

**revendiquer** [ʀ(ə)vɑ̃dike] <1> *vt* **1.** (*droit, augmentation de salaire*) fordern **2.** (*assumer*) **l'attentat a été revendiqué par la Maffia** die Mafia hat sich zu dem Anschlag bekannt

**revendre** [ʀ(ə)vɑ̃dʀ] <14> *vt* verkaufen

**revenir** [ʀ(ə)vəniʀ] <9> *vi* **1.** zurückkommen; **~ dans un instant** gleich wieder da sein **2.** (*personne, printemps*) wiederkommen **3.** (*reprendre*) **~ à/sur qc** auf etw (*akk*) zurückkommen **4.** (*se présenter à nouveau à l'esprit*) **~ à qn** jdm wieder einfallen **5. ~ cher** teuer kommen; **cela revient au même** das läuft aufs Gleiche hinaus; **faire ~** (*lard*) anbraten; **n'en pas ~ de qc** *fam* etw gar nicht fassen können; **~ de loin** noch einmal davongekommen sein

**revenu** [ʀ(ə)vəny] *m* Einkommen *nt*

**rêver** [ʀeve] <1> *vi* träumen

**revoir** [ʀ(ə)vwaʀ] <irr> *vt, vpr* (*voir à nouveau*) [**se**] **~** [sich] wieder sehen

**révolte** [ʀevɔlt] *f* Revolte *f*

**révolter** [ʀevɔlte] <1> **I.** *vt* **~ qn** (*individu*) jdn aufbringen; (*crime, injustice*) jdn empören **II.** *vpr* **se ~ contre qn/qc** (*s'insurger*) sich gegen jdn/etw auflehnen

**révolution** [ʀevɔlysjɔ̃] *f* (*changement*) Revolution *f*

**révolutionnaire** [ʀevɔlysjɔnɛʀ] *adj* revolutionär

**revolver** [ʀevɔlvɛʀ] *m* Revolver *m*

**revue** [ʀ(ə)vy] *f* (*magazine*) Zeitschrift *f*

**rez-de-chaussée** [ʀed(ə)ʃose] *m inv* Erdgeschoss *nt*

**RFA** [ɛʀɛfa] *f abr de* **République fédérale d'Allemagne** BRD *f*

**rhabiller** [ʀabije] <1> *vpr* **se ~** sich wieder anziehen

**rhum** [ʀɔm] *m* Rum *m*

**rhume** [ʀym] *m* **1.** (*coup de froid*) Erkältung *f*; **attraper un ~** sich erkälten **2.** (*rhinite*) Schnupfen *m*; **~ des foins** Heuschnupfen *m*

**riche** [riʃ] *adj* reich

**richesse** [riʃɛs] *f* **1.** (*fortune*) Reichtum *m* **2.** *pl* (*ressources*) Reichtümer *Pl*

**ridé(e)** [ride] *adj* (*visage*) faltig

**rideau** [rido] <x> *m* Vorhang *m*

**ridicule** [ridikyl] **I.** *adj* lächerlich **II.** *m* Lächerlichkeit *f;* **couvrir qn/se couvrir de ~** jdn/sich lächerlich machen

**ridiculiser** [ridikylize] <1> *vt, vpr* [**se**] ~ [sich] lächerlich machen

**rien** [rjɛ̃] **I.** *pron* **1.** (*aucune chose*) nichts **2.** (*seulement*) **~ que la chambre coûte 400F** das Zimmer allein kostet schon 400F **3.** (*quelque chose*) etwas **4. ce n'est ~** es ist nicht schlimm; **de ~!** keine Ursache!; **~ du tout** überhaupt nichts **II.** *m* **1.** (*très peu de chose*) Kleinigkeit *f* **2.** (*un petit peu*) ein wenig

**rigoler** [rigɔle] <1> *vi fam* **1.** (*rire*) lachen; **faire ~ qn** jdn zum Lachen bringen **2. pour ~** zum Spaß **3. tu me fais ~!** *iron* du machst mir vielleicht Spaß!

**rigolo(te)** [rigɔlo] *adj fam* lustig

**rigoureux, -euse** [riguʀø] *adj* **1.** streng **2.** (*exact, précis*) peinlich genau

**rigueur** [rigœʀ] *f* **1.** Strenge *f;* **avec ~** strikt **2.** (*précision*) peinliche Genauigkeit *f* **3. à la ~** (*tout au plus*) allenfalls; (*si besoin est*) notfalls

**rime** [rim] *f* Reim *m*

**rimer** [rime] <1> *vi* **1.** sich reimen **2. ne ~ à rien** keinen Sinn machen

**rincer** [rɛ̃se] <2> **I.** *vt* abspülen **II.** *vpr* **se ~ la bouche** sich (*dat*) den Mund ausspülen

**rire** [riʀ] <irr> **I.** *vi* **1.** lachen **2.** (*s'amuser*) Spaß haben **3.** (*plaisanter*) Spaß machen **4. sans ~?** echt? (*fam*) **II.** *m* **1.** (*action de rire*) Lachen *nt* **2.** (*hilarité*) Gelächter *nt*

**risque** [risk] *m* **1.** Risiko *nt;* **courir un ~** ein Risiko eingehen **2. à mes/ses ~s et périls** auf eigenes Risiko

**risqué(e)** [riske] *adj* (*hasardeux*) riskant

**risquer** [riske] <1> *vt* **1.** (*mettre en danger*) aufs Spiel setzen **2.** (*s'exposer à*) **~ la prison** Gefahr laufen, ins Gefängnis zu kommen **3.** (*tenter, hasarder*) riskieren **4. ça ne risque pas de m'arriver** das kann mir nicht passieren

**rituel** [ritɥɛl] *m* Ritual *nt*

**rivage** [rivaʒ] *m* Küste *f*

**rival(e)** [rival] <-aux> *m(f)* **1.** (*concurrent*) Rivale/Rivalin *m/f* **2.** (*autre prétendant*) Nebenbuhler(in) *m(f)*

**rivaliser** [rivalize] <1> *vi* (*soutenir la comparaison*) **~ avec qn**

sich mit jdm messen
**rive** [ʀiv] *f* Ufer *nt*
**rivière** [ʀivjɛʀ] *f* Fluss *m*
**riz** [ʀi] *m* Reis *m*
**RN** [ɛʀɛn] *f abr de* **route nationale**
**RNIS** [ɛʀɛniɛs] *m abr de* **réseau de numérique à intégration de service** ≈ ISDN *nt*
**robe** [ʀɔb] *f* (*vêtement*) Kleid *nt*
**robinet** [ʀɔbinɛ] *m* Hahn *m*
**robot** [ʀɔbo] *m* **1.** Roboter *m* **2.** (*appareil ménager*) Küchenmaschine *f*
**robuste** [ʀɔbyst] *adj* robust
**roc** [ʀɔk] *m* **1.** (*pierre*) Fels *m* **2.** (*personne*) Fels *m* in der Brandung
**rocher** [ʀɔʃe] *m* Felsen *m*
**rogner** [ʀɔɲe] <1> **I.** *vt* (*page, pièce, plaque*) beschneiden **II.** *vi* ~ **sur qc** an etw (*dat*) sparen
**rognon** [ʀɔɲɔ̃] *m* GASTR Niere *f*
**roi** [ʀwa] *m* König *m*
**rôle** [ʀol] *m* Rolle *f*
**roller** [ʀɔlœʀ] *m* [**paire de**] **~s** ein Paar Rollerblades [*o* Inlineskates]
**romain**(**e**) [ʀɔmɛ̃] *adj a.* TYP römisch
**roman** [ʀɔmɑ̃] *m* **1.** LITTER Roman *m;* ~ **épistolaire/policier** Brief-/Kriminalroman **2.** ARCHIT, ART Romanik *f*
**roman**(**e**) [ʀɔmɑ̃] *adj* ARCHIT, ART romanisch
**romancier, -ière** [ʀɔmɑ̃sje] *m, f* Romanschriftsteller(in) *m(f)*
**romand**(**e**) [ʀɔmɑ̃] *adj* **la Suisse ~e** die französische Schweiz
**romantique** [ʀɔmɑ̃tik] *adj* romantisch
**rompre** [ʀɔ̃pʀ] <irr> **I.** *vt* (*fiançailles*) lösen **II.** *vi* (*se séparer*) Schluss machen (*fam*)
**rond** [ʀɔ̃] **I.** *m* **1.** (*cercle*) Kreis *m* **2.** (*trace ronde*) Ring *m* **II.** *adv fam* **ne pas tourner ~** (*personne*) spinnen
**rond**(**e**) [ʀɔ̃] *adj* **1.** rund **2.** (*personne*) rundlich **3.** *fam* (*ivre*) blau
**rondelle** [ʀɔ̃dɛl] *f* GASTR Scheibe
**rond-point** [ʀɔ̃pwɛ̃] <ronds-points> *m* Kreisverkehr *m*
**ronfler** [ʀɔ̃fle] <1> *vi* (*personne*) schnarchen
**ronger** [ʀɔ̃ʒe] <2a> **I.** *vt* (*grignoter*) nagen an (+*dat*) **II.** *vpr* **se ~ les ongles** an den Nägeln kauen
**rose**[1] [ʀoz] *f* Rose *f*
**rose**[2] [ʀoz] **I.** *adj* **1.** rosa; (*joue, teint*) rosig **2. téléphone ~** Telefonsex *m* **II.** *m* **1.** Rosa *nt* **2. voir la vie en ~** das Leben durch die rosarote Brille sehen
**rosé** [ʀoze] *m* (*vin*) Rosé[wein *m*] *m*
**rotation** [ʀɔtasjɔ̃] *f* **1.** (*mouvement*) Drehung *f* **2.** (*série périodique d'opérations*) **~ du personnel** Personalwechsel *m*
**rôti** [ʀoti] *m* Braten *m*

**rôtir** [ROtiR] <8> GASTR I. *vt* braten II. *vi* garen

**roue** [Ru] *f* 1. Rad *nt;* ~ **de secours** AUT Reserverad *nt* 2. (*supplice*) Rädern *nt*

**rouge** [Ruʒ] I. *adj* 1. rot; (*poisson*) Gold-; (*vin*) Rot- 2. (*incandescent*) rot glühend II. *m* 1. (*couleur*) Rot *nt;* **le feu est au** ~ die Ampel ist rot 2. *fam* (*vin*) Rote(r) *m* 3. ~ **à lèvres** Lippenstift *m* III. *adv* **voir** ~ rot sehen

**rougir** [RuʒiR] <8> *vi* 1. rot werden 2. (*avoir honte*) ~ **de qn** sich für jdn schämen

**rouille** [Ruj] I. *f* (*corrosion*) Rost *m* II. *adj inv* rostbraun

**rouiller** [Ruje] <1> *vi* [ver]rosten

**roulant(e)** [Rulɑ̃] *adj* (*personnel*) fahrend; **fauteuil** ~ Rollstuhl *m;* **escalier** ~ Rolltreppe *f*

**roulé(e)** [Rule] *adj* **col** ~ Rollkragen *m*

**rouler** [Rule] <1> I. *vt* 1. (*faire avancer*) rollen 2. (*enrouler*) aufrollen; (*parapluie, crêpe*) zusammenrollen 3. *fam* (*tromper*) übers Ohr hauen 4. (*épaules*) kreisen mit II. *vi* 1. (*véhicule, objet*) fahren 2. (*tourner sur soi*) rollen 3. **ça roule** *fam* alles paletti III. *vpr* (*se vautrer*) **se** ~ sich rollen

**roulette** [Rulɛt] *f* 1. (*petite roue*) Rolle *f;* **patins à** ~**s** Rollschuhe *Pl* 2. (*jeu*) Roulett(e) *nt*

**Roumanie** [Rumani] *f* **la** ~ Rumänien *nt*

**rouquin(e)** [Rukɛ̃] *adj* rothaarig

**route** [Rut] *f* 1. (*voie*) Straße *f;* ~ **nationale** ≈ Bundesstraße 2. (*voyage*) Fahrt *f;* **trois heures de** ~ drei Stunden Fahrzeit 3. (*itinéraire, chemin*) Weg *m;* NAUT, AVIAT Route *f* 4. **en** ~**!** auf geht's! (*fam*)

**routier, -ière** [Rutje] *m, f* (*camionneur*) Fernfahrer(in) *m(f)*

**routine** [Rutin] *f* Routine *f*

**roux** [Ru] *m* (*couleur*) Rot *nt*

**roux, rousse** [Ru] *adj* rot; (*personne*) rothaarig; (*pelage*) rotbraun

**royalement** [Rwajalmɑ̃] *adv* fürstlich

**royaume** [Rwajom] *m* Königreich *nt*

**Royaume-Uni** [Rwajomyni] *m* **le** ~ das Vereinigte Königreich

**ruban** [Rybɑ̃] *m* Band *nt;* ~ **magnétique** INFORM Magnetband

**rubrique** [RybRik] *f* Rubrik *f*

**rude** [Ryd] *adj* 1. (*montée*) steil 2. (*peau, surface, personne, climat*) rau; (*étoffe, manières*) derb 3. (*gaillard*) handfest

**rudimentaire** [Rydimɑ̃tɛR] *adj* rudimentär; (*installation*) einfach

**rue** [Ry] *f* Straße *f;* ~ **à sens unique** Einbahnstraße

**rugueux, -euse** [Rygø] *adj* rau

**ruine** [Rɥin] *f* 1. *pl* (*décombres*)

Trümmer *Pl* **2.** (*édifice délabré*) Ruine *f*
**ruiner** [ʀɥine] <1> *vt* ruinieren
**ruisseau** [ʀɥiso] <x> *m* Bach *m*
**rumeur** [ʀymœʀ] *f* (*bruit qui court*) Gerücht *nt*
**ruminer** [ʀymine] <1> *vt* **1.** (*ressasser*) brüten über (+*dat*) **2.** ZOOL wiederkäuen
**rupture** [ʀyptyʀ] *f* **1.** (*cassure*) Bruch *m* **2.** (*séparation*) Trennung *f*
**ruse** [ʀyz] *f* (*subterfuge*) List *f*
**ruser** [ʀyze] <1> *vi* List anwenden
**russe** [ʀys] **I.** *adj* russisch **II.** *m* Russisch *nt*
**Russe** [ʀys] *mf* Russe/Russin *m/f*
**Russie** [ʀysi] *f* **la ~** Russland *nt*
**rustique** [ʀystik] *adj* (*meuble*) rustikal
**rythme** [ʀitm] *m* **1.** Rhythmus *m* **2.** (*allure, cadence*) Tempo *nt*

# S

**S, s** [ɛs] *m inv* S *nt*, s *nt*
**s** *f inv abr de* **seconde** Sek.
**s'** *v.* **se, si**
**sa** [sa] <ses> *dét* sein(e)/ihr(e)
**sabbatique** [sabatik] *adj* (*année, semestre*) Forschungs-
**sable** [sɑbl] *m* Sand *m*
**sablé(e)** [sɑble] *adj* (*pâte*) Mürbe-
**sabot** [sabo] *m* **1.** (*chaussure*) Holzschuh *m* **2.** ZOOL Huf *m* **3.** (*pour les véhicules*) Parkkralle *f*
**sabotage** [sabɔtaʒ] *m* Sabotage *f*
**sabrer** [sɑbʀe] <1> *vt* **1.** (*biffer*) streichen **2.** (*raccourcir*) kürzen
**sac** [sak] *m* **1.** (*contenant*) Sack *m*; (*en plastique, papier*) Tüte *f* **2.** (*bagage*) Tasche *f*; **~ à main** Handtasche
**saccade** [sakad] *f* Ruck *m*
**saccager** [sakaʒe] <2a> *vt* (*dévaster*) verwüsten; (*récolte*) vernichten
**sacerdoce** [sasɛʀdɔs] *m* **1.** REL Priesteramt *nt* **2.** (*vocation*) heiliges Amt
**sachet** [saʃɛ] *m* Tüte *f*
**sac-poubelle** [sakpubɛl] <sacs-poubelles> *m* Müllbeutel *m*
**sacre** [sakʀ] *m* **1.** (*d'un souverain, évêque*) Inthronisation *f* **2.** (*du printemps*) Krönung *f*
**sacré(e)** [sakʀe] *adj* **1.** heilig; (*art, édifice*) sakral **2.** *fam* (*satané*) verdammt; (*farceur, gaillard*) irrsinnig
**sacrement** [sakʀəmɑ̃] *m* Sakrament *nt*
**sacrer** [sakʀe] <1> *vt* inthronisieren
**sacrifice** [sakʀifis] *m* **1.** (*privation*) Opfer *nt* **2.** (*renonce-*

*ment*) Aufgabe *f* **3.** REL (*immolation*) Opferung *f*

**sacrifier** [sakʀifje] <1> **I.** *vt* opfern **II.** *vpr* **se ~ pour qn** sich für jdn aufopfern

**sadique** [sadik] *adj* sadistisch

**sadomasochiste** [sadomazɔʃist] *adj* sadomasochistisch

**safran** [safʀɑ̃] **I.** *m* Safran *m* **II.** *adj inv* safrangelb

**sage** [saʒ] **I.** *adj* **1.** (*conseil, personne*) weise **2.** (*écolier, enfant*) brav **II.** *m* Weise(r) *f(m)*

**sage-femme** [saʒfam] <sages-femmes> *f* Hebamme *f*

**sagement** [saʒmɑ̃] *adv* **1.** (*raisonnablement*) klug **2.** (*docilement*) artig

**sagesse** [saʒɛs] *f* Weisheit *f*

**Sagittaire** [saʒitɛʀ] *m* Schütze *m*

**saignant(e)** [sɛɲɑ̃] *adj* GASTR englisch

**saignement** [sɛɲmɑ̃] *m* Blutung *f*

**saigner** [seɲe] <1> **I.** *vi* bluten **II.** *vt* (*animal*) abstechen

**sain(e)** [sɛ̃] *adj* **1.** gesund **2.** (*fruit, viande*) einwandfrei **3.** (*lectures, idées*) vernünftig

**saint(e)** [sɛ̃] *adj* heilig; **la Sainte Vierge** die Heilige Jungfrau

**saint-bernard** [sɛ̃bɛʀnaʀ] <saint-bernard[s]> *m* **1.** (*chien*) Bernhardiner *m* **2.** (*âme secourable*) Samariter *m*

**Saint-Esprit** [sɛ̃tɛspʀi] *m* **le ~** der Heilige Geist **Saint-Nicolas** [sɛ̃nikɔla] *f* **la ~** der Nikolaustag **Saint-Sylvestre** [sɛ̃silvɛstʀ] *f* Silvester *m o nt*

**saisie** [sezi] *f* **1.** JUR Pfändung *f*, Exekution *f* (A) **2.** INFORM Erfassen *nt*

**saisir** [seziʀ] <8> **I.** *vt* **1.** (*prendre*) packen **2.** (*chance*) wahrnehmen; (*occasion*) ergreifen **3.** (*comprendre*) begreifen **4.** (*viande*) anbraten **5.** INFORM erfassen **II.** *vi fam* durchblicken **III.** *vpr* **se ~ de qc** zu etw greifen

**saisissant(e)** [sezisɑ̃] *adj* (*différence*) erstaunlich

**saison** [sɛzɔ̃] *f* **1.** (*division de l'année*) Jahreszeit *f* **2.** SPORT, TOUR Saison *f*

**saisonnier, -ière** [sɛzɔnje] *adj* **1.** (*propre à la saison*) jahreszeitlich **2.** (*limité à la saison*) saisonal

**salade** [salad] *f* **1.** Salat *m* **2.** *pl, fam* (*mensonges*) Geschichten *Pl*

**salaire** [salɛʀ] *m* Gehalt *nt*

**salarié(e)** [salaʀje] *m(f)* Arbeitnehmer(in) *m(f)*

**salaud** [salo] **I.** *adj fam* hundsgemein **II.** *m fam* Dreckskerl *m*

**sale** [sal] *adj* **1.** (*opp: propre*) schmutzig **2.** *fam* (*vilain, louche*) übel; (*type, temps*) mies

**salé(e)** [sale] *adj* (*beurre, cacahuètes*) gesalzen; (*eau*) Salz-; **trop ~** (*plat*) versalzen

**salement** [salmɑ̃] *adv* **1.** (*man-*

*ger*) unmanierlich; (*travailler*) schludrig (*fam*); (*gagner*) auf unsaubere Weise **2.** *fam* (*très*) ganz schön

**saler** [sale] <1> **I.** *vi* GASTR salzen **II.** *vt* (*route*) streuen

**saleté** [salte] *f* **1.** Dreck *m* **2.** (*obscénité*) Unanständigkeit *f*

**salir** [saliʀ] <8> *vt, vpr* [**se**] ~ [sich] schmutzig machen

**salive** [saliv] *f* Speichel *m*

**salle** [sal] *f* **1.** (*pièce*) Saal *m;* ~ **à manger/de bains/de classe** Ess-/Bade-/Klassenzimmer *nt* **2.** (*cinéma*) Kino *nt* **3.** (*spectateurs*) Publikum *nt*

**salon** [salɔ̃] *m* **1.** (*salle de séjour*) Wohnzimmer *nt* **2.** (*mobilier*) ~ **de jardin** Gartenmöbel *Pl* **3.** (*exposition*) Messe *f* **4.** (*commerce*) ~ **de coiffure** Friseursalon *m*

**salope** [salɔp] *f vulg* (*débauchée*) Nutte *f;* (*garce*) Miststück *nt*

**saluer** [salɥe] <1> **I.** *vt* **1.** (*dire bonjour*) grüßen **2.** (*dire au revoir*) ~ **qn** sich von jdm verabschieden **3.** (*rendre hommage*) würdigen **II.** *vi* **1.** THEAT sich verbeugen **2.** MIL salutieren

**salut**[1] [saly] **I.** *m* (*salutation*) Gruß *m;* **faire un ~ de la main** winken **II.** *interj* **1.** *fam* (*bonjour*) ~**!** hallo! **2.** *fam* (*au revoir*) ~**!** tschüs!

**salut**[2] [saly] *m* (*sauvegarde*) Rettung *f*

**salutaire** [salytɛʀ] *adj* heilsam; (*décision*) richtig

**salutations** [salytasjɔ̃] *fpl form* Grüße *Pl*

**samedi** [samdi] *m* Samstag *m*

**SAMU** [samy] *m abr de* **Service d'aide médicale d'urgence** ärztlicher Bereitschaftsdienst; (*médecin*) Notarzt/-ärztin *m/f*

**sanction** [sɑ̃ksjɔ̃] *f* Strafe *f*

**sanctionner** [sɑ̃ksjɔne] <1> *vt* (*punir*) bestrafen

**sandwich** [sɑ̃dwitʃ] <[e]s> *m* Sandwich *nt*

**sang** [sɑ̃] *m* Blut *nt*

**sanglant**(**e**) [sɑ̃glɑ̃] *adj* **1.** (*saignant*) blutig **2.** (*violent*) hart

**sanglier** [sɑ̃glije] *m* Wildschwein *nt*

**sangloter** [sɑ̃glɔte] <1> *vi* schluchzen

**sanguin**(**e**) [sɑ̃gɛ̃] *adj* **1.** ANAT **plasma ~** Blutplasma *nt* **2.** (*coloré*) rot; (*orange*) Blut-

**sanitaire** [sanitɛʀ] **I.** *adj* sanitär **II.** *m* Sanitäranlagen *Pl*

**sans** [sɑ̃] **I.** *prép* **1.** ohne; ~ **scrupules/manches** skrupel-/ärmellos; ~ **arrêt** ununterbrochen **2.** ~ **plus** das ist aber auch alles; ~ **quoi** sonst **II.** *adv fam* ohne

**sans-abri** [sɑ̃zabʀi] *m inv* Obdachlose(r) *f(m)* **sans-emploi** [sɑ̃zɑ̃plwa] *m inv* Arbeitslose(r) *f(m)* **sans-fil** [sɑ̃fil] *m inv* Funktelefon *nt* **sans-gêne** [sɑ̃ʒɛn] *adj inv* ungeniert

S

**santé** [sɑ̃te] *f* **1.** (*opp: malade*) Gesundheit *f* **2. à la ~ de qn** auf jds Wohl (*akk*); **à ta ~!** auf dein Wohl!

**sapeur-pompier** [sapœʀpɔ̃pje] <sapeurs-pompiers> *m* Feuerwehrmann *m*

**sapin** [sapɛ̃] **I.** *m* Tanne *f;* **~ de Noël** Weihnachtsbaum *m* **II.** *app inv* dunkelgrün

**sarcastique** [saʀkastik] *adj* sarkastisch

**sardine** [saʀdin] *f* Sardine *f*

**sarment** [saʀmɑ̃] *m* Weinrebe *f*

**sas** [sɑs] *m* (*pièce intermédiaire*) Schleuse *f*

**satanique** [satanik] *adj a.* REL satanisch; (*ruse*) teuflisch

**satellite** [satelit] *m* **1.** AVIAT Satellit *m* **2.** ASTRO Trabant *m*

**satin** [satɛ̃] *m* Satin *m*

**satire** [satiʀ] *f* Satire *f*

**satisfaction** [satisfaksjɔ̃] *f* **1.** (*raison d'être satisfait*) Befriedigung *f* **2.** (*joie*) Zufriedenheit *f*

**satisfaire** [satisfɛʀ] <irr> *vt* (*faim, soif*) stillen; **~ qn** jdn befriedigen

**Saturne** [satyʀn] *f* Saturn *m*

**sauce** [sos] *f* Soße *f*

**saucisse** [sosis] *f* GASTR Würstchen *nt*

**saucisson** [sosisɔ̃] *m: luftgetrocknete Salami;* **~ sec** Hartwurst *f*

**sauf** [sof] *prép* **1.** (*à l'exception de*) bis auf (+*akk*); **~ quand/si** außer wenn; **~ que ...** abgesehen davon, dass ... **2.** (*à moins de*) abgesehen von

**saumon** [somɔ̃] **I.** *m* Lachs *m* **II.** *adj inv* lachsfarben

**saut** [so] *m* **1.** *a.* INFORM Sprung *m* **2. faire le ~** den Schritt wagen

**sauté** [sote] *m* **~ de veau** Kalbsragout *nt*

**sauter** [sote] <1> **I.** *vi* **1.** springen; (*sautiller*) [herum]hüpfen; (*sauter vers le haut*) hochspringen **2.** (*bouchon*) knallen; (*bouton, chaîne*) abspringen **3.** (*exploser*) in die Luft fliegen (*fam*); (*bombe*) hochgehen (*fam*) **4.** GASTR **faire ~ qc** etw braten **II.** *vt* **1.** (*franchir*) **~ qc** über etw springen (*akk*) **2.** (*omettre*) überspringen

**sauteuse** [sotøz] *f* GASTR Bratpfanne *f*

**sautiller** [sotije] <1> *vi* hüpfen

**sauvage** [sovaʒ] *adj* **1.** wild **2.** (*lieu, pays*) unberührt

**sauvegarde** [sovgaʀd] *f* **1.** (*protection*) Schutz *m* **2.** INFORM Sicherheitskopie *f*

**sauvegarder** [sovgaʀde] <1> *vt* **1.** (*indépendance, liberté*) sich (*dat*) bewahren; (*droits*) wahren **2.** INFORM sichern

**sauver** [sove] <1> **I.** *vt, vi* retten **II.** *vpr* **se ~** (*s'enfuir*) flüchten

**sauvetage** [sov(ə)taʒ] *m* Rettung *f;* (*de naufragés*) Bergung *f*

**savant(e)** [savɑ̃] *m(f)* **1.** (*lettré*)

Gelehrte(r) *f(m)* **2.** (*scientifique*) Wissenschaftler(in) *m(f)*

**saveur** [savœʀ] *f* Geschmack *m*

**savoir** [savwaʀ] <irr> **I.** *vt* **1.** wissen **2.** (*leçon, rôle*) können; (*détails*) kennen **3.** (*être capable de*) ~ **dire non** nein sagen können **4. n'en rien** ~ keine Ahnung haben **II.** *vi* **1.** wissen **2. pas que je sache** nicht dass ich wüsste **III.** *vpr* **1.** (*être connu*) **se** ~ bekannt sein **2.** (*avoir conscience*) **se** ~ **malade** wissen, dass man krank ist **IV.** *m* Wissen *nt*

**savoir-faire** [savwaʀfɛʀ] *m inv* Know-how *nt* **savoir-vivre** [savwaʀvivʀ] *m inv* Benehmen *nt*

**savon** [savɔ̃] *m* (*savonnette*) Seife *f*

**savourer** [savuʀe] <1> *vt, vi* genießen

**saxon** [saksɔ̃] *m* Sächsisch *nt*

**scabreux, -euse** [skabʀø] *adj* (*histoire*) schlüpfrig; (*allusion*) anzüglich

**scandale** [skɑ̃dal] *m* **1.** (*éclat*) Skandal *m* **2.** (*indignation*) Empörung *f*

**scandaleux, -euse** [skɑ̃dalø] *adj* (*honteux*) skandalös; (*prix, propos*) unverschämt

**Scandinavie** [skɑ̃dinavi] *f* **la** ~ Skandinavien *nt*

**sceau** [so] <x> *m* Siegel *nt*

**sceller** [sele] <1> *vt* **1.** (*crochet, couronne dentaire*) einzementieren; (*pierre*) einmauern **2.** (*authentifier par un sceau*) siegeln **3.** (*fermer hermétiquement*) versiegeln

**scellés** [sele] *mpl* Amtssiegel *Pl*

**scénario** [senaʀjo] <s> *m* CINE Drehbuch *nt*

**scène** [sɛn] *f* **1.** *a.* THEAT Szene *f* **2.** THEAT (*estrade*) Bühne *f*

**sceptique** [sɛptik] *adj* skeptisch

**schéma** [ʃema] *m* Schema *nt*

**scie** [si] *f* Säge *f*

**sciemment** [sjamɑ̃] *adv* absichtlich

**science** [sjɑ̃s] *f* **1.** Wissenschaft *f* **2.** SCOL **les ~s** die Naturwissenschaften *Pl*

**scientifique** [sjɑ̃tifik] *adj* wissenschaftlich

**scier** [sje] <1> *vt* (*couper*) sägen

**scinder** [sɛ̃de] <1> *vt* (*parti*) spalten

**scintiller** [sɛ̃tije] <1> *vi* funkeln

**scission** [sisjɔ̃] *f* Spaltung *f*

**scolaire** [skɔlɛʀ] *adj* Schul-; (*résultats*) schulisch; **année** ~ Schuljahr *nt*

**scooter** [skutœʀ] *m* Motorroller *m*

**score** [skɔʀ] *m* SPORT Spielergebnis *nt;* (*en cours de partie*) Spielstand *m*

**Scorpion** [skɔʀpjɔ̃] *m* Skorpion *m*

**scotch®** [skɔtʃ] *m* (*adhésif*) Tesafilm® *m*

**scout(e)** [skut] *m(f)* Pfadfinder(in) *m(f)*

**script** [skʀipt] *m* **1.** CINE Drehbuch *nt* **2.** (*écriture*) Druckschrift *f* **3.** (*retranscription*) Skript *nt*

**scrupule** [skʀypyl] *m* (*hésitation*) Skrupel *m*

**sculpter** [skylte] <1> **I.** *vt* formen; (*bois*) schnitzen; (*marbre, pierre*) behauen **II.** *vi* sich als Bildhauer betätigen

**sculpture** [skyltyʀ] *f* **1.** (*statue*) Skulptur *f* **2.** (*art*) Bildhauerei *f*

**se** [sə] <s'> *pron* sich

**séance** [seɑ̃s] *f* **1.** CINE Vorstellung *f* **2.** (*période, réunion*) Sitzung *f*

**seau** [so] <x> *m* Eimer *m*

**sec** [sɛk] **I.** *adv* (*démarrer*) ruckartig **II.** *m* **être à ~** ausgetrocknet sein; (*sans argent*) blank sein (*fam*)

**sec, sèche** [sɛk] *adj* **1.** trocken; **légumes ~s** Hülsenfrüchte *Pl* **2.** (*coup*) rasch

**sèche-cheveux** [sɛʃʃəvø] *m inv* Föhn *m* **sèche-linge** [sɛʃlɛ̃ʒ] *m inv* Wäschetrockner *m*

**sécher** [seʃe] <5> **I.** *vt, vi* trocknen **II.** *vpr* **se ~** sich abtrocknen

**sécheresse** [sɛʃʀɛs] *f* Trockenheit *f*

**second(e)** [s(ə)gɔ̃] *adj* zweite(r, s)

**secondaire** [s(ə)gɔ̃dɛʀ] **I.** *adj* (*action, rôle, effets*) Neben-; (*secteur*) sekundär **II.** *m* SCOL **le ~** die weiterführende Schule; (*au lycée*) die Gymnasialstufe

**seconde** [s(ə)gɔ̃d] *f* **1.** *a.* MATH, MUS Sekunde *f* **2.** (*temps très court*) Augenblick *m* **3.** SCOL ≈ zehnte Klasse

**secouer** [s(ə)kwe] <1> **I.** *vt* **1.** schütteln **2.** (*personne*) wachrütteln **3.** (*traumatiser*) erschüttern **II.** *vpr fam* **se ~** (*réagir*) sich aufraffen

**secourisme** [s(ə)kuʀism] *m* erste Hilfe

**secours** [s(ə)kuʀ] *m* **1.** (*sauvetage*) erste Hilfe; (*organisme*) Rettungsdienst *m;* (*en montagne*) Bergwacht *f* **2.** (*aide*) Hilfe *f;* **au ~!** [zu] Hilfe!; **sortie de ~** Notausgang *m*

**secousse** [s(ə)kus] *f* (*choc*) Stoß *m*

**secret** [səkʀɛ] *m* **1.** Geheimnis *nt* **2.** (*confidentialité*) Verschwiegenheit *f* **3. en ~** im Geheimen

**secret, -ète** [səkʀɛ] *adj* (*agent, service, code*) Geheim-; **garder qc ~** etw geheim halten

**secrétaire** [s(ə)kʀetɛʀ] **I.** *mf* Sekretär(in) *m(f);* **~ médical** Sprechstundenhilfe *f* **II.** *m* Sekretär *m*

**secrètement** [səkʀɛtmɑ̃] *adv* (*agir, informer*) heimlich

**secte** [sɛkt] *f* Sekte *f*

**secteur** [sɛktœʀ] *m* **1.** (*domaine*) Bereich *m* **2.** (*quartier*) Bezirk *m;* (*coin*) Gegend *f* **3.** ELEC Netz *nt*

**section** [sɛksjɔ̃] *f* **1.** ADMIN, POL

Abschnitt *m* **2.** (*branche*) *a.* JUR Abteilung *f* **3.** (*groupe*) Gruppe *f* **4.** MED Durchtrennung *f*

**sectionner** [sɛksjɔne] <1> *vt* (*artère, fil*) durchtrennen

**sécurité** [sekyʀite] *f* **1.** Sicherheit *f*; **conseils de ~** Sicherheitshinweise *Pl* **2.** POL, ECON **Sécurité sociale** *staatliche Sozial- und Krankenversicherung*

**séduire** [sedɥiʀ] <irr> *vt* **1.** (*tenter*) verführen **2.** (*plaire à*) überzeugen

**séduisant(e)** [sedɥizɑ̃] *adj* verführerisch; (*personne*) anziehend

**segmenter** [sɛgmɑ̃te] <1> *vt* aufteilen

**ségrégation** [segʀegasjɔ̃] *f* Trennung *f*

**seigle** [sɛgl] *m* Roggen *m*

**sein** [sɛ̃] *m* ANAT Brust *f*

**seize** [sɛz] *num* **1.** sechzehn **2.** (*dans l'indication de la date*) **le ~ mars** der sechzehnte März

**seizième** [sɛzjɛm] **I.** *adj* sechzehnte(r, s) **II.** *m* (*fraction*) Sechzehntel *nt*

**séjour** [seʒuʀ] *m* **1.** Aufenthalt *m* **2.** (*salon*) Esszimmer *nt*

**sel** [sɛl] *m* **1.** Salz *nt* **2.** (*d'une histoire*) Witz *m*

**sélection** [selɛksjɔ̃] *f* **1.** (*fait de choisir*) Auswahl *f* **2. critères de ~** Auswahlkriterien *Pl*

**sélectionner** [selɛksjɔne] <1> *vt* **1.** auswählen; (*joueur*) aufstellen **2.** INFORM anklicken

**self-service** [sɛlfsɛʀvis] <self-services> *m* Selbstbedienung *f*

**selle** [sɛl] *f* **1.** (*siège*) Sattel *m* **2.** GASTR Rücken *m* **3.** (*matières fécales*) **~s** Stuhl[gang *m*] *m*

**selon** [s(ə)lɔ̃] *prép* **1.** (*conformément à*) gemäß (*dat*) **2.** (*en fonction de*) je nach **3.** (*d'après*) **~ qc** etw (*dat*) zufolge

**semaine** [s(ə)mɛn] *f* **1.** Woche *f*; **en ~** unter der Woche **2.** REL **~ sainte** Karwoche *f*

**semblable** [sɑ̃blabl] *adj* **1.** (*pareil*) solche(r, s); (*objets, personnes*) gleich **2.** (*ressemblant*) ähnlich

**sembler** [sɑ̃ble] <1> *vi* **~ préoccupé** besorgt zu sein scheinen; **il semble que** + *indic o subj* es sieht ganz so aus, als; **[à ce qu']il me semble** [wie] mir scheint

**semelle** [s(ə)mɛl] *f* Sohle *f*; (*intérieure*) Einlage *f*

**semer** [s(ə)me] <4> **I.** *vi* säen **II.** *vt* **1.** (*graines*) [aus]säen **2.** (*terreur, panique*) verbreiten

**semestriel(le)** [s(ə)mɛstʀijɛl] *adj* (*assemblée*) halbjährlich; (*revue*) halbjährlich erscheinend

**séminaire** [seminɛʀ] *m* Seminar *nt*

**semoule** [s(ə)mul] **I.** *f* Grieß *m* **II.** *app* (*sucre*) Streu-

**sénat** [sena] *m* Senat *m*

**sénateur, -trice** [senatœʀ] *m, f* Senator(in) *m(f)*

**sénile** [senil] *adj* altersschwach

**senior** [senjɔʀ] *mf* **1.** (*sportif plus*

*âgé*) Senior(in) *m(f)* **2.** (*vieillard*) **les ~s** die älteren Herrschaften

**sens¹** [sɑ̃s] *m* (*signification*) Sinn *m*

**sens²** [sɑ̃s] *m* **1.** (*direction*) Richtung *f;* **dans le ~ contraire** andersherum; **dans le ~ des aiguilles d'une montre** im Uhrzeigersinn; **en ~ inverse** umgekehrt **2.** (*idée*) Sinn *m;* **aller dans le même ~** dasselbe Ziel verfolgen **3.** AUT **~ giratoire** Kreisverkehr *m;* **~ interdit** Einbahnstraße *f;* (*panneau*) Durchfahrtsverbot *nt* **4. en ce ~ que ...** insofern als ...; **en un [certain] ~** in gewissem Sinn

**sens³** [sɑ̃s] *m* **1.** Sinn *m* **2. à mon ~** meines Erachtens

**sensation** [sɑ̃sasjɔ̃] *f* Empfindung *f*

**sensationnel(le)** [sɑ̃sasjɔnɛl] *adj* **1.** (*extraordinaire*) sensationell **2.** *fam* (*super*) sagenhaft

**sensé(e)** [sɑ̃se] *adj* vernünftig

**sensible** [sɑ̃sibl] *adj* **1.** (*émotif*) sensibel **2.** (*fragile*) empfindlich **3.** (*perceptible*) spürbar; (*goût, odeur*) deutlich

**sensuel(le)** [sɑ̃sɥɛl] *adj* sinnlich

**sentence** [sɑ̃tɑ̃s] *f* JUR Urteil *nt*

**sentier** [sɑ̃tje] *m* [Fuß]weg *m*

**sentiment** [sɑ̃timɑ̃] *m* **1.** Gefühl *nt* **2.** *pl* (*formule de politesse*) **veuillez agréer l'assurance de mes ~s distingués** mit freundlichen Grüßen

**sentimental(e)** [sɑ̃timɑ̃tal] <-aux> *adj* **1.** (*nature, personne*) gefühlsbetont **2.** (*problème, vie*) Liebes- **3.** (*réaction, valeur*) gefühlsmäßig

**sentir** [sɑ̃tiʀ] <10> **I.** *vt* **1.** riechen **2.** (*ressentir, pressentir*) spüren **3. faire ~ à qn que ...** jdn merken lassen, dass ...; **ne pas pouvoir ~ qn** jdn nicht ausstehen können **II.** *vi* **1.** (*avoir une odeur*) riechen **2.** (*puer*) stinken **III.** *vpr* **1.** (*se trouver*) **se ~ fatigué** sich müde fühlen **2.** (*être perceptible*) **se faire ~** (*conséquences*) seine Wirkung zeigen

**séparation** [sepaʀasjɔ̃] *f* Trennung *f*

**séparer** [sepaʀe] <1> *vt, vpr* **[se] ~** [sich] trennen

**sept** [sɛt] *num* **1.** sieben **2.** (*dans l'indication de la date*) **le ~ mars** der siebte März

**septante** [sɛptɑ̃t] *num* BELG, CH (*soixante-dix*) siebzig

**septantième** [sɛ̃ptɑ̃tjɛm] *adj* BELG, CH (*soixante-dixième*) siebzigste(r, s)

**septembre** [sɛptɑ̃bʀ] *m* September *m*

**septennat** [sɛptena] *m* siebenjährige Amtszeit

**septième** [sɛtjɛm] **I.** *adj* sieb[en]te(r, s) **II.** *m* (*fraction*) Sieb[en]tel *nt*

**séquence** [sekɑ̃s] *f* CINE, TV, LING

Sequenz *f;* INFORM Folge *f*

**séquentiel(le)** [sekɑ̃sjɛl] *adj* INFORM fortlaufend

**séquestrer** [sekɛstʀe] <1> *vt* (*personne*) einsperren

**serbe** [sɛʀb] **I.** *adj* serbisch **II.** *m* Serbisch *nt*

**Serbie** [sɛʀbi] *f* **la** ~ Serbien *nt*

**serein(e)** [səʀɛ̃] *adj* heiter

**sereinement** [səʀɛnmɑ̃] *adv* mit Ruhe

**sérénité** [seʀenite] *f* Heiterkeit *f;* **en toute** ~ mit aller Ruhe

**série** [seʀi] *f* **1.** *a.* CINE, TV Serie; (*de casseroles*) Satz *m* **2. en** ~ serienweise

**sérieusement** [seʀjøzmɑ̃] *adv* **1.** (*croire, penser*) im Ernst **2.** (*agir, travailler*) ernsthaft **3.** (*gravement*) ernstlich

**sérieux** [seʀjø] *m* **1.** Ernst *m* **2.** (*conscience*) Gewissenhaftigkeit *f*

**sérieux, -euse** [seʀjø] *adj* **1.** ernst **2.** (*digne de confiance*) seriös; (*employé*) zuverlässig; (*promesse*) ernst gemeint **3.** (*problème*) ernst zu nehmend

**seringue** [s(ə)ʀɛ̃g] *f* Spritze *f*

**serment** [sɛʀmɑ̃] *m* Schwur *m*

**séropositif, -ive** [seʀopozitif] *adj* seropositiv; (*en parlant du sida*) HIV-positiv

**serpent** [sɛʀpɑ̃] *m* Schlange *f*

**serpillière** [sɛʀpijɛʀ] *f* Scheuertuch *nt*

**serré(e)** [seʀe] *adj* **1.** (*café, alcool*) stark **2.** (*forêt, foule*) dicht **3.** (*débat, discussion*) heiß; (*combat*) hart

**serrer** [seʀe] <1> **I.** *vt* **1.** (*tenir en exerçant une pression*) umklammern; ~ **la main de qn** jdm die Hand schütteln **2.** (*dents, mâchoires*) zusammenbeißen **3.** (*ceinture*) enger schnallen **4.** ~ **qn/qc contre un mur** jdn/etw gegen eine Mauer drängen **II.** *vi* ~ **à droite/à gauche** sich rechts/links halten **III.** *vpr* **se** ~ (*personnes*) enger zusammenrücken

**serrure** [seʀyʀ] *f* Schloss *nt*

**serrurier, -ière** [seʀyʀje] *m, f* Schlosser(in) *m(f)*

**serveur** [sɛʀvœʀ] *m* Server *m*

**serveur, -euse** [sɛʀvœʀ] *m, f* (*employé*) Bedienung *f*

**service** [sɛʀvis] *m* **1.** (*au restaurant, bar*) Bedienung *f;* (*à l'hôtel, dans un magasin*) Service *m* **2.** (*organisme officiel*) ~ **administratif** Behörde *f* (CH); ~ **d'ordre** Ordnungsdienst *m;* **le** ~ **public** der öffentliche Dienst **3.** (*département*) *a.* MED Abteilung *f;* ~ **après-vente/[de] dépannage** Kunden-/Reparaturdienst *m* **4.** (*militaire, civil*) -dienst *m* **5.** (*faveur*) Gefallen *m;* **rendre** ~ **à qn** jdm behilflich sein **6.** REL ~ **[religieux]** Gottesdienst *m* **7. à ton/votre** ~**!** gern geschehen!; **hors** ~ außer Betrieb

S

**serviette** [sɛʀvjɛt] *f* **1.** (*pour la toilette*) Handtuch *nt;* ~ **hygiénique** [Damen]binde *f* **2.** (*serviette de table*) Serviette *f* **3.** (*attaché-case*) Aktentasche *f*

**servir** [sɛʀviʀ] <irr> **I.** *vt* **1.** (*boisson, repas*) servieren **2.** (*client*) bedienen **II.** *vi* **1.** (*voiture, outil*) von Nutzen sein; ~ **à qn à la réparation** jdm zur Reparatur dienen **2.** (*tenir lieu de*) ~ **de guide à qn** für jdn den Fremdenführer machen **3.** (*au tennis*) aufschlagen **III.** *vpr* **1.** (*utiliser*) **se** ~ **de qn** jdn benutzen **2.** (*prendre soi-même qc*) **se** ~ sich bedienen **3.** (*être servi*) **ce vin se sert frais** dieser Wein wird kühl serviert

**ses** [se] *dét v.* **sa, son**

**session** [sesjɔ̃] *f* Sitzung *f*

**set** [sɛt] *m* **1.** SPORT Satz *m* **2.** (*service de table, nécessaire*) Set *nt*

**seuil** [sœj] *m* **1.** (*pas de la porte*) [Tür]schwelle *f* **2.** (*limite*) Grenze *f*

**seul(e)** [sœl] *adj* **1.** (*sans compagnie*) allein; ~ **à** ~ unter vier Augen; **parler tout** ~ Selbstgespräche führen **2.** (*unique*) einzig **3.** (*uniquement*) nur

**seulement** [sœlmɑ̃] *adv* **1.** (*pas davantage*) nur **2.** (*opp: déjà*) erst **3. non** ~ **..., mais [encore]** ... nicht nur ..., sondern auch [noch]; **si** ~ wenn nur

**sève** [sɛv] *f* BOT Saft *m*

**sévère** [sevɛʀ] *adj* **1.** (*rigoureux*) streng; (*critique, jugement*) hart **2.** (*pertes*) schwer; (*échec*) schlimm

**sévérité** [seveʀite] *f* Strenge *f;* (*d'une critique*) Härte *f*

**sexe** [sɛks] *m* **1.** (*catégorie*) Geschlecht *nt* **2.** *fam* (*sexualité*) Sex *m* **3.** (*organe*) Geschlechtsorgan *nt*

**sexualité** [sɛksɥalite] *f a.* BIO Sexualität *f*

**sexuel(le)** [sɛksɥɛl] *adj* **1.** (*relatif à la sexualité*) sexuell; (*éducation*) Sexual-; (*tourisme*) Sex- (*fam*) **2.** (*relatif au sexe*) Geschlechts-

**shampo[o]ing** [ʃɑ̃pwɛ̃] *m* Shampoo *nt*

**shooter** [ʃute] <1> *vi* SPORT schießen

**short** [ʃɔʀt] *m* Shorts *Pl*

**si**[1] [si] <s'> **I.** *conj* **1.** (*condition, hypothèse*) wenn; **si j'étais riche, ...** wenn ich reich wäre ... **2.** (*opposition*) auch wenn ..., so ... [doch]; **si toi tu es mécontent, moi, je ne le suis pas!** auch wenn du unzufrieden bist, ich bin es nicht! **3.** (*désir, regret*) wenn ... nur **4. si ce n'est ...** wenn nicht [sogar] ...; **si ce n'est qn/qc** außer jdm/etw; **si c'est ça** *fam* ja dann **II.** *m inv* (*hypothèse*) Wenn *nt*

**si**[2] [si] *adv* **1.** (*dénégation*) doch **2.** (*tellement*) so **3.** (*aussi*) **si ...**

**que** so ... wie **4. si bien que** so ..., dass; **[oh] que si!** [o] doch!

**si³** [si] *adv* (*interrogation indirecte*) ob

**Sicile** [sisil] *f* **la ~** Sizilien *nt*

**sida** [sida] *m* **le ~** Aids *nt*

**siècle** [sjɛkl] *m* **1.** (*période de cent ans*) Jahrhundert *nt* **2.** (*période remarquable*) **le Siècle des Lumières** das Zeitalter der Aufklärung

**siège** [sjɛʒ] *m* **1.** *a.* POL Sitz *m;* **~ pour enfant** AUT Kindersitz **2.** (*action d'assiéger*) Belagerung *f*

**siéger** [sjeʒe] <2a, 5> *vi* **1.** (*députés, procureur*) sitzen **2.** (*tenir séance*) tagen

**sien(ne)** [sjɛ̃] *pron* **le ~/la ~ne** der/die/das Seine/Ihre

**sieste** [sjɛst] *f* Mittagsschlaf *m*

**sifflement** [sifləmɑ̃] *m* Pfeifen *nt*

**siffler** [sifle] <1> *vt, vi* pfeifen

**sifflet** [siflɛ] *m* (*instrument*) Pfeife *f;* **coup de ~** Pfiff *m*

**sigle** [sigl] *m* Abkürzung *f*

**signal** [siɲal] <-aux> *m* **1.** Signal *nt;* (*signe convenu*) Zeichen *nt;* CHEMDFER Notbremse *f* **2.** INFORM Signal *nt*

**signalement** [siɲalmɑ̃] *m* Beschreibung *f*

**signaler** [siɲale] <1> *vt* **1.** (*fait nouveau, perte, vol*) melden **2.** (*direction*) weisen **3. rien à ~** keine besonderen Vorkommnisse; MED ohne Befund

**signalisation** [siɲalizasjɔ̃] *f* (*d'un aéroport, port*) (*par lumière*) Befeuerung *f;* (*d'une route*) (*par panneaux*) Beschilderung *f*

**signature** [siɲatyʀ] *f* (*d'une personne*) Unterschrift *f*

**signe** [siɲ] *m* **1.** (*geste, symbole*) Zeichen *nt;* **~ de la main** [Hand]zeichen *nt* **2.** (*indice*) Anzeichen *nt;* MED Symptom *nt* **3.** (*trait distinctif*) Merkmal *nt* **4.** ASTRO Sternzeichen *nt*

**signer** [siɲe] <1> *vt* **1.** unterschreiben; (*tableau*) signieren **2.** (*œuvre, pièce*) verfassen

**signet** [siɲɛ] *m* INFORM Bookmark *f*

**significatif, -ive** [siɲifikatif] *adj* (*date, décision, fait*) bedeutsam; (*geste, silence, sourire*) vielsagend

**signifier** [siɲifje] <1> *vt* (*avoir pour sens*) bedeuten

**silence** [silɑ̃s] *m* **1.** (*absence de bruit*) Stille *f;* **travailler en ~** arbeiten, ohne Lärm zu machen **2.** (*absence de paroles, d'information*) Schweigen *nt*

**silencieux, -euse** [silɑ̃sjø] *adj* **1.** still **2.** (*opp: bruyant*) leise; **rester ~** schweigen

**silhouette** [silwɛt] *f* **1.** (*d'une personne*) Silhouette *f* **2.** (*figure indistincte*) Umriss *m*

**similaire** [similɛʀ] *adj* vergleichbar; (*goûts*) sehr ähnlich

S

**simple** [sɛ̃pl] **I.** *adj* **1.** einfach **2.** (*personne, revenus*) bescheiden **3.** ~ **formalité** reine Formalität; **c'est** [**bien**] ~ *fam* das ist ganz einfach **II.** *m* **1.** SPORT Einzel *nt* **2.** (*personne naïve*) ~ **d'esprit** geistig Behinderte(r) *f(m)*

**simplement** [sɛ̃pləmɑ̃] *adv* **1.** (*s'exprimer*) einfach; (*recevoir*) ungezwungen **2.** (*seulement*) [einfach] nur

**simplicité** [sɛ̃plisite] *f* **1.** (*opp: complexité*) Einfachheit *f* **2.** (*naturel*) Schlichtheit *f*

**simplifier** [sɛ̃plifje] <1> **I.** *vt* vereinfachen **II.** *vpr* **se** ~ **la vie** sich (*dat*) das Leben erleichtern

**simulation** [simylasjɔ̃] *f* **1.** TECH Simulation *f* **2.** (*action de simuler un sentiment*) Heuchelei *f*

**simuler** [simyle] <1> *vt* **1.** (*feindre*) vortäuschen **2.** TECH simulieren

**simultané**(**e**) [simyltane] *adj* gleichzeitig

**sincère** [sɛ̃sɛʀ] *adj* aufrichtig; (*aveu*) offen; (*explication, réponse*) ehrlich

**sincérité** [sɛ̃seʀite] *f* (*d'une personne, d'un sentiment*) Aufrichtigkeit *f;* **en toute** ~ ehrlich gesagt

**singe** [sɛ̃ʒ] *m* ZOOL Affe *m*

**singulier** [sɛ̃gylje] *m* Singular *m*

**singulier, -ière** [sɛ̃gylje] *adj* (*bizarre*) sonderbar

**sinistre** [sinistʀ] **I.** *adj* **1.** (*lugubre*) trostlos **2.** (*inquiétant*) unheilvoll **II.** *m* (*catastrophe*) Katastrophe *f*

**sinistré**(**e**) [sinistʀe] *m(f)* [Katastrophen]opfer *nt*

**sinon** [sinɔ̃] *conj* **1.** (*dans le cas contraire*) sonst **2.** (*si ce n'est*) **que faire ~ attendre?** was können wir anderes tun als warten?

**sirène** [siʀɛn] *f* **1.** (*signal*) Sirene *f* **2.** (*femme poisson*) Meerjungfrau *f*

**sirop** [siʀo] *m* **1.** (*solution sucrée concentrée*) Sirup *m* **2.** (*boisson diluée*) Saft *m* (*mit Wasser verdünnter Sirup*) **3.** MED Sirup *m*

**site** [sit] *m* **1.** (*paysage*) Landschaft *f;* ~ **touristique** Sehenswürdigkeit *f* **2.** (*lieu d'activité*) Standort *m* **3.** INFORM ~ **Web** Web-Site *f;* ~ **de rencontre** Partnerbörse *f*

**sitôt** [sito] **I.** *adv* **pas de** ~ so bald nicht **II.** *conj* ~ **entré, ...** sobald er eingetreten war, ...

**situation** [sitɥasjɔ̃] *f* **1.** Lage *f;* ~ **de famille** Familienstand *m* **2.** (*emploi*) [An]stellung *f*

**situé**(**e**) [sitɥe] *adj* gelegen

**situer** [sitɥe] <1> **I.** *vt* **1.** (*dans l'espace, le temps*) ~ **qc en l'an ...** etw um ... ansiedeln **2.** *fam* (*personne*) einordnen **II.** *vpr* **1.** (*dans l'espace, à un certain niveau*) liegen **2.** (*dans le temps*) **se ~ en l'an ...** im Jahr ... stattfinden

**six** [sis] *num* **1.** sechs **2.** (*dans l'indication de la date*) **le ~ mars** der sechste März

**sixième** [sizjɛm] **I.** *adj* sechste(r, s) **II.** *m* (*fraction*) Sechstel *nt*

**ski** [ski] *m* **1.** (*objet*) Ski *m* **2.** (*sport*) Skilauf[en *nt*] *m*, Skifahren *nt*; **~ de fond** [Ski]langlauf; **faire du ~** Ski fahren

**slave** [slav] *adj* slawisch

**slovaque** [slɔvak] **I.** *adj* slowakisch **II.** *m* Slowakisch *nt*

**Slovaque** [slɔvak] *mf* Slowake/Slowakin *m/f*

**Slovaquie** [slɔvaki] *f* **la ~** die Slowakei

**slovène** [slɔvɛn] **I.** *adj* slowenisch **II.** *m* Slowenisch *nt*

**Slovène** [slɔvɛn] *mf* Slowene/Slowenin *m/f*

**Slovénie** [slɔveni] *f* **la ~** Slowenien *nt*

**SME** [ɛsɛmø] *m abr de* **Système monétaire européen** EWS *nt*

**SMIC** [smik] *m abr de* **salaire minimum interprofessionnel de croissance** tariflich festgelegter Mindestlohn

**S.M.S.** [ɛmɛmɛs] *m abr de* **small message service** SMS *f*

**SNCF** [ɛsɛnseɛf] *f abr de* **Société nationale des chemins de fer français** *französische Eisenbahngesellschaft*

**sociable** [sɔsjabl] *adj* (*aimable*) gesellig

**social** [sɔsjal] *m* (*questions sociales*) sozialer Bereich

**social(e)** [sɔsjal] <-aux> *adj* sozial; (*vie, convention*) gesellschaftlich

**social-démocratie** [sɔsjaldemɔkʀasi] <social-démocraties> *f* Sozialdemokratie *f*

**socialisation** [sɔsjalizasjɔ̃] *f* POL Sozialisierung *f*

**socialisme** [sɔsjalism] *m* Sozialismus *m*

**socialiste** [sɔsjalist] *mf* Sozialist(in) *m(f)*

**sociétaire** [sɔsjetɛʀ] *mf* Mitglied *nt*; (*membre d'une société*) Gesellschafter(in) *m(f)*

**société** [sɔsjete] *f* **1.** *a.* ECON (*communauté*) Gesellschaft *f* **2.** (*ensemble de personnes*) Gruppe *f*

**socquette** [sɔkɛt] *f* Socke *f*; (*pour femmes, enfants*) Söckchen *nt*

**soda** [sɔda] *m* (*boisson aromatisée*) Limonade *f*, Kracherl *nt* (A) (*fam*)

**sœur** [sœʀ] *f* **1.** (*opp: frère*) Schwester *f* **2.** (*objet semblable*) Gegenstück *nt* **3.** REL [Ordens]schwester *f*

**software** [sɔftwɛʀ] *m* Software *f*

**soi** [swa] *pron* sich

**soi-disant** [swadizɑ̃] **I.** *adj inv* sogenannt **II.** *adv* angeblich

**soie** [swa] *f* **1.** (*tissu*) Seide *f* **2.** (*poils*) Borste *f*

**soif** [swaf] *f* **1.** (*besoin de boire*)

Durst *m;* **avoir** ~ Durst haben **2. mourir de** ~ verdursten

**soigner** [swaɲe] <1> I. *vt* 1. (*rhume*) auskurieren; ~ **qn** (*médecin*) jdn behandeln; (*infirmier*) jdn pflegen **2.** (*personne*) sich kümmern um **II.** *vpr* **1. se ~ tout seul** sich selbst kurieren **2.** *iron* (*avoir soin de soi*) **se ~** es sich (*dat*) gut gehenlassen **3.** (*pouvoir être soigné*) **se ~** (*maladie*) behandelt werden können

**soigneusement** [swaɲøzmɑ̃] *adv* (*travailler*) gewissenhaft; (*ranger*) ordentlich

**soi-même** [swaεm] *pron* selbst

**soin** [swɛ̃] *m* **1.** (*application*) Sorgfalt *f* **2.** *pl* MED Behandlung *f* **3.** *pl* (*hygiène*) **~s du corps** Körperpflege *f* **4.** *pl* (*attention*) Zuwendung *f*

**soir** [swaʀ] **I.** *m* Abend *m;* **le ~** abends; **un** [**beau**] ~ eines [schönen] Abends; **l'autre ~** neulich Abend **II.** *adv* abends; **hier** ~ gestern Abend; **mardi ~** [am] Dienstagabend

**soirée** [swaʀe] *f* **1.** (*fin du jour*) Abend *m;* **en** ~ abends; **dans la ~** im Laufe des Abends **2.** (*fête*) [Abend]gesellschaft *f* **3.** THEAT, CINE Abendvorstellung *f*

**soit** [swat] **I.** *adv* (*d'accord*) einverstanden; **eh bien ~!** also gut! **II.** [swa] *conj* **1.** (*alternative*) **~ ..., ~ ...** [entweder] ... oder ... **2.** (*c'est-à-dire*) das heißt

**soixantaine** [swasɑ̃tεn] *f* **1. une ~ de pages** etwa sechzig Seiten **2.** (*âge approximatif*) **avoir la ~** etwa sechzig [Jahre alt] sein

**soixante** [swasɑ̃t] *num* **1.** sechzig **2.** (*dans l'indication des époques*) **les années ~** die sechziger Jahre

**soixante-dix** [swasɑ̃tdis] *num* **1.** siebzig **2.** (*dans l'indication des époques*) **les années ~** die siebziger Jahre

**soixante-dixième** [swasɑ̃tdizjεm] <soixante-dixièmes> **I.** *adj* siebzigste(r, s) **II.** *m* (*fraction*) Siebzigstel *nt*

**soixante-huitard(e)** [swasɑ̃tɥitaʀ] <soixante-huitards> *m(f)* Achtundsechziger(in) *m(f)*

**soixantième** [swasɑ̃tjεm] **I.** *adj* sechzigste(r, s) **II.** *m* (*fraction*) Sechzigstel *nt*

**sol** [sɔl] *m* Boden *m*

**solaire** [sɔlεʀ] *adj* (*système, huile*) Sonnen-

**soldat** [sɔlda] *m* MIL Soldat *m*

**solde¹** [sɔld] *m* **1.** *pl* (*marchandises*) Sonderangebot[e *Pl*] *nt* **2.** FIN (*reliquat*) Restbetrag *m*

**solde²** [sɔld] *f* (*d'un soldat*) Sold *m;* (*d'un matelot*) Heuer *f*

**solder** [sɔlde] <1> **I.** *vt* **1.** COM herabsetzen; ~ **tout son stock** einen Räumungsverkauf machen **2.** (*dette*) begleichen **II.** *vpr* **se ~ par un succès** mit einem Erfolg enden

**soleil** [sɔlɛj] *m* Sonne *f;* ~ **couchant/levant** Sonnenuntergang/-aufgang *m*

**solennel(le)** [sɔlanɛl] *adj* **1.** (*cérémonie, obsèques, promesse*) feierlich **2.** *péj* (*affecté*) gekünstelt

**solidariser** [sɔlidaʀize] <1> *vpr* **se** ~ sich zusammenschließen

**solidarité** [sɔlidaʀite] *f* Solidarität *f*

**solide** [sɔlid] **I.** *adj* **1.** (*opp: liquide*) fest **2.** (*construction, outil*) stabil **3.** (*connaissances*) fundiert; (*position*) gesichert **4.** *fam* (*fortune, coup de poing*) ordentlich **II.** *m* MATH, PHYS [geometrischer] Körper

**solitaire** [sɔlitɛʀ] **I.** *adj* einsam **II.** *m* **1.** (*diamant*) Solitär *m* **2.** (*jeu*) Solitär[spiel *nt*] *m*

**solitude** [sɔlityd] *f* (*isolement*) Einsamkeit *f*

**solliciter** [sɔlisite] <1> *vt form* (*demander*) ersuchen

**soluble** [sɔlybl] *adj* (*substance, café*) löslich

**solution** [sɔlysjɔ̃] *f a.* CHIM, MED Lösung *f;* ~ **à un problème** Lösung für ein Problem

**solvable** [sɔlvabl] *adj* (*client, pays*) zahlungsfähig; (*débiteur*) kreditwürdig

**sombre** [sɔ̃bʀ] *adj* **1.** dunkel **2.** (*avenir, tableau, roman*) düster; (*caractère, personne*) trübsinnig **3.** *fam* (*histoire*) finster; (*bizarre*) konfus

**sombrer** [sɔ̃bʀe] <1> *vi* **1.** (*faire naufrage*) untergehen **2.** (*personne*) den Boden unter den Füßen verlieren

**sommaire** [sɔmɛʀ] **I.** *adj* (*analyse, réponse*) kurz[gefasst] **II.** *m* (*table des matières*) Inhaltsverzeichnis *nt*

**somme** [sɔm] *f* **1.** Summe *f* **2. en** ~, ~ **toute** alles in Allem

**sommeil** [sɔmɛj] *m* Schlaf *m;* **avoir** ~ müde sein

**sommet** [sɔmɛ] *m* **1.** (*d'une montagne*) Gipfel *m;* (*d'une tour, hiérarchie*) Spitze *f* **2.** (*apogée*) Höhepunkt *m*

**somnambule** [sɔmnɑ̃byl] *adj* mondsüchtig

**somptueux, -euse** [sɔ̃ptɥø] *adj* (*vêtement*) luxuriös; (*résidence*) prunkvoll

**son¹** [sɔ̃] *m* Ton *m;* (*d'une voix, d'un instrument, appareil*) Klang *m;* (*bruit*) Lautstärke *f*

**son²** [sɔ̃] <ses> *dét* sein(e)/ihr(e)

**sondage** [sɔ̃daʒ] *m* (*enquête*) ~ [**d'opinion**] [Meinungs]umfrage *f*

**sonder** [sɔ̃de] <1> *vt* (*personnes*) befragen

**songer** [sɔ̃ʒe] <2a> *vi* (*penser*) denken

**songeur, -euse** [sɔ̃ʒœʀ] *adj* nachdenklich

**sonné(e)** [sɔne] *adj fam* (*cinglé*) bescheuert

S

**sonner** [sɔne] <1> **I.** *vt* **1.** (*cloche*) läuten; (*clairon*) blasen **2.** (*appeler*) ~ **qn** [nach] jdm klingeln [*o* läuten (A)] **3.** *fam* (*étourdir, secouer*) ~ **qn** jdn fertigmachen **II.** *vi* **1.** (*cloche*) läuten; (*réveil, téléphone*) klingeln, läuten (A); (*angélus, trompette*) ertönen **2.** (*produire un effet*) ~ **bien** (*proposition*) gut klingen; ~ **faux** (*aveux*) unaufrichtig klingen **3.** (*fin*) gekommen sein; **midi sonne** es schlägt Mittag **4.** (*monnaie, clé*) klimpern

**sonnerie** [sɔnʀi] *f* **1.** (*appel sonore*) Läuten *nt;* (*für Handy*) Klingelton *m* **2.** (*mécanisme*) Läutwerk *nt*

**sonnette** [sɔnɛt] *f* **1.** (*d'une porte d'entrée*) Klingel *f* **2. tirer la ~ d'alarme** Alarm schlagen

**sonore** [sɔnɔʀ] *adj* **1.** (*voix*) klangvoll; (*baiser*) schmatzend **2.** (*relatif au son*) **bande** ~ Tonband *nt* **3.** (*lieu, voûte*) hallend

**sophistiqué(e)** [sɔfistike] *adj* **1.** (*perfectionné*) hochentwickelt; (*fonctionnel*) durchdacht **2.** (*beauté*) künstlich

**sorbet** [sɔʀbɛ] *m* Sorbet[t] *m o nt*

**sorcier, -ière** [sɔʀsje] *m, f* Hexe *f;* (*homme*) Hexer *m*

**sordide** [sɔʀdid] *adj* **1.** (*quartier, ruelle*) heruntergekommen **2.** (*avarice, égoïsme*) schnöde

**sort** [sɔʀ] *m* **1.** (*destinée*) Schicksal *nt* **2.** (*hasard*) Zufall *m;* **tirer au** ~ auslosen

**sortant(e)** [sɔʀtɑ̃] *adj* **1.** (*député, ministre*) scheidend **2.** (*tiré au sort*) durch das Los bestimmt

**sorte** [sɔʀt] *f* **1.** Art *f,* Sorte *f;* **toutes ~s de choses** alle möglichen Dinge **2. en quelque** ~ in gewisser Weise; **de la** ~ auf diese Art und Weise

**sortie** [sɔʀti] *f* **1.** (*action de sortir*) Herauskommen *nt;* (*action de quitter*) Hinausgehen *nt* **2.** (*promenade*) Spaziergang *m* **3.** (*d'un bâtiment*) Ausgang *m;* (*d'une autoroute, d'un garage*) Ausfahrt *f* **4.** (*panneau*) ~ **de camions** (*devant un chantier*) Baustellenausfahrt **5.** INFORM Ausgabe *f;* ~ [**sur imprimante**] Ausdruck *m*

**sortir** [sɔʀtiʀ] <10> **I.** *vi* **1.** (*partir*) hinausgehen; (*venir*) herauskommen **2.** (*quitter*) ~ **du magasin** aus dem Geschäft gehen; **en sortant du théâtre** beim Verlassen des Theaters **3.** (*quitter son domicile*) weggehen; ~ **de chez soi** aus dem Haus gehen **4.** (*se divertir*) ausgehen **5.** *fam* (*avoir une relation amoureuse avec*) ~ **avec qn** mit jdm gehen **6.** [**mais**] **d'où tu sors?** *fam* wo lebst du denn? **II.** *vt* **1.** (*mener dehors*) ausführen; (*porter dehors*) hinausbringen **2.** (*retirer d'un lieu*) herausholen **3.** (*marchandises*) ausführen; (*en fraude*) schmuggeln **4.** (*nouveau modèle, véhicule, livre*) herausbringen **5.** *fam* (*sottises*) von sich geben **III.** *vpr* **1.** (*se tirer*) **se ~ d'une situation** aus einer Situation herauskommen **2. s'en ~** (*échapper à un danger, un ennui*) noch einmal davonkommen (*fam*)

**S.O.S.** [ɛsoɛs] *m* **1.** (*appel*) SOS *nt* **2.** (*organisation*) **~ médecins** medizinischer Not[fall]dienst; **~ dépannage** Pannenhilfe *f* **3. lancer un ~** SOS funken; *fig fam* einen Hilferuf loslassen

**sou** [su] *m* **1.** *pl, fam* Kröten *Pl* **2. ne pas avoir un ~ en poche** *fam* keinen Pfennig [Geld] in der Tasche haben

**souci** [susi] *m* **1.** (*inquiétude*) Sorge *f* **2.** (*préoccupation*) Anliegen *nt*

**soucier** [susje] <1> *vpr* **se ~ de qn/qc** sich um jdn/etw kümmern

**soucieux, -euse** [susjø] *adj* (*personne, air, ton*) besorgt

**soudain(e)** [sudɛ̃] **I.** *adj* (*événement, geste*) unerwartet; (*sentiment*) jäh **II.** *adv* plötzlich

**souffle** [sufl] *m* **1.** (*expiration*) Atemzug *m;* (*respiration*) Atmen *nt* **2.** (*déplacement d'air*) **~ du vent** Wind[hauch *m*] *m*

**soufflé** [sufle] *m* GASTR Auflauf *m*

**souffler** [sufle] <1> **I.** *vi* **1.** (*vent*) wehen; **ça souffle** es ist windig **2.** (*insuffler de l'air*) **~ sur/dans qc** auf/in etw (*akk*) blasen **3.** (*haleter*) keuchen **4.** (*se reposer*) verschnaufen **II.** *vt* **1.** (*éteindre*) ausblasen **2.** (*détruire*) zerstören **3.** (*dire discrètement*) **~ qc à l'oreille de qn** jdm etw ins Ohr flüstern; THEAT jdm etw soufflieren

**souffrance** [sufʀɑ̃s] *f* **1.** (*douleur*) Schmerz *m* **2.** (*fait de souffrir*) Leiden *nt*

**souffrir** [sufʀiʀ] <11> *vi* **1.** leiden; **faire ~ qn** jdm wehtun; (*rendre malheureux*) jdn unglücklich machen **2.** (*avoir mal quelque part*) **~ de l'estomac** Magenschmerzen haben **3.** (*avoir mal à cause de*) **~ du froid** unter der Kälte leiden

**souhait** [swɛ] *m* **1.** (*désir*) Wunsch *m* **2. à tes/vos ~s!** Gesundheit!

**souhaiter** [swete] <1> *vt* **1.** (*désirer*) **~ qc** sich (*dat*) etw wünschen; **~ que** + *subj* hoffen, dass **2.** (*espérer pour quelqu'un*) **~ bonne nuit/beaucoup de bonheur** jdm gute Nacht/viel Glück wünschen

**soûl(e)** [su] *adj fam* (*ivre*) blau

**soulager** [sulaʒe] <2a> **I.** *vt* **~ qn 1.** *a. fig* jdn entlasten **2.** (*calmer la douleur*) jds Schmerzen lindern **II.** *vpr fam* (*satisfaire un besoin naturel*) **se ~** sich erleichtern

**soulever** [sul(ə)ve] <4> *vt* **1.** (*poids*) [hoch]heben **2.** (*problème, question*) aufwerfen

**souligner** [suliɲe] <1> *vt* (*phrase, importance*) unterstreichen

**soumettre** [sumɛtʀ] <irr> **I.** *vt* **1.** (*faire subir*) ~ **qn à des tests** jdn [einer Reihe von] Untersuchungen unterwerfen **2.** (*présenter*) ~ **une idée à qn** jdm einen Vorschlag unterbreiten **II.** *vpr* (*obéir*) **se** ~ sich unterwerfen

**soupçon** [supsɔ̃] *m* **1.** (*suspicion*) Verdacht *m* **2.** (*très petite quantité*) **un** ~ **de sel/poivre** eine Spur Salz/Pfeffer

**soupçonner** [supsɔne] <1> *vt* verdächtigen

**soupe** [sup] *f* (*potage*) Suppe *f*

**soupirer** [supiʀe] <1> *vi* seufzen

**souple** [supl] *adj* **1.** (*opp: rigide*) biegsam; (*lentilles de contact*) weich **2.** (*personne*) gelenkig **3.** (*adaptable*) flexibel

**source** [suʀs] **I.** *f* **1.** *a.* PHYS Quelle *f* **2.** (*naissance d'un cours d'eau*) Quelle *f* **3.** *pl* (*origine de l'information*) **de** ~ **sûre** aus sicherer Quelle **II.** *app* INFORM **langage/programme** ~ Programmiersprache *f*

**sourd**(**e**) [suʀ] *adj* **1.** (*qui n'entend pas*) taub; (*qui n'entend pas bien*) schwerhörig **2.** (*bruit*) dumpf

**sourd-muet, sourde-muette** [suʀmɥɛ] <sourds-muets> *m, f* Taubstumme(r) *f(m)*

**souriant**(**e**) [suʀjɑ̃] *adj* freundlich

**sourire** [suʀiʀ] **I.** *m* Lächeln *nt* **II.** <irr> *vi* lächeln

**souris** [suʀi] *f a.* INFORM Maus *f*

**sous** [su] *prép* **1.** (*spatial: avec direction*) unter (+*akk*); (*sans direction*) unter (+*dat*) **2.** (*temporel*) ~ **peu** binnen kurzem **3.** (*manière, cause*) unter (+*dat*) **4.** (*dépendance*) unter (+*dat*)

**sous-développé**(**e**) [sudev(ə)lɔpe] <sous-développés> *adj* unterentwickelt; **pays** ~ Entwicklungsland *nt* **sous-développement** [sudev(ə)lɔpmɑ̃] <sous-développements> *m* Unterentwicklung *f* **sous-directeur** [sudiʀɛktœʀ] <sous-directeurs> *m* stellvertretender Direktor **sous-estimer** [suzɛstime] <1> *vt* unterschätzen **sous-marin** [sumaʀɛ̃] <sous-marins> *m* U-Boot *nt* **sous-sol** [susɔl] <sous-sols> *m* (*dans un immeuble*) Untergeschoss *nt*

**soustraire** [sustʀɛʀ] <irr> *vi* subtrahieren

**soutenir** [sut(ə)niʀ] <9> *vt* **1.** (*porter*) halten; ~ **qc** (*colonne, poutre*) etw tragen **2.** (*étayer, maintenir droit*) abstützen **3.** (*maintenir debout, en bonne position*) stützen **4.** (*aider financièrement, moralement*) unterstützen **5.** (*prendre parti pour*) ~ **qn** zu jdm halten **6.** (*affirmer*) ~ **que ...** behaupten, dass ...

**soutenu**(**e**) [sut(ə)ny] *adj* **1.** (*at-

*tention, effort*) beständig **2.** (*style, langue*) gehoben

**souterrain(e)** [suteʀɛ̃] *adj* unterirdisch

**soutien** [sutjɛ̃] *m* (*aide*) Unterstützung *f*

**soutien-gorge** [sutjɛ̃gɔʀʒ] <soutiens-gorge[s]> *m* Büstenhalter *m*

**souvenir**[1] [suv(ə)niʀ] <9> *vpr* **se ~ de qn/qc** sich an jdn/etw erinnern

**souvenir**[2] [suv(ə)niʀ] *m* **1. le ~ de qn/qc** die Erinnerung an jdn/etw **2.** (*objet touristique*) Andenken *nt*

**souvent** [suvɑ̃] *adv* oft; **le plus ~** meistens

**souveraineté** [suv(ə)ʀɛnte] *f* Souveränität *f*

**spacieux, -euse** [spasjø] *adj* geräumig

**sparadrap** [spaʀadʀa] *m* [Heft]pflaster *nt*

**spatial(e)** [spasjal] <-aux> *adj* räumlich

**spécial(e)** [spesjal] <-aux> *adj* **1.** (*opp: général*) spezielle(r, s); **rien de ~** nichts Besonderes **2.** (*bizarre*) eigenartig

**spécialiser** [spesjalize] <1> *vpr* **se ~ dans** [*o* **en**] **qc** sich (*akk*) auf etw (*akk*) spezialisieren

**spécialiste** [spesjalist] *mf* **1.** (*expert*) Spezialist(in) *m(f)* **2.** MED Facharzt/-ärztin *m/f*

**spécifier** [spesifje] <1> *vt* **~ qc** etw genau angeben; (*loi*) etw genau festlegen

**spécimen** [spesimɛn] *m* (*exemplaire*) Exemplar *nt*

**spectacle** [spɛktakl] *m* **1.** (*ce qui s'offre au regard*) Anblick *m* **2.** THEAT, MEDIA Vorstellung *f*

**spectateur, -trice** [spɛktatœʀ] *m, f* **1.** THEAT, SPORT Zuschauer(in) *m(f)* **2.** (*observateur*) Beobachter(in) *m(f)*

**spéculer** [spekyle] <1> *vi* FIN, COM **~ sur qc** mit etw spekulieren

**sperme** [spɛʀm] *m* Sperma *nt*

**sphère** [sfɛʀ] *f* **1.** SCI Kugel *f* **2.** (*domaine*) Bereich *m*

**spirale** [spiʀal] *f a. fig* Spirale *f*

**spirituel(le)** [spiʀitɥɛl] *adj* **1.** (*plein d'esprit*) geistreich **2.** REL geistlich

**splendide** [splɑ̃did] *adj* prächtig

**spontanément** [spɔ̃tanemɑ̃] *adv* **1.** (*sans réfléchir*) spontan **2.** (*librement*) freiwillig

**sport** [spɔʀ] **I.** *adj inv* (*coupe*) sportlich **II.** *m* **1.** (*activité sportive*) Sport *m* **2.** (*forme d'activité sportive*) Sportart *f*

**sportif, -ive** [spɔʀtif] *m, f* Sportler(in) *m(f)*

**spot** [spɔt] *m* (*lampe*) Spot *m;* (*projecteur*) Scheinwerfer *m*

**spray** [spʀɛ] *m* (*pulvérisation*) Spray *m o nt*

**square** [skwaʀ] *m* [kleine] Grünanlage (*inmitten eines Platzes*)

**squelette** [skəlɛt] *m* ANAT, ARCHIT Skelett *nt*

**stabiliser** [stabilize] <1> *vt, vpr* [se] ~ [sich] stabilisieren

**stable** [stabl] *adj* **1.** stabil **2.** (*durable*) dauerhaft **3.** (*temps*) beständig

**stade** [stad] *m* **1.** SPORT Stadion *nt* **2.** (*phase*) Stadium *nt*

**stage** [staʒ] *m* (*en entreprise*) Praktikum *nt*

**stagner** [stagne] <1> *vi* **1.** (*eau*) stehen **2.** ECON stagnieren

**stand** [stɑ̃d] *m* **1.** (*dans une exposition*) [Messe]stand *m* **2.** (*dans une fête*) Bude *f*

**standard**[1] [stɑ̃daʀ] *m* TELEC [Telefon]zentrale *f*

**standard**[2] [stɑ̃daʀ] *adj inv* **1.** (*normalisé*) genormt **2.** (*dépourvu d'originalité*) [allgemein] üblich **3.** LING **langue** ~ Hochsprache *f*

**station** [stasjɔ̃] *f* **1.** AUT Station *f*, Haltestelle *f* **2.** MEDIA (*émetteur*) Sender *m* **3.** TECH Station *f*

**stationnaire** [stasjɔnɛʀ] *adj* unverändert

**stationnement** [stasjɔnmɑ̃] *m* Parken *nt*; **ticket de** ~ Parkschein *m*

**station-service** [stasjɔ̃sɛʀvis] <sations-service[s]> *f* Tankstelle *f*

**statistique** [statistik] **I.** *adj* statistisch **II.** *f* Statistik *f*

**statut** [staty] *m a.* ADMIN Status *m*

**stérile** [steʀil] *adj* **1.** BIO, AGR unfruchtbar **2.** (*sans microbes*) steril **3.** (*efforts*) vergeblich

**stérilet** [steʀilɛ] *m* Spirale *f* (*fam*)

**stérilité** [steʀilite] *f* **1.** BIO, AGR *a. fig* Unfruchtbarkeit *f* **2.** (*absence de microbes*) Keimfreiheit *f*

**stimulateur** [stimylatœʀ] *m* ~ **cardiaque** Herzschrittmacher *m*

**stimuler** [stimyle] <1> *vt* (*activer, augmenter*) anregen

**stock** [stɔk] *m* **1.** COM Lager *nt* **2.** (*réserve*) Vorrat *m*

**stocker** [stɔke] <1> *vt* **1.** (*mettre en réserve*) [ein]lagern **2.** INFORM [ab]speichern

**stop** [stɔp] **I.** *interj* (*halte*) stopp **II.** *m* **1.** (*panneau*) Stoppschild *nt* **2.** (*auto-stop*) **faire du** ~ *fam* trampen

**store** [stɔʀ] *m* (*rideau à enrouler*) Rollo *nt*; (*de magasin*) Rollladen *m*

**stratégie** [stʀateʒi] *f* Strategie *f*

**stressant(e)** [stʀesɑ̃] *adj* stressig (*fam*)

**strict(e)** [stʀikt] *adj* **1.** streng; **au sens** ~ im engeren Sinne **2.** (*minimum*) absolut **3.** (*vêtement, tenue*) streng geschnitten

**structure** [stʀyktyʀ] *f* **1.** (*organisation*) Struktur *f* **2.** (*lieu, service social*) ~ **d'accueil** soziale Einrichtung

**structurer** [stʀyktyʀe] <1> **I.** *vt* strukturieren **II.** *vpr* **se** ~ sich organisieren

**stupéfier** [stypefje] <1> *vt* ver-

blüffen
**stupide** [stypid] *adj* dumm
**style** [stil] *m* **1.** Stil *m* **2.** LING (*discours*) Rede *f* **3.** (*genre*) Art *f*
**stylo** [stilo] *m* Füller *m*; ~ [**à**] **bille** Kugelschreiber *m*
**stylo-feutre** [stiloføtʀ] <stylos-feutres> *m* Filzstift *m*
**subconscient** [sybkɔ̃sjɑ̃] *m* Unterbewusstsein *nt*
**subir** [sybiʀ] <8> *vt* **1.** (*être victime de*) erleiden **2.** (*endurer*) erdulden
**subjectif, -ive** [sybʒɛktif] *adj* subjektiv
**sublime** [syblim] *adj* (*admirable*) überwältigend
**subordonné(e)** [sybɔʀdɔne] **I.** *m(f)* Untergebene(r) *f(m)* **II.** *adj* (*proposition*) untergeordnet
**substance** [sypstɑ̃s] *f* (*matière*) Substanz *f*
**substantif** [sypstɑ̃tif] *m* Substantiv *nt*
**substituer** [sypstitɥe] <1> **I.** *vt* ~ **qc à qc** (*volontairement*) etw durch etw ersetzen **II.** *vpr* **se** ~ **à qn** sich an jds Stelle *f* (*akk*) setzen
**subtil(e)** [syptil] *adj* (*personne*) scharfsinnig
**subvenir** [sybvəniʀ] <9> *vi* ~ **à qc** für etw aufkommen
**subvention** [sybvɑ̃sjɔ̃] *f* Subvention *f*
**succéder** [syksede] <5> **I.** *vi* ~ **à qc** auf etw (*akk*) folgen **II.** *vpr* **se** ~ einander folgen
**succès** [syksɛ] *m* **1.** Erfolg *m*; **à** ~ Erfolgs- **2.** SPORT, MIL Sieg *m*
**succession** [syksesjɔ̃] *f* **1.** (*transmission du pouvoir*) Nachfolge *f* **2.** (*héritage*) Erbschaft *f*, Verlassenschaft *f* (A)
**successivement** [syksesivmɑ̃] *adv* nacheinander
**succomber** [sykɔ̃be] <1> *vi* sterben
**sucer** [syse] <2> *vt* **1.** (*sang, citron*) aussaugen **2.** (*bonbon*) lutschen
**sucre** [sykʀ] *m* Zucker *m*; ~ **en morceaux** Würfelzucker
**sucré(e)** [sykʀe] *adj* süß
**sucrer** [sykʀe] <1> **I.** *vt* (*mettre du sucre*) zuckern **II.** *vi* (*rendre sucré*) süßen
**sucrette®** [sykʀɛt] *f* Süßstofftablette *f*
**sud** [syd] **I.** *m* **le** ~ der Süden **II.** *adj inv* Süd-
**Sud** [syd] **I.** *m* **le** ~ der Süden **II.** *adj inv* (*hémisphère*) südlich; (*pôle*) Süd- **sud-est** [sydɛst] **I.** *m inv* Südosten *m* **II.** *adj inv* südöstlich; (*vent*) Südost-
**sud-ouest** [sydwɛst] **I.** *m* Südwesten *m*; (*vent*) Südwest- **II.** *adj inv* südwestlich
**Suède** [sɥɛd] *f* **la** ~ Schweden *nt*
**suédois(e)** [sɥedwa] *adj* schwedisch
**Suédois(e)** [sɥedwa] *m(f)* Schwe-

de/Schwedin *m/f*
**suer** [sɥe] <1> *vi* schwitzen
**sueur** [sɥœʀ] *f* Schweiß *m*
**suffire** [syfiʀ] <irr> *vi* genügen; ~ **aux besoins** für die Bedürfnisse aufkommen; **ça suffit [comme ça]!** *fam* jetzt reicht's!
**suffisamment** [syfizamɑ̃] *adv* ~ **grand** groß genug
**suffisant(e)** [syfizɑ̃] *adj* (*nombre, techniques*) ausreichend
**suffrage** [syfʀaʒ] *m* **1.** (*voix*) [Wahl]stimme *f* **2.** *pl* (*approbation*) Zustimmung *f*
**suggestion** [sygʒɛstjɔ̃] *f* Vorschlag *m*
**suicide** [sɥisid] *m* Selbstmord *m*
**suisse** [sɥis] **I.** *adj* Schweizer; (*peuple*) schweizerisch; ~ **romand** welsch[schweizerisch] **II.** *m* **1.** (*garde*) Schweizer Gardist *m* **2. petit** ~ GASTR *Rahmquark in kleinen Portionen*
**Suisse** [sɥis] **I.** *f* **la** ~ die Schweiz **II.** *mf* Schweizer(in) *m(f)*; **c'est un ~ romand** er ist Französischschweizer [*o* Welschschweizer (CH)]
**suite** [sɥit] *f* **1.** (*d'une lettre, d'un roman*) Rest *m* **2.** (*d'événements, de nombres*) [Ab]folge *f*; (*d'objets, de personnes*) Reihe *f* **3.** (*conséquence*) Folge *f* **4.** (*nouvel épisode*) Fortsetzung *f* **5.** (*appartement*) Suite *f* **6.** INFORM ~ **bureautique** Office-Paket *nt* **7. tout de** ~ sofort; ~ **à qc** Bezug *m* nehmend auf etw (*akk*); **et ainsi de** ~ und so weiter; **par la** ~ später
**suivant** [sɥivɑ̃] *prép* **1.** (*conformément à*) gemäß (+*dat*) **2.** (*le long de*) entlang (+*dat*)
**suivant(e)** [sɥivɑ̃] **I.** *adj* (*qui vient ensuite*) nächste(r, s) **II.** *m* **au ~!** der Nächste!
**suivi(e)** [sɥivi] *adj* (*continu*) regelmäßig
**suivre** [sɥivʀ] <irr> **I.** *vt* **1.** ~ **qn/qc** jdm/etw folgen **2.** (*venir ensuite*) **l'hiver suit l'automne** auf den Herbst folgt der Winter **3.** (*classe, cours*) besuchen **4.** (*élève, malade*) beobachten **5. à** ~ Fortsetzung *f* folgt **II.** *vi* **1.** folgen **2.** (*réexpédier*) **faire ~ qc** etw nachsenden lassen **III.** *vpr* **se** ~ (*se succéder*) aufeinanderfolgen
**sujet** [syʒɛ] *m* **1.** (*thème*) Thema *nt* **2.** (*cause*) Grund *m* **3.** LING, PHILO Subjekt *nt* **4. à ce** ~ diesbezüglich
**super** [sypɛʀ] *m abr de* **supercarburant** Super *nt*; ~ **sans plomb** Super bleifrei
**superbe** [sypɛʀb] *adj* (*corps, paysage*) wunderschön; (*temps*) herrlich
**superficie** [sypɛʀfisi] *f* Fläche *f*
**superficiel(le)** [sypɛʀfisjɛl] *adj* oberflächlich
**superflu(e)** [sypɛʀfly] *adj* überflüssig

**supérieur(e)** [sypeʀjœʀ] **I.** *adj* **1.** (*plus haut dans l'espace*) obere(r, s); (*lèvre, mâchoire*) Ober- **2.** (*plus élevé dans la hiérarchie*) höhere(r, s); (*cadre*) leitend; **enseignement ~** Hochschulwesen *nt* **3.** (*de grande qualité*) hervorragend **4.** (*qui dépasse*) **être ~ à la moyenne** über dem Durchschnitt *m* liegen **II.** *m(f)* Vorgesetzte(r) *f(m)*

**supermarché** [sypɛʀmaʀʃe] *m* Supermarkt *m*

**superstitieux, -euse** [sypɛʀstisjø] *adj* abergläubisch

**superviser** [sypɛʀvize] <1> *vt* überprüfen

**supplément** [syplemɑ̃] *m* **1.** (*surplus*) zusätzliche Menge **2.** PRESSE Beilage *f* **3.** (*somme d'argent à payer*) Aufpreis *m*

**supplémentaire** [syplemɑ̃tɛʀ] *adj* zusätzlich

**supplice** [syplis] *m* Qual *f*

**support** [sypɔʀ] *m* **1.** (*soutien*) Stütze *f* **2.** INFORM **~ d'information** Datenträger *m*

**supportable** [sypɔʀtabl] *adj* erträglich

**supporter** [sypɔʀte] <1> **I.** *vt* **1.** (*psychiquement*) ertragen; (*malheur*) hinnehmen; **ne pas ~ que** + *subj* es nicht ausstehen können, wenn **2.** (*alcool, chaleur*) vertragen **3.** SPORT (*encourager*) anfeuern **II.** *vpr* **se ~** miteinander auskommen

**supposé(e)** [sypoze] *adj* mutmaßlich

**supposer** [sypoze] <1> *vt* **1.** (*imaginer*) annehmen **2.** (*impliquer*) voraussetzen

**supposition** [sypozisjɔ̃] *f* Vermutung *f*

**supprimer** [sypʀime] <1> *vt* **1.** (*avantage*) streichen; (*permis*) entziehen **2.** (*tuer*) beseitigen

**sur** [syʀ] *prép* **1.** (*spatial*) **~ qn/qc** (*vers*) auf jdn/etw; (*au-dessus de*) über jdn/etw **2.** (*temporel*) **~ le coup** (*immédiatement*) auf der Stelle **3. ~ mesure** nach Maß; **neuf fois ~ dix** neun von zehn Mal

**sûr(e)** [syʀ] *adj* **1.** sicher **2.** (*digne de confiance*) zuverlässig **3. bien ~** sicherlich

**surcharger** [syʀʃaʀʒe] <2a> *vt* (*charger à l'excès*) überladen

**surdité** [syʀdite] *f* (*totale*) Taubheit *f;* (*partielle*) Schwerhörigkeit *f*

**sûreté** [syʀte] *f* Sicherheit *f*

**surévaluer** [syʀevalɥe] <1> *vt* (*personne*) überschätzen; (*immeuble, nombre*) zu hoch schätzen

**surf** [sœʀf] *m* **1.** *a.* INFORM Surfen *nt* **2.** (*planche: pour l'eau*) Surfbrett *nt;* (*pour la neige*) Snowboard *nt*

**surface** [syʀfas] *f* **1.** (*aire*) Fläche *f;* (*d'un appartement*) [Wohn]fläche **2.** (*couche superficielle, ap-*

*parence*) Oberfläche *f* **3. grande ~** Supermarkt *m*

**surfer** [sœʀfe] <1> *vi a.* INFORM surfen; **~ sur le Web** im Web surfen

**surgelé(e)** [syʀʒəle] *mpl* Tiefkühlkost *f*

**surgir** [syʀʒiʀ] <8> *vi* auftauchen

**surligner** [syʀliɲe] <1> *vt* INFORM markieren

**surmonter** [syʀmɔ̃te] <1> *vt* überwinden

**surplus** [syʀply] *m* (*d'une somme*) Rest *m;* (*d'une récolte*) Überschuss *m*

**surpopulation** [syʀpɔpylasjɔ̃] *f* Über[be]völkerung *f*

**surprenant(e)** [syʀpʀənɑ̃] *adj* überraschend

**surprendre** [syʀpʀɑ̃dʀ] <13> **I.** *vt* **1.** (*étonner*) überraschen **2.** (*conversation*) mitanhören **II.** *vpr* **se ~ à faire qc** sich dabei ertappen, wie man etw tut

**surprise** [syʀpʀiz] *f* Überraschung *f;* **avec/par ~** überrascht/überraschend

**sursauter** [syʀsote] <1> *vi* zusammenzucken

**surtout** [syʀtu] *adv* **1.** (*avant tout*) vor allem **2. ~ pas** auf keinen Fall

**surveillance** [syʀvɛjɑ̃s] *f* (*contrôle*) Aufsicht *f;* (*des travaux, de la police*) Überwachung *f*

**surveiller** [syʀveje] <1> *vt* **1.** (*enfant, élève*) beaufsichtigen **2.** (*suivre l'évolution*) überwachen **3.** (*garder*) aufpassen auf (+*akk*)

**survivre** [syʀvivʀ] <irr> *vi* überleben

**survoler** [syʀvɔle] <1> *vt a. fig* überfliegen

**susceptible** [sysɛptibl] *adj* (*ombrageux*) empfindlich

**susciter** [sysite] <1> *vt* hervorrufen; (*querelle*) verursachen

**suspect(e)** [syspɛ] *adj* verdächtig

**suspecter** [syspɛkte] <1> *vt* verdächtigen

**suspendre** [syspɑ̃dʀ] <14> *vt* **1.** (*accrocher*) aufhängen **2.** (*séance, réunion*) aussetzen

**suspens** [syspɑ̃] **projet en ~** Projekt in der Schwebe

**suspense** [syspɛns] *m* Spannung *f*

**SVP** [ɛsvepe] *abr de* **s'il vous plaît**

**syllabe** [sil(l)ab] *f* Silbe *f*

**symbole** [sɛ̃bɔl] *m* Symbol *nt*

**symboliser** [sɛ̃bɔlize] <1> *vt* **1.** (*matérialiser par un symbole*) versinnbildlichen **2.** (*être le symbole de*) symbolisieren

**symétrie** [simetʀi] *f* Symmetrie *f*

**sympathique** [sɛ̃patik] *adj* **1.** (*personne*) sympathisch **2.** *fam* (*charmant*) freundlich

**syncope** [sɛ̃kɔp] *f* Ohnmacht *f*

**syndicat** [sɛ̃dika] *m* **1.** (*syndicat de salariés*) Gewerkschaft *f* **2.** (*pour les touristes*) **~ d'initiative** Fremdenverkehrsamt *nt*

**synthétique** [sɛ̃tetik] *adj* (*maté-*

*riau*) synthetisch
**systématique** [sistematik] *adj* systematisch
**système** [sistɛm] *m* **1.** System *nt* **2.** (*de fermeture*) Vorrichtung *f* **3.** *fam* (*combine*) Taktik *f* **4.** INFORM **~ informatique/d'exploitation** Betriebssystem *nt* **5.** AUT **~ de guidage** Navigationssystem *nt*
**Système européen de banques centrales** *m* Europäisches System der Zentralbanken
**Système monétaire européen** *m* Europäisches Währungssystem

# T

**T, t** [te] *m inv* T *nt,* t *nt;* **en t** T-förmig
**t** *f abr de* **tonne** t
**t'** *pron v.* **te, tu**
**ta** [ta] <tes> *dét* dein(e)
**tabac** [taba] *m* **1.** Tabak *m* **2.** *fam* (*magasin*) Laden *m* für Tabakwaren
**table** [tabl] *f* **1.** (*meuble*) Tisch *m;* **à ~!** zu Tisch! **2.** (*tablée*) Tafel *f* **3.** (*nourriture*) Essen *nt* **4.** (*tableau*) **~ des matières** Inhaltsverzeichnis *nt*
**tableau** [tablo] <x> *m* **1.** Bild *nt* **2.** SCOL [Schul]tafel *f* **3.** (*panneau*) schwarzes Brett **4.** (*présentation graphique*) *a.* INFORM Tabelle *f*
**tablette** [tablɛt] *f* (*planchette*) [Ablage]platte *f*
**tache** [taʃ] *f* Fleck *m*
**tâche** [tɑʃ] *f* **1.** (*besogne*) Arbeit *f* **2.** (*mission*) Aufgabe *f*
**tacher** [taʃe] <1> **I.** *vi* Flecken *Pl* machen **II.** *vt* beflecken **III.** *vpr* **se ~** (*personne*) sich schmutzig machen
**tacite** [tasit] *adj* stillschweigend
**taciturne** [tasityʀn] *adj* **1.** (*silencieux*) schweigsam **2.** (*morose*) wortkarg
**tactile** [taktil] *adj* Tast-; (*écran*) zum Berühren
**tactique** [taktik] *f* Taktik *f*
**taille¹** [tɑj] *f* **1.** Größe *f* **2.** (*partie du corps, d'un vêtement*) Taille *f* **3. ne pas être à sa ~** (*vêtement*) nicht seine/ihre Größe sein
**taille²** [tɑj] *f* **1.** (*d'un diamant*) Schleifen *nt;* (*d'une pierre*) Behauen *nt* **2.** BOT [Be]schneiden *nt*
**tailler** [tɑje] <1> **I.** *vt* **1.** (*arbre*) zurückschneiden; (*crayon*) [an]spitzen **2.** (*robe*) [zu]schneiden **II.** *vpr* (*se couper*) **se ~ la barbe** sich (*dat*) den Bart stutzen
**tailleur** [tɑjœʀ] *m* **1.** (*couturier*) Schneider *m* **2.** (*tenue*) Kostüm *nt*
**taire** [tɛʀ] <irr> **I.** *vpr* **se ~**

schweigen **II.** *vt* verschweigen
**talent** [talɑ̃] *m* Talent *nt*
**talon** [talɔ̃] *m* **1.** ANAT Ferse *f* **2.** (*de chaussure*) Absatz *m* **3.** (*bout*) Ende *nt*
**tamis** [tami] *m* **1.** (*crible*) Sieb *nt* **2.** SPORT Saitenbespannung *f*
**tampon** [tɑ̃pɔ̃] **I.** *m* **1.** (*en coton*) Bausch *m* **2.** (*périodique*) Tampon *m* **3.** (*pansement*) Tupfer *m* **II.** *app inv* Puffer-
**tamponner** [tɑ̃pɔne] <1> **I.** *vt* (*essuyer*) abtupfen; (*plaie*) säubern **II.** *vpr* (*se heurter*) **se ~** zusammenstoßen
**tandis que** [tɑ̃dikə] *conj + indic* während [hingegen]
**tank** [tɑ̃k] *m* (*réservoir*) Tank *m*
**tant** [tɑ̃] *adv* **1.** (*aimer, vouloir*) so sehr; (*manger, travailler*) so viel **2.** (*une telle quantité*) **~ de choses** so viele Dinge; **~ de fois** so oft **3.** (*autant*) **~ qu'il peut** so viel er kann; **~ que** solange; **en ~ que** [in der Eigenschaft] als
**tante** [tɑ̃t] *f* **1.** (*parente*) Tante *f* **2.** *vulg* (*homosexuel*) Tunte *f*
**tantôt** [tɑ̃to] *adv* **1.** (*en alternance*) **~... ~...** mal..., mal... **2.** BELG (*tout à l'heure*) später
**taper** [tape] <1> **I.** *vi* (*donner des coups*) klopfen; **~ sur qn** jdn schlagen **II.** *vt* **1.** (*tapis*) klopfen **2.** (*cogner*) **~ le pied contre qc** den Fuß gegen etw schlagen **3.** INFORM eingeben
**tapir** [tapiʀ] <8> *vpr* **se ~ sous qc** sich unter etw (*dat*) verkriechen
**tapis** [tapi] *m* **1.** Teppich *m* **2.** JEUX Tuch *nt*
**tapisserie** [tapisʀi] *f* **1.** (*revêtement*) Tapete *f* **2.** ART (*activité*) Teppichweben *nt*
**tard** [taʀ] **I.** *adv* spät; **au plus ~** spätestens **II.** *m* **sur le ~** spät
**tarder** [taʀde] <1> *vi* **1.** (*traîner*) **~ à faire qc** zögern etw zu tun; **sans ~** umgehend **2.** (*se faire attendre*) auf sich warten lassen
**tardif, -ive** [taʀdif] *adj* spät
**tarif** [taʀif] *m* (*barème*) Tarif *m*
**tarte** [taʀt] **I.** *f* GASTR Kuchen *m* **II.** *adj fam* doof
**tartine** [taʀtin] *f* GASTR **~ [beurrée]** [Butter]brot *nt*
**tartuf[f]e** [taʀtyf] **I.** *m* Heuchler(in) *m(f)* **II.** *adj* scheinheilig
**tas** [tɑ] *m* Haufen *m*; **un ~ de choses** *fam* eine Menge Dinge
**tasse** [tɑs] *f* Tasse *f*
**tâter** [tɑte] <1> **I.** *vt* **1.** (*pouls*) fühlen **2.** (*terrain*) sondieren (*geh*) **II.** *vi* (*faire l'expérience*) **~ de qc** die Erfahrung einer S. (*gen*) machen **III.** *vpr* **se ~** *fam* (*hésiter*) noch überlegen
**tâtons** [tɑtɔ̃] *mpl* **à ~** tastend
**tatouer** [tatwe] <1> *vt* tätowieren
**Taureau** [tɔʀo] <x> *m* Stier *m*
**taux** [to] *m* **1.** (*pourcentage administrativement fixé*) Satz *m* **2.** (*mesure statistique*) Quote *f*;

~ **de change** Wechselkurs *m*
**taverne** [tavɛʀn] *f* (*gargote*) Wirtshaus *nt*
**taxe** [taks] *f* (*impôt*) Steuer *f;* **hors ~s** Steuer nicht inbegriffen; (*sans T.V.A.*) ohne Mehrwertsteuer
**taxi** [taksi] *m* Taxi *nt*
**tchèque** [tʃɛk] **I.** *adj* tschechisch **II.** *m* Tschechisch *nt*
**Tchèque** [tʃɛk] *mf* Tscheche *m*
**te** [tə] <t'> *pron* dich/dir
**technicien(ne)** [tɛknisjɛ̃] *m(f)* **1.** (*professionnel qualifié*) Techniker(in) *m(f)* **2.** (*expert*) Fachmann/-frau *m/f*
**technique** [tɛknik] **I.** *adj* technisch *f* **II.** *m* SCOL Fachschulwesen *nt* **III.** *f* Technik *f*
**teint** [tɛ̃] *m* Teint *m*
**teinte** [tɛ̃t] *f* (*couleur*) Farbe *f*
**teinture** [tɛ̃tyʀ] *f* **1.** (*colorant*) Färbemittel *nt* **2.** MED ~ **d'iode** Jodtinktur *f*
**tel(le)** [tɛl] *adj* **1.** (*semblable, si fort/grand*) **un ~/une ~le ...** solch ein(e) ...; **de ~(s) ...** solche ... **2.** (*ainsi*) ~ **père,** ~ **fils** wie der Vater, so der Sohn **3.** (*comme*) ~ **que qn/qc** wie jd/etw **4. il n'y a rien de** ~ es gibt nichts Besseres
**télé** [tele] *f fam abr de* **télévision**
**téléachat** [teleaʃa] *m* Teleshopping *nt*
**Télécarte®** [telekaʀt] *f* Telefonkarte *f*
**télécharger** [teleʃaʀʒe] *vt* herunterladen
**télécommande** [telekɔmɑ̃d] *f* (*d'une télé, d'un magnétoscope*) Fernbedienung *f*
**télécommunication** [telekɔmynikasjɔ̃] *f* (*technique*) Fernmeldetechnik *f*
**télécopie** [telekɔpi] *f* Fax *nt*
**télégramme** [telegʀam] *m* Telegramm *nt*
**télégraphique** [telegʀafik] *adj* telegrafisch
**téléguider** [telegide] <1> *vt* (*diriger à distance*) durch Fernlenkung steuern
**télématique** [telematik] *f* Datenfernübertragung *f*
**téléobjectif** [teleɔbʒɛktif] *m* Teleobjektiv *nt*
**télépaiement** [telepɛmɑ̃] *m* elektronische Zahlungsweise
**téléphérique** [telefeʀik] *m* Seilbahn *f*
**téléphone** [telefɔn] *m* Telefon *nt*
**téléphoner** [telefɔne] <1> *vi* telefonieren; ~ **à qn** jdn anrufen
**télétravail** [teletʀavaj] *m* Telearbeit *f*
**télévision** [televizjɔ̃] *f* **1.** Fernsehen *nt;* **regarder la** ~ fernsehen **2.** (*récepteur*) Fernseher *m*
**tellement** [tɛlmɑ̃] *adv* **1.** (*si*) so; **ce serait ~ mieux** das wäre weitaus besser **2.** (*tant*) [so] sehr **3.** (*beaucoup*) **pas/plus** ~ *fam* (*venir*) nicht oft/nicht mehr oft

4. *fam* (*tant de*) **avoir ~ d'amis** so viele Freunde haben

**témoignage** [temwaɲaʒ] *m* 1. JUR [Zeugen]aussage *f* 2. (*manifestation*) Beweis *m*

**témoigner** [temwaɲe] <1> *vi* 1. (*déposer*) aussagen 2. (*attester, jurer*) ~ **de qc** etw bezeugen

**témoin** [temwɛ̃] I. *m* Zeuge/Zeugin *m/f* II. *app* **lampe ~** Kontrolllampe *f*

**tempe** [tɑ̃p] *f* Schläfe *f*

**tempérament** [tɑ̃peʀamɑ̃] *m* 1. (*caractère*) Natur *f* 2. (*forte personnalité*) Temperament *nt*

**température** [tɑ̃peʀatyʀ] *f* 1. Temperatur *f* 2. (*fièvre*) Fieber *nt*

**tempérer** [tɑ̃peʀe] <5> *vt* 1. METEO mildern 2. (*modérer*) bremsen

**tempête** [tɑ̃pɛt] *f* METEO Unwetter *nt*, Sturm *m*

**temple** [tɑ̃pl] *m* 1. ART, HIST Tempel *m* 2. (*protestant*) Kirche *f*

**temporaire** [tɑ̃pɔʀɛʀ] *adj* 1. (*intérimaire*) befristet 2. (*passager*) momentan

**temporiser** [tɑ̃pɔʀize] <1> *vi* abwarten

**temps¹** [tɑ̃] *m* 1. Zeit *f*; ~ **libre** Freizeit 2. (*moment*) Zeitpunkt *m* 3. **tout le ~** ständig; **à ~** rechtzeitig; **de ~ en ~** von Zeit zu Zeit; **depuis ce ~-là** seitdem; **en même ~** gleichzeitig; **en peu de ~** in kurzer Zeit

**temps²** [tɑ̃] *m* Wetter *nt*; **il fait beau/mauvais ~** das Wetter ist schön/schlecht; **quel ~ fait-il?** wie ist das Wetter?

**tendance** [tɑ̃dɑ̃s] *f* 1. PSYCH Neigung *f* 2. (*propension*) ~ **à la rêverie** Hang *m* zur Träumerei

**tendre¹** [tɑ̃dʀ] <14> I. *vt* 1. (*raidir*) spannen 2. (*bras*) ausstrecken; (*cou*) recken; (*main*) entgegenstrecken II. *vpr* **se ~** (*se raidir*) sich spannen III. *vi* (*aboutir à*) ~ **à faire qc** letztlich etw tun

**tendre²** [tɑ̃dʀ] *adj* 1. zart 2. (*opp: dur*) weich

**tendresse** [tɑ̃dʀɛs] *f* (*affection*) [zärtliche] Liebe

**ténèbres** [tenɛbʀ] *fpl* REL Finsternis *f*

**tenir** [t(ə)niʀ] <9> I. *vt* 1. halten 2. (*article, magasin, maison*) führen 3. (*rôle*) spielen II. *vi* 1. (*être attaché*) ~ **à qn** an jdm hängen 2. (*vouloir absolument*) ~ **à faire qc/à ce que** + *subj* Wert darauf legen etw zu tun/, dass 3. (*être fixé*) halten 4. (*durer*) [sich] halten 5. (*ressembler à*) ~ **de qn/qc** jdm/einer S. ähneln 6. **ça tient à qn/qc** das hängt von jdm/etw ab III. *vpr* 1. (*se prendre*) **se ~ par la main** Hand in Hand gehen 2. (*rester, demeurer*) **se ~ debout/assis/couché** stehen/sitzen/liegen 3. (*se comporter*) **se ~** sich be-

nehmen **4.** (*respecter*) **se ~ à qc** sich an etw (*akk*) halten
**tension** [tɑ̃sjɔ̃] *f* **1.** Spannung *f* **2.** MED Blutdruck *m*
**tentation** [tɑ̃tasjɔ̃] *f* Versuchung *f*
**tentative** [tɑ̃tativ] *f* Versuch *m*
**tente** [tɑ̃t] *f* Zelt *nt*
**tenter** [tɑ̃te] <1> *vt* **1.** (*allécher*) reizen **2.** (*essayer*) versuchen
**ténu(e)** [teny] *adj* fein
**tenue** [t(ə)ny] *f* **1.** (*comportement*) Verhalten *nt* **2.** (*vêtements*) Kleidung *f*
**terme¹** [tɛʀm] *m* **1.** (*fin*) Ende *nt;* (*d'un travail*) Abschluss *m* **2.** (*date limite*) Frist *f*
**terme²** [tɛʀm] *m* **1.** (*mot*) Ausdruck *m* **2.** *pl* (*d'un contrat, d'une loi*) Wortlaut *m*
**terminaison** [tɛʀminɛzɔ̃] *f* Endung *f*
**terminal** [tɛʀminal] <-aux> *m* Terminal *nt*
**terminer** [tɛʀmine] <1> **I.** *vt* beenden; (*devoirs, travail*) erledigen **II.** *vi* **~ de lire qc** etw zu Ende lesen; **pour ~, ...** zum Abschluss ... **III.** *vpr* **se ~** (*année, vacances*) zu Ende gehen; **se ~ bien/mal** (*histoire*) gut/schlecht ausgehen
**terminus** [tɛʀminys] *m* Endstation *f*
**terne** [tɛʀn] *adj* **1.** (*cheveux*) stumpf; (*couleur*) matt **2.** (*conversation*) eintönig
**terrain** [teʀɛ̃] *m* **1.** (*parcelle*) Grundstück *nt* **2.** (*sol*) **~ plat** ebenes Gelände **3.** (*domaine*) Gebiet *nt*
**terrasse** [teʀas] *f* Terrasse *f*
**terre** [tɛʀ] *f* **1.** Erde *f* **2.** (*sol*) Boden *m;* **par ~** (*avec mouvement*) auf den Boden; (*sans mouvement*) auf dem Boden **3.** (*continent, contrée, pays*) Land *nt* **4. ~ cuite** Terrakotta *f*
**terrer** [teʀe] <1> *vpr* **se ~ 1.** (*animal*) sich verkriechen **2.** (*vivre reclus*) sich zurückziehen
**terrestre** [teʀɛstʀ] *adj* **1.** (*croûte, surface*) Erd- **2.** (*espèce*) auf der Erde lebend **3.** (*moyens de transport*) zu Lande **4.** (*plaisirs*) irdisch
**terreur** [teʀœʀ] *f* **1.** (*peur violente*) Entsetzen *nt* **2.** (*terrorisme*) Terror *m*
**terrible** [teʀibl] **I.** *adj* **1.** schrecklich **2.** *fam* (*super*) toll **II.** *adv fam* echt stark
**terrifiant(e)** [teʀifjɑ̃] *adj* Furcht erregend; (*nouvelle*) erschreckend
**terrifier** [teʀifje] <1> *vt* in Angst und Schrecken versetzen
**territoire** [teʀitwaʀ] *m* (*d'un animal*) Revier *nt;* (*d'un pays, d'une nation*) Territorium *nt;* **~ d'outre-mer** überseeisches Gebiet
**territorial(e)** [teʀitɔʀjal] <-aux> *adj* territorial
**terroir** [teʀwaʀ] *m* Gegend *f*

**terroriser** [teʀɔʀize] <1> *vt* 1. (*faire très peur*) ~ **qn** jdm große Angst machen 2. (*opprimer*) terrorisieren

**tertiaire** [tɛʀsjɛʀ] I. *adj* (*emploi*) im Dienstleistungsgewerbe II. *m* **le** ~ der Dienstleistungssektor

**tertio** [tɛʀsjo] *adv* drittens

**tes** [te] *dét v.* **ta, ton**

**test** [tɛst] *m* Test *m*

**tester** [tɛste] <1> *vt* testen

**tête** [tɛt] *f* 1. Kopf *m* 2. (*première place*) Spitze *f* 3. **se casser la** ~ sich (*dat*) den Kopf zerbrechen

**texte** [tɛkst] *m* Text *m*

**textile** [tɛkstil] *m* 1. (*matière*) Faserstoff *m* 2. (*industrie*) Textilindustrie *f*

**texto** [tɛksto] *m* SMS *f*

**textuel(le)** [tɛkstɥɛl] *adj* wörtlich

**TGV** [teʒeve] *m abr de* **train à grande vitesse** ≈ ICE *m*

**thé** [te] *m* Tee

**théâtral(e)** [teɑtʀal] <-aux> *adj* theatralisch

**théâtre** [teɑtʀ] *m* 1. Theater *nt* 2. (*œuvres*) Dramen *Pl* 3. (*des combats*) Schauplatz *m*

**thème** [tɛm] *m a.* MUS Thema *nt*

**théorie** [teɔʀi] *f* Theorie *f*

**thérapie** [teʀapi] *f* (*traitement*) Therapie *f*

**thermique** [tɛʀmik] *adj* (*énergie*) thermisch

**thermomètre** [tɛʀmɔmɛtʀ] *m* Thermometer *nt*

**thermos®** [tɛʀmos] *m o f* Thermosflasche® *f*

**thèse** [tɛz] *f* 1. These *f* 2. UNIV ~ **de troisième cycle** Doktorarbeit *f*

**thon** [tɔ̃] *m* Thunfisch *m*

**ticket** [tikɛ] *m* (*de bus, métro*) Fahrkarte *f;* (*de match, manège*) [Eintritts]karte; ~ **de caisse** Kassenzettel *m*

**tiède** [tjɛd] *adj* 1. lauwarm; (*lit, gâteau*) [noch] warm 2. (*soutien*) lau

**tien(ne)** [tjɛ̃] *pron* **le** ~/**la** ~**ne** der/die/das deine

**tiers** [tjɛʀ] *m* 1. (*fraction*) Drittel *nt* 2. (*tierce personne*) Dritter *m*

**tiers, tierce** [tjɛʀ] *adj* dritte(r, s)

**tiers-monde** [tjɛʀmɔ̃d] *m* **le** ~ die Dritte Welt

**tige** [tiʒ] *f* 1. (*d'une fleur, feuille*) Stiel *m*, Stängel *m* 2. (*de métal*) Stange *f*

**tigre** [tigʀ] *m* Tiger *m fig* Bestie *f*

**timbre[1]** [tɛ̃bʀ] *m* 1. POST Briefmarke *f* 2. (*cachet, instrument*) Stempel *m* 3. MED Pflaster *nt*

**timbre[2]** [tɛ̃bʀ] *m* (*qualité du son*) Klang *m*

**timide** [timid] *adj* schüchtern; (*réponse, critique*) zaghaft

**tir** [tiʀ] *m* (*projectile tiré*) *a.* SPORT Schuss *m*

**tirage** [tiʀaʒ] *m* 1. (*de la loterie, du loto*) Ziehung *f* 2. (*d'un livre, ouvrage*) Druck *m* 3. PHOT Abziehen *nt*

**tire-bouchon** [tiʀbuʃɔ̃] <tire-bouchons> *m* Korkenzieher *m*, Stoppelzieher *m* (A)

**tirer** [tiʀe] <1> **I.** *vt* **1.** ziehen; (*vers le bas/haut*) herunter/hoch ziehen **2.** (*balle*) abfeuern **3.** (*film, négatif, photo*) abziehen **II.** *vi* **1.** (*exercer une traction*) ~ **sur les rênes de son cheval** seinem Pferd die Zügel anziehen **2.** (*aspirer*) ~ **sur sa cigarette** an seiner Zigarette ziehen **3.** (*peau, cicatrice*) spannen **4.** SPORT schießen **III.** *vpr* **1.** *fam* (*s'en aller*) **se** ~ sich verdrücken **2.** (*se sortir*) **se** ~ **d'affaire** sich aus der Affäre ziehen

**tiret** [tiʀɛ] *m* Gedankenstrich *m*; (*division*) Trennungsstrich

**tisane** [tizan] *f* [Kräuter]tee *m*

**tisser** [tise] <1> *vt* **1.** (*tapis*) weben **2.** (*araignée*) spinnen

**tissu** [tisy] *m* TEXTIL Stoff *m*

**titre** [titʀ] *m* **1.** Titel *m* **2.** (*d'un chapitre, article de journal*) Überschrift *f* **3.** (*justificatif*) Bescheinigung *f*

**T.N.T.** [teɛnte] *f abr de* **télévision numérique terrestre** DVB-T *nt*

**toast** [tost] *m* **1.** (*pain grillé*) Toast *m* **2.** (*allocution*) Trinkspruch *m*

**toi** [twa] *pron* dich/dir

**toile** [twal] *f* **1.** (*tissu*) Stoff *m* **2.** ART Gemälde *nt*

**toilette** [twalɛt] *f* **1.** (*soins corporels*) Waschen *nt* **2.** (*vêtements*) Kleidung *f* **3.** *pl* (*W.-C.*) Toilette *f*

**toi-même** [twamɛm] *pron* du selbst

**toit** [twa] *m* Dach *nt*

**tolérer** [tɔleʀe] <5> *vt* ertragen; (*douleur*) aushalten

**tombe** [tɔ̃b] *f* Grab *nt*

**tomber** [tɔ̃be] <1> *vi* **1.** fallen **2.** (*être affaibli*) ~ **de fatigue** vor Erschöpfung (*dat*) umfallen **3.** (*nouvelle*) eintreffen **4.** (*nuit, soir*) hereinbrechen **5. bien/mal** ~ gelegen/ungelegen kommen

**tome** [tɔm] *m* Band *m*

**ton¹** [tɔ̃] *m* **1.** *a.* MUS Ton *m* **2.** (*couleur*) Farbton *m*

**ton²** [tɔ̃] <tes> *dét* dein(e)

**tonne** [tɔn] *f* Tonne *f*

**tonneau** [tɔno] <x> *m* (*récipient*) Fass *nt*

**tonnerre** [tɔnɛʀ] *m* METEO Donner *m*

**torche** [tɔʀʃ] *f* **1.** (*flambeau*) Fackel *f* **2.** (*lampe électrique*) Taschenlampe *f*

**torchon** [tɔʀʃɔ̃] *m* **1.** (*tissu*) Tuch *nt* **2.** *fam* (*journal*) Käseblatt *nt*

**tordre** [tɔʀdʀ] <14> **I.** *vt* **1.** (*linge*) [aus]wringen **2.** (*plier*) verbiegen **II.** *vpr* **1.** (*faire des contorsions*) **se** ~ **de douleur** sich vor Schmerz (*dat*) verziehen **2.** (*se luxer*) **se** ~ **un membre** sich (*dat*) ein Glied verrenken

T

**tort** [tɔʀ] *m* **1.** (*erreur*) Fehler *m* **2.** (*préjudice*) Nachteil *m;* **avoir ~ de faire qc** etw zu Unrecht tun

**torture** [tɔʀtyʀ] *f* **1.** (*supplice*) Folter *f* **2.** (*souffrance*) Qual *f*

**tôt** [to] *adv* **1.** früh; **le plus ~ possible** so bald wie möglich **2. ~ ou tard** früher oder später

**total** [tɔtal] <-aux> *m* **1.** Gesamtbetrag *m* **2. au ~** (*en tout*) insgesamt

**total(e)** [tɔtal] <-aux> *adj* total; (*désespoir, ruine*) völlig

**totalité** [tɔtalite] *f* Gesamtheit *f*

**touche** [tuʃ] *f* **1.** INFORM, MUS Taste *f* **2.** PECHE Anbiss *m* **3.** (*en escrime*) Treffer *m* **4.** (*au football, rugby*) Seitenlinie *f;* (*sortie du ballon*) Aus *nt*

**toucher** [tuʃe] <1> **I.** *vt* **1.** berühren **2.** (*frapper, atteindre*) treffen **3.** (*concerner*) **~ qn** jdn betreffen **4.** (*argent*) bekommen **II.** *vi* **1.** (*porter la main sur*) **~ à qn/qc** jdn anrühren/etw anfassen **2.** (*modifier*) **~ au règlement** die Regeln antasten **3.** (*être proche de*) **~ à sa fin** dem Ende zugehen **III.** *vpr* **se ~** (*personnes*) sich berühren **IV.** *m* **1.** (*sens*) Tastsinn *m* **2.** (*impression*) Beschaffenheit *f* **3.** MUS Anschlag *m*

**toujours** [tuʒuʀ] *adv* **1.** immer **2.** (*encore*) immer noch **3.** (*malgré tout*) dennoch **4. depuis ~** seit eh und je

**tour¹** [tuʀ] *f* **1.** Turm *m* **2.** (*immeuble*) Hochhaus *nt*

**tour²** [tuʀ] *m* **1.** (*circonférence*) Umfang *m* **2.** (*brève excursion*) Tour *f* **3.** (*succession alternée*) **c'est au ~ de qn de faire qc** jd ist an der Reihe etw zu tun **4.** (*rotation*) Umdrehung *f*

**tourisme** [tuʀism] *m* Tourismus *m*

**touristique** [tuʀistik] *adj* touristisch

**tourmente** [tuʀmɑ̃t] *f soutenu* (*tempête*) Unwetter *nt*

**tourmenter** [tuʀmɑ̃te] <1> **I.** *vt* **~ qn** jdn quälen; (*remords, scrupules*) jdn plagen **II.** *vpr* **se ~** sich (*dat*) Sorgen machen

**tournant** [tuʀnɑ̃] *m* **1.** (*virage*) Kurve *f* **2.** (*d'une carrière, vie*) Wendepunkt *m*

**tourne-disque** [tuʀnədisk] <tourne-disques> *m* Plattenspieler *m*

**tournée** [tuʀne] *f* **1.** (*circuit*) Tour *f* **2.** *fam* (*au café*) Runde *f*

**tourner** [tuʀne] <1> **I.** *vt* **1.** drehen **2.** (*clé*) herumdrehen **3.** (*remuer*) umrühren **4.** (*tête*) wegdrehen; (*dos*) zuwenden **II.** *vi* **1.** sich drehen; **~ en rond** im Kreis herumlaufen **2.** (*fonctionner*) laufen **3.** (*bifurquer*) abbiegen **4.** (*s'inverser*) umschlagen **III.** *vpr* **se ~ vers qn/qc** sich jdm/etw zuwenden

**tous** [tu] *v.* **tout**

**tousser** [tuse] <1> *vi* husten

**tout(e)** [tu] <tous, toutes> *adj* **~ le temps/l'argent** die ganze Zeit/das ganze Geld; **~ le monde** jeder[mann]; **à ~ prix** um jeden Preis; **de ~e manière** auf jeden Fall; **tous les jours** jeden Tag; **tous les deux jours** jeden zweiten Tag; **de ~es sortes** aller Art

**tout** [tu] **I.** *adv* **1.** ganz; **~ près de** ganz nahe bei **2.** *inv* (*en même temps*) **~ en faisant qc** während jd etw tut; (*quoique*) obwohl jd etw tut **3. ~ à/d'un coup** plötzlich; **~ à fait** ganz; **~ de suite** sofort; **~ de même** trotz alledem **II.** *m* **1.** (*totalité*) Gesamtheit *f* **2.** (*ensemble*) **le ~** das Ganze **3. [pas] du ~!** [ganz und] gar nicht!

**tout(e)** [tu] <tous, toutes> *pron* alle(s)

**toutefois** [tutfwa] *adv* jedoch

**toux** [tu] *f* Husten *m*

**trace** [tʀas] *f* **1.** Spur *f;* (*d'un animal*) Fährte *f* **2.** (*cicatrice*) Narbe *f*

**tracer** [tʀase] <2> *vt* **1.** (*dessiner*) zeichnen; (*ligne*) ziehen **2.** (*piste*) bahnen

**tradition** [tʀadisjɔ̃] *f* (*coutume*) Tradition *f*

**traducteur, -trice** [tʀadyktœʀ] *m, f* Übersetzer(in) *m(f)*

**traduction** [tʀadyksjɔ̃] *f* Übersetzung *f*

**traduire** [tʀadɥiʀ] <irr> **I.** *vt* übersetzen **II.** *vpr* (*s'exprimer*) **se ~ par qc** sich in etw (*dat*) ausdrücken

**trafic** [tʀafik] *m* **1.** (*circulation*) Verkehr *m* **2.** *péj* (*commerce*) Schwarzhandel *m*

**tragique** [tʀaʒik] **I.** *adj* tragisch **II.** *m* (*gravité*) Tragik *f*

**trahir** [tʀaiʀ] <8> *vt, vpr* **[se] ~** [sich] verraten

**train** [tʀɛ̃] *m* **1.** CHEMDFER Zug *m* **2.** (*allure*) Tempo *nt* **3. être en ~ de faire qc** gerade etw tun

**traîne** [tʀɛn] *f* **1.** Schleppe *f* **2. à la ~** zu spät

**traîner** [tʀene] <1> **I.** *vt* **1.** schleppen **2.** (*jambe*) nachziehen **II.** *vi* (*lambiner*) trödeln; (*maladie, procès*) sich [hin]ziehen **III.** *vpr* (*se déplacer difficilement*) **se ~** sich dahinschleppen

**trait** [tʀɛ] *m* **1.** (*ligne*) Strich *m* **2.** (*caractéristique*) Grundzug *m;* (*dominant*) Merkmal *nt* **3.** (*lignes du visage*) Züge *Pl* **4.** LING **~ d'union** Bindestrich *m*

**traite** [tʀɛt] *f* **1.** (*achat à crédit*) **~ de qc** Rate *f* für etw **2.** (*trafic*) Handel *m*

**traité** [tʀete] *m* **1.** POL Vertrag *m* **2.** (*ouvrage*) Abhandlung *f*

**traitement** [tʀɛtmɑ̃] *m* **1.** *a.* MED Behandlung *f;* (*du chômage, d'un problème*) Handhabung *f* **2.** INFORM ~ **de texte** Textverarbeitung *f*

**traiter** [tʀete] <1> **I.** *vt* **1.** *a.* MED behandeln **2.** (*affaire, question*) erledigen **3.** (*déchets, eaux*) [wieder]aufbereiten **4.** (*qualifier*) ~ **qn de fou** jdn einen Spinner nennen **5.** INFORM verarbeiten **II.** *vi* **1.** (*avoir pour sujet*) ~ **de qc** sich mit etw befassen **2.** (*négocier*) verhandeln

**trajet** [tʀaʒɛ] *m* Strecke *f*

**tranchant** [tʀɑ̃ʃɑ̃] *m* (*côté coupant*) Schneide *f*

**tranchant(e)** [tʀɑ̃ʃɑ̃] *adj* scharf

**tranche** [tʀɑ̃ʃ] *f* **1.** (*portion*) Scheibe *f* **2.** (*subdivision*) ~ **d'âge** Altersstufe *f*

**tranquille** [tʀɑ̃kil] *adj* **1.** ruhig; (*eau*) still; **laisser** ~ in Ruhe lassen **2.** (*rassuré*) beruhigt

**transaction** [tʀɑ̃zaksjɔ̃] *f* Geschäft *nt*

**transat, transatlantique** [tʀɑ̃zatlɑ̃tik] *m* **1.** (*paquebot*) Ozeandampfer *m* **2.** (*chaise*) Liegestuhl *m*

**transe** [tʀɑ̃s] *f* **1.** *pl* (*affres*) Ängste *Pl* **2.** (*état second*) Trance *f*

**transfert** [tʀɑ̃sfɛʀ] *m* **1.** (*déplacement*) Verlegung *f* **2.** SPORT Transfer *m* **3.** PSYCH, INFORM Übertragung *f*

**transformer** [tʀɑ̃sfɔʀme] <1> **I.** *vt* **1.** (*modifier*) verwandeln **2.** MATH umformen **II.** *vpr* **se** ~ sich verändern

**transit** [tʀɑ̃zit] *m* **1.** ANAT Verdauung *f* **2. en** ~ Transit-

**transition** [tʀɑ̃zisjɔ̃] *f* ~ **de qc à qc** Übergang *m* von etw zu etw

**transmettre** [tʀɑ̃smɛtʀ] <irr> **I.** *vt* **1.** (*léguer*) weitergeben **2.** (*message*) übermitteln **3.** BIO, MED anstecken **4.** TELEC übertragen **II.** *vpr* **se** ~ (*maladie*) übertragen werden

**transparent(e)** [tʀɑ̃spaʀɑ̃] *adj* **1.** (*opp: opaque*) durchsichtig; (*air, eau*) klar **2.** (*évident*) offensichtlich

**transpercer** [tʀɑ̃spɛʀse] <2> *vt* durchbohren

**transpirer** [tʀɑ̃spiʀe] <1> *vi* schwitzen

**transport** [tʀɑ̃spɔʀ] *m* **1.** (*acheminement*) Transport *m*; (*de bagages, voyageurs*) Beförderung *f* **2. moyens de** ~ Verkehrsmittel *Pl*

**transporter** [tʀɑ̃spɔʀte] <1> *vt* transportieren; (*voyageur*) befördern

**transposer** [tʀɑ̃spoze] <1> *vt* übertragen

**transsexuel(le)** [tʀɑ̃(s)sɛksɥɛl] *adj* transsexuell

**transversal(e)** [tʀɑ̃svɛʀsal] <-aux> *adj* quer verlaufend; (*rue*) Quer-

**travail** [tʀavaj] <-aux> *m* **1.** Arbeit *f* **2.** *pl* (*ensemble de tâches*) **~aux ménagers** Hausarbeit *f* **3.** (*résultat*) Werk *nt*

**travailler** [tʀavaje] <1> **I.** *vi* arbeiten **II.** *vt* bearbeiten

**travailleur, -euse** [tʀavajœʀ] *m, f* **1.** ~ **immigré** Gastarbeiter *m* **2.** (*personne laborieuse*) fleißiger Mensch

**travers** [tʀavɛʀ] *m* **1.** Schwäche *f* **2. à** ~ **qc, au** ~ **de qc** (*en traversant*) durch etw hindurch; **à** ~ **le monde** überall in der Welt

**traverser** [tʀavɛʀse] <1> *vt* **1.** (*franchir*) überqueren **2.** (*se manifester dans*) ~ **l'esprit** durch den Kopf schießen

**traversier** [tʀavɛʀsje] *m* CAN (*bac*) Fähre *f*

**travesti** [tʀavɛsti] *m* (*homosexuel*) Transvestit *m*

**trébucher** [tʀebyʃe] <1> *vi* stolpern

**trèfle** [tʀɛfl] *m* **1.** BOT Klee *m* **2.** JEUX Kreuz *nt*

**treize** [tʀɛz] *num* **1.** dreizehn **2.** (*dans l'indication de la date*) **le** ~ **mars** der dreizehnte März

**treizième** [tʀɛzjɛm] **I.** *adj* dreizehnte(r, s) **II.** *m* (*fraction*) Dreizehntel *nt*

**tremblement** [tʀɑ̃bləmɑ̃] *m* ~ **de terre** Erdbeben *nt*

**trembler** [tʀɑ̃ble] <1> *vi* **1.** zittern; (*terre*) beben; (*flamme*) flackern; ~ **de colère** vor Wut beben **2.** (*avoir peur*) erschauern

**trempé(e)** [tʀɑ̃pe] *adj* **1.** (*mouillé*) durchnässt **2.** (*acier*) gehärtet

**tremper** [tʀɑ̃pe] <1> *vt* (*mouiller*) durchnässen

**trentaine** [tʀɑ̃tɛn] *f* **1. une** ~ **de personnes/pages** etwa dreißig Personen/Seiten **2.** (*âge approximatif*) **avoir la** ~ etwa dreißig [Jahre alt] sein

**trente** [tʀɑ̃t] *num* **1.** dreißig **2.** (*dans l'indication des époques*) **les années** ~ die dreißiger Jahre

**trentième** [tʀɑ̃tjɛm] **I.** *adj* dreißigste(r, s) **II.** *m* (*fraction*) Dreißigstel *nt*

**très** [tʀɛ] *adv* sehr

**trésor** [tʀezɔʀ] *m* **1.** (*richesse enfouie*) Schatz *m* **2.** *pl* (*richesses*) Schätze *Pl* **3.** ADMIN, FIN **Trésor [public]** (*l'État*) öffentliche Hand

**tresse** [tʀɛs] *f* Zopf *m*

**tresser** [tʀese] <1> *vt* flechten

**tri** [tʀi] *m* **1.** (*choix*) [Aus]sortieren *nt;* ~ **des déchets** Mülltrennung *f* **2.** POST Sortieren *nt* **3.** INFORM **effectuer un** ~ **croissant/décroissant** aufsteigend/absteigend sortieren

**triangle** [tʀijɑ̃gl] *m* **1.** MATH Dreieck *nt* **2.** AUT ~ **de présignalisation** Warndreieck *nt*

**tribu** [tʀiby] *f* SOCIOL Stamm *m*

**tribunal** [tʀibynal] <-aux> *m* Gericht *nt*

**tribune** [tʀibyn] *f* **1.** Tribüne *f* **2.** (*dans un journal*) Kolumne *f*

**tricher** [tʀiʃe] <1> *vi* (*frauder*) betrügen

**tricheur**, **-euse** [tʀiʃœʀ] *m, f* Betrüger(in) *m(f)*; (*au jeu, à l'examen*) Schummler(in) *m(f)*

**tricolore** [tʀikɔlɔʀ] **I.** *adj* **1.** (*bleu, blanc, rouge*) blauweißrot **2.** (*de trois couleurs*) dreifarbig **II.** *mpl* SPORT **les ~s** die französische Nationalmannschaft

**tricoter** [tʀikɔte] <1> *vt, vi* stricken

**trier** [tʀije] <1> *vt* **1.** (*sélectionner*) auswählen; (*fruits, habits*) aussortieren **2.** (*classer*) sortieren

**trimestriel(le)** [tʀimɛstʀijɛl] *adj* (*paiement*) vierteljährlich

**tringle** [tʀɛ̃gl] *f* Stange *f*

**triomphe** [tʀijɔ̃f] *m* Triumph *m*

**triompher** [tʀijɔ̃fe] <1> *vi* triumphieren; (*personne*) siegen

**triple** [tʀipl] **I.** *adj* dreifach **II.** *m* **le ~** das Dreifache

**triste** [tʀist] *adj* **1.** traurig **2.** (*pensée*) trübselig **3.** (*événements, destin*) tragisch

**tristesse** [tʀistɛs] *f* Traurigkeit *f*

**trivial(e)** [tʀivjal] <-aux> *adj* (*vulgaire*) ordinär

**trois** [tʀwɑ] *num* **1.** drei **2.** (*dans l'indication de la date*) **le ~ mars** der dritte März

**troisième** [tʀwɑzjɛm] *adj* dritte(r, s); **le ~ âge** die Senioren

**tromper** [tʀɔ̃pe] <1> **I.** *vt* **1.** betrügen **2.** (*faim, soif*) lindern **II.** *vi* täuschen **III.** *vpr* **se ~** sich irren

**tronçonner** [tʀɔ̃sɔne] <1> *vt* zerteilen

**trône** [tʀon] *m* Thron *m*

**tronquer** [tʀɔ̃ke] <1> *vt* (*détail*) auslassen

**trop** [tʀo] *adv* **1.** (*grand, cher*) zu; (*manger, faire*) zu viel; (*insister, négliger*) zu sehr **2.** (*en quantité excessive*) **~ de temps** zu viel Zeit *f* **3.** (*pas tellement*) **ne pas ~ aimer** nicht besonders mögen **4. c'est ~!** (*il ne fallait pas*) das wäre doch nicht nötig gewesen!

**tropique** [tʀɔpik] *m* **1.** GEO Wendekreis *m* **2.** (*région tropicale*) **les ~s** die Tropen

**troquer** [tʀɔke] <1> *vt* tauschen

**trottoir** [tʀɔtwaʀ] *m* Bürgersteig *m*

**trou** [tʀu] *m* **1.** Loch *nt*; (*d'une aiguille*) Öhr *nt* **2.** (*moment de libre*) freier Augenblick

**troublant(e)** [tʀublɑ̃] *adj* **1.** (*déconcertant*) irritierend **2.** (*excitant*) aufregend

**trouble[1]** [tʀubl] **I.** *adj* **1.** (*image, vue*) verschwommen **2.** (*période*) zwiespältig **II.** *adv* (*voir*) unscharf

**trouble[2]** [tʀubl] *m* **1.** *pl* MED Beschwerden *Pl* **2.** *pl* (*politiques, sociaux*) Unruhen *Pl*

**troubler** [tʀuble] <1> **I.** *vt* **1.** stören **2.** (*perturber*) beunruhigen **3.** (*digestion, facultés mentales*) beeinträchtigen **II.** *vpr* **se ~** (*devenir trouble*) sich trüben

**trouer** [tʀue] <1> *vt* **1.** (*faire un trou*) ein Loch machen **2.** (*faire plusieurs trous*) zerlöchern
**trouver** [tʀuve] <1> **I.** *vt* finden **II.** *vpr* (*être situé*) **se ~** sich befinden
**truc** [tʀyk] *m* **1.** *fam* (*chose*) Ding *nt* **2.** *fam* (*combine*) Trick *m* **3. c'est mon ~** *fam* das ist meine Sache
**truie** [tʀɥi] *f* Sau *f*
**truite** [tʀɥit] *f* Forelle *f*
**tsigane** [tsigan] *mf* Zigeuner(in) *m(f)*
**TTC** [tetese] *abr de* **toutes taxes comprises** inkl. MwSt.
**tu** [ty] <t'> *pron* du
**tube** [tyb] *m* **1.** (*tuyau*) Rohr *nt* **2.** ELEC Röhre *f* **3.** (*emballage à presser*) Tube *f* **4.** ANAT **~ digestif** Verdauungstrakt *m*
**tuer** [tɥe] <1> **I.** *vt, vi* töten **II.** *vpr* **se ~** umkommen; (*se donner la mort*) sich umbringen
**tueur** [tɥœʀ] *m* Mörder *m*
**tumulte** [tymylt] *m* (*d'une foule*) Tumult *m;* (*de la rue*) Treiben *nt*
**tunnel** [tynɛl] *m* **1.** (*galerie*) Tunnel *m* **2.** (*période difficile*) Durststrecke *f*
**turbulent(e)** [tyʀbylɑ̃] *adj* (*agité*) wild
**turc, turque** [tyʀk] *adj* türkisch
**Turc, Turque** [tyʀk] *m, f* Türke/Türkin *m/f*
**Turquie** [tyʀki] *f* **la ~** Türkei *f*
**turquoise** [tyʀkwaz] *adj inv* türkis[farben]
**tutelle** [tytɛl] *f* **1.** (*d'un mineur*) Vormundschaft *f* **2.** *péj* Bevormundung *f*
**tuteur** [tytœʀ] *m* (*support*) Stütze *f*
**tuteur, -trice** [tytœʀ] *m, f* (*d'un mineur*) Vormund *m*
**tutoyer** [tytwaje] <6> *vt, vpr* [**se**] **~** [sich] duzen
**TV** [teve] *f abr de* **télévision**
**type** [tip] **I.** *m* **1.** *a. fam* Typ *m* **2.** (*genre*) Art *f* **II.** *app inv* typisch
**typique** [tipik] *adj* **~ de qn/qc** typisch für jdn/etw
**tyranniser** [tiʀanize] <1> *vt* tyrannisieren

# U

**U, u** [y] *m inv* U *nt,* u *nt;* **en u** in U-Form
**UDF** [ydeɛf] *f abr de* **Union pour la démocratie française** *liberal-konservative Parteienkonföderation Frankreichs*
**UE** [yø] *f abr de* **Union européenne** EU *f*
**UEM** [yøɛm] *f abr de* **Union économique et monétaire** WWU *f*
**ultérieurement** [ylteʀjœʀmɑ̃]

*adv* später

**ultrason** [yltʀasɔ̃] *m* Ultraschall *m*

**ultraviolet** [yltʀavjɔlɛ] *m* **les ~s** ultraviolette Strahlen

**UME** [yɛmø] *f abr de* **Union monétaire européenne** EWU *f*

**un, une** [œ̃] *art pron num* ein(e)

**unanime** [ynanim] *adj* (*consentement*) einhellig

**une** [yn] **I.** *v.* **un II.** *f* PRESSE **la ~** die Titelseite

**uni(e)** [yni] *adj* **1.** (*unicolore*) einfarbig **2.** (*en union*) vereint

**unificateur, -trice** [ynifikatœʀ] *adj* (*principe*) einigend

**unification** [ynifikasjɔ̃] *f* Vereinigung *f*

**uniforme** [ynifɔʀm] *adj* **1.** (*pareil*) gleich[artig] **2.** (*standardisé*) vereinheitlicht

**uniformiser** [ynifɔʀmize] <1> *vt* (*programmes*) vereinheitlichen

**union** [ynjɔ̃] *f* **1.** (*alliance*) Vereinigung *f* **2.** (*association*) Verband *m*

**Union européenne** [ynjɔ̃ øʀɔpeɛn] *f* Europäische Union

**Union monétaire** [ynjɔ̃ mɔnetɛʀ] *f* Währungsunion *f*

**unique** [ynik] *adj* (*seul*) einzig; (*monnaie*) einheitlich; **sens ~** Einbahnstraße *f*

**unir** [yniʀ] <8> *vt, vpr* ((*s'*)*associer*) **[s']~** [sich] vereinigen

**unisexe** [ynisɛks] *adj* für Mann und Frau

**unitaire** [ynitɛʀ] *adj* **1.** (*revendications*) einheitlich **2.** (*production*) auf ein Produkt beschränkt

**unité** [ynite] *f* **1.** Einheit *f* **2.** INFORM, TECH **~ de stockage** Speicher[einheit *f*] *m*; **~ de bande magnétique/disque** Band-/Diskettenlaufwerk *nt*; **~ de sortie** Ausgabegerät *nt*

**universel(le)** [ynivɛʀsɛl] *adj* **1.** (*mondial*) weltweit **2.** (*opp: particulier*) allgemein

**université** [ynivɛʀsite] *f* Universität *f*

**urgence** [yʀʒɑ̃s] *f* **1.** (*caractère urgent*) Dringlichkeit *f*; **d'~** unverzüglich **2.** MED Notfall *m*

**urgent(e)** [yʀʒɑ̃] *adj* (*cas*) dringend; (*affaire*) dringlich; **~!** eilt!

**usage** [yzaʒ] *m* **1.** (*utilisation*) Gebrauch *m*; **hors d'~** außer Betrieb **2.** (*consommation*) Verbrauch *m* **3.** (*faculté*) **l'~ de la parole** die Sprache **4.** (*coutume*) Brauch *m*

**usager, -ère** [yzaʒe] *m, f* Benutzer(in) *m(f)*

**user** [yze] <1> *vt, vpr* ((*se*) *détériorer*) **[s']~** [sich] abnutzen

**usine** [yzin] *f* Fabrik *f*

**ustensile** [ystɑ̃sil] *m* Gerät *nt*

**usuel(le)** [yzɥɛl] *adj* gebräuchlich; (*mot*) gängig

**utile** [ytil] *adj* nützlich

**utiliser** [ytilize] <1> *vt* **1.** benutzen **2.** (*personne*) ausnutzen

**UV** [yve] *mpl abr de* **ultraviolets** UV-Strahlen *Pl*

# V

**V, v** [ve] *m inv* 1. V *nt*, v *nt* 2. (*forme*) **décolleté en V** V-Ausschnitt *m*
**vacances** [vakɑ̃s] *fpl* SCOL, UNIV Ferien *Pl*
**vacciner** [vaksine] <1> *vt* impfen
**vache** [vaʃ] I. *f* 1. ZOOL Kuh *f* 2. **la ~!** *fam* Donnerwetter! II. *adj fam* (*méchant*) gemein
**vachement** [vaʃmɑ̃] *adv fam* echt
**vaciller** [vasije] <1> *vi* (*personne*) taumeln; (*lumière*) flackern
**vagabonder** [vagabɔ̃de] <1> *vi* (*errer*) umherziehen
**vagin** [vaʒɛ̃] *m* Scheide *f*
**vague**[1] [vag] I. *adj* 1. (*indistinct*) undeutlich 2. (*lointain*) entfernt II. *m* **dans le ~** im Unklaren
**vague**[2] [vag] *f* Welle *f*
**vaguement** [vagmɑ̃] *adv* (*opp: précisément*) ungefähr
**vain(e)** [vɛ̃] *adj* **en ~** vergeblich
**vaincu(e)** [vɛ̃ky] *m(f)* Verlierer(in) *m(f)*
**vainement** [vɛnmɑ̃] *adv* vergeblich
**vaisseau** [vɛso] <x> *m* ANAT Gefäß *nt*
**vaisselle** [vɛsɛl] *f* Geschirr *nt*; **faire la ~** das Geschirr spülen
**valable** [valabl] *adj* gültig
**valeur** [valœʀ] *f* 1. Wert *m*; **de ~** wertvoll 2. (*importance*) Bedeutung *f*
**validation** [validasjɔ̃] *f* INFORM Bestätigung *f*
**valide** [valid] *adj* (*personne*) gesund
**validité** [validite] *f* Gültigkeit *f*
**valise** [valiz] *f* [Reise]koffer *m*
**vallée** [vale] *f* Tal *nt*
**valoir** [valwaʀ] <irr> I. *vi* 1. (*coûter*) kosten 2. (*mettre en avant*) **faire ~ un argument** ein Argument geltend machen II. *vt* 1. (*avoir de la valeur*) taugen 2. JEUX zählen 3. (*mériter*) lohnen III. *vpr* **se ~** COM gleich viel kosten
**vanité** [vanite] *f* Eitelkeit *f*
**vanter** [vɑ̃te] <1> I. *vt* [in den höchsten Tönen] loben II. *vpr* **se ~** prahlen
**vapeur** [vapœʀ] *f* **~ d'eau** Wasserdampf *m*
**variable** [vaʀjabl] *adj* 1. variabel 2. METEO veränderlich
**variante** [vaʀjɑ̃t] *f* Variante *f*
**variation** [vaʀjasjɔ̃] *f* Veränderung *f*
**varié(e)** [vaʀje] *adj* abwechslungsreich
**varier** [vaʀje] <1> *vi* 1. (*évoluer*) sich [ver]ändern 2. (*être différent*) unterschiedlich sein
**variété** [vaʀjete] *f* 1. (*diversité*) Vielfalt *f* 2. (*changement*) Abwechslung *f*
**vase**[1] [vɑz] *m* (*récipient*) Vase *f*
**vase**[2] [vɑz] *f* Schlamm *m*
**vaste** [vast] *adj* (*immense*) weit
**veau** [vo] <x> *m* 1. ZOOL Kalb *nt*

2. GASTR Kalbfleisch *nt*
**vedette** [vədɛt] *f* **1.** (*rôle principal*) Hauptdarsteller(in) *m(f)* **2.** (*personnage connu*) Star *m*
**végétarien(ne)** [veʒetaʀjɛ̃] *m(f)* Vegetarier(in) *m(f)*
**véhémence** [veemɑ̃s] *f* Heftigkeit *f*
**véhicule** [veikyl] *m* AUT Fahrzeug *nt*
**veille** [vɛj] *f* **1.** (*jour précédent*) Vortag *m* **2.** (*fait de ne pas dormir*) Wachsein *nt*
**veiller** [veje] <1> *vi* **1.** (*faire attention à*) ~ **à qc** auf etw (*akk*) achten **2.** (*surveiller*) Wache halten
**veilleuse** [vɛjøz] *f* **1.** (*petite lampe*) Nachtlicht *nt* **2.** *pl* (*feu de position*) Standlicht *nt*
**vélo** [velo] *m* **1.** (*bicyclette*) [Fahr]-rad *nt* **2.** (*activité*) Rad fahren *nt*
**vendeur, -euse** [vɑ̃dœʀ] *m, f* Verkäufer(in) *m(f)*
**vendre** [vɑ̃dʀ] <14> *vt, vi, vpr* [se] ~ [sich] verkaufen
**vendredi** [vɑ̃dʀədi] *m* Freitag *m;* **Vendredi saint** Karfreitag
**vénérable** [veneʀabl] *adj* ehrwürdig
**vengeance** [vɑ̃ʒɑ̃s] *f* Rache *f*
**venger** [vɑ̃ʒe] <2a> *vt* rächen
**venir** [v(ə)niʀ] <9> **I.** *vi* **1.** kommen; **faire ~ qn** jdn rufen **2.** (*parvenir*) ~ **jusqu'à qn/qc** bis zu jdm/etw dringen **3.** (*s'étendre*) ~ **jusqu'à qc** bis an etw (*akk*) reichen **4. à ~** folgend; **où veut-il en ~?** worauf will er hinaus? **II.** *aux* **1.** (*se déplacer*) kommen **2.** (*avoir juste fini*) **je viens [juste/à peine] d'avoir fini** ich habe gerade aufgehört
**vent** [vɑ̃] *m* Wind *m;* **il y a du ~** es ist windig
**vente** [vɑ̃t] *f* **1.** Verkauf *m* **2.** (*service*) Vertrieb *m*
**ventre** [vɑ̃tʀ] *m* Bauch *m*
**venu(e)** [v(ə)ny] **I.** *adj* **bien/mal ~** angebracht/unangebracht **II.** *m(f)* **nouveau ~** Neuankömmling *m*
**ver** [vɛʀ] *m* Wurm *m;* **~ à soie** Seidenraupe *f*
**verbal(e)** [vɛʀbal] <-aux> *adj* mündlich
**verbe** [vɛʀb] *m* LING Verb *nt*
**vérifier** [veʀifje] <1> **I.** *vt* überprüfen **II.** *vpr* **se ~** (*soupçon*) sich bestätigen
**véritable** [veʀitabl] *adj* **1.** (*réel*) wirklich **2.** (*vrai*) richtig
**vérité** [veʀite] *f* Wahrheit *f*
**vermine** [vɛʀmin] *f* (*parasites*) Ungeziefer *nt*
**vernir** [vɛʀniʀ] <8> *vt* lackieren
**vernis** [vɛʀni] *m* (*façade*) Fassade *f* (*fig*)
**verre** [vɛʀ] *m* Glas *nt*
**vers[1]** [vɛʀ] *prép* **1.** (*en direction de*) ~ **qn/qc** auf jdn/etw zu **2.** (*aux environs de: lieu*) bei; (*temps*) gegen
**vers[2]** [vɛʀ] *m* Vers *m*
**Verseau** [vɛʀso] <x> *m* Wasser-

mann *m*

**verser** [vɛʀse] <1> *vt* **1.** (*faire couler*) ~ **de l'eau à qn** jdm Wasser eingießen **2.** (*somme*) [ein]zahlen

**version** [vɛʀsjɔ̃] *f* Version *f*

**verso** [vɛʀso] *m* Rückseite *f*

**vert** [vɛʀ] *m* Grün *nt*

**vert(e)** [vɛʀ] **I.** *adj* **1.** grün **2.** (*légumes*) frisch **II.** *m(f)* (*écologiste*) Grüne(r) *f(m)*

**vertical(e)** [vɛʀtikal] <-aux> *adj* senkrecht

**vertige** [vɛʀtiʒ] *m* **1.** (*peur du vide*) Schwindel[gefühl *nt*] *m* **2.** (*malaise*) Schwindelanfall *m*

**vertu** [vɛʀty] *f* **1.** (*qualité*) Tugend *f* **2.** (*effet bénéfique*) [positive] Wirkung

**veste** [vɛst] *f* **1.** Jacke *f* **2.** (*gilet*) Strickjacke *f*

**vestiaire** [vɛstjɛʀ] *m* Garderobe *f*

**veston** [vɛstɔ̃] *m* Sakko *m o nt*

**vêtement** [vɛtmɑ̃] *m* Kleidungsstück *nt*

**vêtir** [vetiʀ] <irr> *vpr soutenu* **se** ~ sich ankleiden

**veuf, veuve** [vœf] *m, f* Witwer/Witwe *m/f*

**vexer** [vɛkse] <1> **I.** *vt* kränken **II.** *vpr* **se** ~ gekränkt sein

**via** [vja] *prép* über (+*akk*)

**viande** [vjɑ̃d] *f* Fleisch *nt*

**vibrer** [vibʀe] <1> *vi* (*moteur*) vibrieren

**vicieux, -euse** [visjø] *adj* **1.** (*obsédé sexuel*) lüstern (*geh*) **2.** (*cheval*) heimtückisch

**victime** [viktim] *f* Opfer *nt;* (*mort*) [Todes]opfer *nt*

**victoire** [viktwaʀ] *f* Sieg *m*

**vide** [vid] **I.** *adj* **1.** (*opp: plein*) leer **2.** ~ **de qc** ohne etw **II.** *m* **1.** (*abîme*) Abgrund *m* **2.** PHYS luftleerer Raum **3.** (*espace vide*) Lücke *f*

**vide-ordures** [vidɔʀdyʀ] *m inv* Müllschlucker *m*

**vidéotex®** [videotɛks] *m* Videotext *m*

**vider** [vide] <1> **I.** *vt* **1.** leeren **2.** (*substance liquide*) ausgießen **3.** (*appartement*) ausräumen (*fam*) **II.** *vpr* **se** ~ (*bouteille*) auslaufen; (*ville*) sich leeren

**vie** [vi] *f* **1.** (*existence*) Leben *nt* **2.** (*façon de vivre*) Lebensweise *f;* **c'est la ~!** so ist das Leben! **3.** (*biographie*) Lebensgeschichte *f* **4. à ~** auf Lebenszeit

**vieillard** [vjɛjaʀ] *m* Greis *m*

**vieillesse** [vjɛjɛs] *f* **1.** (*opp: jeunesse*) Alter *nt* **2.** (*personnes âgées*) **la ~** die Alten *Pl*

**vieillir** [vjɛjiʀ] <8> *vi* **1.** (*personne*) alt werden; (*fromage, vin*) reifen **2.** (*se démoder*) an Aktualität verlieren

**vierge** [vjɛʀʒ] *adj* **1.** (*non défloré*) unschuldig; (*fille*) unberührt **2.** (*disquette, page*) leer **3.** (*inexploré*) **la forêt ~** der Urwald

**Vierge** [vjɛʀʒ] *f* **1.** REL **la ~ Marie** die Jungfrau Maria **2.** ASTRO Jungfrau *f*

V

**vieux** [vjø] *adv* alt

**vieux, vieil, vieille** [vjø] *adj* alt; **être ~ d'un mois** einen Monat sein

**vif** [vif] *m* **le ~ du sujet** der Kern der Sache

**vif, vive** [vif] *adj* **1.** (*personne*) lebhaft **2.** (*rapide*) schnell; **avoir l'esprit ~** aufgeweckt sein **3.** (*douleur*) heftig; (*couleur*) kräftig **4.** (*vivant*) lebend

**vigne** [viɲ] *f* **1.** BOT Wein *m;* **pied de ~** Rebstock *m* **2.** (*vignoble*) Weinberg *m*

**vigneron(ne)** [viɲ(ə)ʀɔ̃] *m(f)* Winzer(in) *m(f),* Weinhauer(in) *m(f)* (A)

**vignette** [viɲɛt] *f* Kontrollmarke *f;* (*d'une automobile*) Kfz-Steuermarke *f*

**vignoble** [viɲɔbl] *m* **1.** (*terrain*) Weinberg *m* **2.** (*ensemble de vignobles*) Weinbaugebiet *nt*

**vigueur** [vigœʀ] *f* **1.** (*d'une personne*) Vitalität *f* **2. en ~** in Kraft

**vilain(e)** [vilɛ̃] *adj* **1.** (*laid*) hässlich **2.** (*mot*) unanständig

**village** [vilaʒ] *m* Dorf *nt*

**ville** [vil] *f* **1.** Stadt *f;* **vieille ~** Altstadt *f* **2. en ~** in der/die Stadt

**vin** [vɛ̃] *m* Wein *m;* **~ de pays** Landwein

**vinaigre** [vinɛgʀ] *m* Essig *m*

**vingt** [vɛ̃] *num* **1.** zwanzig **2.** (*dans l'indication des époques*) **les années ~** die zwanziger Jahre

**vingtaine** [vɛ̃tɛn] *f* **1. une ~ de personnes/pages** etwa zwanzig Personen/Seiten **2.** (*âge approximatif*) **avoir la ~** etwa zwanzig [Jahre alt] sein

**vingtième** [vɛ̃tjɛm] **I.** *adj* zwanzigste(r, s) **II.** *m* (*fraction*) Zwanzigstel *nt*

**vinicole** [vinikɔl] *adj* (*région*) Weinbau-

**viol** [vjɔl] *m* Vergewaltigung *f*

**violation** [vjɔlasjɔ̃] *f* **1.** JUR **~ de domicile** Hausfriedensbruch *m* **2.** (*profanation*) Schändung *f*

**violence** [vjɔlɑ̃s] *f* **1.** (*brutalité*) Gewalt *f* **2.** (*virulence*) Heftigkeit *f*

**violent(e)** [vjɔlɑ̃] *adj* **1.** (*mort*) gewaltsam **2.** (*intense*) heftig

**violenter** [vjɔlɑ̃te] <1> *vt* **~ qn** jdm Gewalt antun

**violer** [vjɔle] <1> *vt* **1.** (*personne*) vergewaltigen **2.** (*loi, frontière*) verletzen

**violet(te)** [vjɔlɛ] *adj* violett

**violette** [vjɔlɛt] *f* BOT Veilchen *nt*

**V.I.P.** [viajpi] *mf abr de* **very important person** VIP *mf*

**virage** [viʀaʒ] *m* (*tournant*) Kurve *f*

**virer** [viʀe] <1> **I.** *vi* (*véhicule*) abbiegen **II.** *vt* **1.** (*somme*) überweisen **2.** *fam* (*renvoyer*) feuern

**virgule** [viʀgyl] *f* Komma *nt*

**virilité** [viʀilite] *f* **1.** ANAT Potenz *f* **2.** (*caractère viril*) Männlichkeit *f*

**virtuel(le)** [viʀtɥɛl] *adj* **a.** INFORM

virtuell

**vis** [vis] *f* Schraube *f*

**visa** [viza] *m* Visum *nt;* ~ **d'entrée** Einreisevisum

**visage** [vizaʒ] *m* **1.** (*figure*) Gesicht *nt* **2.** (*mine*) Miene *f*

**vis-à-vis** [vizavi] **I.** *prép* **1.** (*en face de*) ~ **de l'église** gegenüber der Kirche **2.** (*envers*) ~ **de qn/qc** jdm/einer S. gegenüber **II.** *adv* **être/se trouver** ~ einander gegenüber stehen **III.** *m inv* (*personne, immeuble*) Gegenüber *nt*

**viser** [vize] <1> **I.** *vi* **1.** (*avec une arme*) zielen **2.** (*avoir pour but*) ~ **haut** hoch hinaus wollen **II.** *vt* **1.** (*cible*) zielen auf (+*akk*) **2.** (*ambitionner*) anstreben

**visiblement** [viziblәmɑ̃] *adv* [offen]sichtlich

**vision** [vizjɔ̃] *f* **1.** (*faculté*) Sehvermögen *nt* **2.** (*conception*) [An]sicht *f;* ~ **du monde** Weltanschauung *f*

**visite** [vizit] *f* (*action de visiter*) Besuch *m;* (*d'un musée*) Besichtigung *f*

**visiter** [vizite] <1> *vt* **1.** (*explorer*) besichtigen **2.** COM, MED, REL ~ **qn** bei jdm einen Hausbesuch machen **3.** INFORM laden

**visualiser** [vizɥalize] <1> *vt* bildlich darstellen

**visuel** [vizɥɛl] *m* INFORM Display *nt*

**visuel(le)** [vizɥɛl] *adj* (*mémoire*) visuell

**vital(e)** [vital] <-aux> *adj* (*fonction*) lebenswichtig

**vitamine** [vitamin] *f* Vitamin *nt*

**vite** [vit] *adv* schnell

**vitesse** [vitɛs] *f* **1.** (*rapidité*) Geschwindigkeit *f* **2.** (*promptitude*) Schnelligkeit *f* **3.** AUT Gang *m*

**vitre** [vitʀ] *f* (*carreau*) [Fenster]scheibe *f*

**vitrine** [vitʀin] *f* **1.** (*étalage*) Schaufenster *nt* **2.** (*armoire vitrée*) Vitrine *f*

**vivant(e)** [vivɑ̃] *adj* **1.** (*en vie*) lebend **2.** (*expressif*) lebendig **3.** (*en usage*) gebräuchlich

**vive** [viv] *interj* ~ **la liberté!** es lebe Freiheit!

**vivement** [vivmɑ̃] *adv* **1.** (*regretter*) zutiefst **2.** (*parler*) barsch

**vivre** [vivʀ] <irr> **I.** *vi* leben; ~ **bien** ein gutes Leben führen **II.** *vt* (*moment, événement*) erleben **III.** *mpl* **1.** Verpflegung *f* **2. couper les ~s à qn** jdm den Unterhalt streichen

**vocabulaire** [vɔkabylɛʀ] *m* **1.** (*terminologie*) Vokabular *nt* **2.** (*d'une langue*) Wortschatz *m*

**vocal(e)** [vɔkal] <-aux> *adj* (*corde, technique*) Stimm-; (*musique*) Vokal-

**vocation** [vɔkasjɔ̃] *f* Berufung *f*

**vœu** [vø] <x> *m* **1.** (*désir*) Wunsch *m* **2.** *pl* (*souhaits*) [Glück]wunsch *m*

**vogue** [vɔg] *f* Beliebtheit *f*

**voici** [vwasi] **I.** *adv* hier **II.** *interj*

*soutenu* **1.** (*réponse*) hier! **2.** (*présentation*) bitte [sehr]!

**voie** [vwa] *f* **1.** Weg *m* **2.** (*d'une route*) [Fahr]spur *f;* ~ **sans issue** Sackgasse *f* **3.** CHEMDFER ~ [**ferrée**] [Bahn]gleis *nt* **4.** ASTRO ~ **lactée** Milchstraße *f*

**voilà** [vwala] **I.** *adv* **1.** (*opp: voici*) da **2.** (*désigner*) ~ **mes amis** das sind meine Freunde; ~ **pourquoi/où ...** deshalb also/dort[hin] also ...; **et** ~ **tout** und das ist alles **3. en** ~ **assez!** jetzt aber genug!; **en veux-tu, en** ~ *fam* mehr als genug; **nous y** ~ das ist es also **II.** *interj* **1.** (*réponse*) hier! **2.** (*présentation*) bitte [sehr]! **3.** (*naturellement*) **et** ~**!** natürlich!

**voile¹** [vwal] *m* **1.** *a.* PHOT Schleier *m* **2.** (*tissu fin, pour cacher*) Tuch *nt* **3.** MED Schatten *m*

**voile²** [vwal] *f* **1.** NAUT Segel *nt* **2.** SPORT **la** ~ [das] Segeln; **faire de la** ~ segeln

**voiler¹** [vwale] <1> **I.** *vpr* **se** ~ **1.** (*se dissimuler*) sich verschleiern **2.** (*ciel*) sich bedecken **II.** *vt* (*cacher*) verhüllen

**voiler²** [vwale] <1> *vpr* **se** ~ (*roue*) sich verbiegen

**voilier** [vwalje] *m* Segelboot *nt*

**voir** [vwaʀ] <irr> **I.** *vt* **1.** sehen **2.** (*personne*) zusammenkommen mit; **aller/venir** ~ **qn** jdn besuchen **3. je voudrais bien t'y/vous y** ~ *fam* du hast/Sie haben gut reden; ~ **venir** abwarten **II.** *vi* **1.** sehen **2.** (*prévoir*) ~ **grand/petit** großzügig/knapp kalkulieren **3.** (*veiller*) **il faut** ~ **à ce que** + *subj* man sollte darauf achten, dass **4. pour** ~ zum Ausprobieren; **vois-tu** weißt du **III.** *vpr* **1.** (*être visible*) **se** ~ **bien** deutlich zu sehen sein **2.** (*se rencontrer*) **se** ~ sich sehen **3.** (*se produire*) **se** ~ (*phénomène*) sich ereignen **4.** (*se trouver*) **se** ~ **contraint de faire qc** sich gezwungen sehen etw zu tun **5.** (*s'imaginer*) **se** ~ **faire qc** sich (*dat*) vorstellen können etw zu tun

**voire** [vwaʀ] *adv* ~ [**même**] ja sogar

**voirie** [vwaʀi] *f* (*enlèvement des ordures*) Müllabfuhr *f*

**voisin(e)** [vwazɛ̃] *adj* **1.** (*maison*) Nachbar-; (*rue*) benachbart; **être** ~ **de qc** an etw (*akk*) angrenzen **2.** (*sens*) ähnlich

**voiture** [vwatyʀ] *f* Auto *nt; a.* CHEMDFER Wagen *m;* ~ **d'occasion** Gebrauchtwagen

**voiture-bar** [vwatyʀbaʀ] <voitures-bars> *f* CHEMDFER Büfettwagen *m* **voiture-lit** [vwatyʀli] <voiture[s]-lits> *f* Schlafwagen *m*

**voix** [vwɑ] *f* **1.** *a.* MUS Stimme *f;* **à deux** ~ zweistimmig **2.** (*suffrage*) [Wähler]stimme *f* **3.** LING Form *f*

**vol¹** [vɔl] *m* **1.** *a.* ZOOL Flug *m;*

~ **à bas prix** Billigflug *m* **2. à ~ d'oiseau** in der Luftlinie

**vol²** [vɔl] *m* (*larcin*) Diebstahl *m*

**volaille** [vɔlɑj] *f* Geflügel[fleisch *nt*] *nt*

**volant** [vɔlɑ̃] *m* **1.** AUT Lenkrad *nt;* **être au ~** am Steuer sitzen **2.** (*d'un rideau*) Volant *m* **3.** SPORT Federball *m*

**volant(e)** [vɔlɑ̃] *adj* **1.** (*soucoupe*) fliegend **2.** (*feuille*) lose; **douane ~e** Zollstreife *f*

**volatil(e)** [vɔlatil] *adj* **1.** CHIM flüchtig **2.** INFORM **mémoire ~e** Arbeitsspeicher *m*

**volcan** [vɔlkɑ̃] *m* Vulkan *m*

**volée** [vɔle] *f* **1.** (*groupe*) **une ~ de moineaux** ein Schwarm *m* Spatzen **2.** (*raclée*) Schläge *Pl*

**voler¹** [vɔle] <1> *vi* **1.** (*se mouvoir dans l'air*) fliegen **2.** (*courir*) eilen

**voler²** [vɔle] <1> *vt, vi* (*dérober*) stehlen

**voleur**, **-euse** [vɔlœʀ] *m, f* **1.** Dieb(in) *m(f)* **2. au ~!** haltet den Dieb!

**volontaire** [vɔlɔ̃tɛʀ] *adj* **1.** (*voulu*) beabsichtigt; **incendie ~** Brandstiftung *f* **2.** (*non contraint*) freiwillig

**volontairement** [vɔlɔ̃tɛʀmɑ̃] *adv* **1.** (*exprès*) absichtlich **2.** (*de son plein gré*) freiwillig

**volonté** [vɔlɔ̃te] *f* **1.** (*détermination*) Wille *m* **2. à ~** nach Belieben

**volontiers** [vɔlɔ̃tje] *adv* **1.** (*avec plaisir*) gern[e] **2.** (*souvent*) gern

**volt** [vɔlt] *m* Volt *nt*

**volume** [vɔlym] *m* **1.** *a.* SCI Volumen *nt* **2.** COM [Gesamt]menge *f* **3.** (*tome*) Band *m*

**volupté** [vɔlypte] *f* **1.** (*plaisir sensuel*) Genuss *m* **2.** (*plaisir sexuel*) Wollust *f* (*geh*)

**vomir** [vɔmiʀ] <8> **I.** *vt* (*régurgiter*) [er]brechen, speiben (A) **II.** *vi* sich übergeben

**vorace** [vɔʀas] *adj* (*animal, personne*) gefräßig

**vos** [vo] *dét v.* **votre**

**vote** [vɔt] *m* (*suffrage*) Abstimmung *f;* POL Wahl *f*

**voter** [vɔte] <1> **I.** *vi* wählen; **~ contre/pour qn/qc** gegen/für jdn/etw stimmen **II.** *vt* (*crédits*) bewilligen

**votre** [vɔtʀ] <vos> *dét* (*à une/plusieurs personne(s) vouvoyée(s)*) Ihr(e); (*à plusieurs personnes tutoyées*) eurer/eu[e]re

**vôtre** [votʀ] *pron* **le/la ~** (*à une/plusieurs personne(s) vouvoyée(s)*) der/die/das Ihre/ihre; (*à plusieurs personnes tutoyées*) der/die/das Eu[e]re/eu[e]re

**vouer** [vwe] <1> **I.** *vt* **1.** (*condamner*) verdammen; **être voué à l'échec** zum Scheitern verurteilt sein **2.** (*temps*) widmen **II.** *vpr* **se ~ à qn/qc** sich jdm/einer Sache widmen

**vouloir** [vulwaʀ] <irr> I. *vt* 1. (*exiger*) wollen; ~ **qc de qn** etw von jdm verlangen 2. **bien ~ que** + *subj* einverstanden sein, dass II. *vi* 1. wollen 2. (*avoir des griefs envers*) **en ~ à un qn de qc** jdm wegen etw böse sein 3. [**moi,**] **je veux bien** (*volontiers*) [oh ja,] gerne III. *vpr* **s'en ~ de qc** sich Vorwürfe wegen etw machen

**voulu(e)** [vuly] *adj* 1. (*effet*) gewünscht; **en temps ~** rechtzeitig 2. (*délibéré*) absichtlich

**vous** [vu] I. *pron pers, 2. pers. pl* ihr/euch II. *pron pers, forme de politesse* Sie/Ihnen

**vous-même** [vumɛm] <vous-mêmes> I. *pron pers, 2. pers. pl* ihr selbst II. *pron pers, forme de politesse* Sie selbst

**vouvoyer** [vuvwaje] <6> *vt, vpr* [**se**] ~ [sich] siezen

**voyage** [vwajaʒ] *m* (*le fait de voyager*) Reise *f*

**voyager** [vwajaʒe] <2a> *vi* (*aller en voyage*) reisen

**voyageur, -euse** [vwajaʒœʀ] *m, f* 1. (*personne qui voyage*) Reisende(r) *f(m)* 2. (*dans un avion*) Fluggast *m*

**voyant(e)** [vwajɑ̃] *m(f)* 1. (*devin*) Hellseher(in) *m(f)* 2. (*opp: aveugle*) Sehende(r) *f(m)*

**voyelle** [vwajɛl] *f* Vokal *m*

**vrai** [vʀɛ] I. *m* 1. **le ~** das Wahre 2. **à ~ dire** offengestanden II. *adv* **dire ~** die Wahrheit sagen

**vrai(e)** [vʀɛ] *adj* 1. (*véridique*) wahr 2. (*authentique, digne de ce nom*) echt 3. **pas ~?** *fam* oder?; **~!/?** wirklich!/?

**vraiment** [vʀɛmɑ̃] *adv* wirklich

**vraisemblable** [vʀɛsɑ̃blabl] *adj* (*plausible*) einleuchtend

**vraisemblance** [vʀɛsɑ̃blɑ̃s] *f* (*probabilité*) Wahrscheinlichkeit *f*

**VTT** [vetete] *m abr de* **vélo tout-terrain** 1. (*vélo*) M.T.B. *nt* 2. (*sport*) Mountainbike-Fahren *nt*

**vu** [vy] I. *prép* in Anbetracht (+*gen*) II. *conj* **~ que...** da... III. *adv* **ni ~ ni connu** ohne dass jd etw bemerkt IV. *adj* (*compris*) alles klar

**vu(e)** [vy] *adj* (*apprécié*) **être bien/mal ~ de qn** von jdm gerngesehen/nicht gerngesehen sein

**vue** [vy] *f* 1. (*sens*) Sehvermögen *nt* 2. (*regard*) Blick *m*; **perdre qn/qc de ~** jdn/etw aus den Augen verlieren 3. (*panorama*) Aussicht *f* 4. **~ d'ensemble** Überblick *m*; **garder à ~** unter Aufsicht stellen

**vulgaire** [vylgɛʀ] *adj* 1. (*grossier*) vulgär 2. (*quelconque*) gewöhnlich

**vulnérable** [vylneʀabl] *adj* verletzbar

**vulve** [vylv] *f* **la ~** die äußeren Geschlechtsorgane *Pl* [der Frau]

# W

**W**, **w** [dublәve] *m inv* W *nt*, w *nt*
**wagon** [vagɔ̃] *m* CHEMDFER Wagen *m*, Waggon *m*
**wagon-lit** [vagɔ̃li] <wagons-lits> *m* Schlafwagen *m*
**wagon-restaurant** [vagɔ̃ʀɛstɔʀɑ̃] <wagons-restaurants> *m* Speisewagen *m*
**Wallis-et-Futuna** [walisefytyna] *französisches Territorium auf den Fidschiinseln*
**wallon(ne)** [walɔ̃] *adj* wallonisch
**Wallon(ne)** [walɔ̃] *m(f)* Wallone/Wallonin *m/f*
**Wallonie** [walɔni] *f* **la ~** Wallonien *nt*
**Web, WEB** [vɛb] *m* **le ~** das Web
**webcam** [wɛbkam] *f* INFORM Webcam *f*
**week-end** [wikɛnd] <week-ends> *m* Wochenende *nt*
**World Wide Web** *m* World Wide Web *nt*

# X

**X**, **x** [iks] *m inv* **1.** X *nt*, x *nt* **2.** *fam* (*plusieurs*) **x fois** x-mal **3.** (*Untel*) [Herr/Frau] X; **contre X** gegen unbekannt **4.** CINE **film X** nicht jugendfreier Film
**xénophobe** [gzenɔfɔb] *adj* ausländerfeindlich

# Y

**Y**, **y** [igʀɛk] *m inv* Y *nt*, y *nt*
**y** [i] **I.** *adv* dort **II.** *pron* (*à/sur cela*) **s'y entendre** sich damit auskennen
**yachting** [jɔtiŋ] *m* Segelsport *m*
**yaourt** [jauʀt] *m* Joghurt *m o nt*
**yeux** [jø] *mpl v.* **œil**
**yougoslave** [jugɔslav] *adj* jugoslawisch
**Yougoslave** [jugɔslav] *m* Jugoslawe *m*
**Yougoslavie** [jugɔslavi] *f* **République fédérale de ~** Bundesrepublik *f* Jugoslawien

# Z

**Z**, **z** [zɛd] *m inv* Z *nt*, z *nt*
**zapper** [zape] <1> *vi* zappen
**zébrure** [zebʀyʀ] *f* **1.** (*rayure*) Streifen *Pl* **2.** (*marques sur la peau*) Striemen *Pl*
**zèle** [zɛl] *m* Eifer *m*

**zélé(e)** [zele] *adj* eifrig
**zen** [zɛn] *adj* **être ~** *fam* [total] relaxed sein
**zéro** [zeʀo] **I.** *num* **1.** (*aucun*) null **2.** *fam* (*nul*) **qn/qc est ~** jd/etw ist eine Null **II.** *m* **1.** *inv* (*nombre*) Null *f* **2.** (*rien*) Nichts *nt;* **compter pour ~** *fam* nicht[s] zählen
**zip®** [zip] *m* Reißverschluss *m*
**zipper** [zipe] <1> *vt* INFORM (*fichier*) zippen
**zodiaque** [zɔdjak] *m* Tierkreis *m*
**zone** [zon] *f* **1.** Zone *f* **2.** FIN **~ monétaire** Geldwirtschaftszone *f* **3.** ECON **~ euro** Euro-Währungsgebiet *nt* **4.** INFORM **~ de dialogue** Dialogbox *f*
**zoo** [z(o)o] *m* Zoo *m*
**zut** [zyt] *interj fam* verdammt

# A

**A, a** [aː] <-, -> *nt* **1.** A *m*/a *m* **2. von A bis Z** *fam* de A à Z

**à** [a] *präp + nom* à

**Ä, ä** [ɛː] <-, -> *nt* A *m*/a *m* tréma

**Aachen** ['aːxən] <-s> *nt* Aix-la-Chapelle

**Aal** [aːl] <-[e]s, -e> *m* anguille *f*

**ab** [ap] **I.** *präp + dat* à partir de **II.** *adv* **1. Berlin ~ 14.15 Uhr** départ de Berlin [à] 14 h 15 **2. ~ und zu** de temps en temps

**Abbau** <-s> *m* **1.** (*eines Gerüsts*) démontage *m* **2.** MIN exploitation *f* **3.** (*von Arbeitskräften*) réduction *f;* (*von Leistungen*) suppression *f*

**ab|bauen** *vt* **1.** (*Gerüst*) démonter **2.** MIN exploiter **3.** (*Arbeitsstellen*) supprimer

**ab|biegen** *vi irr* **nach links/rechts ~** tourner à gauche/à droite

**Abbildung** <-, -en> *f* illustration *f*

**ab|brechen** *irr* **I.** *vt* **1.** (*Ast*) casser; **ein Stück von etw ~** couper un morceau de qc **2.** (*Lager*) lever **3.** (*Beziehungen*) rompre **4.** INFORM annuler **II.** *vi* **1.** (*kaputtgehen*) se casser **2.** (*Verhandlungen*) s'interrompre

**Abbruch** *m* **1.** (*Abriss*) démolition *f* **2.** (*von Beziehungen*) rupture *f;* (*einer Reise*) arrêt *m*

**Abc** [a(ː)be(ː)'tseː] <-, -> *nt* alphabet *m*

**ab|drehen I.** *vt* **1.** (*Gas*) fermer; (*Licht*) éteindre **2.** CINE tourner **II.** *vi* (*Schiff, Flugzeug*) changer de cap

**Abdruck**[1] <-drücke> *m* empreinte *f*

**Abdruck**[2] <-drucke> *m* reproduction *f*

**Abend** ['aːbənt] <-s, -e> *m* (*Tageszeit*) soir *m;* **am ~** (*heute Abend*) ce soir; (*jeden Abend*) le soir; **heute/gestern/morgen ~** ce/hier/demain soir; **es wird ~** le soir tombe; **guten ~!** bonsoir!

**Abendbrot** *nt: repas froid du soir* **Abenddämmerung** *f* crépuscule *m* **Abendessen** *nt* dîner *m*

**Abendland** *nt geh* **das ~** l'Occident *m* **Abendrot** *nt* coucher *m* de soleil

**abends** ['aːbənts] *adv* (*heute Abend*) ce soir; (*jeden Abend*) le soir

**Abenteuer** ['aːbəntɔyɐ] <-s, -> *nt a. fig* aventure *f*

**abenteuerlich** *adj* **1.** aventureux(-euse) **2.** (*Geschichte*) rocambolesque

**Abenteurer(in)** ['aːbəntɔyrɐ] <-s, -> *m(f)* aventurier(-ière) *m(f)*

**aber** ['aːbɐ] *konj* **1.** (*jedoch*) mais; **~ dennoch, ...** et pourtant ... **2.** (*wirklich*) **das ist ~**

**nett von Ihnen** ça, c'est sympa [de votre part]

**abergläubisch** ['a:bɛglɔybɪʃ] *adj* superstitieux(-euse)

**ab|fahren** *irr* **I.** *vi* **1.** partir **2.** SPORT descendre [à skis] **II.** *vt* (*Strecke, Land*) parcourir [de long en large]

**Abfahrt** *f* **1.** (*eines Zugs*) départ *m* **2.** (*Autobahnabfahrt*) sortie *f* **3.** SPORT descente *f*

**Abfahrtszeit** *f* heure *f* de départ

**Abfall** <-[e]s, Abfälle> *m* déchets *mpl*

**Abfallbeseitigung** *f* collecte *f* et traitement des déchets **Abfalleimer** *m* poubelle *f*

**ab|fallen** *vi irr* **1.** (*herunterfallen*) **von etw ~** tomber de qc **2.** (*sich neigen*) **gegen etw ~** (*Gelände, Hang*) descendre vers qc

**ab|finden** *irr* **I.** *vt* dédommager **II.** *vr* **sich mit jdm/etw ~** s'accommoder de qn/qc

**Abfindung** <-, -en> *f* dédommagement *m*

**ab|fliegen** *vi irr* (*Passagier*) partir; (*Flugzeug*) décoller

**Abflug** *m* départ *m* [en avion]

**ab|fragen** *vt* **jdn etw ~** interroger qn sur qc

**Abgabe** *f* **1.** taxe *f* **2.** (*des Balls*) passe *f* **3.** (*das Abliefern*) dépôt *m*

**Abgas** *nt* gaz *mpl* d'échappement

**abgasarm** *adj* (*Auto*) propre; **~ sein** polluer peu

**ab|geben** *vt irr* **1.** (*verschenken*) donner; (*verkaufen*) céder **2.** (*hinterlegen*) déposer **3.** (*Meinung*) donner **4.** (*einreichen*) rendre

**ab|gehen** *vi irr* **1. von etw ~** (*Farbe*) partir de qc; (*Knopf*) se détacher de qc **2.** (*abgezogen werden*) **davon gehen fünf Prozent ab** il faut en déduire cinq pour cent **3.** (*abzweigen*) **von etw ~** (*Straße, Weg*) quitter qc **4.** (*Zug*) partir; (*Schiff*) appareiller

**abgelegen** *adj* isolé(e)

**Abgeordnete(r)** *f(m)* député(e) *m(f)*

**abgeschlossen** *adj* (*Wohnung*) indépendant(e); (*Grundstück*) clos(e)

**abgesehen** *adv* **~ von ihm/dieser Frage** [mis] à part lui/cette question; **~ davon, dass ...** mis à part [le fait] que ...

**ab|gewöhnen*** *vt* **jdm etw ~** faire perdre l'habitude de qc à qn; **sich** (*dat*) **etw ~** arrêter de faire qc

**ab|halten** *vt irr* **1.** (*Kälte*) protéger de **2.** (*hindern*) **jdn davon ~ etw zu tun** empêcher qn de faire qc

**Abhang** *m* versant *m*

**ab|hängen**[1] *vi* dépendre

**ab|hängen**[2] *vt* (*abkuppeln*) décrocher

**abhängig** *adj* **1. von etw ~ sein** dépendre de qc **2.** *euph* (*süchtig*) dépendant(e)

**Abhängigkeit** <-, -en> *f* dépendance *f*

**ab|hauen** *vi irr fam* se casser

**ab|heben** *irr* **I.** *vi* **1. von etw ~** (*Flugzeug*) décoller de qc **2.** (*Hörer*) décrocher **II.** *vt* **1.** (*Geld*) retirer **2.** (*Karte*) tirer

**ab|holen** *vt* (*hingehen und mitnehmen*) aller chercher; (*kommen und mitnehmen*) venir chercher

**ab|hören** *vt* **1.** (*Gespräch*) écouter **2.** (*Schüler*) interroger **3.** MED ausculter

**Abi** ['abi] <-s, -s> *nt fam Abk von* **Abitur** ≈ bac *m*

**Abitur** [abi'tu:ɐ̯] <-s, -e> *nt* ≈ baccalauréat *m*

**Abiturient(in)** [abituri̯'ɛnt] <-en, -en> *m(f)* bachelier(-ière) *m(f)*

**ab|kaufen** *vt* acheter

**ab|kommen** *vi irr* **1.** (*abweichen*) **vom Weg ~** dévier du chemin **2.** (*aufgeben*) **von einer Gewohnheit ~** perdre une habitude **3.** (*abschweifen*) perdre le fil

**Abkommen** <-s, -> *nt* accord *m*

**ab|kühlen I.** *vi* refroidir **II.** *vt* (*kaltstellen*) **etw ~** mettre qc au frais **III.** *vr* **es kühlt [sich] ab** ça se rafraîchit

**ab|kürzen I.** *vt* **1.** (*Wort*) abréger **2.** (*verkürzen*) **etw um etw ~** écourter qc de qc **II.** *vi* (*einen kürzeren Weg nehmen*) prendre un raccourci

**Abkürzung** *f* (*eines Worts*) abréviation *f*; (*eines Wegs*) raccourci *m*

**ab|laden** *vt irr* (*Passagiere, Schutt*) déposer; (*Anhänger*) décharger

**ab|lassen** *vt irr* **Wasser/Luft aus etw ~** vider l'eau/enlever l'air de qc

**Ablauf** *m* **1.** déroulement *m* **2.** (*einer Frist*) expiration *f* **3.** LITER action *f*

**ab|laufen** *vi irr* **1.** (*abfließen*) **aus etw ~** s'écouler de qc **2.** (*Ausweis, Frist*) expirer; (*Zeit*) s'achever

**ab|legen I.** *vt* déposer; (*Hut, Mantel*) retirer; (*Prüfung*) passer; (*Eid*) prêter **II.** *vi* (*Schiff*) lever l'ancre

**ab|lehnen** *vt, vi* refuser

**Ablehnung** <-, -en> *f* refus *m*

**ab|lenken I.** *vt* distraire **II.** *vi* **1.** (*ausweichen*) dévier **2.** (*der Zerstreuung dienen*) changer les idées **III.** *vr* **sich mit Sport ~** se changer les idées en faisant du sport

**Ablenkung** *f* **1.** (*Zerstreuung*) distraction *f* **2.** (*Störung*) diversion *f*

**ab|liefern** *vt* livrer

**ab|lösen I.** *vt* (*Kollegen*) relayer; (*Wachposten*) relever; (*Politiker*) remplacer; (*Etikett*) décoller; (*Lack*) enlever **II.** *vr* **sich** ~ (*Etikett*) s'enlever; (*Lack*) s'écailler

**ab|machen** *vt* **1.** convenir de **2.** *fam* (*entfernen*) enlever

**Abmachung** <-, -en> *f* accord *m*

**ab|melden I.** *vt* (*Schüler*) retirer; (*Telefon*) demander la résiliation de **II.** *vr* (*seinen Umzug anzeigen*) **sich** ~ faire une déclaration de changement de domicile

**Abnahme** ['apna:mə] <-, -n> *f* (*des Umsatzes, des Interesses*) baisse *f*

**ab|nehmen** *irr* **I.** *vi* **1.** perdre du poids; **an den Hüften** ~ maigrir des hanches **2.** (*Anzahl, Interesse*) baisser **3.** TELEC décrocher **II.** *vt* **1.** (*Wäsche, Bild, Hörer*) décrocher; (*Ware*) prendre livraison de **2.** (*wegnehmen*) **jdm etw** ~ retirer qc à qn **3.** (*tragen helfen*) **jdm die Tasche** ~ débarrasser qn de son sac

**Abneigung** *f* aversion *f*

**ab|nutzen** *vt, vr* [**sich**] ~ [s']user

**Abo** ['abo] <-s, -s> *nt fam*, **Abonnement** [abɔnə'mɑ̃:] <-s, -s> *nt* abonnement *m*

**abonnieren*** [abɔ'ni:rən] *vt* s'abonner à

**ab|räumen** *vt* (*Tisch*) débarrasser

**ab|rechnen** *vi* **1.** (*das Gehalt berechnen*) faire les comptes **2.** (*die Zeche berechnen*) encaisser **3.** (*zur Rechenschaft ziehen*) **mit jdm** ~ régler ses comptes avec qn

**Abrechnung** *f* **1.** (*Schlussrechnung*) comptes *mpl* **2.** (*Aufstellung*) facture *f* détaillée **3.** (*von Steuern*) déduction *f* **4.** (*Rache*) règlement *m* de comptes

**Abreise** *f* départ *m*

**ab|reißen** *irr* **I.** *vt* **1.** arracher **2.** (*Gebäude*) raser **II.** *vi* (*Seil*) se casser; (*Kontakt*) s'interrompre

**Abriss** *m* **1.** (*eines Gebäudes*) démolition *f* **2.** (*Übersicht*) abrégé *m*

**ab|rufen** *vt irr* (*Daten*) consulter

**Abrüstung** *f* désarmement *m*

**ABS** [a:be:'ʔɛs] <-> *nt Abk von* **Antiblockiersystem** A.B.S. *m*

**Absage** ['apza:gə] *f* réponse *f* négative

**ab|sagen I.** *vt* (*Teilnahme*) décommander; (*Spiel*) annuler **II.** *vi* **jdm** ~ se décommander auprès de qn

**Absatz** *m* **1.** (*Schuhabsatz*) talon *m* **2.** (*Abschnitt*) paragraphe *m*

**ab|schaffen** *vt* (*Zoll, Strafe*) supprimer; (*Gesetz*) abroger; (*Privileg*) abolir

**ab|schalten I.** *vt* (*Fernseher*) éteindre; (*Strom, Motor*) couper **II.** *vi fam* (*Person*) décrocher

**ab|schätzen** *vt* (*Kosten*) évaluer; (*Reaktion*) prévoir

**Abscheu** <-[e]s> *m* dégoût *m*
**abscheulich** *adj* **1.** (*entsetzlich*) abominable **2.** *fam* (*Schmerzen*) atroce
**ab|schicken** *vt* envoyer
**Abschiebungsverfahren** *nt* procédure *f* d'expulsion
**Abschied** ['apʃi:t] <-[e]s, -e> *m* adieu *m*
**ab|schlagen** *vt irr* (*Henkel*) casser; (*Ecke*) ébrecher; (*Baum*) abattre
**Abschleppdienst** *m* service *m* de dépannage
**ab|schleppen** *vt* **1.** (*Fahrzeug*) remorquer **2.** *fam* (*mitnehmen*) embarquer
**ab|schließen** *irr* **I.** *vt* **1.** (*zuschließen*) **etw ~** fermer qc à clé **2.** (*Schule*) achever **3.** (*Geschäft*) conclure; (*Vertrag*) passer; (*Versicherung*) souscrire **4.** (*Rede*) conclure; (*Konferenz*) clôturer **II.** *vi* **1.** (*zuschließen*) fermer à clé **2.** (*Vertrag schließen*) faire affaire
**Abschluss** *m* **1.** (*Ende*) conclusion *f* **2.** (*Abschlussprüfung*) diplôme *m* [de fin d'études]
**Abschlussklasse** *f* [classe *f* de] terminale *f* **Abschlussprüfung** *f* examen *m* de fin d'études
**ab|schminken** *vt, vr* [**sich**] ~ [se] démaquiller
**ab|schneiden** *vt irr* couper
**Abschnitt** *m* **1.** (*eines Textes*) paragraphe *m*; (*eines Formulars*) partie *f* **2.** (*Zeitabschnitt*) période *f*
**ab|schrauben** *vt* dévisser
**ab|schrecken** *vt* **1.** faire peur à; **jdn von etw ~** dissuader qn de qc **2.** (*Eier*) refroidir
**ab|schreiben** *irr* **I.** *vt* **1.** recopier **2.** (*plagiieren*) **etw bei jdm/aus etw ~** copier qc sur qn/dans qc **3.** (*Betrag*) déduire **II.** *vi* (*plagiieren*) **von jdm/etw ~** copier sur qn/qc
**ab|schwächen** *vt, vr* [**sich**] ~ [s']atténuer
**ab|schwellen** *vi irr* (*Entzündung*) désenfler
**abseits** ['apzaits] **I.** *adv* à l'écart **II.** *präp + gen* à l'écart de
**abseits|stehen** *vi* SPORT être hors-jeu
**ab|senden** *vt irr o reg* expédier
**Absender(in)** <-s, -> *m(f)* expéditeur(-trice) *m(f)*
**ab|setzen** *vt* **1.** (*Mitfahrer*) déposer; (*Trinkgefäß*) poser; (*Hut*) enlever **2.** (*des Amtes entheben*) destituer **3.** FIN déduire
**Absicht** <-, -en> *f* **1.** intention *f* **2.** (*Mutwillen*) **etw mit ~ tun** faire qc exprès
**absichtlich** *adj* intentionnel(le)
**absolut** [apzo'lu:t] **I.** *adj* (*Verbot, Ruhe*) absolu(e); (*Ablehnung*) catégorique **II.** *adv fam* (*unverständlich*) absolument
**absolvieren*** [apzɔl'vi:rən] *vt*

(*Ausbildung*) effectuer; (*Prüfung*) passer; (*Wehrdienst*) accomplir

**ab|speichern** *vt* INFORM sauvegarder

**ab|sperren** *vt* barrer

**Absperrung** *f* barrage *m*

**ab|spielen** I. *vr* **sich ~** (*Szene*) se dérouler II. *vt* (*CD, Ball*) passer

**Absprache** *f* accord *m*

**ab|sprechen** *vr irr* **sich ~** se concerter

**ab|springen** *vi irr* **1.** SPORT sauter **2.** (*sich lösen*) **von etw ~** (*Farbe*) s'écailler de qc

**ab|stammen** *vi* descendre

**Abstand** *m* **1.** écart *m* **2.** (*zeitliche Distanz*) intervalle *m* **3.** (*innere Distanz*) recul *m* **4. mit ~** de loin

**ab|steigen** *vi irr* descendre

**ab|stellen** *vt* **1.** (*hinstellen*) **etw bei jdm ~** déposer qc chez qn **2.** (*Wagen*) garer **3.** (*Computer*) débrancher; (*Motor*) arrêter; (*Gas*) couper

**ab|stempeln** *vt* **1.** (*Brief*) tamponner **2.** *pej* (*abwerten*) cataloguer

**Abstieg** ['apʃtiːk] <-[e]s, -e> *m* **1.** *a.* SPORT descente *f* **2.** (*Verlust der sozialen Stellung*) déchéance *f*

**ab|stimmen** I. *vi* voter II. *vt* (*Termine*) coordonner

**Abstimmung** *f* vote *m*

**ab|stoßen** *vt irr* **1.** (*Transplantat*) rejeter **2.** (*anwidern*) dégoûter

**abstoßend** *adj* répugnant(e)

**abstrakt** [ap'strakt] *adj* abstrait(e)

**ab|streiten** *vt irr* **1.** (*Tat*) nier **2.** (*absprechen*) contester

**Absturz** *m* chute *f*

**ab|stürzen** *vi* **1.** (*Flugzeug*) s'écraser; (*Bergsteiger*) dévisser **2.** (*Computer*) se bloquer

**ab|stützen** *vr* **sich mit etw/an etw** (*dat*) **~** s'appuyer sur qc/à qc

**Abszess** [aps'tsɛs] <-es, -e> *m* abcès *m*

**ab|tauen** I. *vt* (*Kühlschrank*) dégivrer II. *vi* (*Eis*) fondre

**Abtei** [ap'taj] <-, -en> *f* abbaye *f*

**Abteil** [ap'tajl] *nt* compartiment *m*

**Abteilung** [ap'tajlʊŋ] *f* (*einer Firma, eines Krankenhauses*) service *m;* (*eines Geschäfts*) rayon *m*

**ab|treiben** *irr* I. *vt* **1.** MED **ein Kind ~ lassen** se faire avorter d'un enfant **2.** (*Ballon*) déporter; (*Schwimmer*) entraîner II. *vi* **1.** MED **~ [lassen]** [se faire] avorter **2.** (*Boot, Ballon*) dériver

**Abtreibung** <-, -en> *f* avortement *m*

**ab|trennen** *vt* **1.** (*abreißen*) détacher **2.** (*abmachen*) **die Ärmel von etw ~** découdre les manches de qc **3.** (*Raum*) délimiter **4.** (*abschneiden*) couper

**ab|treten** *irr* I. *vt* (*Schnee*) secouer; (*Schmutz*) gratter **II.** *vi* **1.** (*abgehen*) **von der Bühne ~** sortir de scène **2.** MIL rompre les rangs

**ab|trocknen** *vt, vi, vr* [**sich**] **~** [s']essuyer

**ab|warten** *vt, vi* (*Ergebnis*) attendre

**abwärts** ['apvɛrts] *adv* en bas

**ab|waschen** *irr* **I.** *vt* laver **II.** *vi* faire la vaisselle

**Abwasser** <-wässer> *nt* eaux *fpl* usées

**ab|wechseln** *vr* **sich mit jdm ~** alterner avec qn; **sich beim Kochen ~** se relayer pour faire la cuisine

**abwechselnd** *adv* (*einer nach dem anderen*) à tour de rôle; (*eins nach dem anderen*) tour à tour

**Abwechslung** <-, -en> *f* changement *m*

**ab|wehren** **I.** *vt* **1.** repousser **2.** (*Schlag*) parer **3.** (*Gefahr*) écarter; (*Auswirkungen*) enrayer **II.** *vi* (*ablehnen*) refuser

**ab|weichen** *vi irr* **von etw ~** s'écarter de qc

**ab|weisen** *vt irr* **1.** (*wegschicken*) renvoyer **2.** (*Bitte*) rejeter; (*Bewerber*) refuser

**ab|wenden** *irr o reg* **I.** *vr geh* **sich ~** se détourner **II.** *vt* **1.** (*Folgen*) éviter; (*Unheil*) détourner; (*Gefahr*) écarter **2.** *geh* (*Blick*) détourner

**ab|werfen** *vt irr* (*Ballast*) lâcher; (*Hilfsgüter*) parachuter; (*Flugblätter*) lancer; (*Bomben*) larguer

**ab|werten** *vt* FIN dévaluer

**abwesend** ['apve:zənt] *adj* absent(e)

**Abwesenheit** <-, -en> *f* absence *f*

**ab|wischen** *vt* essuyer

**ab|zahlen** *vt* (*Kredit*) rembourser

**ab|zählen** *vt, vi* compter

**Abzeichen** *nt* insigne *m*

**ab|zeichnen** **I.** *vt* **1.** (*abmalen*) reproduire **2.** (*signieren*) signer **II.** *vr* **sich ~** (*erkennbar werden*) se profiler; (*durchscheinen*) se dessiner

**ab|ziehen** *irr* **I.** *vi* (*Rauch*) se dissiper; (*Gewitter*) s'éloigner **II.** *vt* **1.** (*Steuern*) retenir; (*Betrag*) déduire **2.** (*subtrahieren*) retrancher **3.** (*entnehmen*) retirer

**Abzug** *m* **1.** (*von Sozialabgaben*) retenue *f;* (*eines Rabatts*) déduction *f* **2.** (*Vervielfältigung*) copie *f* **3.** (*Bilderabzug*) épreuve *f* **4.** (*einer Schusswaffe*) détente *f*

**abzüglich** *präp + gen* déduction faite de

**ach** [ax] *interj* **1.** (*Ausruf der Verärgerung*) ah **2.** (*Ausruf der Überraschung*) ah; **~ so!** (*aha*) ah bon!

**Achsel** ['aksl] <-, -n> *f* **1.** (*Achselhöhle*) aisselle *f* **2.** (*Schulter*) épaule *f*

**acht¹** [axt] *num* huit
**acht²** *adv* **zu ~ sein** être huit
**Acht¹** [axt] <-, -en> *f* huit *m*
**Acht²** <-> *f* **sich vor jdm/etw in ~ nehmen** se méfier de qn/qc
**achte(r, s)** *adj* **1.** huitième **2.** (*bei Datumsangaben*) **der ~ März** le huit mars
**Achte(r)** *f(m)* **1. als ~r/~** en huitième position; **jeder ~** une personne sur huit **2.** (*bei Datumsangabe*) **der ~/am ~n** le huit **3.** (*als Namenszusatz*) **Karl der ~** Charles VIII
**achteinhalb** *num* huit ... et demi(e)
**achtel** *adj* **ein ~ Gramm** un huitième de gramme
**Achtel** <-s, -> *nt* **1.** *a.* MATH huitième *m* **2.** (*Achtelliter*) ballon *m*
**achten I.** *vt* **1.** (*wertschätzen*) estimer **2.** (*Gesetze*) respecter **II.** *vi* **1.** (*aufpassen*) **auf jdn/etw ~** surveiller qn/qc **2.** (*beachten*) **auf jdn/etw ~** faire attention à qn/qc **3.** (*sehen auf*) **darauf ~ etw zu tun** veiller à faire qc
**achtens** *adv* huitièmement
**achterlei** *adj* **~ Sorten Brot** huit sortes de pain
**achtfach** *adj, adv* huit fois
**achthundert** ['axt'hʊndɐt] *num* huit cents
**achtmal** *adv* huit fois
**achttausend** *num* huit mille
**Achtundsechziger(in)** <-s, -> *m(f)* soixante-huitard(e) *m(f)* (*fam*)
**Achtung** ['axtʊŋ] <-> *f* **1.** (*Wertschätzung*) respect *m* **2.** (*Vorsicht*) **~!** attention!
**achtzehn** *num* dix-huit **achtzehnte(r, s)** *adj* **1.** dix-huitième **2.** (*bei Datumsangaben*) **der ~ März** le dix-huit mars
**achtzig** ['axtsɪç] *num* quatre-vingts, huitante (CH), octante (BELG)
**achtziger** *adj* **die ~ Jahre** les années *fpl* quatre-vingts
**achtzigste(r, s)** *adj* quatre-vingtième
**Acker** ['akɐ] <-s, Äcker> *m* champ *m*
**addieren*** [a'di:rən] *vt* (*Zahlen*) additionner
**ade** [a'de:] *interj* au revoir
**Adel** ['a:dəl] <-s> *m* noblesse *f*
**Ader** ['a:dɐ] <-, -n> *f* ANAT veine *f*
**Adjektiv** ['atjɛkti:f] <-s, -e> *nt* adjectif *m*
**Adler** ['a:dlɐ] <-s, -> *m* aigle *m*
**Adlige(r)** *f(m)* noble *mf*
**adoptieren*** [adɔp'ti:rən] *vt* adopter
**Adoption** [adɔp'tsio:n] <-, -en> *f* adoption *f*
**Adressbuch** *nt* **1.** (*amtliches Verzeichnis*) annuaire *m* **2.** (*Notizbuch*) carnet *m* d'adresses
**Adresse** [a'drɛsə] <-, -n> *f* *a.* IN-

FORM adresse *f*
**adressieren*** [adrɛ'siːrən] *vt* adresser
**Adventskalender** *m* calendrier *m* de l'avent
**Adverb** [at'vɛrp] <-s, -ien> *nt* adverbe *m*
**Affäre** [a'fɛːrə] <-, -n> *f* 1. (*Angelegenheit*) affaire *f* 2. (*Liebesabenteuer*) aventure *f*
**Affe** ['afə] <-n, -n> *m* singe *m*
**Afrika** ['aːfrika] <-s> *nt* l'Afrique *f*
**Afterhour** ['aːftɐʔaʊɐ] <-, -s> *f*, **After-Hour-Party** *f* after *m*
**Agent(in)** [a'gɛnt] <-en, -en> *m(f)* agent *m*
**Agentur** [agɛn'tuːɐ] <-, -en> *f* COM, MEDIA agence *f*
**aggressiv** [agrɛ'siːf] *adj* agressif(-ive)
**Ägypten** [ɛ'gʏptən] <-s> *nt* l'Égypte *f*
**ah** [aː] *interj* ah
**aha** [a'ha(ː)] *interj* 1. (*ach so*) ha [ha] 2. (*sieh da*) tiens [tiens]
**ahnen** ['aːnən] *vt* se douter de
**ähnlich** I. *adj* semblable; **jdm ~ sehen** ressembler à qn II. *adv* de la même façon III. *präp + dat* comme
**Ähnlichkeit** <-, -en> *f* ressemblance *f*
**Ahnung** <-, -en> *f* 1. (*Vorgefühl*) pressentiment *m* 2. (*Vermutung*) **er hatte keine ~, dass** il ne s'est pas douté que + *subj*; **keine ~!** *fam* aucune idée! 3. *fam* (*Wissen*) **~/keine ~ von EDV haben** s'y connaître/ne rien y connaître en informatique
**ahnungslos** I. *adj* 1. (*arglos*) inconscient(e) [du danger]; **~ sein** ne se douter de rien 2. (*unwissend*) **~ sein** être ignorant II. *adv* (*arglos*) sans se douter de rien
**ahoi** [a'hɔy] *interj* ohé
**Ahorn** ['aːhɔrn] <-s, -e> *m* érable *m*
**Aids** [ɛɪds] <-> *nt* sida *m*
**aidsinfiziert** *adj* séropositif(-ive)
**aidskrank** *adj* malade du sida
**Aidskranke(r)** *f(m)* sidéen(ne) *m(f)*
**Aidstest** *m* test *m* de dépistage du sida
**Airbus** ['ɛːɐbʊs] *m* airbus® *m*
**Akademiker(in)** [aka'deːmikɐ] <-s, -> *m(f)* diplômé(e) *m(f)* de l'enseignement supérieur
**Akkordeon** [a'kɔrdeɔn] <-s, -s> *nt* accordéon *m*
**Akt**[1] [akt] <-[e]s, -e> *m* 1. acte *m* 2. KUNST nu *m*
**Akt**[2] <-[e]s, -en> *m* A s. **Akte**
**Akte** ['aktə] <-, -n> *f* dossier *m*
**Aktie** ['aktsiə] <-, -n> *f* action *f*
**Aktiengesellschaft** *f* société anonyme *f*
**Aktion** [ak'tsioːn] <-, -en> *f* a. MIL action *f*
**aktiv** [ak'tiːf] *adj* actif(-ive)
**Aktivität** [aktivi'tɛːt] <-, -en> *f* activité *f*

**aktuell** [ak'tu̯ɛl] *adj* actuel(le)
**akut** [a'ku:t] *adj* 1. MED aigu(ë) 2. (*Problem*) urgent(e)
**Akzent** [ak'tsɛnt] <-[e]s, -e> *m* accent *m*
**akzeptieren*** [aktsɛp'ti:rən] *vt, vi* accepter
**Alarm** [a'larm] <-[e]s, -e> *m* 1. (*Warnsignal*) alarme *f* 2. MIL alerte *f*
**Alarmanlage** *f* système *m* d'alarme
**alarmieren*** [alar'mi:rən] *vt* 1. (*Feuerwehr*) alerter 2. (*beunruhigen*) alarmer
**Alaska** [a'laska] <-s> *nt* l'Alaska *m*
**Alb** <-> *f* **die Schwäbische ~** le Jura souabe
**Albanien** [al'ba:niən] <-s> *nt* l'Albanie *f*
**Alben** *Pl von* **Album**
**albern** ['albɐn] **I.** *adj* un peu niais(e) **II.** *adv* (*sich benehmen*) de façon puérile
**Albtraum** *s.* **Alptraum**
**Album** ['album] <-s, Alben> *nt* album *m*
**Alge** ['algə] <-, -n> *f* algue *f*
**Algebra** ['algebra] <-> *f* algèbre *f*
**Algerien** [al'ge:riən] <-s> *nt* l'Algérie *f*
**Alibi** ['a:libi] <-s, -s> *nt* alibi *m*
**Alkohol** ['alkoho:l] <-s, -e> *m* alcool *m*
**alkoholfrei** *adj* sans alcool
**Alkoholiker(in)** [alko'ho:likɐ] <-s, -> *m(f)* alcoolique *mf*
**all** [al] *pron* tout
**All** [al] <-s> *nt* cosmos *m*
**alle(r, s)** ['alə] *pron* tous/toutes
**Allee** [a'le:] <-, -n> *f* allée *f*
**allein** **I.** *adj* **1.** seul(e); **~ stehend** célibataire; **~ erziehend sein** être parent unique **2.** (*isoliert, ohne Hilfe*) [tout(e)] seul(e) **II.** *adv* **1.** (*bereits*) rien que **2.** (*ausschließlich*) uniquement **3.** (*selbständig*) **etw von ~ tun** faire qc de soi-même
**alleine** *s.* **allein**
**Alleinerziehende(r)** *f(m)* parent *m* unique
**alleinige(r, s)** *adj* **der ~e Erbe** l'unique héritier
**Alleinsein** *nt* solitude *f*
**allerbeste(r, s)** *adj* **der/die/das ~ ...** le meilleur/la meilleure ... **allerdings** *adv* (*jedoch*) toutefois; (*in der Tat*) en effet; (*gewiss*) **~!** et comment! **allerfrühestens** *adv* au plus tôt
**Allergie** [alɛr'gi:] <-, -n> *f* allergie *f*
**allergisch** *adj* allergique; **gegen jdn/etw ~ sein** être allergique à qn/qc
**Allerheiligen** <-> *nt* la Toussaint
**allerlei** *adj* **~ Spielzeug** toutes sortes de jouets
**allerletzte(r, s)** *adj* **1.** (*letzte, neueste*) **der/die/das ~ ...** le tout dernier/la toute dernière

... 2. *fam* (*geschmacklos*) **das/er ist das Allerletzte!** c'est/il est pire que tout! **allerneu[e]ste(r, s)** *adj* **auf dem ~n Stand sein** être absolument à jour

**allgemein** ['algə'main] **I.** *adj* **1.** général(e); **im Allgemeinen** en général **2.** (*Wahlrecht*) universel(le); (*Wehrpflicht*) obligatoire **II.** *adv* **1.** (*formulieren*) de façon générale **2.** (*gültig*) généralement; (*verbreitet*) communément; **es ist ~ bekannt, dass ...** tout le monde sait que ... **3.** (*für alle*) **~ zugänglich** (*Informationen*) accessible au public; **~ verständlich** accessible à tous; (*darstellen, sich ausdrücken*) de manière intelligible **Allgemeinbildung** *f* culture *f* générale

**Allgemeinheit** <-, -en> *f* collectivité *f*

**All-inclusive-Urlaub** ['ɔ:lɪn'klu:-sɪf-] *m* séjour *m* tout compris

**alljährlich** **I.** *adj* annuel(le) **II.** *adv* tous les ans

**allmählich** [al'mɛ:lɪç] **I.** *adj* progressif(-ive) **II.** *adv* **es wird ~ Zeit, dass** il sera bientôt temps que + *subj*

**Alltag** ['alta:k] *m* quotidien *m*

**alltäglich** *adj* **1.** quotidien(ne) **2.** (*gewöhnlich*) ordinaire

**allzu** ['altsu:] *adv* bien trop

**Alpen** ['alpən] *Pl* **die ~** les Alpes *fpl*

**Alphabet** [alfa'be:t] <-[e]s, -e> *nt* alphabet *m*

**Alpinist(in)** [alpi'nɪst] <-en, -en> *m(f)* alpiniste *mf*

**Alptraum** ['alptraum] *m* cauchemar *m*

**als** [als] *konj* **1.** (*zeitlich*) quand; (*zu der Zeit, da*) alors que; **damals, ~ ...** à l'époque où ...; **gerade, ~ ...** au moment précis où ... **2.** (*vergleichend*) **größer ~ ...** plus grand(e) que ... **3.** (*gleichsam*) **er sah aus, ~ ob er schliefe** il avait l'air de dormir; **es sieht aus, ~ würde es bald schneien** on dirait qu'il va bientôt neiger **4.** (*zur Bezeichnung einer Eigenschaft*) **~ Lehrer** en tant que professeur; **schon ~ Kind hatte er ...** déjà enfant, il avait ...

**also** ['alzo] **I.** *adv* **1.** (*tatsächlich*) donc **2.** (*nun ja*) eh bien **II.** *interj* [ainsi] donc; **~ gut** bon d'accord

**alt** [alt] <älter, älteste> *adj* **1. zwanzig Jahre ~ sein** avoir vingt ans; **wie ~ bist du?** quel âge as-tu?; **mein älterer Bruder** mon frère aîné **2.** (*betagt*) vieux (vieille); **ein ~er Mann** un vieil homme; **~ werden** vieillir **3.** (*Gegenstand*) vieux(vieille); **~es Brot** du pain rassis **4.** (*ehemalig*) **mein ~er Kollege** mon ancien collègue

**Altbau** <-bauten> *m* (*Gebäude*)

construction *f* ancienne

**Alte(r)** *f(m)* 1. *fam* vieux *m*/vieille *f* 2. *pej fam* (*Ehemann/-frau*) bonhomme *m*/bonne femme *f*; (*Vater/Mutter*) vieux *m*/vieille *f*

**Altenheim** *s.* Altersheim

**Alter** ['altɐ] <-s, -> *nt* 1. (*Lebensalter*) âge *m*; **im ~ von fünfzig Jahren** à l'âge de cinquante ans; **sie ist in meinem ~** elle a mon âge 2. (*Bejahrtheit*) vieillesse *f*

**älter** *adj* (*Person*) âgé(e)

**alternativ** [altɛrna'ti:f] I. *adj* alternatif(-ive) II. *adv* (*leben*) de façon alternative

**Altersheim** *nt* maison *f* de retraite

**älteste(r, s)** *Superl von* **alt**

**Älteste(r)** *f(m)* plus âgé(e) *m(f)*; (*bei Geschwistern*) aîné(e) *m(f)*

**Altglascontainer** *m* container *m* à verre

**altklug** *adj* (*Kind*) précoce

**Altmetall** *nt* vieux métaux *mpl* **altmodisch** *adj* (*Kleidung*) démodé(e); (*Einrichtung*) vieillot(te); (*Ansicht*) dépassé(e) **Altpapier** *nt* vieux papiers *mpl* **Altstadt** *f* vieille ville *f*

**Alufolie** *f fam* papier *m* [d']alu

**Aluminium** [alu'mi:niʊm] <-s> *nt* aluminium *m*

**am** = an dem 1. (*Superlativ*) **~ schnellsten rennen** courir le plus vite; **das ist ~ besten** c'est ce qu'il y a de mieux 2. *fam* (*beim*) **~ Arbeiten sein** être en train de travailler

**Amateur(in)** [ama'tø:ɐ] <-s, -e> *m(f)* amateur *m*

**ambulant** [ambu'lant] *adj* (*Patient*) en consultation externe

**Ameise** ['a:maizə] <-, -n> *f* fourmi *f*

**Amerika** [a'me:rika] <-s> *nt* l'Amérique *f*

**Amerikaner** [ameri'ka:nɐ] <-s, -> *m* Américain *m*

**Amerikanerin** <-, -nen> *f* Américaine *f*

**amerikanisch** *adj* américain(e)

**Ampel** ['ampəl] <-, -n> *f* feu *m*

**amputieren*** [ampu'ti:rən] *vt, vi* amputer

**Amsel** ['amzəl] <-, -n> *f* merle *m*

**Amt** [amt] <-[e]s, Ämter> *nt* 1. (*Behörde*) administration *f* 2. (*Abteilung einer Behörde*) service *m* [administratif] 3. (*Stellung*) fonction *f* 4. (*offizielle Aufgabe*) charge *f*

**amtlich** *adj* officiel(le)

**amüsant** [amy'zant] I. *adj* amusant(e) II. *adv* de façon divertissante

**amüsieren*** [amy'zi:rən] I. *vr* **sich mit jdm ~** s'amuser avec qn; **sich über jdn/etw ~** trouver qn/qc amusant II. *vt* amuser

**an** [an] I. *präp + dat* 1. à; **~ der Tür** près de la porte; **~ der Wand** contre le mur; **am Fluss**

sur le fleuve; **am Computer arbeiten** travailler sur ordinateur **2.** (*zur Zeit von*) **am Morgen** le matin **II.** *adv* **1.** (*ungefähr*) **~ die zwanzig Personen** dans les vingt personnes **2.** *fam* (*eingeschaltet*) **~ sein** (*Elektrogerät*) être allumé; (*Strom*) être ouvert

**Analyse** [ana'ly:zə] <-, -n> *f* analyse *f*

**Ananas** ['ananas] <-, -> *f* ananas *m*

**Anarchie** [anar'çi:] <-, -n> *f* anarchie *f*

**Anbau** <-bauten> *m* **1.** (*Gebäude*) annexe *f* **2.** (*das Anpflanzen*) culture *f*

**an|bauen** **I.** *vt* **1.** (*anpflanzen*) cultiver **2.** (*bauen*) ajouter **II.** *vi* [s']agrandir

**anbei** [an'baj] *adv form* ci-joint(e)

**an|beten** *vt* adorer

**an|bieten** *vt, vr irr* [**sich**] ~ [se] proposer

**an|binden** *vt irr* (*festbinden*) **jdn/etw an etw** (*akk o dat*) ~ attacher qn/qc à qc

**Anblick** *m* **1.** (*Bild*) spectacle *m* **2.** (*das Erblicken*) vue *f*

**an|brechen** *irr* **I.** *vi* (*Tag*) se lever; (*Nacht*) tomber; (*Jahreszeit*) commencer **II.** *vt* (*Packung*) entamer; **angebrochen werden/sein** (*Knochen, Stuhlbein*) se fêler/être fêlé

**an|brennen** *vi irr* brûler

**an|bringen** *vt irr* **1.** (*Regal*) poser; (*Telefon*) installer; **etw an etw** (*dat*) ~ fixer qc à qc **2.** (*Bemerkung*) émettre

**Andacht** ['andaxt] <-, -en> *f* **1.** REL prière *f* **2.** (*Kontemplation*) recueillement *m*

**an|dauern** *vi* persister; (*Gespräche*) se poursuivre

**Andenken** <-s, -> *nt* souvenir *m*

**andere(r, s)** ['andərə] *pron* autre(s)

**andererseits** *adv* d'un autre côté

**ändern** ['ɛndɐn] *vt, vr* [**sich**] ~ changer

**andernfalls** *adv* sinon

**anders** ['andɐs] *adj, adv* **1.** (*verschieden*) différemment; **~ schmecken** avoir un autre goût; [**ganz**] **~ aussehen** avoir une [tout] autre allure; **es sich ~ überlegen** changer d'avis **2.** (*sonst*) sinon; **jemand ~** quelqu'un d'autre **3. nicht ~ können** *fam* ne pas pouvoir faire autrement

**andersherum** *adv* dans l'autre sens **anderswo** *adv* ailleurs

**anderthalb** ['andɐt'halp] *num* un(e) et demi(e)

**Änderung** <-, -en> *f* modification *f*

**anderweitig** ['andɐvajtɪç] **I.** *adj* autre **II.** *adv* (*beschäftigt*) par ailleurs; (*informiert*) ailleurs

**an|deuten** *vt* 1. (*Angelegenheit*) évoquer 2. (*zu verstehen geben*) **jdm ~, dass ...** laisser entendre à qn que ...

**Andeutung** *f* 1. (*Hinweis*) allusion *f* 2. (*Spur*) soupçon *m*

**Andorra** [an'dɔra] <-s> *nt* l'Andorre *f*

**Andrang** *m* affluence *f*; (*von Wassermassen*) afflux *m*

**an|drehen** *vt* (*Gas*) ouvrir; (*Licht, Heizung*) allumer; (*Schraube*) serrer

**an|drohen** *vt* **jdm etw ~** menacer qn de qc

**an|eignen** *vr* **sich** (*dat*) **etw ~** s'approprier qc; **sich** (*dat*) **Kenntnisse ~** acquérir des connaissances

**aneinander** [anʔaj'nandɐ] *adv* l'un à l'autre

**aneinander|hängen** *vi* être attachés l'un à l'autre

**aneinander|reihen** *vr* **sich ~** se succéder

**anerkannt** ['anʔɛɐkant] *adj* reconnu(e); (*Experte*) agréé(e)

**an|erkennen*** *vt irr* 1. (*würdigen*) reconnaître 2. (*Meinung*) accepter

**Anerkennung** *f* 1. (*Würdigung*) reconnaissance *f* 2. (*lobende Zustimmung*) approbation *f*

**an|fahren** *vi irr* démarrer

**Anfall** *m* crise *f*

**an|fallen** *vt irr* attaquer

**anfällig** ['anfɛlɪç] *adj* (*Person*) de santé fragile

**Anfang** ['anfaŋ] <-[e]s, Anfänge> *m* début *m*, commencement *m*; **am ~** au début; **von ~ an** dès le départ; **~ September** début septembre; **~ des Jahres** au début de l'année; **~ vierzig sein** avoir la quarantaine

**an|fangen** *irr* I. *vt* 1. (*Arbeit*) commencer; **~ mit** commencer par 2. *fam* (*Packung*) entamer II. *vi* commencer

**Anfänger(in)** ['anfɛŋɐ] <-s, -> *m(f)* débutant(e) *m(f)*

**anfangs** ['anfaŋs] I. *adv* au début II. *präp + gen* CH au début de

**an|fassen** I. *vt* 1. (*berühren*) toucher 2. (*ergreifen*) prendre II. *vi* (*berühren*) toucher

**an|fertigen** *vt* (*Kleidungsstück*) confectionner; (*Möbelstück*) fabriquer

**an|feuern** *vt* 1. (*anspornen*) encourager 2. (*Ofen*) allumer

**an|flehen** *vt* supplier

**Anflug** *m* AVIAT approche *f*

**an|fordern** *vt* demander

**Anforderung** *f* 1. (*das Anfordern*) demande *f* 2. (*Anspruch*) exigences *fpl*

**Anfrage** *f a.* INFORM demande *f*

**an|freunden** *vr* 1. **sich mit jdm ~** se lier d'amitié avec qn 2. (*sich gewöhnen an*) **sich mit jdm/etw ~** se faire à qn/qc

**an|fühlen** I. *vt* toucher II. *vr* **sich weich/rau ~** être doux/

rêche [au toucher]

**Anführer(in)** *m(f)* (*einer Truppe*) commandant *m;* (*einer Bande*) chef *mf*

**Angabe** <-, -n> *f* **1.** (*Aussage*) indication *f;* (*Information*) renseignements *mpl* **2.** SPORT service *m*

**an|geben** *irr* **I.** *vt* (*Grund, Namen*) donner; (*Preis*) indiquer **II.** *vi* **1.** (*prahlen*) frimer (*fam*) **2.** SPORT servir

**angeblich** **I.** *adj* prétendu(e) **II.** *adv* soi-disant

**Angebot** <-[e]s, -e> *nt* **1.** offre *f;* (*Warenangebot*) choix *m* **2.** (*Sonderangebot*) promotion *f*

**angebracht** ['angəbraxt] *adj* **1.** (*sinnvoll*) opportun(e) **2.** (*angemessen*) approprié(e)

**an|gehen** *irr* **I.** *vi* (*Licht*) s'allumer; (*Elektrogerät*) se mettre en route; (*Feuer*) prendre **II.** *vt* **1.** (*Problem*) s'attaquer à; (*Verhandlungen*) entamer **2.** (*Hindernis*) aborder **3.** (*attackieren*) attaquer **4.** (*betreffen*) concerner

**Angehörige(r)** *f(m)* **1.** (*Familienangehöriger*) [proche] parent(e) *m(f)* **2.** (*Mitglied*) membre *m*

**Angeklagte(r)** *f(m)* accusé(e) *m(f)*

**Angel** ['aŋəl] <-, -n> *f* canne *f* à pêche

**Angelegenheit** *f* affaire *f*

**angeln** ['aŋəln] *vi, vt* pêcher

**angemessen** **I.** *adj* (*Preis*) raisonnable; (*Honorar*) adapté(e); (*Kleidung*) approprié(e); (*Verhalten*) convenable **II.** *adv* (*würdigen*) à sa/leur juste valeur; (*bezahlen*) en conséquence; (*sich verhalten*) convenablement

**angenehm** ['angəne:m] **I.** *adj* agréable; [**sehr**] **~!** enchanté! **II.** *adv* agréablement

**angesichts** *präp + gen* face à

**Angestellte(r)** *f(m)* employé(e) *m(f)*

**angewiesen** ['angəvi:zən] *adj* **auf jdn/etw ~ sein** dépendre de qn/qc

**an|gewöhnen*** **I.** *vt* **jdm etw ~** habituer qn à qc **II.** *vr* **sich** (*dat*) **etw ~** prendre l'habitude de faire qc

**Angewohnheit** *f* habitude *f*

**Angina** [aŋ'gi:na] <-, Anginen> *f* angine *f*

**Angler(in)** ['aŋlɐ] <-s, -> *m(f)* pêcheur(-euse) *m(f)* à la ligne

**an|greifen** *irr* **I.** *vt* **1.** (*Person*) attaquer **2.** (*beeinträchtigen*) nuire à **II.** *vi* attaquer

**Angriff** *m* **1.** MIL, SPORT offensive *f* **2.** (*Kritik*) attaque *f*

**Angst** [aŋst] <-, Ängste> *f* **1.** peur *f;* **vor jdm/etw ~ haben** avoir peur de qn/qc; **um jdn/etw ~ haben** avoir peur pour qn/qc; **~ bekommen** prendre peur **2.** PSYCH angoisse *f*

**ängstlich** *adj* (*Person, Blick*)

craintif(-ive)

**an|haben** *vt irr* **1.** *fam* (*angezogen haben*) porter **2.** *fam* **den Fernseher ~** avoir la télé allumée

**an|halten** *irr* **I.** *vi* **1.** s'arrêter **2.** (*Wetter*) continuer **II.** *vt* (*Person, Fahrzeug*) stopper; (*Luft*) retenir

**Anhalter(in)** *m(f)* auto-stoppeur(-euse) *m(f)*; **per ~ fahren** faire de l'auto-stop

**anhand** [an'hant] *präp + gen* à l'aide de

**an|hängen** *vt* **1.** (*Schild*) accrocher **2.** (*Wohnwagen*) atteler **3.** (*Bemerkung*) ajouter

**Anhänger** <-s, -> *m* **1.** (*Wagen*) remorque *f* **2.** (*Schmuckstück*) pendentif *m*

**Anhänger(in)** <-s, -> *m(f)* **1.** SPORT supporter *mf* **2.** (*Gefolgsmann*) partisan(e) *m(f)*

**an|hören** **I.** *vt* **1.** (*bewusst hören*) écouter **2.** (*mithören*) entendre **II.** *vr* **sich gut ~** (*Anlage*) avoir un bon son

**Anker** ['aŋkɐ] <-s, -> *m* ancre *f*

**ankern** *vi* jeter l'ancre

**Anklage** *f* accusation *f*

**an|klagen** **I.** *vt* **1.** JUR inculper **2.** (*beschuldigen*) accuser **II.** *vi* (*Person*) accuser; (*Rede*) être une accusation

**Anklang** *m* (*Zustimmung*) accueil *m* favorable

**an|kleben** *vt* coller

**Ankleidekabine** *f* (*eines Geschäfts*) cabine *f* d'essayage

**an|klicken** *vt* INFORM cliquer sur

**an|klopfen** *vi* frapper

**an|kommen** *irr vi* arriver; **es kommt darauf an, dass** il importe que + *subj*

**an|kreuzen** *vt* cocher

**an|kündigen** *vt, vr* [**sich**] ~ [s']annoncer

**Ankunft** ['ankʊnft] <-, Ankünfte> *f* arrivée *f*

**an|lächeln** *vt* sourire à

**Anlage** <-, -n> *f* **1.** (*Produktionsgebäude*) complexe *m* **2.** (*eines Stausees*) construction *f*; (*eines Parks*) aménagement *m* **3.** (*Einrichtung*) **sanitäre ~n** installations sanitaires **4.** (*Briefbeilage*) annexe *f*

**Anlass** ['anlas] <-es, Anlässe> *m* **1.** (*Grund*) raison *f* **2.** (*Gelegenheit*) occasion *f*

**an|lassen** *vt irr* **1.** (*Auto*) [faire] démarrer **2.** *fam* (*Schuhe*) garder **3.** *fam* (*Motor*) laisser tourner; (*Kerze*) laisser brûler

**Anlauf** *m* **1.** SPORT élan *m* **2.** (*Versuch*) essai *m*

**an|laufen** *irr* **I.** *vi* **1.** (*Verhandlungen*) commencer; (*Film*) sortir **2.** (*Anlauf nehmen*) prendre de l'élan **3.** (*Brille*) s'embuer **II.** *vt* (*Hafen*) faire escale dans

**an|legen** **I.** *vt* **1.** (*Garten*) aménager; (*Vorratslager*) constituer **2.** (*Akte*) constituer; (*Liste*) établir **3.** FIN placer **4.** (*ausgeben*) mettre **II.** *vi* **im Hafen ~** faire escale dans le port **III.** *vr* **sich mit jdm ~** entrer en conflit avec qn

**an|lehnen I.** *vt* **etw an etw** (*akk*) ~ poser qc contre qc; **das Fenster ~** laisser la fenêtre entrouverte **II.** *vr* **sich an jdn/etw ~** s'appuyer contre qn/qc

**Anleitung** *f* directives *fpl*

**Anliegen** <-s, -> *nt* demande *f*

**an|lügen** *vt irr* mentir à

**an|machen** *vt* **1.** (*anstellen*) allumer **2.** (*Salat*) assaisonner **3.** *fam* (*flirten*) draguer

**an|melden I.** *vt* **1.** (*Gast*) annoncer **2.** (*vormerken lassen*) inscrire **3.** (*Wohnsitz, Auto*) déclarer **4.** (*Anspruch*) faire valoir; (*Bedenken*) exprimer **II.** *vr* **1.** (*ankündigen*) **sich ~** annoncer sa venue **2.** (*sich eintragen lassen*) **sich zu einem Kurs ~** s'inscrire à un cours **3.** (*sich polizeilich melden*) **sich in Stuttgart ~** déclarer son domicile à Stuttgart

**Anmeldung** *f* **1.** (*eines Besuchs*) annonce *f* **2.** (*Terminvereinbarung*) rendez-vous *m* **3.** (*Einschreibung*) inscription *f* **4.** (*eines Einwohners*) enregistrement *m;* (*eines Radiogeräts*) déclaration *f*

**Anmerkung** <-, -en> *f* commentaire *m*

**an|nähen** *vt* coudre

**an|nähern I.** *vr* **sich [einander] ~** se rapprocher **II.** *vt* rapprocher

**annähernd** *adj* approximatif(-ive)

**Annahme** ['anna:mə] <-, -n> *f* **1.** (*Vermutung*) supposition *f* **2.** (*eines Angebots*) acceptation *f*

**an|nehmen** *vt irr* **1.** (*Angebot, Anmeldung*) accepter; (*Herausforderung*) relever; (*Gesetz, Staatsangehörigkeit*) adopter; (*Angewohnheit, Aussehen*) prendre **2.** (*meinen*) supposer

**annoncieren*** [anõ'si:rən] *vt, vi* **[etw] ~** mettre une annonce/des annonces [pour qc]

**annullieren*** [anʊ'li:rən] *vt* annuler

**an|ordnen** *vt* **1.** (*Maßnahme*) décréter; (*Überstunden*) imposer **2.** (*ordnen*) classer

**an|passen I.** *vt* **1.** (*passend machen*) **etw einer S.** (*dat*) ~ adapter qc à qc **2.** (*anmessen, anprobieren*) **jdm etw ~** essayer qc à qn **II.** *vr* **sich jdm ~** s'adapter à qn

**Anpassung** <-, -en> *f* adaptation *f*

**an|probieren*** *vt, vi* essayer

**an|reden** *vt* s'adresser à

**an|regen** *vt* **1.** (*ermuntern*) stimuler; **jdn zu etw ~** inciter qn à qc **2.** (*Appetit*) ouvrir

**Anregung** *f* **1.** (*Vorschlag*) suggestion *f* **2.** (*Impuls*) impulsion *f*

**an|richten** *vt* **1.** (*Essen*) présenter **2.** (*Schaden*) causer

**Anruf** *m* coup *m* de téléphone

**Anrufbeantworter** <-s, -> *m* répondeur *m* [téléphonique]

**an|rufen** *irr* **I.** *vt* TELEC téléphoner à **II.** *vi* appeler

**an|rühren** *vt* **1.** (*berühren*) **jdn/etw ~** toucher qn/à qc **2.** *geh* (*innerlich bewegen*) toucher **3.** (*Teig*) préparer

**ans** [ans] = **an das** *s.* **an**

**Ansage** ['anza:gə] *f* annonce *f*

**an|sagen** *vt, vr* **[sich] ~** [s']annoncer

**an|sammeln I.** *vt* (*Dinge*) amasser; (*Vermögen*) accumuler **II.** *vr* **sich ~** (*Personen*) se rassembler; (*Gegenstände*) s'entasser

**an|schaffen** *vt* (*kaufen*) **[sich** (*dat*)**] etw ~** [s']acheter qc

**Anschaffung** <-, -en> *f* achat *m*

**an|schalten** *vt* (*Anlage*) mettre en marche; (*Strom*) allumer

**an|schauen** *vt* regarder

**anschaulich** *adj* clair(e)

**Anschein** *m* apparence *f*

**anscheinend** *adv* apparemment

**Anschlag** *m* **1.** (*Attentat*) attentat *m* **2.** (*Bekanntmachung*) avis *m*

**an|schlagen** *irr* **I.** *vt* **1.** (*Plakat*) apposer; (*Brett*) fixer **2.** (*Akkord*) jouer; (*Taste*) frapper **3.** (*Teller*) ébrécher **II.** *vi* agir

**an|schließen** *irr* **I.** *vt* **1.** (*Elektrogerät*) brancher **2.** (*Fahrrad*) attacher **II.** *vr* **1.** (*mitgehen*) **sich jdm ~** se joindre à qn **2.** (*beipflichten*) **sich jdm/einer Theorie ~** se rallier à qn/une théorie

**anschließend I.** *adj* qui suit/suivait/... [immédiatement] **II.** *adv* ensuite

**Anschluss** *m* **1.** TELEC branchement *m* [téléphonique]; **kein ~ unter dieser Nummer!** le numéro que vous avez demandé n'est plus en service actuellement! **2.** (*eines Computers*) connexion *f* **3.** (*Anschlusszug*) correspondance *f*

**an|schnallen** *vt* attacher; **sich ~** attacher sa ceinture [de sécurité]

**an|schreien** *vt irr* crier après

**Anschrift** *f* adresse *f*

**an|sehen** *vt irr* **1.** regarder; **sich** (*dat*) **etw ~** (*Zuschauer sein*) voir qc; (*Fernsehzuschauer sein*) regarder qc **2.** (*halten für*) **jdn als seinen Freund ~** considérer qn comme son ami

**Ansehen** <-s> *nt* réputation *f*

**an|setzen I.** *vt* **1.** (*anfügen*) **ein Verlängerungsstück an etw** (*akk o dat*) **~** ajouter un raccord à qc **2.** (*Werkzeug*) placer **II.** *vi* **zum Sprechen/Trinken ~** s'apprêter à parler/boire

**Ansicht** <-, -en> *f* **1.** (*Meinung*) avis *m;* **meiner/seiner ~ nach** à mon/son avis **2.** (*Abbildung*) vue *f*

**Ansichtskarte** *f* carte *f* postale
**ansonsten** *adv fam* (*im Übrigen*) pour le reste; (*sonst*) à part ça; (*andernfalls*) sinon
**an|spannen** *vt* **1.** (*Muskel*) bander; (*Nerven*) crisper **2.** (*Pferd*) atteler
**Ansprache** *f* allocution *f*
**ansprechbar** *adj* (*nicht beschäftigt*) disponible; (*Kranker*) lucide
**an|sprechen** *irr* **I.** *vt* **1.** adresser la parole à; **wie soll ich Sie ~?** comment dois-je vous appeler? **2.** (*Thema*) aborder **3.** (*Person*) plaire à **II.** *vi* **1. auf etw** (*akk*) ~ (*Patient*) réagir à qc **2.** (*Bremse*) répondre
**an|springen** *vi irr* (*Fahrzeug*) démarrer
**Anspruch** *m* **1.** (*Anrecht*) droit *m* **2.** *Pl* (*Anforderung*) exigences *fpl*
**anspruchsvoll** *adj* **1.** (*Person*) exigeant(e) **2.** (*niveauvoll*) ambitieux(-euse)
**Anstalt** ['anʃtalt] <-, -en> *f geh* (*Einrichtung*) établissement *m*
**anständig** ['anʃtɛndɪç] **I.** *adj* **1.** (*Person, Verhalten*) décent(e) **2.** *fam* (*akzeptabel*) bon(ne) **II.** *adv fam* (*bezahlen, essen*) correctement
**an|starren** *vt* regarder fixement
**anstatt** [an'ʃtat] **I.** *präp + gen* ~ **der Eltern** à la place des parents; ~ **eines Briefs** au lieu d'une lettre **II.** *konj* ~ **zu antworten** au lieu de répondre
**an|stecken** **I.** *vt* **1.** (*Orden*) épingler **2.** (*Papier*) faire brûler; (*Gebäude*) incendier **3.** (*infizieren*) contaminer **II.** *vr* **sich bei jdm** ~ être contaminé par qn
**ansteckend** *adj* contagieux (-euse)
**Ansteckung** <-, -en> *f* contamination *f*
**an|steigen** *vi irr* monter
**anstelle** [an'ʃtɛlə] *präp + gen* à la place de
**an|stellen** **I.** *vt* **1.** (*Licht*) allumer; (*Wasser*) mettre; (*Gas*) ouvrir; **eine Maschine** ~ mettre une machine en route **2.** (*beschäftigen*) embaucher **3.** *fam* (*anrichten*) **Blödsinn/Unfug** ~ faire des conneries/bêtises; **was hast du da wieder angestellt?** qu'est-ce que t'as encore fabriqué? **II.** *vr* **sich** ~ faire la queue
**an|stiften** *vt* **jdn [dazu] ~ Unfug zu machen** inciter qn à faire des bêtises
**Anstoß** *m* **1.** (*Ansporn*) impulsion *f* **2.** SPORT coup *m* d'envoi
**an|stoßen** *irr* **I.** *vi* **1.** se cogner **2.** (*prosten*) **auf jdn/etw** ~ trinquer à la santé de qn/à qc **II.** *vt* **1.** (*berühren*) **jdn mit dem Fuß** ~ pousser qn du pied **2.** (*Kugel*) frapper **3.** (*in Gang setzen*) déclencher
**an|streben** *vt* aspirer à

**an|streichen** *vt irr* **1. etw rot ~** peindre qc en rouge **2.** (*markieren*) marquer
**an|strengen** ['anʃtrɛŋən] **I.** *vr* **sich ~** se donner de la peine **II.** *vt* fatiguer
**anstrengend** *adj* fatigant(e)
**Anstrengung** <-, -en> *f* effort *m*
**Anteil** *m* **~ an etw** (*dat*) part *f* de qc
**Antenne** [an'tɛnə] <-, -n> *f* antenne *f*
**Antibiotikum** [antibi̯'o:tikʊm] <-s, -biotika> *nt* antibiotique *m*
**antik** [an'ti:k] *adj* antique; (*als Antiquität anzusehen*) ancien(ne)
**Antike** <-> *f* Antiquité *f*
**Antikörper** ['antikœrpɐ] *m* anticorps *m*
**Antiquität** [antikvi'tɛ:t] <-, -en> *f* antiquité *f*
**antisemitisch** *adj* antisémite
**Antisemitismus** <-> *m* antisémitisme *m*
**Antrag** ['antra:k] <-[e]s, Anträge> *m* demande *f*
**an|treiben** *vt irr* (*Person, Tier*) faire avancer; (*Mitarbeiter*) pousser
**an|tun** *vt irr* **jdm ein Leid ~** faire du mal à qn
**Antwort** ['antvɔrt] <-, -en> *f* réponse *f*
**antworten** *vi, vt* répondre
**an|vertrauen*** *vt, vr* **[sich] ~** [se] confier
**Anwalt** ['anvalt] <-[e]s, Anwälte> *m*, **Anwältin** *f* avocat(e) *m(f)*
**an|weisen** *vt irr* donner des instructions à
**Anweisung** *f* instruction *f*
**an|wenden** *vt reg o irr* (*Technologie*) employer; (*Programm*) se servir de
**Anwendung** *f* (*der Gebrauch*) utilisation *f;* (*einer Regel*) application *f*
**anwesend** ['anve:zənt] *adj* présent(e)
**Anwesenheit** <-> *f* présence *f*
**an|widern** ['anvi:dɐn] *vt* dégoûter
**Anzahl** *f* nombre *m*
**an|zahlen** *vt* verser un acompte sur le prix de
**Anzeichen** *nt* **1.** (*Indiz*) signe *m* **2.** MED symptôme *m*
**Anzeige** <-, -n> *f* **1.** JUR plainte *f;* **~ erstatten** porter plainte **2.** (*Inserat*) annonce *f*
**an|zeigen** *vt* **1.** (*Straftat*) signaler **2.** (*Messwert*) indiquer
**an|ziehen** *irr* **I.** *vt* **1.** (*Kleid*) mettre **2.** (*Schlinge*) tirer **3.** (*Handbremse*) serrer **4.** (*Besucher*) attirer **II.** *vr* **sich ~** s'habiller
**anziehend** *adj* attirant(e)
**Anzug** *m* costume *m*
**an|zünden** *vt* **1.** allumer **2.** (*Gebäude*) incendier
**Apfel** ['apfəl] <-s, Äpfel> *m* pomme *f*
**Apfelbaum** *m* pommier *m* **Apfelkuchen** *m* tarte *f* aux pommes

A

**Apfelsine** [apfəl'ziːnə] <-, -n> *f* orange *f*

**Apotheke** [apo'teːkə] <-, -n> *f* pharmacie *f*

**Apotheker(in)** <-s, -> *m(f)* pharmacien(ne) *m(f)*

**Apparat** [apa'raːt] <-[e]s, -e> *m* appareil *m;* (*Fernsehapparat*) poste *m;* **bleiben Sie am ~!** ne quittez pas!

**Appetit** [ape'tiːt] <-[e]s> *m* appétit *m;* **~ auf etw** (*akk*) **haben** avoir envie de qc

**Applaus** [a'plaus] <-es> *m* applaudissements *mpl*

**Aprikose** [apri'koːzə] <-, -n> *f* abricot *m*

**April** [a'prɪl] <-[s], -e> *m* avril *m*

**apropos** [apro'poː] *adv geh* au fait

**Aquarium** [a'kvaːriʊm] <-s, -rien> *nt* aquarium *m*

**Ar** [aːɐ] <-s, -e> *nt o m* are *m*

**Araber(in)** ['arabɐ] <-s, -> *m(f)* Arabe *mf*

**arabisch** I. *adj* arabe; (*Klima, Wüste*) d'Arabie II. *adv* en arabe

**Arabisch** <-[s]> *nt* arabe *m*

**Arbeit** ['arbait] <-, -en> *f* 1. travail *m* 2. (*Werk*) ouvrage *m*

**arbeiten** *vi* travailler

**Arbeiter(in)** <-s, -> *m(f)* ouvrier(-ière) *m(f)*

**Arbeitgeber(in)** <-s, -> *m(f)* employeur(-euse) *m(f)*

**Arbeitnehmer(in)** *m(f)* salarié(e) *m(f)*

**Arbeitsamt** *nt* agence *f* pour l'emploi

**arbeitslos** *adj* au chômage

**Arbeitslose(r)** *f(m)* chômeur (-euse) *m(f)*

**Arbeitslosigkeit** <-> *f* chômage *m*

**Arbeitsmarkt** *m* marché *m* de l'emploi **Arbeitsplatz** *m* 1. (*Platz*) poste *m* de travail 2. (*Stelle*) emploi *m* **Arbeitsvertrag** *m* contrat *m* de travail **Arbeitszeit** *f* temps *m* de travail

**Archäologie** [arçɛolo'giː] <-> *f* archéologie *f*

**Architektur** [arçitɛk'tuːɐ̯] <-, -en> *f* architecture *f*

**arg** [ark] <ärger, ärgste> *adj* cruel(le)

**Ärger** ['ɛrgɐ] <-s> *m* 1. (*Unmut*) colère *f* 2. (*Unannehmlichkeiten*) ennuis *mpl;* **mit jdm ~ haben** avoir des ennuis avec qn

**ärgerlich** *adj* (*Blick*) irrité(e); (*Angelegenheit*) ennuyeux(-euse)

**ärgern** ['ɛrgɐn] I. *vt* énerver; **es ärgert mich, dass** cela m'énerve que + *subj* II. *vr* **sich über jdn/etw ~** se mettre en colère contre qn/à cause de qc

**Argument** [argu'mɛnt] <-[e]s, -e> *nt* argument *m*

**arm** [arm] <ärmer, ärmste> *adj* pauvre

**Arm** [arm] <-[e]s, -e> *m* bras *m*

**Armband** <-bänder> *nt* bracelet *m* **Armbanduhr** *f* montre-bracelet *f*

**Armee** [ar'me:] <-, -n> *f* MIL armée *f*

**Ärmel** ['ɛrməl] <-s, -> *m* manche *f*

**Armut** ['armu:t] <-> *f* pauvreté *f*

**Aroma** [a'ro:ma] <-s, Aromen> *nt* arôme *m*

**arrogant** [aro'gant] *adj* arrogant(e)

**Art** [a:ɐt] <-, -en> *f* **1.** (*Spezies*) espèce *f;* (*Sorte*) genre *m* **2.** (*Weise*) façon *f;* **auf diese ~ und Weise** de cette façon **3.** (*Benehmen*) manières *fpl*

**Artikel** [ar'ti:kəl] <-s, -> *m* article *m*

**Artischocke** [arti'ʃɔkə] <-, -n> *f* artichaut *m*

**Artist(in)** [ar'tɪst] <-en, -en> *m(f)* artiste *mf*

**Arzt** [a:ɐ̯tst] <-es, Ärzte> *m,* **Ärztin** *f* médecin *mf*

**Asche** ['aʃə] <-, -n> *f* cendre *f*

**Aschenbecher** *m* cendrier *m*

**Aschermittwoch** [aʃe'mɪtvɔx] *m* mercredi *m* des Cendres

**Asiat(in)** [a'zia:t] <-en, -en> *m(f)* Asiatique *mf*

**asiatisch** *adj* asiatique

**Asien** ['a:ziən] <-s> *nt* l'Asie *f*

**Aspekt** [as'pɛkt] <-[e]s, -e> *m* aspect *m*

**Ass** [as] <-es, -e> *nt* as *m*

**Assistent(in)** [asɪs'tɛnt] <-en, -en> *m(f)* assistant(e) *m(f)*

**Ast** [ast] <-[e]s, Äste> *m* branche *f*

**ästhetisch** *adj* esthétique

**Asthma** ['astma] <-s> *nt* asthme *m*

**Astrologie** [astrolo'gi:] <-> *f* astrologie *f*

**Astronaut(in)** [astro'naut] <-en, -en> *m(f)* astronaute *mf*

**Astronom(in)** [astro'no:m] <-en, -en> *m(f)* astronome *mf*

**Asyl** [a'zy:l] <-s, -e> *nt* asile *m*

**Asylant(in)** *m(f)* demandeur(-euse) *m(f)* d'asile

**Asylbewerber(in)** *m(f)* demandeur(-euse) *m(f)* d'asile

**Atem** ['a:təm] <-s> *m* **1.** (*Atemluft*) souffle *m* **2.** (*Atemgeruch*) haleine *f*

**atemlos** *adj* essoufflé(e)

**Atheismus** [ate'ɪsmʊs] <-> *m* athéisme *m*

**Athlet(in)** [at'le:t] <-en, -en> *m(f)* athlète *mf*

**Atlanten** *Pl von* **Atlas**

**Atlantik** [at'lantɪk] <-s> *m* **der ~** l'Atlantique *m*

**Atlas** ['atlas] <-, Atlanten> *m* atlas *m*

**atmen** ['a:tmən] *vt, vi* respirer

**Atmung** <-> *f* respiration *f*

**Atom** [a'to:m] <-s, -e> *nt* atome *m*

**Atombombe** *f* bombe *f* atomique **Atomkraftwerk** *nt* centrale *f* nucléaire

**Attentat** ['atənta:t] <-[e]s, -e> *nt* attentat *m*

**Attest** [a'tɛst] <-[e]s, -e> *nt* certificat *m*

**attraktiv** [atrak'tiːf] *adj* séduisant(e)

**au** [au̯] *interj* (*Ausruf des Schmerzes*) aïe

**Aubergine** [obɛr'ʒiːnə] <-, -n> *f* aubergine *f*

**auch** [au̯x] *adv* **1.** (*ebenfalls*) aussi **2.** (*sogar*) même; **~ wenn** même si **3.** (*verstärkend*) effectivement

**auf** [au̯f] **I.** *präp + dat* **1.** sur; **~ dem Boden** par terre; **~ der Straße** dans la rue; **~ dem Land** à la campagne; **~ Korsika** en Corse **2.** (*in, bei*) à **3.** (*während*) pendant **II.** *präp + akk* **1.** sur; **~ den Boden** par terre; **~ die Straße gehen** sortir dans la rue; **~s Land fahren** aller à la campagne **2.** (*zu, bei Maß- und Mengenangaben*) à **III.** *adv* **1.** (*los*) **~ geht's!** on y va! **2.** *fam* (*offen*) **~ sein** être ouvert **3.** *fam* (*aufgestanden*) **~ sein** être debout

**auf|atmen** *vi* respirer

**auf|bauen** *vt* **1.** (*Regal*) monter; (*Stereoanlage*) installer **2.** (*errichten*) **wieder ~** (*Land*) reconstruire

**auf|bewahren*** *vt* garder

**auf|blasen** *vt, vr irr* [**sich**] **~** [se] gonfler

**auf|bleiben** *vi irr fam* **1.** (*geöffnet bleiben*) rester ouvert(e) **2.** (*nicht zu Bett gehen*) rester debout

**auf|blühen** *vi* s'épanouir

**auf|brechen** *irr* **I.** *vt* forcer **II.** *vi* **1.** s'ouvrir **2.** (*sich auf den Weg machen*) partir

**auf|drängen** **I.** *vt* **jdm etw ~** forcer qn à prendre qc **II.** *vr* **sich jdm ~** (*Person*) imposer sa présence à qn

**aufeinander** [au̯fʔai̯'nandɐ] *adv* **1.** (*räumlich*) l'un(e) sur l'autre/les un(e)s sur les autres **2.** (*gegenseitig*) **~ angewiesen sein** (*Personen*) être tributaires l'un de l'autre/les uns des autres

**aufeinander|folgen** *vi* se succéder

**aufeinander|stoßen** *vi* (*Truppen*) s'affronter

**Aufenthalt** ['au̯fʔɛnthalt] <-[e]s, -e> *m* **1.** séjour *m* **2.** EISENBAHN arrêt *m*

**Aufenthaltserlaubnis** *f* permis *m* de séjour

**auf|essen** *irr* **I.** *vt* terminer **II.** *vi* finir son assiette

**Auffahrt** *f* (*Zufahrt*) accès *m*

**auf|fallen** *vi irr* **1.** (*Person*) ne pas passer inaperçu(e); (*Sache*) se remarquer; **jdm ~** (*Person*) attirer l'attention de qn; (*Sache*) frapper qn **2.** (*auf angenehme/unangenehme Weise bemerkt werden: Person*) se distinguer/se faire remarquer

**auffallend** *adj* (*Kleidungsstück*) voyant(e); (*Ähnlichkeit*) frappant(e)

A

**auffällig** I. *adj* (*Farbe*) voyant(e) II. *adv* (*nervös*) visiblement; (*sich verhalten*) étrangement
**auf|fassen** *vt* concevoir
**Auffassung** *f* (*Vorstellung*) conception *f;* (*Meinung*) avis *m*
**auf|fordern** *vt* 1. prier 2. (*zum Tanz bitten*) **jdn ~** inviter qn [à danser]
**Aufführung** *f* représentation *f*
**Aufgabe** <-, -n> *f* 1. tâche *f* 2. (*Pflicht*) devoir *m* 3. (*Auftrag*) mission *f* 4. SCHULE exercice *m* 5. (*eines Gerätes*) fonction *f*
**Aufgang** <-gänge> *m* 1. (*der Sonne*) lever *m* 2. (*Treppe*) escalier *m*
**auf|geben** *irr* I. *vt* 1. (*Studium*) abandonner; (*Freunde, Wohnort*) quitter 2. (*auftragen*) **jdm Hausaufgaben ~** donner des devoirs à qn 3. (*zu lösen geben*) **jdm ein Rätsel ~** poser une énigme à qn 4. (*Gepäck*) faire enregistrer; (*Paket*) poster; (*Annonce*) [faire] passer II. *vi* abandonner
**auf|gehen** *vi irr* 1. (*Sonne*) se lever 2. (*Tür*) s'ouvrir 3. (*Knoten*) se défaire 4. (*Rechnung*) tomber juste; (*Planung*) se réaliser
**aufgeregt** *adj* (*Person*) excité(e); (*nervös*) énervé(e)
**aufgeschlossen** *adj* ouvert(e)
**aufgeweckt** *adj* (*Kind*) éveillé(e)
**aufgrund** [aụfgrʊnt] *präp + gen* en raison de
**auf|haben** *irr fam* I. *vt* (*Geschäft*) ouvrir II. *vi* (*Geschäft*) être ouvert
**auf|halten** *irr* I. *vt* 1. *a. fig* (*Person*) retenir; (*Fahrzeug*) arrêter 2. *fam* (*Hand*) tendre II. *vr* séjourner; **sich im Garten ~** se trouver dans le jardin
**auf|hängen** *vt, vr* **[sich] ~** [se] pendre
**auf|heben** *vt irr* 1. ramasser 2. (*aufbewahren*) garder
**auf|hetzen** *vt* exciter
**auf|holen** I. *vt* rattraper II. *vi* rattraper son retard
**auf|hören** *vi* arrêter
**auf|klären** I. *vt* 1. **ein Verbrechen ~** tirer un crime au clair 2. (*Missverständnis*) expliquer 3. (*informieren*) **jdn ~** mettre qn au courant II. *vr* **sich ~** (*Rätsel, Himmel*) s'éclaircir; (*Missverständnis*) s'expliquer
**Aufkleber** *m* autocollant *m*
**auf|kommen** *vi irr* (*finanzieren*) **für jdn ~** subvenir aux besoins de qn
**auf|laden** *irr* I. *vt* charger II. *vr* **sich ~** (*Batterie*) se charger d'électricité
**Auflage** <-, -n> *f* 1. (*Ausgabe*) édition *f* 2. (*Auflagenhöhe*) tirage *m*
**auf|lassen** *vt irr* 1. *fam* laisser ouvert 2. *fam* (*Hut*) garder
**auf|legen** I. *vt* (*Schallplatte*)

mettre; (*Hörer*) reposer **II.** *vi* (*Person*) raccrocher

**auf|lehnen** *vr* **sich ~** se rebeller

**auf|lesen** *vt irr* ramasser

**auf|lösen** **I.** *vt* **1.** dissoudre **2.** MATH, MUS résoudre **II.** *vr* **sich ~** se décomposer; (*Pulver, Tablette*) se dissoudre; (*Nebel*) se dissiper

**auf|machen** **I.** *vt* **1.** *fam* ouvrir; (*Mantel, Schnürsenkel*) défaire **2.** (*Firma*) monter **II.** *vi* ouvrir

**aufmerksam** *adj* **1.** attentif (-ive); **~ machen** faire remarquer **2.** (*zuvorkommend*) attentionné(e)

**Aufmerksamkeit** <-, -en> *f* attention *f*

**auf|muntern** *vt* **1.** (*Person*) remonter; (*Kaffee*) ragaillardir **2.** (*ermutigen*) encourager

**Aufnahme** <-, -n> *f* **1.** (*Empfang*) accueil *m* **2.** PHOT photo[graphie] *f* **3.** (*Videoaufnahme*) enregistrement *m*

**auf|nehmen** *vt irr* **1.** accueillir **2.** (*beherbergen*) héberger **3.** (*auf Video festhalten, geistig verarbeiten*) enregistrer

**auf|passen** *vi* **1.** faire attention **2.** (*beaufsichtigen*) surveiller

**Aufprall** <-[e]s, -e> *m* choc *m*

**auf|pumpen** *vt* gonfler

**auf|räumen** *vt, vi* ranger

**aufrecht|erhalten*** *vt irr* (*Kontakt*) maintenir; (*Behauptung*) persister dans

**auf|regen** *vt, vr* **[sich] ~** [s']énerver

**Aufregung** *f* agitation *f*

**Aufrichtigkeit** <-> *f* sincérité *f*

**auf|rufen** *vt irr* **1. jdn ~ etw zu tun** appeler qn à faire qc **2.** (*Teilnehmer*) faire l'appel de **3.** (*Passagier*) appeler; (*Schüler*) désigner **4.** (*Flug*) annoncer

**auf|runden** *vt* arrondir

**Aufrüstung** *f* armement *m*

**Aufsatz** *m* **1.** (*Schulaufsatz*) rédaction *f* **2.** (*Essay*) essai *m*

**Aufschlag** *m* **1.** (*Aufprall*) impact *m* **2.** SPORT service *m* **3.** (*Aufpreis*) majoration *f*

**auf|schlagen** *irr* **I.** *vi* **1.** (*auftreffen*) s'écraser **2.** SPORT servir **II.** *vt* **1.** (*Buch, Augen*) ouvrir **2.** (*Zelt*) monter **3.** (*Lager*) installer **4.** (*zusätzlich berechnen*) majorer le prix

**auf|schließen** *vt, vi irr* ouvrir

**Aufschnitt** *m* (*Wurstaufschnitt*) charcuterie *f* en tranches

**auf|schreiben** *vt irr* noter

**Aufschrift** *f* inscription *f*

**Aufschub** *m* **1.** report *m* **2.** FIN délai *m*

**Aufschwung** *m* **1.** élan *m* **2.** ÖKON essor *m*

**Aufseher(in)** <-s, -> *m(f)* gardien(ne) *m(f)*

**auf|setzen** **I.** *vt* **1.** (*Brille*) mettre **2.** (*Fuß*) poser **II.** *vr* **sich ~** se redresser **III.** *vi* se poser

**Aufsicht** <-, -en> *f* surveillance *f*

**auf|springen** *vi irr* **1.** (*hochspringen*) bondir **2.** (*auf etw springen*) sauter **3.** (*sich öffnen*) s'ouvrir d'un seul coup
**Aufstand** *m* insurrection *f*
**auf|stehen** *vi irr* se lever
**auf|steigen** *vi irr a.* SPORT monter; (*Rauch*) s'élever
**auf|stellen** *vt* **1.** (*Gerät*) installer; (*Denkmal*) ériger; (*Falle*) poser **2.** (*Behauptung*) poser; (*Vermutung, Theorie*) avancer **3.** (*Liste*) dresser; (*Rechnung*) établir **4.** (*Rekord*) établir
**Aufstieg** ['aufʃti:k] <-[e]s, -e> *m* ascension *f*
**auf|tauchen** *vi* **1.** (*U-Boot*) remonter à la surface **2.** (*Beweisstück*) apparaître
**auf|tauen** *vi, vt* décongeler
**auf|teilen** *vt* **1.** diviser **2.** (*verteilen*) répartir
**Auftrag** ['auftra:k] <-[e]s, Aufträge> *m* **1.** (*Bestellung von Produkten*) commande *f;* (*Bestellung von Leistungen*) contrat *m* **2.** *geh* (*Mission*) mission *f*
**auf|treten** *irr* **I.** *vi* **1.** (*den Fuß aufsetzen*) poser le pied **2.** (*Schwierigkeiten*) apparaître; (*Verzögerungen*) survenir **3.** (*sich benehmen*) **arrogant/bescheiden ~** se montrer arrogant/modeste **II.** *vt* (*Tür*) enfoncer
**Auftritt** *m a.* THEAT apparition *f*
**auf|wachen** *vi* se réveiller
**auf|wachsen** *vi irr* grandir
**Aufwand** ['aufvant] <-[e]s> *m* **1.** investissement *m;* (*finanziell*) dépense *f* **2.** (*Luxus*) faste *m*
**aufwärts** ['aufvɛrts] *adv* **1.** (*nach oben*) vers le haut **2.** (*ab*) à partir
**auf|wecken** *vt* réveiller
**auf|zählen** *vt* énumérer
**Aufzeichnung** *f* **1.** (*einer Sendung*) enregistrement *m* **2.** (*Notizen*) notes *fpl*
**auf|ziehen** *vt irr* **1.** (*Vorhang*) ouvrir; (*Schleife*) défaire **2.** (*Schublade*) tirer **3.** remonter **4.** (*Kind*) élever
**Aufzug** *m* ascenseur *m*
**Auge** ['augə] <-s, -n> *nt* **1.** *a.* BOT œil *m;* **grüne ~n haben** avoir les yeux verts **2.** (*Punkt beim Würfeln*) point *m*
**Augenarzt** *m,* **-ärztin** *f* oculiste *mf* **Augenblick** *m* instant *m*
**Augenbraue** *f* sourcil *m* **Augenlid** *nt* paupière *f*
**August** [au'gʊst] <-[e]s, -e> *m* août *m*
**Auktion** [auk'tsio:n] <-, -en> *f* vente *f* aux enchères
**aus** [aus] **I.** *präp + dat* **1.** de **2.** (*Ursache*) par **3.** (*Beschaffenheit*) en **II.** *adv fam* **1.** (*beendet*) fini(e) **2.** (*nicht an*) éteint(e); (*Motor*) arrêté(e) **3.** SPORT hors jeu **4.** (*ausgegangen*) **~ sein** être sorti

**aus|bauen** *vt* **1.** (*baulich erweitern*) aménager **2.** (*herausmontieren*) démonter

**aus|bilden** **I.** *vt* **1.** (*Azubi*) former **2.** (*entwickeln*) développer **II.** *vr* (*sich schulen*) **sich ~** se former

**Ausbildung** *f* formation *f*

**Ausblick** *m* **1.** (*Aussicht*) vue *f* **2.** (*Zukunftsvision*) perspective *f*

**aus|brechen** *vi irr* **1. aus dem Gefängnis ~** s'évader de prison **2.** (*Vulkan*) entrer en éruption **3.** (*Krieg*) éclater; (*Hass*) se déchaîner; (*Seuche*) se déclarer **4.** (*verfallen in*) **in Tränen ~** fondre en larmes

**aus|breiten** **I.** *vt* **1.** (*hinlegen*) étaler **2.** (*Flügel*) déployer; (*Arme*) ouvrir **3.** (*darlegen*) exposer **II.** *vr* **sich ~ 1.** (*sich erstrecken*) s'étendre **2.** (*Feuer*) se propager

**Ausbruch** *m* **1.** (*das Ausbrechen*) évasion *f* **2.** (*Beginn*) déclenchement *m* **3.** (*Eruption*) éruption *f*

**Ausdauer** *f* persévérance *f*; (*körperlich*) endurance *f*

**aus|dehnen** **I.** *vr* **sich ~ 1.** (*Gas*) se dilater **2.** (*sich ausbreiten: Seuche*) s'étendre **3.** (*dauern: Wartezeit*) se prolonger **II.** *vt* **1.** (*verlängern*) prolonger **2.** (*erweitern*) étendre

**aus|denken** *vt irr* **sich** (*dat*) **eine Ausrede ~** inventer une excuse; **sich** (*dat*) **einen Plan ~** imaginer un plan

**Ausdruck**[1] <-drücke> *m* expression *f*

**Ausdruck**[2] <-drucke> *m* imprimé *m*

**aus|drucken** *vt* INFORM imprimer

**aus|drücken** **I.** *vt* **1.** (*bekunden, formulieren*) exprimer **2.** (*Orange*) presser; (*Pickel*) percer **3.** (*Zigarette*) écraser **II.** *vr* **sich ~** s'exprimer

**auseinander** [aʊsʔaɪ'nandɐ] *adv* **1.** (*zeitlich entfernt*) **drei Jahre ~ sein** (*Personen*) avoir trois ans de différence **2.** *fam* (*getrennt*) **~ sein** être séparé(e)s

**auseinander|liegen** *vi* **weit ~** (*räumlich entfernt*) être [très] loin les uns des autres; (*zeitlich entfernt: Ereignisse*) être éloignés

**auseinander|schreiben** *vt* **etw ~** écrire qc séparément

**Auseinandersetzung** <-, -en> *f* explication *f*

**Ausfahrt** *f* sortie *f*

**aus|fallen** *vi irr* **1.** (*Haare*) tomber **2.** (*nicht stattfinden*) être supprimé

**Ausflug** *m* excursion *f*

**aus|fragen** *vt* **jdn ~** interroger qn en détail

**Ausfuhr** <-, -en> *f* exportation *f*

**aus|führen** *vt* **1.** (*Befehl*) exécuter; (*Auftrag*) remplir; (*Plan*) réaliser; (*Operation*) faire **2.** (*exportieren*) exporter **3.** (*erläutern*) exposer **4.** (*spazieren führen*) sortir

**aus|füllen** *vt* (*Antrag*) remplir

**Ausgabe** *f* **1.** (*von Fahrkarten*) délivrance *f* **2.** (*Edition*) édition *f* **3.** *Pl* (*Kosten*) dépenses *fpl*

**Ausgang** <-gänge> *m* **1.** sortie *f* **2.** AVIAT porte *f* **3.** (*Ergebnis*) issue *f*

**aus|geben** *irr* **I.** *vt* **1.** distribuer **2.** (*Ausweise*) délivrer **3.** (*Geld*) dépenser **II.** *vr* **sich als Arzt ~** se faire passer pour un médecin

**ausgebucht** *adj* complet(-ète)

**ausgefallen** *adj* original(e)

**ausgeglichen** *adj* pondéré(e)

**aus|gehen** *vi irr* **1.** (*aus dem Haus gehen*) sortir **2. davon ~, dass ...** partir du principe que ... **3.** (*enden*) **gut/schlecht ~** bien/mal se terminer **4.** (*Vorräte*) s'épuiser

**ausgelassen I.** *adj* (*Kind*) turbulent(e); (*Stimmung*) débridé(e) **II.** *adv* avec entrain

**ausgemacht** *adj* convenu(e)

**ausgenommen** *präp + akk* à l'exception de

**ausgerechnet** ['ausgə(')rɛçnət] *adv* **~ jetzt** juste maintenant

**ausgeschlossen** *adj* **~!** c'est hors de question!

**ausgesprochen** *adj* prononcé(e)

**Ausgleich** <-[e]s, -e> *m* **1.** compensation *f* **2.** SPORT égalisation *f*

**aus|gleichen** *irr* **I.** *vt* **1.** compenser **2.** (*Schulden*) rembourser; (*Rechnung*) régler **3.** (*Konflikte*) régler **II.** *vi* SPORT égaliser

**aus|halten** *irr* **I.** *vt* supporter **II.** *vi* tenir

**Aushang** *m* affiche *f*

**Aushilfe** *f* **1.** (*Hilfe*) intérim *m* **2.** (*Hilfskraft*) intérimaire *mf*

**aus|kennen** *vr irr* **sich ~** s'y connaître; **sich in Paris ~** bien connaître Paris

**aus|kommen** *vi irr* s'en sortir

**Auskunft** ['auskʊnft] <-, -künfte> *f* **1.** (*Information*) renseignement *m* **2.** (*Auskunftsschalter*) information *f* **3.** (*Telefonauskunft*) renseignements *mpl*

**aus|lachen** *vt* se moquer de

**aus|laden** *vt irr* décharger

**Auslage** *f* **1.** vitrine *f* **2.** (*ausgestellte Ware*) choix *m*

**Ausland** *nt* étranger *m*

**Ausländer(in)** ['auslɛndɐ] <-s, -> *m(f)* étranger(-ère) *m(f)*

**ausländerfeindlich** *adj* xénophobe **Ausländerfeindlichkeit** *f* xénophobie *f*

**ausländisch** *adj* étranger(-ère)

**aus|lassen** *vt irr* **1.** omettre; (*Satz*) oublier **2.** (*Gelegenheit*) laisser passer **3.** *fam* (*Radio*) ne pas allumer

**aus|legen** *vt* **1.** (*Waren*) étaler **2.** (*deuten*) interpréter

**Ausleihe** <-, -n> *f* prêt *m*

**aus|leihen** *vt irr* prêter; **sich** (*dat*) **etw bei/von jdm ~** emprunter qc à qn

**Auslieferung** *f* livraison *f*
**aus|losen** *vt, vi* **jdn/etw** ~ tirer qn/qc au sort
**aus|lösen** *vt* déclencher
**aus|machen** *vt* **1.** *fam* éteindre **2.** (*Termin*) fixer; **etw mit jdm** ~ convenir de qc avec qn **3.** (*stören*) **jdm etwas** ~ déranger qn
**Ausmaß** *nt* **1.** (*Ausdehnung*) étendue *f;* (*Größe*) dimensions *fpl* **2.** (*Umfang*) ampleur *f*
**aus|messen** *vt irr* mesurer
**Ausnahme** ['ausna:mə] <-, -n> *f* exception *f*
**ausnahmsweise** *adv* exceptionnellement
**aus|nutzen** *vt* **1.** exploiter **2.** (*sich zunutze machen*) profiter de
**aus|nützen** A *s.* **ausnutzen**
**aus|packen** *vt* (*Koffer*) défaire; (*Geschenk*) ouvrir; (*Ware*) déballer
**aus|probieren*** *vt* essayer
**Auspuff** <-[e]s, -e> *m* pot *m* d'échappement
**aus|rauben** *vt* dévaliser
**aus|rechnen** *vt* calculer
**Ausrede** *f* prétexte *m*
**aus|reden** I. *vi* finir de parler II. *vt* **jdm etw** ~ dissuader qn de [faire] qc
**aus|reichen** *vi* suffire
**ausreichend** *adj* suffisant(e)
**Ausreise** *f* sortie *f* [du territoire]
**aus|reißen** *vt irr* arracher
**aus|richten** I. *vt* **1.** (*Gruß*) transmettre; **jdm ~, dass ...** dire à qn que ... **2.** (*einstellen*) orienter II. *vr* **sich an etw** (*dat*) ~ se ranger à qc
**aus|rufen** *vt irr* **1.** (*laut rufen*) s'exclamer **2.** (*Haltestelle*) annoncer **3.** (*über Lautsprecher suchen*) appeler **4.** (*Streik*) proclamer
**aus|ruhen** I. *vi, vr* [**sich**] ~ se reposer II. *vt* (*Füße*) reposer
**Ausrüstung** *f* équipement *m;* (*einer Armee*) armement *m*
**aus|rutschen** *vi* glisser
**Aussage** *f* **1.** déclaration *f* **2.** (*eines Romans*) message *m*
**aus|schalten** *vt* éteindre; (*Strom*) couper
**aus|scheiden** *irr* I. *vi* **1. aus einem Wettkampf** ~ se retirer d'une compétition **2.** (*Plan*) ne pas être retenu; (*Kandidat*) être éliminé II. *vt* (*Giftstoffe*) éliminer
**aus|schlafen** *vi, vr irr* [**sich**] ~ dormir tout son soûl
**Ausschlag** *m* MED éruption *f* [cutanée]
**aus|schlagen** *irr* I. *vt* **1. jdm einen Zahn** ~ casser une dent à qn **2.** (*Angebot*) décliner II. *vi* (*Pferd*) ruer
**ausschlaggebend** *adj* déterminant(e)
**aus|schließen** *vt irr* exclure
**ausschließlich** I. *adj* (*Vertretung*) exclusif(-ive) II. *präp*

+ *gen* sauf
**aus|schneiden** *vt irr* découper
**Ausschnitt** *m* 1. (*Zeitungsausschnitt*) coupure *f* [de presse] 2. (*Dekolleté*) décolleté *m* 3. (*kleiner Auszug*) détail *m*
**aus|schütten** *vt* vider
**aus|sehen** *vi irr* 1. **gut/schlecht ~** avoir bonne/mauvaise mine; **wie sieht ein Leguan aus?** à quoi ressemble un iguane? 2. (*den Anschein haben*) **sie sieht [ganz so] aus, als ...** on dirait qu'elle ...
**Aussehen** <-s, -> *nt* aspect *m*
**außen** ['ausən] *adv* à l'extérieur
**Außenseiter(in)** <-s, -> *m(f)* marginal(e) *m(f)*
**außer** ['ausɐ] I. *präp* + *dat* 1. sauf 2. (*außerhalb*) **~ Sicht sein** être hors de vue 3. **~ sich** (*dat*) **sein** être hors de soi II. *konj* **~ dass ...** si ce n'est que ...; **~ [wenn]** sauf si
**außerdem** ['ausɐde:m] *adv* en plus
**äußere(r, s)** *adj* 1. externe 2. (*Anlass*) apparent(e)
**Äußere(s)** *nt* apparence *f*
**außergewöhnlich** ['ausɐgə'vø:nlɪç] I. *adj* exceptionnel(le) II. *adv* particulièrement
**außerhalb** ['ausɐhalp] I. *adv* à l'extérieur II. *präp* + *gen* en dehors de
**äußerlich** ['ɔysɐlɪç] *adj* 1. externe 2. (*oberflächlich*) superficiel(le)
**äußern** ['ɔysɐn] I. *vt* (*Meinung*) exprimer; (*Kritik*) émettre II. *vr* 1. **sich zu etw ~** se prononcer sur qc; (*seine Meinung sagen*) donner son avis sur qc 2. (*in Erscheinung treten*) **sich ~** (*Krankheit*) se manifester
**außerordentlich** ['ausɐ'ʔɔrdəntlɪç] I. *adj* exceptionnel(le) II. *adv* extrêmement **außerorts** *adv* A, CH hors agglomération
**äußerst** ['ɔysɐst] *adv* extrêmement
**äußerste(r, s)** *adj* **der ~ Punkt** le point le plus éloigné; **am ~n Ende des Tisches** à l'extrémité de la table
**Äußerste(s)** *nt* **bis zum ~n gehen** aller jusqu'au bout
**Äußerung** <-, -en> *f* propos *mpl*
**aus|setzen** I. *vt* 1. (*Haustier*) abandonner 2. (*preisgeben*) **jdn/etw einer Gefahr** (*dat*) exposer qn/qc à un danger 3. (*Belohnung*) offrir; (*Summe*) accorder 4. (*bemängeln*) **an jdm/etw etwas auszusetzen haben** avoir quelque chose à redire à qn/qc II. *vr* **sich einer Gefahr** (*dat*) **~** s'exposer à un danger III. *vi* (*pausieren*) faire une pause
**Aussicht** *f* 1. (*Blick*) vue *f* 2. (*Chance*) chance *f*
**aus|sortieren*** *vt* trier
**aus|spannen** *vi* se détendre
**Aussprache** *f* 1. (*Artikulation*)

prononciation *f* **2.** (*Unterredung*) explication *f*
**aus|sprechen** *irr* **I.** *vt* **1.** JUR, LING prononcer **2.** (*Satz*) dire; (*Bedauern, Meinung*) exprimer **II.** *vr* **sich ~ 1.** (*offensprechen*) s'expliquer **2.** (*Stellung beziehen*) se prononcer
**Ausstattung** <-, -en> *f* **1.** équipement *m* **2.** (*Einrichtung*) agencement *m*
**aus|steigen** *vi irr* descendre
**aus|stellen** *vt, vi* exposer
**Ausstellung** <-, -en> *f* exposition *f*
**aus|sterben** *vi irr* disparaître
**Ausstieg** <-[e]s, -e> *m* **1.** (*das Aussteigen*) descente *f* **2.** (*Ausgang*) sortie *f*
**Ausstrahlung** *f* **1.** rayonnement *m* **2.** (*das Senden*) diffusion *f*
**aus|strecken** **I.** *vt* (*Arm*) tendre; (*Fühler*) sortir **II.** *vr* **sich ~** s'étirer
**aus|suchen** *vt* choisir
**Austausch** *m* échange *m*
**aus|tauschen** **I.** *vt* échanger; (*Spieler*) remplacer **II.** *vr* **sich über jdn/etw ~** parler de qn/qc
**aus|teilen** *vt* distribuer
**Auster** ['aʊstɐ] <-, -n> *f* huître *f*
**aus|tragen** *vt irr* **1.** (*Post*) distribuer **2.** (*Konflikt*) régler; (*Wettkampf*) disputer
**Australien** [aʊs'tra:liən] <-s> *nt* l'Australie *f*
**aus|treten** *vi irr* **1.** (*Flüssigkeit*) s'écouler; (*Gas*) s'échapper **2.** (*ausscheiden*) quitter
**aus|trinken** *irr* **I.** *vt* finir **II.** *vi* vider son verre
**Austritt** *m* **1.** (*von Wasser*) fuite *f* **2.** (*das Ausscheiden*) démission *f*
**Ausverkauf** *m* soldes *mpl*
**ausverkauft** *adj* (*Artikel*) épuisé(e); (*Konzert*) complet(-ète)
**Auswahl** *f* choix *m*
**aus|wählen** *vt, vi* choisir
**aus|wandern** *vi* émigrer
**auswärtig** ['aʊsvɛrtɪç] *adj* **1.** étranger(-ère) **2.** (*Kunde*) [qui vient] de l'extérieur **3.** (*Angelegenheiten*) extérieur(e); (*Vertretung*) étranger(-ère)
**auswärts** ['aʊsvɛrts] *adv* à l'extérieur
**aus|wechseln** *vt* remplacer
**Ausweg** *m* issue *f*
**aus|weichen** *vi irr* éviter
**Ausweis** ['aʊsvaɪs] <-es, -e> *m* carte *f*; (*Personalausweis*) carte *f* d'identité
**aus|weisen** *irr* **I.** *vt* expulser **II.** *vr* **sich ~** justifier son identité
**Ausweiskontrolle** *f* contrôle *m* d'identité
**auswendig** *adv* par cœur
**aus|wirken** *vr* **sich auf etw** (*akk*) **~** avoir des répercussions sur qc
**aus|zahlen** *vt* (*Gehalt*) verser
**aus|zeichnen** **I.** *vt* **1.** (*Ware*) étiqueter **2.** (*ehren*) décerner

A

3. (*Person*) distinguer **II.** *vr* **sich durch etw ~** se distinguer par qc

**aus|ziehen** *irr* **I.** *vt* **1.** (*Person*) déshabiller **2.** (*Kleidungsstück*) enlever **3.** (*Tisch*) [r]allonger; (*Antenne*) [é]tirer **II.** *vi* déménager **III.** *vr* **sich ~** se déshabiller

**Auszubildende(r)** <-n, -n> *f(m)* apprenti(e) *m(f)*

**Auszug** <-[e]s, Auszüge> *m* **1.** (*Umzug*) déménagement *m* **2.** (*Auswanderung*) procession *f* **3.** (*eines Textes*) extrait *m* **4.** (*Kontoauszug*) relevé *m*

**Auto** ['auto] <-s, -s> *nt* voiture *f*

**Autobahn** *f* autoroute *f* **Autobahnausfahrt** *f* sortie *f* d'autoroute **Autobahngebühr** *f* péage *m*

**Autobahnraststätte** *f* restoroute® *m*

**Autofahrer(in)** *m(f)* automobiliste *mf*

**Automat** [auto'ma:t] <-en, -en> *m* distributeur *m* [automatique]; (*Spielautomat*) machine *f* à sous

**automatisch** [auto'ma:tɪʃ] *adj* automatique

**Automechaniker(in)** *m(f)* mécanicien(ne) *m(f)* [-auto]

**Autor** ['auto:ɐ] <-s, -toren> *m*, **Autorin** *f* auteur(-trice) *m(f)*

**Autorennen** *nt* course *f* automobile

**autoritär** [autori'tɛ:ɐ] *adj* autoritaire

**Autorität** [autori'tɛ:t] <-, -en> *f* autorité *f*

**Autounfall** *m* accident *m* de voiture

**Avocado** [avo'ka:do] <-, -s> *f* avocat *m*

**Axt** [akst] <-, Äxte> *f* hache *f*

**Azubi** [a'tsu:bi] <-s, -s> *m*, <-, -s> *f* *Abk von* **Auszubildende(r)** apprenti(e) *m(f)*

# B

**B, b** [be:] <-, -> *nt* (*Buchstabe*) B *m*/b *m*

**Baby** ['be:bi] <-s, -s> *nt* bébé *m*

**Babyfon** [be:bi'fo:n] <-s, -e> *nt* babyphone *m*

**babysitten** ['be:bizɪtən] *vi* faire du baby-sitting **Babysitter(in)** ['be:bizɪtɐ] <-s, -> *m(f)* baby-sitter *mf*

**Bach** [bax] <-[e]s, Bäche> *m* ruisseau *m*

**Backe** ['bakə] <-, -n> *f* joue *f*

**backen** ['bakən] *irr* **I.** *vt* (*Kuchen*) faire **II.** *vi* cuire

**Bäcker** ['bɛkɐ] <-s, -> *m* boulanger *m*

**Bäckerei** [bɛkə'raj] <-, -en> *f* boulangerie *f*

**Bäckerin** <-, -nen> *f* boulangère *f*

**Backofen** *m* four *m* **Backpulver** *nt* levure *f* chimique

**Bad** [ba:t] <-[e]s, Bäder> *nt* **1.** *a.* CHEM bain *m* **2.** (*das Schwimmen*) baignade *f* **3.** (*Badezimmer*) salle *f* de bains

**Badeanzug** *m* maillot *m* de bain [une pièce] **Badehose** *f* maillot *m* de bain **Badekappe** *f* bonnet *m* de bain **Bademantel** *m* peignoir *m*

**baden** ['ba:dən] **I.** *vi* **1.** prendre un bain **2.** (*schwimmen*) se baigner **II.** *vt* (*Kind*) donner un bain à

**Baden-Württemberg** <-s> *nt* le Bade-Wurtemberg

**Badewanne** *f* baignoire *f* **Badezimmer** *nt* salle *f* de bains

**Bahn** [ba:n] <-, -en> *f* **1.** (*Eisenbahn*) train *m* **2.** (*Verkehrsnetz, Verwaltung der Eisenbahn*) chemins *mpl* de fer **3.** SPORT piste *f* **4.** (*Fahrbahn*) voie *f*

**Bahngleis** *nt* voie *f* ferrée **Bahnhof** *m* gare *f* **Bahnlinie** *f* ligne *f* de chemin de fer **Bahnsteig** *m* quai *m* de gare **Bahnübergang** *m* passage *m* à niveau

**bald** [balt] <eher, am ehesten> *adv* **1.** (*in Kürze*) bientôt; **so ~ wie möglich** le plus tôt possible; **bis ~!** à bientôt! **2.** (*schnell*) vite

**baldig** ['baldɪç] *adj* (*Antwort*) rapide; (*Besuch*) prochain(e); (*Genesung*) prompt(e)

**Balken** ['balkən] <-s, -> *m* poutre *f*

**Balkon** [bal'kɔŋ] <-s, -s> *m* balcon *m*

**Ball** [bal] <-[e]s, Bälle> *m* **1.** balle *f*; (*in der Größe eines Fußballs*) ballon *m* **2.** (*Tanzfest*) bal *m*

**Ballett** [ba'lɛt] <-[e]s, -e> *nt* ballet *m*

**Ballon** [ba'lɔŋ] <-s, -s> *m* ballon *m*

**banal** [ba'na:l] *adj* banal(e)

**Banane** [ba'na:nə] <-, -n> *f* banane *f*

**Band¹** [bant] <-[e]s, Bänder> *nt* **1.** ruban *m* **2.** (*Tonband*) bande *f* [magnétique] **3.** (*Fließband*) chaîne *f*

**Band²** [bant] <-[e]s, Bände> *m* volume *m*

**Band³** [bænt] <-, -s> *f* groupe *m*

**Bande** ['bandə] <-, -n> *f* **1.** (*Verbrecherbande*) gang *m* **2.** *fam* (*Kinder*) bande *f*

**Bändel** *m* lacet *m*

**Bandit(in)** [ban'di:t] <-en, -en> *m(f)* bandit *m*

**Bandscheibe** *f* disque *m* [intervertébral]

**Bank¹** [baŋk] <-, Bänke> *f* **1.** banc *m* **2.** (*Werkbank*) établi *m*

**Bank²** <-, -en> *f* banque *f*

**Bankautomat** *m* distributeur *m* automatique de billets

**Bankkaufmann** *m*, **-kauffrau** *f* employé(e) *m(f)* de banque di-

plômé(e) **Bankkonto** *nt* compte *m* en banque **Bankleitzahl** *f* code *m* banque **Banknote** *f* billet *m* [de banque]
**bankrott** [baŋ'krɔt] *adj* en faillite
**Bankrott** [bank'rɔt] <-[e]s, -e> *m* faillite *f*
**Bankverbindung** *f* coordonnées *fpl* bancaires
**bar** [baːɐ̯] **I.** *adj* en liquide; **in ~** en espèces **II.** *adv* **~ zahlen** payer en espèces
**Bar** [baːɐ̯] <-, -s> *f* bar *m*
**Bär** [bɛːɐ] <-en, -en> *m* ours *m*
**Baracke** [ba'rakə] <-, -n> *f* baraque *f*
**barfuß** *adj* pieds nus
**Bargeld** *nt* argent *m* liquide
**Bärin** *f* ourse *f*
**Barkeeper** ['baːɐ̯kiːpɐ] <-s, -> *m* barman *m*
**Barock** <-[s]> *nt o m* baroque *m*
**Barometer** [baro'meːtɐ] <-s, -> *nt a. fig* baromètre *m*
**Barriere** [ba'ri̯eːrə] <-, -n> *f* barrière *f*
**barsch** [barʃ] **I.** *adj* brusque **II.** *adv* brutalement
**Barsch** [baːɐ̯ʃ] <-[e]s, -e> *m* perche *f*
**Bart** [baːɐ̯t] <-[e]s, Bärte> *m* (*Vollbart*) barbe *f*; (*Schnurrbart*) moustache *f*
**bärtig** ['bɛːɐtɪç] *adj* barbu(e)
**Basen** *Pl von* Basis
**Basilika** [ba'ziːlika] <-, Basiliken> *f* basilique *f*
**Basilikum** [ba'ziːlikʊm] <-s> *nt* basilic *m*
**Basis** ['baːzɪs] <-, Basen> *f* base *f*
**basteln** ['bastəln] *vt, vi* bricoler
**Bastler(in)** ['bastlɐ] <-s, -> *m(f)* bricoleur(-euse) *m(f)*
**Batterie** [batə'riː] <-, -n> *f* **1.** pile *f*; (*Autobatterie*) batterie *f* **2.** (*Mischbatterie*) mélangeur *m*
**Bau** [bau̯] <-[e]s, -ten> *m* **1.** (*das Bauen*) construction *f* **2.** (*Gebäude*) bâtiment *m*
**Bauarbeiten** *Pl* travaux *mpl* **Bauarbeiter(in)** *m(f)* ouvrier(-ière) *m(f)* du bâtiment
**Bauch** [baux] <-[e]s, Bäuche> *m* ventre *m*
**Bauchnabel** *m* nombril *m* **Bauchschmerzen** *Pl* mal *m* au ventre
**bauen** ['bau̯ən] **I.** *vt* **1.** (*Gebäude, Maschine*) construire; (*Möbel*) fabriquer **2.** *fam* (*Unfall*) provoquer **II.** *vi* **1.** (*ein Haus bauen*) [faire] construire **2.** (*vertrauen*) **auf jdn/etw ~** compter sur qn/qc
**Bauer** ['bau̯ɐ] <-n, -n> *m* paysan *m*
**Bäuerin** ['bɔyərɪn] *f* paysanne *f*
**Bauernhof** *m* ferme *f*
**Baum** [baum] <-[e]s, Bäume> *m* arbre *m*
**Baumwolle** *f* coton *m*
**Baustelle** *f* chantier *m*
**Bayer(in)** ['baiɐ] <-n, -n> *m(f)* Bavarois(e) *m(f)*

**bayerisch** ['baiərɪʃ] *adj* bavarois(e)
**Bayern** ['bai̯ɐn] <-s> *nt* la Bavière
**bayrisch** ['bairɪʃ] *s.* **bayerisch**
**beabsichtigen*** [bə'ʔapzɪçtɪgən] *vt* **1.** envisager **2.** (*bezwecken*) **das war beabsichtigt** c'était voulu
**beachten*** *vt* **1.** (*Ratschlag*) suivre; (*Vorfahrt*) respecter **2.** (*berücksichtigen*) tenir compte de **3.** (*mit Aufmerksamkeit bedenken*) faire attention à
**Beachtung** <-> *f* **1.** (*einer Anleitung*) observation *f*; (*einer Vorschrift*) respect *m* **2.** (*Aufmerksamkeit*) ~ **schenken** prêter attention
**Beamte(r)** [bə'ʔamtə] *m*, **Beamtin** *f* fonctionnaire *mf*
**beängstigend** *adj* inquiétant(e)
**beanspruchen*** [bə'ʔanʃprʊxən] *vt* **1.** (*Schadenersatz*) demander **2.** (*Zeit*) prendre **3.** (*Kraft*) accaparer
**beantragen*** *vt* demander
**beantworten*** [bə'ʔantvɔrtən] *vt* répondre à
**bearbeiten*** *vt* **1.** (*Antrag*) s'occuper de **2.** (*Material*) travailler **3.** (*behandeln*) traiter **4.** (*Manuskript*) remanier
**beaufsichtigen*** [bə'ʔau̯fzɪçtɪgən] *vt* surveiller
**beauftragen*** *vt* charger
**beben** ['be:bən] *vi* trembler
**Becher** ['bɛçɐ] <-s, -> *m* gobelet *m*
**Becken** ['bɛkən] <-s, -> *nt* **1.** bassin *m* **2.** (*Spülbecken*) bac *m* [à évier]; (*Waschbecken*) lavabo *m*
**bedanken*** *vr* **sich** ~ dire merci; **sich bei jdm für etw** ~ remercier qn de qc
**Bedarf** [bə'darf] <-[e]s> *m* besoins *mpl*
**bedauerlich** [bə'dau̯ɐlɪç] *adj* regrettable
**bedauern*** [bə'dau̯ɐn] *vt* **1.** regretter **2.** (*bemitleiden*) plaindre
**Bedauern** <-s> *nt* **1.** regret *m* **2.** (*Mitgefühl*) sympathie *f*
**bedenken*** *vt irr* **1.** penser à **2.** (*Maßnahmen*) réfléchir à
**Bedenken** <-s, -> *nt* **1.** *Pl* doutes *fpl* **2.** (*das Überlegen*) réflexion *f*
**bedeuten*** *vt* **1.** (*ausdrücken*) signifier; (*meinen*) vouloir dire **2.** (*gelten*) **Geld bedeutet mir viel** j'attache beaucoup d'importance à l'argent
**bedeutend** **I.** *adj* important(e); (*Leistung*) remarquable; (*Erfolg*) considérable **II.** *adv* (*beträchtlich*) nettement
**Bedeutung** <-, -en> *f* **1.** (*Sinn*) sens *m* **2.** (*Wichtigkeit*) importance *f*
**bedienen*** **I.** *vt* **1.** servir; **werden Sie schon bedient?** on s'occupe de vous? **2.** (*Telefon*) se servir de; (*Computer*) faire fonctionner; (*Maschine*) faire marcher **II.** *vi* servir **III.** *vr* **sich**

~ se servir

**Bedienung** <-, -en> *f* 1. utilisation *f;* (*einer Schaltzentrale*) fonctionnement *m* 2. (*eines Kunden*) service *m* 3. (*Kellner*) garçon *m;* (*Kellnerin*) serveuse *f;* ~! garçon/Mademoiselle!

**Bedienungsanleitung** *f* mode *m* d'emploi

**Bedingung** <-, -en> *f* condition *f*

**bedrohen*** *vt* menacer

**bedrohlich** I. *adj* menaçant(e) II. *adv* de façon menaçante

**Bedrohung** *f* menace *f*

**Bedürfnis** <-ses, -se> *nt* besoin *m*

**beeilen*** *vr* **sich** ~ se dépêcher

**beeindrucken*** *vt* impressionner

**beeinflussen*** [bə'ʔaɪnflʊsən] *vt* influencer

**beeinträchtigen*** [bə'ʔaɪntrɛçtɪgən] *vt* nuire à; (*Freiheit*) restreindre

**beenden*** *vt* (*Gespräch*) mettre fin à; (*Studium*) terminer; (*Krieg*) cesser; (*Programm*) quitter

**beerdigen*** [bə'ʔeːɐ̯dɪgən] *vt* enterrer

**Beerdigung** <-, -en> *f* enterrement *m*

**Beere** ['beːrə] <-, -n> *f* baie *f*

**Beet** [beːt] <-[e]s, -e> *nt* platebande *f*

**befassen*** *vr* **sich mit jdm/etw** ~ s'occuper de qn/qc

**Befehl** [bə'feːl] <-[e]s, -e> *m* 1. ordre *m* 2. (*Befehlsgewalt*) commandement *m*

**befehlen** *vt irr* ~, **dass** ordonner que + *subj*

**befestigen*** [bə'fɛstɪgən] *vt* 1. fixer 2. MIL fortifier

**befinden*** *vr irr* (*sich aufhalten*) être

**Befinden** <-s> *nt* 1. état *m* 2. *geh* (*Meinung*) position *f*

**befolgen*** *vt* suivre

**befördern*** *vt* 1. transporter; (*Briefe*) acheminer; **etw ~ lassen** expédier qc 2. (*aufrücken lassen*) promouvoir

**Beförderung** *f* 1. transport *m;* (*von Postsendungen*) acheminement *m* 2. (*eines Mitarbeiters*) promotion *f*

**Befragung** <-, -en> *f* 1. interrogation *f* 2. (*Umfrage*) sondage *m*

**befreien*** I. *vt* 1. libérer 2. (*freistellen*) dispenser 3. (*entlasten*) soulager 4. (*reinigen*) débarrasser II. *vr* **sich** ~ 1. (*entkommen*) s'évader 2. (*Volk*) se libérer

**befreunden*** [bə'frɔyndən] *vr* **sich mit jdm** ~ se lier d'amitié avec qn

**befreundet** *adj* ami(e)

**befriedigen*** [bə'friːdɪgən] I. *vt* satisfaire II. *vi* (*Lösung*) être satisfaisant(e)

**befriedigend** *adj a.* SCHULE satisfaisant(e)

**Befriedigung** <-> *f* satisfaction *f*

**befristet** *adj* temporaire
**befürchten*** *vt* craindre
**Befürchtung** <-, -en> *f* craintes *fpl*
**befürworten*** [bəˈfyːɐvɔrtən] *vt* appuyer; **~, dass** préconiser que + *subj*
**begabt** [bəˈgaːpt] *adj* doué(e); **hoch ~** surdoué
**Begabung** [bəˈgaːbʊŋ] <-, -en> *f* **1.** (*Talent*) don *m* **2.** (*Mensch*) talent *m*
**begegnen*** [bəˈgeːgnən] *vi, vr* **sich ~** [se] rencontrer
**Begegnung** <-, -en> *f a.* SPORT rencontre *f*
**begehen*** *vt irr* (*Tat*) commettre; (*Dummheit*) faire
**Begehren** <-s, -> *nt geh* désir *m*
**begeistern*** [bəˈgaistɐn] *vt, vr* **[sich] ~** [s'] enthousiasmer
**Begeisterung** <-> *f* enthousiasme *m*
**Beginn** [bəˈgɪn] <-[e]s> *m* (*zeitlich*) commencement *m;* (*räumlich*) début
**beginnen** *vi, vt irr* commencer
**begleichen*** *vt irr* régler
**begleiten*** *vt a.* MUS accompagner
**Begleiter(in)** <-s, -> *m(f)* accompagnateur(-trice) *m(f)*
**Begleitung** <-, -en> *f* **1.** (*das Begleiten*) compagnie *f* **2.** (*Gesellschaft*) **in ~** accompagné **3.** (*Begleiter*) accompagnateur(-trice) *m(f)* **4.** MUS accompagnement *m* [musical]
**beglückwünschen*** *vt* féliciter
**begnügen*** [bəˈgnyːgən] *vr* **sich mit etw ~** se contenter de qc
**begraben*** *vt irr* enterrer
**Begräbnis** [bəˈgrɛːpnɪs] <-ses, -se> *nt* enterrement *m*
**begreifen*** *vt, vi irr* comprendre
**begrenzen*** *vt* [dé]limiter
**Begriff** <-[e]s, -e> *m* (*Wort*) terme *m;* (*Inhalt*) notion *f*
**begründen*** *vt* **1.** justifier **2.** (*Geschäft*) fonder
**Begründung** *f* justification *f*
**begrüßen*** *vt* saluer
**Begrüßung** <-, -en> *f* souhaits *mpl* de bienvenue
**begünstigen*** [bəˈgʏnstɪgən] *vt* favoriser
**begutachten*** *vt* expertiser
**behaart** [bəˈhaːɐt] *adj* poilu(e)
**behalten*** *vt irr* **1.** garder **2.** (*nicht vergessen*) retenir
**Behälter** [bəˈhɛltɐ] <-s, -> *m* récipient *m*
**behandeln*** *vt a. fig* traiter; **jdn/etw schlecht ~** maltraiter qn/qc
**Behandlung** <-, -en> *f* traitement *m*
**beharrlich** *adj* (*Person*) persévérant(e); (*Schweigen*) obstiné(e)
**behaupten*** [bəˈhauptən] **I.** *vt* **1.** prétendre **2.** (*Vorsprung*) maintenir **II.** *vr* **sich gegen jdn/etw ~** s'imposer face à qn/qc

**Behauptung** <-, -en> *f* 1. (*Äußerung*) affirmation *f* 2. (*Verteidigung*) maintien *m*
**beheben*** *vt irr* (*Fehler*) réparer; (*Störung*) remédier à
**beherrschen*** I. *vt* 1. (*können*) maîtriser 2. (*herrschen über*) dominer II. *vr* **sich ~** se dominer
**Beherrschung** <-> *f* 1. (*einer Sprache*) maîtrise *f*; (*eines Handwerks*) connaissance *f* 2. (*Kontrolle*) maîtrise *f* de soi
**behilflich** [bəˈhɪlflɪç] *adj* **jdm ~ sein** aider qn
**behindern*** *vt* **jdn ~** (*Person, Kleid*) gêner qn; (*Verletzung*) handicaper qn
**Behinderte(r)** *f(m)* handicapé(e) *m(f)*
**Behörde** [bəˈhøːɐdə] <-, -n> *f* service *m* [administratif]
**bei** [bai] *präp + dat* 1. chez, à; (*in der Nähe von jdm*) auprès de 2. (*mit*) **etw ~ sich haben** avoir qc sur soi 3. (*während*) **~ der Vorführung** pendant la présentation 4. (*Umstände*) **~ Kerzenlicht** aux chandelles; **~ einer Flasche Wein** en buvant une bouteille de vin
**bei|behalten*** *vt irr* garder
**bei|bringen** *vt irr* (*lehren*) apprendre; (*zu verstehen geben*) faire comprendre
**beichten** I. *vt a. fig, iron fam* confesser II. *vi* se confesser
**beide** [ˈbaidə] *pron, adj* 1. **die ~n Frauen** les deux femmes; **euch ~n** vous deux 2. (*zwei Dinge*) **~s** les deux [choses] 3. SPORT **fünfzehn ~** quinze partout
**beieinander** [baiʔaɪˈnandɐ] *adv* l'un(e) près de l'autre/les un(e)s près des autres; **~ sein** être réunis
**Beifahrer(in)** *m(f)* passager(-ère) *m(f)* avant
**Beifall** <-[e]s> *m* 1. applaudissements *mpl* 2. (*Zustimmung*) approbation *f*
**bei|fügen** *vt* 1. joindre 2. (*Bemerkung*) ajouter
**beige** [beːʃ] *adj* beige
**Beil** [bail] <-[e]s, -e> *nt* hache *f*
**Beilage** *f* 1. GASTR garniture *f* 2. (*Publikation*) supplément *m*
**beiläufig** [ˈbailɔyfɪç] I. *adj* incident(e) II. *adv* incidemment
**bei|legen** *vt* joindre
**Beileid** *nt* condoléances *fpl*
**beiliegend** *adj* joint(e)
**beim** [baim] = **bei dem** *s.* **bei**
**Bein** [bain] <-[e]s, -e> *nt* 1. (*einer Person*) jambe *f*; (*eines Tiers*) patte *f* 2. (*Tisch-, Stuhlbein*) pied *m* 3. (*Hosenbein*) jambe *f*
**beinah[e]** *adv* presque
**beisammen** [baiˈtsamən] *adv* l'un(e) près de l'autre/les un(e)s près des autres; **~ sein** être réunis
**Beisammensein** *nt* réunion *f*

B

**beiseite** [baj'zaɪtə] *adv* de côté
**Beispiel** *nt* exemple *m*
**beißen** ['bajsən] *vt, vi irr* mordre
**Beitrag** ['bajtra:k] <-[e]s, Beiträge> *m* **1.** (*Mitgliedsbeitrag*) cotisation *f* **2.** (*Radiobeitrag*) sujet *m* **3.** (*Mitwirkung*) **einen ~ zu etw leisten** apporter sa contribution à qc
**bei|tragen** *vi, vr irr* contribuer
**bei|treten** *vi irr* adhérer
**bejahen*** [bə'ja:ən] *vt* **1.** (*Frage*) répondre par l'affirmative à **2.** (*gutheißen*) approuver
**bekämpfen*** **I.** *vt* **1.** combattre **2.** (*Krankheit*) lutter contre **II.** *vr* **sich [gegenseitig] ~** se combattre [mutuellement]
**bekannt** [bə'kant] *adj* **1.** (*berühmt*) célèbre **2.** (*nicht unbekannt*) connu(e) **3.** (*nicht fremd*) **jdm ~ sein** être connu à qn; **jdn mit jdm ~ machen** présenter qn à qn **4.** (*öffentlich*) **~ geben** (*Wahlergebnis*) proclamer; **~ machen** (*Information*) révéler
**Bekannte(r)** *f(m)* connaissance *f*; (*Freund*) ami(e) *m(f)*
**Bekanntenkreis** *m* relations *fpl*
**bekannt|geben** *s.* **bekannt**
**bekannt|machen** *s.* **bekannt**
**Bekanntschaft** <-, -en> *f* connaissance *f*
**Bekenntnis** [bə'kɛntnɪs] *nt* aveu *m*
**beklagen*** **I.** *vt* déplorer **II.** *vr* **sich ~** se plaindre
**Bekleidung** *f* vêtements *mpl*
**bekommen*** *vt irr* **1.** recevoir; (*Anschluss*) obtenir; **was ~ Sie für die Fahrt?** combien vous dois-je pour la course? **2.** (*Ärger, Angst, Kind*) avoir **3.** (*Krankheit*) attraper
**bekräftigen*** *vt* confirmer
**beladen*** *irr* **I.** *vt* charger **II.** *vr* **sich mit etw ~** transporter qc
**Belag** [bə'la:k] <-[e]s, Beläge> *m* **1.** garniture *f* **2.** (*Zahnbelag*) plaque *f* dentaire **3.** (*Schicht*) dépôt *m*
**Belagerung** <-, -en> *f* MIL siège *m*
**belanglos** *adj* insignifiant(e)
**belasten*** **I.** *vt* **1.** (*beschweren*) charger **2.** (*Person*) exiger trop de; **jdn mit Arbeit ~** accabler qn de travail **3.** (*bedrücken*) encombrer **4.** ÖKOL polluer **II.** *vr* **sich mit etw ~** s'encombrer de qc
**belästigen*** [bə'lɛstɪgən] *vt* **jdn ~** (*Person*) incommoder qn; (*Lärm*) gêner qn; **jdn sexuell ~** harceler qn sexuellement
**beleben*** **I.** *vt* **1.** (*Person*) ragaillardir; (*Kreislauf*) activer **2.** (*Unterhaltung*) animer **3.** (*Konjunktur*) stimuler; **etw neu ~** relancer qc **II.** *vr* **sich ~** (*Konjunktur*) connaître une reprise; (*Straßen*) s'animer **III.** *vi* stimuler

**Beleg** [bəˈleːk] <-[e]s, -e> *m* **1.** (*Kassenbon*) ticket *m* de caisse **2.** (*Nachweis*) justificatif *m*

**belegen*** *vt* **1.** GASTR **etw mit etw ~** garnir qc de qc **2.** (*Behauptung*) justifier **3.** (*innehaben*) occuper

**beleidigen*** [bəˈlaidɪgən] *vt* offenser

**Beleidigung** <-, -en> *f* injure *f*

**beleuchten*** *vt* **1.** (*erhellen*) éclairer **2.** (*festlich*) illuminer

**Beleuchtung** <-, -en> *f* **1.** éclairage *m* **2.** (*Festbeleuchtung*) illumination *f*

**Belgien** [ˈbɛlgiən] <-s> *nt* la Belgique

**Belgier(in)** [ˈbɛlgiɐ] <-s, -> *m(f)* Belge *mf*

**belgisch** *adj* belge

**Belichtung** <-, -en> *f* exposition *f*

**beliebig I.** *adj* quelconque **II.** *adv* à volonté; **~ lange/oft** aussi longtemps/souvent que l'on veut

**beliebt** *adj* apprécié(e)

**bellen** [ˈbɛlən] *vi* aboyer

**Belohnung** <-, -en> *f* récompense *f*

**belügen*** *vt irr* mentir à

**bemerkbar** *adj* perceptible; **sich ~ machen** se manifester

**bemerken*** *vt* remarquer

**bemerkenswert** *adj* remarquable

**Bemerkung** <-, -en> *f* remarque *f*

**bemitleiden*** [bəˈmɪtlaidən] **I.** *vt* prendre en pitié **II.** *vr* **sich [selbst] ~** se lamenter sur son [propre] sort

**bemühen*** [bəˈmyːən] *vr* **1.** (*sich Mühe geben*) **sich ~** faire des efforts **2.** (*sich kümmern*) **sich um jdn ~** être aux petits soins avec qn

**Bemühung** <-, -en> *f* effort *m*

**benachrichtigen*** [bəˈnaːxrɪçtɪgən] *vt* informer

**Benachrichtigung** <-, -en> *f* notification *f*

**benachteiligen*** [bəˈnaːxtailɪgən] *vt* désavantager

**benehmen*** *vr irr* **sich ~** se tenir

**Benehmen** <-s> *nt* comportement *m*

**beneiden*** [bəˈnaidən] *vt* **jdn um etw ~** envier qc à qn

**beneidenswert** *adj* enviable

**benennen*** *vt irr* nommer

**benötigen*** [bəˈnøːtɪgən] *vt* avoir besoin de

**benutzen*** *vt* **1.** utiliser; (*Literatur*) consulter **2.** (*Bus*) prendre **3.** (*Person*) se servir de

**Benutzer(in)** <-s, -> *m(f)* (*einer Software*) utilisateur(-trice) *m(f)*; (*eines Verkehrsmittels*) usager (-ère) *m(f)*

**Benutzung** *f* usage *m*; (*eines Zimmers*) utilisation *f*

**Benzin** [bɛnˈtsiːn] <-s, -e> *nt* essence *f*

**Benzinkanister** *m* bidon *m*

d'essence

**beobachten*** [bə'ʔo:baxtən] *vt* observer

**Beobachter(in)** <-s, -> *m(f)* observateur(-trice) *m(f)*

**Beobachtung** <-, -en> *f* observation *f*

**bequem** [bə'kve:m] *adj* **1.** confortable; **es sich** (*dat*) **~ machen** se mettre à l'aise **2.** (*mühelos*) commode

**Bequemlichkeit** <-> *f* confort *m*

**beraten*** *irr* **I.** *vt* **1.** (*informieren*) conseiller **2.** (*besprechen*) délibérer sur **II.** *vr* **sich über jdn/etw ~** débattre de qn/qc

**Berater(in)** <-s, -> *m(f)* conseiller(-ère) *m(f)*

**Beratung** <-, -en> *f* (*Besprechung*) délibération *f*

**berauben*** *vt* dévaliser

**berechnen*** *vt* **1.** calculer **2.** (*in Rechnung stellen*) facturer **3.** (*veranschlagen*) prévoir

**berechnend** *adj pej* calculateur (-trice)

**Berechnung** *f a. pej* calcul *m*

**berechtigen*** [bə'rɛçtɪgən] *vt* autoriser à

**berechtigt** *adj* légitime

**Berechtigung** <-, -en> *f* **1.** autorisation *f* **2.** (*einer Forderung*) légitimité *f*

**Bereich** [bə'raɪç] <-[e]s, -e> *m* **1.** (*Gebiet*) zone *f* **2.** (*Verantwortungsbereich*) domaine *m*

**bereichern*** [bə'raɪçɐn] *vt, vr* [**sich**] **~** [s']enrichir

**bereit** [bə'raɪt] *adj* **1.** prêt(e) **2.** (*willens*) disposé(e)

**bereiten*** *vt* (*Freude*) causer; (*Kopfschmerzen*) donner

**bereits** [bə'raɪts] *adv* déjà

**Bereitschaft** <-, -en> *f* **1.** bonne volonté *f* **2.** (*Bereitschaftsdienst*) service *m* de garde

**bereit|stehen** *vi irr* être prêt(e)

**bereit|stellen** *vt* préparer

**bereuen*** [bə'rɔyən] *vt* se repentir de

**Berg** [bɛrk] <-[e]s, -e> *m* montagne *f*

**Bergarbeiter(in)** *m(f)* mineur *m*

**Bergbau** *m* industrie *f* minière

**bergen** ['bɛrgən] *vt irr* sauver; (*Ertrunkenen*) remonter; (*Schiffswrack*) renflouer

**bergig** *adj* montagneux(-euse)

**bergsteigen** *vi irr* faire de l'alpinisme

**Bergung** ['bɛrgʊŋ] <-, -en> *f* sauvetage *m*

**Bergwerk** *nt* mine *f*

**Bericht** [bə'rɪçt] <-[e]s, -e> *m* rapport *m*

**berichten*** **I.** *vi* **1.** [**aus aller Welt**] **~** (*Journalist*) envoyer des reportages [du monde entier] **2.** (*mitteilen*) informer **II.** *vt* raconter

**Berlin** [bɛr'li:n] <-s> *nt* Berlin

**Berliner**[1] <-s, -> *m* **1.** Berlinois *m* **2.** (*Gebäck*) beignet *m*

**Berliner²** *adj* berlinois(e)
**Berlinerin** <-, -nen> *f* Berlinoise *f*
**Bernstein** *m* ambre *m* jaune
**berüchtigt** [bəˈrʏçtɪçt] *adj* mal famé(e)
**berücksichtigen*** [bəˈrʏkzɪçtɪgən] *vt* tenir compte de
**Berücksichtigung** <-> *f* prise *f* en considération
**Beruf** [bəˈruːf] <-[e]s, -e> *m* profession *f*
**beruflich** *adj* professionnel(le)
**Berufsausbildung** *f* formation *f* professionnelle **Berufsschule** *f* centre *m* de formation [professionnelle] **Berufssoldat(in)** *m(f)* soldat(e) *m(f)* de métier **berufstätig** *adj* actif(-ive)
**Berufung** [bəˈruːfʊŋ] <-, -en> *f* (*innere Bestimmung*) vocation *f*
**beruhen*** *vi* **auf etw** (*dat*) ~ (*Angelegenheit*) reposer sur qc; (*Brauch*) remonter à qc
**beruhigen*** [bəˈruːɪgən] **I.** *vt* **1. jdn** ~ (*Medikament*) calmer qn; (*Nachricht*) rassurer qn **2.** (*Bedenken zerstreuen*) rassurer; (*trösten*) calmer, réduire **II.** *vr* **sich** ~ se calmer
**Beruhigung** <-> *f* apaisement *m*
**Beruhigungsmittel** *nt* calmant *m*
**berühmt** [bəˈryːmt] *adj* célèbre
**berühren*** **I.** *vt* **1.** toucher **2.** (*kurz erwähnen*) évoquer **II.** *vr* **sich** ~ se toucher
**Berührung** <-, -en> *f* contact *m*; (*leicht*) effleurement *m*
**Besatzung** <-, -en> *f* (*eines Panzers*) équipage *m*
**Besatzungszone** *f* zone *f* d'occupation
**beschädigen*** *vt* endommager
**beschaffen*** *vt* procurer
**beschäftigen*** [bəˈʃɛftɪgən] **I.** *vr* **sich mit jdm** ~ s'occuper de qn; **sich mit etw** ~ s'intéresser à qc **II.** *vt* **1. jdn mit etw** ~ occuper qn à qc **2.** (*interessieren*) **jdn** ~ (*Frage*) préoccuper qn **3.** (*an-, einstellen*) employer
**beschäftigt** *adj* **1. mit jdm/etw** ~ **sein** être occupé avec qn/à qc **2.** (*angestellt*) **als Sekretärin** ~ **sein** travailler comme secrétaire
**Beschäftigung** <-, -en> *f* **1.** occupation *f* **2.** (*Beschäftigungsverhältnis*) emploi *m*
**beschämend** *adj* humiliant(e)
**Bescheid** [bəˈʃait] <-[e]s, -e> *m* **1.** ADMIN réponse *f* **2.** (*Nachricht*) **jdm** ~ **geben** informer qn
**bescheiden** [bəˈʃaidən] **I.** *adj* modeste **II.** *adv* modestement
**Bescheidenheit** <-> *f* **1.** (*einer Person*) modestie *f* **2.** (*eines Gehalts*) modicité *f*
**Bescheinigung** <-, -en> *f* certificat *m*
**beschenken*** *vt* faire un cadeau/des cadeaux

**Bescherung** <-, -en> *f* distribution *f* des cadeaux de Noël
**beschimpfen*** *vt* insulter
**beschleunigen*** [bəˈʃlɔynɪgən] *vt, vi, vr* [**sich**] ~ [s']accélérer
**Beschleunigung** <-, -en> *f* accélération *f*
**beschließen*** *vt irr* décider
**Beschluss** <-es, Beschlüsse> *m* décision *f*
**beschränken*** [bəˈʃrɛŋkən] **I.** *vt* limiter **II.** *vr* **sich auf etw** (*akk*) ~ se limiter à qc
**beschränkt** *adj* limité(e)
**Beschränkung** <-, -en> *f* limitation *f*
**beschreiben*** *vt irr* décrire
**Beschreibung** *f* description *f*
**beschriften*** [bəˈʃrɪftən] *vt* (*Umschlag*) mettre une adresse sur; (*Marmeladenglas*) étiqueter
**beschuldigen*** [bəˈʃʊldɪgən] *vt* accuser de
**Beschuldigte(r)** *f(m)* accusé(e) *m(f)*
**Beschuldigung** <-, -en> *f* accusation *f*
**beschützen*** *vt* protéger
**Beschützer(in)** <-s, -> *m(f)* protecteur(-trice) *m(f)*
**Beschwerde** [bəˈʃveːɐ̯də] <-, -n> *f* **1.** plainte *f* **2.** *Pl* MED douleurs *fpl*
**beschweren*** [bəˈʃveːrən] *vr* **sich über jdn/etw** ~ se plaindre de qn/qc
**beseitigen*** [bəˈzaitɪgən] *vt* **1.** (*Spuren*) faire disparaître; (*Schmutz*) enlever; (*Zweifel*) dissiper **2.** *euph* (*umbringen*) supprimer
**Besen** [ˈbeːzən] <-s, -> *m* balai *m*
**besessen** [bəˈzɛsən] *adj* **1.** obsédé(e) **2.** REL possédé(e)
**besetzen*** *vt* **1.** (*Platz*) réserver **2.** (*widerrechtlich beziehen*) occuper; (*Haus*) squatter
**besetzt** *adj* occupé(e); (*Saal*) comble
**besichtigen*** [bəˈzɪçtɪgən] *vt* visiter
**Besichtigung** <-, -en> *f* visite *f*
**besiegen*** *vt* vaincre
**Besiegte(r)** *f(m)* vaincu(e) *m(f)*
**Besinnung** <-> *f* connaissance *f*; **bei/ohne ~ sein** être conscient/sans connaissance
**Besitz** <-es> *m* **1.** (*Eigentum*) biens *mpl*; (*Grundbesitz*) propriété *f* **2.** (*das Besitzen*) possession *f*
**besitzen*** *vt irr* posséder
**Besitzer(in)** <-s, -> *m(f)* propriétaire *mf*
**besoffen** [bəˈzɔfən] *adj fam* bourré(e)
**besondere(r, s)** [bəˈzɔndərə] *adj* **1.** particulier(-ière); (*Freude*) tout(e) particulier(-ière); (*Schönheit*) exceptionnel(le) **2.** (*Raum*) à part
**Besondere(s)** *nt* **1. etwas/nichts ~s** quelque chose/rien de spécial **2. im ~n** en particulier

**Besọnderheit** <-, -en> *f* particularité *f*

**besọnders** [bəˈzɔndɐs] *adv* 1. particulièrement; **nicht ~ viel** pas vraiment beaucoup 2. (*vor allem*) surtout

**besọrgt** [bəˈzɔrkt] *adj* inquiet(-ète)

**Besọrgung** <-, -en> *f* 1. course *f* 2. (*das Kaufen*) achat *m*

**besprẹchen*** *irr* I. *vt* discuter; **wie besprochen** comme convenu II. *vr* **sich ~** se concerter

**Besprẹchung** <-, -en> *f* 1. (*Konferenz*) réunion *f*; (*Unterredung*) entretien *m* 2. (*das Besprechen*) discussion *f*

**bẹsser** [ˈbɛsɐ] I. *adj* 1. (*von höherer Qualität*) meilleur(e); **das Wetter wird ~** le temps s'améliore 2. (*von höherer Qualifikation*) **~ sein** (*höher befähigt*) être meilleur; (*besser geeignet*) être mieux 3. (*vernünftiger*) **es ist ~, wenn** il vaut mieux que + *subj* 4. (*Kreise*) supérieur(e) II. *adv* 1. (*schwimmen*) mieux; **dieser Käse schmeckt ~ als der andere** ce fromage est meilleur que l'autre 2. **~ gehen, jdm/etw geht es besser** qn/qc va mieux; **immer alles ~ wissen [wollen]** se croire plus malin(-igne) que tout le monde; **um so ~!** *fam* tant mieux!

**bẹssern** I. *vr* **sich ~** s'améliorer II. *vt* (*Person*) corriger

**Bẹsserung** <-> *f* 1. amélioration *f* 2. (*Gesundung*) **gute ~!** bon rétablissement!

**bestạ̈ndig** *adj* 1. (*Verhalten*) constant(e); (*Wetter*) stable 2. (*Freundschaft*) durable 3. (*widerstandsfähig*) résistant(e) 4. (*ständig*) continuel(le); (*Regen*) ininterrompu(e)

**bestä̲tigen*** [bəˈʃtɛːtɪɡən] *vt* confirmer

**Bestä̲tigung** <-, -en> *f a.* JUR confirmation *f*

**bẹste(r, s)** [ˈbɛstə] I. *adj* 1. meilleur(e) 2. (*am besten qualifiziert*) **der/die Beste** le meilleur/la meilleure 3. **der/die/das erste Beste** le premier venu/la première venue; **zu seinem/ihrem Besten** pour son bien II. *adv* **er/sie singt am ~n** c'est lui/elle qui chante le mieux; **es wäre [wohl] am ~n, wenn** le mieux serait que + *subj*

**bestẹchen*** *vt irr* soudoyer

**Bestẹchung** <-, -en> *f* corruption *f*

**Bestẹck** <-[e]s, -e> *nt* couverts *mpl*

**beste̲hen*** *irr* I. *vt* 1. (*Prüfung*) réussir 2. (*durchstehen*) surmonter II. *vi* 1. **es besteht die Möglichkeit, dass** il se peut que + *subj* 2. (*Brauch*) exister; **~ bleiben** demeurer 3. (*insistieren*) **auf etw** (*dat*) **~** tenir à qc

**bestehlen*** *vt irr* voler

**bestellen*** *vt* **1.** (*kaufen wollen*) commander **2.** (*Hotelzimmer*) réserver **3.** (*Taxi*) appeler

**Bestellung** <-, -en> *f* **1.** commande *f* **2.** (*Reservierung*) réservation *f*

**bestens** *adv* **1.** très bien; (*sich bewähren*) parfaitement **2.** (*danken*) cordialement

**Bestie** ['bɛstiə] <-, -n> *f* **1.** (*Tier*) bête *f* féroce **2.** *pej* (*Mensch*) monstre *m*

**bestimmen*** **I.** *vt* **1.** (*Preis, Ort*) fixer; (*Grenze, Alter*) déterminer **2.** (*entscheiden*) décider **II.** *vi* **1.** (*befehlen*) décider **2.** (*verfügen*) **über jdn/etw ~** disposer de qn/qc

**bestimmt** **I.** *adj* **1.** (*Buch*) précis(e) **2.** (*Summe*) fixé(e); **am ~en Tag/Ort** au jour/lieu dit; **zur ~en Stunde** à l'heure dite **3.** LING défini(e) **4.** (*Person*) décidé(e); (*Ton*) ferme **II.** *adv* **1.** (*sicher*) certainement; **~ wissen, dass** être sûr que **2.** (*entschieden*) catégoriquement

**Bestimmung** <-, -en> *f* **1.** (*Vorschrift*) règlement *m;* (*vertraglich*) clause *f* **2.** (*Schicksal*) destinée *f*

**bestrafen*** *vt* **1.** punir **2.** JUR condamner

**Bestrahlung** *f* MED radiothérapie *f*

**bestreiten*** *vt irr* contester

**bestürzt** [bə'ʃtʏrʦt] **I.** *adj* bouleversé(e) **II.** *adv* avec consternation

**Besuch** [bə'zu:x] <-[e]s, -e> *m* **1.** visite *f;* **einen ~ bei jdm machen** aller voir qn **2.** (*Besucher*) visiteur *m;* (*Gast*) invité(e) *m(f)*

**besuchen*** *vt* **1.** aller voir **2.** (*Patienten*) visiter **3.** (*Theater*) aller à; (*Kurs*) suivre

**Besucher(in)** <-s, -> *m(f)* **1.** visiteur(-euse) *m(f);* (*Gast*) invité(e) *m(f)* **2.** (*Teilnehmer*) participant(e) *m(f)*

**betätigen*** [bə'tɛ:tɪgən] *vt* actionner

**betäuben*** [bə'tɔybən] *vt* MED endormir

**Betäubung** <-, -en> *f* MED anesthésie *f*

**Bete** ['be:tə] <-, -n> *f* **Rote ~** betterave *f* rouge

**beteiligen*** [bə'tailɪgən] *vr* **sich ~** (*dat*) participer

**Beteiligung** <-, -en> *f* participation *f*

**beten** ['be:tən] *vi* prier

**Beton** [be'tɔŋ] <-s> *m* béton *m*

**betonen*** [bə'to:nən] *vt* **1.** LING accentuer **2.** (*zur Geltung bringen*) souligner **3.** (*nachdrücklich erwähnen*) insister sur

**Betonung** <-, -en> *f* **1.** LING accentuation *f* **2.** (*das Hervorheben*) mise *f* en valeur **3.** (*nachdrückliche Erwähnung*) **die ~ einer S.** (*gen*) l'accent *m* mis sur qc

4. (*Nachdruck*) insistance *f*
**betrachten*** I. *vt* 1. regarder 2. (*untersuchen*) **genau betrachtet** tout bien considéré 3. (*halten für*) **jdn als Freund ~** considérer qn comme un ami II. *vr* 1. (*sich anschauen*) **sich ~** se contempler 2. (*sich halten für*) **sich als jds Freund ~** se considérer comme l'ami de qn
**beträchtlich** [bə'trɛçtlɪç] I. *adj* considérable II. *adv* considérablement
**Betrachtung** <-, -en> *f* (*eines Gegenstands*) observation *f*
**Betrag** [bə'tra:k] <-[e]s, Beträge> *m* montant *m*
**betreffen*** *vt irr* concerner
**betreten*** *vt irr* (*Gebäude*) entrer dans
**betreuen*** [bə'trɔyən] *vt* s'occuper de
**Betrieb** [bə'tri:p] <-[e]s, -e> *m* 1. (*Industriebetrieb*) entreprise *f* 2. (*Betriebsamkeit*) activité *f* 3. (*Ablauf*) activité *f*; **etw in ~ setzen** mettre qc en marche; **in/außer ~** en/hors service
**Betriebsrat** *m*, **-rätin** *f* délégué(e) *m(f)* du personnel
**betrinken*** *vr irr* **sich mit etw ~** se soûler à qc
**betroffen** [bə'trɔfən] I. *adj* 1. (*beteiligt*) **von etw ~ sein** être concerné par qc 2. (*bestürzt*) consterné(e) II. *adv* avec consternation
**Betrug** [bə'tru:k] <-[e]s> *m* escroquerie *f*
**betrügen*** [bə'try:gən] *vt irr* 1. (*finanziell hintergehen*) frauder 2. (*beschwindeln*) duper 3. (*untreu sein*) tromper
**Betrüger(in)** <-s, -> *m(f)* fraudeur(-euse) *m(f)*; (*beim Spielen*) tricheur(-euse) *m(f)*
**betrunken** [bə'trʊŋkən] *adj* ivre
**Bett** [bɛt] <-[e]s, -en> *nt* lit *m*
**Bettbezug** *m* housse *f* de couette **Bettdecke** *f* couverture *f*
**betteln** *vi* mendier
**Bettlaken** *nt* drap *m*
**Bettler(in)** ['bɛtlɐ] <-s, -> *m(f)* mendiant(e) *m(f)*
**Betttuch** <-tücher> *nt* drap *m*
**Bettwäsche** *f* parure *f* de lit
**beugen** ['bɔygən] *vr* **sich ~** 1. (*sich neigen*) se pencher 2. (*sich unterwerfen*) s'incliner
**Beule** ['bɔylə] <-, -n> *f* bosse *f*
**beunruhigen*** [bə'ʔʊnru:ɪgən] *vt, vr* [**sich**] ~ [s']inquiéter
**beurteilen*** *vt* juger
**Beurteilung** <-, -en> *f* 1. jugement *m* 2. (*schriftliches Urteil*) appréciation *f*
**Beute** ['bɔytə] <-> *f* 1. (*eines Jägers*) prise *f*; (*eines Tiers*) proie *f* 2. (*Diebesbeute*) butin *m*
**Beutel** ['bɔytəl] <-s, -> *m* 1. sac *m* 2. ZOOL poche *f*
**Bevölkerung** <-, -en> *f* population *f*
**Bevölkerungsdichte** *f* densité

*f* de population

**bevor** [bəˈfoːɐ̯] *konj* **1.** (*ehe*) avant que + *subj;* ~ **ich abreise, möchte ich gerne ...** avant de partir en voyage, je voudrais ... **2.** (*solange*) ~ **du nicht aufräumst, darfst du nicht gehen** tu ne partiras pas tant que tu n'auras pas rangé

**bevor|stehen** *vi irr* **1.** (*zu erwarten haben*) **jdm** ~ attendre qn **2.** (*in Kürze eintreten*) **etw steht bevor** on est à la veille de qc

**bevorzugen*** [bəˈfoːɐ̯tsuːgən] *vt* **1.** (*begünstigen*) favoriser **2.** (*lieber mögen*) préférer

**Bevorzugung** <-, -en> *f* préférence *f*

**bewachen*** *vt* surveiller

**Bewachung** <-, -en> *f* **1.** surveillance *f* **2.** (*Wachmannschaft*) garde *f*

**Bewaffnung** <-, -en> *f* armement *m*

**bewahren*** [bəˈvaːrən] *vt* préserver

**bewältigen*** [bəˈvɛltɪgən] *vt* **1.** venir à bout de **2.** (*Vergangenheit*) assumer

**bewegen*¹** [bəˈveːgən] **I.** *vt* **1.** déplacer **2.** (*beschäftigen*) **jdn** ~ (*Vorstellung*) occuper l'esprit de qn; (*Erlebnis*) remuer qn **3.** (*bewirken*) **viel/wenig** ~ faire bouger beaucoup/peu de choses **II.** *vr* **sich** ~ bouger

**bewegen²** *vt irr* **jdn** ~ amener qn

**beweglich** [bəˈveːklɪç] *adj* mobile

**bewegt** [bəˈveːkt] *adj* **1.** (*Oberfläche*) agité(e) **2.** (*erlebnisreich*) mouvementé(e) **3.** (*innerlich gerührt*) **von etw ~ sein** être touché par qc

**Bewegung** <-, -en> *f* **1.** *a.* POL, KUNST mouvement *m* **2.** (*körperliche Betätigung*) exercice *m* **3.** (*Ergriffenheit*) émotion *f* **4.** (*Änderung*) changement *m*

**Beweis** [bəˈvais] <-es, -e> *m* preuve *f*

**beweisen*** *vt irr* prouver

**bewerben*** *vr irr* **sich** ~ poser sa candidature

**Bewerber(in)** <-s, -> *m(f)* candidat(e) *m(f)*

**Bewerbung** <-, -en> *f* candidature *f*

**bewerten*** *vt* **1.** (*benoten*) évaluer **2.** (*schätzen*) estimer

**bewirken*** *vt* provoquer

**bewohnen*** *vt* habiter

**Bewohner(in)** <-s, -> *m(f)* habitant(e) *m(f)*

**bewölkt** *adj* nuageux(-euse)

**bewundern*** *vt* admirer

**Bewunderung** <-, -en> *f* admiration *f*

**bewusst** [bəˈvʊst] **I.** *adj* **1.** (*vorsätzlich*) délibéré(e) **2.** PSYCH conscient(e) **II.** *adv* **1.** (*leben*) de façon équilibrée **2.** (*vorsätzlich*) délibérément

**bewusstlos** *adj* inconscient(e)
**Bewusstlosigkeit** <-, -en> *f* inconscience *f;* (*kurzfristig*) évanouissement *m*
**Bewusstsein** <-s> *nt* conscience *f*
**bezahlen*** *vt, vi* payer
**Bezahlung** *f* paiement *m*
**bezaubern*** *vt* charmer
**bezeichnen*** *vt* **1.** (*bedeuten*) désigner **2.** (*benennen*) qualifier
**beziehen*** *irr* **I.** *vt* **1.** (*Polster*) recouvrir; **die Betten frisch ~** changer les draps **2.** (*Wohnung*) emménager dans **3.** (*in Beziehung setzen*) **etw auf jdn/etw ~** rapporter qc à qn/qc **II.** *vr* **sich auf jdn/etw ~** **1.** (*betreffen: Bemerkung*) se rapporter à qn/qc **2.** (*sich berufen*) se référer à qn/qc
**Beziehung** <-, -en> *f* relation *f*
**beziehungsweise** *konj* (*oder auch*) ou bien; (*oder vielmehr*) ou plutôt
**Bezirk** [bəˈtsɪrk] <-[e]s, -e> *m* **1.** (*Gebiet*) région *f* **2.** COM secteur *m* **3.** (*Verwaltungsbezirk*) district *m* administratif; A, CH district **4.** (*Stadtbezirk*) ≈ arrondissement *m*
**bezug** *s.* **Bezug**
**Bezug** [bəˈtsuːk] <-[e]s, Bezüge> *m* (*Bettbezug*) housse *f;* (*Kissenbezug*) taie *f*
**bezwecken*** [bəˈtsvɛkən] *vt* **1.** servir à **2.** (*beabsichtigen*) rechercher; **etw ~** (*Maßnahme*) viser qc
**bezweifeln*** *vt* **etw ~** mettre qc en doute; **~, dass** douter que + *subj*
**BH** [beˈhaː] <-[s], -[s]> *m fam Abk von* **Büstenhalter** soutif *m*
**Bibel** [ˈbiːbəl] <-, -n> *f* bible *f*
**Bibliothek** [biblioˈteːk] <-, -en> *f* bibliothèque *f*
**biegen** [ˈbiːgən] *irr* **I.** *vt* **1.** tordre; (*Zweig*) plier; **auseinander ~** écarter **2.** A (*Adjektiv, Substantiv*) décliner; (*Verb*) conjuguer **II.** *vi* **nach rechts/links ~** tourner à droite/gauche **III.** *vr* **1. sich nach vorne/rechts ~** se pencher en avant/à droite **2.** (*sich verziehen*) **sich ~** se tordre
**Biene** [ˈbiːnə] <-, -n> *f* abeille *f*
**Bier** [biːɐ̯] <-[e]s, -e> *nt* bière *f*
**bieten** [ˈbiːtən] *irr* **I.** *vt* offrir **II.** *vi* **1.** SPIEL annoncer **2.** (*ein Angebot machen*) enchérir **III.** *vr* **1. sich ~** (*Chance*) se présenter **2.** (*sich darbieten*) **sich jdm ~** (*Anblick*) s'offrir à qn
**Bikini** [biˈkiːni] <-s, -s> *m* deux-pièces *m*
**Bilanz** [biˈlants] <-, -en> *f* **1.** bilan *m* **2. ~ ziehen** faire le bilan
**Bild** [bɪlt] <-[e]s, -er> *nt* **1.** (*Gemälde*) tableau *m;* (*Zeichnung*) dessin *m* **2.** (*Foto*) photo *f* **3.** TV, CINE image *f*

**bilden** ['bɪldən] I. *vt* 1. former 2. (*Höhepunkt*) constituer 3. KUNST modeler II. *vr* **sich ~** 1. (*entstehen*) se former 2. (*sich Bildung verschaffen*) se cultiver III. *vi* former

**Bildhauer(in)** <-s, -> *m(f)* sculpteur(-euse) *m(f)*

**Bildschirm** *m* écran *m*

**Bildung** ['bɪldʊŋ] <-, -en> *f* 1. culture *f;* (*Erziehung*) formation *f* 2. *a.* BOT (*das Hervorbringen*) formation *f*

**Billard** ['bɪljart] <-s, -e *o* A -s> *nt* billard *m*

**billig** ['bɪlɪç] *adj* bon marché

**billigen** ['bɪlɪgən] *vt* approuver

**Billigfluggesellschaft** *f* compagnie *f* aérienne à bas prix

**Binde** ['bɪndə] <-, -n> *f* 1. MED bande *f* 2. (*Monatsbinde*) serviette *f* hygiénique

**binden** *irr* I. *vt* 1. (*zusammenbinden: durch Bündeln*) lier; (*durch Knoten*) nouer 2. (*verpflichten*) **jdn ~** lier qn 3. (*Buch*) relier II. *vi* lier III. *vr* 1. (*eine Beziehung eingehen*) **sich an jdn ~** se lier avec qn 2. (*sich verpflichten*) **sich ~** s'engager

**Bindestrich** *m* trait *m* d'union

**Bindung** <-, -en> *f* 1. (*Verbundenheit*) attachement *m* 2. (*Verpflichtung*) engagement *m* 3. (*Beziehung*) liaison *f*

**Biochemie** [bioçe'mi:] *f* biochimie *f*

**Bioladen** *m* magasin *m* bio

**Biologie** [biolo'gi:] <-> *f* biologie *f*

**biometrisch** [bio'me:trɪʃ] *adj* biométrique; **~e Daten** données biométriques

**Bioprodukt** *nt meist Pl* produit *m* bio *gén pl*

**Birke** ['bɪrkə] <-, -n> *f* bouleau *m*

**Birne** ['bɪrnə] <-, -n> *f* 1. (*Frucht*) poire *f* 2. (*Glühbirne*) ampoule *f*

**bis** [bɪs] I. *präp* jusqu'à II. *adv* **~ zum Herbst** d'ici l'automne; **~ gegen acht Uhr** jusque vers huit heures; **~ zum 17. Lebensjahr** jusqu'à l'âge de 17 ans III. *konj* 1. (*ungefähr*) **zwei ~ drei Stunden** entre deux et trois heures 2. (*so lange, bis*) jusqu'à ce que + *subj*

**Bischof** ['bɪʃɔf] <-s, Bischöfe> *m*, **Bischöfin** *f* évêque *m*

**bisher** [bɪs'he:ɐ̯] *adv* jusqu'à présent

**Biskuit** [bɪs'kvi:t] <-[e]s, -s> *nt o m* génoise *f*

**bislang** [bɪs'laŋ] *s.* **bisher**

**Biss** [bɪs] <-es, -e> *m* 1. (*das Beißen*) **mit einem ~** d'un coup de dent 2. (*Bisswunde*) morsure *f*

**bisschen** ['bɪsçən] I. *pron* **ein ~ Milch** un peu de lait; **kein ~ Geduld haben** ne pas avoir du tout de patience; **ein ~ wenig** pas assez II. *nt* peu *m*

**Bissen** ['bɪsən] <-s, -> *m* 1. (*Happen*) morceau *m* 2. (*Mundvoll*) bouchée *f*

**bitte** ['bɪtə] *adv* **1.** s'il vous plaît; (*wenn man den Gesprächspartner duzt*) s'il te plaît **2.** (*Höflichkeitsformel in Antworten*) ~ [**schön**]! je vous en prie!/je t'en prie! **3.** (*Höflichkeitsformel in Nachfragen*) [**wie**] ~? pardon?

**Bitte** <-, -n> *f* demande *f*

**bitten** *irr* **I.** *vt* **jdn um etw ~** demander qc à qn; **jdn ~ etw zu tun** prier qn de faire qc **II.** *vi* **1. darf ich ~?** (*beim Tanzen*) puis-je me permettre? **2.** (*flehen*) supplier **3. wenn ich ~ darf!** (*auffordernd*) si possible!; (*befehlend*) je vous prie!

**bitter** **I.** *adj* amer(-ère) **II.** *adv* **1. ~ schmecken** avoir un goût amer **2.** (*lachen*) avec amertume **3.** (*bereuen*) amèrement

**Blähung** <-, -en> *f* ballonnement *m*

**Blamage** [bla'ma:ʒə] <-, -n> *f* *geh* honte *f*

**blamieren*** [bla'mi:rən] *vt, vr* [**sich**] ~ [se] ridiculiser

**Blase** ['bla:zə] <-, -n> *f* **1.** ANAT vessie *f* **2.** MED ampoule *f*; (*Brandblase*) cloque *f* **3.** (*Luft-, Sprechblase*) bulle *f*

**blasen** ['bla:zən] *vi irr* souffler

**Blasinstrument** *nt* instrument *m* à vent

**blass** [blas] *adj* **1.** pâle **2.** (*Erinnerung*) vague

**Blatt** [blat] <-[e]s, Bätter> *nt* **1.** *a.* BOT feuille *f* **2.** (*Zeitung*) journal *m*

**blättern** ['blɛtɐn] *vi* feuilleter

**Blätterteig** *m* pâte *f* feuilletée

**blau** [blau̯] *adj* bleu(e)

**Blau** <-s, - *fam* -s> *nt* bleu *m*

**Blaubeere** *f* myrtille *f*

**Blaulicht** *nt* gyrophare *m*

**Blech** [blɛç] <-[e]s, -e> *nt* tôle *f*

**Blei** [blai̯] <-[e]s, -e> *nt* plomb *m*

**bleiben** ['blai̯bən] *vi irr* rester; **stehen ~** (*Person*) s'arrêter

**bleich** [blai̯ç] *adj* pâle

**bleifrei** *adj* sans plomb **Bleistift** *m* crayon *m* [à papier]

**blenden** ['blɛndən] **I.** *vt* **1.** éblouir **2.** (*blind machen*) aveugler **II.** *vi* **1.** (*Sonne*) éblouir **2.** (*hinters Licht führen*) chercher à impressionner

**Blick** [blɪk] <-[e]s, -e> *m* **1.** (*das Schauen*) regard *m*; (*flüchtig*) coup *m* d'œil **2.** (*Augenausdruck*) regard *m* **3.** (*Ausblick*) vue *f*

**blicken** **I.** *vi* regarder **II.** *vt* **sich ~ lassen** se montrer

**blind** [blɪnt] **I.** *adj* aveugle **II.** *adv* **1.** (*wahllos*) au hasard **2.** (*unkritisch*) aveuglément

**Blinddarmentzündung** *f* appendicite *f*

**blinken** ['blɪŋkən] *vi* **1.** (*Edelstein*) scintiller **2.** (*blitzen*) étinceler **3.** (*Zeichen geben*) clignoter

**Blinker** <-s, -> *m* AUT clignotant *m*

**Blitz** [blɪts] <-es, -e> *m* **1.** éclair *m;* (*Blitzschlag*) foudre *f* **2.** PHOT flash *m*
**Block¹** [blɔk] <-[e]s, Blöcke> *m* bloc *m*
**Block²** <-[e]s, Blöcke> *m a.* POL bloc *m*
**blockieren*** [blɔ'ki:rən] **I.** *vt* bloquer; (*Stromzufuhr*) couper **II.** *vi* (*Bremsen*) [se] bloquer
**blöd[e]** *fam adj* **1.** (*dumm*) idiot(e) **2.** (*Situation*) embêtant(e)
**blond** [blɔnt] *adj* blond(e)
**bloß** [blo:s] **I.** *adj* **1.** nu(e) **2.** (*alleinig*) pur(e) **II.** *adv fam* seulement; **was hat sie ~?** qu'est-ce qui lui prend?; **hör ~ auf damit!** arrête donc!
**bloß|stellen** **I.** *vt* ridiculiser **II.** *vr* **sich ~** se couvrir de ridicule
**blühen** ['bly:ən] *vi* fleurir
**Blume** ['blu:mə] <-, -n> *f* **1.** fleur *f* **2.** (*des Weins*) bouquet *m*
**Blumenkohl** *m* chou-fleur *m*
**Blumenstrauß** <-sträuße> *m* bouquet *m* [de fleurs]
**Bluse** ['blu:zə] <-, -n> *f* (*mit Kragen*) chemisier *m;* (*Hemdbluse*) chemise *f*
**Blut** [blu:t] <-[e]s> *nt* sang *m*
**Blutdruck** *m* tension *f* [artérielle]
**Blüte** ['bly:tə] <-, -n> *f* fleur *f*
**bluten** *vi* saigner
**Blutgruppe** *f* groupe *m* sanguin
**blutig** *adj* **1.** (*Nase*) en sang **2.** (*Wäschestück*) taché(e) de sang **3.** GASTR saignant(e) **4.** (*Schlacht*) sanglant(e)
**Blutprobe** *f* prise *f* de sang
**Blutwurst** *f* boudin *m* [noir]
**Bock** [bɔk] <-[e]s, Böcke> *m* **1.** (*Schafbock*) bélier *m;* (*Ziegenbock*) bouc *m;* (*Rehbock*) chevreuil *m* **2.** (*Untergestell*) tréteau *m* **3.** (*Sportgerät*) cheval *m* d'arçons **4.** *fam* **~/keinen ~ haben etw zu tun** avoir/ne pas avoir envie de faire qc
**Boden** ['bo:dən] <-s, Böden> *m* **1.** sol *m;* **zu ~ fallen/sinken** (*Person*) s'effondrer **2.** (*Erdreich*) terre *f* **3.** (*Grund und Boden*) terrain *m* **4.** (*eines Behälters*) fond *m;* (*einer Flasche*) cul *m*
**Bodensee** *m* **der ~** le lac de Constance
**Bodybuilding** ['bɔdibɪldɪŋ] <-s> *nt* body-building *m*
**Bogen** ['bo:gən] <-s, -> *m* **1.** *a.* MATH, ARCHIT arc *m* **2.** (*Papierbogen*) feuille *f* **3.** (*Schusswaffe*) arc *m* **4.** (*Brückenbogen*) arche *f*
**Bohne** ['bo:nə] <-, -n> *f* **1.** haricot *m* **2.** (*Kaffeebohne*) grain *m* [de café]
**bohren** ['bo:rən] **I.** *vt* **1.** creuser **2.** TECH percer **II.** *vi* **1. in der Nase ~** se mettre les doigts dans le nez **2.** (*Zahnarzt*) passer la roulette **3.** MIN creuser
**Bohrmaschine** *f* perceuse *f* [électrique]

**Boiler** ['bɔylɐ] <-s, -> *m* chauffe-eau *m*

**bombardieren*** [bɔmbar'diːrən] *vt* bombarder

**Bombe** ['bɔmbə] <-, -n> *f* MIL bombe *f*

**Bombenanschlag** *m* attentat *m* à la bombe

**Bon** [bɔŋ] <-s, -s> *m* **1.** ticket *m* de caisse **2.** (*Gutschein*) bon *m*

**Bonbon** [bɔŋ'bɔŋ] <-s, -s> *nt o m* bonbon *m*

**Boot** [boːt] <-[e]s, -e> *nt* bateau *m;* ~ **fahren** faire du bateau

**Bord** [bɔrt] <-[e]s> *m* **1. an ~ gehen/kommen** monter à bord **2. etw über ~ werfen** jeter qc par-dessus bord

**Bordell** [bɔr'dɛl] <-s, -e> *nt* maison *f* close

**borgen** ['bɔrgən] **I.** *vr* **sich** (*dat*) **etw von jdm ~** emprunter qc à qn **II.** *vt* **jdm etw ~** prêter qc à qn

**Börse** ['bœrzə] <-, -n> *f* Bourse *f*

**Börsengang** <-gänge> *m* introduction *f* en Bourse

**bösartig** ['bøːsʔaːɐ̯tɪç] *adj* **1.** méchant(e) **2.** MED malin(-igne)

**böse** ['bøːzə] **I.** *adj* (*Person*) méchant(e); (*Absicht*) mauvais(e); **sei [mir] nicht ~, aber ...** ne m'en veux pas, mais ... **II.** *adv* méchamment; **ich habe es nicht ~ gemeint!** je n'ai pas pensé à mal!

**boshaft** ['boːshaft] *adj* méchant(e)

**Bosnien** ['bɔsniən] <-s> *nt* la Bosnie

**Bosnien-Herzegowina** ['bɔsniənhɛrtse'goːvina] <-s> *nt* la Bosnie-Herzégovine

**Bosnier(in)** ['bɔsniɐ] <-s, -> *m(f)* Bosniaque *mf*

**Botschaft** ['boːtʃaft] <-, -en> *f* **1.** (*Gesandtschaft*) ambassade *f* **2.** (*Aussage*) message *m*

**Box** [bɔks] <-, -en> *f* **1.** (*Pferdebox*) box *m* **2.** (*Lautsprecherbox*) enceinte *f*

**boxen** ['bɔksən] *vi, vt a.* SPORT boxer

**Boykott** [bɔy'kɔt] <-[e]s, -e> *m* boycott[age] *m*

**Branche** ['brãːʃə] <-, -n> *f* branche *f*

**Brand** [brant] <-[e]s, Brände> *m* incendie *m*

**Brandenburg** ['brandənbʊrk] <-s> *nt* le Brandebourg

**Brandwunde** *f* brûlure *f*

**Branntwein** ['brantvain] *m* eau-de-vie *f*

**Brasilien** [bra'ziːliən] <-s> *nt* le Brésil

**braten** ['braːtən] *irr* **I.** *vt* faire cuire **II.** *vi* (*gar werden*) cuire

**Braten** <-s, -> *m* rôti *m*

**Bratkartoffeln** *Pl* pommes *fpl* de terre sautées

**Bratwurst** *f* saucisse *f* grillée

**Brauch** [braux] <-[e]s, Bräuche> *m* coutume *f*

**brauchen** ['brauxən] **I.** *vt* **1.** (*nö-*

*tig haben*) avoir besoin de **2.** (*aufwenden müssen*) **eine Stunde ~ um etw zu tun** mettre une heure pour faire qc **II.** *aux* **du brauchst nur anzurufen** tu dois juste téléphoner

**Brauerei** [braʊə'raɪ] <-, -en> *f* brasserie *f*

**braun** [braʊn] *adj* **1.** (*Haar*) brun(e); (*Augen, Pullover*) marron **2.** (*Hautfarbe*) mat(te) **3.** (*sonnengebräunt*) bronzé(e)

**bräunen I.** *vi* **1.** bronzer **2.** GASTR dorer **II.** *vr* **sich ~** (*Person*) se [faire] bronzer; (*Haut*) brunir

**Braut** [braʊt] <-, Bräute> *f* mariée *f*

**Bräutigam** ['brɔʏtɪgam] <-s, -e> *m* marié *m*

**brav** [bra:f] *adj* sage

**brechen** ['brɛçən] *irr* **I.** *vt* **1.** (*Knochen*) casser **2.** (*Eis*) briser **3.** (*herausbrechen*) arracher **4.** (*Rekord*) battre **II.** *vi* **1.** (*Achse, Ast*) [se] casser; **auseinander ~** (*Möbelstück, Familie*) se disloquer **2.** (*den Kontakt, die Gewohnheit beenden*) **mit jdm/etw ~** rompre avec qn/qc

**Brechreiz** *m* nausée *f*

**Brei** [braɪ] <-[e]s, -e> *m* (*Speise*) bouillie *f*; (*Püree*) purée *f*

**breit** [braɪt] **I.** *adj* **1.** (*opp: schmal*) large **2.** (*Publikum*) vaste **II.** *adv* **1.** (*kräftig*) **~ gebaut sein** être carré d'épaules **2. sich ~ machen** (*Person*) prendre beaucoup de place

**Breite** <-, -n> *f* **1.** largeur *f* **2.** (*Ausgedehntheit*) étendue *f* **3.** GEO latitude *f*

**Bremen** ['bre:mən] <-s> *nt* Brême

**Bremse** ['brɛmzə] <-, -n> *f* **1.** AUT frein *m* **2.** ZOOL taon *m*

**bremsen** ['brɛmzən] *vi* freiner

**Bremslicht** *nt* [feu *m* de] stop *m*

**brennen** ['brɛnən] *irr* **I.** *vi* brûler; **es brennt!** au feu! **II.** *vt* **1.** (*Mandeln*) griller; (*Kaffee*) torréfier **2.** (*Schnaps*) distiller **3.** (*Ton*) cuire **III.** *vr* **sich an etw** (*dat*) **~** se brûler à qc

**Brett** [brɛt] <-[e]s, -er> *nt* planche *f*

**Brief** [bri:f] <-[e]s, -e> *m* lettre *f*

**Briefkasten** *m* boîte *f* aux lettres

**Briefmarke** *f* timbre[-poste] *m*

**Brieftasche** *f* portefeuille *m*

**Briefträger(in)** *m(f)* facteur (-trice) *m(f)* **Briefumschlag** *m* enveloppe *f*

**Brille** ['brɪlə] <-, -n> *f* lunettes *fpl*

**bringen** ['brɪŋən] *vt irr* **1.** apporter **2.** (*servieren*) servir **3.** (*befördern*) amener **4.** (*begleiten*) **jdn nach Hause ~** ramener qn à la maison; **jdn zur Tür ~** [r]accompagner qn à la porte **5.** (*Geld*) rapporter **6.** (*bewegen*) **jdn dazu ~ etw zu tun** amener qn à faire qc **7.** (*zur Folge haben*) **etw mit sich ~** avoir

B

qc pour conséquence **8. das bringt nichts** *fam* c'est pas la peine

**britisch** *adj* britannique

**Brokkoli** ['brɔkoli] *Pl* brocoli *m*

**Brombeere** ['brɔmbe:rə] *f* **1.** (*Frucht*) mûre *f* **2.** (*Strauch*) ronce *f*

**Bronchitis** [brɔn'çi:tɪs] <-, -tiden> *f* bronchite *f*

**Bronze** ['brõ:sə] <-, -n> *f* bronze *m*

**Broschüre** [brɔ'ʃy:rə] <-, -n> *f* brochure *f*

**Brot** [bro:t] <-[e]s, -e> *nt* pain *m*; **belegtes ~** sandwich *m*

**Brötchen** ['brø:tçən] <-s, -> *nt* petit pain *m*

**Bruch** [brʊx] <-[e]s, Brüche> *m* **1.** rupture *f* **2.** (*Knochenbruch*) fracture *f*

**Brücke** ['brʏkə] <-, -n> *f a. fig* pont *m*

**Bruder** ['bru:dɐ] <-s, Brüder> *m* frère *m*

**brüderlich** *adj* fraternel(le)

**Brühe** ['bry:ə] <-, -n> *f* bouillon *m*

**brüllen** ['brʏlən] *vi* **1.** (*Person*) crier **2.** (*Raubtier*) rugir; (*Vieh*) mugir

**brummen** ['brʊmən] **I.** *vi* (*Insekt*) bourdonner; (*Bär*) grogner; (*Motor*) ronfler **II.** *vt* (*Antwort*) grommeler

**brünett** [bry'nɛt] *adj* brun(e)

**Brunnen** ['brʊnən] <-s, -> *m* **1.** (*Ziehbrunnen*) puits *m* **2.** (*Zierbrunnen*) fontaine *f*

**Brüssel** ['brʏsəl] <-s> *nt* Bruxelles

**Brust** [brʊst] <-, Brüste> *f* poitrine *f*

**brutal** [bru'ta:l] *adj* brutal(e)

**Bruttogehalt** *nt* salaire *m* brut

**Bub** [bu:p] <-en, -en> *m* A, CH gamin *m*

**Buch** [bu:x] <-[e]s, Bücher> *nt* livre *m*

**Buche** ['bu:xə] <-, -n> *f* hêtre *m*

**buchen** ['bu:xən] *vt* (*vorbestellen*) réserver; (*Reise*) s'inscrire à

**Bücherei** [by:çə'rai] <-, -en> *f* bibliothèque *f*

**Buchhalter(in)** *m(f)* comptable *mf* **Buchhaltung** *f* comptabilité *f* **Buchhandlung** *f* librairie *f*

**Büchse** ['bʏksə] <-, -n> *f* boîte *f*

**Büchsenöffner** *m* ouvre-boîte *m*

**Buchstabe** ['bu:xʃta:bə] <-n[s], -n> *m* lettre *f*

**buchstabieren*** [bu:xʃta'bi:rən] *vt* épeler

**Bucht** [bʊxt] <-, -en> *f* baie *f*

**Buchung** <-, -en> *f* réservation *f*

**bücken** ['bʏkən] *vr* **sich ~** se pencher

**Bude** ['bu:də] <-, -n> *f* **1.** cabane *f* **2.** (*Kiosk*) stand *m*

**Budget** [bʏ'dʒe:] <-s, -s> *nt* budget *m*

**Büfett** [by'fe:] <-[e]s, -e> *nt* buffet *m*

**büffeln** *vt, vi fam* bûcher
**Bügel** ['by:gəl] <-s, -> *m* **1.** cintre *m* **2.** (*Brillenbügel*) branche *f*
**Bügelbrett** *nt* table *f* à repasser
**Bügeleisen** *nt* fer *m* à repasser
**bügeln** ['by:gəln] *vt, vi* repasser
**Bühne** ['by:nə] <-, -n> *f* **1.** scène *f* **2.** (*Tribüne*) estrade *f*
**Bulgarien** [bʊl'ga:ri̯ən] <-s> *nt* la Bulgarie
**Bulle** ['bʊlə] <-n, -n> *m* **1.** (*Rind*) taureau *m* **2.** (*männliches Tier*) mâle *m*
**bummeln** *vi* se balader
**Bund** [bʊnt] <-[e]s, Bünde> *m* **1.** association *f* **2.** (*Konföderation*) fédération *f*
**Bundesbahn** *f* **die Deutsche ~** HIST les chemins *mpl* de fer allemands; **die Österreichischen/Schweizerischen ~en** les chemins de fer autrichiens/suisses **Bundeskanzler(in)** *m(f)* chancelier *m* fédéral/chancelière *f* fédérale; CH chancelier(-ère) *m(f)* de la Confédération
**Bundesland** *nt* Land *m*
**Bundesliga** *f* SPORT ≈ première division *f* **Bundesminister(in)** *m(f)* ministre *mf* fédéral(e) **Bundespräsident(in)** *m(f)* président(e) *m(f)* de la République fédérale; CH président(e) *m(f)* de la Confédération
**Bundesregierung** *f* gouvernement *m* fédéral **Bundesrepublik** *f* **die ~ [Deutschland]** la République fédérale [d'Allemagne] **Bundesstraße** *f* ≈ route *f* nationale **Bundestag** *m* Bundestag *m*
**Bundeswehr** ['bʊndəsve:ɐ̯] *f* armée *f* fédérale
**Bündnis** ['bʏntnɪs] <-ses, -se> *nt* alliance *f*
**Bunker** ['bʊnkɐ] <-s, -> *m* bunker *m*
**bunt** [bʊnt] *adj, adv* **1.** de toutes les couleurs **2.** (*Auswahl*) varié(e)
**Burg** [bʊrk] <-, -en> *f* château *m* fort
**Bürger(in)** ['bʏrgɐ] <-s, -> *m(f)* citoyen(ne) *m(f)*
**Bürgerkrieg** *m* guerre *f* civile
**bürgerlich** *adj* **1.** (*Recht*) civil(e) **2.** (*dem Bürgertum entsprechend*) bourgeois(e)
**Bürgermeister(in)** *m(f)* maire *mf* **Bürgersteig** <-[e]s, -e> *m* trottoir *m*
**Bürgschaft** ['bʏrkʃaft] <-, -en> *f* caution *f*
**Büro** [by'ro:] <-s, -s> *nt* bureau *m*
**Büroangestellte(r)** *f(m)* employé(e) *m(f)* de bureau
**Bürokratie** <-, -n> *f* bureaucratie *f*
**Bürste** ['bʏrstə] <-, -n> *f* brosse *f*
**bürsten** *vt* brosser
**Bus** [bʊs] <-ses, -se> *m* bus *m*; (*Reisebus*) car *m*
**Busbahnhof** *m* gare *f* routière
**Busch** [bʊʃ] <-[e]s, Büsche> *m*

1. buisson *m* 2. (*Buschwald*) brousse *f*

**Busen** ['bu:zən] <-s, -> *m* poitrine *f*

**Busfahrer(in)** *m(f)* conducteur *m*/conductrice *f* de bus **Bushaltestelle** *f* arrêt *m* de bus

**büßen** ['by:sən] *vt, vi* payer

**Bußgeld** *nt* amende *f*

**Büstenhalter** *m* soutien-gorge *m*

**Butter** ['bʊtɐ] <-> *f* beurre *m*

**Butterbrot** *nt* tartine *f* [de beurre]

# C

**C, c** [tse:] <-, -> *nt* 1. (*Buchstabe*) C *m*/c *m* 2. MUS do *m*

**Café** [ka'fe:] <-s, -s> *nt* ≈ salon *m* de thé

**Cafeteria** [kafetə'ri:a] <-, -s> *f* cafétéria *f*

**Callcenter** ['ko:lsɛntɐ] <-s, -> *nt* centre *m* d'appels

**Camcorder** ['kɛmkɔrdɐ] <-s, -> *m* caméscope *m*

**campen** ['kɛmpən] *vi* faire du camping

**Camping** ['kɛmpɪŋ] <-s> *nt* camping *m*

**Campingplatz** *m* terrain *m* de camping

**Caravan** ['karavan] <-s, -s> *m* caravane *f*

**Casting** ['ka:stɪŋ] <-[s], -s> *nt* CINE, TV casting *m*

**CD** [tse:'de:] <-, -s> *f Abk von* **Compact Disc** C.D. *m*, disque *m* compact

**CD-Brenner** [tse:'de:brɛnɐ] <-s, -> *m* graveur *m* de CD **CD-Player** <-s, -> *m* lecteur *m* laser **CD-ROM** <-, -s> *f* CD-ROM *m* **CD-ROM-Laufwerk** *nt* lecteur *m* de CD-ROM

**CDU** [tse:de:'ʔu:] <-> *f Abk von* **Christlich-Demokratische Union** *parti chrétien-démocrate d'Allemagne*

**Cello** ['tʃɛlo] <-s, -s> *nt* violoncelle *m*

**Champagner** [ʃam'panjɐ] <-s, -> *m* champagne *m*

**Champignon** ['ʃampɪnjɔŋ] <-s, -s> *m* champignon *m* de Paris

**Champion** ['tʃɛmpiən] <-s, -s> *m* champion(ne) *m(f)*

**Chance** ['ʃã:s(ə)] <-, -n> *f* chance *f*

**Chaos** ['ka:ɔs] <-> *nt* chaos *m*

**chaotisch** *adj* chaotique

**Charakter** [ka'raktɐ] <-s, -tere> *m* caractère *m*

**charakterisieren*** *vt* caractériser

**Charakteristik** <-, -en> *f* caractéristique *f*

**charakteristisch** *adj* caractéristique

**charmant** [ʃar'mant] *adj* charmant(e)

**Charme** [ʃarm] <-s> *m* charme *m*

**Charterflug** [ˈtʃartɐfluːk] *m* [vol *m*] charter *m*

**Chat** [tʃɛt] <-s, -s> *m* INFORM chat *m*

**chatten** [ˈtʃɛtən] *vi* chatter (*fam*)

**Chauffeur(in)** [ʃɔˈføːɐ̯] <-s, -e> *m(f)* chauffeur *m*

**checken** [ˈtʃɛkən] *vt* vérifier

**Chef** [ʃɛf] <-s, -s> *m* patron *m*

**Chefin** <-, -nen> *f* patronne *f*

**Chefredakteur(in)** [ˈʃɛfredaktøːɐ] *m(f)* rédacteur(-trice) *m(f)* en chef

**Chemie** [çeˈmiː] <-> *f* chimie *f*

**chemisch** [ˈçeːmɪʃ] *adj* chimique; (*Labor*) de chimie

**Chicorée** [ʃikoˈreː] <-> *f*, <-s> *m* endive *f*

**Chile** [ˈtʃiːle] <-s> *nt* le Chili

**China** [ˈçiːna] <-s> *nt* la Chine

**Chinese** <-n, -n> *m*, **Chinesin** *f* Chinois(e) *m(f)*

**chinesisch** [çiˈneːzɪʃ] **I.** *adj* chinois(e) **II.** *adv* en chinois

**Chip** [tʃɪp] <-s, -s> *m* **1.** INFORM puce *f* **2.** (*Kartoffelchip*) chips *f* **3.** (*runde Spielmarke*) jeton *m*

**Chirurg(in)** [çiˈrʊrk] <-en, -en> *m(f)* chirurgien(ne) *m(f)*

**Chirurgie** <-, -n> *f* chirurgie *f*

**chirurgisch** [çiˈrʊrgɪʃ] *adj* chirurgical(e)

**cholerisch** [koˈleːrɪʃ] *adj* colérique

**Chor** [koːɐ̯] <-[e]s, Chöre> *m* chorale *f*

**Christ(in)** [ˈkrɪst] <-en, -en> *m(f)* chrétien(ne) *m(f)*

**Christentum** [ˈkrɪstntuːm] <-[e]s> *nt* christianisme *m*

**Christi** *gen von* **Christus**

**christlich** **I.** *adj* chrétien(ne) **II.** *adv* dans la foi chrétienne

**Christus** [ˈkrɪstʊs] <Christi> *m* REL le Christ

**chronisch** [ˈkroːnɪʃ] *adj, adv* chronique

**Chronologie** [kronoloˈgiː] <-, -n> *f* chronologie *f*

**circa** [ˈtsɪrka] *adv* environ

**City** [ˈsɪti] <-, -s> *f* centre-ville *m*

**Clementine** [klemɛnˈtiːnə] *f* clémentine *f*

**Clique** [ˈklɪkə] <-, -n> *f* clique *f*

**Clown(in)** [klaʊn] <-s, -s> *m(f)* clown *m*

**Club** [klʊp] <-s, -s> *m* club *m*

**cm** *Abk von* **Zentimeter** cm

**Cocktail** [ˈkɔkteɪl] <-s, -s> *m* cocktail *m*

**Code** [koːt] *m* code *m*

**Comicheft** [ˈkɔmɪkˈhɛft] *nt* bande *f* dessinée

**Compactdisc, Compact Disc** [kɔmˈpaktˈdisk] <- -, - -s> *f* disque *m* compact

**Computer** [kɔmˈpjuːtɐ] <-s, -> *m* ordinateur *m*

**Computerspiel** *nt* jeu *m* vidéo

**Container** [kɔnˈteːnɐ] <-s, -> *m* **1.** conteneur *m* **2.** (*Müllcontainer*) benne *f* [à ordures]

**Cord** [kɔrt] <-s> *m* velours *m*

C

[côtelé]

**Couch** [kaʊtʃ] <-, -es> *f o* CH m canapé *m*

**Count-down** ['kaunt'daun] <-s, -s> *m o nt* compte *m* à rebours

**Cousin** [ku'zɛ̃:] <-s, -s> *m* cousin *m*

**Cousine** [ku'zi:nə] <-, -n> *f* cousine *f*

**Creme** [kre:m] <-, -s> *f* crème *f*

**CSU** [tse:ʔɛs'ʔu:] <-> *f Abk von* **Christlich-Soziale Union** *aile bavaroise du parti chrétien-démocrate*

**Curry** ['kœri] <-s, -s> *m o nt* curry *m*

**Cursor** ['kœ:zɐ] <-s, -> *m* curseur *m*

# D

**D, d** [de:] <-, -> *nt* **1.** D *m*/d *m* **2.** MUS ré *m*

**da** [da:] **I.** *adv* **1.** là **2.** (*dort*) voilà; ~ **drüben** là-bas; **dieses Haus ~** cette maison-là **3.** (*hier*) tiens/tenez **4.** (*gekommen*) **war der Postbote schon ~?** le facteur est passé? **5.** (*in diesem Augenblick*) [juste] à ce moment **6.** ~ **und dort** ici et là **II.** *konj* **1.** (*weil*) comme **2.** *geh* (*als, wenn*) où

**dabei** [da'baj] *adv* **1.** (*daneben*) avec; (*in der Nähe*) à côté **2.** (*währenddessen*) en même temps; (*bei dieser Gelegenheit*) à cette occasion **3.** (*im Begriff*) [**gerade**] ~ **sein etw zu tun** être en train de faire qc **4.** (*in diesem Zusammenhang*) **ich habe ~ nicht viel gelernt** je n'y ai pas appris grand-chose **5.** (*bei einer Unternehmung*) ~ **sein** participer; **ich war ~** j'y étais; **ich bin** [**mit**] ~ je suis partant **6.** (*obgleich*) et pourtant **7.** (*wie es vereinbart ist*) **es bleibt ~, dass ihr morgen alle mitkommt** c'est toujours d'accord, vous venez tous demain

**dabei|bleiben** *vi irr* rester

**dabei|haben** *vt irr* **jdn ~** avoir qn avec soi; **etw ~** avoir qc sur soi

**da|bleiben** *vi irr* rester

**Dach** [dax] <-[e]s, Dächer> *nt* toit *m* **Dachboden** *m* grenier *m* **Dachdecker(in)** <-s, -> *m(f)* couvreur(-euse) *m(f)* **Dachgeschoss** *nt* étage *m* mansardé

**dadurch** [da'dʊrç] *adv* **1.** (*da hindurch*) par-là **2.** (*aus diesem Grund*) de ce fait; (*auf diese Weise*) de cette façon; **~, dass ...** du fait que ...

**dafür** [da'fy:ɐ̯] *adv* **1.** (*für das*) pour cela; **was wohl der Grund ~ sein mag?** quelle peut bien en être la raison? **2.** (*des-*

*wegen*) pour ça; **ich bezahle Sie nicht ~, dass** je ne vous paie pas pour que + *subj* **3.** (*als Gegenleistung*) en échange **4.** (*andererseits*) en revanche **5.** (*für das*) **ich kann nichts ~, dass ...** je n'y peux rien, moi, si ... **6.** (*befürwortend*) **~ sein** être pour; **ich bin ~, dass** je suis d'avis que + *subj*

**dagegen** [da'ge:gən] **I.** *adv* **1.** (*örtlich*) là contre **2.** (*gegen das, gegen dieses*) contre cela; **~ sein, dass** être contre le fait que + *subj;* **haben Sie etwas ~, wenn ich rauche?** ça vous dérange si je fume?; **ich kann nichts ~ machen** je n'y peux rien **3.** (*im Vergleich dazu*) en comparaison **II.** *konj* en revanche

**daher** [da'he:ɐ̯] *adv* **1.** (*von dort*) de là; **ich komme gerade ~** j'en viens **2.** (*aus diesem Grund*) c'est pourquoi

**dahin** [da'hɪn] *adv* **1.** (*an diesen Ort*) y; **ich will nicht ~** je ne veux pas y aller **2. bis ~** (*solange*) d'ici là

**dahinten** [da'hɪntən] *adv* là-bas

**dahinter** [da'hɪntɐ] *adv* **1.** (*räumlich*) [là] derrière **2.** (*zeitlich*) après

**da|lassen** *vt irr* **1. jdn ~** laisser qn; **etw ~** laisser qc là **2.** (*überlassen*) **jdm etw ~** laisser qc à qn

**damals** ['da:ma:ls] *adv* à l'époque; **von ~** de l'époque

**Dame** ['da:mə] <-, -n> *f* dame *f;* **meine sehr verehrten ~n und Herren!** *form* Mesdames et Messieurs!

**damit** [da'mɪt] **I.** *adv* **1.** (*mit diesem Gegenstand*) avec; **was soll ich ~?** que veux-tu/voulez-vous que j'en fasse? **2.** (*mit dieser Angelegenheit*) **nichts ~ zu tun haben** ne rien avoir à voir là-dedans; **~ fing alles an** c'est ainsi que tout a commencé **3.** (*mit diesem Verhalten*) **~ hatte ich nicht gerechnet** je ne m'y attendais pas; **was willst du ~ sagen?** qu'entends-tu par là?; **sind Sie ~ einverstanden?** vous êtes d'accord? **4.** (*in Befehlen*) **weg ~!** enlève-moi ça!; **Schluss ~!** ça suffit! **5.** (*somit*) ainsi **II.** *konj* pour que + *subj;* **halt dich fest, ~ du nicht fällst!** tiens-toi bien pour ne pas tomber!

**dämlich** ['dɛ:mlɪç] *pej fam adj* stupide

**Damm** [dam] <-[e]s, Dämme> *m* (*Staudamm*) barrage *m;* (*Deich*) digue *f*

**Dämmerung** ['dɛmərʊŋ] <-, -en> *f* **1.** (*Abenddämmerung*) crépuscule *m* **2.** (*Morgendämmerung*) aube *f*

**Dämon** ['dɛ:mɔn] <-s, Dämonen> *m* démon *m*

D

**Dampf** [dampf] <-[e]s, Dämpfe> *m* vapeur *f*

**dampfen** *vi* (*Schüssel*) fumer

**dämpfen** ['dɛmpfən] *vt* **1.** (*Geräusch*) étouffer; (*Stimme*) baisser **2.** (*Stoß*) amortir **3.** (*Begeisterung*) tempérer **4.** GASTR **etw ~** cuire qc à l'étuvée

**danach** [da'na:x] *adv* **1.** (*zeitlich, örtlich*) après **2.** (*zielgerichtet*) **das Kind sah den Ball und wollte ~ greifen** l'enfant a aperçu le ballon et a voulu l'attraper **3.** (*hiernach*) **ich sehne mich so ~** j'en aurais tellement envie

**Däne** ['dɛ:nə] <-n, -n> *m,* **Dänin** *f* Danois(e) *m(f)*

**daneben** [da'ne:bən] *adv* **1.** à côté **2.** (*außerdem*) et en plus

**Dänemark** ['dɛ:nəmark] <-s> *nt* le Danemark

**dänisch** **I.** *adj* danois(e) **II.** *adv* en danois

**dank** [daŋk] *präp + gen o dat* grâce à

**Dank** <-[e]s> *m* remerciement *m;* **vielen ~** merci beaucoup

**dankbar** **I.** *adj* reconnaissant(e) **II.** *adv* avec gratitude

**danke** *adv* merci; **~ schön** merci bien

**danken** **I.** *vi* **jdm für seine Hilfe/sein Geschenk ~** remercier qn de son aide/pour son cadeau; **nichts zu ~!** de rien! **II.** *vt* **jdm etw ~** dire merci à qn pour qc

**dann** [dan] *adv* **1.** (*danach*) ensuite **2.** (*irgendwann später*) un peu plus tard **3.** (*unter diesen Umständen*) alors; **ich fahre nur ~, wenn du mitkommst** je ne partirai qu'à condition que tu m'accompagnes **4.** (*sonst*) **wenn nicht du, wer ~?** si ce n'est pas toi, qui est-ce?

**daran** *adv* **1.** (*befestigen*) y; (*vorbeigehen*) à côté **2.** (*zeitlich*) ensuite **3.** (*an dieser Sache*) **erinnerst du dich noch ~?** tu t'en souviens?; **~ denken** y penser; **bist du ~ interessiert?** ça t'intéresse?

**darauf** *adv* **1.** (*örtlich*) dessus **2.** (*danach*) puis; **bald ~** peu après; **~ folgend** suivant; **einen Monat ~** un mois après **3.** (*als Reaktion*) là-dessus

**daraus** *adv* **1.** (*aus diesem Material*) en **2.** (*aus diesem Gefäß*) **~ kann man essen** on peut manger dedans **3.** (*aus dieser Sache*) **~ ergibt sich ...** il en résulte ...

**darin** *adv* **1.** (*in dem/der*) à l'intérieur **2.** (*in dieser Hinsicht*) **sie stimmen ~ überein, dass ...** ils/elles sont d'accord sur le fait que ...

**dar|legen** ['da:ɐ̯le:gən] *vt* exposer

**Darlehen** ['da:ɐ̯le:ən] <-s, -> *nt* emprunt *m*

**dar|stellen** ['da:ɐ̯ʃtɛlən] *vt* représenter

**Darstellung** <-, -en> *f* représentation *f*

**darüber** *adv* **1.** (*legen, gehen*) dessus; (*liegen*) par-dessus **2.** (*höher, weiter oben*) au-dessus **3.** (*mehr*) **50 Jahre alt und ~** 50 ans et plus **4.** (*währenddessen*) pendant ce temps **5.** (*über diese/dieser Angelegenheit*) à ce sujet

**darum** *adv* **1.** (*deshalb*) c'est pourquoi; **warum? — ~!** pourquoi? — Parce que! **2.** (*örtlich*) **~ [herum]** tout autour **3.** (*um diese Angelegenheit*) **jdn ~ bitten etw zu tun** demander à qn de faire qc

**darunter** *adv* **1.** (*unter diesem/diesen Gegenstand*) en dessous; **~ hervorsehen** (*Person*) apparaître; (*Gegenstand*) dépasser **2.** (*unter dieser Etage*) en dessous **3.** (*unter dieser/diese Grenze*) **~ liegen** (*Werte*) être inférieur **4.** (*mitten unter diesen*) parmi eux/elles

**das**[1] [das] *art* le/la

**das**[2] **I.** *pron dem* ce/cette **II.** *pron rel* que, qui

**Dasein** <-s> *nt* **1.** *a.* PHILOS existence *f* **2.** (*Anwesenheit*) présence *f*

**dass** [das] *konj* **1.** que + *indic o subj;* **schade, ~ du schon gehen musst** dommage que tu sois obligé de partir; **ich bin dagegen, ~** je ne suis pas d'accord que + *subj* **2.** (*Folge*) que; **er hupte so laut, ~ alle wach wurden** il a klaxonné si fort que tous se sont réveillés **3.** (*als Einleitung einer Aufforderung*) **und ~ du pünktlich zurückkommst!** et tâche de rentrer à l'heure!

**dasselbe** *pron* le/la même

**da|stehen** *vi irr* **1.** être là **2.** (*erscheinen*) **als Lügner ~** faire figure de menteur

**Datei** [da'taj] <-, -n> *f* fichier *m*

**Daten**[1] ['da:tən] *Pl von* **Datum**

**Daten**[2] *Pl* données *fpl*

**datieren*** [da'ti:rən] **I.** *vt* dater; **etw auf den 5. Mai ~** dater qc du 5 mai **II.** *vi* dater de

**Dattel** ['datəl] <-, -n> *f* datte *f*

**Datum** ['da:tʊm] <-s, Daten> *nt* date *f;* **was für ein ~ haben wir heute?** quel jour sommes-nous aujourd'hui?

**Dauer** ['daʊɐ] <-> *f* **1.** durée *f* **2. auf die ~** à la longue

**dauerhaft** *adj* **1.** (*Material*) résistant(e) **2.** (*Bündnis*) durable

**Dauerkarte** *f* carte *f* d'abonnement

**dauern** ['daʊɐn] *vi* durer

**dauernd I.** *adj* (*Ausstellung*) permanent(e); (*Wohnsitz*) fixe; (*Ärger*) continuel(le) **II.** *adv* **1.** (*für immer*) définitivement **2.** (*immer wieder*) sans arrêt

**Dauerwelle** *f* permanente *f*

**Daumen** ['daʊmən] <-s, -> *m*

D

pouce *m*

**davọn** [da'fɔn] *adv* **1.** **nicht weit** ~ un peu plus loin **2.** (*von diesem*) ~ **essen** en manger **3.** (*dadurch*) ~ **wird man dick** ça fait grossir **4.** (*mittels dieser Sache*) **ich lebe doch ~!** j'en vis!

**davọn|kommen** *vi irr* **mit einer Geldstrafe** ~ s'en sortir avec une amende **davọn|laufen** *vi irr* se sauver; (*von zu Hause fortlaufen*) fuguer

**davor[1]** [da'fo:ɐ̯] *adv* **1.** (*räumlich*) devant **2.** (*zeitlich*) avant **3.** (*in Bezug auf eine Sache*) **jdn ~ warnen etw zu tun** avertir qn de ne pas faire qc

**davor[2]** *adv* **1.** (*räumlich*) **dort ist das Rathaus, und ~ befindet sich ...** la mairie est là-bas, et juste devant se trouve ... **2.** (*zeitlich*) **ich muss zur Post gehen und ~ noch zum Bäcker** il faut que j'aille à la poste et avant chez le boulanger

**dazu[1]** [da'tsu:] *adv* **1.** (*gleichzeitig*) **sie singt, und ~ spielt sie Harfe** elle chante tout en jouant de la harpe **2.** (*außerdem*) par-dessus le marché **3.** (*zu dem Gegenstand*) **... dies sind die Servietten ~ ...** voici les serviettes qui vont avec

**dazu[2]** *adv* **1.** (*zu dieser Sache*) **wozu gehört dieses Teil? — Dazu!** avec quoi va cette pièce? — Avec ça! **2.** (*zu dieser Konsequenz*) **wie konnte es nur ~ kommen?** comment a-t-on pu en arriver là? **3.** (*dafür*) pour ça

**dazu|gehören*** *vi* (*Freund*) être à sa place; (*Zubehör*) aller avec

**dazwịschen** [da'tsvɪʃən] *adv* **1.** (*zwischen zwei Dingen*) entre les deux; (*zwischen mehreren Dingen*) y **2.** (*in der Zwischenzeit*) entre-temps

**dazwịschen|kommen** *vi irr* (*zeitlich*) **wenn nichts dazwischenkommt, ...** sauf imprévu, ...

**DB** [de:'be:] <-> *f Abk von* **Deutsche Bahn** *société des chemins de fer allemands*

**DDR** [de:de:'ʔɛr] <-> *f Abk von* **Deutsche Demokratische Republik** HIST **die ~** la R.D.A.

**Dẹck** [dɛk] <-[e]s, -s> *nt* (*Schiffsdeck*) pont *m*

**Dẹcke** ['dɛkə] <-, -n> *f* **1.** (*Zimmerdecke*) plafond *m* **2.** (*Wolldecke*) couverture *f* **3.** (*Bettdecke*) couette *f*

**Dẹckel** ['dɛkəl] <-s, -> *m* couvercle *m*

**dẹcken** *vt* couvrir; (*Tisch*) mettre

**defẹkt** [de'fɛkt] *adj* défectueux (-euse)

**Defẹkt** <-[e]s, -e> *m* TECH panne *f*

**defensiv** [defɛn'zi:f] *adj* défensif (-ive)

**Defensive** [defɛn'zi:və] <-, -n> *f*

MIL défensive *f*

**definieren*** [defi'ni:rən] *vt* définir

**Definition** [defini'tsio:n] <-, -en> *f* définition *f*

**dehnen** *vt* (*Gummizug*) détendre; (*Glieder*) étirer

**Dehnung** <-, -en> *f* (*das Ausdehnen*) tension *f*

**Deich** [daiç] <-[e]s, -e> *m* digue *f*

**dein** [dain] *pron* ton/ta/tes

**deinerseits** ['dainɐ'zaits] *adv* **1.** (*du wiederum*) de ton côté **2.** (*was dich betrifft*) pour ta part

**deinetwegen** ['dainət've:gən] *adv* **1.** (*wegen dir*) à cause de toi **2.** (*dir zuliebe*) pour toi **3.** (*wenn es nach dir ginge*) s'il ne tient qu'à toi

**Dekoration** [dekora'tsio:n] <-, -en> *f* décoration *f*

**Dekret** [de'kre:t] <-[e]s, -e> *nt* décret *m*

**Delfin** [dɛl'fi:n] *s.* **Delphin**

**delikat** [deli'ka:t] *adj* **1.** délicieux(-euse) **2.** (*heikel*) délicat(e) **3.** *geh* (*empfindlich*) sensible

**Delikatesse** [delika'tɛsə] <-, -n> *f* mets *m* de choix

**Delphin** <-s, -e> *m* dauphin *m*

**dem¹** [de:m] **I.** *art def, maskulin* **1. von ~ Nachbarn sprechen** parler du voisin; **er gab ~ Großvater den Brief** il donna la lettre à son grand-père **2.** *fam* (*in Verbindung mit Eigennamen*) **ich werde es ~ Frank sagen** je le dirai à Frank **II.** *art def, Neutrum* **von ~ Kind sprechen** parler de l'enfant; **an ~ Fenster klopfen** frapper à la fenêtre

**dem²** **I.** *pron dem* ce/cette **II.** *pron rel* à qui

**demgegenüber** ['de:mge:gən-'ʔy:bɐ] *adv* en revanche

**demnächst** ['de:m'nɛ:çst] *adv* prochainement

**Demokrat(in)** [demo'kra:t] <-en, -en> *m(f)* démocrate *mf*

**Demokratie** [demokra'ti:] <-, -n> *f* démocratie *f*

**demokratisch** *adj* démocratique

**demolieren*** [demo'li:rən] *vt* démolir

**Demonstration** [demɔnstra'tsio:n] <-, -en> *f* **1.** manifestation *f* **2.** (*Veranschaulichung*) démonstration *f*

**demonstrieren*** [demɔn'stri:rən] **I.** *vi* manifester **II.** *vt* **1.** (*bekunden*) manifester **2.** (*veranschaulichen*) démontrer

**demontieren*** [demɔn'ti:rən] *vt* démanteler

**demselben** *pron* au même

**demütigen** *vt* humilier

**Demütigung** <-, -en> *f* humiliation *f*

**den¹** [de:n] **I.** *art def* le/la **II.** *art def, dat Pl von* **der¹, die¹, das¹** aux; **mit ~ Freundinnen sprechen** parler avec les copines;

D

von ~ **Kollegen sprechen** parler des collègues
**den**[2] *pron s.* **der**[2]
**denen** [de:nən] **I.** *pron dem* à ceux **II.** *pron rel* à qui
**denken** ['dɛnkən] *irr* **I.** *vi* penser **II.** *vt* **1. nur das Schlechteste von jdm ~** penser tout le mal possible de qn **2.** (*ahnen*) **das habe ich mir fast gedacht** j'en étais à peu près sûr **3.** (*sich vorstellen*) **sich** (*dat*) **etw ~** s'imaginer qc; **ich habe mir das so gedacht: ...** je vois les choses comme ça: ...
**Denken** <-s> *nt* pensée *f*
**Denkmal** <-s, Denkmäler> *nt* monument *m*
**denn** [dɛn] **I.** *konj* **1.** car **2.** (*vorausgesetzt*) **es sei ~,** à moins que + *subj* **II.** *adv* donc; **he, was soll das ~?** holà, qu'est-ce qui se passe?
**dennoch** ['dɛnɔx] *adv* malgré tout; **und ~** et pourtant
**denselben** **I.** *pron dem* le/la même **II.** *pron dem* aux mêmes
**Deo** ['de:o], **Deodorant** ['de:odo'rant] <-s, -s> *nt* déodorant *m*
**deprimieren*** [depri'mi:rən] *vt* déprimer
**der**[1] [de:ɐ̯] **I.** *art def, maskulin, nom Sing* le/la **II.** *art def, feminin, gen Sing von* **die**[1] de la/du **III.** *art def, feminin, dat Sing von* **die**[1] à la/au **IV.** *art def, gen Pl von* **die**[1] des
**der**[2] **I.** *pron dem* ce/cette **II.** *pron rel* qui **III.** *pron s.* **die**
**derart** ['de:ɐ̯'ʔa:ɐ̯t] *adv* **es ist ~ heiß, dass ...** il fait tellement chaud que ...
**derb** [dɛrp] **I.** *adj* grossier(-ère) **II.** *adv* (*sich ausdrücken*) grossièrement
**deren** ['de:rən] **I.** *pron dem* **seine Mutter, seine Schwester und ~ Hund** sa mère, sa sœur et le chien de cette dernière **II.** *pron rel* dont
**derer** ['de:re] *pron dem* de ceux
**dergleichen** ['de:ɐ̯'glaiçən] *pron* ce genre de choses
**derjenige** *pron* ce/cette; **~, der ...** celui qui ...
**dermaßen** ['de:ɐ̯'ma:sən] *s.* **derart**
**derselbe** *pron* le/la même
**des** [dɛs] **I.** *art* du/de la **II.** *pron* de ce/de cette
**deshalb** ['dɛs'halp] *adv* **~ ist das nicht möglich** c'est la raison pour laquelle cela n'est pas possible
**Desinfektion** [dezɪnfɛk'tsio:n] <-, -en> *f* désinfection *f*
**Desinfektionsmittel** *nt* désinfectant *m*
**desinfizieren*** [dezɪnfi'tsi:rən] *vt* désinfecter
**desselben** *pron* du même/de la même
**dessen** ['dɛsən] **I.** *pron dem* **mein Onkel und ~ Haus** mon oncle et la maison de ce dernier

II. *pron rel* dont

**Dessert** [dɛ'sɛːɐ̯] <-s, -s> *nt* dessert *m*

**desto** ['dɛsto] *konj* **je eher du dich daranmachst, ~ schneller bist du fertig** plus vite tu t'y mettras, plus vite tu auras terminé

**deswegen** ['dɛs've:gən] *s.* **deshalb**

**Detail** [de'taj] <-s, -s> *nt* détail *m*

**deuten** ['dɔytən] I. *vt* (*Traum, Text*) interpréter II. *vi* (*hinweisen*) **auf etw ~** faire penser à qc

**deutlich** ['dɔytlɪç] I. *adj* 1. (*Konturen*) net(te); (*Aussprache*) distinct(e); (*Skizze*) clair(e); (*Schrift*) lisible 2. (*eindeutig*) clair(e) II. *adv* 1. distinctement; (*schreiben*) lisiblement 2. (*sagen*) clairement; (*merken*) sans le moindre doute

**deutsch** [dɔytʃ] I. *adj* allemand(e) II. *adv* en allemand

**Deutsch** <-[s]> *nt* allemand *m*

**Deutsche(r)** *f(m)* Allemand(e) *m(f)*

**Deutschland** *nt* l'Allemagne *f;* **in ~** en Allemagne **deutschsprachig** *adj* (*Bevölkerung, Gebiet*) germanophone; (*Literatur*) en langue allemande

**Dezember** [de'tsɛmbɐ] <-s, -> *m* décembre *m*

**Dia** ['di:a] <-s, -s> *nt* diapo *f* (*fam*)

**Diabetiker(in)** [dia'be:tikɐ] <-s, -> *m(f)* diabétique *mf*

**Dialekt** [dia'lɛkt] <-[e]s, -e> *m* dialecte *m*

**Dialog** [dia'lo:k] <-[e]s, -e> *m* dialogue *m*

**Diamant** [dia'mant] <-en, -en> *m* diamant *m*

**Diät** [di'ɛ:t] <-, -en> *f* régime *m* alimentaire

**dich** [dɪç] I. *pron pers* te/t'; **ohne ~** sans toi II. *pron refl* **du hast ~ verändert** tu as changé; **du darfst ~ nicht wundern, wenn ...** ne t'étonne pas si ...

**dicht** [dɪçt] I. *adj* 1. épais(se); (*Verkehr*) dense 2. (*Fenster*) hermétique II. *adv* 1. **~ beieinanderstehen** être près les uns des autres 2. (*stark*) **~ bewölkt sein** être très nuageux

**dichten** ['dɪçtən] I. *vt* composer II. *vi* faire de la poésie

**Dichter(in)** <-s, -> *m(f)* poète *m*/poétesse *f*

**dick** [dɪk] I. *adj* 1. gros(se) 2. (*stark*) **ein zwei Zentimeter ~es Brett** une planche de deux centimètres d'épaisseur 3. (*Nebel*) épais(se); (*Milch*) caillé(e) II. *adv* (*unterstreichen*) en gros

**die**[1] [di:] *art* le/la/les

**die**[2] I. *pron dem* ce/cette/ces II. *pron rel* qui, que

**Dieb(in)** [di:p] <-[e]s, -e> *m(f)* voleur(-euse) *m(f)*

**Diebstahl** <-[e]s, Diebstähle> *m*

vol *m*
**diejenige** *pron* cette
**diejenigen** *pron s.* **derjenige, diejenige, dasjenige**
**dienen** ['di:nən] *vi* servir
**Diener(in)** <-, -> *m(f)* serviteur *m*, servante *f*
**Dienst** [di:nst] <-[e]s, -e> *m* 1. service *m;* **öffentlicher ~** fonction *f* publique 2. (*Unterstützung, Gefallen*) services *mpl*
**Dienstag** ['di:nsta:k] *m* mardi *m*
**Dienstagabend** *m* mardi *m* soir **Dienstagmorgen** *m* mardi *m* matin
**dienstags** *adv* le mardi
**dies** [di:s] *pron* 1. (*das hier*) **~ ist ...** voici ..., c'est ...; **~ alles gehört mir** tout ça est à moi 2. (*dieses*) ce/cette 3. **über ~ und das sprechen** parler de choses et d'autres
**diese(r, s)** ['di:zə] *pron* 1. ce/cette/ces 2. **~s und jenes** différentes choses *fpl*
**Diesel** <-s> *nt fam* gasoil *m*
**dieselbe** *pron* le/la même
**dieselben** *pron* les mêmes
**dieser, dieses** *s.* **diese(r, s)**
**diesmal** *adv* cette fois-ci
**Differenz** [dɪfə'rɛnts] <-, -en> *f* 1. différence *f* 2. (*Meinungsverschiedenheit*) différend *m*
**Digitalkamera** *f* appareil *m* [photo] numérique
**Diktat** [dɪk'ta:t] <-[e]s, -e> *nt* dictée *f*
**Diktator** [dɪk'ta:to:ɐ̯] <-s, -toren> *m*, **Diktatorin** *f pej* dictateur(-trice) *m(f)*
**Diktatur** [dɪkta'tu:ɐ̯] <-, -en> *f pej* dictature *f*
**diktieren*** [dɪk'ti:rən] *vt* dicter
**Ding** [dɪŋ] <-[e]s, -e> *nt* 1. (*Sache*) machin *m* 2. *Pl* (*Angelegenheit*) **so, wie die ~e liegen** au point où en sont les choses
**Dinosaurier** [dino'zaurie] *m* dinosaure *m*
**Diplom** [di'plo:m] <-s, -e> *nt* diplôme *m*
**dir** [di:ɐ̯] I. *pron pers* te/à toi II. *pron refl* **stell ~ vor, es klappt!** figure-toi, ça marche!
**direkt** [di'rɛkt] I. *adj* direct(e) II. *adv* directement
**Direktion** [dirɛk'tsjo:n] <-, -en> *f* direction *f*
**Direktor** [di'rɛkto:ɐ̯] <-s, -toren> *m*, **Direktorin** *f* directeur(-trice) *m(f)*
**Disco** ['dɪsko] <-, -s> *f fam Abk von* **Diskothek** boîte *f*
**Discounter** [dɪs'kauntɐ] <-s, -> *m* (*Geschäft*) magasin *m* discount
**Diskothek** [dɪsko'te:k] <-, -en> *f* discothèque *f*
**diskret** [dɪs'kre:t] *geh* I. *adj* (*Person*) discret(-ète) II. *adv* avec discrétion
**Diskretion** [dɪskre'tsjo:n] <-> *f* discrétion *f*
**Diskussion** [dɪskʊ'sjo:n] <-, -en> *f* débat *m*

**diskutieren*** [dɪsku'ti:rən] *vi* **über etw** (*akk*) ~ discuter de qc

**Distanz** [dɪs'tants] <-, -en> *f a. fig* distance *f*

**Disziplin** [dɪstsi'pli:n] <-, -en> *f* discipline *f*

**dividieren*** [divi'di:rən] *vt, vi* diviser; **eine Zahl durch drei** ~ diviser un nombre par trois

**doch** [dɔx] **I.** *konj* mais **II.** *adv* **1.** (*dennoch*) quand même **2.** (*wirklich*) tout de même **3.** (*Widerspruch ausdrückend*) si **4.** (*zweifellos*) **du weißt ~, wie das ist** tu sais bien comment c'est

**Doktor** ['dɔkto:ɐ] <-s, -toren> *m*, **Doktorin** *f* docteur *mf*

**Dokument** [doku'mɛnt] <-[e]s, -e> *nt* document *m*

**dolmetschen** ['dɔlmɛtʃən] **I.** *vi* **für jdn** ~ servir d'interprète à qn **II.** *vt* (*Gespräch*) traduire

**Dolmetscher(in)** <-s, -> *m(f)* interprète *mf*

**Dom** [do:m] <-[e]s, -e> *m* cathédrale *f*

**Donau** ['do:naʊ] <-> *f* **die** ~ le Danube

**Donner** ['dɔnɐ] <-s, -> *m* tonnerre *m*

**donnern** *vi* **es donnert** il tonne

**Donnerstag** *m* jeudi *m*

**Donnerstagabend** *m* jeudi *m* soir **Donnerstagmorgen** *m* jeudi *m* matin

**donnerstags** *adv* le jeudi

**doof** [do:f] <döfer, döfste> *adj fam* débile

**Doping** ['dɔpɪŋ] <-s, -s> *nt* dopage *m*

**Doppel** ['dɔpəl] <-s, -> *nt a.* SPORT double *m*

**Doppelbett** *nt* lit *m* à deux places

**doppelt I.** *adj* **das ~e Gehalt** le double salaire; **die ~e Menge** deux fois la quantité **II.** *adv* **1.** ~ **so groß wie ...** deux fois plus grand que ... **2.** (*zählen*) doublement

**Doppelzimmer** *nt* chambre *f* double

**Dorf** [dɔrf] <-[e]s, Dörfer> *nt* village *m*

**Dorn** [dɔrn] <-[e]s, -en> *m* épine *f*

**Dorsch** [dɔrʃ] <-[e]s, -e> *m* morue *f*

**dort** [dɔrt] *adv* là-bas; ~ **oben** là-haut; ~ **unten** là en bas; **von** ~ de là; **ich komme gerade von** ~ j'en reviens juste

**dorther** ['dɔrt'he:ɐ] *adv* **ich komme doch gerade ~!** mais je viens juste d'en revenir! **dorthin** *adv* ~ **gehen** aller là-bas

**Dose** ['do:zə] <-, -n> *f* boîte *f*

**Dosenöffner** *m* ouvre-boîte *m*

**Dosis** ['do:zɪs] <-, Dosen> *f* dose *f*

**Dozent(in)** [do'tsɛnt] <-en, -en> *m(f)* maître *m* de conférences

**Drachen** ['draxən] <-s, -> *m*

D

1. (*Spielzeug*) cerf-volant *m* 2. (*Flugdrachen*) deltaplane® *m*

**Drahtseilbahn** *f* (*Schwebebahn*) téléphérique *m;* (*Schienenbahn*) funiculaire *m*

**Drama** ['dra:ma] <-s, Dramen> *nt* drame *m*

**dramatisch** *adj* dramatique

**dran** [dran] *adv fam* **früh/spät ~ sein** être en avance/en retard; **er ist ~** c'est à lui

**Drang** [draŋ] <-[e]s, Dränge> *m* **sein/ihr ~ nach Anerkennung** son besoin d'approbation; **der ~ nach Osten** la poussée vers l'Est

**drängeln** ['drɛŋəln] **I.** *vi* (*Wartende*) pousser **II.** *vt* harceler **III.** *vr* **sich an der Kasse ~** jouer des coudes à la caisse

**drängen** ['drɛŋən] **I.** *vi* **1. zum Ausgang ~** pousser vers la sortie; **in den Bus ~** se bousculer pour entrer dans le bus **2.** (*fordern*) **auf eine Antwort ~** insister pour obtenir une réponse **3.** (*eilig sein*) **die Zeit drängt** le temps presse **II.** *vt* **1. jdn zur Seite ~** pousser qn sur le côté **2.** (*auffordern*) **jdn ~ etw zu tun** presser qn de faire qc **III.** *vr* **sich zum Eingang ~** se bousculer vers l'entrée

**drauf** [drauf] *adv fam* **1.** dessus **2. gut ~ sein** *fam* avoir la pêche

**draußen** ['drausən] *adv* dehors; **von ~** de dehors

**dreckig** *adj* sale

**drehen** ['dre:ən] **I.** *vt* **1.** (*Hand*) bouger; (*Schlüssel*) tourner **2.** (*Zigarette*) rouler **3.** CINE tourner **4.** (*stellen*) **die Musik leiser ~** baisser le son **II.** *vi* **1. an einem Knopf ~** tourner un bouton **2.** (*umdrehen: Fahrer*) faire demi-tour; (*Wind*) tourner **3.** (*Filmaufnahmen machen*) tourner **III.** *vr* **1.** (*rotieren*) **sich ~** tourner **2.** (*sich umdrehen*) **sich nach rechts/links ~** se tourner à droite/gauche

**Drehung** <-, -en> *f* rotation *f;* (*Kreis*) tour *m*

**drei** [drai] *num* trois

**Dreieck** *nt* triangle *m* **dreieckig** *adj* triangulaire

**dreierlei** *adj* **~ Sorten Brot** trois sortes de pain

**dreifach I.** *adj* triple **II.** *adv* (*falten*) trois fois **dreihundert** *num* trois cents **dreimal** *adv* trois fois

**dreißig** ['draisɪç] *num* trente

**Dreißig** <-, -en> *f* trente *m*

**Dreiviertelstunde** *f* trois quarts *mpl* d'heure **dreizehn** *num* treize

**drin** [drɪn] *adv fam* **in der Vase ist noch Wasser ~** il y a encore de l'eau dans le vase

**dringen** ['drɪŋən] *vi irr* **durch etw ~** (*Person, Tier*) pénétrer dans qc; (*Speer, Regen*) traverser qc; (*Licht*) percer qc

**dringend** **I.** *adj* (*Anruf*) urgent(e); (*Operation*) d'urgence; (*Warnung*) pressant(e) **II.** *adv* (*benötigen*) de toute urgence; (*operieren*) d'urgence; (*warnen, bitten*) avec insistance; (*erforderlich*) absolument

**drinnen** ['drɪnən] *adv* à l'intérieur

**dritte(r, s)** *adj* **1.** troisième **2.** (*bei Datumsangaben*) **der ~ März** le trois mars

**drittel** *adj* troisième

**drittens** *adv* troisièmement

**Droge** ['dro:gə] <-, -n> *f* drogue *f*

**drogenabhängig** *adj* toxicomane

**drohen** ['dro:ən] *vi* menacer

**Drohung** ['dro:ʊŋ] <-, -en> *f* menace *f*

**drüber** ['dry:bɐ] *adv s.* **darüber**

**Druck** [drʊk] <-[e]s, Drücke> *m* **1.** pression *f* **2.** (*in der Brust*) oppression *f*; (*im Magen*) lourdeur *f* **3.** (*das Drücken*) **mit einem ~ auf diese Taste** par simple pression sur cette touche **4. unter ~ stehen** être sous pression; (*in Zeitnot sein*) être pressé par le temps

**drucken** ['drʊkən] *vt, vi* imprimer

**drücken** ['drʏkən] **I.** *vt* **1.** (*Knopf*) appuyer sur **2.** (*pressen*) **jdn an sich** (*akk*) **~** étreindre qn **3.** (*schieben*) **etw nach vorne ~** pousser qc en avant **4.** (*schmerzen*) **jdn ~** (*Schuhe*) serrer qn **II.** *vi* **1.** (*Brille*) serrer; **im Magen ~** peser sur l'estomac **2.** (*pressen*) **auf einen Knopf ~** appuyer sur un bouton; **[bitte] ~!** Poussez [S.V.P.]! **3.** (*Verantwortung*) être oppressant **III.** *vr* **sich an die Wand ~** se plaquer contre le mur

**Drucker** <-s, -> *m* TECH imprimante *f*

**Drucker(in)** <-s, -> *m(f)* imprimeur(-euse) *m(f)*

**Druckerei** [drʊkə'raj] <-, -en> *f* imprimerie *f*

**Dschungel** ['dʒʊŋəl] <-s, -> *m* jungle *f*

**du** [du:] *pron* tu/toi

**Duft** [dʊft] <-[e]s, Düfte> *m* (*von Blumen*) parfum *m*; (*eines Essens, Parfüms*) arôme *m*

**duften** *vi* sentir bon; **nach Harz ~** sentir la résine; **es duftet nach Veilchen** ça sent la violette

**dulden** ['dʊldən] *vt* tolérer

**dumm** [dʊm] <dümmer, dümmste> **I.** *adj* bête; **~es Zeug reden** dire des bêtises **II.** *adv* **sich ~ anstellen** faire l'idiot

**dummerweise** ['dʊmɐvajzə] *adv* bêtement

**Dummheit** <-, -en> *f* bêtise *f*

**Düne** ['dy:nə] <-, -n> *f* dune *f*

**Dünger** <-s, -> *m* engrais *m*

**dunkel** ['dʊŋkəl] *adj* **1.** sombre; **im Dunkeln** dans l'obscurité **2.** (*Haare*) foncé(e) **3.** (*Klang*) grave **4.** (*Erinnerung*) confus(e); (*Verdacht*) vague

**Dunkelheit** <-> *f* obscurité *f*

**dünn** [dʏn] *adj* **1.** mince; (*mager*) maigre; **~er werden** maigrir **2.** (*Brei*) liquide; (*Kaffee*) léger (-ère) **3.** (*Stoff*) fin(e)

**Dunst** [dʊnst] <-[e]s, Dünste> *m* **1.** brume *f* **2.** (*Dampf*) vapeur *f*

**dünsten** ['dʏnstən] *vt* **etw ~** faire cuire qc à la vapeur

**durch** [dʊrç] **I.** *präp + akk* **1.** par; **quer ~ das Tal gehen** traverser la vallée **2.** (*aufgrund*) **~ Fragen** à force de demander **3.** (*dank*) **~ jdn** grâce à qn **II.** *adv fam* (*gar*) bien cuit(e)

**durchaus** [dʊrç'ʔaus] *adv* **1.** absolument **2.** (*völlig*) tout à fait

**durch|brechen¹** ['dʊrçbrɛçən] *irr* **I.** *vt* **etw ~** casser qc en deux **II.** *vi* se casser

**durchbrechen*²** *vt irr* **1.** enfoncer **2.** (*Schallmauer*) franchir; (*Blockade*) forcer

**durch|brennen** *vi irr* (*Glühbirne*) griller; (*Sicherung*) sauter

**durch|drehen** *vi* **1.** (*Räder*) tourner dans le vide **2.** *fam* (*die Nerven verlieren*) disjoncter

**durcheinander** [dʊrçʔaj'nandɐ] **I.** *adj fam* **1.** (*unordentlich*) en pagaille **2.** (*verwirrt*) tourneboulé(e) **II.** *adv* **viel ~ essen** manger beaucoup et n'importe comment **Durcheinander** <-s> *nt* **1.** désordre *m* **2.** (*Wirrwarr*) confusion *f*

**Durchfahrt** *f* passage *m* **Durchfall** *m* diarrhée *f* **durch|fallen** *vi irr* **1. durch ein Loch ~** passer à travers un trou **2.** *fam* (*nicht bestehen*) **bei etw ~** se faire étendre à qc **durch|führen** **I.** *vt* **1.** (*Messung*) faire; **einen Plan ~** mettre un plan à exécution **2.** (*hindurchführen*) **jdn durch etw ~** (*Führer*) guider qn à travers qc **3.** (*durchleiten*) faire passer **II.** *vi* (*verlaufen*) **durch etw ~** traverser qc **Durchgang** *m* passage *m* **durch|gehen** *irr* **I.** *vi* **1.** (*Person*) avancer; **durch den Zoll ~** passer la douane **2.** *fam* (*durchpassen*) **unter der Tür ~** passer sous la porte **3.** (*Flug*) être direct **4.** (*durchdringen*) **durch etw ~** (*Strahlung*) traverser qc **II.** *vt* (*Text*) revoir **durchgehend** **I.** *adj* **1.** (*Öffnungszeiten*) sans interruption **2.** (*Zug*) direct(e) **II.** *adv* (*ständig*) en permanence **durch|halten** *irr* **I.** *vt* **1.** (*ertragen*) supporter **2.** (*Streik*) poursuivre **3.** (*Tempo*) tenir **4.** (*Beanspruchung*) résister à **II.** *vi* (*standhalten*) tenir bon **durch|kommen** *vi irr* **1.** (*durchfahren*) passer; **durch ein Dorf ~** traverser un village **2.** (*passieren*) pouvoir passer **3.** (*Prüfung bestehen*) réussir

**durchleben*** *vt* **1.** (*Zeit*) vivre

2. (*Angst*) passer par
**durch|machen** *vt* (*Krankheit*) avoir; (*schwere Zeiten, Phase*) traverser; (*Unangenehmes*) vivre
**durchqueren*** [dʊrç'kve:rən] *vt* traverser
**Durchreise** *f* 1. (*das Durchreisen*) la traversée 2. (*Durchfahrt*) **auf der ~ sein** être de passage
**durchs** [dʊrçs] = *fam* **durch das** *s.* **durch**
**Durchsage** ['dʊrçza:gə] *f* communiqué *m* **durch|sagen** *vt* communiquer
**durchschauen***[1] [dʊrç'ʃauən] *vt* (*Intrige*) voir clair dans; (*Absichten*) deviner
**durch|schauen**[2] *s.* **durchsehen**
**Durchschnitt** ['dʊrçʃnɪt] *m* moyenne *f* **durchschnittlich** I. *adj* moyen(ne) II. *adv* en moyenne
**durch|sehen** *vi irr* (*hindurchsehen*) **durch etw ~** regarder à travers qc
**durch|setzen** ['dʊrçzɛtsən] *vt, vr* [**sich**] ~ [s']imposer
**durchsichtig** *adj* 1. transparent(e) 2. (*offensichtlich*) évident(e)
**durch|streichen** *vt irr* rayer
**durchsuchen*** ['dʊrçzu:xən] *vt* fouiller
**Durchwahl** ['dʊrçva:l] *f* 1. ligne *f* directe 2. *fam* (*Durchwahlnummer*) numéro *m* de poste
**Durchzug** *m* courant *m* d'air
**dürfen**[1] ['dʏrfən] *aux irr* 1. pouvoir; (*Erlaubnis haben*) avoir le droit de 2. (*sollen, müssen*) **wir ~ den Bus nicht verpassen** il ne faut pas que nous rations notre bus; **das hätte er nicht tun ~** il n'aurait pas dû faire ça; **es darf nicht sein, dass** il est inadmissible que + *subj* 3. **was darf es denn sein?** vous désirez? 4. **es dürfte genügen, wenn ...** cela devrait suffire si ...
**dürfen**[2] *irr* I. *vi* pouvoir; (*Erlaubnis haben*) avoir la permission; **darf ich? — Ja, du darfst** je peux? — Oui, tu peux II. *vt* **er darf alles** il peut faire tout ce qu'il veut; **darf sie das wirklich?** elle a vraiment la permission?
**dürftig** ['dʏrftɪç] I. *adj* 1. (*Essen*) frugal(e); (*Unterkunft*) rudimentaire 2. (*Ergebnis*) piètre II. *adv* (*beleuchtet*) faiblement; (*bekleidet*) misérablement
**dürr** [dʏr] *adj* 1. (*Ast*) mort(e); (*Boden*) sec(sèche) 2. *pej* (*dünn*) maigre
**Durst** [dʊrst] <-[e]s> *m* soif *f*
**durstig** *adj* assoiffé(e)
**Dusche** ['dʊʃə] <-, -n> *f* douche *f*
**duschen** I. *vi, vr* [**sich**] ~ se doucher II. *vt* doucher
**düster** ['dy:stɐ] *adj* sombre

D

**Dutzend** ['dʊtsənt] <-s, -e> *nt* douzaine *f*

**duzen** ['du:tsən] *vt, vr* [**sich**] ~ [se] tutoyer

**DVD** [de:faʊ'de:] <-, -s> *f Abk von* **digital versatile disc** DVD *m*

**dynamisch** I. *adj* dynamique II. *adv* avec dynamisme

**D-Zug** ['de:tsu:k] *m* express *m*

# E

**E, e** [e:] <-, -> *nt* **1.** E *m*/e *m* **2.** MUS mi *m*

**Ebbe** ['ɛbə] <-, -n> *f* marée *f* basse

**eben¹** ['e:bən] *adj* plat(e)

**eben²** *adv* **1.** (*gerade*) **was hast du ~ gesagt?** qu'est-ce que tu viens de dire?; **dein Bruder war ~ noch hier/da** ton frère était encore ici/là à l'instant **2.** (*nämlich*) justement **3.** (*nun einmal*) tout simplement **4.** (*gerade noch: mengenmäßig*) [tout] juste; (*zeitlich*) de justesse

**Ebene** ['e:bənə] <-, -n> *f* **1.** plaine *f* **2.** (*Stufe*) niveau *m*

**ebenfalls** *adv* aussi; **ich ~** moi aussi; **ich war ~ nicht eingeladen** moi non plus, je n'étais pas invité

**ebenso** ['e:bənzo:] *adv* **1. ~ gern/gut** tout aussi bien; **~ sehr/viel** tout autant **2.** (*desgleichen*) également

**Echo** ['ɛço] <-s, -s> *nt* écho *m*

**echt** [ɛçt] I. *adj* véritable; (*Haar*) naturel(le); (*Unterschrift*) authentique II. *adv* **1.** (*rein*) **~ Gold/Silber** de l'or/l'argent véritable **2.** *fam* (*wirklich*) vraiment

**Echtheit** <-> *f* authenticité *f*

**Ecke** <-, -n> *f* coin *m;* MATH angle *m*

**eckig** *adj* (*Tisch*) carré(e); (*Skulptur*) anguleux(-euse)

**Ecu** [e'ky:] <-[s], -[s]> *m,* <-, -> *f Abk von* **European currency unit** écu *m*

**edel** ['e:dəl] *adj* **1.** *geh* noble **2.** (*Hölzer*) précieux(-euse); (*Wein*) noble **3.** (*Pferd*) de race

**Edelmetall** *nt* métal *m* précieux

**Edelstein** *m* pierre *f* précieuse

**Efeu** ['e:fɔy] <-s> *m* lierre *m*

**Effekt** [ɛ'fɛkt] <-[e]s, -e> *m* effet *m*

**effektiv** [ɛfɛk'ti:f] *adj* **1.** (*Maßnahme*) efficace **2.** (*Zinsen*) réel(le)

**egal** [e'ga:l] I. *adj fam* **jdm ~ sein** ne pas avoir d'importance pour qn; **~, was** quoi que + *subj;* **~, wie/wo/warum ...** peu importe comment/où/pourquoi ...; **das ist mir ~** ça m'est égal II. *adv fam* (*gleich*) pareillement

**Egoismus** [ego'ɪsmʊs] <-, -ismen> *m* égoïsme *m*

**egoistisch** *adj* égoïste
**ehe** ['e:ə] *konj* (*bevor*) avant que [ne] + *subj*
**Ehe** ['e:ə] <-, -n> *f* mariage *m*
**Ehefrau** *f* femme *f* **Eheleute** *Pl form* conjoints *mpl*
**ehemalig** ['e:əma:lɪç] *adj* ancien(ne)
**Ehemann** <-männer> *m* mari *m*
**Ehepaar** *nt* couple *m*
**eher** ['e:ɐ] *adv* **1.** (*kommen*) plus tôt; **je ~, desto besser** plus tôt ce sera, mieux ce sera **2.** (*wahrscheinlicher*) plutôt
**Ehering** *m* alliance *f*
**Ehre** ['e:rə] <-, -n> *f* honneur *m*
**ehren** *vt* honorer
**Ehrengast** *m* invité(e) *m(f)* d'honneur
**Ehrgeiz** *m* ambition *f*
**ehrgeizig** *adj* ambitieux(-euse)
**ehrlich** **I.** *adj* **1.** sincère; (*Absicht*) honnête **2.** (*Mitarbeiter*) honnête **II.** *adv* **1.** honnêtement **2.** (*aufrichtig*) **~ gesagt, ...** franchement ...
**Ehrlichkeit** <-> *f* **1.** sincérité *f* **2.** (*Verlässlichkeit*) honnêteté *f*
**Ei** [ai] <-[e]s, -er> *nt* œuf *m*
**Eiche** ['aiçə] <-, -n> *f* chêne *m*
**Eichhörnchen** *nt* écureuil *m*
**Eid** [ait] <-[e]s, -e> *m* JUR serment *m*
**Eidechse** ['aidɛksə] *f* lézard *m*
**Eierbecher** *m* coquetier *m* **Eierschale** *f* coquille *f* d'œuf
**Eifersucht** *f* jalousie *f*
**eifersüchtig** *adj* jaloux(-ouse)
**Eigelb** <-s> *nt* jaune *m* d'œuf
**eigen** ['aigən] *adj* **1.** propre **2.** (*Meinung*) personnel(le) **3.** (*Eingang*) particulier(-ière)
**eigenartig** **I.** *adj* particulier (-ière) **II.** *adv* (*sich benehmen*) bizarrement **Eigenbedarf** *m* besoins *mpl* personnels **Eigenname** *m* nom *m* propre
**Eigenschaft** <-, -en> *f* trait *m* de caractère
**eigensinnig** *adj* obstiné(e)
**eigentlich** ['aigəntlɪç] **I.** *adj* **1.** véritable; (*Wert*) réel(le) **2.** (*ursprünglich*) d'origine **II.** *adv* **1.** en principe **2.** (*überhaupt*) au juste **3.** (*wirklich*) en fait
**Eigentum** <-s> *nt* propriété *f*; (*Besitzgüter*) biens *mpl*
**Eigentümer(in)** ['aigənty:mɐ] <-s, -> *m(f)* propriétaire *mf*
**eignen** ['aignən] *vr* **sich für eine bestimmte Arbeit ~** être apte à faire un certain travail; **sich als Illustration ~** pouvoir servir d'illustration
**Eilbrief** *m* lettre *f* [par] exprès
**Eile** ['ailə] <-> *f* hâte *f*
**eilen** ['ailən] *vi* **1.** **nach Hause ~** se dépêcher de rentrer; **durch die Straßen ~** courir dans les rues **2.** (*Angelegenheit*) être urgent **3.** **es eilt** c'est urgent
**eilig** **I.** *adj* urgent(e) **II.** *adv* rapidement
**Eimer** ['aimɐ] <-s, -> *m* seau *m*

**ein** [ain] *adv* **auf „~" drücken** appuyer sur "marche"

**ein, eine, ein** I. *num* **1.** un/une; **es ist ~ Uhr** il est une heure; **~ Pfund/Kilo wiegen** peser une livre/un kilo **2. ~ und derselbe/dieselbe** une seule et même personne II. *art* un(e)

**einander** [ai'nandɐ] *pron geh* se/nous/vous

**ein|arbeiten** I. *vr* **sich ~** (*am Arbeitsplatz*) s'adapter II. *vt* former; **jdn in etw** (*akk*) **~** initier qn à qc

**ein|atmen** I. *vt* respirer; (*Gas*) inhaler II. *vi* inspirer

**Einbahnstraße** *f* [rue *f* à] sens *m* unique

**ein|bauen** *vt* (*Möbel*) installer; (*Motor*) poser

**ein|biegen** *vi irr* **in eine Straße ~** tourner dans une rue

**ein|bilden** *vr* **1.** (*phantasieren*) s'imaginer **2.** (*stolz sein*) être fier

**Einbildung** *f* **1.** (*Phantasie*) imagination *f* **2.** (*Arroganz*) prétention *f*

**ein|brechen** *irr* I. *vi* cambrioler II. *vt* (*Tür*) enfoncer

**Einbrecher(in)** *m(f)* cambrioleur(-euse) *m(f)*

**ein|bringen** *vt irr* rapporter

**Einbruch** *m* **1.** cambriolage *m* **2.** (*des Winters*) irruption *f*

**ein|checken** ['aintʃɛkən] I. *vi* se faire enregistrer II. *vt* (*Fluggast*) enregistrer

**ein|cremen** *vt, vr* [se] mettre de la crème

**eindeutig** ['aindɔytɪç] I. *adj* clair(e) II. *adv* manifestement

**Eindruck** <-drücke> *m* impression *f*

**eine(r, s)** *pron* **1.** (*jemand*) quelqu'un; **~s der Kinder** un des enfants **2.** (*eine Sache*) **~s** [*o* **eins**] **gefällt mir nicht an ihm** il y a une chose qui me déplaît en lui

**eineinhalb** *num* un(e) ... et demi(e)

**einem** *pron* **solch ein Entschluss fällt ~ schwer** on a du mal à prendre une telle décision

**einen** ['ainən] *pron* **das freut ~** on s'en réjouit

**einer** *pron s.* **eine(r, s)**

**einerseits** ['ainɐ'zaits] *adv* **~ ... andererseits ...** d'un côté ..., de l'autre [côté] ...

**eines** *pron s.* **eine**

**einfach** ['ainfax] I. *adj* **1.** facile **2.** (*Faden*) simple **3.** (*nicht hin und zurück*) **eine ~e Fahrkarte** un aller simple II. *adv* simplement

**Einfahrt** *f* **1.** (*des Zuges*) entrée *f* en gare; (*des Schiffes*) arrivée *f* au port **2.** (*Zufahrt*) voie *f* d'accès; **~ freihalten!** sortie de véhicules!

**ein|fallen** *vi irr* **1. jdm ~** venir à l'esprit de qn; **sich** (*dat*) **etwas ~ lassen** trouver quelque chose **2.** (*in Erinnerung kommen*) retrouver **3.** (*einstürzen*) s'écrouler
**Einfamilienhaus** *nt* maison *f* individuelle
**einfarbig I.** *adj* d'une seule couleur; (*Stoff*) uni(e) **II.** *adv* d'une seule couleur
**Einfluss** *m* influence *f*
**einflussreich** *adj* influent(e)
**ein|frieren** *irr* **I.** *vi* (*Wasserleitung*) geler **II.** *vt* (*Lebensmittel*) congeler
**ein|fügen I.** *vt* rajouter **II.** *vr* s'intégrer
**Eingang** <-gänge> *m* entrée *f*; **kein ~!** entrée interdite!
**eingebildet** *adj* **1.** *pej* (*hochmütig*) prétentieux(-euse) **2.** (*imaginär*) imaginaire
**ein|gehen** *vt irr* (*Kompromiss*) accepter; (*Risiko*) courir; (*Wette*) faire
**eingeschrieben** *adj* (*Mitglied*) inscrit(e); (*Brief*) recommandé(e)
**ein|greifen** *vi irr* intervenir
**Eingriff** *m* MED intervention *f*
**ein|halten** *irr* **I.** *vt* **1.** (*Abmachung*) respecter; (*Diät*) suivre **2.** (*Geschwindigkeit*) maintenir **II.** *vi geh* s'interrompre
**einheimisch** ['ainhaimɪʃ] *adj* **1.** local(e); (*in der Gegend ansässig*) indigène **2.** (*opp: ausländisch*) national(e); (*Mannschaft*) local(e)
**Einheit** <-, -en> *f a.* MIL unité *f*
**einheitlich** *adj* **1.** uniforme **2.** (*Werk*) homogène
**ein|holen** *vt* rattraper
**einig** ['ainɪç] *adj* **1.** (*geeint*) uni(e) **2.** (*einer Meinung*) **sich** (*dat*) **über etw** (*akk*) **~ sein/werden** être/se mettre d'accord sur qc; **sich** (*dat*) **[darüber] ~ sein, dass** être d'accord pour que + *subj*
**einige(r, s)** ['ainɪgə] *pron* **1.** (*ziemlich viel/groß*) **~s Geld** pas mal d'argent; **in ~r Entfernung** à une certaine distance **2.** (*mehrere*) plusieurs, quelques, quelques-un(e)s
**einigen I.** *vr* **sich auf/über etw** (*akk*) **~** se mettre d'accord sur qc **II.** *vt* **ein Volk ~** unifier un peuple
**einiger** *pron s.* **einige(r, s)**
**einigermaßen** *adv* relativement
**einiges** *s.* **einige(r, s)**
**Einigung** <-, -en> *f* **1.** (*von Staaten*) unification *f* **2.** (*Übereinstimmung*) accord *m*
**Einkauf** *m* achat *m*
**ein|kaufen I.** *vt* acheter **II.** *vi* **~ gehen** aller faire des/les courses
**Einkaufsbummel** *m* lèche-vitrines *m*
**ein|klemmen** *vt* coincer
**Einkommen** <-s, -> *nt* revenu *m*

E

**Einkommen[s]steuer** *f* impôt *m* sur le revenu
**Einkünfte** ['ainkʏnftə] *Pl* revenus *mpl*
**ein|laden¹** *vt irr* inviter
**ein|laden²** *vt irr* charger
**Einladung** *f* invitation *f*
**ein|lassen** *irr* **I.** *vt* **1.** faire entrer **2.** A (*Boden*) cirer **II.** *vr* **sich auf eine Diskussion ~** s'embarquer dans une discussion
**ein|legen** *vt* **1.** (*Kassette*) introduire **2.** GASTR faire mariner **3.** (*Pause*) faire
**Einleitung** *f* préface *f*
**ein|leuchten** *vi* (*Argument*) être clair
**einleuchtend** *adj* (*Erklärung*) clair(e); (*Argument*) convaincant(e)
**einmal** *adv* **1.** (*ein einziges Mal*) une fois **2.** (*mal*) un jour; **nicht ~** [ne] ... même pas **3.** (*irgendwann in der Vergangenheit*) autrefois; **es war ~** il était une fois **4. auf ~** tout d'un coup
**Einmaleins** ['ainma:l'ʔains] <-> *nt* table *f* de multiplication
**einmalig** **I.** *adj* unique **II.** *adv* extraordinairement
**ein|mischen** *vr* **sich ~** se mêler de
**ein|nehmen** *vt irr* **1.** (*Geld*) encaisser **2.** (*Steuern*) percevoir **3.** (*Medikament*) prendre
**ein|ordnen** **I.** *vt* classer **II.** *vr* (*Fahrspur wählen*) **sich [richtig] ~** se mettre dans la bonne file
**ein|packen** **I.** *vt* emballer **II.** *vi* faire sa valise
**ein|parken** ['ainparkən] *vt, vi* [se] garer
**ein|räumen** *vt* **1.** ranger **2.** (*zugeben*) admettre **3.** (*Frist*) accorder
**ein|reden** *vt* faire croire
**Einreise** *f* entrée *f*
**ein|richten** **I.** *vt* (*Wohnung*) aménager **II.** *vr* **sich neu ~** se meubler de neuf
**Einrichtung** <-, -en> *f* **1.** (*Wohnungseinrichtung*) mobilier *m* **2.** (*Ausstattung*) aménagement *m* [intérieur]
**eins** [ains] *num* un
**einsam** ['ainza:m] **I.** *adj* **1.** (*Person*) seul(e); (*Leben*) solitaire **2.** (*Strand*) isolé(e) **II.** *adv* à l'écart
**Einsamkeit** <-, -en> *f* solitude *f*
**ein|sammeln** *vt* (*Schulhefte*) ramasser; (*Spenden*) collecter
**Einsatz** <-es, Einsätze> *m* **1.** engagement *m* **2.** (*der Polizei*) intervention *f*
**ein|schalten** *vt* allumer
**ein|schätzen** *vt* **jdn/etw falsch ~** se tromper sur qn/qc
**ein|schenken** *vt* verser
**ein|schlafen** *vi irr* **1.** s'endormir **2.** (*gefühllos werden*) s'engourdir
**ein|schließen** *vt irr* enfermer
**einschließlich** *präp + gen* y

compris
**ein|schränken** ['ainʃrɛŋkən] *vt, vr* [**sich**] ~ [se] restreindre
**ein|schreiben** *irr* I. *vt* **eingeschrieben** (*Brief*) recommandé II. *vr* **sich** ~ s'inscrire
**Einschreiben** *nt* envoi *m* recommandé
**ein|schüchtern** *vt* intimider
**ein|sehen** *vt irr* reconnaître; **das sehe ich nicht ein!** je ne suis pas d'accord!
**einseitig** I. *adj* 1. (*Ernährung*) peu varié(e) 2. (*voreingenommen*) partial(e) II. *adv* 1. (*auf einer Seite*) d'un [seul] côté 2. (*unausgewogen*) **sich ~ ernähren** avoir une alimentation peu variée 3. (*parteiisch*) avec partialité
**ein|setzen** I. *vt* 1. (*Ersatzteil*) poser 2. (*Waffen*) avoir recours à; (*Sonderzug*) mettre en service 3. (*Mittel*) mettre en œuvre; (*Leben*) mettre en jeu II. *vi* commencer; (*Sturm*) se mettre à souffler; (*Regen*) se mettre à tomber III. *vr* 1. **sich** ~ s'investir 2. (*sich verwenden für*) **sich für jdn/etw** ~ intervenir en faveur de qn/œuvrer pour qc
**Einsicht** *f* raison *f*
**einsichtig** *adj* sensé(e)
**ein|sperren** *vt* enfermer
**ein|springen** *vi irr* venir à la rescousse; **für jdn** ~ remplacer qn au pied levé
**Einspruch** *m* objection *f*
**einspurig** ['ainʃpuːrɪç] *adj* à une voie
**ein|stecken** *vt* 1. **etw** ~ mettre qc dans sa poche 2. (*Stecker*) brancher
**ein|steigen** *vi irr* monter
**ein|stellen** I. *vt* 1. embaucher 2. (*beenden*) cesser 3. (*regulieren*) régler II. *vi* (*Firma*) embaucher
**Einstellung** *f* 1. (*von Mitarbeitern*) embauche *f* 2. (*Beendigung*) interruption *f* 3. (*Justierung*) réglage *m*
**einstimmig** I. *adj* unanime II. *adv* à l'unanimité
**Einsturz** *m* effondrement *m*
**ein|stürzen** *vi* (*Gebäude*) s'écrouler; (*Decke*) s'effondrer
**ein|tauschen** *vt* 1. échanger 2. (*Devisen*) changer
**eintönig** ['aintøːnɪç] *adj* monotone
**Eintopf** *m* potée *f*
**ein|tragen** *vt irr* inscrire
**ein|treffen** *vi irr* 1. (*ankommen*) **am Ziel** ~ arriver au but 2. (*Prophezeiung*) s'accomplir; (*Katastrophe*) se produire
**ein|treten** *irr* I. *vi* 1. entrer 2. (*sich ereignen*) se produire 3. (*sich einsetzen*) **für jdn/etw** ~ prendre fait et cause pour qn/défendre qc II. *vt* défoncer [à coups de pied]
**Eintritt** *m* entrée *f*

**ein|üben** *vt* répéter
**einverstanden** *adj* **mit jdm/etw ~ sein** être d'accord avec qn/sur qc
**Einverständnis** <-ses, -se> *nt* accord *m*
**Einwanderer** *m,* **Einwanderin** *f* immigrant(e) *m(f)*
**ein|wandern** *vi* immigrer
**Einwanderung** ['ainvandərʊŋ] *f* immigration *f*
**ein|weihen** *vt* **1.** inaugurer **2.** (*vertraut machen*) **jdn in etw** (*akk*) **~** mettre qn au courant de qc
**ein|weisen** *vt irr* **1.** MED **[in ein Krankenhaus] ~** hospitaliser **2.** (*unterweisen*) mettre au courant
**ein|werfen** *vt irr* poster
**ein|wickeln** *vt* envelopper
**ein|willigen** *vi* **in etw** (*akk*) **~** donner son accord pour qc
**Einwilligung** <-, -en> *f* accord *m*
**Einwohner(in)** <-s, -> *m(f)* habitant(e) *m(f)*
**ein|zahlen** *vt* verser
**Einzahlung** *f* versement *m*
**Einzel** ['aintsəl] <-s, -> *nt* SPORT simple *m*
**Einzelfall** *m* cas *m* isolé **Einzelkind** *nt* enfant *m* unique
**einzeln** **I.** *adj* **1.** seul(e) **2.** (*abgesondert*) isolé(e) **3. im Einzelnen** en détail **II.** *adv* séparément
**Einzelzimmer** *nt* chambre *f* individuelle
**ein|ziehen** *irr* **I.** *vt* rentrer **II.** *vi* **1.** (*in eine Wohnung ziehen*) emménager **2.** (*aufgesogen werden*) pénétrer
**einzig** **I.** *adj* **1.** (*alleinig*) seul(e); **etw als Einziger/Einzige tun** être le seul/la seule à faire qc; **kein** [*o* **nicht ein**] **~er Schüler** pas le moindre/la moindre élève **2.** *substantivisch* (*einziges Kind*) **unser Einziger/unsere Einzige** notre fils/fille unique **II.** *adv* **die ~ mögliche Lösung** la seule et unique solution possible
**einzigartig** **I.** *adj* unique en son genre **II.** *adv* extraordinairement
**Eis** [ais] <-es> *nt* glace *f*
**Eisbahn** *f* patinoire *f* **Eisberg** *m* iceberg *m*
**Eisen** ['aizən] <-s, -> *nt a.* MED fer *m*
**Eisenbahn** *f* train *m* **Eisenbahnnetz** *nt* réseau *m* ferroviaire
**eisern** *adj a. fig* de fer
**Eiskaffee** *m: café froid avec une boule de glace à la vanille et de la chantilly* **eiskalt** *adj* glacé(e); (*Wohnung*) glacial(e) **Eiskunstlauf** *m* patinage *m* artistique **Eiswürfel** *m* glaçon *m*
**eitel** ['aitəl] *pej adj* vaniteux(-euse)
**Eiter** ['aite] <-s> *m* pus *m*
**eitern** *vi* suppurer
**Eiweiß** *nt* **1.** protéine *f* **2.** GASTR

blanc *m* d'œuf

**Ekel** ['e:kəl] <-s> *m* (*Abscheu*) dégoût *m*

**ekelhaft** *adj* répugnant(e)

**ekeln I.** *vt* dégoûter; **mich ekelt es vor jdm/etw** je suis dégoûté par qn/qc **II.** *vr* **sich vor jdm/etw ~** éprouver de la répulsion pour qn/qc

**eklig** ['e:klɪç] *s.* **ekelhaft**

**elastisch** [e'lastɪʃ] *adj* élastique

**Elefant** [ele'fant] <-en, -en> *m* éléphant *m*

**elegant** [ele'gant] **I.** *adj* élégant(e) **II.** *adv* avec élégance

**Elektriker(in)** [e'lɛktrikɐ] <-s, -> *m(f)* électricien(ne) *m(f)*

**Elektrizität** [elɛktritsi'tɛ:t] <-> *f* électricité *f*

**Elektrogerät** *nt* appareil *m* électrique **Elektroherd** *m* cuisinière *f* électrique

**elektronisch** [elɛk'tro:nɪʃ] *adj* électronique

**Element** [ele'mɛnt] <-[e]s, -e> *nt* élément *m*

**elend** ['e:lɛnt] *adj* misérable

**Elend** <-[e]s> *nt* misère *f*

**elf** [ɛlf] *num* onze

**Elfenbein** ['ɛlfənbain] *nt* ivoire *m*

**Elfmeter** [ɛlf'me:tɐ] *m* penalty *m*

**elfte(r, s)** *adj* **1.** onzième **2.** (*bei Datumsangaben*) **der ~ März** le onze mars

**Ellbogen** <-bogen> *m* coude *m*

**Ellenbogen** *s.* **Ellbogen**

**Elsass-Lothringen** ['ɛlzas 'lo:trɪŋən] *nt* HIST l'Alsace-Lorraine *f*

**Elster** ['ɛlstɐ] <-, -n> *f* pie *f*

**Eltern** ['ɛltɐn] *Pl* parents *mpl*

**Email** [e'mai] <-s, -s> *nt* émail *m*

**E-Mail** ['i:meɪl] <-s, -s> *f o nt* courrier *m* électronique

**E-Mail-Adresse** *f* adresse *f* électronique

**Emaille** [e'maljə] <-, -n> *s.* **Email**

**emotional** *adj* émotif(-ive)

**Empfang** [ɛm'pfaŋ] <-[e]s, Empfänge> *m* **1.** réception *f* **2.** (*Begrüßung*) accueil *m*

**empfangen** *vt irr* **1.** *geh* (*erhalten*) recevoir **2.** *geh* (*begrüßen*) accueillir **3.** TV, RADIO capter

**Empfänger(in)**[1] [ɛm'pfɛŋɐ] <-s, -> *m(f)* destinataire *mf*

**Empfänger**[2] <-s, -> *m* (*Empfangsgerät*) récepteur *m*

**empfehlen** [ɛm'pfe:lən] *vt irr* recommander

**Empfehlung** <-, -en> *f* recommandation *f*

**empfinden** [ɛm'pfɪndən] *vt irr* **1.** (*Gefühl*) éprouver **2.** (*auffassen*) ressentir

**empfindlich** *adj* **1.** (*leicht reizbar*) susceptible **2.** (*leicht zu beschädigen*) fragile **3.** (*Messgerät*) sensible

**Empfindung** <-, -en> *f* **1.** sentiment *m* **2.** (*sinnliche Wahrnehmung*) sensation *f*

**empören*** [ɛm'pø:rən] *vt, vr*

E

[sich] ~ [s']indigner
**empörend** *adj* révoltant(e)
**empört** [ɛm'pøːɐ̯t] **I.** *adj* indigné(e) **II.** *adv* avec indignation
**Ende** ['ɛndə] <-s, -n> *nt* **1.** fin *f;* **etw zu ~ bringen** mener qc à son terme **2.** (*bei Zeit-, Altersangaben*) **~ Januar** fin janvier; **~ 1950** à la fin de l'année 1950 **3.** (*räumlicher Abschluss*) bout *m* **4.** *geh* (*Tod*) fin *f*
**enden** *vi* **1.** (*Urlaub*) se terminer **2.** (*Weg*) s'arrêter
**endgültig** *adj* définitif(-ive)
**Endivie** [ɛn'diːviə] <-, -n> *f* chicorée *f*
**endlich** *adv* enfin
**endlos** **I.** *adj* **1.** (*Ärger*) sans fin **2.** (*sehr lang*) interminable; (*Weite*) infini(e) **II.** *adv* indéfiniment
**Endstation** *f* AUT *a. fig* terminus *m*
**Energie** [enɛr'giː] <-, -n> *f* énergie *f*
**energisch** [e'nɛrgɪʃ] *adj* énergique
**eng** [ɛŋ] **I.** *adj* **1.** étroit(e) **2.** (*eingeschränkt*) **im ~eren Sinne** dans un sens plus strict **3.** (*Verwandtschaft*) proche **II.** *adv* **1. einen Rock ~er machen** ajuster une jupe **2.** (*dicht*) **~ nebeneinandersitzen/-stehen** être serrés l'un contre l'autre **3.** (*liiert*) étroitement
**Engel** ['ɛŋəl] <-s, -> *m* ange *m*
**England** ['ɛŋlant] *nt* l'Angleterre *f*
**Engländer(in)** <-s, -> *m(f)* Anglais(e) *m(f)*
**englisch** ['ɛŋlɪʃ] **I.** *adj* anglais(e) **II.** *adv* en anglais
**Englisch** <-[s]> *nt* anglais *m*
**Enkel(in)** ['ɛŋkəl] <-s, -> *m(f)* petit-fils *m*/petite-fille *f;* **die ~** les petits-enfants *mpl*
**Enkelkind** *s.* **Enkel(in)**
**Ensemble** [ã'sãːbəl] <-s, -s> *nt* MUS, COUT, THEAT ensemble *m*
**entbehren*** [ɛnt'beːrən] *vt* se passer de
**entbinden*** *vi irr* MED accoucher
**Entbindung** *f* MED accouchement *m*
**entdecken*** *vt* découvrir
**Entdeckung** *f* découverte *f*
**Ente** ['ɛntə] <-, -n> *f* canard *m;* (*weibliches Tier*) cane *f*
**entfallen*** *vi irr* **1.** sortir de l'esprit **2.** (*Punkt*) être laissé de côté; (*Veranstaltung*) être annulé **3.** (*Anteil*) revenir
**entfalten*** **I.** *vt* **1.** déplier **2.** (*Fähigkeiten*) épanouir **3.** (*Pracht*) déployer **II.** *vr* **sich ~** (*Fallschirm*) s'ouvrir
**entfernen*** [ɛnt'fɛrnən] **I.** *vt* enlever **II.** *vr* **sich von/aus etw ~** s'éloigner de qc
**entfernt** *adj* **1. von etw ~ sein** être loin de qc **2.** (*Verwandtschaft*) éloigné(e)
**Entfernung** <-, -en> *f* **1.** distance *f* **2.** (*eines Flecks*) élimination *f*

**entfliehen*** *vi irr* s'enfuir
**entführen*** *vt* (*Geisel*) enlever; (*Flugzeug*) détourner
**Entführung** *f* (*einer Geisel*) enlèvement *m;* (*eines Flugzeugs*) détournement *m*
**entgegen** [ɛnt'ge:gən] **I.** *adv* **dem Ziel ~** au devant du but; **dem Sommer ~** vers l'été **II.** *präp + dat;* (*zuwider*) contrairement à
**entgegengesetzt** *adj* opposé(e)
**entgegen|kommen** *vi irr* **1.** venir à la rencontre de qn; (*fahrend*) arriver en sens inverse de qn **2.** (*entsprechen*) **jds Interessen** (*dat*) **~** aller dans le sens des intérêts de qc
**entgegen|nehmen** *vt irr* accepter; (*Geldbetrag*) encaisser
**entgegnen*** [ɛnt'ge:gnən] *vt* rétorquer
**entgehen*** *vi irr* échapper
**enthalten*** *irr* **I.** *vt* contenir **II.** *vr* **sich ~** s'abstenir
**entkommen*** *vi irr* s'échapper; **jdm ~** échapper à qn
**entladen*** *irr* **I.** *vt* décharger **II.** *vr* **sich ~ 1.** (*Gewitter*) éclater **2.** ELEC se décharger
**entlang** [ɛnt'laŋ] **I.** *präp* le long de **II.** *adv* **hier ~** par ici
**entlang|gehen** *vi irr* **eine Straße ~** longer une route
**entlassen*** *vt irr* **1.** (*Mitarbeiter*) licencier **2.** (*Patienten*) laisser sortir; (*Häftling*) libérer
**Entlassung** <-, -en> *f* licenciement *m*
**entmutigen*** [ɛnt'mu:tɪgən] *vt* décourager
**entschädigen*** *vt a.* JUR dédommager
**Entschädigung** *f* indemnité *f*
**entscheiden*** *vt, vi, vr irr* [**sich**] **~** [se] décider
**entscheidend** *adj* décisif(-ive)
**Entscheidung** *f* décision *f*
**entschieden** [ɛnt'ʃi:dən] **I.** *adj* **1.** (*Befürworter*) résolu(e) **2.** (*Ablehnung*) catégorique **II.** *adv* **1.** (*ablehnen*) catégoriquement **2.** (*eindeutig*) incontestablement
**entschließen*** *vr irr* **sich ~** se décider
**Entschlossenheit** <-> *f* détermination *f*
**Entschluss** *m* décision *f*
**entschuldigen*** [ɛnt'ʃʊldɪgən] **I.** *vi* **~ Sie, können Sie mir sagen, ...** s'il vous plaît, pouvez-vous me dire ... **II.** *vt, vr* [**sich**] **~** [s']excuser
**Entschuldigung** <-, -en> *f* **1.** excuses *fpl;* **~!** pardon!; **~, wie spät ist es bitte?** excusez-moi, vous avez l'heure s'il vous plaît? **2.** (*Rechtfertigung*) excuse *f* **3.** (*Entschuldigungsschreiben*) mot *m* d'excuse
**entsetzlich** *adj* horrible
**entsorgen*** *vt* (*Stadt*) éliminer les déchets de
**entspannen*** *vt, vr* [**sich**] **~** [se]

détendre
**Entspannung** *f* détente *f*
**entsprechen*** *vi irr* correspondre
**entsprechend** I. *adj* 1. (*Gehalt*) correspondant(e) 2. (*Kleidung*) approprié(e) II. *adv* en conséquence III. *präp + dat* conformément à
**entstehen*** *vi irr* 1. (*zu existieren beginnen*) se constituer; (*Stadtteil*) naître 2. (*Unruhe*) se déclencher 3. CHEM se former
**Entstehung** <-, -en> *f* 1. (*des Lebens*) origine *f*; (*eines Kunstwerkes*) création *f*; (*eines Gebäudes*) construction *f* 2. CHEM formation *f*
**entstellen*** *vt* 1. (*Gesicht*) défigurer 2. (*verzerren*) déformer
**enttäuschen*** I. *vt* décevoir II. *vi* être décevant
**Enttäuschung** *f* déception *f*
**entweder** ['ɛntveːdɐ] *konj* 1. ~ ..., **oder** ... ou [bien] ..., ou [bien] ... 2. ~ **oder!** [c'est] l'un ou l'autre!
**entwerfen*** *vt irr* 1. concevoir; (*Gebäude*) faire les plans de 2. (*ausarbeiten*) élaborer
**entwerten*** *vt* 1. (*Fahrschein*) valider; (*Briefmarke*) oblitérer 2. (*Banknoten*) dévaluer
**entwickeln*** I. *vt* 1. développer 2. (*am Bildschirm entwerfen*) concevoir II. *vr* **sich** ~ 1. se développer 2. (*Verhandlungen*) évoluer 3. (*Gase*) se former
**Entwicklung** <-, -en> *f* 1. développement *m* 2. (*das Entwerfen*) élaboration *f* 3. (*das Vorankommen*) évolution *f*
**Entwicklungsland** *nt* pays *m* en voie de développement
**Entwurf** *m* 1. projet *m* 2. (*Konzept*) ébauche *f*
**entzückend** *adj* ravissant(e)
**entzünden*** I. *vt geh* allumer II. *vr* **sich** ~ s'enflammer
**Entzündung** *f* inflammation *f*
**Epidemie** [epide'miː] <-, -n> *f* MED épidémie *f*
**Epoche** [e'pɔxə] <-, -n> *f* époque *f*
**er** [eːɐ̯] *pron* il/lui
**erbärmlich** [ɛɐ'bɛrmlɪç] *adj* 1. (*gemein*) infâme 2. (*jämmerlich*) lamentable
**Erbe** ['ɛrbə] <-s> *nt* JUR *a. fig* héritage *m*
**Erbe** <-n, -n> *m*, **Erbin** *f* héritier(-ière) *m(f)*
**erben** ['ɛrbən] *vt, vi* hériter
**erblich** ['ɛrplɪç] *adj* héréditaire
**erblicken*** *vt geh* apercevoir
**erbrechen** *vt, vi irr* vomir
**Erbschaft** <-, -en> *f* héritage *m*
**Erbse** ['ɛrpsə] <-, -n> *f* pois *m*
**Erdbeben** *nt* tremblement *m* de terre **Erdbeere** *f* fraise *f*
**Erde** ['eːɐ̯də] <-, -n> *f* terre *f*; (*Planet*) Terre *f*
**Erdgeschoss** *nt* rez-de-chaussée *m*

**Erdkunde** *f* géographie *f* **Erdnuss** *f* cacah[o]uète *f*
**Erdteil** *m* continent *m*
**ereignen*** [ɛɐ'ʔaignən] *vr* **sich ~** se produire
**Ereignis** <-ses, -se> *nt* événement *m*
**erfahren¹** *irr* I. *vt* 1. (*Neuigkeit*) apprendre 2. (*Liebe*) faire l'expérience de II. *vi* **von etw/über etw** (*akk*) ~ être informé de qc
**erfahren²** *adj* expérimenté(e)
**Erfahrung** <-, -en> *f* expérience *f*
**erfassen*** *vt* 1. (*befallen*) saisir 2. (*begreifen*) comprendre
**erfinden*** *vt irr* inventer
**Erfinder(in)** *m(f)* inventeur (-trice) *m(f)*
**erfinderisch** *adj* ingénieux(-euse)
**Erfolg** [ɛɐ'fɔlk] <-[e]s, -e> *m* succès *m*
**erfolglos** I. *adj* malchanceux (-euse) II. *adv* sans succès
**erfolgreich** I. *adj* ~ **sein** réussir II. *adv* avec succès
**erforderlich** [ɛɐ'fɔrdɐlɪç] *adj* **es ist ~, dass** il est nécessaire que + *subj*
**erfordern*** *vt* exiger
**erforschen*** *vt* explorer; (*Verhalten*) étudier
**erfreuen*** *vt* faire plaisir à
**erfrieren*** *vi irr* 1. geler 2. (*sterben*) mourir de froid
**erfrischen*** *vt, vi, vr* [**sich**] ~ [se] rafraîchir
**erfrischend** *adj* rafraîchissant(e)
**Erfrischung** <-, -en> *f* rafraîchissement *m*
**erfüllen*** I. *vt* (*Forderung*) satisfaire; (*Aufgabe*) accomplir; **sich** (*dat*) **einen Wunsch ~** se faire [un petit] plaisir II. *vr* **sich ~** (*Wunsch*) se réaliser
**Erfüllung** *f* satisfaction *f*
**ergänzen*** [ɛɐ'gɛntsən] *vt, vr* [**sich**] ~ [se] compléter
**Ergänzung** <-, -en> *f* [r]ajout *m*
**ergeben*¹** *irr* I. *vt a.* MATH donner II. *vr* 1. MIL **sich jdm ~** se rendre à qn 2. (*folgen*) **sich aus etw ~** résulter de qc
**ergeben²** *adj* (*Person*) dévoué(e)
**Ergebnis** [ɛɐ'ge:pnɪs] <-ses, -se> *nt* résultat *m*
**ergreifen*** *vt irr* 1. saisir 2. (*Maßnahmen*) prendre
**ergreifend** *adj* bouleversant(e)
**ergriffen** [ɛɐ'grɪfən] *adj* bouleversé(e)
**erhalten*** *irr* I. *vt* 1. recevoir 2. (*Bauwerk*) sauvegarder; (*Leistungsfähigkeit*) maintenir; (*Gesundheit*) conserver II. *vr* **sich** ~ se maintenir
**erhältlich** [ɛɐ'hɛltlɪç] *adj* disponible
**erheben*** *irr* I. *vt* 1. (*Glas*) lever 2. (*Steuern*) percevoir II. *vr* **sich ~** 1. se lever 2. (*sich auflehnen*) se révolter
**erheblich** [ɛɐ'he:plɪç] I. *adj*

considérable **II.** *adv* considérablement

**erheitern*** [ɛɐ'haitɐn] *vt* dérider

**erhitzen*** [ɛɐ'hɪtsən] *vt* **1.** faire chauffer **2.** (*zum Schwitzen bringen*) donner chaud

**erhöhen*** [ɛɐ'hø:ən] **I.** *vt* **1.** rehausser **2.** (*Zahl*) accroître **3.** (*Wirkung*) intensifier **II.** *vr* FIN **sich um drei Prozent ~** augmenter de trois pour cent

**erholen*** *vr* **1. sich von einer Krankheit ~** se remettre d'une maladie **2.** (*ausspannen*) **sich ~** se reposer

**erholsam** [ɛɐ'ho:lza:m] *adj* reposant(e)

**Erholung** <-> *f* repos *m*

**erinnern*** [ɛɐ'ʔɪnɐn] **I.** *vt* **jdn an etw** (*akk*) **~** rappeler qc à qn **II.** *vr* **sich an jdn/etw ~** se souvenir de qn/qc **III.** *vi* **an jdn/etw ~** faire penser à qn/qc

**Erinnerung** <-, -en> *f* souvenir *m*

**erkälten*** [ɛɐ'kɛltən] *vr* **sich ~** prendre froid

**erkältet** [ɛr'kɛltət] *adj* enrhumé(e)

**Erkältung** <-, -en> *f* rhume *m*

**erkennen*** *vt irr* reconnaître

**Erkenntnis** *f* connaissance *f*

**erklären*** *vt* **1.** expliquer **2.** (*Bild*) interpréter **3.** (*deklarieren*) déclarer

**Erklärung** *f* **1.** explication *f* **2.** (*öffentliche Stellungnahme*) déclaration *f*

**erkranken*** *vi* tomber malade

**erkundigen*** [ɛɐ'kʊndɪgən] *vr* **sich bei jdm nach jdm/etw ~** se renseigner auprès de qn sur qn/qc

**erlauben*** [ɛɐ'laubən] **I.** *vt* permettre; **~ Sie/erlaubst du, dass** vous permettez/tu permets que + *subj* **II.** *vr* (*sich leisten*) **sich** (*dat*) **etw ~** s'offrir qc

**Erlaubnis** <-, -se> *f* **1.** permission *f* **2.** (*Schriftstück*) autorisation *f*

**Erläuterung** <-, -en> *f* explication *f*

**erleben*** *vt* **1.** (*Ereignis*) vivre **2.** (*Schlimmes*) endurer; (*Enttäuschung*) connaître

**Erlebnis** <-ses, -se> *nt* expérience *f* [vécue]

**erledigen*** [ɛɐ'le:dɪgən] **I.** *vt* (*Aufgabe*) accomplir; (*Besorgung*) effectuer **II.** *vr* **sich von selbst ~** s'arranger tout seul

**erleichtern*** [ɛɐ'laiçtɐn] *vt* **1.** (*einfacher machen*) faciliter **2.** (*leichter machen*) alléger

**Erleichterung** <-, -en> *f* soulagement *m*

**erlernen*** *vt* apprendre

**Erleuchtung** <-, -en> *f* illumination *f*

**erlöschen** *vi irr* s'éteindre

**erlösen*** *vt* délivrer

**ermäßigen*** [ɛɐ'mɛ:sɪgən] *vt* réduire

**ermitteln*** [ɛɐ'mɪtəln] *vi* JUR **ge-**

gen jdn wegen etw ~ enquêter sur qn pour qc
**Ermittlung** <-, -en> *f* JUR ~**en durchführen** mener une enquête
**ermöglichen*** [ɛɐ'mø:klɪçən] *vt* permettre
**ermorden*** *vt* assassiner
**ermüdend** *adj* fatigant(e)
**ermutigen*** [ɛɐ'mu:tɪgən] *vt* encourager
**ernähren*** *vt, vr* **[sich]** ~ [se] nourrir
**Ernährung** <-> *f* alimentation *f*
**erneuern*** [ɛɐ'nɔyɐn] *vt* **1.** (*Reifen*) changer; (*Pass*) renouveler **2.** (*renovieren*) renover
**erneut** [ɛɐ'nɔyt] **I.** *adj* nouveau (-velle) **II.** *adv* de nouveau
**erniedrigen*** [ɛɐ'ni:drɪgən] **I.** *vt* humilier **II.** *vr* **sich** ~ s'abaisser
**Erniedrigung** <-, -en> *f* humiliation *f*
**ernst** [ɛrnst] *adj* **1.** (*Lage, Anlass*) grave **2.** (*Person*) sérieux(-euse)
**Ernst** [ɛrnst] <-[e]s> *m* gravité *f*
**ernsthaft** *adj* sérieux(-euse)
**Ernte** ['ɛrntə] <-, -n> *f* **1.** (*Ertrag*) récolte *f* **2.** (*Getreideernte*) moisson *f*
**ernten** ['ɛrntən] *vt* récolter; (*Getreide*) moissonner; (*Obst*) cueillir
**erobern*** [ɛr'ʔo:bɐn] *vt* MIL *a. fig* conquérir
**Eroberung** <-, -en> *f* conquête *f*
**eröffnen*** *vt* (*Geschäft*) ouvrir; (*Ausstellung*) inaugurer
**Eröffnung** *f a.* JUR, MIL ouverture *f*; (*einer Ausstellung*) inauguration *f*
**Erosion** [ero'zjo:n] <-, -en> *f* érosion *f*
**Erotik** [e'ro:tɪk] <-> *f* érotisme *m*
**erpressen*** *vt* **1.** faire chanter **2.** (*abpressen*) **Geld von jdm** ~ extorquer de l'argent à qn
**Erpressung** <-, -en> *f* **1.** (*einer Person*) chantage *m* **2.** (*von Geld*) extorsion *f*
**erproben*** *vt* tester
**erraten*** [ɛɐ'ra:tən] *vt irr* deviner
**erregen*** [ɛɐ're:gən] *vt* **1.** (*aufregen*) irriter **2.** (*hervorrufen*) **Aufsehen/Anstoß** ~ faire sensation/scandale
**Erregung** *f* **1.** irritation *f* **2.** (*Aufgewühltsein*) énervement *m*
**erreichbar** *adj* ~ **sein** (*Person*) être joignable; (*Ort*) être accessible
**erreichen*** *vt* **1.** (*reichen an*) attraper **2.** (*Alter*) atteindre **3.** (*antreffen*) **jdn** ~ (*Person*) joindre qn; (*Nachricht*) parvenir à qn **4.** (*eintreffen*) **sein Ziel** ~ arriver à destination
**errichten*** *vt* **1.** (*Haus*) construire **2.** (*aufstellen*) dresser
**Ersatz** [ɛɐ'zats] <-es> *m* (*Mensch*) remplaçant(e) *m(f)*; (*Gerät*) appareil *m* de remplacement
**Ersatzteil** *nt* pièce *f* de rechange
**erschaffen** *vt irr a.* REL créer

E

**erscheinen*** *vi irr* **1.** (*sichtbar werden*) apparaître **2.** (*veröffentlicht werden*) sortir **3.** (*scheinen*) paraître

**erschießen*** *irr* **I.** *vt* abattre **II.** *vr* **sich** ~ se tuer

**erschöpfen*** *vt, vr* [**sich**] ~ [s']épuiser

**erschrecken**[1] *vt irr* faire peur à

**erschrecken**[2] *vi irr* **vor jdm/etw** ~ avoir peur de qn/qc

**erschreckend** *adj* effrayant(e)

**erschüttern*** [ɛɐ'ʃʏtɐn] *vt* secouer

**erschüttert** *adj* bouleversé(e)

**ersetzen*** *vt* **1.** (*Unkosten*) rembourser **2.** (*austauschen*) **etw durch etw** ~ remplacer qc par qc

**ersparen*** *vt* épargner

**erst** [eːɐ̯st] *adv* **1.** (*zuerst*) d'abord **2.** (*nicht früher, jünger als*) ~ **jetzt** seulement maintenant; ~ **als ich dich sah** ce n'est que lorsque je t'ai vu **3.** (*schon*) seulement **4.** (*gerade, unlängst*) **gerade** ~ à l'instant

**erstaunen*** *vt* étonner

**erstaunlich** **I.** *adj* étonnant(e); **es ist ~, dass/wie** c'est étonnant que + *subj*/de voir comment **II.** *adv* (*gut, wenig*) étonnamment

**erste(r, s)** ['eːɐ̯stə] *adj* **1.** premier (-ière) **2.** (*bei Datumsangaben*) **am ~n September** le premier septembre **3. als Erstes** pour commencer

**erstellen*** *vt* (*Gutachten, Liste*) dresser

**erstens** *adv* premièrement

**ersticken*** [ɛɐ'ʃtɪkən] **I.** *vi* s'étouffer **II.** *vt* étouffer

**erstmals** *adv* pour la première fois

**Ertrag** [ɛɐ'traːk] <-[e]s, Erträge> *m* AGR rendement *m;* FIN revenu *m*

**ertragen*** *vt irr* supporter

**erträglich** [ɛɐ'trɛːklɪç] *adj* supportable

**ertrinken*** *vi irr* se noyer

**erwachen*** *vi geh* se réveiller

**erwachsen** [ɛɐ̯vaksn] *adj* (*Person*) adulte

**Erwachsene(r)** *f(m)* adulte *mf*

**erwähnen*** [ɛɐ'vɛːnən] *vt* **1.** (*Person*) citer; (*Angebot*) mentionner **2.** (*bemerken*) évoquer

**erwarten*** *vt* attendre

**Erwartung** <-, -en> *f Pl* attentes *fpl*

**Erweiterung** <-, -en> *f* **1.** (*eines Flughafens*) extension *f* **2.** (*eines Angebots*) élargissement *m*

**erwidern*** [ɛɐ'viːdɐn] *vt* **1.** répliquer **2.** (*Gruß, Kuss*) rendre; (*Kompliment*) retourner

**erwischen*** *vt fam* **1. jdn beim Stehlen** ~ pincer qn en train de voler **2.** (*Bus, Bahn*) réussir à avoir

**erwünscht** [ɛɐ'vʏnʃt] *adj* souhaité(e)

**erwürgen*** [ɛɐ'vʏrgən] *vt* étrangler
**Erz** [e:ɐ̯ts] <-es, -e> *nt* minerai *m*
**erzählen*** *vt, vi* raconter
**Erzähler(in)** *m(f)* **1.** conteur(-euse) *m(f)* **2.** (*im Roman*) narrateur(-trice) *m(f)*
**Erzählung** *f* **1.** (*Prosawerk*) conte *m* **2.** (*das Erzählen*) récit *m*
**erzeugen*** *vt* **1.** produire **2.** (*Ärger*) provoquer
**Erzeugnis** <-ses, -se> *nt* produit *m*
**erziehen*** *vt irr* élever
**Erziehung** *f* éducation *f*
**es** [ɛs] **I.** *pron pers, nom* il/elle; ~ **ist ...** c'est ...; ~ **regnet** il pleut; ~ **geht ihnen gut** ils vont bien **II.** *pron pers, akk* le/la
**Esel** ['ezəl] <-s, -> *m* âne *m*
**essen** ['ɛsən] *vt, vi irr* manger
**Essen** <-s, -> *nt* repas *m*
**Essig** ['ɛsɪç] <-s, -e> *m* vinaigre *m*
**Esszimmer** *nt* salle *f* à manger
**Estland** ['e:stlant] *nt* l'Estonie *f*
**Etage** [e'ta:ʒə] <-, -n> *f* étage *m*
**Etikett** [eti'kɛt] <-[e]s, -e[n]> *nt* étiquette *f*
**etliche(r, s)** ['ɛtlɪçə] *pron* **1.** pas mal de **2.** (*zahlreiche Personen*) [un] bon nombre de
**Etui** [ɛt'vi:] <-s, -s> *nt* étui *m*
**etwa** ['ɛtva] *adv* **1.** [in] ~ à peu près **2.** (*zum Beispiel*) par exemple
**etwas** ['ɛtvas] *pron* **1.** quelque chose **2.** (*ein wenig*) un peu
**EU** [e:'u:] <-> *f Abk von* **Europäische Union** UE *f*
**euch** [ɔyç] *pron* vous
**euer** ['ɔyɐ] *pron* votre/vos
**EU-Kommission** *f* Commission *f* européenne **EU-Länder** *Pl* pays *mpl* membres de l'UE
**Eule** ['ɔylə] <-, -n> *f* chouette *f*
**EU-Ministerrat** *m* Conseil *m* européen
**eurerseits** ['ɔyrɐ'zaits] *adv* **1.** de votre côté **2.** (*was euch betrifft*) pour votre part
**eures** ['ɔyrəs] *s.* **euer**
**euresgleichen** ['ɔyrəs'glaiçən] *pron* vos semblables
**euretwegen** ['ɔyrət've:gən] *adv* (*wegen euch*) à cause de vous; (*euch zuliebe*) pour vous
**Euro** ['ɔyro] <-[s], -[s]> *m* euro *m*
**Europa** [ɔy'ro:pa] <-s> *nt* l'Europe *f*
**Europäer(in)** [ɔyro'pɛ:ɐ̯] <-s, -> *m(f)* Européen(ne) *m(f)*
**europäisch** *adj* européen(ne)
**Europameister(in)** *m(f)* champion(ne) *m(f)* d'Europe **Europarat** *m* Conseil *m* de l'Europe **Europawahl** *f* élections *fpl* européennes
**Euroscheck** ['ɔyroʃɛk] *m* eurochèque *m* **Eurotunnel** *m* tunnel *m* sous la manche
**EU-Verfassung** [e:'ʔu:-] *f* Constitution *f* européenne
**evangelisch** [evaŋ'ge:lɪʃ] *adj*

E

protestant(e)
**eventuell** [evɛn'tuɛl] *adj* éventuel(le)
**ewig** ['e:vɪç] *adj* éternel(le)
**Ewigkeit** <-, -en> *f* éternité *f*
**Examen** [ɛ'ksa:mən] <-s, -> *nt* examen *m*
**Exemplar** [ɛksɛm'pla:ɐ̯] <-s, -e> *nt* exemplaire *m*
**Existenz** [ɛksɪs'tɛnt͡s] <-, -en> *f* existence *f*
**Existenzminimum** *nt* minimum *m* vital
**existieren*** [ɛksɪs'ti:rən] *vi* exister
**Expedition** [ɛkspedi't͡sjo:n] <-, -en> *f* expédition *f*
**Experiment** [ɛksperi'mɛnt] <-[e] s, -e> *nt* expérience *f*
**Explosion** [ɛksplo'zjo:n] <-, -en> *f* explosion *f*
**Export** [ɛks'pɔrt] <-[e]s, -e> *m* exportation *f*
**exportieren*** [ɛkspɔr'ti:rən] *vt* exporter
**extra** ['ɛkstra] *adv* **1.** (*besonders*) extra[-] **2.** (*zusätzlich*) en plus **3.** (*gesondert*) à part
**Extra** <-s, -s> *nt* accessoire *m* [optionnel]
**extrem** [ɛks'tre:m] *adj* extrême
**Extremist(in)** [ɛkstre'mɪst] <-en, -en> *m(f)* extrémiste *mf*
**exzellent** [ɛkst͡sɛ'lɛnt] *adj* excellent(e)
**exzessiv** [ɛkst͡sɛ'si:f] *adj* excessif (-ive)

# F

**F, f** [ɛf] <-, -> *nt* **1.** F *m*/f *m* **2.** MUS fa *m*
**Fabel** ['fa:bəl] <-, -n> *f* fable *f*
**fabelhaft** *adj* **das ist ja ~!** c'est vraiment sensationnel!
**Fabrik** [fa'bri:k] <-, -en> *f* usine *f*
**Fabrikarbeiter(in)** *m(f)* ouvrier(-ière) *m(f)* d'usine
**Fach** [fax] <-[e]s, Fächer> *nt* **1.** (*einer Tasche*) compartiment *m* **2.** (*Schubfach*) tiroir *m* **3.** (*Schulfach*) matière *f*
**Facharbeiter(in)** *m(f)* ouvrier (-ière) *m(f)* qualifié(e) **Facharzt** *m*, **-ärztin** *f* [médecin *mf*] spécialiste *mf*
**Fachfrau** *f* spécialiste *f* **Fachgebiet** *nt* spécialité *f* **Fachhochschule** *f*: *école supérieure spécialisée où on peut faire des études techniques ou artistiques*
**Fachmann** <-leute> *m* spécialiste *m*
**Fachschule** *f* école *f* professionnelle
**fad(e)** [fa:t ('fa:də)] *adj* fade
**Faden** ['fa:dən] <-s, Fäden> *m* fil *m*
**fähig** ['fɛ:ɪç] *adj* capable
**Fähigkeit** <-, -en> *f* faculté *f*
**Fahne** ['fa:nə] <-, -n> *f* drapeau *m*
**Fahrausweis** *m* **1.** titre *m* de

transport **2.** CH (*Führerschein*) permis *m* de conduire
**fahren** ['fa:rən] *irr* **I.** *vi* **1. nach Frankreich ~** aller en France **2.** (*Fahrzeug*) rouler; **nach oben/unten ~** (*Fahrstuhl*) monter/descendre **3.** (*ein Fahrzeug lenken*) conduire **4.** (*losfahren*) partir **II.** *vt* **1.** (*Auto*) conduire; (*Fahrrad*) rouler sur **2.** (*Personen*) conduire; (*Sachen*) transporter **3.** (*als Geschwindigkeit haben*) **90 km/h ~** rouler à 90 km/h
**Fahrer(in)** ['fa:rɐ] <-s, -> *m(f)* conducteur(-trice) *m(f)*
**Fahrgast** *m* passager(-ère) *m(f)*
**Fahrkarte** *f* ticket *m;* (*für den Zug*) billet *m* **Fahrkartenautomat** *m* distributeur *m* [automatique] de tickets
**Fahrplan** *m* [indicateur *m*] horaire *m* **Fahrrad** *nt* vélo *m*
**Fahrradfahrer(in)** *m(f)* cycliste *mf* **Fahrradweg** *m* piste *f* cyclable
**Fahrschein** *s.* Fahrkarte
**Fahrscheinautomat** *m* distributeur *m* automatique [de tickets]
**Fahrschule** *f* auto-école *f* **Fahrspur** *f* voie *f* [de circulation] **Fahrstuhl** *m* ascenseur *m*
**Fahrt** [fa:ɐ̯t] <-, -en> *f* **1.** trajet *m* **2.** (*Reise*) voyage *m*
**Fahrverbot** *nt* (*generelles Fahrverbot*) interdiction *f* de circuler
**Fahrzeug** <-, -e> *nt* véhicule *m*
**fair** [fɛ:ɐ̯] **I.** *adj* (*Spiel*) correct(e) **II.** *adv* (*spielen*) avec fair-play
**Fakultät** [fakʊl'tɛ:t] <-, -en> *f* faculté *f*
**Fall** [fal] <-[e]s, Fälle> *m* cas *m*
**Falle** ['falə] <-, -n> *f* piège *m*
**fallen** ['falən] *vi irr* tomber
**fällig** ['fɛlɪç] *adj* (*Rechnung*) parvenu(e) à échéance
**falls** [fals] *konj* au cas où + *cond*
**Fallschirm** *m* parachute *m*
**falsch** [falʃ] **I.** *adj* faux(fausse); (*Schlüssel*) mauvais(e) **II.** *adv* mal; (*singen*) faux
**fälschen** ['fɛlʃən] *vt* falsifier
**Fälschung** ['fɛlʃʊŋ] <-, -en> *f* falsification *f*
**Falte** ['faltə] <-, -n> *f* **1.** (*eines Kleidungsstücks*) pli *m* **2.** (*Hautfalte*) ride *f*
**falten** ['faltən] *vt* (*Papier*) plier; (*Hände*) joindre
**Familie** [fa'mi:li̯ə] <-, -n> *f* famille *f*
**Familienname** *m* nom *m* de famille **Familienstand** *m* situation *f* de famille **Familienvater** *m* père *m* de famille
**Fan** [fɛn] <-s, -s> *m* fan *mf*
**fanatisch** [fa'na:tɪʃ] *adj* fanatique
**fangen** ['faŋən] *irr* **I.** *vt* attraper **II.** *vr* **sich wieder ~** se ressaisir
**Fantasie** [fanta'zi:] <-, -n> *f* imagination *f*
**fantastisch** **I.** *adj* **1.** *fam* formi-

F

dable **2.** *geh* (*Geschichte*) fantastique **II.** *adv fam* (*großartig*) merveilleusement [bien]
**Farbe** ['farbə] <-, -n> *f* couleur *f*
**färben** ['fɛrbən] *vt* teindre
**farbig** ['farbɪç] **I.** *adj* **1.** coloré(e) **2.** (*Foto*) en couleur **II.** *adv* en couleur
**Farbige(r)** *f(m)* homme *m*/femme *f* de couleur
**farblos** *adj* incolore
**Farbstift** *m* crayon *m* de couleur
**Farn** [farn] <-[e]s, -e> *m* fougère *f*
**Fasching** ['faʃɪŋ] <-s, -e> *m* carnaval *m*
**Faschismus** [fa'ʃɪsmʊs] <-> *m* fascisme *m*
**Faschist(in)** [fa'ʃɪst] <-en, -en> *m(f)* fasciste *mf*
**Fasnacht** CH *s.* **Fastnacht**
**Fass** [fas] <-es, Fässer> *nt* (*Holzfass*) tonneau *m*
**Fassade** [fa'sa:də] <-, -n> *f* façade *f*
**fassen** ['fasən] **I.** *vt* **1.** saisir; **jdn an der Hand** ~ prendre qn par la main **2.** (*festnehmen*) arrêter **II.** *vr* **sich wieder** ~ se ressaisir
**fast** [fast] *adv* presque
**Fastenzeit** *f* carême *m*
**Fastfood, Fast Food** ['fa:stfu:d] <-[s]> *nt* restauration *f* rapide
**Fastnacht** *f* carnaval *m*
**faszinieren*** [fastsi'ni:rən] *vt* fasciner
**faul** [faul] *adj* **1.** paresseux (-euse) **2.** (*Lebensmittel*) avarié(e); (*Obst*) pourri(e)
**faulen** ['faulən] *vi* pourrir
**faulenzen** ['faulɛntsən] *vi* fainéanter
**Faulheit** <-> *f* paresse *f*
**faulig** *s.* **faul**
**Faust** [faust] <-, Fäuste> *f* poing *m*
**Fax** ['faks] <-, -e> *nt* fax *m*
**faxen** **I.** *vi* envoyer un fax **II.** *vt* faxer
**Fazit** ['fa:tsɪt] <-s, -s> *nt* bilan *m*
**Februar** ['fe:brua:ɐ] <-[s] -e> *m* février *m*
**Feder** ['fe:dɐ] <-, -n> *f* **1.** plume *f* **2.** TECH ressort *m*
**federleicht** *adj* ultra-léger(-ère)
**Fee** [fe:] <-, -n> *f* fée *f*
**fegen** ['fe:gən] *vt, vi* balayer
**fehlen** ['fe:lən] *vi* **1.** manquer **2.** (*abwesend sein*) **im Unterricht** ~ être absent du cours
**Fehler** ['fe:lɐ] <-s, -> *m* **1.** faute *f* **2.** (*Mangel*) défaut *m*
**Fehlschlag** *m* échec *m*
**Feier** ['faiɐ] <-, -n> *f* fête *f*; (*Festakt*) cérémonie *f*
**Feierabend** *m* (*Arbeitsschluss*) fin *f* de la journée de travail; (*Geschäftsschluss*) heure *f* de fermeture
**feierlich** *adj* solennel(le)
**feiern** ['faiɐn] **I.** *vt* fêter **II.** *vi* faire la fête
**Feiertag** *m* jour *m* férié
**feig[e]** *adj* lâche
**Feige** ['faigə] <-, -n> *f* figue *f*

**Feigling** ['faiklɪŋ] <-s, -e> *m* lâche *mf*

**Feile** ['failə] <-, -n> *f* lime *f*

**fein** [fain] *adj* **1.** fin(e) **2.** *fam* (*Charakter*) sympathique **3.** (*vornehm*) distingué(e)

**Feind(in)** [faint] <-[e]s, -e> *m(f)* ennemi(e) *m(f)*

**feindlich** *adj* ennemi(e)

**Feld** [fɛlt] <-[e]s, -er> *nt* **1.** (*Acker*) champ *m* **2.** (*eines Spielbretts*) case *f* **3.** SPORT terrain *m*

**Feldsalat** *m* mâche *f*

**Fell** [fɛl] <-[e]s, -e> *nt* pelage *m*

**Fels** [fɛls] <-ens, -en> *m* rocher *m*

**Felsen** ['fɛlzən] <-s, -> *m* rocher *m*

**felsenfest** **I.** *adj* inébranlable **II.** *adv* (*überzeugt sein*) absolument

**Feminismus** [femi'nɪsmʊs] <-> *m* féminisme *m*

**Feminist(in)** [femi'nɪst] <-en, -en> *m(f)* féministe *mf*

**Fenster** ['fɛnstɐ] <-s, -> *nt* fenêtre *f*

**Fensterscheibe** *f* vitre *f*

**Ferien** ['fe:riən] *Pl* vacances *fpl*

**Ferienhaus** *nt* maison *f* de vacances **Ferienwohnung** *f* appartement *m* de vacances **Ferienzeit** *f* [période *f* des] vacances *fpl*

**fern** [fɛrn] **I.** *adj* **1.** (*räumlich*) lointain(e) **2.** (*zeitlich*) loin **II.** *adv* loin

**Fernbedienung** *f* télécommande *f*

**Ferne** <-> *f* lointain *m*

**ferner** **I.** *adv* encore et toujours **II.** *konj* de plus

**Ferngespräch** *nt* communication *f* à moyenne et grande distance **Fernglas** *nt* [paire *f* de] jumelles *fpl*

**Fernost in/nach** ~ en Extrême-Orient

**fern|sehen** *vi irr* regarder la télévision

**Fernsehen** <-s> *nt* télévision *f*

**Fernseher** <-s, -> *m fam* télé *f*

**Fernsehprogramm** *nt* **1.** programme *m* de télévision **2.** (*Kanal*) chaîne *f* de télévision **Fernsehzuschauer(in)** *m(f)* téléspectateur(-trice) *m(f)*

**Fernsicht** *f* vue *f*

**Ferse** ['fɛrzə] <-, -n> *f* talon *m*

**fertig** ['fɛrtɪç] **I.** *adj* **1.** (*Arbeit*) terminé(e); ~ **werden** finir **2.** (*Speise*) prêt(e) **II.** *adv* **1. etw ~ bringen** arriver à faire qc; **etw ~ stellen** finir qc **2.** (*bereit*) **sich für etw ~ machen** se préparer pour qc

**fesseln** ['fɛsəln] *vt* **jdn mit etw an etw ~** attacher qn avec qc à qc

**fest** [fɛst] **I.** *adj* **1.** solide **2.** (*Händedruck*) ferme; (*Knoten*) serré(e) **3.** (*Anstellung*) définitif(-ive); (*Wohnsitz*) permanent(e); (*Einkommen*) fixe **II.** *adv* **1.** fort **2.** (*zudrehen*) à fond **3.** (*zusagen*) formellement; (*glauben*) fer-

mement 4. (*dauernd*) ~ **angestellt** sous contrat à durée indéterminée
**Fest** [fɛst] <-[e]s, -e> *nt* fête *f*
**fest|binden** *vt irr* **etw an etw** (*dat*) ~ attacher qc à qc
**fest|halten** *irr* I. *vt* retenir II. *vi* **an jdm/etw** ~ être fidèle à qn/qc III. *vr* **sich an jdm/etw** ~ s'accrocher à qn/qc
**festigen** [ˈfɛstɪgən] *vt, vr* [**sich**] ~ [se] consolider
**Festival** [ˈfɛstivəl] <-s, -s> *nt* festival *m*
**Festland** *nt* continent *m*
**fest|legen** *vt* fixer
**festlich** [ˈfɛstlɪç] *adj* de fête
**fest|machen** *vt* fixer
**fest|nehmen** *vt irr* arrêter
**fest|setzen** *vt* (*Preis*) fixer; (*Wert*) déterminer
**fest|stehen** *vi irr* **es steht fest, dass ...** il est clair que ...
**fest|stellen** *vt* constater
**Festung** [ˈfɛstʊŋ] <-, -en> *f* forteresse *f*
**fett** [fɛt] *adj* gras(se)
**Fett** <-[e]s, -e> *nt* graisse *f*
**fettarm** I. *adj* allégé(e) II. *adv* (*kochen*) léger
**fettig** *adj* gras(se)
**feucht** [fɔyçt] *adj* humide
**Feuchtigkeit** <-> *f* humidité *f*
**feudal** [fɔyˈda:l] *adj* féodal(e)
**Feuer** [ˈfɔyɐ] <-s, -> *nt* feu *m*
**Feueralarm** *m* alerte *f* au feu
**Feuerlöscher** *m* extincteur *m*
**feuern** I. *vi* (*schießen*) faire feu II. *vt fam* (*entlassen*) virer
**Feuerwehr** <-, -en> *f* [sapeurs-]pompiers *mpl* **Feuerwehrmann** <-leute *o* -männer> *m* [sapeur-]pompier *m* **Feuerwerk** *nt* feu *m* d'artifice **Feuerzeug** <-[e]s, -e> *nt* briquet *m*
**Fichte** [ˈfɪçtə] <-, -n> *f* épicéa *m;* (*Holz*) sapin *m*
**Fieber** [ˈfi:bɐ] <-s> *nt* fièvre *f*
**fieberhaft** *adj* (*Eile*) fébrile
**Figur** [fiˈgu:ɐ̯] <-, -en> *f* 1. silhouette *f* 2. (*Schachfigur*) pièce *f* 3. LITER personnage *m*
**Filiale** [fiˈli̯a:lə] <-, -n> *f* succursale *f*
**Film** [fɪlm] <-[e]s, -e> *m* film *m*
**filmen** [ˈfɪlmən] I. *vt* filmer II. *vi* tourner
**Filter** [ˈfɪltɐ] <-s, -> *nt o m* filtre *m*
**filtern** *vt* filtrer
**Finale** [fiˈna:lə] <-s, -> *nt* finale *f*
**Finanzamt** *nt* fisc *m*
**Finanzen** [fiˈnantsən] *Pl* finances *fpl*
**finanziell** [finanˈtsi̯ɛl] *adj* financier(-ière)
**finanzieren*** [finanˈtsi:rən] *vt* financer
**Finanzierung** <-, -en> *f* financement *m*
**finden** [ˈfɪndən] *vt, vi irr* trouver
**Finger** [ˈfɪŋɐ] <-s, -> *m* doigt *m*
**Fingerabdruck** <-abdrücke>

*m* empreinte *f* digitale

**Fingernagel** *m* ongle *m*

**Finnland** ['fɪnlant] *nt* la Finlande

**finster** ['fɪnstɐ] *adj* sombre

**Finsternis** <-, -se> *f* **1.** obscurité *f* **2.** ASTRO éclipse *f*

**Firma** ['fɪrma] <-, Firmen> *f* entreprise *f*

**Firmen** *Pl von* **Firma**

**Fisch** [fɪʃ] <-[e]s, -e> *m* **1.** poisson *m* **2.** ASTRO **er ist ~** il est Poissons

**fischen** *vt, vi* pêcher

**Fischer(in)** <-s, -> *m(f)* pêcheur(-euse) *m(f)*

**Fischfang** *m* pêche *f*

**fit** [fɪt] *adj* en forme

**FKK** [ɛfkak'a:] <-> *Abk von* **Freikörperkultur** nudisme *m*

**flach** [flax] **I.** *adj* plat(e) **II.** *adv* à plat

**Fläche** ['flɛçə] <-, -n> *f* **1.** (*Ebene*) surface *f* **2.** (*messbare Oberfläche*) superficie *f*

**Flagge** ['flagə] <-, -n> *f* drapeau *m*

**Flair** [flɛ:ɐ̯] <-s> *nt o geh m* (*einer Person*) aura *f;* (*einer Stadt*) charme *m*

**Flame** ['fla:mə] <-n, -n> *m,* **Flamin** *o* **Flämin** *f* Flamand(e) *m(f)*

**flämisch** ['flɛ:mɪʃ] **I.** *adj* flamand(e) **II.** *adv* en flamand

**Flämisch** <-[s]> *nt* flamand *m*

**Flamme** ['flamə] <-, -n> *f* flamme *f*

**Flandern** ['flandɐn] <-s> *nt* la Flandre

**Flasche** ['flaʃə] <-, -n> *f* **1.** bouteille *f* **2.** (*Säuglingsflasche*) biberon *m*

**Flaschenöffner** *m* ouvre-bouteille[s] *m*

**Flaschner(in)** ['flaʃnɐ] <-s, -> *m(f)* CH plombier *m*

**flechten** ['flɛçtən] *vt irr* tresser

**Fleck** [flɛk] <-[e]s, -e> *m* tache *f*

**fleckig** ['flɛkɪç] *adj* (*Kleidungsstück*) taché(e); (*Haut*) tacheté(e)

**Fledermaus** ['fle:dɐmaʊ̯s] *f* chauve-souris *f*

**Fleisch** [flaɪ̯ʃ] <-[e]s> *nt* viande *f*

**Fleischbrühe** *f* bouillon *m* de viande

**Fleischhauer(in)** *m(f)* A boucher(-ère) *m(f)*

**Fleiß** [flaɪ̯s] <-[e]s> *m* application *f*

**fleißig I.** *adj* (*Mitarbeiter*) travailleur(-euse); (*Schüler*) appliqué(e) **II.** *adv* avec application

**flexibel** [flɛ'ksi:bəl] *adj* flexible

**flicken** ['flɪkən] *vt* (*Kleidung*) rapiécer; (*Fahrradschlauch*) réparer

**Flieder** ['fli:dɐ] <-s, -> *m* lilas *m*

**Fliege** ['fli:gə] <-, -n> *f* **1.** ZOOL mouche *f* **2.** COUT nœud *m* papillon

**fliegen** ['fli:gən] *irr* **I.** *vi* voler **II.** *vt* **1.** (*Flugzeug*) piloter **2.** (*Passagiere*) transporter par avion

**Flieger** ['fli:gɐ] <-s, -> *m* **1.** (*Pilot*) aviateur *m* **2.** *fam* (*Flugzeug*) avion *m*

**Fliegerin** <-, -nen> *f* aviatrice *f*

**fliehen** ['fli:ən] *vi irr* s'enfuir

**Fliesenleger(in)** <-s, -> *m(f)* carreleur(-euse) *m(f)*

**Fließband** <-bänder> *nt* chaîne *f* [de montage]

**fließen** ['fli:sən] *vi irr* **1.** couler **2.** (*elektrischer Strom*) passer

**fließend** *adv* (*sprechen*) couramment

**flink** [flɪŋk] **I.** *adj* agile **II.** *adv* avec adresse

**Flirt** [flœrt] <-s, -s> *m* flirt *m*

**flirten** [flœrtən] *vi* flirter

**Flitterwochen** *Pl* lune *f* de miel

**Floh** [flo:] <-[e]s, Flöhe> *m* puce *f*

**Flohmarkt** *m* marché *m* aux puces

**Floß** [flo:s] <-es, Flöße> *nt* radeau *m*

**Flosse** ['flɔsə] <-, -n> *f* ZOOL nageoire *f*

**Flöte** ['flø:tə] <-, -n> *f* flûte *f*

**flott** [flɔt] *fam* **I.** *adj* **1.** (*Bedienung*) dégourdi(e); (*Musik*) entraînant(e) **2.** (*Person*) smart(e) **II.** *adv* **1.** (*zügig*) vite **2.** (*schick*) chic

**Flotte** ['flɔtə] <-, -n> *f* MIL flotte *f*

**Fluch** [flu:x] <-[e]s, Flüche> *m* **1.** (*Schimpfwort*) juron *m* **2.** (*Verwünschung*) malédiction *f*

**fluchen** ['flu:xən] *vi* jurer

**Flucht** [flʊxt] <-, -en> *f* fuite *f*; (*aus dem Gefängnis*) évasion *f*

**flüchten** ['flʏçtən] **I.** *vi* [s'en]fuir **II.** *vr* **sich in den Alkohol ~** se réfugier dans l'alcool

**flüchtig** ['flʏçtɪç] *adj* fugitif(-ive)

**Flüchtling** ['flʏçtlɪŋ] <-s, -e> *m* réfugié(e) *m(f)*

**Flug** [flu:k] <-[e]s, Flüge> *m* vol *m*

**Flugbegleiter(in)** *m(f)* steward *m*/hôtesse *f* de l'air **Flugblatt** *nt* tract *m*

**Flügel** ['fly:gəl] <-s, -> *m* **1.** aile *f* **2.** MUS piano *m* à queue

**Fluggast** *m* passager(-ère) *m(f)*

**Fluggesellschaft** *f* compagnie *f* aérienne **Flughafen** *m* aéroport *m* **Flugplatz** *m* aérodrome *m* **Flugschein** *m* brevet *m* de pilote **Flugverkehr** *m* trafic *m* aérien

**Flugzeug** ['flu:ktsɔyk] <-[e]s, -e> *nt* avion *m*

**Flugzeugabsturz** *m* crash *m* **Flugzeugbesatzung** *f* équipage *m* de l'avion

**Fluor** ['flu:oɐ] <-s> *nt* CHEM fluor *m*

**Flur** [flu:ɐ] <-[e]s, -e> *m* couloir *m*

**Fluss** [flʊs] <-es, Flüsse> *m* fleuve *m*; (*Nebenfluss*) rivière *f*

**flüssig** ['flʏsɪç] *adj* **1.** liquide **2.** (*Verkehr, Stil*) fluide

**Flüssigkeit** <-, -en> *f* liquide *m*

**flüstern** ['flʏstɐn] *vi, vt* chuchoter

**Flut** [flu:t] <-, -en> *f* (*opp: Ebbe*) marée *f* montante/haute
**Fohlen** ['fo:lən] <-s, -> *nt* poulain *m*
**Föhn** [fø:n] <-[e]s, -e> *m* **1.** METEO foehn *m* **2.** (*Haartrockner*) sèche-cheveux *m*
**föhnen** ['fø:nən] *vt* **sich** (*dat*) **die Haare ~** se sécher les cheveux au séchoir
**Folge** ['fɔlgə] <-, -n> *f* **1.** (*Auswirkung*) conséquence *f* **2.** (*von Eindrücken, Zahlen*) série *f* **3.** RADIO, TV épisode *m*
**folgen** ['fɔlgən] *vi* **1. jdm/einer S. ~** suivre qn/qc **2.** (*als Nächstes kommen*) venir ensuite **3.** (*gehorchen*) **jdm ~** obéir à qn **4.** (*resultieren*) **aus etw ~** résulter de qc
**folgend** *adj* (*Seite*) suivant(e)
**folgendermaßen** *adv* de la manière suivante
**Folter** ['fɔltɐ] <-, -n> *f* torture *f*
**Fön®** <-[e]s, -e> *m* sèche-cheveux *m*
**fordern** ['fɔrdɐn] *vt* exiger
**fördern** ['fœrdɐn] *vt* **1.** (*Personen*) aider; (*Projekt, Talent*) encourager **2.** (*finanzieren*) financer
**fordernd** *adj* exigeant(e)
**Forderung** <-, -en> *f* exigence *f*
**Förderung** <-, -en> *f* aide *f*
**Forelle** [fo'rɛlə] <-, -n> *f* truite *f*
**Form** [fɔrm] <-, -en> *f* **1.** forme *f* **2.** (*Backform*) moule *m*
**formal** [fɔr'ma:l] *adj* formel(le)
**Formalität** [fɔrmali'tɛ:t] <-, -en> *f* formalité *f*
**Format** [fɔr'ma:t] <-[e]s, -e> *nt* **1.** (*Größe*) format *m* **2.** (*einer Person*) carrure *f*
**Formel** ['fɔrməl] <-, -n> *f* formule *f*
**formell** [fɔr'mɛl] *adj* officiel(le)
**formen** ['fɔrmən] *vt* former
**förmlich** ['fœrmlɪç] **I.** *adj* dans les formes **II.** *adv* vraiment
**Formular** [fɔrmu'la:ɐ̯] <-s, -e> *nt* formulaire *m*
**formulieren*** [fɔrmu'li:rən] *vt* formuler
**forschen** ['fɔrʃən] *vi* faire de la recherche
**Forscher(in)** <-s, -> *m(f)* chercheur(-euse) *m(f)*
**Forschung** <-, -en> *f* recherche *f* scientifique
**Förster(in)** ['fœrstɐ] <-s, -> *m(f)* garde *m* forestier
**fort** [fɔrt] *adv* **~ sein** (*Schlüssel*) avoir disparu; (*Person*) être parti
**fort|bewegen*** *vt, vr* [**sich**] **~** [se] déplacer
**Fortbildung** *f* formation *f* continue
**fort|fahren I.** *vi* **1.** partir **2.** (*weitermachen*) poursuivre **II.** *vt* (*Person*) emmener; (*Gegenstand*) emporter
**fort|gehen** *vi* **1.** partir **2.** (*sich fortsetzen*) se poursuivre
**fortgeschritten** ['fɔrtgəʃrɪtən]

F

*adj* avancé(e)
**Fortpflanzung** *f* reproduction *f*
**Fortschritt** *m* progrès *m*
**fort|setzen** *vt, vr* [**sich**] ~ [se] poursuivre
**Fortsetzung** <-, -en> *f* suite *f*
**Foto** ['fo:to] <-s, -s> *nt* photo[graphie] *f*
**Fotoapparat** *m* appareil *m* photo[graphique]
**Fotograf(in)** [foto'gra:f] <-en, -en> *m(f)* photographe *mf*
**Fotografie** [fotogra'fi:] <-, -n> *f* photo[graphie] *f*
**fotografieren*** [fotogra'fi:rən] I. *vt* prendre une photo de II. *vi* prendre des photos
**Fotohandy** *nt* portable *m* avec appareil photo numérique
**Fotokopie** [fotoko'pi:] *f* photocopie *f* **fotokopieren*** *vt* photocopier **Fotokopiergerät** *nt* photocopieur *m*
**Fracht** [fraxt] <-, -en> *f* cargaison *f*
**Frage** ['fra:gə] <-, -n> *f* question *f*
**Fragebogen** *m* questionnaire *m*
**fragen** ['fra:gən] I. *vi* 1. poser des questions/une question 2. (*verlangen*) **nach jdm** ~ demander [à parler à] qn; **nach etw** ~ demander qc II. *vr* **sich** ~, **ob ...** se demander si ... III. *vt* **jdn etw** ~ demander qc à qn
**Fragezeichen** *nt* point *m* d'interrogation
**fragwürdig** *adj* douteux(-euse)
**Fraktion** [frak'tsjo:n] <-, -en> *f* POL groupe *m* parlementaire
**Franke** ['fraŋkə] <-n, -n> *m*, **Fränkin** *f* GEO Franconien(ne) *m(f)*
**Franken**[1] <-s> *nt* GEO Franconie *f*
**Franken**[2] <-s, -> *m* franc *m* suisse
**Frankfurt** ['fraŋkfʊrt] <-s> *nt* Francfort
**frankieren*** [fraŋ'ki:rən] *vt* affranchir
**Frankreich** ['fraŋkraiç] <-s> *nt* la France
**Franzose** [fran'tso:zə] <-n, -n> *m*, **Französin** *f* Français(e) *m(f)*
**französisch** [fran'tsø:zɪʃ] I. *adj* français(e) II. *adv* en français
**Französisch** <-[s]> *nt* français *m*
**französischsprachig** *adj* francophone
**Frau** [frau] <-, -en> *f* 1. femme *f* 2. (*in der Anrede*) ~ **Müller** madame Müller
**Frauenarzt** *m*, **-ärztin** *f* gynécologue *mf*
**Fräulein** ['frɔylain] <-s, -> *nt* ~ **Schmidt** mademoiselle Schmidt
**frech** [frɛç] *adj* (*Person*) effronté(e)
**Frechheit** <-, -en> *f* effronterie *f*
**frei** [frai] I. *adj* 1. libre; (*Mitarbeiter*) indépendant(e) 2. (*Stelle*) vacant(e) 3. (*Natur*) plein(e)

II. *adv* 1. librement, en liberté 2. (*ungezwungen*) de manière décontractée

**Freibad** *nt* piscine *f* en plein air

**freiberuflich** I. *adj* indépendant(e) II. *adv* à son compte

**frei|geben** *vi irr* **jdm zwei Stunden** ~ donner deux heures de libre à qn

**freigebig** *adj* généreux(-euse)

**frei|haben** *vi irr fam* être en congé; (*Schüler*) ne pas avoir cours

**frei|halten** *vt irr* 1. (*Einfahrt*) ne pas stationner devant 2. (*Platz*) garder

**Freiheit** ['fraɪhaɪt] <-, -en> *f* liberté *f*

**Freikarte** *f* place *f* gratuite

**frei|lassen** *vt irr* (*Verhafteten*) relaxer; (*Geisel*) relâcher

**freilich** ['fraɪlɪç] *adv* 1. (*allerdings*) toutefois 2. (*natürlich*) bien sûr

**frei|machen** I. *vt* 1. POST affranchir 2. **den Oberkörper** ~ enlever le haut II. *vi fam* prendre un repos

**Freitag** ['fraɪta:k] *m* vendredi *m*

**Freitagabend** *m* vendredi *m* soir **Freitagmorgen** *m* vendredi *m* matin

**freitags** *adv* le vendredi

**freiwillig** I. *adj* bénévole II. *adv* de son plein gré

**Freizeit** *f* loisirs *mpl*

**fremd** [frɛmt] *adj* étranger(-ère)

**Fremde(r)** *f(m)* (*Unbekannter*) inconnu(e) *m(f)*; (*Ausländer*) étranger(-ère) *m(f)*

**fremd|gehen** *vi irr fam* être infidèle

**Fremdsprache** *f* langue *f* étrangère **Fremdwort** <-wörter> *nt* mot *m* étranger

F

**fressen** ['frɛsən] *vt, vi irr* (*Tier*) manger

**Freude** ['frɔydə] <-, -n> *f* joie *f*; **jdm eine** ~ **machen** faire plaisir à qn

**freuen** ['frɔyən] I. *vr* **sich über jdn/etw** ~ être content de qn/qc; **sich auf jdn/etw** ~ se réjouir [d'avance] de qn/qc II. *vt* réjouir

**Freund(in)** [frɔynt] <-[e]s, -e> *m(f)* ami(e) *m(f)*

**freundlich** ['frɔyntlɪç] I. *adj* 1. aimable 2. (*Wetter*) agréable; (*Zimmer*) accueillant(e) II. *adv* de façon amicale

**freundlicherweise** ['frɔyntlɪçɐ'vaɪzə] *adv* aimablement

**Freundlichkeit** <-, -en> *f* amabilité *f*

**Freundschaft** <-, -en> *f* amitié *f*

**Frieden** <-s, -> *m* paix *f*

**Friedhof** ['fri:tho:f] *m* cimetière *m*

**friedlich** I. *adj* pacifique II. *adv* (*sterben*) en paix

**frieren** ['fri:rən] *irr vi* 1. **an den Händen** ~ avoir froid aux mains

2. (*gefrieren*) geler **3. es friert** il gèle

**Friese** ['fri:zə] <-n, -n> *m*, **Friesin** *f* Frison(ne) *m(f)*

**friesisch** *adj* frison(ne)

**frisch** [frɪʃ] *adj* frais(fraîche)

**Frische** ['frɪʃə] <-> *f* fraîcheur *f*

**Friseur(in)** [fri'zø:ɐ̯] <-s, -e> *m(f)* coiffeur(-euse) *m(f)*

**Friseuse** [fri'zø:zə] <-, -n> *f* coiffeuse *f*

**frisieren*** [fri'zi:rən] *vt* coiffer

**Frisör** *s.* Friseur

**Frisöse** *s.* Friseuse

**Frist** [frɪst] <-, -en> *f* délai *m*

**Frisur** [fri'zu:ɐ̯] <-, -en> *f* coiffure *f*

**frittieren*** *vt* faire frire

**froh** [fro:] *adj* **1.** (*glücklich*) joyeux(-euse) **2.** *fam* (*zufrieden*) **über etw** (*akk*) **~ sein** être content de qc

**fröhlich** ['frø:lɪç] **I.** *adj* joyeux(-euse) **II.** *adv* allègrement

**Fröhlichkeit** <-> *f* gaieté *f*

**fromm** [frɔm] <frömmer, frömmste> *adj* pieux(-euse)

**Fronleichnam** [fro:n'laɪçna:m] la Fête-Dieu

**frontal** [frɔn'ta:l] **I.** *adj* frontal(e) **II.** *adv* de front

**Frosch** [frɔʃ] <-[e]s, Frösche> *m* grenouille *f*

**Frost** [frɔst] <-[e]s, Fröste> *m* gel *m*

**Frucht** [frʊxt] <-, Früchte> *f* fruit *m*

**fruchtbar** *adj* fécond(e); (*Erde*) fertile

**Fruchtbarkeit** <-> *f* fécondité *f*

**Fruchtsaft** *m* jus *m* de fruit

**früh** [fry:] **I.** *adj* **es ist [noch] ~** il est [encore] tôt **II.** *adv* (*aufbrechen*) de bonne heure

**früher** ['fry:ɐ̯] **I.** *adj* **1.** (*vergangen*) passé(e) **2.** (*ehemalig*) ancien(ne) **II.** *adv* autrefois

**frühestens** ['fry:əstəns] *adv* au plus tôt

**Frühjahr** *nt* printemps *m*

**Frühling** ['fry:lɪŋ] <-s, -e> *m* printemps *m*

**Frühstück** <-stücke> *nt* petit-déjeuner *m*

**frühstücken** *vi* prendre son petit-déjeuner

**frühzeitig** **I.** *adj* précoce; (*Tod*) prématuré(e) **II.** *adv* [suffisamment] tôt; (*vorzeitig*) prématurément

**Frust** [frʊst] <-[e]s> *m* *fam* frustration *f*

**frustrieren*** [frʊs'tri:rən] *vt* *fam* frustrer

**Fuchs** [fʊks] <-es, Füchse> *m* renard *m*

**fühlen** ['fy:lən] **I.** *vt* **1.** sentir, ressentir **2.** (*ertasten*) toucher **II.** *vr* **wie ~ Sie sich?** comment vous sentez-vous?

**führen** ['fy:rən] **I.** *vt* **1.** guider; (*hinführen*) conduire **2.** (*Betrieb*) diriger **II.** *vi* **1.** (*in Führung liegen*) mener **2.** (*als Er-*

*gebnis haben*) **zu etw ~** conduire à qc
**Führer(in)** ['fy:rɐ] <-s, -> *m(f)* 1. (*Leiter*) dirigeant(e) *m(f)* 2. (*Reiseführer*) guide *mf*
**Führerschein** *m* permis *m* [de conduire]
**Führung** ['fy:rʊŋ] <-, -en> *f* 1. (*Besichtigung*) visite *f* guidée 2. (*leitende Gruppe*) direction *f*
**füllen** ['fʏlən] I. *vt* 1. (*Gefäß*) remplir 2. GASTR farcir 3. (*einfüllen*) verser II. *vr* **sich ~** se remplir
**Füller** ['fʏlɐ] <-s, -> *m* stylo *m*
**Füllung** <-, -en> *f* GASTR farce *f*
**fünf** [fʏnf] *num* cinq
**fünfeinhalb** *num* cinq ... et demi(e)
**fünferlei** *adj* **~ Sorten Brot** cinq sortes de pain
**fünffach** *adj, adv* cinq fois
**fünfmal** *adv* cinq fois
**fünft** *adv* **zu ~ sein** être cinq
**fünfte(r, s)** *adj* 1. cinquième 2. (*bei Datumsangabe*) **der ~ März** le cinq mars
**fünftel** *adj* cinquième
**fünfzig** ['fʏnftsɪç] *num* cinquante
**fünfziger** *adj* **die ~ Jahre** les années *fpl* cinquante
**fünfzigste(r, s)** *adj* cinquantième
**Funktion** [fʊŋk'tsi̯o:n] <-, -en> *f* fonction *f*
**funktionieren*** [fʊŋtsi̯o'ni:rən] *vi* fonctionner

**für** [fy:ɐ̯] *präp + akk* 1. pour 2. (*wiederholend*) **Tag ~ Tag** jour après jour 3. *mit Fragepronomen* **was ~ ...** quel(le)s ...; **was ~ ein ...** quelle sorte de ...
**Furcht** [fʊrçt] <-> *f* peur *f*
**furchtbar** *adj* terrible
**fürchten** ['fʏrçtən] I. *vt* 1. redouter 2. (*befürchten*) craindre II. *vr* **sich vor jdm/etw ~** avoir peur de qn/qc
**fürchterlich** ['fʏrçtɐlɪç] *s.* **furchtbar**
**füreinander** [fy:ɐ̯ʔai̯'nandɐ] *adv* l'un(e) pour l'autre/les un(e)s pour les autres
**Fürst(in)** [fʏrst] <-en, -en> *m(f)* prince(-esse) *m(f)*
**Fürstentum** <-[e]s, -tümer> *nt* principauté *f*
**Fußball** *m* 1. football *m* 2. (*Ball*) ballon *m* [de football]
**Fußballer(in)** <-s, -> *m(f) fam* footballeur(-euse) *m(f)* **Fußballmannschaft** *f* équipe *f* de football **Fußballplatz** *m* terrain *m* de football **Fußballspiel** *nt* match *m* de football **Fußballspieler(in)** *m(f)* joueur (-euse) *m(f)* de football **Fußballverein** *m* club *m* de football
**Fußboden** *m* sol *m*
**Fußgänger(in)** ['fu:sgɛŋɐ] <-s, -> *m(f)* piéton(ne) *m(f)* **Fußgängerzone** *f* zone *f* piétonne
**Fußgelenk** *nt* cheville *f* **Fußspitze** *f* pointe *f* du pied

**Futter** ['fʊtɐ] <-s, -> *nt* **1.** nourriture *f* **2.** (*eines Mantels*) doublure *f*
**füttern** ['fʏtɐn] *vt* nourrir

# G

**G, g** [geː] <-, -> *nt* **1.** G *m*/g *m* **2.** MUS sol *m*
**g** *Abk von* **Gramm** g
**Gabel** ['gaːbəl] <-, -n> *f* fourchette *f*
**Gabelung** <-, -en> *f* bifurcation *f*
**gähnen** ['gɛːnən] *vi* bâiller
**galant** [ga'lant] *adj* galant(e)
**Galerie** [galə'riː] <-, -n> *f* **1.** (*Kunstgalerie*) galerie *f* [d'art] **2.** A, CH (*Tunnel*) tunnel *m*
**Galopp** [ga'lɔp] <-s, -s> *m* galop *m*
**galoppieren*** [galɔ'piːrən] *vi* galoper
**Gämse** ['gɛmzə] <-, -n> *f* chamois *m*
**Gang** [gaŋ] <-[e]s, Gänge> *m* **1.** démarche *f* **2.** GASTR plat *m* **3.** TECH vitesse *f* **4.** (*Korridor*) couloir *m*
**Gans** [gans] <-, Gänse> *f* oie *f*
**Gänseleberpastete** *f* foie *m* gras [d'oie]
**ganz** [gants] **I.** *adj* **1.** complet (-ète); **die ~e Nachbarschaft** tous les voisins; **den ~en Tag [über]** toute la journée **2.** *fam* (*all der/die/das ...*) **dieses ~e Gerede** tous ces discours **3.** *fam* (*unbeschädigt*) intact(e) **II.** *adv* **1.** (*kalt*) très; (*allein*) tout; (*vorne*) tout [à fait]; (*überarbeiten*) complètement **2.** *fam* (*ziemlich*) assez
**Ganze(s)** *nt* **1.** (*Ganzheit*) ensemble *m* **2.** (*alle Sachen*) **das ~** le tout
**ganztägig** ['gantstɛːgɪç] **I.** *adj* d'une journée **II.** *adv* toute la journée
**gar**[1] [gaːɐ̯] *adv* **~ nichts** absolument rien; **~ nicht teuer** pas cher(chère) du tout
**gar**[2] *adj* bien cuit
**Garage** [ga'raːʒə] <-, -n> *f* garage *m*
**Garantie** [garan'tiː] <-, -n> *f* garantie *f*
**garantieren*** [garan'tiːrən] *vt* garantir
**Garderobe** [gardə'roːbə] <-, -n> *f* **1.** (*Aufbewahrungsraum*) vestiaire *m* **2.** *geh* (*Kleidung*) garde-robe *f*
**Gardine** [gar'diːnə] <-, -n> *f* rideau *m*
**Garnele** [gar'neːlə] <-, -n> *f* crevette *f* [rose]
**Garten** ['gartən] <-s, Gärten> *m* jardin *m*
**Gartenarbeit** *f* jardinage *m*

**Gartenfest** *nt* garden-party *f*
**Gärtner(in)** ['gɛrtnɐ] <-s, -> *m(f)* jardinier(-ière) *m(f)*
**Gärtnerei** [gɛrtnə'raj] <-, -en> *f* établissement *m* horticole
**Gas** [ga:s] <-es, -e> *nt* gaz *m*
**Gasflasche** *f* bouteille *f* de gaz
**Gashahn** *m* robinet *m* du gaz
**Gasherd** *m* cuisinière *f* à gaz
**Gaskocher** *m* réchaud *m* à gaz **Gasleitung** *f* conduite *f* de gaz
**Gasse** ['gasə] <-, -n> *f* **1.** ruelle *f* **2.** A (*Straße*) rue *f*
**Gast** [gast] <-es, Gäste> *m* **1.** invité(e) *m(f)* **2.** (*Hotelgast*) pensionnaire *mf* **3.** (*Besucher*) hôte *m*
**Gastarbeiter(in)** *m(f)* travailleur immigré *m*/travailleuse immigrée *f* **Gästezimmer** *nt* chambre *f* d'amis
**gastfreundlich** *adj* hospitalier (-ière) **Gastfreundschaft** *f* hospitalité *f* **Gastgeber(in)** *m(f)* hôte(-esse) *m(f)* **Gasthof** *m* auberge *f*
**Gastronomie** [gastrono'mi:] <-, -n> *f form* restauration *f*
**Gaststätte** *f* café-restaurant *m*
**Gastwirt(in)** *m(f)* cafetier-restaurateur *m*/cafetière-restauratrice *f* **Gastwirtschaft** *s.* Gaststätte
**Gatte** ['gatə] <-n, -n> *m*, **Gattin** *f form* époux *m*/épouse *f* (*soutenu*)
**Gaumen** ['gaumən] <-s, -> *m* palais *m*
**G-Dur** ['ge:du:ɐ] <-> *nt* sol *m* majeur
**Gebäck** [gə'bɛk] <-[e]s> *nt* **1.** pâtisseries *fpl* **2.** A (*Brötchen*) [petit] pain *m*
**Gebäude** [gə'bɔydə] <-s, -> *nt* bâtiment *m*
**geben** ['ge:bən] *irr vt, vi* donner; **es gibt ...** il y a ...; **was gibts?** qu'est-ce qu'il y a?
**Gebet** [gə'be:t] <-[e]s, -e> *nt* prière *f*
**gebeugt** *adj* courbé(e)
**Gebiet** [gə'bi:t] <-[e]s, -e> *nt* **1.** (*Region*) région *f* **2.** (*Sachgebiet*) domaine *m*
**gebildet** [gə'bɪldət] *adj* cultivé(e)
**Gebirge** [gə'bɪrgə] <-s, -> *nt* montagnes *fpl*
**gebirgig** *adj* montagneux(-euse)
**gebogen** [gə'bo:gən] *adj* recourbé(e)
**geboren** [gə'bo:rən] *adj* **Anne Lauer, ~e Klein** Anne Lauer, née Klein
**Gebrauch** [gə'braux] <-[e]s, Gebräuche> *m* usage *m*
**Gebrauchsanweisung** *f* mode *m* d'emploi
**gebraucht** [gə'brauxt] *adj, adv* d'occasion
**Gebrauchtwagen** *m* voiture *f* d'occasion
**gebrochen** [gə'brɔxən] **I.** *adj* **1.** (*Person*) brisé(e) **2.** (*fehler-*

*haft*) **in ~em Deutsch** en mauvais allemand **II.** *adv* **~ Französisch sprechen** parler un mauvais français

**Gebrüder** [gəˈbryːdɐ] *Pl* frères *mpl*

**Gebrüll** [gəˈbrʏl] <-[e]s> *nt* hurlements *mpl*

**gebückt I.** *adj* voûté(e) **II.** *adv* le dos courbé

**Gebühr** [gəˈbyːɐ̯] <-, -en> *f* taxe *f* **gebührenfrei** *adj* gratuit(e) **gebührenpflichtig** *adj* payant(e)

**Geburt** [gəˈbuːɐ̯t] <-, -en> *f* **1.** naissance *f* **2.** (*Entbindung*) accouchement *m*

**Geburtsdatum** *nt* date *f* de naissance **Geburtsort** *m* lieu *m* de naissance **Geburtstag** *m* **1.** anniversaire *m* **2.** (*Geburtsdatum*) date *f* de naissance

**Gebüsch** [gəˈbʏʃ] <-[e]s, -e> *nt* buissons *mpl*

**Gedächtnis** [gəˈdɛçtnɪs] <-ses, -se> *nt* mémoire *f*

**Gedanke** [gəˈdaŋkə] <-ns, -n> *m* **1.** pensée *f* **2.** (*Vorstellung*) idée *f* **Gedankenfreiheit** *f* liberté *f* de pensée **gedankenlos I.** *adj* inconsidéré(e) **II.** *adv* sans réfléchir

**Gedeck** [gəˈdɛk] <-[e]s, -e> *nt* couvert *m*

**gedeihen** [gəˈdaiən] *vi irr* bien pousser

**Gedenkfeier** *f* fête *f* commémorative **Gedenkstätte** *f* mémorial *m* **Gedenkstunde** *f* cérémonie *f* commémorative

**Gedicht** [gəˈdɪçt] <-[e]s, -e> *nt* poème *m*

**Gedränge** [gəˈdrɛŋə] <-s> *nt* cohue *f*

**gedruckt** *adj* imprimé(e)

**Geduld** [gəˈdʊlt] <-> *f* patience *f*

**gedulden*** [gəˈdʊldən] *vr* **sich ~** patienter

**geduldig I.** *adj* patient(e) **II.** *adv* patiemment

**geehrt** [gəˈʔeːɐ̯t] *adj* (*bei schriftlicher Anrede*) **Sehr ~e Damen und Herren, ...** Madame, Monsieur, ...

**geeignet** [gəˈʔaignət] *adj* approprié(e)

**Gefahr** [gəˈfaːɐ̯] <-, -en> *f* danger *m*

**gefährden*** [gəˈfɛːɐ̯dən] *vt* mettre en danger [la vie de]

**Gefahrenzone** *f* zone *f* dangereuse

**gefährlich** [gəˈfɛːɐ̯lɪç] *adj* dangereux(-euse)

**gefahrlos** *adj, adv* sans danger

**Gefährte** [gəˈfɛːɐ̯tə] <-n, -n> *m*, **Gefährtin** *f geh* compagnon *m*/compagne *f*

**Gefälle** [gəˈfɛlə] <-s, -> *nt* pente *f*

**gefallen** [gəˈfalən] *vi irr* plaire à

**Gefallen**[1] <-s> *nt geh* plaisir *m*

**Gefallen**[2] <-s, -> *m* service *m*

**gefangen** [gəˈfaŋən] *adj* **jdn ~ nehmen** faire qn prisonnier(-ère)

**Gefangene(r)** *f(m)* détenu(e) *m(f)*
**Gefangenschaft** <-, -en> *f* captivité *f*
**Gefängnis** [gə'fɛŋnɪs] <-ses, -se> *nt* prison *f*
**Gefängnisstrafe** *f* peine *f* de prison **Gefängniswärter(in)** *m(f)* gardien(ne) *m(f)* de [la] prison
**Gefäß** [gə'fɛ:s] <-es, -e> *nt* récipient *m*
**gefasst** [gə'fast] **I.** *adj* calme **II.** *adv* avec calme
**Gefecht** [gə'fɛçt] <-[e]s, -e> *nt* combat *m*
**gefeiert** *adj* très populaire
**gefestigt** *adj* solide
**Geflügel** [gə'fly:gəl] <-s> *nt* volaille *f*
**Geflüster** [gə'flʏstɐ] <-s> *nt* chuchotements *mpl*
**gefragt** [gə'fra:kt] *adj* demandé(e)
**gefrieren*** [gə'fri:rən] *vi irr* geler
**Gefrierfach** *nt* freezer *m* **Gefrierschrank** *m* congélateur *m* armoire
**Gefühl** [gə'fy:l] <-[e]s, -e> *nt* **1.** sensation *f* **2.** (*seelische Empfindung*) sentiment *m*
**gefühllos** *adj* insensible
**gefühlvoll** **I.** *adj* sensible **II.** *adv* avec beaucoup de sensibilité
**gefüllt** *adj* farci(e); (*Gebäck*) fourré(e)
**gegen** ['ge:gən] *präp* + *akk* **1.** contre **2.** (*ungefähr*) ~ **acht Uhr** vers huit heures
**Gegend** ['ge:gənt] <-, -en> *f* **1.** région *f* **2.** (*nähere Umgebung*) alentours *mpl* **3.** (*Wohngegend*) quartier *m* **Gegenrichtung** *f* direction *f* opposée
**Gegensatz** *m* **1.** (*Gegenteil*) contraire *m* **2.** *Pl* (*Unterschiedlichkeit*) différences *fpl*
**gegensätzlich** ['ge:gənzɛtslɪç] *adj* opposé(e) **Gegenseite** *f* autre côté *m*
**gegenseitig** ['ge:gənzaitɪç] *adj* mutuel(le)
**Gegenstand** <-[e]s, Gegenstände> *m* **1.** objet *m* **2.** (*Thema*) sujet *m* **Gegenteil** *nt* contraire *m*
**gegenteilig** *adj* contraire
**gegenüber** [ge:gən'ʔy:bɐ] **I.** *präp* + *dat* en face de **II.** *adv* en face
**gegenüberliegend** *adj* d'en face
**Gegenwart** ['ge:gənvart] <-> *f* **1.** présent *m* **2.** (*heutige Zeit*) époque *f* actuelle **3.** (*Anwesenheit*) présence *f*
**gegenwärtig** ['ge:gənvɛrtɪç] **I.** *adj* actuel(le) **II.** *adv* à l'heure actuelle
**Gegenwind** *m* vent *m* contraire
**Gegner(in)** ['ge:gnɐ] <-s, -> *m(f)* **1.** MIL ennemi(e) *m(f)* **2.** SPORT adversaire *mf*
**Gehackte(s)** *nt* viande *f* hachée
**Gehalt** [gə'halt] <-[e]s, Gehälter> *nt o* A m salaire *m*
**gehäuft** [gə'hɔyft] **I.** *adj* **1.** (*Löf-*

G

*fel*) bon(ne) **2.** (*Auftreten*) répété(e) **II.** *adv* fréquemment

**gehbehindert** ['ge:bəhɪndɐt] *adj* ~ **sein** avoir du mal à se déplacer

**geheim** [gə'haɪm] *adj* secret(-ète)

**Geheimnis** [gə'haɪmnɪs] <-ses, -se> *nt* secret *m*

**geheimnisvoll** *adj* mystérieux (-euse)

**Geheimnummer** *f* **1.** (*Telefonnummer*) numéro *m* sur la liste rouge **2.** (*Geheimzahl*) numéro *m* secret **Geheimzahl** *f* code *m* confidentiel

**gehen** ['ge:ən] *irr* **I.** *vi* **1.** aller; **über die Straße ~** traverser la rue **2.** (*zu Fuß gehen*) marcher **3.** (*weggehen*) partir **4.** (*Uhr, Geschäft*) marcher **5.** *fam* (*verlaufen*) **gut ~** bien se passer **6.** (*sich entwickeln*) **auseinander ~** (*Beziehung*) se briser; (*Ansichten*) diverger **7.** (*sich unterbringen lassen*) **durch die Tür ~** (*Schrank*) passer par la porte **8.** (*möglich sein*) **ja, das geht** oui, c'est possible **9. ihm/ihr geht es gut** il/elle va bien; **mir geht es genauso** pour moi, c'est la même chose; **geht es, oder soll ich dir tragen helfen?** ça va, ou faut-il que je t'aide à porter?; **es geht um viel Geld** beaucoup d'argent est en jeu

**Gehirn** [gə'hɪrn] <-[e]s, -e> *nt* cerveau *m*

**gehoben** [gə'ho:bən] *adj* élevé(e)

**Gehör** [gə'hø:ɐ̯] <-[e]s, -e> *nt* ouïe *f*

**gehorchen*** *vi* obéir à

**gehören*** *vi* **1.** appartenir à **2.** (*dazugehören*) faire partie de

**gehörlos** *adj form* sourd(e)

**gehorsam** [gə'ho:ɐ̯za:m] **I.** *adj* obéissant(e) **II.** *adv* docilement

**Gehweg** ['ge:ve:k] *m* trottoir *m*

**Geige** ['gaɪgə] <-, -n> *f* violon *m*

**Geist** [gaɪst] <-[e]s, -er> *m* esprit *m* **geistesgestört** *adj* souffrant de troubles mentaux **geisteskrank** *adj* malade mental(e)

**Geisteswissenschaften** *Pl* sciences *fpl* humaines

**geistig** ['gaɪstɪç] **I.** *adj* **1.** intellectuel(le) **2.** (*spirituell*) spirituel(le) **II.** *adv* MED ~ **behindert** handicapé(e) mental(e)

**Geistliche(r)** *f(m)* ecclésiastique *mf*

**geistlos** *adj* stupide

**geistreich** *adj* spirituel(le)

**Geiz** [gaɪts] <-es> *m* avarice *f*

**geizig** *adj* avare

**Gejammer** [gə'jamɐ] <-s> *nt pej fam* jérémiades *mpl*

**Gekicher** [gə'kɪçɐ] <-s> *nt pej fam* ricanements *mpl*

**Gel** [ge:l] <-s, -e> *nt* gel *m*

**Gelächter** [gə'lɛçtɐ] <-s, -> *nt* rires *mpl*

**gelähmt** [gə'lɛ:mt] *adj* paralysé(e)

**Gelände** [gə'lɛndə] <-s, -> *nt* terrain *m*

**Geländewagen** *m* véhicule *m* tout-terrain
**gelangen*** [gə'laŋən] *vi* **ans Ziel ~** arriver au but; **an die Öffentlichkeit ~** être rendu public
**gelangweilt** I. *adj* (*Person*) qui s'ennuie; (*Blick*) d'ennui II. *adv* l'air ennuyé
**gelassen** [gə'lasən] *adj* placide
**Gelassenheit** <-> *f* flegme *m*
**gelaunt** [gə'launt] *adj* **gut/schlecht ~ sein** être de bonne/mauvaise humeur
**gelb** [gɛlp] *adj* jaune
**Gelb** <-s, -> *nt* 1. jaune *m* 2. (*gelbes Ampellicht*) [feu *m*] orange *m*
**gelblich** *adj* jaune pâle
**Geld** [gɛlt] <-[e]s, -er> *nt* argent *m* **Geldautomat** *m* distributeur *m* de billets **Geldbeutel** *m* porte-monnaie *m* **Geldbuße** *f* amende *f* **geldgierig** *adj* cupide **Geldschein** *m* billet *m* de banque **Geldsorgen** *Pl* soucis *mpl* d'argent **Geldstrafe** *f* amende *f* **Geldstück** *nt* pièce *f* de monnaie **Geldwechsel** *m* change *m*
**Gelee** [ʒe'le:] <-s, -s> *m o nt* gelée *f*
**gelegen** [gə'le:gən] *adj* opportun(e)
**Gelegenheit** <-, -en> *f* occasion *f*
**gelegentlich** [gə'le:gəntlɪç] I. *adj* passager(-ère) II. *adv* 1. de temps en temps 2. (*bei Gelegenheit*) à l'occasion
**gelehrt** [gə'le:ɐt] *adj* érudit(e)
**Geleise** [gə'laizə] <-s, -> *nt* A, CH voie *f*; *s.* **Gleis**
**Gelenk** [gə'lɛŋk] <-[e]s, -e> *nt* articulation *f*
**gelenkig** *adj* souple
**gelernt** *adj* qualifié(e)
**geliebt** [gə'li:pt] *adj* bien-aimé(e)
**Geliebte(r)** *f(m)* amant *m*/maîtresse *f*
**gelingen** [gə'lɪŋən] *vi irr* réussir
**gelockt** *adj* bouclé(e)
**gelöst** *adj* détendu(e)
**gelten** ['gɛltən] *vi irr* être valable
**gelungen** [gə'lʊŋən] *adj* [très] réussi(e)
**Gemälde** [gə'mɛ:ldə] <-s, -> *nt* tableau *m*
**Gemäldegalerie** *f* galerie *f* de peinture[s]
**gemäßigt** [gə'mɛ:sɪçt] *adj* 1. (*Klima*) tempéré(e) 2. (*moderat*) modéré(e)
**gemein** [gə'main] *adj* 1. infâme 2. (*gemeinsam*) **etw mit jdm/etw ~ haben** avoir qc en commun avec qn/qc
**Gemeinde** [gə'maində] <-, -n> *f* 1. commune *f* 2. (*Pfarrgemeinde*) paroisse *f*
**Gemeinderat** *m* conseil *m* municipal **Gemeindeversammlung** *f* CH assemblée *f* municipale
**Gemeinheit** <-, -en> *f* méchanceté *f*

**gemeinsam** I. *adj* 1. commun(e) 2. (*verbindend*) **sie haben vieles ~** ils/elles ont beaucoup de choses en commun II. *adv* ensemble

**Gemeinsamkeit** <-, -en> *f* point *m* commun

**Gemeinschaft** <-, -en> *f* communauté *f*; **die Europäische ~** la Communauté européenne

**Gemeinwohl** *nt* intérêt *m* commun

**gemischt** [gə'mɪʃt] *adj* mélangé(e)

**Gemurmel** [gə'mʊrməl] <-s> *nt* murmures *mpl*

**Gemüse** [gə'my:zə] <-s, -> *nt* légumes *mpl* **Gemüsegarten** *m* [jardin *m*] potager *m* **Gemüsehändler(in)** *m(f)* marchand(e) *m(f)* de légumes

**gemütlich** I. *adj* 1. (*Wohnung*) douillet(te); **es sich ~ machen** se mettre à son aise 2. (*Abend*) agréable II. *adv* 1. (*gemächlich*) tranquillement 2. (*behaglich*) confortablement

**genau** [gə'nau̯] I. *adj* précis(e) II. *adv* 1. exactement; (*passen*) juste; **auf die Sekunde ~** à la seconde près 2. (*gerade*) justement

**Genauigkeit** <-> *f* précision *f*

**genauso** [gə'nau̯zo:] *adv* de même

**Gendarm** [ʒan'darm] <-en, -en> *m* A gendarme *m*

**Gendarmerie** [ʒandarmə'ri:] <-, -n> *f* A gendarmerie *f*

**General** [genə'ra:l] <-[e]s, -e> *m* général *m*

**Generaldirektor(in)** *m(f)* directeur *m* général/directrice *f* générale

**Generalin** <-, -nen> *f* général *m*; (*Frau eines Generals*) générale *f*

**Generalkonsul(in)** *m(f)* consul *m* général **Generalkonsulat** *nt* consulat *m* général **Generalprobe** *f* [répétition *f*] générale *f* **Generalsekretär(in)** *m(f)* secrétaire *mf* général(e)

**Generation** [genəra'tsi̯o:n] <-, -en> *f* génération *f*

**generell** [genə'rɛl] *adj* général(e)

**Genesung** [gə'ne:zʊŋ] <-, -en> *f* guérison *f*

**Genf** [gɛnf] <-s> *nt* Genève

**Genfer See** <- -s> *m* **der ~** le lac Léman

**genial** [ge'ni̯a:l] *adj* génial(e)

**Genick** [gə'nɪk] <-[e]s, -e> *nt* nuque *f*

**Genie** [ʒe'ni:] <-s, -s> *nt* génie *m*

**genieren*** [ʒe'ni:rən] *vr* **sich vor jdm ~** être gêné devant qn

**genießbar** *adj* consommable

**genießen** [gə'ni:sən] *vt irr* 1. (*Leben, Urlaub*) profiter de 2. (*Speise*) savourer

**Genießer(in)** <-s, -> *m(f)* bon vivant *m*

**Genossenschaft** <-, -en> *f* coopérative *f*

**Gentechnik** *f* génétique *f* **Gentechnologie** *f* génie *m* génétique

**genug** [gə'nu:k] *adv* assez
**genügen*** [gə'ny:gən] *vi* suffire
**genügend** *adv* suffisamment
**Genugtuung** [gə'nu:ktu:ʊŋ] <-> *f* satisfaction *f*
**Genuss** [gə'nʊs] <-es, Genüsse> *m* régal *m*
**Geograf(in)** *s.* **Geograph(in)**
**Geografie** *s.* **Geographie**
**geografisch** *s.* **geographisch**
**Geograph(in)** [geo'gra:f] <-en, -en> *m(f)* géographe *mf*
**Geographie** [geogra'fi:] <-> *f* géographie *f*
**geographisch** **I.** *adj* géographique **II.** *adv* géographiquement
**Geometrie** [geome'tri:] <-> *f* géométrie *f*
**Gepäck** [gə'pɛk] <-[e]s> *nt* bagages *mpl*
**Gepäckabfertigung** *f,* **Gepäckannahme** *f* guichet *m* d'enregistrement des bagages **Gepäckaufbewahrung** *f* consigne *f* **Gepäckausgabe** *f* guichet *m* de retrait des bagages **Gepäckstück** *nt* bagage *m* **Gepäckträger** *m* **1.** (*Person*) porteur *m* **2.** (*Vorrichtung*) porte-bagages *m*
**gepflegt** [gə'pfle:kt] *adj* (*Person*) soigné(e)
**gerade** [gə'ra:də] **I.** *adj* **1.** droit(e) **2.** (*Zahl*) pair(e) **3.** (*aufrichtig*) franc(franche) **II.** *adv* **1.** ~ **stehen** se tenir droit(e) **2.** (*im Augenblick*) justement; ~ **arbeiten** (*Person*) être en train de travailler
**geradeaus** [gəra:də'ʔaʊs] *adv* tout droit
**geradewegs** [gə'ra:dəve:ks] *adv* directement
**Gerät** [gə'rɛ:t] <-[e]s, -e> *nt* **1.** (*Haushaltsgerät*) ustensile *m* **2.** (*Gartengerät*) outil *m* [de jardin] **3.** (*Elektrogerät*) appareil *m*
**geraten** [gə'ra:tən] *vi irr* **1. in einen Sturm** ~ être surpris par la tempête **2.** (*einen Zustand erlangen*) **in Panik** ~ être pris de panique
**geräumig** [gə'rɔymɪç] *adj* spacieux(-euse)
**Geräusch** [gə'rɔyʃ] <-[e]s, -e> *nt* bruit *m* **geräuschlos** **I.** *adj* silencieux(-euse) **II.** *adv* sans bruit
**Gerber(in)** <-s, -> *m(f)* tanneur (-euse) *m(f)*
**Gerberei** [gɛrbə'raj] <-, -en> *f* tannerie *f*
**gerecht** [gə'rɛçt] **I.** *adj* juste; (*Zorn*) justifié(e) **II.** *adv* équitablement
**Gerechtigkeit** <-> *f* justice *f*
**Gerede** [gə're:də] <-s> *nt* histoires *fpl*
**geregelt** *adj* régulier(-ière)
**gereizt** [gə'rajtst] **I.** *adj* agacé(e) **II.** *adv* avec irritation
**Gericht** [gə'rɪçt] <-[e]s, -e> *nt* **1.** GASTR plat *m* **2.** (*Institution*) tribunal *m* **Gerichtsgebäude** *nt* palais *m* de justice

**gering** [gəˈrɪŋ] *adj* 1. faible; (*Menge*) petit(e); (*Temperatur*) bas(se) 2. **nicht im Geringsten** pas le moins du monde

**gern[e]** <lieber, am liebsten> *adv* 1. **etw ~ tun** aimer bien faire qc 2. (*ohne weiteres*) sans problème 3. (*oft*) volontiers

**gern|haben** *vt* **jdn ~** aimer [bien] qn

**Geröll** [gəˈrœl] <-[e]s, -e> *nt* éboulis *m*

**Gerste** [ˈgɛrstə] <-, -n> *f* orge *f*

**Gerstenkorn** *nt* grain *m* d'orge

**Geruch** [gəˈrʊx] <-[e]s, Gerüche> *m* odeur *f*

**geruchlos** *adj* inodore

**Geruchssinn** *m* odorat *m*

**Gerücht** [gəˈrʏçt] <-[e]s, -e> *nt* rumeur *f*

**Gerüst** [gəˈrʏst] <-[e]s, -e> *nt* échafaudage *m*

**Ges** <-, -> *nt* MUS sol *m* bémol

**gesamt** [gəˈzamt] *adj* **die ~e Familie** toute la famille **Gesamteindruck** *m* impression *f* d'ensemble

**Gesang** [gəˈzaŋ] <-[e]s, Gesänge> *m* chant *m*

**Gesangbuch** *nt* livre *m* de cantiques

**Gesäß** [gəˈzɛːs] <-es, -e> *nt* derrière *m*

**Geschäft** [gəˈʃɛft] <-[e]s, -e> *nt* 1. magasin *m* 2. (*Unternehmen*) affaire *f*

**geschäftig** I. *adj* affairé(e) II. *adv* de façon affairée

**geschäftlich** I. *adj* (*Verabredung*) d'affaires II. *adv* pour affaires **Geschäftsfrau** *f* femme *f* d'affaires **Geschäftsfreund(in)** *m(f)* relation *f* d'affaires **Geschäftsführer(in)** *m(f)* (*einer Firma*) gérant(e) *m(f)* **Geschäftsführung** *f* direction *f* **Geschäftskosten** *Pl* **auf ~** aux frais de la société **Geschäftsleitung** *s.* Geschäftsführung **Geschäftsleute** *Pl von* Geschäftsmann **Geschäftsmann** <-leute> *m* homme *m* d'affaires **Geschäftsreise** *f* voyage *m* d'affaires **Geschäftsschluss** *m* fermeture *f* des magasins **Geschäftsstelle** *f* agence *f* **Geschäftszeit** *f* heures *fpl* d'ouverture

**geschehen** [gəˈʃeːən] *vi irr* 1. se passer; (*Unfall*) arriver 2. (*getan werden*) **es muss etwas ~!** il faut faire quelque chose!

**gescheit** [gəˈʃait] *adj* 1. (*klug*) intelligent(e) 2. (*vernünftig*) raisonnable

**Geschenk** [gəˈʃɛŋk] <-[e]s, -e> *nt* cadeau *m*

**Geschenkpapier** *nt* papier *m* cadeau

**Geschichte** [gəˈʃɪçtə] <-, -n> *f* histoire *f*

**geschichtlich** *adj* historique

**Geschichtsbuch** *nt* livre *m*

d'histoire
**Geschick** [gəˈʃɪk] <-s> *nt* habileté *f*
**Geschicklichkeit** <-> *f* habileté *f*
**geschickt** *adj* adroit(e)
**geschieden** [gəˈʃiːdən] *adj* divorcé(e)
**Geschirr** [gəˈʃɪr] <-[e]s, -e> *nt* vaisselle *f*
**Geschirrspülmaschine** *f* lave-vaisselle *m* **Geschirrspülmittel** *nt* produit *m* [pour la] vaisselle **Geschirrtuch** <-tücher> *nt* torchon *m*
**Geschlecht** [gəˈʃlɛçt] <-[e]s, -er> *nt* 1. sexe *m* 2. LING genre *m*
**Geschmack** [gəˈʃmak] <-[e]s, Geschmäcke> *m* goût *m*
**geschmacklos** *adj* (*Bemerkung*) de mauvais goût
**Geschmacklosigkeit** <-, -en> *f* mauvais goût *m*
**geschmackvoll** I. *adj* de bon goût *mpl* II. *adv* avec goût
**geschmeidig** [gəˈʃmaidɪç] I. *adj* souple II. *adv* avec souplesse
**Geschöpf** [gəˈʃœpf] <-[e]s, -e> *nt* créature *f*
**Geschoss** [gəˈʃɔs] <-es, -e> *nt* étage *m*
**Geschrei** <-s> *nt* cris *mpl*
**geschützt** *adj* (*Art*) protégé(e)
**Geschwindigkeit** [gəˈʃvɪndɪçkait] <-, -en> *f* vitesse *f*
**Geschwindigkeitsbeschränkung** *f* limitation *f* de vitesse **Geschwindigkeitsüberschreitung** *f* excès *m* de vitesse
**Geschwister** [gəˈʃvɪstɐ] *Pl* frères *mpl* et sœurs
**Gesellschaft** [gəˈzɛlʃaft] <-, -en> *f* 1. SOZIOL, ÖKON société *f* 2. (*Begleitung*) compagnie *f*
**gesellschaftlich** *adj* social(e)
**Gesellschaftsschicht** *f* couche *f* sociale **Gesellschaftsspiel** *nt* jeu *m* de société
**Gesetz** [gəˈzɛts] <-es, -e> *nt* loi *f*
**gesetzlich** I. *adj* légal(e) II. *adv* par la loi
**gesetzlos** *adj* anarchique
**gesetzwidrig** *adj* illégal(e)
**Gesicht** [gəˈzɪçt] <-[e]s, -er> *nt* visage *m*
**Gesichtsausdruck** <-ausdrücke> *m* expression *f* [du visage] **Gesichtsfarbe** *f* teint *m* **Gesichtspunkt** *m* point *m* de vue
**gespannt** [gəˈʃpant] I. *adj* (*Zuschauer*) captivé(e); (*Lage*) tendu(e) II. *adv* attentivement
**Gespenst** [gəˈʃpɛnst] <-[e]s, -er> *nt* fantôme *m*
**Gespött** [gəˈʃpœt] <-[e]s> *nt* raillerie *f*
**Gespräch** [gəˈʃprɛːç] <-[e]s, -e> *nt* 1. conversation *f* 2. (*förmliche Unterredung*) entretien *m* 3. (*Telefongespräch*) communication *f* [téléphonique]
**gesprächig** *adj* loquace
**Gesprächspartner(in)** *m(f)*

G

interlocuteur(-trice) *m(f)*
**Gespür** [gəˈʃpyːɐ̯] <-s> *nt* flair *m*
**Gestalt** [gəˈʃtalt] <-, -en> *f* 1. (*Mensch*) créature *f* 2. *pej* (*fragwürdiges Individuum*) individu *m* 3. (*Wuchs*) silhouette *f*
**gestalten*** *vt* 1. (*Freizeit*) organiser; (*Unterricht*) présenter 2. *a.* ARCHIT, KUNST concevoir; (*konstruieren*) agencer
**Gestaltung** <-, -en> *f* 1. (*der Freizeit*) organisation *f* 2. *a.* ARCHIT, KUNST conception *f*; (*Einrichtung*) aménagement *m*
**Gestank** [gəˈʃtaŋk] <-[e]s> *m* puanteur *f*
**gestatten*** [gəˈʃtatən] *vt form* permettre
**Geste** [ˈgɛstə] <-, -n> *f* geste *m*
**gestehen** *vt irr* avouer
**Gestell** [gəˈʃtɛl] <-[e]s, -e> *nt* 1. (*Regalgestell*) étagère *f* 2. (*Brillengestell*) monture *f*
**gestern** [ˈgɛstɐn] *adv* hier
**gestreift** [gəˈʃtraɪft] *adj* rayé(e)
**Gestrüpp** [gəˈʃtrʏp] <-[e]s, -e> *nt* broussailles *fpl*
**Gestüt** [gəˈʃtyːt] <-[e]s, -e> *nt* haras *m*
**gesucht** [gəˈzuːxt] *adj* recherché(e)
**gesund** [gəˈzʊnt] <gesünder, gesündeste> I. *adj* (*Person*) en bonne santé; (*Wirtschaft, Lebensweise, Ernährung*) sain(e) II. *adv* sainement
**Gesundheit** <-> *f* santé *f* **gesundheitsschädlich** *adj* dangereux(-euse) pour la santé **Gesundheitszustand** *m* état *m* de santé
**Getränk** [gəˈtrɛŋk] <-[e]s, -e> *nt* boisson *f*
**Getränkeautomat** *m* distributeur *m* de boissons
**getrauen*** *vr* **sich ~ etw zu tun** oser faire qc
**Getreide** [gəˈtraɪdə] <-s, -> *nt* céréales *fpl*
**getrennt** [gəˈtrɛnt] I. *adj* séparé(e) II. *adv* (*leben*) séparément; (*schreiben*) en deux mots
**getreu** [gəˈtrɔy] *adj geh* fidèle
**Getriebe** [gəˈtriːbə] <-s, -> *nt* TECH boîte *f* de vitesses
**Getto** [ˈgɛto] <-s, -s> *nt* ghetto *m*
**gewagt** [gəˈvaːkt] *adj* osé(e)
**gewählt** [gəˈvɛːlt] I. *adj* (*Ausdrucksweise*) choisi(e) II. *adv* en termes choisis
**Gewalt** [gəˈvalt] <-, -en> *f* 1. pouvoir *m* 2. (*gewaltsames Vorgehen*) violence *f*
**gewaltig** I. *adj* 1. (*heftig*) violent(e) 2. (*Bauwerk*) énorme; (*Anblick*) impressionnant(e) II. *adv fam* drôlement
**gewaltlos** I. *adj* non-violent(e) II. *adv* sans violence
**Gewaltlosigkeit** <-> *f* non-violence *f*
**gewaltsam** I. *adj* (*Tod*) violent(e) II. *adv* par la force

**Gewalttat** *f* acte *m* de violence **Gewalttäter(in)** *m(f)* criminel(le) *m(f)* **gewalttätig** *adj* violent(e) **Gewalttätigkeit** *f* violence *f* **Gewaltverbrechen** *nt* crime *m*

**Gewässer** [gəˈvɛsɐ] <-s, -> *nt* eaux *fpl*

**Gewebe** [gəˈveːbə] <-s, -> *nt* tissu *m*

**Gewehr** [gəˈveːɐ̯] <-[e]s, -e> *nt* fusil *m* **Gewerbegebiet** *nt* zone *f* industrielle

**Gewerkschaft** [gəˈvɛrkʃaft] <-, -en> *f* syndicat *m*

**Gewerkschaft[l]er(in)** <-s, -> *m(f)* syndicaliste *mf* **Gewerkschaftsmitglied** *nt* syndiqué(e) *m(f)*

**Gewicht** [gəˈvɪçt] <-[e]s, -e> *nt* poids *m*

**Gewichtheben** <-s> *nt* SPORT haltérophilie *f* **Gewichtheber(in)** <-s, -> *m(f)* haltérophile *mf*

**Gewichtsverlust** *m* perte *f* de poids **Gewichtszunahme** *f* prise *f* de poids

**Gewinn** [gəˈvɪn] <-[e]s, -e> *m* **1.** bénéfice *m* **2.** (*Preis*) gain *m* **3.** (*Vorteil*) enrichissement *m* **gewinnbringend** **I.** *adj* lucratif(-ive) **II.** *adv* lucrativement

**gewinnen** [gəˈvɪnən] *vt, vi irr* gagner

**Gewinner(in)** <-s, -> *m(f)* gagnant(e) *m(f)*; MIL vainqueur *mf*

**Gewinnzahl** *f* numéro *m* gagnant

**Gewirr** [gəˈvɪr] <-[e]s> *nt* enchevêtrement *m*

**gewiss** [gəˈvɪs] **I.** *adj* **1.** (*nicht näher benannt*) certain(e) **2.** (*sicher*) sûr(e) **II.** *adv* certainement

**Gewissen** [gəˈvɪsən] <-s> *nt* conscience *f*

**gewissenhaft** *adj* consciencieux(-euse)

**gewissenlos** *adj, adv* sans scrupule

**Gewissensbisse** *Pl* remords *mpl* **Gewissensfrage** *f* cas *m* de conscience

**gewissermaßen** *adv* en quelque sorte

**Gewissheit** *f* certitude *f*

**Gewitter** [gəˈvɪtɐ] <-s, -> *nt* orage *m*

**gewitterig** *s.* **gewittrig**

**gewittrig** *adj* orageux(-euse)

**gewöhnen*** [gəˈvøːnən] **I.** *vt* **an jdn/etw gewöhnt sein** être habitué à qn/qc **II.** *vr* **sich an jdn/etw ~** s'habituer à qn/qc

**Gewohnheit** [gəˈvoːnhait] <-, -en> *f* habitude *f*

**gewöhnlich** [gəˈvøːnlɪç] **I.** *adj* **1.** habituel(le) **2.** (*Arbeitstag*) ordinaire **3.** *pej* (*ordinär*) vulgaire **II.** *adv* **wie ~** comme d'habitude

**gewohnt** [gəˈvoːnt] *adj* (*Zeit*) habituel(le); **etw ~ sein** être habitué à qc

G

**Gewölbe** [gəˈvœlbə] <-s, -> *nt* 1. (*Gewölbedecke*) voûte *f* 2. (*Raum*) cave *f* voûtée

**gewollt** I. *adj* intentionnel(le) II. *adv* délibérément

**Gewürz** [gəˈvʏrts] <-es, -e> *nt* épice *f*

**gezielt** [gəˈtsiːlt] *adj* ciblé(e)

**gezwungen** [gəˈtsvʊŋən] *adj* contraint(e); (*Lachen*) forcé(e)

**Ghetto** *s.* Getto

**Gier** [giːɐ] <-> *f* 1. avidité *f* 2. (*Geldgier*) cupidité *f*

**gierig** I. *adj* avide II. *adv* avec avidité

**gießen** [ˈgiːsən] *vt irr* 1. arroser 2. (*schütten*) verser 3. (*formen*) couler

**Gießkanne** *f* arrosoir *m*

**Gift** [gɪft] <-[e]s, -e> *nt* poison *m*; (*einer Schlange*) venin *m*

**Giftgas** *nt* gaz *m* toxique

**giftig** *adj* (*Schlange, Person, Bemerkung*) venimeux(-euse); (*Pflanze*) vénéneux(-euse); (*Stoff*) toxique

**Giftmüll** *m* déchets *mpl* toxiques **Giftpilz** *m* champignon *m* vénéneux **Giftschlange** *f* serpent *m* venimeux **Giftstoff** *m* substance *f* toxique

**gigantisch** *adj* gigantesque

**Gipfel** [ˈgɪpfəl] <-s, -> *m* sommet *m*

**Gips** [gɪps] <-es, -e> *m* plâtre *m*

**Girlande** [gɪrˈlandə] <-, -n> *f* guirlande *f*

**Gis** <-, -> *nt* sol *m* dièse

**Gitarre** [giˈtarə] <-, -n> *f* guitare *f*

**Gitarrist(in)** <-en, -en> *m(f)* guitariste *mf*

**Gitter** [ˈgɪtɐ] <-s, -> *nt* grille *f*

**Gitterrost** *m* grille *f*

**Glanz** [glants] <-es> *m* 1. (*von Haaren, Augen*) brillant *m*; (*einer Fläche*) éclat *m* 2. (*Pracht*) magnificence *f*

**glänzen** [ˈglɛntsən] *vi* briller

**glänzend** *adj* brillant(e) **glanzlos** *adj* (*Haare*) terne; (*Oberfläche*) mat(e) **glanzvoll** *adj* (*Auftritt*) brillant(e); (*Fest*) somptueux(-euse)

**Glas** [glaːs] <-es, Gläser> *nt* 1. verre *m* 2. (*Konservenglas*) bocal *m*

**Glascontainer** *m* container *m* à verre

**Glaser(in)** [ˈglaːzɐ] <-s, -> *m(f)* vitrier(-ière) *m(f)*

**glasklar** I. *adj* limpide II. *adv fam* [très] clairement

**Glasmalerei** *f* peinture *f* sur verre **Glasscheibe** *f* verre *m*

**Glastür** *f* porte *f* vitrée

**glatt** [glat] <-er, -este> *adj* 1. (*Fläche*) plan(e) 2. (*Haut, Stoff*) lisse 3. (*Haare*) raide 4. (*Fußboden*) glissant(e)

**Glatteis** *nt* verglas *m*

**glätten** [ˈglɛtən] *vt* (*Haar*) lisser; (*Banknote*) défroisser

**Glatze** [ˈglatsə] <-, -n> *f* calvitie *f*

**glatzköpfig** ['glatskœpfɪç] *adj* chauve
**Glaube** ['glaubə] <-ns> *m* **1.** REL croyance *f* **2.** (*Überzeugung*) foi *f*
**glauben** ['glaubən] *vt, vi* croire
**Glauben** *s.* Glaube
**glaubhaft I.** *adj* digne de foi **II.** *adv* de façon convaincante
**Glaubhaftigkeit** <-> *f* crédibilité *f*
**gläubig** ['glɔybɪç] *adj* REL croyant(e)
**Gläubige(r)** *f(m)* croyant(e) *m(f)*
**glaubwürdig** *adj* crédible
**gleich** [glaiç] **I.** *adj* **1.** même **2.** MATH **zwei mal zwei ~ vier** deux fois deux [égalent] quatre **3.** (*gleichgültig*) égal **II.** *adv* **1.** (*behandeln*) de la même façon; **~ groß sein** être de même taille **2.** (*unmittelbar*) **~ neben der Kirche** juste à côté de l'église **3.** (*in Kürze*) tout de suite; **es ist ~ sechs Uhr** il est bientôt six heures
**gleichaltrig** ['glaiçaltrɪç] *adj* du même âge
**gleichartig** *adj* de même nature
**Gleichberechtigung** *f* égalité *f* des droits
**gleichen** ['glaiçən] *vi irr* ressembler à
**gleichfalls** *adv* également
**gleichförmig** ['glaiçfœrmɪç] **I.** *adj* uniforme **II.** *adv* (*verlaufen*) uniformément
**Gleichgewicht** *nt* équilibre *m*
**gleichgültig** *adj* indifférent(e)
**Gleichgültigkeit** *f* indifférence *f*
**Gleichheit** <-, -en> *f* similitude *f*
**Gleichheitszeichen** *nt* signe *m* d'égalité
**gleichmäßig I.** *adj* régulier (-ière) **II.** *adv* régulièrement
**gleichzeitig I.** *adj* simultané(e) **II.** *adv* en même temps
**Gleis** [glais] <-es, -e> *nt* voie *f*
**Gleitschirmfliegen** *nt* parapente *m*
**Gletscher** ['glɛtʃɐ] <-s, -> *m* glacier *m*
**Gletscherspalte** *f* crevasse *f*
**Glied** [gli:t] <-[e]s, -er> *nt a. fig* membre *m*
**glitschig** ['glɪtʃɪç] *adj fam* glissant(e)
**glitzern** [glɪtsɐn] *vi* scintiller
**global** [glo'ba:l] **I.** *adj* général(e) **II.** *adv* universellement
**Glocke** ['glɔkə] <-, -n> *f* **1.** (*Kirchenglocke*) cloche *f* **2.** (*Läutwerk*) sonnerie *f* **Glockenspiel** *nt* carillon *m* **Glockenturm** *m* clocher *m*
**Glück** [glʏk] <-[e]s> *nt* **1.** chance *f* **2.** (*Freude, Zufriedenheit*) bonheur *m*
**glücklich** *adj* heureux(-euse)
**glücklicherweise** *adv* par chance
**Glücksbringer** <-s, -> *m* porte-

bonheur *m* **Glücksfall** *m* coup *m* de chance **Glücksspiel** *nt* jeu *m* de hasard

**Glückwunsch** *m* félicitation *f*

**Glückwunschkarte** *f* carte *f* de félicitations

**Glühbirne** *f* ampoule *f*

**glühend** *adj* **1.** (*Metall*) incandescent(e); (*Kohle*) ardent(e) **2.** (*Wangen*) brûlant(e)

**Glühwein** *m* vin *m* chaud

**Glut** [glu:t] <-, -en> *f* braise *f*

**g-Moll** ['e:mɔl] <-> *nt* sol *m* mineur

**gnadenlos** *adj* impitoyable

**Gokart** <-[s], -s> *m* kart *m*

**Gold** [gɔlt] <-[e]s> *nt* or *m* **Goldbarren** *m* lingot *m* d'or

**golden** ['gɔldən] **I.** *adj* en or **II.** *adv* d'un éclat doré

**goldfarben** *adj* doré(e) **Goldfisch** *m* poisson *m* rouge **goldgelb** *adj* jaune d'or

**Goldmedaille** *f* médaille *f* d'or **Goldmine** *f* mine *f* d'or **Goldschmied(in)** *m(f)* orfèvre *mf* **Goldstück** *nt* (*Goldmünze*) pièce *f* d'or

**Golf¹** [gɔlf] <-[e]s, -e> *m* GEO golfe *m*

**Golf²** <-s> *nt* golf *m*

**Golfplatz** *m* terrain *m* de golf **Golfschläger** *m* club *m* **Golfspieler(in)** *m(f)* joueur (-euse) *m(f)* de golf

**Gondel** ['gɔndəl] <-, -n> *f* gondole *f*; (*einer Seilbahn*) [télé]cabine *f*

**gönnen** ['gœnən] *vt* **1.** (*neidlos zugestehen*) **jdm etw ~** se réjouir pour qn de qc **2.** (*gewähren*) **sich** (*dat*) **etw ~** s'offrir qc

**Gosse** ['gɔsə] <-, -n> *f* caniveau *m*

**Gotik** ['go:tɪk] <-> *f* gothique *m*

**gotisch** *adj* got[h]ique

**Gott** [gɔt] <-es, Götter> *m*, **Göttin** *f* **1.** dieu *m*/déesse *f* **2.** (*Gott der Christen*) Dieu *m*; **grüß ~!** A, SDEUTSCH bonjour!

**Gottesdienst** *m* office *m* [religieux]

**GPS** [ge:pe:'ʔɛs] *nt Abk von* **Global Positioning System** GPS *m*

**GPS-System** [ge:pe:'ʔɛs-] *nt* système *m* GPS

**Grab** [gra:p] <-[e]s, Gräber> *nt* tombe *f*

**graben** ['gra:bən] *vt, vi irr* creuser

**Graben** ['gra:bən] <-s, Gräben> *m* **1.** fossé *m* **2.** (*Schützengraben*) tranchée *f*

**Grad** [gra:t] <-[e]s, -e> *m* **1.** degré *m* **2.** (*Rang*) grade *m*

**Graf** [gra:f] <-en, -en> *m*, **Gräfin** *f* comte *m*/comtesse *f*

**Graffiti** [gra'fi:ti] *Pl* graffitis *mpl*

**Grafik** ['gra:fɪk] <-, -en> *f* graphique *m*

**Grafiker(in)** ['gra:fikɐ] <-s, -> *m(f)* graphiste *mf*

**Gramm** [gram] <-s, -e> *nt* gramme *m*

**Grammatik** [gra'matɪk] <-, -en> *f* grammaire *f*

**grandios** [gran'dio:s] **I.** *adj* (*Idee*) génial(e); (*Erfolg*) triomphal(e) **II.** *adv* remarquablement bien

**Grapefruit** ['gre:pfru:t] <-, -s> *f* pamplemousse *m*

**Graphik** *s.* **Grafik**

**Gras** [gra:s] <-es, Gräser> *nt* herbe *f* **Grashüpfer** <-s, -> *m fam* sauterelle *f*

**Grat** [gra:t] <-[e]s, -e> *m* crête *f*

**Gräte** ['grɛ:tə] <-, -n> *f* arête *f*

**gratis** ['gra:tɪs] *adj* gratuit(e)

**Gratisprobe** *f* échantillon *m* gratuit

**Gratulation** [gratula'tsio:n] <-, -en> *f* félicitations *fpl*

**gratulieren*** [gratu'li:rən] *vi* féliciter

**grau** [grau] *adj* gris(e)

**grauenhaft**, **grauenvoll** *adj* horrible

**grauhaarig** *adj* aux cheveux gris

**grausam** ['grauza:m] *adj* cruel(le)

**Grausamkeit** <-, -en> *f* **1.** (*Verhalten*) cruauté *f* **2.** (*Tat*) atrocité *f*

**gravieren*** [gra'vi:rən] *vt* graver

**gravierend** *adj* (*Unterschied*) grand(e); (*Fehler*) grave

**graziös** [gra'tsiø:s] *adj* gracieux (-euse)

**greifbar** *adv* ~ **nahe** *fig* à portée de main

**greifen** ['graifən] *irr* **I.** *vt* attraper **II.** *vi* **nach etw** ~ saisir qc

**Greis(in)** [grais] <-es, -e> *m(f)* vieillard *m*/vieille *f*

**grell** [grɛl] *adj* **1.** (*Licht, Farbe*) cru(e) **2.** (*Stimme*) perçant(e)

**Grenze** ['grɛntsə] <-, -n> *f* **1.** frontière *f* **2.** (*Abgrenzung*) limite *f*

**grenzenlos** **I.** *adj* **1.** illimité(e) **2.** (*Vertrauen*) infini(e) **II.** *adv* infiniment **Grenzgebiet** *nt* zone *f* frontalière **Grenzkontrolle** *f* contrôle *m* douanier **Grenzposten** *m* poste *m* [-] frontière **Grenzschutz** *m fam* (*Truppe*) [unité *f* de] garde-frontière *f* **Grenzübergang** *m* poste *m* frontière

**Grieche** ['gri:çə] <-n, -n> *m* Grec *m*

**Griechenland** *nt* la Grèce

**Griechin** ['gri:çɪn] <-, -nen> *f* Grecque *f*

**griechisch** ['gri:çɪʃ] **I.** *adj* grec (grecque) **II.** *adv* en grec

**Griechisch** <-[s]> *nt* grec *m*

**Griff** [grɪf] <-[e]s, -e> *m* **1.** poignée *f*; (*eines Schirms*) manche *m* **2.** (*Handgriff*) geste *m* **3.** *a.* SPORT prise *f*

**Grill** [grɪl] <-s, -s> *m* barbecue *m*

**Grille** ['grɪlə] <-, -n> *f* grillon *m*

**grillen** ['grɪlən] **I.** *vi* faire un barbecue **II.** *vt* **etw** ~ faire griller qc [au barbecue]

**Grillparty** *f* barbecue *m*

**Grimasse** [gri'masə] <-, -n> *f* gri-

G

mace *f*

**Grippe** ['grɪpə] <-, -n> *f* grippe *f*

**grob** [groːp] <gröber, gröbste> **I.** *adj* **1.** grossier(-ière) **2.** (*ungefähr*) sommaire **II.** *adv* grossièrement

**Grog** [grɔk] <-s, -s> *m* grog *m*

**Grönland** ['grøːnlant] <-s> *nt* le Groenland

**Grönländer(in)** ['grøːnlɛndɐ] <-s, -> *m(f)* Groenlandais(e) *m(f)*

**grönländisch** *adj* groenlandais(e)

**Groschen** ['grɔʃən] <-s, -> *m* A groschen *m*

**groß** [groːs] <größer, größte> **I.** *adj* **1.** grand(e); (*Erfolg*) gros(se); (*Pause*) long(ue) **2.** (*älter*) grand(e) **3.** (*Buchstabe*) majuscule **4.** (*als Namenszusatz*) **der Große** le Grand; **Karl der Große** Charlemagne **II.** *adv* (*feiern*) en grande pompe

**großartig I.** *adj* (*Person*) génial(e) (*fam*); (*Bauwerk*) grandiose **II.** *adv* magnifiquement

**Großbritannien** [groːsbri'taniən] <-s> *nt* la Grande-Bretagne

**Großbuchstabe** *m* majuscule *f*

**Größe** ['grøːsə] <-, -n> *f* **1.** (*einer Fläche*) superficie *f* **2.** (*Körpergröße, Kleidergröße, Höhe, Länge*) taille *f*; (*Schuhgröße*) pointure *f* **3.** MATH, PHYS grandeur *f*

**Großeltern** *Pl* grands-parents *mpl* **Großenkel(in)** *m(f)* arrière-petit-fils *m*/arrière-petite-fille *f*

**Großfamilie** *f* grande famille *f* **Großhandel** *m* commerce de *m* gros **Großmacht** *f* grande puissance *f* **Großmutter** *f* grand-mère *f* **Großraum** *m* agglomération *f* **groß|schreiben** *vt irr* écrire en majuscules **Großstadt** *f* grande ville *f*

**Großteil** *m* **1. der ~** la majeure partie **2.** (*erheblicher Teil*) grande partie *f*

**Großvater** *m* grand-père *m* **groß|ziehen** *vt irr* élever **großzügig** *adj* généreux (-euse) **Großzügigkeit** <-> *f* générosité *f*

**grotesk** [gro'tɛsk] *adj* grotesque

**Grotte** ['grɔtə] <-, -n> *f* grotte *f*

**grübeln** ['gryːbəln] *vi* ruminer

**Grubenarbeiter** *m* mineur *m*

**grüezi** ['gryːɛtsi] *interj* CH bonjour

**grün** [gryːn] *adj* vert(e); (*Politik*) écologiste

**Grün** <-s, -> *nt* **1.** vert *m*; **im ~n** dans la nature **2.** (*Grünfläche*) espace *m* vert **3.** (*Grünpflanzen*) verdure *f*

**Grünanlage** *f* espace *m* vert

**Grund** [grʊnt] <-[e]s, Gründe> *m* **1.** raison *f* **2.** (*Ursache*) cause *f* **3.** (*Erdboden*) sol *m* **4.** (*eines Gewässers*) fond *m*

**gründen** ['grʏndən] **I.** *vt* fonder **II.** *vi, vr* [**sich**] **auf etw** (*akk*) ~ [se] baser sur qc

**Gründer(in)** <-s, -> *m(f)* fondateur(-trice) *m(f)*

**Grundfläche** *f* superficie *f*
**gründlich** ['grʏntlɪç] **I.** *adj* rigoureux(-euse) **II.** *adv* rigoureusement
**grundlos I.** *adj* infondé(e) **II.** *adv* sans raison
**Gründonnerstag** [gry:n'dɔnɐsta:k] *m* jeudi *m* saint **Grundschule** *f* ≈ école *f* primaire **Grundschullehrer(in)** *m(f)* instituteur(-trice) *m(f)* **Grundstück** *nt* propriété *f*
**Gründung** ['grʏndʊŋ] <-, -en> *f* fondation *f*
**Grüne(r)** *f(m)* POL écolo *mf* (*fam*); **die ~n** les verts **Grünfläche** *f* espace *m* vert
**Gruppe** ['grʊpə] <-, -n> *f* groupe *m* **Gruppenleiter(in)** *m(f)* chef *mf* d'équipe **Gruppenreise** *f* voyage *m* organisé
**gruselig** ['gru:zəlɪç] *adj* épouvantable
**Gruß** [gru:s] <-es, Grüße> *m* **1.** (*Begrüßung*) salut *m* **2.** (*übermittelter Gruß*) salutations *fpl;* **einen [schönen] ~ an die Kinder** bien le bonjour aux enfants **3.** (*schriftliche Grußformel*) **mit freundlichen Grüßen** reçois/recevez mes sincères salutations
**grüßen** ['gry:sən] *vt* **1.** (*begrüßen*) saluer **2.** (*Grüße übermitteln*) **jdn von jdm ~** saluer qn de la part de qn **Grußwort** <-worte> *nt* discours *m* de bienvenue
**gucken** ['gʊkən] *vi fam* (*sehen*) regarder
**Gulden** ['gʊldən] <-s, -> *m* florin *m*
**gültig** ['gʏltɪç] *adj* **1.** valable; (*Pass*) valide **2.** (*Gesetz*) en vigueur **3.** (*Zahlungsmittel*) légal(e)
**Gummi[1]** ['gʊmi] <-s, -[s]> *m o nt* caoutchouc *m*
**Gummi[2]** <-s, -s> *nt fam* (*Gummiband*) élastique *m*
**Gummiband** <-bänder> *nt* élastique *m* **Gummihandschuh** *m* gant *m* en caoutchouc **Gummistiefel** *m* botte *f* en caoutchouc
**günstig** ['gʏnstɪç] **I.** *adj* **1.** (*Zeit*) favorable; (*Zugverbindung*) commode **2.** (*preisgünstig*) avantageux(-euse) **II.** *adv* (*kaufen*) à un prix avantageux
**Gurke** ['gʊrkə] <-, -n> *f* (*Salatgurke*) concombre *m;* (*eingelegt*) cornichon *m*
**Gurt** [gʊrt] <-[e]s, -e> *m* **1.** sangle *f* **2.** (*Sicherheitsgurt*) ceinture *f* de sécurité
**Gürtel** ['gʏrtəl] <-s, -> *m* ceinture *f*
**gut** [gu:t] **I.** <besser, beste> *adj* **1.** bon(ne) **2. alles wird [wieder] ~** tout va s'arranger **II.** <besser, am besten> *adv* bien; **~ gelaunt sein** être de bonne humeur; (*angenehm*) **~ riechen/schmecken** sentir/être bon
**Gute(s)** *nt* **1.** (*qualitativ Hochwer-*

G

*tiges*) **etwas ~s** quelque chose de bon **2.** (*Positives*) **das ~ daran ist, dass ...** l'avantage, c'est que ...; **alles ~!** bonne chance!

**Güte** ['gy:tə] <-> *f* bonté *f*

**Güterbahnhof** *m* gare *f* de marchandises **Güterzug** *m* train *m* de marchandises

**gutgläubig** *adj* crédule

**Guthaben** <-s, -> *nt* avoir *m*

**gütig** ['gy:tɪç] *adj* bienveillant(e)

**gut|machen** *vt* [**wieder**] ~ (*Fehler*) réparer

**gutmütig** ['gu:tmy:tɪç] *adj* d'un bon naturel

**Gutschein** *m* bon *m*

**Gymnasiallehrer(in)** *m(f)* professeur *mf* de Gymnasium

**Gymnasiast(in)** [gymnazi'ast] <-en, -en> *m(f)* élève *mf* de Gymnasium

**Gymnasium** [gym'na:zium] <-s, -ien> *nt: établissement scolaire comprenant les classes entre l'école primaire et le baccalauréat*

**Gymnastik** [gym'nastɪk] <-> *f* gymnastique *f*

# H

**H, h** [ha:] <-, -> *nt* **1.** H *m*/h *m* **2.** MUS si *m*

**ha** *Abk von* **Hektar** ha

**Haar** [ha:ɐ̯] <-[e]s, -e> *nt* **1.** (*einzelnes Kopfhaar*) cheveu *m*; (*gesamtes Kopfhaar*) cheveux *mpl* **2.** (*Körper-, Tierhaar*) poil *m*

**Haarbürste** *f* brosse *f* à cheveux **Haarfarbe** *f* couleur *f* de[s] cheveux **Haarklammer** *f* pince *f* [à cheveux] **Haarschnitt** *m* coupe *f* de cheveux **Haarspray** *nt o m* laque *f* **Haartrockner** *m* sèche-cheveux *m*

**haben** ['ha:bən] *irr* **I.** *vt* avoir **II.** *vi* **du hast zu gehorchen** tu dois obéir **III.** *aux* **er hat/hatte den Brief geschrieben** il a/avait écrit la lettre; **ihr habt euch getäuscht** vous vous êtes trompé(e)s

**Hackbraten** *m* rôti *m* de viande hachée

**hacken** ['hakən] *vt* hacher

**Hackfleisch** *nt* viande *f* hachée

**Hacksteak** *nt* steak *m* haché

**Hafen** ['ha:fən] <-s, Häfen> *m* port *m*

**Hafenarbeiter(in)** *m(f)* docker *m*

**Hafer** ['ha:fɐ] <-s, -> *m* avoine *f*

**Haferflocken** *Pl* flocons *mpl* d'avoine

**Haftpflichtversicherung** *f* assurance *f* responsabilité civile

**Hagel** ['ha:gəl] <-s> *m* grêle *f*

**Hagelkorn** <-körner> *nt* grêlon *m*

**hageln** ['ha:gəln] *vi* grêler

**Hahn** [ha:n] <-[e]s, Hähne> *m* 1. coq *m* 2. (*Wasserhahn*) robinet *m*

**Hähnchen** ['hɛ:nçən] *nt* poulet *m*

**häkeln** ['hɛ:kəln] *vt* **etw ~** faire qc au crochet

**Haken** ['ha:kən] <-s, -> *m* 1. crochet *m* 2. (*Angelhaken*) hameçon *m* 3. (*Zeichen*) coche *f* 4. *fam* (*Schwierigkeit*) hic *m*

**halb** [halp] I. *adj* 1. **ein ~er Meter** un demi mètre 2. (*Uhrzeit*) **~ sieben** six heures et demie 3. *fam* (*ein Großteil von*) **~ Frankreich** presque toute la France II. *adv* (*zur Hälfte*) à moitié; **~ so viel** moitié moins

**Halbbruder** *m* demi-frère *m* **Halbdunkel** *nt* pénombre *f*

**halbfett** *adj* allégé(e) **Halbfinale** *nt* demi-finale *f*

**halbieren*** [hal'bi:rən] *vt* 1. partager en deux; (*schneiden*) couper en deux 2. (*vermindern*) réduire de moitié

**Halbinsel** *f* presqu'île *f*; (*groß*) péninsule *f* **Halbschwester** *f* demi-sœur *f* **halbtags** *adv* à mi-temps **halbwegs** *adv* 1. (*einigermaßen*) à peu près 2. (*nahezu*) pratiquement **Halbzeit** *f* mi-temps *f*

**Hälfte** ['hɛlftə] <-, -n> *f* moitié *f*

**Halle** ['halə] <-, -n> *f* 1. hall *m* 2. (*großer Saal*) [grande] salle *f*

**hallen** ['halən] *vi* résonner

**Hallenbad** *nt* piscine *f* couverte

**hallo** [ha'lo:] *interj* 1. salut 2. (*Gruß am Telefon*) allo 3. (*Anrede*) **~[, Sie]!** hé[, vous]!

**Hals** [hals] <-es, Hälse> *m* 1. cou *m* 2. (*Rachen*) gorge *f* 3. (*Flaschenhals*) col *m*

**Halsband** <-bänder> *nt* collier *m*

**Halskette** *f* chaîne *f* [de cou]; (*mit Steinen besetzt*) collier *m* **Halsschmerzen** *Pl* mal *m* de gorge **Halstuch** *nt* foulard *m* **Halsweh** *s.* **Halsschmerzen**

**halt** [halt] *interj* halte[-là]

**Halt** <-[e]s, -e> *m* 1. (*Stütze*) appui *m* 2. (*inneres Gleichgewicht*) équilibre *m* [moral/psychologique] 3. (*Stopp*) arrêt *m*; **~ machen** s'arrêter

**haltbar** *adj* (*Lebensmittel*) [de] longue conservation

**Haltbarkeitsdatum** *nt* date *f* limite [de consommation]

**halten** ['haltən] *irr* I. *vt* 1. tenir 2. (*tragen*) maintenir 3. (*Brücke*) soutenir 4. (*Ball*) arrêter 5. (*handhaben*) **auseinander ~** distinguer 6. (*Rede*) prononcer; (*Vortrag*) faire 7. (*ansehen als*) **für etw/jdn ~** prendre pour qn/qc II. *vi* 1. (*festhalten*) tenir 2. (*Lebensmittel*) se conserver 3. (*Fahrzeug*) s'arrêter 4. (*stehen zu*) **zu jdm ~** prendre le parti de qn III. *vr* 1. (*sich festhalten*) **sich**

H

an etw (*dat*) ~ se tenir à qc **2.** (*nicht verderben*) **sich ~** se garder **3.** METEO **sich ~** se maintenir **4.** (*sich richten nach*) **sich an die Regeln ~** respecter les règles

**Haltestelle** *f* station *f;* (*von Bussen*) arrêt *m* **Halteverbot** *nt* interdiction *f* de stationner

**Haltung** <-, -en> *f* attitude *f*

**Hamburg** ['hambʊrk] <-s> *nt* Hambourg

**Hamburger**[1] ['hambʊrgɐ] <-s, -> *m* hamburger *m*

**Hamburger**[2] *adj* de Hambourg

**Hamburger(in)** <-s, -> *m(f)* Hambourgeois(e) *m(f)*

**Hammel** ['haməl] <-s, -> *m* mouton *m*

**Hammelfleisch** *nt* [viande *f* de] mouton *m* **Hammelkeule** *f* gigot *m* de mouton

**Hammer** ['hamɐ] <-s, Hämmer> *m* marteau *m*

**hämmern** ['hɛmɐn] *vi* **1.** donner des coups de marteau **2.** (*klopfen*) **gegen die Tür ~** marteler la porte

**Hamster** ['hamstɐ] <-s, -> *m* hamster *m*

**Hand** [hant] <-, Hände> *f* **1.** main *f* **2. eine ~ voll** une poignée

**Handarbeit** *f* **1.** (*Arbeit mit den Händen*) travail *m* manuel **2.** (*Gegenstand*) ouvrage *m* fait à la main **Handball** *m* (*Spiel*) handball *m* **Handballspieler(in)** *m(f)* handballeur(-euse) *m(f)* **Handbremse** *f* frein *m* à main; (*eines Fahrrads*) frein *m*

**Händedruck** ['hɛndədrʊk] <-drücke> *m* poignée *f* de main

**Handel** ['handəl] <-s> *m* **1.** commerce *m* **2.** (*Abmachung, Geschäft*) marché *m*

**handeln** ['handəln] **I.** *vi* **1. mit etw ~** faire le commerce de qc **2.** (*feilschen*) marchander **3.** (*tätig sein*) agir **II.** *vr* **es handelt sich um ...** il s'agit de ...

**Handelsschule** *f* ≈ école *f* de commerce **Handgelenk** *nt* poignet *m* **handgemacht** *adj* fait(e) à la main **Handgepäck** *nt* bagages *mpl* à main **handgeschrieben** *adj* manuscrit(e)

**handgreiflich** *adj* **gegen jdn ~ werden** en venir aux mains avec qn

**Handgriff** *m* **1.** (*Aktion*) geste *m* **2.** (*Griff*) poignée *f*

**Handicap** ['hɛndikɛp] <-s, -s> *nt* handicap *m*

**Handkuss** *m* baisemain *m*

**Händler(in)** ['hɛndlɐ] <-s, -> *m(f)* commerçant(e) *m(f)*

**Handlung** ['handlʊŋ] <-, -en> *f* **1.** acte *m* **2.** (*eines Buchs, Films*) action *f*

**Handlungsfreiheit** *f* liberté *f* d'action **Handschelle** *f* menottes *fpl* **Handschlag** *m* poignée *f* de main **Handschrift** *f*

écriture *f* **Handschuh** *m* gant *m* **Handtasche** *f* sac *m* à main **Handtuch** <-tücher> *nt* serviette *f* [de toilette] **Handwerk** *nt* **1.** (*Beruf*) métier *m* [manuel] **2.** (*Berufsstand*) artisanat *m* **Handwerker(in)** <-s, -> *m(f)* artisan(e) *m(f)* **handwerklich** *adj* artisanal(e)

**Handy** ['hɛndi] <-s, -s> *nt* portable *m*

**Hang** [haŋ] <-[e]s, Hänge> *m* **1.** versant *m;* (*eines Weinbergs*) coteau *m* **2.** (*Vorliebe*) penchant *m*

**hängen**[1] ['hɛŋən] *vi irr* **1.** être accroché **2.** (*sich verbunden fühlen*) tenir à **3.** (*sich neigen*) pencher

**hängen**[2] *vt irr* pendre

**Hannover** [ha'no:fɐ] <-s> *nt* Hanovre

**Hansestadt** *f* ville *f* hanséatique

**happy** ['hɛpi] *adj fam* tout(e) content(e)

**Harfe** ['harfə] <-, -n> *f* harpe *f*

**harmlos** ['harmlo:s] *adj* **1.** (*Person, Tier*) inoffensif(-ive); (*Krankheit*) bénin(-igne) **2.** (*arglos*) anodin(e)

**Harmonie** [harmo'ni:] <-, -n> *f* harmonie *f*

**harmonieren*** [harmo'ni:rən] *vi* **1.** MUS s'accorder **2.** (*zueinander passen*) **miteinander** ~ aller bien ensemble; (*miteinander auskommen*) s'entendre bien

**harmonisch** [har'mo:nɪʃ] **I.** *adj* harmonieux(-euse) **II.** *adv* harmonieusement; (*verlaufen*) dans l'harmonie

**hart** [hart] <härter, härteste> **I.** *adj* **1.** dur(e); (*Matratze*) ferme; (*Kontaktlinsen*) rigide **2.** (*heftig*) brutal(e) **3.** (*Währung*) fort(e) **II.** *adv* **1.** ~ **durchgreifen** sévir **2.** (*streng*) durement **3.** (*arbeiten*) dur

**Härte** ['hɛrtə] <-, -n> *f* (*Wucht*) force *f*

**Hartkäse** *m* fromage *m* à pâte dure **hartnäckig I.** *adj* **1.** (*Person*) persévérant(e) **2.** (*Erkältung*) tenace **II.** *adv* avec persévérance

**Hase** ['ha:zə] <-n, -n> *m* lièvre *m*

**Haselnuss** *f* noisette *f*

**Hass** [has] <-es> *m* haine *f*

**hassen** ['hasən] *vt* **jdn/etw** ~ haïr qn/détester qc

**hässlich** ['hɛslɪç] **I.** *adj* laid(e); (*Wort*) méchant(e) **II.** *adv* mal

**Hast** [hast] <-> *f* hâte *f*

**hastig** *adv* précipitamment

**hauen**[1] ['haʊən] *vt, vi irr* cogner

**hauen**[2] *irr* **I.** *vt* **1.** enfoncer **2.** (*herstellen*) tailler **II.** *vi fam* **mit dem Kopf gegen etw** ~ se cogner la tête contre qc **III.** *vr fam* **sich** ~ se tabasser

**Haufen** ['haʊfən] <-s, -> *m* **1.** tas *m* **2.** *fam* (*Gruppe*) bande *f*

**häufen** ['hɔyfən] **I.** *vt* (*Vorräte*) entasser; (*Ämter*) cumuler **II.** *vr* sich ~ s'entasser; (*Vorkommnisse*) se répéter

**häufig** ['hɔyfɪç] I. *adj* fréquent(e) II. *adv* souvent

**Hauptbahnhof** *m* gare *f* centrale **Hauptdarsteller(in)** *m(f)* premier rôle *m*

**Hauptfigur** *f* figure *m* de proue **Hauptgericht** *nt* plat *m* de résistance **Hauptgewinn** *m* gros lot *m*

**Hauptmann** <-leute> *m* capitaine *m* **Hauptrolle** *f* premier rôle *m* **Hauptsache** *f* **die ~** le principal **hauptsächlich** *adv* surtout **Hauptschule** *f: établissement scolaire entre l'école primaire et la formation professionnelle, surtout artisanale, qui propose des cours plus simples que la Realschule*

**Hauptstadt** *f* capitale *f* **Hauptverkehrszeit** *f* heures *fpl* de pointe

**Haus** [haʊ̯s] <-es, Häuser> *nt* 1. maison *f*; **nach ~e gehen/kommen** rentrer [à la maison] 2. (*Dynastie*) **das ~ Habsburg** la maison des Habsbourg

**Hausarbeit** *f* 1. (*Arbeit im Haushalt*) travaux *mpl* ménagers 2. UNIV dissertation *f* **Hausarzt** *m*, **-ärztin** *f* médecin *mf* de famille **Hausaufgaben** *Pl* devoirs *mpl* **Hausbesorger(in)** [haʊ̯sbəzɔrgɐ] A *s.* **Hausmeister** **Hausfrau** *f* femme *f* au foyer

**hausgemacht** *adj* [fait(e)] maison **Haushalt** <-[e]s, -e> *m* 1. foyer *m* 2. (*Etat*) budget *m*

**Haushaltsgeld** *nt* argent *m* du ménage **Haushaltsgerät** *nt* ustensile *m* ménager **Haushaltswaren** *Pl* articles *mpl* ménagers

**Hausherr(in)** *m(f)* maître(-esse) *m(f)* de maison

**häuslich** ['hɔyslɪç] *adj* (*Person*) casanier(-ière)

**Hausmann** <-männer> *m* homme *m* au foyer **Hausmeister(in)** *m(f)* concierge *mf* **Hausmüll** *m* ordures *fpl* ménagères **Hausnummer** *f* numéro *m* **Hausschuh** *m* chausson *m*

**Haustelefon** *nt* interphone *m* **Haustier** *nt* animal *m* domestique **Haustür** *f* porte *f* d'entrée

**Haut** [haʊ̯t] <-, Häute> *f* peau *f* **Hautarzt** *m*, **-ärztin** *f* dermatologue *mf*

**Haxe** ['haksə] <-, -n> *f* SDEUTSCH (*eines Kalbs*) jarret *m*; (*eines Schweins*) jambonneau *m*

**Hbf.** *Abk von* **Hauptbahnhof** gare *f* centrale

**heben** ['heːbən] *irr* I. *vt* 1. (*Arm, Kopf*) lever 2. (*hochheben*) soulever 3. (*Niveau*) relever II. *vr* sich ~ se lever

**Hebräer(in)** [he'brɛːɐ] <-s, -> *m(f)* Hébreu *m*/Juive *f*

**hebräisch** [he'brɛːɪʃ] **I.** *adj* hébraïque **II.** *adv* en hébreu
**Hebräisch** <-[s]> *nt* hébreu *m*
**Hecht** [hɛçt] <-[e]s, -e> *m* brochet *m*
**Hecke** ['hɛkə] <-, -n> *f* haie *f*
**Heer** [heːɐ̯] <-[e]s, -e> *nt* armée *f*
**Hefe** ['heːfə] <-, -n> *f* levure *f*
**Heft** [hɛft] <-[e]s, -e> *nt* **1.** (*Schreibheft*) cahier *m* **2.** (*Zeitschrift*) revue *f;* (*einzelne Ausgabe*) numéro *m*
**heftig** ['hɛftɪç] **I.** *adj* violent(e); (*Schneefall*) fort(e) **II.** *adv* (*sich streiten*) violemment; (*schneien*) fortement
**Heidelbeere** ['hajdəlbeːrə] *f* myrtille *f*
**heil** [hajl] *adj* intact(e)
**Heilbad** *nt* station *f* thermale
**heilen** ['hajlən] *vi, vt* guérir
**heilig** ['hajlɪç] *adj* **1.** (*Stätte, Pflicht*) sacré(e); (*Sakrament*) saint(e) **2.** (*unantastbar*) **jdm ~ sein** être sacré pour qn
**Heiligabend** [hajlɪç'ʔaːbənt] *m* (*Abend des 24. Dezembers*) soir *m* de Noël; (*Feier*) réveillon *m* de Noël
**Heilige(r)** *f(m)* saint(e) *m(f)*
**Heilmittel** *nt* remède *m* **Heilpflanze** *f* plante *f* officinale **Heilpraktiker(in)** *m(f)* guérisseur(-euse) *m(f)* [reconnu(e) par l'État] **Heilquelle** *f* source *f* thermale
**Heilung** <-, -en> *f* guérison *f;* (*einer Wunde*) cicatrisation *f*
**heim** [hajm] *adv* à la maison
**Heim** <-[e]s, -e> *nt* **1.** (*Zuhause*) domicile *m* **2.** (*Seniorenheim*) foyer *m* de personnes âgées **3.** (*Erziehungsheim*) foyer *m* [éducatif] **4.** (*Erholungsheim*) maison *f* de repos
**Heimat** ['hajmaːt] <-, -en> *f* **1.** pays *m* [natal] **2.** (*eines Tiers, einer Pflanze*) pays *m* d'origine
**heimatlos** *adj* apatride
**heim|fahren** *irr* **I.** *vi* rentrer à la maison **II.** *vt* **jdn ~** reconduire qn à la maison **heim|gehen** *vi irr* rentrer chez soi
**heimisch** *adj* local(e); (*Bevölkerung*) autochtone
**Heimkehr** ['hajmkeːɐ̯] <-> *f* **1.** retour *m* [à la maison] **2.** (*Heimkehr ins Heimatland*) retour *m* au pays
**heim|kehren** *vi* rentrer
**heimlich** ['hajmlɪç] **I.** *adj* **1.** secret(-ète) **2.** (*Blick*) furtif(-ive) **II.** *adv* **1.** en cachette; (*zusagen*) en secret **2.** (*ansehen*) furtivement
**Heimreise** *f* [trajet *m* du] retour *m* **Heimspiel** *nt* match *m* à domicile
**Heimweg** *m* [trajet *m* du] retour *m* **Heimweh** <-[e]s> *nt* mal *m* du pays
**Heirat** ['hajraːt] <-, -en> *f* mariage *m*
**heiraten** ['hajraːtən] **I.** *vt* épouser **II.** *vi* se marier

H

**Heiratsantrag** *m* demande *f* en mariage

**heiß** [hais] I. *adj* 1. (*sehr warm*) [très] chaud(e); (*zu warm*) brûlant(e); (*Flüssigkeit*) bouillant(e); (*Klima*) torride 2. *fam* (*Tipp*) bon(ne); (*Spur*) très sérieux (-euse) II. *adv* (*essen, duschen*) très chaud

**heißen** ['haisən] *irr vi* 1. **ich heiße Karin** je m'appelle Karin 2. (*bedeuten*) **das heißt, dass ...** cela veut dire que ... 3. (*lauten*) **„ja" heißt auf Japanisch „hai"** "oui" se dit "hai" en japonais 4. **das heißt** (*in anderen Worten*) c'est-à-dire; (*beziehungsweise*) ou plutôt; **es heißt, dass ...** on dit que ...

**heizen** ['haitsən] *vi, vt* chauffer

**Heizkessel** *m* chaudière *f* **Heizkörper** *m* radiateur *m* **Heizofen** *m* radiateur *m* d'appoint **Heizöl** *nt* mazout *m*

**Heizung** <-, -en> *f* 1. chauffage *m* 2. *fam* (*Heizkörper*) radiateur *m*

**Hektar** ['hɛktaːɐ̯] <-s, -e> *nt o m* hectare *m*

**Hektik** ['hɛktɪk] <-> *f* agitation *f*

**hektisch** ['hɛktɪʃ] I. *adj* agité(e) II. *adv* (*essen*) avec précipitation; (*reagieren*) nerveusement

**Hektoliter** [hɛkto'liːtɐ] *m o nt* hectolitre *m*

**Held(in)** ['hɛlt] <-en, -en> *m(f)* héros *m*/héroïne *f*

**Heldentat** *f* exploit *m*

**helfen** ['hɛlfən] *vi irr* **jdm ~** aider qn; (*nützen*) rendre service à qn

**hell** [hɛl] *adj* 1. clair(e); (*Licht*) vif (vive); **es wird ~** il commence à faire jour 2. (*aufgeweckt*) futé(e) (*fam*)

**hellblau** *adj* bleu clair **hellblond** *adj* (*Person*) aux cheveux blond clair **hellbraun** *adj* marron clair; (*Haare*) châtain clair

**Helle(s)** *nt* [bière *f*] blonde *f*

**hellhörig** *adj* sonore

**Helm** [hɛlm] <-[e]s, -e> *m* casque *m*

**Hemd** [hɛmt] <-[e]s, -en> *nt* chemise *f*

**Hendl** ['hɛnd(ə)l] <-s, -[n]> *nt* A poulet *m* rôti

**Hengst** [hɛŋst] <-[e]s, -e> *m* étalon *m*

**Henne** ['hɛnə] <-, -n> *f* 1. (*Haushuhn*) [poule *f*] pondeuse *f* 2. (*weiblicher Hühnervogel*) poule *f*

**her** [heːɐ̯] *adv* 1. *fam* **~ damit!** file/filez-moi ça! 2. (*zeitlich*) **das ist schon lange ~** ça fait déjà longtemps 3. (*räumlich*) **hinter jdm/etw ~ sein** être à la poursuite de qn/qc; *fig* courir après qn/chercher qc

**herab|sehen** *vi irr* (*abschätzig betrachten*) **auf jdn/etw ~** regarder qn/qc de haut **herab|setzen** *vt* (*Preis*) baisser; (*Kos-*

*ten*) réduire **I.** *vt* rabaisser **II.** *vr* **sich** ~ s'abaisser

**heran** [hɛ'ran] *adv* **links ~!** serre/serrez à gauche!

**heran|kommen** *vi irr* **1. an jdn/etw ~** [s']approcher de qn/qc; **an jdn ~** (*in Kontakt kommen*) pouvoir approcher qn; (*gleichwertig sein*) arriver au niveau de qn **2.** (*heranreichen*) **an etw** (*akk*) ~ pouvoir atteindre qc **heran|ziehen** *vt irr* **jdn zu sich ~** attirer qn vers soi; **etw zu sich ~** rapprocher qc de soi

**herauf** [hɛ'rauf] **I.** *adv* **von unten ~** depuis le bas **II.** *präp + akk* **den Berg/die Treppe ~** en gravissant la montagne/en montant les escaliers

**heraus** [hɛ'raus] **I.** *adj* **1. ~ sein** (*Blinddarm, Splitter*) être retiré **2.** (*entwachsen*) **aus dem Alter ~ sein...** avoir passé l'âge de... **II.** *adv* **~!** dehors!

**heraus|bekommen*** *vt irr* **1.** (*Fleck*) réussir à enlever **2.** (*herausfinden*) réussir à trouver **3.** (*ausgezahlt bekommen*) **Sie bekommen noch drei Euro heraus** je dois vous rendre trois euros **heraus|bringen** *vt irr* **1. jdm etw ~** apporter qc dehors à qn **2.** (*Buch, Ware*) sortir **3.** *fam* (*Wort*) sortir; (*Ton*) émettre **heraus|finden** *irr* **I.** *vt* découvrir **II.** *vi* **aus dem Museum ~** trouver la sortie du musée

**heraus|fordern I.** *vt* provoquer; (*Gefahr*) défier **II.** *vi* **zu etw ~** provoquer qc

**Herausforderung** *f* **1.** SPORT challenge *m* **2.** (*Provokation*) provocation *f* **3.** (*Bewährungsprobe*) défi *m*

**heraus|geben** *irr* **I.** *vt* **1.** (*Wechselgeld*) rendre **2.** (*veröffentlichen*) publier; (*edieren*) éditer **II.** *vi* rendre la monnaie

**Herausgeber(in)** *m(f)* (*Verleger*) éditeur(-trice) *m(f)*

**heraus|gehen** *vi irr* **1. aus dem Haus ~** sortir de la maison **2.** (*sich entfernen lassen*) **aus etw ~** (*Fleck*) partir de qc **heraus|halten** *irr* **I.** *vt* **etw ~** passer qc dehors **II.** *vr* **sich aus etw ~** se tenir en dehors de qc **heraus|holen** *vt* **1. etw aus dem Schrank ~** sortir qc de l'armoire **2.** (*Erdbebenopfer*) extraire **heraus|kommen** *vi irr* **1. aus etw ~** (*zum Vorschein kommen*) sortir de qc; (*verlassen können*) quitter qc **2.** *fam* (*sich ergeben*) **das kommt aufs Gleiche heraus** c'est du pareil au même **3.** (*Buch*) sortir [sur le marché] **heraus|kriegen** *s.* **herausbekommen, rauskriegen heraus|nehmen** *vt irr* retirer **heraus|springen** *vi irr* sauter dehors; (*Sicherung*) sau-

H

ter **heraus|stehen** *vi irr* **aus etw ~** dépasser de qc **heraus|stellen** I. *vt* (*ins Freie stellen*) sortir II. *vr* **es stellte sich heraus, dass ...** il s'avéra que ...

**heraus|suchen** *vt* 1. (*auswählen*) **etw aus etw ~** choisir qc parmi qc 2. (*Textstelle*) rechercher

**herb** [hɛrp] *adj* amer(-ère)

**herbei|bringen** *vt irr* **jdn/etw ~** amener qn/apporter qc

**Herberge** ['hɛrbɛrgə] <-, -n> *f* auberge *f*

**Herbst** [hɛrpst] <-[e]s, -e> *m* automne *m*

**herbstlich** *adj* d'automne

**Herd** [he:ɐ̯t] <-[e]s, -e> *m* (*Küchenherd*) cuisinière *f;* (*Backofen*) four *m*

**Herde** ['he:ɐ̯də] <-, -n> *f* troupeau *m*

**herein** [hɛ'rajn] *adv* **hier/dort ~** par ici/là; [**nur**] **~!** entrez!

**herein|brechen** *vi irr* 1. (*Flut*) déferler 2. (*Gewitter, Krieg*) éclater; (*Unheil*) survenir 3. (*Nacht*) tomber; (*Winter*) arriver **herein|fallen** *vi irr* 1. tomber à l'intérieur 2. (*Licht*) entrer 3. *fam* (*betrogen werden*) **auf jdn/etw ~** se faire avoir par qn/avec qc **herein|kommen** *vi irr* entrer **herein|lassen** *vt irr* (*Person*) faire entrer **herein|legen** *vt* 1. *fam* (*betrügen*) arnaquer 2. (*hereinbringen*) **etw ~** déposer qc à l'intérieur

**Herfahrt** *f* trajet *m*

**her|fallen** *vi irr* **über jdn/etw ~** se jeter sur qn/qc

**Hering** ['he:rɪŋ] <-s, -e> *m* 1. hareng *m* 2. (*Zeltpflock*) sardine *f*

**her|kommen** *vi irr* **wo kommst du her?** tu viens d'où?

**herkömmlich** ['he:ɐ̯kœmlɪç] *adj* traditionnel(le)

**Herkunft** ['he:ɐ̯kʊnft] <-> *f* origine *f*

**Herkunftsland** *nt* pays *m* d'origine

**hermetisch** [hɛr'me:tɪʃ] *geh adj* hermétique

**Heroin** [hero'i:n] <-s> *nt* héroïne *f*

**heroisch** [he'ro:ɪʃ] *geh adj* héroïque

**Herr** [hɛr] <-n, -en> *m* 1. monsieur *m* 2. *form* (*als Anrede ohne Namen*) **mein ~/meine ~en** Monsieur/Messieurs; **sehr geehrte ~en, ...** (*briefliche Anrede*) Messieurs, ... 3. (*Mann*) homme *m* 4. (*Hundehalter*) maître *m*

**her|richten** *vt* (*ausbessern*) remettre en état

**herrlich** I. *adj* 1. (*prächtig*) magnifique 2. (*Essen, Witz*) excellent(e) II. *adv* (*sich amüsieren*) drôlement [bien]

**Herrschaft** <-, -en> *f* 1. pouvoir *m* 2. *Pl* (*Damen und Herren*) **die ~en** ces Messieurs [et ces] Dames

**herrschen** ['hɛrʃən] *vi* régner
**Herrscher(in)** <-s, -> *m(f)* souverain(e) *m(f)*
**her|stellen** *vt* fabriquer; (*Beziehung, Kontakt*) établir
**Hersteller(in)** <-s, -> *m(f)* fabricant(e) *m(f)*
**Herstellung** *f* fabrication *f*
**Hertz** [hɛrts] <-, -> *nt* hertz *m*
**herüber** [hɛ'ry:bɐ] *adv* de ce côté-ci
**herum** [hɛ'rʊm] *adv* **um jdn/etw ~** autour de qn/qc
**herum|drehen** *vt* retourner; (*Schlüssel*) tourner **herum|fahren** *vi irr* **1.** *fam* **in der Stadt ~** faire un tour en ville **2.** (*umkreisen*) **um jdn/etw ~** tourner autour de qn/qc **3.** (*sich rasch umdrehen*) faire volte-face **herum|gehen** *vi irr* **1. um jdn/etw ~** faire le tour de qn/qc **2.** *fam* (*umhergehen*) faire les cent pas **3.** *fam* (*Liste, Buch*) circuler **herum|hängen** *vi irr fam* traîner **herum|kommen** *vi irr fam* **1.** (*umfahren/vermeiden können*) **um etw ~** pouvoir éviter qc **2.** (*daherkommen*) **um die Ecke ~** tourner au coin de la rue **3.** (*reisen*) **viel ~** voyager beaucoup **herum|laufen** *vi irr* **1. um einen Baum ~** courir autour d'un arbre **2.** *fam* (*umherlaufen*) se trimbal[l]er **herum|liegen** *vi irr fam* traîner **herum|reisen** *vi* voyager **herum|stehen** *vi irr* **1. um jdn/etw ~** entourer qn/qc **2.** *fam* (*dastehen: Person*) rester planté(e); (*Gegenstand*) être là **herum|treiben** *vr irr pej fam* **sich ~** traîner
**herunter** [hɛ'rʊntɐ] **I.** *adv* **1. bis auf die Erde ~** jusqu'au sol **2.** *fam* (*heruntergeklettert*) **von etw ~ sein** être descendu de qc **3.** *fam* (*heruntergelassen*) **~ sein** (*Rollladen*) être baissé **II.** *präp + akk* **den Berg ~ ...** pour descendre de la montagne, ...
**herunter|fahren** *irr* **I.** *vi* **zu jdm ~** descendre vers qn **II.** *vt* (*transportieren*) descendre **herunter|fallen** *vi irr* **von etw ~** tomber de qc **herunter|gehen** *vi, vt irr* **1.** [**die Straße**] **~** descendre [la rue] **2.** (*sich wegbewegen*) **vom Teppich ~** se pousser du tapis **3.** (*sinken*) baisser; **mit dem Preis ~** réduire le prix **heruntergekommen** *adj pej* (*Person*) négligé(e); (*Haus*) délabré(e) **herunter|klappen** *vt* rabattre **herunter|kommen** *vi, vt irr* descendre **herunter|schlucken** *s.* **hinunterschlucken**
**hervor|heben** *vt irr* **1.** (*betonen*) souligner **2.** (*kennzeichnen*) faire ressortir **hervor|kommen** *vi irr* apparaître

H

**hervorragend** I. *adj* excellent(e) II. *adv* à la perfection
**Herz** [hɛrts] <-ens, -en> *nt* cœur *m*
**Herzanfall** *m* crise *f* cardiaque
**herzhaft** I. *adj* 1. (*Frühstück*) copieux(-euse) 2. (*Eintopf*) relevé(e) II. *adv* 1. ~ **schmecken** avoir un goût épicé 2. (*lachen*) de bon cœur
**Herzinfarkt** *m* infarctus *m* [du myocarde] **herzkrank** *adj* cardiaque
**herzlich** *adj* (*Begrüßung, Worte*) chaleureux(-euse)
**herzlos** *adj* sans cœur
**Herzog(in)** ['hɛrtso:k] <-s, Herzöge> *m(f)* duc *m*/ duchesse *f*
**Herzogtum** <-s, -tümer> *nt* duché *m*
**Hesse** ['hɛsə] <-n, -n> *m*, **Hessin** *f* Hessois(e) *m(f)*
**Hessen** ['hɛsən] <-s> *nt* la Hesse
**hessisch** *adj* hessois(e)
**heterosexuell** [heterozɛksu'ɛl] *adj* hétérosexuel(le)
**hetzen** ['hɛtsən] *vi* 1. (*eilen*) **zum Bahnhof** ~ courir à la gare 2. *pej* (*Hass schüren*) **gegen jdn/etw** ~ s'acharner sur qn/qc
**Heu** [hɔy] <-[e]s> *nt* foin *m*
**Heuchelei** [hɔyçə'lai] <-, -en> *f* hypocrisie *f*
**Heuchler(in)** ['hɔyçlɐ] <-s, -> *m(f)* hypocrite *mf*
**heulen** ['hɔylən] *vi* 1. *fam* chialer 2. (*Wolf*) hurler 3. (*Motor, Sirene*) rugir
**Heuschnupfen** *m* rhume *m* des foins
**Heuschrecke** ['hɔyʃrɛkə] <-, -n> *f* sauterelle *f*
**heute** ['hɔytə] *adv* 1. aujourd'hui; ~ **Abend** ce soir 2. (*heutzutage*) de nos jours
**heutig** ['hɔytɪç] *adj* (*Zeitung*) d'aujourd'hui
**heutzutage** ['hɔyttsuta:gə] *adv* de nos jours
**Hexe** ['hɛksə] <-, -n> *f a. pej* sorcière *f*
**Hexerei** [hɛksə'rai] <-, -en> *f* sorcellerie *f*
**Hieb** [hi:p] <-[e]s, -e> *m* coup *m*
**hier** [hi:ɐ] *adv* 1. ici; ~ **drinnen/unten** dedans/en bas; **Martin Lang! — Hier!** Martin Lang! — Présent! 2. (*da*) voilà; ~, **nimm das!** tiens, prends ça!
**hierauf** ['hi:'rauf] *adv* là-dessus
**hieraus** *adv* d'ici **hierdurch** *adv* par ici **hierher** *adv* [par] ici; ~ **holen** aller chercher
**hierherum** *adv* 1. de ce côté-ci 2. *fam* (*etwa an dieser Stelle*) dans ce coin-là **hierhin** *adv* **jdn** ~ **bringen** amener qn ici **hierhinein** *adv* par ici
**hiermit** ['hi:ɐ'mɪt] *adv* 1. *form* ~ **erkläre ich ...** (*in schriftlicher Form*) par la présente, je déclare que ... 2. (*mit diesem Gegenstand*) avec cela
**hierüber** ['hi:'ry:bɐ] *adv* par-des-

sus **hierunter** *adv* **stell den Karton ~!** mets le carton là-dessous! **hierzulande** *adv* ici

**Hi-Fi-Anlage** ['haifi'anla:gə] *f* chaîne *f* hi-fi

**Highsociety** ['haisə'saiəti] <-> *f* haute société *f*

**Hightech** ['hai'tɛk] <-[s]> *nt* high-tech *m*

**Hilfe** ['hɪlfə] <-, -n> *f* **1.** aide *f* **2. erste ~** les premiers soins *mpl*

**hilflos** *adj* sans défense

**Hilflosigkeit** <-> *f* détresse *f*

**hilfreich** *adj* utile

**Hilfsarbeiter(in)** *m(f)* ouvrier (-ière) *m(f)* [non spécialisé(e)] **hilfsbereit** *adj* serviable

**Himbeere** ['hɪmbe:rə] *f* framboise *f*

**Himmel** ['hɪməl] <-s, *geh* -> *m* ciel *m*

**himmelblau** *adj* bleu ciel **Himmelfahrt** *f* l'Ascension *f*

**hin** [hɪn] **I.** *adv* **1. bis zum Garten ~** jusqu'au jardin; **zur Straße ~ liegen** donner sur la rue **2.** (*den Hinweg betreffend*) **~ und zurück** aller et retour **3. das Hin und Her** (*das Kommen und Gehen*) le va-et-vient; **~ und wieder** de temps en temps **II.** *adj* **~ sein** être fichu (*fam*)

**hinab** [hɪ'nap] *s.* **hinunter**

**hinauf** [hɪ'nauf] **I.** *adv* vers le haut; **immer weiter ~** toujours plus haut **II.** *präp + akk* **den Berg ~...** pour monter au sommet de la montagne...

**hinauf|fahren** *irr* **I.** *vi* monter **II.** *vt* **jdn mit dem Auto ~** emmener qn en voiture jusqu'en haut **hinauf|führen** *vi* conduire jusqu'en haut **hinauf|gehen** *irr* **I.** *vi* **auf den Dachboden ~** monter au grenier **II.** *vt* (*Treppe*) monter **hinauf|laufen** *irr* **I.** *vi* **zu jdm ~** monter chez qn en courant **II.** *vt* (*Berg*) escalader **hinauf|schauen, hinauf|sehen** *vi irr* lever les yeux

H

**hinaus** [hɪ'naus] *adv* **1. ~ sein** être sorti **2.** (*weiter als*) **über dieses Alter bin ich ~** j'ai passé l'âge

**hinaus|bringen** *vt irr* **1.** (*Person*) reconduire **2.** (*Müll*) sortir **hinaus|gehen** *vi irr* **1.** (*Person*) sortir **2.** (*gerichtet sein*) **auf den Hof ~** (*Fenster, Zimmer*) donner sur la cour **hinaus|laufen** *vi irr* sortir [en courant] **hinaus|lehnen** *vr* **sich ~** se pencher [au-]dehors **hinaus|zögern** **I.** *vt* retarder **II.** *vr* **sich ~** être retardé

**hin|bekommen*** *s.* **hinkriegen**

**hin|bringen** *vt irr* **1.** apporter **2.** (*begleiten*) y emmener

**hindern** ['hɪndɐn] *vt* **1.** empêcher **2.** (*stören*) gêner

**Hindernis** ['hɪndɐnɪs] <-ses,

-se> *nt* obstacle *m*
**hin|deuten** *vi* **1. mit dem Finger auf etw** (*akk*) ~ montrer qc du doigt **2.** (*vermuten lassen*) **darauf ~, dass** indiquer que
**Hindi** ['hɪndi] <-> *nt* hindi *m*
**Hindu** ['hɪndu] <-[s], -[s]> *m* hindou(e) *m(f)*
**Hinduismus** [hɪndu'ɪsmʊs] <-> *m* hindouisme *m*
**hinduistisch** I. *adj* hindou(e) II. *adv* (*prägen*) par l'hindouisme
**hindurch** [hɪn'dʊrç] *adv* **1. hier** ~ par ici; **durch die Wand** ~ à travers le mur **2.** (*zeitlich*) **die ganze Nacht** ~ toute la nuit
**hindurch|drängen** *vr* **sich** ~ se frayer un passage **hindurch|gehen** *vi irr* **1. durch etw** ~ passer par qc **2.** (*durchdringen*) **durch jdn/etw** ~ traverser qn/qc
**hinein** [hɪ'nain] *adv* **dort/hier ~!** il faut entrer là-bas/ici!
**hinein|gehen** *vi irr* entrer **hinein|legen** I. *vt* mettre dedans II. *vr* **sich in etw** (*akk*) ~ se coucher dans qc **hinein|ziehen** *vt* **jdn in etw** (*akk*) [**mit**] ~ entraîner qn dans qc
**hin|fahren** *irr* I. *vi* y aller II. *vt* **jdn** ~ y conduire qn; **etw** ~ y apporter qc [en voiture]
**Hinfahrt** *f* trajet *m* [pour y aller]
**hin|fallen** *vi irr* tomber
**Hinflug** *m* vol *m* [pour y aller]
**hin|führen** I. *vt* **jdn** ~ y conduire qn II. *vi* **zu etw** ~ conduire à qc
**hin|halten** *vt irr* **jdm etw** ~ tendre qc à qn
**hinken** ['hɪŋkən] *vi* boiter
**hin|knien** *vr* **sich** ~ s'agenouiller
**hin|kriegen** *vt fam* **1.** (*reparieren*) rafistoler **2.** (*fertig bringen*) arranger
**hin|laufen** *vi irr* courir **hin|legen** I. *vt* **1.** (*Buch*) déposer **2.** (*Person*) allonger II. *vr* **sich** ~ s'allonger **hin|nehmen** *vt irr* accepter; (*Niederlage*) essuyer
**Hinreise** *f* trajet *m* [pour y] aller
**hin|schmeißen** *fam s.* **hinwerfen**
**hin|sehen** *vi irr* regarder **hin|setzen** *vr* **sich** ~ s'asseoir
**Hinsicht** *f* point *m* de vue; **in mancher** ~ à maints égards
**hin|stellen** I. *vt* **1. etw da/dort** ~ mettre qc là **2.** (*Fahrrad*) déposer; (*Auto*) garer **3.** (*charakterisieren*) **jdn als Angeber** ~ faire passer qn pour un frimeur II. *vr* **sich** ~ se mettre debout
**hinten** ['hɪntən] *adv* derrière; **von** ~ **anfangen** commencer par la fin
**hintenherum** *adv,* **hintenrum** *adv fam* (*gehen*) par derrière
**hinter** ['hɪntɐ] I. *präp* + *dat;* (*nach*) après II. *präp* + *akk* **sich** ~ **jdn/etw stellen** se mettre derrière qn/qc

**hintere(r, s)** *adj* (*Haus, Tür*) de derrière; (*Reihen*) du fond
**hintereinander** *adv* **1.** l'un(e) derrière l'autre; ~ **hergehen** marcher en file indienne **2.** (*zeitlich*) **etw** ~ **tun** (*an einem Stück*) faire qc d'affilée
**hintereinanderher** *adv* l'un(e) derrière l'autre
**Hintergedanke** *m* arrière-pensée *f*
**hintergehen*** [hɪntɐ'ge:ən] *vt irr* tromper
**Hintergrund** *m* **1.** (*einer Bühne, eines Gemäldes*) fond *m* **2.** (*Umstände*) toile *f* de fond
**hinterhältig** ['hɪntɐhɛltɪç] *adj* hypocrite
**hinterher** [hɪtɐ'he:ɐ̯] *adv* **1.** après; (*im Nachhinein*) après coup **2.** (*räumlich*) derrière
**hinterher|laufen** *vi irr* courir derrière; **jdm** ~ courir après qn
**hinterher|schicken** *vt* **jdm jdn/etw** ~ envoyer qn/qc à la suite de qn
**Hinterhof** *m* arrière-cour *f*
**hinter|lassen*** [hɪntɐ'lasən] *vt irr* laisser
**hinterlegen*** [hɪntɐ'le:gən] *vt* déposer
**Hintern** ['hɪntɐn] <-s, -> *m fam* postérieur *m*
**hinterste(r, s)** *adj* **in der ~n Reihe** au [tout] dernier rang
**Hinterteil** *nt fam* (*Gesäß*) arrière-train *m*
**Hintertür** *f* porte *f* de derrière
**hin|tun** *vt irr fam* mettre
**hinüber** [hɪ'ny:bɐ] *adv* de l'autre côté
**hinüber|blicken** *vi* regarder de l'autre côté **hinüber|führen** *vt, vi* conduire de l'autre côté **hinüber|kommen** *vi irr fam* (*besuchen*) **ich komme zu dir/euch ... hinüber** je viens chez toi/vous ... **hinüber|schauen** *s.* **hinüberblicken**
**hinunter** [hɪ'nʊntɐ] *adv* **die Treppe ~ ...** descendre l'escalier ...
**hinunter|fahren** *irr* **I.** *vi* **ins Tal** ~ descendre dans la vallée **II.** *vt* **jdn ins Tal** ~ descendre qn dans la vallée **hinunter|fallen** *vi irr* tomber; **die Treppe** ~ dégringoler dans l'escalier **hinunter|schlucken** *vt* avaler **hinunter|schütten** *vt* **1. etw** ~ jeter qc en bas **2.** *fam* (*hastig trinken*) siffler **hinunter|spülen** *vt* **1. etw den Ausguss** ~ faire disparaître qc dans l'évier **2.** *fig fam* **etw** ~ essayer d'oublier qc [en buvant] **hinunter|werfen** *vt irr* **etw** ~ lancer qc en bas
**hinweg** [hɪn'vɛk] *adv geh* **1. über jdn/etw** ~ par-dessus qn/qc **2.** (*zeitlich*) **über drei Monate** ~ pendant trois mois
**Hinweg** ['hɪnve:k] *m* trajet *m*
**hinweg|gehen** *vi irr* **über etw** (*akk*) ~ (*nicht beachten*) ne pas

tenir compte de qc **hinweg|sehen** *vi irr* 1. **über jdn/etw ~** regarder par-dessus qn/qc 2. (*nicht beachten*) **über etw** (*akk*) **~** ne pas tenir compte de qc

**Hinweis** ['hɪnvaɪs] <-es, -e> *m* remarque *f*

**hin|weisen** *irr* I. *vt* **jdn auf etw** (*akk*) **~** attirer l'attention de qn sur qc II. *vi* **darauf ~, dass ...** attirer l'attention sur le fait que ...

**hin|werfen** *irr* I. *vt* 1. jeter 2. *fam* (*aufgeben*) envoyer promener II. *vr* **sich vor jdn/etw ~** se jeter aux pieds de qn/qc **hin|wollen** *vi fam* vouloir y aller **hin|ziehen** *vr irr* **sich ~** traîner

**hinzu** [hɪn'tsu:] *adv* en plus

**hinzu|fügen** *vt* ajouter

**Hirn** [hɪrn] <-[e]s, -e> *nt* 1. cerveau *m* 2. GASTR cervelle *f*

**Hirsch** [hɪrʃ] <-es, -e> *m* cerf *m*

**Hirt**, **Hirte** ['hɪrtə] <-n, -n> *m*, **Hirtin** *f* gardien(ne) *m(f)* [de troupeau]; (*Schafhirt*) berger(-ère) *m(f)*

**hissen** ['hɪsən] *vt* hisser

**Historiker(in)** [hɪs'to:rɪkɐ] <-s, -> *m(f)* historien(ne) *m(f)*

**historisch** [hɪs'to:rɪʃ] I. *adj* historique II. *adv* (*korrekt*) historiquement; (*betrachtet*) d'un point de vue historique

**Hit** [hɪt] <-s, -s> *m fam* 1. tube *m* 2. (*modisches Muss*) must *m*

**Hitparade** *f* hit-parade *m*

**Hitze** ['hɪtsə] <-, -n> *f* chaleur *f* **Hitzewelle** *f* vague *f* de chaleur **Hitzschlag** *m* insolation *f*

**H-Milch** ['ha:mɪlç] *f* lait *m* U.H.T.

**h-Moll** ['ha:'mɔl] *nt* si *m* mineur

**Hobby** ['hɔbi] <-s, -s> *nt* passe-temps *m*

**Hobbykoch** *m*, **-köchin** *f* cuisinier(-ière) *m(f)* amateur

**hoch** [ho:x] <hohe(r, s), höher, höchste> I. *adj* 1. haut(e); (*Schneedecke*) épais(se) 2. (*Stimme, Ton*) aigu(ë) 3. (*Temperatur, Ansprüche*) élevé(e); (*Strafe*) sévère II. <höher, am höchsten> *adv* haut; **das Wasser steht drei Zentimeter ~** il y a trois centimètres d'eau; **wie ~ kannst du den Ball werfen?** à quelle hauteur peux-tu lancer le ballon?

**Hochachtung** *f* considération *f*; **meine ~!** toutes mes félicitations!

**Hochdeutsch** <-[s]> *nt* l'allemand *m* standard

**hoch|fahren** *vi irr fam* (*nach oben fahren*) monter

**hoch|gehen** *vi irr* 1. *fam* (*nach oben gehen*) monter 2. *fam* (*in die Luft gehen*) exploser 3. (*steigen*) grimper

**Hochhaus** *nt* tour *f*

**hoch|heben** *vt irr* (*Kind*) soulever; (*Hand*) lever

**hochinteressant** *adj* d'un

grand intérêt
**Hochland** *nt* haut plateau *m*
**hochmodern** I. *adj* ~ **sein** être du dernier cri II. *adv* (*gekleidet*) à la dernière mode
**hochnäsig** ['ho:xnɛ:zɪç] *pej adj* (*Art, Person*) hautain(e)
**hoch|nehmen** *vt irr* (*Person*) porter; (*Gegenstand*) soulever
**Hochsaison** *f* haute saison *f*
**Hochschulabschluss** *m* diplôme *m* de fin d'études universitaires
**Hochschule** *f* 1. (*Universität*) université *f* 2. (*Fachhochschule*) école *f* supérieure spécialisée
**Hochschullehrer(in)** *m(f)* professeur *mf* d'université **Hochschulreife** *f* baccalauréat *m* *permission d'accès aux études supérieures*
**Hochsommer** *m* plein été *m*
**Hochsprung** *m* saut *m* en hauteur
**höchste(r, s)** ['hø:kstə] *adj* 1. (*Berg, Summe*) le plus haut(la plus haute); (*Schaden*) le plus important(la plus importante); (*Strafe*) le(la) plus sévère; **das Höchste, was** (*die äußerste Summe*) le maximum que + *subj* 2. (*Nervosität*) extrême; **es ist ~e Zeit!** il est grand temps!
**höchstens** ['hø:kstəns] *adv* au maximum
**Höchstgeschwindigkeit** *f* vitesse *f* maximale **höchstpersönlich** *adv* en personne
**Hochwasser** *nt* inondation *f*
**hochwertig** *adj* de grande qualité
**Hochzeit** ['hɔxtsait] <-, -en> *f* mariage *m*
**Hochzeitsnacht** *f* nuit *f* de noces **Hochzeitsreise** *f* voyage *m* de noces **Hochzeitstag** *m* 1. (*Tag der Hochzeit*) jour *m* du mariage 2. (*Jahrestag*) anniversaire *m* de mariage
**hoch|ziehen** *irr* I. *vt* (*Socke*) remonter II. *vr* (*sich nach oben ziehen*) **sich an etw** (*dat*) ~ se relever en se tenant à qc
**hocken** ['hɔkən] *vi* (*kauern*) être accroupi
**Hocker** ['hɔkɐ] <-s, -> *m* tabouret *m*
**Hockey** ['hɔki] <-s> *nt* hockey *m* [sur gazon]
**Hof** [ho:f] <-[e]s, Höfe> *m* 1. cour *f*; **auf den/dem** ~ dans la cour 2. (*Bauernhof*) ferme *f* 3. **jdm den ~ machen** faire la cour à qn
**hoffen** ['hɔfən] *vi* 1. espérer 2. (*bauen auf*) **auf etw/jdn** ~ compter sur qc/qn
**hoffentlich** ['hɔfəntlɪç] *adv* espérons que ...; ~! j'espère/nous espérons bien!
**Hoffnung** ['hɔfnʊŋ] <-, -en> *f* espoir *m*
**hoffnungslos** *adj* désespéré(e)
**Hoffnungslosigkeit** <-> *f* désespoir *m*

H

**höflich** ['hø:flɪç] *adj* poli(e)
**Höflichkeit** <-, -en> *f* politesse *f*
**hohe(r, s)** ['ho:ə] *s.* **hoch**
**Höhe** <-, -n> *f* **1.** (*eines Baums, Gebäudes*) hauteur *f;* (*eines Bergs*) altitude *f* **2.** (*Entfernung über dem Boden*) **aus der** ~ d'en haut; **in der** ~ dans les airs; **auf halber** ~ à mi-hauteur **3.** (*Flughöhe*) altitude *f* **4.** (*eines Gehalts*) montant *m;* (*von Kosten*) niveau *m;* (*von Schäden*) ampleur *f*
**Hoheit** <-, -en> *f* altesse *f;* **Seine/Ihre Königliche** ~ Son/Votre Altesse Royale
**Höhepunkt** *m* **1.** (*wichtigstes Ereignis*) grand moment *m* **2.** (*einer Krise*) paroxysme *m;* (*der Macht*) apogée *m*
**höher** *adj, adv* plus haut(e)
**hohl** [ho:l] *adj* creux(-euse)
**Höhle** ['hø:lə] <-, -n> *f* **1.** (*im Felsen*) grotte *f;* (*im Baum*) creux *m* **2.** (*Bärenhöhle*) tanière *f*
**holen** ['ho:lən] **I.** *vt* aller chercher **II.** *vr fam* **1.** (*sich nehmen*) prendre **2.** (*sich ungewollt zuziehen*) attraper
**Holland** ['hɔlant] *nt* la Hollande
**Holländer(in)** ['hɔlɛndɐ] <-s, -> *m(f)* Hollandais(e) *m(f)*
**holländisch** ['hɔlɛndiʃ] **I.** *adj* hollandais(e) **II.** *adv fam* en hollandais
**Holländisch** <-[s]> *nt fam* hollandais *m*
**Hölle** ['hœlə] <-, -n> *f* enfer *m*
**Holz** [hɔlʦ] <-es, Hölzer> *nt* bois *m*
**Holzfäller(in)** ['hɔlʦfɛlɐ] <-s, -> *m(f)* bûcheron(ne) *m(f)*
**Holzschuh** *m* sabot *m*
**Homepage** [hoʊmpəɪdʒ] *f* page *f* d'accueil
**homosexuell** *adj* homosexuel(le)
**Honig** ['ho:nɪç] <-s, -e> *m* miel *m*
**Honorar** [hono'ra:ɐ̯] <-s, -e> *nt* honoraires *mpl*
**Hopfen** ['hɔpfən] <-s, -> *m* houblon *m*
**hoppla** ['hɔpla] *interj* **1.** (*Vorsicht*) ouh, là [là] **2.** (*Moment mal*) attends/attendez voir!
**hörbar** ['hø:ɐ̯ba:ɐ̯] *adj* audible
**horchen** ['hɔrçən] *vi* (*lauschen*) écouter
**hören** ['hø:rən] **I.** *vt* **1.** (*wahrnehmen, vernehmen*) entendre **2.** (*Sendung, Konzert*) écouter **3.** (*erfahren*) **etw über jdn/etw** ~ entendre dire qc de qn/qc; **etwas von sich** ~ **lassen** donner de ses nouvelles; **nichts [davon]** ~ **wollen** ne pas vouloir le savoir; **wie man hört/wie ich höre, ...** à ce qu'on dit ... **II.** *vi* **1.** (*zuhören*) écouter; **hör mal/**~ **Sie mal!** *fam* écoute/écoutez! **2.** (*vernehmen*) entendre **3.** (*erfahren*) **von jdm/etw gehört haben** avoir entendu parler de qn/qc **4.** *fam* (*sich richten nach*) **auf jdn/etw** ~

écouter qn/qc

**Hörer** <-s, -> *m* **1.** (*Zuhörer*) auditeur *m* **2.** (*Telefonhörer*) combiné *m*

**Horizont** [hori'tsɔnt] <-[e]s, -e> *m* horizon *m*

**horizontal** [horitsɔn'ta:l] *adj* horizontal(e)

**Hörnchen** ['hœrnçən] <-s, -> *nt* (*Croissant*) croissant *m*

**Hornisse** [hɔr'nɪsə] <-, -n> *f* frelon *m*

**Horoskop** [horo'sko:p] <-s, -e> *nt* horoscope *m*

**Horror** ['hɔro:ɐ̯] <-s> *m* horreur *f*

**Hose** ['ho:zə] <-, -n> *f* pantalon *m;* **eine kurze ~** un short

**Hosenrock** *m* jupe-culotte *f*
**Hosenträger** *Pl* bretelles *fpl*

**Hostess** [hɔs'tɛs] <-, Hostessen> *f* hôtesse *f*

**Hotel** [ho'tɛl] <-s, -s> *nt* hôtel *m*

**Hotelzimmer** *nt* chambre *f* d'hôtel

**Hr.** *Abk von* **Herr** M.

**Hrn.** *Abk von* **Herrn** M.

**hübsch** [hʏpʃ] **I.** *adj* **1.** joli(e) **2.** *fam* (*Sümmchen*) coquet(te) **II.** *adv* (*sich kleiden*) bien

**Hubschrauber** ['hu:pʃraʊ̯bɐ] <-s, -> *m* hélicoptère *m*

**huch** [hʊx] *interj* oh

**Huf** [hu:f] <-[e]s, -e> *m* sabot *m*

**Hufeisen** *nt* fer *m* à cheval

**Hüferl** <-s, -n> *nt* A rumsteck *m*

**Hüfte** ['hʏftə] <-, -n> *f* hanche *f*

**Hügel** ['hy:gəl] <-s, -> *m* colline *f*

**Huhn** [hu:n] <-[e]s, Hühner> *nt* **1.** poule *f* **2.** GASTR poulet *m*

**Hühnchen** ['hy:nçən] <-s, -> *nt* poulet *m* **Hühnerbrust** *f* GASTR blanc *m* de poulet **Hühnerstall** *m* poulailler *m*

**Hülle** ['hʏlə] <-, -n> *f* **1.** (*Schutzhülle*) housse *f* **2.** (*Buchhülle*) couverture *f* **3.** (*Plattenhülle*) pochette *f* **4.** (*Ausweishülle*) étui *m*

**Hülsenfrucht** ['hʏlzənfrʊxt] *f* légume *m* sec

**humanitär** [humani'tɛ:ɐ̯] *adj* humanitaire

**Humanität** [humani'tɛ:t] <-> *f* humanité *f*

**Hummel** ['hʊməl] <-, -n> *f* bourdon *m*

**Hummer** ['hʊmɐ] <-s, -> *m* homard *m*

**Humor** [hu'mo:ɐ̯] <-s> *m* humour *m*

**Humorist(in)** <-en, -en> *m(f)* comique *mf;* (*Schriftsteller*) humoriste *mf*

**humorlos** *adj* dépourvu(e) d'humour

**humorvoll** *adj* plein(e) d'humour

**humpeln** ['hʊmpəln] *vi* boitiller

**Hund** [hʊnt] <-[e]s, -e> *m* chien *m;* **Vorsicht, bissiger ~!** [attention,] chien méchant!

**Hundehütte** *f* niche *f*

**hundert** ['hʊndɐt] *num* cent

**Hundert**[1] ['hʊndɐt] <-, -en> *f* cent *m*

**Hundert**[2] <-s, -e> *nt* centaine *f;*

**~e von Fliegen** des centaines de mouches

**hunderteins** *num* cent un

**Hunderter** <-s, -> *m fam* (*Banknote*) billet *m* de cent

**hundertfach** *adj, adv* cent fois **Hundertjahrfeier** *f* centenaire *m* **hundertjährig** *adj* (*Person, Baum*) centenaire **hundertmal** *adv* cent fois **hundertprozentig** *adj fam* (*total*) cent pour cent

**hundertste(r, s)** ['hʊndəstə] *adj* centième

**Hundertstel** <-s, -> *nt* centième *m*

**hunderttausend** ['hʊndɐt'taʊzənt] *num* **1.** cent mille **2.** *fam* (*unzählige*) des milliers de

**Hündin** ['hʏndɪn] *f* chienne *f*

**Hunger** ['hʊŋɐ] <-s> *m* faim *f*; **~ bekommen** commencer à avoir faim; **~ auf etw** (*akk*) **haben** avoir faim de qc

**hungern** ['hʊŋɐn] *vi* souffrir de la faim

**Hungersnot** *f* famine *f*

**Hungerstreik** *m* grève *f* de la faim

**hungrig** ['hʊŋrɪç] *adj* affamé(e)

**Hupe** ['hu:pə] <-, -n> *f* klaxon® *m*

**hupen** ['hu:pən] *vi* klaxonner

**hüpfen** ['hʏpfən] *vi* (*Person*) sauter; (*Vogel*) sautiller

**Hure** ['hu:rə] <-, -n> *f pej* putain *f* (*vulg*)

**hurra** [hʊ'ra:] *interj* hourra

**husten** ['hu:stən] *vi* tousser

**Husten** <-s> *m* toux *f* **Hustenbonbon** *m o nt* bonbon *m* contre la toux **Hustensaft** *m* sirop *m* contre la toux

**Hut** [hu:t] <-[e]s, Hüte> *m* chapeau *m*

**hüten** ['hy:tən] **I.** *vt* (*Geheimnis, Bett*) garder **II.** *vr* **sich vor jdm/etw ~** se méfier de qn/qc; **sich ~ etw zu tun** se garder de faire qc

**Hütte** ['hʏtə] <-, -n> *f* cabane *f*

**Hygiene** [hy'gie:nə] <-> *f* hygiène *f*

**hygienisch** *adj* hygiénique

**Hymne** ['hʏmnə] <-, -n> *f* hymne *m*

**hypnotisieren*** [hʏpnoti'zi:rən] *vt* hypnotiser

**Hypothek** [hypo'te:k] <-, -en> *f* hypothèque *f*

**Hypothese** [hypo'te:zə] <-, -n> *f* hypothèse *f*

**hypothetisch** [hypo'te:tɪʃ] *adj* hypothétique

**Hz** *Abk von* **Hertz** Hz

# I

**I, i** [i:] <-, -> *nt* I *m*/i *m*

**iberisch** [i'be:rɪʃ] *adj* ibérique

**IC** [i:'tse:] <-s, -s> *m Abk von* **In-**

tercity IC *m*
**ICE** [i:tse:ʔe:] <-s, -s> *m Abk von* Intercity Express ≈ T.G.V. *m*
**ich** [ɪç] *pron* je/moi
**Ich** <-[s], -s> *nt* moi *m*
**ideal** [ide'a:l] *adj* idéal(e)
**Ideal** <-s, -e> *nt* idéal *m*
**Idealismus** [idea'lɪsmʊs] <-> *m* idéalisme *m*
**Idealist(in)** [idea'lɪst] <-en, -en> *m(f)* idéaliste *mf*
**Idee** [i'de:] <-, -n> *f* idée *f*; **jdn auf eine ~ bringen** donner une idée à qn; **wie kommst du denn auf die ~?** où vas-tu chercher une idée pareille?
**ideenreich** [i'de:ənraɪç] *adj* inventif(-ive)
**identisch** [i'dɛntɪʃ] *adj* identique
**Identität** [idɛnti'tɛ:t] <-> *f* identité *f*
**Identitätskarte** *f* A, CH carte *f* d'identité
**Idiot(in)** [i'dio:t] <-en, -en> *m(f)* *pej fam* idiot(e) *m(f)*
**idiotisch** *adj pej fam* débile
**idyllisch** *adj* idyllique
**Igel** ['i:gəl] <-s, -> *m* hérisson *m*
**igitt[igitt]** *interj fam* be[u]rk
**ignorieren*** [ɪgno'ri:rən] *vt* ignorer
**ihm** [i:m] *pron* lui/le/la
**ihn** [i:n] *pron* le/la/lui
**ihnen** ['i:nən] *pron* eux/elles, leur/les
**Ihnen** *pron* vous
**ihr¹** [i:ɐ] *pron* vous
**ihr²** *pron* elle/lui/la
**ihr³** *pron* son/sa/ses
**ihr⁴** *pron* leur(s)
**Ihr** *pron* votre/vos
**ihrerseits** ['i:rɐzaɪts] *adv* **1.** (*auf eine Person bezogen*) de son côté **2.** (*auf mehrere Personen bezogen*) de leur côté
**Ihrerseits** *adv* de votre côté
**ihresgleichen** ['i:rəs'glaɪçən] *pron* ses semblables
**Ihresgleichen** *pron* vos semblables
**ihretwegen** ['i:rət've:gən] *adv* **1.** (*ihr zuliebe*) pour elle; (*von ihr aus*) si cela ne tenait/n'avait tenu qu'à elle **2.** (*ihnen zuliebe*) pour eux/pour elles; (*von ihnen aus*) si cela ne tenait/n'avait tenu qu'à eux/elles
**Ihretwegen** *adv* (*Ihnen zuliebe*) pour vous; (*von Ihnen aus*) si cela ne tenait/n'avait tenu qu'à vous
**illegal** ['ɪlega:l] *adj* illégal(e)
**Illegalität** [ɪlegali'tɛ:t] <-> *f* illégalité *f*
**illegitim** ['ɪlegiti:m] *adj* illégitime
**Illusion** [ɪlu'zio:n] <-, -en> *f* illusion *f*
**Illustration** [ɪlʊstra'tsio:n] <-, -en> *f* illustration *f*
**illustrieren*** [ɪlʊs'tri:rən] *vt* illustrer
**Illustrierte** <-n, -n> *f* illustré *m*
**im** [ɪm] = **in dem** *s.* **in**
**Imbiss** ['ɪmbɪs] <-es, -e> *m*

I

1. (*Häppchen*) collation *f* 2. (*Imbissstand*) friterie *f*

**Imbissstube** *f* snack[-bar] *m*

**Imker(in)** [ˈɪmkɐ] <-s, -> *m(f)* apiculteur(-trice) *m(f)*

**immer** [ˈɪmɐ] *adv* **1.** toujours; **~ wieder** sans cesse; **~ noch** toujours [et encore] **2.** (*zunehmend*) **~ mehr** de plus en plus; **~ größer** de plus en plus grand(e) **3.** (*jedes Mal*) **~, wenn ich lese** chaque fois que je lis **4.** (*auch*) **wann ~ das sein wird** peu importe quand ce sera; **wo ~ er sein mag** où qu'il soit

**immerhin** [ˈɪmɐˈhɪn] *adv* tout de même

**Impfung** <-, -en> *f* vaccination *f*

**Import** [ɪmˈpɔrt] <-[e]s, -e> *m* (*Einfuhr*) importation *f*

**importieren*** [ɪmpɔrˈtiːrən] *vt* importer

**Impressionismus** [ɪmprɛsi̯oˈnɪsmʊs] <-> *m* impressionnisme *m*

**improvisieren*** [ɪmproviˈziːrən] *vt, vi* improviser

**impulsiv** [ɪmpʊlˈziːf] *adj* impulsif (-ive)

**imstande** [ɪmˈʃtandə] *adj* **~ sein etw zu tun** être capable de faire qc

**in**[1] [ɪn] **I.** *präp + dat* **1.** (*bei Ortsangaben*) dans; **im Bett/Büro** au lit/bureau; **im Keller/ersten Stock** à la cave/au premier étage; **~ der Stadt** en ville; **~ Frankreich/Portugal** en France/au Portugal; **im Gebirge/~ den Alpen leben** vivre en montagne/dans les Alpes **2.** (*bei Zeitangaben*) **~ fünf Minuten** (*innerhalb von*) en cinq minutes; (*nach Ablauf von*) dans cinq minutes; **~ diesem Jahr** cette année; **im Mai** en mai; **im Frühling/Sommer** au printemps/en été; **im letzten Augenblick** au dernier moment; **im Krieg** pendant la guerre **3.** (*bei Umstandsangaben*) **~ der Sonne/Kälte** au soleil/dans le froid; **im Regen** sous la pluie; **im Badeanzug** en maillot de bain **4.** (*in Bezug auf*) **~ Physik** en physique; **~ dieser Sprache** dans cette langue **II.** *präp + akk;* (*bei Richtungsangaben*) **~ den Garten/die Stadt gehen** aller au jardin/en ville; **~ die Schweiz/den Libanon fahren** aller en Suisse/au Liban; **~s Gebirge/~ die Alpen fahren** aller à la montagne/dans les Alpes; **~ den Süden fahren** aller dans le sud; **~ die Schule gehen** aller à l'école

**in**[2] *adj fam* **~ sein** être in

**inbegriffen** [ˈɪnbəgrɪfən] *adj* inclus(e)

**indem** [ɪnˈdeːm] *konj* **1.** (*dadurch, dass*) **etw bewirken, ~ man etw tut** obtenir qc en faisant qc **2.** (*während: bei identi-*

*schen Subjekten*) [tout] en; (*bei unterschiedlichen Subjekten*) tandis que

**Inder(in)** ['ɪndɐ] <-s, -> *m(f)* Indien(ne) *m(f)* (*de l'Inde*)

**Indianer(in)** [ɪndi'a:nɐ] <-s, -> *m(f)* Indien(ne) *m(f)* (*d'Amérique*)

**indianisch** *adj* indien(ne)

**Indien** ['ɪndiən] <-s> *nt* l'Inde *f*

**Indio** <-s, -s> *m*, **-frau** *f* Indien(ne) *m(f)* (*d'Amérique latine*)

**indirekt** ['ɪndirɛkt] *adj* indirect(e)

**indisch** ['ɪndɪʃ] *adj* indien(ne)

**indiskret** ['ɪndɪskre:t] *adj* indiscret(-ète)

**individuell** [ɪndivi'duɛl] *adj* personnel(le)

**Indiz** [ɪn'di:ts] <-es, -ien> *nt* indice *m*

**Indochina** [ɪndo'çi:na] *nt* l'Indochine *f*

**indoeuropäisch** *adj* indo-européen(ne)

**Indonesien** [ɪndo'ne:ziən] <-s> *nt* l'Indonésie *f*

**industrialisieren*** [ɪndʊstriali'zi:rən] *vt* industrialiser

**Industrialisierung** <-, -en> *f* industrialisation *f*

**Industrie** [ɪndʊs'tri:] <-, -n> *f* industrie *f*

**Industriegebiet** *nt* zone *f* industrielle **Industriekaufmann** *m*, **-kauffrau** *f* agent *m* technico-commercial

**industriell** [ɪndʊstri'ɛl] *adj* industriel(le)

**Inflation** [ɪnfla'tsio:n] <-, -en> *f* inflation *f*

**Info** ['ɪnfo] <-, -s> *f fam Abk von* **Information** info *f*

**Informatik** [ɪnfɔr'ma:tɪk] <-> *f* informatique *f*

**Informatiker(in)** <-s, -> *m(f)* informaticien(ne) *m(f)*

**Information** [ɪnfɔrma'tsio:n] <-, -en> *f* information *f*

**informieren*** [ɪnfɔr'mi:rən] **I.** *vt* **jdn über etw** (*akk*) ~ informer qn de qc **II.** *vr* **sich über etw** (*akk*) ~ s'informer sur qc

**Infrastruktur** ['ɪnfraʃtrʊktu:ɐ̯] *f* infrastructure *f*

**Ingenieur(in)** [ɪnʒe'niø:ɐ̯] <-s, -e> *m(f)* ingénieur *mf*

**Inhaber(in)** ['ɪnha:bɐ] <-s, -> *m(f)* (*eines Geschäfts*) propriétaire *mf;* (*von Wertpapieren*) détenteur(-trice) *m(f)*

**Inhalt** ['ɪnhalt] <-[e]s, -e> *m* **1.** (*einer Tasche*) contenu *m* **2.** (*eines Romans*) fond *m*

**Inhaltsverzeichnis** *nt* table *f* des matières

**Initiative** [initsia'ti:və] <-, -n> *f* (*Anstoß*) initiative *f*

**Inka** ['ɪŋka] <-[s], -[s]> *m* Inca *m*

**inkl.**, **inklusive** [ɪnklu'zi:və] *präp + gen* inclus(e)

**Inland** ['ɪnlant] *nt* intérieur *m* du pays

**Inlineskates** ['inlaɪnskəɪts] <->

*Pl* rollers *mpl*

**inmitten** [ɪn'mɪtən] *präp + gen* au milieu de

**innen** ['ɪnən] *adv* à l'intérieur; **von ~** de l'intérieur

**Innenhof** *m* cour *f* intérieure **Innenminister(in)** *m(f)* ministre *mf* de l'Intérieur **Innenministerium** *nt* ministère *m* de l'Intérieur **Innenstadt** *f* centre[-ville] *m*

**innere(r, s)** ['ɪnərə] *adj* **1.** intérieur(e) **2.** (*Verletzung, Aufbau, Ordnung*) interne

**Innere(s)** *nt* **1.** (*innerer Teil*) intérieur *m* **2.** (*Innenleben*) moi *m* profond

**Innereien** *Pl* entrailles *fpl;* (*von Geflügel*) abats *mpl*

**innerhalb** ['ɪnɐhalp] **I.** *adv* à l'intérieur **II.** *präp + gen* **1. ~ Berlins/Deutschlands** dans Berlin/en Allemagne **2.** (*binnen*) **~ einer Stunde** en [l'espace d'] une heure; **~ dieser Woche** dans le courant de cette semaine

**innerlich** *adj* (*Körperteil*) interne; (*Erregung*) profond(e); (*Anspannung*) intérieur(e)

**innerste(r, s)** ['ɪnɐstə] *adj* **1.** (*Teil*) central(e) **2.** (*Überzeugung*) intime

**Innovation** [ɪnova'tsi̯o:n] <-, -en> *f* innovation *f*

**innovativ** [ɪnova'ti:f] *adj* innovateur(-trice)

**inoffiziell** ['ɪnʔɔfitsi̯ɛl] *adj* (*Treffen*) non officiel(le); (*Information*) officieux(-euse)

**ins** [ɪns] = **in das** *s.* **in**

**insbesondere** [ɪnsbə'zɔndərə] *adv* en particulier

**Insekt** [ɪn'zɛkt] <-[e]s, -en> *nt* insecte *m*

**Insel** ['ɪnzəl] <-, -n> *f* île *f*

**Inserat** [ɪnze'ra:t] <-[e]s, -e> *nt* [petite] annonce *f*

**inserieren*** [ɪnze'ri:rən] *vi* passer une annonce

**insgeheim** [ɪnsgə'hajm] *adv* secrètement

**insgesamt** [ɪnsgə'zamt] *adv* **1.** (*alles zusammen*) en tout **2.** (*im Großen und Ganzen*) dans l'ensemble

**Insider(in)** ['ɪnsajdɐ] <-s, -> *m(f)* personne *f* bien informée

**insofern**[1] *adv* sur ce point

**insofern**[2] *konj* si

**insoweit** *s.* **insofern**[1]

**Inspektor** [ɪn'spɛkto:ɐ̯] <-s, -toren> *m,* **Inspektorin** *f* inspecteur(-trice) *m(f)*

**inspirieren*** [ɪnspi'ri:rən] *vt* **sich von jdm/etw ~ lassen** s'inspirer de qn/qc

**Installateur(in)** [ɪnstala'tø:ɐ̯] <-s, -e> *m(f)* **1.** (*Klempner*) plombier *m* **2.** (*Elektroinstallateur*) électricien(ne) *m(f)*

**Installation** [ɪnstala'tsi̯o:n] <-, -en> *f* (*Leitungen*) installation *f* électrique; (*Rohre, Gasleitungen*) plomberie *f*

**installieren*** [ɪnsta'li:rən] *vt* (*einbauen*) installer

**Instinkt** [ɪn'stɪŋkt] <-[e]s, -e> *m* instinct *m*

**instinktiv** *adj* instinctif(-ive)

**Institut** [ɪnsti'tu:t] <-[e]s, -e> *nt* institut *m*

**Institution** [ɪnstitu'tsi̯o:n] <-, -en> *f* institution *f*

**Instrument** [ɪnstru'mɛnt] <-[e]s, -e> *nt* (*Musikinstrument*) instrument *m*

**Integration** [ɪntegra'tsi̯o:n] <-, -en> *f* intégration *f*

**integrieren*** [ɪnte'gri:rən] *vt, vr* intégrer

**Intellekt** [ɪntɛ'lɛkt] <-[e]s> *m* intellect *m*

**intellektuell** [ɪntɛlɛk'tuɛl] *adj* intellectuel(le)

**intelligent** [ɪntɛli'gɛnt] *adj* intelligent(e)

**Intelligenz** [ɪntɛli'gɛnts] <-> *f* intelligence *f*

**intensiv** [ɪntɛn'zi:f] **I.** *adj* **1.** (*Duft, Gefühl*) intense **2.** (*angestrengt*) intensif(-ive) **II.** *adv* **1.** ~ **duften** sentir fort **2.** (*arbeiten*) intensément

**Intercity** [ɪnte'sɪti] <-s, -s> *m* ≈ train *m* Intercité; ~ **Express** ≈ T.G.V. *m*

**interessant** [ɪntərɛ'sant] *adj* intéressant(e)

**interessanterweise** [ɪnt(ə)rɛ'sante'vai̯zə] *adv* curieusement

**Interesse** [ɪntə'rɛsə] <-s, -n> *nt* **1.** (*Aufmerksamkeit*) intérêt *m* **2.** *Pl* (*Neigungen*) centres *mpl* d'intérêts

**Interessent(in)** [ɪnt(ə)rɛ'sɛnt] <-en, -en> *m(f)* personne *f* intéressée

**interessieren*** [ɪnt(ə)rɛ'si:rən] **I.** *vt* intéresser **II.** *vr* **sich für jdn/etw** ~ s'intéresser à qn/qc

**interessiert** [ɪnt(ə)rɛ'si:ɐt] **I.** *adj* **1.** intéressé(e); **kulturell** ~ **sein** s'intéresser à la culture **2.** (*erpicht*) **an jdm/etw** ~ **sein** s'intéresser à qn/être intéressé par qc **II.** *adv* (*zuhören*) avec [grand] intérêt

**intern** [ɪn'tɛrn] *adj* (*Angelegenheit*) interne; (*Schwierigkeiten*) intérieur(e)

**Internat** [ɪnte'na:t] <-[e]s, -e> *nt* internat *m*

**international** [ɪntenatsi̯o'na:l] *adj* international(e)

**Internet** ['ɪntenɛt] *nt* Internet *m;* **im** ~ **surfen** naviguer sur Internet

**Internetforum** *nt* forum *m* de discussion

**Internet-Surfer(in)** *m(f)* internaute *mf*

**Interpret(in)** [ɪnte'pre:t] <-en, -en> *m(f)* interprète *mf*

**interpretieren*** [ɪntepre'ti:rən] *vt* interpréter

**Interview** ['ɪntevju] <-s, -s> *nt* interview *f*

**interviewen*** [ɪnte'vju:ən] *vt* interviewer

**intim** [ɪn'tiːm] *adj* intime
**Intimität** [ɪntimi'tɛːt] <-, -en> *f geh* (*Vertrautheit*) intimité *f*
**intolerant** ['ɪntolerant] *adj* intolérant(e)
**Intrige** [ɪn'triːgə] <-, -n> *f* intrigue *f*
**intuitiv** [ɪntui'tiːf] *adj* intuitif(-ive)
**Invalide** [ɪnva'liːdə] <-n, -n> *m*, **Invalidin** *f* invalide *mf*
**investieren*** [ɪnvɛs'tiːrən] *vt* investir
**Investition** [ɪvɛsti'tsi̯oːn] <-, -en> *f* investissement *m*
**inwiefern** *adv* dans quelle mesure **inwieweit** *adv* jusqu'à quel point
**inzwischen** [ɪn'tsvɪʃən] *adv* entre-temps
**Irak** [i'raːk] <-s> *m* [**der**] ~ l'Irak *m*
**Iran** [i'raːn] <-s> *m* [**der**] ~ l'Iran *m*
**irdisch** ['ɪrdɪʃ] *adj* terrestre
**Ire** ['iːrə] <-n, -n> *m*, **Irin** *f* Irlandais(e) *m(f)*
**irgend** ['ɪrgənt] *adv* **1.** (*verstärkend*) **so vorsichtig wie ~ möglich** avec le plus de précautions possibles **2.** (*unbestimmt*) **~ so ein Spinner** encore un de ces con[n]ards
**irgendein** *pron* **1.** quelconque, un(e) de; **~ anderer** quelqu'un d'autre **2.** (*beliebig*) **das ist nicht ~ Film** ce n'est pas n'importe quel film **irgendetwas** *pron* quelque chose; **das ist nicht ~** ce n'est pas n'importe quoi **irgendjemand** *pron* quelqu'un; **sie ist nicht ~** elle n'est pas n'importe qui **irgendwann** *adv* un jour [ou l'autre] **irgendwas** *pron fam s.* **irgendetwas** **irgendwelche(r, s)** *pron* **1. ~ Kerle** des types [quelconques] **2.** (*beliebig*) n'importe quel(le) **irgendwer** *pron fam s.* **irgendjemand** **irgendwie** *adv* **1.** d'une certaine manière **2.** (*egal wie*) n'importe comment **3.** (*wie auch immer*) d'une façon ou d'une autre **irgendwo** *adv* **1.** quelque part (*fam*) **2.** (*beliebig*) n'importe où **irgendwoher** *adv* **1. von ~** de quelque part **2.** (*egal woher*) n'importe où **irgendwohin** *adv* **1.** quelque part **2.** (*egal wohin*) n'importe où
**irisch** ['iːrɪʃ] **I.** *adj* irlandais(e) **II.** *adv* en irlandais
**Irisch** <-[s]> *nt* irlandais *m*
**Irland** ['ɪrlant] *nt* l'Irlande *f*
**Ironie** [iro'niː] <-, -n> *f* ironie *f*
**ironisch** [i'roːnɪʃ] *adj* ironique
**irr** **I.** *adj* dément(e) **II.** *adv fam* (*äußerst*) **~e teuer** super cher (chère)
**irre** *s.* **irr**
**Irre(r)** *f(m)* fou *m*/folle *f*
**irreal** ['ɪreaːl] *adj* irréel(le)
**irre|führen** ['ɪrəfyːrən] *vt* **jdn ~** induire qn en erreur **irreführend** *adj* trompeur(-euse)
**irren** ['ɪrən] **I.** *vi* (*sich fortbewe-*

*gen*) errer **II.** *vr* **sich** ~ se tromper **irrsinnig I.** *adj* **1.** *fam* (*völlig wirr*) complètement dingue **2.** *fam* (*Kopfschmerzen*) terrible **II.** *adv fam* vachement

**Irrtum** <-[e]s, Irrtümer> *m* erreur *f*

**Islam** [ɪs'la:m] <-s> *m* islam *m*

**islamisch** *adj* islamique

**Island** ['i:slant] *nt* l'Islande *f*

**Isländer(in)** ['i:slɛndɐ] <-s, -> *m(f)* Islandais(e) *m(f)*

**isländisch I.** *adj* islandais(e) **II.** *adv* en islandais

**Isländisch** <-[s]> *nt* islandais *m*

**Isomatte** *f* tapis *m* de sol

**Israel** ['ɪsrae:l] <-s> *nt* Israël *m*

**Israeli** [isra'e:li] <-[s], -[s]> *m*, <-, -s> *f* Israélien(ne) *m(f)*

**israelisch** [isra'e:lɪʃ] *adj* israélien(ne)

**Italien** [i'ta:liən] <-s> *nt* l'Italie *f*

**Italiener(in)** [ita'li̯e:nɐ] <-s, -> *m(f)* Italien(ne) *m(f)*

**italienisch I.** *adj* italien(ne) **II.** *adv* en italien

**Italienisch** <-[s]> *nt* italien *m*

# J

**J** *nt*, **j** [jɔt] <-, -> *nt* J *m*/j *m*

**ja** [ja:] *adv* **1.** oui; **aber** ~ mais bien sûr; **~, bitte?** oui, qu'y a-t-il? **2.** (*bloß*) bien; **geh** ~ **nicht dahin!** ne va surtout pas là-bas! **3.** (*schließlich, doch*) après tout; **du kannst es** ~ **mal versuchen** tu peux toujours essayer; **da ist er ~!** ah, le voilà! **4.** (*und zwar*) et même

**Ja** <-s, -[s]> *nt* oui *m*

**Jacht** [jaxt] <-, -en> *f* yacht *m*

**Jacke** ['jakə] <-, -n> *f* veste *f*

**Jackett** [ʒa'kɛt] <-s, -s> *nt* veste *f*

**Jagd** [ja:kt] <-, -en> *f* chasse *f*

**jagen** ['ja:gən] **I.** *vt* **1.** (*Hasen*) chasser **2.** (*verfolgen*) pourchasser **II.** *vi* chasser

**Jäger(in)** ['jɛ:gɐ] <-s, -> *m(f)* chasseur(-euse) *m(f)*

**Jahr** [ja:ɐ̯] <-[e]s, -e> *nt* **1.** an *m*; (*in seinem Verlauf gesehen*) année *f*; **in diesem** ~ cette année; **im** ~**[e] 1999** en 1999; **vor [vielen] ~en** il y a [bien] longtemps; **nach [vielen] ~en** [bien] des années après; **alle fünf ~e** tous les cinq ans; ~ **für** ~ tous les ans; **das neue** ~ la nouvelle année **2.** (*Lebensjahr*) an *m*; **zwölf ~e alt sein** avoir douze ans; **mit zwanzig ~en** à vingt ans

**jahrelang** ['ja:rəlaŋ] *adv* pendant des années

**Jahresanfang** *m* début *m* de l'année **Jahreszeit** *f* saison *f*

**Jahrgang** <-gänge> *m* **1.** classe *f*; UNIV promotion *f* **2.** (*eines*

J

*Weins, einer Zeitschrift*) année *f*

**Jahrhundert** [jaːɐ̯'hʊndɐt] <-s, -e> *nt* siècle *m* **Jahrhundertwende** *f* changement *m* de siècle

**jährlich** ['jɛːɐ̯lɪç] **I.** *adj* annuel(le) **II.** *adv* tous les ans; **einmal/zweimal/...** ~ une fois/deux fois/... par an

**Jahrmarkt** *m* foire *f* **Jahrtausend** <-s, -e> *nt* millénaire *m* **Jahrzehnt** <-[e]s, -e> *nt* décennie *f*

**jämmerlich** ['jɛmɐlɪç] **I.** *adj* (*Zustand*) pitoyable; (*Klagen*) déchirant(e); (*Leistung*) lamentable **II.** *adv* (*umkommen*) bêtement

**jammern** ['jamɐn] *vi* se lamenter

**Januar** ['janua:ɐ̯] <-[s], -e> *m* janvier *m*

**Japan** ['ja:pan] <-s> *nt* le Japon

**Japaner(in)** [ja'pa:nɐ] <-s, -> *m(f)* Japonais(e) *m(f)*

**japanisch** **I.** *adj* japonais(e) **II.** *adv* en japonais

**Japanisch** <-[s]> *nt* japonais *m*

**jawohl** [ja'vo:l] *interj* oui[, bien sûr]

**Jazz** [dʒæz] <-> *m* jazz *m*

**je** [je:] **I.** *adv* **1.** (*jemals*) jamais **2.** (*jeweils*) chacun(e) **II.** *konj* **1.** ~ **...,** **desto ...** plus ..., mieux ... **2.** (*entsprechend*) ~ **nachdem** ça dépend

**Jeans** [dʒi:nz] <-, -> *f* jean *m*

**jede(r, s)** ['je:də] *pron* chaque

**jedenfalls** *adv* en tout cas

**jedermann** *pron* tout le monde

**jederzeit** *adv* **1.** (*zu jeder Zeit*) à tout moment **2.** (*jeden Augenblick*) d'un moment à l'autre

**jedesmal** ['je:dəs'ma:l] *adv* ~[, **wenn ...**] chaque fois [que ...]

**jedoch** [je'dɔx] *konj, adv* pourtant

**jegliche(r, s)** ['je:klɪçə] *pron* tout(e)

**jemals** ['je:ma:ls] *adv* jamais

**jemand** ['je:mant] *pron* quelqu'un

**jenseits** ['je:nzaits] *präp + gen* de l'autre côté de

**jetzt** [jɛtst] *adv* maintenant; ~ **gleich** tout de suite

**jeweils** ['je:'vails] *adv* **1.** (*jedes Mal*) chaque fois **2.** (*je*) ~ **drei Kinder gehen zusammen** les enfants vont par groupes de trois

**Jh.** *Abk von* **Jahrhundert** siècle *m*

**Job** [dʒɔp] <-s, -s> *m fam* job *m*

**jobben** ['dʒɔbən] *vi fam* faire des petits boulots

**Jockei** ['dʒɔke] <-s, -s> *m*, **Jockey** <-s, -s> *m* jockey *m*

**jodeln** ['jo:dəln] *vi* iodler

**joggen** ['dʒɔgən] *vi* faire du jogging

**Jogginganzug** ['dʒɔgɪŋantsu:k] *m* jogging *m*

**Jogurt** <-[s], -[s]> *m o nt* yaourt *m*

**Johannisbeere** [jo'hanɪsbe:rə] *f* (*Frucht*) [**rote**] ~ groseille *f* [rouge]; **schwarze** ~ cassis *m*

**Jongleur(in)** [ʒõ'gløːɐ̯] <-s, -e> *m(f)* jongleur(-euse) *m(f)*
**jonglieren*** [ʒõ'gliːrən] *vi* jongler
**Jordanien** [jɔr'daːniən] <-s> *nt* la Jordanie
**Journalismus** [ʒʊrna'lɪsmʊs] <-> *m* journalisme *m*
**Journalist(in)** [ʒʊrna'lɪst] <-en, -en> *m(f)* journaliste *mf*
**jubeln** ['juːbəln] *vi* jubiler
**Jubiläum** [jubi'lɛːʊm] <-s, Jubiläen> *nt* [fête *f*] anniversaire *m;* **sein 50-jähriges ~** son jubilé
**jucken** ['jʊkən] *vt, vi* démanger; **es juckt mich am Kopf** ça me démange à la tête
**Jude** ['juːdə] <-n, -n> *m,* **Jüdin** *f* juif *m*/juive *f*
**Judentum** <-s> *nt* judaïsme *m*
**jüdisch** ['jyːdɪʃ] *adj* **1.** juif(juive) **2.** (*das Judentum betreffend*) judaïque
**Judo** ['juːdo] <-s> *nt* judo *m*
**Jugend** ['juːgənt] <-> *f* jeunesse *f* **Jugendherberge** *f* auberge *f* de jeunesse
**jugendlich** *adj* jeune
**Jugendliche(r)** *f(m)* jeune *mf* **Jugendstil** *m* Art *m* nouveau
**Jugoslawe** [jugo'slaːvə] <-n, -n> *m,* **Jugoslawin** *f* HIST Yougoslave *mf*
**Jugoslawien** [jugo'slaːviən] <-s> *nt* HIST la Yougoslavie
**jugoslawisch** *adj* HIST yougoslave

**Juli** ['juːli] <-[s], -s> *m* juillet *m*
**jung** [jʊŋ] <jünger, jüngste> *adj, adv* jeune
**Junge** <-n, -n> *m* **1.** (*junger Mann*) garçon *m* **2.** *fam* (*Bursche*) **hallo, Jungs!** salut, les gars! *mpl*
**Junge(s)** *nt* (*Jungtier*) petit *m*
**jünger** ['jʏŋɐ] *adj* plus jeune; (*Mitarbeiter*) plutôt jeune; (*Datum*) récent(e) **Jungfrau** *f* **1.** [fille *f*] vierge *f* **2.** ASTRO Vierge *f*
**Junggeselle** *m,* **-gesellin** *f* célibataire *mf*
**Juni** ['juːni] <-[s], -s> *m* juin *m*
**junior** ['juːnjoːɐ̯] *adj* junior
**Junior** ['juːnjoːɐ̯] <-s, -en> *m Pl* (*Sportler*) juniors *mpl*
**Jura¹** ['juːra] <-s> *m* **1.** (*Gebirge*) Jura *m* **2.** (*Kanton*) canton *m* du Jura
**Jura²** (*Rechtswissenschaft*) droit *m*
**Jus** [ʒyː] <-> *f o m o nt* CH jus *m* de fruit
**Justiz** [jʊs'tiːts] <-> *f* justice *f*
**Justizminister(in)** *m(f)* ministre *mf* de la Justice; (*in Frankreich*) garde *mf* des Sceaux
**Juwel** [ju'veːl] <-s, -en> *m o nt* joyau *m*
**Juwelier(in)** [juve'liːɐ̯] <-s, -e> *m(f)* bijoutier(-ière) *m(f)*
**Juweliergeschäft** *nt* bijouterie *f*

# K

**K, k** [ka:] <-, -> *nt* K *m*/k *m*
**Kabarett** [kaba'rɛt] <-s, -e> *nt* (*Kleinkunst*) spectacle *m* satirique
**Kabarettist(in)** [kabarɛ'tɪst] <-en, -en> *m(f)* chansonnier(-ière) *m(f)*
**Kabel** ['ka:bəl] <-s, -> *nt* câble *m*
**Kabine** [ka'bi:nə] <-, -n> *f* cabine *f*
**Kabrio** ['ka:brio] <-[s], -s> *nt* cabriolet *m*
**Kaffee** ['kafe] <-s, -s> *m* café *m*
**Kaffeehaus** *nt* A salon *m* de thé
**Kaffeemaschine** *f* cafetière *f* [électrique] **Kaffeepause** *f* pause *f* café
**kahl** [ka:l] *adj* chauve
**Kai** [kai] <-s, -e> *m* quai *m*
**Kaiser(in)** ['kaizɐ] <-s, -> *m(f)* empereur *m*/impératrice *f*
**kaiserlich** *adj* impérial(e)
**Kajak** <-s, -s> *m o nt* kayak *m*
**Kakao** [ka'kau] <-s, -s> *m* cacao *m*
**Kakerlake** <-, -n> *f* cafard *m*
**Kaktus** ['kaktʊs] <-, Kakteen> *m* cactus *m*
**Kalb** [kalp] <-[e]s, Kälber> *nt* veau *m*
**Kalender** [ka'lɛndɐ] <-s, -> *m* (*Wandkalender*) calendrier *m*
**kalt** [kalt] <kälter, kälteste> **I.** *adj* **a.** *fig* froid(e); **ihr ist ~** elle a froid **II.** *adv* (*sich waschen*) à l'eau froide; **etw ~ stellen** mettre qc au frais
**Kälte** ['kɛltə] <-> *f* froid *m*; (*des Windes*) fraîcheur *f*
**Kamera** ['kamərα] <-, -s> *f* **1.** (*Filmkamera*) caméra *f* **2.** (*Fotoapparat*) appareil *m* photo
**Kamille** [ka'mɪlə] <-, -n> *f* camomille *f*
**Kamin** [ka'mi:n] <-s, -e> *m o* CH *nt* cheminée *f*
**Kamm** [kam] <-[e]s, Kämme> *m* peigne *m*
**kämmen** ['kɛmən] *vt, vr* **[sich] ~** [se] coiffer
**Kampf** [kampf] <-[e]s, Kämpfe> *m* **1.** combat *m* **2.** *fig* lutte *f*
**kämpfen** ['kɛmpfən] *vi* **1.** se battre **2.** *fig* lutter
**Kampfrichter(in)** *m(f)* juge-arbitre *mf*
**Kanada** ['kanada] <-s> *nt* le Canada
**Kanadier(in)** [ka'na:diɐ] <-s, -> *m(f)* Canadien(ne) *m(f)*
**kanadisch** *adj* canadien(ne)
**Kanal** [ka'na:l] <-s, Kanäle> *m* **1.** canal *m* **2.** GEO **der ~** la Manche **3.** (*Abwasserkanal*) égout *m*
**Kanalisation** [kanaliza'tsio:n] <-, -en> *f* égouts *mpl*
**Kaninchen** [ka'ni:nçən] <-s, -> *nt* lapin *m*
**Kanister** [ka'nɪstɐ] <-s, -> *m* (*Behälter*) bidon *m*
**Kännchen** ['kɛnçən] <-s, -> *nt* petit pot *m*

**Kanne** ['kanə] <-, -n> *f* **1.** (*Kaffeekanne*) cafetière *f*; (*Teekanne*) théière *f* **2.** (*Gießkanne*) arrosoir *m*

**Kanon** ['ka:nɔn] <-s, -s> *m* canon *m*

**Kante** ['kantə] <-, -n> *f* (*Ecke*) bord *m*

**Kantine** [kan'ti:nə] <-, -n> *f* cantine *f*

**Kanzler(in)** ['kantslɐ] <-s, -> *m(f)* chancelier(-ère) *m(f)*

**Kapelle** [ka'pɛlə] <-, -n> *f* **1.** (*Kirche*) chapelle *f* **2.** MUS orchestre *m*

**Kapitalismus** [kapita'lɪsmʊs] <-> *m* capitalisme *m*

**Kapitalist(in)** [kapita'lɪst] <-en, -en> *m(f)* capitaliste *mf*

**kapitalistisch** *adj* capitaliste

**Kapitän** [kapi'tɛ:n] <-s, -e> *m* capitaine *m*

**Kapitel** [ka'pɪtəl] <-s, -> *nt* chapitre *m*

**kapitulieren*** [kapitu'li:rən] *vi* capituler

**kaputt** [ka'pʊt] *adj fam* **1.** (*defekt*) fichu(e) **2.** (*beschädigt*) cassé(e) **3.** (*erschöpft*) crevé(e) **4.** (*Ehe*) brisé(e)

**kaputt|gehen** *vi irr fam* (*Gerät*) ne plus marcher **kaputt|machen** **I.** *vt fam* **1.** bousiller **2.** (*Ehe*) détruire; (*Gesundheit*) ruiner **3.** (*Person*) tuer **II.** *vr fam* **sich** ~ s'esquinter

**Karaffe** [ka'rafə] <-, -n> *f* carafe *f*

**Karate** [ka'ra:tə] <-[s]> *nt* karaté *m*

**Karfreitag** [ka:ɐ̯'fraita:k] *m* Vendredi *m* saint

**kariert** [ka'ri:ɐ̯t] *adj* à carreaux

**Karies** ['ka:riɛs] <-> *f* carie *f*

**Karikatur** [karika'tu:ɐ̯] <-, -en> *f* caricature *f*

**Karneval** ['karnəval] <-s, -e> *m* carnaval *m*

**Karo** ['ka:ro] <-s, -s> *nt* carreau *m*

**Karotte** [ka'rɔtə] <-, -n> *f* carotte *f*

**Karren** ['karən] <-s, -> *m* charrette *f*

**Karriere** [ka'rje:rə] <-, -n> *f* carrière *f*

**Karte** ['kartə] <-, -n> *f* carte *f*

**Kartenspiel** *nt* **1.** (*das Spielen*) partie *f* de cartes **2.** (*Satz Karten*) jeu *m* de cartes **Kartentelefon** *nt* téléphone *m* à cartes

**Kartoffel** [kar'tɔfəl] <-, -n> *f* pomme *f* de terre **Kartoffelchips** *Pl* chips *mpl*

**Karton** [kar'tɔŋ] <-s, -s> *m* carton *m*

**Karussell** [karʊ'sɛl] <-s, -s> *nt* manège *m*

**Karwoche** ['ka:ɐ̯vɔxə] *f* semaine *f* sainte

**Käse** ['kɛ:zə] <-s, -> *m* fromage *m*

**Käsefondue** ['kɛ:zəfõdy:] *nt* fondue *f* au fromage **Käsekuchen** *m* gâteau *m* au fromage blanc

**Kasino** [ka'zi:no] <-s, -s> *nt* (*Spielkasino*) casino *m*

**Kasse** ['kasə] <-, -n> *f* caisse *f*

**Kassenbon** ['kasənbɔŋ] *m* ticket *m* de caisse

**Kassette** [ka'sɛtə] <-, -n> *f* **1.** (*Video-, Musikkassette*) cassette *f* **2.** (*Kästchen*) coffret *m* **Kassettenrecorder** *m* magnétophone *m* [à cassettes]

**kassieren*** [ka'si:rən] **I.** *vt* (*einziehen*) **etw bei jdm ~** encaisser qc auprès de qn **II.** *vi* **bei jdm ~** (*Kellner*) encaisser l'addition de qn

**Kassierer(in)** <-s, -> *m(f)* caissier(-ière) *m(f)*

**Kastanie** [kas'ta:niə] <-, -n> *f* **1.** (*Rosskastanie*) marron *m* [d'Inde]; (*Esskastanie*) châtaigne *f* **2.** (*Rosskastanienbaum*) marronnier *m* [d'Inde]; (*Esskastanienbaum*) châtaignier *m*

**Kastanienbaum** *s.* **Kastanie**

**Katalog** [kata'lo:k] <-[e]s, -e> *m* **1.** (*Versandhauskatalog*) catalogue *m* **2.** (*Verzeichnis*) fichier *m*

**katastrophal** [katastro'fa:l] *adj* catastrophique

**Kathedrale** [kate'dra:lə] <-, -n> *f* cathédrale *f*

**Katholik(in)** [kato'li:k] <-en, -en> *m(f)* catholique *mf*

**katholisch** [ka'to:lɪʃ] *adj* catholique

**Katholizismus** [katoli'tsɪsmʊs] <-> *m* catholicisme *m*

**Katze** ['katsə] <-, -n> *f* chat *m;* (*nur weiblich*) chatte *f*

**kauen** ['kauən] *vt* mâcher

**Kauf** [kauf] <-[e]s, Käufe> *m* achat *m*

**kaufen** ['kaufən] *vt* acheter

**Käufer(in)** ['kɔyfɐ] <-s, -> *m(f)* acheteur(-euse) *m(f)*

**Kaufhaus** *nt* grand magasin *m* **Kaufmann** <-leute> *m,* **-frau** *f* **gelernter ~/gelernte Kauffrau** commercial(e) *m(f)*

**Kaugummi** *m* chewing-gum *m*

**kaum** [kaum] *adv* **1.** (*wahrscheinlich nicht*) difficilement **2.** (*fast nicht*) à peine; **~ jemand** pratiquement personne

**Kaution** [kau'tsio:n] <-, -en> *f* caution *f*

**Kavalier** [kava'li:ɐ] <-s, -e> *m* gentleman *m*

**kein** **I.** *pron indef, adjektivisch* **1. ~ Wort sagen** ne pas dire un mot; **~e Lust/Zeit haben** ne pas avoir envie/le temps; **~ Auto haben** ne pas avoir de voiture **2.** (*nicht einmal*) **~e drei Stunden dauern** ne même pas durer trois heures **II.** *pron indef, substantivisch* **1.** (*auf eine Person bezogen*) **das weiß ~er** personne ne le sait **2.** (*auf Dinge bezogen*) **von den Pullovern gefiel mir ~er** aucun des pullovers ne m'a plu

**keins** *s.* **kein**

**Keks** [ke:ks] <-es, -e> *m* gâteau *m* sec

**Keller** ['kɛlɐ] <-s, -> *m* cave *f*

**Kellner(in)** ['kɛlnɐ] <-s, -> *m(f)* serveur(-euse) *m(f)*
**kennen** ['kɛnən] *irr* **I.** *vt* connaître; **jdn ~ lernen** faire la connaissance de qn **II.** *vr* **sich ~** se connaître; **sich ~ lernen** (*Bekanntschaft machen*) faire connaissance; (*vertraut werden*) apprendre à se connaître
**Kenner(in)** <-s, -> *m(f)* (*der Materie*) expert(e) *m(f)*; (*guter Weine*) connaisseur(-euse) *m(f)*
**Kenntnis** ['kɛntnɪs] <-, -se> *f* connaissance *f* **Kennzeichen** *nt* **1.** (*Autokennzeichen*) numéro *m* d'immatriculation **2.** (*Merkmal*) signe *m* distinctif **3.** (*Markierung*) signe *m* de reconnaissance **kennzeichnen I.** *vt* **1.** (*markieren*) marquer; (*Weg, Behälter*) signaler **2.** (*charakterisieren*) caractériser **II.** *vr* **sich durch etw ~** se caractériser par qc
**Keramik** [ke'ra:mɪk] <-, -en> *f* céramique *f*
**Kerl** [kɛrl] <-s, -e> *m fam* type *m*
**Kern** [kɛrn] <-[e]s, -e> *m* **1.** noyau *m*; (*Apfel-, Birnenkern*) pépin *m* **2.** (*einer Stadt*) cœur *m*
**Kerze** ['kɛrtsə] <-, -n> *f* **1.** bougie *f* **2.** (*Gymnastikübung*) chandelle *f*
**Kette** ['kɛtə] <-, -n> *f* **1.** chaîne *f* **2.** (*von Ereignissen*) série *f*
**kg** *Abk von* **Kilogramm** kg
**khakifarben** *adj* kaki

**Kids** <-> *Pl fam* (*Kinder*) mômes *mpl*; (*Jugendliche*) ados *mpl*
**Kiefer¹** ['ki:fɐ] <-, -n> *f* pin *m*
**Kiefer²** <-s, -> *m* mâchoire *f*
**Kies** [ki:s] <-es, -e> *m* (*kleine Steine*) gravier *m*
**Kieselstein** ['ki:zəlʃtain] *m* gravier *m*
**Kilo** ['ki:lo] <-s, -[s]> *nt Abk von* **Kilogramm** kilo *m* **Kilogramm** *nt* kilogramme *m* **Kilometer** *m* kilomètre *m* **Kilowatt** *nt* kilowatt *m* **Kilowattstunde** *f* kilowattheure *m*
**Kind** [kɪnt] <-[e]s, -er> *nt* enfant *m* **Kinderarzt** *m*, **-ärztin** *f* pédiatre *mf* **Kindergarten** *m* ≈ école *f* maternelle **Kindergärtner(in)** *m(f)* ≈ éducateur (-trice) *m(f)* d'école maternelle **Kinderhort** *m* garderie *f* **Kinderkrankheit** *f* maladie *f* infantile **kinderleicht** *adj* enfantin(e) **Kindermädchen** *nt* bonne *f* d'enfants **kindersicher I.** *adj* (*Spielzeug*) adapté(e) aux enfants **II.** *adv* (*aufbewahren*) hors de portée des enfants **Kindersitz** *m* siège *m* pour enfant **Kindertagesstätte** *s.* **Kinderhort** **Kinderwagen** *m* landau *m*; (*Sportwagen*) poussette *f*
**kindgemäß** *adj* adapté(e) aux enfants
**Kindheit** <-> *f* enfance *f*
**kindisch** *pej adj* puéril(e)
**kindlich I.** *adj* d'enfant; **~ sein**

(*Person*) être très jeune **II.** *adv* (*sich verhalten*) comme un enfant

**Kinn** [kɪn] <-[e]s, -e> *nt* menton *m*

**Kino** ['ki:no] <-s, -s> *nt* cinéma *m* **Kinofilm** *m* film *m* [grand écran]

**Kiosk** ['ki:ɔsk] <-[e]s, -e> *m* kiosque *m*

**kippen** ['kɪpən] **I.** *vt* (*Sand*) renverser; (*Flüssigkeit*) déverser **II.** *vi* (*umfallen*) basculer

**Kirche** ['kɪrçə] <-, -n> *f* église *f* **Kirchenlied** *nt* cantique *m*

**kirchlich I.** *adj* de l'Église; (*Feiertag, Trauung*) religieux(-euse) **II.** *adv* (*heiraten*) à l'église

**Kirchturm** *m* clocher *m*

**Kirschbaum** *m* (*Baum, Holz*) cerisier *m*

**Kirsche** ['kɪrʃə] <-, -n> *f* cerise *f* **Kirschwasser** *nt* kirsch *m*

**Kissen** ['kɪsən] <-s, -> *nt* (*Sofakissen*) coussin *m*

**Kiste** ['kɪstə] <-, -n> *f* caisse *f*; (*klein*) boîte *f*

**Kitz** [kɪts] <-es, -e> *nt* (*eines Rehs*) faon *m*; (*einer Ziege*) chevreau *m*

**kitzelig** *s.* **kitzlig**

**kitzeln** ['kɪtsəln] *vt, vi* chatouiller

**kitzlig** *adj* chatouilleux(-euse)

**Kiwi** ['ki:vi] <-, -s> *f* kiwi *m*

**Klage** ['kla:gə] <-, -n> *f* plainte *f*

**klagen** ['kla:gən] **I.** *vi* **1.** (*jammern*) se lamenter **2.** (*sich beklagen*) se plaindre **II.** *vt* **1.** se plaindre de **2.** A *s.* **verklagen**

**Klamotten** [kla'mɔtə] *Pl fam* fringues *fpl*

**Klang** [klaŋ] <-[e]s, Klänge> *m* (*Ton*) son *m*

**Klappe** ['klapə] <-, -n> *f* **1.** (*eines Mülleimers*) couvercle *m*; (*einer Tasche*) rabat *m*; (*eines Ofens*) clapet *m* **2.** *fam* (*Mund*) clapet *m*; **eine große ~ haben** avoir une grande gueule; [**halt die**] **~!** la ferme!

**klappen** ['klapən] **I.** *vt* rabattre **II.** *vi fam* (*funktionieren*) marcher

**Klaps** [klaps] <-es, -e> *m* tape *f*

**klar** [kla:ɐ̯] **I.** *adj* **1.** clair(e); (*Ergebnis*) évident(e); (*Vorsprung*) net(te) **2.** *fam* (*verständlich*) **alles ~?/!** c'est clair?/!; **na ~!** mais bien sûr! **3.** (*bewusst*) **jdm ist etw ~** qn comprend qc **II.** *adv* **1.** (*erkennen*) clairement **2. ~ und deutlich** de façon claire et nette

**Kläranlage** ['klɛ:ɐ̯anla:gə] *f* station *f* d'épuration

**klären** ['klɛ:rən] **I.** *vt* (*Problem*) élucider; (*Abwasser*) épurer **II.** *vr* **sich ~** (*Problem*) se résoudre

**Klarheit** <-, -en> *f* clarté *f*

**klar|kommen** *vi irr fam* **mit jdm/etw ~** s'en sortir avec qn/qc **klar|machen** *vt* **jdm etw ~** faire comprendre qc à qn **klar|stellen** *vt* clarifier; **ich möchte ~, dass ...** je tiens à préciser que ...

**klasse** *adj fam* super

**Klasse** ['klasə] <-, -n> *f* classe *f;* **erster/zweiter ~ fahren/fliegen** voyager en première/ seconde [classe] **Klassenlehrer(in)** *m(f)* professeur *mf* principal(e) **Klassenzimmer** *nt* salle *f* de classe

**Klassik** ['klasɪk] <-> *f* **1.** (*Epoche*) classicisme *m* **2.** (*Altertum*) Antiquité *f* **3.** *fam* (*klassische Musik*) classique *m*

**Klassiker(in)** <-s, -> *m(f)* classique *m*

**klassisch** *adj* classique

**Klassizismus** [klasi'tsɪsmʊs] <-, -smen> *m* classicisme *m*

**klassizistisch** [klasi'tsɪstɪʃ] *adj* classique

**Klatsch** [klatʃ] <-[e]s, -e> *m pej fam* ragots *mpl*

**klatschen** ['klatʃən] *vi* **1.** applaudir; **in die Hände ~** taper dans les mains **2.** (*auftreffen*) **auf/gegen etw** (*akk*) **~** s'écraser sur/ contre qc **3.** *pej fam* (*tratschen*) jaser

**klauen** ['klaʊən] **I.** *vt fam* piquer **II.** *vi fam* faucher

**Klavier** [kla'viːɐ̯] <-s, -e> *nt* piano *m*

**Klebeband** ['kleːbəbant] <-bänder> *nt* ruban *m* adhésif

**kleben** ['kleːbən] **I.** *vi* coller **II.** *vt* **1.** (*befestigen, zusammenkleben*) coller **2.** (*reparieren*) recoller

**klebrig** ['kleːbrɪç] *adj* collant(e)

**Klebstoff** *m* colle *f*

**kleckern** ['klɛkən] **I.** *vt* **Soße auf etw** (*akk*) **~** faire des taches de sauce sur qc **II.** *vi* **mit etw ~** faire des taches de qc (*fam*) **III.** *vr fam* **sich voll ~** se faire des taches partout

**Kleeblatt** *nt* **vierblättriges ~** trèfle *m* à quatre feuilles

**Kleid** [klait] <-[e]s, -er> *nt* **1.** robe *f* **2.** *Pl* (*Kleidungsstück*) vêtements *mpl*



**kleiden** ['klaidən] *vt, vr* [**sich**] **~** [s']habiller

**Kleiderbügel** *m* cintre *m*

**Kleidung** <-, -en> *f* vêtements *mpl*

**klein** [klain] *adj* **1.** petit(e) **2.** (*kleingeschrieben*) **ein ~es a** un a minuscule **3.** (*gering, geringfügig*) **ein ~[es] bisschen** un [tout] petit peu **4. bis ins Kleinste** jusque dans le moindre détail; **von ~ auf** dès ma/sa/... plus tendre enfance **Kleingeld** *nt* monnaie *f*

**Kleinigkeit** ['klainɪçkait] <-, -en> *f* **1.** (*Bagatelle*) bricole *f* **2.** (*kleine Menge*) **eine ~ essen** manger un petit quelque chose **Kleinkind** *nt* jeune enfant *m*

**kleinlich** *adj pej* **1.** (*geizig*) pingre **2.** (*engstirnig*) mesquin(e)

**Kleinstadt** *f* petite ville *f*
**Klementine** <-, -n> *f* clémentine *f*
**Klempner(in)** ['klɛmpnɐ] <-s, -> *m(f)* plombier *m*
**klettern** ['klɛtɐn] *vi* **1.** faire de l'escalade; **auf einen Berg ~** escalader une montagne; **auf einen Baum ~** grimper sur un arbre **2.** *fam* (*Temperatur*) grimper
**Klima** ['kli:ma] <-s, -s> *nt* climat *m*
**Klimaanlage** *f* climatisation *f*
**Klimaschutz** *m* protection *f* du climat
**Klinge** ['klɪŋə] <-, -n> *f* lame *f*
**Klingel** ['klɪŋəl] <-, -n> *f* sonnette *f*
**klingeln** *vi* sonner; **es klingelt** (*an der Tür*) on sonne; (*in der Schule*) ça sonne
**Klingelton** *m* (*für Handy*) sonnerie *f*
**klingen** ['klɪŋən] *vi irr* **1.** sonner **2.** (*sich anhören*) **gut ~** avoir l'air bien
**Klinik** ['kli:nɪk] <-, -en> *f* hôpital *m;* (*Privatklinik*) clinique *f*
**Klippe** ['klɪpə] <-, -n> *f* écueil *m*
**klirren** ['klɪrən] *vi* (*Gläser*) tinter; (*Fensterscheibe*) vibrer
**Klischee** [kli'ʃe:] <-s, -s> *nt* **1.** (*Klischeevorstellung*) stéréotype *m* **2.** *pej geh* (*Redensart*) lieu *m* commun **3.** TYP cliché *m*
**Klo** [klo:] <-s, -s> *nt fam* chiottes *fpl*
**Klobrille** ['klo:brɪlə] *f fam* lunette *f* de/des W.-C. **Klobürste** *f fam* brosse *f* à W.-C.
**Klopapier** *nt fam* P.Q. *m*
**klopfen** ['klɔpfən] **I.** *vi* **1. an die Tür ~** frapper à la porte **2.** (*schlagen*) **jdm auf die Schulter ~** taper qn sur l'épaule **3.** (*Herz*) battre **4. es klopft an der Tür** on frappe à la porte **II.** *vt* (*Teppich*) battre
**Klospülung** *f fam* chasse *f* d'eau
**Kloster** ['klo:stɐ] <-s, Klöster> *nt* (*Mönchskloster*) monastère *m;* (*Nonnenkloster*) couvent *m*
**Klub** [klʊp] <-s, -s> *m* club *m*
**klug** [klu:k] <klüger, klügste> **I.** *adj* (*Person, Handlungsweise*) avisé(e); (*Antwort*) habile **II.** *adv* (*handeln*) intelligemment
**km/h** *m Abk von* **Kilometer pro Stunde** km/h
**knabbern** ['knabɐn] *vt, vi* grignoter
**knacken** ['knakən] **I.** *vt* **1.** (*Nuss*) casser **2.** *fam* (*Code*) déchiffrer; (*Auto*) forcer **II.** *vi* **1.** (*Holz*) craquer **2. es knackt** il y a des craquements
**knackig** ['knakɪç] *adj* **1.** (*Salat*) croquant(e) **2.** *fam* craquant(e)
**Knall** [knal] <-[e]s, -e> *m* détonation *f*
**knallen** **I.** *vi* **1.** (*Tür, Peitsche*) claquer; (*Korken*) sauter; (*Schuss*) retentir **2.** *fam* (*prallen*) **gegen die Wand ~** cogner contre le mur; **auf**

den Boden ~ tomber par terre **3. es knallt** (*ein Unfall passiert*) ça cartonne (*fam*); (*ein Schuss fällt*) il y a une détonation **II.** *vt* (*Tür*) claquer **knallhart** **I.** *adj fam* impitoyable **II.** *adv fam* (*sagen*) sans prendre de gants

**knapp** [knap] **I.** *adj* **1.** ~ **sein** être juste; (*Stellen*) être rare **2.** (*Sieg*) serré(e); (*Mehrheit, Meter*) petit(e) **3.** (*Antwort*) concis(e) **II.** *adv* **1.** (*bemessen*) très juste; ~ **sitzen** être juste **2.** (*nicht ganz*) ~ **zwei Jahre alt sein** être âgé d'un peu moins de deux ans **3.** (*verlieren*) de justesse

**kneifen** ['knaifən] *vt irr* pincer

**Kneipe** ['knaipə] <-, -n> *f fam* bistro[t] *m*

**kneten** ['kne:tən] *vt* **1.** (*Teig*) pétrir **2.** (*formen*) modeler

**Knetmasse** *f* pâte *f* à modeler

**knicken** *vt* **1.** plier **2.** (*brechen*) casser

**Knicks** [knɪks] <-es, -e> *m* révérence *f*

**knicksen** *vi* faire la révérence

**Knie** [kni:] <-s, -> *nt* genou *m*

**knien** [kni:n] **I.** *vi* être à genoux **II.** *vr* **sich auf den Boden** ~ s'agenouiller par terre

**knipsen** ['knɪpsən] *fam* **I.** *vt* **1.** photographier **2.** (*Fahrkarte*) poinçonner **II.** *vi* prendre des photos

**Knoblauch** ['kno:plaux] <-[e]s> *m* ail *m* **Knoblauchzehe** *f* gousse *f* d'ail

**Knöchel** ['knœçəl] <-s, -> *m* (*Fußknöchel*) cheville *f*

**Knochen** ['knɔxən] <-s, -> *m* os *m*

**Knochenbruch** *m* fracture *f*

**Knödel** ['knø:dəl] <-s, -> *m: boule à base de pomme de terre ou de pain trempé dans du lait, cuite à l'eau et servie en accompagnement*

**Knopf** [knɔpf] <-[e]s, Knöpfe> *m* bouton *m*

**knöpfen** ['knœpfən] *vt* boutonner

**Knospe** ['knɔspə] <-, -n> *f* bourgeon *m;* (*Blütenknospe*) bouton *m*

**knoten** ['kno:tən] *vt* faire un nœud à

**Knoten** ['kno:tən] <-s, -> *m* **1.** nœud *m* **2.** (*Haarknoten*) chignon *m*

**Know-how** [nɔʊ'hau] <-s> *nt* savoir-faire *m*

**knurren** ['knʊrən] *vi, vt* grogner

**knusprig** *adj* croustillant(e)

**knutschen** ['knu:tʃən] *fam vt* bécoter

**Koch** [kɔx] <-s, Köche> *m*, **Köchin** *f* cuisinier(-ière) *m(f)*

**Kochbuch** *nt* livre *m* de cuisine

**kochen** ['kɔxən] **I.** *vi* **1.** bouillir; **etw zum Kochen bringen** porter qc à ébullition; **~d** bouillant(e) **2.** (*Speisen zubereiten*)

K

faire la cuisine **3.** (*aufgebracht sein*) **vor Wut** ~ bouillir de colère **II.** *vt* **1.** (*zubereiten*) **das Essen** ~ préparer le repas; **Reis** ~ faire du riz; **hart gekocht** (*Ei*) dur(e); **weich gekocht** (*Ei*) à la coque; (*Gemüse*) bien cuit(e) **2.** (*Wäsche*) faire bouillir **Kochplatte** *f* plaque *f* électrique **Kochtopf** *m* casserole *f;* (*aus Gusseisen*) cocotte *f*

**Kode** [ko:t] <-s, -s> *m* code *m*

**Koffein** [kɔfe'i:n] <-s> *nt* caféine *f*

**koffeinfrei** *adj* décaféiné(e)

**Koffer** ['kɔfɐ] <-s, -> *m* (*Reisekoffer*) valise *f*

**Kofferraum** *m* coffre *m*

**Kognak** ['kɔnjak] <-s, -s> *m* cognac *m*

**Kohl** [ko:l] <-[e]s, -e> *m* chou *m*

**Kohle** ['ko:lə] <-, -n> *f* **1.** (*Brennstoff*) charbon *m* **2.** *fam* (*Geld*) fric *m*

**Kohlensäure** *f* acide *m* carbonique; (*Kohlendioxid*) gaz *m* carbonique; **Mineralwasser mit/ohne** ~ eau *f* [minérale] gazeuse/non gazeuse

**Kokosnuss** *f* noix *f* de coco **Kokospalme** *f* cocotier *m*

**Kollege** [kɔ'le:gə] <-n, -n> *m,* **Kollegin** *f* collègue *mf*

**Köln** [kœln] <-s> *nt* Cologne

**Kolonne** [ko'lɔnə] <-, -n> *f* (*Fahrzeugkolonne*) file *f*

**Kombination** [kɔmbina'tsio:n] <-, -en> *f* combinaison *f*

**kombinieren*** [kɔmbi'ni:rən] **I.** *vt* (*Kleidungsstücke*) assortir; (*Farben*) associer **II.** *vi* faire une déduction/des déductions

**Komfort** [kɔm'fo:ɐ̯] <-s> *m* confort *m*

**komfortabel** [kɔmfɔr'ta:bəl] *adj* confortable

**Komik** ['ko:mɪk] <-> *f* comique *m*

**Komiker(in)** ['ko:mikɐ] <-s, -> *m(f)* comique *mf*

**komisch** **I.** *adj* **1.** (*lustig*) comique **2.** (*sonderbar*) bizarre; ~ **riechen/schmecken** avoir une drôle d'odeur/un drôle de goût **3.** *fam* (*unwohl*) drôle **II.** *adv* **1.** (*lustig*) bizarrement **2.** (*sonderbar*) **sich** ~ **fühlen** se sentir tout drôle (*fam*)

**Komitee** [komi'te:] <-s, -s> *nt* comité *m*

**Komma** ['kɔma] <-s, -s> *nt* virgule *f*

**kommandieren*** [kɔman'di:rən] *vt, vi* commander

**Kommando** [kɔ'mando] <-s, -s> *nt* **1.** ordre *m;* **auf** ~ sur commande **2.** (*Befehlsgewalt*) commandement *m* **3.** (*abkommandierte Gruppe*) détachement *m*

**kommen** ['kɔmən] *irr vi* **1.** venir; **nach unten/oben** ~ descendre/monter; **nach draußen** ~ sortir; **ich komme ja schon!**

j'arrive!; **komm!** viens [ici]!; **wie komme ich bitte zur Post?** pour aller à la poste, s'il vous plaît? **2.** (*stammen*) **von weit her** ~ venir de loin **3.** (*gezeigt werden*) **im Fernsehen** ~ passer à la télévision **4.** (*Einfall haben*) **wie kommst du denn darauf?** qu'est-ce qui te fait croire ça? **5. es kam zu einer Auseinandersetzung** on en vint à une querelle; **und so kam es, dass ...** et c'est ainsi que ...; **wie kommt es, dass ...?** comment se fait-il que ...?

**Kommentar** [kɔmɛn'taːɐ̯] <-s, -e> *m* commentaire *m*

**kommentieren*** [kɔmɛn'tiːrən] *vt* commenter

**kommerziell** [kɔmɛr'tsi̯ɛl] *adj* commercial(e)

**Kommissar(in)** [kɔmɪ'saːɐ̯] <-s, -e> *m(f)* commissaire *mf*

**Kommissariat** [kɔmɪsari'aːt] <-s, -e> *nt* commissariat *m*

**Kommunikation** [kɔmunika'tsi̯oːn] <-, -en> *f* communication *f*

**Kommunismus** [kɔmu'nɪsmʊs] <-> *m* communisme *m*

**Kommunist(in)** [kɔmu'nɪst] <-en, -en> *m(f)* communiste *mf*

**kommunistisch** *adj* communiste

**Komödie** [ko'møːdi̯ə] <-, -n> *f a. fig* comédie *f*

**Kompagnon** [kɔmpan'jõː] <-s, -s> *m* associé(e) *m(f)*

**Kompass** ['kɔmpas] <-es, -e> *m* boussole *f*

**kompetent** [kɔmpe'tɛnt] *adj* compétent(e)

**Kompetenz** [kɔmpe'tɛnts] <-, -en> *f* compétence *f*

**komplett** [kɔm'plɛt] *adj* complet (-ète)

**Komplikation** [kɔmplika'tsi̯oːn] <-, -en> *f* complication *f*

**Kompliment** [kɔmpli'mɛnt] <-[e]s, -e> *nt* compliment *m*

**kompliziert** *adj* compliqué(e)

**komponieren*** [kɔmpo'niːrən] *vt, vi* composer

**Komponist(in)** [kɔmpo'nɪst] <-en, -en> *m(f)* compositeur (-trice) *m(f)*

**Kompromiss** [kɔmpro'mɪs] <-es, -e> *m* compromis *m*

**Kondensmilch** [kɔn'dɛnsmɪlç] *f* lait *m* concentré

**Konditor** [kɔn'diːtoːɐ̯] <-s, -toren> *m*, **Konditorin** *f* pâtissier *m* [confiseur]/pâtissière *f* [confiseuse]

**Konditorei** [kɔndito'rai̯] <-, -en> *f* pâtisserie *f* [confiserie]

**Kondom** [kɔn'doːm] <-s, -e> *m o nt* préservatif *m*

**Konferenz** [kɔnfe'rɛnts] <-, -en> *f* **1.** conférence *f* **2.** (*Lehrerkonferenz*) conseil *m* de classe

**Konflikt** [kɔn'flɪkt] <-s, -e> *m* conflit *m*

**konfrontieren*** [kɔnfrɔn'tiːrən] *vt* confronter

**konfus** [kɔn'fuːs] *adj* confus(e)
**Kongress** [kɔn'grɛs] <-es, -e> *m* congrès *m*
**Kongresszentrum** *nt* palais *m* des congrès
**König** ['køːnɪç] <-s, -e> *m* roi *m*
**Königin** <-, -nen> *f* reine *f*
**königlich** ['køːnɪklɪç] *adj* royal(e)
**Königreich** ['køːnɪkraiç] *nt* royaume *m;* **das Vereinigte ~** le Royaume-Uni
**konkret** [kɔn'kreːt] *adj* (*Vorstellung*) concret(-ète)
**Konkurrent(in)** [kɔnkʊ'rɛnt] <-en, -en> *m(f)* concurrent(e) *m(f)*
**Konkurrenz** [kɔnkʊ'rɛnts] <-, -en> *f* concurrence *f*
**Konkurs** [kɔn'kʊrs] <-es, -e> *m* (*Zahlungsunfähigkeit*) faillite *f*
**können** ['kœnən] *irr* **I.** *vt* **1.** (*Fremdsprache*) parler; **was ~ Sie?** qu'est-ce que vous savez faire? **2.** **[et]was/nichts für etw ~** être/ne pas être responsable de qc; **der kann mich mal!** *fam* il peut aller se faire foutre! **II.** *vi* pouvoir; **nicht mehr ~** *fam* (*erschöpft sein*) n'en pouvoir plus **III.** *aux* **1.** (*vermögen, dürfen*) **~ Sie mir sagen, wo/wie ...?** pourriez-vous me dire où/comment ...?; **kann ich Ihnen weiterhelfen?** puis-je vous aider? **2.** (*eine Fertigkeit haben*) **laufen/lesen ~** savoir courir/lire **3.** **man kann nie wissen** on ne sait jamais
**Konsequenz** [kɔnze'kvɛnts] <-, -en> *f* conséquence *f*
**Konservendose** *f* boîte *f* de conserve
**konservieren*** [kɔnzɛr'viːrən] *vt* conserver
**Konsonant** [kɔnzo'nant] <-en, -en> *m* consonne *f*
**Konsul** ['kɔnzʊl] <-s, -n> *m*, **Konsulin** *f* consul *m*
**Konsulat** [kɔnzu'laːt] <-[e]s, -e> *nt* consulat *m*
**Kontakt** [kɔn'takt] <-[e]s, -e> *m* contact *m*
**kontaktfreudig** *adj* sociable
**Kontaktlinse** *f* lentille *f* [de contact]
**Konten** *Pl von* **Konto**
**Kontinent** [kɔnti'nɛnt] <-[e]s, -e> *m* continent *m*
**Konto** ['kɔnto] <-s, Konten> *nt* compte *m*
**Kontoauszug** *m* extrait *m* de compte **Kontostand** *m* situation *f* de compte
**Kontrabass** *m* contrebasse *f*
**Kontrolle** [kɔn'trɔlə] <-, -n> *f* contrôle *m*
**kontrollieren*** [kɔntrɔ'liːrən] *vt* contrôler
**Konzentration** [kɔntsɛntra'tsjoːn] <-, -en> *f* concentration *f*
**Konzentrationslager** *nt* camp *m* de concentration
**konzentrieren*** [kɔntsɛn'triːrən] *vr* **sich auf etw** (*akk*) **~** se

concentrer sur qc
**konzentriert** [kɔntsɛn'tri:ɐt] I. *adj* concentré(e) II. *adv* (*nachdenken*) en se concentrant
**Konzept** [kɔn'tsɛpt] <-[e]s, -e> *nt* 1. (*Entwurf*) brouillon *m* 2. (*Plan*) projet *m*
**Konzert** [kɔn'tsɛrt] <-[e]s, -e> *nt* 1. (*Komposition*) concerto *m* 2. (*Aufführung*) concert *m*
**Kopf** [kɔpf] <-[e]s, Köpfe> *m* tête *f* **Kopfhörer** *m* casque *m* **Kopfkissen** *nt* oreiller *m* **Kopfkissenbezug** *m* taie *f* d'oreiller **Kopfsalat** *m* laitue *f* **Kopfschmerz** *m* **~en haben** avoir mal à la tête **Kopftuch** <-tücher> *nt* foulard *m*
**Kopie** [ko'pi:] <-, -n> *f* copie *f*
**kopieren*** [ko'pi:rən] *vt* 1. faire une copie de 2. (*fotokopieren*) [photo]copier
**Kopiergerät** [ko'pi:ɐgərɛ:t] *nt* photocopieuse *f*
**Korb** [kɔrp] <-[e]s, Körbe> *m* a. SPORT panier *m*
**Kord** *s.* **Cord**
**Korken** ['kɔrkən] <-s, -> *m* bouchon *m*
**Korkenzieher** <-s, -> *m* tire-bouchon *m*
**Korn** [kɔrn] <-[e]s, Körner> *nt* 1. (*Samenkorn*) graine *f* 2. (*Getreide*) céréales *fpl*
**Körper** ['kœrpɐ] <-s, -> *m* corps *m*
**körperlich** I. *adj* (*Anstrengung*) physique; (*Gebrechen*) corporel(le) II. *adv* physiquement **Körperpflege** *f* hygiène *f* corporelle
**korrekt** [kɔ'rɛkt] *adj* correct(e)
**korrigieren*** [kɔri'gi:rən] *vt* corriger
**korrupt** [kɔ'rʊpt] *adj pej* corrompu(e)
**Korruption** [kɔrʊp'tsio:n] <-, -en> *f pej* corruption *f*
**kostbar** *adj* précieux(-euse)
**kosten** ['kɔstən] *vt* coûter
**Kosten** ['kɔstən] *Pl* coût *m*; (*Auslagen*) frais *mpl*
**kostenlos** *adj* gratuit(e) **kostenpflichtig** *adj* payant(e)
**köstlich** ['kœstlɪç] *adj* délicieux (-euse)
**Kostprobe** *f* GASTR dégustation *f*
**Kostüm** [kɔs'ty:m] <-s, -e> *nt* 1. (*Damenkostüm*) tailleur *m* 2. (*Tracht, Verkleidung*) costume *m*
**Kostümball** *m* bal *m* costumé
**Kot** [ko:t] <-[e]s> *m* excréments *mpl*
**Kotelett** [kotə'lɛt] <-[e]s, -s> *nt* côtelette *f*
**Krabbe** ['krabə] <-, -n> *f* crabe *m*; (*Garnele*) crevette *f*
**Krach** [krax] <-[e]s, Kräche> *m* 1. (*Lärm*) vacarme *m* 2. *fam* (*Streit*) engueulade *f*
**krachen** *vi* (*laut knallen: Tür, Schuss*) claquer; (*Donner*) éclater (*fam*)

K

**Kraft** [kraft] <-, Kräfte> *f* force *f*

**kräftig** ['krɛftɪç] **I.** *adj* (*Person*) fort(e); (*Händedruck*) vigoureux (-euse) **II.** *adv* (*drücken*) vigoureusement

**kraftlos** *adj* (*Person*) sans force; (*Händedruck*) mou(molle) **Kraftwerk** *nt* centrale *f* [électrique]

**Kragen** ['kra:gən] <-s, - *o* CH, SDEUTSCH Krägen> *m* col *m*

**Krähe** ['krɛ:ə] <-, -n> *f* corneille *f*

**Kralle** ['kralə] <-, -n> *f* (*einer Katze*) griffe *f*; (*eines Raubvogels*) serre *f*

**Kran** [kra:n] <-[e]s, Kräne> *m* grue *f*

**krank** [kraŋk] <kränker, kränkste> *adj a. fig* malade

**Kranke(r)** *f(m)* malade *mf*

**kränken** ['krɛŋkən] *vt* blesser

**Krankengymnastik** *f* kinésithérapie *f* **Krankenhaus** *nt* hôpital *m* **Krankenkasse** *f* caisse *f* d'assurance-maladie **Krankenschwester** *f* infirmière *f* **Krankenversicherung** *f* assurance-maladie *f* **Krankenwagen** *m* ambulance *f*

**Krankheit** <-, -en> *f* maladie *f*

**kratzen** ['kratsən] **I.** *vt* **1. jdn am Rücken ~** gratter le dos à qn **2.** (*Katze*) griffer **3. es kratzt ihn am Rücken** *fam* il a le dos qui le gratte **II.** *vr* **sich ~** se gratter **III.** *vi* **1.** gratter **2.** (*mit den Fingernägeln*) griffer

**Kräuterbutter** *f* beurre *m* persillé **Kräutertee** *m* tisane *f*

**Krawatte** [kra'vatə] <-, -n> *f* cravate *f*

**kreativ** [krea'ti:f] *adj* créatif(-ive)

**Kreativität** [kreativi'tɛ:t] <-> *f* créativité *f*

**Kreatur** [krea'tu:ɐ̯] <-, -en> *f* créature *f*

**Krebs** [kre:ps] <-es, -e> *m* **1.** ZOOL crustacé *m*; (*Flusskrebs*) écrevisse *f* **2.** GASTR crabe *m* **3.** ASTRO Cancer *m* **4.** MED cancer *m*

**Kredit** [kre'di:t] <-[e]s, -e> *m* crédit *m*

**Kreditkarte** *f* carte *f* de crédit

**Kreide** ['kraidə] <-, -n> *f* craie *f*

**Kreis** [krais] <-es, -e> *m* **1.** cercle *m* **2.** *Pl* (*gesellschaftliche Schicht*) milieux *mpl*

**kreisen** ['kraizən] *vi* **1.** tourner **2.** (*fliegen*) tournoyer

**kreisförmig** ['kraisfœrmɪç] **I.** *adj* circulaire **II.** *adv* en cercle

**kremig** *adj* onctueux(-euse)

**Kresse** ['krɛsə] <-, -en> *f* cresson *m*

**kreuz** [krɔyts] **~ und quer** dans tous les sens

**Kreuz** [krɔyts] <-es, -e> *nt* **1.** croix *f* **2.** (*Rücken*) reins *mpl* **3.** SPIEL trèfle *m*

**kreuzen** **I.** *vt* croiser **II.** *vi* (*Flugzeug, Schiff*) croiser

**Kreuzfahrt** *f* croisière *f*

**Kreuzung** <-, -en> *f* **1.** (*Straßenkreuzung*) carrefour *m* **2.** (*das

*Kreuzen*) croisement *m*

**Kreuzworträtsel** *nt* mots *mpl* croisés

**kriechen** ['kri:çən] *vi irr* **1.** ramper **2.** (*langsam fahren*) se traîner (*fam*)

**Krieg** [kri:k] <-[e]s, -e> *m* guerre *f*

**kriegen** ['kri:gən] *vt fam* **1.** (*bekommen*) recevoir **2.** (*Bus, Zug*) attraper; **jdn ~** mettre la main sur qn **3.** (*Strafzettel*) récolter **4.** (*Kind*) aller avoir

**Kriminalität** [kriminali'tɛ:t] <-> *f* criminalité *f*; **organisierte ~** crime *m* organisé

**Kriminalkommissar(in)** *m(f)* commissaire *mf* de police judiciaire **Kriminalpolizei** *f* police *f* judiciaire

**kriminell** [krimi'nɛl] *adj* **1.** criminel(le); **~ sein** être délinquant **2.** *fam* (*gefährlich*) casse-gueule

**Krippe** ['krɪpə] <-, -n> *f* crèche *f*

**Krise** ['kri:zə] <-, -n> *f* crise *f*

**Kristall** <-s> *nt* cristal *m*

**Kritik** [kri'ti:k] <-, -en> *f* critique *f*

**Kritiker(in)** ['kri:tikɐ] <-s, -> *m(f)* **1.** (*Rezensent*) critique *mf* **2.** (*Gegner*) détracteur(-trice) *m(f)*

**kritisch** ['kri:tɪʃ] *adj* critique

**kritisieren*** [kriti'zi:rən] *vt, vi* critiquer

**kritzeln** ['krɪtsəln] *vt, vi* griffonner

**Kroate** <-n, -n> *m*, **Kroatin** *f* Croate *mf*

**Kroatien** [kro'ʔa:tsiən] <-s> *nt* la Croatie

**kroatisch** [kro'ʔa:tɪʃ] **I.** *adj* croate **II.** *adv* en croate

**Kroatisch** <-[s]> *nt* croate *m*

**Krokette** [kro'kɛtə] <-, -n> *f* croquette *f*

**Krone** ['kro:nə] <-, -n> *f* couronne *f*

**krönen** ['krø:nən] *vt* **jdn zum König ~** couronner qn roi

**Krönung** ['krø:nʊŋ] <-, -en> *f* couronnement *m*

**Kröte** ['krø:tə] <-, -n> *f* **1.** ZOOL crapaud *m* **2.** *Pl fam* (*Geld*) fric *m*

**Krug** ['kru:k] <-[e]s, Krüge> *m* **1.** (*Wasserkrug*) cruche *f* **2.** (*Bierkrug*) chope *f*

**Krümel** ['kry:məl] <-s, -> *m* (*Brösel*) miette *f*

**krumm** [krʊm] **I.** *adj* (*nicht gerade*) tordu(e); (*Nase*) crochu(e); (*Rücken*) voûté(e) **II.** *adv* (*gehen*) le dos voûté; (*wachsen*) de travers

**Kuba** ['ku:ba] <-s> *nt* Cuba; **auf ~** à Cuba

**Kubikmeter** [ku'bi:kme:tɐ] *m o nt* mètre *m* cube

**Küche** ['kʏçə] <-, -n> *f* cuisine *f*

**Kuchen** ['ku:xən] <-s, -> *m* gâteau *m*

**Küchenabfälle** *Pl* épluchures *fpl*

**Kuchenblech** *nt* plaque *f* [à

pâtisserie] **Kuchenform** *f* moule *m* à gâteau[x]

**Küchenmaschine** *f* robot *m*

**kuckuck** ['kʊkʊk] *interj* coucou

**Kuckuck** ['kʊkʊk] <-s, -e> *m* coucou *m*

**Kuckucksuhr** *f* coucou *m*

**Kugel** ['ku:gəl] <-, -n> *f* **1.** (*runder Gegenstand*) boule *f* **2.** (*Geschoss*) balle *f*

**kugelförmig** ['ku:gəlfœrmɪç] *adj* sphérique

**kugelrund** ['ku:gəl'rʊnt] *adj fam* (*dick*) rondouillard(e) **Kugelschreiber** *m* stylo *m* [à] bille

**Kuh** [ku:] <-, Kühe> *f* vache *f*

**kühl** [ky:l] **I.** *adj* **1.** (*kalt*) frais (fraîche); **es wird/ist ~** ça se rafraîchit/il fait frais **2.** (*reserviert*) froid(e) **II.** *adv* **1.** (*lagern*) au frais; (*servieren*) frais (fraîche) **2.** (*reserviert*) avec froideur; (*empfangen*) fraîchement

**kühlen** ['ky:lən] *vt, vi* rafraîchir; **gekühlt** (*Getränke*) frais(fraîche)

**Kühlschrank** *m* réfrigérateur *m* **Kühltasche** *f* glacière *f* **Kühltruhe** *f* congélateur *m* bahut **Kühlwasser** *nt* eau *f* de refroidissement

**kühn** [ky:n] *adj* (*Held*) téméraire; (*Tat*) audacieux(-euse)

**Kühnheit** <-, -en> *f* **1.** (*Wagemut*) audace *f* **2.** (*Tat*) témérité *f*

**Kuhstall** *m* étable *f*

**Küken** ['ky:kən] <-s, -> *nt* poussin *m*

**kulant** [ku'lant] *adj* (*Geschäftsmann*) arrangeant(e); (*Verhalten*) accommodant(e)

**Kuli** ['ku:li] <-s, -s> *m fam* (*Stift*) stylo *m* **Kulisse** [ku'lɪsə] <-, -n> *f* décor *m*

**kultiviert** [kʊlti'vi:ɐ̯t] *adj* raffiné(e)

**Kultur** [kʊl'tu:ɐ̯] <-, -en> *f* **1.** (*Zivilisationsform*) civilisation *f* **2.** BOT plantation *f*

**kulturell** [kʊltu'rɛl] *adj* culturel(le)

**Kultusminister(in)** ['kʊltʊsmɪnɪstɐ] *m(f)* ≈ ministre *mf* de l'Éducation et des Affaires culturelles [d'un land] **Kultusministerium** *nt* ≈ ministère *m* de l'Éducation et de la Culture [d'un land]

**Kümmel** ['kʏməl] <-s, -> *m* cumin *m*

**Kummer** ['kʊmɐ] <-s> *m* **1.** (*Betrübtheit*) chagrin *m* **2.** (*Unannehmlichkeiten*) soucis *mpl*

**kümmern** ['kʏmɐn] **I.** *vt* concerner; **was kümmert ihn das?** en quoi ça le regarde? **II.** *vr* **sich um jdn/etw ~** s'occuper de qn/qc

**Kumpel** ['kʊmpəl] <-s, -> *m fam* (*Kamerad*) pote *mf*

**Kunde** ['kʊndə] <-n, -n> *m*, **Kundin** *f* client(e) *m(f)*

**Kundendienst** *m* service *m* après-vente

**kündigen** ['kʏndɪgən] **I.** *vt* (*Job*) démissionner de; (*Mitarbeiter*) licencier; (*Vertrag*) résilier **II.** *vi*

(*Arbeitnehmer*) démissionner; **jdm ~** (*Arbeitgeber*) licencier qn; (*Vermieter*) donner congé à qn

**Kündigung** <-, -en> *f* **1.** (*eines Vertrags*) résiliation *f* **2.** (*Entlassung*) licenciement *m* **3.** (*Weggang*) démission *f*

**Kundschaft** <-, -en> *f* (*Kundenkreis*) clientèle *f*

**künftig** ['kʏnftɪç] **I.** *adj* futur(e) **II.** *adv* à l'avenir

**Kunst** [kʊnst] <-, Künste> *f* **1.** art *m* **2.** (*Schulfach*) arts *mpl* plastiques

**Kunstakademie** *f* école *f* des beaux-arts **Kunstgeschichte** *f* histoire *f* de l'art **Kunstleder** *nt* similicuir *m*

**Künstler(in)** ['kʏnstlɐ] <-s, -> *m(f)* artiste *mf*

**künstlerisch** *adj* (*Arbeit*) d'artiste; (*Begabung*) artistique

**künstlich** ['kʏnstlɪç] **I.** *adj* (*Beleuchtung, See*) artificiel(le); (*Diamant*) faux(fausse) **II.** *adv* artificiellement; (*herstellen*) industriellement

**Kunstsammlung** *f* collection *f* d'objets d'art **Kunststoff** *m* plastique *m* **Kunstwerk** *nt* **1.** œuvre *f* d'art **2.** (*Meisterleistung*) chef-d'œuvre *m*

**Kupfer** ['kʊpfɐ] <-s, -> *nt* cuivre *m*

**Kuppel** ['kʊpəl] <-, -n> *f* (*Innenkuppel*) coupole *f*; (*Außenkuppel*) dôme *m*

**Kur** [kuːɐ̯] <-, -en> *f* cure *f*

**Kürbis** ['kʏrbɪs] <-ses, -se> *m* potiron *m*

**kurieren*** [ku'riːrən] *vt* guérir

**Kurort** *m* station *f* thermale

**Kurs** [kʊrs] <-es, -e> *m* **1.** cours *m*; (*Wechselkurs*) taux *m* de change **2.** (*Fahrtrichtung*) cap *m*

**Kurve** ['kʊrvə] <-, -n> *f* **1.** virage *m* **2.** MATH courbe *f*

**kurz** [kʊrts] <kürzer, kürzeste> **I.** *adj* court(e); (*Blick, Antwort*) bref(brève); **in ~er Zeit** en peu de temps **II.** *adv* **1.** court; **kürzer machen** (*Kleid*) raccourcir **2. ~ gesagt, ...** bref, ...; **vor ~em** il y a encore peu de temps; **seit ~em** depuis peu **3.** (*wenig*) **es ist ~ vor acht** il n'est pas loin de huit heures

**kürzen** *vt* raccourcir

**kurzfristig** **I.** *adj* (*Vertrag*) à court terme; (*Zusage*) rapide **II.** *adv* **1.** (*informieren*) en dernière minute **2.** (*unterbrechen*) momentanément; (*gelten*) temporairement **Kurzgeschichte** *f* nouvelle *f*

**kürzlich** *adv* récemment

**Kurzmeldung** *f* flash *m* [d'information] **Kurzschluss** *m* court-circuit *m*

**Kusine** [ku'ziːnə] <-, -n> *f* cousine *f*

**Kuss** [kʊs] *m* baiser *m*

**küssen** ['kʏsən] *vt, vi, vr* **[sich] ~** [s']embrasser

K

**Küste** ['kʏstə] <-, -n> *f* (*Meeresufer*) côte *f* **Küstenwacht** *f* service *m* de surveillance côtière

**Kutsche** ['kʊtʃə] <-, -n> *f* (*geschlossen*) carrosse *m*; (*offen*) calèche *f*

**Kuvert** [ku've:ɐ̯] <-s, -s> *nt* enveloppe *f*

# L

**L, l** [ɛl] <-, -> *nt* L *m*/l *m*

**l** *Abk von* **Liter** l

**Labor** [la'bo:ɐ̯] <-s, -s> *nt* laboratoire *m*

**Laborant(in)** [labo'rant] <-en, -en> *m(f)* laborantin(e) *m(f)*

**Labyrinth** [laby'rɪnt] <-[e]s, -e> *nt* labyrinthe *m*

**lächeln** ['lɛçəln] *vi* sourire

**Lächeln** <-s> *nt* sourire *m*

**lachen** ['laxən] *vi* **über jdn/etw ~** rire de qn/qc

**Lachen** <-s> *nt* rire *m*

**lächerlich** ['lɛçɐlɪç] *adj* ridicule

**Lachs** [laks] <-es, -e> *m* saumon *m*

**lachsfarben** *adj* saumon **Lachsschinken** *m* filet *m* de porc fumé

**Lack** [lak] <-[e]s, -e> *m* laque *f*

**lackieren*** [la'ki:rən] *vt* (*Holz*) laquer; **sich** (*dat*) **die Fingernägel ~** se vernir les ongles

**laden** ['la:dən] *vt irr* charger

**Laden** ['la:dən] <-s, Läden> *m* **1.** (*Geschäft*) magasin *m*; (*klein*) boutique *f* **2.** *fam* (*Betrieb*) boîte *f* **Ladenschluss** *m* fermeture *f* des magasins

**Ladung** <-, -en> *f* **1.** (*Fracht*) chargement *m* **2.** ELEC, PHYS charge *f*

**Lage** ['la:gə] <-, -n> *f* **1.** (*eines Orts*) site *m* **2.** (*Situation*) situation *f* **3.** *fig* **in der ~ sein ...** être en mesure de ...

**Lager** ['la:gɐ] <-s, -> *nt* **1.** dépôt *m* **2.** (*Unterkunft*) camp *m*

**Lagerfeuer** *nt* feu *m* de camp **Lagerhalle** *f* hangar *m*

**lagern** *vt* (*aufbewahren*) stocker; **kühl ~!** garder au frais!

**Laib** [laip] <-[e]s, -e> *m* SDEUTSCH **ein ~ Brot** une miche de pain

**Laie** ['laiə] <-n, -n> *m*, **Laiin** *f* **1.** (*Nichtfachmann*) profane *mf* **2.** REL laïc *m*, laïque *mf*

**Lamm** [lam] <-[e]s, Lämmer> *nt* agneau *m*

**Lampe** ['lampə] <-, -n> *f* lampe *f*

**Land** [lant] <-[e]s, Länder> *nt* **1.** (*Staat*) pays *m* **2.** (*Festland*) terre *f* **3.** (*Bundesland*) Land *m*; **die 16 Länder** les 16 Länder **4.** (*Acker*) terrain *m* **5.** (*ländliche Gegend*) campagne *f*

**Landarbeiter(in)** *m(f)* ouvrier(-ière) *m(f)* agricole **Landbevölkerung** *f* population *f* rurale

**Landebahn** *f* piste *f* d'atterrissage

**landen** ['landən] *vi* (*Flugzeug*) atterrir; (*Schiff*) aborder **Landeshauptstadt** *f* capitale *f* [d'un Land] **Landesinnere(s)** *nt* intérieur *m* du pays; (*hinter der Küste*) arrière-pays *m* **Landeskunde** *f* civilisation *f* **Landessprache** *f* langue *f* nationale

**Landhaus** *nt* maison *f* de campagne **Landkarte** *f* carte *f* géographique **Landkreis** *m* ≈ district *m*

**ländlich** ['lɛntlɪç] *adj* (*Brauch*) paysan(ne); (*Stille*) de la campagne

**Landschaft** <-, -en> *f* paysage *m*

**Landsmann** ['lantsman] <-leute> *m*, **-männin** *f* compatriote *mf*

**Landstraße** *f* ≈ [route *f*] départementale *f*; (*untergeordnete Straße*) route *f* secondaire **Landstreicher(in)** <-s, -> *m(f)* vagabond(e) *m(f)* **Landtag** *m* (*Parlament*) landtag *m*

**Landung** <-, -en> *f* **1.** (*eines Flugzeugs*) atterrissage *m* **2.** MIL (*von Truppen*) largage *m*; (*per Schiff*) débarquement *m*

**Landwein** *m* vin *m* de pays **Landwirt(in)** *m(f)* agriculteur(-trice) *m(f)* **Landwirtschaft** *f* (*Erwerbstätigkeit*) agriculture *f* **landwirtschaftlich** *adj* agricole

**lang** [laŋ] <länger, längste> **I.** *adj* long(longue); **zwei Meter ~ sein** avoir deux mètres de long; **seit ~em** depuis longtemps **II.** *adv* **1.** longtemps; **~ aufbleiben** veiller tard; **viele Jahre ~** pendant de nombreuses années; **schon ~[e]** depuis longtemps **2. ~ und breit** en long et en large

**lange** ['laŋə] <länger, längste> *s.* **lang**

**Länge** ['lɛŋə] <-, -n> *f* **1.** longueur *f*; **der ~ nach** en long **2.** (*Dauer*) durée *f* **3.** GEO longitude *f*

**langen** *vi fam* **1.** (*ausreichen*) suffire **2.** (*sich erstrecken*) **bis zum Boden ~** (*Vorhang*) arriver jusqu'au sol **3. mir langt es** j'en ai marre (*fam*)

**Langeweile** <-> *f* ennui *m*

**langfristig** *adj, adv* à long terme **langjährig** *adj* de longue date **Langlauf** *m* ski *m* de fond

**langsam** **I.** *adj* lent(e) **II.** *adv* lentement

**Langsamkeit** <-> *f* lenteur *f*

**längst** [lɛŋst] *adv* (*seit langem*) depuis longtemps

**Languste** [laŋ'gʊstə] <-, -n> *f* langouste *f*

**langweilen** *vt, vr* [**sich**] ~ [s']ennuyer

**langweilig** *adj* ennuyeux(-euse)

**Lappen** ['lapən] <-s, -> *m* chiffon *m*

**Laptop** ['lɛptɔp] <-s, -s> *m*

L

[ordinateur *m*] portable *m*

**Lärm** [lɛrm] <-[e]s> *m* 1. bruit *m* 2. **viel ~ um nichts machen** faire beaucoup de bruit pour rien

**lassen** ['lasən] *irr* I. *vt* 1. (*unterlassen*) arrêter; **lass das!** arrête! 2. (*zurücklassen*) laisser 3. (*nicht anrühren*) **stehen ~** (*Essen*) ne pas toucher à; (*Wagen*) ne pas prendre II. *aux* 1. (*dulden, zulassen*) permettre 2. (*veranlassen*) **jdn warten ~** faire attendre qn; **sich scheiden ~** divorcer 3. (*Möglichkeit*) **das Fenster lässt sich öffnen** on peut ouvrir la fenêtre; **das lässt sich machen** c'est faisable 4. (*Aufforderung*) **lass uns/lasst uns gehen!** allons-nous en! III. *vi* **von jdm/etw ~** renoncer à qn/qc; **lass/lasst mal!** laisse/laissez donc!

**lässig** ['lɛsɪç] I. *adj* décontracté(e) II. *adv* (*ungezwungen*) en toute décontraction

**Last** [last] <-, -en> *f* charge *f*

**lästern** ['lɛstɐn] *vi* **über jdn/etw ~** dénigrer qn/qc

**lästig** ['lɛstɪç] *adj* pénible

**Lastkraftwagen, Lastwagen** *m* camion *m*

**Latein** [la'tain] <-s> *nt* latin *m*

**Lateinamerika** *nt* l'Amérique *f* latine **lateinamerikanisch** *adj* latino-américain(e)

**lateinisch** I. *adj* latin(e); (*Vokabeln*) de latin; (*Inschrift*) en latin II. *adv* en latin

**Lateinisch** *nt* latin *m*

**Laterne** [la'tɛrnə] <-, -n> *f* 1. (*Straßenlaterne*) réverbère *m* 2. (*Außenleuchte*) lanterne *f*

**Latzhose** *f* salopette *f*

**lau** [lau] *adj* tiède

**Lauch** [laux] <-[e]s, -e> *m* poireau *m*

**Lauf** [lauf] <-[e]s, Läufe> *m* 1. (*das Laufen*) course *f* 2. (*Flusslauf*) cours *m*; **im ~e der Jahre** au fil des ans

**Laufbahn** *f* carrière *f*

**laufen** ['laufən] *irr* I. *vi* 1. (*rennen*) courir; (*zu Fuß gehen*) marcher 2. (*fließen*) couler 3. (*funktionieren: Motor*) tourner; (*Gerät*) marcher 4. (*gezeigt werden*) passer II. *vt* (*hundert Meter*) courir; **Schlittschuh/Ski ~** faire du patin à glace/du ski

**laufend** *adv* sans arrêt

**Laune** ['launə] <-, -n> *f* 1. (*Stimmung*) humeur *f*; **gute/schlechte ~ haben** être de bonne/de mauvaise humeur 2. (*abwegige Idee*) lubie *f*

**launisch** *adj* (*Person*) lunatique; (*Wetter*) instable

**Laus** [laus] <-, Läuse> *f* (*Kopflaus*) pou *m*

**lauschen** ['lauʃən] *vi* écouter

**laut**[1] [laut] *adj* fort(e); (*Straße*) [très] bruyant(e); **~ werden** (*Person*) hausser le ton

**laut**[2] *präp + gen o dat* selon

**lauten** *vi* **der Titel lautet ...** le titre est ...

**läuten** ['lɔytən] *vi* sonner; **es läutet** on sonne

**lauter** ['lautɐ] *adv* (*nichts als*) rien d'autre que

**lautlos** *adv* sans bruit **Lautsprecher** *m* haut-parleur *m;* (*Lautsprecheranlage*) enceintes *fpl* **Lautstärke** *f* son *m*

**lauwarm** *adj* tiède

**Lavendel** [la'vɛndəl] <-s, -> *m* lavande *f*

**Lawine** [la'vi:nə] <-, -n> *f* avalanche *f*

**Leasing** ['li:zɪŋ] <-s, -s> *nt* leasing *m*

**leben** ['le:bən] *vi* **1.** vivre **2. leb[e] wohl!** adieu!

**Leben** <-s, -> *nt* **1.** vie *f* **2. nie im ~** jamais de la vie

**lebendig** [le'bɛndɪç] *adj* vivant(e) **Lebensgefahr** *f* **~!** danger de mort! **lebensgefährlich** *adj* (*Erkrankung*) pouvant être mortel; (*Verletzung*) présentant des risques vitaux **Lebensgefährte** *m,* **-gefährtin** *f* compagnon *m*/compagne *f* **lebenslänglich** *adj, adv* à vie **Lebenslauf** *m* curriculum *m* [vitæ] **Lebensmittel** *nt* denrées *fpl* alimentaires **Lebensmittelgeschäft** *nt* épicerie *f* **lebensmüde** *adj* suicidaire **Lebensstandard** *m* niveau *m* de vie **Lebensversicherung** *f* assurance *f* [sur la] vie **lebenswichtig** *adj* vital(e); (*Nahrungsmittel*) de première nécessité

**Leber** ['le:bɐ] <-, -n> *f* foie *m* **Leberkäs[e]** *m: préparation de chair à saucisse traditionnelle dans le Sud de l'Allemagne* **Leberpastete** *f* pâté *m* de foie **Leberwurst** *f* pâté *m* de foie (*sous forme de saucisson*)

**Lebewesen** *nt* être *m* vivant

**lebhaft** *adj* (*angeregt*) vif(vive); (*Person*) plein(e) de vie

**Lebkuchen** ['le:pku:xən] *m* pain *m* d'épice **leblos** *adj* sans vie; (*Augen, Gesicht*) dépourvu(e) d'expression

**lecker** ['lɛkɐ] *adj* délicieux(-euse)

**Leckerbissen** *m* régal *m*

**Leder** ['le:dɐ] <-s, -> *nt* (*Tierhaut*) cuir *m*

**Lederjacke** *f* veste *f* en cuir

**ledig** ['le:dɪç] *adj* (*unverheiratet*) célibataire

**leer** [le:ɐ̯] **I.** *adj* vide; (*Seite*) blanc (blanche) **II.** *adv* **~ stehend** (*Wohnung*) inoccupé(e)

**Leere** ['le:rə] <-> *f* vide *m*

**leeren** *vt* (*leer machen*) vider

**legal** [le'ga:l] *adj* légal(e)

**legen** ['le:gən] **I.** *vt* **1.** (*hinlegen*) **etw auf den Tisch ~** [dé]poser qc sur la table **2.** (*betten*) **jdn ins Bett ~** allonger qn dans le lit **II.** *vr* **1.** (*hinlegen*) **sich ins Bett ~** se mettre au lit **2.** (*sich senken auf*) **sich auf etw** (*akk*)

~ (*Staub*) se déposer sur qc **3.** (*nachlassen*) **sich ~** (*Sturm*) s'apaiser; (*Wind*) tomber; (*Wut*) retomber

**Legende** [le'gɛndə] <-, -n> *f* légende *f*

**lehnen I.** *vt* **etw an/gegen etw** (*akk*) **~** appuyer qc contre qc **II.** *vi* **an etw** (*dat*) **~** être appuyé contre qc **III.** *vr* **sich an** [*o* **gegen**] **jdn/etw ~** s'appuyer contre qn/qc

**Lehre** ['le:rə] <-, -n> *f* **1.** (*Theorie*) théorie *f* **2.** (*Ausbildung*) apprentissage *m*

**lehren** *vt* enseigner

**Lehrer(in)** <-s, -> *m(f)* **1.** enseignant(e) *m(f);* (*Grundschullehrer*) instituteur(-trice) *m(f);* (*Fach-, Gymnasiallehrer*) professeur *mf* **2.** (*Reit-, Tennislehrer*) moniteur(-trice) *m(f)*

**Lehrling** ['le:ɐlɪŋ] <-s, -e> *m* A apprenti(e) *m(f)* **Lehrstelle** *f* place *f* d'apprenti(e)

**Leiche** ['laiçə] <-, -n> *f* cadavre *m*

**leicht** [laiçt] **I.** *adj* léger(-ère); (*Frage*) facile; (*Operation*) petit(e) **II.** *adv* **1.** (*bekleidet, würzen*) légèrement **2.** (*einfach*) facilement; **~ zu erklären sein** être facile à expliquer **Leichtathletik** *f* athlétisme *m* **leichtfertig I.** *adj* irréfléchi(e) **II.** *adv* inconsidérément **leichtgläubig** *adj* crédule **leicht|machen** *vr* **es sich** (*dat*) **~** ne pas se compliquer la vie **Leichtsinn** *m* inconscience *f* **leichtsinnig** *adj* (*Person*) inconscient(e); (*Handlung*) inconsidéré(e)

**Leid** <-[e]s> *nt* souffrance *f*

**leiden** ['laidən] *vi irr* souffrir

**Leidenschaft** <-, -en> *f* passion *f*

**leidenschaftlich I.** *adj* passionné(e) **II.** *adv* passionnément; **etw ~ gern tun** adorer faire qc

**leider** ['laidɐ] *adv* malheureusement; **~ ja/nein** hélas oui/non

**leid|tun** *vi* **1.** (*als Ausdruck des Bedauerns*) **es tut jdm leid, dass** qn regrette que + *subj;* **tut mir leid!** *fam* désolé(e)! **2.** (*als Ausdruck des Mitleids*) **jdm ~** faire pitié à qn

**Leihbücherei** *f* bibliothèque *f* de prêt

**leihen** ['laiən] *vt irr* prêter; **sich** (*dat*) **etw von jdm ~** emprunter qc à qn **Leihwagen** *m* voiture *f* de location

**Leine** ['lainə] <-, -n> *f* corde *f;* (*Hundeleine*) laisse *f* **Leinwand** *f* (*Kinoleinwand*) écran *m*

**leise** ['laizə] **I.** *adj* (*Stimme*) bas(se); (*Musik*) doux(douce); (*Geräusch, Zweifel*) léger(-ère); **~r stellen** (*Fernseher*) baisser le son de **II.** *adv* doucement

**leisten** ['laistən] *vr fam* **sich** (*dat*) **etw ~** (*gönnen*) s'accorder qc;

(*sich anschaffen*) s'offrir qc; (*erlauben*) se permettre qc

**Leistung** <-, -en> *f* **1.** rendement *m;* (*eines Schülers*) résultat *m* **2.** (*einer Batterie*) capacité *f;* (*eines Motors*) puissance *f* mécanique **Leistungssport** *m* sport *m* de compétition

**leiten** ['laitən] *vt* diriger

**Leiter** ['laitɐ] <-, -n> *f* échelle *f*

**Leiter(in)** ['laitɐ] <-s, -> *m(f)* (*einer Firma, Schule*) directeur (-trice) *m(f);* (*einer Arbeitsgruppe*) chef *mf*

**Leitung** <-, -en> *f* **1.** direction *f;* (*einer Diskussion*) conduite *f* **2.** (*Rohrleitung*) conduite *f* **3.** (*Strom-, Telefonleitung*) ligne *f*

**Leitungswasser** *nt* eau *f* du robinet

**Lektion** [lɛk'tsio:n] <-, -en> *f* leçon *f*

**Lektor** ['lɛkto:ɐ] <-s, -toren> *m,* **Lektorin** *f* lecteur(-trice) *m(f)*

**Lektüre** [lɛk'ty:rə] <-, -n> *f* lecture *f*

**Lenkrad** *nt* volant *m*

**lernen** ['lɛrnən] **I.** *vt* **1.** apprendre; **Mathe/lesen ~** apprendre les maths/à lire **2. der wird es nie ~** il ne le saura jamais **II.** *vi* étudier; **für die Prüfung ~** travailler pour l'examen

**lesbar** *adj* lisible

**lesbisch** *adj* lesbien(ne)

**lesen** ['le:zən] *vt, vi irr* lire

**Lettisch** <-[s]> *nt* letton *m*

**Lettland** ['lɛtlant] *nt* la Lettonie

**letzte(r, s)** ['lɛtstə] *adj* **1.** dernier (-ière); **sein ~s Geld** l'argent qui lui reste; **beim ~n Mal** la dernière fois; **als Letzter/Letzte ankommen** arriver le dernier/la dernière **2.** (*vorige*) **~s Jahr** l'an dernier

**Letzte(s)** *nt* **das ist ja wohl das ~!** *pej fam* ça, c'est le bouquet!

**letztendlich** *adv* en fin de compte

**leuchten** ['lɔyçtən] *vi* (*Lampe*) éclairer; (*Licht, Stern*) briller; (*Zeiger*) être lumineux

**leuchtend** *adj* (*Farbe*) vif(vive)

**Leuchtturm** *m* phare *m*

**leugnen** ['lɔygnən] *vt, vi* nier

**Leute** ['lɔytə] *Pl* **1.** (*Mehrzahl von Person*) **hundert ~** cent personnes *fpl;* **es waren kaum ~ da** il n'y avait presque personne **2.** (*Mitmenschen*) gens *mpl;* **alle ~** tout le monde

**Lexikon** ['lɛksikɔn] <-s, Lexika> *nt* encyclopédie *f*

**Libanon** ['li:banɔn] <-[s]> *m* **der ~** le Liban

**Libelle** [li'bɛlə] <-, -n> *f* libellule *f*

**liberal** [libe'ra:l] *adj* libéral(e)

**Libyen** ['li:byən] <-s> *nt* la Libye

**Licht** [lɪçt] <-[e]s, -er> *nt* lumière *f*

**lieb** [li:p] **I.** *adj* **1. ~ zu jdm sein** être gentil avec qn **2.** (*brav*) sage **3.** (*in Briefen*) **~er Paul/~e Paula** cher Paul/chère Paula

L

II. *adv* 1. (*liebenswürdig*) gentiment 2. (*artig*) sagement 3. (*gern*) **jdn/etw ~ haben** aimer bien qn/qc; **jdn/etw am ~sten mögen** préférer qn/qc

**Liebe** ['li:bə] <-, -n> *f* 1. amour *m* 2. **die ~ auf den ersten Blick** le coup de foudre

**lieben** I. *vt* aimer II. *vr* **sich ~** s'aimer; (*sexuell*) faire l'amour

**liebenswert** *adj* sympathique **liebenswürdig** *adj* aimable

**lieber** ['li:bɐ] I. *adj* **ihr wäre es ~, wenn du gehst** elle préférerait que tu partes II. *adv* 1. **~ schwimmen als joggen** préférer nager que de faire du footing; **nichts ~ als das!** je ne demande que ça! 2. (*besser*) **ich schweige ~** il vaut mieux que je me taise

**Liebesbeziehung** *f* relation *f* amoureuse **Liebespaar** *nt* couple *m* d'amoureux

**liebevoll** *adj* affectueux(-euse)

**Liebhaber(in)** <-s, -> *m(f)* 1. amant *m*/maîtresse *f* 2. (*Anhänger*) amateur(-trice) *m(f)*

**lieblich** *adj* (*Duft*) suave; (*Wein*) moelleux(-euse); (*Anblick*) charmant(e)

**Liebling** ['li:plɪŋ] <-s, -e> *m* 1. chéri(e) *m(f)* 2. (*Favorit*) préféré(e) *m(f)*

**Liechtenstein** ['lɪçtənʃtain] <-s> *nt* le Liechtenstein

**Liechtensteiner(in)** <-s, -> *m(f)* habitant(e) *m(f)* du Liechtenstein

**Lied** [li:t] <-[e]s, -er> *nt* chanson *f*

**Liedermacher(in)** *m(f)* auteur-compositeur[-interprète] *mf*

**Lieferant(in)** [lifə'rant] <-en, -en> *m(f)* fournisseur(-euse) *m(f)*

**liefern** ['li:fɐn] *vi, vt* livrer

**Lieferschein** *m* bon *m* de livraison

**Lieferung** <-, -en> *f* livraison *f*

**liegen** ['li:gən] *vi irr* A, CH, SDEUTSCH 1. (*Person*) être couché; **auf dem Bett ~** être allongé sur le lit; **im Bett ~** être au lit 2. (*herumliegen*) **auf dem Tisch liegt ein Buch** il y a un livre sur la table; **ganz hinten ~** être placé loin derrière 3. (*sich befinden*) **zur Straße ~** (*Zimmer*) donner sur la rue; **in Frankreich ~** être situé en France 4. (*zurückgehen auf*) **das liegt daran, dass ...** cela tient au fait que ...

**Liegestuhl** *m* chaise *f* longue **Liegewagen** *m* voiture-couchettes *f*

**Lift** [lɪft] <-[e]s, -e> *m* 1. (*Aufzug*) ascenseur *m* 2. (*Skilift*) téléski *m*

**Liga** ['li:ga] <-, Ligen> *f* 1. ligue *f* 2. SPORT division *f*

**light** [lait] *adj* light

**Likör** [li'kø:ɐ] <-s, -e> *m* liqueur *f*

**lila** ['li:la] *adj* [couleur] lilas

**limitieren*** [limi'ti:rən] *vt* limiter

**Limonade** [limo'na:də] <-, -n> *f* limonade *f*

**lindern** ['lɪndɐn] *vt* (*Schmerzen*) soulager

**Lineal** [line'a:l] <-s, -e> *nt* règle *f*

**Linie** ['li:niə] <-, -n> *f* ligne *f*

**Linke** <-n, -n> *f* **1.** (*Hand*) main *f* gauche **2.** SPORT gauche *m*

**linke(r, s)** ['lɪŋkə] *adj* gauche; (*Straßenseite*) de gauche; **die ~ Seite** (*eines Kleidungsstücks*) l'envers *m*

**links** ['lɪŋks] *adv* (*auf der linken Seite*) à gauche; **~ oben** en haut à gauche; **~ von dir/hinter mir** à ta gauche/à gauche derrière moi; **von ~ nach rechts** de gauche à droite

**Linkshänder(in)** ['lɪŋkshɛndɐ] <-s, -> *m(f)* gaucher(-ère) *m(f)*

**Linse** ['lɪnzə] <-, -n> *f* lentille *f*

**Lippe** ['lɪpə] <-, -n> *f* lèvre *f*

**Lippenstift** *m* rouge *m* à lèvres

**Lira** <-, Lire> *f* **italienische ~** lire *f* [italienne]; **türkische ~** livre *f* turque

**Lissabon** ['lɪsabɔn] <-s> *nt* Lisbonne

**Liste** ['lɪstə] <-, -n> *f* liste *f*

**Litauen** ['li:taṷən] <-s> *nt* la Lituanie

**Litauer(in)** <-s, -> *m(f)* Lituanien(ne) *m(f)*

**litauisch** I. *adj* lituanien(ne) II. *adv* **~ miteinander sprechen** parler en lituanien

**Litauisch** <-[s]> *nt* lituanien *m*

**Liter** ['li:tɐ] <-s, -> *m o nt* litre *m*

**literarisch** [lɪtə'ra:rɪʃ] *adj* littéraire

**Literatur** [lɪtəra'tu:ɐ̯] <-, -en> *f* littérature *f*

**Literaturwissenschaft** *f* lettres *fpl*

**live** [laɪ̯f] *adj, adv* en direct

**Lkw, LKW** [ɛlka:'ve:] <-[s], -[s]> *m Abk von* **Lastkraftwagen** poids *m* lourd

**Lob** [lo:p] <-[e]s> *nt* félicitations *fpl*

**loben** ['lo:bən] *vt* féliciter

**Loch** [lɔx] <-[e]s, Löcher> *nt* trou *m*

**Locke** ['lɔkə] <-, -n> *f* boucle *f* [de cheveux]

**locken** ['lɔkən] *vt* (*verlockend sein*) attirer

**lockend** *adj* alléchant(e)

**locker** ['lɔkɐ] *adj* **1.** (*Schraube*) desserré(e); (*Zahn*) branlant(e); (*Muskel*) relâché(e) **2.** *fam* (*Haltung*) détendu(e)

**lockig** *adj* bouclé(e)

**Löffel** ['lœfəl] <-s, -> *m* cuillère *f*; **ein ~ Mehl** une cuillérée de farine

**logisch** ['lo:gɪʃ] *adj* logique

**Lohn** [lo:n] <-[e]s, Löhne> *m* **1.** (*Arbeitslohn*) salaire *m* **2.** (*Belohnung*) récompense *f*

**lohnen** *vr* **sich für jdn ~ etw zu tun** valoir la peine pour qn de faire qc

**Lokal** <-s, -e> *nt* (*Kneipe*) bistro[t] *m;* (*Speiselokal*) restaurant *m*

**Lokomotive** [lokomo'ti:və] <-, -n> *f* locomotive *f*

**Lokomotivführer(in)** *m(f)* conducteur(-trice) *m(f)* de locomotive

**London** ['lɔndɔn] <-> *nt* Londres

**Londoner(in)** <-s, -> *m(f)* Londonien(ne) *m(f)*

**Lorbeer** ['lɔrbe:ɐ̯] <-s, -en> *m* laurier *m*

**los** [lo:s] **I.** *adj* **1.** (*abgetrennt*) défait(e) **2.** *fam* (*befreit*) **jdn/etw ~ sein** être débarrassé de qn/qc **3.** (*im Gange*) **dort ist viel ~** [il] y a la grosse ambiance là-bas; **was ist ~?** qu'est-ce qu'il y a? **II.** *adv* **~!** partez!

**Los** [lo:s] <-es, -e> *nt* **1.** (*Lotterielos*) billet *m* **2.** *geh* (*Schicksal*) sort *m*

**los|binden** *vt irr* détacher

**löschen** ['lœʃən] *vt* effacer

**lösen** ['lø:zən] **I.** *vt* **1.** (*Knoten*) défaire; (*Handbremse*) desserrer **2.** (*Husten*) calmer **3.** (*Aufgabe*) résoudre **4.** (*aufheben*) annuler **II.** *vr* **1. sich von etw ~** (*Schicht*) s'enlever de qc; (*Stein*) se détacher de qc **2.** (*sich aufklären*) **sich ~** se résoudre **3.** (*sich befreien*) **sich von jdm ~** se détacher de qn; **sich von etw ~** se dégager de qc

**los|fahren** *vi irr* partir

**los|gehen** *vi irr* **1.** s'en aller **2.** *fam* (*beginnen*) commencer **3.** (*angreifen*) **auf jdn ~** se jeter sur qn

**los|lassen** *vt irr* lâcher

**los|machen I.** *vt* (*losbinden*) détacher **II.** *vr fam* **sich ~** (*sich losreißen*) se dégager

**los|schicken** *vt* envoyer

**Lösung** <-, -en> *f* **1.** solution *f* **2.** (*das Lösen*) résolution *f*

**los|werden** *vt irr* se débarrasser de

**löten** ['lø:tən] *vt* souder

**Lotto** ['lɔto] <-s, -s> *nt* loto *m*

**Lottoschein** *m* bulletin *m* de loto

**Löwe** ['lø:və] <-n, -n> *m* **1.** lion *m* **2.** ASTRO Lion *m*

**Löwenzahn** *m* pissenlit *m*

**Löwin** ['lø:vɪn] *f* lionne *f*

**Lücke** ['lʏkə] <-, -n> *f* **1.** (*Zwischenraum*) trou *m* **2.** (*Unvollständigkeit*) lacune *f*

**Luft** [lʊft] <-, Lüfte> *f* **1.** air *m;* **an die [frische] ~ gehen** aller prendre l'air **2.** (*Atem*) **die ~ anhalten** retenir son souffle; **keine ~ mehr bekommen** étouffer; **~ holen** inspirer **3. von ~ und Liebe leben** *iron fam* vivre d'amour et d'eau fraîche

**Luftballon** *m* ballon *m* [de baudruche]

**lüften** ['lʏftən] *vi, vt* aérer

**Luftfahrt** *f form* aviation *f*

**luftig** *adj* (*Kleidung*) léger(-ère)
**Luftmatratze** *f* matelas *m* pneumatique **Luftpost** *f* **mit ~** par avion
**Lüftung** <-, -en> *f* (*Lüftungssystem*) ventilation *f*
**Luftverkehr** *m* trafic *m* aérien
**Luftverschmutzung** *f* pollution *f* de l'air **Luftwaffe** *f* armée *f* de l'air **Luftzug** *m* courant *m* d'air
**Lüge** ['ly:gə] <-, -n> *f* mensonge *m*
**lügen** *vi irr* mentir
**Lügner(in)** ['ly:gnɐ] <-s, -> *m(f)* *pej* menteur(-euse) *m(f)*
**Lunge** ['lʊŋə] <-, -n> *f* poumons *mpl*
**Lust** [lʊst] <-, Lüste> *f* **1.** (*Freude*) plaisir *m;* (*Neigung*) envie *f* **2.** (*sexuelle Begierde*) désir *m*
**lustig** *adj* **1.** (*fröhlich*) gai(e); **sich über jdn/etw ~ machen** se moquer de qn/qc **2.** (*spaßig*) drôle
**lustlos** **I.** *adj* morose **II.** *adv* sans entrain
**lutschen** ['lʊtʃən] **I.** *vt* (*Bonbon*) sucer; (*Eis*) manger **II.** *vi* **an etw** (*dat*) **~** sucer qc
**Lutscher** <-s, -> *m* sucette *f*
**Lüttich** <-s> *nt* Liège
**Luxemburg** ['lʊksəmbʊrk] <-s> *nt* (*Stadt*) Luxembourg; (*Land*) le Luxembourg
**Luxemburger(in)** <-s, -> *m(f)* Luxembourgeois(e) *m(f)*
**luxemburgisch** *adj* luxembourgeois(e)
**Luxus** ['lʊksʊs] <-> *m* luxe *m*
**Luzern** [lu'tsɛrn] <-s> *nt* Lucerne

# M

**M, m** [ɛm] <-, -> *nt* M *m/*m *m*
**m** *Abk von* **Meter** m
**machbar** *adj* faisable
**machen** ['maxən] **I.** *vt* **1.** faire; **gut gemacht!** bien joué!; **ich mache das schon!** (*ich erledige das*) je m'en charge!; (*ich bringe das in Ordnung*) je vais arranger ça! **2.** (*Mut, Durst*) donner; **jdm Probleme ~** poser des problèmes à qn **3.** (*Führerschein*) passer; (*Kurs*) suivre **4.** (*werden lassen*) **jdn glücklich/wütend ~** rendre qn heureux(-euse)/mettre qn en colère; **jdn schlank ~** (*Kleidung*) amincir qn **5. es macht mich traurig, dass ...** ça me rend triste que ... + *subj;* **es macht mich glücklich zu hören, dass ...** je suis heureux d'entendre que ...; **es macht bum** *fam* ça fait boum **II.** *vi* **1.** (*dumm*) rendre; **dick ~** (*Hose*) grossir **2.** *fam* **schnell ~** se grouiller **III.** *vr* **1.** (*sich begeben*) **sich an die Arbeit ~** se

mettre au travail **2.** (*bereiten*) **sich Sorgen ~** se faire du souci; **~ Sie sich wegen mir keine Umstände!** ne vous dérangez pas pour moi!

**Macht** [maxt] <-, Mächte> *f* **1.** pouvoir *m* **2.** (*mächtiger Staat*) puissance *f*

**mächtig** ['mɛçtɪç] **I.** *adj* puissant(e) **II.** *adv fam* (*sich ärgern*) drôlement

**Machtkampf** *m* lutte *f* pour le pouvoir

**machtlos** *adj* **1.** impuissant(e) **2.** (*hilflos*) **gegen etw ~ sein** être désarmé devant qc

**Mädchen** ['mɛ:tçən] <-s, -> *nt* fille *f*

**Mädchenname** *m* **1.** (*weiblicher Vorname*) prénom *m* féminin **2.** (*Geburtsname*) nom *m* de jeune fille

**Magdeburg** ['makdəbʊrk] *nt* Magdebourg

**Magen** ['ma:gən] <-s, Mägen> *m* estomac *m* **Magenschmerzen** *Pl* **~ haben** avoir mal à l'estomac

**mager** ['ma:gɐ] *adj* maigre

**Magermilch** *f* lait *m* écrémé

**magisch** **I.** *adj* magique **II.** *adv* comme par magie

**Magnet** [ma'gne:t] <-[e]s, -e[n]> *m* aimant *m*

**mähen** ['mɛ:ən] *vt* (*Rasen*) tondre; (*Gras*) faucher

**mahlen** ['ma:lən] *vt irr* moudre

**Mahlzeit** *f* repas *m*

**Mai** [maj] <-[e]s, -e> *m* mai *m*

**Maiglöckchen** ['majglœkçən] *nt* muguet *m* **Maikäfer** *m* hanneton *m*

**Mainz** [majnts] <-> *nt* Mayence

**Mais** [majs] <-es, -e> *m* maïs *m*

**Majestät** [majɛs'tɛ:t] <-, -en> *f* Majesté *f*

**Majonäse** [majo'nɛ:zə] <-, -n> *f* mayonnaise *f*

**Makler(in)** ['ma:klɐ] <-s, -> *m(f)* courtier(-ière) *m(f)*; (*Immobilienmakler*) agent *m* immobilier

**Makrele** [ma'kre:lə] <-, -n> *f* maquereau *m*

**Makrone** [ma'kro:nə] <-, -n> *f* macaron *m*

**mal** [ma:l] *adv* **1.** *fam* (*einmal*) **wieder ~** une fois de plus; **das ist nun ~ so** c'est comme ça; **warst du schon ~ in Kanada?** tu as déjà été au Canada? **2.** *fam* (*eben*) **komm ~ her!** viens ici! **3.** MATH **drei ~ vier ist zwölf** trois fois quatre [font] douze

**Mal** <-[e]s, -e> *nt* fois *f*

**malen** ['ma:lən] **I.** *vt* (*Gemälde*) peindre; (*Baum*) dessiner **II.** *vi* peindre

**Maler(in)** <-s, -> *m(f)* peintre *m*

**Malerei** [ma:lə'raj] <-, -en> *f* peinture *f*

**mal\|nehmen** *vt irr* multiplier

**Malta** ['malta] <-s> *nt* Malte

**Malzbier** *nt* bière *f* de malt

**Mama** [ma'ma:] <-, -s> *f*, **Mami**

[ma'mi] <-, -s> *f fam* maman *f*

**man** [man] *pron* on

**Manager(in)** ['mɛnɛdʒɐ] <-s, -> *m(f)* manager *mf*

**manch** *pron* 1. **~ eine Frau** plus d'une femme; **~e Menschen** bien des hommes 2. *substantivisch* **~e lernen es nie** certains ne l'apprendront jamais; **~e von denen, die ...** beaucoup de ceux/celles qui ...

**mancherlei** ['mançɐ'lai] *adj* toutes sortes de

**manchmal** *adv* quelquefois

**Mandarine** [manda'ri:nə] <-, -n> *f* mandarine *f*

**Mandel** ['mandəl] <-, -n> *f* 1. amande *f* 2. ANAT amygdale *f*

**Mangel** ['maŋəl] <-s, Mängel> *m* 1. manque *m* 2. (*Fehler*) défaut *m*

**Manier** [ma'ni:ɐ̯] <-, -en> *f Pl* (*Umgangsformen*) manières *fpl*

**Mann** [man] <-[e]s, Männer> *m* 1. (*männliche Person*) homme *m* 2. (*Ehemann*) mari *m*

**Männchen** ['mɛnçən] <-s, -> *nt* 1. petit homme *m* 2. (*männliches Tier*) mâle *m*

**männlich** ['mɛnlɪç] *adj* masculin(e); (*Kind*) du sexe masculin; (*Tier, Hormon*) mâle

**Mannschaft** <-, -en> *f* équipe *f*

**Manöver** [ma'nø:vɐ] <-s, -> *nt a. fig* manœuvre *f*

**Mantel** ['mantəl] <-s, Mäntel> *m* manteau *m*

**manuell** [manu'ɛl] *adj* manuel(le)

**Märchen** ['mɛ:ɐ̯çən] <-s, -> *nt* 1. conte *m* 2. *fam* (*erfundene Geschichte*) histoire *f* à dormir debout

**Märchenprinz** *m*, **-prinzessin** *f* prince *m* charmant/princesse *f*

**Margarine** [marga'ri:nə] <-, -n> *f* margarine *f*

**Margerite** [margə'ri:tə] <-, -n> *f* marguerite *f*

**Maria** <-s> *f* (*Mutter Gottes*) Marie *f*; **die heilige ~** la Sainte Vierge **Marienkäfer** *m* coccinelle *f*

**Marille** [ma'rɪlə] <-, -n> *f* A abricot *m*



**Marionette** [mari̯o'nɛtə] <-, -n> *f* marionnette *f*

**Mark** [mark] <-, -> *f* (*Währung*) mark *m*

**Marke** ['markə] <-, -n> *f* marque *f*

**Markierung** <-, -en> *f* marquage *m*

**Markise** [mar'ki:zə] <-, -n> *f* store *m*

**Markt** [markt] <-[e]s, Märkte> *m* marché *m*

**Markthalle** *f* marché *m* couvert

**Marktplatz** *m* place *f* du marché

**Marmelade** [marmə'la:də] <-, -n> *f* confiture *f*

**Marmor** ['marmo:ɐ̯] <-s, -e> *m* marbre *m*

**Marokkaner(in)** [marɔ'ka:nɐ] <-s, -> *m(f)* Marocain(e) *m(f)*

**marokkanisch** *adj* marocain(e)

**Marokko** [ma'rɔko] <-s> *nt* le Maroc

**Marxismus** [mar'ksɪsmʊs] <-> *m* marxisme *m*

**marxistisch** *adj* marxiste

**März** [mɛrts] <-[es], -e> *m* mars *m*

**Marzipan** [martsi'pa:n] <-s, -e> *nt o m* pâte *f* d'amandes

**Maschine** [ma'ʃi:nə] <-, -n> *f* 1. machine *f* 2. (*Flugzeug*) appareil *m* 3. *fam* (*Motorrad*) bécane *f*

**maschinell** [maʃi'nɛl] *adj* mécanique

**Masern** ['ma:zɐn] *Pl* rougeole *f*

**Maske** ['maskə] <-, -n> *f* 1. masque *m* 2. THEAT maquillage *m*

**Maskenball** *m* bal *m* masqué

**maskulin** [masku'li:n] *adj* masculin(e)

**Maß**[1] [ma:s] <-es, -e> *nt* 1. (*Maßeinheit*) mesure *f* 2. (*Bandmaß*) mètre *m* 3. *Pl* (*Körpermaße*) mesures *fpl*

**Maß**[2] <-, -> *f* A, SDEUTSCH chope *f* (*d'un litre*)

**Massage** [ma'sa:ʒə] <-, -n> *f* massage *m*

**Massaker** [ma'sa:kɐ] <-s, -> *nt* massacre *m*

**Masse** ['masə] <-, -n> *f* 1. masse *f* 2. (*Teigmasse*) mélange *m* 3. (*große Menge*) foule *f*

**Massenvernichtungswaffe** *f* *meist Pl* arme *f* de destruction massive *gén pl*

**massieren*** [ma'si:rən] *vt* masser

**mäßig** ['mɛ:sɪç] I. *adj* 1. (*maßvoll*) modéré(e) 2. (*Qualität*) médiocre II. *adv* (*essen*) modérément

**massiv** [ma'si:f] *adj* massif(-ive)

**maßlos** I. *adj* démesuré(e) II. *adv* excessivement

**Maßnahme** ['ma:sna:mə] <-, -n> *f* mesure *f*

**Maßstab** *m* 1. (*einer Karte*) échelle *f* 2. (*Kriterium*) critère *m*

**Mast** [mast] <-[e]s, -en> *m* 1. mât *m* 2. (*Telefonmast*) poteau *m* 3. (*Hochspannungsmast*) pylône *m*

**Material** [materi'a:l] <-s, -ien> *nt* 1. (*Rohstoff*) matériau *m* 2. (*Ausrüstung*) matériel *m*

**Mathe** ['matə] <-> *f* *fam* math[s] *fpl*

**Mathematik** [matema'ti:k] <-> *f* mathématiques *fpl*

**Matratze** [ma'tratsə] <-, -n> *f* matelas *m*

**Matrose** [ma'tro:zə] <-n, -n> *m* matelot *m*

**Matsch** [matʃ] <-[e]s> *m* 1. (*Schlamm*) gadoue *f* 2. (*Schneematsch*) soupe *f*

**matschig** *adj* *fam* 1. (*schlammig*) boueux(-euse) 2. (*Frucht*) écrabouillé(e)

**matt** [mat] *adj* **1.** (*Foto*) mat(e); (*Glas*) dépoli(e) **2.** SPIEL **~ sein** être mat

**Matura** [ma'tu:ra] <-> *f* A, CH baccalauréat *m*

**Mauer** ['maʊɐ] <-, -n> *f* mur *m*

**Maul** [maʊl] <-[e]s, Mäuler> *nt* gueule *f*; **halt's ~!** [ferme] ta gueule!

**Maulwurf** <-[e]s, -würfe> *m* taupe *f*

**Maurer(in)** ['maʊrɐ] <-s, -> *m(f)* maçon(ne) *m(f)*

**Maus** [maʊs] <-, Mäuse> *f* **1.** souris *f* **2.** *Pl fam* (*Geld*) pèze *m*

**Maut** <-, -en> *f* A péage *m*

**maximal** [maksi'ma:l] **I.** *adj* maximal(e) **II.** *adv* au maximum

**Maximum** ['maksimʊm] <-s, Maxima> *nt* maximum *m*

**Mayonnaise** [majo'nɛ:zə] *s.* **Majonäse**

**Mechanik** [me'ça:nɪk] <-> *f* mécanique *f*

**Mechaniker(in)** <-s, -> *m(f)* mécanicien(ne) *m(f)*

**mechanisch** *adj* mécanique

**Mechanismus** [meça'nɪsmʊs] <-, -nismen> *m* mécanisme *m*

**Mecklenburg-Vorpommern** ['mɛklənbʊrg'fo:ɐpɔmɐn] <-s> *nt* le Mecklembourg-Poméranie-Antérieure

**Medaille** [me'daljə] <-, -n> *f* médaille *f*

**Medien** ['me:diən] *Pl* (*Informationsmittel*) média *mpl*

**Medikament** [medika'mɛnt] <-[e]s, -e> *nt* médicament *m*

**Medizin** [medi'tsi:n] <-, -en> *f* (*Heilkunde*) médecine *f*

**Meer** [me:ɐ] <-[e]s, -e> *nt* mer *f*; **am ~** au bord de la mer

**Meeresfrüchte** *Pl* fruits *mpl* de mer

**Meeresspiegel** *m* niveau *m* de la mer **Meerschweinchen** *nt* cochon *m* d'Inde

**Mehl** [me:l] <-[e]s, -e> *nt* farine *f*

**mehr** [me:ɐ] **I.** *pron* plus; **~ Brot** plus de pain **II.** *adv* **1.** (*in größerem Maße*) davantage; **sich noch ~ ärgern** se fâcher encore plus **2.** (*in Verbindung mit Verneinungen*) **nicht ~** ne plus; **nichts ~** ne plus rien; **nie ~** ne plus jamais; **niemand/keiner ~** ne plus personne; **kein Geld/keine Zeit ~ haben** ne plus avoir d'argent/le temps

**mehrere** ['me:rərə] *pron* plusieurs; **~s** plusieurs choses *fpl*

**mehrfach** **I.** *adj* **1.** (*vielfach*) multiple **2.** (*wiederholt*) réitéré(e) **II.** *adv* à plusieurs reprises

**Mehrfamilienhaus** *nt* immeuble *m*

**Mehrheit** <-, -en> *f* majorité *f*

**mehrmals** *adv* plusieurs fois

**mehrsprachig** **I.** *adj* (*Person*) polyglotte; (*Land*) plurilingue **II.** *adv* en plusieurs langues

M

**Mehrwertsteuer** *f* taxe *f* à la valeur ajoutée **Mehrzahl** <-> *f* 1. **die ~ der Besucher** la plupart des visiteurs 2. (*Überzahl*) **in der ~ sein** être plus nombreux 3. LING pluriel *m*

**mein** [main] *pron* mon/ma/mes

**meinen** ['mainən] I. *vt* 1. (*denken*) penser 2. (*sagen*) dire; **was meinst du damit?** qu'est-ce que tu veux dire par là? 3. (*im Sinn haben*) **meinst du sie?** tu parles d'elle? II. *vi* **~ Sie?** vous croyez?; **wenn Sie ~!** si vous voulez!

**meinerseits** ['mainə'zaits] *adv* 1. (*was mich betrifft*) pour ma part 2. **ganz ~** de même pour moi

**meinetwegen** ['mainət've:gən] *adv* 1. (*wegen mir*) à cause de moi 2. (*mir zuliebe*) pour moi 3. (*wenn es nach mir ginge*) s'il n'en tient qu'à moi

**Meinung** <-, -en> *f* avis *m;* **der ~ sein, dass ...** être d'avis que ...; **seine ~ ändern** changer d'avis

**Meinungsfreiheit** *f* liberté *f* d'expression

**Meise** ['maizə] <-, -n> *f* mésange *f*

**meist** [maist] *s.* **meistens**

**meiste** *pron* 1. (*der überwiegende Teil*) **die ~n Leute** la plupart des gens; **die ~ Zeit** la majeure partie de son/mon/... temps; **das ~** la plus grande partie 2. (*die größte Gesamtmenge*) **das ~** le plus

**meistens** *adv* le plus souvent

**Meister(in)** ['maiste] <-s, -> *m(f)* 1. (*Handwerksmeister*) contremaître(-esse) *m(f);* (*Chef*) patron(ne) *m(f)* 2. KUNST, MUS maître *m*

**meistern** *vt* venir à bout de

**Meisterschaft** <-, -en> *f* SPORT championnat *m*

**melden** ['mɛldən] I. *vt* 1. (*Vorfall*) signaler; (*Todesfall*) faire la déclaration de 2. MEDIA rapporter 3. (*denunzieren*) **jdn bei jdm ~** dénoncer qn à qn II. *vr* 1. (*die Hand heben*) **sich ~** lever le doigt 2. (*sich zur Verfügung stellen*) **sich zu etw ~** se porter volontaire pour qc 3. (*am Telefon*) **sich ~** répondre 4. (*von sich hören lassen*) **sich bei jdm ~** se manifester auprès de qn

**Meldung** <-, -en> *f* MEDIA information *f*

**melken** ['mɛlkən] *irr* I. *vt* traire II. *vi* faire la traite

**Melodie** [melo'di:] <-, -n> *f* mélodie *f*

**Menge** ['mɛŋə] <-, -n> *f* 1. quantité *f;* **eine ~ Arbeit** *fam* un tas de travail 2. (*Menschenmenge*) foule *f*

**Mensch** [mɛnʃ] <-en, -en> *m* 1. (*Person*) personne *f;* **ein höf-**

**licher** ~ quelqu'un de poli; **viele ~en** beaucoup de gens **2.** (*Gattung*) homme *m* **Menschenrechte** *Pl* droits *mpl* de l'homme

**Menschheit** <-> *f* humanité *f*

**menschlich** I. *adj* humain(e) II. *adv* humainement

**Mentalität** [mɛntali'tɛ:t] <-, -en> *f* mentalité *f*

**Menü** [me'ny:] <-s, -s> *nt* menu *m*

**Merkblatt** *nt* notice *f*

**merken** ['mɛrkən] *vt* **1.** (*erkennen*) voir; **jdn etw nicht ~ lassen** ne pas montrer qc à qn **2.** (*im Gedächtnis behalten*) **sich** (*dat*) **etw ~** retenir qc

**Merkmal** <-s, -e> *nt* caractéristique *f;* **besondere ~e** signes *mpl* particuliers

**merkwürdig** I. *adj* étrange II. *adv* étrangement

**merkwürdigerweise** *adv* curieusement

**Messe** ['mɛsə] <-, -n> *f* **1.** (*Gottesdienst*) messe *f* **2.** (*Ausstellung*) foire[-exposition] *f*

**Messegelände** *nt* parc *m* des expositions

**messen** ['mɛsən] *vt irr* mesurer; **Fieber ~** prendre la température

**Messer** ['mɛsɐ] <-s, -> *nt* couteau *m*

**Messing** ['mɛsɪŋ] <-s> *nt* laiton *m*

**Metall** [me'tal] <-s, -e> *nt* métal *m*

**Metallindustrie** *f* industrie *f* métallurgique

**Meteorologie** [meteorolo'gi:] <-> *f* météorologie *f*

**Meter** ['me:tɐ] <-s, -> *m o nt* mètre *m*

**Methode** [me'to:də] <-, -n> *f* méthode *f*

**methodisch** *adj* méthodique

**Metro** ['me:tro] <-, -s> *f* métro *m*

**Mexiko** ['mɛksiko] <-s> *nt* le Mexique

**mich** [mɪç] I. *pron pers* me/moi II. *pron refl* **ich wasche ~** je me lave; **ich schäme ~** j'ai honte

**Miene** ['mi:nə] <-, -n> *f* mine *f*

**Miesmuschel** ['mi:smʊʃəl] *f* moule *f*

**Miete** ['mi:tə] <-, -n> *f* (*Wohnungsmiete*) loyer *m*

**mieten** *vt* louer

**Mieter(in)** <-s, -> *m(f)* locataire *mf*

**Mietvertrag** *m* contrat *m* de location **Mietwagen** *m* voiture *f* de location **Mietwohnung** *f* [logement *m* en] location *f*

**Migräne** [mi'grɛ:nə] <-, -n> *f* migraine *f*

**Mikro** ['mikro] <-s, -s> *nt fam Abk von* **Mikrofon** micro *m* **Mikrofon** <-s, -e>, **Mikrophon** *nt* microphone *m* **Mikrowelle** *f fam* (*Herd*) micro-ondes *m*

**Milch** [mɪlç] <-> *f* lait *m*

M

**Milcheis** *nt* glace *f* au lait **Milchflasche** *f* (*Babyfläschchen*) biberon *m*

**Milchkaffee** *m* café *m* au lait **Milchprodukt** *nt* produit *m* laitier **Milchpulver** *nt* lait *m* en poudre **Milchreis** *m* riz *m* au lait

**mild[e]** *adj* (*Klima, Geschmack*) doux(douce); (*Richter, Worte*) indulgent(e)

**Milieu** [mɪ'ljøː] <-s, -s> *nt* milieu *m*

**Militärdienst** *m* service *m* militaire

**Milliardär(in)** [mɪljar'dɛːɐ̯] <-s, -e> *m(f)* milliardaire *mf*

**Milliarde** [mɪ'ljardə] <-, -n> *f* milliard *m*

**Milligramm** [mɪli'gram] *nt* milligramme *m* **Milliliter** *m* millilitre *m* **Millimeter** *m o nt* millimètre *m*

**Million** [mɪ'ljoːn] <-, -en> *f* million *m*

**Millionär(in)** [mɪljo'nɛːɐ̯] <-s, -e> *m(f)* millionnaire *mf*

**mindere(r, s)** ['mɪndərə] *adj* moindre

**Minderheit** <-, -en> *f* minorité *f*

**minderjährig** *adj* mineur(e)

**Mindestalter** *nt* âge *m* minimum

**mindeste(r, s)** ['mɪndəstə] *adj* **der/die/das ~ ...** le/la moindre ...

**mindestens** *adv* au moins

**Mine** ['miːnə] <-, -n> *f* mine *f* **Mineralwasser** *nt* eau *f* minérale

**Miniatur** [minia'tuːɐ̯] <-, -en> *f* miniature *f*

**Minigolf** *nt* minigolf *m*

**minimal** [mini'maːl] *adj* minime

**Minimum** ['miːnimʊm] <-s, Minima> *nt geh* [strict] minimum *m*

**Minirock** *m* minijupe *f*

**Minister(in)** [mi'nɪstɐ] <-s, -> *m(f)* ministre *mf*

**Ministerium** [minɪs'teːriʊm] <-s, -rien> *nt* ministère *m*

**Ministerpräsident(in)** *m(f)* ministre-président(e) *m(f)*

**minus** ['miːnʊs] *präp, konj, adv* moins

**Minus** <-> *nt* déficit *m*

**Minuszeichen** *nt* signe *m* moins

**Minute** [mi'nuːtə] <-, -n> *f* minute *f*

**Minze** ['mɪntsə] <-, -n> *f* menthe *f*

**Mio.** *Abk von* **Million[en]** million[s]

**mir** [miːɐ̯] **I.** *pron pers* **1.** me/moi **2. von ~ aus!** *fam* j'ai rien contre! **II.** *pron refl* **ich wasche ~ die Haare** je me lave les cheveux; **ich werde ~ einen Pulli anziehen** je vais mettre un pull

**mischen** ['mɪʃən] *vt, vr* **[sich]** ~ [se] mélanger

**Mischung** <-, -en> *f* mélange *m*

**miserabel** [mizə'ra:bəl] *adj* (*Zustand, Film*) lamentable; (*Wetter, Essen*) exécrable
**missachten*** [mɪs'ʔaxtən] *vt* ne pas respecter
**missbrauchen*** [mɪs'braʊxən] *vt* abuser de
**Misserfolg** *m* échec *m*
**missglücken*** [mɪs'glʏkən] *vi* échouer
**misshandeln*** [mɪs'handəln] *vt* maltraiter
**misstrauen*** [mɪs'traʊən] *vi* **jdm/einer S.** ~ se méfier de qn/qc
**Misstrauen** ['mɪstraʊən] <-s> *nt* méfiance *f*
**misstrauisch** *adj* méfiant(e)
**Missverständnis** <-ses, -se> *nt* malentendu *m*
**missverstehen*** *vt irr* mal comprendre
**Mist** [mɪst] <-[e]s> *m* (*Dung*) fumier *m*
**Mistel** ['mɪstəl] <-, -n> *f* gui *m*
**mit** [mɪt] *präp + dat* **1.** (*Art und Weise*) avec; ~ **großen Schritten** à grands pas **2.** (*per*) ~ **dem Fahrrad** à vélo; ~ **dem Auto/Flugzeug** en voiture/avion; ~ **der Post/Bahn** par la poste/le train **3.** (*Zeitpunkt*) ~ **18 [Jahren]** à 18 ans
**Mitarbeit** *f* **1.** (*Mitwirkung*) collaboration *f* **2.** SCHULE, UNIV participation *f*
**Mitarbeiter(in)** *m(f)* collaborateur *m*/collaboratrice *f*
**mit|bekommen*** *vt irr* **1.** (*bekommen*) recevoir **2.** (*hören*) entendre
**Mitbewohner(in)** *m(f)* **sein ~/seine ~in** celui/celle avec qui il partage son logement
**mit|bringen** *vt irr* (*Sachen*) apporter; (*Personen*) amener
**Mitbürger(in)** *m(f)* concitoyen(ne) *m(f)*
**mit|dürfen** *vi irr fam* **mit jdm ~** pouvoir venir avec qn
**miteinander** [mɪtʔaɪ'nandɐ] *adv* **1.** (*gemeinsam*) ensemble **2.** (*untereinander*) **gut ~ auskommen** s'entendre bien
**mit|fahren** *vi irr* **mit jdm ~** faire le voyage avec qn
**mit|gehen** *vi irr* (*begleiten*) **mit jdm ~** accompagner qn
**Mitglied** *nt* membre *m*
**mit|haben** *vt irr fam* **etw ~** avoir qc sur soi
**mit|helfen** *vi irr* aider
**mit|kommen** *vi irr* **1. mit jdm ~** venir avec qn **2.** *fam* (*mithalten*) suivre
**mit|kriegen** *s.* **mitbekommen**
**mit|laufen** *vi irr* **1.** (*ebenfalls laufen*) courir [aussi] **2.** (*Tonband*) tourner
**Mitleid** *nt* pitié *f*; ~ **mit jdm haben** avoir pitié de qn
**mit|machen I.** *vi* **1. bei etw ~** participer à qc; **machst du mit?** tu es partant(e)? **2.** *fam* (*Herz*)

tenir le coup; (*Wetter*) être de la partie **II.** *vt* **1.** (*sich beteiligen*) participer à **2.** *fam* **viel mitgemacht haben** en avoir vu des vertes et des pas mûres

**mit|müssen** *vi irr fam* (*mitgehen müssen*) être obligé d'y aller

**mit|nehmen** *vt irr* **1.** (*mit sich nehmen*) prendre **2.** (*körperlich erschöpfen*) épuiser **3.** (*psychisch belasten*) bouleverser

**mit|schreiben** *irr* **I.** *vt* **etw ~** prendre qc en note **II.** *vi* prendre des notes

**mit|spielen** *vi* **1. bei etw ~** jouer aussi à qc **2.** SPORT jouer **3.** CINE, THEAT faire partie de la distribution

**Mittag** ['mɪta:k] <-[e]s, -e> *m* (*Mittagszeit*) midi *m;* **zu ~ essen** déjeuner

**Mittagessen** *nt* déjeuner *m,* dîner *m* (BELG, CH); **was gibt es heute zum ~?** qu'est-ce qu'on mange à midi?

**mittags** *adv* à midi

**Mittagsschlaf** *m* sieste *f* **Mittagszeit** *f* heure *f* du déjeuner

**Mitte** ['mɪtə] <-, -n> *f* milieu *m;* (*Mittelpunkt*) a. POL centre *m;* **~ des Jahres** au milieu de l'année; **~ Januar** à la mi-janvier; **~ zwanzig sein** avoir environ vingt-cinq ans

**mit|teilen** *vt* annoncer

**Mittel** ['mɪtəl] <-s, -> *nt* **1.** (*Medikament*) médicament *m;* (*Hausmittel*) remède *m* **2.** (*Methode*) moyen *m* **3.** *Pl* (*Geldmittel*) moyens *mpl*

**Mittelalter** *nt* **das ~** le Moyen Âge **mittelalterlich** *adj* médiéval(e) **Mittelamerika** *nt* l'Amérique *f* centrale **Mitteleuropa** *nt* l'Europe *f* centrale **mitteleuropäisch** *adj* d'Europe centrale **mittelmäßig** *adj* médiocre **Mittelmeer** *nt* **das ~** la [mer] Méditerranée **Mittelpunkt** *m* **1.** centre *m;* (*einer Geraden*) milieu *m* **2.** (*Hauptperson*) personnage *m* central

**mitten** ['mɪtən] *adv* au milieu de

**mittendrin** ['mɪtən'drɪn] *adv fam* **~ sein** être en plein milieu

**mittendurch** *adv* (*führen*) à travers

**Mitternacht** ['mɪtɐnaxt] *f* minuit *f*

**mittlere(r, s)** ['mɪtlərə] *adj* **1.** moyen(ne) **2.** (*Balkon*) du milieu **3.** (*Bruder*) deuxième; **~n Alters** d'un certain âge

**mittlerweile** ['mɪtlɐ'vailə] *adv* (*währenddessen*) entre-temps; (*im Gegensatz zu früher*) maintenant

**Mittwoch** ['mɪtvɔx] <-s, -e> *m* mercredi *m*

**Mittwochabend** *m* mercredi *m* soir **Mittwochmorgen** *m* mercredi *m* matin

**mittwochs** *adv* le mercredi
**mixen** ['mɪksən] *vt* mixer
**Mixer** <-s, -> *m* mixe[u]r *m*
**MMS** [ɛmʔɛm'ʔɛs] <-, -> *f Abk von* **Multimedia Messaging Service** M.M.S. *m*
**MMS-Handy** *nt* mobile *m* M.M.S.
**Möbel** ['mø:bəl] <-s, -> *nt* meuble *m*
**Mobilfunk** *m* téléphonie *f* numérique mobile
**Mobiltelefon** *nt* téléphone *m* sans fil
**möblieren*** [mø'bli:rən] *vt* meubler
**Mode** ['mo:də] <-, -n> *f* mode *f*
**Model** ['mɔdəl] <-s, -s> *nt* modèle *m*
**Modell** [mo'dɛl] <-s, -e> *nt* **1.** (*verkleinerte Ausgabe*) modèle *m* réduit **2.** (*Kleidungsstück*) création *f*
**Modem** ['mo:dɛm] <-s, -s> *nt o m* modem *m*
**Modenschau** *f* défilé *m* de mode
**Moderator** [mode'ra:to:ɐ̯] <-s, -toren> *m*, **Moderatorin** *f* présentateur(-trice) *m(f)*; (*einer Spielshow*) animateur(-trice) *m(f)*
**moderieren*** *vt* présenter
**modern¹** ['mo:dɐn] *vi* moisir
**modern²** [mo'dɛrn] **I.** *adj* moderne; (*Person*) de son temps; (*Kleidung*) [à la] mode **II.** *adv* (*sich kleiden*) [à la] mode
**modernisieren*** [modɛrni'zi:rən] *vt* moderniser
**Modeschmuck** *m* bijou *m* fantaisie **Modeschöpfer(in)** *m(f)* créateur(-trice) *m(f)* [de mode]
**modisch** *adj* à la mode
**Mofa** ['mo:fa] <-s, -s> *nt* mobylette® *f*
**mögen¹** ['mø:gən] *vt irr* **1.** (*gernhaben*) aimer **2.** (*haben wollen*) **was möchten Sie, bitte?** vous désirez?; **ich möchte [gern] ...** je voudrais ... **3.** (*erwarten*) **sie möchte, dass** elle voudrait que + *subj*
**mögen²** *vi irr* (*wollen*) vouloir [bien]; **sie möchte nach Hause** *fam* elle voudrait rentrer
**mögen³** *aux irr* **1.** (*wollen*) **sie möchte hier bleiben** elle voudrait rester ici **2.** *geh* (*als Ausdruck des Zugestehens*) **mag sein, dass** il est possible que + *subj*
**möglich** ['mø:klɪç] *adj* **1.** (*durchführbar*) possible **2.** (*denkbar*) **alle ~en Länder** tous les pays possibles; **alles Mögliche** toutes sortes de choses
**Möglichkeit** <-, -en> *f* possibilité *f*
**möglichst** *adv* **~ groß** le plus grand possible
**Möhre** ['mø:rə] <-, -n> *f* carotte *f*
**Molke** ['mɔlkə] <-> *f* petit-lait *m*
**Molkerei** [mɔlkə'rai̯] <-, -en> *f* laiterie *f*

M

**Moll** [mɔl] <-> *nt* mineur *m*
**mollig** ['mɔlɪç] *adj* rondelet(te) (*fam*)
**Moment** [mo'mɛnt] <-[e]s, -e> *m* (*Augenblick*) moment *m;* (*kurze Zeitspanne*) instant *m;* **im** ~ pour le moment; ~ **mal!** eh, minute! (*fam*)
**momentan** [momɛn'ta:n] *adj* **1.** (*derzeitig*) actuel(le) **2.** (*vorübergehend*) momentané(e)
**Monaco** ['mo:nako] <-s> *nt* [la Principauté de] Monaco
**Monarch(in)** [mo'narç] <-en, -en> *m(f)* monarque *m*
**Monarchie** [monar'çi:] <-, -n> *f* monarchie *f*
**Monat** ['mo:nat] <-[e]s, -e> *m* mois *m;* **diesen** ~ ce mois-ci; **im nächsten** ~ le mois prochain
**monatelang** **I.** *adj* de plusieurs mois **II.** *adv* pendant des mois
**monatlich** *adj* mensuel(le)
**Mönch** [mœnç] <-[e]s, -e> *m* moine *m*
**Mond** [mo:nt] <-[e]s, -e> *m* (*Erdsatellit*) lune *f*
**Mondschein** *m* clair *m* de lune
**Monegasse** [mone'gasə] <-n, -n> *m,* **Monegassin** *f* Monégasque *mf*
**Mongole** [mɔŋ'go:lə] <-n, -n> *m,* **Mongolin** *f* Mongol(e) *m(f)*
**Mongolei** [mɔŋgo'lai] <-> *f* **die** ~ la Mongolie
**Monster** ['mɔnstɐ] <-s, -> *nt* monstre *m*
**Montag** ['mo:nta:k] <-s, -e> *m* lundi *m*
**Montagabend** *m* lundi *m* soir
**Montagmorgen** *m* lundi *m* matin
**montags** *adv* le lundi
**Monteur(in)** [mɔn'tø:ɐ̯] <-s, -e> *m(f)* installateur(-trice) *m(f)*
**Moor** [mo:ɐ̯] <-[e]s, -e> *nt* marais *m*
**Moos** [mo:s] <-es, -e> *nt* **1.** mousse *f* **2.** *fam* (*Geld*) pognon *m*
**Moped** ['mo:pɛt] <-s, -s> *nt* vélomoteur *m*
**Moral** [mo'ra:l] <-> *f* (*Ethik*) morale *f*
**moralisch** *adj* moral(e)
**Mord** [mɔrt] <-[e]s, -e> *m* meurtre *m*
**Mordanschlag** *m* attentat *m*
**Mörder(in)** ['mœrdɐ] <-s, -> *m(f)* meurtrier(-ière) *m(f)*
**mörderisch** *adj fam* (*schrecklich*) terrible; (*Tempo*) infernal(e)
**morgen** ['mɔrgən] *adv* demain; ~ **früh** demain matin
**Morgen[1]** <-s> *nt* demain *m*
**Morgen[2]** <-s, -> *m* matin *m;* (*in seinem Verlauf*) matinée *f;* **am** ~ le matin; **heute/Montag** ~ ce/lundi matin; **am nächsten** ~ le lendemain matin; [**guten**] ~! bonjour!
**Morgengrauen** <-s, -> *nt* aube *f* **Morgenmantel** *m* robe *f* de chambre

**morgens** *adv* le matin; **von ~ bis abends** du matin au soir

**Moschee** [mɔ'ʃeː] <-, -n> *f* mosquée *f*

**Mosel** ['moːzəl] <-> *f* **die ~** la Moselle

**Moskau** ['mɔskaʊ] <-s> *nt* Moscou

**Moslem** ['mɔslɛm] <-s, -s> *m*, **Moslime** *f* musulman(e) *m(f)*

**moslemisch** [mɔs'leːmɪʃ] *adj* musulman(e)

**Most** [mɔst] <-[e]s> *m* moût *m*

**Motiv** [mo'tiːf] <-s, -e> *nt* motif *m*

**Motivation** [motiva'tsjoːn] <-, -en> *f* motivation *f*

**motivieren*** [moti'viːrən] *vt* motiver

**Motor** ['moːtɔr] <-s, -toren> *m* moteur *m*

**Motorhaube** *f* capot *m*

**Motorrad** ['motorat] *nt* moto *f*

**Motorradfahrer(in)** *m(f)* motocycliste *mf*

**Motorsäge** *f* tronçonneuse *f*

**Motte** ['mɔtə] <-, -n> *f* mite *f*

**Motto** ['mɔto] <-s, -s> *nt* devise *f*

**Mountainbike** ['maʊntənbaɪk] <-s, -s> *nt* vélo *m* tout-terrain, V.T.T. *m*

**Möwe** ['møːvə] <-, -n> *f* mouette *f*

**MP3-Player** [ɛmpeː'draɪpleɪɐ] <-s, -> *m* lecteur *m* MP3; (*tragbares Gerät*) baladeur *m* MP3

**Mücke** ['mʏkə] <-, -n> *f* moustique *m*

**müde** ['myːdə] *adj* fatigué(e); (*gelangweilt*) lassé(e)

**Müdigkeit** <-> *f* fatigue *f*

**Mühe** ['myːə] <-, -n> *f* peine *f*; **sich** (*dat*) **~ geben** se donner du mal

**mühelos** **I.** *adj* facile **II.** *adv* sans peine

**Mühle** ['myːlə] <-, -n> *f* moulin *m*

**mühsam** *adj* pénible

**Müll** [mʏl] <-s> *m* déchets *mpl*

**Mülleimer** *m* poubelle *f*

**Müller(in)** ['mʏlɐ] <-s, -> *m(f)* meunier(-ière) *m(f)* **Müllmann** <-männer *o* Mülleute> *m fam* éboueur *m* **Mülltonne** *f* poubelle *f*

**Multiplikation** [mʊltiplika'tsjoːn] <-, -en> *f* multiplication *f*

**multiplizieren*** [mʊltipli'tsiːrən] *vt* **etw mit etw ~** multiplier qc par qc

**Mumps** [mʊmps] <-> *m* oreillons *mpl*

**München** ['mʏnçən] <-s> *nt* Munich

**Mund** [mʊnt] <-[e]s, Münder> *m* bouche *f*

**Mundart** *f* patois *m*

**münden** ['mʏndən] *vi* (*Fluss*) se jeter; (*Diskussion*) aboutir à qc

**Mundgeruch** *m* mauvaise haleine *f* **Mundharmonika** *f* har-

monica *m*
**Mundpropaganda** *f* bouche *m* à oreille
**Mündung** <-, -en> *f* (*eines Flusses*) embouchure *f* **Mund-zu-Mund-Beatmung** *f* bouche-à-bouche *m*
**Munition** [muni'tsio:n] <-> *f* munitions *fpl*
**munter** ['mʊnte] *adj* **1.** (*heiter*) gai(e) **2.** (*wach*) réveillé(e)
**Münze** ['mʏntsə] <-, -n> *f* pièce *f* de monnaie
**murmeln** ['mʊrməln] **I.** *vi* marmonner **II.** *vt* murmurer
**Murmeltier** *nt* marmotte *f*
**mürrisch** ['mʏrɪʃ] *adj* (*Person*) grincheux(-euse); (*Gesicht*) renfrogné(e)
**Mus** [mu:s] <-es, -e> *nt o m* compote *f*
**Muschel** ['mʊʃəl] <-, -n> *f* coquillage *m*
**Museum** [mu'ze:ʊm] <-s, Museen> *nt* musée *m*
**Musical** ['mju:zikəl] <-s, -s> *nt* comédie *f* musicale
**Musik** [mu'zi:k] <-, -en> *f* musique *f*
**musikalisch** [muzi'ka:lɪʃ] *adj* **1.** musical(e) **2.** (*musikbegabt*) musicien(ne)
**Musiker(in)** ['mu:zike] <-s, -> *m(f)* musicien(ne) *m(f)*
**Musikhochschule** *f* ≈ conservatoire *m* [de musique] **Musikkassette** *f* cassette *f* audio
**musizieren*** [muzi'tsi:rən] *vi* faire de la musique
**Muskat** <-[e]s, -e> *m* muscade *f*
**Muskel** ['mʊskəl] <-s, -n> *m* muscle *m*
**Muskelkater** *m* courbatures *fpl*
**muskulös** [mʊsku'lø:s] *adj* musclé(e)
**Müsli** ['my:sli] <-s, -> *nt* mu[e]sli *m*
**Muslim** ['mʊslɪm] <-[s], -e> *m*, **Muslime** *f* musulman(e) *m(f)*
**müssen** ['mʏsən] *irr* **I.** *vt* **1. er muss arbeiten** il doit travailler; **lachen** ~ ne pas pouvoir s'empêcher de rire; **das muss sein** c'est absolument nécessaire; **man müsste ...** il faudrait ... **2.** (*brauchen*) **du musst mir nicht helfen** tu n'as pas besoin de m'aider; **das muss nicht heißen, dass ...** cela ne veut pas forcément dire que ... **3.** (*Ausdruck der Wahrscheinlichkeit*) **er muss krank sein** il doit être malade **II.** *vi* **ich muss zum Arzt** je dois aller chez le médecin; **du musst!** tu dois le faire!; **[mal]** ~ *fam* avoir besoin d'aller aux W.-C.
**Muster** ['mʊste] <-s, -> *nt* **1.** (*von Stoffen*) motif *m* **2.** (*Vorlage*) modèle *m*
**Mut** [mu:t] <-[e]s> *m* courage *m*
**mutig** *adj* courageux(-euse)
**mutlos** *adj* découragé(e)
**Mutter** ['mʊte] <-, Mütter> *f* mère *f*

**mütterlich** ['mʏtɐlɪç] *adj* maternel(le) **Muttersprache** *f* langue *f* maternelle **Muttertag** *m* fête *f* des Mères

**Mutti** ['mʊti] <-, -s> *f fam* maman *f*

**Mütze** ['mʏtsə] <-, -n> *f* (*Pudelmütze*) bonnet *m;* (*Schirmmütze*) casquette *f;* (*Baskenmütze*) béret *m*

**MwSt.** *Abk von* **Mehrwertsteuer** T.V.A.

**Mythologie** [mytolo'giː] <-, -n> *f* mythologie *f*

**Mythos** <-, Mythen> *m* mythe *m*

# N

**N, n** [ɛn] <-, -> *nt* N *m*/n *m*

**N** *Abk von* **Norden** N

**na** [na] *interj fam* **1.** (*Ausdruck des Zweifels*) ben **2.** (*Ausruf der Entrüstung*) hé **3.** ~ **gut** bon, allez; ~ **also!** tu vois/vous voyez!; ~ **und?** et [puis] alors?

**nach** [naːx] **I.** *präp* + *dat* **1.** (*räumlich*) ~ **Nizza fahren** aller à Nice; ~ **Frankreich/Dänemark** en France/au Danemark; **der Zug** ~ **Bordeaux** le train pour Bordeaux **2.** (*zeitlich*) après; **fünf** [**Minuten**] ~ **drei** trois heures cinq [minutes]; ~ **drei Tagen** trois jours plus tard **3. meiner Meinung** ~ à mon avis **II.** *adv* ~ **und** ~ peu à peu; ~ **wie vor** toujours

**Nachbar(in)** ['naxbaːɐ̯] <-n, -n> *m(f)* voisin(e) *m(f)*

**nachdem** [naːx'deːm] *konj* (*zeitlich*) **kurz** ~ **wir zurückgekommen waren** peu après notre retour; ~ **er umgezogen war, ...** après avoir déménagé, ...

**nach|denken** *vi irr* réfléchir

**nachdenklich** *adj* pensif(-ive)

**nacheinander** [naːxʔaɪ̯'nandɐ] *adv* ~ **den Raum verlassen** quitter la salle l'un(e) après l'autre; **etw zweimal** ~ **tun** faire qc deux fois de suite

N

**nachfolgend** *geh* **I.** *adj* suivant(e) **II.** *adv* ensuite

**Nachfolger(in)** <-s, -> *m(f)* successeur *m*

**nach|forschen** *vi* faire des recherches

**Nachfrage** *f* demande *f*

**nach|fragen** *vi* **bei jdm ~, ob/wie ...** se renseigner auprès de qn pour savoir si/comment ...

**nach|geben** *vi irr* **1.** céder **2.** FIN, ÖKON reculer

**nach|gehen** *vi irr* **1. jdm** ~ suivre qn; **einem Hinweis** ~ vérifier un indice **2.** (*Uhr*) retarder

**Nachgeschmack** *m* arrière-goût *m*

**nachher**, **nachher** [na:x'he:ɐ̯] *adv* 1. (*danach*) après 2. (*gleich*) tout à l'heure

**Nachhinein** ['na:xhɪnain] **im ~** après coup

**nach|holen** *vt* rattraper

**Nachkriegszeit** *f* après-guerre *m*

**Nachlass** ['na:xlas] <-es, -e> *m* 1. (*eines Verstorbenen*) succession *f;* (*Werke*) œuvres *fpl* posthumes 2. (*Preisnachlass*) réduction *f*

**nach|lassen** *vi irr* (*Sturm*) se calmer; (*Sehkraft*) faiblir; (*Schmerz*) s'atténuer

**nachlässig** I. *adj* (*Personal*) négligent(e); (*Arbeit, Äußeres*) négligé(e) II. *adv* **~ arbeiten** être négligent dans son travail

**nach|laufen** *vi irr* **jdm ~** 1. (*hinterherlaufen*) poursuivre qn 2. *fam* (*erobern wollen*) courir après qn

**nach|machen** *vt* 1. (*nachahmen*) imiter 2. (*fälschen*) contrefaire

**Nachmittag** *m* après-midi *m o f;* **am ~** l'après-midi; **heute ~** cet après-midi; **am frühen ~** tôt dans l'après-midi

**nachmittags** *adv* l'après-midi

**Nachname** *m* nom *m* [de famille]

**nach|prüfen** *vt, vi* vérifier

**Nachricht** ['na:xrɪçt] <-, -en> *f* 1. information *f* 2. (*Mitteilung*) nouvelle *f*

**Nachsaison** *f* basse saison *f*

**nach|schauen** I. *vt* vérifier II. *vi* 1. **~, ob ...** aller voir si ... 2. (*nachblicken*) **jdm/einer S. ~** suivre qn/qc des yeux

**nach|schlagen** *irr* I. *vt* 1. (*suchen*) chercher 2. (*überprüfen*) vérifier II. *vi* **in einem Lexikon ~** consulter une encyclopédie

**nach|sehen** *irr* I. *vi* 1. **~, ob/wo/...** aller voir si/où/... 2. (*nachblicken*) **jdm/einer S. ~** suivre qn/qc des yeux II. *vt* (*kontrollieren*) vérifier

**nachsichtig** I. *adj* indulgent(e) II. *adv* avec indulgence

**nach|sprechen** *vt, vi irr* répéter

**nächstbeste(r, s)** ['nɛ:çst'bɛstə] *adj* **der/die Nächstbeste** le premier venu/la première venue

**nächste(r, s)** ['nɛ:çstə] *adj* 1. (*in größter Nähe gelegen*) **die ~ Tankstelle** la station d'essence la plus proche; **am ~n** le plus près 2. (*bevorstehend*) **in der ~n Woche** la semaine prochaine; **am ~n Tag** le lendemain; **bei der ~n Gelegenheit** à la première occasion [qui se présente] 3. (*in Bezug auf eine Reihenfolge*) **der Nächste, bitte!** au suivant, s'il vous plaît! 4. (*sehr vertraut*) **die ~n Verwandten/Angehörigen** les proches *mpl*

**nach|stellen** *vt* (*Uhr*) retarder

**nächstgelegen** *adj* **das ~e Dorf** le village le plus proche
**Nacht** [naxt] <-, Nächte> *f* 1. nuit *f;* **heute ~** cette nuit; **es wird ~** il commence à faire nuit; **bei ~** de nuit; **gute ~!** bonne nuit! **2. über ~** du jour au lendemain
**Nachteil** <-[e]s, -e> *m* inconvénient *m;* **im ~ sein** être désavantagé
**nächtelang** ['nɛçtə'laŋ] *adv* [pendant] des nuits entières
**Nachthemd** *nt* chemise *f* de nuit
**Nachtigall** ['naxtɪgal] <-, -en> *f* rossignol *m*
**Nachtisch** *m* dessert *m*
**Nachtklub** *m* boîte *f* [de nuit]
**nächtlich** ['nɛçtlɪç] *adj* nocturne
**nachträglich** ['na:xtrɛ:klɪç] *adj* ultérieur(e)
**nachts** *adv* la nuit; **spät ~** tard dans la nuit
**Nachtschicht** *f* (*Schichtarbeiter*) équipe *f* de nuit
**Nachttisch** *m* table *f* de chevet
**nachvollziehbar** *adj* compréhensible; **leicht ~ sein** être facile à comprendre
**nach|vollziehen*** *vt irr* comprendre
**Nachweis** ['na:xvajs] <-es, -e> *m* preuve *f*
**nach|weisen** *vt irr* prouver
**nach|zählen** *vt, vi* recompter
**Nacken** ['nakən] <-s, -> *m* nuque *f*
**nackt** [nakt] *adj* nu(e)
**Nadel** ['na:dəl] <-, -n> *f* aiguille *f*
**Nagel** ['na:gəl] <-s, Nägel> *m* 1. (*Metallstift*) clou *m* **2.** (*Finger-, Zehennagel*) ongle *m*
**Nagellack** *m* vernis *m* à ongles
**Nagellackentferner** <-s, -> *m* dissolvant *m*
**nah** <näher, nächste> **I.** *adj* 1. (*räumlich/zeitlich*) proche **2.** *fig* **den Tränen ~[e]** au bord des larmes; **~[e] daran sein etw zu tun** être sur le point de faire qc **II.** *adv* (*gelegen sein*) [tout] près; **von ~em** de près
**nahe** **I.** *präp + dat* près de **II.** *adj s.* **nah**
**Nähe** ['nɛ:ə] <-> *f* 1. proximité *f;* **in der ~** à proximité **2.** (*Anwesenheit: einer Person*) présence *f*
**nähen** ['nɛ:ən] **I.** *vt* coudre; (*Wunde*) recoudre **II.** *vi* faire de la couture
**näher** ['nɛ:ɐ] **I.** *adj* 1. (*räumlich*) plus près; **in der ~en Umgebung des Bauernhofs** à proximité de la ferme **2.** (*zeitlich*) plus rapproché(e); **in ~er Zukunft** dans un proche avenir **3.** (*detaillierter*) plus précis(e) **4.** (*Bekannter*) assez proche; (*Zusammenarbeit*) assez étroit(e) **II.** *adv* 1. (*räumlich*) plus près; **~ an etw** (*akk*) **herantreten** se rapprocher [plus] de qc; **treten Sie ~!** veuillez vous appro-

cher! **2.** (*zeitlich*) ~ **rücken** approcher **3.** (*detaillierter*) de façon plus précise

**nähern** *vr* **1.** (*räumlich*) **sich jdm/einer S. ~** [s']approcher de qn/qc **2.** (*zeitlich*) **sich einer S.** (*dat*) ~ approcher de qc

**nahe|stehen** *vi* **jdm ~** être proche de qn

**nahezu** ['na:ə'tsu:] *adv* presque

**Nähmaschine** *f* machine *f* à coudre

**Nahost** ['na:'ɔst] **aus/in ~** du/au Proche-Orient

**nahrhaft** ['na:ɐhaft] *adj* nourrissant(e)

**Nahrung** ['na:rʊŋ] <-,> *f* nourriture *f*

**Nahrungsmittel** *nt* produits *mpl* alimentaires

**naiv** [na'i:f] *adj* naïf(-ïve)

**Name** ['na:mə] <-ns, -n> *m* nom *m*

**namens** *adv* **ein Herr ~ Dietz** un monsieur du nom de Dietz

**nämlich** ['nɛ:mlɪç] *adv* **1.** (*und zwar*) et ce; (*genauer gesagt*) à savoir **2.** (*denn*) en effet

**nanu** [na'nu:] *interj* ça alors

**Narbe** ['narbə] <-, -n> *f* cicatrice *f*

**naschen** ['naʃən] **I.** *vi* grignoter des friandises **II.** *vt* grignoter

**Nase** ['na:zə] <-, -n> *f* **1.** nez *m;* **sich** (*dat*) **die ~ putzen** se moucher **2. die ~ voll haben** *fam* en avoir plein le dos; **auf die ~ fallen** *fam* se casser le nez; **vor seiner/deiner/... ~** *fam* sous son/ton nez

**nass** [nas] <nasser, nasseste> *adj* **1.** mouillé(e) **2.** (*regnerisch*) humide

**nasskalt** *adj* froid(e) et humide

**Nation** [na'tsio:n] <-, -en> *f* nation *f;* **die Vereinten ~en** les Nations Unies

**national** [natsio'na:l] *adj* national(e)

**Nationalismus** [natsiona'lɪsmʊs] <-> *m* nationalisme *m*

**Nationalist(in)** [natsiona'lɪst] <-en, -en> *m(f)* nationaliste *mf*

**nationalistisch** **I.** *adj* nationaliste **II.** *adv* en nationaliste

**Nationalität** [natsionali'tɛ:t] <-, -en> *f* nationalité *f*

**NATO** ['na:to] *f Abk von* **North Atlantic Treaty Organization** O.T.A.N. *f*

**Natter** ['natɐ] <-, -n> *f* couleuvre *f*

**Natur** [na'tu:ɐ] <-> *f* nature *f* **Naturkatastrophe** *f* catastrophe *f* naturelle **Naturkundemuseum** *nt* musée *m* d'histoire naturelle

**natürlich** [na'ty:ɐlɪç] **I.** *adj* naturel(le) **II.** *adv* (*selbstverständlich*) naturellement **Naturschutzgebiet** *nt* réserve *f* naturelle **Naturwissenschaft** *f* **die ~en** les sciences naturelles

**Navigationssystem** *nt* système *m* de navigation

**Nebel** ['ne:bəl] <-s, -> *m* **1.** brouillard *m;* (*leicht*) brume *f* **2.** ASTRO nébuleuse *f*

**nebelig** *adj* brumeux(-euse)

**neben** ['ne:bən] *präp + akk o dat* à côté de

**nebenan** [ne:bən'ʔan] *adv* à côté

**nebenbei** [ne:bən'baį] *adv* **1.** (*nebenher*) en plus [du reste] **2.** (*beiläufig*) ~ [**bemerkt**] soit dit en passant

**nebeneinander** ['ne:bənʔaį'nandɐ] *adv* **1.** (*räumlich*) côte à côte **2.** (*zeitlich*) parallèlement

**Nebenfluss** *m* affluent *m*

**nebenher** ['ne:bən'he:ɐ̯] *adv* (*zusätzlich*) en plus

**neblig** *s.* **nebelig**

**nee** [ne:] *adv fam* non

**Neffe** ['nɛfə] <-n, -n> *m* neveu *m*

**negativ** ['ne:gati:f] *adj* négatif(-ive)

**Negativ** <-s, -e> *nt* négatif *m*

**nehmen** ['ne:mən] *vt irr* prendre; [**sich** (*dat*)] **etw** ~ prendre qc; **auseinander** ~ démonter; **jdm etw übel** ~ en vouloir à qn de qc

**neidisch** **I.** *adj* (*Person*) envieux (-euse); **auf jdn ~ sein** envier qn **II.** *adv* (*betrachten*) avec envie

**neigen** **I.** *vi* **zu Übergewicht** ~ avoir une tendance à l'embonpoint **II.** *vr* **sich** ~ (*Person*) se pencher; (*Hang*) être en pente; (*Schiff*) pencher **III.** *vt* (*Kopf*) pencher

**Neigung** <-, -en> *f* **1.** (*Schräge*) inclinaison *f* **2.** (*Vorliebe*) penchant *m*

**nein** [naįn] *adv* non; **leider** ~ malheureusement pas

**Nein** <-s> *nt* non *m*

**Nektarine** [nɛkta'ri:nə] <-, -n> *f* nectarine *f*

**Nelke** ['nɛlkə] <-, -n> *f* **1.** (*Blume*) œillet *m* **2.** (*Gewürz*) clou *m* de girofle

**nennen** ['nɛnən] *vt irr* **1.** (*anreden*) appeler; **Katharina II., genannt die Große** Catherine II, dite la Grande **2.** (*bezeichnen*) **wie nennt man das?** comment appelle-t-on ça? **3.** (*angeben*) indiquer

**Neonazi** ['ne:ona:tsi] *m* néonazi(e) *m(f)*

N

**Nerv** [nɛrf] <-s, -en> *m* **1.** nerf *m* **2.** *Pl* **gute ~en haben** avoir les nerfs solides; **die ~en verlieren** perdre le contrôle de soi-même

**nerven** *fam* **I.** *vt* énerver **II.** *vi* être énervant

**nervös** [nɛr'vø:s] *adj* (*Person*) nerveux(-euse); (*Stimmung*) agité(e)

**Nervosität** [nɛrvozi'tɛ:t] <-> *f* nervosité *f*

**Nest** [nɛst] <-[e]s, -er> *nt* **1.** nid *m* **2.** *fam* (*Kaff*) patelin *m*

**nett** [nɛt] *adj* gentil(le); (*Abend*) sympathique; ~ **zu jdm sein** être gentil avec qn

**netto** ['nɛto] *adv* net

**Netz** [nɛts] <-es, -e> *nt* **1.** *a.*

SPORT filet *m* **2.** ELEC réseau *m*

**neu** [nɔy] **I.** *adj* **1.** nouveau(-velle); (*noch nicht gebraucht*) neuf (neuve) **2.** (*aktuell*) récent(e); **die ~esten Nachrichten** les [toutes] dernières nouvelles **II.** *adv* **1.** (*von vorn*) **wieder ganz ~ anfangen** repartir à zéro **2.** (*soeben*) **~ eröffnet** qui vient d'ouvrir

**Neue(s)** *nt* **1. das ~ an etw** (*dat*) la nouveauté dans qc; **Altes und ~s** le vieux et le neuf **2.** (*neue Sache*) **etwas ~s** quelque chose de nouveau **3.** (*Neuigkeit*) **was gibt's ~s?** *fam* quoi de neuf?

**neuerdings** ['nɔyɐ'dɪŋs] *adv* depuis peu [de temps]

**Neueste(s)** *nt* **das ~** (*neue Nachricht*) la dernière [nouvelle]; (*neues Produkt*) ce qui vient de sortir

**Neugeborene(s)** *nt* nouveau-né(e) *m(f)*

**Neugier[de]** <-> *f* curiosité *f*

**neugierig** **I.** *adj* (*Person*) curieux(-euse); (*Frage*) indiscret (-ète); **~ sein, ob/wie ...** être curieux de savoir si/comment ... **II.** *adv* avec curiosité

**Neugriechisch** <-[s]> *nt* le grec moderne

**Neuheit** <-, -en> *f* nouveauté *f*

**Neuigkeit** <-, -en> *f* nouvelle *f*

**Neujahr** *nt* **1.** nouvel an *m* **2. prost ~!** bonne année!

**Neujahrstag** *m* jour *m* de l'an

**neulich** *adv* récemment; **~ abends** l'autre soir

**neun** [nɔyn] *num* neuf

**neuneinhalb** *num* neuf ... et demi(e)

**neunfach** *adj, adv* neuf fois

**neunhundert** *num* neuf cents

**Neunjährige(r)** *f(m)* fille *f*/garçon *m* de neuf ans **neunmal** *adv* neuf fois

**neunt** *adv* **zu ~ sein** être neuf

**neuntausend** ['nɔyn'taʊzənt] *num* neuf mille

**neunte(r, s)** *adj* **1.** neuvième **2.** (*bei Datumsangaben*) **der ~ Mai** le neuf mai

**neuntel** *adj* neuvième

**neunzehn** *num* dix-neuf **neunzehnte(r, s)** *adj* **1.** dix-neuvième **2.** (*bei Datumsangaben*) **der ~ März** le dix-neuf mars

**neunzig** ['nɔyntsɪç] *num* quatre-vingt-dix, nonante (BELG, CH)

**neunziger** *adj* **die ~ Jahre** les années *fpl* quatre-vingt-dix

**neunzigste(r, s)** *adj* quatre-vingt-dixième, nonantième (BELG, CH)

**Neuseeland** [nɔy'ze:lant] *nt* la Nouvelle-Zélande

**Neuseeländer(in)** <-s, -> *m(f)* Néo-Zélandais(e) *m(f)*

**neuseeländisch** *adj* néo-zélandais(e)

**Neuste(s)** *s.* Neueste(s)

**nicht** [nɪçt] *adv* **1.** ne ... pas; **um sich ~ zu erkälten** pour ne pas attraper froid; **~ schlecht/möglich** pas mauvais/possible;

~ **sehr** pas très; **warum ~?** pourquoi pas?; **bitte ~!** non, s'il te/vous plaît!; ~ **eine(r)** [ne ...] pas un(e) [seul(e)]; **er ~!** pas lui! **2.** (*stimmt's*) **~?** non?

**Nichte** ['nɪçtə] <-, -n> *f* nièce *f*

**Nichtraucher(in)** *m(f)* non-fumeur(-euse) *m(f)*

**nichts** [nɪçts] *pron* ne ... rien; **gar ~** rien du tout

**nichtsdestoweniger** [nɪçtsdɛsto've:nɪgɐ] *adv* néanmoins

**Nichtstuer(in)** [nɪçtstu:ɐ] <-s, -> *m(f)* *pej* fainéant(e) *m(f)*

**nicken** ['nɪkən] *vi* hocher la tête; (*Zustimmung signalisieren*) faire un signe d'approbation

**nie** [ni:] *adv* (*zu keinem Zeitpunkt*) ne ... jamais; **er hat ~ davon gesprochen** il n'en a jamais parlé; ~ **wieder** ne ... plus jamais

**niedere(r, s)** *adj* (*Stand*) bas(se); (*Beamte*) petit(e)

**Niedergang** *m* déclin *m*

**nieder|gehen** *vi irr* (*Lawine*) s'abattre

**niedergeschlagen** *adj* abattu(e)

**nieder|knien** *vi* s'agenouiller

**Niederlage** *f* défaite *f*

**Niederlande** ['ni:dɐlandə] <-> *Pl* **die ~** les Pays-Bas *mpl*

**Niederländer(in)** ['ni:dɐlɛndɐ] <-s, -> *m(f)* Néerlandais(e) *m(f)*

**niederländisch** **I.** *adj* néerlandais(e) **II.** *adv* en néerlandais

**Niederländisch** <-[s]> *nt* néerlandais *m*

**Niederösterreich** *nt* la Basse-Autriche

**Niedersachsen** ['ni:dɐzaksn] *nt* la Basse-Saxe

**niedlich** ['ni:tlɪç] *adj* adorable

**niedrig** ['ni:drɪç] **I.** *adj* **1.** bas(se) **2.** (*gering*) peu élevé(e); (*Trinkgeld*) maigre; (*Geschwindigkeit*) réduite **II.** *adv* bas

**niemals** ['ni:ma:ls] *adv* ne ... jamais

**niemand** ['ni:mant] *pron* ne ... personne

**Niemand** <-s, -e> *m* rien du tout *mf*

**Niere** ['ni:rə] <-, -n> *f* **1.** ANAT rein *m* **2.** GASTR rognon

**niesen** ['ni:zən] *vi* éternuer

**Nikolaus** <-, -e> *m* **1.** (*Gestalt*) [**der**] ~ Saint Nicolas *m* **2.** (*Nikolaustag*) la Saint-Nicolas

**Nikotin** [niko'ti:n] <-s> *nt* nicotine *f*

**nirgends** *adv* ne ... nulle part

**nirgendwo** ['nɪrgəntvo:] *s.* **nirgends**

**nirgendwohin** *adv* ne ... nulle part

**Niveau** [ni'vo:] <-s, -s> *nt* niveau *m*

**nix** [nɪks] *pron fam* rien

**Nizza** <-s> *nt* Nice

**NO** *Abk von* **Nordosten** N.-E.

**nobel** ['no:bəl] **I.** *adj* **1.** (*edel*) noble **2.** (*luxuriös*) chic **II.** *adv* (*edel*) avec noblesse

**Nobelpreis** [no'bɛlprais] *m* prix *m* Nobel

**noch** [nɔx] *adv* **1.** encore; ~ **besser** encore mieux; **er ist immer ~ krank** il est toujours malade; **er hat ~ nicht angerufen** il n'a pas encore téléphoné; **bringen Sie mir ~ ein Bier!** apportez-moi une autre bière! **2.** (*verstärkend*) ~ **heute** aujourd'hui même **3.** (*eigentlich*) **wie war das ~?** comment c'était déjà? **4.** (*knapp*) **den Zug gerade ~ erreichen können** pouvoir tout juste attraper le train

**nochmals** *adv* encore une fois

**Nonne** ['nɔnə] <-, -n> *f* religieuse *f*

**Nordamerika** ['nɔrtʔa'me:rika] *nt* l'Amérique *f* du Nord **norddeutsch** *adj* de l'Allemagne du Nord

**Norden** ['nɔrdən] <-s> *m* nord *m*

**Nordfrankreich** *nt* le nord de la France

**Nordic Walking** ['nɔ:dɪk 'wɔ:kɪŋ] <-s> *nt* marche *f* nordique

**Nordkap** *nt* **das** ~ le cap Nord **Nordküste** *f* côte *f* septentrionale

**nördlich** ['nœrtlɪç] **I.** *adj* [situé(e) au] nord **II.** *präp* + *gen* au nord de **Nordosten** *m* nord-est *m* **nordöstlich I.** *adj* [situé(e) au] nord-est **II.** *präp* + *gen* au nord-est de **Nordpol** *m* **der** ~ le pôle Nord

**Nordrhein-Westfalen** ['nɔrtrain-vɛst'fa:lən] *nt* la Rhénanie-du-Nord-Westphalie

**Nordsee** *f* **die** ~ la mer du Nord **Nordwesten** *m* nord-ouest *m* **nordwestlich I.** *adj* [situé(e) au] nord-ouest **II.** *präp* + *gen* au nord-ouest de

**normal** [nɔr'ma:l] *adj* normal(e); **es ist [ganz] ~, dass** il est [tout à fait] normal que + *subj*

**normalerweise** *adv* normalement

**Normandie** <-> *f* **die** ~ la Normandie

**normannisch** *adj* normand(e)

**Norwegen** ['nɔrve:gən] <-s> *nt* la Norvège

**Norweger(in)** ['nɔrve:gɐ] <-s, -> *m(f)* Norvégien(ne) *m(f)*

**norwegisch** ['nɔrve:gɪʃ] **I.** *adj* norvégien(ne) **II.** *adv* en norvégien

**Norwegisch** <-[s]> *nt* norvégien *m*

**Not** [no:t] <-, Nöte> *f* **1.** (*Armut*) misère *f* **2.** (*Bedrängnis*) détresse *f*; **in ~ sein** être dans le besoin **3. zur ~** au besoin

**Notar(in)** [no'ta:ɐ] <-s, -e> *m(f)* notaire *m*

**Notarzt** *m*, **-ärztin** *f* médecin *mf* d'urgence; (*in Frankreich*) médecin *mf* du SAMU **Notaufnahme** *f* (*eines Krankenhauses*) urgences *fpl* **Notausgang** *m* sortie *f* de secours **Notbremse** *f* signal *m* d'alarme

**Note** ['no:tə] <-, -n> *f* **1.** note *f* **2.** *Pl* MUS partition *f*

**Notfall** *m* (cas *m* d')urgence *f*
**notfalls** *adv* au besoin
**nötig** ['nø:tɪç] *adj* nécessaire; **etw ~/nicht ~ haben** avoir besoin de qc/pouvoir se passer de qc
**Notiz** [no'ti:ts] <-, -en> *f* note *f*
**Notizblock** <-blöcke> *m* bloc-notes *m* **Notizbuch** *nt* carnet *m*
**Notruf** *m* (*Anruf*) appel *m* d'urgence **Notwehr** <-> *f* légitime défense *f*
**notwendig** ['no:tvɛndɪç] *adj* nécessaire
**Notwendigkeit** <-, -en> *f* nécessité *f*
**Nougat** ['nu:gat] <-s, -s> *m o nt* praliné *m*
**November** [no'vɛmbɐ] <-s, -> *m* novembre *m*
**Nr.** *Abk von* **Nummer** n°
**nüchtern** ['nʏçtɐn] *adj* **1.** (*mit leerem Magen*) **~ sein** être à jeun **2.** (*nicht betrunken*) sobre **3.** (*realitätsbewusst*) lucide
**Nudel** ['nu:dəl] <-, -n> *f* pâtes *fpl*
**Nugat** ['nu:gat] *s.* **Nougat**
**nuklear** [nukle'a:ɐ] *adj* nucléaire
**null** [nʊl] *num* zéro
**Null** <-, -en> *f* **1.** zéro *m* **2.** *fam* (*Versager*) nullard *m*
**Nummer** ['nʊmɐ] <-, -n> *f* numéro *m*
**nummerieren*** [nume'ri:rən] *vt* numéroter
**Nummernschild** *nt* plaque *f* d'immatriculation
**nun** [nu:n] *adv* **1.** maintenant; **von ~ an** désormais **2.** (*einlenkend*) **~ gut** eh bien, soit; **~ ja** ma foi **3.** (*auffordernd*) alors; **~ mach schon!** allez, vas-y!
**nur** [nu:ɐ] *adv* **1.** seulement; **ich wollte ~ fragen, ob ...** je voulais juste demander si ...; **~ Wasser trinken** ne boire que de l'eau **2. ~ Mut!** (du) courage, voyons!
**Nürnberg** ['nʏrnbɛrk] <-s> *nt* Nuremberg
**Nussbaum** *m* noyer *m*
**Nutte** ['nʊtə] <-, -n> *f fam* pute *f* (*vulg*)
**nutzen** *vt* **1.** (*Gegenstand*) se servir de; (*Gelegenheit*) profiter de **2.** *s.* **nützen**
**nützen I.** *vi* **jdm ~** servir à qn **II.** *vt* **jdm nichts ~** ne servir à rien à qn
**nützlich** *adj* **1.** utile **2. sich ~ machen** se rendre utile
**nutzlos** *adj* inutile
**NW** *Abk von* **Nordwesten** N.-O.

# O

**O, o** [o:] <-, -> *nt* O *m*/o *m*
**O** *Abk von* **Osten** E
**ob** [ɔp] *konj* si
**obdachlos** *adj* sans abri

**oben** ['o:bən] *adv* **1.** en haut; **~ auf der Liste** en tête de liste; **dort ~** là-haut; **bis ~ [hin] voll sein** être plein jusqu'à ras bord **2.** (*vorher*) plus haut; **siehe ~** voir ci-dessus **3. ~ ohne** *fam* seins nus; **von ~ herab** de haut

**obendrauf** *adv fam* dessus

**obendrein** *adv* par-dessus le marché

**Ober** ['o:bɐ] <-s, -> *m* (*Kellner*) **Herr ~!** garçon *m* [, s'il vous plaît]!

**obere(r, s)** ['o:bərə] *adj* supérieur(e)

**Oberfläche** *f* surface *f*

**oberflächlich** *adj* superficiel(le)

**Obergeschoss** *nt* étage *m* supérieur

**oberhalb I.** *präp + gen* au-dessus de **II.** *adv* **~ von etw** au-dessus de qc

**Oberkörper** *m* (*Brustkorb*) buste *m*

**Oberösterreich** *nt* la Haute-Autriche

**oberste(r, s)** *adj* **1.** (*ganz oben befindlich*) supérieur(e); (*Stockwerk*) dernier(-ière); (*Schublade*) du haut **2.** (*rangmäßig*) plus élevé(e)

**obgleich** [ɔp'glaiç] *konj* bien que + *subj*

**objektiv** [ɔpjɛk'ti:f] *adj* objectif (-ive)

**obligatorisch** [obliga'to:rɪʃ] *adj geh* obligatoire

**Obst** [o:pst] <-[e]s> *nt* fruits *mpl*

**Obstkuchen** *m* tarte *f* aux fruits

**obszön** [ɔps'tsø:n] *adj* obscène

**obwohl** [ɔp'vo:l] *konj* bien que + *subj*

**Ochse** ['ɔksə] <-n, -n> *m* bœuf *m*

**Ocker** ['ɔkɐ] <-s, -> *m o nt* (*Farbe*) ocre *m*

**öde** *adj* **1.** (*verlassen*) désert(e) **2.** (*fade*) ennuyeux(-euse)

**oder** ['o:dɐ] *konj* **1.** ou; **~ aber** ou alors **2.** (*nicht wahr*) **das schmeckt gut, ~?** c'est bon, n'est-ce pas?

**Ofen** ['o:fən] <-s, Öfen> *m* **1.** (*Heizofen*) poêle *m* **2.** (*Backofen*) four *m*

**ofenfrisch** *adj* qui sort du four

**offen** ['ɔfən] **I.** *adj* **1.** ouvert(e); (*Haare*) détaché(e); (*Flasche*) entamé(e); **~ haben** (*Geschäft*) être ouvert **2.** (*aufgeschlossen*) **jdm gegenüber ~ sein** être ouvert envers qn **II.** *adv* **1.** franchement **2. ~ gesagt** pour être franc

**offenbar** ['ɔfənba:ɐ̯] **I.** *adj* évident(e) **II.** *adv* manifestement

**Offenheit** <-> *f* franchise *f*

**offensichtlich I.** *adj* évident(e); **~ sein** sauter aux yeux **II.** *adv* de toute évidence

**Öffentlichkeit** <-> *f* (*Allgemeinheit*) public *m*; **in aller ~** devant tout le monde

**offiziell** [ɔfi'tsiɛl] *adj* officiel(le)

**Offizier(in)** [ɔfi'tsi:ɐ̯] <-s, -e>

*m(f)* officier *m*
**öffnen** ['œfnən] *vt, vi, vr* [**sich**] ~ [s']ouvrir
**Öffnung** <-, -en> *f* **1.** (*offene Stelle*) orifice *m* **2.** (*das Öffnen*) ouverture *f*
**Öffnungszeiten** *Pl* heures *fpl* d'ouverture
**oft** [ɔft] <öfter> *adv* souvent
**öfter[s]** *adv* assez souvent
**ohne** ['o:nə] **I.** *präp + akk* sans **II.** *konj* ~ **zu** sans
**ohnmächtig** ['o:nmɛçtɪç] *adj* évanoui(e); ~ **werden** s'évanouir
**Ohr** [o:ɐ̯] <-[e]s, -en> *nt* oreille *f*
**Ohrfeige** <-, -n> *f* gifle *f*
**ohrfeigen** *vt* gifler
**Ohrring** *m* boucle *f* d'oreille
**oje** [o'je:] *interj* bon sang **Ökoladen** *m* magasin *m* vert
**Ökologie** [økolo'gi:] <-> *f* écologie *f*
**Ökonomie** [økono'mi:] <-, -n> *f* économie *f*
**ökonomisch** [œko'no:mɪʃ] *adj* **1.** (*Problem*) économique **2.** (*sparsam*) économe
**Oktober** [ɔk'to:bɐ] <-s, -> *m* octobre *m*
**Öl** [ø:l] <-[e]s, -e> *nt* huile *f*
**Olive** [o'li:və] <-, -n> *f* olive *f*
**Olivenbaum** *m* olivier *m* **Ölpest** *f* marée *f* noire
**Oma** ['o:ma] <-, -s> *f* **1.** *fam* mamie *f* **2.** *pej fam* (*alte Frau*) mémère *f*
**Omelett** [ɔm(ə)'lɛt] <-[e]s, -e> *nt*, **Omelette** <-, -n> *f* A, CH omelette *f*
**Onkel** ['ɔŋkəl] <-s, -> *m* oncle *m*
**Opa** ['o:pa] <-s, -s> *m* **1.** *fam* papi *m* **2.** *pej fam* (*alter Mann*) pépère *m*
**Oper** ['o:pɐ] <-, -n> *f* opéra *m*
**Operation** [opəra'tsi̯o:n] <-, -en> *f* opération *f*
**Operette** [opə'rɛtə] <-, -n> *f* opérette *f*
**operieren*** [opə'ri:rən] **I.** *vt* **jdn am Magen** ~ opérer qn de l'estomac **II.** *vi* **1.** MED opérer **2.** MIL mener une opération/des opérations
**Opernsänger(in)** *m(f)* chanteur *m* d'opéra/cantatrice *f*
**Opfer** ['ɔpfɐ] <-s, -> *nt* **1.** victime *f* **2.** REL sacrifice *m*
**opfern** *vt, vr* [**sich**] ~ [se] sacrifier
**Opposition** [ɔpozi'tsi̯o:n] <-, -en> *f* opposition *f*
**Optiker(in)** <-s, -> *m(f)* opticien(ne) *m(f)*
**optimal** [ɔpti'ma:l] *geh adj* optimal(e)
**Optimismus** [ɔpti'mɪsmʊs] <-> *m* optimisme *m*
**optimistisch** *adj* optimiste
**orange** [o'rã:ʒə] *adj* orange
**Orange**[1] [o'rã:ʒə] <-, -n> *f* (*Frucht*) orange *f*
**Orange**[2] <-, -> *nt* (*Farbe*) orange *m*
**Orchester** [ɔr'kɛstɐ] <-s, -> *nt* orchestre *m*

**ordentlich** ['ɔrdəntlɪç] I. *adj* 1. (*aufgeräumt*) rangé(e) 2. (*Ordnung liebend*) ordonné(e) 3. (*Benehmen*) correct(e) 4. *fam* (*Portion*) bon(ne) II. *adv* 1. *fam* (*tüchtig*) bien 2. (*arbeiten*) sérieusement
**ordinär** [ɔrdi'nɛːɐ̯] *adj* 1. (*vulgär*) vulgaire 2. (*gewöhnlich*) simple
**ordnen** ['ɔrdnən] *vt* 1. (*sortieren*) classer 2. (*in Ordnung bringen*) mettre de l'ordre dans
**Ordner** <-s, -> *m* (*Aktenordner*) classeur *m*
**Ordnung** <-, -en> *f* 1. (*das Sortieren*) classement *m* 2. (*Aufgeräumtheit*) ordre *m* 3. **in ~ sein** [bien] marcher; **[das ist] in ~!** *fam* d'accord!
**Organ** [ɔr'gaːn] <-s, -e> *nt* organe *m*
**organisieren*** [ɔrgani'ziːrən] *vt, vr* **[sich]** ~ [s']organiser
**Organspender(in)** *m(f)* donneur(-euse) *m(f)* d'organes
**Orgel** ['ɔrgəl] <-, -n> *f* orgue *m*
**Orient** ['oːriɛnt] <-s> *m* **der** ~ l'Orient *m*
**orientalisch** [oriɛn'taːlɪʃ] *adj* oriental(e)
**orientieren*** [oriɛn'tiːrən] *vr* 1. (*sich zurechtfinden*) **sich an etw** (*dat*) ~ s'orienter à qc 2. (*sich ausrichten nach*) **sich an jdm/etw** ~ agir en fonction de qn/qc
**original** [origi'naːl] *adj* original(e); (*Zustand*) d'origine
**Orkan** [ɔr'kaːn] <-[e]s, -e> *m* ouragan *m*
**Ort** [ɔrt] <-[e]s, -e> *m* 1. (*Stelle*) lieu *m* 2. (*Ortschaft*) localité *f*
**orthodox** [ɔrto'dɔks] *adj* orthodoxe
**Orthopäde** [ɔrto'pɛːdə] <-n, -n> *m*, **Orthopädin** *f* orthopédiste *mf*
**örtlich** ['œrtlɪç] *adj* local(e)
**Ortschaft** <-, -en> *f* localité *f*
**Ortsgespräch** *nt* communication *f* locale
**Oslo** ['ɔslo] <-s> *nt* Oslo
**Ossi** ['ɔsi] <-s, -s> *m*, <-, -s> *f fam surnom des habitants de l'ex-R.D.A.*
**Ostasien** *nt* l'Asie *f* orientale
**Ostdeutschland** *nt* HIST l'Allemagne *f* de l'Est
**Osten** ['ɔstən] <-s> *m* est *m*
**Ostern** ['oːstɐn] <-, -> *nt* Pâques *fpl;* **frohe ~!** joyeuses Pâques!
**Österreich** ['øːstəraiç] <-s> *nt* l'Autriche *f*
**Österreicher(in)** <-s, -> *m(f)* Autrichien(ne) *m(f)*
**österreichisch** *adj* autrichien(ne)
**Osteuropa** *nt* l'Europe *f* de l'Est
**östlich** ['œstlɪç] I. *adj* de l'est II. *präp + gen* à l'est de
**Ostsee** *f* **die** ~ la [mer] Baltique
**oval** [o'vaːl] *adj* ovale
**Overall** ['oʊvərɔːl] <-s, -s> *m* combinaison *f*

**Ozean** ['o:tsea:n] <-s, -e> *m* océan *m*
**Ozonalarm** *m* alerte *f* à la pollution par l'ozone
**Ozonloch** *nt* trou *m* dans la couche d'ozone

# P

**P, p** [pe:] <-, -> *nt* P *m*/p *m*
**paar** [pa:ɐ̯] *adj* (*wenige*) **ein ~ Minuten** quelques minutes
**Paar** <-s, -e> *nt* **1.** (*Menschen*) couple *m* **2.** (*Dinge*) paire *f*
**Päckchen** ['pɛkçən] <-s, -> *nt* **1.** POST petit paquet *m* **2.** (*Packung*) paquet *m*
**packen** ['pakən] **I.** *vt* (*Koffer*) faire; (*Person*) saisir **II.** *vi* faire ses valises
**Packung** <-, -en> *f* (*Schachtel*) paquet *m;* (*Geschenkpackung*) boîte *f*
**Pädagoge** [pɛda'go:gə] <-n, -n> *m*, **Pädagogin** *f* pédagogue *mf*
**Paddel** ['padəl] <-s, -> *nt* pagaie *f*
**paffen** ['pafən] *fam* **I.** *vi* fumer **II.** *vt* (*Zigarette*) tirer sur
**Paket** [pa'ke:t] <-[e]s, -e> *nt* **1.** POST colis *m* **2.** *a. fig* paquet *m*
**Pakistan** ['pa:kɪsta:n] <-s> *nt* le Pakistan
**Pakistani** [pakɪs'ta:ni] <-[s], -[s]> *mf* Pakistanais(e) *m(f)*
**Palast** [pa'last] <-[e]s, Paläste> *m* palais *m*
**Palästina** [palɛs'ti:na] <-s> *nt* la Palestine
**Palästinenser(in)** [palɛsti'nɛnzɐ] <-s, -> *m(f)* Palestinien(ne) *m(f)*
**Palme** ['palmə] <-, -n> *f* **1.** palmier *m* **2. jdn auf die ~ bringen** *fam* hérisser le poil à qn
**panieren*** [pa'ni:rən] *vt* paner
**Panik** ['pa:nɪk] <-, -en> *f* panique *f*
**Panne** ['panə] <-, -n> *f* **1.** (*Defekt*) panne *f* **2.** *fam* (*Missgeschick*) boulette *f*
**panschen** **I.** *vt* (*Wein*) couper **II.** *vi* **1.** (*Winzer*) couper le vin **2.** *fam* (*planschen*) barboter
**Panter, Panther** ['pantɐ] <-s, -> *m* panthère *f*
**Pantoffel** [pan'tɔfəl] <-s, -n> *m* pantoufle *f*
**Panzer** ['pantsɐ] <-s, -> *m* **1.** MIL char *m* [d'assaut] **2.** ZOOL carapace *f*
**Papagei** [papa'gai] <-s, -en> *m* perroquet *m*
**Papi** ['papi] <-s, -s> *m* *fam* papa *m*
**Papier** [pa'pi:ɐ̯] <-s, -e> *nt* papier *m*
**Papierkorb** *m* corbeille *f* [à papier]
**Pappe** ['papə] <-, -n> *f* carton *m*
**Pappel** ['papəl] <-, -n> *f* peuplier *m*

P

**Paprika** ['paprika] <-s, -[s]> *m* 1. (*Schote*) poivron *m* 2. (*Gewürz*) paprika *m*

**Papst** [pa:pst] <-[e]s, Päpste> *m* pape *m*

**Parabolantenne** *f* antenne *f* parabolique

**Parade** [pa'ra:də] <-, -n> *f* 1. MIL défilé *m* 2. SPORT parade *f*

**Paradies** [para'di:s] <-es, -e> *nt* paradis *m*

**Paragliding** ['pa:raglajdɪŋ] <-s> *nt* parapente *m*

**parat** [pa'ra:t] *adj* **eine Antwort ~ haben** avoir une réponse toute prête

**Pärchen** ['pɛ:ɐçən] <-s, -> *nt* 1. (*Liebespaar*) couple *m* [d'amoureux] 2. (*Tierpärchen*) couple *m*

**Parfüm** [par'fy:m] <-s, -e> *nt* parfum *m*

**Paris** [pa'ri:s] <-> *nt* Paris *m*

**Pariser**[1] [pa'ri:zɐ] *adj* (*Innenstadt*) de Paris; (*Akzent*) parisien(ne)

**Pariser**[2] <-s, -> *m* 1. Parisien *m* 2. *fam* (*Kondom*) capote *f* [anglaise]

**Pariserin** <-, -nen> *f* Parisienne *f*

**Park** [park] <-s, -s> *m* parc *m*

**parken** ['parkən] I. *vi* se garer II. *vt* (*Fahrzeug*) garer

**Parkett[fuß]boden** *m* parquet *m*

**Parkhaus** *nt* parking *m* à étages

**Parkplatz** *m* parking *m*; (*Parklücke*) place *f* de parking **Parkuhr** *f* parcmètre *m*

**Parlament** [parla'mɛnt] <-[e]s, -e> *nt* Parlement *m*

**Partei** [par'taj] <-, -en> *f* 1. parti *m* 2. **für jdn ~ ergreifen** prendre parti pour qn

**Partner(in)** ['partnɐ] <-s, -> *m(f)* partenaire *mf*; (*Lebensgefährte*) compagnon *m*/compagne *f*

**Partnerschaft** <-, -en> *f* 1. (*Lebensgemeinschaft*) vie *f* en couple 2. (*Städtepartnerschaft*) jumelage *m*

**Partnerstadt** *f* ville *f* jumelée

**Party** ['pa:ɐti] <-, -s> *f* soirée *f*; (*für Jugendliche*) boum *f*

**Pass** [pas] <-es, Pässe> *m* 1. (*Reisepass*) passeport *m* 2. (*Gebirgspass*) col *m* 3. SPORT passe *f*

**Passagier(in)** [pasa'ʒi:ɐ] <-s, -e> *m(f)* passager(-ère) *m(f)*

**Passbild** *nt* photo *f* d'identité

**passen** ['pasən] *vi* 1. (*Hose*) être à la bonne taille; (*Schuhe*) être à la bonne pointure 2. (*harmonieren*) **zu jdm/etw ~** aller [bien] avec qn/qc 3. (*Termin*) convenir 4. (*gefallen*) plaire

**passend** *adj* 1. (*Hose*) à la bonne taille; (*Schuhe*) à la bonne pointure 2. (*Farbe*) assorti(e); (*Kleidung*) convenable 3. (*Worte*) approprié(e); (*Termin*) qui convient

**passieren*** [pa'si:rən] I. *vi*

1. (*sich ereignen*) se passer 2. (*vorkommen, zustoßen*) arriver II. *vt* (*Grenze*) passer

**passiv** ['pasi:f] *adj* passif(-ive)

**Passwort** ['pasvɔrt] <-wörter> *nt* code *m* [d'accès]

**Pastete** [pas'te:tə] <-, -n> *f* 1. (*Fleischpastete*) pâté *m* 2. (*Blätterteigpastete*) vol-au-vent *m*

**Pate** ['pa:tə] <-n, -n> *m*, **Patin** *f* parrain *m*/marraine *f*

**Patenkind** *nt* filleul(e) *m(f)* **Patenonkel** *m* parrain *m*

**Patent** <-[e]s, -e> *nt* brevet *m*

**Patentrezept** *nt* remède *m* miracle

**Patrone** [pa'tro:nə] <-, -n> *f* cartouche *f*

**patsch** [patʃ] *interj* paf

**Patsche** ['patʃə] <-, -n> *f fam* **jdm aus der ~ helfen** tirer qn du pétrin

**pauken** I. *vi fam* (*Schüler*) bûcher II. *vt fam* (*Vokabeln*) potasser

**pauschal** [paʊ'ʃa:l] *adj* 1. (*undifferenziert*) global(e) 2. FIN forfaitaire

**Pauschale** [paʊ'ʃa:lə] <-, -n> *f* forfait *m*

**Pause** ['paʊzə] <-, -n> *f* 1. pause *f* 2. SCHULE récréation *f*

**pausenlos** I. *adj* incessant(e) II. *adv* sans répit

**Pavian** ['pa:via:n] <-s, -e> *m* babouin *m*

**Pay-TV** ['pɛɪti:vi:] <-s, -s> *nt* chaîne *f* à péage

**Pazifik** [pa'tsi:fɪk] <-s> *m* **der ~** le Pacifique

**Pazifist(in)** [patsi'fɪst] <-en, -en> *m(f)* pacifiste *mf*

**Pech** [pɛç] <-[e]s> *nt fam* (*Missgeschick*) poisse *f*; **~ gehabt!** *fam* tant pis pour toi/lui/elle/...!

**Pechvogel** *m fam* malchanceux(-euse) *m(f)*

**Pedal** [pe'da:l] <-s, -e> *nt* pédale *f*

**Pegel** ['pe:gəl] <-s, -> *m* niveau *m* des eaux

**peinlich** I. *adj* (*Frage*) gênant(e); (*Genauigkeit*) minutieux(-euse) II. *adv* (*genau*) extrêmement

**Peitsche** ['paitʃə] <-, -n> *f* fouet *m*

**Peking** ['pe:kɪŋ] <-s> *nt* Pékin

**Pellkartoffel** *f* pomme *f* de terre en robe des champs

**Pelz** [pɛlts] <-es, -e> *m* fourrure *f*

**pendeln** *vi* 1. (*Gegenstand*) osciller 2. (*Person, Bus*) faire la navette

**Pendler(in)** <-s, -> *m*: *personne qui fait tous les jours la navette entre son domicile et son lieu de travail*

**penetrant** [pene'trant] I. *adj* (*Geruch*) pénétrant(e); (*Person*) importun(e) II. *adv* (*riechen*) fort

**pennen** ['pɛnən] *vi fam* (*schlafen*) roupiller

**Penner(in)** <-s, -> *m(f) pej fam* (*Stadtstreicher*) clodo *mf*

**Pension** [pã'zi̯o:n] <-, -en> *f* **1.** (*Unterkunft*) pension *f* de famille **2.** (*Ruhegehalt*) pension *f* [de retraite] **3.** (*Ruhestand*) retraite *f*

**pensioniert** [pɛnzio'ni:ɐt] *adj* retraité(e); ~ **werden** être mis à la retraite

**Peperoni** [pepe'ro:ni] <-, -> *f* piment *m*

**perfekt** [pɛr'fɛkt] *adj* (*vollkommen*) parfait(e)

**Pergamentpapier** *nt* papier-parchemin *m;* (*Butterbrotpapier*) papier *m* sulfurisé

**Periode** [peri'o:də] <-, -n> *f* **1.** période *f* **2.** (*Menstruation*) règles *fpl*

**Perlmutt** ['pɛrlmʊt] <-s> *nt* nacre *f*

**Perser** ['pɛrzɐ] <-s, -> *m* Persan *m*

**Person** [pɛr'zo:n] <-, -en> *f* personne *f*

**Personal** [pɛrzo'na:l] <-s> *nt* personnel *m*

**Personalausweis** *m* carte *f* d'identité

**Personalien** [pɛrzo'na:liən] *Pl* identité *f*

**persönlich** [pɛr'zø:nlɪç] **I.** *adj* personnel(le); (*Freiraum*) individuel(le) **II.** *adv* (*erscheinen*) en personne

**Persönlichkeit** <-, -en> *f* personnalité *f*

**Peru** [pe'ru:] <-s> *nt* le Pérou

**Petersilie** [petɐ'zi:li̯ə] <-, -n> *f* persil *m*

**Petroleum** [pe'tro:leʊm] <-s> *nt* pétrole *m*

**Petting** ['pɛtɪŋ] <-s, -s> *nt* attouchements *mpl*

**petzen** ['pɛt͡sən] *vt, vi pej fam* rapporter

**Pf** *Abk von* **Pfennig** pfennig *m*

**Pfad** [p͡fa:t] <-[e]s, -e> *m* sentier *m*

**Pfadfinder(in)** <-s, -> *m(f)* scout *m*/guide *f*

**Pfahl** [p͡fa:l] <-[e]s, Pfähle> *m* (*Zaunpfahl*) pieu *m*

**Pfalz** [p͡falt͡s] <-, -en> *f* **die** ~ le Palatinat

**Pfand** [p͡fant] <-[e]s, Pfänder> *nt* **1.** (*für Leergut*) consigne *f* **2.** *a.* SPIEL gage *m*

**Pfanne** ['p͡fanə] <-, -n> *f* (*Bratpfanne*) poêle *f*

**Pfannkuchen** ['p͡fanku:xən] *m* crêpe *f* [épaisse]

**Pfarrer(in)** ['p͡farɐ] <-s, -> *m(f)* (*evangelisch*) pasteur *mf;* (*katholisch*) curé *m*

**Pfarrhaus** *nt* presbytère *m*

**Pfau** [p͡fau̯] <-[e]s, -en> *m* paon *m*

**Pfeffer** ['p͡fɛfɐ] <-s, -> *m* poivre *m*

**Pfefferminze** <-> *f* menthe *f* [poivrée]

**pfeffern** ['p͡fɛfɐn] *vt* poivrer

**Pfefferstreuer** <-s, -> *m* poivrier *m*

**Pfeife** ['pfaifə] <-, -n> *f* **1.** (*Tabakspfeife*) pipe *f* **2.** *fam* (*Nichtskönner*) nullard(e) *m(f)* **3. nach jds ~ tanzen** *fam* se laisser mener [par le bout du nez] par qn

**pfeifen** ['pfaifən] *vt, vi irr* siffler

**Pfeil** [pfail] <-s, -e> *m* flèche *f*

**Pfennig** ['pfɛnɪç] <-s, -e> *m* pfennig *m*

**Pferd** [pfe:ɐt] <-[e]s, -e> *nt* **1.** cheval *m* **2.** (*Turngerät*) cheval *m* d'arçons **3.** SPIEL cavalier *m*

**Pfiff** [pfɪf] <-s, -e> *m* (*Pfeifton*) sifflement *m*

**Pfifferling** ['pfɪfɐlɪŋ] <-[e]s, -e> *m* girolle *f*

**Pfingsten** ['pfɪŋstən] <-, -> *nt* la Pentecôte

**Pfingstsonntag** [pfɪŋst'zɔnta:k] *m* dimanche *m* de [la] Pentecôte

**Pfirsich** ['pfɪrzɪç] <-s, -e> *m* pêche *f*

**Pflanze** ['pflantsə] <-, -n> *f* plante *f*

**pflanzen** *vt* (*setzen*) planter

**Pflaster** ['pflastɐ] <-s, -> *nt* (*Kopfsteinpflaster*) pavé *m*

**Pflaume** ['pflaumə] <-, -n> *f* (*Frucht*) prune *f*

**Pflege** ['pfle:gə] <-> *f* **1.** (*Körper-, Krankenpflege*) soins *mpl* **2.** (*von Anlagen*) entretien *m*

**pflegebedürftig** *adj* (*Person*) dépendant(e) **Pflegeeltern** *Pl* parents *mpl* adoptifs **Pflegeheim** *nt* maison *f* médicalisée **Pflegekind** *nt* enfant *m* placé dans une famille **pflegeleicht** *adj* **1.** (*Kleidung*) facile à entretenir; (*Pflanze*) facile à soigner **2.** *fig, iron* (*Person*) facile à vivre

**pflegen I.** *vt* soigner; (*Denkmal, Beziehungen*) entretenir **II.** *vr* **sich ~** soigner son apparence; (*sich schonen*) se ménager

**Pfleger(in)** <-s, -> *m(f)* infirmier(-ière) *m(f)*

**Pflegeversicherung** *f* assurance *f* dépendance

**Pflicht** [pflɪçt] <-, -en> *f* devoir *m*

**pflücken** ['pflʏkən] *vt* cueillir

**Pförtner(in)** ['pfœrtnɐ] <-s, -> *m(f)* gardien(ne) *m(f)*

**Pfosten** ['pfɔstən] <-s, -> *m* poteau *m*

**Pfote** ['pfo:tə] <-, -n> *f* patte *f*; **~n weg!** *fam* bas les pattes!

**pfui** [pfʊi] *interj* be[u]rk

**Pfund** [pfʊnt] <-[e]s, -e> *nt* livre *f*

**pfuschen** *vi fam* bâcler le travail

**Pfütze** ['pfʏtsə] <-, -n> *f* flaque *f*

**Phänomen** [fɛno'me:n] <-s, -e> *nt* phénomène *m*

**Phantasie** [fanta'zi:] <-, -n> *f* imagination *f*

**phantastisch** *s.* **fantastisch**

**Philippinen** [fili'pi:nən] *Pl* **die ~** les Philippines *fpl*

**philosophisch** *adj* philosophique
**Photo** *s.* Foto
**pH-Wert** [pe:'ha:ve:ɐ̯t] *m* pH *m*
**physisch** ['fy:zɪʃ] *adj* physique
**Pianist(in)** [pi̯a'nɪst] <-en, -en> *m(f)* pianiste *mf*
**Pickel** ['pɪkəl] <-s, -> *m* **1.** bouton *m* **2.** (*Eispickel*) piolet *m*
**picken** ['pɪkən] *vt* (*Körner*) picorer
**Picknick** ['pɪknɪk] <-s, -s> *nt* pique-nique *m*
**Piep keinen ~ sagen** *fam* ne pas piper [mot]
**piepen** ['pi:pən] *vi* **1.** (*Vogel*) pépier; (*Maus*) couiner (*fam*); (*Funkgerät*) faire bip[-bip] **2. bei ihm piept's** *fam* il déraille
**piepsen** ['pi:psən] *vi s.* **piepen**
**Piercing** ['pi:ɐsɪŋ] <-s, -s> *nt* piercing *m*
**Pik** [pi:k] <-s, -> *nt* SPIEL pique *m*
**pikant** [pi'kant] *adj* **1.** relevé(e) **2.** (*Witz*) piquant(e)
**piken** ['pi:kən] *fam vt, vi* piquer
**Pikkolo** ['pɪkolo] <-s, -s> *m* ≈ quart *m* de mousseux
**piksen** *s.* **piken**
**Pilger(in)** ['pɪlgɐ] <-s, -> *m(f)* pèlerin(e) *m(f)*
**Pilgerfahrt** *f* pèlerinage *m*
**pilgern** *vi* **nach Mekka ~** se rendre en pèlerinage à la Mecque
**Pille** ['pɪlə] <-, -n> *f* pilule *f*; **die ~ danach** la pilule du lendemain
**Pilot(in)** [pi'lo:t] <-en, -en> *m(f)* pilote *mf*
**Pilz** [pɪlt͡s] <-es, -e> *m* champignon *m*
**Pimmel** ['pɪməl] <-s, -> *m fam* zizi *m*
**pingelig** ['pɪŋəlɪç] *adj fam* maniaque
**pinkeln** ['pɪŋkəln] *vi fam* pisser
**Pinnwand** ['pɪnvant] *f* tableau *m* aide-mémoire
**Pinsel** ['pɪnzəl] <-s, -> *m* pinceau *m*
**pissen** ['pɪsən] *vi vulg* pisser (*fam*)
**Pissoir** [pɪ'soa:ɐ] <-s, -s> *nt* urinoir *m*
**Pistazie** [pɪs'ta:t͡si̯ə] <-, -n> *f* pistache *f*
**Pistole** [pɪs'to:lə] <-, -n> *f* pistolet *m*
**Plage** ['pla:gə] <-, -n> *f* plaie *f*; (*Schädlingsplage*) fléau *m*
**plagen** *vt* (*Gewissen*) tourmenter; (*Hunger*) tenailler
**Plakat** [pla'ka:t] <-[e]s, -e> *nt* affiche *f*
**Plan** [pla:n] <-[e]s, Pläne> *m* **1.** plan *m* **2.** (*Planung*) projet *m*
**planen** *vt* (*Projekt*) planifier
**Planet** [pla'ne:t] <-en, -en> *m* planète *f*
**planschen** ['planʃən] *vi* barboter
**plappern** ['plapɐn] *fam* **I.** *vi* bavarder **II.** *vt* marmonner
**plätschern** ['plɛt͡ʃɐn] *vi* (*Wasser*) clapoter
**platt** [plat] **I.** *adj* **1.** plat(e); (*Nase*) aplati(e); (*Reifen*) à plat

2. *fam* (*verblüfft*) ~ **sein** [en] être baba **II.** *adv* ~ **drücken** écraser

**plattdeutsch** **I.** *adj* (*Dialekt*) bas allemand(e); (*Wort*) de bas allemand **II.** *adv* ~ **sprechen** parler bas allemand

**Plattdeutsch** *nt* le bas allemand; **auf** ~ en bas allemand

**Platte** ['platə] <-, -n> *f* **1.** (*Stein-, Keramikplatte*) carreau *m;* (*groß*) dalle *f* **2.** (*Metallplatte*) plaque *f* **3.** GASTR **kalte** ~ assiette *f* anglaise

**Plattenspieler** *m* platine *f* [disques]

**Platz** [plats] <-es, Plätze> *m* **1.** place *f* **2.** (*Sportplatz*) terrain *m* **3. fehl am** ~**[e] sein** (*Person*) n'être pas à sa place; (*Sache*) être déplacé

**Platzangst** *f fam* claustrophobie *f*

**Plätzchen** ['plɛtsçən] <-s, -> *nt* **1.** petite place *f* **2.** (*Gebäck*) ≈ petit gâteau *m* sec

**platzen** ['platsən] *vi* **1.** éclater; (*Naht*) craquer; **vor Neugier** (*dat*) ~ crever de curiosité **2.** *fam* (*Termin*) foirer

**Platzwunde** *f* plaie *f* ouverte

**plaudern** ['plaudɐn] *vi* bavarder

**pleite** ['plaitə] *adj fam* fauché(e)

**Pleite** <-, -n> *f fam* faillite *f*

**Plombe** ['plɔmbə] <-, -n> *f* (*Zahnplombe*) plombage *m*

**plötzlich** ['plœtslɪç] **I.** *adj* soudain(e); (*Tod*) subit(e) **II.** *adv* soudain

**plump** [plʊmp] *adj* **1.** (*Bewegungen*) gauche **2.** (*dummdreist*) primitif(-ive)

**plündern** ['plʏndɐn] **I.** *vt* piller **II.** *vi* se livrer au pillage

**Plural** ['plu:ra:l] <-s, -e> *m* pluriel *m*

**plus** [plʊs] *präp, konj, adv* plus

**Plus** *nt* plus *m*

**Pluto** <-s> *m* [la planète] Pluton *f*

**PLZ** *Abk von* **Postleitzahl** code *m* postal

**Po** <-s, -s> *m fam* fesses *fpl*

**Pocken** ['pɔkən] *Pl* variole *f*

**Podest** [po'dɛst] <-[e]s, -e> *nt o m* estrade *f*

**Pointe** ['po̯ɛ̃:tə] <-, -n> *f* chute *f*

**Pokal** [po'ka:l] <-s, -e> *m* coupe *f*

**Pol** [po:l] <-s, -e> *m* pôle *m*

**polar** [po'la:ɐ̯] *adj* polaire

**Pole** ['po:lə] <-n, -n> *m*, **Polin** *f* Polonais(e) *m(f)*

**Polen** ['po:lən] <-s> *nt* la Pologne

**polieren*** [po'li:rən] *vt* (*Schuhe*) lustrer; (*Auto*) briquer

**Politesse** [poli'tɛsə] <-, -n> *f* contractuelle *f*

**Politiker(in)** [po'li:tikɐ] <-s, -> *m(f)* homme *m*/femme *f* politique

**Polizei** [poli'tsai] <-, -en> *f* **1.** police *f* **2.** (*Dienstgebäude*) poste *m* de police

**Polizeipräsidium** *nt* préfecture *f* de police

**Polizist(in)** [poli'tsɪst] <-en, -en> *m(f)* policier(-ière) *m(f)*

**Pollen** ['pɔlən] <-s, -> *m* pollen *m*

**polnisch** ['pɔlnɪʃ] **I.** *adj* polonais(e) **II.** *adv* en polonais

**Polnisch** <-[s]> *nt* polonais *m*

**Polster** ['pɔlstɐ] <-s, -> *nt o* A m **1.** (*eines Möbelstücks*) coussin *m* **2.** (*Schulterpolster*) épaulette *f* **3.** *fam* (*Rücklage*) pécule *m*

**Polterabend** *m* ≈ veille *f* des noces (*soirée au cours de laquelle on casse de la vaisselle pour porter bonheur aux futurs jeunes mariés*)

**poltern** ['pɔltɐn] *vi* (*lärmen*) faire du vacarme

**Polynesien** <-s> *nt* la Polynésie

**Pony**[1] ['pɔni] <-s, -s> *nt* poney *m*

**Pony**[2] <-s, -s> *m* (*Stirnfransen*) frange *f*

**popeln** ['po:pəln] *vi fam* retirer des crottes de [son] nez

**Popo** <-s, -s> *m Kinderspr. fam* fesses *fpl*

**Porree** ['pɔre] <-s, -s> *m* poireau *m*

**Portal** [pɔr'ta:l] <-s, -e> *nt* portail *m*

**Porto** ['pɔrto] <-s, -s> *nt* port *m*

**Porträt** [pɔr'trɛ:] <-s, -s> *nt* portrait *m*

**Portugal** ['pɔrtugal] <-s> *nt* le Portugal

**Portugiese** [pɔrtu'gi:zə] <-n, -n> *m*, **Portugiesin** *f* Portugais(e) *m(f)*

**portugiesisch** **I.** *adj* portugais(e) **II.** *adv* en portugais

**Portugiesisch** <-[s]> *nt* portugais *m*

**Porzellan** [pɔrtsɛ'la:n] <-s, -e> *nt* porcelaine *f*

**Posaune** [po'zaunə] <-, -n> *f* trombone *m*

**Position** [pozi'tsjo:n] <-, -en> *f* **1.** position *f* **2.** (*beruflich*) situation *f*

**positiv** ['po:ziti:f] *adj* positif(-ive)

**Posse** ['pɔsə] <-, -n> *f* farce *f*

**Post** [pɔst] <-> *f* **1.** (*Unternehmen*) poste *f* **2.** (*Postsendung*) courrier *m*

**Postamt** *nt* bureau *m* de poste

**Posten** ['pɔstən] <-s, -> *m* **1.** (*Amt*) poste *m* **2.** (*Wachmann*) sentinelle *f*

**Postfach** *nt* (*bei der Post*) boîte *f* postale; (*im Hotel, Büro*) casier *m* [à courrier]

**Postkarte** *f* carte *f* postale

**Postleitzahl** *f* code *m* postal

**Prachtexemplar** *nt* belle pièce *f*

**prächtig** ['prɛçtɪç] **I.** *adj* (*Raum*) somptueux(-euse) **II.** *adv* (*sich verstehen*) à merveille

**Prädikat** [prɛdi'ka:t] <-[e]s, -e> *nt* **1.** LING prédicat *m* **2.** COM label *m* [de qualité]

**Prag** [pra:k] <-s> *nt* Prague

**prägen** ['prɛ:gən] *vt* marquer;

(*Münzen*) frapper
**pragmatisch** I. *adj* pragmatique II. *adv* avec pragmatisme
**Prägung** <-, -en> *f* (*Aufdruck*) gravure *f*
**Praktikum** ['praktɪkʊm] <-s, Praktika> *nt* stage *m*
**praktisch** I. *adj* pratique II. *adv* 1. (*in der Praxis*) dans la pratique 2. (*so gut wie*) pratiquement
**praktizieren*** [prakti'tsi:rən] *vi* (*Arzt*) exercer
**Praline** [pra'li:nə] <-, -n> *f* A chocolat *m*
**prall** [pral] I. *adj* (*Ballon*) bien gonflé(e) II. *adv* ~ **gefüllt** bien rempli(e)
**prallen** ['pralən] *vi* **gegen jdn/etw** ~ heurter qn/qc
**Prämie** ['prɛ:mi̯ə] <-, -n> *f* prime *f*
**Pranke** ['praŋkə] <-, -n> *f* patte *f*
**Präsident(in)** [prɛzi'dɛnt] <-en, -en> *m(f)* président(e) *m(f)*
**Praxis** ['praksɪs] <-, Praxen> *f* 1. (*Arztpraxis*) cabinet *m* 2. (*Anwendung*) pratique *f*
**predigen** ['pre:dɪgən] I. *vi* prêcher II. *vt* (*Toleranz*) recommander
**Predigt** <-, -en> *f* (*Ermahnung*) sermon *m*
**Preis** [prais] <-es, -e> *m* prix *m*
**preisgekrönt** *adj* primé(e)
**Preisträger(in)** *m(f)* lauréat(e) *m(f)*; SPORT vainqueur *mf*
**Prellung** <-, -en> *f* contusion *f*
**pressen** ['prɛsən] I. *vt* presser II. *vi* pousser
**Preußen** ['prɔysən] <-s> *nt* la Prusse
**preußisch** *adj* prussien(ne)
**prickeln** ['prɪkəln] *vi* 1. (*kribbeln*) picoter 2. (*Sekt*) pétiller
**Priester(in)** ['pri:stɐ] <-s, -> *m(f)* prêtre(-esse) *m(f)*
**prima** ['pri:ma] *fam* I. *adj* super II. *adv* super-bien
**primär** [pri'mɛ:ɐ̯] *geh* I. *adj* premier(-ière) II. *adv* en premier lieu
**Primel** ['pri:məl] <-, -n> *f* primevère *f*
**primitiv** [primi'ti:f] *adj* 1. (*urtümlich*) primitif(-ive) 2. (*simpel*) rudimentaire
**Prinz** [prɪnts] <-en, -en> *m*, **Prinzessin** *f* prince *m*/princesse *f*
**Prise** ['pri:zə] <-, -n> *f* pincée *f*
**privat** [pri'va:t] I. *adj* privé(e) II. *adv* (*sprechen*) en privé
**pro** [pro:] *präp* + *akk* par
**Probe** ['pro:bə] <-, -n> *f* 1. (*eines Gesteins*) échantillon *m* 2. MUS, THEAT répétition *f*
**Probezeit** *f* période *f* d'essai
**probieren*** [pro'bi:rən] I. *vt* essayer; (*Brot*) goûter; (*Wein*) déguster II. *vi* 1. essayer 2. (*kosten*) goûter
**Problem** [pro'ble:m] <-s, -e> *nt* problème *m*

**Produkt** [pro'dʊkt] <-[e]s, -e> *nt* produit *m*
**Produzent(in)** [produ'tsɛnt] <-en, -en> *m(f)* producteur(-trice) *m(f)*
**produzieren*** [produ'tsiːrən] *vt, vi* produire
**Professor** [pro'fɛsoːɐ] <-s, -soren> *m*, **Professorin** *f* professeur *mf*
**Profi** ['proːfi] <-s, -s> *m fam* (*Sportler*) pro *mf*
**Programm** [pro'gram] <-s, -e> *nt* **1.** programme *m* **2.** INFORM logiciel *m*
**programmieren*** [progra'miːrən] *vt* programmer
**Programmierer(in)** <-s, -> *m(f)* programmeur(-euse) *m(f)*
**Projekt** [pro'jɛkt] <-[e]s, -e> *nt* projet *m*
**Projektmanager(in)** *m(f)* chef *mf* de projet
**Promille** [pro'mɪlə] <-[s], -> *nt* **1. elf ~** onze pour mille **2.** *fam* (*Blutalkohol*) **0,5 ~ haben** avoir 0,5 gramme
**Prominente(r)** *f(m)* personnalité *f*
**Promotion** [promo'tsjoːn] <-, -en> *f* UNIV doctorat *m*
**prompt** [prɔmpt] **I.** *adj* rapide **II.** *adv fam* (*erwartungsgemäß*) aussi sec
**Pronomen** [pro'noːmən] <-s, -> *nt* pronom *m*
**Propeller** [pro'pɛlɐ] <-s, -> *m* hélice *f*
**prophezeien*** [profe'tsajən] *vt* prophétiser
**Prosa** ['proːza] <-> *f* prose *f*
**prosit** *s.* **prost**
**Prospekt** [pro'spɛkt] <-[e]s, -e> *m* prospectus *m*
**prost** *interj* à la tienne/vôtre
**Prostituierte(r)** *f(m)* prostitué(e) *m(f)*
**Protest** [pro'tɛst] <-[e]s, -e> *m* protestation *f*
**Protestant(in)** [protɛs'tant] <-en, -en> *m(f)* protestant(e) *m(f)*
**protestieren*** [protɛs'tiːrən] *vi* protester
**Prothese** [pro'teːzə] <-, -n> *f* **1.** (*Ersatzgliedmaße*) prothèse *f* **2.** (*Zahnersatz*) dentier *m*
**provisorisch** [provi'zoːrɪʃ] **I.** *adj* provisoire; (*Unterkunft*) précaire **II.** *adv* provisoirement
**provozieren*** [provo'tsiːrən] *vt* provoquer
**Prozent** [pro'tsɛnt] <-[e]s, -e> *nt* **1. zehn ~** dix pour cent **2.** (*Alkoholgehalt*) degré *m* [d'alcool]
**Prozess** [pro'tsɛs] <-es, -e> *m* **1.** procès *m* **2.** (*Vorgang*) processus *m*
**prüfen** ['pryːfən] *vt* **1. jdn ~** faire passer un examen à qn; **geprüft** (*Krankenschwester*) diplômé(e) **2.** (*Gerät*) vérifier; (*Antrag*) examiner
**Prüfer(in)** <-s, -> *m(f)* examinateur(-trice) *m(f)*

**Prüfung** <-, -en> *f* examen *m;* (*in einem Fach*) épreuve *f*
**Prügel** ['pry:gəl] <-s, -> *m Pl* (*Schläge*) coups *mpl*
**Prügelei** [pry:gə'laj] <-, -en> *f fam* bagarre *f*
**prügeln** I. *vt* battre II. *vr* **sich mit jdm ~** se battre avec qn
**Psalm** [psalm] <-s, -en> *m* psaume *m*
**Psychiater(in)** [psy'çia:tɐ] <-s, -> *m(f)* psychiatre *mf*
**Psychologe** [psyço'lo:gə] <-n -n> *m,* **Psychologin** *f* psychologue *mf*
**Pubertät** [pubɛr'tɛ:t] <-> *f* puberté *f*
**Publikum** ['pu:blikʊm] <-s> *nt* 1. (*Besucher*) public *m* 2. (*Zuhörerschaft*) auditoire *m*
**Pudel** ['pu:dəl] <-s, -> *m* caniche *m*
**Puder** ['pu:dɐ] <-s, -> *m o fam nt* poudre *f*
**Puderzucker** *m* sucre *m* glace
**Puff** [pʊf] <-[e]s, -e> *m fam* (*Bordell*) bordel *m* (*vulg*)
**Pulli** ['pʊli] <-s, -s> *m fam* pull *m*
**Puls** [pʊls] <-es, -e> *m* pouls *m*
**Pulsader** *f* veine *f* du poignet
**Pult** [pʊlt] <-[e]s, -e> *nt* pupitre *m*
**Pulver** ['pʊlvɐ] <-s, -> *nt* poudre *f*
**Pulverschnee** *m* poudreuse *f*
**pumm[e]lig** *adj fam* dodu(e)
**Pumpe** ['pʊmpə] <-, -n> *f* 1. pompe *f* 2. *fam* (*Herz*) palpitant *m*
**pumpen** I. *vt* 1. pomper 2. *fam* (*leihen*) filer II. *vi* (*Herz*) battre; (*Maschine*) pomper
**Punkt** [pʊŋkt] <-[e]s, -e> *m* 1. point *m* 2. (*Tupfen*) pois *m* 3. (*bei Zeitangaben*) **~ drei [Uhr]** à trois heures précises
**pünktlich** ['pʏŋktlɪç] I. *adj* ponctuel(le) II. *adv* à l'heure
**Puppe** ['pʊpə] <-, -n> *f* (*Spielzeug*) poupée *f*
**Puppentheater** *nt* théâtre *m* de marionnettes
**Püree** [py're:] <-s, -s> *nt* purée *f*
**Purzelbaum** *m fam* galipette *f*
**pusten** ['pu:stən] *vi fam* souffler
**Pute** ['pu:tə] <-, -n> *f* dinde *f*
**putzen** ['pʊtsən] I. *vt* nettoyer II. *vr* **sich ~** (*Tier*) faire sa toilette
**Putzfrau** *f* femme *f* de ménage
**Pyrenäen** [pyre'nɛ:ən] *Pl* **die ~** les Pyrénées *fpl*



# Q

**Q, q** [ku:] <-, -> *nt* Q *m*/q *m*
**Quadrat** [kva'dra:t] <-[e]s, -e> *nt* carré *m*
**quadratisch** *adj* carré(e)

**quaken** ['kva:kən] *vi* (*Frosch*) coasser; (*Ente*) cancaner
**quälen** ['kvɛ:lən] **I.** *vt* **1.** (*Person*) torturer; (*Tier*) martyriser **2.** *fig* tourmenter **II.** *vr* **1. sich ~** souffrir **2.** (*sich herumquälen*) **sich mit etw ~** se tourmenter avec qc
**Quälerei** [kvɛlə'rai] <-, -en> *f* **1.** *fam* (*Anstrengung*) calvaire *m* **2.** (*das Zusetzen*) harcèlement *m*
**qualifizieren*** [kvalifi'tsi:rən] *vt, vr* [**sich**] ~ [se] qualifier
**Qualität** [kvali'tɛ:t] <-, -en> *f* qualité *f*
**Qualle** ['kvalə] <-, -n> *f* méduse *f*
**Qualm** [kvalm] <-[e]s> *m* [épaisse] fumée *f*
**Quantität** [kvanti'tɛ:t] <-, -en> *f* quantité *f*
**Quarantäne** [karan'tɛ:nə] <-, -n> *f* quarantaine *f*
**Quark** [kvark] <-s> *m* **1.** ≈ fromage *m* blanc **2.** *fam* (*Unsinn*) conneries *fpl*
**Quartal** [kvar'ta:l] <-s, -e> *nt* trimestre *m*
**Quartett** [kvar'tɛt] <-[e]s, -e> *nt* quatuor *m*
**quasi** ['kva:zi] *adv* quasiment
**Quatsch** <-[e]s> *m fam* (*dummes Gerede*) conneries *fpl;* [**so ein**] **~!** n'importe quoi!
**quatschen** *fam vt* (*dummes Zeug*) sortir
**Quatschkopf** *m pej fam* radoteur(-euse) *m(f)*
**Quecksilber** ['kvɛkzɪlbɐ] *nt* mercure *m*
**Quelle** ['kvɛlə] <-, -n> *f* source *f*
**quellen** ['kvɛlən] *vi irr* **1.** (*herausfließen*) **aus etw ~** couler de qc **2.** (*aufquellen*) gonfler
**quengeln** ['kvɛŋəln] *vi fam* pleurnicher
**quer** [kve:ɐ̯] *adv* en travers
**Quere** ['kve:rə] **jdm in die ~ kommen** se mettre en travers de son/mon/... chemin
**Querflöte** *f* flûte *f* traversière
**querschnitt[s]gelähmt** *adj* paraplégique
**Querstraße** *f* rue *f* transversale
**quetschen** ['kvɛtʃən] **I.** *vt* **1.** (*zwängen*) entasser **2.** (*verletzen*) **sich** (*dat*) **einen Finger ~** se coincer un doigt **II.** *vr* **1.** *fam* **sich durch** (*akk*) **~** se forcer un passage à travers **2.** (*sich verletzen*) **sich ~** se pincer
**quieken** ['kvi:kən] *vi* (*Ferkel, Maus*) couiner (*fam*)
**quietschen** ['kvi:tʃən] *vi* (*Bremsen*) grincer; (*Reifen*) crisser
**Quitte** ['kvɪtə] <-, -n> *f* (*Frucht*) coing *m*
**Quittung** ['kvɪtʊŋ] <-, -en> *f* (*Zahlungsbeleg*) reçu *m*
**Quote** ['kvo:tə] <-, -n> *f* taux *m*

# R

**R, r** [ɛr] <-, -> *nt* R *m*/r *m*

**Rabatt** [ra'bat] <-[e]s, -e> *m* remise *f*

**Rabe** ['ra:bə] <-n, -n> *m* corbeau *m*

**Rache** ['raxə] <-> *f* vengeance *f*

**Rachen** ['raxən] <-s, -> *m* gorge *f*

**rächen** ['rɛçən] **I.** *vt* (*Person, Tat*) venger **II.** *vr* (*Rache nehmen*) **sich an jdm für etw** ~ se venger de qc sur qn

**Rad** [ra:t] <-[e]s, Räder> *nt* **1.** roue *f* **2.** (*Fahrrad*) bicyclette *f*; ~ **fahren** aller à vélo; SPORT faire du vélo

**Radfahrer(in)** *m(f)* cycliste *mf*

**radieren*** [ra'di:rən] *vt, vi* gommer

**Radieschen** [ra'di:sçən] <-s, -> *nt* radis *m*

**radikal** [radi'ka:l] *adj* **1.** POL extrémiste **2.** (*Bruch*) radical(e); (*Ablehnung*) catégorique

**raffiniert** **I.** *adj* **1.** (*durchtrieben*) rusé(e) **2.** (*Plan*) astucieux (-euse) **3.** (*Speise*) raffiné(e) **II.** *adv* (*durchtrieben*) astucieusement

**rahmen** ['ra:mən] *vt* encadrer

**Rahmen** <-s, -> *m* **1.** cadre *m* **2.** (*Türrahmen*) encadrement *m*

**Rakete** [ra'ke:tə] <-, -n> *f* **1.** (*Flugkörper*) fusée *f* **2.** (*Waffe*) missile *m*

**Rand** [rant] <-es, Ränder> *m* **1.** bord *m*; (*einer Stadt*) périphérie *f* **2.** (*Stoffrand*) bordure *f* **3.** (*unbeschriebener Teil*) marge *f*

**Rang** [raŋ] <-[e]s, Ränge> *m* **1.** (*Stellung*) rang *m* [social] **2.** (*Kategorie*) valeur *f* **3.** (*Dienstgrad*) grade *m*

**ranzig** ['rantsɪç] *adj* rance

**rasant** [ra'zant] **I.** *adj* (*Fahrer*) rapide; (*Tempo*) infernal(e) **II.** *adv* (*schnell*) à toute vitesse

**rasch** [raʃ] **I.** *adj* rapide **II.** *adv* vite

**rasen** ['ra:zən] *vi* (*schnell fahren*) rouler à toute allure

**Rasen** ['ra:zən] <-s, -> *m* **1.** gazon *m* **2.** SPORT pelouse *f*

**Rasenmäher** <-s, -> *m* tondeuse *f* à gazon

**Rasierapparat** *m* rasoir *m*

**rasieren*** [ra'zi:rən] *vt, vr* [**sich**] ~ [se] raser

**raspeln** *vt* râper



**Rasse** ['rasə] <-, -n> *f* race *f*

**Rassismus** [ra'sɪsmʊs] <-> *m* racisme *m*

**rassistisch** *adj* raciste

**Rast** [rast] <-, -en> *f* pause *f*

**Rastplatz** *m* aire *f* de repos équipée **Raststätte** *f* restoroute® *m*

**Rat**[1] <-[e]s> *m* conseil *m*

**Rat**[2] [ra:t] <-[e]s, Räte> *m* (*Institution*) conseil *m* [municipal]

**raten** ['ra:tən] *vi, vt irr* **1.** (*einen

*Rat geben*) conseiller **2.** (*erraten*) deviner

**Ratgeber** <-s, -> *m* conseiller *m;* (*Buch*) guide *m*

**Ratgeberin** <-, -nen> *f* conseillère *f*

**Rathaus** *nt* hôtel *m* de ville; (*in kleineren Orten*) mairie *f*

**Ratschlag** ['ra:tʃa:k] *m* conseil *m*

**Rätsel** ['rɛ:tsəl] <-s, -> *nt* énigme *f*

**Ratte** ['ratə] <-, -n> *f* rat *m*

**rau** [rau] *adj* **1.** (*Haut, Putz*) rugueux(-euse) **2.** (*Stimme*) rauque **3.** (*Klima*) rigoureux(-euse)

**rauben** ['raubən] *vt, vi* voler

**Räuber(in)** ['rɔybɐ] <-s, -> *m(f)* brigand *m*

**Raubvogel** *m* oiseau *m* de proie

**Rauch** [raux] <-[e]s> *m* fumée *f*

**rauchen** ['rauxən] *vt, vi* fumer

**Raucher(in)** <-s, -> *m(f)* fumeur(-euse) *m(f)*

**räuchern** ['rɔyçɐn] *vt* fumer

**rauf** [rauf] *s.* **herauf, hinauf**

**Raum** [raum] <-[e]s, Räume> *m* **1.** (*Zimmer*) pièce *f* **2.** (*Platz*) espace *m*

**räumen** ['rɔymən] *vt* (*Wohnung*) libérer

**Raumfahrt** *f* navigation *f* spatiale

**raus** [raus] *adv fam s.* **heraus, hinaus**

**rauschen** ['rauʃən] *vi* (*Wind*) mugir; (*Lautsprecherbox*) grésiller

**Rauschgift** *nt* drogue *f*

**raus|kriegen** *vt fam* (*Lösung*) finir par trouver

**raus|schmeißen** ['rausʃmaisən] *vt irr fam* **1.** (*entlassen*) virer **2.** (*wegwerfen*) balancer

**Raute** ['rautə] <-, -n> *f* losange *m*

**Razzia** ['ratsia] <-, Razzien> *f* descente *f* [de police]

**reagieren*** [rea'gi:rən] *vi* réagir

**realistisch** [rea'lɪstɪʃ] **I.** *adj* réaliste **II.** *adv* de manière réaliste

**Realität** [reali'tɛ:t] <-, -en> *f* réalité *f*

**Realschule** *f* ≈ collège *m*

**rechnen** ['rɛçnən] **I.** *vt* **1.** MATH calculer **2.** (*veranschlagen*) compter **II.** *vi* **1.** calculer **2.** (*erwarten*) compter

**Rechner** <-s, -> *m* ordinateur *m*

**Rechnung** <-, -en> *f* **1.** facture *f;* (*im Restaurant*) addition *f;* (*im Hotel*) note *f* **2.** (*das Rechnen*) calcul *m*

**recht** [rɛçt] **I.** *adj* **1.** bon(ne) **2.** (*richtig*) **ganz ~!** très juste! **II.** *adv* **1.** (*richtig*) bien **2.** (*ziemlich*) assez **3. das geschieht ihm ~!** c'est bien fait pour lui/elle!

**Recht** <-[e]s, -e> *nt* droit *m*

**Rechte** <-n, -n> *f* droite *f*

**rechte(r, s)** ['rɛçtə] *adj* **1.** (*opp: linke*) droit(e); (*Straßenseite*) de droite **2.** POL de droite; (*Flügel*) droit(e)

**Rechteck** <-[e]s, -e> *nt* rectangle *m* **rechteckig** *adj* rectangulaire

**rechtfertigen** *vt* justifier
**rechts** [rɛçts] *adv* à droite; ~ **oben** en haut à droite; ~ **von dir** à ta droite
**Rechtsanwalt** *m*, **-anwältin** *f* avocat(e) *m(f)*
**Rechtschreibung** *f* orthographe *f*
**rechtsextremistisch** *adj* d'extrême droite
**Rechtshänder(in)** ['rɛçtshɛndɐ] <-s, -> *m(f)* droitier(-ière) *m(f)*
**rechtzeitig** I. *adj* (*Ankunft*) à l'heure; (*Anmeldung*) en temps voulu II. *adv* (*da sein*) à l'heure [fixée]; (*erfolgen*) en temps voulu
**recyceln*** [ri'saikln] *vt* recycler
**Recycling** [ri'saiklɪŋ] <-s> *nt* recyclage *m*
**Rede** ['re:də] <-, -n> *f* discours *m*
**reden** *vi* **über jdn/etw** ~ parler de qn/qc
**Redewendung** *f* tournure *f*
**reduzieren*** [redu'tsi:rən] *vt* réduire
**Referat** [refe'ra:t] <-[e]s, -e> *nt* SCHULE, UNIV exposé *m*
**Reform** [re'fɔrm] <-, -en> *f* réforme *f*
**Reformation** [refɔrma'tsio:n] <-> *f* HIST **die** ~ la Réforme
**reformieren*** [refɔr'mi:rən] *vt* réformer
**Regal** [re'ga:l] <-s, -e> *nt* étagère *f*
**Regel** ['re:gəl] <-, -n> *f* 1. (*Norm*) règle *f* 2. (*Menstruation*) règles *fpl*
**regelmäßig** I. *adj* régulier(-ière) II. *adv* régulièrement
**regeln** *vt, vr* [**sich**] ~ [se] régler
**Regen** ['re:gən] <-s, -> *m* pluie *f*
**Regenbogen** *m* arc *m* en ciel
**Regenmantel** *m* imperméable *m* **Regenschirm** *m* parapluie *m*
**regieren*** [re'gi:rən] *vt, vi* gouverner
**Regierung** <-, -en> *f* (*Kabinett*) gouvernement *m*
**Regierungsrat** *m* CH Conseil *m* d'État
**regnen** ['re:gnən] *vi* **es regnet** il pleut
**regnerisch** *adj* pluvieux(-euse)
**Reh** [re:] <-[e]s, -e> *nt* chevreuil *m*
**rehabilitieren*** [rehabili'ti:rən] *vt* (*Kranken*) rééduquer; (*Behinderten*) réinsérer
**reiben** ['raibən] *irr* I. *vt* frotter; (*Möhre, Käse*) râper II. *vi* frotter
**reich** [raiç] I. *adj* riche II. *adv* (*beschenken*) richement
**Reich** [raiç] <-[e]s, -e> *nt* 1. empire *m*; **das Dritte** ~ le III^e^ Reich 2. (*Königreich*) royaume *m*
**reichen** ['raiçən] *vi* 1. (*Vorräte*) suffir 2. **es reicht** [**mir**], **wenn** ... ça [me] suffit si ...
**reichlich** I. *adj* (*Niederschläge*) abondant(e) II. *adv* (*vorhanden sein*) en quantité

**Reichtum** <-[e]s, Reichtümer> *m* richesse *f*

**reif** [raif] *adj* mûr(e)

**Reife** <-> *f* 1. maturité *f* 2. **mittlere ~** ≈ brevet *m* des collèges

**reifen** *vi* mûrir

**Reifen** ['raifən] <-s, -> *m* pneu *m*; **den ~ wechseln** changer de roue

**Reihe** ['raiə] <-, -n> *f* 1. (*von Personen*) rang *m*; (*von Stühlen*) rangée *f*; (*von Ziffern*) série *f* 2. (*Sitzreihe*) rang *m*

**Reihenfolge** *f* ordre *m*

**rein**[1] [rain] *s.* **herein, hinein**

**rein**[2] I. *adj* pur(e) II. *adv* purement

**rein|fallen** ['rainfalən] *vi irr fam* (*enttäuscht werden*) tomber dans le piège

**reinigen** *vt* nettoyer

**Reinigung** <-, -en> *f* 1. nettoyage *m* 2. (*Reinigungsbetrieb*) pressing *m*

**Reis** [rais] <-es> *m* riz *m*

**Reise** ['raizə] <-, -n> *f* voyage *m*

**Reisebüro** *nt* agence *f* de voyages **Reiseleiter(in)** *m(f)* guide *mf*

**reisen** *vi* voyager

**Reisende(r)** *f(m)* voyageur(-euse) *m(f)*

**reißen** ['raisən] *irr* I. *vi* (*Papier*) se déchirer; (*Faden*) casser II. *vt* 1. (*Stoff, Karton*) déchirer 2. (*gewaltsam an sich nehmen*) **jdm etw aus den Händen ~** arracher qc des mains à qn

**Reißverschluss** *m* fermeture *f* éclair®

**reiten** ['raitən] *vi irr* faire du cheval

**Reiter(in)** <-s, -> *m(f)* cavalier (-ière) *m(f)*

**Reiz** ['raits] <-es, -e> *m* 1. charme *m* 2. ANAT stimulus *m*

**reizen** *vt* 1. (*verlocken*) attirer 2. MED irriter 3. (*provozieren*) provoquer

**reizend** *adj* charmant(e)

**reklamieren*** [rekla'mi:rən] *vt, vi* réclamer

**relativ** [rela'ti:f] *adj* relatif(-ive)

**Religion** [reli'gio:n] <-, -en> *f* religion *f*

**religiös** [reli'giø:s] I. *adj* (*opp: weltlich*) religieux(-euse) II. *adv* (*prägen*) par la religion; (*erziehen*) religieusement

**Renaissance** [rənɛ'sã:s] <-, -n> *f* HIST Renaissance *f*

**Rennbahn** *f* (*beim Pferdesport*) hippodrome *m*; (*beim Motorsport*) circuit *m*; (*beim Radsport*) vélodrome *m*

**rennen** ['rɛnən] *vi irr* courir

**Rennen** <-s, -> *nt* course *f*

**Rennfahrer(in)** *m(f)* 1. AUT pilote *mf* de course 2. (*Fahrradrennfahrer*) coureur(-euse) *m(f)* cycliste

**renovieren*** [reno'vi:rən] *vt* rénover; (*Fassade*) ravaler

**Rente** ['rɛntə] <-, -n> *f* (*Alters-*

*ruhegeld*) [pension *f* de] retraite *f*; **in ~ gehen** prendre sa retraite

**Rentner(in)** ['rɛntnɐ] <-s, -> *m(f)* retraité(e) *m(f)*

**Reparatur** [repara'tu:ɐ̯] <-, -en> *f* réparation *f*

**reparieren*** [repa'ri:rən] *vt* réparer

**Republik** [repu'bli:k] <-, -en> *f* république *f*

**Republikaner(in)** [republi'ka:nɐ] <-s, -> *m(f)* **1.** (*in den USA*) républicain(e) *m(f)* **2.** (*in Deutschland*) *membre ou militant(e) d'un parti d'extrême droite en Allemagne*

**Reserverad** *nt* roue *f* de secours

**reservieren*** [rezɛr'vi:rən] *vt* réserver

**Reservierung** <-, -en> *f* réservation *f*

**respektieren*** [respɛk'ti:rən] *vt* respecter

**restaurieren*** [restau̯'ri:rən] *vt* restaurer

**restlich** *adj* (*Betrag*) restant(e)

**retten** ['rɛtən] *vt, vr* [**sich**] ~ [se] sauver

**Retter(in)** <-s, -> *m(f)* sauveur (-euse) *m(f)*

**Rettung** <-, -en> *f* sauvetage *m*; (*des Gebäudes*) sauvegarde *f*

**Rettungswagen** *m* ambulance *f*

**Revier** [re'vi:ɐ̯] <-s, -e> *nt* **1.** (*Polizeidienststelle*) commissariat *m* **2.** (*Bezirk*) district *m*

**revolutionär** [revolutsi̯o'nɛ:ɐ̯] *adj* révolutionnaire

**Rezept** [re'tsɛpt] <-[e]s, -e> *nt* **1.** recette *f* **2.** MED ordonnance *f*

**Rhein** [rain] <-s> *m* **der ~** le Rhin; **Kehl am ~** Kehl sur Rhin

**rheinisch** *adj* rhénan(e)

**Rheinland-Pfalz** [rainlant'pfalts] *f* la Rhénanie-Palatinat

**Rhythmus** ['rʏtmʊs] <-, Rhythmen> *m* rythme *m*

**richten** ['rɪçtən] **I.** *vr* (*sich orientieren*) **sich nach jdm/etw ~** se conformer à qn/qc **II.** *vt* **1.** (*Brief*) adresser; (*Blick*) diriger; (*Finger*) pointer **2.** (*Heizung*) réparer

**Richter(in)** ['rɪçtɐ] <-s, -> *m(f)* juge *mf*

**richtig** ['rɪçtɪç] **I.** *adj* **1.** (*Antwort*) bon(ne); **das ist ~** c'est juste; **zur ~en Zeit** au bon moment **2.** (*Idiot*) vrai(e) **II.** *adv* **1.** (*schreiben*) correctement; (*verstehen*) bien **2.** (*stehen*) à la bonne place **3.** *fam* (*wütend*) vraiment

**Richtige(s)** *nt* (*Zusagendes*) **das ~/etwas ~s** ce qu'il me/te/... faut

**Richtung** <-, -en> *f* (*Himmelsrichtung*) direction *f*; **aus östlicher ~** de l'est; **in ~ Bahnhof** en direction de la gare

**riechen** ['ri:çən] *irr* **I.** *vi* (*Geruch verströmen*) **gut/schlecht/nach Parfüm ~** sentir bon/mauvais/le

R

parfum; **es riecht nach Zitrone** ça sent le citron **II.** *vt* (*als Geruch wahrnehmen*) sentir

**Riese** ['ri:zə] <-n, -n> *m*, **Riesin** *f* géant(e) *m(f)*

**riesig** **I.** *adj* (*Gebäude*) gigantesque **II.** *adv* (*sich freuen*) énormément

**Rindfleisch** *nt* [viande *f* de] bœuf *m*

**Ring** [rɪŋ] <-[e]s, -e> *m* **1.** (*ringförmiger Gegenstand*) anneau *m* **2.** (*Fingerring*) bague *f*; (*Ehering*) alliance *f* **3.** (*Ringstraße*) périphérique *m* **4.** SPORT ring *m*

**Ringbuch** *nt* classeur *m*

**ringsherum**, **ringsum, ringsumher** *adv* [tout] autour

**Rippe** ['rɪpə] <-, -n> *f* côte *f*

**Risiko** ['ri:ziko] <-s, -s> *nt* risque *m*

**riskieren*** [rɪs'ki:rən] *vt* risquer

**Riss** [rɪs] <-es, -e> *m* **1.** (*rissige Stelle*) fissure *f* **2.** (*beschädigte Stelle*) déchirure *f*

**Ritter** ['rɪtɐ] <-s, -> *m* chevalier *m*

**Ritual** [ritu'a:l] <-s, -e> *nt* rituel *m*

**ritzen** *vt* graver

**Roboter** ['rɔbɔtɐ] <-s, -> *m* robot *m*

**Rock** [rɔk] <-[e]s, Röcke> *m* jupe *f*

**rodeln** ['ro:dəln] *vi* faire de la luge

**Roggen** ['rɔgən] <-s> *m* seigle *m*

**roh** [ro:] *adj* (*Fleisch, Gemüse*) cru(e)

**Rohkost** *f* crudités *fpl*

**Rohr** [ro:ɐ̯] <-[e]s, -e> *nt* tuyau *m*

**Röhre** ['rø:rə] <-, -n> *f* **1.** TECH tuyau *m* **2.** ELEC tube *m*

**Rohstoff** *m* matière *f* première

**Rolle** ['rɔlə] <-, -n> *f* **1.** rouleau *m*; (*Garnrolle*) bobine *f* **2.** (*eines Möbelstücks*) roulette *f* **3.** CINE, THEAT, SOZIOL rôle *m* **4. es spielt keine ~, ob** ça n'a pas d'importance que + *subj*

**rollen** ['rɔlən] **I.** *vi* rouler **II.** *vt* **1.** rouler **2.** (*fortbewegen*) faire rouler

**Roller** ['rɔlɐ] <-s, -> *m* **1.** (*Kinderroller*) trottinette *f* **2.** (*Motorroller*) scooter *m* **3.** A *s.* **Rollo**

**Rollladen** <-s, -läden> *m* volet *m* roulant

**Rollo** ['rɔlo] <-s, -s> *nt* store *m*

**Rollstuhl** *m* fauteuil *m* roulant

**Rolltreppe** *f* escalator *m*

**Rom** [ro:m] <-s> *nt* Rome

**Roman** [ro'ma:n] <-s, -e> *m* roman *m*

**romanisch** *adj* **1.** LING, ARCHIT, KUNST roman(e) **2.** GEO latin(e)

**Romantik** [ro'mantɪk] <-> *f* LITER romantisme *m*

**Römer(in)** <-s, -> *m(f)* Romain(e) *m(f)*

**römisch** *adj* romain(e)

**Röntgenaufnahme** *f* radio[graphie] *f*

**rosa** ['ro:za] *adj* rose

**Rose** ['ro:zə] <-, -n> *f* **1.** (*Blüte*)

rose *f* **2.** (*Strauch*) rosier *m*
**Rosenkohl** *m* chou *m* de Bruxelles
**rosig** ['ro:zɪç] *adj a. fig* rose
**Rosine** [ro'zi:nə] <-, -n> *f* raisin *m* sec
**Rosmarin** ['ro:smari:n] <-s> *m* romarin *m*
**Ross** [rɔs] <-es, -e> *nt* A, CH, SDEUTSCH (*Pferd*) cheval *m*
**Rost** [rɔst] <-[e]s, -e> *m* (*Eisenoxyd*) rouille *f*
**rosten** ['rɔstən] *vi* rouiller
**rot** [ro:t] <-er, -este> *adj* rouge; (*Haare*) roux(rousse); ~ **werden** rougir
**Rot** <-s, -> *nt* rouge *m*
**rothaarig** *adj* roux(rousse)
**Rübe** ['ry:bə] <-, -n> *f* betterave *f*
**Rubel** ['ru:bəl] <-s, -> *m* rouble *m*
**rüber** ['ry:bɐ] *adv fam* **1.** *s.* **hinüber 2.** *s.* **herüber**
**Rubin** [ru'bi:n] <-s, -e> *m* rubis *m*
**rücken** ['rʏkən] **I.** *vi* (*wegrücken*) se pousser **II.** *vt* (*Möbelstück*) pousser
**Rücken** ['rʏkən] <-s, -> *m* dos *m*
**Rückenschmerzen** *Pl* ~ **haben** avoir mal au dos
**Rückfahrkarte** *f* [billet *m*] aller retour *m* **Rückfahrt** *f* [voyage *m* ]retour *m* **Rückfall** *m* MED rechute *f* **Rückflug** *m* vol *m* retour
**Rückgrat** <-[e]s, -e> *nt* colonne *f* vertébrale
**Rückkehr** ['rʏkke:ɐ] <-> *f* retour *m* **Rücklicht** *nt* feu *m* arrière
**Rucksack** ['rʊkzak] *m* sac *m* à dos
**Rückseite** *f* (*einer Seite*) verso *m* **rücksichtslos** *adj, adv* sans scrupules **rücksichtsvoll** *adj* prévenant(e) **Rückspiegel** *m* rétroviseur *m* **Rücktritt** *m* (*Amtsniederlegung*) démission *f*
**rückwärts** ['rʏkvɛrts] *adv* en arrière
**Rückwärtsgang** *m* marche *f* arrière
**rückwärts|gehen** *vi* marcher à reculons
**Rückweg** *m* [chemin *m* du] retour *m* **Rückzahlung** *f* remboursement *m*
**Ruder** ['ru:dɐ] <-s, -> *nt* **1.** (*Paddel*) rame *f* **2.** (*Steuerruder*) gouvernail *m*
**Ruderboot** *nt* barque *f;* SPORT canoë *m*
**rudern** *vi* ramer
**Ruf** [ru:f] <-[e]s, -e> *m* **1.** (*Ausruf*) appel *m* **2.** (*Ansehen*) réputation *f*
**rufen** ['ru:fən] *irr* **I.** *vi* appeler; (*laut schreien*) crier **II.** *vt* **1.** (*ausrufen*) crier **2.** (*herbestellen*) appeler
**Rufnummer** *f* numéro *m* de téléphone
**Ruhe** ['ru:ə] <-> *f* **1.** (*Stille*) si-

R

lence *m* 2. (*Erholung*) repos *m* 3. (*Gelassenheit*) calme *m*

**Ruhestand** *m* retraite *f* **Ruhetag** *m* **dienstags** ~ fermeture *f* hebdomadaire le mardi

**ruhig** ['ru:ɪç] I. *adj* calme; **Sie können ganz ~ sein** vous pouvez être rassuré II. *adv* tranquillement

**Ruhm** [ru:m] <-es> *m* gloire *f*

**Rührei** *nt* œufs *mpl* brouillés

**rühren** ['ry:rən] I. *vt* 1. (*Teig*) remuer 2. (*unterrühren*) mélanger 3. (*erweichen*) toucher II. *vi* (*umrühren*) remuer

**rührend** *adj* touchant(e)

**Ruhrgebiet** *nt* **das** ~ le bassin de la Ruhr

**Ruin** [ru'i:n] <-s> *m* ruine *f*

**rülpsen** ['rʏlpsən] *vi fam* roter

**Rum** [rʊm] <-s, -s> *m* rhum *m*

**Rumäne** [ru'mɛ:nə] <-n, -n> *m*, **Rumänin** *f* Roumain(e) *m(f)*

**Rumänien** [ru'mɛ:niən] <-s> *nt* la Roumanie

**rumänisch** I. *adj* roumain(e) II. *adv* en roumain

**Rumänisch** <-[s]> *nt* roumain *m*

**rund** [rʊnt] *adj* rond(e)

**Rundbrief** *m* circulaire *f*

**Runde** ['rʊndə] <-, -n> *f* 1. (*Gesellschaft*) assemblée *f* 2. (*Rundgang, -fahrt, -flug*) tour *m* 3. SPORT round *m* 4. SPIEL partie *f*

**Rundfunk** *m* radio *f* **rundherum** *adv* 1. (*ringsherum*) tout autour 2. *s.* **rundum**

**Rundreise** *f* circuit *m* **rundum** *adv* 1. (*ringsum*) à la ronde 2. (*zufrieden*) tout à fait

**Russe** ['rʊsə] <-n, -n> *m*, **Russin** *f* Russe *mf*

**russisch** I. *adj* russe II. *adv* en russe

**Russisch** <-[s]> *nt* russe *m*

**Russland** ['rʊslant] *nt* la Russie

**Rutsch** [rʊtʃ] <-es, -e> *m* 1. glissement *m* [de terrain] 2. **guten ~!** *fam* bonne année!

**Rutschbahn** *f* 1. (*Rutsche*) toboggan *m* 2. *fam* (*Eisbahn*) patinoire *f*

**rutschen** *vi* 1. (*ausrutschen*) glisser 2. *fam* (*rücken*) se pousser 3. (*herunterrutschen: Brille*) tomber 4. (*die Rutschbahn benutzen*) faire du toboggan

**rutschig** *adj* glissant(e)

**rütteln** ['rʏtəln] *vt* secouer

# S

**S, s** [ɛs] <-, -> *nt* S *m*/s *m*

**s.** *Abk von* **siehe** cf.

**S** *Abk von* **Süden** S

**S.** *Abk von* **Seite** p.

**Saal** ['za:l] <-[e]s, Säle> *m* salle *f*

**Saarbrücken** *nt* Sarrebruck

**Saarland** *nt* **das** ~ la Sarre

**sabbern** ['zabɐn] *fam vi* baver

**Sache** ['zaxə] <-, -n> *f* **1.** (*Angelegenheit*) chose *f*; **das ist seine ~** c'est son affaire **2.** (*Zweck*) cause *f* **3.** *Pl* (*Dummheit*) **was machst du bloß für ~n!** *fam* [mais] qu'est-ce que tu fabriques!
**Sachse** ['zaksə] <-n, -n> *m*, **Sächsin** *f* Saxon(ne) *m(f)*
**Sachsen** ['zaksən] <-s> *nt* la Saxe
**Sachsen-Anhalt** ['zaksən'ʔanhalt] <-s> *nt* la Saxe-Anhalt
**Sächsisch** ['zɛksɪʃ] *nt* le saxon
**Sackgasse** *f* **1.** cul-de-sac *m* **2.** (*fig*) impasse *f*
**sadistisch** *adj* sadique
**Saft** [zaft] <-[e]s, Säfte> *m* (*Fruchtsaft*) jus *m*
**saftig** *adj* juteux(-euse)
**Säge** ['zɛːgə] <-, -n> *f* scie *f*
**sagen** ['zaːgən] **I.** *vt* dire **II.** *vi* **wie gesagt** comme je viens de le dire; **genauer gesagt** plus précisément
**sägen** ['zɛːgən] *vt, vi* scier
**Sahne** ['zaːnə] <-> *f* crème *f*
**sahnig** *adj* crémeux(-euse)
**Saite** ['zaitə] <-, -n> *f* corde *f*
**Salat** [za'laːt] <-[e]s, -e> *m* salade *f*
**Salbe** ['zalbə] <-, -n> *f* crème *f*; (*fettig*) pommade *f*
**salopp** [za'lɔp] *adj* (*Kleidung*) décontracté(e); (*Redeweise*) léger(-ère)
**Salz** [zalts] <-es, -e> *nt* sel *m*
**Salzburg** ['zaltsbʊrk] <-s, -> *nt* **1.** (*Stadt*) Salzbourg **2.** (*Bundesland*) la province de Salzbourg
**salzen** *vt, vi* saler
**salzig** *adj* salé(e)
**Salzkartoffel** *f* pomme *f* de terre [cuite] à l'eau
**Salzstreuer** <-s, -> *m* salière *f*
**Samen** ['zaːmən] <-s, -> *m* **1.** BOT semence *f* **2.** (*Sperma*) sperme *m*
**sammeln** ['zaməln] *vt* **1.** (*Beeren*) cueillir; (*Pilze*) ramasser **2.** (*Briefmarken*) collectionner **3.** (*Altkleider*) collecter **4.** (*Informationen, Eindrücke*) recueillir
**Sammlung** <-, -en> *f* collection *f*
**Samstag** ['zamstaːk] <-[e]s, -e> *m* samedi *m*
**Samstagabend** *m* samedi *m* soir **Samstagmorgen** *m* samedi *m* matin
**samstags** *adv* le samedi
**Samt** [zamt] <-[e]s, -e> *m* velours *m*
**Sand** [zant] <-[e]s, -e> *m* sable *m*
**sanft** [zanft] **I.** *adj* (*Händedruck, Brise*) léger(-ère); (*Musik, Person*) doux(douce) **II.** *adv* **1.** (*sacht*) doucement **2.** (*abfallen*) légèrement
**Sänger(in)** ['zɛŋɐ] <-s, -> *m(f)* chanteur(-euse) *m(f)*
**sanieren*** [za'niːrən] *vt* assainir
**Sanitäter(in)** [zani'tɛːtɐ] <-s, -> *m(f)* MED secouriste *mf*

S

**Sankt** [zaŋkt] *adj* ~ **Peter** saint Pierre

**Sardelle** [zar'dɛlə] <-, -n> *f* anchois *m*

**Sardinien** [zar'di:niən] <-s> *nt* la Sardaigne

**Sarg** [zark] <-[e]s, Särge> *m* cercueil *m*

**satt** [zat] *adj* rassasié(e)

**Sattel** ['zatəl] <-s, Sättel> *m* selle *f*

**satt|haben** *vt fam* **jdn/etw ~** en avoir marre de qn/qc

**Saturn** [za'tʊrn] <-s> *m* **[der]** ~ [la planète] Saturne

**Satz** [zats] <-es, Sätze> *m* **1.** phrase *f* **2.** (*festgelegter Betrag*) tarif *m* **3.** SPORT set *m*

**Sau** [zau̯] <-, -en> *f* truie *f*

**sauber** ['zau̯bɐ] **I.** *adj* propre; (*Luft*) pur(e); **jdn/etw ~ machen** laver qn/nettoyer qc **II.** *adv* (*sorgfältig*) soigneusement; **~ machen** faire le ménage

**sauer** ['zau̯ɐ] *adj* **1.** (*Frucht*) acide; (*Wein*) aigre; (*Drops*) acidulé(e) **2.** (*Gurke*) au vinaigre; (*Hering*) mariné(e) **3.** *fam* **auf jdn ~ sein** être en rogne contre qn

**Sauerei** [zau̯ə'rai̯] <-, -en> *f fam* saloperie *f*

**Sauerkirsche** *f* **1.** (*Frucht*) griotte *f* **2.** (*Baum*) cerisier *m*

**Sauerkraut** *nt* choucroute *f*

**Sauerstoff** *m* oxygène *m*

**saufen** ['zau̯fən] *irr* **I.** *vt* boire **II.** *vi* **1.** (*Tier*) s'abreuver **2.** *fam* (*Alkoholiker sein*) picoler

**saugen** ['zau̯gən] *irr* **I.** *vi* **an der Brust ~** (*Baby*) téter le sein **II.** *vt* (*Flüssigkeit*) aspirer

**Säugetier** *nt* mammifère *m*

**Säugling** ['zɔy̯klɪŋ] <-s, -e> *m* nourrisson *m*

**Säule** ['zɔy̯lə] <-, -n> *f* colonne *f*

**S-Bahn** ['ɛsba:n] *f* train *m* de banlieue

**Schach** [ʃax] <-s> *nt* échecs *mpl*

**Schachbrett** *nt* échiquier *m*

**Schacht** [ʃaxt] <-[e]s, Schächte> *m a.* MIN puits *m;* (*eines Fahrstuhls*) cage *f*

**Schachtel** ['ʃaxtəl] <-, -n> *f* boîte *f*

**schade** ['ʃa:də] *adj* dommage

**Schädel** ['ʃɛ:dəl] <-s, -> *m* crâne *m*

**schaden** ['ʃa:dən] *vi* **1.** nuire **2.** *fam* (*verkehrt sein*) **es kann nichts ~, wenn ...** ça peut pas faire de mal si ...

**Schaden** <-s, Schäden> *m* (*Sachschaden*) dommage *m;* (*Verwüstung*) dégâts *mpl*

**schädlich** ['ʃɛ:tlɪç] *adj* nocif(-ive)

**Schaf** [ʃa:f] <-[e]s, -e> *nt* mouton *m*

**Schäfer(in)** ['ʃɛ:fɐ] <-s, -> *m(f)* berger(-ère) *m(f)*

**Schäferhund** *m* berger *m* allemand

**schaffen[1]** ['ʃafən] *vt irr* réussir;

es ~ y arriver

**schaffen²** *vt irr* créer; (*Frieden*) faire

**Schafskäse** *m* fromage *m* de brebis

**Schal** [ʃaːl] <-s, -s> *m* écharpe *f;* (*aus Seide*) foulard *m*

**Schale** [ˈʃaːlə] <-, -n> *f* **1.** (*Eierschale*) coquille *f* **2.** (*Haut von Obst, Gemüse*) peau *f;* (*von Orangen, Zitronen*) écorce *f;* (*abgeschält*) pelure *f* **3.** (*Gefäß*) coupe *f*

**schälen** [ˈʃɛːlən] **I.** *vt* éplucher **II.** *vr* **sich ~** (*Haut*) peler

**Schallplatte** *f* disque *m*

**schalten** [ˈʃaltən] **I.** *vt* ELEC, TELEC mettre en service **II.** *vi* (*Gang einlegen*) changer de vitesse; **in den zweiten Gang ~** passer la seconde

**Schalter** <-s, -> *m* **1.** (*Theke*) guichet *m* **2.** ELEC, TECH interrupteur *m*

**Schaltjahr** *nt* année *f* bissextile

**schämen** [ˈʃɛːmən] *vr* **sich für jdn/wegen etw ~** avoir honte pour qn/de qc

**Schande** [ˈʃandə] <-> *f* honte *f*

**scharf** [ʃarf] <schärfer, schärfste> **I.** *adj* **1.** (*Messer*) coupant(e) **2.** (*stark gewürzt*) épicé(e) **3.** (*Kurve*) serré(e) **II.** *adv* **1.** (*würzen*) bien **2.** (*kritisieren*) énergiquement

**Schatten** [ˈʃatən] <-s, -> *m* ombre *f*

**Schatz** [ʃats] <-es, Schätze> *m a. fam* trésor *m*

**schätzen** [ˈʃɛtsən] *vt* estimer

**schauen** [ˈʃauən] *vi* regarder

**Schauer** [ˈʃauɐ] <-s, -> *m* **1.** (*Regenschauer*) averse *f* **2.** (*Frösteln*) frisson *m*

**Schaufel** [ˈʃaufəl] <-, -n> *f* pelle *f*

**schaufeln** *vt, vi* pelleter; (*Loch*) creuser [à la pelle]

**Schaufenster** *nt* vitrine *f*

**Schaukel** [ˈʃaukəl] <-, -n> *f* balançoire *f*

**schaukeln** *vi* **1.** (*auf einer Schaukel*) faire de la balançoire **2.** (*wippen*) se balancer

**Schaum** [ʃaum] <-s, Schäume> *m* **1.** mousse *f* **2.** (*Wellenschaum, Geifer*) écume *f*

**schäumen** [ˈʃɔymən] *vi* mousser

**Schauspieler(in)** *m(f)* (*Theaterschauspieler*) comédien(ne) *m(f);* (*Filmschauspieler*) acteur(-trice) *m(f)*

**Scheck** [ʃɛk] <-s, -s> *m* chèque *m*

**Scheibe** [ˈʃaibə] <-, -n> *f* **1.** (*Fensterscheibe*) vitre *f;* (*Windschutzscheibe*) parebrise *f* **2.** (*Brotscheibe*) tranche *f* **3.** (*runder Gegenstand*) disque *m*

**Scheibenwischer** <-s, -> *m* essuie-glace *m*

**Scheide** [ˈʃaidə] <-, -n> *f* ANAT vagin *m*

**scheiden** [ˈʃaidən] *vt irr* (*Ehe*) dissoudre; **sich von jdm ~ las-**

S

sen divorcer de qn
**Scheidung** <-, -en> *f* divorce *m*
**Schein** [ʃain] <-[e]s, -e> *m* **1.** (*Anschein*) apparence *f* **2.** (*Banknote*) billet *m*
**scheinen** ['ʃainən] *vi irr* **1.** (*Sonne, Mond*) briller **2.** (*den Anschein haben*) sembler
**Scheinwerfer** *m* projecteur *m;* (*Autoscheinwerfer*) phare *m*
**Scheiße** ['ʃaisə] <-> *f fam* merde *f*
**scheißen** *vi irr fam* chier
**Scheitel** ['ʃaitəl] <-s, -> *m* raie *f*
**Schenkel** ['ʃɛŋkəl] <-s, -> *m* cuisse *f*
**schenken** ['ʃɛnkən] *vt* offrir
**Schere** ['ʃe:rə] <-, -n> *f* [paire *f* de] ciseaux *mpl*
**Scherz** [ʃɛrts] <-es, -e> *m* plaisanterie *f*
**scherzen** *vi* plaisanter
**scheu** [ʃɔy] *adj* timide
**scheuen** ['ʃɔyən] **I.** *vt* (*Arbeit*) reculer devant **II.** *vr* **sich vor etw** (*dat*) ~ reculer devant qc
**scheuern** ['ʃɔyen] **I.** *vt* (*Topf*) récurer; (*Fußboden*) frotter **II.** *vi* (*Kragen*) gratter
**scheußlich** ['ʃɔyslɪç] *adj* (*Anblick*) monstrueux(-euse); (*Film*) horrible
**Schi** *s.* Ski
**Schicht** [ʃɪçt] <-, -en> *f* **1.** couche *f* **2.** (*Arbeitsgruppe*) équipe *f*
**Schichtarbeit** *f* travail *m* posté
**schicken** ['ʃɪkən] *vt* envoyer
**Schicksal** ['ʃɪkza:l] <-s, -e> *nt* destin *m*
**schieben** ['ʃi:bən] *irr* **I.** *vt* pousser; (*Schuld*) rejeter **II.** *vi* pousser
**Schiedsrichter(in)** *m(f)* arbitre *mf*
**schief** [ʃi:f] **I.** *adj* (*Wand*) penché(e) **II.** *adv* (*aufsetzen*) de travers
**schief|gehen** *vt fam* foirer
**schielen** ['ʃi:lən] *vi* loucher
**Schienbein** *nt* tibia *m*
**Schiene** ['ʃi:nə] <-, -n> *f* rail *m*
**schießen** ['ʃi:sən] *vt, vi irr* tirer
**Schiff** [ʃɪf] <-[e]s, -e> *nt* bateau *m*
**Schiffbruch** *m* naufrage *m*
**Schiffbrüchige(r)** *f(m)* naufragé(e) *m(f)*
**Schikoree** [ʃiko're:] *s.* Chicorée
**Schild[1]** [ʃilt] <-[e]s, -er> *nt* **1.** (*Verkehrsschild*) panneau *m* **2.** (*Hinweisschild*) écriteau *m* **3.** *fam* (*Preisschild*) étiquette *f*
**Schild[2]** <-[e]s, -e> *m* (*Schutzschild*) bouclier *m*
**schildern** ['ʃɪlden] *vt* décrire
**Schildkröte** *f* tortue *f*
**Schimmel** ['ʃiməl] <-s, -> *m* (*Schimmelpilz*) moisissure *f*
**schimmeln** *vi* moisir
**schimpfen** ['ʃɪmpfən] *vi* **1.** (*wettern*) **auf jdn/etw** ~ pester contre qn/qc **2.** (*zurechtweisen*) **mit jdm** ~ gronder qn

**Schimpfwort** <-wörter> *nt* gros mot *m*

**Schinken** ['ʃɪŋkən] <-s, -> *m* jambon *m*

**Schlacht** [ʃlaxt] <-, -en> *f* bataille *f*

**Schlachthof** *m* abattoirs *mpl*

**Schlafanzug** *m* pyjama *m*

**Schläfe** ['ʃlɛ:fə] <-, -n> *f* tempe *f*

**schlafen** ['ʃla:fən] *vi irr* **1.** ~ **gehen** aller se coucher **2.** *fam* **mit jdm** ~ coucher avec qn

**Schlafsack** *m* sac *m* de couchage

**Schlafwagen** *m* wagon-lit *m*

**Schlafzimmer** *nt* chambre *f* à coucher

**Schlag** [ʃla:k] <-[e]s, Schläge> *m* **1.** coup *m* **2.** (*Hall*) bruit *m* [de choc]

**Schlaganfall** *m* attaque *f* [d'apoplexie] **schlagartig** *adj* brusque

**schlagen** ['ʃla:gən] *irr* **I.** *vt* **1. jdn ins Gesicht** ~ frapper qn au visage **2.** (*besiegen*) battre **3.** (*Nagel*) enfoncer **II.** *vi* **1.** frapper **2.** (*Herz*) battre

**Schlager** <-s, -> *m* tube *m* (*fam*)

**Schläger** ['ʃlɛ:gɐ] <-s, -> *m* (*Tennisschläger*) raquette *f;* (*Hockeyschläger*) crosse *f;* (*Golfschläger*) club *m;* (*Baseballschläger*) batte *f*

**Schlägerei** [ʃlɛ:gə'rai] <-, -en> *f* bagarre *f*

**Schlagsahne** *f* (*flüssig*) crème *f* fleurette; (*geschlagen*) [crème *f*] chantilly *f*

**Schlagzeug** <-[e]s, -e> *nt* batterie *f*

**Schlamm** [ʃlam] <-[e]s, -e> *m* boue *f*

**Schlampe** ['ʃlampə] <-, -n> *f pej fam* (*liederliche Frau*) traînée *f*

**schlampig** *fam adj* (*Arbeit*) bâclé(e); (*Äußeres*) débraillé(e)

**Schlange** ['ʃlaŋə] <-, -n> *f* **1.** ZOOL serpent *m* **2.** (*Warteschlange*) queue *f*

**schlank** [ʃlaŋk] *adj* mince

**schlau** [ʃlau] *adj* astucieux(-euse)

**Schlauch** [ʃlaux] <-[e]s, Schläuche> *m* **1.** tuyau *m* **2.** (*Reifenschlauch*) chambre *f* à air

**Schlauchboot** *nt* bateau *m* pneumatique

**schlecht** [ʃlɛçt] **I.** *adj* **1.** (*nicht gut*) mauvais(e) **2.** (*Bezahlung*) médiocre **3.** (*verdorben*) ~ **werden/sein** s'abîmer/être avarié **4.** (*übel*) **jdm wird/ist** ~ qn se sent mal **II.** *adv* **1.** mal; ~ **gelaunt sein** être de mauvaise humeur **2.** (*negativ*) ~ **über jdn denken** penser du mal de qn

**schlecken** ['ʃlɛkən] *vt* lécher

**schleichen** ['ʃlaiçən] *irr* **I.** *vi* se déplacer furtivement **II.** *vr* **sich aus dem Haus** ~ sortir de la maison furtivement

**Schleier** ['ʃlaiɐ] <-s, -> *m* voile *m*

**Schleife** ['ʃlaifə] <-, -n> *f* **1.** (*Kno-*

S

*ten*) nœud *m* **2.** (*Kurve*) méandre *m*
**schleifen¹** ['ʃlaifən] *vt* traîner
**schleifen²** *vt irr* (*Messer*) aiguiser; (*Edelstein*) tailler
**schleppen** ['ʃlɛpən] **I.** *vt* (*schwer tragen*) traîner avec peine **II.** *vr* (*sich fortbewegen*) **sich zum Telefon** ~ se traîner jusqu'au téléphone
**Schlesien** ['ʃle:ziən] <-s> *nt* la Silésie
**schlesisch** *adj* silésien(ne)
**Schleswig-Holstein** [ʃle:svɪç-'hɔlʃtain] <-s> *nt* le Schleswig-Holstein
**schleudern** **I.** *vt* **1.** lancer **2.** (*Wäsche*) essorer **II.** *vi* (*Fahrzeug*) déraper
**Schleuse** ['ʃlɔyzə] <-, -n> *f* NAUT écluse *f*
**schließen** ['ʃli:sən] *irr* **I.** *vi* **1.** fermer **2.** (*enden*) terminer **II.** *vt* fermer; (*Konferenz*) clôturer; (*Abkommen*) conclure **III.** *vr* **sich** ~ se fermer
**schließlich** *adv* **1.** finalement **2.** (*immerhin*) après tout
**schlimm** [ʃlɪm] **I.** *adj* (*Nachricht*) grave; (*Zeit*) difficile; **es gibt Schlimmeres** il y a pire **II.** *adv* mal
**schlingen** ['ʃlɪŋən] *vt, vi irr* dévorer
**Schlitten** ['ʃlɪtən] <-s, -> *m* luge *f*; ~ **fahren** faire de la luge
**Schlittschuh** *m* patin *m* à glace; ~ **laufen** faire du patin à glace
**Schlitz** [ʃlɪts] <-es, -e> *m* **1.** (*Einsteckschlitz*) fente *f* **2.** *fam* (*Hosenschlitz*) braguette *f*
**Schloss** [ʃlɔs] <-es, Schlösser> *nt* **1.** (*Palast*) château *m* **2.** (*Türschloss*) serrure *f*
**Schlosser(in)** ['ʃlɔsɐ] <-s, -> *m(f)* serrurier(-ière) *m(f)*
**Schlucht** [ʃlʊxt] <-, -en> *f* gorge *f*
**schluchzen** ['ʃlʊxtsən] *vi* sangloter
**Schluck** [ʃlʊk] <-[e]s, -e> *m* gorgée *f*
**Schluckauf** <-s> *m* hoquet *m*
**schlucken** [ʃlʊkən] **I.** *vt* **1.** (*hinunterschlucken*) avaler **2.** *fam* (*Ausrede*) gober **II.** *vi* avaler
**Schluss** [ʃlʊs] <-es, Schlüsse> *m* (*Ende*) fin *f*; **zum** ~ pour terminer; ~ **damit!** ça suffit!
**Schlüssel** ['ʃlʏsəl] <-s, -> *m* clé *f*
**Schlüsselbein** *nt* clavicule *f*
**Schlussverkauf** *m* soldes *mpl*
**schmal** [ʃma:l] <-er, -ste> *adj* (*Hüften, Straße*) étroit(e); (*Taille*) mince
**Schmalz** [ʃmalts] <-es, -e> *nt* GASTR saindoux *m*
**schmecken** ['ʃmɛkən] **I.** *vi* **es schmeckt [ihr]** [elle trouve que] c'est bon **II.** *vt* goûter
**schmeicheln** ['ʃmaiçəln] *vi* **jdm** ~ flatter qn
**schmeißen** ['ʃmaisən] *irr fam vt* balancer

**schmelzen** [ˈʃmɛːltsən] *irr* **I.** *vi* fondre **II.** *vt* (*Metall*) fondre; (*Eis*) faire fondre
**Schmerz** [ʃmɛrts] <-es, -en> *m* MED, PSYCH douleur *f*
**schmerzen** *vi* faire mal
**Schmetterling** [ˈʃmɛtɐlɪŋ] <-s, -e> *m* papillon *m*
**schmieden** [ˈʃmiːdən] *vt* forger
**schmieren** [ˈʃmiːrən] **I.** *vt* **1.** (*Brot*) tartiner **2.** (*Scharnier*) graisser **3.** *pej fam* (*bestechen*) graisser la patte à **4. jdm eine ~** *fam* en coller une à qn **II.** *vi fam* (*Kugelschreiber*) baver
**schminken** *vt, vr* [**sich**] ~ [se] maquiller
**schmollen** [ˈʃmɔlən] *vi* bouder
**Schmuck** <-[e]s> *m* **1.** bijoux *mpl* **2.** (*Verzierung*) décoration *f*
**Schmuggel** [ˈʃmʊgəl] <-s> *m* contrebande *f*
**schmusen** [ˈʃmuːzən] *vi fam* **mit jdm ~** faire des mamours à qn
**Schmutz** [ʃmʊts] <-es> *m* saleté *f*
**schmutzig** *adj a. pej* sale; **sich ~ machen** se salir
**Schnabel** [ˈʃnaːbəl] <-s, Schnäbel> *m* bec *m*
**Schnake** [ˈʃnaːkə] <-, -n> *f* cousin *m*
**schnappen** [ˈʃnapən] **I.** *vi* **nach etw ~** essayer d'attraper qc; **nach jdm ~** (*Hund*) chercher à mordre qn **II.** *vt fam* (*ergreifen*) **sich** (*dat*) **jdn/etw ~** choper qn/qc
**Schnaps** [ʃnaps] <-es, Schnäpse> *m* eau-de-vie *f*
**schnarchen** [ˈʃnarçən] *vi* ronfler
**Schnauze** [ˈʃnaʊtsə] <-, -n> *f* **1.** gueule *f* **2. die ~ voll haben** *fam* en avoir ras le bol
**Schnecke** [ˈʃnɛkə] <-, -n> *f* escargot *m*
**Schnee** [ʃneː] <-s> *m* neige *f*
**Schneeball** *m a.* BOT boule *f* de neige **Schneebesen** *m* fouet *m* **Schneeflocke** *f* flocon *m* [de neige] **Schneemann** <-männer> *m* bonhomme *m* de neige **Schneepflug** *m* chasse-neige *m*
**schneiden** [ˈʃnaɪdən] *irr* **I.** *vt* **1.** couper; (*mit der Schere*) découper **2.** (*Bart*) tailler **3.** (*Film*) monter **II.** *vr* **sich ~** se couper
**Schneiderin** <-, -nen> *f* couturière *f*
**schneien** [ˈʃnaɪən] *vi* **es schneit** il neige
**schnell** [ʃnɛl] **I.** *adj* rapide **II.** *adv* vite
**Schnellimbiss** *m* snack *m* **Schnellkochtopf** *m* cocotte-minute® *f*
**Schnellstraße** *f* voie *f* rapide
**schniefen** [ˈʃniːfən] *vi* renifler
**Schnitt** [ʃnɪt] <-[e]s, -e> *m* **1.** *a.* MED (*Einschnitt*) incision *f* **2.** CINE montage *m* **3.** (*von Kleidung*) coupe *f*

S

**Schnittlauch** *m* ciboulette *f*
**Schnitzel** ['ʃnɪtsəl] <-s, -> *nt* GASTR escalope *f*
**schnitzen** ['ʃnɪtsən] *vt, vi* sculpter
**Schnorchel** ['ʃnɔrçəl] <-s, -> *m* tuba *m*
**schnüffeln** ['ʃnʏfəln] *vi* **an jdm/etw ~** flairer qn/qc
**Schnuller** ['ʃnʊlɐ] <-s, -> *m* sucette *f*
**Schnupfen** <-s, -> *m* rhume *m*
**Schnur** [ʃnuːɐ] <-, Schnüre> *f* ficelle *f*
**Schnurrbart** *m* moustache *f*
**schnurren** ['ʃnʊrən] *vi* ronronner
**Schnürsenkel** ['ʃnyːɐzɛŋkəl] *m* lacet *m*
**schockieren*** [ʃɔ'kiːrən] *vt* choquer
**Schokolade** [ʃoko'laːdə] <-, -n> *f* chocolat *m*
**Scholle** ['ʃɔlə] <-, -n> *f* **1.** (*Fisch*) carrelet *m* **2.** (*Erdscholle*) motte *f* **3.** (*Eisscholle*) bloc *m* de glace
**schon** [ʃoːn] *adv* **1.** (*bereits*) déjà; **~ immer** depuis toujours; **~ wieder?** encore? **2.** (*irgendwie*) **es wird ~ klappen** ça va bien marcher **3.** *fam* (*endlich*) **sag ~!** allez, dis!
**schön** [ʃøːn] **I.** *adj* **1.** beau(belle) **2.** (*Abend, Urlaub*) bon(ne) **3.** *fam* (*gut*) **na ~!** c'est bon **II.** *adv* (*angenehm*) bien
**schonen** ['ʃoːnən] *vt* ménager
**Schönheit** <-, -en> *f* beauté *f*
**schöpfen** ['ʃœpfən] *vt* **1.** (*Suppe*) prendre **2.** (*Mut*) reprendre
**Schöpfer(in)** <-s, -> *m(f)* créateur(-trice) *m(f)*
**Schöpfkelle** *f* louche *f*
**Schoß** [ʃoːs] <-es, Schöße> *m* **auf dem/den ~** sur les genoux
**Schotte** ['ʃɔtə] <-n, -n> *m*, **Schottin** *f* Écossais(e) *m(f)*
**schottisch** *adj* écossais(e)
**Schottland** ['ʃɔtlant] *nt* l'Écosse *f*
**schräg** [ʃrɛːk] **I.** *adj* (*Wand*) incliné(e); (*Linie*) oblique; (*Stellung*) penché(e) **II.** *adv* (*halten*) de travers; (*verlaufen*) en biais
**Schräge** <-, -n> *f* **1.** (*schräge Fläche*) plan *m* incliné **2.** (*einer Wand*) inclinaison *f*; (*eines Dachs*) pente *f*
**Schrank** [ʃraŋk] <-[e]s, Schränke> *m* (*Wandschrank*) placard *m*; (*Kleiderschrank*) armoire *f*
**Schranke** ['ʃraŋkə] <-, -n> *f* barrière *f*
**Schraube** ['ʃraubə] <-, -n> *f* **1.** TECH vis *f* **2.** NAUT hélice *f*
**schrauben** *vt* **etw an/auf etw** (*akk*) **~** visser qc à/sur qc
**Schraubenzieher** <-s, -> *m* tournevis *m*
**Schreck** [ʃrɛk] <-s> *m* peur *f*
**schrecklich** **I.** *adj* **1.** terrible **2.** *pej fam* (*Mensch*) affreux (-euse) **II.** *adv* **1.** (*furchtbar*) horriblement **2.** *fam* (*heiß, einsam*) affreusement; (*gernha-*

*ben*) terriblement

**Schrei** [ʃraj] <-[e]s, -e> *m* cri *m*

**schreiben** [ˈʃrajbən] *irr* **I.** *vt* (*Text*) écrire; (*Klassenarbeit*) faire **II.** *vi* écrire **III.** *vr* (*korrespondieren*) **sich** (*dat*) ~ s'écrire

**Schreibmaschine** *f* machine *f* à écrire **Schreibtisch** *m* bureau *m* **Schreibwaren** *Pl* [articles *mpl* de] papeterie *f*

**schreien** [ˈʃrajən] *vt, vi irr* crier

**Schrift** [ʃrɪft] <-, -en> *f* **1.** (*Handschrift*) écriture *f* **2.** TYP caractères *mpl*

**schriftlich I.** *adj* écrit(e) **II.** *adv* par écrit

**Schriftsteller(in)** <-s, -> *m(f)* écrivain *m*

**schrill** [ʃrɪl] *adj* (*Ton*) strident(e)

**Schritt** [ʃrɪt] <-[e]s, -e> *m* pas *m*

**Schrotflinte** *f* carabine *f* à plombs

**Schrott** [ʃrɔt] <-[e]s> *m* **1.** ferraille *f* **2.** (*wertloses Zeug*) camelote *f*

**Schrotthändler(in)** *m(f)* ferrailleur(-euse) *m(f)*

**schrumpfen** [ˈʃrʊmpfən] *vi* (*Muskeln*) fondre; (*Frucht*) se ratatiner; (*Vorräte*) se réduire

**Schub** [ʃu:p] <-[e]s, Schübe> *m* PHYS poussée *f;* MED crise *f*

**Schubkarren** *m* brouette *f*

**Schublade** <-, -n> *f* tiroir *m*

**schüchtern** [ˈʃʏçtɐn] *adj* timide

**Schuh** [ʃu:] <-[e]s, -e> *m* chaussure *f*

**Schuhcreme** *f* cirage *m* **Schuhgröße** *f* pointure *f;* **ich habe ~ 40** je fais du 40 **Schuhlöffel** *m* chausse-pied *m* **Schuhmacher(in)** *m(f)* cordonnier (-ière) *m(f)*

**schuld** [ʃʊlt] **an etw** (*dat*) **~ sein** (*Person*) être responsable de qc; (*Sache*) être à l'origine de qc

**Schuld** [ʃʊlt] <-, -en> *f* **1.** (*Verschulden*) culpabilité *f* **2.** (*Verantwortung*) **an etw** (*dat*) **~ haben** être responsable de qc **3.** *a.* FIN (*Verpflichtung*) dette *f*

**schulden** [ˈʃʊldən] *vt* (*Geld*) devoir

**schuldig** *adj* **1.** responsable **2.** JUR coupable

**Schule** [ˈʃu:lə] <-, -n> *f* école *f*

**schulen** *vt* (*Person*) former

**Schüler(in)** [ˈʃy:lɐ] <-s, -> *m(f)* élève *mf*

**Schüleraustausch** *m* échange *m* scolaire

**Schuljahr** *nt* année *f* scolaire **Schulleiter(in)** *m(f)* chef *mf* d'établissement **schulpflichtig** *adj* d'âge scolaire **Schulranzen** *m* cartable *m* [à bretelles]

**Schulter** [ˈʃʊltɐ] <-, -n> *f* épaule *f*

**Schulung** <-, -en> *f* formation *f*

**Schulzeit** *f* scolarité *f*

**Schuppe** [ˈʃʊpə] <-, -n> *f* **1.** ZOOL écaille *f* **2.** *Pl* (*Kopfschuppe*) pellicules *fpl*

S

**Schuppen** ['ʃʊpən] <-s, -> *m* hangar *m*

**Schürze** ['ʃʏrt͡sə] <-, -n> *f* tablier *m*

**Schuss** [ʃʊs] <-es, Schüsse> *m* **1.** coup *m* de feu **2.** (*Munition*) balle *f* **3.** SPORT tir *m*

**Schüssel** ['ʃʏsəl] <-, -n> *f* **1.** plat *m* creux; (*Salatschüssel*) saladier *m* **2.** (*Waschschüssel*) cuvette *f*

**schütteln** ['ʃʏtəln] *vt, vi, vr* [**sich**] ~ [se] secouer

**Schutz** [ʃʊt͡s] <-es> *m* ~ **vor/gegen etw** protection *f* contre qc

**Schütze** ['ʃʏt͡sə] <-n, -n> *m*, **Schützin** *f* **1.** SPORT, JAGD tireur(-euse) *m(f)* **2.** ASTRO Sagittaire *m*

**schützen** ['ʃʏt͡sən] *vt, vi, vr* [**sich**] ~ [se] protéger

**Schwabe** ['ʃva:bə] <-n, -n> *m*, **Schwäbin** *f* Souabe *mf*

**Schwaben** ['ʃva:bən] <-s> *nt* la Souabe

**schwäbisch** *adj* souabe

**schwach** [ʃvax] <schwächer, schwächste> **I.** *adj* (*Person, Argument*) faible; (*Herz*) fragile **II.** *adv* (*duften*) légèrement; (*besucht*) peu

**Schwäche** ['ʃvɛçə] <-, -n> *f* **1.** (*geringe Kraft*) faiblesse *f* **2.** (*Vorliebe*) faible *m*

**Schwächeanfall** *m* malaise *m*

**Schwager** ['ʃva:gɐ] <-s, Schwäger> *m*, **Schwägerin** *f* beau-frère *m*/belle-sœur *f*

**Schwalbe** ['ʃvalbə] <-, -n> *f* hirondelle *f*

**Schwamm** [ʃvam] <-[e]s, Schwämme> *m* **1.** *a.* ZOOL éponge *f* **2.** A, CH (*Pilz*) champignon *m* [comestible]

**Schwan** [ʃva:n] <-[e]s, Schwäne> *m* cygne *m*

**schwanger** ['ʃvaŋɐ] *adj* enceinte

**Schwangerschaft** <-, -en> *f* grossesse *f*

**Schwangerschaftsabbruch** *m* interruption *f* [volontaire] de grossesse

**schwanken** ['ʃvaŋkən] *vi* **1.** (*Gerüst*) osciller; (*Preis*) fluctuer **2.** (*Mensch*) tituber

**Schwanz** [ʃvant͡s] <-es, Schwänze> *m* queue *f*

**schwarz** [ʃvart͡s] <schwärzer, schwärzeste> **I.** *adj* **1.** noir(e); **für jdn/etw ~ sehen** voir qn mal parti/être pessimiste sur qc **2.** *fam* (*Benutzung*) illégal(e); (*Erwerb*) au noir **II.** *adv* **1.** (*gekleidet*) en noir **2.** *fam* (*illegal*) au noir

**Schwarze**(**r**) *f(m)* noir(e) *m(f)*

**schwarz|fahren** ['ʃvart͡sfa:rən] *vi irr* voyager sans billet **schwarzhaarig** *adj* aux cheveux noirs **Schwarzhandel** *m*, **Schwarzmarkt** *m* marché *m* noir **Schwarzwald** *m* **der ~** la Forêt-Noire **schwarzweiß** ['ʃvart͡s'vais], **schwarzweiß** *adj* **1.** (*Zeichnung*) noir et blanc **2.** CINE, PHOT [en] noir et blanc

**schweben** *vi* (*Mensch*) planer

**Schwede** ['ʃveːdə] <-n, -n> *m*, **Schwedin** *f* Suédois(e) *m(f)*

**Schweden** ['ʃveːdən] <-s> *nt* la Suède

**schwedisch** I. *adj* suédois(e) II. *adv* ~ **miteinander sprechen** parler en suédois

**Schwedisch** <-[s]> *nt* suédois *m*

**Schwefel** ['ʃveːfəl] <-s> *m* soufre *m*

**schweigen** ['ʃvaigən] *vi irr* (*Person*) garder le silence

**Schweigen** <-s> *nt* **1.** silence *m*; (*absichtliches Nichtreden*) mutisme *m* **2. jdn zum ~ bringen** faire taire qn

**Schwein** [ʃvain] <-s, -e> *nt* **1.** cochon *m* **2.** *fam* (*Mensch*) salaud *m*

**Schweinebraten** *m* rôti *m* de porc **Schweinefleisch** *nt* [viande *f* de] porc *m*

**Schweinerei** [ʃvainə'rai] <-, -en> *f fam* **1.** (*Unordnung*) cochonnerie *f* **2.** (*Gemeinheit*) vacherie *f*

**Schweiß** [ʃvais] <-es> *m* sueur *f*

**Schweiz** [ʃvaits] <-> *f* **die ~** la Suisse; **die deutschsprachige/französische/italienische ~** la Suisse alémanique/romande/italienne

**Schweizer** *adj* suisse; (*Hauptstadt*) de la Suisse

**Schweizer(in)** <-s, -> *m(f)* Suisse(-esse) *m(f)*

**schweizerdeutsch** I. *adj* suisse-allemand(e) II. *adv* en suisse-allemand

**Schweizerdeutsch** *nt* suisse-allemand *m*

**schweizerisch** *s.* Schweizer

**Schwelle** ['ʃvɛlə] <-, -n> *f* seuil *m*

**schwellen** ['ʃvɛlən] *vi irr* MED enfler

**schwenken** ['ʃvɛŋkən] *vt* **1.** (*Brief*) agiter **2.** (*Kamera*) diriger

**schwer** [ʃveːɐ̯] I. *adj* **1.** lourd(e) **2.** (*Verletzung, Krankheit*) grave **3.** (*hart*) dur(e) **4.** (*schwierig*) difficile II. *adv* **1.** lourd **2.** (*arbeiten*) durement **3.** (*enttäuschen*) profondément; (*treffen*) durement **4.** (*atmen*) difficilement; (*hören*) mal **5.** (*sich verletzen*) gravement

**Schwerbehinderte(r)** *f(m)* handicapé(e) *m(f)* sévère

**Schwester** ['ʃvɛstɐ] <-, -n> *f* **1.** *a.* REL sœur *f* **2.** (*Krankenschwester*) infirmière *f*

**Schwiegereltern** ['ʃviːgɐʔɛltɐn] *Pl* beaux-parents *mpl* **Schwiegermutter** *f* belle-mère *f* **Schwiegersohn** *m* gendre *m* **Schwiegertochter** *f* belle-fille *f* **Schwiegervater** *m* beau-père *m*

**schwierig** ['ʃviːrɪç] *adj* difficile

S

**Schwierigkeit** <-, -en> *f* difficulté *f;* **jdn in ~en bringen** mettre qn en difficulté
**Schwimmbad** *nt* piscine *f*
**schwimmen** ['ʃvɪmən] *vi irr* **1.** nager **2.** (*treiben*) flotter
**Schwimmer(in)** ['ʃvɪmɐ] <-s, -> *m(f)* nageur(-euse) *m(f)*
**schwindelig** *s.* **schwindlig**
**Schwindler(in)** <-s, -> *m(f)* escroc *m*
**schwindlig** *adj* **jdm ist ~** qn a le vertige
**schwingen** ['ʃvɪŋən] *irr* **I.** *vt* (*Fähnchen*) agiter **II.** *vi* (*Membran, Saite*) vibrer; (*Brücke*) osciller
**schwitzen** ['ʃvɪtsən] *vi* suer
**schwören** ['ʃvøːrən] *vt, vi irr* jurer
**schwul** [ʃvuːl] *adj fam* homo
**schwül** [ʃvyːl] *adj* lourd(e)
**Schwule(r)** *m fam* homo *m*
**Schwung** [ʃvʊŋ] <-[e]s, Schwünge> *m* élan *m*
**Schwur** [ʃvuːɐ̯] <-[e]s, Schwure> *m* serment *m*
**sechs** [zɛks] *num* six
**Sechs** <-, -en> *f* **1.** (*Zahl, Spielkarte, Augenzahl*) six *m* **2.** (*Schulnote*) ≈ zéro *m;* CH ≈ vingt *m*
**Sechseck** *nt* hexagone *m*
**sechseinhalb** *num* six ... et demi(e)
**Sechser** <-s, -> *m fam* **1.** (*Schulnote*) bulle *f* **2.** CH (*Schulnote*) ≈ vingt *m*
**sechserlei** *adj* **~ Sorten Brot** six sortes de pain
**sechsfach** *adj, adv* six fois
**sechsmal** *adv* six fois
**sechst** *adv* **zu ~ sein** être six
**sechste(r, s)** *adj* **1.** sixième **2.** (*bei Datumsangaben*) **der ~ März** le six mars
**sechstel** *adj* sixième
**sechzehn** ['zɛçtseːn] *num* seize
**sechzig** ['zɛçtsɪç] *num* soixante
**sechziger** *adj* **die ~ Jahre** les années *fpl* soixante
**sechzigste(r, s)** *adj* soixantième
**Secondhandladen** ['sɛkəndhɛndlaːdn] *m* friperie *f*
**See¹** [zeː] <-s, -n> *m* lac *m*
**See²** <-, -n> *f* mer *f*
**seekrank** *adj* **~ sein** avoir le mal de mer **Seelachs** *m* colin *m*
**Seele** ['zeːlə] <-, -n> *f* **1.** REL âme *f* **2.** (*Psyche*) psychisme *m*
**Seeleute** *Pl von* **Seemann**
**seelisch** *adj* psychique
**Seemann** <-leute> *m* marin *m* **Seemeile** *f* mille *m* marin **Seestern** *m* étoile *f* de mer **Seezunge** *f* sole *f*
**Segel** ['zeːgəl] <-s, -> *nt* voile *f*
**Segelboot** *nt* voilier *m* **Segelflugzeug** *nt* planeur *m*
**segeln** *vi* **1.** (*fahren*) naviguer [à la voile] **2.** (*den Segelsport betreiben*) faire de la voile
**Segen** ['zeːgən] <-s, -> *m* bénédiction *f*

**sehen** ['ze:ən] *irr* I. *vt* 1. voir 2. (*Fernsehfilm*) regarder II. *vi* 1. voir 2. (*hinschauen*) **darf ich mal ~?** puis-je regarder? III. *vr* **sich ~** se voir

**Sehen** <-s> *nt* **jdn vom ~ kennen** connaître qn de vue

**Sehne** ['ze:nə] <-, -n> *f* ANAT tendon *m*

**Sehnsucht** <-, Sehnsüchte> *f* nostalgie *f*

**sehr** [ze:ɐ̯] <mehr, am meisten> *adv* 1. *mit Verb* beaucoup 2. *mit adj, adv* très; **~ viel** énormément

**Seide** ['zaidə] <-, -n> *f* soie *f*

**Seife** ['zaifə] <-, -n> *f* savon *m*

**Seil** [zail] <-[e]s, -e> *nt* corde *f*

**Seilbahn** *f* (*auf Schienen*) funiculaire *m;* (*Drahtseilbahn*) téléphérique *m*

**sein**[1] [zain] *irr vi* 1. être 2. (*existieren*) exister 3. (*ergeben*) **2 und 2 ist 4** 2 et 2 font 4 4. (*geschehen*) **was ist?** qu'est-ce qu'il y a? 5. *mit modalem Hilfsverb* **~ können/dürfen** être possible; **das muss ~** c'est indispensable 6. **es ist schön, dass** c'est bien que + *subj;* **ich bin's!** *fam* c'est moi!; **es ist Montag** c'est lundi; **es ist Januar** on est en janvier; **es sei denn ...** à moins que ... III. *aux* 1. *Zustandspassiv* **fotografiert worden ~** avoir été photographié 2. *Perfekt* **gefahren/gesprungen ~** être allé/avoir sauté; **krank gewesen ~** avoir été malade

**sein**[2] *pron* son/sa/ses

**Sein** <-s> *nt* être *m*

**seinerseits** ['zainɐ'zaits] *adv* 1. (*er wiederum*) de son côté 2. (*was ihn betrifft*) pour sa part

**seinesgleichen** ['zainəs'glaiçən] *pron* ses semblables

**seinetwegen** ['zainət'veːgən] *adv* 1. (*wegen ihm*) à cause de lui 2. (*ihm zuliebe*) pour lui

**seit** [zait] I. *präp + dat* depuis II. *konj s.* **seitdem**

**seitdem** [zait'de:m] I. *adv* depuis [ce moment-là] II. *konj* depuis que

**Seite** ['zaitə] <-, -n> *f* 1. côté *m;* (*eines Würfels*) face *f;* **etw auf die ~ legen** mettre qc de côté 2. (*Buchseite*) page *f* 3. (*beteiligte Partei*) **auf jds ~** (*dat*) **sein** être du côté de qn 4. **auf der einen ~ ..., auf der anderen ~ ...** d'un côté ..., de l'autre ...

**sek.**, **Sek.** *Abk von* **Sekunde** s

**Sekretär**(**in**) [zekre'tɛ:ɐ̯] <-s, -e> *m(f)* secrétaire *mf*

**Sekt** [zɛkt] <-[e]s, -e> *m* [vin *m*] mousseux *m*

**Sekte** ['zɛktə] <-, -n> *f* secte *f*

**Sekundarschule** *f* CH ≈ collège *m*

**Sekunde** [ze'kʊndə] <-, -n> *f* seconde *f*

**selbe**(**r, s**) ['zɛlbə] *pron* même

**selber** *s.* selbst
**selbst** [zɛlbst] I. *pron* 1. (*an sich*) lui-même/elle-même 2. (*in eigener Person*) en personne 3. (*ohne fremde Hilfe*) tout seul II. *adv* ~ **du ...** même toi, tu ...
**selbständig** ['zɛlpʃtɛndɪç] *s.* selbstständig
**Selbständige(r)** *s.* Selbstständige(r)
**Selbstbedienung** *f* libre-service *m* **selbstbewusst** *adj* sûr(e) de soi **Selbstmord** *m* suicide *m*
**Selbstmordattentat** *nt* attentat-suicide *m* **selbstsicher** I. *adj* (*Person*) sûr(e) de soi; (*Art*) plein(e) d'assurance II. *adv* avec assurance
**selbstständig** I. *adj* (*Person, Handeln*) autonome; (*Tätigkeit*) indépendant(e) II. *adv* (*handeln*) de façon autonome
**Selbstständige(r)** *f(m)* travailleur(-euse) *m(f)* indépendant(e)
**selbstverständlich** I. *adj* tout(e) naturel(le) II. *adv* [bien] évidemment
**selten** ['zɛltən] I. *adj* rare II. *adv* rarement
**seltsam** I. *adj* (*Person*) curieux (-euse); (*Aussehen*) bizarre II. *adv* (*sich benehmen*) bizarrement
**Semester** [ze'mɛstɐ] <-s, -> *nt* UNIV semestre *m* (*unité de temps utilisée pour le décompte des années d'études dans les universités allemandes*)
**Seminar** [zemi'naːɐ̯] <-s, -e *o* A -ien> *nt* (*Lehrveranstaltung*) séminaire *m*
**semitisch** *adj* sémite; (*Sprache*) sémitique
**senden** ['zɛndən] *irr* I. *vt* (*Film*) diffuser; (*Botschaft*) envoyer II. *vi* émettre
**Sender** <-s, -> *m* 1. (*Sendeanstalt*) station *f* 2. (*Sendegerät*) [poste *m*] émetteur *m*
**Sendung** <-, -en> *f* émission *f*
**Senf** [zɛnf] <-[e]s, -e> *m* moutarde *f*
**Senior(in)** ['zeːni̯oːɐ̯] <-s, Senioren> *m(f)* 1. (*ältere Person*) personne *f* âgée 2. *Pl* SPORT **die ~en** les seniors *mpl*
**senken** ['zɛŋkən] I. *vt* baisser; (*Steuern*) réduire; (*Fieber*) faire baisser II. *vr* **sich ~** (*Grundwasserspiegel*) baisser
**senkrecht** *adj* vertical(e)
**separat** [zepa'raːt] *adj* séparé(e)
**September** [zɛp'tɛmbɐ] <-[s], -> *m* septembre *m*
**Serbe** <-n, -n> *m,* **Serbin** *f* Serbe *mf*
**Serbien** ['zɛrbiən] <-s> *nt* la Serbie
**serbisch** ['zɛrbɪʃ] *adj* serbe
**serbokroatisch** [zɛrbokro'aːtɪʃ] *adj* serbo-croate
**serienmäßig** I. *adj* (*Herstellung*) en série; (*Ausstattung*) de

série **II.** *adv* (*herstellen*) en série
**seriös** [zeri'øːs] *adj* sérieux(-euse)
**servieren*** [zɛr'viːrən] **I.** *vt* servir **II.** *vi* faire le service
**servus** ['zɛrvʊs] *interj* A, SDEUTSCH salut (*fam*)
**Sessel** ['zɛsəl] <-s, -> *m* fauteuil *m*
**Set** <-s, -s> *m o nt* **1.** lot *m* **2.** (*Platzdeckchen*) set *m* [de table]
**setzen** ['zɛtsən] **I.** *vt* **1.** mettre **2.** (*Pflanze*) planter **3.** (*Frist*) fixer **4.** (*Geldsumme*) miser **II.** *vr* **1. sich ~** (*Person, Tier*) s'asseoir; (*Vogel*) se poser; **sitz!** assis! **2.** (*sich befassen*) **sich mit jdm/etw auseinander ~** se pencher sur qn/qc **III.** *vi* (*wetten*) miser
**Seuche** ['zɔyçə] <-, -n> *f* épidémie *f*
**seufzen** ['zɔyftsən] *vt, vi* soupirer
**Seufzer** <-s, -> *m* soupir *m*
**Sex** [zɛks] <-[es]> *m* sexe *m*
**Sexualität** [zɛksuali'tɛːt] <-> *f* sexualité *f*
**Shampoo** ['ʃampu] <-s, -s> *nt* shampo[o]ing *m*
**Siamkatze** *f* chat *m* siamois
**Sibirien** [zi'biːriən] <-s> *nt* la Sibérie
**sibirisch** *adj* sibérien(ne); (*Hauptstadt*) de la Sibérie
**sich** [zɪç] *pron* se; (*Höflichkeitsform*) vous
**sicher** ['zɪçɐ] **I.** *adj* **1.** (*gewiss*) certain(e) **2.** (*Arbeitsplatz, Zufluchtsort*) sûr(e); **vor jdm/etw ~ sein** (*Person*) être à l'abri de qn/qc **3.** (*Zusage*) ferme **II.** *adv* **1.** (*höchstwahrscheinlich*) certainement **2.** (*aufbewahren*) en sécurité **3.** (*fahren*) avec sûreté
**sicher|gehen** *vi irr* prendre ses précautions
**Sicherheit** <-, -en> *f* **1.** sécurité *f* **2.** (*Gewissheit*) certitude *f* **3.** (*einer Methode*) fiabilité *f* **4.** (*Kaution*) caution *f*; FIN garantie *f*
**Sicherheitsabstand** *m* distance *f* de sécurité **Sicherheitsgurt** *m* ceinture *f* de sécurité
**sicherlich** *adv* sûrement
**sichern** *vt* (*schützen*) protéger; (*Frieden*) assurer; (*Spuren*) relever; (*Daten*) sauvegarder
**sicher|stellen** *vt* saisir
**Sicherung** <-, -en> *f* ELEC fusible *m*
**Sicht** [zɪçt] <-> *f* **1.** vue *f* **2.** (*Betrachtungsweise*) vision *f*
**sichtbar** **I.** *adj* **1.** visible **2.** (*Fortschritt*) sensible **II.** *adv* (*altern*) nettement; (*sich verschlechtern*) sensiblement
**sie**[1] [ziː] **I.** *pron pers, nom* elle/il **II.** *pron pers, akk* la/le/lui
**sie**[2] **I.** *pron pers, nom* ils/elles **II.** *pron pers, akk* les/leur
**Sie** *pron* vous
**Sieb** [ziːp] <-[e]s, -e> *nt* (*Küchen-*

*sieb*) passoire *f;* (*für Sand*) tamis *m*
**sieben**[1] *num* sept
**sieben**[2] *vt* tamiser
**siebeneinhalb** *num* sept ... et demi(e)
**siebenerlei** *adj* ~ **Sorten Brot** sept sortes de pain
**siebenfach** *adj, adv* sept fois
**siebenmal** *adv* sept fois
**siebentägig** *adj* de sept jours
**siebt** *adj* **zu ~ sein** être sept
**siebte(r, s)** *adj* **1.** septième **2.** (*bei Datumsangaben*) **der ~ Mai** le sept mai
**siebtel** *adj* septième
**siebzig** ['ziːptsɪç] *num* soixante-dix, septante (BELG, CH)
**siebziger** *adj* **die ~ Jahre** les années *fpl* soixante-dix
**Siedler(in)** ['ziːdlɐ] <-s, -> *m(f)* colon *m*
**Siedlung** <-, -en> *f* lotissement *m*
**Sieg** [ziːk] <-[e]s, -e> *m* victoire *f*
**siegen** ['ziːgən] *vi* **1.** MIL être vainqueur **2.** SPORT gagner
**Sieger(in)** <-s, -> *m(f)* vainqueur *mf*
**siezen** ['ziːtsən] *vt* vouvoyer
**signieren*** [zɪ'gniːrən] *vt* signer; (*Schriftsteller*) dédicacer
**Silbe** ['zɪlbə] <-, -n> *f* syllabe *f*
**Silber** ['zɪlbɐ] <-s> *nt* (*Edelmetall*) argent *m*
**silbern** *adj* en argent
**Silvester** [zɪl'vɛstɐ] <-s, -> *m o nt* Saint-Sylvestre *f*
**singen** ['zɪŋən] *vi, vt irr* chanter
**Single**[1] [sɪŋgl] <-, -s> *f* 45 tours *m*
**Single**[2] <-s, -s> *m* célibataire *mf*
**Singular** ['zɪŋgulaːɐ̯] <-s, -e> *m* LING singulier *m*
**sinken** ['zɪŋkən] *vi irr* **1.** (*versinken*) couler **2.** (*Ballon*) descendre **3.** (*niedersinken*) tomber **4.** (*Kurs, Fieber*) baisser
**Sinn** [zɪn] <-[e]s, -e> *m* sens *m*
**sinnlich** *adj* (*Wahrnehmung*) sensoriel(le); (*Begierde*) sensuel(le)
**sinnlos** **I.** *adj* **1.** (*Handlung*) absurde **2.** (*Anstrengung*) vain(e) **II.** *adv* **1.** (*nutzlos*) sans raison **2.** (*sich anstrengen*) en vain **3.** (*hemmungslos*) complètement
**sinnvoll** *adj* **1.** (*zweckmäßig*) sensé(e) **2.** (*erfüllend*) intéressant(e)
**Sitte** ['zɪtə] <-, -n> *f* **1.** (*Gepflogenheit*) coutume *f* **2.** (*Benehmen*) manières *fpl*
**Sitz** [zɪts] <-es, -e> *m* siège *m*
**sitzen** ['zɪtsən] *vi irr* A, CH, SDEUTSCH **1.** être assis **2.** *fam* (*inhaftiert sein*) être en taule **3.** (*angebracht sein*) **schief ~** (*Krawatte*) être de travers; **gut ~** (*Hose*) tomber bien **4.** **~ bleiben** rester assis(e)
**sitzen|bleiben** *vi* (*Schüler*) redoubler
**Sitzung** <-, -en> *f* **1.** (*Besprechung*) réunion *f* **2.** (*Kabinetts-*

*sitzung*) session *f*
**Sizilien** [zi'tsi:liən] <-s> *nt* la Sicile
**Skandinavien** [skandi'na:viən] <-s> *nt* la Scandinavie
**Skandinavier(in)** <-s, -> *m(f)* Scandinave *mf*
**Ski** [ʃi:] <-s, - *o* er> *m* ski *m*
**Skigebiet** *nt* domaine *m* skiable **Skiläufer(in)** *m(f)* skieur (-euse) *m(f)* **Skilehrer(in)** *m(f)* moniteur(-trice) *m(f)* de ski **Skilift** *m* téléski *m*
**Sklave** ['skla:və] <-n, -n> *m,* **Sklavin** *f a. fig* esclave *mf*
**Sklaverei** [skla:və'raj] <-, -en> *f* esclavage *m*
**Skorpion** [skɔr'pio:n] <-s, -e> *m* **1.** scorpion *m* **2.** ASTRO Scorpion *m*
**Skrupel** ['skru:pəl] <-s, -> *m* scrupule *m*
**skrupellos** *adj, adv* sans scrupules
**Skulptur** [skʊlp'tu:ɐ̯] <-, -en> *f* sculpture *f*
**Slang** [slɛŋ] <-s> *m* argot *m*
**Slawe** ['sla:və] <-n, -n> *m,* **Slawin** *f* Slave *mf*
**slawisch** *adj* slave
**Slipeinlage** *f* protège-slip *m*
**Slowake** [slo'va:kə] <-n, -n> *m,* **Slowakin** *f* Slovaque *mf*
**Slowakei** [slova'kaj] <-> *f* **die ~** la Slovaquie
**slowakisch** **I.** *adj* slovaque **II.** *adv* en slovaque
**Slowakisch** <-[s]> *nt* slovaque *m*
**Slowene** [slo've:nə] <-n, -n> *m,* **Slowenin** *f* Slovène *mf*
**Slowenien** [slo've:niən] <-s> *nt* la Slovénie
**slowenisch** **I.** *adj* slovène **II.** *adv* en slovène
**Slowenisch** <-[s]> *nt* slovène *m*
**SMS** *f Abk von* **small message service** texto *m*
**Snowboard** ['snɔʊbɔ:t] <-s, -s> *nt* snowboard *m*
**so** [zo:] **I.** *adv* **1.** *mit adj, adv* si; **~ groß wie ...** aussi grand(e) que ...; **es war ~ kalt, dass ...** il faisait tellement froid que ... **2.** *mit Verb* **~ [sehr] lieben** aimer tellement **3.** (*auf diese Weise*) comme ça **4.** (*solch*) **~ eine Gelegenheit** une occasion comme celle-là **5.** (*solchermaßen*) **~ genannt** soi-disant; **es ist ~, wie du sagst** c'est comme tu dis **6.** (*gleichsam*) **~, als ob ...** comme si ... **7.** (*etwa*) à peu près; **~ gegen acht Uhr** aux environs de huit heures **8. ~ oder ~** d'une manière ou d'une autre **II.** *konj* **1. ~ dass ...** à tel point que ... **2.** (*wie ... auch*) même si **III.** *interj* (*zusammenfassend*) bon; (*auffordernd*) allez
**sobald** [zo'balt] *konj* dès que ...
**Socke** ['zɔkə] <-, -n> *f* chaussette *f*

**sodạss** [zo'das] *konj* à tel point que ...

**Sofa** ['zo:fa] <-s, -s> *nt* canapé *m*

**sofẹrn** [zo'fɛrn] *konj* si; ~ **nicht** à moins que + *subj*

**sofọrt** [zo'fɔrt] *adv* tout de suite

**Software** ['sɔftwɛ:ɐ̯] <-> *f* INFORM logiciel *m*

**sogar** [zo'ga:ɐ̯] *adv* même

**Sohle** ['zo:lə] <-, -n> *f* **1.** (*Schuhsohle*) semelle *f* **2.** (*Fußsohle*) plante *f* du pied

**Sohn** [zo:n] <-[e]s, Söhne> *m* fils *m*

**solang[e]** *konj* tant que ...

**sọlch** *adj* ~ **eine Frage** une question pareille

**sọlche(r, s)** *adj* ~ **Leute** de telles personnes

**solidarisch** [soli'da:rɪʃ] *adj* solidaire

**Solidarität** [zolidari'tɛ:t] <-> *f* solidarité *f*

**sọllen**[1] ['zɔlən] *aux irr* **1.** (*müssen*) **er soll zuhören** il doit écouter **2.** (*möglich sein*) **was soll das heißen?** qu'est-ce que ça veut dire? **3.** (*vermuten*) **er soll abgereist sein** il paraît qu'il est parti

**sọllen**[2] *vi irr* **1.** (*gehen/kommen müssen*) **du solltest besser ins Bett** tu ferais mieux d'aller te coucher **2.** *fam* (*bedeuten*) **was soll diese Frage?** que veut dire cette question? **3. was soll's?** *fam* et alors?

**somịt** [zo'mɪt] *adv* par conséquent

**Sọmmer** ['zɔmɐ] <-s, -> *m* été *m*

**Sọmmerferien** *Pl* SCHULE grandes vacances *fpl*

**sọmmerlich** *adj* estival(e)

**Sọmmersprosse** *f* tache *f* de rousseur

**Sọnderangebot** *nt* offre *f* spéciale

**Sọnderfall** *m* cas *m* particulier

**sọndern** ['zɔndɐn] *konj* mais

**Sọnderschule** *f* école *f* spécialisée (*pour enfants déficients ou inadaptés*)

**Sọnne** ['zɔnə] <-> *f* **1.** soleil *m* **2.** ASTRO Soleil *m*

**sọnnen** *vr* **sich** ~ prendre un bain de soleil

**Sọnnenaufgang** *m* lever *m* du soleil **Sọnnenblume** *f* tournesol *m* **Sọnnenbrand** *m* coup *m* de soleil **Sọnnenbrille** *f* lunettes *fpl* de soleil **Sọnnenschirm** *m* parasol *m* **Sọnnenschutzcreme** *f* crème *f* de protection solaire **Sọnnenstich** *m* insolation *f* **Sọnnenuntergang** *m* coucher *m* de soleil

**sọnnig** *adj* ensoleillé(e)

**Sọnntag** ['zɔnta:k] *m* dimanche *m*

**Sọnntagabend** *m* dimanche *m* soir

**Sọnntagmọrgen** *m* dimanche *m* matin

**sonntags** *adv* le dimanche
**sonn- und feiertags** *adv* les dimanches et jours fériés
**sonst** [zɔnst] *adv* **1.** (*andernfalls*) sinon **2.** (*gewöhnlich*) d'habitude **3.** (*außerdem*) à part ça; **[darf es]** **~ noch etwas [sein]?** et avec ça? **4.** *indef fam* **~ was** n'importe quoi; **~ wohin** quelque part ailleurs **5.** *fam* (*anders*) **wer [denn] ~?** qui d'autre?
**sooft** [zo'ʔɔft] *konj* tant que ...
**Sorge** ['zɔrgə] <-, -n> *f* souci *m*
**sorgen** *vi* **für jdn ~** s'occuper de qn; **dafür ~, dass** veiller à ce que + *subj*
**Sorgerecht** *nt* droit *m* de garde des enfants
**sorgfältig** ['zɔrkfɛltɪç] *adj* soigné(e)
**sortieren*** [zɔr'tiːrən] *vt* trier
**Sortiment** [zɔrti'mɛnt] <-[e]s, -e> *nt* assortiment *m*
**sosehr** [zo'zeːɐ̯] *konj* **~ ... [auch]** bien que + *subj*
**Soße** ['zoːsə] <-, -n> *f* sauce *f*
**souverän** [zuvə'rɛːn] **I.** *adj* **1.** POL souverain(e) **2.** (*überlegen*) supérieur(e) **II.** *adv* (*überlegen*) suprêmement
**soviel** *konj* [pour] autant que + *subj*; **~ ich weiß** à ce que je sais
**soweit** *konj* pour autant que + *subj*
**sowie** [zo'viː] *konj* **1.** (*sobald*) aussitôt que ... **2.** *form* (*und*) ainsi que
**sowieso** [zovi'zoː] *adv* en tout cas
**sowjetisch** *adj* soviétique
**Sowjetunion** *f* HIST **die ~** l'Union *f* soviétique
**sowohl** [zo'voːl] *konj* **~ ... als auch ...** non seulement ..., mais [encore] ...
**sozial** [zo'tsi̯aːl] *adj* social(e)
**Sozialamt** *nt* bureau *m* d'aide sociale **Sozialdemokrat(in)** *m(f)* social(e)-démocrate *m(f)* **Sozialhilfe** *f* ≈ R.M.I. *m*
**Sozialist(in)** [zotsi̯a'lɪst] <-en, -en> *m(f)* socialiste *mf*
**Soziologe** [zotsi̯o'loːgə] <-n, -n> *m*, **Soziologin** *f* sociologue *mf*
**sozusagen** [zoːtsu'zaːgən] *adv* pour ainsi dire
**Spalte** ['ʃpaltə] <-, -n> *f* **1.** (*breiter Riss*) fissure *f*; (*eines Gletschers*) crevasse *f* **2.** TYP colonne *f*
**spalten** **I.** *vt* **1.** < *PP* gespalten> (*Holz*) fendre **2.** PHYS diviser **II.** *vr* (*Fraktionen bilden*) **sich in zwei Lager ~** se diviser en deux camps
**Spanien** ['ʃpaːni̯ən] <-s> *nt* l'Espagne *f*
**Spanier(in)** <-s, -> *m(f)* Espagnol(e) *m(f)*
**spanisch** **I.** *adj* espagnol(e) **II.** *adv* en espagnol
**Spanisch** <-[s]> *nt* espagnol *m*
**spannen** ['ʃpanən] **I.** *vt* (*straffen, aufspannen*) tendre; (*Muskel*)

S

contracter **II.** *vi* (*Kleidungsstück*) serrer trop; (*Haut*) tirer

**spannend** *adj* (*Film*) captivant(e)

**Spannung** <-, -en> *f* **1.** suspense *m;* (*gespannte Erwartung*) tension *f* [nerveuse] **2.** ELEC tension *f*

**Sparbuch** *nt* livret *m* [de caisse] d'épargne **Sparbüchse** *f* tirelire *f*

**sparen** ['ʃpa:rən] **I.** *vt* **1.** (*Betrag*) épargner **2.** (*Zeit*) économiser **3.** (*unterlassen*) **sich** (*dat*) **einen Ratschlag ~** garder un conseil pour soi **II.** *vi* **1.** épargner **2.** (*sparsam sein*) se montrer économe

**Spargel** ['ʃpargəl] <-s, -> *m* asperge *f*

**Sparkasse** *f* caisse *f* d'épargne

**sparsam** **I.** *adj* (*Person*) économe; (*Motor*) économique **II.** *adv* (*verwenden*) avec parcimonie

**Spaß** [ʃpa:s] <-es, Späße> *m* **1.** (*Vergnügung*) divertissement *m;* (*Freude*) plaisir *m;* **viel ~!** amuse-toi/amusez-vous bien! **2.** (*Scherz*) plaisanterie *f*

**spät** [ʃpɛ:t] **I.** *adj* **1. es ist ~** il est tard; **wie ~ ist es?** quelle heure est-il? **2.** (*die Spätphase betreffend*) tardif(-ive) **II.** *adv* tard

**später** ['ʃpɛ:tɐ] **I.** *adj* (*Generation*) futur(e) **II.** *adv* plus tard

**spätestens** *adv* au plus tard

**Spatz** [ʃpats] <-en, -en> *m* moineau *m*

**Spätzle** ['ʃpɛtslə] *Pl* GASTR spaetzle *fpl* (*spécialité de pâtes alsacienne et souabe*)

**spazieren*** [ʃpa'tsi:rən] *vi* **~ gehen** aller se promener

**Spaziergang** <-gänge> *m* promenade *f* [à pied] **Spaziergänger(in)** [ʃpa'tsi:rgɛŋɐ] <-s, -> *m(f)* promeneur(-euse) *m(f)*

**SPD** [ɛspe:'de:] <-> *f Abk von* **Sozialdemokratische Partei Deutschlands** *parti social-démocrate allemand*

**Speck** [ʃpɛk] <-[e]s, -e> *m* lard *m*

**Spedition** [ʃpedi'tsio:n] <-, -en> *f* entreprise *f* de transport

**Speichel** ['ʃpaiçəl] <-s> *m* salive *f*

**Speicher** ['ʃpaiçɐ] <-s, -> *m* INFORM mémoire *f*

**speichern** *vt, vi* INFORM sauvegarder

**Speisekarte** *f* carte *f*

**Speisesaal** *m* salle *f* à manger

**spenden** **I.** *vt a.* MED donner **II.** *vi* faire un don

**Sperling** ['ʃpɛrlɪŋ] <-s, -e> *m* moineau *m*

**Sperma** ['ʃpɛrma] <-s, Spermen> *nt* sperme *m*

**sperren** ['ʃpɛrən] *vt* **1.** (*Grenze*) fermer; (*Gebiet*) interdire **2.** (*Kredit*) bloquer; (*Telefon*) couper **3.** (*einsperren*) enfermer

**Sperrmüll** *m* **1.** (*Müll*) *vieux ob-*

*jets encombrants dont on veut se débarrasser* **2.** (*Sperrmüllabfuhr*) *collecte de vieux objets encombrants*

**spezialisieren*** [ʃpetsi̯aliˈziːrən] *vr* **sich auf etw** (*akk*) ~ se spécialiser dans qc

**Spezialität** [ʃpetsi̯aliˈtɛːt] <-, -en> *f* spécialité *f*

**speziell** [ʃpeˈtsi̯ɛl] *adj* spécial(e)

**Spiegel** [ˈʃpiːgəl] <-s, -> *m* miroir *m*

**spiegeln** **I.** *vi* **1.** (*spiegelblank sein*) briller **2.** (*reflektieren*) miroiter **II.** *vr* **sich in etw** (*dat*) ~ se refléter dans qc

**Spiel** [ʃpiːl] <-[e]s, -e> *nt* **1.** jeu *m* **2.** SPORT match *m* **3.** SPIEL (*Partie*) partie *f*

**spielen** **I.** *vt* jouer; **Fußball/Klavier** ~ jouer au football/du piano **II.** *vi* jouer

**Spieler(in)** <-s, -> *m(f)* joueur (-euse) *m(f)*

**Spielfeld** *nt* terrain *m* **Spielplatz** *m* terrain *m* de jeux **Spielregel** *f* règle *f* du jeu **Spielsachen** *Pl* jouets *mpl* **Spielstand** *m* score *m*

**Spieß** [ʃpiːs] <-es, -e> *m* (*Bratenspieß*) broche *f;* (*klein*) brochette *f*

**Spinat** [ʃpiˈnaːt] <-[e]s> *m* GASTR épinards *mpl*

**Spinne** [ˈʃpɪnə] <-, -n> *f* araignée *f*

**spinnen** [ˈʃpɪnən] *irr* **I.** *vt* (*Netz*) filer **II.** *vi* **1.** (*am Spinnrad*) filer **2.** *fam* (*verrückt sein*) débloquer

**Spinner(in)** <-s, -> *m(f) fam* (*verrückter Mensch*) cinglé(e) *m(f)*

**Spion** [ʃpi̯oːn] <-s, -e> *m* espion *m*

**Spionage** [ʃpioˈnaːʒə] <-> *f* espionnage *m*

**Spionin** <-, -nen> *f* espionne *f*

**spitz** [ʃpɪts] *adj* pointu(e); (*Winkel, Schrei*) aigu(ë); (*Bemerkung*) acéré(e)

**Spitze** [ˈʃpɪtsə] <-, -n> *f* **1.** (*spitzes Ende*) pointe *f* **2.** (*eines Zugs*) tête *f* **3.** TEXTIL dentelle *f*

**spitzen** *vt* (*Bleistift*) tailler

**Splitter** [ˈʃplɪtɐ] <-s, -> *m* éclat *m;* (*Glassplitter*) éclat de verre

**SPÖ** [ɛspeːˈʔøː] <-> *f Abk von* **Sozialistische Partei Österreichs** *parti social-démocrate autrichien*

**spontan** [ʃpɔnˈtaːn] *adj* spontané(e)

**Sportart** *f* discipline *f* [sportive] **Sporthalle** *f* gymnase *m;* (*für Sportveranstaltungen*) salle *f* de sport

**Sportler(in)** <-s, -> *m(f)* sportif(-ive) *m(f)*

**sportlich** *adj* (*Person*) sportif (-ive); (*Kleidung*) de sport

**Sportplatz** *m* terrain *m* de sport

**spotten** [ˈʃpɔtən] *vi* **über jdn/etw** ~ se moquer de qn/qc

**spöttisch** *adj* moqueur(-euse)

**Sprache** ['ʃpraːxə] <-, -n> *f* 1. langue *f* 2. (*Ausdrucksweise, Sprachfähigkeit*) langage *m*

**Sprachkurs** *m* cours *m* de langue

**sprachlos** *adj* muet(te)

**Spray** [ʃpreː] <-s, -s> *m o nt* aérosol *m;* (*Kosmetikspray*) spray *m*

**Sprechanlage** *f* interphone *m*

**sprechen** ['ʃprɛçən] *irr* I. *vi* (*reden*) parler; **über jdn/etw ~** parler de qn/qc II. *vt* 1. (*Wort*) dire; (*Nachrichten*) présenter 2. (*beherrschen*) ~ **Sie Chinesisch?** parlez-vous [le] chinois? 3. (*sich unterreden mit*) parler à

**Sprecher(in)** <-s, -> *m(f)* 1. (*Wortführer*) porte-parole *m* 2. (*Rundfunksprecher*) présentateur(-trice) *m(f)*

**sprengen** ['ʃprɛŋən] *vt* 1. (*mit Sprengstoff zerstören*) faire sauter 2. (*Versammlung*) disperser 3. (*Rasen*) arroser

**Sprichwort** ['ʃprɪçvɔrt] *nt* proverbe *m*

**Springbrunnen** *m* fontaine *f*

**springen** ['ʃprɪŋən] *irr* I. *vi* 1. (*hüpfen*) sauter 2. (*Vase*) se fendre II. *vt* (*vier Meter*) sauter

**Spritze** ['ʃprɪtsə] <-, -n> *f* 1. (*Injektionsspritze*) seringue *f* 2. (*Injektion*) piqûre *f*

**spritzen** ['ʃprɪtsn] I. *vi* 1. (*Fett, Wasser*) gicler 2. MED faire une piqûre/des piqûres II. *vt* 1. (*Auto*) peindre au pistolet 2. (*Rasen*) arroser 3. MED injecter

**Spruch** [ʃprʊx] <-[e]s, Sprüche> *m* 1. (*Spruchweisheit*) dicton *m* 2. (*Bibelspruch*) verset *m; pej* formule *f* toute faite

**Sprudel** ['ʃpruːdəl] <-s, -> *m* eau *f* gazeuse

**sprudeln** *vi* 1. (*aufkochen*) bouillonner 2. **aus dem Boden ~** (*Quelle*) jaillir du sol

**sprühen** ['ʃpryːən] I. *vt* (*Flüssigkeit*) pulvériser; (*Parfüm*) vaporiser II. *vi* (*Funken*) jaillir

**Sprung** [ʃprʊŋ] <-[e]s, Sprünge> *m* (*einer Person*) saut *m*

**spucken** *vi, vt* cracher

**Spüle** ['ʃpyːlə] <-, -n> *f* évier *m*

**spülen** ['ʃpyːlən] I. *vi* (*Toilette*) tirer la chasse [d'eau] II. *vt* 1. (*abspülen*) laver 2. (*Geschirr*) rincer

**Spülmaschine** *f* lave-vaisselle *m*

**Spülmittel** *nt* produit *m* [pour la] vaisselle

**Spur** [ʃpuːɐ̯] <-, -en> *f* 1. trace *f* 2. (*Fahrbahn*) voie *f*

**spürbar** *adj* sensible

**spüren** ['ʃpyːrən] *vt* sentir; (*Schmerz*) ressentir

**St.** 1. *Abk von* **Stück** pièce *f* 2. *Abk von* **Sankt** St/Ste

**Staat** [ʃtaːt] <-[e]s, -en> *m* POL État *m*

**staatlich** I. *adj* (*Förderung*) de l'État; (*Einrichtung*) public(-ique) II. *adv* (*anerkannt*) par l'État

**Staatsangehörigkeit** <-, -en>

*f* nationalité *f*

**Stab** [ʃta:p] <-[e]s, Stäbe> *m* 1. (*Holzstab*) baguette *f* 2. (*Gitterstab*) barreau *m* 3. (*Gruppe*) équipe *f*

**stabil** [ʃta'bi:l] *adj* (*Möbel*) solide; (*Wetterlage*) stable; (*Beziehung*) durable

**Stachel** [ʃtaxəl] <-s, -n> *m* (*eines Igels*) piquant *m*; (*eines Insekts*) dard *m*; (*einer Pflanze*) épine *f*

**Stadion** ['ʃta:diɔn] <-s, Stadien> *nt* stade *m*

**Stadium** ['ʃta:diʊm] <-s, Stadien> *nt* 1. (*einer Entwicklung*) phase *f* 2. MED stade *m*

**Stadt** [ʃtat] <-, Städte> *f* 1. ville *f* 2. (*Stadtverwaltung*) municipalité *f*

**Städtepartnerschaft** *f* jumelage *m*

**städtisch** ['ʃtɛtɪʃ] *adj* municipal(e)

**Stadtmauer** *f* rempart *m* **Stadtmitte** *f* centre-ville *m* **Stadtplan** *m* plan *m* de la ville **Stadtteil** *m* quartier *m*

**Stahl** [ʃta:l] <-[e]s, -e> *m* acier *m*

**Stall** [ʃtal] <-[e]s, Ställe> *m* (*Kuhstall*) étable *f*; (*Pferdestall*) écurie *f*; (*Schweinestall*) porcherie *f*; (*Kaninchenstall*) clapier *m*; (*Hühnerstall*) poulailler *m*

**Stamm** [ʃtam] <-[e]s, Stämme> *m* 1. (*eines Baums*) tronc *m* 2. (*Volksstamm*) tribu *f*

**stammen** ['ʃtamən] *vi* 1. **aus Spanien ~** être originaire de l'Espagne 2. (*herrühren*) **von jdm ~** (*Werk*) être de qn; **aus dem 16. Jahrhundert ~** dater du 16ième siècle

**Stammgast** *m* habitué(e) *m(f)*

**Stammzelle** *f* cellule *f* souche

**Stand** [ʃtant] <-[e]s, Stände> *m* 1. (*eines Zählers*) niveau *m* 2. (*Zustand*) état *m* 3. (*Verkaufsstand*) étal *m*; (*Messestand*) stand *m* 4. **zu etw im ~e sein** être capable de qc

**Standesamt** *nt* [bureau *m* de l'] état *m* civil

**ständig** ['ʃtɛndɪç] I. *adj* 1. (*dauernd*) permanent(e) 2. (*Wohnsitz*) fixe II. *adv* (*dauernd*) continuellement

**Standlicht** *nt* feux *mpl* de position **Standpunkt** *m* point *m* de vue

**Stange** ['ʃtaŋə] <-, -n> *f* barre *f*

**Stapel** ['ʃta:pəl] <-s, -> *m* pile *f*

**stapeln** *vt, vr* [**sich**] ~ [s']empiler

**stark** [ʃtark] <stärker, stärkste> I. *adj* 1. fort(e) 2. (*Nerven*) solide 3. (*Motor*) puissant(e) 4. *fam* (*hervorragend*) super II. *adv* 1. (*sehr*) très; (*beeindruckt*) fortement 2. (*intensiv*) ~ **duften** sentir fort 3. *fam* (*hervorragend*) vachement bien

**Stärke** ['ʃtɛrkə] <-, -n> *f* 1. force *f* 2. (*Dicke*) épaisseur *f* 3. (*einer Brille*) puissance *f*

**stärken** *vt* 1. (*Kreislauf*) régulariser; (*Widerstandskraft*) augmenter

2. (*verbessern*) renforcer

**starren** ['ʃtarən] *vi* avoir le regard fixe; **an die Decke ~** regarder fixement le plafond

**Start** [ʃtart] <-s, -s> *m* **1.** (*eines Flugzeugs*) décollage *m* **2.** SPORT départ *m* **3.** (*Beginn*) démarrage *m*

**starten I.** *vi* **1.** (*Flugzeug*) décoller **2.** SPORT prendre le départ **3.** (*Tournee*) démarrer **II.** *vt* **1.** (*Auto*) mettre en route; (*Computer*) mettre en marche **2.** (*Kampagne*) lancer **3.** (*Programm*) démarrer

**Stasi** ['ʃta:zi] <-> *f Abk von* **Staatssicherheit[sdienst]** *abréviation familière pour services de Sécurité de l'État de l'ex-R.D.A.*

**Station** [ʃta'tsi̯o:n] <-, -en> *f* **1.** (*Haltestelle*) station *f* **2.** (*einer Reise*) étape *f* **3.** MED service *m*

**stationär** [ʃtatsi̯o'nɛ:ɐ̯] **I.** *adj* (*Behandlung*) à l'hôpital **II.** *adv* **jdn ~ behandeln** hospitaliser qn

**statt** [ʃtat] **I.** *präp + gen* à la place de **II.** *konj* **~ zu** au lieu de

**stattdessen** *adv* au lieu de cela

**Stau** [ʃtau̯] <-[e]s, -e> *m* bouchon *m*

**Staub** [ʃtau̯p] <-[e]s, -e> *m* poussière *f*

**staubsaugen** < *PP* staubgesaugt> **I.** *vi* passer l'aspirateur **II.** *vt* (*Zimmer*) passer l'aspirateur dans **Staubsauger** *m* aspirateur *m*

**stauen** ['ʃtau̯ən] **I.** *vt* (*Wasser*) retenir **II.** *vr* **sich ~** (*Wasser*) s'accumuler; (*Autos*) former un bouchon (*fam*)

**staunen** ['ʃtau̯nən] *vi* **über jdn/etw ~** être étonné par qn/de qc

**stechen** ['ʃtɛçən] *irr* **I.** *vi* **1.** (*Insekt, Kaktus*) piquer; (*Sonne*) taper **2.** SPIEL **mit etw ~** couper avec qc **II.** *vt* **1.** piquer **2.** SPIEL prendre **III.** *vr* **sich an den Dornen ~** se piquer avec les épines

**stechend** *adj* (*Blick*) perçant(e); (*Schmerz*) lancinant(e)

**Stechmücke** *f* moustique *m*

**Steckdose** *f* prise *f* [de courant]

**stecken** ['ʃtɛkən] **I.** *vi* **1. in etw** (*dat*) **~** (*Dorn, Splitter*) être enfoncé dans qc; **im Schnee ~** être bloqué dans la neige **2.** (*sich befinden*) **in Schwierigkeiten** (*dat*) **~** (*Person*) avoir de gros problèmes **3.** (*verantwortlich sein*) **hinter einer Sache ~** être pour quelque chose dans une affaire **II.** *vt* **etw in eine Schublade ~** mettre qc dans un tiroir

**Stecknadel** *f* épingle *f*

**stehen** ['ʃte:ən] *vi irr* A, CH, SDEUTSCH **1.** (*Person*) être debout; **am Fenster ~** être à la fenêtre; **auf einer Liste ~** être inscrit sur une liste **2.** (*Maschine, Uhr*) être arrêté **3.** (*konfrontiert sein*) **vor dem Ruin ~** être au bord de la ruine

4. (*kleidsam sein*) **jdm** [**gut**] ~ (*Frisur*) aller [bien] à qn **5.** (*unterstützen*) **zu/hinter jdm** ~ soutenir qn **6.** *fam* (*gut finden*) **auf jdn/etw** ~ craquer pour qn/être fana de qc **7.** (*sein*) **offen** ~ (*Fenster*) être ouvert

**stehlen** ['ʃteːlən] *vt irr* voler

**steif** [ʃtaif] *adj* **1.** (*starr*) rigide **2.** (*Bein*) raide; (*Gelenk*) ankylosé(e)

**steigen** ['ʃtaigən] *irr* **I.** *vi* **1.** monter; **auf einen Berg** ~ escalader une montagne **2.** (*sich erhöhen*) **um drei Prozent** ~ augmenter de trois pour cent **II.** *vt* (*Treppen*) monter

**steigern** ['ʃtaigɐn] *vt* **1.** augmenter; (*Spannung*) faire monter **2.** (*Adjektiv*) mettre au comparatif/superlatif

**steil** [ʃtail] **I.** *adj* **1.** (*Abhang*) escarpé(e); (*Straße*) raide **2.** *fig* (*Karriere*) fulgurant(e) **II.** *adv* (*ansteigen*) abruptement; (*abfallen*) à pic

**Stein** [ʃtain] <-[e]s, -e> *m* **1.** pierre *f* **2.** (*Kieselstein*) caillou *m*

**Steinbock** *m* **1.** bouquetin *m* **2.** ASTRO Capricorne *m*

**Steiß** [ʃtais] <-es, -e> *m* ANAT coccyx *m*

**Stelle** ['ʃtɛlə] <-, -n> *f* **1.** endroit *m* **2.** (*Arbeitsplatz*) emploi *m* **3.** (*Abteilung*) service *m* **4. an deiner/seiner** ~ (*dat*) à ta/sa place

**stellen** ['ʃtɛlən] **I.** *vt* **1.** poser **2.** (*aufrecht hinstellen*) mettre debout **3.** (*Wecker*) régler **II.** *vr* **sich hinter etw** (*akk*) ~ se mettre derrière qc; **sich jdm** ~ (*Täter*) se livrer à qn

**Stellenangebot** *nt* offre *f* d'emploi **Stellenmarkt** *m* (*Stellenanzeigen*) offres *fpl* d'emploi

**Stellung** <-, -en> *f* position *f*

**Stempel** ['ʃtɛmpəl] <-s, -> *m* tampon *m*

**stempeln** **I.** *vt* (*Formular*) tamponner; (*Briefmarke*) oblitérer **II.** *vi* tamponner

**Sterbehilfe** *f* euthanasie *f*

**sterben** ['ʃtɛrbən] *vi irr* **an Krebs** (*dat*) ~ mourir d'un cancer

**Stereoanlage** *f* chaîne *f* stéréo

**Stern** [ʃtɛrn] <-[e]s, -e> *m* étoile *f*

**Sternschnuppe** <-, -n> *f* étoile *f* filante **Sternzeichen** *nt* signe *m* astrologique

**stets** [ʃteːts] *adv* constamment

**Steuer**[1] ['ʃtɔyɐ] <-s, -> *nt* **1.** (*Lenkrad*) volant *m* **2.** (*Ruder*) gouvernail *m*

**Steuer**[2] <-, -n> *f* impôt *m*

**steuern** *vt* **1.** (*Fahrzeug*) conduire; (*Schiff*) piloter **2.** (*regulieren*) régler

**Stewardess** ['stjuːɐdɛs] <-, -en> *f* hôtesse *f* de l'air

**Stich** [ʃtɪç] <-[e]s, -e> *m* **1.** (*Insektenstich*) piqûre *f* **2.** (*Schmerz*) élancement *m*

**Stichwort** <-wörter> *nt* (*in Nachschlagewerken*) entrée *f;* (*in Registern*) mot-clé *m*
**Stiefbruder** ['ʃti:fbru:dɐ] *m* demi-frère *m*
**Stiefel** ['ʃti:fəl] <-s, -> *m* botte *f*
**Stiefeltern** *Pl* beaux-parents *mpl* **Stiefmutter** *f* belle-mère *f* **Stiefschwester** *f* demi-sœur *f* **Stiefsohn** *m* beau-fils *m* **Stieftochter** *f* belle-fille *f* **Stiefvater** *m* beau-père *m*
**Stiel** [ʃti:l] <-[e]s, -e> *m* **1.** (*Griff*) manche *m;* (*eines Glases*) pied *m* **2.** (*einer Blume*) tige *f;* (*eines Apfels*) queue *f*
**Stier** [ʃti:ɐ̯] <-[e]s, -e> *m* **1.** taureau *m* **2.** ASTRO Taureau *m*
**Stift** [ʃtɪft] <-[e]s, -e> *m* crayon *m*
**stiften** ['ʃtɪftən] *vt* **1.** (*Preis*) offrir **2.** (*Unfrieden*) provoquer
**Stiftung** <-, -en> *f* fondation *f;* (*Schenkung*) don *m*
**Stil** [ʃti:l] <-[e]s, -e> *m* **1.** style *m* **2.** (*Verhaltensweise*) genre *m*
**still** [ʃtɪl] **I.** *adj* **1.** calme; **sei ~!** tais-toi! **2.** (*Leben*) tranquille **II.** *adv* **1.** (*lautlos*) silencieusement **2.** (*bewegungslos*) tranquillement
**Stille** [ʃtɪlə] <-> *f* calme *m*
**stillen** **I.** *vt* **1.** (*Baby*) allaiter **2.** (*Durst*) étancher; (*Hunger*) calmer **3.** (*Blutung*) arrêter **II.** *vi* (*Mutter*) allaiter
**Stillstand** *m* arrêt *m*
**Stimmband** <-bänder> *nt* corde *f* vocale
**Stimme** ['ʃtɪmə] <-, -n> *f a. fig* voix *f*
**stimmen** ['ʃtɪmən] **I.** *vi* **1.** (*zutreffen*) être juste **2.** (*votieren*) voter **II.** *vt* MUS accorder
**Stimmung** <-, -en> *f* **1.** (*Laune*) humeur *f* **2.** *fam* (*gute Laune*) bonne humeur *f;* (*gute Atmosphäre*) ambiance *f*
**stinken** ['ʃtɪŋkən] *vi irr* **1. nach Schweiß ~** puer la sueur **2.** *fam* (*Sache*) être louche
**Stipendium** [ʃti'pɛndiʊm] <-s, -dien> *nt* bourse *f* [d'études]
**Stirn** [ʃtɪrn] <-, -en> *f* front *m;* **die ~ runzeln** plisser le front
**Stock** [ʃtɔk] <-[e]s, Stöcke> *m* bâton *m*
**Stockwerk** *nt* étage *m*
**Stoff** [ʃtɔf] <-[e]s, -e> *m* **1.** (*Textilmaterial*) tissu *m* **2.** (*Thema*) matière *f* **3.** *fam* (*Rauschgift*) came *f*
**Stofftier** *nt* [animal *m* en] peluche *f*
**stöhnen** ['ʃtø:nən] *vi* gémir
**stolpern** ['ʃtɔlpɐn] *vi* **über etw** (*akk*) **~** trébucher sur qc
**stolz** [ʃtɔlʦ] *adj* fier(fière)
**Stolz** <-es> *m* fierté *f*
**stopfen** ['ʃtɔpfən] **I.** *vt* **1.** bourrer **2.** (*Socken*) raccommoder **3.** (*Ritze*) boucher **II.** *vi* (*Verstopfung verursachen*) constiper
**stopp** [ʃtɔp] *interj* stop
**Stopp** <-s, -s> *m* arrêt *m*

**stoppen** *vt* 1. (*anhalten*) stopper 2. (*Zeit*) chronométrer
**Stoppuhr** *f* chronomètre *m*
**Storch** [ʃtɔrç] <-[e]s, Störche> *m* cigogne *f*
**stören** ['ʃtø:rən] *vt, vi* déranger
**stornieren*** *vt* (*Auftrag*) annuler
**Störung** <-, -en> *f* 1. dérangement *m* 2. (*technischer Defekt*) perturbation *f*
**Stoß** [ʃto:s] <-es, Stöße> *m* 1. (*Schubs*) poussée *f* 2. (*Aufprall*) choc *m* 3. (*Stapel*) pile *f*
**Stoßdämpfer** *m* amortisseur *m*
**stoßen** ['ʃto:sən] *irr* I. *vt* 1. (*schubsen*) pousser 2. (*Kugel*) lancer II. *vr* (*sich verletzen*) **sich** ~ se cogner III. *vi* 1. **gegen jdn/etw** ~ heurter qn/qc 2. (*finden*) **auf jdn/etw** ~ tomber sur qn/qc
**Stoßstange** *f* pare-chocs *m*
**Stoßzeit** *f* heures *fpl* de pointe
**stottern** ['ʃtɔtɐn] I. *vi* bégayer II. *vt* (*Antwort*) bredouiller
**Str.** *Abk von* **Straße** r[ue]
**Strafe** ['ʃtra:fə] <-, -n> *f* 1. (*Bestrafung*) punition *f* 2. JUR (*Haftstrafe*) peine *f*; (*Geldstrafe*) amende *f*
**strafen** *vt* punir
**straff** [ʃtraf] I. *adj* (*Seil*) tendu(e); (*Haut*) ferme II. *adv* (*fest*) étroitement
**Sträfling** ['ʃtrɛ:flɪŋ] <-s, -e> *m* détenu(e) *m(f)*
**Strafzettel** *m fam* P.-V. *m*
**Strahl** [ʃtra:l] <-[e]s, -en> *m* 1. (*Lichtstrahl*) rayon *m* 2. (*Flüssigkeitsstrahl*) jet *m*
**strahlen** *vi* 1. (*leuchten*) briller 2. (*erfreut sein*) **vor Freude** (*dat*) ~ rayonner de joie 3. (*radioaktiv sein*) irradier
**strahlend** I. *adj* (*Wetter*) radieux (-euse) II. *adv* (*ansehen*) d'un air radieux
**Strand** [ʃtrant] <-[e]s, Strände> *m* plage *f*
**Straßburg** ['ʃtra:sbʊrk] <-s> *nt* Strasbourg
**Straße** ['ʃtra:sə] <-, -n> *f* (*in Ortschaften*) rue *f*; (*Landstraße*) route *f*
**Straßenbahn** *f* tram[way] *m*
**Straßenkarte** *f* carte *f* routière
**Strauch** [ʃtraux] <-[e]s, Sträucher> *m* arbuste *m*
**Strauß**[1] [ʃtraus] <-es, Sträuße> *m* bouquet *m*
**Strauß**[2] [ʃtraus] <-es, -e> *m* autruche *f*
**Strecke** ['ʃtrɛkə] <-, -n> *f* 1. (*Wegstrecke*) route *f*; **auf halber** ~ à mi-chemin 2. (*Entfernung*) distance *f* 3. (*Eisenbahnstrecke*) ligne *f* [de chemin de fer] 4. (*zurückgelegter Weg*) trajet *m*
**strecken** ['ʃtrɛkən] I. *vt* 1. (*Arm, Bein*) tendre 2. *fam* (*Suppe*) allonger II. *vr* **sich** ~ s'étirer
**streicheln** ['ʃtraiçəln] *vt* caresser

S

**streichen** ['ʃtraɪçən] *irr* I. *vt* 1. (*anstreichen*) peindre 2. (*schmieren*) **Butter aufs Brötchen ~** tartiner du beurre sur le petit pain 3. (*Namen*) rayer; (*Wort*) barrer II. *vi* **mit der Hand über etw** (*akk*) **~** passer la main sur qc

**Streichholz** *nt* allumette *f*

**Streife** ['ʃtraɪfə] <-, -n> *f* patrouille *f*

**streifen** ['ʃtraɪfən] *vt* effleurer

**Streifen** <-s, -> *m* 1. (*schmale Linie*) rayure *f;* (*breite Linie*) bande *f* 2. (*Striemen*) marque *f* 3. (*Stoffstreifen*) bande *f*

**Streik** [ʃtraɪk] <-[e]s, -s> *m* grève *f*

**streiken** *vi* faire grève

**Streit** [ʃtraɪt] <-[e]s, -e> *m* dispute *f*

**streiten** ['ʃtraɪtən] *vi, vr irr* **sich/mit jdm ~** se disputer/se disputer avec qn

**streng** [ʃtrɛŋ] I. *adj* 1. (*unnachsichtig*) sévère 2. (*Anweisung, Winter*) rigoureux(-euse); (*Diät*) draconien(ne); (*Bettruhe*) absolu(e); (*Geruch*) pénétrant(e) II. *adv* 1. (*bestrafen*) sévèrement 2. (*strikt*) strictement

**stressig** *adj fam* stressant(e)

**streuen** ['ʃtrɔyən] *vt* 1. (*Dünger*) épandre; (*Mehl*) saupoudrer 2. (*mit Sand/Salz: Straße*) sabler/saler

**Strich** [ʃtrɪç] <-[e]s, -e> *m* 1. (*Linie*) trait *m;* (*schräg, senkrecht*) barre *f* 2. *fam* (*Straßenstrich*) quartier *m* chaud; **auf den ~ gehen** faire le trottoir

**Strichpunkt** *m* point-virgule *m*

**stricken** ['ʃtrɪkən] *vt, vi* tricoter

**strikt** [ʃtrɪkt] *adj* catégorique

**Stroh** [ʃtro:] <-[e]s> *nt* paille *f*

**Strom** [ʃtro:m] <-[e]s, Ströme> *m* 1. ELEC courant *m* 2. (*breiter Fluss*) fleuve *m*

**stromabwärts** *adv* en aval

**stromaufwärts** *adv* en amont

**Stromausfall** *m* panne *f* de courant

**Strömung** <-, -en> *f* courant *m*

**Strudel** ['ʃtru:dəl] <-s, -> *m* tourbillon *m*

**Strumpf** [ʃtrʊmpf] <-[e]s, Strümpfe> *m* 1. (*Kniestrumpf*) chaussette *f* 2. (*Damenstrumpf*) bas *m*

**Strumpfhose** *f* collant *m*

**Stück** [ʃtʏk] <-[e]s, -e> *nt* 1. morceau *m;* **etw in ~e reißen** déchirer qc en mille morceaux 2. (*einer Schnur, Straße*) bout *m* 3. (*eines Textes*) partie *f* 4. (*wertvoller Gegenstand, Theaterstück*) pièce *f*

**Student(in)** [ʃtu'dɛnt] <-en, -en> *m(f)* étudiant(e) *m(f)*

**Studie** ['ʃtu:diə] <-, -n> *f* étude *f*

**studieren*** [ʃtu'di:rən] I. *vi* faire des études [supérieures] II. *vt* étudier

**Studium** ['ʃtu:diʊm] <-s, Studien> *nt* études *fpl* [supérieures]

**Stufe** [ˈʃtu:fə] <-, -n> *f* 1. (*einer Treppe*) marche *f;* (*einer Entwicklung*) phase *f* 2. (*Niveau*) niveau *m*
**Stuhl** [ʃtu:l] <-[e]s, Stühle> *m* 1. chaise *f* 2. (*Behandlungsstuhl*) fauteuil *m*
**stumm** [ʃtʊm] I. *adj* 1. muet(te) 2. (*schweigsam*) ~ **werden/sein** se taire/être silencieux II. *adv* silencieusement
**stumpf** [ʃtʊmpf] *adj* 1. (*Klinge*) émoussé(e) 2. (*Bleistift*) usé(e) 3. (*Haare*) terne
**Stunde** [ˈʃtʊndə] <-, -n> *f* heure *f;* **bis zur** ~ à l'heure qu'il est
**Stundenkilometer** *Pl* kilomètres-heure *mpl* **Stundenplan** *m* emploi *m* du temps
**stur** [ʃtu:ɐ̯] I. *adj* (*dickköpfig*) entêté(e) II. *adv* (*uneinsichtig*) obstinément
**Sturm** [ʃtʊrm] <-[e]s, Stürme> *m* (*starker Wind*) tempête *f*
**stürmen** [ˈʃtʏrmən] I. *vi* **es stürmt** la tempête fait rage II. *vt* **etw** ~ prendre d'assaut qc
**stürmisch** [ˈʃtʏrmɪʃ] I. *adj* (*Tag*) de tempête; (*Meer*) déchaîné(e); (*Begrüßung*) frénétique II. *adv* (*begrüßen*) frénétiquement
**Sturz** [ʃtʊrt͡s] <-es, Stürze> *m* chute *f*
**stürzen** [ˈʃtʏrt͡sən] I. *vi* 1. (*fallen*) tomber 2. (*rennen*) bondir II. *vt* (*Regierung*) renverser III. *vr* 1. **sich aus dem Fenster** ~ se jeter par la fenêtre 2. *fig* **sich auf jdn/etw** ~ se précipiter sur qn/qc
**Stute** [ˈʃtu:tə] <-, -n> *f* jument *f*
**stützen** [ˈʃtʏt͡sən] I. *vt* soutenir II. *vr* **sich auf jdn/etw** ~ *a. fig* s'appuyer sur qn/qc
**Subjekt** [zʊpˈjɛkt] <-[e]s, -e> *nt* 1. LING sujet *m* 2. *pej* (*übler Mensch*) individu *m*
**subjektiv** [zʊpjɛkˈti:f] *adj* subjectif(-ive)
**Suche** [ˈzu:xə] <-, -en> *f* **auf der** ~ **nach etw sein** être à la recherche de qc
**suchen** [ˈzu:xən] I. *vt* 1. chercher 2. **er hat hier nichts zu** ~! *fam* il n'a rien à foutre ici! II. *vi* chercher; **nach jdm/etw** ~ être à la recherche de qn/qc
**Sucht** [zʊxt] <-, Süchte> *f* MED dépendance *f;* (*Rauschgiftsucht*) toxicomanie *f*
**süchtig** [ˈzʏçtɪç] *adj* 1. MED dépendant(e); (*rauschgiftsüchtig*) toxicomane 2. (*versessen*) ~ **nach etw sein** être avide de qc
**Süchtige(r)** *f(m)* toxicomane *mf*
**Südafrika** *nt* l'Afrique *f* du Sud **Südafrikaner(in)** *m(f)* Sud-Africain(e) *m(f)* **Südamerika** *nt* l'Amérique *f* du Sud **Südamerikaner(in)** *m(f)* Sud-Américain(e) *m(f)* **süddeutsch** *adj* de l'Allemagne du Sud **Süddeutschland** *nt* l'Allemagne *f* du Sud

S

**Süden** ['zy:dən] <-s> *m* sud *m*

**Südeuropa** *nt* l'Europe *f* du Sud **Südeuropäer(in)** *m(f)* Européen(ne) *m(f)* du Sud **Südfrankreich** *nt* Midi *m* **südfranzösisch** *adj* du sud de la France **südländisch** *adj* méditerranéen(ne)

**südlich** I. *adj* du sud II. *präp* + *gen* au sud de

**Südosten** *m* sud-est *m* **südöstlich** I. *adj* [situé(e) au] sud-est; **in ~er Richtung** en direction du sud-est II. *präp* + *gen* au sud-est de **Südpol** *m* **der ~** le pôle Sud **Südsee** *f* **die ~** les mers *fpl* du Sud **Südtirol** *nt* le Tyrol du Sud **Südwesten** *m* sud-ouest *m* **südwestlich** I. *adj* [situé(e) au] sud-ouest; **in ~er Richtung** en direction du sud-ouest II. *präp* + *gen* au sud-ouest de

**Sülze** ['zʏltsə] <-, -n> *f* gelée *f*

**Summe** ['zʊmə] <-, -n> *f* **1.** MATH total *m* **2.** FIN somme *f*

**Sumpf** [zʊmpf] <-[e]s, Sümpfe> *m* marais *m*

**Sünde** ['zʏndə] <-, -n> *f* **1.** REL péché *m* **2.** (*Fehltritt*) faute *f*

**sündigen** *vi* REL pécher

**super** ['zu:pɐ] *fam* I. *adj* super II. *adv* (*klingen*) super bien

**Supermarkt** *m* supermarché *m*

**Suppe** ['zʊpə] <-, -n> *f* soupe *f*

**Surfbrett** *nt* surf *m;* (*Windsurfbrett*) planche *f* à voile

**surfen** ['sœ:ɐ̯fən] *vi a.* INFORM surfer; (*windsurfen*) faire de la planche à voile

**Surfer(in)** ['sœrfɐ] <-s, -> *m(f)* surfeur(-euse) *m(f);* (*Windsurfer*) [véli]planchiste *mf*

**süß** [zy:s] *adj* **1.** sucré(e); (*Wein*) doux(douce) **2.** (*Kind*) mignon(ne)

**Süße(r)** *f(m)* chéri(e) *m*

**süßen** *vt, vi* sucrer

**Süßigkeit** <-, -en> *f* sucrerie *f*

**süßsauer** ['zy:s'zauɐ] *adj* (*Speise*) aigre-doux(douce) **Süßstoff** *m* aspartam[e] *m*

**symbolisieren*** [zʏmbolizi:rən] *vt* symboliser

**sympathisieren*** [zʏmpati'zi:rən] *vi* sympathiser

**Syrien** ['zy:riən] <-s> *nt* la Syrie

**syrisch** *adj* syrien(ne)

**Szene** ['stse:nə] <-, -n> *f* **1.** (*Theaterszene*) scène *f* **2.** (*Bereich*) milieux *mpl*

# T

**T, t** [te:] <-, -> *nt* T *m*/t *m*

**Tabak** ['tabak] <-s, -e> *m* tabac *m*

**Tabelle** [ta'bɛlə] <-, -n> *f* tableau *m*

**Tablett** [ta'blɛt] <-[e]s, -s> *nt*

plateau *m*

**Tablette** [ta'blɛtə] <-, -n> *f* comprimé *m*

**Tabu** <-s, -s> *nt geh* tabou *m*

**Tafel** ['ta:fəl] <-, -n> *f* **1.** (*Wandtafel*) tableau *m* **2.** (*Gedenktafel*) plaque *f* **3.** (*rechteckiges Stück*) **eine ~ Schokolade** une tablette de chocolat

**Tag** [ta:k] <-[e]s, -e> *m* **1.** jour *m;* **der ~ X** le jour J; **guten ~!** bonjour! **2.** (*Tagesverlauf*) journée *f;* **am ~** dans la journée; **den ganzen ~** [lang] toute la journée

**Tagebuch** *nt* journal *m* [intime]

**tagelang** **I.** *adj* qui dure des jours entiers **II.** *adv* [pendant] des journées entières

**Tageskarte** *f* GASTR menu *m* du jour **Tagesmutter** *f* nourrice *f* **Tageszeitung** *f* quotidien *m*

**täglich** ['tɛ:klɪç] *adj* quotidien(ne)

**tagsüber** *adv* pendant la journée

**Takt** [takt] <-[e]s, -e> *m* **1.** MUS mesure *f* **2.** (*Feingefühl*) tact *m*

**taktlos** **I.** *adj* dénué(e) de tact **II.** *adv* sans [le moindre] tact

**Tal** [ta:l] <-[e]s, Täler> *nt* vallée *f*

**talentiert** [talɛn'ti:ɐt] *adj* qui a du talent

**Tank** [taŋk] <-s, -s> *m* **1.** (*Benzintank*) réservoir *m* **2.** (*Flüssigkeitsbehälter*) citerne *f*

**tanken** **I.** *vi* prendre de l'essence **II.** *vt* **zehn Liter/bleifrei ~** prendre dix litres [d'essence]/du sans plomb; **voll ~** (*Auto*) faire le plein de

**Tanker** <-s, -> *m* pétrolier *m*

**Tankstelle** *f* station-service *f*

**Tankwart(in)** *m(f)* pompiste *mf*

**Tanne** ['tanə] <-, -n> *f* sapin *m*

**Tannenbaum** *m* sapin *m* [de Noël] **Tannenzapfen** *m* pomme *f* de pin

**Tante** ['tantə] <-, -n> *f* tante *f*

**Tanz** [tants] <-es, Tänze> *m* danse *f*

**tanzen** [tantsən] *vt, vi* danser

**Tänzer(in)** ['tɛntsɐ] <-s, -> *m(f)* danseur(-euse) *m(f)*

**Tanzfläche** *f* piste *f* [de danse]

**Tapete** [ta'pe:tə] <-, -n> *f* papier *m* peint

**tapezieren*** [tape'tsi:rən] *vt* tapisser

**tapfer** ['tapfɐ] *adj* (*Verhalten*) courageux(-euse)

**Tasche** ['taʃə] <-, -n> *f* **1.** (*an der Kleidung*) poche *f* **2.** (*Tragetasche*) sac *m* **Taschendieb(in)** *m(f)* pickpocket *mf* **Taschenlampe** *f* lampe *f* de poche **Taschenrechner** *m* calculette *f* **Taschentuch** *nt* mouchoir *m*

**Tasse** ['tasə] <-, -n> *f* tasse *f*

**Tastatur** [tasta'tu:ɐ] <-, -en> *f* clavier *m*

**Taste** ['tastə] <-, -n> *f* touche *f*

**tasten** ['tastən] **I.** *vi* **nach etw ~** chercher qc à tâtons **II.** *vt* (*Schwellung*) sentir en palpant

**Tat** [ta:t] <-, -en> *f* **1.** acte *m* **2.** (*Straftat*) délit *m* **3. in der ~!** effectivement!

**Täter(in)** ['tɛ:tɐ] <-s, -> *m(f)* coupable *mf*

**tätig** ['tɛ:tɪç] *adj* **1. als etw ~ sein** être employé comme qc **2.** (*Person*) actif(-ive)

**Tätigkeit** <-, -en> *f* activité *f*

**tätowieren*** [tɛto'vi:rən] *vt* tatouer

**Tatsache** *f* fait *m*

**tatsächlich** **I.** *adj* (*Ereignis*) réel(le); (*Grund*) véritable **II.** *adv* **1.** (*in Wirklichkeit*) en réalité **2.** (*wirklich*) réellement

**Tau** [tau̯] <-[e]s> *m* METEO rosée *f*

**taub** [taup] *adj* **1.** sourd(e) **2.** (*Körperteil*) insensible

**Taube** ['taubə] <-, -n> *f* pigeon *m*

**taubstumm** *adj* sourd(e)-muet(te)

**tauchen** ['tauxən] *vt, vi* plonger

**Taucher(in)** <-s, -> *m(f)* plongeur(-euse) *m(f)*

**Taufe** ['taufə] <-, -n> *f* baptême *m*

**taufen** *vt* baptiser

**tauschen** **I.** *vt* échanger **II.** *vi* faire un échange

**täuschen** ['tɔyʃən] *vt, vi, vr* [**sich**] **täuschen** [se] tromper

**tausend** ['tauzənt] *num* **1.** mille **2.** *fam* (*viele*) [tout] un tas de

**Tausender** <-s, -> *m* **1.** *fam* (*Geldschein*) billet *m* de mille **2.** MATH millier *m*

**tausendjährig** *adj* **1.** (*tausend Jahre alt*) millénaire **2.** (*tausend Jahre dauernd*) de mille ans **tausendmal** *adv* **1.** mille fois **2.** *fam* (*vielmals*) des tas et des tas de fois

**tausendste(r, s)** *adj* millième

**tausendstel** *adj* millième

**Team** [ti:m] <-s, -s> *nt* équipe *f*

**Techniker(in)** <-s, -> *m(f)* technicien(ne) *m(f)*

**technisch** **I.** *adj* technique **II.** *adv* sur le plan technique

**Tee** [te:] <-s, -s> *m* **1.** thé *m* **2.** (*Kräutertee*) tisane *f*

**Teebeutel** *m* sachet *m* de thé **Teekanne** *f* théière *f* **Teelöffel** *m* **1.** petite cuillère *f* **2.** (*Menge*) **ein ~ Zucker** une cuillerée à café de sucre

**Teer** [te:ɐ̯] <-[e]s, -e> *m* goudron *m*

**Teich** [taiç] <-[e]s, -e> *m* étang *m*

**Teig** [taik] <-[e]s, -e> *m* pâte *f*

**Teil**[1] [tail] <-[e]s, -e> *m o nt* **1.** partie *f* **2.** (*Anteil*) part *f*

**Teil**[2] <-[e]s, -e> *nt* (*eines Geräts*) pièce *f*

**teilen** **I.** *vt* **1.** (*aufteilen*) partager **2.** MATH **durch vier ~** diviser par quatre **II.** *vr* **sich ~** se séparer **III.** *vi* partager

**teil|haben** *vi irr* prendre part **Teilhaber(in)** <-s, -> *m(f)* associé(e) *m(f)*

**teil|nehmen** *vi irr* participer

**Teilnehmer(in)** <-s, -> *m(f)* 1. participant(e) *m(f)* 2. TELEC abonné(e) *m(f)*

**teilweise** I. *adv* partiellement II. *adj* partiel(le)

**Telefon** [tele'fo:n] <-s, -e> *nt* téléphone *m*

**Telefonbuch** *nt* annuaire *m* [téléphonique]

**telefonieren*** [telefo'ni:rən] *vi* **mit jdm ~** téléphoner à qn **Telefonzelle** *f* cabine *f* téléphonique

**Teller** ['tɛlɐ] <-s, -> *m* assiette *f*

**Tempel** ['tɛmpəl] <-s, -> *m* temple *m*

**Temperatur** [tɛmpəra'tu:ɐ̯] <-, -en> *f a.* MED température *f*

**Tempo** ['tɛmpo] <-s, -s> *nt* 1. vitesse *f* 2. MUS tempo *m*

**Teppich** ['tɛpɪç] <-s, -e> *m* tapis *m*

**Teppichboden** *m* moquette *f*

**Termin** [tɛr'mi:n] <-s, -e> *m* 1. (*Uhrzeit*) rendez-vous *m*; **sich** (*dat*) **einen ~ geben lassen** prendre rendez-vous 2. (*Datum*) date *f*

**Terminkalender** *m* agenda *m*

**terrorisieren*** [tɛrori'zi:rən] *vt* terroriser

**Tesafilm®** ['te:zafɪlm] *m* scotch® *m*

**testen** ['tɛstən] *vt* tester

**Tetanus** ['tɛtanʊs] <-> *m* tétanos *m*

**teuer** ['tɔyɐ] I. *adj* cher(chère) II. *adv* cher

**Teufel** ['tɔyfəl] <-s, -> *m* 1. diable *m* 2. (*böser Mensch*) démon *m*

**Teufelskreis** *m* cercle *m* vicieux

**teuflisch** ['tɔyflɪʃ] *adj* diabolique

**Text** [tɛkst] <-[e]s, -e> *m* texte *m*

**Thailand** ['tailant] *nt* la Thaïlande

**Theater** [te'a:tɐ] <-s, -> *nt* théâtre *m*

**Theke** ['te:kə] <-, -n> *f* bar *m*; (*Ladentisch*) comptoir *m*

**Thema** ['te:ma] <-s, Themen> *nt* sujet *m*

**Theologe** [teo'lo:gə] <-n, -n> *m*, **Theologin** *f* théologien(ne) *m(f)*

**theoretisch** [teo're:tɪʃ] *adj* théorique

**Therapeut(in)** [tera'pɔyt] <-en, -en> *m(f)* thérapeute *mf*

**Therapie** [tera'pi:] <-, -n> *f* thérapie *f*

**Thermometer** [tɛrmo'me:tɐ] <-s, -> *nt* thermomètre *m*

**Thermosflasche®** ['tɛrmɔsflaʃə] *f* [bouteille *f*] thermos® *f*

**Thron** [tro:n] <-[e]s, -e> *m* trône *m*

**Thüringen** ['ty:rɪŋən] <-s> *nt* la Thuringe

**Thymian** ['ty:mia:n] <-s, -e> *m* thym *m*

**Ticket** <-s, -s> *nt* billet *m*

**tief** [ti:f] I. *adj* 1. profond(e);

(*Schnee*) épais(se); **hundert Meter** ~ de cent mètres de profondeur **2.** (*Temperatur*) bas(se) **3.** (*Stimme*) grave **II.** *adv* **1.** profondément **2.** (*hängen*) bas

**Tief** <-[e]s, -e> *nt a.* METEO dépression *f*

**tiefgekühlt** *adj* congelé(e) **Tiefkühlkost** *f* [produits *mpl*] surgelés *mpl* **Tiefkühlschrank** *m* congélateur *m* [armoire]

**Tier** [tiːɐ̯] <-[e]s, -e> *nt* animal *m*

**Tierarzt** *m*, **-ärztin** *f* vétérinaire *mf*

**Tierheim** *nt* refuge *m* [pour animaux]

**tierisch** **I.** *adj* **1.** animal(e) **2.** *fam* (*sehr*) terrible **II.** *adv fam* comme une bête; (*wehtun*) vachement

**Tiger(in)** [ˈtiːgɐ] <-s, -> *m(f)* tigre(sse) *m(f)*

**Tinte** [ˈtɪntə] <-, -n> *f* encre *f*

**Tipp** [tɪp] <-s, -s> *m fam* (*Hinweis*) tuyau *m*

**tippen** [ˈtɪpən] **I.** *vi* **1.** *fam* (*Schreibmaschine schreiben*) taper [à la machine] **2.** *fam* (*vorhersagen*) parier **II.** *vt fam* **1.** (*Text*) taper **2.** (*wetten*) jouer

**Tirol** [tiˈroːl] <-s> *nt* le Tyrol

**Tisch** [tɪʃ] <-[e]s, -e> *m* table *f*

**Tischdecke** *f* nappe *f*

**Tischler(in)** [ˈtɪʃlɐ] <-s -> *m(f)* menuisier(-ière) *m(f)*

**Titel** [ˈtiːtəl] <-s, -> *m* titre *m*

**toasten** [ˈtoːstn] *vt* faire griller

**toben** [ˈtoːbən] *vi* **1.** (*wütend*) fulminer; (*begeistert*) être déchaîné **2.** (*Kinder*) se défouler; (*Sturm*) faire rage

**Tochter** [ˈtɔxtɐ] <-, Töchter> *f* fille *f*

**Tod** [toːt] <-[e]s, -e> *m* **1.** mort *f* **2. sich zu ~e langweilen** s'ennuyer à mourir

**Todesfall** *m* décès *m*

**tödlich** [ˈtøːtlɪç] **I.** *adj* mortel(le); (*Gefahr*) de mort **II.** *adv* **1.** ~ **verunglücken** avoir un accident mortel **2.** *fam* à mort

**Toilette** [toaˈlɛtə] <-, -n> *f* toilettes *fpl*, W.-C. *mpl*

**Toilettenpapier** *nt* papier *m* hygiénique

**toll** [tɔl] **I.** *adj fam* extra; (*Idee*) super **II.** *adv fam* (*wild*) de façon débridée

**Ton¹** <-[e]s, -e> *m* MINER argile *f*

**Ton²** [toːn] <-[e]s, Töne> *m* **1.** son *m* **2.** *fam* (*Wort*) mot *m*

**tönen** [ˈtøːnən] *vt* (*Haare*) teindre

**Tonne** [ˈtɔnə] <-, -n> *f* **1.** fût *m*; (*Mülltonne*) poubelle *f* **2.** (*Maßeinheit*) tonne *f*

**Tönung** <-, -en> *f* (*Farbton*) teinte *f*

**Top** [tɔp] <-s, -s> *nt* COUT débardeur *m*

**Topf** [tɔp͡f] <-[e]s, Töpfe> *m* **1.** (*Kochtopf*) casserole *f* **2.** (*Blumen-, Nachttopf*) pot *m*

**Töpferei** [tœp͡fəˈra͜i] <-, -en> *f* [atelier *m* de] poterie *f*

**Tor** [toːɐ̯] <-[e]s, -e> *nt* **1.** porte *f* **2.** SPORT buts *mpl*

**Torte** [ˈtɔrtə] <-, -n> *f* (*Obsttorte*) tarte *f;* (*Cremetorte*) gâteau *m*

**Torwart** [ˈtoːɐ̯vart] *m,* **-frau** *f* gardien(ne) *m(f)* [de but]

**tot** [toːt] *adj* mort(e)

**total** [toˈtaːl] **I.** *adj* complet(-ète) **II.** *adv fam* totalement

**Tote(r)** *f(m)* mort(e) *m(f);* (*Unfallopfer*) tué(e) *m(f)*

**töten** [ˈtøːtən] *vt* tuer

**Tour** [tuːɐ̯] <-, -en> *f* **1.** (*Reise*) excursion *f* **2.** (*Fahrt*) tournée *f* **3.** *Pl* (*Umdrehung*) tour *m* **4.** *fam* (*Vorgehen*) magouille *f*

**Tourist(in)** [tuˈrɪst] <-en, -en> *m(f)* touriste *mf*

**Tracht** [traxt] <-, -en> *f* costume *m*

**traditionell** [traditsi̯oˈnɛl] *adj* traditionnel(le)

**träge** *adj* mou(molle)

**tragen** [ˈtraːgən] *irr* **I.** *vt* **1.** porter **2.** (*Früchte*) donner **II.** *vi* **1.** (*Baum*) donner **2.** (*trächtig sein*) être en gestation

**tragisch** *adj* tragique

**Tragödie** [traˈgøːdi̯ə] <-, -n> *f* tragédie *f*

**Trainer(in)** <-s, -> *m(f)* entraîneur(-euse) *m(f)*

**trainieren*** [trɛˈniːrən] **I.** *vt* **1.** (*Sportler*) entraîner **2.** (*Sportart*) s'entraîner à **II.** *vi* s'entraîner

**Training** [ˈtrɛːnɪŋ] <-s, -s> *nt* entraînement *m*

**Traktor** [ˈtraktoːɐ̯] <-s, -toren> *m* tracteur *m*

**trampeln** [ˈtrampəln] *vi* piétiner

**trampen** [ˈtrɛmpən] *vi* faire du stop

**Tramper(in)** [ˈtrɛmpɐ] <-s, -> *m(f)* auto-stoppeur(-euse) *m(f)*

**Träne** [ˈtrɛːnə] <-, -n> *f* larme *f*

**transportieren** [transpɔrˈtiːrən] *vt* transporter

**Transvestit** [transvɛsˈtiːt] <-en, -en> *m* travesti *m*

**Traube** [ˈtrau̯bə] <-, -n> *f* **1.** (*einzelne Traube*) grain *m* **2.** *Pl* (*Weintrauben*) raisin *m*

**trauen** [ˈtrau̯ən] **I.** *vi* **jdm ~** faire confiance à qn; **einer S.** (*dat*) **~** croire à qc **II.** *vt* (*Paar*) marier **III.** *vr* **sich ~ etw zu tun** oser faire qc

**trauern** *vi* **um jdn ~** porter le deuil de qn

**Traum** [trau̯m] <-[e]s, Träume> *m* rêve *m*

**Trauma** [ˈtrau̯ma] <-s, Traumen> *nt* traumatisme *m*

**träumen** [ˈtrɔy̯mən] *vt, vi a. fig* rêver; **etwas Schönes ~** faire de beaux rêves

**traurig** [ˈtrau̯rɪç] *adj* triste

**treffen** [ˈtrɛfən] *irr* **I.** *vt* **1.** (*begegnen*) rencontrer **2.** (*Ziel*) atteindre **3.** (*innerlich berühren*) toucher **4.** (*Maßnahmen*) prendre; (*Vorbereitungen*) faire **II.** *vi* (*das Ziel treffen: Person*)

T

atteindre son objectif; (*Schuss*) toucher sa cible **III.** *vr* **1. sich ~** (*Personen*) se rencontrer; **sich mit jdm ~** rencontrer qn **2.** (*sich fügen*) **das trifft sich [gut]** ça tombe bien

**Treffen** <-s, -> *nt* rencontre *f*

**Treffer** <-s, -> *m* **1.** (*Schuss*) coup *m* réussi **2.** (*Tor*) but *m;* (*Boxhieb*) coup *m* de poing

**Treffpunkt** *m* [lieu *m* de] rendez-vous *m*

**treiben** ['traibən] *irr* **I.** *vt* **1.** *a. fig* pousser; **auseinander ~** (*Menge*) disperser **2.** (*Handel*) faire **3. es mit jdm ~** *fam* baiser avec qn **II.** *vi* **1.** (*Boot*) dériver **2.** BOT bourgeonner

**Treibstoff** *m* carburant *m*

**Trend** [trɛnt] <-s, -s> *m* tendance *f*

**trennen** ['trɛnən] **I.** *vt* **1.** séparer **2.** (*Wort*) couper **II.** *vr* **sich ~** se séparer **III.** *vi* (*unterscheiden*) faire la différence

**Trennung** <-, -en> *f* **1.** séparation *f* **2.** (*Unterscheidung*) distinction *f*

**Treppe** ['trɛpə] <-, -n> *f* escalier *m*

**Treppenhaus** *nt* cage *f* d'escalier

**Tresor** [tre'zoːɐ̯] <-s, -e> *m* coffre-fort *m*

**Tretboot** *nt* pédalo *m*

**treten** ['treːtən] *irr* **I.** *vt* **1.** donner un coup de pied à **2.** (*Pedal*) appuyer sur **II.** *vi* **1.** (*Person*) donner des coups de pieds **2.** (*gehen*) **in/auf etw** (*akk*) **~** (*Person*) marcher dans/sur qc

**treu** [trɔy] *adj* fidèle

**Treue** <-> *f* fidélité *f*

**Trick** [trɪk] <-s, -s> *m* truc *m*

**Trickfilm** *m* dessin *m* animé

**Trieb** [triːp] <-[e]s, -e> *m* impulsion *f*

**trinken** ['trɪŋkən] *vt, vi irr* boire; **auf jdn ~** boire à la santé de qn

**Trinker(in)** <-s, -> *m(f)* ivrogne *mf*

**Trinkgeld** *nt* pourboire *m*

**Trinkwasser** *nt* eau *f* potable

**Tritt** [trɪt] <-[e]s, -e> *m* coup *m* de pied

**Triumph** [tri'ʊmf] <-[e]s, -e> *m* triomphe *m*

**trocken** ['trɔkən] *adj* sec(sèche); (*Sekt*) brut(e)

**trocken|legen** *vt* **1.** (*Baby*) changer **2.** (*Sumpf*) assécher

**trocknen** ['trɔknən] *vt, vi* sécher

**Trockner** <-s, -> *m* sèche-linge *m*

**Trödler(in)** <-s, -> *m(f)* brocanteur(-euse) *m(f)*

**Trommel** ['trɔməl] <-, -n> *f* tambour *m*

**Trommelfell** *nt* tympan *m*

**trommeln** **I.** *vi* **1.** jouer du tambour **2.** (*klopfen: Person*) tambouriner **II.** *vt* (*Marsch*) tambouriner; (*Takt*) battre

**Trompete** [trɔm'peːtə] <-, -n> *f* trompette *f*

**tröpfeln** ['trœpfəln] *vi* **1.** goutter **2. es tröpfelt** il tombe des gouttes

**tropfen** ['trɔpfən] *vi* goutter

**Tropfen** <-s, -> *m* goutte *f*

**tropisch** *adj* tropical(e)

**Trost** [tro:st] <-[e]s> *m* consolation *f*

**trösten** ['trø:stən] *vt, vr* [**sich**] ~ [se] consoler

**trotz** [trɔts] *präp + gen* malgré

**trotzdem** *adv* tout de même

**trübe** *adj* **1.** (*Flüssigkeit*) trouble; (*Fensterscheibe*) terne **2.** (*Wetter*) maussade **3.** (*Stimmung*) sombre

**Trüffel** ['trʏfəl] <-, -n> *f* truffe *f*

**trügen** ['try:gən] *irr* **I.** *vt* tromper **II.** *vi* être trompeur

**Trümmer** ['trʏmɐ] *Pl* ruines *fpl*

**Truppe** ['trʊpə] <-, -n> *f* troupe *f*

**Truthahn** ['tru:tha:n] *m* dindon *m*

**Tscheche** ['tʃɛçə] <-n, -n> *m*, **Tschechin** *f* Tchèque *mf*

**Tschechien** ['tʃɛçiən] <-s> *nt* la République tchèque

**tschechisch** **I.** *adj* tchèque **II.** *adv* en tchèque

**Tschechisch** <-[s]> *nt* tchèque *m*

**tschüs[s]** [tʃʏs] *interj fam* salut

**Tuch** [tu:x] <-[e]s, Tücher> *nt* **1.** COUT foulard *m* **2.** (*Putztuch*) chiffon *m*

**Tugend** ['tu:gənt] <-, -en> *f* vertu *f*

**Tulpe** ['tʊlpə] <-, -n> *f* tulipe *f*

**Tumor** ['tu:mo:ɐ] <-s, Tumoren> *m* tumeur *f*

**Tümpel** ['tʏmpəl] <-s, -> *m* mare *f*

**tun** [tu:n] *irr* **I.** *vt* **1.** (*machen*) faire **2.** *fam* (*legen, stellen*) mettre **II.** *vr* **es tut sich etwas** il se passe quelque chose **III.** *vi* (*wirken*) **gut** ~ faire du bien

**Tunesien** [tu'ne:ziən] <-s> *nt* la Tunisie

**Tunesier(in)** [tu'ne:ziɐ] <-s, -> *m(f)* Tunisien(ne) *m(f)*

**tunesisch** *adj* tunisien(ne)

**Tunfisch** ['tu:nfɪʃ] *m* thon *m*

**tunken** *vt* tremper

**Tür** [ty:ɐ] <-, -en> *f* **1.** porte *f* **2.** (*Fahrzeugtür*) portière *f*

**Türke** ['tʏrkə] <-n, -n> *m*, **Türkin** *f* Turc(Turque) *m(f)*

**Türkei** [tʏr'kai] <-> *f* **die** ~ la Turquie

**türkis** [tʏr'ki:s] *adj* turquoise

**türkisch** ['tʏrkɪʃ] **I.** *adj* turc (turque) **II.** *adv* en turc

**Türkisch** <-[s]> *nt* turc *m*

**Turm** [tʊrm] <-[e]s, Türme> *m* **1.** *a.* SPIEL tour *f* **2.** (*Glockenturm*) clocher *m*

**türmen** ['tʏrmən] *vt* empiler

**Turnen** <-s> *nt* gymnastique *f*; (*Sportunterricht*) E.P.S. *f*

**Turnhalle** *f* gymnase *m*

**Turnier** [tʊr'ni:ɐ] <-s, -e> *nt* tournoi *m*

**Turnschuh** *m* chaussure *f* de sport

**turteln** ['tʊrtəln] *vi* roucouler

**Tüte** ['ty:tə] <-, -n> *f* sac *m;* (*klein*) sachet *m*

**TÜV** [tʏf] <-, -[s]> *m Abk von* **Technischer Überwachungs-Verein** centre *m* de contrôle technique

**Typ** [ty:p] <-s, -en> *m* **1.** individu *m;* (*Art*) type *m* **2.** *fam* (*Kerl*) mec *m*

**typisch** ['ty:pɪʃ] **I.** *adj* typique **II.** *adv* typiquement

**tyrannisieren*** [tyrani'zi:rən] *vt* tyranniser

# U

**U, u** [u:] <-, -> *nt* U *m*/u *m*

**U-Bahn** ['u:ba:n] *f* métro *m*

**übel** ['y:bəl] **I.** *adj* **1.** mauvais(e) **2.** (*schlecht*) **jdm ist/wird ~** qn a mal au cœur **II.** *adv* **1.** mal **2.** (*riechen, schmecken*) mauvais

**üben** ['y:bən] **I.** *vt* s'exercer à **II.** *vi* travailler; (*trainieren*) s'entraîner

**über** ['y:bɐ] **I.** *präp + dat* **1.** au-dessus de **2.** (*zusätzlich zu*) par-dessus **II.** *präp + akk* **1.** au-dessus de **2.** (*quer hinüber*) **~ die Straße gehen** traverser la rue; **~ den Zaun schauen** regarder par-dessus la clôture **3.** (*betreffend*) sur **4.** (*in Höhe von*) **ein Scheck ~ hundert Euro** un chèque de cent euros **5.** (*durch, mittels*) par **6.** (*Dauer*) **~ Ostern verreisen** partir pour Pâques **III.** *adv* de plus de

**überall** [y:bɐ'ʔal] *adv* partout

**überanstrengen*** [y:bɐ'ʔanʃtrɛŋən] *vr* **sich ~** se surmener

**überarbeiten*** [y:bɐ'ʔarbaitən] *vt* remanier

**Überblick** *m* (*Sicht*) **~ über etw** (*akk*) vue *f* d'ensemble de qc

**Überdosis** *f* surdose *f;* (*bei Drogen*) overdose *f*

**übereinander** [y:bɐʔai'nandɐ] *adv* **~ reden** parler l'un sur l'autre

**übereinander|legen** *vt* entasser

**übereinander|liegen** *vt* être posés l'un sur l'autre

**übereinander|schlagen** *vt* (*Beine*) croiser

**überein|stimmen** *vi* **1.** convenir **2.** (*sich gleichen*) être conforme

**überfahren*** [y:bɐ'fa:rən] *vt irr* **1.** écraser **2.** (*Ampel*) brûler

**Überfahrt** *f* traversée *f*

**Überfall** *m* **der ~ auf jdn/etw** l'agression *f* de qn/l'attaque *f* de qc

**überfallen*** [y:bɐ'falən] *vt irr* (*Person*) agresser; (*Bank*) attaquer

**Überfluss** *m* [sur]abondance *f*

**überflüssig** *adj* superflu
**überfordern*** [y:bɐ'fɔrdɐn] *vt* **jdn ~** en demander trop à qn; **überfordert sein** être dépassé
**überfüllt** [y:bɐ'fʏlt] *adj* surchargé(e); (*Gebäude*) bondé(e)
**Übergang** <-gänge> *m* passage *m*
**übergeben*** [y:bɐ'ge:bən] *irr* I. *vt* (*überreichen*) remettre II. *vr* **sich ~** vomir
**überhaupt** [y:bɐ'haupt] *adv* 1. (*eigentlich*) **was fällt dir ~ ein?** qu'est-ce qui te prend? 2. (*abgesehen davon, zudem*) vraiment 3. (*ganz und gar*) **~ nicht** [pas] du tout
**überholen*** [y:bɐ'ho:lən] *vt, vi* doubler
**überladen*** [y:bɐ'la:dən] *vt irr* surcharger
**überlassen*** [y:bɐ'lasən] *vt irr* laisser
**über|laufen** [y:bɐ'laufən] *vi irr* (*Flüssigkeit*) déborder
**überleben*** [y:bɐ'le:bən] *vt, vi* survivre
**Überlebende(r)** *f(m)* survivant(e) *m(f)*
**überlegen*** [y:bɐ'le:gən] I. *vi* réfléchir II. *vt* [**sich** (*dat*)] **etw ~** réfléchir à qc
**übermäßig** I. *adj* extrême II. *adv* trop
**übermorgen** *adv* après-demain; **~ früh/Abend** après-demain matin/soir
**übernachten*** [y:bɐ'naxtən] *vi* passer la nuit
**Übernachtung** <-, -en> *f* **~ mit Frühstück** nuit[ée] *f* avec petit-déjeuner
**übernehmen*** [y:bɐ'ne:mən] *irr* I. *vt* 1. reprendre 2. (*Verantwortung*) assumer; (*Auftrag*) accepter II. *vr* **sich ~** vouloir trop en faire III. *vi* prendre le relais
**überprüfen*** [y:bɐ'pry:fən] *vt* 1. contrôler; (*Bewerber*) examiner 2. (*Angabe*) vérifier l'exactitude de 3. (*Motor*) réviser
**überqueren*** [y:bɐ'kve:rən] *vt* traverser
**überraschen*** [y:bɐ'raʃən] *vt* surprendre
**überraschend** I. *adj* inattendu(e) II. *adv* (*besuchen*) à l'improviste; (*sterben*) subitement
**Überraschung** <-, -en> *f* surprise *f*
**überreden*** [y:bɐ're:dən] *vt* convaincre
**überschätzen*** [y:bɐ'ʃɛtsən] *vt, vr* [**sich**] **~** [se] surestimer
**überschlagen*** [y:bɐ'ʃla:gən] *vr irr* **sich ~** 1. (*Fahrzeug*) faire un tonneau 2. (*Ereignisse*) se précipiter 3. *fam* (*übereifrig sein*) faire du zèle
**überschreiten*** [y:bɐ'ʃraitən] *vt irr* 1. (*Grenze*) franchir 2. *fig* (*Fähigkeiten*) dépasser
**Überschrift** *f* titre *m*
**überschütten*** [y:bɐ'ʃʏtən] *vt*

*fig* **mit Geschenken/Vorwürfen ~** couvrir de cadeaux/accabler de reproches

**überschwemmen*** [y:bɐ'ʃvɛmən] *vt a.* COM inonder

**übersehen*** [y:bɐ'ze:ən] *vt irr* (*nicht sehen*) ne pas voir

**übersetzen*** ['y:bɐzɛtsən] **I.** *vt* traduire **II.** *vi* faire une traduction

**Übersetzer(in)** *m(f)* traducteur(-trice) *m(f)*

**Übersetzung** <-, -en> *f* traduction *f*

**Übersiedler(in)** *m: immigré(e)* [*politique*] *de la RDA en RFA*

**überspringen*** ['y:bɐʃprɪŋən] *vt irr* **1.** franchir **2.** (*Lektion*) sauter

**überstehen*** [y:bɐ'ʃte:ən] *vt irr* (*Belastung*) surmonter

**Überstunde** *f* heure *f* supplémentaire

**übertragbar** [y:bɐ'tra:kba:ɐ̯] *adj* **1.** MED contagieux(-euse) **2.** (*Ausweis*) transmissible

**übertragen***[1] [y:bɐ'tra:gən] *irr* **I.** *vt* **1.** RADIO, TV diffuser **2.** MED **etw auf jdn ~** transmettre qc à qn **3.** (*Methode*) appliquer **II.** *vr* MED **sich ~** être contagieux; **sich auf jdn ~** se transmettre à qn

**übertragen**[2] **I.** *adj* (*Bedeutung*) figuré(e) **II.** *adv* au [sens] figuré

**Übertragung** <-, -en> *f* **1.** (*das Senden*) diffusion *f* **2.** (*Sendung*) retransmission *f*

**übertreiben*** [y:bɐ'traibən] *vt, vi irr* exagérer

**überwachen*** [y:bɐ'vaxən] *vt* surveiller

**überwältigen*** [y:bɐ'vɛltɪgən] *vt* maîtriser

**überwältigend** [y:bɐ'vɛltɪgənt] *adj* grandiose

**überweisen*** [y:bɐ'vaizən] *vt irr* (*Geld*) virer

**Überweisung** <-, -en> *f* **1.** (*Geldüberweisung*) virement *m* **2.** (*eines Patienten*) transfert *m*

**überwiegend** **I.** *adj* large **II.** *adv* plutôt

**überwinden*** [y:bɐ'vɪndən] *irr* **I.** *vt* **1.** surmonter **2.** (*Gegner*) vaincre **II.** *vr* **sich ~** faire un effort sur soi-même

**überzeugen*** [y:bɐ'tsɔygən] **I.** *vt* convaincre; **jdn davon ~, dass ...** persuader qn que ... **II.** *vi* (*Person*) être convaincant **III.** *vr* **sich von etw ~** s'assurer de qc

**Überzeugung** <-, -en> *f* conviction *f*

**überziehen*** ['y:bɐtsi:ən] *vt irr* **1.** (*bedecken*) recouvrir **2.** (*belasten*) **das Konto um hundert Euro ~** mettre son compte à découvert de cent euros

**üblich** ['y:plɪç] *adj* usuel(le); **wie ~** comme d'habitude

**U-Boot** ['u:bo:t] *nt* sous-marin *m*

**übrig** ['y:brɪç] **I.** *adj* **1.** (*restlich*) **die ~en Teilnehmer** les autres participants **2.** (*übrig bleibend*) **~ sein** rester **3. im Übrigen** du reste **II.** *adv* **~ bleiben** rester

**übrigens** [ˈyːbrɪgəns] *adv* **1.** (*nebenbei bemerkt*) au fait **2.** (*außerdem*) d'ailleurs

**Übung** [ˈyːbʊŋ] <-, -en> *f* exercice *m*

**Ufer** [ˈuːfɐ] <-s, -> *nt* rive *f*; (*Meeresufer*) côte *f*

**Uhr** [uːɐ̯] <-, -en> *f* **1.** (*öffentliche Uhr*) horloge *f*; (*Armbanduhr*) montre *f*; (*Wanduhr*) pendule *f* **2.** (*bei Zeitangaben*) **um drei ~** à trois heures; **um zwölf ~ mittags** à midi; **es ist fünf ~ früh** il est cinq heures du matin; **um wie viel ~?** à quelle heure?; **wie viel ~ ist es?** quelle heure est-il?

**Uhrmacher(in)** *m(f)* horloger (-ère) *m(f)* **Uhrzeit** *f* heure *f*

**Ukraine** [ukraˈiːnə] <-> *f* l'Ukraine *f*

**Ukrainer(in)** [ukraˈiːnɐ] <-s, -> *m(f)* Ukrainien(ne) *m(f)*

**ukrainisch** [ukraˈiːnɪʃ] **I.** *adj* ukrainien(ne) **II.** *adv* en ukrainien

**Ukrainisch** [ukraˈiːnɪʃ] <-[s]> *nt* ukrainien *m*

**Ultraschall** *m* **1.** PHYS ultrason *m* **2.** MED échographie *f*

**um** [ʊm] **I.** *präp + akk* **1.** (*örtlich*) **~ die Ecke** au coin de la rue; **~ den Park herum** autour du parc **2.** (*ungefähr*) environ **3.** (*Ausmaß*) **~ zehn Zentimeter größer sein** être plus long de dix centimètres **II.** *konj* **~ zu** pour **III.** *adv* **~ sein** être passé

**umarmen*** [ʊmˈʔarmən] *vt* serrer dans ses bras

**um|bauen** [ˈʊmbaʊ̯ən] **I.** *vt* transformer **II.** *vi* faire des transformations

**um|blättern** *vi* tourner la page

**um|bringen** *irr* **I.** *vt* tuer **II.** *vr* **sich ~** se suicider

**um|buchen** *vt, vi* modifier une réservation

**umdrehen** **I.** *vt* **1.** retourner **2.** (*Schlüssel*) tourner **II.** *vr* **sich nach jdm/etw ~** se retourner en direction de qn/qc **III.** *vi* faire demi-tour

**umeinander** [ʊmʔaɪ̯ˈnandɐ] *adv* (*sich kümmern*) l'un(e) de l'autre

**umfahren*** [ʊmˈfaːrən] *vt irr* (*Hindernis*) contourner; (*Stau*) éviter

**um|fallen** *vi irr* tomber; (*Baum*) se coucher

**Umfang** <-[e]s, Umfänge> *m* **1.** (*einer Kugel*) circonférence *f*; (*eines Gebiets*) superficie *f* **2.** (*eines Verlusts*) étendue *f*

**umfassen*** [ʊmˈfasən] *vt* (*enthalten*) comprendre

**Umfeld** *nt* milieu *m*

**Umfrage** *f* sondage *m*

**Umgangssprache** *f* langage *m* courant; (*nachlässige Sprache*)

langage familier
**umgeben*** [ʊmˈgeːbən] *vt, vr irr* [**sich**] ~ [s']entourer
**Umgebung** <-, -en> *f* environs *mpl*
**um|gehen¹** [ʊmˈgeːən] *vi irr* (*behandeln*) traiter
**umgehen*²** [ˈʊmgeːən] *vt irr* (*vermeiden*) éviter
**umgekehrt** I. *adj* inverse II. *adv* (*andersherum*) dans l'autre sens
**um|kehren** *vi* faire demi-tour
**um|kippen** I. *vi* 1. (*Person*) tomber; (*Gegenstand*) se renverser 2. *fam* (*bewusstlos werden*) tourner de l'œil 3. ÖKOL s'asphyxier II. *vt* renverser
**Umkreis** *m* **im ~ von zehn Kilometern** dans un rayon de dix kilomètres
**Umlaut** *m* voyelle *f* infléchie
**um|legen** *vt* 1. (*Schal*) mettre 2. *fam* (*umbringen*) zigouiller 3. (*Kabel*) changer de position
**um|leiten** *vt* (*Verkehr*) dévier; (*Fluss*) détourner
**um|rechnen** *vt* convertir
**um|rühren** *vt, vi* remuer
**ums** [ʊms] = **um das** *s.* **um**
**Umsatz** *m* chiffre *m* d'affaires
**um|schalten** *vi* 1. (*Ampel*) changer; **auf Grün ~** passer au vert 2. (*den Fernsehsender wechseln*) changer de chaîne
**Umschlag** *m* 1. (*Briefumschlag*) enveloppe *f* 2. (*eines Buchs*) jaquette *f* 3. MED compresse *f*
**um|schulen** *vt* (*beruflich*) reconvertir; **sich ~ lassen** se reconvertir
**um|sehen** *vr irr* (*sich informieren*) **sich ~** regarder
**um|setzen** *vt* (*Erfahrungen*) appliquer
**umso** [ˈʊmzo] *konj* **~ mehr/weniger** d'autant plus/moins; **~ besser** tant mieux
**um|steigen** *vi irr* (*den Zug/Bus wechseln*) changer de train/bus
**um|stellen** [ˈʊmʃtɛlən] I. *vt* (*Möbelstück*) déplacer II. *vi* **auf Gas ~** passer au gaz
**um|stürzen** I. *vi* se renverser II. *vt* (*Säule*) faire tomber
**um|tauschen** *vt* échanger; (*Geld*) changer
**Umweg** *m* détour *m*
**Umwelt** *f* 1. ÖKOL environnement *m* 2. (*Mitmenschen*) entourage *m*
**Umweltaktivist(in)** *m(f)* militant(e) *m(f)* écologiste
**Umweltbelastung** *f* pollution *f* **umweltbewusst** *adj, adv* écologique **umweltfreundlich** *adj* écologique **Umweltpapier** *nt* papier *m* recyclé
**umwickeln*** [ʊmˈvɪkəln] *vt* **etw mit Papier ~** entourer qc de papier
**um|ziehen** *irr* I. *vi* déménager II. *vr* **sich ~** se changer
**UN** [uːˈʔɛn] <-> *Pl Abk von* **United Nations: die ~** les Nations *fpl*

Unies

**unabhängig** *adj* indépendant(e)

**unangenehm** I. *adj* désagréable II. *adv* (*riechen*) mauvais

**unauffällig** I. *adj* discret(-ète) II. *adv* discrètement

**unbedeutend** I. *adj* 1. (*Ereignis*) insignifiant(e) 2. (*Menge*) négligeable II. *adv* à peine

**unbedingt** I. *adj* absolu(e) II. *adv* absolument; **nicht ~** pas forcément

**unbefristet** I. *adj* à durée indéterminée; (*Aufenthaltserlaubnis*) permanent(e) II. *adv* sans limitation de durée

**unbekannt** *adj* inconnu(e)

**unbeliebt** *adj* peu apprécié(e)

**unbemerkt** I. *adj* inaperçu(e) II. *adv* sans être vu(e)

**unbequem** *adj* inconfortable

**unbeschreiblich** ['ʊnbəʃraiplɪç] I. *adj* indescriptible II. *adv* (*schnell*) infiniment; (*dumm*) extrêmement

**unbestimmt** *adj* 1. vague 2. LING indéfini(e)

**unbewusst** I. *adj* inconscient(e) II. *adv* inconsciemment

**und** [ʊnt] *konj* et; **du ~ ich** toi et moi

**unendlich** [ʊn'ʔɛntlɪç] I. *adj* infini(e) II. *adv fam* vachement

**unentschieden** I. *adj* SPORT nul(le) II. *adv* SPORT **~ spielen** faire match nul

**unerfahren** *adj* inexpérimenté(e)

**unerreichbar** [ʊnʔɛɐ'raiçba:ɐ̯] *adj* inaccessible

**unerträglich** [ʊnʔɛɐ'trɛ:klɪç] *adj, adv* insupportable

**UNESCO** [u'nɛsko] <-> *f Abk von* **United Nations Educational, Scientific and Cultural Organization** Unesco *f*

**unfähig** *adj* incapable

**unfair** *adj* **das ist ~!** *fam* ce n'est pas juste!

**Unfall** *m* accident *m;* **bei einem ~** dans un accident

**unfreundlich** *adj* 1. peu aimable; **~ zu jdm sein** ne pas être aimable avec qn 2. (*Klima*) désagréable

**Ungar(in)** ['ʊŋgar] <-n, -n> *m(f)* Hongrois(e) *m(f)*

**ungarisch** ['ʊŋgarɪʃ] I. *adj* hongrois(e) II. *adv* en hongrois

**Ungarisch** <-[s]> *nt* hongrois *m*

**Ungarn** ['ʊŋgarn] <-s> *nt* la Hongrie

**ungeduldig** I. *adj* impatient(e); **~ werden** s'impatienter II. *adv* impatiemment

**ungefähr** [ʊngə'fɛ:ɐ̯] I. *adv* à peu près; **~ ein Pfund Mehl** environ une livre de farine; **das könnte ~ stimmen** c'est à peu près ça II. *adj* approximatif(-ive)

**ungerade** *adj* impair(e)

**ungerecht** *adj a.* JUR injuste

**ungern** *adv* 1. (*nicht gerade gern*) **etw ~ tun** ne pas faire qc volontiers 2. (*widerwillig*) à

U

contrecœur

**ungeschickt** *adj* maladroit(e)

**ungesund** I. *adj* malsain(e) II. *adv* ~ **leben** avoir un mode de vie mauvais pour la santé

**ungewöhnlich** *adj* 1. inhabituel(le) 2. (*außergewöhnlich*) exceptionnel(le)

**unglaublich** ['ʊnglauplɪç] *adj* incroyable

**Unglück** <-e> *nt* 1. malheur *m;* (*Zugunglück*) catastrophe *f* 2. (*Pech*) malchance *f*

**unglücklich** I. *adj* malheureux (-euse) II. *adv* ~ **aussehen** avoir l'air malheureux

**ungültig** *adj* (*Ausweis*) périmé(e); (*Eintrittskarte*) non valable; ~ **werden** (*Ausweis*) expirer

**ungünstig** *adj* (*Zeitpunkt*) mal choisi(e)

**unheilbar** [ʊn'hailba:ɐ̯] *adj* incurable

**unheimlich** I. *adj* 1. (*Geschichte*) macabre; (*Haus*) lugubre 2. *fam* (*Zufall*) pas croyable 3. *fam* (*Angst*) terrible; **es hat uns ~en Spaß gemacht** cela nous a énormément plu II. *adv* 1. (*grauenerregend*) ~ **aussehen** être à faire peur 2. *fam* (*sehr*) vachement

**unhöflich** *adj* impoli(e)

**UNICEF** ['u:nitsɛf] <-> *f Abk von* **United Nations International Children's Emergency Fund** UNICEF *f*

**Universität** [univɛrzi'tɛ:t] <-, -en> *f* université *f*

**unklar** I. *adj* confus(e) II. *adv* de manière ambiguë

**Unkosten** *Pl* frais *mpl*

**unlogisch** *adj* illogique

**unmenschlich** [ʊn'mɛnʃlɪç] *adj* 1. inhumain(e) 2. *fam* (*Schmerzen*) épouvantable

**unmittelbar** *adj* immédiat(e)

**unmöglich** [ʊn'mø:klɪç] I. *adj* impossible; **es ist ihm/ihr ~ das zu tun** il/elle est dans l'impossibilité de faire cela II. *adv pej fam* ~ **aussehen** avoir un air pas possible

**unnötig** *adj* superflu(e)

**UNO** ['u:no] <-> *f Abk von* **United Nations Organization** O.N.U. *f*

**unordentlich** *adj* (*Person*) désordonné(e); (*Zimmer*) en désordre

**Unrecht** *nt* tort *m;* **zu** ~ à tort

**unregelmäßig** *adj* irrégulier (-ière)

**Unruhe** *f* 1. agitation *f;* (*Sorge*) inquiétude *f* 2. *Pl* (*Tumulte*) troubles *mpl*

**unruhig** *adj* 1. agité(e) 2. (*besorgt*) inquiet(-iète)

**uns** [ʊns] *pron* nous

**unschuldig** I. *adj* innocent(e) II. *adv* 1. à tort 2. (*arglos*) d'un air innocent

**unser** ['ʊnzɐ] *pron* notre/nos

**unsereiner**, **unsereins** *pron fam* nous [autres]

**unsererseits** *adv* **1.** (*wir wiederum*) de notre côté **2.** (*was uns betrifft*) de notre part

**unseretwegen** *adv* **1.** (*wegen uns*) à cause de nous **2.** (*uns zuliebe*) pour nous **3.** (*von uns aus*) en ce qui nous concerne

**unsers** *s.* **unser**

**unsicher** I. *adj* **1.** peu sûr(e) **2.** (*Person*) qui manque d'assurance **3.** (*Zukunft*) incertain(e) II. *adv* **1.** (*sich bewegen*) en chancelant **2.** (*fragen*) d'une voix hésitante

**Unsinn** *m* absurdité *f*

**unsinnig** *adj* insensé(e)

**unsre** *s.* **unser**

**unsrerseits** *s.* **unsererseits**

**unsympathisch** *adj* antipathique; (*Vorstellung*) désagréable

**unten** [ˈʊntən] *adv* **1.** (*opp: oben*) en bas; ~ **im Koffer** au fond de la valise; **weiter** ~ plus bas **2.** (*in einem unteren Stockwerk*) ~ **im Keller** en bas à la cave; **nach** ~ **gehen** descendre; **von** ~ **kommen** venir d'en bas **3.** (*nachher*) **siehe** ~ voir ci-dessous

**unter** [ˈʊntɐ] I. *präp + akk o dat* sous II. *adv* de moins de

**unterbrechen*** [ʊntɐˈbrɛçən] *vt irr* **1.** (*Person*) couper la parole à; (*Arbeit*) interrompre **2.** (*Leitung*) couper

**unter|bringen** *vt irr* (*Person*) loger

**unterdrücken*** [ʊntɐˈdrʏkən] *vt* (*Person*) opprimer; (*Gefühl, Unruhen*) réprimer

**untere(r, s)** [ˈʊntərə] *adj* inférieur(e); (*Wohnung*) d'en bas

**untereinander** *adv* **1.** (*besprechen*) entre eux/elles/nous/... **2.** (*sich helfen*) mutuellement

**unterentwickelt** *adj* ÖKON sous-développé(e)

**Untergang** <-gänge> *m* **1.** (*eines Schiffs*) naufrage *m* **2.** ASTRO coucher *m* **3.** (*eines Reiches*) chute *f*; (*einer Kultur*) disparition *f*

**unter|gehen** *vi irr* **1.** couler **2.** ASTRO se coucher **3.** (*Kultur, Reich*) disparaître

**Untergeschoss** *nt* sous-sol *m*

**unterhalb** I. *präp + gen* au-dessous de II. *adv* ~ **von etw** au-dessous de qc

**Unterhalt** <-[e]s> *m* pension *f* alimentaire

**unterhalten** *irr* I. *vt* (*Publikum*) divertir II. *vr* **sich** ~ **1.** (*sich vergnügen*) s'amuser **2.** (*sprechen*) s'entretenir

**Unterhaltung** [ʊntɐˈhaltʊŋ] <-, -en> *f* **1.** entretien *m* **2.** (*Zeitvertreib*) distraction *f*

**Unterhemd** *nt* (*Herrenunterhemd*) tricot *m* de corps

**Unterhose** *f* slip *m*

**unterirdisch** I. *adj* souterrain(e) II. *adv* sous terre

**Unterkunft** [ˈʊntɐkʊnft] <-,

-künfte> *f* gîte *m;* (*für längere Zeit*) logement *m*

**Ụnterlage** *f* document *m*

**ụnter|legen**[1] ['ʊntɐleːgən] *vt* mettre dessous

**unterlegen**[2] *adj* inférieur(e)

**unternehmen*** [ʊntɐ'neːmən] *vt irr* entreprendre

**Unternehmen** <-s, -> *nt* entreprise *f*

**Unternehmer(in)** <-s, -> *m(f)* entrepreneur(-euse) *m(f)*

**Ụnterricht** ['ʊntɐrɪçt] <-[e]s> *m* cours *m;* (*in der Grundschule*) classe *f*

**unterrichten*** [ʊntə'rɪçtən] *vt, vi* enseigner

**unterschätzen*** [ʊntɐ'ʃɛtsən] *vt* sous-estimer

**unterscheiden*** [ʊntɐ'ʃaidən] *irr* I. *vt* 1. différencier 2. (*auseinander halten*) distinguer II. *vi* faire la différence

**Ụnterschied** ['ʊntɐʃiːt] <-[e]s, -e> *m* différence *f*

**ụnterschiedlich** *adj* différent(e)

**unterschreiben*** [ʊntɐ'ʃraibən] *vt, vi irr* signer

**Ụnterschrift** *f* signature *f*

**ụnterste(r, s)** ['ʊntɐstə] *adj Superl von* **untere(r, s)**

**unterstreichen*** [ʊntɐ'ʃtraiçən] *vt irr* souligner

**unterstützen*** [ʊntɐ'ʃtʏtsən] *vt* 1. soutenir 2. (*Projekt*) subventionner

**untersuchen*** [ʊntɐ'zuːxən] *vt* examiner; (*Blut*) analyser

**Ụntertasse** *f* soucoupe *f*

**ụnter|tauchen** *vi* 1. (*tauchen*) plonger 2. (*sich verstecken*) **im Ausland ~** se réfugier à l'étranger

**unterteilen*** [ʊntɐ'tailən] *vt* diviser

**Ụnterwalden** ['ʊntɐvaldən] <-s> *nt* l'Unterwald *m*

**Ụnterwäsche** *f* sous-vêtements *mpl;* (*Damenunterwäsche*) lingerie *f*

**unterwegs** [ʊntɐ'veːks] *adv* (*auf, während der Reise*) en cours de route

**unterwerfen*** [ʊntɐ'vɛrfən] *vt, vr irr* [**sich**] ~ [se] soumettre

**ụntreu** *adj* infidèle

**ụntypisch** *adj* inhabituel(le)

**ụnübersichtlich** *adj* confus(e)

**ụnunterbrochen** [ʊnʔʊntɐ'brɔxən] I. *adj* ininterrompu(e) II. *adv* sans arrêt

**unverantwortlich** [ʊnfɛɐ'ʔantvɔrtlɪç] I. *adj* irresponsable II. *adv* en personne irresponsable

**unvergesslich** [ʊnfɛɐ'gɛslɪç] *adj* inoubliable

**ụnvernünftig** *adj* déraisonnable; **es ist ~ etw zu tun** ce n'est pas raisonnable de faire qc

**ụnverständlich** *adj* incompréhensible

**unverzeihlich** [ʊnfɛɐ'tsailɪç] *adj* impardonnable

**unvorsichtig** *adj* imprudent(e)
**unvorstellbar** [ʊnfoːɐ̯'ʃtɛlbaːɐ̯] *adj* inimaginable
**unwahrscheinlich** *adj* invraisemblable; **es ist ~, dass** il est peu vraisemblable que + *subj*
**Unwetter** *nt* tempête *f*
**unwohl** *adj* **sich ~ fühlen** (*schlecht*) ne pas se sentir bien; (*unbehaglich*) être mal à l'aise
**unzertrennlich** [ʊntsɛɐ'trɛnlɪç] *adj* inséparable
**unzufrieden** *adj* **mit jdm/etw ~ sein** être mécontent de qn/qc
**unzuverlässig** *adj* **1.** pas fiable **2.** (*Zeuge*) peu crédible
**uralt** *adj* (*Baum*) très vieux (vieille); (*Brauch*) très ancien(ne)
**Urenkel(in)** *m(f)* arrière-petit-fils *m*/arrière-petite-fille *f*
**Urgroßeltern** *Pl* arrière-grands-parents *mpl*
**Uri** ['uːri] <-s> *nt* l'Uri *m*
**Urin** [u'riːn] <-s, -e> *m* urine *f*
**Urkunde** ['uːɐ̯kʊndə] <-, -n> *f* document *m*
**Urlaub** ['uːɐ̯laʊp] <-[e]s, -e> *m* congé *m;* **~ haben** être en congé
**Ursache** *f* **1.** cause *f* **2. keine ~!** [il n'y a] pas de quoi!
**Ursprung** <-s, Ursprünge> *m* origine *f*
**ursprünglich** ['uːɐ̯ʃprʏŋlɪç] **I.** *adj* (*Projekt*) initial(e); (*Absicht*) à l'origine **II.** *adv* au début
**Urteil** ['ʊrtaɪl] <-s, -e> *nt* **1.** jugement *m* **2.** (*Meinung*) opinion *f*
**urteilen** *vi* **über jdn/etw ~** juger qn/qc
**USA** [uːʔɛs'ʔaː] *Pl Abk von* **United States of America: die ~** les USA *mpl*
**utopisch** [u'toːpɪʃ] *adj* utopique

# V

**V, v** [faʊ] <-, -> *nt* V *m*/v *m*
**vage** ['vaːgə] *adj* vague
**Varieté, Varietee** [varie'teː] <-s, -s> *nt* **1.** (*Vorführung*) spectacle *m* de variétés **2.** (*Gebäude*) music-hall *m*
**Vase** ['vaːzə] <-, -n> *f* vase *m*
**Vater** ['faːtɐ] <-s, Väter> *m* père *m*
**Vaterland** *nt* patrie *f*
**Vegetarier(in)** [vege'taːriɐ] <-s, -> *m(f)* végétarien(ne) *m(f)*
**vegetarisch** [vegeta:rɪʃ] *adj* végétarien(ne)
**Vene** ['veːnə] <-, -n> *f* veine *f*
**verabreden*** [fɛɐ'ʔapreːdən] **I.** *vr* **sich ~** prendre rendez-vous **II.** *vt* (*Ort, Termin*) fixer
**Verabredung** <-, -en> *f* rendez-vous *m*
**verabscheuen*** *vt* détester
**verabschieden*** *vr* **sich von jdm ~** dire au revoir à qn
**verändern*** *vt, vr* **[sich] ~** changer

V

**Veränderung** *f* changement *m*
**veranlassen*** *vt* (*in die Wege leiten*) faire le nécessaire pour
**veranstalten*** *vt* organiser
**Veranstaltung** <-, -en> *f* (*Ereignis*) manifestation *f*
**verantwortlich** *adj* **~ für etw** responsable de qc
**Verantwortung** <-, -en> *f* responsabilité *f*
**verarbeiten*** *vt* **1.** (*Rohstoff*) traiter **2.** (*Eindrücke*) assimiler; (*Scheidung*) assumer
**Verb** [vɛrp] <-s, -en> *nt* verbe *m*
**Verband** <-[e]s, Verbände> *m* **1.** MED bandage *m* **2.** (*Bund*) association *f*
**verbergen*** *vt, vr irr* **[sich] ~** [se] cacher
**verbessern*** *vt, vr* **[sich] ~** [s']améliorer
**verbiegen*** *vt, vr irr* **[sich] ~** [se] tordre
**verbieten** *vt irr* interdire
**verbinden*** *irr* **I.** *vt* **1.** (*Person*) faire un bandage à; (*Wunde, Arm*) bander **2.** TELEC **jdn mit jdm ~** passer qn à qn; **[Sie sind] falsch verbunden!** vous avez fait un faux numéro! **II.** *vr* (*sich zusammenschließen*) **sich mit jdm/etw ~** s'associer à qn/qc
**Verbindung** *f* **1.** rapport *m*; **in ~ mit etw** associé(e) à qc **2.** (*gedankliche Verknüpfung*) combinaison *f* **3.** ([*persönliche*] *Beziehung*) relation *f* **4.** (*Kontakt*) **sich mit jdm in ~ setzen** contacter qn; **mit jdm/etw in ~ stehen** être en relation avec qn/qc **5.** TELEC, AUT liaison *f* **6.** (*Telefongespräch*) communication *f*
**verbleit** [fɛɐ'blaɪt] *adj* contenant du plomb
**verblüfft** **I.** *adj* stupéfait(e) **II.** *adv* **~ schauen** avoir l'air stupéfait
**verboten** [fɛɐ'bo:tən] *adj* interdit(e)
**verbrauchen*** *vt* **1.** (*Vorräte*) consommer **2.** (*Energien, Geld*) dépenser
**Verbrechen** <-s, -> *nt* crime *m*
**verbreiten*** **I.** *vt* **1.** (*Gerücht, Krankheit*) propager **2.** (*Entsetzen*) semer **II.** *vr a.* MED **sich ~** se propager
**verbrennen*** *irr* **I.** *vt* **1.** brûler **2.** *fam* (*Toten*) incinérer **II.** *vr* **sich ~** se brûler **III.** *vi* brûler
**Verbrennung** <-, -en> *f* incinération *f*
**verbringen*** *vt irr* **den Tag mit Lesen ~** passer la journée à lire
**Verdacht** [fɛɐ'daxt] <-[e]s> *m* soupçon *m*
**verdächtigen*** *vt* **jdn einer S.** (*gen*) **~** soupçonner qn de qc
**verdammt** **I.** *adj* **1.** *fam* (*widerwärtig*) foutu(e) **2.** REL damné(e) **II.** *adv* *fam* (*ärgerlich*) vachement

**verdanken*** *vt* **jdm/einer S. etw ~** devoir qc à qn/qc
**verdauen*** [fɛɐ'daʊən] *vt, vi a. fig* digérer
**verderben** [fɛɐ'dɛrbən] *irr* **I.** *vt* **1.** (*Charakter*) corrompre **2.** (*zunichtemachen*) gâcher **II.** *vi* (*Lebensmittel*) s'avarier; (*Sahne*) tourner
**verdienen*** **I.** *vt* **1.** gagner **2.** (*Lob*) mériter **II.** *vi* **gut/schlecht ~** gagner bien/mal sa vie
**verdoppeln*** **I.** *vt* **1.** doubler **2.** (*Anstrengungen*) redoubler **II.** *vr* **sich ~** doubler
**verdorben** [fɛɐ'dɔrbən] *adj* **1.** (*Fleisch*) avarié(e); (*Käse*) moisi(e) **2.** (*moralisch*) dépravé(e)
**verdrehen*** *vt* **1.** (*Hals*) tourner; **die Augen ~** rouler des yeux **2.** *fam* (*Sachverhalt*) déformer
**verdreifachen*** *vt, vr* [**sich**] **~** tripler
**verdursten*** *vi* mourir de soif
**Verehrer(in)** <-s, -> *m(f)* admirateur(-trice) *m(f)*
**Verein** [fɛɐ'ʔaɪn] <-[e]s, -e> *m* association *f;* (*Sportverein*) club *m*
**vereinbaren*** *vt* convenir
**vereinen*** *vt* regrouper
**vereinfachen*** *vt* simplifier
**vereinigen*** **I.** *vt* (*Firmen*) fusionner; (*Organisationen*) réunir **II.** *vr* **sich ~** s'associer; **sich wieder ~** (*Land*) se réunifier
**verfahren*** *irr* **I.** *vi* procéder **II.** *vr* **sich ~** se tromper de route
**verfallen*** *vi irr* **1.** (*Gebäude*) se délabrer; (*Mensch*) décliner **2.** (*Fahrkarte*) être périmé; (*Anspruch*) être déchu
**verfassen*** *vt* (*Artikel*) rédiger; (*Buch*) écrire
**Verfasser(in)** <-s, -> *m(f)* auteur(-trice) *m(f)*
**Verfassung** *f* **1.** (*Befinden*) état *m* **2.** POL constitution *f*
**verfaulen*** *vi* **1.** (*Gemüse, Obst*) se gâter; (*Fleisch*) s'avarier **2.** (*verwesen*) pourrir
**verfeinern*** *vt* améliorer
**verflucht** *fam* **I.** *adj* (*Kerl*) sale; (*Auto*) foutu(e) **II.** *adv* vachement **III.** *interj* **~!** nom d'un chien!
**verfolgen*** *vt* **1.** (*nachsetzen*) poursuivre **2.** (*Spur*) suivre **3.** (*drangsalieren*) persécuter
**verfügen*** *vi* **über etw** (*akk*) **~** disposer de qc
**Verfügung** <-, -en> *f* **jdm zur ~ stehen** être à la disposition de qn
**verführen*** *vt* (*Mann, Frau*) séduire
**verführerisch** *adj* séduisant(e)
**vergammeln*** *fam vi* moisir
**vergangen** [fɛɐ'gaŋən] *adj* passé(e)
**Vergangenheit** <-> *f* passé *m*
**vergeben*** *vi irr* pardonner
**vergeblich** **I.** *adj* vain(e) **II.** *adv*

V

en vain
**Vergebung** <-, -en> *f* pardon *m*
**Vergehen** <-s, -> *nt* délit *m*
**vergessen** [fɛɐ'gɛsən] *vt irr* oublier
**vergeuden*** [fɛɐ'gɔɪdən] *vt* gaspiller
**vergewaltigen*** *vt* violer
**vergiften*** I. *vt* empoisonner II. *vr* **sich durch verdorbenen Fisch ~** s'intoxiquer en mangeant du poisson avarié
**Vergleich** [fɛɐ'glaɪç] <-[e]s, -e> *m* comparaison *f*
**vergleichbar** *adj* comparable
**vergleichen*** *irr* I. *vt* comparer II. *vr* **sich mit jdm ~** se comparer à qn
**vergnügen*** [fɛɐ'gny:gən] I. *vr* **sich mit etw ~** s'amuser en faisant qc II. *vt* amuser
**Vergnügen** <-s, -> *nt* plaisir *m*
**Vergnügungspark** *m* parc *m* d'attractions
**vergolden*** *vt* dorer
**vergraben*** *vt irr* enterrer
**vergrößern** [fɛɐ'grø:sɐn] *vt* 1. *a.* PHOT agrandir 2. (*Abstand*) augmenter
**Vergrößerung** <-, -en> *f* PHOT agrandissement *m*
**Vergünstigung** <-, -en> *f* 1. avantage *m* 2. (*Ermäßigung*) réduction *f*
**verhaften*** *vt* arrêter
**verhalten*** *vr irr* **sich ~** se comporter
**Verhältnis** [fɛɐ'hɛltnɪs] <-ses, -se> *nt* 1. **im ~ zu jdm/etw** par rapport à qn/qc 2. (*Beziehung*) **ein gutes ~ zu jdm haben** avoir de bons rapports avec qn 3. *Pl* (*Zustand*) situation *f* 4. *Pl* (*Lebensumstand*) conditions *fpl*
**verhandeln*** *vi* **über etw** (*akk*) **~** négocier qc
**Verhandlung** *f* 1. négociation *f* 2. JUR audience *f*
**verheimlichen*** *vt* cacher
**verheiratet** *adj* marié(e)
**verhindern*** *vt* empêcher de
**verhören*** I. *vt* interroger II. *vr* **sich ~** entendre de travers
**verhungern*** *vi* **am Verhungern sein** crever de faim
**Verhütungsmittel** *nt* contraceptif *m*
**Verkauf** *m* vente *f*
**verkaufen*** *vt* vendre; **zu ~** à vendre
**Verkäufer(in)** *m(f)* vendeur (-euse) *m(f)*
**Verkehr** [fɛɐ'ke:ɐ̯] <-[e]s> *m* circulation *f*
**verkehren*** *vi* 1. circuler 2. (*Gast sein*) **bei jdm/in etw** (*dat*) **~** fréquenter qn/qc **Verkehrsmittel** *nt* moyen *m* de transport
**verkehrt** I. *adj* mauvais(e) II. *adv* 1. (*erzählen*) de travers 2. (*aufmachen*) du mauvais côté; **~ herum** à l'envers
**verklagen*** *vt* **jdn ~** porter

plainte contre qn
**verkleiden*** *vt* (*kostümieren*) déguiser
**verkleinern*** *vt* **1.** rapetisser **2.** (*Format*) réduire
**verkörpern*** *vt* incarner
**verkraften*** *vt* supporter
**verkrampfen*** *vr* **sich** ~ se contracter
**verkürzen*** *vt* **1.** (*Schnur*) raccourcir **2.** (*Dauer*) réduire
**Verlag** [fɛɐ'la:k] <-[e]s, -e> *m* maison *f* d'édition
**verlagern*** *vt* déplacer
**verlangen*** *vt* **1.** (*Geld*) réclamer **2. das ist ein bisschen viel verlangt!** c'est demander beaucoup!
**verlängern*** [fɛɐ'lɛŋɐn] **I.** *vt* **1.** [r]allonger **2.** (*andauern lassen*) prolonger **II.** *vr* **sich** ~ se prolonger
**verlangsamen*** [fɛɐ'laŋza:mən] *vt* ralentir
**verlassen*** *irr* **I.** *vt* quitter **II.** *vr* **sich auf jdn/etw** ~ compter sur qn/qc
**Verlauf** *m* **1.** tracé *m*; (*eines Flusses*) cours *m* **2.** (*Entwicklung*) déroulement *m*
**verlaufen*** *irr* **I.** *vi* (*ablaufen*) se dérouler **II.** *vr* **sich** ~ (*sich verirren*) s'égarer
**verlegen*** *vt* **1.** (*Schlüssel*) égarer **2.** (*verschieben*) reporter **3.** (*legen*) poser
**verleihen*** *vt irr* **1.** prêter; (*gegen Entgelt*) louer **2.** (*Orden*) décerner
**verlernen*** *vt* oublier
**verletzen*** [fɛɐ'lɛtsən] *vt, vr* [**sich**] ~ [se] blesser
**verlieben*** *vr* **sich in jdn** ~ tomber amoureux(-euse) de qn
**verlieren** [fɛɐ'li:rən] *vt irr* perdre
**Verlierer(in)** <-s, -> *m(f)* perdant(e) *m(f)*
**verlobt** *adj* **mit jdm ~ sein** être fiancé à qn
**Verlust** [fɛɐ'lʊst] <-[e]s, -e> *m* perte *f*
**vermehren*** *vr* **sich** ~ **1.** se reproduire **2.** (*zunehmen*) augmenter
**vermeiden*** *vt irr* éviter
**vermieten*** *vt, vi* louer
**vermindern*** *vt* réduire
**vermissen*** *vt* **ich vermisse dich** tu me manques
**vermitteln*** *vt* (*Stelle*) fournir; (*Arbeitskräfte*) recruter
**Vermögen** <-s, -> *nt* fortune *f*
**vermuten*** [fɛɐ'mu:tən] *vt* supposer
**vermutlich** *adj* probable
**vernachlässigen*** **I.** *vt* (*Kind*) délaisser; (*Kleidung*) négliger **II.** *vr* **sich** ~ se laisser aller
**vernichten*** [fɛɐ̯'nɪçtn] *vt* détruire
**Vernunft** [fɛɐ'nʊnft] <-> *f* raison *f*
**vernünftig** [fɛɐ'nʏnftɪç] **I.** *adj* raisonnable **II.** *adv fam* (*akzep-*

*tabel*) convenablement
**veröffentlichen*** [fɛɐ̯'œfntlɪçn] *vt* publier
**verpacken*** *vt* emballer
**verpassen*** *vt* (*Bus*) rater; (*Chance*) laisser passer
**verpflichten*** I. *vt* obliger II. *vr* **sich zu etw ~** s'engager à qc
**verraten** *vt irr* 1. trahir 2. *iron fam* (*sagen*) dire
**verrechnen*** *vr* 1. **sich um zehn Euro ~** se tromper de dix euros en comptant 2. (*sich irren*) **sich ~** faire une erreur [dans ses calculs]
**verreisen*** *vi* partir en voyage
**verringern*** [fɛɐ'rɪŋɐn] *vt* réduire
**verrosten*** *vi* rouiller
**verrückt** *adj fam* 1. fou(folle) 2. (*versessen*) **nach jdm ~ sein** être dingue de qn; **auf etw** (*akk*)/**nach etw ~ sein** raffoler de qc
**Vers** [fɛrs] <-es, -e> *m* 1. vers *m* 2. (*Bibelvers*) verset *m*
**versagen*** *vi* 1. échouer 2. (*Erziehung*) être un échec 3. (*Alarmanlage*) ne pas fonctionner
**versammeln*** *vt, vr* [**sich**] ~ [se] rassembler
**Versammlung** *f* 1. réunion *f* 2. (*die versammelten Menschen*) assemblée *f*
**versäumen*** *vt* (*Termin*) manquer
**verschärfen*** *vt* 1. (*Bestimmung*) renforcer 2. (*zuspitzen*) aggraver
**verschicken*** *vt* envoyer
**verschieben*** *vt irr* 1. (*verrücken*) déplacer 2. (*verlegen*) reporter
**verschieden** [fɛɐ'ʃi:dən] *adj* 1. différent(e) 2. (*Leute*) plusieurs
**verschimmeln*** *vi* moisir
**verschlafen*** *irr* I. *vi* se réveiller trop tard II. *vt fam* (*vergessen*) oublier carrément
**verschlechtern*** *vt, vr* [**sich**] ~ [s']aggraver
**verschließen*** *vt irr* 1. fermer [à clé] 2. (*Flasche*) boucher
**verschlimmern*** *vt, vr* [**sich**] ~ [s']aggraver
**Verschluss** *m* (*eines Glases*) couvercle *m;* (*einer Flasche*) bouchon *m*
**verschmutzen*** I. *vt* 1. salir 2. (*Umwelt*) polluer II. *vi* se salir
**verschreiben*** *vt irr* prescrire
**verschwinden*** *vi irr* disparaître
**Versehen** <-s, -> *nt* méprise *f*
**versenken*** *vt* (*Schiff*) couler
**versetzen*** I. *vt* 1. ADMIN muter 2. *fam* (*umsonst warten lassen*) **jdn ~** poser un lapin à qn II. *vr* (*sich einfühlen*) **sich in die Lage seines Freundes ~** se mettre à la place de son ami

**versichern*** I. *vt* assurer II. *vr* **sich gegen etw ~** s'assurer contre qc

**versinken** *vi irr* 1. (*Schiff*) sombrer 2. (*einsinken*) s'enfoncer

**versöhnen*** [fɛɐ'zøːnən] *vt, vr* [**sich**] ~ [se] réconcilier

**versorgen*** *vt* (*Person, Tier*) s'occuper de

**verspäten*** *vr* **sich ~** (*Person*) se mettre en retard; (*Flugzeug*) être en retard

**verspätet** *adj, adv* en retard

**versprechen*** *irr* I. *vt* promettre II. *vr* 1. (*erwarten*) **sich** (*dat*) **von einer Reise viel ~** attendre beaucoup d'un voyage 2. (*sich beim Sprechen vertun*) **sich ~** faire un lapsus

**Verstand** [fɛɐ'ʃtant] <-[e]s> *m* raison *f*

**verständigen*** I. *vt* informer II. *vr* **sich ~** 1. (*sich verständlich machen*) se faire comprendre 2. (*sich einigen*) s'entendre

**verstärken*** I. *vt* 1. (*Belegschaft*) renforcer 2. MEDIA amplifier II. *vr* **sich ~** se renforcer

**verstecken*** *vt, vr* [**sich**] ~ [se] cacher

**verstehen** *irr* I. *vt, vi* comprendre II. *vr* (*auskommen*) **sich mit jdm ~** s'entendre avec qn

**versteigern*** *vt* vendre aux enchères

**verstopft** *adj* (*Rohr, Nase*) bouché(e)

**verstoßen*** *irr* I. *vi* **gegen ein Gesetz ~** transgresser une loi II. *vt* rejeter

**verstreut** [fɛɐ'ʃtrɔɪt] *adj* disséminé(e)

**verstümmeln*** [fɛɐ'ʃtʏməln] *vt* (*verletzen*) mutiler

**Versuch** [fɛɐ'zuːx] <-[e]s, -e> *m* essai *m*

**versuchen*** *vt* 1. essayer 2. (*Kuchen*) goûter

**vertauschen*** *vt* 1. (*verwechseln*) prendre pour le sien/la sienne 2. (*austauschen*) échanger

**verteidigen*** [fɛɐ'taɪdɪgən] *vt, vr* [**sich**] ~ [se] défendre

**verteilen*** I. *vt* 1. distribuer 2. (*platzieren*) disposer II. *vr* **sich ~** se répartir

**vertiefen*** *vt* approfondir

**Vertrag** [fɛɐ'traːk] <-[e]s, Verträge> *m* 1. JUR contrat *m* 2. POL traité *m*

**vertragen*** *vt irr* supporter

**vertrauen*** *vi* 1. (*glauben*) **jdm ~** faire confiance à qn 2. (*sich verlassen auf*) **auf etw** (*akk*) ~ se fier à qc

**Vertrauen** <-s> *nt* confiance *f*

**vertraulich** *adj* confidentiel(le)

**vertreiben*** *vt irr* chasser

**vertreten*** *vt irr* 1. (*Kollegen*) remplacer 2. (*Angeklagten*) défendre [les intérêts de] 3. (*repräsentieren*) représenter 4. (*verfechten*) soutenir

**Vertreter(in)** <-s, -> *m(f)* 1. (*Stellvertreter*) remplaçant(e) *m(f)* 2. (*Handelsvertreter*) représentant(e) *m(f)*

**verunglücken*** *vi* **mit dem Auto ~** avoir un accident de voiture

**verunsichern*** *vt* inquiéter

**verursachen*** *vt* provoquer

**verurteilen*** *vt* 1. JUR condamner 2. (*bestimmen*) **zum Scheitern verurteilt sein** être voué à l'échec

**vervielfachen*** *vt, vr* [**sich**] ~ [se] multiplier

**vervollständigen*** *vt* compléter

**verwalten*** *vt* 1. ADMIN administrer 2. AGR, FIN, INFORM gérer

**verwandeln*** *vt, vr* [**sich**] ~ [se] transformer

**verwandt** [fɛɐ'vant] *adj* 1. parent 2. (*artverwandt*) de la même famille

**verwechseln*** [fɛɐ'vɛksln] *vt* confondre

**verweigern*** *vt* refuser

**verwenden** *vt irr* utiliser

**verwirklichen*** *vt, vr* [**sich**] ~ [se] réaliser

**verwirren*** *vt* déconcerter

**verwöhnen*** [fɛɐ'vø:nən] *vt* gâter

**verwunden*** *vt* blesser

**verwüsten*** *vt* (*Armee*) ravager; (*Sturm*) dévaster

**verzaubern*** *vt* 1. (*verhexen*) ensorceler 2. (*bezaubern*) envoûter

**verzeihen** [fɛɐ'tsaɪən] *vt, vi irr* pardonner

**verzichten*** *vi* **auf etw** (*akk*) ~ renoncer à qc

**verziehen*** [fɛɐ'tsi:ən] *irr* I. *vt* 1. (*Mund*) tordre; **das Gesicht ~** faire une grimace 2. (*Kind*) élever mal II. *vi* partir

**verzollen*** *vt* dédouaner; **haben Sie etwas zu ~?** avez-vous quelque chose à déclarer?

**verzweifeln*** *vi* désespérer

**Vetter** ['fɛtɐ] <-s, -n> *m* cousin *m*

**Video** ['vi:deo] <-s, -s> *nt* (*Videofilm*) vidéo *f;* (*Videoclip*) clip *m;* (*Videokassette*) cassette *f* vidéo

**Videokamera** *f* caméscope *m*

**Videorecorder** <-s, -> *m* magnétoscope *m*

**Vieh** [fi:] <-[e]s> *nt* 1. (*Rinder*) bétail *m* 2. *fam* (*Tier*) bestiau *m*

**viel** [fi:l] I. <mehr, meiste> *pron* 1. **~ Salz** beaucoup de sel; **so/zu ~ Arbeit** tellement/trop de travail 2. *substantivisch* **~es** beaucoup de choses II. *adj* beaucoup de III. <mehr, am meisten> *adv* beaucoup

**vielfach** I. *adj* 1. **die ~e Menge** une quantité bien plus grande 2. (*Hinsicht*) multiple II. *adv* (*häufig*) très souvent **Vielfalt** <-, -en> *f* diversité *f*

**vielleicht** [fi'laɪçt] *adv* 1. (*even-*

*tuell*) peut-être **2.** (*ungefähr*) à peu près **3.** *fam* (*etwa*) par hasard

**vielmehr** [fiːlˈmeːɐ̯] **I.** *adv* **1.** (*im Gegenteil*) au contraire **2.** (*genauer gesagt*) plutôt **II.** *konj* mais

**vielseitig** *adj* (*Interessen*) varié(e)

**Vielzahl** *f* multitude *f*

**vier** [fiːɐ] *num* **1.** quatre **2. auf allen ~en** *fam* à quatre pattes

**viereckig** *adj* rectangulaire

**viereinhalb** *num* quatre ... et demi(e)

**viererlei** *adj* **~ Sorten Brot** quatre sortes de pain

**vierfach** *adj, adv* quatre fois

**viermal** *adv* quatre fois

**viert** *adv* **zu ~ sein** être quatre

**vierte(r, s)** *adj* **1.** quatrième **2.** (*bei Datumsangaben*) **der ~ Mai** le quatre mai

**viertel** [ˈfɪrtl] *adj* quart

**Viertelfinale** *nt* quart *m* de finale **vierteljährlich** *adj* trimestriel(le)

**Vierwaldstätter See** [fɪːɐˈvaltʃtɛtɐ ˈzeː] *m* **der ~** le lac des Quatre-Cantons

**vierzehn** [ˈfɪːɐtseːn] *num* quatorze

**vierzig** [ˈfɪrtsɪç] *num* quarante

**vierziger** [ˈfɪrtsɪgɐ] *adj* **die ~ Jahre** les années *fpl* quarante

**vierzigste(r, s)** [ˈfɪrtsɪgstə] *adj* quarantième

**Vietnam** [viɛtˈnam] <-s> *nt* le Viêt-nam

**Vietnamese** [viɛtnaˈmeːzə] <-n, -n> *m*, **Vietnamesin** *f* Vietnamien(ne) *m(f)*

**vietnamesisch** [viɛtnaˈmeːzɪʃ] **I.** *adj* vietnamien(ne) **II.** *adv* en vietnamien

**Vietnamesisch** [viɛtnaˈmeːzɪʃ] <-[s]> *nt* vietnamien *m*

**VIP-Loge** [ˈvɪploːʒə] *f* loge *f* V.I.P.

**Visen** [ˈviːzen] *Pl von* **Visum**

**Visier** [viˈziːɐ] <-s, -e> *nt* (*einer Schusswaffe*) viseur *m;* (*eines Helms*) visière *f*

**Visum** [ˈviːzʊm] <-s, Visa> *nt* visa *m*

**Vitamin** [vitaˈmiːn] <-s, -e> *nt* vitamine *f*

**Vogel** [ˈfoːgəl] <-s, Vögel> *m* oiseau *m*

**Vogelgrippe** *f* grippe *f* aviaire

**Vogerlsalat** *m* A mâche *f*

**Vogesen** [voˈgeːzən] <-> *Pl* **die ~** les Vosges *fpl*

**Vokal** [voˈkaːl] <-s, -e> *m* voyelle *f*

**Volk** [fɔlk] <-[e]s, Völker> *nt* peuple *m*

**Volksabstimmung** *f* référendum *m* **Volkshochschule** *f* université *f* populaire

**Volksmusik** *f* musique *f* folklorique **Volksschule** *f* A (*Grundschule*) ≈ école *f* primaire

**voll** [fɔl] **I.** *adj* **1.** plein(e); **~ werden** se remplir **2.** (*Jahr, Monat*) entier(-ière) **II.** *adv* **1.** (*ausnut-*

V

*zen*) pleinement **2.** (*treffen*) très violemment **3.** *fam* (*gut*) vachement; (*doof*) complètement
**Vollbart** *m* barbe *f*
**vollendet** [fɔl'ʔɛndət] *adj* **1.** (*Kunstwerk*) parfait(e) **2.** (*Gastgeber*) accompli(e)
**voller** *adj* plein(e) de
**völlig** ['fœlɪç] **I.** *adj* total(e) **II.** *adv* parfaitement
**volljährig** *adj* majeur(e)
**vollkommen** ['fɔlkɔmən] **I.** *adj* **1.** parfait(e) **2.** (*Übereinstimmung*) total(e); (*Katastrophe*) complet(-ète) **II.** *adv* (*unmöglich*) complètement
**Vollmilch** *f* lait *m* entier
**Vollmond** *m* pleine lune *f*
**Vollpension** *f* pension *f* complète
**vollständig** *adj* complet(-ète)
**vom** [fɔm] = **von dem** *s.* **von**
**von** [fɔn] *präp* + *dat* de
**vor** [foːɐ] *präp* + *dat* **1.** devant **2.** (*zeitlich*) il y a
**voran** [fo'ran] *adv* **1.** (*vorwärts*) en avant **2.** (*vorn befindlich*) en tête
**voran|gehen** *irr vi* **1. jdm ~** précéder qn **2.** (*Arbeit*) avancer **3. es geht voran** ça avance
**voran|kommen** *vi irr* **1.** (*vorwärtskommen*) progresser **2.** (*Fortschritte machen*) avancer
**Vorarlberg** ['foːɐʔarlbɛrk] <-s> le Vorarlberg
**voraus** [fo'raʊs] *adv* **1.** devant **2. jdm ~ sein** avoir de l'avance sur qn; **im Voraus** (*bezahlen*) d'avance; (*wissen*) à l'avance
**voraus|sagen** *vt* prédire
**voraus|setzen** *vt* **vorausgesetzt, dass** à supposer que + *subj*
**voraussichtlich** **I.** *adj* prévu(e) **II.** *adv* probablement
**vorbei** [foːɐ'baɪ] *adv* **1.** (*räumlich*) **an jdm/etw ~** à côté de qn/le long de qc **2.** (*zeitlich*) fini
**vorbei|gehen** *vi irr* **1.** (*vorübergehen*) **an jdm/etw ~** passer devant qn/qc **2.** *fam* (*aufsuchen*) **bei jdm ~** passer chez qn
**vorbei|kommen** *vi irr* passer
**vorbei|lassen** *vt irr* laisser passer
**vor|bereiten*** *vt, vr* [**sich**] ~ [se] préparer
**Vorbild** *nt* modèle *m*
**vordere(r, s)** ['fɔrdərə] *adj* de devant
**Vordergrund** *m* **im ~** au premier plan
**vor|drängen** *vr* **sich ~** passer devant
**voreinander** [foːɐʔaɪ'nandɐ] *adv* **~ Angst haben** (*zwei Personen*) avoir peur l'un/l'une de l'autre; (*zwei Gruppen*) avoir peur les uns/les unes des autres
**Vorfahrt** *f* priorité *f*
**vor|führen** *vt* **1.** (*Film*) projeter; (*Modell*) présenter **2.** (*Häftling*) amener

**vor|gehen** *vi irr* **1.** (*vorausgehen*) partir devant **2.** (*zu schnell gehen*) **fünf Minuten ~** avancer de cinq minutes **3.** (*Priorität haben*) passer avant

**Vorgesetzte(r)** *f(m)* supérieur(e) *m(f)* [hiérarchique]

**vorgestern** *adv* avant-hier; **~ Abend** avant-hier soir

**vor|haben** *vt irr* **~ zu verreisen** avoir l'intention de partir en voyage; **ich habe morgen Abend schon etwas vor** j'ai déjà prévu quelque chose pour demain soir

**vorhanden** [foːɐ'handən] *adj* (*verfügbar*) disponible

**Vorhang** <-s, Vorhänge> *m* rideau *m*

**vorher** ['foːɐheːɐ] *adv* auparavant

**vorhin** [foːɐ'hɪn] *adv* à l'instant

**vor|kommen** *irr* **I.** *vi* **1.** (*Fehler*) se produire; (*Zwischenfall*) arriver; **es kommt vor, dass** il arrive que + *subj* **2.** (*erscheinen*) **das kommt mir komisch vor** cela me semble bizarre **II.** *vr* **sich** (*dat*) **dumm ~** se sentir bête

**vorläufig I.** *adj* provisoire **II.** *adv* (*ausreichen*) pour l'instant

**vor|lesen** *irr* **I.** *vt* lire **II.** *vi* lire à haute voix

**vorletzte(r, s)** *adj* avant-dernier (-ière)

**Vorliebe** *f* préférence *f*

**Vormittag** *m* matinée *f*; **am ~** dans la matinée; **heute/Samstag ~** ce/samedi matin

**vormittags** *adv* le matin

**vorn** [fɔrn] *adv* **1.** (*im vorderen Bereich*) devant; **~ im Bus** à l'avant du bus; **nach ~ gehen** s'avancer **2.** (*auf der Vorderseite*) devant; **etw von ~ betrachten** regarder qc de face

**Vorname** *m* prénom *m*

**vorne** *s.* **vorn**

**Vorort** *m* faubourg *m*; **die ~e** la banlieue

**Vorrat** <-[e]s, Vorräte> *m* réserves *fpl*; (*Lebensmittel*) provisions *fpl*

**vor|rücken** *vi, vt* avancer

**vor|schieben** *vt irr* **1.** (*nach vorn schieben*) avancer **2.** (*Riegel*) pousser **3.** (*Verhinderung*) prétexter

**vor|schlagen** *vt irr* proposer

**Vorschrift** *f* consigne *f*; **das ist ~** c'est le règlement

**Vorschuss** *m* avance *f*

**vor|sehen** *irr* **I.** *vr* **sich vor jdm/etw ~** prendre garde à qn/qc **II.** *vt* prévoir

**Vorsicht** <-> *f* prudence *f*; **~!** attention!

**vor|singen** *vt irr* chanter

**Vorspeise** *f* (*erster Gang*) hors-d'œuvre *m*; (*Eingangsgericht*) entrée *f*

**vor|spielen** *vt* jouer

**Vorsprung** *m* avance *f*

**vor|stellen I.** *vr* **sich ~ 1.** (*sich bekannt machen*) se présenter

2. (*vergegenwärtigen*) [s']imaginer **II.** *vt* **1.** présenter **2.** (*Uhr*) avancer

**Vorstellung** *f* **1.** (*gedankliches Bild*) idée *f* **2.** (*Theateraufführung*) représentation *f* **3.** (*eines Produkts*) présentation *f*

**Vorstellungsgespräch** *nt* entretien *m* [d'embauche]

**vor|täuschen** *vt* simuler

**Vorteil** <-s, -e> *m* **1.** (*Vorzug*) avantage *m* **2.** (*Nutzen*) intérêt *m*

**Vortrag** ['fo:ɐtra:k] <-[e]s, Vorträge> *m* (*längeres Referat*) conférence *f*

**vor|treten** *vi irr* [s']avancer

**vorüber** [fo'ry:bə] *adv* (*zeitlich*) **~ sein** (*Veranstaltung*) être terminé

**Vorurteil** *nt* préjugé *m*

**Vorwahl** *f* (*Vorwahlnummer*) indicatif *m*

**vorwärts** ['fo:ɐvɛrts] *adv* (*nach vorn*) en avant

**Vorwärtsgang** <-gänge> *m* marche *f* avant

**vorwärts|kommen** *vi* progresser

**vor|werfen** *vt irr* reprocher

**vor|zeigen** *vt* présenter

**vor|ziehen** *vt irr* **1.** préférer **2.** (*früher erfolgen lassen*) avancer

**vorzüglich** [fo:ɐ'tsy:klɪç] **I.** *adj* excellent(e) **II.** *adv* (*speisen*) merveilleusement

**Vulkan** [vʊl'ka:n] <-[e]s, -e> *m* volcan *m*

# W

**W, w** [ve:] <-, -> *nt* W *m*/w *m*

**W** *Abk von* **Westen** O

**Waage** ['va:gə] <-, -n> *f* balance *f*

**wach** [vax] *adj* (*Person*) éveillé(e)

**Wachs** [vaks] <-es, -e> *nt* cire *f*

**wachsen** ['vaksən] *vi irr* (*Kind*) grandir; (*Pflanze, Haare*) pousser

**Wächter(in)** ['vɛçtɐ] <-s, -> *m(f)* surveillant(e) *m(f)*

**wackeln** ['vakəln] *vi* **1.** (*Stuhl*) être bancal **2.** (*sich bewegen*) vaciller

**Wade** ['va:də] <-, -n> *f* mollet *m*

**Waffe** ['vafə] <-, -n> *f* arme *f*

**Waffel** ['vafəl] <-, -n> *f* gaufre *f*; (*Eistüte*) cornet *f*

**Waffenstillstand** *m* armistice *m*

**wagen** ['va:gən] *vt* **1.** risquer **2.** (*sich getrauen*) oser

**Wagen** ['va:gən] <-, - *o* A Wägen> *m* **1.** voiture *f*; **mit dem ~** en voiture **2.** ASTRO **der Große ~** la Grande Ourse

**Wagenheber** <-s, -> *m* cric *m*

**Waggon, Wagon** [va'gõ:] <-s, -s> *m* wagon *m*

**Wahl** [va:l] <-, -en> *f* **1.** choix *m* **2.** (*Abstimmung*) élection *f*

**wählen** ['vɛ:lən] **I.** *vt* **1.** (*Partei*) voter pour; **jdn zum Kanzler ~** élire qn chancelier **2.** (*Telefonnummer*) faire **3.** (*aussuchen*) choisir **II.** *vi* **1.** POL voter **2.** (*auswählen*) choisir

**Wähler(in)** <-s, -> *m(f)* électeur(-trice) *m(f)*

**Wahnsinn** *m fam* (*Unsinn*) folie *f*

**wahnsinnig I.** *adj* **1.** MED fou (folle) **2.** *fam* (*Hitze*) sacré(e); (*Sturm*) terrible **3.** *fam* (*herrlich*) super **II.** *adv fam* vachement

**wahr** [va:ɐ̯] *adj* vrai(e)

**während** ['vɛ:rənt] **I.** *präp* + *gen* pendant **II.** *konj* **1.** (*wohingegen*) alors que ... **2.** (*in der Zeit als*) pendant que ...

**währenddessen** [vɛ:rənt'dɛsən] *adv* pendant ce temps[-là]

**wahrhaben** *vt irr* **etw nicht ~ wollen** ne pas vouloir admettre qc

**Wahrheit** <-, -en> *f* vérité *f*

**wahr\|nehmen** *vt irr* **1.** (*Geräusch*) percevoir **2.** (*Gelegenheit*) profiter de **3.** (*Interessen*) défendre

**Wahrsager(in)** <-s, -> *m(f)* voyant(e) *m(f)*

**wahrscheinlich** [va:ɐ̯'ʃainlɪç] *adj* probable

**Währung** ['vɛ:rʊŋ] <-, -en> *f* monnaie *f*

**Waise** ['vaizə] <-, -n> *f* orphelin(e) *m(f)*

**Wal** [va:l] <-[e]s, -e> *m* baleine *f*

**Wald** [valt] <-[e]s, Wälder> *m* forêt *f*; (*kleiner*) bois *m*

**Walkman®** ['wɔ:kmən] <-s, -men> *m* baladeur *m*

**Wallis** ['valɪs] <-> *nt* **das ~** le Valais

**Wallone** <-n, -n> *m*, **Wallonin** *f* Wallon(ne) *m(f)*

**Walnuss** ['valnʊs] *f* **1.** noix *f* **2.** (*Baum*) noyer *m*

**Walzer** ['valtsɐ] <-s, -> *m* valse *f*

**Wand** [vant] <-, Wände> *f* (*Mauer*) mur *m*

**wandern** ['vandɐn] *vi* **1.** faire de la randonnée; **das Wandern** la marche **2.** (*Gletscher*) se déplacer **3.** (*Völker*) migrer

**Wanderung** <-, -en> *f* **1.** randonnée *f* **2.** (*von Völkern*) migration *f*

**wann** [van] *adv interrog* quand

**Wanne** ['vanə] <-, -n> *f* (*Badewanne*) baignoire *f*

**Ware** ['va:rə] <-, -n> *f* **1.** marchandise *f* **2.** (*Lebensmittel*) denrées *fpl*

**warm** [varm] <wärmer, wärmste> *adj* chaud(e); **es ist ~** il fait chaud; **jdm ist ~** qn a chaud

**Wärme** ['vɛrmə] <-> *f* chaleur *f*

**wärmen I.** *vt, vi* chauffer **II.** *vr* **sich ~** se réchauffer

**warnen** ['varnən] **I.** *vt* prévenir **II.** *vi* mettre en garde

**Warschau** ['varʃau] <-s> *nt* Varsovie

**warten** ['vartən] **I.** *vi* **auf jdn/etw ~** attendre qn/qc; **auf sich** (*akk*) **~ lassen** se faire attendre

W

II. *vt* TECH réviser

**Wartezimmer** *nt* salle *f* d'attente

**warum** [va'rʊm] *adv interrog* pourquoi; **~ nicht?** pourquoi pas?

**Warze** ['vart͡sə] <-, -n> *f* verrue *f*

**was** [vas] I. *pron interrog* 1. qu'est-ce que 2. *fam* (*wie bitte*) **~?** quoi? II. *pron rel* [**das**], **~ ...** ce que ... III. *pron indef fam* (*etwas*) quelque chose

**Waschbecken** *nt* lavabo *m*

**Wäsche** ['vɛʃə] <-, -en> *f* 1. lessive *f* 2. (*Textilien*) linge *m*

**waschen** ['vaʃən] *irr* I. *vt* 1. laver 2. *fam* (*Geld*) blanchir II. *vi* faire une lessive

**Wäscheständer** *m* séchoir *m* [à linge]

**Waschlappen** *m* gant *m* de toilette **Waschmaschine** *f* machine *f* à laver **Waschmittel** *nt* lessive *f* **Waschsalon** *m* laverie *f* [automatique]

**Wasser** ['vasɐ] <-s, -> *nt* eau *f*

**Wasserfall** *m* cascade *f*

**Wassermann** <-männer> *m* ASTRO Verseau *m* **Wassermelone** *f* pastèque *f*

**Wasserspülung** *f* chasse *f* d'eau

**Watte** ['vatə] <-, -n> *f* coton *m*

**Webcam** *f* webcam *f*

**Wechsel** ['vɛksəl] <-s, -> *m* 1. changement *m* 2. (*Geldwechsel*) change *m*

**Wechselgeld** *nt* monnaie *f*

**wechselhaft** *adj* instable

**wechseln** ['vɛksln] I. *vt* 1. changer 2. (*Briefe, Ringe*) échanger II. *vi* **jdm ~** faire le change à qn

**wecken** ['vɛkən] *vt* 1. réveiller 2. (*Interesse*) susciter

**Wecken** <-s, -> *m* A petit pain *m*

**Wecker** <-s, -> *m* réveil *m*

**weder** ['ve:dɐ] *konj* **~ ... noch ...** ni ... ni

**weg** [vɛk] *adv* **~ sein** (*abwesend sein*) ne pas être là; (*weggegangen sein*) être parti; (*verschwunden sein*) avoir disparu

**Weg** [ve:k] <-[e]s, -e> *m* 1. chemin *m*; (*Route*) itinéraire *m*; **auf dem ~ ins Kino sein** être en route pour le ciné; **sich auf den ~ zu jdm machen** partir chez qn; **das liegt auf dem ~** c'est sur le chemin 2. (*Methode*) moyen *m* 3. **jdm/einer S. aus dem ~ gehen** éviter qn/qc; **jdm/einer S. im ~ stehen** faire obstacle à qn/qc

**wegen** ['ve:gən] *präp + gen* 1. à cause de 2. (*bezüglich*) à propos de

**weg|fahren** *irr* I. *vi* partir II. *vt* (*Fahrzeug*) déplacer

**weg|gehen** *vi irr* partir; **geh weg!** va-t'en!

**weg|lassen** *vt irr fam* (*auslassen*) laisser tomber; (*versehent-

*lich*) omettre
**weg|laufen** *vi irr* **1.** (*fortlaufen*) se sauver **2.** *fam* **von zu Hause ~** faire une fugue
**weg|machen** *vt fam* enlever
**weg|nehmen** *vt irr* enlever
**weg|schauen** *s.* **wegsehen**
**weg|schicken** *vt* (*Brief*) envoyer; (*Person*) renvoyer
**weg|sehen** *vi irr* détourner les yeux
**weg|tun** *vt irr* (*weglegen*) enlever
**weg|werfen** *vt irr* jeter
**weg|ziehen** *irr* **I.** *vi* **1.** (*fortziehen*) déménager **2.** (*Vögel*) migrer **II.** *vt* (*Hand*) retirer
**Wehe** ['veːə] <-, -n> *f* contraction *f*
**wehren** ['veːrən] *vr* **sich ~** (*sich verteidigen*) se défendre
**Wehrmacht** *f* HIST **die ~** la Wehrmacht **Wehrpflicht** *f* [**allgemeine**] **~** service *m* militaire obligatoire
**weh|tun** *vi* faire mal; **mir tut der Rücken weh** j'ai mal au dos
**Weib** [vaip] <-[e]s, -er> *nt fam* bonne femme *f*
**weich** [vaiç] *adj* doux(douce); (*Bett*) moelleux(-euse)
**weigern** ['vaigɐn] *vr* **sich ~** refuser
**Weihnachten** <-, -> *nt* Noël *m*; **fröhliche ~!** joyeux Noël! **Weihnachtsmann** <-männer> *m* père *m* Noël
**weil** [vail] *konj* **1.** (*da*) parce que **2.** (*da ... nun*) comme
**Weile** ['vailə] <-> *f* moment *m*
**Wein** [vain] <-[e]s, -e> *m* (*Getränk*) vin *m*
**Weinbau** *m* viticulture *f* **Weinberg** *m* vignoble *m* **Weinbrand** *m* cognac *m*
**weinen** ['vainən] *vt, vi* pleurer
**Weinlese** *f* vendanges *fpl* **Weinrebe** *f* vigne *f* **weinrot** *adj* bordeaux
**Weise** ['vaizə] <-, -n> *f* manière *f*; **auf diese ~** de cette manière
**weiß** *adj* blanc(blanche); **~ werden** (*Haare*) blanchir; (*Gesicht*) pâlir
**Weißkohl** *m*, **Weißkraut** *nt* A chou *m* blanc
**weit** [vait] **I.** *adj* **1.** (*Schuhe*) large **2.** (*Strecke*) long(longue); **ist es noch ~ bis ...?** c'est encore loin jusque ...? **II.** *adv* **1.** (*gehen*) loin; **~ offen** [**stehend**] grand ouvert **2.** (*in zeitlicher Hinsicht*) **so ~ sein** être prêt; **~ zurückliegen** être il y a longtemps **3.** *fig* **es ~ gebracht haben** avoir réussi; **das geht** [**entschieden**] **zu ~!** c'en est trop!; **wie ~ bist du** [**gekommen**]**?** où en es-tu? **4.** (*schlechter*) bien [plus]; (*übertreffen*) de beaucoup **5. so ~, so gut** bon, jusque là, tout va
**weiter** ['vaitɐ] *adv* **1. ~ oben** plus haut; **~!** on continue! **2.** (*sonst*)

**W**

und ~? et après? **3. und so ~ [und so fort]** et cætera

**weiter|arbeiten** *vi* continuer son/le travail

**weiter|fahren** *vi irr* continuer sa route **weiter|geben** *vt irr* (*weiterreichen*) faire passer; (*mitteilen*) transmettre **weiter|gehen** *vi irr* **1.** poursuivre son chemin **2.** (*seinen Fortgang nehmen*) continuer **weiterhin** *adv* **1.** (*immer noch*) encore **2.** (*auch zukünftig*) dans l'avenir **3.** (*außerdem*) en outre **weiter|machen** *vi fam* continuer

**Weizen** ['vaitsən] <-s> *m* blé *m*

**welche(r, s)** ['vɛlçə] **I.** *pron interrog* quel(le) **II.** *pron indef* **1.** en; **brauchst du Streichhölzer? Hier sind ~!** tu as besoin d'allumettes? En voici! **2.** *Pl fam* (*einige Leute*) **es gibt ~, die ...** il y en a qui ...

**Welle** ['vɛlə] <-, -n> *f* **1.** *a. fig* vague *f* **2.** PHYS, RADIO onde *f*

**Wellness** ['vɛlnɛs] <-> *f* bien-être *m*

**Wellnesswochenende** *nt* week-end *m* bien-être

**Welt** [vɛlt] <-, -en> *f* **1.** (*die Erde*) **die ~** le monde **2. die Dritte ~** le tiers-monde

**Weltall** *nt* univers *m* **Weltkrieg** *m* guerre *f* mondiale **Weltraum** *m* espace *m* **Weltraumstation** *f* station *f* spatiale **weltweit** **I.** *adj* mondial(e) **II.** *adv* (*tätig sein*) dans le monde entier; (*bedeutsam sein*) pour le monde entier **Weltwunder** *nt* **die sieben ~** les Sept Merveilles *fpl* du monde

**wem** [veːm] **I.** *pron interrog* [à] qui **II.** *pron rel* celui à qui

**wen** [veːn] **I.** *pron interrog* qui **II.** *pron rel* celui que

**Wende** ['vɛndə] <-, -n> *f* **1.** tournant *m* **2.** HIST **die ~** le tournant (*désigne la réunification allemande*)

**wenden**[1] ['vɛndən] *vr* **sich ~** **1.** (*sich drehen*) se tourner **2.** (*entgegentreten*) se retourner **3.** (*sich richten an*) **sich an jdn ~** s'adresser à qn

**wenden**[2] *vt* (*Blatt*) retourner

**wenig** ['veːnɪç] **I.** *adj, pron* **1.** peu de; **zu/ein ~** trop/un peu **2.** (*nicht viele*) **es kamen nur ~e** peu de gens sont venus **II.** *adv* **1.** (*kaum, nicht sehr*) guère **2.** (*selten*) peu

**weniger** ['veːnɪgɐ] **I.** *adj, pron* moins de/que; **etwas ~** un peu moins; **~ werden** (*Vorräte*) diminuer **II.** *adv, konj* moins

**wenigste(r, s)** **I.** *adj, pron* le moins de **II.** *adv* le moins

**wenigstens** ['veːnɪçstns] *adv* **1.** (*mindestens*) au moins **2.** (*zumindest*) du moins

**wenn** [vɛn] *konj* **1.** (*falls*) si **2.** (*sobald*) dès que

**wer** [veːɐ̯] **I.** *pron interrog* qui

[est-ce qui] II. *pron rel* [celui] qui

**Werbung** <-> *f* publicité *f*

**werden** ['ve:ɐ̯dən] *irr* I. *vi* 1. (*seinen Zustand, Status verändern*) devenir; (*krank*) tomber; **schlimmer ~** empirer 2. (*seine Befindlichkeit verändern*) **jdm wird besser** qn se sent mieux 3. (*sich entwickeln*) **aus diesem Jungen wird noch etwas** ce garçon ira loin 4. (*ein Alter erreichen*) **er wird zehn [Jahre alt]** il va avoir dix ans II. *aux* 1. (*Futur*) **sie wird ihm bald schreiben** elle va lui écrire bientôt 2. (*Passiv*) **gesehen ~** être vu 3. (*Konjunktiv*) **würdest du mir kurz helfen?** tu pourrais m'aider un instant?

**werfen** ['vɛrfən] *vt, vi irr* lancer

**Werk** [vɛrk] <-[e]s, -e> *nt* 1. (*Fabrik*) usine *f* 2. (*eines Künstlers*) œuvre *f*

**Werkstatt** *f* (*Schreinerwerkstatt*) atelier *m;* (*Autowerkstatt*) garage *m* **Werkzeug** <-[e]s, -e> *nt* outil *m*

**wert** [ve:ɐ̯t] *adj* **viel ~ sein** valoir beaucoup

**Wert** <-[e]s, -e> *m* 1. valeur *f* 2. **das hat keinen ~** *fam* c'est pas la peine

**Wesen** ['ve:zən] <-s, -> *nt* (*Geschöpf*) créature *f*

**wesentlich** ['ve:zəntlɪç] I. *adj* essentiel(le) II. *adv* bien plus

**weshalb** [vɛs'halp] I. *adv interrog* pourquoi II. *adv rel* **der Grund, ~ ...** la raison pour laquelle ...

**Wespe** ['vɛspə] <-, -n> *f* guêpe *f*

**Wessi** ['vɛsi] <-s, -s> *m,* <-, -s> *f fam surnom des habitants de l'ex-Allemagne de l'Ouest*

**westdeutsch** *adj* de l'Allemagne de l'Ouest; HIST ouest-allemand(e)

**Westdeutschland** *nt* GEO l'Allemagne *f* occidentale; HIST l'Allemagne *f* de l'Ouest

**Weste** ['vɛstə] <-, -n> *f* gilet *m*

**Westen** ['vɛstən] <-s> *m* ouest *m*

**Westeuropa** *nt* GEO l'Europe *f* occidentale; POL l'Europe *f* de l'Ouest

**Westfale** [vɛst'fa:lə] <-n, -n> *m,* **Westfälin** *f* Westphalien(ne) *m(f)*

**Westfalen** [vɛst'fa:lən] <-s> *nt* la Westphalie

**westfälisch** [vɛst'fɛ:lɪʃ] *adj* de Westphalie

**westlich** I. *adj* 1. (*Land*) [situé(e)] à l'ouest; (*Wind*) [en provenance] de l'ouest; **in ~er Richtung** en direction de l'ouest 2. POL occidental(e) II. *adv* à l'ouest III. *präp + gen* à l'ouest de

**weswegen** [vɛs've:gən] *s.* **weshalb**

**Wettbewerb** ['vɛtbəvɛrp] <-[e]s, -e> *m* 1. concurrence *f* 2. (*Veranstaltung*) concours *m*

**Wette** ['vɛtə] <-, -n> *f* pari *m*
**wetten** *vt, vi* parier
**Wetter** ['vɛtɐ] <-s, -> *nt* temps *m*
**Wettkampf** *m* compétition *f*
**WG** [veː'geː] <-, -s> *f Abk von* Wohngemeinschaft colocation *f*
**wichtig** ['vɪçtɪç] *adj* important(e)
**wichtig|machen** *vr* **sich ~** *fam* faire l'important(e)
**wickeln** I. *vt* (*Baby*) langer II. *vr* **sich um etw ~** s'enrouler autour de qc
**Widder** ['vɪdɐ] <-s, -> *m* 1. bélier *m* 2. ASTRO Bélier *m*
**widerlich** *adj* répugnant(e) **widersprechen*** *vi irr* contredire **Widerstand** *m* résistance *f* **widerstehen*** *vi irr* résister
**widmen** ['vɪtmən] I. *vt* dédier II. *vr* **sich jdm/einer S. ~** se consacrer à qn/qc
**wie** [viː] I. *adv interrog* 1. comment; **~ bitte?** comment? 2. (*welche Menge*) **~ viel** combien; **~ oft ...** combien de fois ... 3. (*in Ausrufen*) **~ schön!** que c'est beau!; **~ schade!** comme c'est dommage! II. *adv rel* **die Art, ~ ...** la façon dont ... III. *konj* 1. (*vergleichend*) comme; **er ist so alt ~ ich** il a le même âge que moi 2. (*dass*) **er sah, ~ der Krug umkippte** il a vu la cruche basculer
**wieder** ['viːdɐ] *adv* (*erneut*) de nouveau; **nie ~** plus jamais
**wieder|beleben*** *vt* (*Person*) r[é]animer
**wiederholen*** [viːdɐ'hoːlən] *vt* 1. (*Satz*) répéter 2. (*Film*) rediffuser 3. (*Klasse*) redoubler 4. (*Lektion*) réviser
**Wiederholung** [viːdɐ'hoːlʊŋ] <-, -en> *f* 1. (*eines Worts*) répétition *f* 2. (*eines Films*) rediffusion *f*
**Wiederhören** [**auf**] **~!** au revoir!
**wieder|kommen** *vi irr* 1. revenir 2. (*Gelegenheit*) se représenter
**wieder|sehen** *vt, vr irr* revoir
**Wiedersehen** <-s, -> *nt* [**auf**] **~!** au revoir!
**wiederum** ['viːdərʊm] *adv* 1. (*abermals*) de nouveau 2. (*dagegen*) en revanche
**Wiedervereinigung** *f* réunification *f*
**wiegen**[1] ['viːgən] *vt, vr irr* [**sich**] **~** [se] peser
**wiegen**[2] *vt* (*Kind*) bercer
**Wien** [viːn] <-s> *nt* Vienne
**Wiener(in)** <-s, -> *m(f)* Viennois(e) *m(f)*
**Wiese** ['viːzə] <-, -n> *f* pré *m*
**wieso** [vi'zoː] *adv interrog* pourquoi
**wievielte(r, s)** *adj interrog* **der Wievielte ist heute?** le combien sommes-nous aujourd'hui? (*fam*)
**wild** [vɪlt] I. *adj* 1. sauvage 2. (*Spekulation*) fou(folle) 3. *fam*

(*wütend*) furieux(-euse) **II.** *adv* **1.** (*in freier Natur*) à l'état sauvage **2.** (*unkontrolliert*) sauvagement
**Wildschwein** *nt* sanglier *m*
**willkommen** [vɪl'kɔmən] *adj* **1.** bienvenu(e) **2.** (*Gelegenheit*) opportun(e)
**Willkommen** <-s, -> *nt* bienvenue *f*
**willkürlich** *adj* arbitraire
**Wimper** ['vɪmpɐ] <-, -n> *f* cil *m*
**Wind** [vɪnt] <-[e]s, -e> *m* vent *m*
**Windel** ['vɪndəl] <-, -n> *f* couche *f*
**windig** *adj* **1.** (*mit viel Wind*) venteux(-euse); **es ist ~** il y a du vent **2.** *fam* (*Vertreter*) pas sérieux (-euse); (*Sache*) foireux(-euse)
**Windpocken** *Pl* varicelle *f*
**Windrad** *nt* éolienne *f* **Windschutzscheibe** *f* pare-brise *m* **Windstoß** *m* bourrasque *f*
**Winkel** ['vɪŋkəl] <-s, -> *m* **1.** MATH angle *m* **2.** (*Winkelmaß*) équerre *f*
**winken** ['vɪŋkən] *vi* faire signe
**Winter** ['vɪntɐ] <-s, -> *m* hiver *m* **Winterreifen** *m* pneu *m* neige
**Winzer(in)** ['vɪntsɐ] <-s, -> *m(f)* vigneron(ne) *m(f)*
**winzig** ['vɪntsɪç] *adj* **1.** minuscule **2.** (*Menge*) infime
**wir** [viːɐ̯] *pron* nous
**Wirbel** ['vɪrbəl] <-s, -> *m* **1.** ANAT vertèbre *f* **2.** *fam* (*Trubel*) remue-ménage *m* **3.** (*Wasserwirbel*) remous *m;* (*Luftwirbel*) tourbillon *m* **4.** (*Haarwirbel*) épi *m*
**Wirbelsäule** *f* colonne *f* vertébrale
**wirken** ['vɪrkən] *vi* **1.** (*Substanz*) agir; **gut/nicht ~** être efficace/inefficace **2.** (*Drohung*) faire effet
**wirklich** ['vɪrklɪç] **I.** *adj* (*Begebenheit*) véritable; (*Name*) vrai **II.** *adv* **1.** (*tatsächlich*) réellement; **~ nicht?** vraiment pas? **2.** (*aufrichtig, sehr*) vraiment
**Wirklichkeit** <-, -en> *f* réalité *f*
**Wirkung** <-, -en> *f* effet *m*
**Wirt(in)** ['vɪrt] <-[e]s, -e> *m(f)* patron(ne) *m(f)*
**Wirtschaft** ['vɪrtʃaft] <-, -en> *f* **1.** économie *f* **2.** (*Gastwirtschaft*) bistro[t] *m*
**wischen** ['vɪʃən] *vt* (*Fußboden*) passer la serpillière sur
**wissen** ['vɪsən] *irr* **I.** *vt* (*als Kenntnisse besitzen*) savoir; (*Fakten*) connaître; **davon weiß ich nichts** je ne suis pas au courant **II.** *vi* (*sich erinnern*) **weißt du/~ Sie noch?** tu te rappelles/vous vous rappelez?
**Wissen** <-s> *nt* connaissances *fpl*
**Wissenschaft** <-, -en> *f* science *f*
**Wissenschaftler(in)** <-s, -> *m(f)* scientifique *mf*
**Witwe** ['vɪtvə] <-, -n> *f* veuve *f*
**Witwer** ['vɪtvɐ] <-s, -> *m* veuf *m*
**Witz** [vɪts] <-es, -e> *m* **1.** plaisan-

W

terie *f* 2. **das soll wohl ein ~ sein!** *fam* c'est une blague ou quoi?

**Wịtzbold** ['vɪtsbɔlt] <-[e]s, -e> *m* plaisantin *m*

**wịtzig** *adj* amusant(e)

**wo̲** [vo:] I. *adv interrog* où II. *adv rel* où III. *konj* 1. (*zumal*) d'autant que ... 2. (*obwohl*) alors que ...

**woạnders** [vo'ʔandɐs] *adv* ailleurs

**wobe̲i̲** [vo'baj] I. *adv interrog* comment II. *adv rel* 1. (*bei welcher Sache*) au cours duquel/de laquelle 2. (*während welcher Sache*) pendant lequel/laquelle 3. (*aber, jedoch*) cependant

**Wọche** ['vɔxə] <-, -n> *f* semaine *f*

**Wọchenende** *nt* week-end *m;* **am ~** le week-end

**wọ̈chentlich** ['vœçəntlɪç] I. *adj* hebdomadaire II. *adv* chaque semaine

**wodụrch** [vo'dʊrç] I. *adv interrog* comment II. *adv rel* ce qui explique que + *subj*

**wofü̲r** [vo'fy:ɐ̯] I. *adv interrog* pour quoi; **~ halten Sie mich eigentlich?** pour qui me prenez-vous?; **~ interessieren Sie sich?** à quoi vous intéressez-vous? II. *adv rel* pour lequel/laquelle

**wohe̲r** [vo'he:ɐ̯] *adv interrog, rel* d'où

**wohịn** [vo'hɪn] I. *adv interrog* où II. *adv rel* où

**wo̲hl** [vo:l] *adv* 1. (*sich fühlen*) bien 2. (*gut*) **jdm ist nicht ~ bei etw** qc met qn mal à l'aise 3. **leb ~!** adieu!

**Wo̲hl** <-[e]s> *nt* 1. bien *m* 2. (*Wohlbefinden*) bien-être *m;* **zum ~!** à ta/votre santé!

**Wo̲hlstand** *m* aisance *f*

**wo̲hltätig** *adj* charitable

**wo̲hnen** ['vo:nən] *vi* habiter

**Wo̲hnheim** *nt* (*Studentenwohnheim*) foyer *m* pour étudiants

**Wo̲hnmobil** ['vo:nmobi:l] <-s, -e> *nt* camping-car *m* **Wo̲hnsitz** *m* domicile *m*

**Wo̲hnung** <-, -en> *f* appartement *m*

**Wo̲hnwagen** *m* caravane *f* **Wo̲hnzimmer** *nt* [salle *f* de] séjour *m*

**Wọlf** [vɔlf] <-[e]s, Wölfe> *m* 1. loup *m* 2. (*Fleischwolf*) hachoir *m*

**Wọ̈lfin** ['vœlfɪn] <-, -nen> *f* louve *f*

**Wọlke** ['vɔlkə] <-, -n> *f* nuage *m*

**Wọlkenkratzer** *m* gratte-ciel *m*

**Wọlle** ['vɔlə] <-, -n> *f* laine *f*

**wọllen** ['vɔlən] *aux, vi, vt irr* vouloir

**womịt** [vo'mɪt] *adv* **~ sollen wir anfangen?** par quoi devons-nous commencer?

**womö̲glich** [vo'mœ:klɪç] *adv* peut-être [même]

**wona̲ch** [vo'na:x] *adv* **~ suchst du?** qu'est-ce que tu cherches?

**woran** [vo'ran] *adv* 1. ~ **denkst du gerade?** à quoi penses-tu en ce moment? **2.** (*aus welchem Grund, Anlass*) ~ **ist er gestorben?** de quoi est-il mort? **3.** (*an dem, an der*) **das Einzige, ~ ich mich erinnere** la seule chose dont je me souviens

**worauf** [vo'rauf] *adv* ~ **wartest du?** qu'est-ce que tu attends?

**Workshop** ['wɔ:kʃɔp] <-s, -s> *m* atelier *m*

**Wort** [vɔrt] <-[e]s, -e> *nt* 1. <Wörter o -e> mot *m* **2.** (*Äußerung*) parole *f;* **jdn beim ~ nehmen** prendre qn au mot **3. mit einem ~** en un mot

**Wörterbuch** ['vœrtebu:x] *nt* dictionnaire *m*

**Wortschatz** *m* vocabulaire *m*

**worüber** [vo'ry:be] *adv* 1. ~ **habt ihr gesprochen?** de quoi avez-vous parlé? **2.** (*über welchen/welchem Gegenstand*) ~ **bist du gestolpert?** sur quoi as-tu trébuché? **3.** (*über dem, über das*) **etwas, ~ wir sprechen müssen** quelque chose dont nous devons parler

**worum** [vo'rʊm] *adv* **1. ich habe keine Ahnung, ~ es geht** je n'ai aucune idée de quoi il s'agit **2.** (*um den, um das*) **alles, ~ du mich bittest** tout ce que tu me demandes

**wovon** [vo'fɔn] *adv* **1. ich weiß nicht, ~ du sprichst** je ne sais pas de quoi tu parles **2.** (*von dem, von der*) dont

**wovor** [vo'fo:ɐ̯] *adv* ~ **hat er Angst?** de quoi a-t-il peur?

**wozu** [vo'tsu:] *adv* (*warum, wofür*) ~ **brauchst du das Geld?** tu as besoin de l'argent pour quoi faire?; **ich weiß nicht, ~ das gut ist** je ne sais pas à quoi ça sert

**Wrack** [vrak] <-s, -s> *nt* épave *f*

**wühlen** ['vy:lən] *vi* (*kramen*) fouiller

**Wunde** ['vʊndə] <-, -n> *f* plaie *f*

**Wunder** ['vʊnde] <-s, -> *nt* miracle *m;* **es ist kein ~, dass** *fam* c'est pas étonnant que + *subj*

**wundern I.** *vt* étonner **II.** *vr* **sich über etw** (*akk*) ~ s'étonner de qc

**wunderschön** ['vʊnde'ʃø:n] *adj* superbe

**Wunsch** [vʊnʃ] <-[e]s, Wünsche> *m* souhait *m;* **haben Sie sonst noch einen ~?** vous désirez autre chose?

**wünschen** ['vʏnʃən] **I.** *vr* **sich** (*dat*) **etw** ~ vouloir qc **II.** *vt* 1. (*Glück*) souhaiter **2.** (*erhoffen*) **~, dass** souhaiter que + *subj* **3.** (*Erklärung*) demander **III.** *vi* **Sie ~?** vous désirez?

**Würde** ['vʏrdə] <-, -n> *f* dignité *f*

**Würfel** ['vʏrfəl] <-s, -> *m* dé *m*

**würfeln** *vt* 1. (*eine Fünf würfeln*) faire un cinq **2.** (*in Würfel schneiden*) couper en dés

**Würfelzucker** *m* sucre *m* en morceaux

W

**würgen** ['vʏrgən] *vt* étrangler
**Wurm** [vʊrm] <-[e]s, Würmer> *m* ver *m*
**Wurst** [vʊrst] <-, Würste> *f* **1.** (*Wurstwaren*) charcuterie *f* **2.** (*Würstchen*) saucisse *f;* (*geräuchert*) saucisson *m* **3. das ist mir/ihm ~** *fam* j'en ai/il en a rien à cirer
**Würzburg** <-s> *nt* Wurtzbourg
**Würze** ['vʏrtsə] <-, -n> *f* saveur *f*
**Wurzel** ['vʊrtsəl] <-, -n> *f* racine *f*
**würzen** *vt* assaisonner
**Wüste** ['vy:stə] <-, -n> *f* désert *m*
**Wut** [vu:t] <-> *f* rage *f*
**wütend** *adj* furieux(-euse)

# X

**X, x** [ɪks] <-, -> *nt* **1.** X *m*/x *m* **2.** *fam* (*unzählige*) trente-six
**x-mal** ['ɪksma:l] *adv fam* x fois plus une

# Y

**Y, y** ['ʏpsilɔn] <-, -> *nt* Y *m*/y *m*
**Ypsilon** ['ʏpsilɔn] <-[s], -s> *nt* i grec *m*

# Z

**Z, z** [tsɛt] <-, -> *nt* Z *m*/z *m*
**Zacke** ['tsakə] <-, -n> *f* dent *f*
**zäh** [tsɛ:] **I.** *adj* **1.** (*Fleisch*) dur(e) **2.** (*zähflüssig*) visqueux(-euse) **3.** (*hartnäckig*) obstiné(e) **II.** *adv* **1.** (*schleppend*) péniblement **2.** (*hartnäckig*) obstinément
**Zahl** [tsa:l] <-, -en> *f* **1.** nombre *m* **2.** (*Ziffer*) chiffre *m*
**zahlen** ['tsa:lən] *vi, vt* payer
**zählen** ['tsɛ:lən] **I.** *vi* **1.** compter **2.** (*zugerechnet werden*) **zu etw ~** faire partie de qc **II.** *vt* (*Besucher*) compter
**Zähler** <-s, -> *m* compteur *m*
**zahlreich** *adj* de nombreux(-euses)
**zähmen** ['tsɛ:mən] *vt* **1.** (*Tier*) apprivoiser **2.** (*Neugier*) refréner
**Zahn** [tsa:n] <-[e]s, Zähne> *m* dent *f*
**Zahnarzt** *m*, **-ärztin** *f* dentiste *mf* **Zahnbürste** *f* brosse *f* à dents **Zahncreme** *f* dentifrice *m* **Zahnfleisch** *nt* gencive *f* **Zahnpasta** *s.* **Zahncreme** **Zahnschmerzen** *Pl* mal *m* de dents **Zahnstocher** <-s, -> *m* cure-dent *m*
**zappeln** ['tsapəln] *vi* gigoter (*fam*)
**Zar(in)** [tsa:ɐ̯] <-en, -en> *m(f)* tsar *m*/tsarine *f*
**zart** [tsa:ɐ̯t] **I.** *adj* **1.** doux(douce)

2. (*Gesundheit*) délicat(e) 3. (*Fleisch*) tendre II. *adv* tendrement
**zärtlich** ['tsɛːɐ̯tlɪç] *adj* tendre
**Zauberei** [tsaubə'rai] <-, -en> *f* magie *f*
**Zauberer** <-s, -> *m*, **Zauberin** *f* (*Hexer*) magicien(ne) *m(f)*
**zaubern** I. *vi* (*Fee*) faire de la magie II. *vt fam* (*kochen*) mitonner
**Zaun** [tsaun] <-[e]s, Zäune> *m* clôture *f*
**z.B.** *Abk von* **zum Beispiel** par ex.
**ZDF** [tsɛtdeː'ʔɛf] <-s> *nt Abk von* **Zweites Deutsches Fernsehen** *deuxième chaîne de la télévision allemande*
**Zebra** ['tseːbra] <-s, -s> *nt* zèbre *m*
**Zebrastreifen** *m* passage *m* clouté
**Zecke** ['tsɛkə] <-, -n> *f* tique *f*
**Zeh** [tseː] <-s, -en> *m*, **Zehe** ['tseːə] <-, -n> *f* 1. ANAT orteil *m* 2. BOT gousse *f*
**zehn** [tseːn] *num* dix
**zehnerlei** *adj* ~ **Sorten Brot** dix sortes de pain
**zehnfach** *adj, adv* dix fois
**zehnmal** *adv* dix fois
**zehnt** *adv* **zu** ~ **sein** être dix
**zehnte(r, s)** *adj* 1. dixième 2. (*bei Datumsangaben*) **der** ~ **März** le dix mars
**zehntel** *adj* dixième
**Zeichen** ['tsaiçən] <-s, -> *nt* 1. signe *m* 2. (*Markierung*) marque *f*
**Zeichentrickfilm** *m* dessin *m* animé
**zeichnen** ['tsaiçnən] *vt* 1. dessiner 2. (*erkennbar prägen*) marquer
**Zeichnung** <-, -en> *f* dessin *m*
**Zeigefinger** *m* index *m*
**zeigen** ['tsaigən] I. *vt* 1. montrer 2. (*im Fernsehen bringen*) passer II. *vi* 1. (*deuten*) montrer 2. (*weisen*) **nach Norden** ~ (*Nadel*) indiquer le nord
**Zeiger** <-s, -> *m* aiguille *f*
**Zeile** ['tsailə] <-, -n> *f* ligne *f*
**Zeit** [tsait] <-, -en> *f* 1. temps *m* 2. (*Uhrzeit*) heure *f* 3. (*Zeitraum*) **in letzter** ~ ces derniers temps; **eine** ~ **lang** un certain temps 4. (*Epoche*) époque *f*
**Zeitalter** *nt* époque *f* **Zeitgenosse** *m*, **-genossin** *f* contemporain(e) *m(f)*
**Zeitlupe** *f* ralenti *m*
**Zeitraum** *m* période *f* **Zeitschrift** *f* magazine *m*
**Zeitung** ['tsaitʊŋ] <-, -en> *f* journal *m*
**Zeitverschiebung** *f* décalage *m* horaire
**Zelle** ['tsɛlə] <-, -n> *f a.* BIO cellule *f*
**Zelt** [tsɛlt] <-[e]s, -e> *nt* tente *f*
**zelten** *vi* camper
**Zement** [tse'mɛnt] <-[e]s, -e> *m* ciment *m*

**Zenit** [tse'ni:t] <-[e]s> *m* zénith *m*
**Zensur** [tsɛn'zu:ɐ] <-, -en> *f* 1. note *f* 2. (*Kontrolle*) censure *f*
**Zentimeter** [tsɛnti'me:tɐ] *m o nt* centimètre *m*
**zentral** [tsɛn'tra:l] I. *adj* central(e) II. *adv* (*liegen*) au centre
**Zentrale** <-, -n> *f* 1. siège *m* 2. (*Telefonzentrale*) standard *m*
**Zentrum** ['tsɛntrʊm] <-s, Zentren> *nt* centre *m*
**zerbrechen*** *irr* I. *vt* casser II. *vi* 1. se casser 2. *fig* se briser
**zerbrechlich** *adj* fragile
**zerknittern*** *vt* chiffonner
**zerkratzen*** *vt* 1. rayer 2. (*verletzen*) griffer
**zerlegen*** *vt* 1. démonter 2. (*Gans*) découper
**zerquetschen*** *vt* écraser
**zerreißen*** *irr* I. *vt* déchirer II. *vi* se déchirer
**zerschmettern*** *vt* (*Schädel*) fracasser; (*Kiefer*) briser
**zerstören*** *vt* détruire
**Zerstörung** <-, -en> *f* 1. (*das Zerstören*) destruction *f* 2. (*Verwüstung*) dévastation *f*
**zerstreut** *adj* 1. (*unkonzentriert*) distrait(e) 2. (*verstreut*) éparpillé(e)
**zertrümmern*** *vt* 1. (*Fensterscheibe*) défoncer 2. (*Schädel*) fracasser
**Zettel** ['tsɛtəl] <-s, -> *m* 1. [bout *m* de] papier *m*; (*mit einer Notiz*) note *f* 2. (*Einkaufszettel*) liste *f*
**Zeug** [tsɔyk] <-[e]s> *nt fam* 1. bazar *m* 2. (*Nahrungsmittel*) truc *m* 3. (*Unsinn*) **dummes ~ reden** raconter des conneries
**Zeuge** ['tsɔygə] <-n, -n> *m*, **Zeugin** *f* témoin *m*
**Zeugnis** ['tsɔyknɪs] <-ses, -se> *nt* 1. (*Schulzeugnis*) bulletin *m* [scolaire] 2. (*Arbeitszeugnis*) certificat *m* de travail
**Ziege** ['tsi:gə] <-, -n> *f* chèvre *f*
**Ziegel** ['tsi:gəl] <-s, -> *m* 1. (*Ziegelstein*) brique *f* 2. (*Dachziegel*) tuile *f*
**Ziegenbock** *m* bouc *m*
**ziehen** ['tsi:ən] *irr* I. *vt* 1. tirer 2. (*Fäden*) retirer; (*Zahn*) arracher II. *vi* 1. (*zerren, beim Rauchen*) **an etw** (*dat*) ~ tirer sur qc 2. (*umziehen*) déménager 3. **es zieht!** il y a un courant d'air!
**Ziehharmonika** *f* accordéon *m*
**Ziel** [tsi:l] <-[e]s, -e> *nt* 1. (*Reiseziel*) destination *f* 2. (*opp: Start*) arrivée *f* 3. *fig* but *m*
**zielen** *vi* viser
**Zielscheibe** *f* cible *f*
**ziemlich** I. *adj fam* **eine ~e Entfernung** une bonne petite distance II. *adv* assez; **er musste sich ~ beeilen** il a dû pas mal se dépêcher
**Ziffer** ['tsɪfɐ] <-, -n> *f* chiffre *m*
**Zigarette** [tsiga'rɛtə] <-, -n> *f* cigarette *f*

**Zigarre** [tsi'garə] <-, -n> *f* cigare *m*

**Zigeuner(in)** [tsi'gɔyne] <-s, -> *m(f)* tzigane *mf;* (*in Südfrankreich, Spanien lebend*) gitan(e) *m(f)*

**Zimmer** ['tsɪme] <-s, -> *nt* **1.** pièce *f* **2.** (*zum Schlafen*) chambre *f*

**Zimmermädchen** *nt* femme *f* de chambre **Zimmermann** <-leute> *m* charpentier *m*

**Zimt** [tsɪmt] <-[e]s> *m* cannelle *f*

**Zins** [tsɪns] <-es, -en> *m* intérêt *m*

**zirka** ['tsɪrka] *adv* environ

**Zirkus** ['tsɪrkʊs] <-, -se> *m* cirque *m*

**zitieren*** [tsi'ti:rən] *vt* citer

**Zitrone** [tsi'tro:nə] <-, -n> *f* citron *m*

**zittern** ['tsɪten] *vi* **1.** trembler **2.** *fam* (*Angst haben*) **vor jdm ~** avoir la frousse de qn

**Zivildienst** *m* service *m* civil

**zögern** ['tsø:gen] *vi* hésiter

**Zoll** [tsɔl] <-[e]s, Zölle> *m* **1.** (*Einfuhrabgabe*) droits *mpl* de douane **2.** (*Zollverwaltung*) **der ~** la Douane

**Zollbeamte(r)** *m,* **-beamtin** *f* douanier(-ière) *m(f)*

**Zopf** [tsɔpf] <-[e]s, Zöpfe> *m* (*Haarzopf*) natte *f;* (*klein*) tresse *f*

**zornig** *adj* en colère

**zu** [tsu:] **I.** *präp + dat* **1.** (*bei Richtungsangaben*) **~m Arzt gehen** aller chez le médecin **2.** (*bei Fristangaben*) **bis ~m 10. März** jusqu'au 10 mars **3.** (*bei Zeitangaben*) **~ Ostern** à Pâques **4.** (*Zweck*) **hast du etwas ~m Schreiben?** tu as quelque chose pour écrire? **II.** *adv* **1.** (*allzu*) trop **2.** (*geschlossen*) **~ sein** (*Tür*) être fermé **3.** *fam* (*betrunken*) **~ sein** être raide **III.** *konj* **1. sie hat vor ~ kommen** elle a l'intention de venir **2.** (*als Ausdruck des Könnens*) **er ist nicht ~ sprechen** il ne peut pas recevoir **3.** (*als Ausdruck des Müssens*) **ich habe viel ~ tun** j'ai beaucoup à faire

**zu|bereiten*** *vt* préparer

**zu|binden** *vt irr* (*Sack*) fermer; (*Schürze, Senkel*) nouer

**Zucchini** [tsʊ'ki:ni] *f* courgette *f*

**zucken** ['tsʊkən] *vi* tressaillir; (*Mundwinkel*) frémir

**Zucker** ['tsʊke] <-s, -> *m* sucre *m*

**zuckerkrank** *adj* diabétique

**zu|decken** *vt* couvrir

**zu|drehen** *vt* **1.** fermer **2.** (*Rücken*) tourner

**zueinander** [tsuʔaj'nande] *adv* **nicht ~ passen** ne pas aller ensemble

**zuerst** [tsu'ʔe:ɐst] *adv* **1.** (*als Erster*) le premier/la première **2.** (*erledigen*) en premier **3.** (*anfangs*) d'abord

**Zufahrt** *f* accès *m*
**Zufall** *m* hasard *m*
**zufällig** I. *adj* fortuit(e) II. *adv* par hasard
**zufrieden** [tsu'fri:dən] I. *adj* satisfait(e) II. *adv* (*lächeln*) d'un air satisfait
**zufrieden|geben** *vr* **sich mit etw ~** se contenter de qc **zufrieden|lassen** *vt* **jdn ~** laisser qn tranquille
**Zug** [tsu:k] <-[e]s, Züge> *m* **1.** train *m* **2.** (*Inhalieren des Rauchs*) bouffée *f* **3.** (*lange Kolonne*) cortège *m*
**Zugabteil** *nt* compartiment *m*
**Zugang** <-gänge> *m* **1.** (*Eingang*) accès *m* **2. ~ zu etw** accès *m* à qc
**zu|geben** *vt irr* admettre
**zu|gehen** *vi irr* **1.** (*sich schließen lassen*) fermer; (*Klappe*) se [re]fermer **2.** (*zusteuern*) **auf jdn/etw ~** s'avancer vers qn/qc
**zu|greifen** *vi irr* (*sich bedienen*) se servir
**Zugrestaurant** *nt* wagon-restaurant *m*
**zu|haben** *vi irr* (*Geschäft*) être fermé
**Zuhälter(in)** ['tsu:hɛltɐ] <-s, -> *m(f)* proxénète *mf*
**Zuhause** [tsu'haʊzə] <-s> *nt* maison *f*
**zu|hören** *vi* **jdm ~** écouter qn
**Zuhörer(in)** *m(f)* auditeur(-trice) *m(f)*
**zu|knöpfen** *vt* boutonner
**zu|kommen** *vi irr* **1. auf jdn/etw ~** venir vers qn/qc **2.** *fig* **alles auf sich** (*akk*) **~ lassen** laisser faire les choses **3.** (*bevorstehen*) **auf jdn ~** (*Aufgabe*) attendre qn
**Zukunft** ['tsu:kʊnft] <-> *f* **1.** avenir *m;* **in ~** à l'avenir **2.** LING futur *m*
**zukünftig** I. *adj* futur(e) II. *adv* à l'avenir
**zu|lassen** *vt irr* **1.** (*dulden*) tolérer **2.** (*ermöglichen*) permettre **3.** (*Deutung*) autoriser
**Zulassung** <-, -en> *f fam* (*Fahrzeugschein*) carte *f* grise
**zuletzt** [tsu'lɛtst] *adv* **1.** (*als Letzter*) le dernier/la dernière **2.** (*zum Schluss*) à la fin **3.** *fam* (*sehen*) pour la dernière fois
**zum** [tsʊm] = **zu dem** *s.* **zu**
**zu|machen** *vt, vi* fermer
**zumal** [tsu'ma:l] I. *konj* d'autant plus que II. *adv* surtout
**zumindest** [tsu'mɪndəst] *adv* **1.** du moins; (*wenigstens*) au moins **2.** (*jedenfalls*) en tout cas
**zunächst** [tsu'nɛ:çst] *adv* **1.** (*anfangs*) [tout] d'abord **2.** (*vorläufig*) pour l'instant
**Zündkerze** *f* bougie *f* [d'allumage]
**zu|nehmen** *irr* I. *vi* **1.** (*Person*) grossir **2.** (*Spannung*) grandir; (*Umweltverschmutzung*) augmenter **3.** (*stärker werden*) ga-

gner en intensité **II.** *vt* (*Kilo*) prendre

**Zunge** [ˈtsʊŋə] <-, -n> *f* langue *f*

**zur** [tsuːɐ̯] = **zu der** *s.* **zu**

**Zürcher** *adj* de Zurich

**Zürcher(in)** <-s, -> *m(f)* Zurichois(e) *m(f)*

**zurecht|finden** [tsuˈrɛçtfɪndən] *vr irr* s'y retrouver **zurecht|kommen** *vi irr* **1.** s'entendre **2.** (*klarkommen*) s'en sortir

**Zürich** [ˈtsyːrɪç] <-s> *nt* Zurich

**Züricher(in)** *s.* **Zürcher(in)**

**zu|richten** *vt* mettre dans un état

**zurück** [tsuˈrʏk] *adv* **1.** (*zurückgekehrt*) ~ **sein** être de retour **2.** (*in Bezug auf den Rückweg*) **einmal München-Paris und ~, bitte!** un aller et retour Munich-Paris, s'il vous plaît!; **~!** demi-tour!

**zurück|bekommen*** *vt irr* récupérer **zurück|bringen** *vt irr* (*Person*) ramener; (*Gegenstand*) rapporter **zurück|fahren** *irr* **I.** *vi* **1.** repartir **2.** (*zurückweichen*) **vor jdm/etw ~** reculer brusquement devant qn/pour éviter qc **II.** *vt* **1.** (*Fahrzeug*) reculer **2.** (*Person*) reconduire; (*Gegenstand*) rapporter **zurück|geben** *vt irr* rendre **zurückgeblieben** *adj* (*Kind*) retardé(e) **zurück|gehen** *vi irr* retourner **zurück|greifen** *vi irr* **auf etw** (*akk*) **~** recourir à qc **zurück|halten** *vi, vr irr* [**sich**] **~** [se] retenir **zurückhaltend** *adj* (*reserviert*) réservé(e)

**zurück|kommen** *vi irr* revenir **zurück|nehmen** *vt irr* **1.** reprendre **2.** (*Vorwurf*) retirer **zurück|rufen** *vt, vi irr a.* TELEC rappeler **zurück|schicken** *vt* (*Brief*) renvoyer **zurück|spulen** *vt, vi* rembobiner **zurück|treten** *vi irr* **1.** (*zurückgehen*) reculer **2.** (*seinen Rücktritt erklären*) démissionner **zurück|zahlen** *vt* rembourser **zurück|ziehen** *vr irr* **sich ~** se retirer

**zusammen** [tsuˈzamən] *adv* **1.** ensemble; **mit jdm ~ sein** (*befreundet sein*) être avec qn **2.** (*zusammengerechnet*) au total

**Zusammenarbeit** *f* collaboration *f;* POL coopération *f*

**zusammen|brechen** *vi irr* s'effondrer

**zusammen|fassen** *vt, vi* résumer

**Zusammenfassung** *f* résumé *m*

**zusammen|gehören*** *vi* (*Ehepartner*) être faits l'un pour l'autre; (*Teile*) aller ensemble

**Zusammenhang** <-[e]s, -hänge> *m* **1.** (*Verbindung*) rapport *m* **2.** (*Kontext*) contexte *m*

**zusammen|hängen** *vi irr* avoir un rapport

**zusammen|legen** **I.** *vt* (*Wäsche*) plier **II.** *vi* se cotiser

**zusammen|passen** *vi* 1. (*Einzelteile*) s'accorder 2. (*Personen, Farben*) aller bien ensemble
**zusammen|stoßen** *vi irr* (*Fahrzeuge*) entrer en collision; (*Personen*) se heurter
**zusammen|zählen** *vt* additionner
**zusätzlich** ['tsu:tsɛtslɪç] I. *adj* (*Kosten*) supplémentaire II. *adv* en plus
**zu|schauen** *s.* zusehen
**Zuschauer(in)** <-s, -> *m(f)* spectateur(-trice) *m(f)*
**Zuschlag** *m* (*zum Lohn*) majoration *f;* (*zum Fahrpreis*) supplément *m*
**zu|schlagen** *irr* I. *vt* (*Tür*) claquer; (*Buch*) refermer II. *vi* 1. (*zufallen: Tür*) claquer 2. frapper
**zu|schließen** *vt, vi irr* fermer à clé
**zu|sehen** *vi irr* regarder
**Zustand** <-[e]s, -stände> *m* état *m*
**zu|stimmen** *vi* 1. (*gleicher Meinung sein*) être du même avis 2. (*einverstanden sein*) être d'accord
**Zutat** <-, -en> *f* ingrédient *m*
**zu|trauen** *vt* **jdm etw ~** croire qn capable de qc
**zu|treffen** *vi irr* être juste; **auf jdn/etw ~** (*Beschreibung*) correspondre à qn/s'appliquer à qc
**Zutritt** *m* accès *m*
**zuverlässig** ['tsu:fɛɐ̯lɛsɪç] *adj* fiable
**Zuwanderer** *m,* **Zuwanderin** *f* immigrant(e) *m(f)*
**Zuwanderung** *f* immigration *f*
**zu|wenden** *vr irr* **sich jdm ~** se tourner vers qn
**zu|ziehen** *irr* I. *vt* (*Schlinge*) serrer; (*Vorhang*) tirer II. *vr* **sich ~** 1. (*auf sich ziehen*) s'attirer 2. (*Verletzung*) se faire
**zwanzig** ['tsvantsɪç] *num* vingt
**zwanziger** *adj* **die ~ Jahre** les années *fpl* vingt
**zwanzigste(r, s)** *adj* vingtième
**zwar** [tsva:ɐ̯] *adv* 1. (*einschränkend*) certes 2. (*präzisierend*) **und ~** à savoir
**Zweck** [tsvɛk] <-[e]s, -e> *m* 1. (*Ziel*) objectif *m,* but *m;* (*gut*) cause *f* 2. (*Sinn*) raison *f* d'être
**zwei** [tsvai] *num* deux
**Zwei** <-, -en> *f* 1. (*Zahl, Augenzahl*) deux *m* 2. (*Schulnote*) *bonne note située entre quatorze et seize sur vingt;* CH *mauvaise note située entre trois et six sur vingt*
**Zweibettzimmer** *nt* chambre *f* double; (*im Krankenhaus*) chambre à deux lits **zweideutig** *adj* 1. ambigu(ë) 2. (*Bemerkung*) équivoque
**zweierlei** *adj* **~ Sorten Brot** deux sortes de pain
**zweifach** *adj, adv* deux fois
**Zweifel** ['tsvaifəl] <-s, -> *m* dou-

te *m*

**zweifelhaft** *adj a. pej* douteux (-euse)

**zweifeln** *vi* douter

**Zweig** [tsvaik] <-[e]s, -e> *m a.* COM branche *f*

**zweihundert** ['tsvai'hʊndɐt] *num* deux cents **zweijährig** *adj* (*Kind*) de deux ans **zweimal** *adv* deux fois **zweisprachig** *adj* bilingue

**zweit** *adv* **zu ~ sein** être deux

**zweitausend** ['tsvai'tauzənt] *num* deux mille

**zweite(r, s)** *adj* **1.** deuxième **2.** (*bei Datumsangaben*) **der ~ März** le deux mars

**zweitens** *adv* deuxièmement

**Zweizimmerwohnung** [tsvai-'tsɪmɐvo:nʊŋ] *f* deux-pièces *m*

**Zwerg(in)** [tsvɛrk] <-[e]s, -e> *m(f) a. fig, pej* nain(e) *m(f)*

**Zwiebel** ['tsvi:bəl] <-, -n> *f* oignon *m*

**Zwilling** ['tsvɪlɪŋ] <-s, -e> *m* **1.** jumeau *m*/jumelle *f* **2.** ASTRO **die ~e** les Gémeaux *mpl*

**zwingen** ['tsvɪŋən] *irr vt, vr* [**sich**] ~ [se] forcer

**zwinkern** ['tsvɪŋkɐn] *vi* cligner des yeux/de l'œil

**zwischen** ['tsvɪʃən] *präp* entre

**zwischendurch** *adv* **1.** (*gelegentlich*) de temps en temps; (*inzwischen*) entre-temps **2.** (*örtlich*) au milieu **Zwischenfall** *m* incident *m* **Zwischenlandung** *f* escale *f*

**zwitschern** ['tsvɪtʃɐn] *vi* gazouiller

**zwo** [tsvo:] *num fam* deux

**zwölf** [tsvœlf] *num* douze

**zwölffach** *adj, adv* douze fois

**zwölfmal** *adv* douze fois

**zwölft** *adv* **zu ~ sein** être douze

**zwölfte(r, s)** *adj* **1.** douzième **2.** (*bei Datumsangaben*) **der ~ März** le douze mars

**Zyklus** ['tsy:klʊs] <-, Zyklen> *m a.* BIO cycle *m*

**Zynismus** [tsy'nɪsmʊs] <-, -ismen> *m* cynisme *m*

**Zypern** ['tsy:pɐn] <-s> *nt* Chypre *f*

# Anhang
# Annexes

# Verbes français
# Französische Verben

La conjugaison des verbes terminés en **-er**, **-ir** et **-re** présente des particularités qui se répètent. Le tableau ci-dessous résume ces particularités à l'exemple de 14 verbes modèles. Pour des raisons d'économie de place les verbes sont suivis dans la partie dictionnaire, de chiffres entre chevrons; ces chiffres indiquent le type de conjugaison du verbe et renvoie à l'un des verbes de référence ci-dessous. Les verbes présentant de nombreuses irrégularités sont annotés dans le dictionnaire du symbole *irr.* Vous trouverez ces verbes ordonnés alphabétiquement dans une liste à la suite des 14 verbes exemples.

Innerhalb der Konjugationsmuster für die Verbendungen **-er**, **-ir** und **-re** gibt es wiederkehrende Besonderheiten, die im folgenden an 14 Musterverben dargestellt werden. Aus Platzgründen wurden die Verben im Wörterbuchteil mit Ziffern in Spitzklammern versehen; diese Ziffern zeigen den Konjugationstyp des betreffenden Verbs an und verweisen auf diese Musterverben hier. Verben, die sehr viele Besonderheiten aufweisen, sind im Wörterbuchteil mit *irr* gekennzeichnet. Diese Verben sind im Anschluss an die 14 Musterverben in alphabetischer Reihenfolge aufgeführt.

### 1 chanter

| Indicatif | | | | Subjonctif |
|---|---|---|---|---|
| **Présent** | **Imparfait** | **Futur simple** | **Passé composé** | **Présent** |
| je chante | je chantais | je chanterai | j'ai chanté | que je chante |
| tu chantes | tu chantais | tu chanteras | tu as chanté | que tu chantes |
| il chante | il chantait | il chantera | il a chanté | qu'il chante |

| Indicatif | | | | Subjonctif |
|---|---|---|---|---|
| Présent | Imparfait | Futur simple | Passé composé | Présent |
| nous chantons | nous chantions | nous chanterons | nous avons chanté | que nous chantions |
| vous chantez | vous chantiez | vous chanterez | vous avez chanté | que vous chantiez |
| ils chantent | ils chantaient | ils chanteront | ils ont chanté | qu'ils chantent |

**2 commencer**

| Indicatif | | | | Subjonctif |
|---|---|---|---|---|
| Présent | Imparfait | Futur simple | Passé composé | Présent |
| je commence | je commençais | je commencerai… | j'ai commencé … | que je commence |
| tu commences | tu commençais | | | que tu commences |
| il commence | il commençait | | | qu'il commence |
| nous commençons | nous commencions | | | que nous commencions |
| vous commencez | vous commenciez | | | que vous commenciez |
| ils commencent | ils commençaient | | | qu'ils commencent |

## 2a changer

| Indicatif | | | | Subjonctif |
|---|---|---|---|---|
| Présent | Imparfait | Futur simple | Passé composé | Présent |
| je change | je changeais | je changerai … | j'ai changé … | que je change |
| tu changes | tu changeais | | | que tu changes |
| il change | il changeait | | | qu'il change |
| nous changeons | nous chan-gions | | | que nous changions |
| nous changeons | nous changions | | | |
| vous changez | vous changiez | | | que vous changiez |
| ils changent | ils changeaient | | | qu'ils changent |

## 3 rejeter

| Indicatif | | | | Subjonctif |
|---|---|---|---|---|
| Présent | Imparfait | Futur simple | Passé composé | Présent |
| je rejette | je rejetais … | je rejetterai … | j'ai rejeté … | que je rejette |
| tu rejettes | | | | que tu rejettes |

| Indicatif | | | | Subjonctif |
|---|---|---|---|---|
| Présent | Imparfait | Futur simple | Passé composé | Présent |
| il rejette | | | | qu'il rejette |
| nous rejetons | | | | que nous rejetions |
| vous rejetez | | | | que vous rejetiez |
| ils rejettent | | | | qu'ils rejettent |

**4 peler**

| Indicatif | | | | Subjonctif |
|---|---|---|---|---|
| Présent | Imparfait | Futur simple | Passé composé | Présent |
| je pèle | je pelais … | je pèlerai | j'ai pelé … | que je pèle |
| tu pèles | | tu pèleras | | que tu pèles |
| il pèle | | il pèlera | | qu'il pèle |
| nous pelons | | nous pèlerons | | que nous pelions |
| vous pelez | | vous pèlerez | | que vous peliez |
| ils pèlent | | ils pèleront | | qu'ils pèlent |

### 5 préférer

| Indicatif | | | | Subjonctif |
|---|---|---|---|---|
| **Présent** | **Imparfait** | **Futur simple** | **Passé composé** | **Présent** |
| je préfère | je préférais … | je préférerai … | j'ai préféré … | que je préfère |
| tu préfères | | | | que tu préfères |
| il préfère | | | | qu'il préfère |
| nous préférons | | | | que nous préférions |
| vous préférez | | | | que vous préfériez |
| ils préfèrent | | | | qu'ils préfèrent |

### 6 appuyer

| Indicatif | | | | Subjonctif |
|---|---|---|---|---|
| **Présent** | **Imparfait** | **Futur simple** | **Passé composé** | **Présent** |
| j'appuie | j'appuyais … | j'appuierai … | j'ai appuyé … | que j'appuie |
| tu appuies | | | | que tu appuies |
| il appuie | | | | qu'il appuie |

| Indicatif | | | | Subjonctif |
|---|---|---|---|---|
| Présent | Imparfait | Futur simple | Passé composé | Présent |
| nous appuyons | | | | que nous appuyions |
| vous appuyez | | | | que vous appuyiez |
| ils appuient | | | | qu'ils appuient |

**7 essayer**

| Indicatif | | | | Subjonctif |
|---|---|---|---|---|
| Présent | Imparfait | Futur simple | Passé composé | Présent |
| j'essaie/ essaye | j'essayais … | j'essaierai/ essayerai … | j'ai essayé … | que j'essaie/ essaye |
| tu essaies/ essayes | | | | que tu essaies/ |
| il essaie/ essaye | | | | qu'il essaie/ essaye |
| nous essayons | | | | que nous essayions |
| vous essayez | | | | que vous essayiez |
| ils essaient/ essayent | | | | qu'ils essaient/ essayent |

**8 agir**

| Indicatif | | | | Subjonctif |
|---|---|---|---|---|
| **Présent** | **Imparfait** | **Futur simple** | **Passé composé** | **Présent** |
| j'agis | j'agissais | j'agirai | j'ai agi … | que j'agisse |
| tu agis | tu agissais | tu agiras | | que tu agisses |
| il agit | il agissait | il agira | | qu'il agisse |
| nous agissons | nous agissions | nous agirons | | que nous agissions |
| vous agissez | vous agissiez | vous agirez | | que vous agissiez |
| ils agissent | ils agissaient | ils agiront | | qu'ils agissent |

**9 devenir**

| Indicatif | | | | Subjonctif |
|---|---|---|---|---|
| **Présent** | **Imparfait** | **Futur simple** | **Passé composé** | **Présent** |
| je deviens | je devenais … | je devien-drai | je suis devenu(e) … | que je devienne |
| tu deviens | | tu deviendras | que tu deviennes | |
| il devient | | il deviendra | | qu'il devienne |

| Indicatif | | | | Subjonctif |
|---|---|---|---|---|
| Présent | Imparfait | Futur simple | Passé composé | Présent |
| nous devenons | | nous deviendrons | | que nous devenions |
| vous devenez | | vous deviendrez | | que vous deveniez |
| ils deviennent | | ils deviendront | | qu'ils deviennent |

**10 sortir**

| Indicatif | | | | Subjonctif |
|---|---|---|---|---|
| Présent | Imparfait | Futur simple | Passé composé | Présent |
| je sors | je sortais … | je sortirai … | je suis sorti(e) … | que je sorte |
| tu sors | | | | que tu sortes |
| il sort | | | | qu'il sorte |
| nous sortons | | | | que nous sortions |
| vous sortez | | | | que vous sortiez |
| ils sortent | | | | qu'ils sortent |

**11 ouvrir**

| Indicatif | | | | Subjonctif |
|---|---|---|---|---|
| **Présent** | **Imparfait** | **Futur simple** | **Passé composé** | **Présent** |
| j'ouvre | j'ouvrais … | j'ouvrirai … | j'ai ouvert … | que j'ouvre |
| tu ouvres | | | | que tu ouvres |
| il ouvre | | | | qu'il ouvre |
| nous ouvrons | | | | que nous ouvrions |
| vous ouvrez | | | | que vous ouvriez |
| ils ouvrent | | | | qu'ils ouvrent |

**12 apercevoir**

| Indicatif | | | | Subjonctif |
|---|---|---|---|---|
| **Présent** | **Imparfait** | **Futur simple** | **Passé composé** | **Présent** |
| j'aperçois | j'apercevais … | j'apercevrai … | j'ai aperçu … | que j'aperçoive |
| tu aperçois | | | | que tu aperçoives |
| il aperçoit | | | | qu'il aperçoive |

| Indicatif | | | | Subjonctif |
|---|---|---|---|---|
| Présent | Imparfait | Futur simple | Passé composé | Présent |
| nous apercevons | | | | que nous apercevions |
| vous apercevez | | | | que vous aperceviez |
| ils aperçoivent | | | | qu'ils aperçoivent |

## 13 comprendre

| Indicatif | | | | Subjonctif |
|---|---|---|---|---|
| Présent | Imparfait | Futur simple | Passé composé | Présent |
| je comprends | je comprenais | je compren-drai | j'ai compris … | que je comprenne |
| tu comprends | tu comprenais | tu compren-dras | | que tu comprennes |
| il comprend | il comprenait | il comprendra | | qu'il comprenne |
| nous com-prenons | nous com-prenions | nous com-prendrons | | que nous compre-nions |
| vous comprenez | vous compreniez | vous com-prendrez | | que vous compreniez |
| ils compren-nent | ils compre-naient | ils compren-dront | | qu'ils com-prennent |

**14 vendre**

| Indicatif | | | | Subjonctif |
|---|---|---|---|---|
| **Présent** | **Imparfait** | **Futur simple** | **Passé composé** | **Présent** |
| je vends | je vendais | je vendrai … | j'ai vendu … | que je vende |
| tu vends | tu vendais | | | que tu vendes |
| il vend | il vendait | | | qu'il vende |
| nous vendons | nous vendions | | | que nous vendions |
| vous vendez | vous vendiez | | | que vous vendiez |
| ils vendent | ils vendaient | | | qu'ils vendent |

# Verbes français irréguliers
# Französische unregelmäßige Verben

| Infinitif | Présent | Imparfait | Futur | Participe passé | Subjonctif présent |
|---|---|---|---|---|---|
| **abattre** *siehe battre* | | **abstraire** *siehe extraire* | | **accourir** *siehe courir* | |
| **accroître** | j'accrois | j'accroissais | j'accroîtrai | accru, e | que j'accroisse |
| **accueillir** *siehe cueillir* | | | | | |
| **acquérir** | j'acquiers | j'acquérais | j'acquerrai | acquis, e | que j'acquière |
| **admettre** *siehe mettre* | | | | | |
| **aller** | je vais | j'allais | j'irai | allé, e | que j'aille |
| **apparaître** *siehe paraître* | | | | | |
| **asseoir** | j'assieds | j'asseyais | j'assiérai | assis, e | que j'asseye |
| **atteindre** *siehe peindre* | | | | | |
| **avoir** | j'ai | j'avais | j'aurai | eu, e | que j'aie |
| **battre** | je bats | je battais | je battrai | battu, e | que je batte |
| **boire** | je bois | je buvais | je boirai | bu, e | que je boive |
| **bouillir** | je bous | je bouillais | je bouillirai | bouilli, e | que je bouille |
| **circonscrire** *siehe écrire* | | **comparaître** *siehe paraître* | | **compromettre** *siehe mettre* | |

| Infinitif | Présent | Imparfait | Futur | Participe passé | Subjonctif présent |
|---|---|---|---|---|---|
| **conclure** | je conclus | je concluais | je conclurai | conclu, e | que je conclue |

**concourir** *siehe courir*

| | | | | | |
|---|---|---|---|---|---|
| **conduire** | je conduis | je conduisais | je conduirai | conduit, e | que je conduise |

**connaître** *siehe paraître*

**conquérir** *siehe acquérir*

**construire** *siehe conduire*

**contraindre** *siehe craindre*

**contredire** *siehe dire*

**contrefaire** *siehe faire*

**convaincre** *siehe vaincre*

**corrompre** *siehe rompre*

| | | | | | |
|---|---|---|---|---|---|
| **coudre** | je couds | je cousais | je coudrai | cousu, e | que je couse |
| **courir** | je cours | je courais | je courrai | couru, e | que je coure |
| **craindre** | je crains | je craignais | je craindrai | craint, e | que je craigne |
| **croire** | je crois | je croyais | je croirai | cru, e | que je croie |
| **croître** | je croîs | je croissais | je croîtrai | crû, crue, cru(e)s | que je croisse |
| **cueillir** | je cueille | je cueillais | je cueillerai | cueilli, e | que je cueille |

**cuire** *siehe conduire*

**débattre** *siehe battre*

**décrire** *siehe écrire*

**décroître** *siehe accroître*

**déduire** *siehe conduire*

**défaire** *siehe faire*

| Infinitif | Présent | Imparfait | Futur | Participe passé | Subjonctif présent |
|---|---|---|---|---|---|
| **démettre** *siehe mettre* | | **dépeindre** *siehe peindre* | | **déplaire** *siehe plaire* | |
| **desservir** *siehe servir* | | **détruire** *siehe conduire* | | **dévêtir** *siehe vêtir* | |
| **devoir** | je dois | je devais | je devrai | dû, due, du(e)s | que je doive |
| dire | je dis | je disais | je dirai | dit, e | que je dise |
| **disparaître** *siehe paraître* | | **dissoudre** *siehe absoudre* | | **distraire** *siehe extraire* | |
| **dormir** | je dors | je dormais | je dormi-rai | dormi | que je dorme |
| **écrire** | j'écris | j'écrivais | j'écrirai | écrit, e | que j'écrive |
| **élire** *siehe lire* | | **émettre** *siehe mettre* | | | |
| **émouvoir** wie mouvoir, Ausnahme: ému, e | | | | | |
| **endormir** *siehe dormir* | | **enduire** *siehe conduire* | | **enfuir** *siehe fuir* | |
| **ensuivre** *siehe suivre* | | **entrevoir** *siehe voir* | | | |
| **envoyer** | j'envoie | j'envoyais | j'enverrai | envoyé, e | que j'envoie |
| **équivaloir** *siehe valoir* | | **éteindre** *siehe peindre* | | | |
| **être** | je suis | j'étais | je serai | été | que je sois |

| Infinitif | Présent | Imparfait | Futur | Participe passé | Subjonctif présent |
|---|---|---|---|---|---|
| **exclure** | j'exclus | j'excluais | j'exclurai | exclu, e | que j'exclue |
| **extraire** | j'extrais | j'extrayais | j'extrairai | extrait, e | que j'extraie |
| **faillir** | je faillis | je faillis-sais | je faillirai | failli | que je faillisse |
| **faire** | je fais | je faisais | je ferai | fait, e | que je fasse |
| **falloir** | il faut | il fallait | il faudra | fallu | qu'il faille |
| **frire** | je fris | *fehlt* | je frirai | frit, e | *fehlt* |
| **fuir** | je fuis | je fuyais | je fuirai | fui, e | que je fuie |
| **haïr** | je hais | je haïssais | je haïrai | haï, e | que je haïsse |

**inscrire** *siehe écrire* **interdire** *siehe contredire* **interrompre** *siehe rompre*

**introduire** *siehe conduire*

| | | | | | |
|---|---|---|---|---|---|
| **joindre** | je joins | je joignais | je joindrai | joint, e | que je joigne |
| **lire** | je lis | je lisais | je lirai | lu, e | que je lise |

**luire** *siehe nuire*

| | | | | | |
|---|---|---|---|---|---|
| **mettre** | je mets | je mettais | je mettrai | mis, e | que je mette |
| **moudre** | je mouds | je moulais | je moudrai | moulu, e | que je moule |

| Infinitif | Présent | Imparfait | Futur | Participe passé | Subjonctif présent |
|---|---|---|---|---|---|
| **mourir** | je meurs | je mourais | je mourrai | mort, e | que je meure |
| **naître** | je nais | je naissais | je naîtrai | né, e | que je naisse |
| **nuire** | je nuis | je nuisais | je nuirai | nui | que je nuise |
| **paraître** | je parais | je paraissais | je paraîtrai | paru, e | que je paraisse |
| **parcourir** *siehe courir* | | | | | |
| **peindre** | je peins | je peignais | je peindrai | peint, e | que je peigne |
| **permettre** *siehe mettre* | | | | | |
| **plaindre** | je plains | je plaignais | je plaindrai | plaint, e | que je plaigne |
| **plaire** | je plais | je plaisais | je plairai | plu | que je plaise |
| **pleuvoir** | il pleut | il pleuvait | il pleuvra | plu | qu'il pleuve |
| **poursuivre** *siehe suivre* | | | | | |
| **pouvoir** | je peux | je pouvais | je pourrai | pu | que je puisse |
| **prédire** | je prédis | je prédisais | je prédirai | prédit, e | que je prédise |

**prévoir** wie voir, Ausnahme: je prévoirai

| Infinitif | Présent | Imparfait | Futur | Participe passé | Subjonctif présent |
|---|---|---|---|---|---|

**produire** *siehe conduire*

**réapparaître** *siehe paraître*

**reconstruire** *siehe conduire*

**recueillir** *siehe cueillir*

**redormir** *siehe dormir*

**rejoindre** *siehe joindre*

**reparaître** *siehe paraître*

**promettre** *siehe mettre*

**reconduire** *siehe conduire*

**recoudre** *siehe coudre*

**recuire** *siehe conduire*

**réduire** *siehe conduire*

**relire** *siehe lire*

**reproduire** *siehe conduire*

**rasseoir** *siehe asseoir*

**reconnaître** *siehe paraître*

**récrire** *siehe écrire*

**redire** *siehe dire*

**réinscrire** *siehe écrire*

**remettre** *siehe mettre*

| | | | | | |
|---|---|---|---|---|---|
| **résoudre** | je résous | je résolvais | je résoudrai | résolu, e | que je résolve |

**retransmettre** *siehe mettre*

**revoir** *siehe voir*

**revaloir** *siehe valoir*

**revouloir** *siehe vouloir*

**revivre** *siehe vivre*

| | | | | | |
|---|---|---|---|---|---|
| **rire** | je ris | je riais | je rirai | ri | que je rie |
| **rompre** | je romps | je rompais | je romprai | rompu, e | que je rompe |

**satisfaire** *siehe faire*

| | | | | | |
|---|---|---|---|---|---|
| **savoir** | je sais | je savais | je saurai | su, e | que je sache |

| Infinitif | Présent | Imparfait | Futur | Participe passé | Subjonctif présent |
|---|---|---|---|---|---|
| **secourir** *siehe courir* | | **séduire** *siehe conduire* | | | |
| **servir** | je sers | je servais | je servirai | servi, e | que je serve |
| **sourire** *siehe rire* | | **soustraire** *siehe extraire* | | | |
| **suffire** | je suffis | je suffisais | je suffirai | suffi | que je suffise |
| **suivre** | je suis | je suivais | je suivrai | suivi, e | que je suive |
| **survivre** *siehe vivre* | | | | | |
| **taire** | je tais | je taisais | je tairai | tu, e | que je taise |
| **traduire** | je traduis | je tradui-sais | je tradui-rai | traduit, e | que je traduise |
| **traire** | je trais | je trayais | je trairai | trait, e | que je traie |
| **transcrire** *siehe écrire* | | **transmettre** *siehe mettre* | | **transparaître** *siehe paraître* | |
| **tressaillir** *siehe défaillir* | | | | | |
| **vaincre** | je vaincs | je vain-quais | je vaincrai | vaincu, e | que je vainque |
| **valoir** | je vaux | je valais | je vaudrai | valu, e | que je vaille |
| **vêtir** | je vêts | je vêtais | je vêtirai | vêtu, e | que je vête |
| **vivre** | je vis | je vivais | je vivrai | vécu, e | que je vive |

| Infinitif | Présent | Imparfait | Futur | Participe passé | Subjonctif présent |
|---|---|---|---|---|---|
| **voir** | je vois | je voyais | je verrai | vu, e | que je voie |
| **vouloir** | je veux | je voulais | je voudrai | voulu, e | que je veuille |

# Deutsche unregelmäßige Verben
# Verbes allemands irréguliers

Die unregelmäßigen Formen der mit *auf-, ab-, be-, er-, zer-* usw. präfigierten Verben entsprechen denen ihrer Grundform. Neben dem Infinitiv wird zusätzlich die 2. Person Singular angegeben, wenn diese gegenüber der Grundform einen Umlaut aufweist oder eine Vokalveränderung erfährt. Ebenso wird zum Partizip Perfekt das Hilfsverb aufgeführt, mit welchem es gebildet wird.

La conjugaison des verbes dérivés à partir des préfixes *auf-, ab-, be-, er-, zer-* etc. correspond à celle du verbe de base. En plus de la forme infinitive, la liste suivante donne la 2e personne du singulier du verbe si celui-ci prend une inflexion *(Umlaut)* ou change de voyelle. La liste indique aussi pour chaque participe passé l'auxiliaire avec lequel il est formé.

| 1. Infinitiv | 2. Imperfekt | 3. Partizip Perfekt | 4. Imperativ – Sing/Pl |
|---|---|---|---|
| **1. Infinitif** | **2. Prétérit** | **3. Participe passé** | **4. Impératif – sing/pl** |
| **backen** | backte | hat gebacken | back[e]/backt |
| **befehlen** | befahl | hat befohlen | befiehl/befehlt |
| **beginnen** | begann | hat begonnen | beginn[e]/ beginnt |
| **beißen** | biss | hat gebissen | beiß[e]/beißt |
| **bergen** | barg | hat geborgen | birg/bergt |
| **bersten** | barst | ist geborsten | birst/berstet |
| **bewegen** | bewog | hat bewogen | beweg[e]/ bewegt |
| **biegen** | bog | hat/ist gebogen | bieg[e]/biegt |
| **bieten** | bot | hat geboten | biet[e]/bietet |

| 1. Infinitiv | 2. Imperfekt | 3. Partizip Perfekt | 4. Imperativ – Sing/Pl |
|---|---|---|---|
| 1. Infinitif | 2. Prétérit | 3. Participe passé | 4. Impératif – sing/pl |
| **binden** | band | hat gebunden | bind[e]/bindet |
| **bitten** | bat | hat gebeten | bitt[e]/bittet |
| **blasen** | blies | hat geblasen | blas[e]/blast |
| **bleiben** | blieb | ist geblieben | bleib[e]/bleibt |
| **bleichen** | bleichte<br>blich | hat gebleicht<br>hat geblichen | bleich[e]/bleicht |
| **braten** | briet | hat gebraten | brat[e]/bratet |
| **brechen** | brach | hat/ist gebrochen | brich/brecht |
| **brennen** | brannte | hat gebrannt | brenn[e]/brennt |
| **bringen** | brachte | hat gebracht | bring/bringt |
| **denken** | dachte | hat gedacht | denk[e]/denkt |
| **dreschen** | drosch | hat/ist gedroschen | drisch/drescht |
| **dringen** | drang | ist gedrungen | dring[e]/dringt |
| **dürfen** | durfte | hat gedurft | |
| **empfangen** | empfing | hat empfangen | empfang[e]/ empfangt |
| **empfehlen** | empfahl | hat empfohlen | empfiehl/ empfehlt |
| **empfinden** | empfand | hat empfunden | empfind[e]/ empfindet |
| **erlöschen** | erlosch | hat erloschen | erlisch/erlöscht |

| 1. Infinitiv | 2. Imperfekt | 3. Partizip Perfekt | 4. Imperativ – Sing/Pl |
|---|---|---|---|
| 1. Infinitif | 2. Prétérit | 3. Participe passé | 4. Impératif – sing/pl |
| **erschrecken** | erschrak | ist erschrocken | erschrick/ erschreckt |
| **essen** | aß | hat gegessen | iss/esst |
| **fahren** | fuhr | hat/ist gefahren | fahr[e]/fahrt |
| **fallen** | fiel | ist gefallen | fall[e]/fallt |
| **fangen** | fing | hat gefangen | fang[e]/fangt |
| **fechten** | focht | hat gefochten | ficht/fechtet |
| **finden** | fand | hat gefunden | find[e]/findet |
| **flechten** | flocht | hat geflochten | flicht/flechtet |
| **fliegen** | flog | hat/ist geflogen | flieg[e]/fliegt |
| **fliehen** | floh | ist geflohen | flieh[e]/flieht |
| **fließen** | floss | ist geflossen | fließ[e]/fließt |
| **fressen** | fraß | hat gefressen | friss/fresst |
| **frieren** | fror | hat gefroren | frier[e]/friert |
| **gären** | gor<br>gärte | hat/ist gegoren<br>hat/ist gegärt | gär[e]/gärt |
| **gebären** | gebar | ist geboren | gebier[e]/gebärt |
| **geben** | gab | hat gegeben | gib/gebt |
| **gedeihen** | gedieh | ist gediehen | gedeih[e]/ gedeiht |
| **gefallen** | gefiel | hat gefallen | gefall[e]/gefallt |
| **gehen** | ging | ist gegangen | geh[e]/geht |

| 1. Infinitiv | 2. Imperfekt | 3. Partizip Perfekt | 4. Imperativ – Sing/Pl |
|---|---|---|---|
| 1. Infinitif | 2. Prétérit | 3. Participe passé | 4. Impératif – sing/pl |
| **gelingen** | gelang | ist gelungen | geling[e]/gelingt |
| **gelten** | galt | hat gegolten | gilt/geltet |
| **genesen** | genas | ist genesen | genese/genest |
| **genießen** | genoss | hat genossen | genieß[e]/ genießt |
| **geraten** | geriet | ist geraten | gerat[e]/geratet |
| **gerinnen** | gerann | ist geronnen | gerinn[e]/ gerinnt |
| **geschehen** | geschah | ist geschehen | geschieh/ gescheht |
| **gestehen** | gestand | hat gestanden | gesteh[e]/ gesteht |
| **gewinnen** | gewann | hat gewonnen | gewinn[e]/ gewinnt |
| **gießen** | goss | hat gegossen | gieß[e]/gießt |
| **gleichen** | glich | hat geglichen | gleich[e]/gleicht |
| **gleiten** | glitt | ist geglitten | gleit[e]/gleitet |
| **glimmen** | glomm | hat geglommen | glimm[e]/ glimmt |
| **graben** | grub | hat gegraben | grab[e]/grabt |
| **greifen** | griff | hat gegriffen | greif[e]/greift |
| **haben** | hatte | hat gehabt | hab[e]/habt |
| **halten** | hielt | hat gehalten | halt[e]/haltet |

| 1. Infinitiv | 2. Imperfekt | 3. Partizip Perfekt | 4. Imperativ – Sing/Pl |
|---|---|---|---|
| 1. Infinitif | 2. Prétérit | 3. Participe passé | 4. Impératif – sing/pl |
| **hängen** | hing | hat gehangen | häng[e]/hängt |
| **hauen** | haute | hat gehauen | hau[e]/haut |
| **heben** | hob | hat gehoben | heb[e]/hebt |
| **heißen** | hieß | hat geheißen | heiß[e]/heißt |
| **helfen** | half | hat geholfen | hilf/helft |
| **kennen** | kannte | hat gekannt | kenn[e]/kennt |
| **klingen** | klang | hat geklungen | kling[e]/klingt |
| **kneifen** | kniff | hat gekniffen | kneif[e]/kneift |
| **kommen** | kam | ist gekommen | komm[e]/kommt |
| **können** | konnte | hat gekonnt | |
| **kriechen** | kroch | ist gekrochen | kriech[e]/kriecht |
| **küren** | kürte | hat gekürt | kür[e]/kürt |
| **laden** | lud | hat geladen | lad[e]/ladet |
| **lassen** | ließ | hat gelassen | lass/lasst |
| **laufen** | lief | ist gelaufen | lauf[e]/lauft |
| **leiden** | litt | hat gelitten | leid[e]/leidet |
| **leihen** | lieh | hat geliehen | leih[e]/leiht |
| **lesen** | las | hat gelesen | lies/lest |
| **liegen** | lag | hat gelegen | lieg[e]/liegt |

| 1. Infinitiv | 2. Imperfekt | 3. Partizip Perfekt | 4. Imperativ – Sing/Pl |
|---|---|---|---|
| 1. Infinitif | 2. Prétérit | 3. Participe passé | 4. Impératif – sing/pl |
| **lügen** | log | hat gelogen | lüg[e]/lügt |
| **mahlen** | mahlte | hat gemahlen | mahl[e]/mahlt |
| **meiden** | mied | hat gemieden | meid[e]/meidet |
| **melken** | molk<br>melkte | hat gemolken<br>hat gemelkt | melk[e], milk/<br>melkt |
| **messen** | maß | hat gemessen | miss/messt |
| **misslingen** | misslang | ist misslungen | |
| **mögen** | mochte | hat gemocht | |
| **müssen** | musste | hat gemusst | |
| **nehmen** | nahm | hat genommen | nimm/nehmt |
| **nennen** | nannte | hat genannt | nenn[e]/nennt |
| **pfeifen** | pfiff | hat gepfiffen | pfeif[e]/pfeift |
| **preisen** | pries | hat gepriesen | preis[e]/preist |
| **quellen** | quoll | ist gequollen | quill/quellt |
| **raten** | riet | hat geraten | rat[e]/ratet |
| **reiben** | rieb | hat gerieben | reib[e]/reibt |
| **reißen** | riss | hat/ist gerissen | reiß/reißt |
| **reiten** | ritt | hat/ist geritten | reit[e]/reitet |
| **rennen** | rannte | ist gerannt | renn[e]/rennt |
| **riechen** | roch | hat gerochen | riech[e]/riecht |
| **ringen** | rang | hat gerungen | ring[e]/ringt |

| 1. Infinitiv | 2. Imperfekt | 3. Partizip Perfekt | 4. Imperativ – Sing/Pl |
|---|---|---|---|
| **1. Infinitif** | **2. Prétérit** | **3. Participe passé** | **4. Impératif – sing/pl** |
| **rinnen** | rann | ist geronnen | rinn[e]/rinnt |
| **rufen** | rief | hat gerufen | ruf[e]/ruft |
| **salzen** | salzte | hat gesalzen<br>hat gesalzt | salz[e]/salzt |
| **saufen** | soff | hat gesoffen | sauf[e]/sauft |
| **schaffen** | schuf | hat geschaffen | schaff[e]/schafft |
| **schallen** | schallte | hat geschallt | schall[e]/schallt |
| **scheiden** | schied | hat/ist geschieden | scheid[e]/ scheidet |
| **scheinen** | schien | hat geschienen | schein[e]/ scheint |
| **scheißen** | schiss | hat geschissen | scheiß[e]/ scheißt |
| **schelten** | schalt | hat gescholten | schilt/scheltet |
| **scheren** | schor | hat geschoren<br>hat geschert | scher[e]/schert |
| **schieben** | schob | hat geschoben | schieb[e]/ schiebt |
| **schießen** | schoss | hat geschossen | schieß[e]/ schießt |
| **schinden** | schindete | hat geschunden | schind[e]/ schindet |
| **schlafen** | schlief | hat geschlafen | schlaf[e]/schlaft |

| 1. Infinitiv | 2. Imperfekt | 3. Partizip Perfekt | 4. Imperativ – Sing/Pl |
|---|---|---|---|
| 1. Infinitif | 2. Prétérit | 3. Participe passé | 4. Impératif – sing/pl |
| **schlagen** | schlug | hat geschlagen | schlag[e]/ schlagt |
| **schleichen** | schlich | ist geschlichen | schleich[e]/ schleicht |
| **schleifen** | schliff | hat geschliffen | schleif[e]/ schleift |
| **schließen** | schloss | hat geschlossen | schließ[e]/ schließt |
| **schlingen** | schlang | hat geschlungen | schling[e]/ schlingt |
| **schmeißen** | schmiss | hat geschmissen | schmeiß[e]/ schmeißt |
| **schmelzen** | schmolz | ist geschmolzen | schmilz/ schmelzt |
| **schnauben** | schnaubte schnob | hat geschnaubt hat geschnoben | schnaub[e]/ schnaubt |
| **schneiden** | schnitt | hat geschnitten | schneid[e]/ schneidet |
| **schreiben** | schrieb | hat geschrieben | schreib[e]/ schreibt |
| **schreien** | schrie | hat geschrie[e]n | schrei[e]/schreit |
| **schreiten** | schritt | ist geschritten | schreit[e]/ schreitet |
| **schweigen** | schwieg | hat geschwiegen | schweig[e]/ schweigt |

| 1. Infinitiv | 2. Imperfekt | 3. Partizip Perfekt | 4. Imperativ – Sing/Pl |
|---|---|---|---|
| **1. Infinitif** | **2. Prétérit** | **3. Participe passé** | **4. Impératif – sing/pl** |
| **schwellen** | schwoll | ist geschwollen | schwill/ schwellt |
| **schwimmen** | schwamm | hat/ist geschwommen | schwimm[e]/ schwimmt |
| **schwinden** | schwand | ist geschwunden | schwind[e]/ schwindet |
| **schwingen** | schwang | hat geschwungen | schwing[e]/ schwingt |
| **schwören** | schwor | hat geschworen | schwör[e]/ schwört |
| **sehen** | sah | hat gesehen | sieh/seht |
| **sein**<br>*1. Präs Sing* bin<br>*2. Präs Sing* bist<br>*3. Präs Sing* ist<br>*1. Präs Pl* sind<br>*2. Präs Pl* seid<br>*3. Präs Pl* sind | war | ist gewesen | sei/seid |
| **senden** | sendete<br>CH sandte | hat gesendet<br>CH hat gesandt | send[e]/sendet |
| **sieden** | siedete<br>sott | hat gesiedet<br>hat gesotten | sied[e]/siedet |
| **singen** | sang | hat gesungen | sing[e]/singt |
| **sinken** | sank | ist gesunken | sink[e]/sinkt |
| **sinnen** | sann | hat gesonnen | sinn[e]/sinnt |

| 1. Infinitiv | 2. Imperfekt | 3. Partizip Perfekt | 4. Imperativ – Sing/Pl |
|---|---|---|---|
| **1. Infinitif** | **2. Prétérit** | **3. Participe passé** | **4. Impératif – sing/pl** |
| **sitzen** | saß | hat gesessen | sitz[e]/sitzt |
| **sollen** | sollte | hat gesollt | |
| **spalten** | spaltete | hat gespalten<br>hat gespaltet | spalt[e]/spaltet |
| **speien** | spie | hat gespie[e]n | spei[e]/speit |
| **spinnen** | spann | hat gesponnen | spinn[e]/spinnt |
| **sprechen** | sprach | hat gesprochen | sprich/sprecht |
| **sprießen** | spross<br>sprießte | ist gesprossen<br>ist gesprießt | sprieß[e]/sprießt |
| **springen** | sprang | ist gesprungen | spring[e]/springt |
| **stechen** | stach | hat gestochen | stich/stecht |
| **stecken** | steckte | hat gesteckt | steck[e]/steckt |
| **stehen** | stand | hat gestanden | steh[e]/steht |
| **stehlen** | stahl | hat gestohlen | stiehl/stehlt |
| **steigen** | stieg | ist gestiegen | steig[e]/steigt |
| **sterben** | starb | ist gestorben | stirb/sterbt |
| **stinken** | stank | hat gestunken | stink[e]/stinkt |
| **stoßen** | stieß | hat gestoßen | stoß[e]/stoßt |
| **streichen** | strich | hat gestrichen | streich[e]/<br>streicht |
| **streiten** | stritt | hat gestritten | streit[e]/streitet |
| **tragen** | trug | hat getragen | trag[e]/tragt |

| 1. Infinitiv | 2. Imperfekt | 3. Partizip Perfekt | 4. Imperativ – Sing/Pl |
|---|---|---|---|
| 1. Infinitif | 2. Prétérit | 3. Participe passé | 4. Impératif – sing/pl |
| **treffen** | traf | hat getroffen | triff/trefft |
| **treiben** | trieb | hat getrieben | treib[e]/treibt |
| **treten** | trat | hat getreten | tritt/tretet |
| **triefen** | triefte<br>troff | hat getrieft<br>hat getroffen | trief[e]/trieft |
| **trinken** | trank | hat getrunken | trink[e]/trinkt |
| **trügen** | trog | hat getrogen | trüg[e]/trügt |
| **tun**<br>*1. Präs Sing* tue<br>*2. Präs Sing* tust<br>*3. Präs Sing* tut | tat | hat getan | tu[e]/tut |
| **verbieten** | verbot | hat verboten | verbiet[e]/<br>verbietet |
| **verbrechen** | verbrach | hat verbrochen | verbrich/<br>verbrecht |
| **verderben** | verdarb | hat verdorben | verdirb/<br>verderbt |
| **vergessen** | vergaß | hat vergessen | vergiss/vergesst |
| **verlieren** | verlor | hat verloren | verlier[e]/<br>verliert |
| **verraten** | verriet | hat verraten | verrat[e]/<br>verratet |
| **verschleißen** | verschliss | hat verschlissen | verschleiß[e]/<br>verschleißt |

| 1. Infinitiv | 2. Imperfekt | 3. Partizip Perfekt | 4. Imperativ – Sing/Pl |
|---|---|---|---|
| 1. Infinitif | 2. Prétérit | 3. Participe passé | 4. Impératif – sing/pl |
| **verstehen** | verstand | hat verstanden | versteh[e]/ versteht |
| **verwenden** | verwendete verwandt | hat verwendet hat verwandt | verwend[e]/ verwendet |
| **verzeihen** | verzieh | hat verziehen | verzeih[e]/ verzeiht |
| **wachsen** | wuchs | ist gewachsen | wachs[e]/ wachst |
| **waschen** | wusch | hat gewaschen | wasch[e]/ wascht |
| **weben** | wob webte | hat gewoben hat gewebt | web[e]/webt |
| **weichen** | wich | ist gewichen | weich[e]/weicht |
| **weisen** | wies | hat gewiesen | weis[e]/weist |
| **wenden** | wendete wandte | hat gewendet hat gewandt | wend[e]/wen-det |
| **werben** | warb | hat geworben | wirb/werbt |
| **werden** | wurde ward | ist geworden | werd[e]/werdet |
| **werfen** | warf | hat geworfen | wirf/werft |
| **wiegen** | wog | hat gewogen | wieg[e]/wiegt |
| **winden** | wand | hat gewunden | wind[e]/windet |
| **wissen** | wusste | hat gewusst | wiss[e]/wisset |

| 1. Infinitiv | 2. Imperfekt | 3. Partizip Perfekt | 4. Imperativ – Sing/Pl |
|---|---|---|---|
| **1. Infinitif** | **2. Prétérit** | **3. Participe passé** | **4. Impératif – sing/pl** |
| **wollen** | wollte | hat gewollt | woll[e]/wollt |
| **ziehen** | zog | hat ist gezogen | zieh[e]/zieht |
| **zwingen** | zwang | hat gezwungen | zwing[e]/zwingt |

## Die Zahlwörter — Les nombres

### die Grundzahlen — les nombres cardinaux

| | | |
|---|---|---|
| null | 0 | zéro |
| einer, eine, eins; ein, eine, ein | 1 | un, une |
| zwei | 2 | deux |
| drei | 3 | trois |
| vier | 4 | quatre |
| fünf | 5 | cinq |
| sechs | 6 | six |
| sieben | 7 | sept |
| acht | 8 | huit |
| neun | 9 | neuf |
| zehn | 10 | dix |
| elf | 11 | onze |
| zwölf | 12 | douze |
| dreizehn | 13 | treize |
| vierzehn | 14 | quatorze |
| fünfzehn | 15 | quinze |
| sechzehn | 16 | seize |
| siebzehn | 17 | dix-sept |
| achtzehn | 18 | dix-huit |
| neunzehn | 19 | dix-neuf |
| zwanzig | 20 | vingt |

| | | |
|---|---|---|
| einundzwanzig | 21 | vingt et un |
| zweiundzwanzig | 22 | vingt-deux |
| dreiundzwanzig | 23 | vingt-trois |
| vierundzwanzig | 24 | vingt-quatre |
| fünfundzwanzig | 25 | vingt-cinq |
| dreißig | 30 | trente |
| einunddreißig | 31 | trente et un |
| zweiunddreißig | 32 | trente-deux |
| dreiunddreißig | 33 | trente-trois |
| vierzig | 40 | quarante |
| einundvierzig | 41 | quarante et un |
| zweiundvierzig | 42 | quarante-deux |
| fünfzig | 50 | cinquante |
| einundfünfzig | 51 | cinquante et un |
| zweiundfünfzig | 52 | cinquante-deux |
| sechzig | 60 | soixante |
| einundsechzig | 61 | soixante et un |
| zweiundsechzig | 62 | soixante-deux |
| siebzig | 70 | soixante-dix |
| einundsiebzig | 71 | soixante et onze |
| zweiundsiebzig | 72 | soixante-douze |
| fünfundsiebzig | 75 | soixante-quinze |
| neunundsiebzig | 79 | soixante-dix-neuf |
| achtzig | 80 | quatre-vingt(s) |

| | | |
|---|---|---|
| einundachtzig | 81 | quatre-vingt-un |
| zweiundachtzig | 82 | quatre-vingt-deux |
| fünfundachtzig | 85 | quatre-vingt-cinq |
| neunzig | 90 | quatre-vingt-dix |
| einundneunzig | 91 | quatre-vingt-onze |
| zweiundneunzig | 92 | quatre-vingt-douze |
| neunundneunzig | 99 | quatre-vingt-dix-neuf |
| hundert | 100 | cent |
| hundert(und)eins | 101 | cent un |
| hundert(und)zwei | 102 | cent deux |
| hundert(und)zehn | 110 | cent dix |
| hundert(und)zwanzig | 120 | cent vingt |
| hundert(und)neunund neunzig | 199 | cent quatre-vingt-dix-neuf |
| zweihundert | 200 | deux cents |
| zweihundert(und)eins | 201 | deux cent un |
| zweihundert(und)zwei-undzwanzig | 222 | deux cent vingt-deux |
| dreihundert | 300 | trois cents |
| vierhundert | 400 | quatre cents |
| fünfhundert | 500 | cinq cents |
| sechshundert | 600 | six cents |
| siebenhundert | 700 | sept cents |
| achthundert | 800 | huit cents |
| neunhundert | 900 | neuf cents |

| | | |
|---|---|---|
| tausend | 1000 | mille (1.000) |
| tausend(und)eins | 1001 | mille un |
| tausend(und)zehn | 1010 | mille dix |
| tausend(und)einhundert | 1100 | mille cent |
| zweitausend | 2000 | deux mille |
| zehntausend | 10 000 | dix mille |
| hunderttausend | 100 000 | cent mille |
| eine Million | 1 000 000 | un million (1.000.000) |
| zwei Millionen | 2 000 000 | deux millions |
| zwei Millionen fünfhunderttausend | 2 500 000 | deux millions cinq cent-mille |
| eine Milliarde | 1 000 000 000 | un milliard |
| eine Billion | 1 000 000 000 000 | mille milliard |

## die Ordnungszahlen — les nombres ordinaux

| | | | |
|---|---|---|---|
| (der, die, das) erste | 1. | $1^{\text{er}}$, $1^{\text{ère}}$ | premier, ère |
| zweite | 2. $2^{\text{e}}$ | $2^{\text{nd}}$, $2^{\text{nde}}$ | second, e deuxième |
| dritte | 3. | $3^{\text{e}}$ | troisième |
| vierte | 4. | $4^{\text{e}}$ | quatrième |
| fünfte | 5. | $5^{\text{e}}$ | cinquième |
| sechste | 6. | $6^{\text{e}}$ | sixième |
| siebte | 7. | $7^{\text{e}}$ | septième |

| | | | |
|---|---|---|---|
| achte | 8. | $8^e$ | huitième |
| neunte | 9. | $9^e$ | neuvième |
| zehnte | 10. | $10^e$ | dixième |
| elfte | 11. | $11^e$ | onzième |
| zwölfte | 12. | $12^e$ | douzième |
| dreizehnte | 13. | $13^e$ | treizième |
| vierzehnte | 14. | $14^e$ | quatorzième |
| fünfzehnte | 15. | $15^e$ | quinzième |
| sechzehnte | 16. | $16^e$ | seizième |
| siebzehnte | 17. | $17^e$ | dix-septième |
| achtzehnte | 18. | $18^e$ | dix-huitième |
| neunzehnte | 19. | $19^e$ | dix-neuvième |
| zwanzigste | 20. | $20^e$ | vingtième |
| einundzwanzigste | 21. | $21^e$ | vingt et unième |
| zweiundzwanzigste | 22. | $22^e$ | vingt-deuxième |
| dreiundzwanzigste | 23. | $23^e$ | vingt-troisième |
| dreißigste | 30. | $30^e$ | trentième |
| einunddreißigste | 31. | $31^e$ | trente et unième |
| zweiunddreißigste | 32. | $32^e$ | trente-deuxième |
| vierzigste | 40. | $40^e$ | quarantième |
| fünfzigste | 50. | $50^e$ | cinquantième |
| sechzigste | 60. | $60^e$ | soixantième |
| siebzigste | 70. | $70^e$ | soixante-dixième |
| einundsiebzigste | 71. | $71^e$ | soixante et onzième |

| | | | |
|---|---|---|---|
| zweiundsiebzigste | 72. | $72^e$ | soixante-douzième |
| neunundsiebzigste | 79. | $79^e$ | soixante-dix-neuvième |
| achtzigste | 80. | $80^e$ | quatre-vingtième |
| einundachtzigste | 81. | $81^e$ | quatre-vingt-unième |
| zweiundachtzigste | 82. | $82^e$ | quatre-vingt-deuxième |
| neunzigste | 90. | $90^e$ | quatre-vingt-dixième |
| einundneunzigste | 91. | $91^e$ | quatre-vingt-onzième |
| neunundneunzigste | 99. | $99^e$ | quatre-vingt-dix-neuvième |
| hundertste | 100. | $100^e$ | centième |
| hundertunderste | 101. | $101^e$ | cent unième |
| hundertundzehnte | 110. | $110^e$ | cent dixième |
| hundertundfünfundneunzigste | 195. | $195^e$ | cent quatre-vingt-quinzième |
| zweihundertste | 200. | $200^e$ | deux(-)centième |
| dreihundertste | 300. | $300^e$ | trois(-)centième |
| fünfhundertste | 500. | $500^e$ | cinq(-)centième |
| tausendste | 1000. | $1000^e$ | millième ($1.000^e$) |
| zweitausendste | 2000. | $2000^e$ | deux(-)millième |
| millionste | 1 000 000. | $1\,000\,000^e$ | millionième |
| zehnmillionste | 10 000 000. | $10\,000\,000^e$ | dix(-)millionième |

**die Bruchzahlen** **les fractions**

| | | |
|---|---|---|
| ein halb | $^1/_2$ | un demi |
| ein Drittel | $^1/_3$ | un tiers |
| ein Viertel | $^1/_4$ | un quart |
| ein Fünftel | $^1/_5$ | un cinquième |
| ein Zehntel | $^1/_{10}$ | un dixième |
| ein Hundertstel | $^1/_{100}$ | un centième |
| ein Tausendstel | $^1/_{1000}$ | un millième |
| ein Millionstel | $^1/_{1\,000\,000}$ | un millionième |
| zwei Drittel | $^2/_3$ | deux tiers |
| drei Viertel | $^3/_4$ | trois quarts |
| zwei Fünftel | $^2/_5$ | deux cinquièmes |
| drei Zehntel | $^3/_{10}$ | trois dixièmes |
| anderthalb, ein(und)einhalb | $1\,^1/_2$ | un et demi |
| zwei(und)einhalb | $2\,^1/_2$ | deux et demi |
| fünf drei Achtel | $5\,^3/_8$ | cinq trois huitièmes |
| eins Komma eins | 1,1 | un virgule un |

## Maße und Gewichte / Poids et mesures

### Dezimalsystem / système décimal

| | | | |
|---|---|---|---|
| Mega | 1000000 | M | méga |
| Hektokilo | 100000 | hk | hectokilo |
| Myria | 10000 | ma | myria |
| Kilo | 1000 | k | kilo |
| Hekto | 100 | h | hecto |
| Deka | 10 | da | déca |
| Dezi | 0,1 | d | déci |
| Zenti | 0,01 | c | centi |
| Milli | 0,001 | m | milli |
| Dezimilli | 0,0001 | dm | décimilli |
| Zentimilli | 0,00001 | cm | centimilli |
| Mikro | 0,000001 | µ | micro |

### Längenmaße / mesures de longueur

| | | | |
|---|---|---|---|
| Seemeile | 1852 m | – | mille marin |
| Kilometer | 1000 m | km | kilomètre |
| Hektometer | 100 m | hm | hectomètre |
| Dekameter | 10 m | dam | décamètre |
| Meter | 1 m | m | mètre |
| Dezimeter | 0,1 m | dm | décimètre |
| Zentimeter | 0,01 m | cm | centimètre |

| | | | |
|---|---|---|---|
| Millimeter | 0,001 m | mm | millimètre |
| Mikron, My | 0,000001 m | µ | micron |
| Millimikron, -my | 0,000000001 m | mµ | millimicron |
| Ångström-einheit | 0,0000000001 m | Å | Angstrœm |

## Flächenmaße — mesures de surface

| | | | |
|---|---|---|---|
| Quadrat-kilometer | 1000000 $m^2$ | $km^2$ | kilomètre carré |
| Quadrat-hektometer | 10000 $m^2$ | $hm^2$ | hectomètre carré |
| Hektar | | ha | hectare |
| Quadrat-dekameter | 100 $m^2$ | $dam^2$ | décamètre carré |
| Ar | | a | are |
| Quadratmeter | 1 $m^2$ | $m^2$ | mètre carré |
| Quadrat-dezimeter | 0,01 $m^2$ | $dm^2$ | décimètre carré |
| Quadrat-zentimeter | 0,0001 $m^2$ | $cm^2$ | centimètre carré |
| Quadrat-millimeter | 0,000001 $m^2$ | $mm^2$ | millimètre carré |

## Kubik- und Hohlmaße | mesures de volume

| | | | |
|---|---|---|---|
| Kubikkilometer | 1000000000 $m^3$ | $km^3$ | kilomètre cube |
| Kubikmeter | 1 $m^3$ | $m^3$ | mètre cube |
| Ster | | st | stère |
| Hektoliter | 0,1 $m^3$ | hl | hectolitre |
| Dekaliter | 0,01 $m^3$ | dal | décalitre |
| Kubikdezimeter | 0,001 $m^3$ | $dm^3$ | décimètre cube |
| Liter | | L | litre |
| Deziliter | 0,0001 $m^3$ | dl | décilitre |
| Zentiliter | 0,00001 $m^3$ | cl | centilitre |
| Kubikzentimeter | 0,000001 $m^3$ | $cm^3$ | centimètre cube |
| Milliliter | 0,000001 $m^3$ | ml | millilitre |
| Kubikmillimeter | 0,000000001 $m^3$ | $mm^3$ | millimètre cube |

## Gewichte poids

| | | | |
|---|---|---|---|
| Tonne | 1000 kg | t | tonne |
| Doppelzentner | 100 kg | q | quintal |
| Kilogramm | 1000 g | kg | kilogramme |
| Hektogramm | 100 g | hg | hectogramme |
| Dekagramm | 10 g | dag | décagramme |
| Gramm | 1 g | g | gramme |
| Karat | 0,2 g | – | carat |
| Dezigramm | 0,1 g | dg | décigramme |
| Zentigramm | 0,01 g | cg | centigramme |
| Milligramm | 0,001 g | mg | milligramme |
| Mikrogramm | 0,000001 g | mγ, γ | microgramme |

| | | |
|---|---|---|
| 12:00 | Es ist zwölf Uhr/Mittag. | Il est douze heures (pile)/ midi (pile). |
| 13:00 | Es ist dreizehn Uhr/ein Uhr(Punkt) eins. | Il est treize heures/une heure (pile) (de l'après midi). |
| 14:00 | Es ist vierzehn Uhr zwei/Uhr (Punkt) zwei. | Il est quatorze heures/deux heures (de l'après midi). |
| 14:05 | Es ist vierzehn Uhr fünf/fünf nach zwei. | Il est quatorze heures cinq/ deux heures cinq (de l'après midi). |
| 14:15 | Es ist vierzehn Uhr fünfzehn/Viertel nach zwei/ *süddt.* viertel drei. | Il est quatorze heures quinze/deux heures et quart (de l'après midi). |
| 14:30 | Es ist vierzehn Uhr dreißig/ halb drei. | Il est quatorze heures trente/ deux heures et demie (de l'après midi). |
| 14:35 | Es ist vierzehn Uhr fünfunddreißig/fünfundzwanzig vor drei/fünf nach halb drei. | Il est quatorze heures trente-cinq/trois heures moins vingt-cinq (de l'après midi). |
| 14:40 | Es ist vierzehn Uhr vierzig/ zwanzig vor drei. | Il est quatorze heures quarante/trois heures moins vingt (de l'après midi). |
| 14:45 | Es ist vierzehn Uhr fünfundvierzig/Viertel vor drei/ *süddt.* drei viertel | Il est quatorze heures quarante-cinq/trois heures moins le quart (de l'après midi). |
| 00:00 | Es ist null Uhr/Mitternacht. | Il est zéro heure/minuit. |

Imprimé en Italie par
LTV
LA TIPOGRAFICA VARESE
Società a responsabilità limitata
Varese
Dépôt legal : Mai 2010
310694-02/11031121-avril 2015